# 山東經會録

香港中文大學歷史系　編

齊魯書社

國家古籍整理出版專項經費資助項目

# 出版説明

香港中文大學歷史系　卜永堅

從明中葉到清中葉，被稱爲『一條鞭法』的賦役制度改革，過程漫長，内容複雜，影響深遠。史學界對此注目已久，相關研究也可謂汗牛充棟。明隆慶五年（一五七一），山東布政司衙門刊行的《山東經會録》，是有關『一條鞭法』在山東實施過程的珍貴史料，好比『一條鞭法』進化歷程的活化石。但是，此書藏本極少，又未正式影印出版，史學界對其之利用似尚未充分。一九五二年，梁方仲教授發表《明代一條鞭法年表》，三處引用《山東經會録》。〔一〕一九六二年，日本學者岩見宏教授發表《關於〈山東經會録〉》一文。〔二〕一九八一年，丹麥學者萊孚·利特盧普（Leif Littrup，一譯利夫·利特魯普，中文名一作『李來福』）出版專書，以十六世紀山東爲例，研究明代縣衙門以下的基層管治。此書是其二十世紀七十年代澳洲國立大學博士論文的擴充修訂本，是第一本大量引用《山東經會録》的英語著作。〔三〕踏入二十一世紀，始有申斌先生以《山東經會録》爲題的學術論文兩篇。〔四〕職是之故，編者不揣愚陋，影印日本京都大學法學部圖書館藏《山東經會録》，一以秉承傅孟真先生『近代的歷史學祇是史料學』之教〔五〕，一以促進中國社會經濟史之研究云。

## 一

《山東經會録》，僅《錢遵王述古堂藏書目録》有所著録：『《山東經會録》，十二卷，十二本。』〔六〕此書由日本學者内藤湖南先生搜集到，再由内藤家族捐給京都大學。承蒙齊魯書社劉强先生指出，中國科學院圖書館方蓉華先生早在一九八〇年的一篇文章中曾透露：『日本東洋文庫（山東經會録）的顯微影片九百頁，當時全國都没有，我館通過交换得到。』〔七〕可見，《山東經會録》之保存，實拜中日文化交流所賜。

查京都大學法學部圖書館所藏《山東經會録》原書一套，十二卷，每卷一册，各以十二地支之一命名，但闕第十一卷第十一册，所以實存十一卷十一册。幸好，京都大學人文科學研究所附屬東亞人文情報學研究中心圖書室藏有一個完整的《山東經會録》影印本，但東亞人文情報學研究中心圖書室不願授權以供影印。編者得到京都大學文學研究科二年級博士生宋宇航先生的幫助，將京都大學人文情報學研究中心圖書室這個完整影印本的第十一卷近四萬字全文照録下來，加入本書内，雖屬無奈之舉，終使内容完全。後來，承蒙齊魯書社劉强先生提示，始知日本北海道大學圖書館亦藏有一套完整的《山東經會録》。我通過香港中文大學圖書館的館際互借及文獻傳遞服務，向北海道大學圖書館申請影印第十一卷原文，亦同樣難於獲得授權以影印出版，故衹能依此與宋宇航先生打字稿核對以保證抄録準確。抄録部分在保證内容忠實於原書的前提下，兼顧了規範繁體字和部分异體字，但未全改。

我最初想當然以爲京都大學法學部藏《山東經會録》原書和京都大學人文情報學研究中心藏《山東經會録》影印本是同一書，但是，宋宇航先生極爲認真細緻，除抄録京都大學人文情報學研究中心藏《山東經會録》影印本第十一卷外，還全面比較了這兩個版本，發現確有不同之處（詳見下表）。又據作爲本書序論的岩見宏教授一九六二年之論文，他在一九五八至一九五九年間，得内藤湖南兒子内藤乾吉、内藤戊申二教授准許，借閲并拍照《山東經會録》，寫成此文。岩見宏教授當時所見《山東經會録》，是十二卷十四册。把岩見宏教授所寫文章提到的《山東經會録》目録與京都大學法學部圖書館藏《山東經會録》目録比對，可知岩見宏教授當時所見《山東經會録》，其卷一分二册，卷二也分二册，其餘一樣。因此，岩見宏教授所用的版本和京都大學人文情報學研究中心藏《山東經會録》影印本是否同一書，保存於日本的《山東經會録》是否至少有兩個版本，兩個版本是否源於同一母版，因資料不足，不宜妄加推論，有待進一步研究。

## 二

茲模仿岩見宏教授所寫文章的做法，將京都大學法學部圖書館藏《山東經會録》的册數、卷數、每卷内容及頁碼介紹如下，并與京都大學人文情報學研究中心圖書室藏《山東經會録》影印本比較，指出其异同：

| 册數 | 卷數 | 目録及頁碼 | 備注 |
| --- | --- | --- | --- |
| 1 | 1 | 《序言》<br>《稅糧濟兖東三府横圖》<br>(1) 濟南府 1a–48b<br>(2) 兖州府 1a–39b<br>(3) 東昌府 1a–28b | ★頁碼阿拉伯數字和羅馬字母爲編者所加，a指一頁右面，b指一頁左面。下同。<br>★原書十二册分别以十二地支命名，本册封面題簽「子」。<br>★原書卷一頁碼不連貫，而是根據内容重編頁碼，例如，有關濟南府部分，頁碼曰「濟一」「濟二」，有關兖州府部分，頁碼曰「兖一」「兖二」，如是類推。 |

（續表）

| 冊數 | 卷數 | 目録及頁碼 | 備注 |
| --- | --- | --- | --- |
| 2 | 2 | 《稅糧青萊登三府橫圖》<br>(1) 青州府 1a–28a<br>(2) 萊州府 1a–12b<br>(3) 登州府 1a–13b<br>《稅糧總額》1a–49b | ★原書本冊封面題簽不存，應有『丑』。<br>★原書卷二頁碼不連貫，而是根據内容重編頁碼。 |
| 3 | 3 | 《稅糧因革》1a–74b | ★原書本冊封面題簽『寅』。 |
| 4 | 4 | 《稅糧附録》1a–45b | ★原書本冊封面題簽不存，應爲『卯』。<br>★原書該卷首頁曰『卷五』，肯定是刊刻出錯，應是『卷四』。今改正。 |
| 5 | 5 | 《均徭六府橫圖》<br>(1) 濟南府 1a–31a<br>(2) 兗州府 1a–28a<br>(3) 東昌府 1a–18a<br>(4) 青州府 1a–14a<br>(5) 萊州府 1a–7a<br>(6) 登州府 1a–9a | ★原書本冊封面題簽『辰』。<br>★原書萊州府頁 5a 之後，出現錯頁兩面，刊刻者已意識到這個錯誤，就在這兩面錯頁之後再補刻一頁。但是，京都大學人文情報學研究中心圖書室藏《山東經會録》影印本無此錯頁情況。我們因此徑行刪去相關錯頁，庶幾方便讀者理解。 |
| 6 | 6 | 《均徭總額》1a–54b | ★原書本冊封面題簽不存，應爲『巳』。 |
| 7 | 7 | 《均徭因革上》1a–85b | ★原書本冊封面題簽『午』。<br>★原書本卷有錯頁情況：頁 81b、83a、83b、82a、82b。但是，京都大學人文情報學研究中心圖書室藏《山東經會録》影印本無此錯頁情況。我們因此徑行調整相關錯頁，庶幾方便讀者理解。 |
| 8 | 8 | 《均徭因革下》1a–94b | ★原書本卷封面題簽『未』。<br>★原書本卷頁 71b–74a 各頁順序無誤，但京都大學人文情報學研究中心圖書室藏《山東經會録》影印本這幾頁有錯頁情況。 |
| 9 | 9 | 《均徭附録》1a–82b | ★原書本卷封面題簽『申』。<br>★原書本卷有錯頁情況兩處：其一爲 6b、8a、8b、7a、7b，其二爲 40b、42a、42b、41a、41b。但是，京都大學人文情報學研究中心圖書室藏《山東經會録》影印本無此錯頁情況。我們因此徑行調整相關錯頁，庶幾方便讀者理解。 |

（續表）

| 冊數 | 卷數 | 目録及頁碼 | 備注 |
| --- | --- | --- | --- |
| 10 | 10 | 《里甲横圖總額因革附録全》<br>横圖：濟南府 1a–8b<br>兖州府 9a–15b<br>東昌府 15b–20a<br>青州府 20a–23b<br>萊州府 23b–25a<br>登州府 25b–27b<br>總額：28a–33a<br>因革：33a–47b<br>附録：47b–55b | ★原書本卷封面題簽不存，應爲『酉』。 |
| 11 | 11 | 《驛傳横圖總額因革附録全》 | ★原書该卷整卷不存，以京都大學人文情報學研究中心圖書室影印本配抄，并以北海道大學圖書館藏該書影印本第十一卷原文校對。該影印本上有陽文印章，曰『京都大學圖書之印』，可知就是京都大學原書之影印本，又有『昭和 36.8.31』的日期，即 1961 年 8 月 31 日，應該就是北海道大學圖書館收進該影印本之日期。另外，該卷第一部分爲『驛傳横圖』，分爲『原額站地』『馬匹』『驢頭』『水夫車夫』『幫貼糧僉馬價』『餘站』六横列，我們把這六横列名目加入每頁右側，以方便讀者理解。但讀者會發現，不少文字似有錯列情形，例如『水夫車夫』列内却填入『驢頭』内容等。我們再三核對，發現原書的確如此，絶非打字出錯。岩見宏先生也早已發現這一异常情形，且有所解釋説明，詳見本書岩見宏先生序論《關於〈山東經會録〉》第一節末。 |
| 12 | 12 | 《馬政横圖總額因革附録全》<br>馬政　横圖：濟南府 1a–8b<br>兖州府 8b–14b<br>東昌府 15a–19a<br>總額：20a–25b<br>因革：26a–40b<br>附録：41a–49b<br>《鹽法横圖總額因革附録全》<br>鹽法　横圖：1a–5a<br>總額：5b–6a<br>因革：6b–12b<br>附録：12b–16b | ★原書本卷封面題簽『亥』。 |

爲方便閲讀，編者調整原書第五卷的版面，在每頁右邊加邊欄，直接用新邊欄覆蓋原半個魚尾，添加『銀差』與『力差』的分界綫，以便於實用。同時，原書個别因掃描導致不清晰之處，除儘量根據京都大學人文情報學研究中心圖書室藏本補入外，補入字樣儘量利用原書同字樣補替，因空間或版面所限而無法補替者，則以新録入字替換，庶幾整舊如舊。

## 三

此次《山東經會録》之影印出版，如果没有各方機構和師友的支持，是難以成事的。京都大學法學部寺田浩明教授熱心解答編者有關法學部圖書館藏《山東經會録》的查詢；日本奈良大學文學部山崎岳教授、關西學院大學阪倉篤秀教授協助聯絡岩見宏教授；岩見宏教授慷慨批准編者將其一九六二年之文章翻譯成中文，作爲本書序論；京都大學法學部圖書館慷慨批准編者影印出版《山東經會録》的計劃，該館吉岡陽子女士認真而迅速地處理各種文書手續；京都大學文學研究科二年級博士生宋宇航先生不辭勞苦，翻譯岩見宏教授一九六二年之文章，且以電腦打字方式抄録京都大學人文科學研究所附屬東亞人文情報學研究中心圖書室藏影印本《山東經會録》第十一卷，又比對京都大學法學部及京都大學人文科學研究所附屬東亞人文情報學研究中心圖書室藏兩版本之异同，還協助編者聯絡其他相關機構，居功至偉；中國社會科學院世界宗教研究所葉濤教授聯絡齊魯書社；齊魯書社社長昝亮先生、學術圖書出版中心副主任劉强先生大力支持本書之出版；香港中文大學歷史系系主任黎明釗教授亦大力支持本出版計劃，臺湾『中研院』歷史語言研究所何漢威教授、近代史研究所孫慧敏教授也爲本出版計劃提供了寶貴的資料；北海道大學圖書館慷慨提供第十一卷影印件供参考，香港中文大學圖書館代爲申請轉達，等等。編者謹此表達萬分之謝忱。

另外，本書之原文影印、掃描、抄寫、出版等費用，及編者往返聯絡之經費，得到以下機構及研究項目之贊助，編者也謹此表示萬分之謝忱：

★香港中文大學歷史系中國歷史研究中心；

★香港特别行政區大學教育資助委員會(UGC)第五輪卓越學科領域計劃『中國社會的歷史人類學研究』；

★香港中文大學歷史系香港特别行政區大學教育資助委員會研究資助局優配研究金(GRF)項目『Beijing: the other theatre of the Korean War (1592–1598)』，項目編號一四四〇九〇一四、二一一〇二四九。

當然，本書一切謬誤，皆編者責任，尚祈四方大雅君子不吝賜正。

二〇一七年四月二十三日世界閲讀日

**【注】**

〔一〕梁方仲《明代一條鞭法年表》，《嶺南學報》第十二卷第一期（一九五二），頁一五至四九，其三處引用《山東經會録》者，分别見頁一九、二〇、二三；該文後來收入梁方仲著《梁方仲經濟史論文集》（北京：中華書局，一九八九），頁四八五至五七六。另外，梁方仲於《歷代户籍、地籍、租約、賦役册詮釋》一文中也有提及《山東經會録》，見《梁方仲文集　中國社會經濟史論》（北京：中華書局，二〇〇八），頁四九。

〔二〕岩見宏教授《〈山東經會録〉について》（《關於〈山東經會録〉》），清水博士追悼記念明代史論叢編纂委員會編《清水博士追悼記念明代史論叢》（東京：大安，一九六二），頁一九七至二一〇。該文後来收進氏著《明代徭役制度の研究（明代徭役制度之研究）》（京都：同朋舍，一九八六），頁三一七至三四七。

〔三〕Leif Littrup, *Subbureaucratic Government in China in Ming Times : a Study of Shandong Province in the Sixteenth Century* (Serie B-Skrifter, Oslo : Institutet for Sammenlignende Kulturforskning, 1981).

〔四〕申斌《明朝嘉靖隆慶時期山東均徭經費初探：基於〈山東經會録〉的分析》，劉志偉、陳春聲編《遺大投艱集：紀念梁方仲教授誕辰一百周年》（廣州：廣東人民出版社，二〇一二），頁五四九至五八八；《明代官文書結構解讀與行政流程復原——以〈山東經會録〉的纂修爲例》，《安徽師範大學學報（人文社會科學版）》二〇一六年第六期，頁七四九至七五六。此兩篇文章對《山東經會録》的原書樣貌和版本情況已有介紹，故本書不贅述。據後文頁七五〇注釋三，申斌先生留學日本，以《山東經會録》爲題撰寫學位論文。殷切此論文之正式出版。

〔五〕傅斯年《歷史語言研究所工作之旨趣》，原載《國立中央研究院歷史語言研究所集刊》第一本第一分（一九二八年十月），收入歐陽哲生主編《傅斯年全集》（長沙：湖南教育出版社，二〇〇三），第三册，頁三。

〔六〕錢曾《錢遵王述古堂藏書目録》，北京圖書館藏清錢氏述古堂抄本，卷四，載《續修四庫全書》（上海：上海古籍出版社，一九九五），史部第九二〇册，總頁四六七。

〔七〕方蓉華《建國三十年來中國科學院圖書館的國際交換工作》，載中國科學院圖書館編《中國科學院第一次圖書館學情報學科學討論會文集》（北京：中國科學院圖書館，一九八〇），頁一六〇至一六九。有關《山東經會録》的説明，見該文第一六三頁。

# 目録

# 關於《山東經會録》（一）

【日】岩見宏 著　宋宇航 譯

本文所要介紹的《山東經會録》是屬於内藤湖南博士舊藏中的書籍。筆者於昭和三十三年（一九五八年）夏及昭和三十四年（一九五九年）春兩次承蒙内藤乾吉、内藤戊申二位教授的厚意，獲得了借閲并拍照此書的機會。正如下文介紹的那樣，在研究明代的賦税制度上，此書包含了極其有用且豐富的内容。筆者認爲將此書與其他文獻相對照之後不僅可以探明各種各樣的事實，而且通過本書可以首次了解到的事實也很多。并且雖説筆者有些孤陋寡聞，從來没有聽説過其他地方收藏有此書的事情，另外在筆者所翻檢過的數種書目中，也没能找到任何關於此書的記載。無論是從内容方面，還是從稀缺性方面來看，筆者認爲本書有很大的價值。能利用到如此價值貴重的書籍，都離不開兩位教授所給予的極大幫助，對此想再次表達謝意。

可是非常遺憾的是，雖然可以説如獲至寶，但在這之後筆者還没有獲得時間來充分研究本書的内容。衹是對於其中極其有限的一部分，在去年發表的小論[二]中進行了利用，而全面地去有效利用本書，這還要寄托於將來的研究課題。不過姑且還是想對本書進行一次簡單的介紹，因爲這不但可以説是對學術界的義務，而且考慮到既然被賜予了機會就要充分利用，於是筆者決定撰寫此文。

## 一

《山東經會録》是十二卷十四册的刊行本，此書爲綫裝，天地二十四公分左右，幅十七公分左右。印刷和紙質都不能説是十分精良，有些地方甚至到了衹能勉强辨讀的程度。各册的葉數也有著非常大的差别，從最少的四十五葉到最多的一百〇五葉，如果平均來算每册有六十八葉多。我們對册數、卷數、内容及葉數進行整理，如下表所示。

| 冊數 | 卷數 | 內容 | 葉數 |
|---|---|---|---|
| 一 | | 序 | 五 |
| | | 目録 | 一 |
| | 一 | 稅糧濟兗東三府横圖 | 四八 |
| 二 | 〃 | 〃 | 六七 |
| 三 | 二 | 稅糧青萊登三府横圖 | 五〇 |
| 四 | 〃 | 稅糧總額 | 四九 |
| 五 | 三 | 稅糧因革 | 六九 |
| 六 | 四 | 稅糧附録 | 四五 |
| 七 | 五 | 均徭横圖 | 一〇五 |
| 八 | 六 | 均徭總額 | 五四 |
| 九 | 七 | 均徭因革上 | 八四 |
| 十 | 八 | 均徭因革下 | 九四 |
| 十一 | 九 | 均徭附録 | 八二 |
| 十二 | 十 | 里甲横圖總額因革附録 | 五五 |
| 十三 | 十一 | 驛傳横圖總額因革附録 | 九一 |
| 十四 | 十二 | 馬政横圖總額因革附録 | 四九 |
| | | 鹽法横圖總額因革附録 | 一六 |

如表格所示的内容之中，關於序文部分，很可惜的是最初的第一葉已經遺失，第二葉的下半部分也破損得面目全非。因此能够閲讀的是第三葉以後的内容。即使這樣，因爲第五葉祇有四行便結束，所以從第三葉開始的内容合計不過四十四行。在序文的末尾處既没有作者的姓名也没有日期，祇在第五葉的背面記有『隆慶伍年拾月　日刊行』的字樣。儘管序文没有日期，通過此處的記載應該也能够判明本書刊行的年代。而且雖然祇有這篇不完整的序文，但無論如何都能看出其與一般書籍的序文相比主旨上大爲不同。此篇序文是一種官府公文，是以巡撫與布政司，及巡按與布政司之間的往來爲中心，叙述了本書的刊行過程。作爲此類文章的形式，很有可能在最開始的部分載有執筆者的姓名和寫作的日期，可是如上所述，最初的部分已經丢失，所以無法看到。但是從文章本身來判斷，可以認爲執筆者是布政使這一點大概是没有錯的。

如果要舉出這篇序文所記載事項的重點，可總結爲如下幾項。

・爲了本書的編纂而開設了書局。
・主要承擔這項工作的是周于德、錢普、景嵩三位推官。
・刊行的經費是從布政司庫所積攢的香稅銀中支出的，濟南府同知牛若愚被安排經理此項經費。

另外，在文章的末尾處寫有『刊刻合屬分布，永世遵守』的宗旨。據以上幾點我們可以這樣認爲，很有可能最初部分缺少的内容是叙述了誰因爲怎樣的理由，計劃編纂了此形式的書册。

在序文中雖然還説明了關於本書的記述形式和主要部類被確定的經過，但如果要介紹這些的話，可就自然而然地成爲對本書整體的解説了。從主要部類來看，其由一税糧馬草、二均徭、三里甲、四驛傳、五馬政、六鹽法等六部分組成。除了把税糧馬草中的馬草省略後單獨寫作税糧外，在前面列出的表格中所能看到的本書編排次序全部如上所述。

另外如果看上面的表格，可知各部類分别由横圖、總額、因革、附録等四部分組成，但在序文中這種形式是用如下方式説明的——第一先横圖，載各縣所派之額也。方寸之紙，載數甚多，頗爲簡便。結合正文來看的話，比如説在税糧横圖的地方將紙面横向劃分爲六段，分配給原額總數、起運總數、漕運倉口、起運倉口、存留總數、存留倉口等六項。州縣名記載在欄外上邊的地方，同樣記載在欄外上邊位置的還有夏税、秋糧、馬草鹽鈔三者的區别，而在下欄中應該會記有包含在各大項目中的詳細項目和數字。不過雖説同樣是横圖，横向的劃分却根據部類而在形式和意思上有所差异。也就是説，在均徭處，上四段分配給銀差，而下兩段則分配給了力差。因此這裏在意思上從上到下祇要分成兩段就好，可能是爲了讓樣式整齊劃一，所以分爲了六段。另外在里甲處，分成了青白夫、燈夫、解送公文人夫、看監夫、馬騾驢、鋪陳供應銀等六段，而與税糧横圖將各段再分成若干項目的情况所不同的是，祇這樣進行項目劃分就給了人一種不必再細分的感覺。即使試著分成詳細項目，也祇能這樣地將第一段的青夫與白夫分開，將第五段的馬與騾分開（并不拘泥於開頭處的馬騾驢，實際上祇有馬和騾，而驢并没有出現），將第六段的鋪陳與供應銀分開。順便説一下，在這裏出現的項目祇是人們常説的與里甲夫馬相關的，能够非常明顯地看出其作爲里甲的驛傳輔助機關的性質。同時，完全没有發現在南方各地區很多情况下成爲里甲負擔的項目，必須注意到這個明顯的特征。相當於在南方被稱爲里甲銀或是均平銀等名稱的〔三〕很多項目，在山東實際上出現在了大部分均徭的銀差項目中。

在驛傳横圖中六段的劃分是原額站地、馬匹、驢頭、水夫車夫、幫貼糧僉馬價、餘站等六項。到這裏爲止六段劃分的方式無論如何都被保持，但到了下面的馬政，可能是因爲項目實在太少，即使分爲六段也寫不出什麽，所以被縮減爲四段。而且從上兩段爲種馬、下兩段爲備用馬的劃分來看，把實際上劃分成兩段也可以的地方，爲了儘可能看上去像圖表而分成了四段。最後的鹽法横圖，關於鹽場的部分被分成了本色引鹽和折色銀兩段，但需要注意的是上段所記的鹽場和下段所記的鹽場是完全不同的，從這個意義來説將其上下排列，除了是作爲圖表樣式的問題之外，没有任何意義。在這之後還有一個叫做民田灶地銀的項目，雖然縣名和銀額依舊是按兩段排列，這裏的横向分段也是没有意義的，從這一點來看，和上面的情况没有區别。

第二部分的所謂總數是相對於在横圖中州縣分開表示的數字，被解釋爲『載一省總數以便尋覽』。從原文來看，記録了不同款項的一省總數，另外各府的數額作爲其詳細内容也有記載。

第三部分的因革是歷年的因革，也就是説，各項的增減和移動，以及各衙門條議的始末，按照『此條最多且詳』所述，在數量上有很多的令我等研究者感興趣的内容被包含在其中。

最後的附録説的是——以因革條載所不盡及，或議論有可采者，附綴於此，以俟他日采擇。而對於能够發現讓我們很感興趣的内容這一點，可以認爲和因革的條目在數量上是一樣的或者説更多。另外作爲因革和附録的内容被記載下來的史實，從年代來説大體上是在嘉靖二十年代以後，特别是在嘉靖末期到隆慶年間的很多記録。但是極少情况下也能看到稱爲成化的、時代上相當早的年號。但并不是説如此早先時代的事情被持續地記録下來，而是作爲議論的材料以引用往事的形式出現。

## 二〔四〕

那麽，接下來關於在『因革』和『附録』的條目中所能看到的有趣内容，筆者希望嘗試作具體的介紹。雖説如此，就如在開頭部分已經提到的那樣，因爲無法對各種各樣的問題進行詳細的論述，在此僅挑選出一些本書所包含的與『一條鞭法』相關的記述，提出若干的個人見解。另外，在本書中，除了有『一條鞭法』這個名稱外，還有『壹條鞭』『一條鞭派法』等叫法，但筆者將這些統一稱爲『一條鞭法』。

首先，在卷三的《税糧因革》中發現了如下文章：

> 肥城等縣知縣萬鵬程等呈。肆拾貳年夏税内，農桑折絹税絲本色絲絲綿肆項，共銀貳萬伍千壹百肆拾捌兩陆錢柒釐捌毫壹絲，每年俱在壹條鞭之外，各另派徵。今若與其餘錢糧，俱爲壹條鞭，每石折增不過分釐，

不惟便民，抑且革弊。況上年，已該各府，併派壹次。今歲相應併入條鞭派徵。

看了這段文字可以推測，在嘉靖四十二年當時被稱爲壹條鞭的徵税方式已經在進行了，并且税糧的很多款項中有相當多的部分好像是被要求統合折納的。雖然在『因革』的條目中衹有這一段記載，但在接下來的卷四《税糧附録》的條目中，可以發現有很多與『一條鞭法』相關聯的記述。雖然篇幅會很長，但接下來還是想給大家看一下出現在其開頭部分的一段文字。

嘉靖三十四年，巡撫都御史劉案驗，爲查議派徵税糧釐宿弊以蘇民困事。行司會同按察司税糧分巡等道，將派徵税糧事宜，從長酌議。要見某府所屬，田糧無大不均，貧富不甚相遠，可用一條鞭之法。某府所屬，田有肥瘠荒熟，人有貧富亡存，須用三等九則之法。……續據濟南府申，知府項守禮關稱，本府所屬歷城長清二縣，遞年俱用一條鞭分派；章丘等二十六州縣，俱用三等分派；新泰萊蕪二縣，俱用四等派徵。規制雖有不同，飛洒積弊則一。小民受累，相應議處。爲今之計，莫若本司派糧之時，備查該縣坐到京邊某倉若干石，該折色銀若干，存留某倉若干石，該收麥米若干，通共各倉，該折色銀若干，本色若干，將本縣遞年原定糧數，通融均派，每糧壹石，該折色銀若干，准收幾錢幾分，本色米麥若干，明撤單尾，發府轉發該縣。由壹石而上，爲拾石百石，以至千萬石。由壹石而下，爲壹斗壹升壹合。百姓皆自能以類而推也。本府仍查，某縣每糧壹石，該折色銀幾錢幾分，本色米麥幾斗幾升，不許大户分外多收毫釐升合，刊刻告示，分發各處張掛，使小民曉然，皆知今年税糧每石應該本色若干。已有定價，各執自己遞年原納糧數，查照告示，隨使納與大户而已，不必使之知爲何倉口，亦不必令里書零分細派。納者既有定數，收者自不敢欺冒。仍行該縣掌印官，將概縣里分置簿，品搭均勻，大縣分爲八區，小縣分爲六區或四區，每區爲一櫃，僉收本色大户二名，折色大户二名，各給與一櫃由帖，照數徵收，亦不必定爲何倉口。大户責之里長，里長責之拾排，拾排責之花户，及時輸納。收糧既有定制，起解亦須及時。……或將兖東二府，照濟南府法行。而青登諸府，尤雜以三等九則之法。……

從這段文字的開頭部分可以看出，嘉靖三十四年當時，至少在一部分州縣，與税糧相關的『一條鞭法』被實行是確切的事實。而且需要注意的是，無論在巡撫的話語中，還是濟南知府的話語中，一條鞭之法和三等九則之法都被做了對比。知府在開頭處所説的三等或四等，大概可以看成是三等九則的省略形式或者説是變形。與税糧的徵派相關聯的，將這種叫做三等九則的户等作爲問題來看的事例，恕孤陋寡聞，筆者并不知曉以往有誰介紹過。這個所謂的三等九則之法具體是什麽呢？關於這一點，我想到後文再談。而當下的問題是，如果能够認爲一條鞭法是可以與三等九則之法做對比的話，那麽，在上面引文末尾處的叫做濟南府法的法規不就自然而然地在指一條鞭法了嗎？濟南府法，也就是説，上面引文中所詳細説明的税糧徵收法，從内容上來看確實具備了能够稱爲一條鞭法的特徵。可是倡導此法的濟南知府項守禮自身并没有賦予其一條鞭法的名稱，同時也没有使用其他的名稱。實質上這就是一條鞭法，然而明確地稱呼其爲一條鞭法是有什麽不方便的地方嗎？或者是因爲完全知道所以不用必須叫成這個名稱呢？關於這一點，尚不清楚其原因。不管怎麽樣，如果去看《税糧附録》後半部分的内容，巡撫劉采[五]舉出了前面項守禮的倡議這一事實，也就是在嘉靖三十四年劉所復述的條鞭之法，因爲有了這些内容的記述，所以項守禮所説的税糧徵收法歸根結底就是在山東被認爲是一條鞭法的法規，因此剛纔長篇引用的文字是將當時山東一條鞭法的内容作了具體的説明。

一條鞭法這個詞的意思，可以認爲是涉及了田賦徭役的整體，或者説是將田賦以及徭役之中各自種類繁多的項目一條化了。[六]而山東的情況，按照目前爲止所看到的内容，也不能認爲有特别需要解釋和變更的必要。但是在本書《税糧附録》的條目中，却出現了感覺與這種通常意思稍微相异的一條鞭這個詞的實例。來看一看下面這段文字。

> 如歷城縣原額小麥壹萬叁千陆百柒拾叁石貳斗壹升叁合捌勺，起運
> 玖千捌百石，每石原派銀肆錢叁分，共銀肆千貳百壹拾肆兩；存留叁千
> 捌百柒拾叁石貳斗壹升叁合捌勺，俱本色。概縣不分寄庄上中下户，通
> 爲一條鞭。每額麥壹石，實徵折色起運，計該柒斗壹升陆合柒勺叁抄。
> 每斗以原坐銀肆分叁釐，計該徵銀叁錢捌釐壹毫玖絲肆忽。本色存留，
> 計該貳斗捌升叁合貳勺柒抄。每斗加耗捌合，連耗計該麥叁斗伍合玖勺
> 叁抄壹撮陆圭，席草銀肆釐叁毫伍絲。不必定出各項倉口，祇責令花户，
> 照由帖内銀麥數目上納。其餘州縣，俱照前例分派。及將勘有荒田沂滕
> 膠莒等處，亦一條鞭責令熟地人户先行追徵。一面行令該府，嚴督各州
> 縣掌印官，將荒地勘明應辦銀麥，仍令概州縣熟地人户，通融均攤，亦
> 一條鞭帶納。

這裏没有區分寄莊和上中下户，統統看作爲一條鞭，總而言之，就是不分户等的差别。如果這樣的話，就不得不想起剛纔引文中一條鞭法與三等九則之法被做對比的事。因爲在與三等九則之法對比的情况下，畢竟所謂的一條鞭法也在某些點上與户等是有聯繫的，也就是帶有户等意義的法規，這麽認爲的話是比較妥當的。在這裏所能看到的，其意思如果是無視户等的差别統合爲一條的話，那麽在山東的一條鞭法的意思就與從來所被認爲的在性質上有些許不同了吧。

但是在剛纔所看到的内容裏，對於山東的一條鞭法，按照以往的解釋來説好像也并没有什麽問題。即使在上面所列的記述中，將此處提到的徵税法本身作爲在以往解釋中的一條鞭法來理解，并不能看出有任何障礙。『不必定出各項倉口，衹責令花户，照由帖内銀麥數目上納。』此記述在意思上正是一直被大家所熟知的一條鞭法的内容。如果這樣認爲的話，對於爲該徵收法所起的名稱就會有兩種解釋或意思了。的確是這樣，雖然在這裏出現的解釋與從來的解釋乍一看是不同的，但實際上衹不過是展現了事物的另一面，可以認爲并不與從來的解釋相排斥。對此我們没有詳細説明的時間，簡單論述如下。

雖然一概而論稱作税糧，在其中却有種種繁雜的詳細項目，這是衆所周知的事實。如果要將詳細項目一一列出的話，是折納還是本色納？是起運還是存留？或者既是起運又是存留，其最終的交納對象到底是哪裏？——有著各式各樣不同的條件。而且由於這些條件的差异，附加於其上的加耗也不同，或者還有帶有其他名稱的附加税的情况。另外，如果是折色的情况，還會有折納率的不同。這樣的話，雖説是同樣的一石糧，結合實際來看納税者一方的負擔必然是不一樣的。或者還不如説有相當大的差异吧。像這種在各項的負擔中存在差异的情况，將其具體地分派給納税者時，如果要考慮負擔上的公平，當然就要把納税者一方的條件納入到考慮的範圍裏來了。就像剛纔所看到的那樣，把在山東與税糧相關聯的三等九則之法作爲問題正是在於此種意思下的事情。這在本書本卷稍微靠後的位置，由『三等九則，以重糧派上户，中糧派中户，輕糧派下户』來看，體現得更加明確了。而且雖説叫三等九則，實際上像在前面提到的濟南府的事例中所能看到的那樣，不是也分成了三等或者最多四等的程度了嘛。關於此時與户等相當的税糧的輕重，可以參照《葛端肅公文集》卷十五的題爲《與姜蒙泉中丞論田賦》的書信中的内容——『聞，今布政司分糧，量爲上中下，上者每石價九錢，中者八錢，下者六錢』。因爲可以認爲這封書信的收信人姜蒙泉中丞是指隆慶元年到四年之間擔任山東巡撫的右副都御史姜廷頤〔七〕，所以書信中所説的『今』當然就是處於他的在職期間了。

如果按照上述内容來分析，對於税糧的徵納而考慮的户等，是與如下事實相對應的，即作爲税糧的内容，存在負擔不同的很多項目。因此，如果把詳細項目消解，將所有項目合計再均等分派的話，與其對應的户等就没有了考慮的必要。另外，反過來説，在這種對應關繫已經存在的情况下，如果要考慮不問户等差别的方法，除了合算各項的總負擔額再均等分派之外，就没有别的方法了吧。以往衹要考慮到一條鞭這個詞的意思，就會想到是專指這種各項合算一條化的法規，但是碰巧在山東，有與之存在對應關繫的户等一條化，讓我們清晰地認識到這也可以是作爲一條鞭這個詞的意思來考慮的。即便如此，在山東户等一條化的要求首先被提出，這是否可以説是成了施行一條鞭法的開端？關於這一點，還没有能够發現任何可以成爲决定性材料的記述。當下筆者推測在山東所能看到的門銀等制度，正是由於對户等有著强烈的意識所造成的。也正因爲如此，對於一條鞭法不需要户等的存在這一問題受到了特别的關注，於是纔産生了剛纔這裏所介紹的解釋。

在《税糧附録》的條目中，除了以上所介紹的之外，從嘉靖四十年代到隆慶年間，圍繞一條鞭法有過各種各樣的變化，都被詳細地記載下來了。雖然這些最多的是直接以巡撫見解的形式出現，但希望推進一條鞭法的意見和反對推進的意見，另外還有各種意見的論據，以及在這之中所夾雜的當時税糧繳納的具體結構等，都是有非常大的參考價值的，或者還不如説《税糧附録》條目的大部分内容是以一條鞭法爲中心的記載。這裏衹不過是介紹了其中的一部分。

關於税糧的一條鞭法，在卷九《均徭附録》中也有記載，有兩點讓人很感興趣，一是本書中指出了一條鞭法施行年代的最上限，還有一點就是税糧與一部分徭役是有關繫的。那是在隆慶四年巡撫都御史梁〔八〕的案開中所能看到的，特别是在同年四月十三日的户部咨文中所引用的吏科左給事中光的條陳内，叫做議定取民之制的條款言及了一條鞭法。下文引用了其中的一部分。

> 嘉靖叁拾年以後，未奉題准明例，不知何故，偶變而爲一條鞭法，無復斗升之數倉口之别，歲歲不同，則雖官府亦不能纖悉查算，小民何從知之。且又黄蠟柴炭顔料之屬，舊規皆派於均徭，逐末者亦應有分，今入田賦中，富商大賈，脱然無與，而農家之苦，又增一倍矣。……

對於此文，關於户部的見解，其結論部分如下。

相應申明題請，恭候命下。咨行山東等處巡撫都御史，及咨都察院，轉行巡按御史，嚴行司府州縣掌印官，務要查審。爾來一條鞭法，如果於民無便，即便虛心酌議停止，毋事拘牽。其黃蠟顏料柴炭之屬，舊規既係丁田均有所派，今獨派之田賦，當即改正。已後兩直隸十三布政司府州縣官，不許擅將成法變易。……

也就是説，從户部向布政司下發了行文。而梁夢龍根據中央的這些意見，對於隆慶四年進行的隆慶五年六年均徭的審編，發出了若干的指示。在這之中，因爲從上文作爲問題提出的有關税糧的一條鞭法來看，并不是直接説一條鞭法如何如何，但是如果非要舉出與前面引文有關聯的地方，比如有此記載：『黃蠟柴炭牲口果品料價等項，仍遵成法編還均徭』。將原本包含於均徭的黃蠟柴炭等項，作爲一種徭役來科派，如此理解的話，根據上面所看到的内容，這些項目被納入到了田賦中，從這個事實以及爲了田賦的徵收而實行一條鞭法這一行爲來看，這種情況下的一條鞭法難道不是將田賦和徭役的一部分統合了嗎。〔九〕

關於在山東的一條鞭法實施年代的上限，還想在這裏補充説明一下。清水泰次博士在其《一條鞭法》的文章之中，曾經指出《葛端肅公文集》中有山東在嘉靖二十年以來實行一條鞭法的記載。〔一〇〕之後筆者開始著手於明代史的研究，雖然受到清水博士業績的引導，但在對待一條鞭法時，還是回避了上述觀點。〔一一〕究其原因，第一，除了上面葛守禮的記述以外，還無法找到記録了關於嘉靖年間山東的一條鞭法的文獻，因此并不能充分理解葛守禮所叙述的内容；第二，懷著如下的先入之見——與銀納化的問題相聯繫，在華中地區到了嘉靖末年才開始實行的一條鞭法，却在被認爲是經濟上欠發達地區的山東，實在不敢想象提早了二十年就已經實行了。但是等到看了《山東經會録》以後，如前面提到的，有嘉靖三十年以來一條鞭法被實行的記載，雖然與葛守禮所説的還有十年的差距，但不得不改變原有的華北地區一條鞭法的實施在萬曆以後這一見解，并回到清水博士所指出的觀點上來。當然在這裏衹是將一條鞭法的名稱作爲問題來討論，而有關嘉靖年間與萬曆以後的一條鞭法在内容上應該也并不相同。關於這一點的詳細分析，必須留待日後的考察，但理所當然可以預測到的是萬曆以後的一條鞭法差不多是將各項目的統合程度比之嘉靖年間更進一步地發展了。

另外，在《山東經會録》中出現的一條鞭法，不衹是有關於田賦的記述。在卷九《均徭附録》中也發現了關於均徭的記述，如下所示。

有一條鞭派法。隆慶二年，委官同知弋正等呈，爲審編均徭事。照得，均徭除力差有倍加之費，俱編殷實人户應役外，其一切銀差，止照原數徵收。緣各審官分派之法，銀以布政司坐單爲序，人以該州縣里分爲序。照款逐項，次第挨編，非不均平，但差有緩急，里有豐疲。差之緊要者，或挨編於凋疲之里，追徵不前；差之稍緩者，或挨編於富庶之里，沿襲不納，以致徵解掣肘。此自其公平者言之，尚有前弊。又有挑選富民，作柴薪馬夫等項，以便己私，誠有如撫院所慮者。兼之奸豪之賄買，書寫之那移，弊蓋有難盡言者矣。要之皆立項款致之也。爲今之計，合照撫院原行一條鞭之法，總計州縣各項銀差銀若干，該州縣門丁若干，除上户編貼力差外，將餘剩銀兩并下户應出之數，通融扣算，務與原額銀差，數目相合，削去項款名色，逐里逐户，遍給由帖壹紙，止寫該銀若干，并不開係何項，通僉殷實大户肆名，置簿給發一總，眼同收受。收過銀兩，查照原坐款目，如某項急，先儘某項完納；起解稍緩者，以次完納起解。其京班柴薪料價等項該解京者，付部運錢糧官代解。若胖襖等項該成造者，仍令僉大户，照數給銀成造起解，庶銀差均平，不致加增，而書算亦免那移等弊。具呈巡撫都御史姜，批允遵行。

從上述的内容來判斷，這裏作爲一條鞭法的内容，衹有均徭中的銀差會成爲問題。應該就是通過將銀差的各款項統一化，衹表示銀額的多寡，再來進行分派與徵收的手續。也就是説，將徭役的一部分一條化了。加之這種一條鞭法實施的時期在此處也成了問題。所謂的撫院原行的一條鞭法究竟是在什麽時候被實行的呢？還是説其并没有被實行，而是像上面提到的從隆慶二年纔開始實施？對於前者的情况，在那一時期確實是不明的，但即使被實行過一次，根據上文可以明確的是一條鞭法在隆慶二年當時的情况下并没有被普遍實行。作爲第三個問題，關於均徭的力差與銀差的區别，籠統看來以往一直被認爲兩者是到了一條鞭法實施的時期纔完成了統一化，可是如果像上面所示形式的一條鞭法存在的話，問題就不應該如此單純地去理解了。也就是説，銀差與力差的統一化，以及徭役的全面納銀化，暫且必須與一條鞭法分開來考慮。或者，如果要與一條鞭法相結合來考慮的話，必須這樣來考慮，即根據内容將一條鞭法分爲幾個階段，力差是在哪個階段消失的？在本書中所能看到的山東的情况，即使一條鞭法被實行，力差依然没有被統一化而是繼續存在的。

關於税糧，本書記載了很多與一條鞭法相關的事情，但關於徭役的記載并不多。在卷七、八的《均徭因革》的條目中，完全看不到稱爲一條鞭或一條鞭法的文字。在《均徭附録》的條目中，除了這裏介紹過的之外，非常遺憾也看不到像樣的記載。因此筆者的介紹也側重於税糧方面，這也是不得已的事情，懇請讀者見諒。雖説以上所論述的極爲不完善，但還是要以此結束對本書部分内容的介紹。

## 三

如開頭部分所述，筆者稍微嘗試檢索了一下中國和日本的書目，但是完全無法找到與本書相關的記載。當然這可能是由於筆者的不够用功，没有徹底進行調查的緣故。關於這一點，還要懇請博雅之士賜教。但是轉念一想，可以認爲至少在清末以前的書目中，本書決没有被記載過。因爲這是與本書的性質相關聯的問題，最後想就本書的性質稍作分析。

像在中國這樣的從古時就開始實行文書行政的國度裏，基於行政上的必要，製作各種各樣的賬簿是理所當然的事情，在漢代如此詳細的系統便已經形成，根據近年來漢簡的研究就可以具體地探明這一點。而對於以唐代爲中心的其前後的時代，從所謂的敦煌文書等史料中，也發現了形形色色的賬簿，這也是衆所周知的事實。在明代，賦役黄册和魚鱗圖册等，也是作爲行政基礎資料的代表性賬簿，這無需再提了。而且這兩者并不衹是資料，也在實際分派田賦與徭役之時作爲賬册使用。作爲這種性質的賬簿，在明代還有均工夫圖籍和均徭圖册等的存在是爲世人所知的。〔一二〕可以認爲這些都是按照各自目的製作的徭役賦課的賬册。

但是到了明代的後期，在税役的各方面出現了種種變化，或者進行了改革，與上面所提到的賬簿稍微性質相异，在某些行政機構標示財政上基準的數字的册籍開始被製作。這恐怕在某方面屬於會計册，也就是與製作總結實際財政的賬簿相對應的册籍，但這是否可以認爲與其并無關繫，而是帶有更大的意義纔被製作出來的呢？這裏所説的『基準的』并不衹是代表基礎的資料，而是帶有著强烈的規範意義。當然每個數字一定是以某個時期的實際爲基礎的，但作爲整體應該被認爲是將存在於每個年度的特殊事件捨弃，成爲將來可以被遵循的規範。因此這不衹是書寫，從被刊行這一點來看也是有著很大特色的。這樣的册籍多數是以某些實行的改革爲契機被製作出來的，另外在内容上并非都是全面的，也有的衹限於某一部門。例如嘉靖三十八年在廣東製作的《廣東永平録》就是巡按御史潘季馴以實行的關於里甲負擔的改革爲契機所刊行的册籍，其帶有可以作爲將來遵守規範的意義，内容上衹與均平銀有關，却可以認爲是對於廣東布政司全境的詳細記録。今天非常遺憾的是已經無法看到原本了，一般認爲（嘉靖）

《廣東通志》收録了其中的一部分或者説是摘録。〔一三〕而我們所能看到的是《欽依兩浙均平録》，它與《廣東永平録》擁有同樣的内容。這是以嘉靖四十五年浙江巡按御史龐尚鵬爲中心製作的，現在收藏於我國的尊經閣文庫。至於名稱和内容上的類似，因爲龐尚鵬是廣東人，可以想象他有接觸《廣東永平録》的機會，所以按照《欽依兩浙均平録》是以《廣東永平録》爲典範製作的來推定大概是没有錯的。另外在此書的序文中記載了刊行的緣起，是以浙江布政司的名義寫成的題爲『爲節冗費定法守以蘇里甲事』的文章，其體裁與《山東經會録》的序文相同，從『刊布後永世遵守』這個刊行的主旨來看，也可知兩者有完全共通的性質。

這種作爲刊行後對於將來帶有規範意義的書册，還有比上面兩種更早完成的，并且在内容上覆蓋了税糧與役法的所有方面。作爲實例雖然關於這件『寶物』的存在與否無從得知，從文獻上來看有江南地區的稱爲『賦役册』的書册，是在嘉靖十六年前後伴隨著這一地區的賦役改革被製作的。因爲此地是直隸地區，所以是以各府爲單位。這究竟有没有覆蓋到整個江南地區還不清楚，但至少應天府、蘇州府、松江府、常州府、鎮江府等地的書册被製作了。〔一四〕因爲無法看到書册本身，所以不能具體并且準確地討論其内容。但是在明末的地方志中，有一定程度上足以窺見其内容的記録，其中的一部分可能還是原封不動轉載的。比如在（嘉靖）《吴江縣志・食貨志》中，大篇幅地利用了『嘉靖十七年知府王儀刊定書册』，特别是轉載了田賦與差役的詳細項目和數字，展現了原書的部分面貌。而所謂的『王儀刊定書册』，毋庸置疑與稱作『賦役册』的書册所指的都是同一書册。另外，在（萬曆）《上元縣志》卷二《田賦》的序文中，還有根據巡撫歐陽鐸所製書册的大綱而製作的田賦志的主旨，如下所示。

> 昔者歐陽公之撫留圻也，逮諸守宰，究心民瘼，殫精國計，作書二册：一摘略節與民周知，一詳款目官府備照。大綱有四：曰以八事定税糧，以十有二事定里甲，以二事考均徭，以六事考驛傳。垂爲定則，無所容奸，民受其賜頗久。世遠人亡，其書銷毁。而父老所傳，僅存抄本。今其細目雖已增損不同，大都不越綱要之外，是用綱仍其舊，目準諸今，作田賦志。

而且在正文的部分也原封不動地記載了這裏所列舉的『以八事定税糧』以下的綱目。除此之外還存在若干處關於『賦役册』和其内容的記載。〔一五〕上面所説的『賦役册』，以一孔之見，在這種被刊行的書册中是年代最早的實例。可以認爲在這之後，相同性質的書册開始在各地刊行。同樣是江南地區在萬曆十六年『經賦册』有被製作。〔一六〕在最近的《北京圖書館善本書目》卷三中，也記載有嘉靖刻本的《河南賦役總會文册》二册、萬曆刻本的《四川重刊賦役書册》四册，而萬曆以後各地『賦役全書』的製作是衆所周知的事實。按照筆者個人的觀點，嘉靖以後以各式各樣名稱製作的此種書册，在萬曆以後其名稱逐漸統一爲《賦役全書》，一直到清初都可以看到全國範圍内統一的『賦役全書』的刊行。本文所論述的《山東經會録》也是在這樣的潮流中出現的，可以將其作爲那些書册的一種來理解吧。而且《山東經會録》是在時間上較早的一種，在同類書册的殘存可能性極小的今天，具有很大的存在價值。

而這些書册，如上所述，雖然是爲帶有成爲將來規範的意圖被刊行的，但其頒布範圍衹限於通常管轄區域内的地方官府，因此估計刊行份數極少。而且，這類書册無論到何種程度都還是官府的資料，即使通過印刷和製本在外形上做到一樣，恐怕也不能認爲是書籍，因此想來不會成爲藏書家收藏的對象。根據這兩個理由，成爲個人收藏傳世的機會非常少，即使在官府，隨著時間的流逝其記載與現實大相徑庭的話，别説是作爲規範，即使作爲資料也已經没有任何用處，所以就不能逃避被丢弃的命運。嘉靖十六十七年左右製作的應天府的書册，經過五十餘年後在編纂《上元縣志》時，已經衹有抄本留存於世了，從前面提到的這件事大概可以在一定程度上窺見這之間的情形。而《山東經會録》并没有收録於明清的書目中，也可以認爲是完全基於上面的理由。著述的東西纔是書籍，如果這樣來考慮的話，確實《山東經會録》等不能進入書籍的範疇了。這一類在書目中的登場，大概是從書籍的概念發生變化、書目收録範圍擴大的近代纔開始的事情。

**【注】**

（一）原載清水博士追悼記念明代史論叢編纂委員會編《清水博士追悼記念明代史論叢》（東京：大安，一九六二），第一九七至二二〇頁。

（二）《明代的民壯與北邊防衛》，《東洋史研究》一九—二。

（三）關於其具體内容，可參照山根幸夫《關於明代里長職責的一篇考察》（《東方學》三）、拙稿《明代地方財政的一篇考察——關於廣東的均平銀》（《研究》三）、栗林宣夫《關於里甲銀的研究》（《東洋史學論集》二）等。

（四）參照拙稿《關於明嘉靖前後的賦役改革》，（《東洋史研究》一〇—五）的注釋（54）。

（五）根據《明督撫年表》卷四，嘉靖三十四年當時的山東巡撫劉，正是前一年到任的劉采。

（六）可參照注釋（三）中提到的拙稿一七頁。

（七）根據《明督撫年表》卷四。

（八）根據《明督撫年表》，梁爲梁夢龍。

（九）黄蠟柴炭等項，如果作爲折納大概會被總稱爲料銀等吧。這樣説來，此項被并入田賦中的事例，比如在嘉靖八年的廣東就存在，并不是什麽稀奇的事。關於這一點參照了山崎武治《關於一條鞭法的創行》（《立命館文學》一五二號）。另外山東的情況，料銀向田賦的并入好像并不是一條鞭法成立的動機，或者其名稱的由來。因此在研究一條鞭法的成立和普及的時候，料銀的問題大概衹要作爲附帶的問題來看就可以。

（一〇）收録於《桑原博士還曆紀念東洋史論叢》。

（一一）參照注釋（四）中提到的拙稿。另外不衹是筆者，在戰後的學術界，清水博士所指出的觀點早已被忘却，大部分研究者都認爲華北地區一條鞭法的施行是萬曆以後的事情。因爲考慮到其一半的責任在於筆者，所以謹在此特別予以説明來訂正以往的見解。

（一二）參照山根幸夫《十六世紀中國賦役勞動制的改革》（《史學雜志》六〇—一一），及同作者的《關於明初的均工夫》（《東洋學報》三九—三）。

（一三）參照注釋（三）中提到的拙稿。

（一四）關於成爲製作這種書册的機緣的税役改革，參照注釋（四）中提到的拙稿。另外在《明史》卷七十八《食貨志》賦役的條目中使用了『經賦册』的名稱，但是從後文叙述的地方志來看，可以認爲『賦役册』纔是正確的名稱，如果不是這樣的話，『嘉靖十六年書册』『王儀之書册』，或者『應櫝之書册』等含糊的名稱也被使用過。『經賦册』大概是在與製作『賦役册』相同的地區，於萬曆十六十七年左右製作的同樣内容的書册，看來是《明史·食貨志》將這兩種書册弄混了。關於『經賦册』，比如在（萬曆）《嘉定縣志》的凡例中，載有『萬曆十六年，兵憲李公淶，刊行「經賦册」，而税糧始清』一文，在同書卷五《田賦》的條目中，可以找到關於這一點的更加詳細的記述。另外在（萬曆）《鎮江府志·賦役志》中，『萬曆十七年巡撫李公之經賦册』或是『萬曆十七年經賦册』的名稱也經常被引用。

（一五）關於應天府的情況，如上述的《上元縣志》記録得比較詳細，另外在（萬曆）《應天府志》中也有引用『嘉靖十六年書册』的名稱。關於蘇州府，除了本文所列舉的《吴江縣志》以外，（嘉靖）《常熟縣志》卷二《徭役志》中也有記載：『王以臺指創爲「賦役册」，以頒布之屬邑』，説的是知府王儀接到了臺指也就是巡撫歐陽鐸的指示而製作了『賦役册』。（萬曆）《嘉定縣志》卷五《田賦》的條目中記載：『初王公儀，取户部歲坐錢糧之目，編刻成書，謂之「賦役册」，使後有考焉。』而在卷六《徭役》的條目中也能看到『賦役册』的名稱。關於常州府，（萬曆）《常州府志》卷六《徵輸》的條目中引用了『嘉靖十七年書册』，另外附載於同條末尾處的『應太守櫝徵輸舊規』可能也是引用自同一書册。還有同書卷十的《應櫝傳》中，雖然看到的是製作了《與民周知册》，不過因爲這是本文記述的《上元縣志》中所説的兩種書册的一種，是適用於『摘略節與民周知』，可以認爲應該還有一種書册也就是『賦役册』在同時被製作了。關於同府還有《天下郡國利病書》所載《武進縣志》徵輸的條目中，引用了『應知府櫝書册』。清水泰次博士曾經在《明世宗朝蘇州地區的丈量》（《東亞經濟研究》二六卷一號）的末尾處，根據（崇禎）《吴縣志》列舉了『嘉靖十七年刊定經賦册』『嘉靖十七年刊定徭里册』等名稱，而『經賦册』的名稱可以認爲是與之前注釋中提到的萬曆年間的『經賦册』弄混所産生的錯誤。與鎮江府相關，（萬曆）《鎮江府志》從卷五到卷十的《賦役志》中，『嘉靖十六年巡撫歐陽公賦役册』，或者單獨寫成『嘉靖十六年賦役册』經常被引用，特別是卷八《均徭》的條目和卷十《驛傳》的條目，從寫法來看好像完全是轉載的原文。關於松江府，現在并没有找到進一步明確的記載，但在（萬曆）《上海縣志》卷三《田賦》和卷四《徭役》等的條目中記載了嘉靖十六年知府黄潤進行了『以八事考税糧』『以九事考里甲』的改革，另外因爲還出現了『賦役册』的名稱，可以認爲情形上是與上述各府的情况相同。另外還參照了之前注釋中的拙稿。

（一六）參照注釋（一四）。

# 補記

將本文發送給編者後，從北海道大學的藤井教授那裏收到了惠贈《創行期的一條鞭法——圍繞傅漢臣上言的諸問題》（《北海道大學文學部紀要》第九號）。這篇論文的第五節題爲《關於葛守禮的『一條鞭法』》，按照在山東葛守禮所記述的，論述了從嘉靖二十年在一部分地區一條鞭法被實施，以及首先從稅糧方面開始的事情。關於對葛守禮記述的評價，甚至山東一條鞭法實施的事實，在這裏大幅修正了以往見解的錯誤。由於這篇論文的出現，筆者在本文所論述的內容中，可能有些已經歸爲無用了。但因爲本文是以資料的介紹爲中心，其資料不期在某種程度上也許成了藤井教授論點的證據，以個人觀點雖然與藤井教授的論證有重複的地方（當然没能像藤井教授那樣以徹底的明白形式提出），校正之時并没有加以修正。謹在此寫明以懇請藤井教授及讀者之諒解。

山東經會錄
子
稅糧
橫圖
小

山東等處承宣布政使司爲開局會計以定一省經制事准左布政使王 宗沐 咨照得山東省郡設治東跨西衝其地多鹻物產甚薄農民終歲勤動以供經費而猶不給差煩賦重號爲偏累其所供之大者不過四項均徭稅糧驛傳里甲而已數年以來節經

前院及本司各道議處反覆非不周詳但以更革迭新則屬邑之遵守難定增減互異則閭里之供納不齊雖定則舞文者易以爲奸不齊則豪猾者得以延捱終成關隔弊將復生茲蒙



本院深恤民嵒恫瘝隱切固已悉加酌定民樂更生但就中亦容有一二似應議擬者如稅糧定爲額派是矣而戶由不定則必至紊淆倉口不明則輸戶可易如驛傳特爲節省是矣而不稍加增則過客有無廚之嘆不別衝僻則通加有目破之虞里甲雖經釐正而民支官支尚有不同則紛紛呈告均徭雖經清筭而明編暗編猶未徧曉則冗費尚多至於或移此以加彼今當改正或昔無而今有事須通融略舉數端隱碎未備若不悉規畫一定爲成書百年一時終難希冀且今尚無憑後將

何考合無條呈允日咨本司會同按察司按察使吳文華參政劉世龍光參議宋守約副使提學周鑑驛傳李汝河道劉庠分巡海右兼管青州兵備道副使潘允端臨清兵備道副使王宗舜巡察海道副使郭文和曹濮兵備道副使何子壽分巡濟南道僉事高允懋東兗道僉事謝東陽武定兵備道僉事甄敬沂州兵備道僉事葉憲定擬將本省各官才美洞達而身歷各郡留心民事者如濟南府推官周子德兗州府推官景嵩東昌府推官錢普青州府推官張集掖縣知縣趙欽湯俱行取



到省於本司空道內開局取歷年文卷及前後更定冊籍行各府縣呈請公移悉行檢閱將前四項逐一分款定擬務在便民便官以圖可行慮後慮前以圖可久事完呈請

鑑裁賜之定名付工刊刻成書頒布士民永為東省經制誠為地方急務除各官筆劄紙張供給候允日另呈外為此今將前項緣由理合具呈伏乞照詳施行等因於隆慶五年二月初三日呈蒙

欽差巡撫山東等處地方兼督理營田都察院右僉都

御史梁　批據呈四事一方要政經濟偉猷則

恒至念良用嘉服依擬速行各官准委次第完報
繳本年四月初一日又蒙
巡按山東監察御史張　批據本司經歷司呈
同前事蒙批開局酌議圖便官民此東省大計也
亟如議行繳本月十一日該本司揭呈開局會議
以定一省經制之書誠百年曠典規矩未敢先定
今具式呈樣計開第一先横圖載各縣所派之額
也方寸之紙載數甚多頗爲簡便第二裁一省總
數以便尋覽第三載歷年因革增減那移及各衙
門條議始末唯此條最多且詳第四載附録以因
革條載所不盡及或議論有可採者附綴於此以



俟他日釆擇書中所載大事一税糧馬草二均徭
三里甲四驛傳五馬政六鹽法以上皆愚見粗擬
大畧伏惟
本院詳賜裁定批示庶可奉行早完盛典等因蒙
巡按山東監察御史張　批閱録規畫詳明一
覽曉然此可占經制手段也即如格議行此繳蒙
此除推官張集知縣趙欽湯别有委用不赴外節
據推官周于德錢普景嵩各將查考續集定議各
稿呈送到司除一面照前呈允事理會同按察使

等官吳文華等通加斟酌商定外又該本司照得
原委查議推官三員今已奉文行取其議過前項
各款書冊該本司會同酌議更定卽應繕寫呈請
所有合用紙劄筆工等項相應委官管理查得濟
南府同知牛若愚在任堪以督理合無假呈允日
備行本官將議過前項書冊定本督令省祭官商
宗禮等揀選善書人役在於空閑處所如式攢造
一樣二本呈請
兩院鑑裁刊刻其紙劄筆工等項合用銀兩聽本
官具數申請本司於庫貯香稅銀內動支給發事
畢將用過數目造冊呈報於本年七月二十七日



具呈照詳蒙
欽差巡撫山東等處地方兼督理營田都察院右僉都
御史梁　批依擬行繳蒙此又蒙
巡按山東監察御史張　批據本司經歷司呈
同前事蒙批准動委此繳蒙此又蒙
欽差巡撫山東等處地方兼督理營田都察院右僉都
御史梁　批據本司呈前事蒙批詳閱今録綱
舉目張事核議正山東經會方有成規自是淊革
損益便民裕

國有所考據茲岳牧先務也依擬刊刻以便垂久繳
蒙此已經具由呈請去後今蒙前因除遵行外擬
合刊刻為此令將議過各款事宜合行刊刻經制
成書分布合屬永為遵守施行



隆慶伍年拾月　　日刊行

# 山東經會目録

# 山東經會録卷之一

## 稅糧横圖

濟南府所屬

| 夏稅秋糧馬草鹽鈔 | 歷城縣夏稅 |
| --- | --- |
| 原額總數 | 原額小麥壹萬叄千陸百柒拾叄石貳斗壹升叄合捌勺陸抄肆撮 起運玖千捌百石實徵銀肆千叄百玖拾陸兩肆錢叄分伍釐 保安州宣德等叄倉并趙川葛峪堡倉小麥伍百捌拾玖石叄升捌合貳勺 |
| 起運總數 | 御馬倉小麥壹百陸拾伍石每石壹兩陸錢共銀貳百陸拾肆兩 御馬倉豌豆貳百壹拾石伍斗貳升貳合陸勺肆抄每石壹兩共銀貳百壹拾兩伍錢貳分貳釐柒毫 保定府廣盈左右貳倉小麥叄百捌拾貳石 |
| 漕運倉口 | 派剩各馬房倉小麥陸百叄石伍斗壹升叄合叄勺陸抄每石壹兩共銀陸百叄兩伍錢壹分叄釐肆毫 永平府山海庫布准麥柒千壹百玖拾石陸斗捌升每石叄錢共銀壹千柒百玖拾柒兩陸錢柒分 德州倉小麥折米陸百伍拾 |
| 起運倉口 | 絲綿折絹叄百捌拾疋壹丈陸尺壹分壹釐肆毫伍絲叄忽每疋柒錢共銀貳百陸拾陸兩叄錢伍分壹釐 農桑折絹壹百捌拾肆疋貳丈貳寸伍分每疋柒錢共銀壹百貳拾玖兩貳錢肆分叄釐係解司支住劄京 |
| 存留總數 | 存留叄千捌百柒拾叄石貳斗壹升叄合捌勺陸抄肆撮 本府廣儲倉小麥叄千肆百玖拾壹石貳斗壹升叄合捌勺陸抄肆撮 本府儒學倉小麥貳百伍拾肆石 |
| 存留倉口 | 本縣儒學倉小麥壹百貳拾捌石 |

經會録 糧 濟

四百六十三 趙志信

# 秋糧

伍抄每石壹兩貳錢共銀柒百陸兩捌錢肆分陸釐

原額粟米叁萬壹千玖百肆石壹斗陸升伍合陸勺

起運貳萬壹千貳百石實徵銀壹萬捌千捌百捌拾柒兩柒錢陸分肆釐

供用庫芝蔴貳百肆拾

貳斗捌升每石柒錢伍分共銀貳百捌拾陸兩柒錢壹分

兑軍儹運米肆千伍百石外加耗壹千壹百貳拾伍石蔴草伍拾陸兩貳錢伍分輕齎叁百陸拾兩每石百里脚價叁分伍釐

洗馬林堡倉秤新河口堡倉黒豆貳千

捌石玖斗陸升伍合柒勺伍抄每石捌錢共銀伍百貳拾柒兩壹錢柒分叁釐

兑軍儹運米肆千肆百貳拾石每石捌錢共銀叁千伍百叁拾陸兩

光禄寺細粟米貳千捌百肆拾伍石捌斗貳升每石壹兩共銀貳千捌百肆拾伍兩捌

宦折絹用

德州改兑米叁千石加耗伍百壹拾石蔴草叁拾柒兩伍錢每石百里脚價叁分伍釐

萬全都司宣府等貳拾壹衛所官旗折俸布准米壹千捌百伍拾石每疋叁錢共銀伍

存留壹萬柒百肆石壹斗陸升伍合陸勺

德府廣受倉禄粟米叁百石

本縣儒學倉粟米貳百肆拾石

德府郡王禄粟米貳千貳百壹拾石鮮本府

本府儒學倉粟米肆百捌拾石

德府郡王將軍禄粟米玖拾石每石折銀伍錢鮮司

本府廣豊倉本色稻米肆百貳拾肆石

本府廣儲倉粟米肆千



# 馬草 鹽鈔

玖石捌斗捌升每石壹兩捌錢共肆百肆拾玖兩柒錢捌分肆釐

原額馬草伍萬貳千貳百叁束實徵銀貳千貳百叁拾柒兩叁錢肆分貳釐陸毫

居庸倉草肆百陸拾陸束陸斤捌兩每束伍分共銀貳拾叁兩叁錢貳分壹釐陸毫

捌百叁拾肆石叁斗每石壹兩貳錢共銀叁千肆百壹兩壹錢陸分

宣府在城草場草肆千伍百叁拾束每束柒分每兩加脚價貳錢共銀叁百捌拾兩伍錢貳分

安仁坊草場草叁千陸百束每束伍分共銀壹百捌拾兩

錢貳分

德州常盈庫綿花絨准米壹千伍百石每斤陸分共銀玖百兩

西城坊草場草玖千肆百貳拾柒束每束肆分伍釐共銀肆百貳拾肆兩貳錢壹分伍釐

太倉銀庫草叁萬捌百柒拾玖束捌斤捌兩每束叁分伍釐共銀壹千捌拾兩柒錢捌分陸釐

百伍拾伍兩

京庫地畝綿花絨捌拾伍斤肆兩捌錢肆分徵收本色

北薪草場草叁千叁百束每束肆分伍釐共銀壹百肆拾捌兩伍錢

京庫鈔銀無閏貳百壹兩玖錢陸釐

有閏貳百壹拾捌兩柒錢叁分壹釐伍毫

豊儲倉另收

本府廣豊倉粟米貳千肆百捌拾貳石

司庫鈔銀無閏貳百玖拾伍兩陸錢肆分捌釐壹毫

有閏叁百貳拾兩叁錢捌分捌釐伍毫

壹百柒拾捌石壹斗陸升伍合陸勺

運軍行糧本色叁百石

## 章丘縣夏稅

原額小麥壹萬陸千玖百陸拾壹石叁斗壹升肆合壹勺
起運壹萬貳千肆百石實徵銀伍千捌百壹拾捌兩伍錢貳分貳釐
保安州宣德等叁倉行趙川葛峪堡倉小麥壹千叁百伍拾壹石伍斗陸升

御馬倉豌豆肆百伍拾叁石柒斗玖升捌合叁勺陸抄每石壹兩共銀肆百伍拾叁兩柒錢玖分捌釐肆毫
御馬倉小麥壹百柒拾貳石叁斗柒升貳合捌勺玖抄每石壹兩錢共銀貳百柒拾伍兩柒錢玖分柒釐
京庫本色紅

德州倉小麥折米柒百貳拾石肆升壹合玖勺伍抄每石捌錢共銀伍百柒拾陸兩叁分叁釐柒毫
保定府廣盈左右貳倉小麥柒百叁拾伍石玖斗貳升每石柒錢伍分共銀伍百伍拾壹兩玖錢肆分
京庫本色闊

永平府山海庫布叁千玖百壹拾叁疋壹丈捌尺柒寸壹分陸釐准麥肆千陸百玖拾陸石叁斗壹合捌勺每疋叁錢共銀壹千壹百柒拾肆兩柒分伍釐伍毫
農桑折絹捌百叁拾壹疋貳尺肆寸柒分伍釐每疋柒

存留肆千伍百陸拾壹石叁斗壹升肆合壹勺
本縣儒學倉小麥壹百貳拾捌石
本縣官倉小麥壹百叁拾叁石叁斗壹升肆合壹勺
本府廣豐倉小麥貳千叁百石
德州常豐倉小麥貳千石

稅絲伍百玖拾斤壹拾兩柒錢玖分壹釐捌毫貳絲每斤壹兩共銀伍百玖拾兩陸錢柒分伍釐





## 秋糧

伍合每石壹兩貳錢共銀壹千陸百貳拾壹兩捌錢柒分捌釐
原額粟米叁萬玖千伍百柒拾陸石叁斗玖升玖合肆勺
起運叁萬壹千石實徵銀貳萬玖千壹百壹拾捌兩陸錢柒分壹釐
兌軍贍運米陸千捌百石外加耗壹千

花壹千斤每斤壹錢陸分准麥貳百伍拾石該銀壹百陸拾兩
德州倉改兌米伍千伍百石外加耗玖百叁拾伍石蓆草陸拾捌兩柒錢伍分每石百里腳價叁分伍釐
光祿寺青菽豆陸拾石每石貳兩肆錢共銀壹百肆拾肆兩

白綿布叁千叁百伍拾疋准麥肆千貳拾石每疋腳價銀貳分叁釐
延慶州雲州堡倉粟米壹百肆拾石每石壹兩貳錢共銀壹百陸拾捌兩
保安州萬全廣盈倉粟米壹千玖百石捌斗壹升貳合伍勺每石壹兩貳錢共銀貳千貳百捌

錢共銀伍百捌拾壹兩柒錢伍分伍釐
密雲隆慶倉粟米捌百石每石玖錢共銀柒百貳拾兩
臨清倉粟米叁千柒百貳拾伍石伍斗每石捌錢共銀貳千玖百捌拾兩肆錢
赴役買納
德州常盈庫

存留捌千伍百柒拾陸石叁斗玖升玖合肆勺
本縣儒學倉粟米貳百肆拾石
本府廣儲倉粟米貳千柒百伍拾石
臨清州常盈倉粟米壹

魯府郡王將軍減汎祿粟米壹千石每石折銀伍錢解司
本府廣儲倉本色稻米肆百貳拾肆石
京庫地畝綿花絨叁百捌拾貳斤壹拾伍兩

# 馬草塩鈔

柒百石薊草捌拾伍兩輕齎價伍百肆拾肆兩每石百里腳價叁分伍釐御馬倉菉豆肆百石每石壹兩叁錢共銀伍百貳拾兩兌軍價運折色米貳千叁拾石每石捌錢共銀壹千陸百貳拾肆兩供用庫芝蔴叁百柒拾石壹斗貳升每

洗馬林堡倉并新河口堡倉黑豆陸百貳石伍斗每石壹兩貳錢共銀柒百貳拾叁兩光祿寺細粟米貳千貳百肆拾壹石伍合每石壹兩共銀貳千貳百肆拾壹兩伍釐保安州葛峪堡并青邊常峪口貳堡倉粟米

拾兩玖錢柒分伍釐保安州趙州堡倉并大小白羊貳堡倉粟米貳百叁石貳斗陸升貳合伍勺每石壹兩貳錢共銀貳百肆拾叁兩玖錢壹分伍釐保安州趙川堡倉并大小白羊貳堡倉黑豆貳百貳拾陸石捌斗每

綿花絨準米伍百石每斤陸分共銀叁百兩山海庫闕白綿布準米捌百伍拾石每疋叁錢共銀貳百伍拾伍兩萬全都司宣府等貳拾壹衛所官旗折俸布準米壹千叁百伍拾石每疋叁錢共銀肆百伍兩京庫綿花絨叁千斤準米

千肆百石係菁菜兌瓜每石折銀肆錢本縣官倉粟米貳百壹拾貳石叁斗玖升玖合肆勺德府廣盈倉祿粟米叁百伍拾石德府郡王祿粟米本色柒百伍拾石解本府豐儲倉另收折色玖百伍拾石每石折銀

肆錢肆分徵收本色

經會録　糧儲四　一

石壹兩捌錢共銀陸百陸拾陸兩貳錢壹分陸釐原額馬草伍萬柒千叁百捌拾玖束實徵銀貳千柒百柒拾貳兩貳分伍釐太倉銀庫草叁萬伍百陸拾伍束貳斤陸兩每束叁分伍釐共銀壹千陸拾玖兩柒錢捌分陸毫

叁千石每石壹兩貳錢共銀叁千陸百兩西城坊草場草壹千貳百肆拾伍束每束肆分伍釐共銀伍拾陸兩貳分伍釐宣府在城草場草玖千肆百捌拾貳束每束柒分每兩加腳價貳錢共銀柒百玖拾陸兩肆錢捌分捌釐

石壹兩貳錢共銀貳百柒拾貳兩壹錢貳分霸上太倉草千伍百陸拾叁束壹拾叁斤拾兩每束肆分伍釐共銀壹百壹拾伍兩叁錢柒分陸釐御馬倉內場草柒千肆百貳拾玖束拾肆斤每束柒分共銀伍百貳拾兩玖分伍釐肆毫

叁百石每折柒分伍釐共銀貳百貳拾伍兩中府外場草叁千壹百叁束每束陸分共銀壹百捌拾陸兩壹錢捌分山海庫草叁千束連加耗共銀貳拾捌兩捌分京庫改撥宣府庫鈔有無閏月額銀肆百伍拾兩捌錢柒分貳釐

伍錢解司運軍行糧本色米伍百石司庫鈔銀無閏肆百伍拾兩捌錢柒分貳釐有閏伍百貳拾陸兩貳分柒釐柒毫

# 齊河縣夏稅

原額小麥柒千叁百玖拾壹石叁斗壹升貳合貳勺
起運伍千伍百石實徵銀貳千貳百壹拾叁兩伍錢肆釐
保定府廣盈左右貳倉小麥叁百陸拾玖石陸斗每石柒錢伍分共銀貳百柒拾柒兩貳錢

保安州宣德等叁倉幷趙川葛峪堡倉小麥貳百石每石壹兩貳錢共銀貳百肆拾兩
御馬倉小麥伍拾陸石捌斗伍升伍合每石壹兩陸錢共銀玖拾兩玖錢陸分捌釐

德州倉小麥柒百叁石伍斗肆升伍合本色無麥納米每石捌錢共銀伍百陸拾貳兩捌錢叁分陸釐
永平府山海庫闊白綿布叁千肆百柒拾伍疋准麥肆千壹百柒拾石每疋叁錢共銀壹千肆拾貳兩伍錢

絲綿折絹貳百伍疋貳丈伍尺陸寸伍分捌釐玖毫柒絲每疋柒錢共銀壹百肆拾肆兩陸分貳釐
農桑折絹貳百陸拾伍疋壹丈捌尺叁寸柒分伍釐每疋柒錢共銀壹百捌拾伍兩玖錢貳釐

存留壹千捌百玖拾壹石叁斗壹升貳合貳勺
本縣儒學倉小麥壹百貳拾捌石
本縣官倉小麥壹百壹拾叁石叁斗壹升貳合貳勺

臨清州常盈倉小麥壹千陸百伍拾石

# 秋糧

原額粟米壹萬柒千貳百肆拾陸石伍斗玖升伍合壹勺
起運壹萬叁千伍百石實徵銀壹萬貳千捌百壹拾柒兩玖分貳釐
兌軍儹運折色米壹千壹百陸拾石每石捌錢共銀玖百貳拾捌兩

兌軍儹運米貳千石外加耗伍百石蓆草貳拾伍兩輕齎壹百陸拾兩每石百里脚價叁分伍釐
光祿寺細粟米壹百捌拾石玖斗每石壹兩共壹百捌拾兩玖錢
密雲古北口倉粟米伍百伍拾伍石伍斗每石壹兩共

德州倉改兌米肆千石外加耗陸百捌拾石蓆草伍拾兩每石百里脚價叁分伍釐
密雲隆慶倉粟米壹千貳百陸拾壹石捌斗每石玖錢共銀壹千壹百叁拾伍兩陸錢貳分
臨清倉粟米玖百壹拾玖石肆斗

浮圖峪口倉粟米壹千壹百壹拾柒石陸斗肆升每石玖錢共銀壹千伍兩捌錢柒分陸釐

存留叁千柒百肆拾陸石伍斗玖升伍合壹勺
肥城縣阜積倉粟米壹百石係青萊兌泒每石折銀肆錢
臨清州常盈倉粟米壹千伍百石係青萊兌泒每石折銀肆錢
德府廣受倉祿粟米叁百石

本縣儒學倉粟米貳百肆拾石
肥城縣阜積倉粟米柒百石
運軍行糧本色米貳百石

馬草　塩鈔　長清縣夏稅



保安州萬全廣盈倉粟米貳千壹百肆石陸斗柒升每石壹兩貳錢共銀貳千伍百貳拾伍兩陸錢肆釐

原額馬草貳萬壹千壹百貳拾玖束實徵銀柒百玖拾玖兩叁錢壹分捌釐

銀伍百伍拾伍兩伍錢

京庫綿花絨貳千斤准米貳百石每斤柒分伍釐共銀壹百伍拾兩

安仁坊草場草叁千玖百捌拾陸束壹拾叁斤每束伍分共銀壹百玖拾玖兩叁錢肆分叁釐叁毫

玖升每石捌錢共銀柒百叁拾伍兩伍錢玖分貳釐

京庫地畝綿花絨柒百捌拾陸斤貳兩捌錢徵收本色

太倉銀庫草壹萬柒千壹百肆拾貳束貳斤每束叁分伍釐共銀伍百玖拾玖兩玖錢柒分肆釐柒毫

京庫鈔銀無閏柒拾捌兩陸錢叁分捌釐捌毫有閏捌拾伍兩壹錢玖分伍釐壹毫

德府郡王將軍祿粟米伍百石解本府豐儲倉分收

本縣官倉粟米貳百陸石伍斗玖升伍合壹勺

司庫鈔銀無閏壹百壹拾伍兩壹錢肆分伍釐陸毫有閏壹百貳拾肆兩柒錢肆分壹釐肆毫

原額小麥玖千貳百貳拾伍石陸斗肆勺

起運柒千貳百石實徵銀叁千貳百叁拾柒兩貳錢貳分陸釐

保安州宣德等叁倉并趙川葛峪堡倉小麥壹百柒拾石玖斗每石壹兩貳錢共銀貳百伍兩捌分

御馬倉豌豆貳百柒拾石伍斗叁升每石壹兩共銀貳百柒拾兩伍錢叁分

御馬倉小麥貳百貳拾貳石貳斗每石壹兩陸錢共銀叁百伍拾伍兩伍錢貳分

保定府廣盈左右貳倉小麥陸百貳拾捌石每石柒錢伍分共銀肆百柒拾壹兩

德州倉小麥折米叁百叁拾陸石叁斗柒升每石捌錢共銀貳百陸拾玖兩玖分陸釐

京庫本色紅花貳千捌百斤每斤壹錢陸分准麥柒百石該銀肆百肆拾捌兩

京庫本色闊白綿布肆千陸拾疋准麥肆千捌百柒拾貳石每疋腳價銀貳分叁釐

絲綿折絹貳百伍拾捌疋貳丈捌尺肆寸貳分叁釐玖毫玖絲伍忽每疋柒錢共銀壹百捌拾壹兩貳錢貳分貳釐

農桑折絹叁百捌拾陸疋壹丈陸尺柒寸貳分伍釐每疋柒錢共銀貳百柒拾兩伍錢陸分陸釐

存留貳千貳拾伍石陸斗肆勺

本縣官倉小麥壹百壹拾柒石陸斗肆勺

兗州府廣盈倉小麥柒百捌拾石

本府廣豐倉小麥壹千石

本縣儒學倉小麥壹百貳拾捌石

## 秋糧　馬草鹽鈔

原額粟米貳萬壹千伍百貳拾陸石肆斗捌勺

起運壹萬柒千石實徵銀壹萬陸千叁百捌拾兩壹錢壹分

保安州趙川堡倉秤大小白羊貳堡倉粟米貳千捌百石叁斗每石壹兩貳錢共銀叁千叁百陸拾兩叁錢陸分

原額馬草肆萬陸百陸拾捌束實徵銀壹千玖百伍拾陸兩伍分捌釐

宣府在城草場草肆千柒百柒拾陸束每束柒分每兩外加腳價貳錢共銀肆百壹兩壹錢捌分肆釐

兌軍儹運米伍千捌百石外加耗壹千肆百伍拾石蓆草柒拾貳兩伍錢輕齎肆百陸拾肆兩每石百里脚價叁分伍釐

光祿寺細粟米貳千肆百捌拾柒石貳斗柒升伍合每石壹兩共銀貳千肆百捌拾柒兩貳錢柒分伍釐

御馬倉內場草伍千捌百柒拾叁束貳斤壹兩每束柒分共銀肆百壹拾壹兩壹錢貳分

太倉銀庫草貳萬伍千捌百玖束柒斤壹拾壹兩每束叁分伍釐共銀玖百叁兩叁錢叁分叁釐

兌軍儹運折色米壹千陸百石每石捌錢共銀壹千貳百捌拾兩

德州倉改兌米貳千石外加耗叁百肆拾石蓆草貳拾伍兩每石百里脚價叁分伍釐

派剩米伍百貳拾石柒斗貳升伍合每石陸錢共銀叁百壹拾貳兩肆錢叁分伍釐

居庸倉草壹千貳百壹拾肆束肆兩每束伍分共銀陸拾兩柒錢壹釐

天師庵外場草貳千玖百玖拾伍束伍斤每束陸分共銀壹百柒拾玖兩柒錢貳分

萬全都司壹府等貳拾壹衛所官旗折俸布捌百匹准米捌百石每匹叁錢共銀貳百肆拾兩

赤城廣備倉粟米柒百玖拾壹石柒斗每石壹兩貳錢共銀玖百伍拾兩肆分

京庫綿花絨貳千斤准米貳百石共銀壹百伍拾兩

京庫改撥宣府庫鈔有無閏月額銀壹百肆拾叁兩陸錢捌分貳釐

存留肆千伍百貳拾陸石肆斗捌勺

東昌府廣盈倉粟米柒百石係青粟兌派每石折銀肆錢

本府廣儲倉本色稻米貳百玖石

本府廣儲倉粟米肆百石

德府廣受倉祿粟米叁百伍拾石

本縣儒學倉粟米貳百肆拾石

司庫鈔銀無閏壹百肆拾叁兩陸錢捌分貳釐有閏壹百陸拾柒兩陸錢貳分捌釐捌毫

本縣官倉粟米貳百貳拾柒石肆斗捌勺

魯府郡王將軍祿粟米貳千肆百石每石折銀伍錢解司發兗州府支

京庫地畝綿花絨捌百肆拾捌斤徵收本色

## 臨邑縣　夏稅

原額小麥陸千陸百貳拾壹石伍斗壹升壹合柒勺　起運肆千捌百石實徵銀壹千捌百捌拾捌兩叁錢伍分　永平府山海庫關白綿布叁千壹百伍拾疋准麥叁千柒百捌拾石每疋叁錢共銀玖百肆拾伍兩

酒醋麵局小麥壹百石每石壹兩壹錢共銀壹百壹拾兩　光祿寺小麥壹百柒拾玖石陸斗每石壹兩共銀壹百柒拾玖兩陸錢　御馬倉小麥肆拾捌石陸斗每石壹兩陸錢共銀柒拾柒兩柒錢陸分

派剩各馬房倉小麥壹百壹拾貳石柒斗伍升每石壹兩共銀壹百壹拾貳兩柒錢伍分　天津倉小麥貳百石每石捌錢共銀壹百陸拾兩　德州倉小麥折米叁百柒拾玖石伍升每石捌錢共銀叁百叁兩貳錢肆分

絲綿折絹壹百捌拾叁疋貳丈肆尺捌寸玖分肆釐叁毫捌絲貳忽每疋柒錢共銀壹百貳拾捌兩陸錢肆分伍釐　農桑折絹壹百捌拾伍疋貳丈伍尺貳寸柒分伍釐每疋柒錢共銀壹百叁拾兩伍分叁釐

存留壹千捌百貳拾壹石伍斗壹升壹合柒勺　本縣儒學倉小麥壹百貳拾捌石　本縣官倉小麥壹百壹拾叁石伍斗壹升壹合柒勺

德州常豐倉小麥壹千伍百捌拾石

## 秋糧

原額粟米壹萬伍千肆百伍拾石壹斗玖升叁合捌勺　起運壹萬貳千伍百石實徵銀壹萬壹千肆百陸拾柒兩叁錢伍分叁釐　兌軍儹運米壹千柒百石外加耗肆百貳拾伍石蓆草貳拾壹兩貳錢伍分輕齎壹百叁

兌軍儹運折色米壹千伍百叁拾石每石折銀捌錢共銀壹千貳百貳拾肆兩　德州改兌米伍千壹百柒拾石內除化兌派壹百柒拾石外加耗捌百柒拾捌石玖斗蓆草陸拾肆兩陸錢貳分伍釐每百里腳價叁分伍釐

保安州萬全廣盈倉粟米壹千貳百肆拾玖貳斗壹升柒合伍勺每石壹兩貳錢共銀壹千肆百玖拾玖兩陸分壹釐　貫清千戶所綿花絨壹千伍百斤准米壹百伍拾石每斤柒分伍釐共銀壹百壹拾貳兩伍錢　兌軍儹運折色米奉明文

密雲隆慶倉粟米陸拾石肆斗每石玖錢共銀伍拾肆兩叁錢陸分　派剩米貳百壹拾玖石壹斗陸升每石陸錢共銀壹百叁拾壹兩肆錢玖分陸釐　臨清倉粟米叁百陸拾陸石伍斗壹升貳合伍勺每石捌錢共銀貳百玖拾叁兩

存留貳千玖百伍拾石壹斗玖升叁合捌勺　德州常豐倉粟米壹千伍百石係青菜兌派每石折銀肆錢　德府廣愛倉祿粟米叁百石　本縣儒學倉粟米貳百肆拾石　本縣官倉粟米貳百壹拾石壹斗玖升叁合

京庫地畝綿花絨壹千貳百柒拾捌斤肆兩伍錢徵收本色

馬草　鹽鈔

拾陸兩每石百中腳價叁分伍釐 御馬倉菉豆貳百石每石壹兩叁錢共銀貳百陸拾兩

原額馬草貳萬肆千壹百陸拾玖束實徵銀壹千兩捌錢玖釐 安仁場草貳千貳百貳拾伍束肆斤捌兩每束伍分共銀壹百壹拾壹兩貳錢陸分伍釐

保安州趙川堡倉并大小白羊貳堡倉粟米壹千捌拾石每石壹兩貳錢共銀壹千貳百玖拾陸兩

大師庵外場草肆千捌百陸拾束捌斤壹拾壹兩貳錢每束陸分共銀貳百玖拾壹兩陸錢叁分伍釐

撥與霈化壹百柒拾石實徵貳百柒石柒斗壹升每石陸錢共銀壹百貳拾肆兩陸錢貳分陸釐

大倉銀庫草壹萬柒千捌拾叁束壹斤壹拾貳兩捌錢每束叁分伍釐共銀伍百玖拾柒兩玖錢玖釐

貳錢壹分山海衛關向綿布伍百陸拾柒疋准米伍百陸拾柒石每疋叁錢共銀壹百柒拾兩壹錢

京庫鈔銀無閏陸拾玖兩貳錢壹分陸釐有閏柒拾肆兩玖錢捌分肆釐

捌勺運單行糧本色米柒百石

司庫鈔銀無閏壹百壹兩叁錢伍分貳釐有閏壹百玖兩柒錢玖分捌釐



淄川縣　夏稅　秋

原額小麥捌千壹百壹拾肆石柒斗玖升柒合柒抄 起運伍千柒百石實徵銀貳千叁百壹拾陸兩貳錢捌分肆釐柒毫 御馬倉豌豆貳百玖拾捌石伍斗柒升每石壹兩共銀貳百玖拾捌兩伍錢柒分 原額粟米壹

御馬倉小麥伍拾石每石壹兩陸錢共銀捌拾兩 德州倉小麥折米伍百捌拾貳石伍斗叁合貳勺伍抄每石捌錢共銀肆百陸拾陸兩貳釐陸毫 永平府山海庫布叁千陸百伍拾疋准麥肆千叁百捌拾石每疋叁錢共銀壹千玖拾伍兩 兑軍價運折

保定府廣盈左右貳倉小麥貳百石每石柒錢共銀壹百伍拾兩 保安州宣德等叁倉并趙川葛峪堡倉小麥壹百捌拾捌石玖斗貳升陸合柒勺伍抄每石壹兩貳錢共銀貳百貳拾陸兩柒錢壹分貳釐壹毫 密雲古北口

絲綿折絹貳百貳拾肆疋貳丈肆尺玖釐柒毫叁絲每疋柒錢共銀壹百伍拾柒兩叁錢貳分陸釐 農桑折絹叁百捌拾貳疋貳丈柒尺壹寸伍分每疋柒錢共銀貳百陸拾柒兩玖錢玖分肆釐 德州倉改兑

存留貳千肆百壹拾肆石柒斗玖升柒合柒勺 本府廣豐倉小麥貳千壹百柒拾石 本縣儒學倉小麥壹百貳拾捌石 存留肆千肆

本縣官倉小麥壹百壹拾陸石柒斗玖升柒合柒抄 本縣儒學倉

# 糧

萬捌千玖百叁拾肆石伍斗陸升貳合叁勺叁抄

起運壹萬肆千伍百石實徵銀壹萬貳千捌拾貳兩陸錢玖分壹釐

兗軍儲運米柒百石外加耗壹百柒拾伍石席草捌兩柒錢伍分輕賫伍拾陸兩每石百里腳價叁分伍釐

色米奉明文撥壹百柒拾石與霑化外實徵陸百陸拾肆石每石隨錢共銀叁百捌拾陸兩肆錢

保安州萬全廣積倉粟米壹千叁拾捌石每石壹兩貳錢共銀壹千貳百肆拾伍兩陸錢

臨清倉粟米壹千貳百壹拾陸石伍斗肆升肆合

倉粟米伍百陸拾玖石肆斗伍升伍合貳勺每石壹兩共銀伍百陸拾玖兩肆錢伍分伍釐貳毫

密雲隆慶倉粟米伍千肆百貳拾玖石每石玖錢共銀肆千捌百捌拾陸兩壹錢

山海庫闊白綿布壹千貳百叁拾叁疋准

米陸百柒拾石內壹百柒拾石係霑化分撥外加耗壹百壹拾叁石玖斗蓆草捌兩陸錢柒分每石百里腳價叁分伍釐

德州常盈庫綿花絨叁千伍百斤准米叁百伍拾石每斤陸分共銀貳百壹拾兩

德州常盈庫綿花絨陸

百叁拾肆石伍斗貳升陸合叁勺叁抄

東昌府廣盈倉粟米陸百石係青萊兗派每石折銀肆錢

德府廣豐倉祿粟米叁百石

魯府鄒王府軍祿粟米貳千伍百石每石折銀伍錢解司發兗州府支

粟米貳百肆拾石

本府常豐倉粟米伍百石

京庫地畝綿花絨貳百捌拾柒斤陸兩貳錢徵收本色



# 馬草　塩　鈔

石匯倉粟米貳千石每石玖錢共銀壹千捌百兩

原額馬草肆萬伍千玖百陸拾玖束實徵銀壹千捌百捌拾伍兩玖錢伍分伍釐

中府外場草壹萬壹百陸拾貳束叁斤每束陸分共銀陸百玖兩柒錢叁分貳釐

捌勺每石捌錢共銀玖百柒拾叁兩貳錢叁分伍釐捌毫

御馬倉內場草伍千柒百陸拾貳束每束柒分共銀肆百叁兩叁錢肆分

太倉銀庫草貳萬叁千柒拾伍束壹拾貳斤每束叁分伍釐共銀捌百柒兩陸錢伍分叁釐

米壹千貳百叁拾叁石每石叁錢共銀叁百陸拾玖兩玖錢

山海庫草陸千玖百陸拾玖束每束玖釐每伍拾兩外加耗貳兩共銀陸拾伍兩貳錢叁分

千伍百斤准米陸百伍拾石每斤陸分共銀叁百玖拾兩

京庫鈔銀無閏壹百貳拾兩壹錢肆分肆釐有閏壹百叁拾兩壹錢伍分捌釐

本縣官倉粟米貳百玖拾肆石伍斗貳升陸合叁合叁抄

司庫鈔銀無閏壹百柒拾伍兩玖錢壹分叁釐伍毫有閏壹百玖拾兩伍錢捌分捌釐伍毫

## 禹城縣夏稅

原額小麥柒千肆拾貳石玖斗陸升玖合肆勺

起運伍千貳百伍拾石實徵銀貳千壹百肆拾肆兩伍分貳釐

天津倉小麥叁百捌拾伍石柒斗壹升叁合貳勺每石捌錢共銀叁百捌兩伍錢柒分陸毫

御馬倉小麥壹百伍拾捌石伍斗叁升叁合柒勺伍抄每石壹兩陸錢共銀貳百伍拾叁兩陸錢伍分肆釐

德州倉小麥折米肆百柒拾貳石陸斗玖升伍勺伍抄每石捌錢共銀叁百柒拾捌兩壹錢伍分貳釐肆毫

保安州宣德等叁倉幷趙川葛峪保倉小麥壹百伍拾叁石陸升貳合伍勺每石壹兩貳錢共銀壹百捌拾叁兩陸錢柒分伍釐

永平府山海庫闊白綿布叁千肆百疋准麥肆千捌拾石每疋叁錢共銀壹千貳拾兩

絲綿折絹壹百玖拾陸疋貳丈柒尺柒寸伍分貳釐玖毫伍絲伍忽每疋柒錢共銀壹百叁拾柒兩捌錢捌釐

農桑折絹叁百壹拾叁疋貳丈玖尺陸寸柒分每疋柒錢共銀貳百壹拾玖兩柒錢肆分玖釐

存留壹千柒百玖拾貳石玖斗陸升玖合肆勺

本縣儒學倉小麥壹百貳拾捌石

本縣官倉小麥壹百壹拾肆石玖斗陸升玖合肆勺

臨清州常豐倉小麥壹千伍百伍拾石

經會録　糧儲十二　收八百弍

## 秋糧

原額粟米壹萬陸千肆百叁拾叁石伍斗玖升伍合壹勺

起運壹萬叁千伍百石實徵銀壹萬貳千叁百伍拾玖兩叁錢肆分

兌軍儹運米貳千捌百石外加耗柒百石席草叁拾伍兩輕齎貳百貳拾肆兩每石百里腳價叁

德州倉改兌米叁千伍百石外加耗伍百玖拾伍石席草肆拾叁兩柒錢伍分每石百里腳價叁分伍釐

保安州葛峪堡倉幷青邊常峪口貳堡倉粟米壹千石每石壹兩貳錢共銀壹千貳百兩

臨清倉粟米玖百玖拾

光祿寺芝蔴壹百伍拾石每石壹兩叁錢伍分共銀貳百貳兩伍錢

御馬倉黑豆壹百石每石壹兩叁錢共銀壹百叁拾兩

山海庫闊白綿布壹千貳百叁拾貳疋叁丈壹尺陸寸壹分陸釐准米壹千貳百叁拾貳石玖斗

保安州鴻全廣盈倉粟米貳千陸拾貳石叁斗伍升每石壹兩貳錢共銀貳千肆百柒拾肆兩捌錢貳分

派剩米叁百伍拾捌石叁升每石陸錢共銀貳百壹拾肆兩捌錢壹分捌釐

京庫綿花絨肆千斤准米肆百石每斤

存留貳千玖百叁拾叁石伍斗玖升伍合壹勺

德州常豐倉粟米壹千捌百石係青萊兌派每石折銀肆錢

本縣儒學倉粟米貳百肆拾石

德府廣受倉祿粟米叁百石

本縣官倉粟米壹百捌拾肆石伍

本府廣儲倉折色稻米貳百玖石每石折銀壹兩

## 馬草塩鈔

分伍釐兗軍儧運折色米玖百石每石捌錢共銀柒百貳拾兩

原額馬草肆萬肆千叁百壹拾伍束實徵銀壹千柒百貳拾捌兩柒錢柒分叁釐

湯山草場草肆百壹拾捌束肆斤捌兩每束肆分伍釐共銀壹拾捌兩捌錢貳分叁釐伍毫

陸石陸斗叁升貳合每石捌錢共銀柒百玖拾柒兩叁錢伍釐陸毫

太倉銀庫草叁萬壹千貳拾壹束拾斤捌兩每束叁分伍釐共銀壹千捌拾伍兩柒錢伍分玖釐伍毫

吳家駝坐房倉草貳千叁百束每束伍分伍釐共銀壹百貳拾陸兩伍錢

捌升捌合每石叁錢共銀叁百陸拾玖兩捌錢玖分陸釐肆毫

御馬倉內場草陸千伍百柒拾伍束每束柒分共銀肆百陸拾兩貳錢伍分

山海庫草肆千束每束玖釐每伍拾兩加耗貳兩共銀叁拾柒兩肆錢肆分

柒分伍釐共銀叁百兩

京庫地畝綿花絨捌百壹斤拾兩徵收本色

京庫鈔銀無閏壹百陸拾叁兩伍錢陸分有閏壹百柒拾柒兩壹錢玖分

斗玖升伍合壹勺

德州常豐倉粟米貳百石

府庫鈔銀無閏貳百叁拾玖兩肆錢玖分捌釐陸毫有閏貳百伍拾玖兩肆錢柒分壹釐伍毫

## 長山縣夏稅

原額小麥玖千貳百肆拾伍石伍斗玖升伍合壹勺

起運陸千柒百石實徵銀貳千捌百柒拾貳兩肆分貳釐

御馬倉豌豆貳百伍拾伍石貳斗壹升每石壹兩共銀貳百伍拾伍兩貳錢壹分

京庫本色紅

保安州宣德等叁倉并趙川葛峪堡倉小麥貳百叁拾石每石壹兩貳錢共銀貳百柒拾陸兩

德州倉小麥折米壹千叁百貳拾肆石柒斗玖升每石捌錢共銀壹千伍拾玖兩捌錢叁分貳釐

京庫本色闊白綿布貳

永平府山海庫闊白綿布壹千玖百疋准麥貳千貳百捌拾石每疋叁錢共銀伍百柒拾兩

絲綿折絹貳百伍拾柒疋玖尺捌寸玖釐捌絲伍忽每疋柒錢共銀壹百捌拾兩壹錢壹分伍釐

農桑折絹壹百柒拾疋貳丈叁寸貳分伍釐每疋柒錢共銀壹百壹拾玖兩肆錢肆分伍釐

存留貳千伍百肆拾伍石伍斗玖升伍合壹勺

本縣儒學倉小麥壹百貳拾捌石

本縣官倉小麥壹百壹拾柒石伍斗玖升伍合壹勺

本府廣豐倉小麥貳千叁百石

# 秋糧

花陸百斤每斤壹錢陸分准麥壹百伍拾石共銀玖拾陸兩

原額粟米貳萬壹千伍百柒拾叁石伍升伍合貳勺

起運壹萬柒千石實徵銀壹萬陸千壹百貳拾肆兩壹錢陸分陸釐柒毫

兌軍儹運米貳千石外加耗伍百石蓆草貳拾伍兩輕齎壹百陸拾兩每石百里脚價叁分伍釐

兌軍儹運折色米壹千壹百叁拾石每石捌錢共銀玖百肆兩

保安州萬全廣盈倉粟米伍千壹百捌拾捌石每石壹兩貳錢共銀陸千貳

千伍拾疋准麥貳千肆百陸拾石每疋脚價貳分叁釐

德州倉改兌米貳千貳百石內霑化兌撥貳百石外加耗叁百柒拾肆石蓆草貳拾柒兩伍錢每石百里脚價叁分伍釐

兌軍儹運折色米奉明文撥與霑化貳百石外實徵壹千壹百貳拾伍石叁斗貳升伍合每石陸錢共銀陸百柒拾伍兩壹錢玖分伍釐

光祿寺芝蔴壹百石每石壹兩叁錢伍分共銀壹百叁拾伍兩

派剩米貳百陸拾肆石伍斗捌合貳勺貳抄伍撮每石陸錢共銀壹百伍拾捌兩柒錢伍釐

山海庫闊白綿布玖百捌拾柒疋准米玖百捌拾柒石每疋叁錢共銀貳百玖拾陸兩壹錢

光祿寺細粟米貳千肆拾玖石壹斗陸升陸合柒勺柒抄伍撮每石壹兩共銀貳千肆拾玖兩壹錢陸分柒釐

密雲隆慶倉粟米壹千玖百伍拾陸石每石玖錢共銀壹千柒百陸拾兩肆錢

京庫地畝綿花絨叁拾柒斤壹拾兩陸錢徵收本色

存留肆千伍百柒拾叁石伍升伍合貳勺

東昌府廣盈倉粟米壹千石係青萊兗派每石折銀肆錢

濟寧州永豐倉粟米伍百石係青萊兗派每石折銀肆錢

德府廣受倉祿粟米貳百石

德府郡王祿粟米壹百伍拾石解本府豐儲倉另收

德府奏辭祿粟米壹百伍拾石每石折銀柒錢解司聽用

德府郡王將軍減派祿粟米叁百柒拾石每石

本縣儒學倉粟米貳百肆拾石

本縣官倉粟米貳百壹拾伍石伍升伍合貳勺

本府廣豐倉本色稻米壹百壹拾叁石伍斗

本府廣儲倉粟米壹千貳百柒拾石

本府廣豐倉折色稻米叁百肆石伍斗每石折銀壹兩解司支用

運軍行糧折色米陸拾石每石折銀陸錢解司

## 馬草盐鈔

百貳拾伍兩陸錢

原額馬草參萬參千壹百玖束實徵銀壹千肆百柒拾柒兩貳錢陸釐伍毫

太倉銀庫草壹萬捌千捌百捌拾肆束壹拾肆兩肆錢每束參分伍釐共銀陸百陸拾兩玖錢肆分貳釐壹毫

御馬倉内場草參千肆百貳拾玖束陸兩肆錢每束柒分共銀貳百肆拾兩參分壹釐玖毫

安仁坊草場草柒千壹百伍拾貳束參斤捌兩每束伍分共銀參百伍拾柒兩陸錢壹分壹釐柒毫

天師庵外場草參千陸百肆拾參束壹拾斤參兩貳錢每束陸分共銀貳百壹拾捌兩陸錢貳分捌毫

京庫鈔銀無閏壹百伍拾參兩玖錢參分有閏壹百陸拾陸兩柒錢伍分柒釐伍毫

折銀伍錢解司聽用

司庫鈔銀無閏貳百貳拾伍兩參錢玖分柒釐伍毫有閏貳百肆拾肆兩壹錢捌分柒毫





## 鄒平縣夏税

原額小麥壹萬肆拾貳石捌斗柒升壹合貳勺

起運柒千貳百石實徵銀貳千玖百捌拾參兩伍錢參分參釐參毫

京庫本色闊白綿布貳千肆百肆拾疋准麥貳千玖百貳拾捌石每疋脚價貳分參釐

光禄寺小麥肆百石肆斗每石壹兩共銀肆百兩肆錢

天津倉小麥貳百捌石壹斗伍升每石捌錢共銀壹百陸拾陸兩伍錢貳分

京庫本色紅花陸百斤每斤壹錢陸分准麥壹百伍拾石共銀玖拾陸兩

保定府廣盈左倉兌倉小麥壹百伍拾肆石玖斗參升肆合每石柒錢伍分共銀壹百壹拾陸兩貳錢伍毫

永平府山海庫闊白綿布壹千捌百肆拾疋准麥貳千貳百捌石每疋參錢共銀伍百伍拾貳兩

德州倉小麥折米壹千壹百伍拾石伍斗壹升陸合每石折銀捌錢共銀玖百貳拾兩肆錢壹分貳釐捌毫

農桑折絹貳百伍拾參疋貳丈貳寸貳釐每疋柒錢共銀壹百柒拾柒兩伍錢肆分參釐

存留貳千捌百肆拾貳石捌斗柒升壹合貳勺

本縣儒學倉小麥壹百貳拾捌石

本縣官倉小麥壹百壹拾肆石捌斗柒升壹合貳勺

本府廣儲倉小麥貳千陸百石

税絲參百肆拾玖斤玖兩捌錢陸分伍釐柒毫陸絲伍忽每斤壹兩共銀參百肆拾玖兩陸錢壹分柒釐

## 秋

原額粟米貳萬貳千捌

兗州軍儲運折色米壹千

德州倉改兌米貳千伍

山海倉粟米壹千壹百

存留伍千參百壹石陸

德州常豐倉粟米壹千

# 糧

百壹石陸升壹勺伍抄
起運壹萬柒千伍百石實徵銀壹萬陸千叁拾兩陸分
兗軍儧運米貳千石外加耗伍百石蓆草貳拾伍兩輕齎壹百陸拾兩每石百里脚價叁分伍釐
臨清倉粟米貳千肆拾捌石叁斗陸升每石捌

壹百壹拾石每石捌錢共銀捌百捌拾捌兩
光祿寺芝蔴貳百石每石壹兩叁錢伍分共銀貳百柒拾兩
保安州趙川堡倉行大小白羊貳堡倉黑豆肆千柒百柒拾叁石貳斗每石壹兩貳錢共銀伍千柒百貳拾柒兩捌錢肆分

百石外加耗肆百貳拾伍石蓆草叁拾壹兩貳錢伍分每石百里脚價叁分伍釐
浮圖峪口倉粟米柒百陸拾伍石捌斗每石玖錢共銀陸百捌拾玖兩貳錢貳分
泒剩米伍百伍拾捌石每石柒錢共銀叁百玖拾兩陸錢
浮石橋倉黑

肆拾玖石陸斗肆升每石捌錢共銀玖百壹拾玖兩柒錢壹分貳釐
京庫綿花絨貳千斤准米貳百石每斤柒分伍釐共銀壹百伍拾兩
山海庫闊白綿布壹千叁百疋准米壹千叁百石每疋叁錢共銀叁百玖拾兩
京庫地畝綿

升壹合伍撮
德州常豐倉粟米柒百石係青萊兗泒每石折銀肆錢
臨清州常盈倉粟米壹千貳百石係青萊兗泒每石折銀肆錢
本縣官倉粟米貳百陸拾壹石陸升壹合貳勺玖抄伍撮
德府奏辭祿

米百石
德府廣盈倉祿粟米壹百石
本縣儒學倉粟米貳百肆拾石
運軍行糧本色米壹百柒拾石
運軍行糧折色米百貳拾玖石玖斗玖升玖合柒勺伍抄伍撮每石折銀陸錢解司

# 馬草 鹽鈔

錢共銀壹千陸百叁拾捌兩陸錢捌分捌釐捌絲
原額馬草貳萬柒千叁百捌拾貳束實徵銀壹千叁拾捌兩伍錢伍分陸釐伍毫
天師庵外場草壹百捌拾伍束玖斤玖兩陸錢每束陸分共銀壹拾壹兩壹錢叁分捌釐肆毫

司苑局黑豆柒百石每石捌錢共銀伍百陸拾兩
司苑局草貳千肆百壹拾玖束每束伍分共銀壹百貳拾兩玖錢伍分
太倉銀庫草貳萬壹千柒百壹拾玖束壹拾斤每束叁分伍釐共銀柒百陸拾兩壹錢捌分捌釐肆毫

豆壹百玖拾伍石每石捌錢共銀壹百伍拾陸兩
安仁坊草場草壹千柒百叁拾陸束壹拾斤每束伍分共銀捌拾陸兩捌錢叁分叁釐伍毫
西城坊草場草壹千叁百貳拾壹束陸兩肆錢每束肆分伍釐共銀伍拾玖兩肆錢肆分陸釐貳毫

花絨壹百壹拾斤捌兩玖錢陸分徵收本色
京庫鈔銀無閏貳百叁兩壹錢肆分捌釐有閏貳百貳拾兩柒分柒釐

粟米貳百石每石折銀柒錢解司聽用
司庫鈔銀無閏貳百玖拾柒兩伍錢陸分陸釐捌毫有閏叁百貳拾貳兩貳錢伍分伍釐柒毫

# 肥城縣夏稅

原額小麥肆千肆拾叁石陸斗捌升肆合起運貳千玖百石實徵銀壹千叁百肆拾捌兩陸錢壹分玖釐德州倉小麥折米柒百貳拾捌石柒斗貳合伍勺每石折銀捌錢共銀伍百捌拾貳兩玖錢陸分貳釐

保安州宣德等叁倉并趙川葛峪堡倉小麥壹百貳拾玖石貳斗玖升柒合伍勺每石壹兩貳錢共銀壹百伍拾伍兩壹錢伍分柒釐保定府廣盈左右貳倉小麥貳百石每石柒錢伍分共銀壹百伍拾兩

永平府山海庫闊白綿布壹千伍百叁拾伍疋准麥壹千捌百肆拾貳石每疋叁錢共銀肆百陸拾兩伍錢絲綿折絹壹百壹拾叁疋玖寸壹分壹釐貳毫捌絲玖忽每疋柒錢共銀柒拾玖兩壹錢貳分

農桑折絹壹百肆拾叁疋壹丈伍尺玖寸每疋柒錢共銀壹百兩肆錢肆分捌釐

存留壹千壹百肆拾叁石陸斗捌升肆合本縣儒學倉小麥壹百貳拾捌石

本縣阜積倉小麥壹千壹拾伍石陸斗捌升肆合

# 秋糧

原額粟米玖千肆百叁拾伍石貳斗陸升貳合陸勺起運柒千伍百石實徵銀柒千肆百壹拾柒兩柒錢玖分陸釐光祿寺細粟米伍百貳拾陸石玖斗捌升每石壹兩共銀伍百貳拾陸兩玖錢捌分密雲隆慶倉

兌軍儹運折色米伍百石每石捌錢共銀肆百兩德州倉改兌米壹千石外加耗壹百柒拾石蓆草拾貳兩伍分每石百里脚價叁分伍釐臨清倉粟米叁百貳拾石玖斗捌升每石捌錢共銀貳百伍拾陸

兌軍儹運米叁千壹百石外加耗柒百柒拾伍石蓆草叁拾捌兩柒錢伍分輕齎貳百肆拾捌兩每石百里脚價叁分伍釐保安州萬全廣盈倉粟米壹千肆百陸石每石壹兩貳錢共銀壹千陸百捌拾柒兩貳

御馬倉黑豆叁百肆拾陸石肆升每石捌錢共銀貳百柒拾陸兩捌錢叁分貳釐京庫地畝綿花絨壹百肆拾貳斤壹拾兩捌錢徵收本色

存留壹千玖百叁拾伍石貳斗陸升貳合陸勺本縣阜積倉粟米玖百石係青黍兌派每石折銀肆錢本縣阜積倉粟米叁百柒石貳斗陸升貳合陸勺

德府廣受倉祿粟米叁百石本縣儒學倉粟米貳百肆拾石本府廣豐倉本色稻米壹百捌拾捌石

馬草盐鈔

粟米叁百石每石玖錢共銀貳百柒拾兩

原額馬草貳萬壹千貳百束實徵銀玖百肆拾壹兩叁錢伍分貳釐

太倉銀庫草壹萬叁千貳百肆拾叁束叁斤每束叁分伍釐共銀肆百陸拾叁兩伍錢壹分貳釐

兩柒錢捌分肆釐

存廣倉草叁千玖百伍拾陸束壹拾貳斤每束伍分共銀壹百玖拾柒兩捌錢肆分

錢

御馬倉內場草肆千束每束柒分共銀貳百捌拾兩

京庫鈔銀無閏肆拾壹兩伍錢玖分捌釐有閏肆拾伍兩陸分肆釐伍毫

司庫鈔銀無閏陸拾兩玖錢壹分壹釐肆毫有閏陸拾伍兩玖錢捌分柒釐肆毫



新城縣夏稅

原額小麥柒千壹百玖拾伍石伍斗陸升壹合肆勺伍抄

起運伍千伍百石實徵銀壹千伍百捌拾玖兩叁錢肆分肆釐

德州倉小麥折米伍百肆拾肆石貳斗柒合貳勺伍鈔每石折銀捌錢共銀肆百叁拾

永平府山海庫閏白綿布貳千肆疋玖尺肆寸柒釐准麥貳千肆百伍石壹斗伍升貳合柒勺伍抄每疋叁錢共銀陸百壹兩貳錢捌分捌釐貳毫

御馬倉小麥柒拾石捌升叁合叁勺陸抄每石壹兩陸錢共銀壹百

派剩各馬房倉小麥捌拾石伍斗伍升陸合陸勺肆抄每石壹兩共銀捌拾兩伍錢伍分陸釐陸毫肆絲

登州府豐廣貳庫鈔貳萬肆千錠准麥貳千肆百石每錠壹分伍釐共銀叁百陸拾兩每伍拾兩外加耗貳

絲綿折絹壹百玖拾柒疋貳尺玖寸陸分捌釐陸毫柒絲壹忽叁微伍纖每疋柒錢共銀壹百叁拾柒兩玖錢陸分伍釐

農桑折絹陸百叁拾玖疋壹丈肆尺捌寸伍分每疋柒錢共銀肆百肆拾柒兩陸錢貳

存留壹千陸百玖拾伍石伍斗陸升壹合肆勺伍抄

本縣官倉小麥壹百壹拾柒石伍斗陸升壹合肆勺伍抄

本縣儒學倉小麥壹百貳拾捌石

本府廣儲倉小麥壹千肆百伍拾石

# 秋糧

伍兩叁錢陸分伍釐捌毫

原額粟米壹萬陸千柒百捌拾玖石陸斗肆升叁合壹勺伍抄

起運壹萬貳千伍百石實徵銀壹萬捌百叁拾叁兩伍分叁釐

德州倉改兌米壹千石外加耗壹百柒拾石蓆草壹拾貳兩伍錢每石百里脚價叁分伍釐

壹拾貳兩壹錢叁分叁釐肆毫

保安州萬全廣盈倉粟米貳千貳拾壹石肆斗叁升貳合伍勺每石壹兩貳錢共銀貳千肆百貳拾伍兩柒錢壹分玖釐

密雲隆慶倉粟米伍千玖拾肆石捌斗每石玖錢共銀肆千伍百捌拾伍兩叁錢貳分

兩

兌軍贊運米壹千石外加耗貳百伍拾石蓆草壹拾貳兩伍錢輕齎捌拾兩每石百里脚價叁分伍釐

臨清倉粟米壹千叁百壹拾叁石柒斗陸升柒合伍勺每石捌錢共銀壹千伍拾壹兩壹分肆釐

分伍釐

兌軍贊運折色米伍百石每石捌錢共銀肆百兩

山海庫闊白綿布壹千伍百柒拾疋准米壹千伍百柒拾石每疋叁錢共銀肆百柒拾壹兩

京庫地畝綿花絨壹百捌拾壹斤伍錢陸分徵收本色

存留肆千貳百捌拾玖石陸斗肆升叁合壹勺伍抄

臨清州常盈倉粟米貳千石係青萊兌汎每石折銀肆錢

魯府郡王祿粟米陸百石每石伍錢解司發兗州府支

本縣官倉粟米貳百肆拾玖石陸斗肆升叁合壹勺伍抄

德府廣受倉祿粟米壹百石

德府奏辭祿粟米貳百伍拾石每石折銀柒錢解司聽用

本府廣儲倉粟米捌百伍拾石

本縣儒學倉粟米貳百肆拾石



# 馬草　塩鈔

原額馬草貳萬伍千叁拾壹束實徵銀玖百叁拾壹兩貳錢伍分叁釐

御馬倉內場草貳千肆百貳拾伍束壹拾貳斤每束柒分共銀壹百陸拾玖兩捌錢陸釐

中府外場草肆千玖百玖拾陸束每束陸分共銀貳百玖拾玖兩柒錢陸分

太倉銀庫草壹萬壹千伍百柒拾捌束叁斤每束叁分伍釐共銀肆百伍兩貳錢叁分柒釐

山海庫草陸千叁拾壹束每束玖釐每伍拾兩加耗貳兩共銀伍拾陸兩肆錢伍分

京庫改撥宣府庫鈔有無閏月額銀壹百陸拾伍兩陸錢貳分

司庫鈔銀無閏壹百陸拾伍兩陸錢壹分玖釐伍毫有閏壹百柒拾叁兩貳錢伍分捌毫

# 齊東縣夏稅

原額小麥玖千壹百壹拾貳石伍斗玖升伍合貳勺　起運柒千石實徵銀貳千陸百柒拾貳兩玖錢玖分陸釐　天津倉小麥壹千肆拾玖石壹升每石捌錢共銀捌百叁拾玖兩貳錢捌釐

保安州宣德等叁倉并趙川葛峪堡倉小麥壹百伍拾捌石玖斗玖升每石壹兩貳錢共銀壹百玖拾兩柒錢捌分捌釐　京庫本色紅花貳千斤每斤壹錢陸分准麥伍百石該銀叁百貳拾兩

永平府山海庫布肆千肆百壹拾疋準麥伍千貳百玖拾貳石每疋叁錢共銀壹千叁百貳拾叁兩

農桑折絹叁百壹拾伍疋壹丈捌尺貳寸伍分伍釐每疋柒錢共銀貳百貳拾兩玖錢

存留貳千壹百壹拾貳石伍斗玖升伍合貳勺　本縣儒學倉小麥壹百貳拾捌石　本縣官倉小麥壹百壹拾肆石伍斗玖升伍合貳勺　本府廣豐倉小麥壹千捌百柒拾石

稅絲叁百拾肆斤壹拾貳兩伍錢貳釐叁毫叁絲每斤壹兩共銀叁百壹拾肆兩柒錢捌分貳釐

# 秋糧

原額粟米貳萬壹千貳百陸拾貳石柒斗貳升貳合壹勺　起運壹萬柒千石實徵銀壹萬陸千肆百伍兩陸錢柒分　兌軍儧運米叁千伍百石外加耗捌百柒拾伍石蓆草肆拾叁兩柒錢伍分輕齎貳百捌拾兩每石百里脚

分軍儧運折色米貳千石每石捌錢共銀壹千陸百兩　永豐倉粟米肆千石每石壹兩貳錢共銀肆千捌百兩　光祿寺細粟米壹千玖拾柒石叁斗貳升伍合每石壹兩共銀壹千玖拾柒兩叁錢貳分伍釐　山海庫布叁百疋准米叁百石每

德州倉改兌米叁千伍百石外加耗伍百玖拾伍石蓆草肆拾叁兩柒錢伍分每石百里脚價叁分伍釐　密雲隆慶倉粟米壹千貳百石每石玖錢共銀壹千捌拾兩　臨清倉粟米玖百陸拾肆石伍斗貳升伍合每石捌錢共銀柒百

派剩米貳百叁拾柒石玖斗伍升每石柒錢共銀壹百陸拾陸兩伍錢陸分伍釐　京庫綿花絨貳千斤准米貳百石每斤柒分伍釐共銀壹百伍拾兩　京庫地畝綿花絨壹百伍拾叁斤陸兩肆錢徵收本色

存留肆千貳百陸拾貳石柒斗貳升貳合壹勺　德州常豐倉粟米壹千捌百石係青菜兌派每石折銀肆錢　德府郡王將軍減派祿粟米貳百伍拾石每石折銀伍錢解司　德府廣豐倉祿粟米叁百伍拾石　本縣官倉粟米叁百貳

本縣儒學倉粟米貳百肆拾石　本府廣豐倉折色稻米肆百柒拾石每石折銀壹兩解司　本府廣豐倉粟米陸百石　運軍行糧本色米貳百伍拾石

經會錄　糧儲九　八百十二朝

# 馬草鹽鈔

價叄分伍釐原額馬草叄萬陸千柒百肆拾伍束實徵銀壹千陸百柒拾陸兩玖錢捌分貳釐陸毫宣府在城草場草叄千伍百肆拾肆束每束柒分每兩加腳價貳錢共銀貳百玖拾柒兩陸錢玖分陸釐

疋叄錢共銀玖拾兩大師庵外場草陸千柒百玖束壹斤每束陸分共銀肆百貳兩伍錢肆分肆釐太倉銀庫草貳萬貳千壹百捌拾捌束壹拾肆斤壹兩陸錢每束叄分伍釐共銀柒百柒拾陸兩陸錢壹分貳釐玖毫

柒拾壹兩柒錢捌分安仁坊草場草壹千貳百玖拾捌束壹拾肆斤每束伍分共銀陸拾肆兩玖錢肆分柒釐湯山草場草叄千肆束壹拾肆兩肆錢每束肆分伍釐共銀壹百叄拾伍兩壹錢捌分貳釐柒毫

京庫改撥宣府庫鈔有無閏月額銀壹百貳拾貳兩陸錢柒分

石柒斗貳升貳合壹勺司庫鈔銀無閏壹百貳拾貳兩陸錢柒分有閏壹百肆拾叄兩壹錢壹分叄釐伍毫





# 濟陽縣夏稅

原額小麥壹萬陸百壹拾石伍斗柒升叄合壹勺起運柒千玖百石實徵銀叄千柒拾陸兩貳錢叄分陸釐保安州宣德等叄倉并趙川葛峪堡倉小麥貳百玖拾玖石叄斗肆升每石壹兩貳錢共銀叄百

德州倉小麥折米壹千壹百叄拾石陸斗陸升每石捌錢共銀玖百肆兩伍錢貳分捌釐京庫本色紅花貳千斤每斤壹錢陸分准麥伍百石共銀叄百貳拾兩河間府靜海縣庫布壹千貳拾疋准麥壹千貳百貳拾肆石

保定府唐縣庫布壹千壹百捌拾疋准麥壹千肆百壹拾陸石每疋叄錢共銀叄百伍拾肆兩薊州倉布壹千柒拾伍疋准麥壹千貳百玖拾石每疋叄錢共叄百貳拾貳兩伍錢永平府山海庫布壹千柒百疋准麥貳千肆拾石每疋叄

絲綿折絹貳百玖拾柒疋壹丈壹寸壹分壹釐伍毫每疋柒錢共銀貳百捌兩壹錢貳分貳釐農桑折絹柒百壹疋玖尺每疋柒錢共銀肆百玖拾兩捌錢玖分柒釐

存留貳千柒百壹拾石伍斗柒升叄合壹勺本縣儒學倉小麥壹百貳拾捌石本縣官倉小麥壹百壹拾貳石伍斗柒升叄合壹勺德州常豐倉小麥壹千壹百伍拾石

本府廣豐倉小麥壹千叄百貳拾石

## 秋糧

伍拾玖兩貳錢捌釐原額粟米貳萬肆千柒百伍拾捌石叁合捌勺起運壹萬玖千石實徵銀壹萬柒千伍百玖拾叁兩陸分玖釐兗軍借運折色米捌百柒拾石每石捌錢共銀陸百玖拾陸兩德州倉改兗米肆千石

每石叁錢共銀叁百陸兩兗軍借運米肆千肆百石外加耗壹千壹百石席草伍拾伍兩輕齎叁百伍拾貳兩每石百里脚價叁分伍釐保安州葛峪堡倉并青邊常峪口貳堡倉粟米貳千石每石壹兩貳錢共銀貳千肆百兩

錢共銀伍百壹拾兩保安州萬全廣盈倉粟米壹千叁拾石每石壹兩貳錢共銀壹千貳百叁拾陸兩光祿寺細粟米壹千貳拾陸石玖斗貳升貳合伍勺每石壹兩共銀壹千貳拾陸兩玖錢貳分貳釐伍毫光祿寺常林

密雲隆慶倉黑豆壹千伍百貳石每石柒錢伍分共銀壹千壹百貳拾陸兩伍錢派剩米叁百柒拾壹石柒升柒合伍勺每石陸錢共銀貳百貳拾貳兩陸錢肆分陸釐伍毫山海庫布壹

存留伍千柒百伍拾捌石叁合捌勺臨清州常盈倉粟米壹千肆百石係青萊兗派每石折銀肆錢德府廣受倉祿粟米叁百伍拾石德府郡王祿粟米捌百石每石折銀伍錢解司

本縣儒學倉粟米貳百肆拾石本縣官倉粟米貳百叁拾貳石叁合捌勺本府廣豐倉粟米壹千捌百柒拾石運軍行糧本色米貳百伍拾石運軍行糧折色米貳百伍拾石每石折銀陸錢解司聽

## 馬草　鹽鈔

外加耗陸百捌拾石蓆草伍拾兩每石百里脚價叁分伍釐原額馬草叁萬陸千柒百柒拾伍束實徵銀壹千叁百陸拾兩伍錢柒分捌釐湯山草場草肆千陸百壹拾陸束每束肆分伍釐共銀貳百柒兩柒錢貳分

京庫綿花絨叁千斤准米叁百石每斤柒分伍釐共銀貳百貳拾伍兩太倉銀庫草叁萬壹千叁百柒拾玖束叁斤每束叁分伍釐共銀壹千玖拾捌兩貳錢柒分貳釐

肆千陸百石准米貳千叁百石每菊秫壹石伍錢共銀貳千叁百兩御馬倉內場草柒百柒拾玖束壹拾貳斤每束柒分共銀伍拾肆兩伍錢捌分陸釐

千貳百疋准米壹千貳百石每疋叁錢共銀叁百陸拾兩京庫改撥宣府庫鈔有無閏月額銀貳百陸拾兩玖錢玖釐伍毫

本府庫儲倉折色稻米叁百陸拾陸石每石折銀壹兩解司司庫鈔銀無閏貳百陸拾兩玖錢玖釐伍毫有閏叁百肆兩叁錢玖分肆釐叁毫

買本色京庫地畝綿花絨柒百陸拾叁斤捌兩徵收本色

字七百

## 陵縣夏稅

原額小麥伍千肆百捌拾陸石貳斗貳升柒合叁勺
起運肆千石
實徵銀壹千捌百貳拾陸兩貳錢陸分陸釐
天津倉小麥壹千伍百貳石叁斗壹合捌勺每石捌錢共銀壹千貳百壹兩捌錢肆分壹釐肆毫

永平府山海庫布貳千捌拾壹疋壹丈叁尺貳寸捌分肆釐准麥貳千肆百玖拾柒石陸斗玖升捌合貳勺每疋叁錢共銀陸百貳拾肆兩肆錢貳分肆釐陸毫

絲綿折絹壹百伍拾壹疋壹丈貳尺叁寸陸分陸釐陸毫每疋柒錢共銀壹百伍兩玖錢柒分壹釐

農桑折絹貳百肆疋壹丈肆尺肆寸每疋柒錢共銀壹百肆拾叁兩壹錢壹分伍釐

存留壹千肆百捌拾陸石貳斗貳升柒合叁勺
本縣儒學倉小麥壹百貳拾捌石
本縣官倉小麥壹百捌石貳斗貳升柒合叁勺

德州常豐倉小麥壹千貳百伍拾石

## 秋糧

原額粟米壹萬貳千捌百壹石壹斗玖升柒合陸勺
起運壹萬石
實徵銀捌千玖百貳拾兩玖錢玖分肆釐
兌軍贍運米叁千伍百石外加耗米捌百柒拾伍石席草銀肆拾叁兩柒錢伍分輕齎貳百捌拾兩每石計

德州倉改兌米叁千柒百伍拾石內貳百伍拾石係寄化縣兌撥外加耗陸百叁拾柒石伍斗席草肆拾陸兩捌錢柒分伍釐每石百里脚價叁分伍釐
山海庫布壹千壹百疋准米壹千壹百石每疋叁錢共

兌軍贍運折色米奉明文撥與濟化貳百伍拾石外實徵壹百壹拾石壹斗每石陸錢共銀陸拾陸兩陸分
宣府在城宣德等叁倉粟米貳百陸拾肆石柒斗叁升係太倉改撥之數每石壹兩共銀貳百陸拾肆兩柒

保安州萬全廣盈倉粟米壹千壹百石壹斗柒升每石壹兩貳錢共銀壹千叁百貳拾兩貳錢肆釐
臨清倉粟米壹百柒拾伍石每石捌錢共銀壹百肆拾兩
京庫地畝綿花絨玖百壹拾伍斤徵收本色

存留貳千捌百壹石壹斗玖升柒合陸勺
德州常豐倉粟米壹千石係青滄兌派每石折銀肆錢
本縣官倉粟米貳百陸拾壹石壹斗玖升柒合陸勺
德州常豐倉粟米肆百石
德府廣受倉祿粟米叁百石

本縣儒學倉粟米貳百肆拾石
運軍行糧本色米陸百石

百里鋪價銀叁分伍釐
銀叁百叁拾兩
錢叁分

# 馬草鹽鈔

原額馬草貳萬貳千玖百肆拾肆束實徵銀玖百玖拾陸兩玖錢伍釐
居庸倉草叁千伍百壹拾玖束叁斤壹拾貳兩每束伍分共銀壹百柒拾伍兩玖錢陸分貳釐伍毫

御馬倉內場草肆千叁拾束壹拾壹斤肆兩每束柒分共銀貳百捌拾貳兩壹錢伍分貳釐伍毫

太倉銀庫草壹萬伍千叁百玖拾肆束每束叁分伍釐共銀伍百叁拾捌兩柒錢玖分

京庫鈔銀無閏肆拾捌兩捌錢貳分玖釐捌毫
有閏伍拾貳兩捌錢玖分柒釐

司庫鈔銀無閏柒拾壹兩肆錢玖分捌釐貳毫
有閏柒拾柒兩肆錢伍分陸釐肆毫



# 武定州夏税

原額小麥壹萬陸千叁百貳石叁斗玖升叁合伍勺柒抄壹撮
起運壹萬貳千叁百石實徵銀肆千叁百柒拾陸兩壹錢陸分玖釐
德州倉小麥折米肆百捌拾石玖斗叁升貳合伍勺每石捌錢共銀叁百捌拾肆兩柒

保安州宣德等叁倉幷趙川葛峪堡倉小麥伍百肆拾貳石柒斗壹升貳合伍勺每石壹兩貳錢共銀陸百伍拾壹兩貳錢伍分伍釐
登州府豐廣貳庫鈔壹萬錠准麥壹千石每錠壹分伍釐共銀壹百伍拾兩

御馬倉小麥伍拾陸石叁斗伍升伍合每石壹兩陸錢共銀玖拾兩壹錢陸分捌釐
保定府廣盈左右貳倉小麥柒百陸拾石每石柒錢伍分共銀伍百柒拾兩
永平府山海庫布柒千柒百疋准麥玖千貳百肆拾石每疋叁錢共

光祿寺小麥貳百貳拾石每石壹兩共銀貳百貳拾兩
絲綿折絹壹百壹拾貳疋貳丈叁尺壹寸捌分陸釐伍毫柒絲捌忽伍微每疋柒錢共銀柒拾捌兩玖錢柒釐
農桑折絹壹千肆拾叁疋捌尺捌寸伍分每疋柒錢共銀柒百叁

存留肆千貳石叁斗玖升叁合伍勺柒抄壹撮
本州儒學倉小麥壹百捌拾肆石
本州官倉小麥壹千貳百壹拾捌石叁斗玖升叁合伍勺柒抄壹撮
本府廣豐倉小麥玖百石
兗州府廣盈倉小麥壹

稅絲肆百叁斤壹拾兩捌錢貳分伍釐叁毫壹絲壹忽每斤壹兩共銀肆百叁兩陸錢柒分柒釐

# 秋糧

錢肆分陸釐原額粟米叁萬捌千叁拾捌石玖斗壹升捌合貳勺叁抄起運貳萬柒千柒百石實徵銀貳萬叁千陸百捌兩玖錢壹分玖釐壹毫兌軍價運米貳千伍百石外加耗陸百貳拾伍石蓆草叁拾壹兩貳錢

伍分輕齎貳百兩每石百里腳價叁分伍釐德州倉改兌米肆千伍百石外加耗柒百陸拾伍石蓆草伍拾陸兩貳錢伍分每石百里腳價叁分伍釐赤城廣備倉粟米陸百柒拾伍石捌斗每石壹兩貳錢共銀捌百

每伍拾兩加耗貳兩兌軍價運折色米壹千玖百捌拾石每石捌錢共銀壹千伍百捌拾肆兩兌軍價運折色米壹千叁百壹拾貳石每石陸錢共銀柒百捌拾柒兩貳錢石匣倉粟米肆百壹拾石每石玖錢共銀叁百

陸拾玖兩密雲隆慶倉粟米叁千貳百陸拾石玖斗柒升伍合每石玖錢共銀貳千玖百叁拾肆兩捌錢柒分柒釐伍毫派剩米陸百玖拾伍石柒斗玖升玖合陸勺玖抄叁撮每石陸錢共銀肆百壹拾柒兩肆錢捌分解

銀貳千叁百壹拾兩洗馬林堡倉并新河口堡倉黑豆壹千伍百陸拾叁石貳斗每石壹兩貳錢共銀壹千捌百柒拾伍兩捌錢肆分延慶州雲堡倉粟米肆百伍石每石壹兩貳錢共銀肆百捌拾陸兩浮圖峪口倉

粟米玖百玖拾陸石每石玖錢共銀捌百玖拾陸兩肆錢臨清倉粟米叁千玖百捌拾肆石伍斗柒升叁合陸勺玖抄每石捌錢共銀叁千壹百捌拾柒兩陸錢伍分玖釐京庫綿花絨貳千斤准米貳百石每斤米分伍

拾兩貳錢玖分肆釐宣府在城宣德等叁倉粟米貳千柒百叁拾伍石貳斗柒升係太倉改撥之數每石壹兩共銀貳千柒百叁拾伍兩貳錢柒分派剩米貳百陸拾陸石陸升壹合陸勺壹抄米撮每石陸錢共銀

壹百伍拾玖兩陸錢叁分柒釐山海庫布貳千貳百壹拾伍疋壹丈貳寸肆分准米貳千貳百壹拾伍石叁斗貳升每疋叁錢共銀陸百陸拾肆兩伍錢玖分陸釐京庫地畝綿花絨捌百柒拾捌斤陸兩貳錢

千柒百石存留壹萬叁百叁拾捌石玖斗壹升捌合貳勺叁抄德州常豐倉粟米壹千玖百石係青萊兌派每石折銀肆錢德州常豐倉粟米貳千石運軍行糧本色米壹百伍拾石運軍行糧折

色米伍百伍拾石每石陸錢解司聽買本色

本州官倉粟米肆千玖百肆拾捌石玖斗壹升捌合貳勺叁抄德府廣孚倉祿粟米肆百肆拾石本州儒學倉粟米叁百伍拾石

## 馬草盐鈔

壹拾兩玖
錢陸分
原額馬草米
萬陸千玖
百肆拾伍
束實徵銀
貳千玖百
柒拾叁兩
貳錢捌分
叁釐
御馬倉內場
草伍千叁
百貳拾陸
束玖斤肆
兩貳錢捌
分每束叁分
共銀叁百
柒拾貳兩
捌錢陸分
叁釐叁毫

司支住劄
官員俸糧
湯山草場草
陸千壹百
貳束玖斤
玖兩陸錢每
束肆分伍釐
共銀貳百
柒拾肆兩
陸錢壹分
捌釐捌毫
中府外場草
柒千叁拾
束壹拾貳
斤肆兩肆
錢每束陸
分共銀肆
百貳拾壹
兩捌錢肆分
玖釐壹毫

釐共銀壹
百伍拾兩
西城坊草場
草肆千貳
百柒拾玖束
玖斤壹拾叁
兩陸錢每束
肆分伍釐共
銀壹百玖拾
貳兩伍錢捌
分肆釐伍毫
太倉銀庫草
肆萬陸千
玖百伍拾捌
束肆斤壹錢
貳分每束叁
分伍釐共
銀壹千陸
百肆拾叁兩
伍錢肆分

捌分徵收
本色
山海庫草柒
千貳百肆拾
柒束每束玖
釐每伍拾兩
加耗貳兩共
陸拾柒兩捌
錢貳分捌釐
京庫鈔有無
閏月額銀
貳百陸拾
壹兩叁錢
貳分肆釐
京庫改撥宣
府庫鈔有
無閏月額
銀貳百肆拾
柒兩捌錢
捌分貳釐

司庫鈔銀無
閏陸百叁
拾兩伍錢
叁分貳釐
陸毫
有閏柒百
叁拾兩叁
錢貳分陸
毫

## 陽信縣夏稅

原額小麥壹
萬壹千伍
拾玖石壹
斗叁升玖
合柒勺
起運捌千壹
百石實徵
銀叁千伍
百肆兩柒
錢叁釐
馴象千戶所
外象房倉
小麥壹百
肆拾石柒斗
陸升貳合伍
勺每石壹
兩肆錢共
銀壹百玖
拾柒兩陸分
柒釐伍毫

保安州宣德
等叁倉并
趙川葛峪
堡倉小麥
柒百陸拾
玖石壹斗
捌升貳合
伍勺每石
壹兩貳錢
共銀玖百
貳拾叁兩
壹分玖釐
永平府山海
庫布叁千
肆拾伍疋
貳丈貳尺
陸寸准麥
叁千陸百
伍拾肆石捌
斗肆升柒合

德州倉小麥
折米叁百柒
拾柒石壹斗
陸升伍合貳
勺陸抄每石
捌錢共銀
叁百壹兩
柒錢叁分
貳釐貳毫
派剩各馬房
倉小麥貳
百伍拾捌石
陸斗玖升貳
合伍勺每石
壹兩共銀
貳百伍拾
捌兩陸錢
玖分叁釐
京庫本色紅
花壹千肆

京庫本色閏
白綿布貳
千伍拾疋准
麥貳千肆
百陸拾石
每疋腳價
貳分叁釐
絲綿折絹叁
百柒疋貳丈
貳尺柒寸
壹分柒釐
捌毫陸絲
貳忽伍微每
柒錢共銀
貳百壹拾
伍兩叁錢
玖分柒釐
農桑折絹伍
百肆拾陸
疋貳丈壹

存留貳千玖
百伍拾玖
石壹斗叁
升玖合柒
勺
本縣儒學倉
小麥壹百
貳拾捌石
本縣官倉小
麥壹百壹
拾壹石壹
斗叁升玖
合柒勺

本府廣豐倉
小麥貳千
柒百貳拾
石

經會録　粮濟三十

# 秋糧

天津倉小麥捌拾玖石叁斗伍升每石捌錢共銀柒拾壹兩肆錢捌分
原額粟米貳萬伍千捌百肆石陸斗伍升玖合貳勺
起運壹萬玖千石實徵銀壹萬伍千柒百肆拾叁兩柒錢叁釐
兗軍儲運米貳千貳百石外加耗伍百伍拾石蔴草貳拾柒兩伍錢輕齎壹百柒拾陸兩每石百里腳價叁分伍釐
德州倉改兗米貳千石外加耗叁百肆拾石蔴草貳拾伍兩每石百里腳價叁分伍釐
淖石橋倉黑豆貳百玖拾捌石叁斗陸升每石

貳勺肆抄每疋叁錢共銀玖百壹拾叁兩柒錢壹分壹釐捌毫
兗軍儲運折色米貳千柒百玖拾捌石肆升壹合肆勺每石陸錢共銀壹千陸百柒拾捌兩捌錢貳分伍釐
光祿寺芝蔴壹百伍拾石每石壹兩叁錢伍分共銀貳百貳兩伍錢
保安州萬全廣積倉粟米柒百伍拾捌石陸斗玖升肆合伍勺玖抄每石壹兩貳錢共銀玖百壹拾兩肆錢叁分肆釐
光祿寺細粟米壹千伍百伍拾陸石貳斗伍升捌合玖勺叁抄每石壹兩共

百斤每斤壹錢陸分准麥叁百伍拾石該銀貳百貳拾肆兩
赤城廣備倉粟米玖百伍拾石柒斗陸升伍合每石壹兩貳錢共銀壹千壹百肆拾兩玖錢壹分捌釐
石匣倉粟米壹千壹百肆拾肆石叁斗玖升貳勺捌抄每石玖錢共銀壹千貳拾玖兩玖錢伍分貳釐
京庫綿花絨叁千叁拾伍斤准米叁百叁石伍斗每斤柒分伍釐共銀貳百貳拾柒兩陸錢貳分伍釐
山海庫布壹千捌百伍拾柒疋准米壹千捌百伍拾柒

尺叁寸柒分伍釐每疋柒錢共銀叁百捌拾貳兩陸錢陸分捌釐
臨清倉粟米壹百柒石玖斗貳升每石捌錢共銀捌拾陸兩叁錢叁分陸釐
密雲隆慶倉粟米貳千肆百石貳升伍合每石玖錢共銀貳千壹百陸拾兩貳分貳釐伍毫
密雲古北口倉粟米壹千壹百柒拾伍石肆升肆合捌勺每石壹兩共銀壹千壹百柒拾伍兩肆分肆釐捌毫
山海庫綿花絨壹萬叁千斤准米壹千叁百石每斤陸分共銀柒百捌拾兩
京庫地畝綿花絨肆百

存留陸千捌百肆石陸斗伍升玖合貳勺
東昌府廣盈倉粟米壹百石係青黎兗派每石折銀肆錢
本府廣豐倉粟米肆千壹百石
本縣儒學倉粟米貳百肆拾石
本縣官倉粟米貳百陸拾肆石陸斗伍升玖合貳勺
德府廣愛倉祿粟米叁百石

魯府郎王府軍祿粟米壹千捌百石每石折銀伍錢觧司發兗州府支

## 馬草盐鈔

捌錢共銀貳百叁拾捌兩陸錢捌分捌釐

原額馬草伍萬柒千肆百柒拾伍束實徵銀貳千伍百柒拾伍兩陸錢肆分貳釐

宣府花城草場草叁千陸百陸拾捌束每束柒分每兩加脚價貳錢共銀叁百捌兩壹錢壹分貳釐

銀壹千伍百伍拾陸兩貳錢伍分玖釐

居庸倉草貳萬陸千陸百玖拾貳束每束伍分共銀壹千叁百叁拾肆兩陸錢

太倉銀庫草壹萬肆千陸百貳拾叁束壹拾叁斤每束叁分伍釐共銀伍百壹拾壹兩捌錢叁分伍釐

石每石叁錢共銀伍百伍拾柒兩壹錢

御馬倉內場草伍千壹拾陸束貳斤每束柒分共銀叁百伍拾壹兩壹錢貳分玖釐

山海庫草柒千肆百柒拾伍束每束玖釐每伍拾兩加耗貳兩共銀陸拾玖兩玖錢陸分陸釐

伍拾柒斤伍兩陸錢肆分徵收本色

京庫改撥宣府庫鈔有無閏月額銀肆百伍兩玖錢陸分柒釐伍毫

司庫鈔銀無閏肆百伍兩玖錢陸分柒釐伍毫有閏肆百柒拾叁兩陸錢貳分壹釐捌毫

經會録　糧儲志

## 商河縣夏税

原額小麥壹萬貳千玖百玖拾貳石伍斗肆升貳合貳勺

起運玖千伍百石實徵銀貳千玖百柒拾肆兩捌錢壹分壹釐

保安州宣德等處倉秤趙川葛峪堡倉小麥貳百伍拾石伍斗貳升柒合伍勺每石壹

德州倉小麥折米捌百肆拾壹石肆斗柒升貳合伍勺每石捌錢共銀陸百柒拾叁兩壹錢柒分捌釐

永平府山海庫布伍千壹百玖拾疋准麥陸千貳百貳拾捌石每疋叁錢共銀壹千伍百伍拾柒兩

天津倉小麥壹百捌拾石每石捌錢共銀壹百肆拾肆兩

登州府豊廣貳庫鈔貳萬錠准麥貳千石每錠壹分伍釐共銀叁百兩每伍拾兩加耗貳兩

絲綿折絹叁百伍拾伍疋貳丈柒尺貳寸玖分柒釐玖毫陸絲每疋柒錢共銀貳百肆拾玖兩玖分捌釐

農桑折絹陸百柒拾陸疋壹丈陸尺陸寸柒分伍釐每疋柒錢共銀肆百柒拾叁兩伍錢陸分伍釐

存留叁千肆百玖拾貳石伍斗肆升貳合貳勺

本縣儒學倉小麥壹百貳拾捌兩

本縣官倉小麥壹百壹拾肆石伍斗肆升貳合貳勺

本府廣儲倉小麥叁千貳百伍拾石

# 秋糧

兩貳錢共銀叁百兩陸錢叁分叁釐

原額粟米叁萬叁百壹拾伍石玖斗叁升壹合陸勺

起運貳萬貳千伍百石實徵銀壹萬玖千柒拾陸兩伍錢陸分柒釐

兌軍倘運米貳千貳百石外加耗伍百伍拾石蓆草貳拾柒兩伍錢輕齎壹百柒拾陸兩每石百里腳價叁分伍釐

兌軍倘運折色米貳千貳百陸拾石每石捌錢共銀壹千捌百捌兩

保安州萬全廣盈倉粟米貳千叁百捌拾石每石壹兩貳錢共銀

德州倉改兌米肆千貳百伍拾柒石玖斗內改撥霑化貳百伍拾柒石玖斗外加耗柒百貳拾叁石捌斗肆升蓆草伍拾叁兩貳錢貳分叁釐捌毫每石百里腳價叁分伍釐

光祿寺細粟米壹千伍百捌拾捌石壹斗叁升貳合每石壹兩共銀壹千伍百捌拾捌兩壹錢叁分貳釐

密雲隆慶倉粟米貳千捌百柒拾石每石玖錢共銀貳千伍百捌拾叁兩

兌軍倘運折色米奉明文撥與霑化貳百伍拾柒石玖斗實徵伍百伍拾石壹斗每石陸錢共銀叁百叁拾兩陸分

石匣倉粟米壹千陸百玖拾伍石叁斗叁合每石玖錢共銀壹千伍百貳拾伍兩柒錢柒分貳釐柒毫

滄剩米叁百捌拾玖石玖斗肆升捌合伍勺每石陸錢共銀貳百叁拾叁兩玖錢陸分叁釐壹毫

臨清倉粟米壹千捌百捌石陸斗壹升陸合伍勺每石捌錢共銀壹千肆百肆拾陸兩捌錢玖分叁釐貳毫

山海庫布貳千伍百疋准米貳千伍百石每疋叁錢共銀柒百伍拾兩

京庫地畝綿花絨柒百叁拾伍斤陸兩徵收本色

存留米千捌百壹拾伍石玖斗叁升壹合陸勺

德州常豐倉粟米柒百石係青萊兌派每石折銀肆錢

德州常豐倉粟米肆千壹百石

本縣常倉粟米貳百貳拾伍石玖斗叁升壹合陸勺

德府廣盈倉祿粟米叁百伍拾石

德府郡王祿粟米貳百伍拾石解豐儲倉另收

德府郡王歲派祿米壹百伍拾石每石折銀伍錢解司

魯府郡王祿粟米壹千肆百石每石折銀伍錢解司

運軍行糧本色米壹百柒拾柒石

本縣儒學倉粟米貳百肆拾石

運軍行糧折色米貳百貳拾叁石每石折銀陸錢解司聽買本色

經會録　糧濟三八　洧七百

## 馬草鈔盐

貳千捌百伍拾陸兩

原額馬草伍萬貳千叁百貳拾玖束實徵銀貳千伍拾柒兩柒錢伍分肆釐

太倉銀庫草貳萬捌千肆百叁拾叁束拾貳斤玖兩陸錢每束叁分伍釐共銀玖百玖拾伍兩壹錢捌分肆釐肆毫

天師庵外場草伍千陸百伍拾伍束伍斤壹兩貳錢每束陸分共銀叁百叁拾玖兩叁錢貳分叁毫

山海庫草柒千叁百貳拾玖束每束玖釐每伍拾兩加耗貳兩共銀陸拾捌兩陸錢

中府外場草壹萬玖百壹拾束壹拾貳斤伍兩貳錢每束陸分共銀陸百伍拾肆兩陸錢肆分玖釐叁毫

京庫改撥宣府庫鈔有無閏月額銀叁百伍拾伍兩叁錢壹分貳釐

兖州府支

府庫鈔銀無閏叁百伍拾伍兩叁錢壹分貳釐有閏叁百捌拾肆兩貳錢玖釐伍毫

經會録　粮濟二十九

亨五百三十四

## 海豐縣夏稅

原額小麥伍千貳百捌拾柒石肆斗叁升陸合柒勺

起運叁千玖百石實徵銀壹千壹百壹拾肆兩玖錢陸分柒釐

派剩各馬房倉小麥壹百玖拾玖石捌斗柒升每石壹兩共銀壹百玖拾玖兩捌錢柒分

保定府廣盈左右貳倉小麥陸百石壹斗叁升每石柒錢伍分共銀肆百伍拾兩玖分柒釐

登州府豐廣貳庫鈔叁萬壹千錠准麥叁千壹百石每錠壹分伍釐共銀肆百陸拾伍兩每伍拾兩加耗銀貳兩

絲綿折絹壹百肆拾伍疋貳丈陸尺肆寸壹分肆釐肆毫柒絲伍忽每疋柒錢共銀壹百貳兩柒分捌釐

農桑折絹肆百壹拾伍疋壹丈玖寸伍分每疋柒錢共銀貳百玖拾兩柒錢肆分

存留壹千叁百捌拾柒石肆斗叁升玖合柒勺

本縣儒學倉小麥壹百貳拾捌石

本縣官倉小麥壹百玖石肆斗叁升玖合柒勺

本府廣儲倉小麥壹千壹百伍拾石

## 秋糧

原額粟米壹萬貳千叁百叁拾柒石叁斗伍升玖合貳勺 起運柒千玖百石實徵銀伍千壹百壹拾叁兩玖分柒釐 永豐倉粟米壹千石每石壹兩貳錢共銀壹千貳百兩 山海庫布叁千疋准米叁千石每疋叁錢共銀玖百兩

密雲隆慶倉粟米壹千貳百柒拾柒石每石玖錢共銀壹千壹百肆拾玖兩叁錢 派剩米陸百貳拾叁石壹升伍合每石陸錢共銀叁百柒拾叁兩捌錢玖釐 山海庫綿花絨伍千斤准米伍百石每斤陸分共銀叁百兩

臨清倉粟米壹千陸拾叁石肆斗柒升玖合每石捌錢共銀捌百伍拾兩柒錢捌分叁釐貳毫 御馬倉豆貳百叁拾陸石伍斗陸合每石捌錢共銀壹百捌拾玖兩貳錢肆釐捌毫

京庫綿花絨貳千斤准米貳百石每斤柒分伍釐共銀壹百伍拾兩 京庫地畝綿花絨貳百貳拾玖斤拾壹兩捌錢徵收本色

存留肆千肆百叁拾柒石叁斗伍升玖合貳勺 德州常豐倉粟米叁千肆百石 本縣官倉粟米貳百肆拾柒石叁斗伍升玖合貳勺 德府廣受倉祿粟米貳百石 德府奏辭祿粟米壹百石每石折銀柒錢解司

本縣儒學倉粟米貳百肆拾石 運軍行糧折色米貳百伍拾石每石折銀陸錢解司聽買本色

## 馬草鹽鈔

原額馬草貳萬叁千壹百肆拾捌束實徵銀捌百玖拾壹兩叁錢肆分貳釐伍毫 御馬倉內場草叁千陸百玖拾叁束拾壹斤拾貳兩陸錢每束柒分共銀貳百伍拾捌兩伍錢陸分伍釐

天師庵外場草肆千肆百壹拾捌束玖斤每束陸分共銀貳百陸拾伍兩壹錢壹分陸釐 山海庫草陸千壹百捌拾伍束每束玖釐每伍拾兩加耗貳兩共銀伍拾柒兩捌錢玖分

太倉銀庫草捌千捌白伍拾束玖斤叁兩肆錢每束柒分伍釐共銀叁百玖兩柒錢柒分壹釐伍毫

京庫鈔銀無閏壹百貳拾兩肆錢陸分貳釐有閏壹百叁拾兩伍錢貳釐伍毫

司庫鈔銀無閏壹百柒拾陸兩柒錢伍分捌毫 有閏壹百玖拾壹兩玖分肆釐

# 樂陵縣夏税

原額小麥玖千壹百捌拾壹石柒斗捌升肆合捌勺

起運陸千伍百石實徵銀貳千壹百肆兩伍分玖釐

德州倉小麥折米柒百肆拾玖石陸斗玖升貳合伍勺每石捌錢共銀伍百玖拾玖兩柒錢伍分肆釐

保安州宣德等叄倉并趙川蔦峪堡倉小麥貳百玖拾肆石陸斗肆升柒合伍勺每石壹兩貳錢共叄百伍拾叄兩伍錢柒分柒釐

天津倉小麥叄百叄拾玖石陸斗陸升每石捌錢共銀貳百柒拾壹兩柒錢貳分捌釐

永平府山海庫布玖百叄拾疋准麥壹千壹百壹拾陸石每疋叄錢共銀貳百柒拾玖兩

登州府豐廣貳庫鈔肆萬錠准麥肆千石每錠壹分伍釐共銀陸百兩每伍拾兩加耗貳兩

絲綿折絹貳百伍拾肆疋肆尺叄寸捌分肆釐捌毫柒絲伍忽每疋柒錢共銀壹百柒拾柒兩捌錢玖分陸釐

農桑折絹貳百玖拾玖疋貳丈壹尺玖寸每疋柒錢共銀貳百玖兩柒錢柒分玖釐

存留貳千陸百捌拾壹石柒斗捌升肆合捌勺

本縣儒學倉小麥壹百貳拾捌石

本縣官倉小麥壹百壹拾叄石柒斗捌升肆合捌勺

本府廣積倉小麥貳千肆百肆拾石

# 秋糧

原額粟米貳萬壹千肆百貳拾肆石壹斗陸升肆合肆勺

起運壹萬伍千石實徵銀壹萬貳千柒拾柒兩壹千壹分壹釐

保安州萬全廣盈倉粟米壹千肆百陸拾玖石陸斗肆升伍合每石壹兩貳錢共銀壹千

德州倉改兌米貳千伍百石外加耗肆百貳拾伍石席草叄拾壹兩貳錢伍分每石百里腳價叄分伍釐

石匣倉粟米貳千石每石玖錢共銀壹千捌百兩

臨清倉粟米捌百陸拾肆石捌斗肆升每石捌錢共銀

保安州萬全廣積倉粟米壹千肆百貳拾肆石叄斗每石壹兩貳錢共銀壹千柒百玖兩壹錢陸分

狐剩米柒百叄拾壹石壹斗每石柒錢共銀伍百壹拾壹兩柒錢柒分

山海庫布叄千陸百疋准米叄千陸百

光祿寺細粟米壹千壹拾陸石叄斗壹升伍合每石壹兩共銀壹千壹拾陸兩叄錢壹分伍釐

密雲隆慶倉粟米壹千叄百玖拾叄石捌斗每石玖錢共銀壹千貳百伍拾肆兩肆錢貳分

京庫地畝綿花絨伍百

存留陸千肆百貳拾肆石壹斗陸升肆合肆勺

德州常豐倉粟米肆千壹百石

德府廣愛倉祿粟米叄百石

臨清州常盈倉粟米壹千石係首兌充派賸石折銀肆錢

本縣儒學倉粟米貳百肆拾石

本縣官倉粟米貳百捌拾肆石壹斗陸升肆合肆勺

運軍行糧折色米叄百石每石折銀陸錢解司聽買本色

# 馬草鹽鈔

柒百陸拾叁兩伍錢柒分肆釐

原額馬草叁萬陸千陸百壹拾貳束實徵銀壹千肆百叁兩柒錢肆分伍毫

天師廬外場草貳千叁百叁拾玖束壹拾貳斤肆兩捌錢每束陸分共銀壹百肆拾兩叁錢捌分玖釐貳毫

陸百玖拾壹兩捌錢柒分貳釐

居庸倉草貳千壹百捌拾肆束柒斤捌兩每束伍分共銀壹百玖兩貳錢貳分伍釐

西城坊草場草叁千壹百伍束拾壹斤肆兩每束肆分伍釐共銀壹百叁拾玖兩柒錢伍分捌釐捌毫

石每疋叁錢共銀壹千捌拾兩

太倉銀運草貳萬捌千玖百捌拾壹束拾叁斤拾伍兩貳錢每束叁分伍釐共銀壹千壹拾肆兩叁錢陸分柒釐伍毫

伍拾斤陸兩肆錢徵收本色

京庫鈔銀無閏壹百捌拾伍兩叁錢捌分貳釐有閏貳百兩捌錢叁分伍毫

運軍行糧本色米貳百石

司庫鈔銀無閏貳百柒拾壹兩肆錢伍分貳釐叁毫有閏貳百玖拾肆兩柒分叁釐叁毫

經會錄　鈔　糧濟三三　斉六百三十二

# 德州夏稅

原額小麥伍千壹百捌拾陸石叁斗伍升玖合壹勺貳抄

起運叁千捌百石實徵銀壹千柒百玖拾兩玖錢陸分貳釐

御馬倉豌豆貳百叁拾壹石叁斗壹升每石壹兩共銀貳百叁拾壹兩叁錢壹分

保安州宣德等叁倉并趙川葛峪堡倉小麥貳百伍拾玖石柒斗伍升每石壹兩貳錢共銀叁百壹拾壹兩柒錢

德州倉小麥折米柒百陸拾肆石玖斗肆升每石捌錢共銀陸百壹拾壹兩玖錢伍分貳釐

永平府山海庫布貳千壹百貳拾疋准麥貳千伍百肆拾肆石每疋叁錢共銀陸百叁拾陸兩

絲綿折絹壹百肆拾肆疋壹丈肆尺玖分肆釐捌毫壹絲每疋捌錢共銀壹百壹拾伍兩伍錢伍分叁釐

農桑折絹伍百玖拾疋貳丈柒尺柒寸伍分每疋捌錢共銀肆百柒拾貳兩陸錢玖分肆釐

存留壹千叁百捌拾陸石叁斗伍升玖合壹勺貳抄

本州常盈倉小麥壹千貳百貳石叁斗伍升玖合壹勺貳抄

本州儒學倉小麥壹百捌拾肆石

## 秋糧

原額粟米壹萬貳千壹百壹石伍斗肆升叄合捌勺 起運壹萬石 實徵銀玖千陸百叄拾壹兩肆錢伍分肆釐 兌軍備運米肆千伍百石外加耗壹千壹百貳拾伍石 蘆草伍拾陸兩貳錢伍分經齋叄百陸拾

赤城廣備倉粟米玖百壹拾玖石陸斗捌升伍合每石壹兩貳錢共銀壹千壹百叄兩陸錢貳分貳釐 臨清倉粟米叄百玖拾捌石貳斗壹升伍合每石捌錢共銀叄百壹拾捌兩伍錢柒分貳釐

德州倉改兌米肆千壹百捌拾貳石壹斗內霑化兌撥壹百捌拾貳石壹斗外加耗柒百壹拾石玖斗伍升柒合蘆草伍拾貳兩貳錢柒分柒釐每石百里脚價叄分伍釐

京庫地畝絹花絨玖百叄拾肆斤拾貳兩徵收本色

存留貳千壹百壹石伍斗肆合叄勺捌抄 本州常豐倉粟米壹千石係青萊兌派每石折銀肆錢 本州常豐倉粟米壹百壹石伍斗肆合叄勺捌抄 德府廣受倉祿粟米叄百伍拾石 本州儒學倉粟米叄百伍拾石

運軍行糧本色米叄百石



## 馬草鹽鈔

兩每石百里脚價叄分伍釐

原額馬草貳萬捌千捌百肆拾壹束[illegible]徵銀壹千壹百玖拾壹兩玖錢玖分玖釐 御馬倉內場草肆千壹百玖束壹拾貳斤壹拾兩每束柒分共銀貳百捌拾柒兩陸錢玖分貳釐

大倉銀庫草貳萬貳千壹百伍拾束貳斤陸兩每束叄分伍釐共銀柒百柒拾伍兩貳錢伍分柒釐

司苑局草貳千伍百捌拾壹束每束伍分共銀壹百貳拾玖兩伍分

京庫改撥本州常盈庫鈔銀無閏玖拾肆兩柒錢壹分有閏壹百貳兩陸錢貳釐伍毫

司庫鈔銀無閏壹百叄拾捌兩陸錢捌分貳釐伍毫有閏壹百伍拾兩貳錢叄分伍釐捌毫

# 德平縣夏稅

原額小麥陸千壹百陸拾貳石陸斗叁升肆合捌勺

起運肆千陸百石實徵銀壹千伍百叁拾伍兩陸錢貳分

永平府山海庫布伍百叁拾伍疋准麥陸百肆拾貳石每疋叁錢共銀壹百陸拾兩伍錢

保安州宫德等叁倉幷趙川葛峪堡倉小麥叁百玖拾陸石捌斗每石壹兩貳錢共銀肆百柒拾陸兩壹錢陸分

登州府豐廣貳庫鈔叁萬錠准麥叁千石每錠壹分伍釐共銀肆百伍拾兩每伍拾兩加耗貳兩

天津倉小麥伍百陸拾壹石貳斗每石捌錢共銀肆百肆拾捌兩玖錢陸分

絲綿折絹壹百柒拾疋貳丈陸尺捌寸捌分壹毫捌絲每疋柒錢共銀壹百壹拾玖兩伍錢捌分捌釐

農桑折絹叁百叁拾貳疋貳丈陸寸柒分伍釐每疋柒錢共銀貳百叁拾貳兩捌錢伍分叁釐

存留壹千伍百陸拾貳石陸斗叁升肆合捌勺

本縣儒學倉小麥壹百貳拾捌石

本縣官倉小麥壹百壹拾肆石陸斗叁升肆合捌勺

德州常豐倉小麥壹千叁百貳拾石

經會録　糧濬三四　高七百四

# 秋糧

原額粟米壹萬肆千叁百柒拾玖石肆斗捌升壹合

起運壹萬壹千石實徵銀玖千壹拾玖兩肆錢捌分伍釐

兌軍儧運米壹千貳百石外加耗叁百石蓆草拾伍兩輕齎玖拾陸兩每石百里腳價叁分伍釐

德州倉改兌米叁千石外加耗伍百壹拾石蓆草叁拾柒兩伍錢每石百里腳價叁分伍釐

派剩米壹百陸拾叁石壹斗每石柒錢共銀壹百壹拾肆兩壹錢柒分

京庫綿花絨叁千斤准米叁百石每斤柒分

派剩米壹百壹拾石伍斗每石陸錢共銀陸拾陸兩叁錢

臨清倉粟米陸百玖拾肆石壹斗陸升貳合伍勺每石捌錢共銀伍百伍拾伍兩叁錢叁分

山海庫布壹千貳百疋准米壹千貳百石每疋叁錢共

兌軍儧運折色米壹千石每石陸錢共銀陸百兩

保安州新興倉粟米壹千叁百叁拾貳石貳斗叁升柒合伍勺每石壹兩貳錢共銀壹千伍百玖拾捌兩陸錢捌分伍釐

京庫地畝綿花絨壹千叁拾柒斤

存留叁千叁百柒拾玖石肆斗捌升壹合

德州常豐倉粟米貳千壹百石係青萊兌派每石折銀肆錢

德府廣愛倉祿粟米叁百石

本縣儒學倉粟米貳百肆拾石

本縣官倉粟米貳百叁拾玖石肆斗捌升壹

運軍行糧本色米伍百石

充軍備運折色米貳千石每石捌錢共銀壹千陸百兩

伍釐共銀貳百貳拾伍兩

銀叁百陸拾兩

徵收本色

合

# 馬草鹽鈔

| | |
|---|---|
| 原額馬草叁萬陸千貳百捌拾捌束實徵銀壹千伍百陸拾肆兩貳錢捌分 | 御馬倉內場草貳千貳百玖拾捌束捌斤玖兩每束柒分共銀壹百陸拾兩玖錢 |
| 天師菴外場草肆千陸百伍拾束每束陸分共銀貳百柒拾玖兩 | 外參房倉草陸千伍百束每束伍分共銀叁百貳拾伍兩 |
| 太倉銀庫草貳萬貳千捌百叁拾玖束陸斤柒兩每束叁分伍釐共銀柒百玖拾玖兩叁錢捌分 | |
| 京庫改撥德州常盈庫鈔銀無閏壹百壹拾玖兩伍錢陸分貳釐有閏壹百貳拾玖兩伍錢貳分伍釐伍毫 | |
| 司庫鈔銀無閏壹百柒拾伍兩柒分貳釐有閏壹百捌拾玖兩陸錢陸分貳釐肆毫 | |

# 平原縣夏稅

| | | | |
|---|---|---|---|
| 原額小麥捌千伍拾玖石捌斗壹升肆合壹勺 | 起運陸千石實徵銀貳千陸百貳拾陸兩貳錢肆分捌釐 | 酒醋麵局小麥貳百石每石壹兩壹錢共貳百貳拾兩 | 御馬倉豌豆貳百叁拾石每石壹兩共銀貳 |
| 保安州宣德等叁倉并趙川葛峪堡倉小麥壹百陸拾壹石貳斗壹升柒合伍勺每石壹兩貳錢共銀壹百玖拾叁兩肆錢陸分壹釐 | 德州倉小麥折米貳百柒拾肆石玖斗柒升柒合伍勺每石捌錢共銀貳百壹拾玖兩玖錢 | | |
| 派剩各馬房倉小麥叁百捌拾玖石捌斗伍合每石壹兩共銀叁百捌拾玖兩捌錢伍釐 | 天津倉小麥叁百肆拾石每石捌錢共銀貳百柒拾貳兩 | 永平府山海庫布叁千陸百柒拾疋准麥肆千肆百肆石每疋叁錢共銀壹千 | |
| 絲綿折絹貳百貳拾伍疋壹丈陸尺叁寸貳分伍釐壹毫每疋柒錢共銀壹百伍拾柒兩捌錢伍分捌釐 | 農桑折絹壹百肆拾柒疋捌尺叁寸柒分每疋柒錢共銀壹百叁兩捌分叁釐 | | |
| 存留貳千伍拾玖石捌斗壹升肆合壹勺 | 本縣儒學倉小麥壹百貳拾捌石 | 本縣官倉小麥壹百叁拾壹石捌斗壹升肆合壹勺 | |
| 德州常豐倉小麥壹千捌百石 | | | |

## 秋糧

百叁拾兩

原額粟米壹萬捌千捌百陸石貳斗叁升貳合捌勺

起運壹萬伍千伍百石實徵銀壹萬肆千玖百貳拾肆兩貳錢壹釐

臨清倉粟米叁百肆石陸斗捌升伍合每石捌錢共銀貳百肆拾叁兩柒錢肆分捌釐

捌分貳釐

兌軍偕運米陸千石外加耗壹千伍百石蓆草柒拾伍兩輕齎肆百捌拾兩每石百里腳價叁分伍釐

保安州萬全廣盈倉粟米壹千玖百壹拾柒石柒斗貳合伍勺每石壹兩貳錢共銀貳千叁百壹兩貳錢肆分叁釐

壹百壹兩

兌軍偕運折色米撥與霑化貳百柒拾石實徵壹百伍拾石每石陸錢共銀玖拾兩

保安州新興倉粟米壹千壹百陸拾柒石柒斗陸升貳合伍勺每石壹兩貳錢共銀壹千肆百壹兩叁錢壹分伍釐

德州倉改兌米肆千貳百柒拾石內霑化兌撥貳百柒拾石外加耗柒百貳拾伍石玖斗蓆草伍拾叁兩叁錢柒分伍釐每石百里腳價叁分伍釐

派剩米叁百玖石捌斗伍升每石柒錢共銀貳百壹拾陸兩捌錢

存留叁千叁百陸石貳斗叁升貳合捌勺

德州常豐倉粟米壹千玖百石係青萊兌派每石折銀肆錢

德府廣愛倉祿粟米叁百石

本府廣儲倉折色稻米貳百玖石每石折銀壹兩解司支用

本縣官倉粟米貳百伍拾柒石貳斗叁升貳合捌勺



## 馬草　塩鈔

京庫綿花絨肆千斤准米肆百石每斤柒分伍釐共銀叁百兩

原額馬草叁萬貳千肆百貳拾貳束實徵銀壹千肆百陸拾柒兩伍錢捌分

中府外場草柒千伍百捌拾肆束每束陸分共銀肆百伍拾伍兩肆分

赤城廣備倉粟米叁百伍拾石每石壹兩貳錢共銀肆百貳拾兩

內象房倉草貳千束每束陸分伍釐共銀壹百叁拾兩

太倉銀庫草壹萬柒千肆百陸拾伍束拾斤捌兩每束叁分伍釐共銀陸百壹拾壹兩叁錢貳釐

山海庫布陸百叁拾疋准米陸百叁拾石每疋叁錢共銀壹百捌拾玖兩

居庸倉草伍千壹百壹拾束每束伍分共銀貳百伍拾伍兩伍錢

天師庵外場草貳百陸拾貳束肆斤捌兩每束陸分共銀壹拾伍兩柒錢叁分捌釐

玖分伍釐

京庫地畝綿花絨柒百貳拾柒斤壹拾肆兩徵收本色

京庫改撥德州常盈庫鈔銀無閏壹百貳拾陸兩叁錢肆分貳釐有閏壹百叁拾陸兩捌錢柒分伍毫

本縣儒學倉粟米貳百肆拾石

運軍行糧本色米肆百石

司庫鈔銀無閏壹百捌拾陸兩捌毫有閏貳百兩肆錢壹分柒釐陸毫

# 泰安州夏稅

原額小麥玖千陸百柒石肆斗肆升肆合捌勺　起運柒千肆百石實徵銀叁千貳拾伍兩捌錢伍分叁釐　德州倉小麥折米玖百貳石柒斗壹升柒合伍勺每石捌錢共銀柒百貳拾貳兩壹錢柒分肆釐

保安州宣德等叁倉并趙川葛峪堡倉小麥肆百叁拾石肆斗捌升貳合伍勺每石壹兩貳錢共銀伍百壹拾陸兩伍錢柒分玖釐　保定府廣盈左右貳倉小麥叁百陸石捌斗每石柒錢伍分共銀貳百叁拾兩壹錢

京庫本色紅花壹千貳百斤每斤壹錢陸分準麥叁百石共銀壹百玖拾貳兩　京庫本色闊白綿布肆千伍拾疋準麥肆千捌百陸拾石每疋脚價貳分叁釐　橫嶺口倉布伍百疋準麥陸百石每疋叁錢共銀壹百伍拾兩

絲綿折絹貳百陸拾捌疋壹丈叁尺捌寸肆分陸釐柒毫肆絲每疋柒錢共銀壹百捌拾柒兩玖錢叁釐　農桑折絹捌百肆拾陸疋玖尺陸寸柒分伍釐每疋柒錢共銀伍百玖拾貳兩肆錢壹分貳釐

存留貳千貳百柒石肆斗肆升肆合捌勺　本州儒學倉小麥壹百捌拾肆石　本州官倉小麥壹百貳拾叁石肆斗肆升肆合捌勺　本府廣儲倉小麥柒百石

兗州府廣盈倉小麥壹千貳百石

# 秋糧

原額粟米貳萬貳千肆百壹拾柒石叁斗柒升壹合壹勺　起運壹萬陸千柒百石實徵銀壹萬肆千貳百玖拾壹兩柒錢柒分陸釐　兗軍儲運折色米肆千伍百石每石捌錢共銀叁千陸百兩　御馬倉黑豆伍百壹拾叁石每石

兗軍儲運米肆千石外加耗壹千石蓆草伍拾兩輕齎叁百貳拾兩每石百里脚價叁分伍釐　德州倉改兗米貳千石外加耗叁百肆拾石蓆草貳拾伍兩每石百里脚價叁分伍釐　密雲隆慶倉粟米貳千肆拾肆石每石

派剩米貳百肆拾壹石柒斗肆升伍合每石陸錢共銀壹百肆拾伍兩肆分柒釐　保安州萬全廣積倉粟米柒百肆拾貳石伍斗每石壹兩貳錢共銀捌百玖拾壹兩　供用庫黑豆玖百叁拾玖石壹斗每石伍錢伍分共銀

臨清倉粟米壹千壹百肆拾陸石陸斗伍升伍合每石捌錢共銀玖百壹拾柒兩叁錢貳分肆釐　山海庫布伍百柒拾叁疋准米伍百柒拾叁石每疋叁錢共銀壹百柒拾壹兩玖錢　京庫地畝綿花絨柒百貳斤壹拾

存留伍千柒百壹拾柒石叁斗柒升壹合壹勺　東昌府廣盈倉粟米貳百石係青萊兗派每石折銀肆錢　本州官倉粟米貳百壹拾柒石叁斗柒升壹合壹勺　魯府郡王臧派祿粟米貳千柒拾伍石捌斗

本府廣儲倉粟米肆百石　德府廣受倉祿粟米叁百伍拾石　魯府郡王將軍祿粟米壹千玖百貳拾肆石壹斗肆升肆合每石折銀伍錢解司發兗州府支　本州儒學倉粟米叁百伍拾石　本府廣儲倉本色稻米

捌錢共銀肆百壹拾兩肆錢

原額馬草伍萬肆千肆拾柒束實徵銀貳千肆百壹拾陸兩柒錢玖分

御馬倉内場草肆千陸百壹拾叁束捌斤叁兩陸錢每束柒分共銀叁百貳拾貳兩玖錢肆分玖釐伍毫

玖錢共銀壹千捌百叁拾玖兩陸錢

中府外場草陸千捌百陸拾伍束拾貳斤拾肆兩肆錢每束陸分共銀肆百壹拾壹兩玖錢伍分叁釐

居庸倉草壹萬壹千捌百肆拾肆束每束伍分共銀伍百玖拾貳兩貳錢

伍百壹拾陸兩伍錢伍釐

薊州上倉草壹千肆百叁拾陸束壹斤陸兩每束肆分伍釐共銀陸拾肆兩陸錢貳分伍釐

太倉銀庫草貳萬玖千貳百捌拾柒束柒斤捌兩每束叁分伍釐共銀壹千貳拾伍兩陸分貳釐伍毫

伍兩肆錢肆分徵收本色

京庫改撥宣府庫鈔有無閏月額銀伍百玖拾叁兩捌錢柒分玖釐壹毫

伍升陸合每石折銀伍錢解司

司庫鈔銀無閏伍百玖拾叁兩捌錢柒分玖釐壹毫有閏陸百玖拾貳兩捌錢伍分玖釐

貳百石







原額小麥肆千捌拾陸石玖斗捌升伍合肆勺

起運叁千石實徵銀捌百壹拾陸兩捌錢捌分肆釐

保定府廣盈左右貳倉小麥貳百貳拾伍石每石柒錢伍分共銀壹百陸拾捌兩柒錢伍分

德州倉小麥

永平府山海庫布柒百玖拾陸疋貳丈肆尺陸寸佳麥玖百伍拾陸石壹斗貳升每疋銀叁錢共銀貳百叁拾玖兩叁分

登州府豐廣貳庫鈔壹萬錠准麥壹千石每錠壹分伍釐共銀壹百伍拾兩每伍拾兩

橫嶺口倉綿布陸百疋佳麥柒百貳拾石每疋叁錢共銀壹百捌拾兩

絲綿折絹壹百壹拾貳疋貳丈陸尺壹寸柒分玖釐陸毫捌絲柒忽伍微每疋柒錢共銀柒拾捌兩玖錢柒分肆釐

農桑折絹貳百捌拾叁疋壹丈叁尺陸寸伍分每疋柒錢共銀壹百玖拾捌兩叁錢玖分玖釐

存留壹千捌拾陸石玖斗捌升伍合肆勺

本縣儒學倉小麥壹百貳拾捌石

本縣官倉小麥壹百捌石玖斗捌升伍合肆勺

兗州府廣盈倉小麥捌百伍拾石

## 秋糧

折米玖拾捌石捌斗捌升每石捌錢共銀柒拾玖兩壹錢肆釐加耗銀貳兩

原額粟米玖千伍百叁拾陸石貳斗玖升陸合捌勺

起運柒千石實徵銀肆千玖百壹拾貳兩伍分陸釐

浮圖峪口倉粟米貳千壹百貳拾石伍斗陸升每石玖錢共銀壹千玖百捌兩伍錢肆釐

山海倉粟米壹千伍百柒拾玖石肆斗肆升每石捌錢共銀壹千貳百陸拾叁兩伍錢伍分貳釐

山海庫綿花絨貳萬伍千斤准米貳千伍百石每斤陸分共銀壹千伍百兩

山海庫布捌百疋准米捌百石每疋叁錢共銀貳百肆拾兩

京庫地畝綿花絨壹百玖拾斤肆兩陸錢徵收本色

存留貳千伍百叁拾陸石貳斗玖升陸合捌勺

濟寧州永豐倉粟米伍百石係青萊兗派每石折銀肆錢

肥城皂積倉粟米叁百石

本縣常倉粟米貳百玖拾陸石貳斗玖升陸合捌勺

德府廣受倉祿粟米叁百石

魯府郡王將軍祿粟米伍百石每石折銀伍錢解司發兗州府支

本縣儒學倉粟米貳百肆拾石

## 馬草盐鈔

原額馬草壹萬貳千柒百玖拾玖束實徵銀叁百捌拾陸兩陸釐伍毫

太倉銀庫草玖千捌百捌拾柒束玖斤每束叁分伍釐共銀叁百肆拾陸兩陸分陸釐伍毫

山海庫草貳千陸百陸拾壹束每束玖釐每伍拾兩加耗貳兩共銀貳拾肆兩玖錢壹分陸釐

中府外場草貳百伍拾束陸斤每束陸分共銀壹拾伍兩貳分肆釐

京庫鈔銀無閏壹百陸兩玖錢陸分貳釐有閏壹百壹拾伍兩捌錢柒分陸釐伍毫

司庫鈔銀無閏壹百伍拾陸兩陸錢貳分叁釐有閏壹百陸拾玖兩陸錢柒分伍釐

# 萊蕪縣夏稅　秋糧

## 夏稅

原額小麥伍千肆百柒拾壹石捌斗叁升壹合柒勺

起運肆千石

實徵銀壹千貳百叁拾肆兩肆錢叁分貳釐

御馬倉豌豆柒拾石壹斗玖升玖合每石壹兩共銀柒拾兩壹錢玖分玖釐

駟象千戶所外象房倉小麥壹百玖拾柒石陸斗陸升伍合每石壹兩肆錢共銀貳百柒拾陸兩柒錢叁分壹釐

保定府廣盈左右貳倉小麥壹百捌石玖斗叁升陸合每石柒錢伍分共銀捌拾壹兩柒錢貳釐

永平府山海庫布貳千壹百捌拾陸疋准麥貳千陸百貳拾叁石貳斗每疋叁錢共銀陸百伍拾伍兩捌錢

登州府豐廣貳庫鈔壹萬錠准麥壹千石每錠壹分伍釐共壹百伍拾兩每伍拾兩加耗貳兩

絲綿折絹壹百伍拾壹疋壹丈捌尺陸寸貳分壹毫叁絲柒忽伍微每疋柒錢共銀壹百陸兩壹錢捌釐

農桑折絹伍百捌拾貳疋貳丈柒尺玖寸每疋柒錢共銀肆百捌兩壹分壹釐

存留壹千肆百柒拾壹石捌斗叁升壹合柒勺

本縣儒學倉小麥壹百貳拾捌石

本縣官倉小麥壹百叁石捌斗叁升壹合柒勺

兗州府廣盈倉小麥壹千貳百肆拾石

## 秋糧

原額粟米壹萬貳千柒百陸拾柒石陸斗柒合貳勺

起運壹萬石

實徵銀捌千捌百貳拾陸兩伍錢捌分壹釐

兗軍儧運米壹千伍百石外加耗叁百柒拾伍石蓆草拾捌兩柒錢伍分輕齎壹百貳拾兩每石百里腳價叁分伍釐

兗軍儧運折

德州倉改兌米壹千石外加耗[illegible]柒拾石蓆草壹拾貳兩伍錢每石百里腳價叁分伍釐

天津廣備倉粟米叁百壹拾貳石伍升每石壹兩貳錢共銀叁百柒拾肆兩肆錢陸分

山海倉粟米壹千肆百柒拾石玖斗貳升壹勺每石捌錢共銀壹

御馬倉豆壹叁百捌拾貳石伍斗玖升肆合每石捌錢共銀叁百陸兩柒分伍釐貳毫

延慶州雲州保倉粟米壹千壹百柒拾伍石每石壹兩貳錢共銀壹千肆百壹拾兩

臨清倉粟米壹千捌百肆拾石叁斗壹升柒合玖勺每石捌錢共銀

密雲隆慶倉粟米陸百伍拾貳石貳斗每石玖錢共銀伍百捌拾陸兩玖錢捌分

山海庫布肆百陸拾陸疋貳丈玖尺叁寸柒分陸釐准米肆百陸拾陸石玖斗壹升捌合每疋叁錢共銀壹百肆拾兩柒分伍釐肆毫

京庫地畝綿

存留貳千柒百陸拾柒石陸斗柒合貳勺

濟寧州永豐倉粟米貳千石係青萊兗派每石折銀肆錢

本縣官倉粟米叁百陸拾柒石陸斗柒合貳勺

德府廣豐倉粟米壹百陸拾石

本縣儒學倉粟米貳百肆拾石

## 馬草鹽鈔

色米壹千貳百石每石捌錢共銀叁百陸拾兩
原額馬草貳萬柒千肆百貳拾陸束實徵銀壹千伍拾叁兩壹錢捌分貳釐
中府外場草叁千柒百叁拾束壹拾叁斤捌兩每束陸分共銀貳百貳拾叁兩捌錢伍分肆釐

千壹百柒拾陸兩米錢叁分陸釐壹毫
太倉銀庫草貳萬叁千陸百玖拾伍束壹斤捌兩每束叁分伍釐共銀捌百貳拾玖兩叁錢貳分捌釐

壹千肆百柒拾貳兩貳錢伍分肆釐叁毫
京庫鈔銀無閏壹百肆拾肆兩叁錢陸分有閏壹百伍拾陸兩叁錢柒分柒釐

花絨肆百貳拾伍斤徵收本色

司庫鈔銀無閏貳百壹拾陸兩伍錢貳分叁釐有閏貳百叁拾肆兩肆錢伍分陸釐

經會録　糧儲四十二

## 濱州夏稅秋

原額小麥壹萬叁千貳百捌拾貳石陸斗肆升
起運玖千柒百石實徵銀叁千捌拾伍兩玖錢貳分陸釐
天津倉小麥叁百陸拾柒石捌斗柒升每石捌錢共銀貳百玖拾肆兩貳錢玖分陸釐
原額粟米叁萬玖百玖

派剩各馬房倉小麥伍百壹拾捌石壹斗叁升每石壹兩共銀伍百壹拾捌兩壹錢叁分
登州府豐廣貳庫鈔壹萬錠准麥壹千石每錠壹分伍釐共銀壹百伍拾兩每伍拾兩加耗貳兩
兌軍贈運米壹千壹百

酒醋麵局小麥貳百石每石壹兩壹錢共銀貳百貳拾兩
永平府山海庫布陸千叁百肆拾伍疋准麥柒千陸百壹拾肆石每疋叁錢共銀壹千玖百叁兩伍錢
保安州萬全廣盈倉粟

絲綿折絹叁百陸拾柒疋貳丈肆尺捌寸陸分叁釐肆毫壹絲叁忽伍徵每疋柒錢共貳百伍拾柒兩肆錢肆分肆釐
農桑折絹肆百玖拾柒疋壹尺捌寸柒分伍釐每疋柒錢共銀叁百肆拾柒兩玖錢肆分壹釐
京庫綿花絨肆千斤准米

存留叁千伍百捌拾貳石陸斗肆升
本縣儒學倉小麥壹百捌拾肆石
本州官倉小麥壹百貳拾捌石陸斗肆升
存留粟千肆百玖拾貳

本府廣儲倉小麥叁千貳百柒拾石
運軍行糧折色米叁百

# 糧

拾貳石捌斗貳升陸合貳勺肆抄玖撮
起運貳萬叄千伍百石實徵銀壹萬肆千叄百壹拾肆兩柒錢玖分叄釐貳毫
兖軍儲運折色米貳千石每石陸錢共銀壹千貳百兩
臨清倉粟米叄百叄拾壹石伍升伍合伍勺

石外加耗貳百柒拾伍石席草壹拾叄兩柒錢伍分輕齎捌拾捌兩每石百里脚價叄分伍釐
保安州萬全廣積倉粟米壹千貳百陸拾玖石伍升伍勺每石壹兩貳錢共銀壹千伍百貳拾貳兩捌錢陸分陸毫
德州倉改兖米貳千石

米壹千壹百柒拾石每石壹兩貳錢共銀壹千肆百肆兩
光禄寺細粟米壹千叄百壹拾石伍斗每石壹兩共銀壹千叄百壹拾兩伍錢
派剩米肆百陸拾肆石肆斗每石陸錢共銀貳百柒拾捌兩陸錢肆分
御馬倉黑豆壹千叄百玖

肆百石每斤柒分伍釐共銀叄百兩
山海庫綿花絨壹萬叄千貳百伍拾斤准米壹千叄百貳拾伍石每斤陸分共銀柒百玖拾伍兩
山海庫布准米壹萬柒百叄拾石玖升肆合每疋叄錢共銀叄千貳百壹拾玖兩貳分

石捌斗貳升陸合貳勺肆抄玖撮
德州常豐倉粟米壹千柒百石係青萊兖派每石折銀肆錢
德府廣受倉禄粟米叄百石
本州儒學倉粟米叄百伍拾石
本州官倉粟米貳百玖拾貳石捌斗貳升陸

伍拾石每石折銀陸錢解司聽買本色



# 馬草盐鈔

每石捌錢共銀貳百陸拾肆兩捌錢肆分肆釐肆毫
原額馬草陸萬貳千叄百玖拾陸束實徵銀貳千柒百壹拾伍兩柒錢伍釐
中府外場草壹萬捌千叄百陸拾陸束每束陸分共銀壹千壹百壹兩玖錢陸分

外加耗叄百肆拾石席草貳拾伍兩每石百里脚價叄分伍釐
御馬倉內場草柒千肆百玖拾伍束每束柒分共銀伍百貳拾肆兩陸錢伍分
山海庫草柒千叄百玖拾陸束每束玖釐每伍拾兩加耗貳兩共銀陸拾玖兩貳錢叄分

拾玖石玖斗每石捌錢共銀壹千壹百壹拾玖兩玖錢貳分
太倉銀庫草貳萬玖千壹百叄拾玖束每束叄分伍釐共銀壹千壹拾玖兩捌錢陸分伍釐

捌釐貳毫
京庫地畝綿花絨玖拾柒斤拾貳兩肆錢徵收本色
京庫鈔銀無閏叄百貳拾陸兩陸錢玖分肆釐
有閏叄百伍拾叄兩玖錢壹分捌釐伍毫

合貳勺肆抄玖撮
德州常豐倉粟米肆千伍百石
司庫鈔銀無閏肆百柒拾捌兩叄錢捌分捌釐
有閏伍百壹拾捌兩貳錢叄分柒釐捌毫

# 蒲臺縣夏税　秋糧

## 夏税

原額小麥捌千柒百伍拾貳石陸斗陸升伍合叁勺
起運陸千叁百石實徵銀壹千捌百肆兩肆錢捌分
保定府廣盈左右貳倉小麥肆百肆拾貳石每石柒錢共銀叁百叁拾壹兩伍錢

德州倉小麥折米肆百玖拾石壹斗每石捌錢共銀叁百玖拾貳兩捌分
永平府山海庫布壹千玖百叁拾疋准麥貳千叁百壹拾陸石每疋叁錢共銀伍百柒拾玖兩

御馬倉豌豆伍拾壹石玖斗每石壹兩共銀伍拾壹兩玖錢
登州府豐廣貳庫鈔叁萬錠准麥叁千石每錠壹分伍釐共銀肆百伍拾兩每伍拾兩加耗貳兩

農桑折絹叁百肆拾疋貳丈貳尺伍寸壹分伍釐每疋柒錢共銀貳百叁拾捌兩肆錢玖分叁釐

存留貳千肆百伍拾貳石陸斗陸升伍合叁勺
本縣儒學倉小麥壹百貳拾捌石
稅絲貳百玖拾玖斤肆兩肆錢叁分肆釐壹毫陸絲柒忽每斤壹兩共銀貳百玖拾玖兩貳錢柒分捌釐

本縣官倉小麥玖拾肆石陸斗陸升伍合叁勺
本府廣豐倉小麥貳千貳百叁拾石
本色絲壹拾捌斤柒兩肆錢伍分貳釐每斤銀壹兩共銀壹拾捌兩肆錢陸分伍釐

## 秋糧

原額粟米貳萬肆百貳拾陸石捌斗捌升陸合貳勺
起運壹萬肆千伍百石實徵銀玖千貳兩貳錢肆分壹釐
密雲隆慶倉粟米壹千石每石玖錢共銀玖百兩
派剩米伍百叁拾玖石貳斗玖升伍合每石陸錢共銀叁百貳拾

臨清倉粟米貳千玖拾貳石伍斗肆升伍合每石捌錢共銀壹千陸百柒拾肆兩叁分陸釐
霸州北倉黑豆陸百貳拾叁石貳斗每石捌錢共銀肆百玖拾捌兩伍錢陸分
山海庫布准米伍千壹百石每疋叁錢共銀壹千伍百

德州倉改兌米壹千伍百石外加耗貳百伍拾伍石布草銀壹拾捌兩柒錢伍分每石百里腳價銀叁分伍釐
御馬倉黑豆壹千伍百柒拾壹石玖斗陸升每石銀捌錢共銀壹千貳百伍拾柒兩伍錢陸分捌釐

密雲隆慶倉黑豆壹千肆百玖拾捌石每石柒錢伍分共銀壹千壹百貳拾叁兩伍錢
山海庫綿花絨伍千柒百伍拾斤准米伍百柒拾伍石每斤陸分共銀叁百肆拾伍兩
京庫地畝綿花絨肆拾叁斤肆兩散收本色

存留伍千玖百貳拾陸石捌斗捌升陸合貳勺
臨清州常盈倉粟米陸百石係青菜兌派每石折銀肆錢
本縣儒學倉粟米貳百肆拾石
本縣官倉粟米貳百捌拾陸石捌斗捌升陸合貳勺
德府奏辭禄粟米壹百伍拾石每

德府積受倉禄粟米壹百伍拾石
德州常豐倉粟米肆千石
運軍行糧折色米伍百石每石折銀陸錢解司聽買本色

# 馬草盐鈔

叁兩伍錢柒分柒釐原額馬草肆萬玖千陸百柒拾玖束實徵銀壹千陸百陸拾肆兩叁錢伍分玖釐御馬倉內場草肆千貳百叁拾貳束壹拾叁兩壹錢貳分每束柒分共銀貳百玖拾陸兩貳錢肆分伍釐

叁拾兩太倉銀庫草叁萬陸千柒百陸拾柒束壹拾肆斤貳兩捌錢捌分每束叁分伍釐共銀壹千貳百捌拾陸兩捌錢柒分捌釐

山海庫草捌千陸百柒拾玖束每束玖釐每伍拾兩加耗貳兩共銀捌拾壹兩貳錢叁分陸釐

京庫鈔銀無閏貳百叁拾玖兩陸分肆釐有閏貳百伍拾兩貳錢壹分壹釐

石折銀米鐵解司司庫鈔銀無閏叁百叁拾捌兩壹錢玖分柒釐叁毫有閏叁百陸拾陸兩叁錢捌分叁釐壹毫

經會録　粮濟四十四

# 霑化縣夏税秋

原額小麥伍千柒百玖拾叁石貳升叁合捌勺伍抄伍撮起運肆千石實徵銀壹千玖拾伍兩肆錢柒分貳釐御馬倉豌豆伍拾柒石玖斗陸升每石壹兩共銀伍拾柒兩玖錢陸分原額粟米壹萬叁千伍

德州倉小麥折米叁百柒拾玖石陸斗肆升每石銀捌錢共銀叁百叁兩米錢壹分貳釐保定府廣盈左右貳倉小麥壹百捌拾陸石肆斗每石銀柒錢共銀壹百叁拾玖兩捌錢保安州趙川堡倉小杆大

永平府山海庫布柒百叁拾疋準麥捌百柒拾陸石每疋叁錢共銀貳百壹拾玖兩登州府豐廣貳庫鈔貳萬伍千錠準麥貳千伍百石每錠壹分伍釐共銀叁百柒拾伍兩每伍拾兩加耗貳兩石廣倉粟米貳百伍拾

絲綿折絹壹百陸拾疋貳丈貳尺伍寸壹釐米毫貳絲伍忽每疋柒錢共銀壹百壹拾貳兩肆錢玖分叁釐農桑折絹壹百玖疋玖尺捌寸貳分伍釐每疋柒錢共銀柒拾陸兩伍錢壹分伍釐臨清倉粟米壹千玖拾

存留壹千柒百玖拾叁石貳升叁合捌勺伍抄伍撮本縣儒學倉小麥壹百貳拾捌石本縣官倉小麥壹百壹拾伍石貳升叁合捌勺伍抄伍撮存留肆千捌白豆拾米

本府廣儲倉小麥壹千伍百伍拾石魯府郡王將軍祿粟米

## 糧

百壹拾柒石伍升玖合肆勺起運捌千米百石貫徵銀伍千陸百伍拾伍兩壹錢伍分壹釐德州倉改兑米壹千伍百石奉明文兑撥與臨邑淄川長山陵縣德州平原商河各辦納訖山海倉粟米貳斤石每

小白羊貳堡倉粟米壹百玖拾石伍斗壹米貳合伍勺每石壹兩貳錢共銀貳百貳拾捌兩陸錢壹分伍釐兑軍債運折色米奉明文兑撥德州等州縣壹千伍百石連舊共壹千陸百玖拾叁石米斗每石陸錢共銀

石叁斗陸合柒勺貳抄伍撮每石玖錢共銀貳百貳拾伍兩貳錢柒分陸釐壹毫派剩米肆百貳拾伍石貳升叁合叁勺陸抄貳撮伍圭每石陸錢共銀貳百伍拾伍兩壹分肆釐京庫絲花絨貳千斤准米貳百石

伍石柒斗柒升柒合肆勺壹抄貳撮伍圭每石捌錢共銀捌百柒拾陸兩陸錢貳分貳釐山海庫布准米貳千捌百肆拾肆石陸斗捌升每疋叁錢共銀捌百伍拾叁兩肆錢肆釐京庫地畝綿花絨柒拾

石伍升玖合肆勺德州常豐倉粟米叁千捌百伍拾石本縣儒學倉粟米貳百肆拾石本縣官倉粟米貳百貳拾米石伍升玖合肆勺

伍百石每石折銀伍錢解司發兗州府支

經會録　糧濟四五　六百六十五明

## 馬草　塩鈔

石捌錢共銀壹千陸百兩原額馬草貳萬陸千壹百百陸拾玖束實徵銀捌百肆拾兩貳錢陸分柒釐伍毫山海庫草陸千壹百陸拾玖束每束玖釐每伍拾兩加耗貳兩共銀伍拾貳兩柒錢肆分伍釐

壹千壹拾陸兩貳錢貳分御馬倉內場草壹千貳百貳拾貳束每束柒分共銀捌拾伍兩伍錢肆分太倉銀庫草壹萬柒千壹百捌拾柒束壹拾叁斤捌兩每束叁分伍釐共銀陸百壹兩伍錢柒分陸釐伍毫

每斤柒分伍釐共銀壹百伍拾兩天師廢草壹千伍百玖拾束壹斤捌兩每束陸分共銀玖拾伍兩肆錢陸釐

肆斤陸兩徵收本色京庫鈔銀無閏柒拾玖兩貳釐有閏捌拾伍兩伍錢捌分伍釐陸毫

司庫鈔銀無閏壹百壹拾伍兩陸錢捌分壹釐伍毫有閏壹百貳拾伍兩叁錢貳分壹釐柒毫

## 利津縣夏稅

原額小麥陸千壹拾伍石玖升壹勺

起運肆千肆百石實徵銀壹千貳百陸拾貳兩壹錢伍分壹釐

派剩各馬房倉小麥壹百玖拾叁石貳斗伍升伍合每石壹兩共銀壹百玖拾叁兩貳錢伍分伍釐

天津倉小麥伍百柒拾陸石柒斗肆升伍合每石捌錢共銀肆百陸拾壹兩叁錢玖分陸釐

登州府豐廣貳庫鈔叁萬錠準麥叁千石每錠壹分伍釐共銀肆百伍拾兩每伍拾兩加耗貳兩

薊州倉絹布伍百貳拾伍疋準麥陸百叁拾石每疋叁錢共銀壹百伍拾柒兩伍錢

絲綿折絹壹百陸拾伍疋陸尺捌分貳釐捌毫貳絲柒忽每疋柒錢共銀壹百壹拾伍兩陸錢叁分肆釐

農桑折絹玖拾玖疋貳丈肆尺柒寸伍分每疋柒錢共銀陸拾玖兩捌錢肆分貳釐

存留壹千陸百壹拾伍石玖升壹勺

本縣儒學倉小麥壹百貳拾捌石

本縣官倉小麥壹百柒石玖升壹勺

本府廣儲倉小麥壹千叁百捌拾石

經制錄　經略畧六　四百七十五

## 秋糧

原額粟米壹萬肆千叁拾伍石貳斗壹升叁合柒勺捌抄肆撮伍圭

起運壹萬伍百石實徵銀柒千貳百貳拾玖兩捌錢陸分肆釐

延慶州雲州堡倉粟米貳百捌拾石每石壹兩貳錢共銀叁百叁拾陸兩

兌軍價運折色米肆百玖石貳升叁合陸勺每石陸錢共銀貳百肆拾伍兩肆錢壹分肆釐貳毫

派剩米肆百捌拾柒石柒斗肆升叁合陸勺每石陸錢共銀貳百玖拾貳兩陸錢肆分陸釐貳毫

山海庫布準米貳千柒

德州倉改兌米壹千伍百石外加耗貳百伍拾伍石蓆草拾捌兩柒錢伍分每石百里脚價叁分伍釐

臨清倉粟米貳千貳百壹拾玖石陸斗肆升伍合陸勺每石捌錢共銀壹千柒百柒拾伍兩柒錢壹分陸釐

光祿寺細粟米肆百玖拾捌石伍斗捌升柒合貳勺每石壹兩共銀肆百玖拾捌兩伍錢捌分柒釐貳毫

京庫地畝綿花絨捌拾玖斤貳兩捌錢徵收本色

存留叁千伍百叁拾伍石貳斗壹升叁合柒勺捌抄肆撮伍圭

德州常豐倉粟米壹千玖百石係青來兌派每石折銀肆錢

德州常豐倉粟米叁百石

本縣官倉粟米貳百玖拾伍石貳斗壹升叁合柒勺捌

德府廣豐倉祿粟米壹百伍拾石

德府奏辭祿粟米壹百伍拾石每石折銀柒錢解司

魯府郡王將軍祿粟米叁百石每石折銀伍錢解司發兗州府支

運軍行糧折色米貳百石每石折銀陸錢解司聽買本色

## 馬草鹽鈔

御馬倉黑豆貳千肆百石每石捌錢共銀壹千玖百貳拾兩
原額馬草貳萬肆千捌百伍拾玖束實徵銀捌百柒拾伍兩叁錢叁分伍釐
太倉銀庫草壹萬叁百柒束每束叁分伍釐共銀叁百陸拾兩柒錢肆分伍釐

百伍石每石叁錢共銀捌百壹拾壹兩伍錢
御馬倉芻場草叁千貳百捌拾柒束每束柒分共銀貳百叁拾兩玖分
居庸倉草肆千肆百陸束每束伍分共銀貳百貳拾兩叁錢

伍毫
山海關草陸千捌百伍拾玖束每束玖釐每伍拾兩加耗貳兩共銀陸拾肆兩貳錢

京庫鈔銀無閏壹百貳拾肆兩伍錢叁分有閏壹百叁拾肆兩玖錢柒釐伍毫

抄肆撮伍圭
本縣儒學倉粟米貳百肆拾石
府庫鈔銀無閏壹百捌拾貳兩叁錢柒分柒釐伍毫有閏壹百玖拾柒兩伍錢伍分陸釐

經會録　糧漕四乇　戊六百三十八

## 青城縣夏稅秋

原額小麥叁千捌百伍拾石玖斗玖升捌合貳勺
起運叁千石實徵銀壹千叁百伍拾捌兩貳錢貳分肆釐
保定府廣盈左右貳倉小麥貳百石每石柒錢伍分共銀壹百伍拾兩
原額粟米捌千玖百捌

德州倉小麥折米壹百玖拾貳石肆斗肆升每石捌錢共銀壹百伍拾叁兩玖錢伍分貳釐
保定府唐縣庫布壹千捌百貳拾疋准麥貳千壹百捌拾肆石每疋叁錢共銀伍百肆拾陸兩
兌軍儹運米貳千捌百

保安州宣德等叁倉并趙川葛峪堡倉小麥肆百貳拾叁石伍斗陸升每石壹兩貳錢共銀伍百捌兩貳錢柒分貳釐
御馬倉菉豆貳百石每

農桑折絹壹百玖拾疋貳丈玖尺捌寸伍分每疋柒錢共銀壹百叁拾叁兩陸錢伍分叁釐
保安州萬全廣積倉粟

存留捌百伍拾石玖斗玖升捌合貳勺
本縣官倉小麥壹百貳石玖斗玖升捌合貳勺
稅絲壹百叁拾叁斤捌錢壹分陸釐壹毫柒絲每斤銀壹兩共銀壹百叁拾叁兩伍分壹釐
存留壹千肆百捌拾伍

本縣儒學倉小麥壹百貳拾捌石
本府廣儲倉小麥陸百貳拾石
本縣官倉粟米壹百玖

## 糧

拾伍石陸斗陸升貳合肆勺

起運柒千伍百石實徵銀柒千捌百玖拾兩柒分伍釐玖毫捌絲貳忽

德州倉改兌米伍百石外加耗捌拾伍石蓆草陸兩貳錢伍分每石百里脚價叁分伍釐

供用庫芝蔴

石外加耗柒百石蓆草叁拾伍兩輕齎貳百貳拾肆兩每石百里脚價叁分伍釐

兌軍儹運折色米叁百壹拾石每石捌錢共銀貳百肆拾捌兩

光祿寺細粟米貳百伍拾捌石陸斗貳升玖抄每石壹兩共銀貳

石壹兩叁錢共銀貳百陸拾兩

保安州趙川保倉并大小白羊貳堡倉粟米柒百貳拾伍石玖斗貳升伍合每石壹兩貳錢共銀捌百柒拾壹兩壹錢壹分

山海庫布准米叁百叁拾捌石每疋叁錢共銀壹百壹

柒貳千貳百陸拾柒石肆斗伍升肆合玖勺壹抄每石壹兩貳錢共銀貳千柒百貳拾兩玖錢肆分伍釐玖毫

京庫地畝綿花絨壹百叁拾伍斤壹兩壹錢陸分徵收本色

石陸斗陸升貳合肆勺

東昌府廣盈倉粟米玖百石係青兖兌派每石折銀肆錢

德府廣愛倉祿粟米壹百伍拾石

本縣儒學倉粟米貳百肆拾石

拾伍石陸斗陸升貳合肆勺

經會錄　糧濟四八

## 馬草

壹百石每石壹兩捌錢共銀壹百捌拾兩

原額馬草貳萬肆千束拾柒束實徵銀玖百玖拾叁兩玖錢叁釐

京師廠外場草貳千陸百玖拾捌束壹拾叁斤捌兩每束陸分共銀壹百陸拾壹兩玖錢叁分肆釐

百伍拾捌兩陸錢貳分玖絲

太倉銀庫草壹萬伍千陸百貳拾玖束壹斤捌兩每束叁分伍釐共銀伍百肆拾柒兩壹分玖釐

## 鹽鈔

兩肆錢

居庸倉草伍千陸百玖拾玖束每束伍分共銀貳百捌拾肆兩玖錢伍分

京庫改撥宣府庫鈔有無閏月額銀壹百玖拾肆兩伍錢伍分玖釐捌毫

司庫鈔銀無閏壹百玖拾肆兩伍錢伍分玖釐捌毫有閏貳百貳拾壹兩肆錢伍分

兗州府所屬

# 滋陽縣 夏稅

原額小麥叁千玖百肆拾石陸斗伍合壹勺伍抄玖撮壹圭伍粒

起運叁千壹百伍拾石實徵銀壹千壹百玖拾柒兩玖錢陸分陸釐

光祿寺小麥肆百壹拾叁石捌升每石壹兩共銀肆百壹拾叁兩捌分

臨清廣積貳倉小麥折米貳百石玖斗貳升每石捌錢共銀壹百陸拾兩柒錢叁分陸釐

登州府豐廣貳庫鈔玖千陸百壹拾錠准麥玖百陸拾壹石每錠壹分伍釐共銀壹百肆拾肆兩壹錢伍分每伍拾兩加耗貳兩

馴象所外象房倉小麥柒拾伍石每石壹兩肆錢共銀壹百伍兩

河間府靜海縣廣布壹千貳百伍拾疋准麥壹千伍百石每疋叁錢共銀叁百柒拾伍兩

絲綿折絹壹百玖疋壹丈叁尺陸寸伍分伍釐貳毫陸絲伍忽每疋柒錢共銀柒拾陸兩陸錢

農桑折絹壹百壹拾伍疋貳丈壹尺柒寸伍分每疋柒錢共銀捌拾兩玖錢柒分陸釐

存留柒百玖拾石陸斗伍合壹勺伍抄玖撮壹圭伍粒

本縣儒學倉小麥壹百貳拾捌石

本府儒學倉小麥貳百伍拾肆石

本府廣盈倉小麥肆百捌石陸斗伍合壹勺伍抄玖撮壹圭伍粒





# 秋糧

原額粟米玖千壹百玖拾肆石柒斗肆升伍合叁勺柒抄壹撮叁圭伍粒

起運伍千伍百石實徵銀肆千捌百壹拾壹兩玖錢玖分

兌軍儹運米壹千柒百石外加耗肆百貳拾伍石輕齎壹百叁拾陸兩蓆草

洗馬林堡倉

行新河口堡倉粟米玖百壹石肆斗每石壹兩貳錢共銀壹千捌拾壹兩陸錢捌分

鎮邊城新城倉粟米捌百肆拾肆石叁斗每石玖錢共銀柒百伍拾玖兩捌錢柒分

兌軍儹運折色米貳百肆拾石每

涿州常盈倉粟米柒百陸拾肆石叁斗每石捌錢共銀陸百壹拾壹兩肆錢肆分

保定府廣盈左右貳倉粟米肆百石每石捌錢共銀叁百貳拾兩

德州常盈庫闊白綿布陸百伍拾疋准米陸百伍拾石每疋叁錢

京庫地畝綿花絨貳百肆拾肆斤陸兩徵收本色

存留叁千陸百玖拾肆石柒斗肆升伍合叁勺柒抄壹撮叁圭伍粒

本府廣盈倉粟米柒百石係青萊兌派每石折銀肆錢

本府廣盈倉粟米伍百柒拾肆石柒斗肆升伍合叁勺柒抄壹撮叁圭伍粒

本府儒學倉

魯府郡王將軍祿粟米原撥保盈倉祿粳米壹百石每石壹兩內除伍拾兩解兗州府均放共伍拾兩解司

魯府郡王將軍祿粟米壹千陸百石解本府廣盈倉另收

本縣儒學倉粟米貳百肆拾石

貳拾壹兩貳錢伍分，每石百里脚價叁分伍釐。

石陸錢，共銀壹百肆拾肆兩。

共銀壹百玖拾伍兩。

照米肆百捌拾石。

## 馬草 鹽鈔

原額馬草貳萬壹千叁百貳拾叁束，實徵銀捌百伍拾肆兩壹錢柒分肆釐伍毫陸絲。

御馬倉內場草伍千貳百捌拾捌束，每束柒分，共銀叁百柒拾兩壹錢陸分。

中府外場草肆千肆百貳拾束，每束陸分，共銀貳百陸拾伍兩貳錢。

太倉銀庫草肆千貳百玖拾肆束，每束叁分伍釐，共銀壹百伍拾兩貳錢玖分。

山海庫草柒千叁百貳拾壹束，每束玖釐，每伍拾兩加耗貳兩，共銀陸拾捌兩伍錢貳分肆釐陸毫。

京庫鈔銀無閏玖拾柒兩捌錢壹分捌釐，有閏壹百伍兩玖錢陸分玖釐伍毫。

府庫鈔銀無閏壹百肆拾陸兩柒錢貳分柒釐，有閏壹百伍拾捌兩叁錢伍分肆釐叁毫。

## 金鄉縣 夏稅

原額小麥叁千玖百叁拾貳石伍升陸合捌勺肆抄伍撮。

起運叁千叁百石，實徵銀壹千貳百伍拾壹兩伍分。

御馬倉豌豆壹百石，每石壹兩，共銀壹百兩。

光祿寺小麥貳百叁拾玖石陸斗伍升，每石壹兩，共銀貳百叁拾玖兩陸錢伍分。

臨清廣積倉小麥折米壹百貳拾石，每石捌錢，共銀玖拾陸兩。

德州倉小麥折米叁百壹拾捌石柒斗伍升，每石捌錢，共銀貳百伍拾肆兩。

保定府唐縣庫布壹千壹拾捌疋，準麥壹千貳百貳拾壹石陸斗，每疋叁錢，共銀叁百伍兩肆錢。

通州通濟庫布伍百疋，準麥陸百石，每疋叁錢，共銀壹百伍拾兩。

登州府豐廣貳庫鈔柒千錠，準麥柒百石，每錠壹分伍釐，共銀壹百伍兩，每伍拾兩外加耗貳兩。

絲綿折絹壹百捌疋貳丈玖尺捌寸壹分柒釐，每疋柒錢，共銀柒拾陸兩貳錢伍分叁釐。

農桑折絹玖百壹拾陸疋壹丈貳尺叁寸，每疋柒錢，共銀陸百肆拾壹兩肆錢陸分叁釐。

存留小麥陸百叁拾貳石伍升陸合捌勺肆抄伍撮。

本縣儒學倉小麥壹百貳拾捌石。

本縣官倉小麥壹百肆石伍升陸合捌勺肆抄伍撮，內除栽減官俸拾柒石貳斗玖升，每石折銀伍錢解司。

濟寧州永豐倉小麥肆百石。

# 秋糧

原額粟米玖
千壹百柒
拾肆石柒柒
斗玖升玖
合叁勺伍
撮
起運伍千伍
百石實徵
銀肆千貳
百叁拾玖
兩叁錢貳
分
兌軍備運米
壹千柒百
石外加耗
米肆百貳
拾伍石輕
齎銀壹百
叁拾陸兩
蓆草銀貳
拾壹兩貳
錢伍分每
石百里脚
價銀叁分
伍釐

兌軍備運折涿州常盈倉
色米壹百
石每石捌
錢共銀捌
拾兩
洮馬林堡倉
并新河口
堡倉粟米
陸百玖拾
捌石叁斗
每石壹兩
貳錢共銀
捌百叁拾
柒兩玖錢
陸分
保定府廣盈
左右貳倉
粟米叁百
伍拾石每
石捌錢共
銀貳百捌
拾兩

粟米壹千
壹石柒斗
每石捌錢
共銀捌百
壹兩叁錢
陸分
兌軍備運折
色米壹百
伍拾石每
行陸錢共
銀玖拾兩
德州常盈庫
閘白綿布
壹千伍百
疋準米壹
千五百石
每疋叁錢
共銀肆百
伍拾兩

京庫地畝綿
花絨陸百
壹拾肆斤
壹拾肆兩
徵收本色

存留叁千陸
百柒拾肆
石柒斗玖
升玖合叁
勺伍撮
濟寧州永豐
倉粟米叁
百石係青
萊兗沂每
石折銀肆
錢
濟寧州永豐
倉粟米伍
百伍拾石
本縣官倉粟
米壹百捌
拾肆石柒
斗玖升玖
合叁勺伍
撮內扣裁
減官俸叁
拾石柒斗
壹升每石折
鈔伍錢解司

魯府郡王將
軍祿粟米
原撥係盈
倉祿粳米
壹百石每
石壹兩解
司除陸拾
貳兩肆錢
參將俸糧
具餘聽用
魯府郡王將
軍祿粟米
壹千伍百
石解本府
廣盈倉另
收
魯府廣盈倉
祿粟米捌
百石
本縣儒學倉
粟米貳百
肆拾石



# 馬草鹽鈔

原額馬草貳
萬壹千貳
百捌拾叁
束實徵銀
玖百肆拾
兩肆錢捌
分
大倉銀庫草
壹萬叁千
肆百陸拾
束每束叁
分伍釐共
銀肆百柒
拾壹兩壹
錢

御馬倉內場
草壹千伍
百束每束
柒分共銀
壹百伍兩
兵家駝牛房
倉草叁千
束每束伍
分伍釐共
銀壹百陸
拾伍兩

中府外場草
叁千叁百
貳拾叁束
每束陸分
共銀壹百
玖拾玖兩
叁錢捌分

京庫鈔銀無
閏壹百壹
兩捌錢貳
釐有閏壹
百壹拾兩
貳錢捌分
伍釐伍毫

府庫鈔銀無
閏壹百肆
拾玖兩陸
分柒釐貳
毫壹絲有
閏壹百陸
拾伍兩肆
錢貳分

# 城武縣夏稅

原額小麥貳千貳百貳拾玖石壹斗柒升肆合伍勺柒抄　起運壹千捌百石實徵銀柒百貳拾壹兩貳分　臨清廣積倉小麥折米貳百貳石壹斗每石折銀捌錢共銀壹百陸拾壹兩陸錢捌分

光禄寺小麥壹百壹石壹斗每石壹兩共銀壹百壹兩壹錢　德州倉小麥折米壹百伍拾貳石捌斗每石捌錢共銀壹百貳拾貳兩貳錢肆分　白羊口倉綿布叁百伍拾疋准麥肆百貳拾石每疋叁錢共銀壹百伍兩

登州府豐廣貳車布柒百柒拾疋准麥玖百貳拾肆石每疋叁錢共銀貳百叁拾壹兩　絲綿折絹陸拾壹疋壹丈捌尺伍寸伍釐伍絲每疋柒錢共銀肆拾叁兩壹錢陸釐

農桑折絹肆百伍拾陸疋捌尺陸寸每疋柒錢共銀叁百壹拾玖兩叁錢捌分捌釐

存留肆百貳拾玖石壹斗柒升肆合伍勺柒抄　本縣儒學倉小麥壹百貳拾捌石　本縣官倉小麥玖拾壹石壹斗柒升肆合伍勺柒抄

濟寧州永豐倉小麥貳百壹拾石

# 秋糧

原額粟米伍千貳百壹石肆斗柒合叁勺叁抄　起運叁千伍百石實徵銀貳千捌百伍拾伍兩叁錢貳分　兑軍倚運米玖百石外加耗貳百貳拾伍石輕齎米拾貳兩幣草拾壹兩貳錢伍分每石百里脚價叁分伍釐

張家口堡倉粟米肆百柒拾肆石叁斗柒升伍合每石壹兩貳錢共銀伍百陸拾玖兩貳錢伍分　鎮邊城新城倉粟米貳百伍拾伍石柒斗每石玖錢共銀貳百叁拾兩壹錢叁分　涿州常盈倉粟米壹百柒拾石柒斗貳升伍

德州常盈庫布壹千疋准米壹千石每疋叁錢共銀叁百兩　保定府廣盈左右貳倉粟米貳百玖拾玖石貳斗每石捌錢共銀貳百叁拾玖兩叁錢陸分

京庫地畝綿花絨伍百捌拾伍斤徵收本色

存留壹千柒百壹石肆斗柒合叁勺叁抄　濟寧州永豐倉粟米貳百石係青萊兗派每石折銀肆錢　魯府郡王將軍祿粟米壹千壹百石解本府廣盈倉另收　本縣儒學倉粟米貳百肆拾石

本縣官倉粟米壹百陸拾壹石肆斗柒合叁勺叁抄

## 馬草鹽鈔

米壹千石粟米肆百石每石壹兩貳錢共銀肆百捌拾兩

原額馬草壹萬貳千陸拾伍束實徵銀伍百柒拾貳兩肆錢

太倉銀庫草肆千叁百貳拾玖束每束折銀叁分伍釐共銀壹百伍拾壹兩伍錢壹分伍釐

合每石捌錢共銀壹百叁拾陸兩伍錢捌分

北新草場草貳千捌百捌拾伍束每束肆分伍釐共銀壹百貳拾玖兩捌錢貳分伍釐

中府外場草肆千捌百伍拾壹束每束陸分共銀貳百玖拾壹兩陸分

京庫鈔銀無閏玖拾壹兩柒錢叁分肆釐有閏玖拾伍兩叁錢伍分陸釐

府庫鈔銀無閏壹百叁拾柒兩陸錢壹釐有閏壹百肆拾玖兩陸分柒釐柒毫

經會録　糧充五　五百仐五李

## 鄒縣夏稅

原額小麥肆千玖百玖拾陸石壹合玖抄伍撮伍圭

起運肆千壹百石實徵銀壹千叁百伍拾貳兩玖錢玖分叁釐

神樂觀小麥貳百玖拾石捌斗陸升每石捌錢伍分共銀貳百肆拾柒兩貳錢叁分壹釐

臨清廣積貳倉小麥折米貳百叁拾捌石壹斗肆升每石捌錢共銀壹百玖拾兩伍錢壹分貳釐

河間府靜海縣庫隅白綿布貳千捌拾疋准麥貳千肆百玖拾陸石每疋叁錢共銀陸百貳拾肆兩

兗州府豐廣庫鈔捌千柒百伍拾錠准麥捌百柒拾伍石每錠壹分伍釐共銀壹百叁拾壹兩貳錢伍分每伍拾兩加耗貳兩

德州倉小麥折米貳百石每石捌錢共銀壹百陸拾兩

絲綿折絹壹百叁拾玖疋陸尺捌寸肆分伍釐柒毫叁絲每疋柒錢共銀玖拾柒兩肆錢伍分

農桑折絹叁百柒拾叁疋壹丈壹尺叁寸每疋柒錢共銀貳百陸拾壹兩叁錢肆分捌釐

存留捌百玖拾陸石壹合玖抄伍撮伍圭

本縣儒學倉小麥壹百貳拾捌石

本縣官倉小麥壹百壹拾捌石壹合玖抄伍撮伍圭

濟寧州永豐倉小麥陸百伍拾石

秋糧　　馬草　鹽鈔

原額粟米壹萬壹千陸百伍拾柒石叁斗叁升伍合捌勺捌抄玖撮伍圭
起運柒千伍百石實徵銀陸千叁百貳拾兩玖錢捌分
兊軍儧運米捌百石外加耗貳百石輕齎陸拾肆兩蓆草拾兩每石百里腳價叁分伍釐
原額馬草貳萬柒千叁拾捌束柒斤捌兩實徵銀壹千壹百壹拾陸兩捌錢柒分
營基廠草場草柒千叁百捌拾肆束叁斤壹拾貳兩每束肆分伍釐共銀叁百叁拾貳兩貳錢玖分壹釐叁毫

洪臣林堡倉并新河口堡倉粟米陸百伍拾伍石陸斗捌合捌勺伍抄每石壹兩貳錢共銀柒百捌拾陸兩柒錢叁分陸毫
渤海所倉粟米捌百肆拾叁石陸斗捌升貳合叁勺每石壹兩共銀捌百肆拾叁兩陸錢捌分貳釐叁毫
北新草場草貳千陸百陸拾捌束每束肆分伍釐共銀壹百貳拾兩陸分
太倉銀庫草壹萬肆千玖百捌拾陸束叁斤壹拾貳兩每束叁分伍釐共銀伍百貳拾肆兩伍錢壹分捌釐捌毫

浮圖峪口倉粟米壹千陸百石每石玖錢共銀壹千肆百肆拾兩
紫荊關新城倉粟米捌百石每石玖錢共銀柒百貳拾兩
兊軍儧運折色米肆百伍拾石每石陸錢共銀貳百柒拾兩
張家口堡倉粟米柒百石每石壹兩貳錢共銀捌百肆拾兩
御馬倉內場草貳千束每束柒分共銀壹百肆拾兩

涿州常盈倉粟米貳百伍拾石柒斗捌合捌勺伍抄每石捌錢共銀貳百兩伍錢陸分柒釐壹毫
德州常盈庫闊白綿布壹千肆百疋准米壹千肆百石每疋叁錢共銀肆百貳拾兩
京庫地畝綿花絨玖百貳拾斤柒兩貳錢徵本色
京庫改撥壹府庫鈔有無閏月額銀壹百捌拾伍兩柒錢捌分柒釐捌毫

存留肆千壹百伍拾柒石叁斗叁升伍合捌勺捌抄玖撮伍圭
魯府郡王將軍祿粟米貳千肆百石解本府廣盈倉另收
本縣儒學倉粟米貳百肆拾石
府庫鈔銀無閏壹百捌拾伍兩有閏貳百壹拾陸兩柒錢伍分柒釐捌毫

濟寧州永豐倉粟米壹千貳百石係青萊兊泒每石折銀肆錢
本縣官倉粟米叁百壹拾柒石叁斗叁升伍合捌勺捌抄玖撮伍圭

經會録　糧究六　乾六百八十一

## 魚臺縣夏稅 秋糧

原額小麥叁捌百柒拾柒石玖斗陸升貳合玖勺陸抄叁撮

起運叁千叁百石壹徵銀玖百肆兩柒錢

臨清廣積貳倉小麥折米肆拾貳石每石捌錢共銀叁拾叁兩陸錢

原額粟米玖千肆拾捌石伍斗捌升貳勺肆抄柒撮

起運陸千石

涿州常盈倉小麥叁百陸拾捌石每石柒錢共銀貳百伍拾柒兩陸錢

河間府靜海縣庫闊白綿布壹千伍百疋准麥壹千捌百石每疋叁錢共銀肆百伍拾兩

兌軍儧運米壹千壹百石外加耗貳百柒拾伍石輕齎捌拾

登州府豐廣貳庫鈔壹萬玖百錠准麥壹千玖拾石每錠壹分伍釐共銀壹百陸拾叁兩伍錢每伍拾兩加耗貳兩

紫荊關新城倉粟米壹百貳拾貳石陸斗每石玖錢共

絲綿折絹壹百捌疋捌尺陸分捌釐玖毫伍絲每疋柒錢共銀柒拾伍兩柒錢柒分柒釐

農桑折絹貳百玖拾陸疋壹丈陸尺捌寸每疋柒錢共銀貳百柒兩伍錢陸分捌釐

德州常盈庫闊白綿布肆千貳百叁拾疋准米肆千貳

存留伍百柒拾柒石玖斗陸升貳合玖勺陸抄叁撮

本縣儒學倉小麥壹百貳拾捌石

本縣官倉小麥壹百貳拾玖石玖斗陸升貳合玖勺陸抄叁撮

存留叁千肆拾捌石伍斗捌升貳勺肆抄柒撮

濟寧州永豐倉小麥叁百貳拾石

本府廣盈倉粟米伍百石係青菜兌改每石折銀肆錢

魯府郡王將

經會錄　糧字七

## 馬草 鹽鈔

實徵銀貳千捌百捌拾肆兩貳錢陸分

兌軍儧運折色米貳百叁石每石捌錢共銀壹百陸拾貳兩肆錢

原額馬草貳萬玖百捌拾玖束實徵銀柒百叁拾柒兩壹分

御馬倉草貳千肆百肆拾柒束共銀壹百柒拾壹兩貳錢玖分

捌兩蓆草壹拾叁兩柒錢伍分每石百里腳價叁分伍釐

兌軍儧運折色米壹百陸拾伍石每石陸錢共銀玖拾玖兩

臺基廠草場草肆千肆百玖拾伍束每束肆分伍釐共銀貳百貳兩貳錢柒分伍釐

銀壹百壹拾兩叁錢肆分

涿州常盈倉粟米壹百柒拾玖石肆斗每石捌錢共銀壹百肆拾叁兩伍錢貳分

太倉銀庫草玖千肆拾柒束每束叁分伍釐共銀叁百壹拾陸兩陸錢肆分伍釐

百叁拾石每疋叁錢共銀壹千貳百陸拾玖兩

京庫地畝綿花絨柒百捌拾叁斤壹拾肆兩徵收本色

山海庫草伍千束連耗共銀肆拾陸兩捌錢

京庫鈔銀無閏捌拾玖兩玖錢伍分伍釐有閏玖拾柒兩肆錢柒分肆釐

魯府郡王將軍祿粟米原撥保盈倉祿糧米壹百石每石壹兩內除伍拾兩鮮府均放共餘伍拾兩鮮司

府庫鈔銀無閏壹百叁拾肆兩玖錢壹分玖釐有閏壹百肆拾陸兩貳錢陸分伍釐

軍祿粟米貳千石鮮廣盈倉

本縣儒學倉粟米貳百肆拾石

本縣官倉粟米貳百捌石伍斗捌升貳勺肆抄柒撮

## 曲阜縣夏稅

原額小麥貳千壹百陸拾捌石叁斗叁升伍合肆抄肆撮貳圭壹粒

起運壹千柒百石實徵銀伍百柒拾貳兩叁錢捌分貳釐

鎮邊城新城倉綿布肆百捌拾疋准麥伍百柒拾陸石每疋叁錢共銀壹百

臨清廣積貳倉小麥折米貳百陸拾伍石捌斗貳升每石捌錢共銀貳百壹拾貳兩陸錢伍分陸釐

涿州常盈倉小麥壹百伍拾捌石壹斗捌升每石柒錢共銀壹百壹拾兩柒錢貳分陸釐

登州府豐廣貳庫鈔柒千錠准麥柒百石每錠壹分伍釐共銀壹百伍兩每伍拾兩加耗貳兩

絲綿折絹陸拾疋壹丈陸尺柒寸玖分柒毫伍絲叁忽玖徵每疋柒錢共銀肆拾貳兩叁錢陸分捌釐

農桑折絹柒拾貳疋壹丈玖尺壹寸貳分伍釐每疋柒錢共銀伍拾兩捌錢壹分玖釐

存留肆百陸拾捌石叁斗叁升伍合肆抄肆撮貳圭壹粒

本縣儒學倉小麥壹百貳拾捌石

本府廣盈倉小麥貳百貳拾石

本縣儒學倉小麥壹百貳拾石叁斗叁升伍合肆抄肆撮貳圭壹粒

經會錄　糧卷八

肆拾肆兩

## 秋糧

原額粟米伍千伍拾玖石肆斗肆升捌合肆勺伍抄

起運叁千石實徵銀貳千貳百叁拾玖兩肆錢捌分

保定府廣盈左右貳倉粟米叁百貳拾石每石捌錢共銀貳百伍拾陸兩

山海倉粟米肆百捌拾

兗軍儧運米捌百石外加耗貳百石輕齎陸拾肆兩席草拾兩每石百里腳價叁分伍釐

德州常盈庫闊白綿布陸百玖拾捌疋准米陸百玖拾捌石每疋叁錢共銀貳百玖兩肆錢

渤海所倉粟米壹百肆拾貳石肆斗每石壹兩共銀壹百肆拾貳兩肆錢

涿州常盈倉粟米伍百伍拾玖石陸斗每石捌錢共銀肆百肆拾柒兩陸錢捌分

京庫地畝綿花絨壹百陸拾伍斤肆兩徵收本色

存留貳千伍拾玖石肆斗肆升捌合肆勺伍抄

本府廣盈倉粟米伍百石係青萊兌派每石折銀肆錢

本縣官倉粟米貳百肆拾陸石肆斗肆升捌合肆勺伍抄

本府廣盈倉粟米叁百石

魯府郡王將軍祿粟米肆百石解本府廣盈倉另收

孔顏孟叁氏學粟米叁百柒拾叁石

本縣儒學倉粟米貳百肆拾石

石每石捌錢共銀叁百捌拾肆兩

## 馬草鹽鈔

原額馬草壹萬壹千柒百貳拾捌束玖斤壹拾肆兩實徵銀肆百陸拾捌兩叁錢叁分叁釐

臺基廠草場草叁千肆百陸拾貳束每束肆分伍釐共銀壹百伍拾伍兩柒錢玖分

吳家駝牛房倉草壹千壹百陸拾束柒斤捌兩每束伍分伍釐共銀陸拾叁兩捌錢貳分柒釐伍毫

太倉銀庫草柒千壹百陸束貳斤陸兩每束叁分伍釐共銀貳百肆拾捌兩柒錢壹分伍釐伍毫肆絲

京庫鈔銀無閏米拾叁兩肆錢肆分陸釐有閏米拾玖兩伍錢陸分陸釐伍毫

府庫鈔銀無閏壹百壹拾兩壹錢陸分玖釐有閏壹百壹拾玖兩叁錢肆分伍釐捌毫

經會録　糧稅九　六百六　陸

## 單縣夏稅

原額小麥伍千肆百玖拾伍石肆斗陸升伍合壹勺貳抄叁撮肆圭

起運肆千伍百石實徵銀貳千貳百叁拾柒兩玖錢貳分貳釐貳毫

臨清廣積貳倉小麥折米玖百玖拾貳石柒斗壹合玖勺柒抄伍

㶚上倉小麥捌拾貳石貳斗壹升伍合每石壹兩肆錢共銀壹百壹拾伍兩壹錢壹釐

㶚上倉豌豆壹百陸拾肆石肆斗叁升每石壹兩共銀壹百陸拾肆兩肆錢叁分

萬全萬億庫闊白綿布壹千肆百壹拾陸疋

御馬倉豌豆壹百石每石壹兩共銀壹百兩

保安州柴溝堡倉并西陽河堡倉小麥貳百玖石捌斗捌升叁合貳抄伍撮每石壹兩貳錢共銀貳百伍拾壹兩捌錢伍分玖釐陸毫叁絲

通州通濟庫闊白綿布玖百陸拾

光祿寺小麥玖拾玖石伍斗柒升每石壹兩共銀玖拾玖兩伍錢柒分

絲綿折絹壹百伍拾叁疋壹丈叁尺玖寸陸分陸釐叁毫伍絲柒忽伍微每疋柒錢共銀壹百柒兩肆錢陸釐

農桑折絹柒百陸拾壹疋壹丈壹

存留玖百玖拾伍石肆斗陸升伍合壹勺貳抄叁撮肆圭

本縣儒學倉小麥壹百貳拾捌石

本府廣盈倉小麥柒百伍拾石

本縣官倉小麥壹百壹拾柒石肆斗陸升伍合壹勺貳抄叁撮肆圭

# 秋糧

撮每石捌錢共銀柒百玖拾肆兩壹錢陸分壹釐伍毫捌絲

原額粟米壹萬貳千捌百貳拾貳石柒斗伍升壹合玖勺伍抄叁撮陸圭

起運捌千伍百石實徵銀陸千伍百捌拾玖兩柒錢叁分

兗軍儲運折准麥壹千陸百玖拾玖石貳斗每疋叁錢共銀肆百貳拾肆兩捌錢

兗軍儲運米貳千石外加耗伍百石輕齎壹百陸拾兩蒲草貳拾伍兩每石百里脚價叁分伍釐

涿州常盈倉粟米貳千貳百貳拾肆石壹斗柒升伍合

疋准麥壹千壹百伍拾貳石每疋叁錢共銀貳百捌拾捌兩

洗馬林堡倉并新河口堡倉粟米陸百肆拾壹石捌斗貳升伍合每石壹兩貳錢共銀柒百柒拾兩壹錢玖分

德州常盈庫闊白綿布壹千柒百叁拾肆疋

尺陸寸每疋柒錢共銀伍百叁拾貳兩玖錢伍分肆釐

京庫地畝綿花絨壹千捌百壹拾貳斤叁兩貳錢徵收本色

存留肆千叁百貳拾貳石柒斗伍升壹合玖勺伍抄叁撮陸圭

魯府郡王將軍祿粟米原撥保盈倉祿粳米壹百石每石壹兩解司補稻米支用

濟寧州永豊倉粟米伍百石係高萊兗派每石折銀肆錢

本縣儒學倉粟米貳百肆拾石

本縣官倉粟米壹百捌拾貳石柒斗伍升壹合玖勺伍抄叁撮陸圭

乾六百九十八

經會錄 一 糧冗

# 馬草盐鈔

色米壹千玖百石每石捌錢共銀壹千伍百貳拾兩

原額馬草貳萬玖千柒百肆拾捌束壹拾貳斤叁兩實徵銀壹千叁百玖拾捌兩叁分捌釐伍毫

中府外場草壹千肆百貳拾肆束每束陸分共銀捌拾伍兩肆錢肆分

每石捌錢共銀壹千柒百柒拾玖兩叁錢肆分

宣府在城草伍千肆百束每束柒分每兩外加脚價貳錢共銀肆百伍拾叁兩陸錢

御馬倉內場草壹千陸百壹拾捌束每束柒分共銀壹百壹拾叁兩貳錢陸分

准米壹千柒百叁拾肆石每疋叁錢共銀伍百貳拾兩貳錢

太倉銀庫草貳萬壹千叁百陸束壹拾貳斤叁兩每束叁分伍釐共銀柒百肆拾伍兩柒錢叁分捌釐伍毫

京庫改撥宣府庫鈔有無閏月額銀叁百柒拾陸兩陸錢伍分叁釐

魯府郡王將軍祿粟米叁千叁百石解本府廣盈倉另收

府庫鈔銀無閏叁百柒拾陸兩陸錢伍分叁釐有閏肆百壹拾柒兩玖錢玖分叁釐

# 寧陽縣夏稅

原額小麥肆[illegible]千玖百貳拾柒石壹斗捌升壹合叁勺肆抄伍圭
起運叁千捌百石實徵銀壹千肆百捌拾叁兩玖錢貳分叁釐
光祿寺小麥貳百玖拾柒石捌斗陸升伍合每石壹兩共銀貳百玖拾柒兩捌錢陸分伍釐

[illegible]倉小麥折米肆百壹拾肆石柒斗每石捌錢共銀叁百叁拾壹兩柒錢陸分
德州倉小麥折米叁百伍拾肆石肆斗叁升伍合每石捌錢共銀貳百捌拾叁兩伍錢肆分捌釐

[illegible]闊白綿布壹千叁百肆拾疋准麥壹千陸百捌石每疋叁錢共銀肆百貳兩
登州府豐廣貳庫鈔壹萬壹千貳百伍拾錠准麥壹千壹百貳拾伍石每錠壹分伍釐共銀壹百陸拾捌兩柒錢伍分每伍拾兩加耗貳兩

絲綿折絹壹百叁拾陸疋壹丈伍尺陸寸伍分柒釐陸毫柒絲伍忽每疋柒錢共銀玖拾伍兩伍錢肆分叁釐
農桑折絹壹百玖拾柒疋叁尺陸寸柒分伍釐每疋柒錢共銀壹百叁拾柒兩玖錢捌分壹釐

存留壹千壹百貳拾柒石壹斗捌升壹合叁勺肆抄伍圭
本縣儒學倉小麥壹百貳拾捌石
本府廣盈倉小麥捌百玖拾石

本縣預備倉小麥壹百玖石壹斗捌升壹合叁勺肆抄伍圭



# 秋糧

原額粟米壹萬壹千肆百玖拾陸石柒斗伍升伍合伍勺柒抄肆撮肆圭
起運捌千石實徵銀柒千陸百陸拾玖兩捌錢柒分
光祿寺細粟米肆百玖拾肆石陸斗陸升陸合壹勺伍抄每石壹兩共銀肆百玖拾肆

兗軍儧運米貳千柒百石外加耗陸百柒拾伍石輕齎貳百壹拾陸兩蘆蓆叁拾叁兩柒錢伍分每石百里腳價叁分伍釐
渤海所倉粟米壹千貳百伍石叁斗叁升叁合捌勺伍抄每石壹兩共銀壹千貳百伍

水安倉粟米貳百肆拾肆石陸斗柒升伍合每石壹兩貳錢共銀貳百玖拾叁兩陸錢壹分
鎮邊城新城倉粟米貳千石每石玖錢共銀壹千捌百兩
山海倉粟米伍百伍拾伍石叁斗貳升伍合每石捌錢

張家口堡倉黑豆伍百石每石壹兩貳錢共銀陸百兩
兗軍儧運折色米壹百肆拾石每石陸錢共銀捌拾肆兩
德州常盈庫闊白綿布壹百陸拾疋准米壹百陸拾石每疋叁錢共銀肆拾捌兩
京庫地畝綿花絨陸百壹拾貳斤

存留叁千肆百玖拾陸石柒斗伍升伍合伍勺柒抄肆撮肆圭
濟寧州永豐倉粟米壹千貳百石係青兗兌泒每石折銀肆錢
本縣官倉粟米貳百伍拾陸石柒斗伍升伍合伍勺柒抄肆撮肆圭
魯府廩給倉

魯府郡王將軍祿粟米捌百石解本府廣盈倉另收
本縣儒學倉粟米貳百肆拾石

兩陸錢陸分陸釐壹毫伍絲

兩叁錢叁分叁釐捌毫伍絲

共銀肆百肆拾肆兩貳錢陸分

捌兩徵收本色

粟米壹千石

# 馬草塩鈔

原額馬草貳萬陸千陸百陸拾伍束柒斤捌兩實徵銀壹千壹百捌拾肆兩柒錢陸分柒釐伍毫

裹牛房倉草壹千捌百貳拾壹束每束陸分伍釐共銀壹百壹拾捌兩叁錢陸分伍釐

中府外場草叁千叁百陸拾貳束陸斤每束陸分共銀貳百壹兩柒錢肆分肆釐

臺基廠草場草肆千貳百柒拾伍束每束肆分伍釐共銀壹百玖拾貳兩叁錢柒分伍釐

御馬倉內場草貳千壹束每束柒分共銀壹百肆拾兩柒分

太倉銀庫草壹萬伍千貳百陸束壹斤捌兩每束叁分伍釐共銀伍百叁拾貳兩貳錢壹分叁釐伍毫

京庫鈔銀無閏壹百兩玖錢貳釐有閏壹百玖兩叁錢壹分貳釐伍毫

府庫鈔銀無閏壹百肆拾柒兩柒錢肆分玖釐肆毫有閏壹百陸拾叁兩玖錢陸分柒釐捌毫



# 曹州夏税

原額小麥叁千貳百貳拾玖石柒斗玖合玖勺伍抄玖撮貳圭伍粒

起運貳千玖百石實徵銀壹千柒百陸拾陸兩叁錢壹分叁釐

臨清廣積貳倉小麥折米壹千壹百肆拾捌石玖斗肆升每石捌錢共銀玖

神樂觀小麥肆拾石陸斗陸升每石捌錢伍分共銀叁拾肆兩伍錢陸分壹釐

萬全廣億庫闊白綿布捌百肆拾貳疋准麥壹千壹拾石肆斗每疋叁錢共銀貳百伍拾貳兩陸錢

真定府定州永豐大倉小麥折米柒百石每石捌錢共銀伍百陸拾兩

絲綿折絹捌拾玖疋貳丈陸尺壹寸伍分貳釐貳毫玖絲柒忽伍微每疋柒錢共銀陸拾貳兩捌錢柒分叁釐

農桑折絹陸拾玖疋壹尺壹寸壹分每疋柒錢共銀肆拾捌兩叁錢貳分伍釐

存留麥叁百貳拾玖石柒斗玖合玖勺伍抄玖撮貳圭伍粒

本州儒學倉小麥壹百捌拾肆石

本州官倉小麥壹百肆拾伍石柒斗玖合玖勺伍抄玖撮貳圭伍粒

## 秋糧

百壹拾玖兩壹錢伍分貳釐

原額粟米柒千陸百捌拾叁石捌斗叁升貳合貳勺肆抄伍撮柒圭伍粒
起運陸千石
存留兑撥郯城縣起運叁百石待該縣荒田墾熟議復實徵陸千叁百石實徵銀陸千玖百伍

兑軍儧運米肆千石外加耗壹千石輕齎叁百貳拾兩蓆草伍拾兩每石百里脚價叁分伍釐
供用庫芝蘇叁百壹拾壹石陸斗每石壹兩捌錢共銀伍百陸拾兩捌錢捌分

張家口堡倉粟米玖百捌石肆斗每石壹兩貳錢共銀壹千玖拾兩捌分
洗馬林堡倉并新河口堡倉粟米壹千石每石壹兩貳錢共銀壹千貳百兩

御馬倉菉豆捌拾石每石壹兩叁錢共銀壹百肆兩
京庫地畝綿花絨貳百玖拾貳斤壹拾貳兩肆錢徵收本色

存留壹千叁百捌拾叁石捌斗叁升貳合貳勺肆抄伍撮柒圭伍粒
本府廣盈倉粟米壹百石係青萊兑派每石折銀肆錢
魯府廣貧倉粟米柒百石

本州官倉粟米貳百叁拾叁石捌斗叁升貳合貳勺肆抄伍撮柒圭伍粒
本州儒學倉粟米叁百伍拾石





## 馬草鹽鈔

拾肆兩玖錢陸分

原額馬草壹萬柒千肆百伍拾束壹拾斤實徵銀捌百叁拾陸兩壹錢肆分叁釐肆毫
太倉銀庫草壹萬壹千捌百柒拾束壹拾斤每束叁分伍釐共銀肆百壹拾伍兩肆錢柒分叁釐肆毫

宣府在城草場草叁千束每束柒分每兩加脚價貳錢共銀貳百伍拾貳兩
御馬倉內場草壹千叁百捌拾柒束每束柒分共銀玖拾柒兩玖分

中府外場草壹千壹百玖拾叁束每束陸分共銀柒拾壹兩伍錢捌分

京庫改撥宣府庫鈔內無閏月額銀壹百捌拾貳兩柒錢

府庫鈔銀無閏壹百捌拾貳兩柒錢有閏貳百壹拾捌兩貳錢捌分玖釐

## 曹縣夏稅

原額小麥叁千伍百伍拾石陸斗肆升伍合肆勺叁抄叁撮伍圭伍粒 起運叁千貳百石實徵銀壹千玖百伍拾兩壹錢貳分捌釐 光祿寺小麥貳百陸拾伍石陸斗玖升叁合叁勺陸抄每石壹兩共銀貳百陸拾伍兩陸錢玖分叁釐肆毫

德州倉小麥折米貳百柒拾肆石捌斗叁升叁合貳抄伍撮每石捌錢共銀貳百壹拾玖兩捌錢陸分陸釐肆毫貳絲 臨淸廣積貳倉小麥折米貳百貳拾玖石肆斗叁升捌合貳抄伍撮每石捌錢共銀壹百捌拾叁兩伍錢伍分肆毫貳絲

神樂觀小麥伍百伍拾陸石壹斗壹升捌合陸勺每石捌錢伍分共銀肆百柒拾貳兩柒錢捌毫 泒剩各馬房倉小麥肆百伍拾叁石壹斗壹升陸合玖勺玖抄每石壹兩共銀肆百伍拾叁兩壹錢壹分柒釐 通州通濟庫闊白綿布壹百疋准麥壹百貳拾石每疋叁錢共銀叁拾兩

萬全萬億庫闊白綿布壹千捌拾肆疋准麥壹千叁百石捌斗每疋叁錢共銀叁百貳拾伍兩貳錢 絲綿折絹壹百疋叁丈柒寸肆分捌釐肆毫玖絲每疋柒錢共銀柒拾兩陸錢柒分叁釐 農桑折絹壹百叁拾捌疋柒尺捌寸柒分伍釐每疋柒錢共銀玖拾陸兩柒錢柒分叁釐

存留叁百伍拾石陸斗肆升伍合肆勺叁抄叁撮伍圭伍粒 本縣儒學倉小麥壹百貳拾捌石 本府廣盈倉小麥壹百石

本縣官倉小麥壹百貳拾貳石陸斗肆升伍合肆勺叁抄叁撮伍圭伍粒

## 秋糧

原額粟米捌千柒百叁拾石壹斗玖升捌合叁勺肆抄陸撮柒圭 起運陸千伍百石實徵銀柒千柒拾伍兩柒錢陸分 兖軍僧運米叁千伍百石外加耗捌百柒拾伍石輕齎貳百捌拾

張家口堡倉粟米貳千壹百貳拾伍石叁升叁合柒抄伍撮每石壹兩貳錢共銀貳千伍百伍拾兩叁分玖釐柒毫 光祿寺白芝蔴伍拾伍石肆斗陸升壹合貳抄伍撮每石壹兩陸

兖軍僧運折色米壹百玖拾柒石每石捌錢共銀壹百伍拾柒兩陸錢 供用庫芝蔴肆拾石貳斗伍升每石壹兩捌錢共銀柒拾貳兩肆錢伍分 張家口堡倉黑豆伍百石每石壹

御馬倉菉豆捌拾貳石貳斗伍升伍合玖勺每石壹兩叁錢共銀壹百陸兩玖錢叁分貳釐柒毫 京庫地畝綿花絨肆百玖拾斤叁兩陸錢徵收本色

存留貳千貳百叁拾石壹斗玖升捌合叁勺肆抄陸撮柒圭 本府廣盈倉粟米柒百石係青萊兖泒每石折銀肆錢內滕縣歸回伍百石 本縣官倉粟米壹百玖拾石壹斗玖升捌合

魯府郡王將軍祿粟米原撥保盈倉祿粳米壹百石每石壹兩觧司內伍拾捌兩陸錢補稻米外餘肆拾壹兩肆錢本司聽用 魯府郡王將軍祿粟米壹千石觧廣盈倉收 本縣儒學倉

經會錄 一 粮兖十四

# 馬草鹽鈔

兩廂草肆拾叁兩柒錢伍分每石百里脚價叁分伍釐

原額馬草貳萬壹百壹拾壹束壹拾叁斤實徵銀玖百柒拾肆兩玖錢肆分叁毫

黃基蒭草場草玖千玖拾伍束每束肆分伍釐共銀肆百玖兩貳錢柒分伍釐

錢共銀捌拾捌兩柒錢叁分柒釐陸毫

太倉銀庫草柒千叁百肆拾壹束壹拾叁斤每束叁分伍釐共銀貳百伍拾陸兩玖錢陸分伍釐叁毫

兩貳錢共銀陸百兩

宣府在城草場草叁千陸百柒拾伍束每束柒分每兩外加脚價銀貳錢共銀叁百捌兩柒錢

京庫改撥宣府庫鈔有無閏月額銀貳百壹拾肆兩貳錢叁分柒釐壹毫

叁勺肆抄陸撮柒圭

府庫鈔銀無閏貳百壹拾玖兩肆錢伍分陸釐肆毫叁絲陸忽有閏貳百伍拾伍兩捌錢肆分

粟米貳百肆拾石

經會錄　粮充五　五頁八十生

# 定陶縣夏税

原額小麥壹千陸拾肆石壹斗伍升壹合陸抄

起運捌百伍拾石實徵銀肆百伍拾捌兩玖錢貳釐

光禄寺小麥壹百肆拾捌石伍斗壹升每石壹兩共銀壹百肆拾捌兩伍錢壹分

臨清廣積貳倉小麥折米貳百肆拾伍石肆斗玖升每石捌錢共銀壹百玖拾陸兩叁錢玖分貳釐

萬全萬億庫闊白綿布叁百捌拾疋准麥肆百伍拾陸石每疋叁錢共銀壹百壹拾肆兩

絲綿折絹貳拾玖疋玖尺柒寸貳分捌釐捌毫伍絲每疋柒錢共銀貳拾兩伍錢壹分叁釐

農桑折絹壹百陸拾捌疋壹丈貳尺陸寸每疋柒錢共銀壹百壹拾柒兩捌錢柒分陸釐

存留貳百壹拾肆石壹斗伍升壹合陸抄

本縣儒學倉小麥壹百貳拾捌石

本縣官倉小麥捌拾陸石壹斗伍升壹合陸抄

# 秋

原額粟米貳千伍百叁

兌軍儹運米壹千壹百

御馬倉菉豆貳百伍拾

京庫地畝綿花絨貳百

存留伍百叁拾肆石叁

本縣儒學倉粟米貳百

糧

拾肆石叁斗肆合壹勺肆撮

起運貳千石實徵銀貳千叁百陸兩伍分

供用庫芝麻捌拾捌石每石壹兩捌錢共銀壹百伍拾捌兩肆錢

石加耗貳百柒拾伍石輕齎捌拾捌兩帶草拾叁兩柒錢伍分每石白里脚價叁分伍釐

光禄寺青菉豆肆拾石每石貳兩肆錢共銀玖拾陸兩

貳石伍斗每石壹兩叁錢共銀叁百貳拾捌兩貳錢伍分

永寧倉粟米伍百壹拾玖石伍斗每石壹兩貳錢共銀陸百貳拾叁兩肆錢

捌拾柒斤捌兩肆錢徵收本色

斗肆合壹勺肆撮

本縣官倉粟米玖拾肆石叁斗肆合壹勺肆撮

魯府郡王將軍禄粟米貳百石觧本府廣盈倉另收

肆拾石

馬草　鹽鈔

原額馬草伍千陸百肆拾伍束玖斤實該徵銀貳百捌拾叁兩肆錢肆分壹釐

官府在城草壹千柒百伍拾壹束拾肆斤每束柒分每兩加脚價貳錢共壹百肆拾柒兩壹錢陸分貳釐

太倉銀庫草叁千捌百玖拾叁束拾斤每束叁分伍釐共壹百叁拾陸兩貳錢柒分玖釐

京庫鈔銀無閏叁拾伍兩柒錢叁分有閏叁拾捌兩柒錢柒釐伍毫

府庫鈔銀無閏伍拾叁兩伍錢玖分伍釐玖毫有閏伍拾捌兩陸分壹釐叁毫





濟寧州　夏稅

原額小麥陸千捌百陸石叁斗捌升叁合陸勺叁抄貳撮玖圭柒粒伍徵

起運伍千陸百石實徵銀貳千肆百壹拾兩伍錢伍分叁釐

臨清廣積貳倉小麥折米壹千肆百肆拾捌石玖斗肆升每石捌錢共銀壹

神樂觀小麥壹百叁拾壹石陸升每石捌錢伍分共銀壹百壹拾壹兩肆錢壹釐

涿州常盈倉小麥叁百石每石柒錢共銀貳百壹拾兩

河間府庫闊白綿布壹千壹百疋准麥壹千叁百貳拾石每疋叁錢共銀叁

河間府靜海縣庫闊白綿布貳千疋准麥貳千肆百石每疋叁錢共銀陸百兩

絲綿折絹壹百捌拾玖疋捌尺陸寸壹分玖毫叁忽貳微伍纖每疋柒錢共銀壹百叁拾貳兩肆錢捌分玖釐

農桑折絹叁百陸拾柒疋貳丈叁尺陸寸貳分伍釐每疋柒錢共銀貳百伍拾柒兩肆錢壹分柒釐

存留壹千貳百陸石叁斗捌升叁合陸勺叁抄貳撮玖圭柒粒伍徵

本州儒學倉小麥壹百捌拾肆石

本州永豐倉小麥壹千貳拾貳石叁斗捌升叁合陸勺叁抄貳撮玖圭柒粒伍徵

# 秋糧　　馬草鹽鈔

千壹百伍拾玖兩壹錢伍分貳釐　原額粟米壹萬伍千玖百玖石壹斗陸升壹合捌勺壹抄貳圭柒粒伍微　起運壹萬石　實徵銀壹萬叁百柒拾肆兩伍錢叁分　兌軍儹運折色米陸百伍石每石捌錢共銀肆百捌拾肆兩　原額馬草叁萬陸千捌百叁拾捌束壹拾貳斤實徵銀壹千柒百肆兩貳錢玖分捌釐　宣府在城草場草壹千伍百肆拾捌束壹斤每束銀柒分每兩加脚價貳錢共銀壹百叁拾兩叁分柒釐陸毫

百[illegible]拾兩　兌軍儹運米陸千伍百石加耗壹千陸百貳拾伍石輕齎伍百貳拾兩席草捌拾壹兩貳錢伍分每石百里脚價叁分伍釐　涿州常盈倉粟米貳百捌石陸斗柒升伍合每石捌錢共銀壹百陸拾陸兩玖錢肆分　中府外場草壹千肆百玖拾玖束壹拾叁斤壹拾貳兩捌錢每束陸分共銀捌拾玖兩玖錢玖分伍釐貳毫　西上北馬房倉草壹千玖百叁拾壹束每束肆分伍釐共銀捌拾陸兩捌錢玖分伍釐

永寧倉粟米壹千叁百壹拾捌石壹斗伍升每石壹兩貳錢共銀壹千伍百捌拾壹兩柒錢捌分　張家口堡倉粟米壹千叁百陸拾捌石壹斗柒升伍合每石壹兩貳錢共銀壹千陸百肆拾壹兩捌錢壹分　御馬倉內場草貳千壹百拾叁束每束柒分共銀壹百肆拾柒兩玖錢壹分　北新草場草貳萬捌百叁拾貳束伍斤肆兩每束肆分伍釐共銀玖百叁拾柒兩肆錢伍分伍釐貳毫

京庫地畝綿花絨壹百陸拾肆斤柒兩陸錢徵收本色　太倉銀庫草捌千玖百壹拾肆束陸斤壹拾伍兩貳錢每束叁分伍釐共銀叁百壹拾貳兩伍釐　京庫改撥宣府庫鈔有無閏月領銀貳百貳拾玖兩壹錢肆分玖毫

存留伍千玖百玖石壹斗陸升壹合捌勺壹抄貳圭柒粒伍微　本州永豐倉粟米壹千柒百石係青縣兌派每石折銀肆錢　本州永豐倉粟米壹千壹百伍拾玖石壹斗陸升壹合捌勺壹抄貳圭柒粒伍微　本州儒學倉粟米[illegible]倉　府庫鈔銀無閏貳百叁拾肆兩柒錢叁分捌釐有閏貳百柒拾叁兩捌錢陸分壹釐

魯王府郡王將軍祿粟米原撥保盈倉祿粳米壹百石每石壹兩內解司支石門寨參將玖拾捌兩肆錢餘壹兩陸錢本司　魯府郡王將軍祿粟米壹千玖百石解廣寧倉收　魯府廣積倉祿粟米柒[illegible]百壹拾陸　百石

經會錄　糧食　十七

# 嘉祥縣

## 夏稅

原額小麥壹千捌百叁拾貳石玖斗陸升陸合玖勺叁抄柒撮　起運壹千肆百石實徵銀肆百捌拾壹兩壹錢柒分叁釐　光祿寺小麥捌拾捌石叁斗陸升伍合每石壹兩共捌拾捌兩叁錢陸分伍釐

臨清廣積貳倉小麥折米叁百壹石陸斗叁升伍合每石捌錢共貳百肆拾壹兩叁錢捌釐　登州府豐廣貳庫鈔壹萬壹百錠准麥壹石壹拾石每錠壹分伍釐共壹百伍拾壹兩伍錢每伍拾兩加耗貳兩

絲綿折絹伍拾壹疋壹尺玖寸貳分叁釐叁毫每疋柒錢共銀叁拾伍兩柒錢肆分貳釐

農桑折絹壹百壹拾伍疋貳丈陸尺陸寸伍分每疋柒錢共銀捌拾壹兩捌分叁釐

存留肆百叁拾貳石玖斗陸升陸合玖勺叁抄柒撮　本縣儒學倉小麥壹百貳拾捌石　本縣官倉小麥玖拾肆石玖斗陸升陸合玖勺叁抄柒撮

本府廣盈倉小麥貳百壹拾石

## 秋糧

原額粟米肆千貳百柒拾陸石玖斗貳升貳合壹勺伍抄叁撮　起運貳千肆百石實徵銀壹千玖百肆拾捌兩玖錢捌分　保定府廣盈左右貳倉粟米貳百石每石捌錢共銀壹百陸拾兩

兊軍儧運米伍百石外加耗壹百貳拾伍石輕齎肆拾兩蓆草陸兩貳錢伍分每石百里脚價叁分伍釐　涿州常盈倉粟米伍百肆拾柒石伍升每石捌錢共銀肆百叁拾柒兩陸錢肆分

洸馬林堡倉并新河口堡倉粟米肆百伍拾玖石玖斗伍升每石壹兩貳錢共銀伍百伍拾壹兩玖錢肆分　兊軍儧運折色米玖拾叁石每石捌錢共銀柒拾肆兩肆錢

兊軍儧運折色米壹百伍拾石每石陸錢共銀玖拾兩　德州常盈庫布肆百伍拾疋准米肆百伍拾石每疋叁錢共銀壹百叁拾伍兩

存留壹千捌百柒拾陸石玖斗貳升貳合壹勺伍抄叁撮　濟寧州永豐倉粟米肆百石係青菜分派每石折銀肆錢　本縣官倉粟米貳百叁拾陸石玖斗貳升貳合壹勺伍抄叁撮

魯府郡王將軍祿粟米原撥保盈倉祿粟米壹百石每石壹兩內除伍拾兩解府均放餘伍拾兩解司　魯府郡王將軍祿粟米玖百石解本府廣盈倉另收　本縣儒學倉粟米貳百肆拾石

## 馬草

原額馬草玖千玖百貳拾壹束實徵銀叁百陸拾兩肆錢陸分

霸上倉草壹千叁百貳拾貳束柒斤捌兩共銀伍拾玖兩伍錢壹分貳釐伍毫

太倉銀庫草捌千伍百玖拾捌束柒斤捌兩共銀叁百兩玖錢肆分柒釐伍毫

## 鹽鈔

京庫地畝綿花絨叁百肆拾捌斤肆兩徵收本色

京庫鈔銀無閏捌拾肆兩叁錢柒分有閏玖拾壹兩陸錢捌分

府庫鈔銀無閏壹百貳拾陸兩伍錢伍分伍釐有閏壹百叁拾柒兩柒錢柒分

經會録　糧卷之十八　八百廿　印

# 鉅野縣夏稅

原額小麥貳千柒百捌拾伍石貳斗玖升柒合叁勺捌抄柒撮伍圭

起運貳千貳百石實徵銀捌百叁拾壹兩肆錢貳分陸釐

河間府靜海縣庫布玖百壹拾陸疋准麥壹千玖拾玖石貳斗每疋叁錢共銀貳百柒拾肆兩捌錢

御馬倉豌豆壹百石每石壹兩共銀壹百兩

臨清廣積貳倉小麥折米叁百壹拾石陸斗陸升每石捌錢共銀貳百肆拾捌兩伍錢貳分捌釐

涿州常盈倉小麥壹百玖拾石壹斗肆升每石柒錢共銀壹百叁拾叁兩玖分捌釐

登州府豊廣貳庫鈔伍千錠准麥伍百石每錠壹分伍釐共銀柒拾伍兩每伍拾兩加耗貳兩

絲綿折絹柒拾柒疋貳丈捌尺壹寸肆分貳釐柒絲伍忽每疋柒錢共銀伍拾肆兩伍錢壹分陸釐

農桑折絹壹百捌拾壹疋貳丈捌尺伍分每疋柒錢共銀壹百貳拾柒兩叁錢壹分肆釐

存留伍百捌拾伍石貳斗玖升柒合叁勺捌抄柒撮伍圭

本縣儒學倉小麥壹百貳拾捌石

本縣官倉小麥壹百柒石貳斗玖升柒合叁勺捌抄柒撮伍圭

濟寧州永豊倉小麥叁百伍拾石

經會録　糧卷之九　七百五十七號

# 秋糧

原額粟米陸千肆百玖拾玖石貳升柒合貳勺叁抄柒撮伍圭

起運肆千石實徵銀叁千叁百叁拾兩伍錢捌分

兌軍備運米壹千壹百石外加耗貳百柒拾伍石輕齎捌拾捌兩

永寧倉粟米玖百壹拾石伍斗陸升壹合貳抄伍撮每石壹兩貳錢共銀壹千玖拾貳兩陸錢柒分叁釐貳毫

光祿寺細粟米叁百柒拾壹石柒斗柒升柒合玖勺伍抄每石壹兩共銀叁

涿州常盈倉粟米壹百玖拾肆石伍斗肆升壹合貳抄伍撮每石捌錢共銀壹百伍拾伍兩陸錢叁分貳釐捌毫

鄭家庄馬房倉黑豆貳百捌拾叁石壹斗貳升每石捌錢共銀貳

兌軍備運折色米壹百肆拾石每石陸錢共銀捌拾肆兩

德州常盈庫布壹千疋准米壹千石每疋叁錢共銀叁百兩

京庫地畝綿花絨伍百陸拾玖斤壹拾肆兩徵收本色

存留貳千肆百玖拾玖石貳升柒合貳勺叁抄柒撮伍圭

濟寧州永豊倉粟米肆百石係青蔡荒瓜每石折銀肆錢

本縣官倉粟米貳百伍拾玖石貳升柒合貳勺叁抄柒撮伍圭

濟寧州永豊倉粟米叁百石

魯王府郡王將軍祿粟米原撥保盈倉祿粳米壹百石每石壹兩內除伍拾兩解本府均放餘伍拾兩解司

本縣儒學倉粟米貳百肆拾石

# 馬草鹽鈔

鹽草拾叁兩柒錢伍分每石百里脚價叁分伍釐
原額馬草壹萬伍千陸拾叁束實徵銀伍百陸拾壹兩叁錢伍分
壩上倉草壹千陸百柒拾柒束柒斤捌兩每束肆分伍釐共銀柒拾伍兩肆錢捌分柒釐伍毫

百叁拾壹兩柒錢柒分捌釐
太倉銀庫草壹萬貳千捌百陸束柒斤捌兩每束叁分伍釐共銀肆百肆拾捌兩貳錢貳分柒釐伍毫

百貳拾陸兩肆錢玖分陸釐
裹牛房倉草伍百柒拾玖束每束陸分伍釐共銀叁拾柒兩陸錢叁分伍釐

京庫鈔銀無閏壹百貳兩捌錢柒分有閏壹百壹拾壹兩肆錢肆分貳釐伍毫

魯府郡王將軍祿粟米壹千貳百石觧廣盈倉另收
府庫鈔銀無閏壹百伍拾兩陸錢伍分壹釐壹毫有閏壹百陸拾柒兩壹錢陸分

經會錄　糧卷二十

# 鄆城縣夏稅

原額小麥壹千玖百叁拾陸石伍斗壹升貳合伍勺柒抄
起運壹千伍百石實徵銀捌百壹拾肆兩柒錢柒分貳釐
光祿寺小麥貳百壹拾石貳斗陸升每石折銀壹兩共銀貳百壹拾兩貳錢陸分

臨清廣積貳倉小麥折米叁百玖拾石壹斗肆升每石捌錢共銀叁百壹拾貳兩壹錢壹分貳釐
萬全萬億庫布柒百捌疋准麥捌百肆拾玖石陸斗每疋叁錢共銀貳百壹拾貳兩肆錢

御馬倉小麥伍拾石每石壹兩陸錢共銀捌拾兩
絲綿折絹伍拾叁疋壹丈貳寸捌分伍釐伍毫每疋柒錢共銀叁拾柒兩叁錢貳分伍釐

農桑折絹肆百叁拾伍疋貳丈柒尺每疋柒錢共銀叁百伍兩玖分壹釐

存留肆百叁拾陸石伍斗壹升貳合伍勺柒抄
本縣儒學倉小麥壹百貳拾捌石
本縣官倉小麥玖拾捌石伍斗壹升貳合伍勺柒抄

濟豐州大豐倉小麥貳百壹拾石

## 秋糧

原額粟米肆千伍百叁拾石柒合捌抄伍撮

起運叁千伍百石實徵銀叁千貳百叁拾伍兩柒錢肆分

兌軍儧運米壹千柒百石外加耗肆百貳拾伍石輕齎壹百叁拾陸兩席草貳拾壹兩貳錢伍分每石百里

永寧倉粟米玖百貳拾陸石捌斗伍升每石壹兩貳錢共銀壹千壹百壹拾貳兩貳錢貳分

涿州常盈倉粟米叁百貳拾叁石壹斗伍升每石捌錢共銀貳百伍拾捌兩伍錢貳分

德州常盈庫布伍百伍拾疋准米伍百伍拾石每疋叁錢共銀壹百陸拾伍兩

京庫地畝綿花絨伍百伍拾貳斤壹拾貳兩徵收本色

存留壹千叁拾石柒合捌抄伍撮

本縣官倉粟米壹百玖拾石柒合捌抄伍撮

魯府郡王將軍祿粟米陸百石解廣盈倉另收

本縣儒學倉粟米貳百肆拾石



## 馬草 鹽鈔

脚價叁分伍釐

原額馬草壹萬伍百壹拾束壹拾貳兩捌錢實徵銀肆百捌拾陸兩叁錢壹分貳釐

崇家駝牛房倉草壹千陸百捌拾肆束貳斤捌兩每束伍分伍釐共銀玖拾貳兩陸錢貳分玖釐貳毫

中府外場草貳千肆百捌拾貳束玖斤每束陸分共銀壹百肆拾捌兩玖錢伍分陸釐玖毫

居庸倉草壹千伍百壹拾肆束每束伍分共銀柒拾伍兩柒錢

太倉銀庫草肆千捌百貳拾玖束肆斤肆兩捌錢每束叁分伍釐共銀壹百陸拾玖兩貳分伍釐玖毫

京庫鈔銀無閏伍拾捌兩伍錢貳分肆釐有閏陸拾叁兩肆錢壹釐

府庫鈔銀無閏捌拾伍兩陸錢玖分伍釐玖毫有閏玖拾伍兩壹錢捌分玖釐

# 東平州夏稅　秋糧

原額小麥肆千叁百貳拾伍石柒斗貳升玖合柒勺陸抄肆撮捌圭

起運叁千柒百石賓徵銀壹千捌百壹拾捌兩捌錢壹分陸釐

光祿寺小麥伍百壹拾壹石貳斗捌升每石壹兩共銀伍百壹拾壹兩貳錢捌分

原額粟米壹萬玖拾叁石叁斗陸升玖合叁勺玖抄伍撮叁圭壹粒

起運捌千叁百石賓徵銀捌千柒百柒拾捌兩壹錢叁分

兌軍儹運米肆千陸百石外加耗壹千壹百伍拾石輕齎叁百陸拾捌兩蓆草伍拾柒兩伍錢每石百里脚

臨清廣積貳倉小麥折米玖百貳拾柒石玖斗貳升每石捌錢共銀柒百肆拾貳兩叁錢叁分陸釐

萬全萬億庫布壹千捌百疋准麥貳千壹百陸拾石每疋叁錢共銀伍百肆拾兩

兌軍儹運折色米壹千壹百貳拾捌石柒斗陸升叁合玖勺柒抄伍撮每石捌錢共銀玖百叁兩壹分壹釐貳毫

供用庫芝麻壹百伍石壹斗伍升每石壹兩捌錢共銀壹百捌拾玖兩貳錢柒分

光祿寺白芝麻叁拾伍石柒斗陸

河間府靜海縣庫布捌拾肆疋准麥壹百石捌斗每疋叁錢共銀貳拾伍兩貳錢

絲綿折絹壹百貳拾疋陸尺陸寸壹分玖釐壹毫捌忽伍微每疋柒錢共銀捌拾肆兩壹錢肆分伍釐

御馬倉黑豆貳百壹石壹斗每石壹兩叁錢共銀貳百陸拾壹兩肆錢叁分

洗馬林堡倉并新河口堡倉粟米壹千貳拾捌石肆斗柒升貳合伍抄每石壹兩貳錢共銀壹千貳百叁拾肆兩壹錢陸分陸釐伍毫

張家口堡倉粟米柒百

農桑折絹壹百貳拾肆疋捌寸貳分伍釐每疋柒錢共銀捌拾陸兩捌錢壹分玖釐

德州常盈庫布壹百陸拾肆疋玖尺陸寸准米壹百陸拾肆石叁斗每疋叁錢共銀肆拾玖兩貳錢玖分

京庫地畝綿花絨壹千貳百伍拾伍斤捌兩徵收本色

存留陸百貳拾伍石柒斗貳升玖合柒勺陸抄肆撮捌圭

本州常豐倉小麥肆百肆拾壹石柒斗貳升玖合柒勺陸抄肆撮捌圭

存留壹千伍百玖拾叁石叁斗陸升玖合叁勺玖抄伍撮叁圭壹粒

本州常豐倉粟米捌百石係青兗兌派每石折銀肆錢

本州常豐倉粟米叁百肆拾叁石叁斗陸升玖合叁勺玖抄伍撮叁圭壹粒

本州儒學倉粟米叁百伍拾石

本州儒學倉小麥壹百捌拾肆石

魯府郡王將軍祿粟米

原擬保盈倉祿粳米壹百石每石壹兩內除伍拾兩解本府均放餘伍拾兩解司

# 馬草盐鈔

償叁分伍釐

永寧倉粟米伍百壹拾石每石壹兩貳錢共銀陸百壹拾貳兩

原額馬草貳萬叁千肆百壹拾肆束實徵銀壹千柒拾玖兩伍錢玖分

御馬倉內場草伍千貳百捌拾捌束每束柒分共銀叁百柒拾兩壹錢陸分

升叁合玖勺柒抄伍撮每石壹兩陸錢共銀伍拾柒兩貳錢貳分貳釐肆毫

中府外場草貳千肆百束壹拾貳斤每束陸分共銀壹百肆拾肆兩肆分捌釐

居庸倉草壹千束每束伍分共銀伍拾兩

貳拾陸石肆斗伍升每石壹兩貳錢共銀捌百柒拾壹兩柒錢肆分

太倉銀庫草壹萬肆千柒百貳拾伍束叁斤每束叁分伍釐共銀伍百壹拾伍兩叁錢捌分貳釐

京庫改撥宣府庫鈔有無閏月額銀壹百柒拾叁兩貳錢壹釐陸毫

府庫鈔銀無閏壹百柒拾柒兩肆錢貳分陸釐有閏貳百陸兩玖錢玖分捌釐伍毫

經會錄　粮充三　乾六百六十二

# 汶上縣夏稅

原額小麥米千貳百貳拾伍石壹斗貳升陸合叁勺伍抄叁撮叁圭

起運伍千玖百石實徵銀貳千叁百玖拾伍兩肆錢肆分叁釐

光祿寺小麥壹百貳拾貳石貳斗壹升伍合每石壹兩共銀壹百貳拾貳兩

保安州柴溝萬全便倉存西陽河便倉小麥壹百伍拾石每石壹兩貳錢共銀壹百捌拾兩

臨清廣積倉小麥折米壹千貳百肆拾柒石柒斗捌升伍合每石捌錢共銀玖百玖拾捌兩貳錢貳分捌釐

萬億庫布壹千叁拾疋准麥壹千貳百叁拾陸石每疋叁錢共銀叁百玖兩

河間府庫布貳千陸百貳拾疋准麥叁千壹百肆拾肆石每疋叁錢共銀柒百捌拾陸兩

絲綿折絹貳百壹疋玖尺貳分玖釐陸毫伍絲伍忽每疋柒錢共銀壹百肆拾兩捌錢玖分捌釐

農桑折絹叁百玖拾柒疋玖尺伍寸每疋柒錢共銀貳百柒拾捌兩壹錢壹分

存留壹千叁百貳拾伍石壹斗貳升陸合叁勺伍抄叁撮叁圭

本縣儒學倉小麥壹百貳拾捌石

本縣官倉小麥壹百肆拾柒石壹斗貳升陸合叁勺伍抄叁撮叁圭

本府廣盈倉小麥壹千伍拾石

# 秋糧

貳錢壹分
伍釐
原額粟米壹
萬陸千捌
百伍拾捌
石陸斗貳
升捌合壹
勺伍抄柒
撮柒圭
起運壹萬貳
千捌百石
實徵銀壹
萬叄千叄
百陸拾兩
柒錢伍分
充軍儲運米
陸千伍百
石外加耗
壹千陸百
貳拾伍石

張家口堡倉
粟米壹千
貳百捌拾
捌石陸斗
陸升陸合
玖勺貳抄
伍撮每石
壹兩貳錢
共銀壹千
伍百肆拾
陸兩肆錢
叄毫
洗馬林堡倉
并新河口
堡倉粟米
壹千叄百
貳拾叄石
陸斗壹升

充軍儲運折
色米叄百
叄拾肆石
貳斗叄升
陸合貳抄
伍撮每石
捌錢共銀
貳百陸拾
柒兩叄錢
捌分捌釐
捌毫
山海倉粟米
伍百石每
石捌錢共
銀肆百兩
永寧倉粟米
貳千貳百
貳石捌升

涿州常盈倉
粟米貳百
陸拾陸石
叄斗捌升
捌合玖勺
柒抄伍撮
每石捌錢
共銀貳百
拾叄兩壹
錢壹分壹
釐貳毫
渤海所倉粟
米壹百貳
拾伍石每
石壹兩共
銀壹百貳
拾伍兩
德州常盈庫

存留肆千伍
拾捌石陸
斗貳升捌
合壹勺伍抄
柒撮柒圭
濟寧州永豐
倉粟米壹
千石係青
萊兌派每
石折銀肆
錢
本縣官倉粟
米貳百壹
拾捌石陸
斗貳升捌
合壹勺伍
抄柒撮柒
圭

魯府郡王將
軍祿粟米
原撥保盈
倉祿粳米
壹百石每
石壹兩內
除伍拾兩
解本府均
放餘伍拾
兩解司
魯府郡王將
軍粟米壹
千柒百石
解廣盈倉
另收
本縣儒學倉
粟米貳百
肆拾石

經會録　糧　卷之四　旨記　十二

# 馬草　鹽鈔

輕賫伍百
貳拾兩蓆
草捌拾壹
兩貳錢伍
分每石百
里脚價叄
分伍釐
原額馬草叄
萬玖千壹
百伍束實
徵銀壹千
捌百兩柒
錢肆分
居庸倉草貳
千叄百伍
束每束伍
分共銀壹
百壹拾伍
兩貳錢伍
分

玖合壹勺
每石壹兩
貳錢共銀
壹千伍百
捌拾捌兩
叄錢肆分
叄釐
御馬倉內場
草肆千貳
百壹拾肆
束每束柒
分共銀貳
百玖拾肆
兩玖錢捌
分
中府外場草
壹萬束每
束陸分共
銀陸百兩

捌合玖勺柒
抄伍撮每
石壹兩貳
錢共銀貳千
陸百肆拾
貳兩伍錢
陸釐捌毫
大倉銀庫草
貳萬貳千
伍百捌拾
陸束每束
叄分伍釐
共銀柒百
玖拾兩伍
錢壹分

布貳百陸
拾疋准米
貳百陸拾
石每疋叄
錢共銀柒
拾捌兩
京庫鈔銀無
閏壹百玖
拾伍兩玖
錢陸分有
閏貳百壹
拾貳兩貳
錢玖分

東平州常豐
倉粟米陸
百石
魯府萬億倉
祿粟米貳
百石
府庫鈔銀無
閏貳百玖
拾叄兩玖
錢肆分壹
釐肆毫有
閏叄百壹
拾捌兩肆
錢伍分伍
釐

京庫地畝綿
花絨叄百
伍拾伍斤
壹拾伍兩
陸錢徵收
本色

# 東阿縣夏稅

原額小麥叁千柒百壹拾捌石叁斗貳升壹合捌勺壹抄叁撮伍圭

起運叁千石實徵銀壹千叁百陸拾壹兩柒錢伍分伍釐

德州倉小麥折米壹千貳拾壹石陸斗每石捌錢共銀捌百壹拾柒兩貳錢

派剩各馬房倉小麥陸拾陸石伍斗每石壹兩共銀陸拾陸兩伍錢

河間府靜海縣庫布壹百玖拾叁疋捌尺准麥貳百叁拾壹石玖斗每疋叁錢共銀伍拾柒兩玖錢柒分伍釐

草場各馬房庫布壹千肆百疋准麥壹千陸百捌拾石每疋叁錢共銀肆百貳拾兩

絲綿折絹壹百叁疋貳丈叁尺陸寸叁分柒釐與絲每疋柒錢共銀柒拾貳兩陸錢壹分柒釐

農桑絲折絹捌拾柒疋壹丈壹尺貳分伍釐每疋柒錢共銀陸拾壹兩壹錢肆分貳釐

存留柒百壹拾捌石叁斗貳升壹合捌勺壹抄叁撮伍圭

本縣儒學倉小麥壹百貳拾捌石

本縣官倉小麥壹百壹拾石叁斗貳升壹合捌勺壹抄叁撮伍圭

本府廣盈倉小麥肆百捌拾石

經會録　糧[illegible]五

# 秋糧

捌分

原額粟米捌千陸百柒拾陸石捌升肆合貳勺叁抄壹撮伍圭

起運陸千石實徵銀陸千肆百壹拾陸兩肆錢貳分

臨軍儲軍米肆千伍百石外加耗壹千壹百貳拾伍石輕齎叁百陸拾兩蓆草伍拾陸分

光祿寺青菉豆肆拾石每石貳兩肆錢共銀玖拾陸兩

供用庫芝麻伍拾伍石每石壹兩捌錢共銀玖拾玖兩

御馬倉黑豆叁百伍拾肆石貳斗每石壹兩叁錢共銀肆百陸拾兩肆錢陸分

張家口堡倉粟米伍百伍拾石捌斗每石壹兩貳錢共銀陸百陸拾兩玖錢陸分

洗馬林堡倉并新河口堡倉粟米伍百石每石壹兩貳錢共銀陸百兩

京庫地畝綿花絨捌百壹拾壹斤貳兩徵收本色

存留貳千陸百柒拾陸石捌升肆合貳勺叁抄壹撮伍圭

東平州常豐倉粟米陸百石係青黎兌谷每石折銀肆錢

兗府郡王將軍祿粟米壹千陸百石解廣盈倉另收

本縣儒學倉粟米貳百肆拾石

本縣官倉粟米貳百叁拾陸石捌升肆合貳勺叁抄壹撮伍圭

## 馬草鹽鈔

兩貳錢伍分每石百里脚價叄分伍釐

原額馬草貳萬壹百貳拾伍束實徵銀玖百貳拾捌兩陸錢柒分

太倉銀草壹萬叄千壹百陸拾陸束壹拾貳斤每束叄分伍釐共銀肆百陸拾兩捌錢叄分捌釐

中府外場草壹千玖百貳拾肆束叄斤每束陸分共銀壹百壹拾伍兩肆錢伍分貳釐

御馬倉內場草伍千叄拾肆束每束柒分共銀叄百伍拾貳兩叄錢捌分

本庫鈔銀無閏陸拾貳兩柒錢肆分捌釐壹毫有閏陸拾柒兩玖錢[illegible]分肆毫

府庫鈔銀無閏玖拾壹兩捌錢陸分叄釐肆毫有閏壹百壹兩玖錢肆分陸釐

經會録　卷之二十六　章五一百五十七

## 平陰縣夏稅

原額小麥貳千玖百叄拾捌石陸斗肆升伍合叄勺伍抄伍圭

起運貳千肆百石買徵銀捌百捌拾貳兩柒錢捌分

臨清廣積貳倉小麥折米壹百貳拾柒石捌斗每石折銀捌錢共銀壹百貳兩貳錢肆分

涿州常盈倉小麥肆百柒拾貳石貳斗每石柒錢共錢叄百叄拾兩伍錢肆分

通州通濟庫布壹千貳百伍拾疋准麥壹千伍百石每疋折銀叄錢共銀叄百柒拾伍兩

河間府靜海縣庫布貳百伍拾疋准麥叄百石每疋叄錢共銀柒拾伍兩

絲綿折絹捌拾壹疋柒尺陸寸捌釐貳毫陸絲貳忽伍微每疋柒錢共銀伍拾陸兩捌錢陸分柒釐

農桑折絹貳百肆疋叄尺玖寸每疋柒錢共銀壹百肆拾貳兩捌錢捌分陸釐

存留伍百叄拾捌石陸斗肆升伍合叄勺伍抄伍圭

本縣儒學倉小麥壹百貳拾捌石

本縣官倉小麥捌拾石陸斗肆升伍合叄勺伍抄伍圭

東平州常豐倉小麥叄百叄拾石

## 秋糧

原額粟米陸千捌百伍拾陸石捌斗叁升捌合肆勺肆撮伍圭

起運肆千伍百石實徵銀肆千肆百肆拾肆兩陸錢貳分

兗軍餉運米壹千壹百石外加耗米貳百柒拾伍石輕齎捌拾捌兩蓆草拾叁兩柒錢伍

洸馬林保倉升新河口堡倉粟米陸百陸拾壹石伍斗伍升每石壹兩貳錢共銀柒百玖拾叁兩捌錢陸分

渤海所倉粟米貳百石每石壹兩共銀貳百兩

保定府廣盈左右貳倉粟米肆百叁拾捌石肆斗伍升每石捌錢

紫荊關新城倉粟米捌百石每石玖錢共銀柒百貳拾兩

永盈倉粟米捌百石每石折銀壹兩貳錢共銀玖百陸拾兩

鄭家庄馬房倉黑豆壹百捌拾捌石叁斗陸升每石捌錢共銀壹百伍拾兩陸錢捌分

山海倉粟米壹百伍拾壹石陸斗肆升每石捌錢共銀壹百貳拾壹兩叁錢壹分貳釐

德州常盈倉布壹百陸拾疋准米壹百陸拾石每疋叁錢共銀肆拾捌兩

京庫地畝綿花絨陸百伍拾捌斤捌兩徵收本色

存留貳千叁百伍拾陸石捌斗叁升捌合肆勺肆撮伍圭

本府廣盈倉粟米伍百石係青萊兗派每石折銀肆錢

本縣官倉粟米貳百壹拾陸石捌斗叁升捌合肆勺肆撮伍圭

本府儒學倉粟米貳百肆拾石

魯府郡王將軍祿粟米壹千肆百石鮮廣盈倉另收

分每石百里脚價叁分伍釐

## 馬草

原額馬草壹萬伍千玖百伍束實該徵銀陸百捌拾叁兩陸錢捌分

太倉銀庫草壹萬壹千貳百伍拾壹束叁斤每束折銀叁分伍釐共銀叁百玖拾叁兩柒錢玖分貳釐

共銀叁百伍拾兩柒錢陸分

中府外場草叁千伍百捌拾柒束壹拾貳斤每束陸分共銀貳百壹拾伍兩貳錢陸分捌釐

捌釐

御馬倉內場草壹千陸拾陸束每束柒分共銀柒拾肆兩陸錢貳分

## 盐鈔

京庫鈔銀無閏柒拾貳兩肆分捌釐有閏柒拾捌兩伍分肆釐

府庫鈔銀無閏壹百捌兩柒分貳釐有閏壹百壹拾柒兩捌分壹釐

# 陽穀縣夏税

原額小麥柒千壹百肆拾叁石貳斗貳升貳合陸勺壹抄伍撮
起運陸千石實徵銀貳千陸百叁拾壹兩壹錢捌分壹釐
延慶州懷來廣皂倉小麥叁百石每石壹兩貳錢共銀叁百陸拾兩
臨清廣積貳倉小麥折米捌百伍

光祿寺小麥貳百捌拾玖石陸斗肆升陸合陸勺肆抄每石壹兩共銀貳百捌拾玖兩陸錢肆分陸釐陸毫
派剩各馬房倉小麥柒拾伍石柒斗陸升伍合捌勺陸抄每石壹兩共銀柒拾伍兩柒錢陸分伍釐玖毫
通州通濟庫

馴象千戶所外象房倉小麥貳百壹拾捌石肆斗玖升柒合伍勺每石壹兩肆錢共銀叁百伍兩捌錢玖分陸釐伍毫
登州府豐廣貳庫鈔壹萬伍千錠准麥壹千伍百石每錠壹分伍釐共銀貳百貳拾伍兩每伍拾

絲綿折絹壹百玖拾捌疋貳丈壹尺肆寸壹分陸釐陸毫伍絲每疋折銀柒錢共銀壹百叁拾玖兩陸分玖釐
農桑折絹叁百柒拾捌疋壹丈柒尺伍寸伍分每疋柒錢共銀貳百陸拾肆兩玖錢捌分肆釐

存留壹千壹百肆拾叁石貳斗貳升貳合陸勺壹抄伍撮
本縣儒學倉小麥壹百貳拾捌石
本縣官倉小麥壹百叁拾伍石貳斗貳升貳合陸勺壹抄伍撮

本府廣盈倉小麥捌百捌拾石





# 秋糧

拾陸石玖升每石捌錢共銀陸百捌拾肆兩捌錢柒分貳釐
原額粟米壹萬陸千陸百陸拾柒石伍斗壹升玖合肆勺叁抄伍撮
起運壹萬壹千石實徵銀壹萬壹千肆百陸兩壹錢捌分
張家口堡老倉粟米壹千柒百捌拾

布貳千叁百疋准麥貳千柒百陸拾石每疋叁錢共銀陸百玖拾兩
兌軍儲運米肆千伍百石外加耗壹千壹百貳拾伍石輕齎叁百陸拾兩蓆草伍拾陸兩貳錢伍分每石百里腳價叁分伍釐
浮圖峪口倉粟米壹千

兩加耗貳兩
洗馬林堡倉并新河口堡倉粟米陸百陸拾叁石陸斗伍升每石壹兩貳錢共銀柒百玖拾陸兩叁錢捌分
保定府廣盈左右貳倉粟米壹千壹百肆拾

紫荊關新城倉粟米壹千玖百柒拾叁石陸斗每石玖錢共銀壹千柒百柒拾陸兩貳錢肆分
涿州常盈倉粟米壹百貳拾伍石每石捌錢共銀壹百兩

存留伍千壹百陸拾柒石伍斗壹升玖合肆勺叁抄伍撮
東平州常豐倉粟米壹千肆百石係青桑兌派每石折銀肆錢
本縣官倉粟米貳百貳拾柒石伍

魯府郡王將軍祿粟米叁千叁百石解本府廣盈倉另收

## 馬草盐鈔

壹石陸斗柒升伍合每石壹兩貳錢共銀貳千壹百叁拾捌兩壹分

原額馬草叁萬捌千陸百柒拾叁束壹斤捌兩實徵銀壹千捌百捌兩壹錢伍分捌釐伍毫

裏牛房倉草伍千束每束陸分伍釐共銀叁百貳拾伍兩

叁百陸石玖斗每石玖錢共銀壹千壹百柒拾陸兩貳錢壹分

宣府在城草場草叁千束每束柒分每兩加腳價貳錢共銀貳百伍拾貳兩

中府外場草貳千壹百柒拾伍束陸斤每束陸分共銀壹百叁拾兩伍錢貳分肆釐

玖石壹斗柒升伍合每石捌錢共銀玖百壹拾玖兩叁錢肆分

御馬倉內場草貳千玖百肆拾玖束每束柒分共銀貳百陸兩肆錢叁分

太倉銀庫草貳萬伍千伍百肆拾捌束拾斤捌兩每束叁分伍釐共銀捌百玖拾肆兩貳錢肆釐伍毫

京庫地畝綿花絨伍百柒拾壹斤壹兩徵收本色

京庫鈔銀無閏壹百叁拾玖兩玖錢壹分捌釐捌毫有閏壹百伍拾壹兩伍錢柒分叁釐伍毫

斗壹升玖合肆勺叁抄伍撮

本縣儒學倉粟米貳百肆拾石

府庫鈔銀無閏貳百玖兩捌錢柒分伍釐有閏貳百貳拾壹兩玖錢肆分柒釐

經會録　粮究二十九

李自超六百四十

## 壽張縣夏税

原額小麥壹千壹百陸拾貳石玖斗玖升捌合捌抄肆撮

起運壹千石實徵銀伍百貳拾陸兩玖錢貳分陸釐

神樂觀小麥貳百陸石伍斗貳升每石折銀捌錢伍分共銀壹百柒拾伍兩伍錢肆分貳釐

保安州柴溝堡倉并西陽河堡倉小麥壹百石每石壹兩貳錢共銀壹百貳拾兩

德州倉小麥折米壹百伍石肆斗捌升每石捌錢共銀捌拾肆兩叁錢捌分肆釐

河間府庫布肆百玖拾疋准麥伍百捌拾捌石每疋叁錢共銀壹百肆拾柒兩

絲綿折絹叁拾貳疋陸尺壹寸伍分伍釐陸毫捌絲每疋柒錢共銀貳拾貳兩伍錢叁分伍釐

農桑折絹柒拾貳疋玖尺貳寸貳分伍釐每疋柒錢共銀伍拾兩陸錢貳釐

存留壹百陸拾貳石玖斗玖升捌合捌抄肆撮

本縣官倉小麥叁拾肆石玖斗玖升捌合捌抄肆撮

本縣儒學倉小麥壹百貳拾捌石

## 秋糧

原額秋糧粟米貳千柒百壹拾叁石陸斗陸升貳合壹勺玖抄陸撮

起運貳千石實徵銀貳千貳百貳拾肆兩壹分

兑軍儧運米壹千壹百石外加耗貳百柒拾伍兩輕齎銀捌拾捌兩蓆草銀拾叁兩柒

御馬倉黑豆捌拾伍石每石壹兩叁錢共銀壹百壹拾兩伍錢

洗馬林堡倉幷新河口堡倉粟米柒百貳拾陸石貳斗貳升伍合每石壹兩貳錢共銀捌百柒拾壹兩肆錢柒分

光祿寺白芝蔴捌拾捌石柒斗柒升伍合每石壹兩陸錢共銀壹百肆拾貳兩肆分

京庫地畝綿花絨壹百壹拾貳斤壹兩陸錢徵收本色

存留柒百壹拾叁石陸斗陸升貳合壹勺玖抄陸撮

本縣官倉粟壹百柒拾叁石陸斗陸升貳合壹勺玖抄陸撮

魯府郡王將軍祿粟米叁百石鮮本府豐盈倉分收

本縣儒學倉粟米貳百肆拾石

經會録　糧六之十　李国相四百九吉

## 馬草盐鈔

錢伍分每石百里脚價銀叁分伍釐

原額馬草陸千貳百玖拾伍束實徵銀叁百貳兩壹錢柒分

太倉銀庫草叁千肆百壹拾壹束叁斤每束折銀叁分伍釐共該銀壹百壹拾玖兩叁錢玖分貳釐

中府外場草壹千玖百捌束壹拾貳斤每束陸分共銀壹百壹拾肆兩伍錢貳分捌釐

御馬倉內場草玖百柒拾伍束每束柒分共銀陸拾捌兩貳錢伍分

京庫鈔銀無閏伍拾伍兩貳釐有閏伍拾玖兩伍錢捌分伍釐伍毫

府庫鈔銀無閏捌拾貳兩伍錢叁釐有閏捌拾貳兩伍錢叁釐有閏捌拾玖兩叁錢柒分捌釐叁毫

泗水縣夏稅秋糧

原額小麥叁千壹百玖石柒斗伍升肆合叁勺壹抄

起運貳千肆百石實徵銀柒百玖拾伍兩柒錢壹分

光祿寺小麥貳百壹拾肆石捌斗每石壹兩共銀貳百壹拾肆兩捌錢

原額粟米柒千貳百伍拾陸石玖斗叁合叁勺玖抄

御馬倉豌豆壹百石每石壹兩共銀壹百兩

德州倉小麥折米玖拾陸石貳斗每石捌錢共銀柒拾陸兩玖錢陸分

河間府庫布捌百捌拾疋准麥壹千伍拾陸石每疋叁錢共銀貳百陸拾肆兩

兖軍儧運米捌百石外加耗貳百石輕齎陸拾肆

登州府豐廣貳庫鈔玖千叁百叁拾錠准麥玖百叁拾叁石每錠壹分伍釐共銀壹百叁拾玖兩玖錢伍分每伍拾兩加耗貳兩

絲綿折絹拾貳疋貳丈貳伍寸肆釐貳毫每疋柒錢共銀伍拾柒兩捌錢玖分叁釐

浮圖峪口倉粟米叁百柒拾陸石陸斗每石玖錢共

豐濟等折絹壹百玖拾伍疋壹丈捌尺貳寸貳分伍釐每疋柒錢共銀壹百叁拾陸兩捌錢玖分玖釐

京庫地畝綿花絨叁百貳拾肆斤柒兩陸錢

存留柒百玖石柒斗伍升肆合叁勺壹抄

本縣儒學倉小麥壹百貳拾捌石

本縣官倉小麥壹百壹拾壹石柒斗伍升肆合叁勺壹抄

存留叁千貳百伍拾陸石玖斗叁合叁勺玖抄

本府廣盈倉小麥肆百柒拾石

本府廣盈倉粟米叁百石係青棃兖泒每石



馬草 盐鈔

起運肆千石實徵銀貳千陸百捌拾叁兩肆分

冢州常盈倉粟米叁百玖石陸斗每石捌錢共銀貳百肆拾柒兩陸錢捌分

原額馬草壹萬陸千捌百叁拾壹束實徵銀陸百柒拾壹兩壹釐

御馬倉另內場草捌百柒拾壹束每束柒分共銀陸拾兩玖錢柒分

兩幫草拾兩每石百里脚價叁分伍釐

紫荊關新城倉粟米玖石叁石捌斗每石玖錢共銀捌百壹拾叁兩肆錢貳分

居庸倉草貳千捌百叁拾束每束伍分共銀壹百肆拾壹兩伍錢

薊州馬房倉草玖百捌束每束肆分伍釐共銀肆拾兩捌錢陸分

銀叁百叁拾捌兩玖錢肆分

德州常盈庫布壹千陸百壹拾疋准米壹千陸百壹拾石每疋叁錢共銀肆百捌拾叁兩

太倉銀庫草壹萬貳千貳百貳拾貳束每束叁分伍釐共銀肆百貳拾柒兩柒錢柒分

徵收本色

京庫鈔銀無閏叁拾捌兩伍錢陸分陸釐有閏肆拾壹兩柒錢捌分貳釐

本縣官倉粟米貳百陸石玖斗叁合叁勺玖抄

本府廣盈倉粟米叁百石

魯府郡王將軍祿粟米壹千陸百石

鮮廣盈倉發

府庫鈔銀無閏伍拾柒兩捌錢肆分陸釐有閏陸拾貳兩陸錢柒分叁釐

折銀肆錢

魯府郡王將軍祿粟米原撥濟寧倉粟米陸百壹拾石每石折銀柒錢解司

本縣儒學倉粟米貳百肆拾石

## 嶧縣夏稅

原額小麥肆千陸百捌拾肆石肆斗貳升叁合叁勺捌抄

起運叁千陸百石實徵銀玖百壹拾捌兩壹錢陸分

登州府豐廣貳庫鈔壹萬肆千錠准麥壹千肆百石每錠折銀壹分伍釐共銀貳百壹拾兩每伍拾兩外加伍拾肆兩

臨清廣積貳倉小麥折米壹百貳拾捌石捌斗伍升每石捌錢共銀壹百叁兩捌分

神樂觀小麥捌拾叁石貳斗每石捌錢伍分共銀柒拾兩柒錢貳分

德州倉小麥折米陸拾柒石玖斗伍升每石捌錢共銀伍拾肆兩

河間府静海縣庫布壹千陸百疋准麥壹千玖百貳拾石每疋叁錢共銀肆百捌拾兩

絲綿折絹壹百貳拾叁疋壹丈壹尺伍寸肆分肆釐貳毫壹絲每疋柒錢共銀捌拾陸兩叁錢伍分叁釐

農桑折絹肆百肆拾壹疋貳丈貳尺貳寸柒分伍釐每疋折銀柒錢共銀叁百玖兩壹錢捌分柒釐

存留壹千捌拾肆石肆斗貳升叁合叁勺捌抄

本縣儒學倉小麥壹百貳拾捌石

本縣官倉小麥壹百叁拾陸石肆斗貳升叁合叁勺捌抄

沂州永盈倉小麥捌百貳拾石



## 秋糧

耗銀貳兩

原額粟米壹萬玖百肆拾陸石伍斗肆升叁合貳勺貳抄

起運柒千石實徵銀肆千肆百陸拾玖兩伍錢

兗軍儹運米壹千石外加耗米貳百伍拾石輕齎銀捌拾兩蓆草銀壹拾貳兩伍錢每

叁錢陸分

兗軍儹運折色米肆百叁拾玖石每石捌錢共銀叁百伍拾壹兩貳錢

紫荆關新城倉粟米壹千貳百石每石折銀玖錢共銀壹千捌拾兩

保定府廣盈左右貳倉粟米伍百石每石捌錢共銀肆

洗馬林保倉并新河口保倉粟米貳百貳拾捌石柒斗伍升每石壹兩貳錢共銀貳百柒拾肆兩伍錢

涿州常盈倉粟米柒百貳拾貳石貳斗伍升每石捌錢共銀伍百柒拾柒兩捌錢

兗軍儹運折色米貳百壹拾石每石陸錢共銀壹百貳拾陸兩

德州常盈庫布貳千貳百疋准米貳千貳百石每疋叁錢共銀陸百陸拾兩

京庫地畝綿花絨壹千壹百玖拾貳斤壹拾兩徵收本色

存留肆千肆百肆拾陸石伍斗肆升叁合貳勺貳抄

東平州常豐倉粟米肆百石係青萊兗沂每石折銀肆錢

濟寧州永豐倉粟米壹千肆百石係青萊兗沂每石折銀肆錢

本縣官倉粟米貳百伍拾陸石伍斗肆升叁合貳勺貳抄

魯府郡王將軍祿粟米原撥保盈倉祿粳米壹百伍拾石每石壹兩内除米拾伍兩解兗州府均放餘米拾伍兩解司

魯府郡王將軍祿粟米原撥保盈倉祿粟米壹千伍百石每石折銀柒錢解司

魯府郡王將軍祿粟米

石百里脚價銀叁分伍釐

百兩

本縣儒學倉粟米貳百肆拾石

伍百石鮮本府廣盈倉另收

# 馬草鹽鈔

原額馬草貳萬伍千叁百玖拾貳束實徵銀玖百玖拾貳兩叁錢陸分柒釐捌毫

太倉銀庫草玖千捌百柒拾伍束陸斤每束叁分伍釐共銀叁百肆拾伍兩陸錢叁分玖釐

御馬倉內場草伍千伍百伍束每束柒分共銀叁百捌拾伍兩叁錢伍分

山海庫草陸千叁百玖拾肆束每束玖釐每伍拾兩加耗貳兩共銀伍拾玖兩捌錢肆分柒釐捌毫

中府外場草貳千伍百捌拾貳束玖斤每束陸分共銀壹百伍拾肆兩玖錢伍分陸釐

北新草場草壹千叁拾伍束每束肆分伍釐共銀肆拾陸兩伍錢柒分伍釐

京庫鈔銀無閏捌拾陸兩肆錢有閏玖拾叁兩陸錢

府庫鈔銀無閏壹百貳拾玖兩陸錢有閏壹百肆拾兩肆錢



# 沂州夏稅

原額小麥壹萬捌千叁百肆拾伍石玖斗肆升玖合伍勺柒抄捌圭

起運壹萬叁千伍百石實徵銀叁千貳百玖拾肆兩貳錢貳分玖釐

泒剩各馬房倉小麥貳百伍拾捌石叁斗陸升壹合伍抄每石壹

光祿寺小麥貳百石每石壹兩共銀貳百兩

保安州柴溝堡倉并西陽河堡倉小麥壹百陸拾貳石玖斗叁升陸合玖勺柒抄伍撮每石壹兩貳錢共銀壹百玖拾伍兩伍錢貳分肆釐肆毫

涿州常盈倉小麥玖拾

河間府靜海縣庫布肆百伍拾肆疋准麥伍百肆拾肆石捌斗每疋叁錢共銀壹百叁拾陸兩貳錢

鎮邊城新城倉綿布肆百貳拾疋准麥伍百肆石每疋叁錢共銀壹百貳拾陸兩

薊州庫布玖百疋准麥

登州府豐廣貳庫鈔捌萬壹千陸百陸拾錠准麥捌千壹百陸拾陸石每錠壹分伍釐共銀壹千貳百貳拾肆兩玖錢每伍拾兩加耗貳兩

絲綿折絹伍百貳疋貳丈柒尺柒寸壹分貳釐柒毫捌絲每疋柒錢共銀叁

存留肆千捌百肆拾伍石玖斗肆升玖合伍勺柒抄捌圭

本州儒學倉小麥壹百捌拾肆石

本州永豐倉小麥肆千陸百陸拾壹石玖斗肆升玖合伍勺柒抄捌圭

兩共銀貳百伍拾捌兩叁錢陸分貳釐

德州倉小麥叁百伍拾柒石壹斗貳升壹合玖勺柒抄伍撮每石捌錢共銀貳百捌拾伍兩陸錢玖分柒釐陸毫

原額粟米肆萬貳千捌百柒石貳斗壹升伍合陸勺陸抄伍撮貳圭

起運貳萬貳千石實徵銀壹萬伍百伍拾伍兩柒錢伍分陸釐捌毫

渤海所倉粟米肆百捌拾叁石伍斗捌升叁合捌勺伍抄每石壹兩共銀肆百捌拾叁兩伍錢捌分叁釐玖毫

石柒斗捌升每石柒錢共銀陸拾叁兩伍錢肆分陸釐

河間府車布捌百玖拾疋准麥壹千陸拾捌石每疋叁錢共銀貳百陸拾柒兩

紫荆關新城倉粟米柒百石每石玖錢共銀陸百叁拾兩

涿州常盈倉粟米壹千肆百肆拾伍石陸斗肆升壹合壹勺伍抄每石捌錢共銀壹千壹百伍拾陸兩伍錢壹分叁釐

兌軍儲運折色米玖百伍拾伍石每石陸錢共銀伍百柒拾叁兩

壹千捌拾石每疋叁錢共銀貳百柒拾兩

通州通濟庫布捌百玖拾疋准麥壹千陸拾捌石每疋叁錢共銀貳百陸拾柒兩

鎮邊城新城倉粟米捌百伍拾捌石玖斗每石玖錢共銀柒百柒拾叁兩壹分

保定府廣盈左右貳倉粟米叁千叁百肆拾叁石壹斗柒升伍合每石捌錢共銀貳千陸百柒拾肆兩伍錢肆分

百伍拾貳兩柒釐

農桑折絹壹千玖百貳拾柒疋壹丈柒尺玖寸貳分伍釐每疋柒錢共銀壹千叁百肆拾玖兩貳錢玖分叁釐

德州常盈庫布壹萬肆千貳百壹拾叁疋貳丈貳尺肆寸准米壹萬肆千貳百壹拾叁石柒斗每疋叁錢共銀肆千貳百陸拾肆兩壹錢壹分

京庫地畝綿花絨壹千肆百伍拾玖斤陸兩貳錢徵收本色

存留貳萬捌百柒石貳斗壹升伍合陸勺陸抄伍撮貳圭

本府廣盈倉粟米貳百石係青菜兌派每石折銀肆錢

本州永豐倉粟米壹萬貳千伍百伍拾柒石貳斗壹升伍合陸勺陸抄伍撮貳圭

本州儒學倉粟米叁百伍拾石

魯府廣資倉祿粳米肆百石

魯府郡王府軍祿粟米原撥保盈倉祿粳米伍百石每石折銀壹兩解司

魯府郡王將軍祿粟米原撥保盈倉祿粟米壹千捌百石每石折銀柒錢解司

魯府郡王將軍祿粟米伍千石解本府廣盈倉另收

經會錄 糧卷三 四 二百十五

## 馬草盐鈔

原額馬草玖萬玖千貳百玖拾陸束實徵銀叁千伍百壹拾柒兩肆錢柒分叁毫

中府外場草陸千陸百肆拾伍束每束陸分共銀叁百肆拾捌兩柒錢

居庸倉草貳千伍拾玖束每束伍分共銀壹百貳兩玖錢伍分

宣府在城草場草肆百伍拾伍束每束柒分每兩加脚價貳錢共銀叁拾捌兩貳錢貳分

北新草場草貳千柒百叁拾陸束玖斤每束肆分伍釐共銀壹百貳拾叁兩壹錢肆分陸釐捌毫

太倉銀庫草柒萬陸千壹束陸斤每束叁分伍釐共銀貳千陸百陸拾兩肆分捌釐捌毫

霸上北馬房倉草貳千肆百陸拾壹束每束肆分伍釐共銀壹百壹拾兩柒錢肆分伍釐

山海庫草捌千玖百叁拾捌束每束玖釐每伍拾兩加耗貳兩共銀捌拾叁兩陸錢伍分玖釐陸毫

京庫鈔銀無閏貳百玖拾捌兩捌錢柒分貳釐有閏叁百貳拾捌兩壹錢

府庫鈔銀無閏肆百肆拾捌兩叁錢捌分有閏肆百陸拾貳兩伍錢肆分



## 費縣夏稅

原額小麥玖千玖百壹拾玖石玖斗肆升壹合貳勺捌抄貳撮

起運柒千壹百石實徵銀壹千陸百叁拾柒兩肆錢叁分叁釐

保安州柴溝堡倉并西陽河堡倉小麥壹百壹拾石每石壹兩貳錢共銀壹百叁拾貳兩

德州倉小麥折米貳百伍拾石捌斗叁升伍合每石捌錢共銀貳百兩陸錢陸分捌釐

光祿寺小麥陸拾玖石壹斗陸升伍合每石壹兩共銀陸拾玖兩壹錢陸分伍釐

臨清廣積貳倉小麥折米壹百肆拾貳石每石捌錢共銀壹百壹拾叁兩陸錢

河間府庫布壹千壹百玖拾疋准麥壹千肆百貳拾捌石每疋叁錢共銀叁百伍拾柒兩

登州府豐廣貳庫鈔伍萬壹千錠准麥伍千壹百石每錠壹分伍釐共銀柒百陸拾伍兩每伍拾兩加耗貳兩

絲綿折絹貳百柒拾伍疋壹丈叁尺捌寸貳分捌釐柒毫壹絲每疋折銀柒錢共銀壹百玖拾貳兩捌錢叁釐

農桑折絹柒百壹拾壹疋壹尺叁寸伍分每疋折銀柒錢共銀肆百玖拾柒兩柒錢叁分

存留貳千捌百壹拾玖石玖斗肆升壹合貳勺捌抄貳撮

本縣儒學倉小麥壹百貳拾捌石

本縣官倉小麥壹百叁拾壹石玖斗肆升壹合貳勺捌抄貳撮

沂州永豐倉小麥貳千伍百陸拾石

# 秋糧

原額粟米貳萬叁千壹百肆拾陸石伍斗貳升玖合陸勺伍抄捌撮

起運壹萬貳千石每石徵銀伍千陸百貳拾玖兩壹錢壹分

浮圖峪口倉粟米壹千石每石玖錢共銀玖百兩

鎮邊城新城倉粟米壹

涿州常盈倉粟米伍百壹拾壹石陸斗肆升每石捌錢共銀肆百玖兩叁錢壹分貳釐

出海倉粟米壹千玖拾柒石貳斗陸升每石捌錢共銀捌百柒拾兩捌錢捌釐

德州常盈倉布捌千叁百伍拾疋准米捌千叁百伍拾石每疋叁錢共銀貳千伍百伍兩

京庫地畝綿花絨肆百玖拾柒斤貳兩陸錢徵收本色

存留粟萬壹千壹百肆拾陸石伍斗貳升玖合陸勺伍抄捌撮

濟寧州永豐倉粟米貳百石係青染兌沽每石折銀肆錢

本縣官倉粟米叁百陸石伍斗貳升玖合陸勺伍抄捌撮

濟寧州永豐倉粟米壹千石

沂州永豐倉粟米貳千伍百石

魯府郡王將

魯府郡王將軍祿粟米原撥保盈倉祿粳粟陸百石每石壹兩內除壹百肆兩陸錢陸分陸釐叁毫解兗州府均放餘肆百拾伍兩叁錢叁叁釐柒毫解司

魯府黃資倉祿粟米捌百石

魯府廣資倉祿粳米貳百石

魯府郡王將軍祿粟米肆千伍百石解本府

千肆拾壹石壹斗每石玖錢共銀玖百叁拾陸兩玖錢玖分



# 馬草鹽鈔

原額馬草伍萬叁千陸百玖拾壹束實徵銀壹千捌百捌拾叁兩貳錢壹釐

居庸倉草壹千肆百束每束伍分共銀柒拾兩

寨年房倉草陸百束每束陸分伍釐共銀叁拾玖兩

御馬倉內場草貳千貳百柒拾肆束每束柒分共銀壹百伍拾玖兩壹錢捌分

中府外場草貳千玖百柒拾伍束陸斤每束陸分共銀壹百柒拾捌兩伍錢貳分肆釐

太倉銀庫草叁萬陸千捌百貳拾肆束玖斤每束叁分伍釐共銀壹千貳百捌拾捌兩捌錢陸分壹釐

山海庫草捌千束每束玖釐每伍拾兩外耗貳兩共銀柒拾肆兩捌錢捌分

北新草場草壹千陸百壹拾柒束每束肆分釐共銀柒拾貳兩柒錢陸分伍釐

京庫鈔銀無閏貳百伍拾貳兩肆錢叁分捌釐有閏貳百柒拾叁兩肆錢柒分肆釐伍毫

軍祿粟米原撥保盈倉祿粟米捌百石每石折銀柒錢解司

府庫鈔銀無閏叁百陸拾玖兩陸錢肆分壹釐肆毫有閏肆百壹拾肆兩貳錢壹分壹釐捌毫

廣盈倉另收

本縣儒學倉粟米貳百肆拾石

## 滕縣夏税

原額小麥壹萬壹千捌拾壹石叄斗伍升肆合捌勺玖抄伍撮
起運捌千伍百石實徵銀壹千柒百柒拾壹兩叄錢柒分壹釐
河間府靜海縣庫布捌百捌拾壹疋貳丈肆尺准麥壹千伍拾捌石壹斗每疋叄錢共銀貳百陸拾肆兩伍錢貳分伍釐

臨清廣積貳倉小麥柒玖拾玖石貳斗貳升每石捌錢共銀柒拾玖兩叄錢柒分陸釐
保安州柴清保定倉并西陽河堡倉小麥壹百石每石壹兩貳錢共銀壹百貳拾兩
涿州常盈倉小麥壹百貳拾石柒斗每石柒錢共銀捌拾肆兩肆錢玖分

光祿寺小麥壹百捌拾壹石玖斗捌升每石壹兩共銀壹百捌拾壹兩玖錢捌分
登州府豐廣貳庫鈔陸萬玖千肆百錠准麥陸千玖百肆拾石每錠壹分伍釐共銀壹千肆拾壹兩每伍拾兩加耗銀貳兩

絲綿折絹貳百玖拾叄疋貳丈玖尺貳寸肆分陸釐玖毫貳絲伍忽每疋折銀柒錢共銀貳百伍兩柒錢肆分
農桑折絹肆百柒疋貳丈肆尺伍寸每疋折銀柒錢共銀貳百捌拾伍兩肆錢叄分陸釐

存留貳千伍百捌拾壹石叄斗伍升肆合捌勺玖抄伍撮
本縣儒學倉小麥壹百貳拾捌石
本縣官倉小麥壹千叄百伍拾叄石叄斗伍升肆合捌勺玖抄伍撮

濟寧州永豐倉小麥壹千壹百石

經會録　糧九　三

## 秋糧

原額粟米貳萬伍千捌百伍拾陸石肆斗玖升肆合柒勺伍抄伍撮
起運壹萬陸千石實徵銀柒千捌百壹拾壹兩伍錢柒分肆釐
兗軍儲運米壹千石外加耗貳百伍拾石輕齎捌拾兩蓆草壹拾貳兩伍錢每石百里脚價叄分伍釐

光祿寺細粟米貳百肆拾柒石貳升每石壹兩共銀貳百肆拾柒兩貳分
涿州常盈倉粟米叄千捌百伍拾貳石伍斗伍合每石捌錢共銀叄千捌拾貳兩肆釐
洗馬林堡倉并新河口保安倉粟米伍百壹拾石陸斗伍

紫荊關新城倉粟米伍百石每石玖錢共銀肆百伍拾兩
張家口堡倉粟米柒拾陸石肆斗貳升伍合每石折銀壹兩貳錢共銀玖拾壹兩柒錢壹分
浮圖峪口倉粟米肆百貳拾叄石肆斗每石折銀玖錢

山海倉粟米貳千貳拾石每石折銀捌錢共銀壹千陸百壹拾陸兩
德州常盈庫闊白綿布陸千玖百柒拾疋准米陸千玖百柒拾石每疋折銀叄錢共銀貳千玖拾壹兩
京庫地畝綿花絨玖百陸拾肆斤

存留玖千捌百伍拾陸石肆斗玖升肆合柒勺伍抄伍撮
本縣官倉粟米壹千石係青萊兗派每石折銀肆錢
本府廣盈倉粟米伍百石係青萊兗派每石折銀肆錢
濟寧州永豐倉粟米伍百石係青萊兗派每石折銀肆錢
本縣官倉粟

魯府郡王將軍祿粟米原撥保盈倉祿粳米壹百石每石壹兩內除伍拾兩解兗州府均放餘伍拾兩解司
魯府郡王將軍祿粟米原撥保盈倉祿粟米玖百石每石折銀柒錢解司
魯府郡王將軍祿粟米壹千石解

## 馬草　塩鈔

兌軍備運折色米肆百石每石陸錢共銀貳百肆拾兩

原額馬草伍萬叁千玖百柒拾柒束實徵銀貳千壹百陸兩玖錢叁釐

宣府在城草場草壹千壹百柒拾束每束柒分每兩外加腳價銀貳錢共銀玖拾捌兩貳錢捌分

升每石壹兩貳錢共銀陸百壹拾貳兩柒錢捌分

御馬倉內場草叁千肆百肆拾束每束柒分共銀貳百肆拾兩捌錢

太倉銀庫草肆萬壹千肆百壹拾柒束每束叁分伍釐共銀壹千肆百肆拾玖兩伍錢玖分伍釐

共銀叁百捌拾壹兩陸分

中府外場草貳千陸百伍拾束每束陸分共銀壹百伍拾玖兩

山海庫草玖千捌百束每束折銀玖釐每伍拾兩外加耗銀貳兩共銀玖拾壹兩柒錢貳分捌釐

壹拾兩徵收本色

霸上北馬房倉草壹千伍百束每束肆分伍釐共銀陸拾柒兩伍錢

京庫改撥宣府庫鈔有無閏月額銀叁百玖拾柒兩叁錢貳分叁釐

米伍千陸百壹拾陸石肆斗玖升肆合柒勺伍抄伍撮

府庫鈔銀無閏叁百玖拾柒兩叁錢貳分叁釐有閏肆百伍拾貳兩伍錢壹分柒釐

本府廣盈倉另收

本縣儒學倉粟米貳百肆拾石



## 鄆城縣夏稅

原額小麥捌千肆百伍拾陸石捌斗陸升陸合玖勺柒抄壹撮

起運陸千壹百石實徵銀壹千肆百陸兩肆錢叁分陸釐

御馬倉小麥伍拾石每石壹兩陸錢共銀捌拾兩

涿州常盈倉小麥壹百石每石柒

保安州柴溝堡倉行西陽河堡倉小麥壹百陸拾柒石壹斗捌升每石壹兩貳錢共銀貳百兩陸錢壹分陸釐

光祿寺小麥壹百肆拾陸石捌斗貳升每石壹兩共銀壹百肆拾陸兩捌錢貳分

河間府庫闊白綿布伍百叁拾疋准麥陸百叁拾陸石每疋折銀叁錢共銀壹百伍拾玖兩

登州府豐廣貳庫鈔伍萬錠准麥伍千石每錠折銀壹分伍釐共銀柒百伍拾兩每伍拾兩外加耗銀貳兩

絲綿折絹貳百叁拾貳疋貳丈陸尺柒寸肆分陸釐玖毫叁絲伍忽每疋柒錢共銀壹百陸拾貳兩玖錢捌分伍釐

農桑折絹肆百陸拾肆疋壹丈捌尺捌寸每疋柒錢共銀叁百貳拾伍兩貳錢壹分壹釐

存留貳千叁百伍拾陸石捌斗陸升陸合玖勺柒抄壹撮

本縣儒學倉小麥壹百貳拾捌石

本縣官倉小麥壹百貳拾捌石捌斗陸升柒合玖勺柒抄壹撮

沂州永豐倉小麥貳千壹百石

乾七百十二个

## 秋糧

錢共銀柒拾兩

原額粟米壹萬玖千柒百叁拾貳石陸斗捌升玖合伍勺玖抄伍撮

起運壹萬伍百石實徵銀肆千柒百肆拾陸兩伍錢捌分

山海倉粟米壹千肆百玖拾伍石柒斗柒升伍合每石

浮圖峪口倉粟米貳百玖拾叁石壹斗每石玖錢共銀貳百陸拾叁兩柒錢玖分

涿州常盈倉粟米壹千叁百肆拾貳石玖斗伍升每石捌錢共銀壹千柒拾肆兩叁錢陸分

永寧倉粟米壹百陸拾捌石壹斗柒升伍合每石折銀壹兩貳錢共銀貳百壹兩捌錢壹分

德州常盈庫闊白綿布陸千柒百疋准米陸千柒百石每疋叁錢共銀貳千壹拾兩

京庫地畝綿花絨肆百壹拾玖斤壹拾兩徵收本色

存留玖千柒百叁拾貳石陸斗捌升玖合伍勺玖抄伍撮

本府廣盈倉粟米壹千石係青萊兌沂每石折銀肆錢

本縣[illegible]倉粟米貳百肆拾貳石陸斗捌升玖合伍勺玖抄伍撮

沂州永豐倉粟米貳千肆百石

魯府郡王將軍祿粟米原撥保盈倉祿粳米壹百伍拾石每石壹兩內除[illegible]拾伍兩解兗州府均放餘米拾伍兩解司

魯府郡王將軍祿粟米原撥保盈倉祿粟米壹千伍百石每石折銀柒錢解司

魯府廣豐倉祿

## 馬草　盐鈔

捌錢共銀壹千壹百玖拾陸兩陸錢貳分

原額馬草肆萬伍千柒百柒拾貳束實徵銀壹千伍百玖拾陸兩肆錢貳釐

中府外場草肆千伍百叁拾玖束拾斤叁兩貳錢每束陸分共銀貳百柒拾貳兩叁錢捌分捌毫

黃臺廠草場草壹千貳百捌拾捌束拾壹斤肆兩每束肆分伍釐共銀伍拾柒兩玖錢玖分叁釐柒毫

山海庫草玖千束每束玖釐每伍拾兩加耗貳兩共銀捌拾肆兩貳錢肆分

御馬倉內場草貳千肆百叁拾束每束柒觔銀壹百柒拾兩壹錢

大倉銀庫草貳萬柒千壹百肆拾貳束肆斤拾貳兩捌錢每束叁分伍釐共銀玖百肆拾玖兩玖錢捌分壹釐貳毫

北新草場草壹千叁百柒拾壹束叁斤拾貳兩每束肆分伍釐共銀陸拾壹兩柒錢陸釐叁毫

京庫鈔銀無閏壹百壹拾伍兩柒錢伍分貳釐有閏壹百貳拾伍兩肆錢貳釐

魯府郡王將軍祿粟米肆千石解廣盈倉收

府庫鈔銀無閏貳百叁拾壹兩伍錢肆釐有閏貳百貳拾壹兩捌錢伍分肆釐壹毫

粳米貳百石

本縣儒學倉粟米貳百肆拾石

# 東昌府所屬

## 聊城縣

### 夏稅

原額小麥伍千肆百貳拾捌石柒斗捌合肆勺貳抄伍撮貳圭壹粒

起運叄千捌百石實徵銀壹千陸百伍拾玖兩伍錢壹分叄釐

真定府豐盈倉小麥肆百伍拾石每石捌錢共銀叄百陸拾兩

延慶州龍門廣盈倉并獨石馬營雲州赤城龍門鵰鶚長安嶺堡倉小麥貳百壹拾石每石壹兩貳錢共銀貳百伍拾貳兩

永平府山海庫布貳千貳百柒拾疋准麥貳千柒百貳拾肆石每疋叄錢共陸百捌拾壹兩

光祿寺小麥壹百陸拾捌石伍斗陸升伍合每石壹兩共銀壹百陸拾捌兩伍錢陸分伍釐

臨清廣積貳倉小麥折米貳百肆拾柒石肆斗叄升伍合每石捌錢共銀壹百玖拾柒兩玖錢肆分捌釐

絲綿折絹壹百伍拾疋貳丈壹尺柒分伍釐肆毫陸絲伍忽伍微每疋柒錢共銀壹百伍兩肆錢陸分貳釐

農桑折絹肆拾陸疋壹丈捌尺壹寸伍分每疋柒錢共銀叄拾貳兩伍錢玖分捌釐

存留壹千陸百貳拾捌石柒斗捌合肆勺貳抄伍撮貳圭壹粒

本府儒學倉小麥貳百伍拾肆石

本縣儒學倉小麥壹百貳拾捌石

本府廣盈倉小麥壹千貳百肆拾陸石柒斗捌合肆勺貳抄伍撮貳圭壹粒

### 秋糧

原額粟米壹萬貳千陸百陸拾陸石玖斗柒升肆合壹勺

起運壹萬石實徵銀捌千叄百陸拾貳兩伍錢肆分

延慶州雲州堡倉粟米壹百伍拾石每石壹兩貳錢共銀壹百捌拾兩

兌軍儹運折色米壹千

兌軍儹運米叄千陸百石外加耗米玖百石蓆草銀肆拾伍兩輕齎貳百捌拾捌兩每石百里脚價叄分伍釐

兌軍儹運折色米壹百柒拾叄石捌斗伍升每石陸錢共銀壹百肆兩叄錢壹分

臨清倉粟米

臨清倉改兌米壹千叄百石外加耗貳百貳拾壹石蓆草拾陸兩貳錢伍分每石百里脚價叄分伍釐

延慶州獨石廣積倉粟米壹千肆拾陸石叄斗每石壹兩貳錢共銀壹千貳百伍拾伍兩伍錢陸分

御馬倉黑豆叄拾柒石伍斗捌升每石壹兩叄錢共銀肆拾捌兩捌錢伍分肆釐

湖渠馬房倉黑豆壹百壹拾陸石貳斗柒升每石捌錢共銀玖拾叄兩壹分陸釐

山海庫闊白綿布壹千玖百疋准米壹千玖

存留貳千陸百陸拾陸石玖斗柒升肆合壹勺

本府廣盈倉粟米叄百石係青黎兗派每石折銀肆錢

本府儒學倉粟米肆百捌拾石

魯府郡王將軍祿粟米捌百石每石折銀伍錢解司發兗州府支

本縣儒學倉

本府廣盈倉粟米捌百肆拾陸石玖斗柒升肆合壹勺

京庫地畝綿花絨伍百叄拾斤叄兩陸錢徵收本色



令八百字八

## 秋糧

原額粟米壹萬叁千肆百貳拾肆石叁斗玖升肆合陸勺

起運壹萬壹千石實徵銀壹萬壹千壹拾貳兩柒錢柒分

兌軍儹運折色米貳百玖拾貳石肆斗每石陸錢共銀壹百柒拾伍兩肆錢肆分

兌軍儹運米伍千陸百石外加耗壹千肆百石蓆草柒拾兩輕齎肆百肆拾捌承每石百里脚價叁分伍釐

臨清倉改兌米壹千石外加耗壹百柒拾石蓆草壹拾貳兩伍錢每石百里脚價叁分伍釐

御馬倉料豆肆拾壹石叁斗肆升每石壹兩叁錢共銀伍拾叁兩柒錢肆分貳釐

延慶州獨石廣積倉粟米貳千貳百壹拾捌石玖斗伍升每石壹兩貳錢共銀貳千陸百陸拾肆兩柒錢肆分

兌軍儹運折色米壹千伍百貳拾捌石每石捌錢共銀壹千貳百貳拾貳兩肆錢

光祿寺芝蔴貳百陸拾石每石壹兩叁錢伍分共銀叁百伍拾壹兩

湯山草場倉黨豆伍拾玖石叁斗壹升每石捌錢共銀肆拾柒兩肆錢肆分捌釐

存留貳千肆百貳拾肆石叁斗玖升肆合陸勺

本府廣盈倉粟米叁百石係青米兌派每石折銀肆錢

本府廣盈倉粟米捌百伍拾石

本縣儲粟倉粟米貳百肆拾石

運軍行糧本色米叁百石

德府郡王將軍祿粟米伍百石每石伍錢解司發兗州本府支

本縣官倉粟米貳百叁拾肆石叁斗玖升肆合陸勺

京庫地畝綿花絨陸百玖斤捌兩徵收本色



## 馬草鹽鈔

原額馬草貳萬貳千伍百肆拾叁束壹斤陸兩捌錢捌分實徵銀壹千壹拾陸兩伍錢肆分玖釐

太倉銀庫草柒千捌百肆拾肆束壹斤陸兩捌錢捌分每束叁分伍釐共銀貳百柒拾肆兩伍錢[illegible]分肆釐

御馬倉內場草叁千貳百貳拾貳束每束柒分共銀貳百貳拾伍兩伍錢肆分

西城坊草場草壹萬壹千肆百柒拾柒束每束肆分伍釐共銀伍百壹拾陸兩肆錢陸分伍釐

京庫鈔銀無閏陸拾陸兩伍分伍釐捌毫有閏柒拾壹兩伍錢陸分壹釐陸毫

府庫鈔銀無閏玖拾陸兩柒錢貳分貳釐柒毫有閏壹百肆兩柒錢捌分貳釐玖毫

# 馬草鹽鈔

伍百柒拾陸石每石捌錢共壹千貳百陸拾兩捌錢

壹百石每石捌錢共銀捌拾兩赴彼買納

百石每石叄錢共銀伍百柒拾兩

粟米貳百肆拾石

原額馬草壹萬壹千玖百柒拾玖束壹拾貳斤拾兩陸錢實徵銀玖百柒拾貳兩貳錢玖分陸釐

明智坊草場草叄千陸百壹束每束肆分伍釐共壹百陸拾貳兩肆分伍釐

宣府在城草場草貳千伍百肆拾貳束每束柒分每兩加脚價貳錢共貳百壹拾叄兩伍錢貳分捌釐

安仁坊草場草貳千捌百貳拾玖束每束伍分共壹百肆拾壹兩肆錢伍分

太倉銀庫草壹萬叄千柒束壹拾貳斤拾兩陸錢每束叄分伍釐共銀肆百伍拾伍兩貳錢柒分叄釐

京庫鈔銀無閏貳拾伍兩陸錢柒釐有閏貳拾柒兩陸錢玖分柒釐

府庫鈔銀無閏叄拾柒兩陸錢伍分叄釐伍毫有閏肆拾兩伍錢伍分伍釐陸毫

經會録　糧東

仪吞百九十三

# 堂邑縣夏稅

原額小麥伍千柒百伍拾叄石叄斗壹升貳勺肆抄

起運肆千肆百石實徵銀貳千貳百貳拾肆兩貳錢柒分叄釐

保安州懷安廣備倉小麥叄百陸拾壹石每石壹兩貳錢共銀肆百叄拾叄兩貳錢

光禄寺小麥壹百貳拾伍石叄斗陸升伍合每石壹兩共銀壹百貳拾伍兩叄錢陸分伍釐

臨清廣積貳倉小麥伍百玖拾捌石陸斗叄升伍合本色無麥納米每石捌錢共銀肆百柒拾捌兩玖錢捌釐

永平府山海庫閏日綿布貳千貳百貳拾疋準麥貳千陸百陸拾肆石每疋叄錢共銀陸百陸拾陸兩

真定府豐盈倉小麥陸百伍拾壹石每石捌錢共銀伍百貳拾兩捌錢

絲綿折絹壹百陸拾疋壹丈玖尺肆寸捌釐壹絲伍忽每疋柒錢共銀壹百壹拾貳兩肆錢貳分陸釐

農桑折絹壹百玖疋貳丈柒尺陸寸每疋柒錢共銀柒拾陸兩玖錢肆釐

存留壹千叄百伍拾叄石叄斗壹升貳勺肆抄

本府廣盈倉小麥壹千壹百貳拾石

本縣官倉小麥壹百伍石叄斗壹升貳勺肆抄

本縣儒學倉小麥壹百貳拾捌石

## 博平縣夏稅

原額小麥叁千貳百陸拾伍石玖斗伍升壹合貳勺貳抄伍撮
起運貳千貳百石實徵銀壹千肆拾伍兩柒錢捌分柒釐
光祿寺小麥壹百貳拾貳石玖斗叁升伍合每石壹兩共銀壹百貳拾貳兩玖錢叁分伍釐

延慶州龍門廣盈倉并獨石馬營雲州赤城龍門鵰鶚長安嶺堡倉小麥壹百石每石壹兩貳錢共銀壹百貳拾兩
臨清廣積貳倉小麥折米伍百陸拾壹石陸升伍合每石捌錢共銀肆百肆拾捌兩捌錢伍分貳釐

永平府山海庫闊白綿布壹千壹百捌拾疋准小麥壹千肆百壹拾陸石每疋叁錢共銀叁百伍拾肆兩
絲綿折絹玖拾疋貳丈陸寸貳分貳釐玖毫每疋柒錢共銀陸拾叁兩肆錢伍分壹釐

農桑折絹陸拾陸疋肆尺玖寸伍分每疋柒錢共銀肆拾陸兩叁錢玖釐

存留壹千陸拾伍石玖斗伍升壹合貳勺貳抄伍撮
臨清州常盈倉小麥捌百伍拾石
本縣儒學倉小麥壹百貳拾捌石

本縣官倉小麥捌拾柒石玖斗伍升壹合貳勺貳抄伍撮



## 秋糧

原額粟米柒千陸百貳拾石伍斗伍升肆合伍勺
起運陸千石實徵銀伍千柒百陸拾貳兩伍錢肆分
延慶州獨石廣積倉粟米伍百陸拾叁石玖斗柒升伍合每石壹兩貳錢共銀陸百柒拾陸兩柒錢柒分

兌軍儲運米貳千伍百石外加耗陸百貳拾伍石蓆草叁拾壹兩貳錢伍分輕齎貳百兩每石百里腳價叁分伍釐
臨清倉改兌米柒百石外加耗壹百壹拾玖石蓆草捌兩柒錢伍分每石百里腳價叁分伍釐

兌軍儲運折色米壹千伍百玖拾陸石每石捌錢共銀壹千貳百柒拾陸兩捌錢
延慶州獨石廣積倉黑豆肆百肆拾捌石肆斗貳升伍合每石壹兩貳錢共銀伍百叁拾捌兩壹錢壹分

兌軍儲運折色米壹百壹拾捌石伍斗每石陸錢共柒拾壹兩壹錢
御馬倉黑豆貳拾貳石伍斗陸升每石壹兩叁錢共貳拾玖兩叁錢貳分捌釐
湯山草場倉黑豆伍拾石伍斗肆升每石捌錢共銀肆拾兩肆錢叁分貳釐

存留壹千陸百貳拾石伍斗伍升肆合伍勺
臨清州常盈倉粟米貳百石係青萊兌派每石銀肆錢
本府廣盈倉粟米叁百伍拾石
本縣官倉粟米壹百捌拾石伍斗伍升肆合伍勺
本縣儒學倉粟米貳百肆拾石

魯府郡王將軍祿粟米肆百石每石伍錢解司轉發充州府支
運軍行糧本色米貳百伍拾石
京庫地畝綿花絨貳百捌拾捌斤徵收本色

馬草　盐鈔

原額馬草壹萬捌千伍百壹拾玖束實徵銀捌百壹拾柒兩壹錢陸分
太倉銀庫草壹萬壹千叁百伍拾柒束每束叁分伍釐共銀叁百玖拾柒兩肆錢玖分伍釐

御馬倉內場草叁千捌百玖拾伍束每束柒分共銀貳百柒拾貳兩陸錢伍分

明智坊草場草叁千貳百陸拾柒束每束肆分伍釐共銀壹百肆拾柒兩壹分伍釐

京庫鈔銀無閏肆拾叁兩伍分貳毫有閏肆拾陸兩陸錢肆分壹釐

府庫鈔銀無閏陸拾叁兩叁分柒釐伍毫有閏陸拾捌兩貳錢玖分肆釐叁毫

經會録　粮東五　如五百八十八

茌平縣　夏稅

原額小麥柒千捌拾陸石肆斗叁升玖合
起運伍千叁百石實徵銀貳千壹百叁拾捌兩柒錢陸分叁釐
保安州懷安廣備倉小麥壹百叁拾貳石每石壹兩貳錢共銀壹百伍拾捌兩肆錢

光祿寺小麥貳百壹拾捌石捌斗壹升伍合每石壹兩共銀貳百壹拾捌兩捌錢壹分伍釐
河間府庫閣白綿布叁千叁百叁拾疋準麥叁千玖百玖拾陸石每疋叁錢共銀玖百玖拾玖兩

臨清廣積倉小麥叁百伍拾叁石壹斗捌升伍合本色無麥納米每石捌錢共銀貳百捌拾貳兩伍錢肆分捌釐
真定府豐盈倉小麥陸百石每石捌錢共銀肆百捌拾兩

絲綿折絹壹百玖拾陸疋貳丈玖尺玖寸捌分伍釐肆毫伍絲每疋柒錢共銀壹百叁拾柒兩捌錢伍分陸釐
農桑折絹玖拾貳疋肆尺伍寸柒分伍釐每疋柒錢共銀陸拾肆兩伍錢

存留壹千柒百捌拾陸石肆斗叁升玖合
本縣儒學倉小麥壹百貳拾捌石
本縣官倉小麥壹百捌石肆斗叁升玖合

臨清州常盈倉小麥壹千伍百伍拾石

秋

原額粟米壹萬陸千伍
兗軍儧運米貳千貳百
兗軍儧運折色米捌百
延慶州獨石廣積倉粟
存留肆千叁拾肆石玖
臨清州常盈倉粟米柒

## 糧

百叁拾肆石玖斗肆升貳合陸勺

起運壹萬貳千伍百石實徵銀玖千柒百玖拾陸兩肆分陸釐叁毫

臨清倉改兌米壹千陸百石外加耗貳百柒拾肆石蓆草貳拾兩每石百里脚價叁分伍釐

石外加耗伍百伍拾石蓆草貳拾柒兩伍錢輕齎壹百柒拾陸兩每石百里脚價叁分伍釐

湖渠馬房倉黑豆伍百貳拾捌石貳斗肆升叁合玖勺玖抄捌撮每石捌錢共銀肆百貳拾貳兩伍錢玖分伍釐貳毫

肆拾捌石柒斗柒升伍合每石陸錢共銀伍百玖兩貳錢陸分伍釐

臨清倉粟米貳千陸百陸拾玖石壹斗陸升柒合柒勺伍抄貳撮每石捌錢共銀貳千壹百叁拾伍兩叁錢叁分肆釐貳毫赴彼買米上納

米貳百肆拾壹石玖斗叁升陸合伍勺捌抄捌撮每石壹兩貳錢共銀貳百玖拾兩叁錢貳分肆釐

延慶州雲州堡倉粟米貳百石陸升陸合陸勺陸抄貳撮每石壹兩貳錢共銀貳百肆拾兩捌分

斗肆升貳合陸勺

臨清州常盈倉粟米肆百石係青兼兌派每石折銀肆錢

本府廣盈倉粟米叁百伍拾石

本州官倉粟米壹百玖拾肆石玖斗肆升貳合陸勺

魯府郡王祿粟米壹千陸百石每石伍錢解

百伍拾石

運軍行糧本色米叁百貳拾捌石

本縣儒學倉粟米貳百肆拾石

京庫地畝綿花絨伍百陸拾貳斤壹拾貳兩徵收本色

經會録　糧馬六　七百九十二

## 馬草　鹽鈔

兌軍儹運折色米貳千壹百捌拾壹石每石捌錢共銀壹千柒百肆拾肆兩捌錢

原額馬草肆萬壹千壹百貳拾肆束實徵銀壹千陸百柒拾柒兩捌錢捌分伍釐

御馬倉內場草叁千束每束柒分共銀貳百壹拾兩

山海庫

綿布壹千陸百柒拾肆疋佳米壹千陸百柒拾肆石每疋叁錢共銀伍百貳兩貳錢

山海庫草陸千壹百貳拾肆束每束玖釐運耗共銀伍拾柒兩叁錢貳分

外象房倉草壹萬玖千叁百柒拾壹束每束伍分共銀玖百陸拾捌兩伍錢伍分

關白湯山草場倉黑豆貳百貳拾陸石捌斗壹升每石捌錢共銀壹百捌拾壹兩肆錢肆分捌釐

太倉銀庫草壹萬貳千陸百貳拾玖束每束叁分伍釐共銀肆百肆拾貳兩壹分伍釐

霸上倉菉豆壹百叁拾石每石壹兩共銀壹百叁拾兩

東庫鈔銀無閏叁拾柒兩壹錢陸分伍釐柒毫有閏肆拾兩貳錢陸分壹釐

司[illegible][illegible]州支

運軍行糧折色米壹百柒拾貳石每石陸錢解司

府庫鈔銀無閏伍拾肆兩肆錢壹分玖釐有閏伍拾捌兩玖錢叁分陸釐

## 清平縣夏稅

原額小麥肆千肆百伍拾捌石柒斗貳合伍勺 起運叁千叁百石實徵銀壹千伍百肆兩叁錢叁分 光祿寺小麥壹百壹拾陸石壹斗伍升每石壹兩共壹百壹拾陸兩壹錢伍分 保定府易州倉小麥叁百石每石

延慶州龍門廣盈倉并獨石馬營雲州赤城龍門鵰鶚長安嶺堡倉小麥壹百肆拾捌石每石壹兩貳錢共壹百柒拾柒兩陸錢 永平府山海庫闊白綿布壹千捌百捌拾伍疋准麥貳千貳百陸拾貳石每疋叁錢共

御馬倉小麥柒拾石每石捌錢共銀壹百壹拾貳兩 臨清廣積貳倉小麥折米肆百叁石捌斗伍升每石捌錢共銀叁百貳拾叁兩捌分 絲綿折絹壹百壹拾捌疋貳丈伍尺玖寸陸分貳釐玖毫每疋柒錢共銀捌

農桑折絹陸拾叁疋壹丈肆尺壹寸柒分伍釐每疋柒錢共銀肆拾肆兩肆錢壹分

存留壹千壹百伍拾捌石柒斗貳合伍勺 本縣儒學倉小麥壹百貳拾捌石 本縣官倉小麥壹百壹拾石柒斗貳合伍勺

臨清州廣盈倉小麥玖百貳拾石





柒錢共銀貳百壹拾兩

銀伍百陸拾伍兩伍錢

拾叁兩壹錢陸分捌釐

## 秋糧

原額粟米壹萬肆百叁石陸斗叁升玖合叁勺 起運捌千伍百石實徵銀捌千伍百貳拾貳兩壹錢 延慶州獨石廣積倉粟米壹千捌百陸拾叁石貳斗每石壹兩貳錢共銀貳

兌軍儹運米肆千伍百石外加耗壹千壹百貳拾伍石蓆草伍拾陸兩貳錢伍分輕齎叁百陸拾兩每石百里脚價叁分伍釐 兌軍儹運折色米壹百玖拾伍石柒斗伍升每石陸錢

兌軍儹運折色米柒百壹拾石每石捌錢共銀伍百陸拾捌兩 光祿寺細粟米柒拾玖石捌斗伍升每石壹兩共銀柒拾玖兩捌錢伍分 臨清倉粟米捌拾伍石捌斗陸升每石捌錢

臨清倉改兌米壹千石外加耗壹百柒拾石蓆草壹拾貳兩伍錢每石百里脚價叁分伍釐 湖渠馬房倉黑豆陸拾伍石叁斗肆升每石捌錢共銀伍拾貳兩貳錢柒分貳釐

存留壹千玖百叁石陸斗叁升玖合叁勺 臨清州常盈倉粟米伍百石係青萊兗派每石折銀肆錢 本縣官倉粟米壹百陸拾叁石陸斗叁升玖合叁勺 本縣儒學倉粟米貳百

魯府郡王將軍祿粟米柒百石每石折銀伍錢解司敉 兗州府支運軍行糧本色米叁百石 京庫地畝綿花絨捌百叁拾斤伍兩肆錢徵收本色

## 馬草鹽鈔

千貳百叁拾伍兩捌錢肆分

原額馬草壹萬捌千伍百壹拾肆束肆斤捌兩實徵銀捌百壹拾陸兩陸錢伍分陸釐捌毫

明智坊草場草捌千壹百壹拾伍束每束肆分伍釐共銀叁百陸拾伍兩壹錢柒分伍釐

共銀壹百壹拾柒兩肆錢伍分

御馬倉內場草貳千伍百束每束柒分共銀壹百柒拾伍兩

共銀陸拾捌兩陸錢捌分捌釐

太倉銀庫草柒千捌百玖拾玖束肆斤捌兩每束叁分伍釐共銀貳百柒拾陸兩肆錢捌分貳釐

京庫鈔銀無閏肆拾貳兩柒錢柒分伍釐陸毫有閏肆拾陸兩叁錢肆分貳毫

肆拾石

府庫鈔銀無閏陸拾貳兩陸錢叁分叁釐肆毫有閏陸拾捌兩柒錢肆分叁釐貳毫

## 冠縣夏稅

原額小麥陸千伍百貳拾叁石肆斗肆升貳合玖勺

起運伍千石實徵銀貳千伍百肆拾叁兩柒錢貳分玖釐

光祿寺小麥貳百肆拾肆石陸斗肆升伍合每石壹兩共銀貳百肆拾肆兩陸錢肆分伍釐

延慶州龍門廣盈倉并獨石馬營雲州赤城龍門鵰鶚長安嶺堡倉小麥伍百壹拾陸石每石壹兩貳錢共陸百壹拾玖兩貳錢

京庫本色綿花貳千貳百斤每斤壹錢陸分准麥伍百伍拾石共銀叁百伍拾貳兩

臨清廣積貳倉小麥折米柒百叁拾柒石叁斗伍升伍合每石捌錢共銀伍百捌拾玖兩捌錢捌分肆釐

永平府山海庫闊白綿布貳千肆百陸拾疋准麥貳千玖百伍拾貳石每疋叁錢共銀柒百叁拾捌兩

絲綿折絹壹百捌拾壹疋貳丈陸尺伍寸貳分肆釐伍毫每疋柒錢共銀壹百貳拾柒兩貳錢捌分壹釐

農桑折絹壹百叁拾貳疋壹丈玖尺肆寸每疋柒錢共銀玖拾貳兩捌錢貳分伍釐

存留壹千伍百貳拾叁石肆斗肆升貳合玖勺

本府廣盈倉小麥壹千貳百玖拾石

本縣儒學倉小麥壹百貳拾捌石

本縣官倉小麥壹百伍石肆斗肆升貳合玖勺



劉思智六月

## 秋糧

原額粟米壹萬伍千貳百貳拾壹石叁斗陸升陸合玖勺　起運壹萬貳千伍百石實徵銀壹萬貳千玖百陸拾陸兩陸錢捌分　臨清倉政兌米玖百石外加耗壹百伍拾叁石蓆草壹拾壹兩貳錢伍分每

兌軍儹運米捌千石外加耗貳千石蓆草壹百兩輕齎陸百肆拾兩每石百里脚價叁分伍釐　兌軍儹運米叁百陸拾壹石每石捌錢共銀貳百捌拾捌兩捌錢　御馬倉菉豆玖拾柒石壹斗捌合每石壹兩叁錢共銀

供用庫芝蔴壹百貳拾貳石柒斗叁升貳合每石壹兩捌錢共銀貳百貳拾兩玖錢壹分捌釐　延慶州雲州堡倉粟米貳百貳拾陸石陸斗每石壹兩貳錢共貳百柒拾壹兩玖錢貳分　兌軍儹運米壹百柒拾石肆斗伍

延慶州獨石廣積倉黑豆貳千叁百壹石陸斗伍升每石壹兩貳錢共銀貳千柒百陸拾壹兩玖錢捌分　延慶州獨石廣積倉粟米叁百貳拾石肆斗陸升每石壹兩貳錢共銀叁百捌拾肆兩伍錢伍分貳釐

存留貳千柒百貳拾壹石叁斗陸升陸合玖勺　本府廣盈倉粟米壹千陸百石係青萊兌派每石折銀肆錢　本縣官倉粟米貳百叁拾壹石叁斗陸升陸合玖勺

本縣儒學倉粟米貳百肆拾石　運軍行糧本色米陸百伍拾石　京庫地畝綿花絨肆百玖拾捌斤陸兩徵收本色

經會録　一　糧東九　六百五十四仁

## 馬草鹽鈔

石百里脚價叁分伍釐　原額馬草叁萬壹千柒百壹拾陸束實徵銀壹千叁百貳拾玖兩叁分　太倉銀庫草貳萬壹千伍百壹拾玖束每束叁分伍釐共銀柒百伍拾叁兩壹錢陸分伍釐

壹百貳拾陸兩貳錢肆分肆毫　宣府在城草場草叁千束每束柒分每兩加脚價貳錢共銀貳百伍拾貳兩

升每石陸錢共銀壹百貳兩貳錢柒分　明智坊草場草柒千壹百玖拾柒束每束肆分伍釐共銀叁百貳拾叁兩捌錢陸分伍釐

京庫鈔銀無閏壹百陸兩柒錢捌分伍釐壹毫有閏壹百壹拾伍兩陸錢捌分肆釐柒毫

府庫鈔銀無閏壹百伍拾陸兩叁錢伍分玖釐肆毫有閏壹百陸拾玖兩叁錢玖分貳釐柒毫

## 華縣夏稅

原額小麥肆千貳百陸拾伍石伍斗叁升壹合玖勺

起運叁千貳百石實徵銀壹千陸百肆拾貳兩伍錢伍分叁釐

光祿寺小麥壹百叁拾貳石柒斗陸升伍合每石壹兩共銀壹百叁拾貳兩柒錢陸分伍釐

臨清廣積貳倉小麥折米玖百叁拾貳石貳斗叁升伍合每石捌錢共銀柒百肆拾伍兩柒錢捌分捌釐

永平府山海庫闊白綿布壹千陸百疋准小麥壹千玖百貳拾石每疋叁錢共銀肆百捌拾兩

御馬倉小麥陸拾伍石每石折銀壹兩陸錢共銀壹百肆兩

保定州懷安廣備倉小麥壹百伍拾石每石壹兩貳錢共銀壹百捌拾兩

絲綿折絹壹百壹拾玖疋叁尺伍寸叁分叁釐柒毫每疋柒錢共銀捌拾叁兩叁錢柒分捌釐

農桑折絹壹百肆拾玖疋柒尺柒寸貳分伍釐每疋柒錢共銀壹百肆兩肆錢陸分玖釐

存留壹千陸拾伍石伍斗叁升壹合玖勺

本府廣盈倉小麥捌百伍拾石

本縣儒學倉小麥壹百貳拾捌石

本縣官倉小麥捌拾柒石伍斗叁升壹合玖勺



## 秋糧

原額粟米玖千玖百伍拾貳石玖斗捌合

起運柒千伍百石實徵銀柒千壹百貳拾柒兩叁錢肆分

延慶州獨石廣積倉粟米壹千捌百陸拾石陸斗每石壹兩貳錢共銀貳千貳百叁拾貳兩柒錢貳分

兌軍償運米叁千壹百石外加耗米百柒拾伍石蓆草叁拾捌兩柒錢伍分輕齎貳百肆拾捌兩每石百里脚價叁分伍釐

臨清倉改兌米壹千貳百石外加耗貳百肆石蓆草壹拾伍兩每百里脚價叁分伍釐

兌軍償運折色米肆百壹拾石每石捌錢共銀叁百貳拾捌兩

御馬倉粟豆貳拾捌石壹斗捌升每石壹兩叁錢共銀叁拾陸兩陸錢叁分肆釐

山海庫闊白綿布柒百疋准米柒百石每疋叁錢共銀貳百壹拾兩

兌軍償運折色米壹百肆石玖斗伍升每石陸錢共銀陸拾貳兩玖錢柒分

臨清倉粟米玖拾陸石貳斗柒升每石捌錢共銀柒拾柒兩壹分陸釐赴彼買納

存留貳千肆百伍拾貳石玖斗捌合

本府廣盈倉粟米伍百石係青菜兌派每石折銀肆錢

本縣官倉粟米貳百壹拾貳石玖斗捌合

本府廣盈倉粟米陸百石

本縣儒學倉粟米貳百肆拾石

魯府郡王將軍祿粟米柒百石每石折銀伍錢解司發兗州府支

運軍行糧本色米貳百石

京庫地畝綿花紙玖百柒拾捌斤貳兩徵收本色

## 馬草鹽鈔

原額馬草壹萬陸千伍百肆拾肆束實徵銀陸百陸拾貳兩壹錢叁分
御馬倉內場草壹千捌百束每束柒分共銀壹百貳拾陸兩
西城坊草場草貳千玖束每束銀肆分伍釐共銀玖拾兩肆錢伍釐

太倉銀庫草壹萬貳千柒百叁拾伍束每束叁分伍釐共銀肆百肆拾伍兩柒錢貳分伍釐

京庫鈔銀無閏陸拾叁兩壹錢陸分捌釐有閏陸拾捌兩肆錢叁分貳釐

府庫鈔銀無閏玖拾貳兩肆錢捌分陸釐有閏壹百兩貳錢肆釐

## 臨清州夏稅

原額小麥柒千陸百壹石肆斗陸合陸勺貳抄貳撮伍圭
起運伍千伍百石實徵銀叁千柒拾壹兩陸錢壹分陸釐
延慶州龍門廣盈倉幷獨石馬營雲州赤城龍門鵰鶚長安嶺堡倉小麥伍百玖拾石

保安州新興、倉小麥陸百石每石壹兩貳錢共銀柒百貳拾兩
光祿寺小麥壹百伍拾陸石捌升每石壹兩共銀壹百伍拾陸兩捌分
臨清廣積貳倉小麥折米肆百陸拾壹石玖斗貳升每石捌錢共銀叁百陸

京庫本色闊白綿布玖百疋准麥壹千捌拾石每疋腳價銀貳分叁釐
京庫本色紅花貳千斤每斤壹錢陸分准麥伍百石共銀叁百貳拾兩
永平府山海庫闊白綿布壹千柒百陸拾疋准麥貳千壹百壹拾

絲綿折絹貳百壹拾貳疋捌尺陸寸捌分玖釐叁毫肆絲壹忽每疋柒錢共銀壹百肆拾捌兩伍錢玖分壹釐
農桑折絹叁拾叁疋玖尺每疋柒錢共銀貳拾叁兩貳錢玖分柒釐

存留貳千壹百壹石肆斗陸合陸勺貳抄貳撮伍圭
本州儒學倉小麥壹百捌拾肆石

本州常盈倉小麥壹千玖百壹拾柒石肆斗陸合陸勺貳抄貳撮伍圭



王秀五百四十

## 秋糧

每石壹兩貳錢共銀柒百捌兩

原額粟米壹萬柒千柒百叁拾陸石陸斗伍升捌合肆勺

起運壹萬肆千伍百石實徵銀壹萬伍千肆百叁拾肆兩肆錢

兌軍償運折色米壹百陸拾壹石每石捌錢共銀壹百

拾玖兩伍錢叁分陸釐

兌軍償運米壹萬石外加耗貳千伍百石蓆草壹百貳拾伍兩輕齎捌百兩每石百里脚價叁分伍釐

臨清倉交兌米伍百石外加耗捌拾伍石蓆草陸兩貳錢伍分每石百里脚

貳石每疋叁錢共銀伍百貳拾捌兩

御馬倉黃豆叁百伍拾柒石陸斗肆升每石壹兩叁錢共銀肆百陸拾肆兩玖錢叁分貳釐

延慶州獨石廣積倉粟米叁千壹百柒拾陸石叁斗每石壹兩貳錢共銀叁千捌百壹

光祿寺青黑豆伍拾石每石貳兩肆錢共銀壹百貳拾兩

供用庫芝麻貳百伍拾伍石陸升每石壹兩捌錢共銀肆百伍拾玖兩壹錢捌釐

存留叁千貳百叁拾陸石陸斗伍升捌合肆勺伍抄牛租米壹拾石伍斗

本州常盈倉粟米壹千柒百石係青來兌派每石折銀肆錢

魯府郡王將軍祿粟米叁百石每石折銀伍

本州常盈倉粟米陸百肆拾陸石陸斗伍升捌合肆勺伍抄

渡口水驛粟米肆拾石

解司

本州儒學倉粟米叁百伍拾石

運司行糧本色米貳百石

京庫地畝綿花絨壹千壹百叁拾伍斤拾兩



## 馬草鹽鈔

貳拾捌兩捌錢

原額馬草肆萬壹千柒百伍拾壹束肆斤拾兩叁錢肆分實徵銀壹千柒百柒拾貳兩壹錢貳分陸釐

宣府在城草場草肆千束每束柒分每兩加脚價銀貳錢共銀叁百叁拾陸兩

價叁分伍釐

明智坊草場草壹萬壹千肆百捌拾叁束每束肆分伍釐共銀伍百壹拾陸兩柒錢叁分伍釐

拾壹兩伍錢陸分

太倉銀庫草貳萬陸千貳百陸拾捌束肆斤拾兩叁錢肆分每束叁分伍釐共銀玖百壹拾玖兩叁錢玖分壹釐

京庫鈔銀無閏捌拾柒兩壹錢叁分貳釐有閏玖拾肆兩叁錢玖分叁釐

錢解司發兗州府支

府庫鈔銀無閏壹百貳拾柒兩伍錢捌分陸釐壹毫有閏壹百叁拾捌兩貳錢壹分捌釐肆毫

貳錢徵收本色

## 館陶縣夏稅

原額小麥伍千陸百柒拾柒石叁斗叁升陸合叁勺

起運肆千貳百石實徵銀壹千玖百伍拾柒兩壹錢貳分

保安州懷安廣備倉小麥伍百貳拾陸石伍斗每石壹兩貳錢共銀陸百叁拾壹兩捌錢

臨清州廣積貳倉小麥折米伍百捌拾石玖斗每石捌錢共銀肆百陸拾肆兩柒錢貳分

永平府山海庫闊白綿布貳千肆百捌拾疋准麥貳千玖百柒拾陸石每疋叁錢共銀柒百肆拾肆兩

光祿寺小麥壹百壹拾陸石陸斗每石壹兩共銀壹百壹拾陸兩陸錢

絲綿折絹壹百伍拾捌疋柒尺捌寸貳分肆釐肆毫伍絲每疋柒錢共銀壹百壹拾兩柒錢柒分貳釐

農桑折絹陸拾貳疋叁尺玖寸每疋柒錢共銀肆拾叁兩肆錢捌分陸釐

存留壹千肆百柒拾柒石叁斗叁升陸合叁勺

本縣儒學倉小麥壹百貳拾捌石

本縣官倉小麥壹百貳拾玖石叁斗叁升陸合叁勺

臨清州常盈倉小麥壹千貳百貳拾石



## 秋糧

原額粟米壹萬叁千貳百肆拾柒石貳斗伍升柒合捌勺

起運壹萬伍百石實徵銀壹萬柒百柒拾陸兩肆錢

臨清倉改兌米壹千石外加耗米壹百柒拾石蓆草拾貳兩伍錢每石百里脚價叁分伍釐

兌軍儧運折色米肆百肆拾貳石每石捌錢共銀叁百伍拾叁兩陸錢

兌軍儧運折色米貳百柒石捌斗每石陸錢共銀壹百貳拾肆兩陸錢捌分

光祿寺芝蔴壹百石每石壹兩叁錢伍分共銀壹百叁拾伍兩

兌軍儧運米陸千石外加耗壹千伍百石蓆草柒拾伍兩輕齎肆百捌拾兩每石百里脚價叁分伍釐

龍門廣盈倉粟米貳千陸百捌石伍升每石壹兩貳錢共銀叁千壹百貳拾玖兩陸錢陸分

御馬倉粟豆叁拾玖石肆斗捌升每石壹兩叁錢共銀伍拾壹兩叁錢貳分肆釐

臨清倉粟米壹百貳石陸斗柒升每石捌錢共銀捌拾貳兩壹錢叁分陸釐赴彼買納

存留貳千柒百肆拾柒石貳斗伍升柒合捌勺

臨清州常盈倉粟米壹千伍百石係青萊兌派每石折銀肆錢

本縣官倉粟米貳百柒石貳斗伍升柒合捌勺

本縣儒學粟米貳百肆拾石

魯府郡王將軍祿粟米伍百石每石折銀伍錢解司發兗州府支

運軍行糧本色米叁百石

京庫地畝綿花絨柒百叁拾柒斤肆兩本色徵收

## 馬草鹽鈔

原額馬草叁萬陸百柒拾壹束，實徵銀壹千壹百捌拾玖兩壹分伍釐。

御馬倉內場草叁千伍百束，每束柒分，共銀貳百肆拾伍兩。

山海廣草肆千束，每束玖釐，每伍拾兩加耗貳兩，共銀叁拾柒兩肆錢肆分。

明智坊草場草肆千陸拾柒束，每束肆分伍釐，共銀壹百捌拾叁兩壹分伍釐。

基臺徵草場草伍千肆百玖拾貳束，每束肆分伍釐，共銀貳百肆拾柒兩壹錢肆分。

太倉銀庫草壹萬叁千陸百壹拾貳束，每束叁分伍釐，共銀肆百柒拾陸兩肆錢貳分。

京庫鈔銀無閏柒拾伍兩捌錢玖分陸釐捌毫，有閏捌拾貳兩貳錢貳分壹釐。

府庫鈔銀無閏壹百壹拾壹兩壹錢叁分伍釐，有閏壹百貳拾兩叁錢玖分壹釐肆毫。



## 丘縣夏稅

原額小麥肆千捌百貳拾捌石肆斗叁升肆合壹勺。

起運叁千叁百石，實徵銀壹千陸百陸拾柒兩捌錢叁分。

光祿寺小麥壹百肆拾壹石柒斗陸合伍勺伍抄，每石壹兩，共銀壹百肆拾壹兩柒錢陸釐伍毫伍絲。

西馬倉小麥

延慶州龍門廣盈倉并獨石馬營、雲州赤城、龍門鵰鶚、長安嶺堡倉小麥壹百壹拾石，每石壹兩貳錢，共銀壹百叁拾貳兩。

臨清州廣積貳倉小麥折米陸百玖拾肆石壹斗捌升叁勺伍抄，每石捌錢，共銀伍百

保定府易州倉小麥叁百肆拾陸石壹斗壹升叁合壹勺，每石柒錢，共銀貳百肆拾貳兩貳錢柒分玖釐貳毫。

永平府山海庫闊白綿布壹千陸百壹拾伍疋，準麥壹千玖百叁拾捌石，每疋叁錢，共銀肆百捌

絲綿并絹壹百叁拾叁疋貳丈叁尺壹寸壹分柒釐叁毫貳絲伍忽，每疋柒錢，共銀玖拾叁兩陸錢陸釐。

農桑折絹陸拾肆疋壹丈叁尺貳寸，每疋柒錢，共銀肆拾伍兩捌分玖釐。

存留壹千伍百貳拾捌石肆斗叁升肆合壹勺。

本府廣盈倉小麥貳百伍拾石。

臨清州常盈倉小麥壹千伍拾石。

本縣儒學倉小麥陸拾肆石。

本縣官倉小麥壹百陸拾肆石肆斗叁升肆合壹勺。

## 秋糧

米拾石每石壹兩陸錢共銀壹百壹拾貳兩

原額粟米壹萬壹千貳百陸拾陸石叁斗肆升陸合壹勺

起運捌千伍百石實徵銀捌千貳拾貳兩柒錢捌分

臨清倉改兌米壹千伍百石外加耗貳百伍拾伍石蓆草拾捌兩

伍拾伍兩叁錢肆分肆釐叁毫

兌軍債運米叁千叁百石外加耗捌百貳拾伍石蓆草肆拾壹兩貳錢伍分輕齎貳百陸拾肆兩每石百里脚價叁分伍釐

延慶州獨石廣積倉粟米陸拾捌石陸斗每

拾肆兩伍錢

兌軍債運折色米壹百壹拾柒石每石捌錢共銀玖拾叁兩陸錢

鵰鶚堡倉粟米貳千壹拾伍石肆斗每石壹兩貳錢共銀貳千肆百壹拾捌兩肆錢捌分

山海庫闊白綿布柒百伍拾

兌軍債運折色米伍百伍拾貳石叁斗每石陸錢共銀叁百叁拾壹兩叁錢捌分

延慶州雲州堡倉粟米壹百貳拾陸石伍斗每石壹兩貳錢共銀壹百伍拾壹兩捌錢

存留貳千柒百陸拾陸石叁斗肆升陸合壹勺

臨清州常盈倉粟米陸百石係青萊兗派每石折銀肆錢

本縣官倉粟米壹百柒拾陸石叁斗肆升陸合壹勺

魯府郡王將軍祿粟米陸百伍拾石每石折銀伍錢解司發兗州府支

本縣儒學倉粟米貳百肆拾石

運軍行糧本色米叁百伍拾石

京庫地畝綿花絨叁百捌拾壹斤

刘思智十三百九十

經會錄　糧東卷五

## 馬草　鹽鈔

柒錢伍分每石百里脚價叁分伍釐

原額馬草叁萬壹千伍百叁拾肆束實徵銀壹千叁百叁拾兩捌錢肆分伍釐

太倉銀庫草柒千肆百肆拾壹束每束叁分伍釐共銀貳百陸拾兩肆錢叁分伍釐

石壹兩貳錢共銀捌拾貳兩叁錢貳分

壩上倉草叁千束每束肆分伍釐共銀壹百叁拾伍兩

西城場草場草貳千伍百束每束肆分伍釐共銀壹百壹拾貳兩伍錢

臺基廠草場草肆千伍百捌束每束肆分伍釐共銀貳百貳兩捌錢陸分

延准米柒百伍拾石每叁錢共貳百貳拾伍兩

御馬倉內場草捌千伍拾壹束每束柒分共銀伍百陸拾叁兩伍錢柒分

山海庫草陸千叁拾肆束每束玖釐每伍束兩加耗貳兩共銀伍拾陸兩肆錢捌分

光祿寺細粟米柒拾石貳斗每石壹兩共柒拾兩貳錢

京庫鈔銀無閏肆拾陸兩壹錢捌分玖釐柒毫有閏伍拾兩叁分捌釐捌毫

臨清州常盈倉粟米柒百伍拾石

府庫鈔銀無閏陸拾柒兩陸錢叁分貳釐伍毫有閏柒拾叁兩貳錢陸分捌釐伍毫

壹兩捌錢徵收本色

# 高唐州夏稅

原額小麥玖千捌百陸拾肆石捌斗柒升肆勺

起運柒千陸百石實徵銀叁千伍百肆拾貳兩壹錢貳分陸釐

其定府豐盈倉小麥折米壹千貳百石陸斗捌升伍合每石捌錢共玖百陸拾兩伍錢肆分捌釐

延慶州龍門廣盈倉弁獨石馬營雲州赤城龍門鵰鶚長安嶺堡倉小麥壹百玖拾壹石叁斗壹升伍合每石壹兩貳錢共貳百貳拾玖兩伍錢柒分捌釐

臨清廣積貳倉小麥折米壹千壹百石每石捌錢共捌百捌拾兩

京庫本色紅花貳千斤每斤壹錢陸分准麥伍百石共銀叁百貳拾兩

永平府山海庫關白綿布叁千捌百肆拾疋准麥肆千陸百捌石每疋叁錢共銀壹千壹百伍拾貳兩

絲綿折絹貳百柒拾伍疋伍尺柒寸貳分陸釐貳毫捌絲伍忽肆徵每疋柒錢共銀壹百玖拾貳兩陸錢貳分陸釐

農桑折絹伍拾叁疋貳丈玖尺捌寸伍分每疋柒錢共銀叁拾柒兩柒錢伍分叁釐

存留貳千貳百陸拾肆石捌斗柒升肆勺

本州儒學倉小麥壹百捌拾肆石

本州官倉小麥壹百貳拾石捌斗柒升肆勺

臨清州常盈倉小麥壹千玖百陸拾石



# 秋糧

原額粟米貳萬叁千壹拾捌石叁升玖勺

起運壹萬捌千石實徵銀壹萬柒千壹百玖拾叁兩叁錢叁分

臨清倉改兌米叁千石外加耗伍百壹拾石薥草叁拾柒兩伍錢每石百里脚價叁分伍釐

兌軍攢運折

兌軍儹運米陸千柒百石外加耗壹千陸百柒拾伍石薥草捌拾叁兩柒錢伍分輕齎伍百叁拾陸兩每石百里脚價叁分伍釐

兌軍攢運折色米壹千伍百石每石陸錢共銀玖百兩

延慶州雲州堡倉粟米肆百伍拾

鵰鶚堡倉粟米壹千陸百柒拾陸石玖斗伍升柒合伍勺壹抄每石壹兩貳錢共銀貳千壹拾貳兩叁錢肆分玖釐壹絲

延慶州獨石廣積倉粟米貳千捌百捌拾陸石肆升捌合柒勺肆抄貳撮每石壹兩貳

光祿寺細粟米貳百叁拾肆石陸斗叁升柒合肆勺玖抄陸撮每石壹兩共貳百叁拾肆兩陸錢叁分柒釐伍毫

湖渠馬房倉黑豆壹百肆拾貳石叁斗伍升陸合貳勺伍抄貳撮每石捌錢共銀壹百壹拾叁兩捌錢捌分伍釐

山海庫關白綿

存留伍千壹拾捌石叁升玖勺

臨清州常盈倉粟米伍百石係青萊兗派每石折銀肆錢

本州官倉粟米貳百陸拾捌石叁升玖勺

本府廣盈倉粟米壹千捌百石

本州儒學倉粟米叁百伍拾石

運軍行糧折

魯府郡王將軍祿粟米壹千伍百石每石折銀伍錢解司發兗州府支

運軍行糧本色米叁百石

京庫地畝綿花絨貳千柒百玖拾捌斤貳錢徵收本色

# 馬草鹽鈔

色米貳百柒石每石捌錢共銀壹百陸拾伍兩陸錢

原額馬草肆萬柒千壹百柒拾陸束實徵銀壹千玖百壹拾伍兩壹錢捌分伍釐

宣府在城草場草貳千伍百束每束柒分每兩脚價貳錢共銀貳百壹拾兩

叄石每石壹兩貳錢共銀伍百肆拾叄兩陸錢

明智坊草場草肆千玖百玖拾伍束每束肆分伍釐共貳百貳拾肆兩柒錢柒分伍釐

安仁坊草場草陸千壹百伍束每束伍分共銀叄百伍兩貳錢伍分

鈔共銀叄千肆百陸拾叄兩貳錢伍分捌釐伍毫

太倉銀庫草叄萬叄千伍百柒拾陸束每束叄分伍釐共銀壹千壹百柒拾伍兩壹錢陸分

布壹千貳百疋准米壹千貳百石每疋叄錢共銀叄百陸拾兩

京庫鈔銀無閏陸拾肆兩捌錢陸分捌釐肆毫有閏柒拾兩貳錢柒分肆釐

色米叄百石每石折銀陸錢

府庫鈔銀無閏玖拾伍兩貳釐肆毫有閏壹百貳兩捌錢玖分柒釐陸毫





# 恩縣夏稅

原額小麥陸千捌百叄拾柒石柒升叄合肆勺叄抄貳撮

起運伍千貳百石實徵銀貳千叄百捌拾叄兩柒錢捌分陸釐

延慶州龍門廣盈倉并獨石馬營雲州赤城龍門鵰鶚長安嶺堡倉小麥陸百叄拾伍石每石壹

御馬倉豌豆壹百叄拾貳石每石壹兩共銀壹百叄拾貳兩

光祿寺小麥貳百壹拾石玖斗叄升每石壹兩共銀貳百壹拾兩玖錢叄分

臨清廣積貳倉小麥折米肆百陸石柒升每石捌錢共銀叄百貳拾肆兩捌

京庫本色闊白綿布叄百肆拾疋准麥肆百捌石每疋脚價銀貳分叄釐

河間府庫闊白綿布貳千捌百肆拾疋准麥叄千肆百捌石每疋叄錢共銀捌百伍拾貳兩

絲綿折絹壹百玖拾疋壹丈肆尺柒寸伍分肆釐玖毫叄絲每疋柒錢共銀壹百叄拾叄兩叄錢貳分叄釐

農桑折絹壹百叄疋貳丈柒尺捌寸貳分伍釐每疋柒錢共銀柒拾貳兩柒錢玖釐

存留壹千陸百叄拾柒石柒升叄合肆勺叄抄貳撮

本縣儒學倉小麥壹百貳拾捌石

臨清州常盈倉小麥壹千肆百石

本縣官倉小麥壹百玖石柒升叄合肆勺叄抄貳撮

## 秋糧

兩貳錢共銀柒百陸拾貳兩
原額粟米壹萬伍千玖百伍拾叁石壹斗柒升壹合肆勺捌撮
起運壹萬貳千伍百石實徵銀壹萬貳千叁百肆拾玖兩
兑軍儧運米肆千伍百石外加耗壹千壹百貳拾伍石

錢伍分陸釐
兑軍儧運折色米壹千伍百伍拾肆石每石捌錢共銀壹千貳百肆拾叁兩貳錢
兑軍儧運折色米貳百貳拾貳石玖斗每石陸錢共銀壹百叁拾叁兩柒錢肆分
御馬倉黑豆

光祿寺步滌捌拾石每石壹兩叁錢伍分共銀壹百捌兩
延慶州獨石廣積倉粟米陸百柒拾石捌斗肆升貳合貳勺伍抄每石壹兩貳錢共銀捌百伍兩壹分柒毫
龍門廣盈倉

湯山草場倉黑豆壹百壹拾陸石貳斗柒合貳勺伍抄每石捌錢共銀玖拾貳兩玖錢陸分伍釐捌毫
湖渠馬房倉黑豆壹百叁拾肆石陸斗貳合貳勺伍抄每石捌錢共銀壹百

存留叁千肆百伍拾叁石壹斗柒升壹合肆勺捌抄
本府廣盈倉粟米壹千貳百石係青黎兑派每石折銀肆錢
本縣官倉粟米貳百壹拾叁石壹斗柒升壹合肆勺捌抄

本縣儒學倉粟米貳百肆拾石
運軍行糧本色米陸百石
京庫地畝綿花絨壹千貳百捌拾肆斤徵收本色

經會錄　糧東十八　六百八十一　李木

## 馬

薦草伍拾陸兩貳錢伍分輕齎叁百陸拾兩每石百里脚價叁分伍釐
臨清倉改兑米壹千伍百石外加耗貳百伍拾伍石蓆草壹拾捌兩柒錢伍分每石百里脚價叁分伍釐
原額馬草叁萬陸千貳百陸拾玖

壹百叁拾陸石伍斗柒升伍合每石壹兩叁錢共銀壹百柒拾柒兩伍錢肆分柒釐伍毫
山海庫關白綿布肆百玖拾疋準米肆百玖拾石每疋叁錢共銀壹百肆拾柒兩
太倉銀庫草壹萬叁千壹百伍拾

粟米貳千玖百肆拾肆石捌斗柒升叁合貳勺伍抄每石壹兩貳錢共銀叁千伍百叁拾叁兩捌錢肆分柒釐玖毫
光祿寺細粟米壹百伍拾石每石壹兩共銀壹百伍拾兩
宣府在城草場草肆千玖百柒拾

柒兩陸錢捌分壹釐捌毫
京庫鈔銀無閏捌拾玖兩柒錢捌

魯府郡王將軍祿粟米壹千貳百石每石折銀伍錢解司發兗州府支
府庫鈔銀無閏壹百叁拾壹兩肆

# 草 盐 钞

東玖斤實徵銀壹千伍百壹拾貳兩柒錢貳分伍釐
外象房倉草伍千肆百壹拾肆束每束伍分共銀貳百柒拾兩柒錢
安仁坊草場草貳千陸百陸拾柒束每束伍分共銀壹百叁拾叁兩叁錢伍分

肆束壹拾肆斤捌兩柒錢每束叁分伍釐共銀肆百陸拾兩肆錢貳分貳釐
山海庫草陸千貳百叁拾貳束柒斤壹拾兩伍錢每束玖絲每伍拾兩加耗貳兩共銀伍拾捌兩叁錢叁分陸釐

壹束每束柒分每兩加脚價貳錢共銀肆百壹拾柒兩伍錢陸分肆釐
西城坊草場草叁千捌百叁拾束壹斤壹拾貳兩捌錢每束肆分伍釐共銀壹百柒拾貳兩叁錢伍分叁釐

分柒釐捌毫有閏玖拾柒兩貳錢柒分伍釐伍毫

錢陸分玖釐肆毫有閏壹百肆拾貳兩肆錢叁分肆釐

經會錄

稅卷之九

六百五十六木

# 夏津縣夏稅

原額小麥柒千肆百捌拾伍石肆斗陸升捌合捌勺
起運伍千捌百石實徵銀貳千陸百玖拾叁兩壹錢肆分陸釐
保安州懷安廣備倉小麥貳百柒拾石壹斗叁升伍合每石壹兩貳錢共銀叁百貳拾肆兩壹錢

臨清廣積貳倉小麥折米柒百柒拾叁石伍斗肆升玖合陸勺伍抄每石捌錢共銀陸百壹拾捌兩捌錢叁分玖釐柒毫
真定府豐盈倉小麥肆百玖拾捌石叁斗壹升伍合每石捌錢共銀叁百玖拾捌兩陸

延慶州龍門廣盈倉并獨石馬營雲州赤城龍門鵰鶚長安嶺堡倉小麥玖拾貳石肆斗陸升每石壹兩貳錢共銀壹百壹拾兩玖錢伍分貳釐
永平府山海庫閏白綿布叁千壹百壹拾疋准麥叁千柒百叁拾

絲綿折絹貳百玖疋玖寸叁分貳毫伍絲每疋柒錢共銀壹百肆拾陸兩叁錢貳分壹釐
農桑折絹叁拾肆疋肆尺捌寸柒分伍釐每疋柒錢共銀貳拾叁兩玖錢柒釐

存留壹千陸百捌拾伍石肆斗陸升捌合捌勺
本縣官倉小麥壹百柒石肆斗陸升捌合捌勺

本縣儒學倉小麥壹百貳拾捌石
臨清州常盈倉小麥壹千肆百伍拾石

# 秋糧

陸分貳釐光祿寺小麥捌拾叁石伍斗肆升叁勺伍抄每石壹兩共銀捌拾叁兩伍錢肆分叁釐伍絲原額粟米壹萬柒千肆百陸拾陸石玖升叁合玖勺起運壹萬肆千石實徵銀壹萬叁千陸百伍拾壹兩叁

錢伍分貳釐京庫本色紅花壹千肆百斤每斤壹錢陸分准小麥叁百伍拾石共銀貳百貳拾肆兩御馬倉粟豆捌拾陸石柒斗伍升每石壹兩叁錢共銀壹百壹拾貳兩柒錢柒分伍釐龍門廣盈倉粟米叁百

貳石每石叁錢共銀玖百叁拾叁兩臨清倉改兌米貳千石外加耗叁百肆拾石蓆草貳拾伍兩每石百里脚價叁分伍釐兌軍儹運折色米叁百

鷗鶚堤倉粟米柒百壹拾壹石玖斗玖升貳合肆勺玖抄每石壹兩貳錢共銀捌百伍拾肆兩肆錢

存留叁千肆百陸拾陸石玖升叁合玖勺本府廣盈倉粟米壹千石係青萊兌派每石折銀肆錢本縣儒學倉

運軍行糧本色米貳百貳拾伍石運軍行糧折色米貳百貳拾伍石每石折銀陸錢京庫地畝綿花絨貳千六百六十五觔

經會錄　糧運　二十

錢叁分兌軍儹運米陸千壹百石外加耗壹千伍百貳拾伍石蓆草柒拾陸兩貳錢伍分輕齎肆百捌拾捌兩每石百里脚價叁分伍釐兌軍儹運折色米玖百伍拾柒石每石捌錢共銀柒百陸拾伍兩陸錢

捌拾伍石柒斗玖升捌合伍勺壹抄每石壹兩貳錢共銀肆百陸拾貳兩玖錢伍分捌釐貳毫延慶州獨石廣積倉黑豆貳千貳百肆拾玖石玖斗貳升伍合每石壹兩貳錢共銀貳千陸百玖拾玖兩玖錢壹分

壹拾肆石柒斗每石陸錢共銀壹百捌拾捌兩捌錢貳分光祿寺芝麻貳百玖拾叁石捌斗叁升肆合每石壹兩叁錢伍分共銀叁百玖拾陸兩陸錢柒分伍釐玖毫

山海庫閣白綿布玖百疋准米玖百石每疋叁錢共銀貳百柒拾兩

粟米貳百肆拾石本縣官倉粟米壹百柒拾陸石玖升叁合玖勺本府廣盈倉粟米壹千石魯府郡王將軍祿粟米陸百石每石伍錢解司發兗州府支

壹百玖拾陸斤壹拾肆兩徵收本色

## 馬草鹽鈔

原額馬草叁萬貳千柒百捌拾陸束實徵銀壹千叁百陸兩玖錢柒分陸釐

御馬倉內場草陸千叁百柒拾壹束每束柒分共銀肆百肆拾伍兩玖錢柒分

安仁坊草場草貳千束每束伍分共銀壹百兩

外發芻倉草壹千玖百玖拾玖束每束伍分共銀玖拾玖兩玖錢伍分

明智坊草場草貳千壹拾柒束每束肆分伍釐共銀玖拾兩柒錢陸分伍釐

金盞兒甸倉草叁千伍百束每束肆分共銀壹百肆拾兩

太倉銀庫草壹萬陸百壹拾叁束每束叁分伍釐共銀叁百柒拾壹兩肆錢伍分伍釐

山海庫草陸千貳百捌拾陸束每束玖釐每伍拾兩加耗貳兩共銀伍拾捌兩捌錢叁分陸釐

京庫鈔銀無閏伍拾壹兩陸錢玖分陸釐有閏伍拾陸兩肆釐

府庫鈔銀無閏柒拾伍兩陸錢玖分柒釐柒毫有閏伍拾貳兩捌釐玖毫

## 武城縣夏税

原額小麥肆千壹百伍拾柒石貳斗捌升捌合伍勺

起運叁千壹百石實徵銀壹千肆百壹拾肆兩玖錢柒分陸釐

河間府庫闊白綿布肆百叁拾疋准小麥伍百壹拾陸石每疋叁錢共銀壹百貳拾玖兩

延慶州龍門廣盈倉并獨石馬營雲州赤城龍門鵰鶚長安嶺堡倉小麥壹百捌拾貳石每石壹兩貳錢共貳百壹拾捌兩肆錢

光祿寺小麥壹百陸拾捌石叁斗捌升每石壹兩共銀壹百陸拾捌兩叁錢捌分

臨清廣積貳倉小麥折米陸百壹拾玖石陸斗貳升每石捌錢共銀肆百玖拾伍兩陸錢玖分陸釐

永平府山海庫闊白綿布壹千叁百肆拾伍疋准麥壹千陸百壹拾肆石每疋叁錢共銀肆百叁兩伍錢

絲綿折絹壹百壹拾伍疋壹丈肆尺陸寸貳分肆釐柒毫每疋柒錢共銀捌拾兩捌錢貳分

農桑折絹肆拾疋伍尺叁寸貳分伍釐每疋柒錢共銀貳拾捌兩壹錢壹分柒釐

存留壹千伍拾柒石貳斗捌升捌合伍勺

本縣官倉小麥壹百壹拾玖石貳斗捌升捌合伍勺

本縣儒學倉小麥壹百貳拾捌石

臨清州常盈倉小麥捌百壹拾石

## 秋糧

原額粟米玖千柒百石叁斗叁升玖合玖勺

起運捌千石

實徵銀柒千陸百伍兩柒錢貳分

延慶州獨石廣積倉粟米叁百伍拾伍石陸斗陸升貳合伍勺每石壹兩貳錢共銀肆百貳拾陸兩柒錢玖分伍釐

兑軍儹運折色米壹千玖百肆拾壹石每石捌錢共銀壹千伍百伍拾貳兩捌錢

兑軍儹運折色米壹百伍拾肆石貳升伍合每石陸錢共銀玖拾貳兩肆錢壹分伍釐

壩上倉粟豆捌拾石每石壹兩共銀捌拾兩

兑軍儹運米叁千陸百石外加耗玖百石蓆草肆拾伍兩輕齎貳百捌拾捌兩每石百里腳價叁分伍釐

臨清倉改兑米壹千貳百石外加耗貳百肆石蓆草壹拾伍兩每石百里腳價叁分伍釐

鵰鶚保安倉粟米伍百玖拾伍石陸斗伍升每石壹兩貳錢共銀柒百壹拾肆兩柒錢捌分

湖渠馬房倉黑豆柒拾叁石陸斗陸升貳合伍勺每石捌錢共銀伍拾捌兩玖錢叁分

存留壹千柒百石叁斗叁升玖合玖勺

臨清州常盈倉粟米壹千壹百石係青萊兑派每石折銀肆錢

本府廣盈倉粟米貳百石

本縣官倉粟米壹百陸拾石叁斗叁升玖合玖勺

本縣儲[illegible]倉粟米貳百肆拾石

京庫地畝綿花絨壹千玖拾叁斤玖兩陸錢徵收本色

經會錄　糧東三十二　六百四十五

## 馬草　鹽鈔

原額馬草壹萬玖千捌百叁拾伍束伍斤捌兩實徵銀柒百叁拾伍兩壹錢肆分柒釐

外象房倉草貳千伍百捌拾柒束每束伍分共銀壹百貳拾玖兩叁錢伍分

山海廣草肆千束每束玖釐每伍拾兩加耗貳兩共銀叁拾柒兩肆錢肆分

壹府在城草場草貳千壹百叁拾陸束每束柒分每兩加腳價貳錢共銀壹百柒拾玖兩肆錢貳分肆釐

太倉銀庫草壹萬壹千壹百壹拾貳束伍斤捌兩每束叁分伍釐共銀叁百捌拾捌兩玖錢叁分叁釐

京庫鈔銀無閏柒拾肆兩肆錢陸分捌釐柒毫有閏捌拾兩陸錢柒分捌毫

府庫鈔銀無閏壹百玖兩叁分玖釐伍毫有閏壹百壹拾捌兩壹錢叁分

## 濮州夏稅

原額小麥叁千肆百玖拾貳石貳斗貳升貳合玖勺叁抄玖撮

起運貳千肆百石實徵銀壹千捌百柒拾捌兩伍錢四分

臨清廣積貳倉小麥折米壹百伍拾捌石叁斗每石捌錢共銀壹百貳拾陸兩陸錢肆分

延慶州龍門廣盈倉升獨石馬營雲州赤城龍門鵰鶚長安嶺堡倉小麥貳百叁拾叁石每石壹兩貳錢共銀貳百柒拾玖兩陸錢

保安州懷安廣備倉小麥捌百柒拾叁石每石壹兩貳錢共銀壹千肆拾柒兩陸錢

光祿寺小麥壹百肆拾捌石柒斗每石壹兩共銀壹百肆拾捌兩柒錢

京庫本色紅花叁百斤每斤壹錢陸分準小麥柒拾伍石共銀肆拾捌兩

京庫本色闊白綿布柒百陸拾疋准麥玖百壹拾貳石每疋腳價貳分叁釐

絲綿折絹玖拾玖疋貳尺捌寸陸分捌釐貳毫柒絲陸忽玖微每疋折銀柒錢共銀陸拾玖兩叁錢陸分叁釐

農桑折絹壹百壹拾伍疋壹丈柒尺貳寸伍分每疋柒錢共銀捌拾兩捌錢柒分捌釐

存留壹千玖拾貳石貳斗貳升貳合玖勺叁抄玖撮

本州儒學倉小麥壹百捌拾肆石

本州官倉小麥玖百捌石貳斗貳升貳合玖勺叁抄玖撮



七百九十五郎

## 秋糧

原額粟米捌千壹百肆拾捌石伍斗貳升壹勺玖抄壹撮

起運柒千石實徵銀柒千伍百柒拾貳兩玖錢壹分

兗軍儧運米肆千石外加耗壹千石蓆草伍拾兩輕齎叁百貳拾兩每石叁里腳價叁分伍釐

臨清倉改兌米

供用庫芝蔴貳百柒拾貳石貳斗捌合每石壹兩捌錢共銀肆百捌拾玖兩玖錢柒分肆釐肆毫

光祿寺芝蔴貳百捌拾石每石壹兩叁錢伍分共銀叁百柒拾捌兩

御馬倉菉豆壹百捌拾柒石捌升柒合捌撮

兗軍儧運折色米壹百叁拾肆石每石捌錢共銀壹百柒兩貳錢

延慶州雲州堡倉粟米壹百陸拾叁石捌斗叁升叁合叁勺叁抄捌撮每石壹兩貳錢共銀壹百玖拾陸兩陸錢

龍門廣盈倉粟米陸拾壹石貳斗

延慶州獨石廣積倉粟米壹千壹百陸拾叁石玖斗柒升伍合玖勺壹抄每石壹兩貳錢共銀壹千叁百玖拾陸兩柒錢柒分壹釐

光祿寺細粟米貳百叁拾柒石陸斗壹升柒合伍勺肆撮每石壹兩共銀貳

存留壹千壹百肆拾捌石伍斗貳升壹勺玖抄壹撮

本州官倉粟米貳百石係青萊兌派每石折銀肆錢

本州官倉粟米伍百玖拾捌石伍斗貳升壹勺玖抄壹撮

本州儒學倉粟米叁百伍拾石

京庫地畝綿花絨叁百捌拾柒斤捌兩徵收本色

## 馬草鹽鈔

伍百石外加耗捌拾伍石蔗草陸兩貳錢伍分每石百里脚價叁分伍釐

原額馬草壹萬玖千叁百捌拾束拾兩肆錢捌分實徵銀玖百陸拾捌兩玖分伍釐

外聚秀倉壹肆千壹百貳拾柒束每束伍分共貳百陸兩肆錢伍分

每石壹兩叁錢共銀貳百肆拾叁兩貳錢壹分叁釐壹毫壹絲肆微

冨府任城草場草肆千壹百肆拾束每束柒分每兩加脚價貳錢共銀叁百肆拾柒兩柒錢陸分

臺基廠草場草貳千伍百束每束肆分伍釐共壹百壹拾貳兩伍錢

柒升捌合貳勺肆抄每石壹兩貳錢共銀柒拾叁兩伍錢叁分叁釐玖毫

太倉銀庫草捌千陸百壹拾壹束壹拾兩肆錢捌分每束叁分伍釐共銀叁百壹兩叁錢捌分伍釐

百叁拾柒兩陸錢壹分柒釐伍毫

京庫鈔銀無閏捌拾伍兩陸錢伍分叁釐壹毫有閏玖拾貳兩柒錢玖分玖毫

府庫鈔銀無閏壹百貳拾伍兩肆錢壹分陸釐壹毫有閏壹百叁拾伍兩捌錢陸分柒釐伍毫



## 范縣夏税

原額小麥壹千捌百肆拾叁石叁斗捌升捌合玖勺貳抄伍撮

起運壹千肆百石實徵銀捌百叁拾伍兩柒分叁釐

永平府山海庫闊白綿布陸百疋准小麥柒百貳拾石每疋折銀叁錢共銀壹百捌拾兩

保安州懷安廣備倉小麥壹百捌拾肆石陸斗捌升貳合伍勺每石壹兩貳錢共銀貳百貳拾壹兩陸錢壹分玖釐

臨清廣積貳倉小麥折米叁百玖石叁斗壹升柒合伍勺每石捌錢共銀貳百肆拾柒兩肆錢伍分肆釐

御馬倉菉豆壹百捌拾陸石每石壹兩共銀壹百捌拾陸兩

絲綿折絹伍拾壹疋壹尺伍寸伍分捌釐捌毫每疋柒錢共銀叁拾伍兩柒錢叁分伍釐

農桑折絹陸拾叁疋貳丈肆尺柒寸伍分每疋柒錢共銀肆拾肆兩陸錢肆分貳釐

存留肆百肆拾叁石叁斗捌升捌合玖勺貳抄伍撮

本府廣盈倉小麥貳百貳拾石

本縣儒學倉小麥壹百貳拾捌石

本縣官倉小麥玖拾伍石叁斗捌升捌合玖勺貳抄伍撮

## 秋糧

原額粟米肆千叁百壹石貳斗肆升肆勺玖抄
起運叁千伍百石實徵銀叁千伍百伍兩壹錢柒分
臨清倉粟米貳百肆拾柒石捌斗貳升每石捌錢共銀壹百玖拾捌兩貳錢伍分陸釐赴彼買米上納

兑軍償運米貳千貳百石外加耗伍百伍拾石蓆草貳拾柒兩伍錢輕齎壹百柒拾陸兩每石百里脚價叁分伍釐
延慶州獨石廣積倉粟米肆百肆拾壹石陸斗柒升每石壹兩貳錢共銀伍百叁拾兩肆釐

兑軍償運折色米伍百壹拾捌石每石捌錢共銀肆百壹拾肆兩肆錢
光祿寺細粟米肆拾貳石伍斗壹升每石壹兩共銀肆拾貳兩伍錢壹分

光祿寺青蒙豆伍拾石每石貳兩肆錢共銀壹百貳拾兩

存留捌百壹石貳斗肆升肆勺玖抄
濮州官倉粟米叁百石係青萊兑派每石折銀肆錢
本縣官倉粟米壹百壹拾壹石貳斗肆升肆勺玖抄
本縣儒學倉粟米貳百肆拾石

魯府郡王將軍祿粟米壹百伍拾石每石折銀伍錢解司發兗州府支
京庫地畝綿花絨叁百陸拾柒斤徵收本色

## 馬草 鹽鈔

原額馬草壹萬貳千捌百陸拾玖束伍斤拾肆兩肆錢實徵銀伍百玖拾柒兩貳錢肆分肆釐
太倉銀庫草陸千叁百叁拾貳束伍斤壹拾肆兩肆錢每束銀叁分伍釐共銀貳百貳拾壹兩陸錢叁分肆釐

御馬倉內場草貳千肆百叁拾捌束每束柒分共銀壹百柒拾兩陸錢陸分
安仁坊草場草肆千玖拾玖束每束伍分共銀貳百肆兩玖錢伍分

京庫鈔銀無閏伍拾玖兩壹錢玖分有閏陸拾肆兩壹錢叁分伍釐伍毫

府庫鈔銀無閏捌拾陸兩陸錢捌分玖釐陸毫有閏玖拾叁兩玖錢壹分叁釐肆毫

經會錄 糧貨二十五 四百四十七

# 觀城縣夏税

原額小麥壹千捌百柒拾柒石玖斗貳升肆合壹勺伍抄

起運壹千肆百石實徵銀捌百貳拾柒兩捌錢柒分叁釐

永平府山海庫闊白綿布伍百陸拾疋准麥陸百柒拾貳石每疋叁錢共銀壹百陸拾捌兩

保安州懐安廣備倉小麥壹百貳石陸斗捌升貳合伍勺每石壹兩貳錢共銀壹百貳拾叁兩貳錢壹分玖釐

臨清廣積貳倉小麥折米肆百肆拾叁石叁斗壹升柒合伍勺每石捌錢共銀叁百伍拾肆兩陸錢伍分肆釐

御馬倉豌豆壹百捌拾貳石每石壹兩共銀壹百捌拾貳兩

絲綿折絹伍拾貳疋柒尺捌寸伍釐陸毫貳絲伍忽每疋柒錢共銀叁拾陸兩伍錢柒分壹釐

農桑折絹肆拾柒疋伍尺貳寸伍分每疋柒錢共銀叁拾叁兩壹分伍釐

存留肆百柒拾柒石玖斗貳升肆合壹勺伍抄

本府廣盈倉小麥貳百陸拾石

本縣儒學倉小麥壹百貳拾捌石

本縣官倉小麥捌拾玖石玖斗貳升肆合壹勺伍抄

# 秋糧

原額粟米肆千叁百捌拾壹石捌斗貳升貳合捌勺伍抄

起運叁千伍百石實徵銀叁千叁百伍拾貳兩陸分

臨清倉改兑米柒百石外加耗壹百壹拾玖石席草捌兩柒錢伍分每石百里脚價叁分伍釐

兑軍價運米壹千伍百石外加耗叁百柒拾伍石蓆草拾捌兩柒錢伍分輕齎壹百貳拾兩每石百里脚價叁分伍釐

御馬倉黑豆陸拾伍石陸斗玖升玖合玖勺玖抄貳撮每石壹兩叁錢共銀捌拾伍兩肆錢壹分

兑軍價運折色米貳百壹拾肆石每石捌錢共銀壹百柒拾壹兩貳錢

山海庫闊白綿布貳百捌拾陸疋准米貳百捌拾陸石每疋叁錢共銀捌拾伍兩捌錢

光祿寺芝蔴壹百石每石壹兩叁錢伍分共銀壹百叁拾伍兩

延慶州獨石廣積倉粟米伍百玖拾叁石貳升伍合壹抄每石壹兩貳錢共銀柒百壹拾壹兩陸錢叁分

臨清倉粟米肆拾壹石貳斗柒升肆合玖勺玖抄捌撮每石捌錢共銀叁拾叁兩貳分赴彼買納

存留捌百捌拾壹石捌斗貳升貳合捌勺伍抄

本府廣盈倉粟米伍百石係青柰兑派每石折銀肆錢

本縣官倉粟米壹百肆拾壹石捌斗貳升貳合捌勺伍抄

本縣儒學倉粟米貳百肆拾石

京庫地畝綿花絨肆百肆拾柒斤壹拾兩徵收本色

## 馬草鈔盐

原額馬草壹萬壹千伍百貳拾捌束，實徵銀伍百伍拾捌兩叄錢伍分捌釐。
御馬倉内場草貳千叄百柒拾束，每束柒分，共銀壹百陸拾伍兩玖錢。
明智坊草場草貳千叄拾捌束，每束肆分伍釐，共銀玖拾壹兩柒錢壹分。

宣府在城草壹千伍拾貳束，每束柒分，每兩加脚價貳錢，共銀捌拾捌兩叄錢陸分捌釐。
太倉銀庫草陸千陸拾捌束，每束叄分伍釐，共銀貳百壹拾貳兩叄錢捌分。

京庫鈔銀無閏叄拾陸兩玖錢玖分陸釐陸毫，有閏肆拾兩柒分陸毫。

府庫鈔銀無閏伍拾肆兩壹錢柒分貳釐柒毫，有閏伍拾捌兩陸錢捌分柒釐叄毫。



## 朝城縣夏稅

原額小麥伍千壹百肆拾貳石陸斗玖升壹合貳勺。
起運叄千玖百石，實徵銀壹千玖百柒拾叄兩叄錢玖分。
臨清廣積貳倉小麥折米伍百叄拾柒石柒斗柒升伍合，每石捌錢，共銀肆百叄拾兩貳錢貳分。

延慶州龍門廣盈倉并獨石馬營、雲州赤城、龍門鵰鶚、長安嶺堡倉小麥叄百玖拾貳石貳斗貳升伍合，每石壹兩貳錢，共銀肆百柒拾兩陸錢柒分。
真定府豐盈倉小麥陸百石，每石捌錢，共銀肆百捌拾兩。

永平府山海廣閏白綿布壹千玖百柒拾伍疋，往麥貳千叄百柒拾石，每疋叄錢，共銀伍百玖拾貳兩伍錢。
絲綿折絹壹百肆拾叄疋伍尺伍寸叄分捌釐，每疋柒錢，共銀壹百兩貳錢貳分貳釐。

農桑折絹壹百柒拾肆疋壹丈貳寸伍分，每疋柒錢，共銀壹百貳拾貳兩貳分伍釐。

存留壹千貳百肆拾貳石陸斗玖升壹合貳勺。
本府廣盈倉小麥壹千石。
本縣儒學倉小麥壹百貳拾捌石。

本縣官倉小麥壹百壹拾肆石陸斗玖升壹合貳勺。

## 秋糧

原額粟米壹萬壹千玖百玖拾玖石陸斗壹升伍合壹勺
起運壹萬石實徵銀壹萬貳百陸拾捌兩捌錢肆分叁釐
延慶州獨石廣積倉粟米貳千伍百貳拾捌石肆斗伍升肆合每石壹兩貳錢共銀叁千叁拾肆兩壹錢肆分肆釐捌毫

兗軍儲運米伍千陸百石外加耗壹千肆百石蓆草柒拾兩輕齎肆百肆拾捌兩每石百里脚價叁分伍釐
兗軍儲運折色米叁百玖拾叁石每石捌錢共銀叁百壹拾肆兩肆錢
兗軍儲運折色米壹百肆拾叁石陸斗每石陸錢共銀捌拾陸兩壹錢陸分

臨清倉改兌米壹千石外加耗壹百柒拾石蓆草拾貳兩伍錢每石百里脚價叁分伍釐
光祿寺芝蔴捌拾陸石壹斗陸升陸合每石壹兩叁錢伍分共銀壹百壹拾陸兩叁錢貳分肆釐毫
光祿寺細粟米玖拾叁石玖斗伍升每石壹兩共銀玖拾叁兩玖錢伍分

湯山廠倉黑豆捌拾捌石伍斗玖升貳合柒勺伍抄每石捌錢共銀柒拾兩捌錢柒分肆釐貳毫
臨清倉粟米陸拾陸石貳斗叁升柒合貳勺伍抄每石捌錢共銀伍拾貳兩玖錢捌分玖釐捌毫赴彼買納

存留壹千玖百玖拾玖石陸斗壹升伍合壹勺
本府廣盈倉粟米捌百石係青求兌派每石折銀肆錢
本縣官倉粟米貳百伍拾玖石陸斗壹升伍合壹勺
魯府郡王將軍祿粟米肆百石每石折銀伍錢解司發

本縣儒學倉粟米貳百肆拾石
運軍行糧本色米叁百石
京庫地畝綿花絨伍百柒拾伍斤壹拾叁兩徵收本色





## 馬草　鹽鈔

原額馬草貳萬肆千伍百叁拾束實徵銀壹千肆拾貳兩捌錢玖分陸釐
宣府在城草場草陸百伍拾玖束每束柒分每兩加脚價貳錢共銀伍拾伍兩叁錢伍分陸釐

御馬倉內場草貳千捌百伍拾叁束每束柒分共銀壹百玖拾玖兩柒錢壹分
太倉銀庫草壹萬叁千柒百玖拾捌束每束叁分伍釐共銀肆百捌拾貳兩玖錢叁分

明智坊草場草叁千貳百貳拾束每束肆分伍釐共銀壹百肆拾肆兩玖錢
金盞兒甸倉草肆千束每束肆分共銀壹百陸拾兩

京庫鈔銀無閏壹百叁兩伍錢肆分捌釐有閏壹百壹拾貳兩壹錢柒分陸釐伍毫

兗州府支

府庫鈔銀無閏壹百伍拾壹兩陸錢貳分叁釐玖毫有閏壹百陸拾肆兩貳錢伍分柒釐玖毫

上

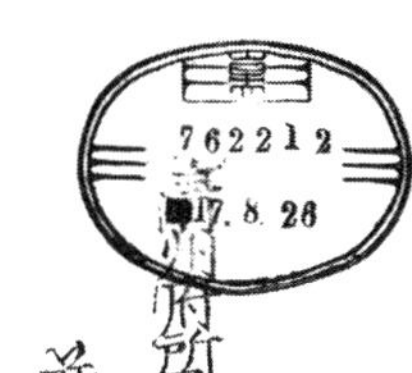



所屬益都縣夏税

# 山東經會録卷之二

## 税糧横圖

原額小麥貳萬叁千壹百叁拾叁石壹斗捌升壹合玖勺捌抄外除去民人李傑等麥壹拾石肆斗叁升貳合伍勺　起運壹萬陸千柒百石實徵銀陸千柒百柒拾叁兩叁錢伍分貳釐　御馬倉小麥壹百貳拾伍石每石壹兩陸錢共銀貳百兩　酒醋麵局小麥貳百壹拾石每石壹兩壹錢共銀貳百叁拾壹兩　御馬倉豌豆貳百石柒斗肆升伍合每石壹兩共銀貳百兩柒錢

光禄寺小麥壹百貳拾玖石叁合陸勺每石壹兩共銀壹百貳拾玖兩叁錢陸毫　德州倉小麥折米貳千陸百玖拾石貳斗捌升陸合肆勺伍抄每石捌錢共銀貳千壹百伍拾貳兩貳錢貳分玖釐貳毫　派剩各馬房倉小麥柒百柒拾肆石壹斗陸升捌合伍勺每石壹兩共銀柒百柒拾肆兩壹錢陸分捌釐伍毫　河間府庫布叁百叁拾疋准麥叁百玖拾陸石每疋叁錢共

延慶州懷來廣阜倉小麥玖拾伍石柒斗玖升陸合肆勺伍抄每石壹兩貳錢共銀壹百壹拾肆兩玖錢伍分伍釐柒毫肆絲　登州府豊廣貳庫鈔叁萬肆千貳百伍拾錠准麥叁千肆百貳拾伍石每錠壹分伍釐共銀伍百壹拾叁兩柒錢伍分每伍拾兩加耗貳兩　登州府豊廣貳庫布陸千柒百玖拾伍疋准麥捌千壹百伍拾肆石每疋叁錢共銀貳千叁拾捌兩伍錢

京庫本色紅花貳千斤每斤壹錢陸分准麥貳斗伍升共麥伍百石共銀叁百貳拾兩　絲綿折絹陸百伍拾壹疋貳丈肆尺叁分柒釐陸毫柒絲陸忽叁微每疋柒錢共銀肆百伍拾陸兩貳錢貳分陸釐外除李傑等伍兩捌錢伍分該折絹捌尺柒寸柒分伍釐　農桑折絹伍百壹拾疋壹丈叁尺玖寸伍分每疋柒錢共銀叁百伍拾柒兩叁錢陸釐

存留陸千肆百叁拾叁石壹斗捌升壹合玖勺捌抄　本縣儒學倉小麥壹百貳拾捌石　本府儒學倉小麥貳百伍拾肆石　本色絲壹斤伍兩壹錢陸分每斤壹兩共銀壹兩叁錢貳分貳釐伍毫解司支往劄京官布銀用

本府永阜倉小麥陸千伍拾壹石壹斗捌升壹合玖勺捌抄

# 秋糧

肆分伍釐

原額粟米伍萬肆千肆石捌斗柒升柒合肆勺叁抄外除民人李傑等米貳拾肆石叁斗肆升貳合伍勺

起運叁萬捌千石實徵銀貳萬陸千肆百玖兩伍錢玖分捌毫

懷來隱阜倉粟米壹千貳百玖拾肆石壹斗陸升叁合壹勺貳抄伍撮每石壹兩貳錢共銀壹千伍百伍拾貳兩玖錢玖分陸釐

光祿寺細粟米貳千肆百陸拾壹石玖斗貳升玖合陸勺叁抄捌撮每石壹兩共銀貳千肆百陸拾壹兩玖錢貳分玖

銀玖拾玖兩

湖渠馬房倉黑豆貳百石柒斗捌升陸合柒勺陸抄伍撮每石捌錢共銀壹百陸拾兩陸錢貳分玖釐伍毫

龍門倉粟米貳百貳拾伍石壹升捌合伍勺伍抄每石壹兩貳錢共銀貳百柒拾兩貳分貳釐叁毫

紫荊關新城倉粟米壹千肆百貳拾捌石壹斗陸升每石玖錢共銀壹千貳百捌拾伍兩叁錢肆分肆釐

臨清倉粟米叁百肆拾壹石玖斗陸升每石捌錢共銀貳百柒拾叁兩伍錢陸分捌釐

黃土倉黑豆

唐縣新興倉粟米伍千叁百伍拾叁石伍斗貳升叁合壹勺貳抄伍撮每石捌錢共銀肆千貳百捌拾貳兩捌錢壹分捌釐伍毫

保定府廣盈左右貳倉粟米叁千陸百壹拾玖石壹斗捌升玖合壹勺捌抄玖撮每石捌錢共銀貳千捌百玖拾伍兩叁錢伍分壹釐肆毫

派剩米貳百肆拾玖石陸斗柒升柒合叁勺玖抄壹撮每石柒錢共銀壹百柒拾肆兩柒錢柒分肆釐貳毫

金盛兒甸倉黑豆貳百捌拾石玖斗陸升每石捌錢共銀貳百貳拾肆兩柒錢陸分捌釐

德州常盈庫綿花絨叁萬斤准米叁千石每斤陸分共銀壹千捌百兩

萬億庫布准米壹萬貳千壹百伍拾肆石壹斗叁升貳合貳勺壹抄柒撮每石叁錢共銀叁千陸百肆拾陸兩貳錢叁分玖釐陸毫柒絲

京庫地畝綿花絨叁百陸拾陸斤壹兩陸錢本色

存留壹萬陸千肆石捌斗柒升柒合肆勺叁抄

丁字庫紅熟銅壹千壹百斤捌兩每斤壹錢肆分貳釐准米叁百玖拾石陸斗柒升柒合伍勺

肥城縣阜積倉粟米貳千石每石折銀肆錢

東昌府廣盈倉粟米貳千石每石折銀肆錢

臨清州常盈倉粟米貳千石每石折銀肆錢

衡府郡王米捌百石每石折銀伍錢解司

衡府豐盈倉祿粳米壹百貳拾石

衡府豐盈倉奏辭祿粳米叁拾石每石折銀壹兩解司

衡府豐盈倉

衡府豐盈倉奏辭祿粟米壹百伍拾石每石折銀柒錢解司

衡府郡王將軍祿粟米壹千陸百玖拾石解本府衣阜倉另收

本縣儒學倉粟米貳百肆拾石

本府永阜倉粟米叁千陸百捌拾柒石玖斗柒升柒合肆勺叁抄

額料派剩米壹千捌百壹拾陸石貳斗貳升貳合伍勺每石肆錢共銀柒百貳拾陸兩肆錢捌分玖釐

# 馬草鹽鈔

釐柒毫

蘄州倉粟米伍千石每石壹兩貳錢共銀陸千兩

德州常盈倉布准米肆百陸拾貳石伍斗每疋叄錢共銀壹百叄拾捌兩柒錢伍分

原額馬草玖萬伍千柒百捌拾柒束貳斤捌兩實徵銀肆千捌百玖拾捌兩柒錢叄分伍釐

壹府在城草場草壹萬叄千束每束柒分每兩外加脚倍銀貳錢共銀壹千玖拾貳兩

安仁坊草場草伍千叄百陸拾叄束柒斤捌兩每束伍分共銀貳百陸拾捌兩壹錢柒分伍釐

肆百貳拾捌石每石捌錢共銀叄百肆拾貳兩肆錢

薊州庫絲花絨壹萬伍千斤准米壹千伍百石每斤陸分共銀玖百兩

天師庵外場草壹萬捌千貳百肆拾肆束每束陸分共銀壹千玖拾肆兩陸錢肆分

太倉銀庫草貳萬伍千柒百伍拾束每束叄分伍釐共銀玖百壹兩貳錢伍分

湖渠馬房倉草陸百叄拾陸束柒斤捌兩每束肆分共銀貳拾伍兩肆錢陸分

居庸倉草壹萬玖千貳百肆拾貳束每束伍分共銀玖百陸拾貳兩壹錢

霸上北倉草肆千陸百束每束肆分共銀壹百捌拾肆兩

山海庫草叄千柒百捌拾柒束貳斤捌兩每束玖釐每伍拾兩加耗貳兩共銀叄拾伍兩肆錢伍分

內象房倉草伍千壹百陸拾肆束每束陸分伍釐共銀叄百叄拾伍兩陸錢陸分

京庫鈔銀無閏叄百貳拾壹兩玖錢叄分有閏叄百肆拾玖兩叄分伍毫

祿粟米陸百石

本府儒學倉粟米肆百捌拾石

府庫鈔銀無閏肆百柒拾壹兩叄錢有閏伍百壹拾兩陸錢捌分壹釐貳毫

# 臨淄縣夏稅秋糧

原額小麥捌千玖百伍拾叁石柒斗貳合玖勺 起運陸千柒百石實徵銀貳千陸百柒拾柒兩捌錢貳分肆釐 登州府豐廣貳庫布叁千疋准麥叁千陸百石每疋叁錢共銀玖百兩 原額粟米貳萬捌百玖拾壹石玖斗柒升叁合陸勺 起運壹萬柒千石實徵銀壹萬貳千玖百柒拾捌兩叁錢肆分貳釐伍毫貳絲 延慶衛倉粟米貳千石每石捌錢伍分共銀壹千柒百兩 保定府廣盈貳倉粟米壹百叁拾肆石捌升陸合貳勺每石捌錢共銀壹百

光祿寺小麥壹百陸拾玖石壹斗貳升每石壹兩共銀壹百陸拾玖兩壹錢貳分 德州倉小麥折米壹千陸百柒拾伍石捌斗捌升每石捌錢共銀壹千叁百肆拾兩柒錢肆釐 龍門倉粟米捌拾肆石壹升柒合貳抄每石壹兩貳錢共銀壹百兩捌錢貳分伍毫 懷來廣阜倉粟米貳千玖百伍拾伍石壹斗捌升陸合捌勺柒抄伍撮每石壹兩貳錢共銀叁千伍百肆拾陸兩貳錢貳分肆釐叁毫 京庫綿花絨叁千斤准米叁百石每斤柒分伍釐

御馬倉小麥伍拾伍石每石壹兩陸錢共銀捌拾捌兩 登州府豐廣貳庫鈔壹萬貳千錠准麥壹千貳百石每錠壹分伍釐共銀壹百捌拾兩每伍拾兩加耗貳兩 鴟鴞堡倉黑豆貳百玖石陸斗叁升陸合貳勺伍抄每石壹兩貳錢共銀貳百伍拾壹兩伍錢陸分叁釐伍毫 紫荊關新城倉粟米貳千叁百叁石壹斗貳升捌合玖勺叁抄每石玖錢共銀貳千柒拾貳兩捌錢壹分陸釐 萬億庫布准米肆千伍百石每疋叁錢共銀

絲綿折絹貳百伍拾疋叁尺伍寸肆釐壹毫陸絲伍忽柒微每疋柒錢共銀壹百柒拾伍兩柒分柒釐 農桑折絹捌拾柒疋每疋柒錢共銀陸拾兩玖錢 光祿寺細粟米陸拾柒石肆斗陸升柒合捌勺伍抄陸撮伍圭每石壹兩共銀陸拾柒兩肆錢陸分柒釐玖毫 唐縣新興倉粟米肆千肆百肆拾陸石肆斗柒升陸合捌勺柒抄伍撮每石捌錢共銀叁千伍百伍拾柒兩壹錢捌分壹釐伍毫 京庫地畝綿

存留貳千貳百伍拾叁石柒斗貳合玖勺 本縣儒學倉小麥壹百貳拾捌石 本縣官倉小麥壹百伍石柒斗貳合玖勺 存留叁千捌百玖拾壹石玖斗柒升叁合陸勺 甲字庫黃册壹千柒百壹拾斤每斤伍分准米貳百壹拾叁石柒斗伍升 臨清州常盈倉粟米壹千石每石折銀肆錢 衛府豐盈倉奏辭祿粳米叁拾石每石折銀壹兩解司 衛府豐盈倉祿糙米壹百貳拾石本色 本縣官倉粟米壹百伍拾貳

本府永阜倉小麥貳千貳拾石 衛府豐盈倉奏辭祿粟米壹百壹拾石每石折銀柒錢解司 衛府豐盈倉祿粟米肆百肆拾石 衛府郡王府軍祿粟米肆百陸拾石解本府永阜倉另收 衛府郡王將軍祿粟米減派叁百陸拾石每石折銀伍錢解司 本縣儒學倉粟米貳百肆拾石 本府永阜倉粟米壹百伍拾石 額料派剩米陸百壹拾伍石

馬草　塩鈔

米兩貳錢
陸分玖釐

原額馬草叁萬玖千壹百捌拾捌束實徵銀壹千捌百陸拾伍兩陸錢伍分陸釐

天師庵外場草壹萬伍千陸百肆束肆斤叁兩貳錢每束陸分共銀玖百叁拾陸兩貳錢伍分陸釐捌毫

共銀貳百
貳拾伍兩

太倉銀糧草壹萬陸千陸百伍拾貳束陸斤壹拾肆兩肆錢每束叁分伍釐共銀伍百捌拾貳兩捌錢叁分陸釐貳毫

壹千叁百
伍拾兩

安仁坊草場草陸千玖百叁拾壹束叁斤壹拾肆兩肆錢每束伍分共銀叁百肆拾陸兩伍錢陸分叁釐

花絨貳拾伍
斤肆兩本色

京庫鈔銀無閏貳百貳拾壹兩肆錢捌分肆釐有閏貳百叁拾玖兩玖錢肆分壹釐

石玖斗柒升
叁合陸勺

府庫鈔銀無閏叁百貳拾肆兩叁錢壹分伍釐陸毫有閏叁百伍拾壹兩叁錢肆分玖釐柒毫

貳斗伍升每
石肆錢解司

經會録　糧青五

博興縣　夏稅　秋

原額小麥壹萬貳千玖百伍拾伍石

起運玖千伍百石實徵銀叁千貳百捌拾貳兩柒錢叁分貳釐玖毫

光祿寺小麥壹百伍拾伍石玖斗伍升肆合伍勺每石壹兩共銀壹百伍拾伍兩玖錢壹分肆釐伍毫

原額粟米叁

永平府山海倉小麥捌百石每石捌錢共銀陸百肆拾兩

登州府豐廣貳庫鈔叁萬柒千貳百伍拾錠準麥叁千柒百貳拾伍石每錠壹分伍釐共銀伍百伍拾捌兩柒錢伍分每伍拾兩加耗貳兩

保定府廣盈

德州倉小麥折米壹千叁百壹拾伍石捌升伍合伍勺每石捌錢共銀壹千伍拾貳兩陸分捌釐肆毫

登州府豐濟貳庫布貳千玖百貳拾疋準麥叁千伍百肆石每疋叁錢共銀捌百柒拾陸兩

延慶衛倉粟

絲綿折絹叁百陸拾壹疋貳丈叁尺叁寸陸分陸釐玖毫肆絲貳忽每疋柒錢共銀貳百伍拾叁兩貳錢壹分貳釐

農桑折絹貳百伍疋壹丈伍尺玖寸每疋柒錢共銀壹百肆拾叁兩捌錢肆分捌釐

河間府巨盈

存留叁千肆百伍拾伍石

本縣儒學倉小麥壹百貳拾捌石

本縣官倉小麥叁百壹拾柒石

存留玖千貳

本府永阜倉小麥叁千貳百壹拾石

衛府豐盈倉

# 糧

萬貳百貳拾柒石叁斗肆升叁合玖勺

起運貳萬壹千石實徵銀壹萬貳千捌百貳拾貳兩捌錢

廣昌倉粟米壹千叁百貳拾玖石伍斗陸升柒勺壹抄肆撮伍圭每石壹兩貳錢共銀壹千伍百玖拾伍兩肆錢柒分貳釐玖毫

御馬倉蒭豆肆百肆拾肆石玖斗肆升肆合壹勺每石壹兩叁錢共銀伍百柒拾捌兩肆錢貳分柒釐肆毫

左右貳倉粟米貳千伍百陸拾捌石叁升柒合伍勺柒抄玖撮每石捌錢共銀貳千伍拾肆兩肆錢叁分壹毫

密雲古北口倉粟米壹千貳百叁拾捌石叁斗柒升玖合叁抄伍撮伍圭每石壹兩共銀壹千貳百叁拾捌兩叁錢柒分玖釐壹毫

米叁千貳百石每石捌錢伍分共銀貳千柒百貳拾兩

紫荊關新城倉粟米壹百壹拾伍石肆斗柒升捌合伍勺柒抄壹撮每石玖錢共銀壹百叁兩玖錢叁分捌毫

橫嶺口倉粟米柒百石每石玖錢共銀陸百叁拾兩

倉粟米壹千陸百叁石陸斗每石陸錢共銀玖百陸拾貳兩壹錢陸分

德州常盈庫布准米玖千捌百石每疋叁錢共銀貳千玖百肆拾兩

京庫地畝綿花絨肆百捌拾貳斤陸錢本色

百貳拾柒石叁斗肆升叁合玖勺

丁字庫紅熟銅陸百叁拾斤每斤壹錢肆分貳釐准米壹石共米貳百貳拾叁石陸斗伍升

臨清州常盈倉粟米貳千伍百石每石折銀肆錢

德州常豐倉粟米肆千石每石折銀肆錢

衛府郡王將軍祿粟米肆百貳拾肆石陸斗肆升解本府永阜倉

另收

衛府郡王米叁百叁拾叁石叁斗陸升每石折銀伍錢解司

奏辭祿粳米叁拾石每石折銀壹兩解司

衛府豐盈倉祿粳米壹百貳拾石

衛府豐盈倉奏辭祿粟米壹百叁拾石每石折銀柒錢解司

衛府豐盈倉祿粟米伍百貳拾石

本縣儒學倉粟米貳百肆拾石

本縣官倉粟米貳百叁

石叁斗肆升叁合玖勺

本府永阜倉粟米肆百叁拾石

顏料派剩米柒拾貳石叁斗伍升每石折銀肆錢解司

# 馬草鹽鈔

原額馬草伍萬肆千肆百捌拾束實徵銀貳千貳百玖拾肆兩捌錢玖分叁釐

天師庵外塲草壹萬伍千伍百貳拾叁束拾斤拾貳兩捌錢共銀玖百叁拾壹兩肆錢貳分叁釐貳毫

太倉銀庫草叁萬捌千玖百伍拾陸束肆斤叁兩貳錢共銀壹千叁百陸拾叁兩肆錢陸分玖釐捌毫

京庫鈔銀無閏貳百玖兩壹錢肆分捌釐有閏貳百貳拾陸兩伍錢柒分柒釐

府庫鈔銀無閏叁百陸兩貳錢伍分貳釐肆毫有閏叁百叁拾壹兩柒錢捌分捌釐貳毫

# 高苑縣夏稅　秋糧

原額小麥伍千叁百貳拾石玖斗柒升肆合貳勺
起運叁千玖百石實徵銀壹千壹百伍拾玖兩玖分
德州倉小麥折米肆百柒拾玖石伍斗伍升每石捌錢共銀叁百捌拾叁兩陸錢肆分
原額粟米壹萬貳千肆百壹拾伍石肆斗捌升捌合叁勺
起運捌千伍百石實徵銀伍千捌拾伍兩叁錢陸分
光祿寺細粟米壹百玖石叁斗柒升貳合叁勺貳抄壹撮伍圭每石壹兩共銀壹百玖兩叁錢柒分貳釐肆毫

薊州庫布壹千伍拾疋准麥壹千貳百陸拾石每疋叁錢共銀叁百壹拾伍兩
登州府豐廣貳庫鈔貳萬錠准麥貳千石每錠壹分伍釐共銀叁百兩每伍拾兩加耗貳兩
密雲古北口倉粟米壹千捌百柒石玖斗貳升柒合陸勺柒抄捌撮伍圭每石壹兩共銀壹千捌百柒兩玖錢貳分柒釐柒毫
派剩米肆百捌拾壹石每石柒錢共銀叁百叁拾陸兩柒錢

光祿寺小麥壹百陸拾石肆斗伍升每石壹兩共銀壹百陸拾兩肆錢伍分
絲綿折絹壹百陸拾陸疋壹丈柒尺玖寸壹釐陸毫伍絲柒忽每疋叁錢共銀壹百壹拾陸兩伍錢玖分貳釐
保定府廣盈左右貳倉粟米壹千柒百壹石柒斗每石捌錢共銀壹千叁百陸拾壹兩叁錢陸分
山海庫布准米叁千玖百石每疋叁錢共銀壹千壹百柒拾兩

農桑絲折絹叁百捌疋貳丈伍尺伍分每疋柒錢共銀貳百壹拾陸兩壹錢肆分捌釐
京庫地畝綿花絨陸拾貳斤壹兩玖錢貳分徵收本色

存留壹千肆百貳拾石玖斗柒升肆合貳勺
本縣儒學倉小麥壹百貳拾捌石
本縣官倉小麥壹百貳石玖斗柒升肆合貳勺
存留叁千玖百壹拾伍石肆斗捌升捌合叁勺
甲字庫黃册壹千伍百捌拾斤每斤伍分准米壹百玖拾柒石伍斗
東昌府廣盈倉粟米貳千石每石折銀肆錢
衛府郡王米玖拾柒石玖斗肆合每石折銀伍錢解司

本府永阜倉小麥壹千壹百玖拾石
衛府豐盈倉祿粟米伍百陸拾石
衛府郡王將軍祿粟米貳百陸拾捌石柒斗肆升解本府永阜倉另收
本縣儒學倉粟米貳百肆拾石
本縣官倉粟米壹百玖拾叁石玖斗貳升捌合叁勺
本府永阜倉粟米壹百石
衛府豐盈倉蒭料派剩米

# 馬草盐鈔

河間府巨盈倉粟米伍百石每石陸錢共銀叁百兩

原額馬草貳萬壹千玖百壹拾柒束實徵銀捌百貳兩叁錢叁分伍釐

中府草場草壹千肆百壹拾玖束柒斤每束陸分共銀捌拾伍兩壹錢陸分肆釐

太倉銀庫草貳萬肆百玖拾束玖斤每束叁分伍釐共銀柒百壹拾柒兩壹錢柒分壹釐

京庫鈔銀無閏玖拾捌兩貳錢捌分有閏壹百柒兩捌錢伍分

奏辦祿米米壹百肆拾石每石折銀柒錢解司

府庫鈔銀無閏壹百肆拾叁兩陸錢叁分有閏壹百伍拾柒兩玖錢[illegible]分叁釐叁毫

壹百壹拾米石肆斗壹升陸合每石折銀肆錢解司

經會目錄

糧賦八

紹字六頁

# 樂安縣夏稅

原額小麥除豁過明奏添小麥伍拾壹石叁斗捌升貳合肆勺柒抄肆拾叁[illegible]免豁實徵壹萬肆千叁百陸拾陸石伍斗柒升貳合米勺

起運壹萬肆百石實徵銀肆千叁百捌拾兩柒錢柒分叁釐

光祿寺小麥玖拾陸石叁斗陸升伍合每石壹兩共銀玖拾陸兩叁錢陸分伍釐

延慶州懷來廣盈倉小麥叁百石每石壹兩貳錢共銀叁百陸拾兩

德州倉小麥折米貳千捌百肆拾捌石陸斗叁升伍合

登州府豐廣貳庫布叁千疋准麥叁千陸百石每疋叁錢共銀玖百兩

永平府山海庫布伍百疋准麥陸百石每疋叁錢共銀壹百伍拾兩

登州府豐廣貳庫鈔貳萬捌千伍百錠准麥貳千捌百伍拾石每

絲綿折絹肆百貳拾陸疋壹丈陸尺柒寸伍毫壹絲伍忽每疋柒錢共銀貳百玖拾捌兩伍錢伍分壹釐

農桑折絹叁百肆拾疋壹丈柒尺柒寸肆分每疋柒錢共銀貳百叁拾捌兩叁錢捌分捌釐

存留叁千玖百陸拾陸石伍斗柒升貳合柒勺

本縣官倉小麥叁百叁拾捌石伍斗柒升貳合柒勺

本縣儒學倉小麥壹百貳拾捌石

本府永阜倉小麥叁千伍百石

本色絲玖兩柒錢每斤壹兩共銀陸錢陸釐叁毫該解司徑解京官布銀

衛豐盈倉小麥壹百伍石每石壹兩陸兩共銀壹百陸拾捌兩

原額京米叁萬叁千伍百貳拾玖石玖斗玖升壹合陸勺伍抄伍圭外除許壩奏免西通明原奏添壹百壹拾玖石捌斗玖升叁合肆勺叁抄

每石捌錢共銀貳千貳百柒拾捌兩玖錢捌釐

廣烏倉粟米捌百柒拾伍石每石壹兩貳錢共銀壹千伍拾兩

崇荊關新城倉粟米貳千叁百伍拾陸石每石玖錢共銀貳千壹百貳拾兩肆錢

錢壹分伍釐共銀肆百貳拾柒兩伍錢每伍拾兩加耗貳兩

派剩米叁百壹拾肆石伍升每石陸錢共銀壹百捌拾捌兩肆錢叁分

保定府廣盈左右貳倉粟米陸千叁百壹拾貳石玖斗伍升每石捌錢共銀

京庫綿花絨肆千斤准米肆百石每斤柒分伍釐共銀叁百兩

萬億庫布准米陸千貳百石每疋叁錢共銀壹千捌百陸拾兩

京庫地畝綿花絨壹百

存留捌千伍百貳拾玖石玖斗玖升壹合陸勺伍抄伍圭

甲字庫黃丹貳千壹百斤每斤伍分准米貳百陸拾貳石伍斗

濟寧州永豐倉粟米叁

衛府豐盈倉奏辭祿粳米叁拾石每石折銀壹兩

衛府豐盈倉祿粟米伍百貳拾石

衛府郡王將軍祿粟米玖百貳拾石辭本府永阜倉另收

經會録

粮青九

六百九十八准



起運貳萬伍千石實徵銀壹萬玖千叁百玖拾玖兩捌錢玖分

宣府任城宣德等叁倉粟米伍千石每石壹兩貳錢共銀陸千兩

酒醋麵局黃豆壹千貳百石每石柒錢共銀捌百肆拾兩

原額馬草陸萬伍千伍

延慶衛倉粟米貳千叁百肆拾貳石每石捌錢伍分共銀壹千玖百玖拾兩柒錢

鄭家庄馬房倉草貳千

伍千伍拾兩叁錢陸分

安仁坊草場草壹千肆

捌拾叁斤貳兩肆錢本色

山海衛實徵草伍千捌

千伍百石每石折銀肆錢

衛府郡王米柒百伍拾石每石伍錢共銀叁百柒拾伍兩

衛府豐盈倉祿粳米壹百貳拾石

衛府豐盈倉奏辭祿粟米壹百叁拾石每石折銀柒錢辭司

府庫鈔銀無閏陸百肆

本縣儒學倉粟米貳百肆拾石

本縣官倉粟米陸百伍拾陸石陸斗壹升陸合陸勺伍抄伍圭

本府永阜倉粟米肆百石

顏料派剩米壹千石捌斗柒升伍合每石折銀肆錢辭司

## 草鹽鈔

百叁拾叁束拾肆斤拾肆兩肆錢實徵銀貳千玖百壹拾捌兩肆錢伍分

內象房倉草柒千柒百叁拾陸束每束陸分伍釐共銀伍百貳兩捌錢肆分

湖渠馬房倉草陸千壹百柒拾束每束肆分共銀貳百肆拾柒兩

叁百貳拾陸束伍斤每束肆分共銀玖拾叁兩伍分叁釐叁毫

太倉銀庫草貳萬貳千叁百玖拾陸束玖斤拾肆兩肆錢每束叁分伍釐共銀柒百捌拾叁兩捌錢捌分叁釐貳毫

百陸拾陸束叁斤壹兩陸錢每束伍分共銀柒拾叁兩叁錢壹分肆毫

天師庵外場草壹萬玖千叁百玖拾玖束拾貳斤每束陸分共銀壹千壹百陸拾叁兩玖錢捌分捌釐壹毫

百玖束每束玖釐每伍拾兩加耗貳兩共銀伍拾肆兩叁錢柒分伍釐

京庫鈔銀無閏肆百肆拾壹兩玖分捌釐有閏肆百柒拾柒兩捌錢伍分肆釐

拾伍兩玖錢壹分叁釐伍毫有閏陸百玖拾玖兩柒錢壹分肆釐柒毫



## 壽光縣夏税

原額小麥貳萬貳千壹百貳拾貳石捌斗貳升柒合柒勺

起運壹萬陸千貳百石實徵銀陸千柒百壹拾叁兩捌錢壹分玖釐

御馬倉小麥伍拾石陸斗貳升陸合伍勺每石壹兩陸錢共銀捌拾壹兩貳

德州倉小麥折米壹千貳石肆斗伍升捌合伍抄每石捌錢共銀捌百壹兩玖錢陸分陸釐肆毫

光祿寺小麥肆百肆拾柒石陸斗貳升伍合每石壹兩共銀肆百肆拾柒兩陸錢貳分伍釐

延慶州永寧縣永寧倉

延慶州懷來廣有倉小麥叁百肆石貳斗叁合伍勺伍抄每石壹兩貳錢共銀叁百陸拾伍兩肆分肆釐叁毫

登州府豐廣貳庫布米千玖拾叁疋准麥捌千伍百壹拾壹石陸斗每疋叁錢共銀貳千壹百貳

登州府豐廣貳庫鈔叁萬錠准麥叁千石每錠壹分伍釐共銀肆百伍拾兩每伍拾兩加耗貳兩

絲綿折絹陸百壹拾叁疋壹丈捌尺壹分肆釐壹毫壹絲貳忽每疋柒錢共銀肆百貳拾玖兩肆錢玖分伍釐濰縣原

存留伍千玖百貳拾貳石捌斗貳升柒合柒勺

本縣儒學倉小麥壹百貳拾捌石

本縣官倉小麥壹百貳拾石

本府水阜倉小麥伍千陸百柒拾肆石捌斗貳升柒合柒勺濰縣原認麥在內

# 秋糧



釐肆毫 酒醋麯局小麥伍百貳拾玖石陸斗每石壹兩壹錢共銀伍百捌拾貳兩伍錢陸分 永平府山海倉小麥玖百石每石捌錢共銀柒百貳拾兩 原額粟米伍萬壹千陸百壹拾玖石玖斗叁升壹合貳勺內紲縣原認米仍歸壽光縣辦納 起運叁萬柒千石實徵銀貳萬伍千柒百捌拾兩貳錢肆分 光祿寺青菉豆陸拾石每石貳兩肆錢共銀壹百肆拾肆兩 神樂觀芝蔴陸拾伍石肆斗柒升壹合貳勺

升四海冶堡倉小麥叁百石每石壹兩貳錢共銀叁百陸拾兩 京庫本色紅花貳千斤每斤壹錢陸分准麥貳斗伍升共麥伍百石共銀叁百貳拾兩 龍門倉粟米肆千捌百玖拾叁石肆斗捌升壹合肆勺伍抄每石壹兩貳錢共銀伍千捌百柒拾貳兩壹錢柒分柒釐捌毫 廣盈倉粟米壹千陸百石每石壹兩貳錢共銀壹千玖百貳拾兩 延慶衛倉粟米伍千貳百石每石折銀捌錢伍分共銀肆千肆百貳拾兩

拾柒兩玖錢 保定府易州倉小麥陸百伍拾叁石捌斗捌升陸合玖勺每石柒錢共銀肆百伍拾柒兩柒錢貳分玖毫 保定府廣盈左右貳倉粟米陸千壹百壹拾柒石玖斗伍升玖合肆勺每石捌錢共銀肆千捌百玖拾肆兩叁錢陸分柒釐陸毫 萬億庫布准米貳千叁百石每疋叁錢共銀陸百玖拾兩 派剩米壹百玖拾玖石叁斗捌升貳勺伍抄每石陸錢共銀壹百壹拾玖兩

認絹在內 農桑折絹肆百貳疋貳丈陸寸每疋柒錢共銀貳百捌拾壹兩捌錢伍分壹釐 德州常盈庫綿花絨肆萬斤准米肆千石每斤陸分共銀貳千肆百兩 京庫地畝綿花絨柒斤捌兩本色

存留壹萬肆千陸百壹拾玖石玖斗叁升壹合貳勺 丁字庫紅熟銅伍百貳拾伍斤每斤折銀壹錢肆分貳釐准米壹百捌拾陸石叁斗柒升伍合 甲字庫黃丹壹千肆百叁拾陸斤每斤伍分准米壹百柒拾玖石伍斗 甲字庫光粉陸百柒拾貳斤每斤肆分伍釐

衡府豊盈倉奏辭祿粳米叁拾石每石折銀壹兩解司 衡府豊盈倉祿粳米壹百貳拾石 衡府豊盈倉奏辭祿粟米壹百叁拾石每石折銀柒錢解司 衡府豊盈倉祿粟米伍百貳拾石 衡府郡王將軍祿粟米壹千伍百石解本府永阜倉另收 衡府郡王將軍祿粟米

每石壹兩
共銀陸拾
伍兩肆錢
柒分壹釐
貳毫
儀牲所黑豆
貳百陸拾
叁石柒斗
柒合柒勺
每石柒錢
共銀壹百
捌拾肆兩
伍錢玖分
伍釐肆毫
渤海所倉粟
米壹千貳
百石每石
壹兩共銀
壹千貳百
兩

撥領口倉粟
米叁百石
每石玖錢
共銀貳百
柒拾兩
京庫綿花絨
捌千斤准
米捌百石
每斤柒分
伍釐共銀
陸百兩

陸錢貳分
捌釐貳毫
登州府庫布
准米壹萬
石每石叁
錢共銀叁
千兩

准米柒拾
伍石陸斗
甲字庫黑鉛
壹千叁百
斤每斤肆
分准米壹
百叁拾石
德州常豐倉
粟米伍千
石每石折
銀肆錢
東平州常豐
倉粟米壹
千伍百石
每石折銀
肆錢
臨清州常盈
倉粟米壹
千石每石
折銀肆錢

一千三百二十
石每石折
銀伍錢解
司
本縣儒學倉
粟米貳百
肆拾石
本縣官倉粟
米壹百玖拾
玖石玖斗叁
升捌勺捌抄
柒撮伍圭
本府永阜倉粟
米壹千肆百石
頒料剩米壹
千捌拾捌石[illegible]
貳升伍合叁勺
壹抄貳撮伍
圭每石折銀
肆錢解司

經會錄　糧書十二　志信[illegible]百二十九

# 馬草盐鈔

原額馬草玖
萬叁千陸
百叁拾肆
束實徵銀
肆千陸百
捌拾肆兩
玖錢貳分
玖釐
御馬倉內場
草玖千束
每束米分
共銀陸百
叁拾兩
安仁坊草場
草壹萬捌
拾貳束玖
斤每束伍
分共銀伍
百肆兩壹
錢叁分

中府外場草
捌千肆百
玖拾束叁
斤伍兩肆
錢每束陸
分共銀伍
百玖兩肆
錢壹分叁
釐叁毫伍
絲
太倉銀庫草
叁萬柒千
壹百伍拾
壹束陸斤
每束叁分
伍釐共銀
壹千叁百
兩貳錢玖
分玖釐

內象房倉草
壹千叁百
束每束陸
分伍釐共
銀捌拾肆
兩伍錢
天師庵外場
草貳萬柒
千陸百玖
束拾壹斤
拾兩陸錢
每束陸分
共銀壹千
陸百伍拾
陸兩伍錢
捌分陸釐
陸毫伍絲

京庫鈔銀無
閏肆百壹
拾玖兩玖
錢柒分有
閏肆百伍
拾肆兩玖
錢陸分柒
釐伍毫

府庫鈔銀無
閏陸百壹
拾肆兩玖
錢伍分陸
釐壹毫有
閏陸百陸
拾陸兩貳
錢貳釐伍
毫

# 昌樂縣夏稅

原額小麥捌千柒百捌石肆斗
起運陸千肆百石實徵銀貳千肆百[illegible]兩叁錢陸釐
御馬倉小麥伍拾伍石每石[illegible]銀陸錢合銀[illegible]兩
[illegible]州府豐廣貳庫小麥貳萬[illegible]准麥貳千石每[illegible]錢壹分伍[illegible]共銀叁[illegible]
德州倉小麥折米壹千陸百陸拾[illegible]石肆斗[illegible]升每石[illegible]兩[illegible]米[illegible]分[illegible]
[illegible]州[illegible]積貳庫[illegible]壹[illegible]千[illegible]准麥[illegible]石每[illegible]共銀陸百伍拾肆兩[illegible]
[illegible]祿米小麥陸拾石伍斗叁升每石壹兩共銀陸拾兩伍錢叁分
絲綿折絹貳百捌拾肆疋貳丈柒寸玖分貳[illegible]每疋[illegible]錢共銀壹百玖拾伍兩壹分伍釐
[illegible]布絹肆百[illegible]拾伍疋[illegible]丈[illegible]寸[illegible]分伍[illegible]兩[illegible]分伍釐
存留貳千[illegible]百[illegible]石肆斗
[illegible]倉小麥[illegible]拾[illegible]石
[illegible]倉小麥[illegible]拾石肆斗
兖州永阜倉小麥貳千柒拾石

……百兩每伍拾兩加耗貳兩

# 秋糧

原額粟米貳萬叁百壹拾玖石壹斗壹升肆合捌勺
起運壹萬肆千伍百石實徵銀壹萬玖百叁拾壹兩伍錢
龍門倉黑豆叁百貳拾柒石伍斗每石壹兩貳錢共銀叁百玖拾
鵰鶚堡倉黑豆壹千陸百玖拾石叁斗陸升叁合柒勺伍抄每石壹兩貳錢共銀貳千貳拾捌兩肆錢叁分陸釐伍毫
河間府巨盈倉粟米貳百捌拾捌石捌升壹合壹勺伍抄每石陸
保安府廣盈左右貳倉粟米叁千叁百陸拾陸石肆斗捌升柒合伍抄每石捌錢共銀貳千陸百玖拾叁兩壹錢貳分柒釐
派剩米玖百米拾柒石陸斗肆升陸合叁勺伍抄每石
京庫地畝綿花絨貳拾貳斤壹拾叁兩貳錢本色
存留伍千捌百壹拾玖石壹斗壹升肆合捌勺
丁字庫黃熟銅米百叁拾玖斤壹拾貳兩每斤壹錢伍分準米貳百柒拾柒石肆斗陸合貳勺伍抄
兖州府廣盈倉粟米貳
衛府豐盈倉祿糧米壹百貳拾石
衛府豐盈倉奏討祿糧米壹百叁拾石每石折銀柒錢解司
衛府豐盈倉祿粟米伍百貳拾石
衛府郡王將軍祿粟米伍百貳拾石解兖阜倉另收

# 馬草鹽鈔

叁兩 延慶衛倉粟米肆千石每石捌錢伍分共銀叁千肆百兩 鎮邊城新城分兒管百伍拾石每石捌錢伍分共銀壹百貳拾柒兩伍錢 原額馬草叁萬陸千貳百玖拾捌束實徵銀壹千陸百柒兩 天師庵外場草捌千伍百叁拾柒束陸斤拾伍兩肆錢每束陸分共銀伍百壹拾貳兩貳錢肆分柒釐玖毫 安仁坊草場草壹千伍拾玖束拾肆斤拾叁兩肆錢每束伍分共銀伍拾貳兩玖錢玖分玖釐伍毫

錢共銀壹百柒拾貳兩捌錢肆分捌釐柒毫 密雲隆慶倉粟米柒百石每石玖錢共銀陸百叁拾兩 中府外場草貳千壹百貳拾束玖斤每束陸分共銀壹百貳拾柒兩貳錢叁分陸釐 西城坊草場草貳千肆百貳拾壹束拾貳斤拾壹兩貳錢每束肆分伍釐共銀壹百捌兩玖錢捌分叁釐壹毫

陸錢共銀伍百捌拾柒兩伍錢捌分柒釐捌毫 隆慶衛倉絲布准米叁千石每石叁錢共銀玖百兩 灘上南倉草叁千束每束肆分伍釐共銀壹百叁拾伍兩 太倉銀庫草壹萬玖千壹百伍拾捌束壹斤捌兩每束叁分伍釐共銀陸百柒拾兩伍錢叁分叁釐伍毫

京庫鈔銀無閏壹百陸拾伍兩陸錢肆分貳釐有閏壹百柒拾玖兩肆錢肆分柒釐

千石每石折銀肆錢 衛府御王米肆百石每石折銀伍錢共銀貳百兩解司 衛府豐盈倉麥餘剩粳米叁拾石每石折銀壹兩解司 本府永阜倉粟米捌百石 府庫鈔銀無閏貳百肆拾貳兩陸錢肆分柒釐貳毫有閏貳百陸拾貳兩柒錢伍分玖釐伍毫

本縣儒學倉粟米貳百肆拾石 本縣官倉粟米貳百肆石壹斗壹升肆合勺 額料派剩米伍百柒拾柒石伍斗玖升叁合柒勺伍抄每石折銀肆錢解司

經會錄 卷四

李大奇刻六十

# 臨朐縣夏稅

原額小麥壹萬壹千貳百柒拾捌石玖斗陸升叁合陸勺

起運捌千貳百石實徵銀叁千貳百陸拾叁兩伍錢捌分陸釐

酒醋麪局小麥貳百石每石壹兩壹錢共銀貳百貳拾兩

光祿寺小麥伍拾柒石玖斗叁升每石壹兩共銀伍拾柒兩玖錢叁分

徳州倉小麥折米壹千玖百叁拾貳石柒升每石捌錢共銀壹千伍百肆拾伍兩陸錢伍分陸釐

京庫本色紅花壹千斤每斤壹錢陸分准麥貳斗伍升共麥貳百伍拾石共銀壹百陸拾兩

河間府庫布壹千柒百疋准麥貳千肆拾石每疋叁錢共銀伍百壹拾兩

保定府易州倉小麥貳百石每石柒錢共銀壹百肆拾兩

薊州庫布捌百伍拾疋准麥壹千貳拾石每疋叁錢共銀貳百伍拾伍兩

登州府豐廣貳庫鈔貳萬伍千錠准麥貳千伍百石每錠壹分伍釐共銀叁百柒拾伍兩每伍拾兩加耗貳兩

絲綿折絹叁百壹拾壹疋伍尺肆寸肆釐貳[illegible]絲捌忽每疋柒錢共銀貳百壹拾柒兩捌錢壹分捌釐

農桑折絹貳百叁拾伍疋貳尺捌寸伍分每疋柒錢共銀壹百陸拾肆兩伍錢陸分叁釐

存留叁千柒拾捌石玖斗陸升叁合陸勺

本縣儒學倉小麥壹百貳拾捌石

本縣常平倉小麥壹百壹拾石玖斗陸升叁合陸勺

本府本色倉小麥貳千捌百肆拾石

經會錄　粮賦　五

# 秋糧

原額粟米貳萬陸千叁百壹拾柒石伍斗捌升壹合壹勺

起運壹萬捌千伍百石實徵銀壹萬貳千玖百陸拾叁兩捌錢伍分

供用庫黄豆貳百伍拾

遼東廣皇倉粟米柒百伍拾石陸斗伍升每石壹兩貳錢共銀玖百兩柒錢捌分

延慶衛倉粟米壹千貳百石每石捌錢伍分共銀壹千貳拾兩

[illegible]昌倉粟米

紫荆關新城倉粟米壹百叁拾肆石玖升貳合伍勺每石玖錢共銀壹百貳拾兩陸錢捌分叁釐叁毫

保定府廣盈左右貳倉粟米壹千肆百叁拾肆石柒斗

京庫地畝綿花絨貳百叁拾伍斤肆兩捌錢玖分貳釐徵收本色

存留柒千捌百壹拾柒石伍斗捌升壹合壹勺

甲字庫黄丹肆千陸百貳拾斤每斤伍分准米伍百柒拾柒石伍斗

徳州常豐倉粟米叁千石每石折

衡府豐盈倉奏辭祿粟米壹百叁拾石每石折銀柒錢解司

衡府豐盈倉祿粟米伍百貳拾石

衡府都王將軍祿粟米壹千壹百陸拾石解本府永皇倉另收

石每石壹兩貳錢共銀叁百兩
密雲古北口倉粟米伍千玖百叁拾伍石貳升伍合壹勺柒抄玖撮每石壹兩共銀伍千玖百叁拾伍兩貳分伍釐貳毫
横領口倉粟米壹千石每石玖錢共銀玖百兩

壹百玖拾伍石肆斗叁升玖合貳勺捌抄伍撮伍圭每石壹兩貳錢共銀貳百叁拾肆兩伍錢貳分柒釐貳毫
萬億庫布准米柒千叁百石每疋叁錢共銀貳千壹百玖拾兩

玖升叁合叁抄伍撮伍圭每石捌錢共銀玖百捌拾柒兩捌錢叁分肆釐伍毫
京庫綿花絨伍千斤准米伍百石每斤柒分伍釐共銀叁百柒拾伍兩

銀肆錢
衛府郡王米玖百肆拾石每石伍錢共銀肆百柒拾兩解司
衛府豊盈倉奏辦祿粳米叁拾石每石折銀壹兩解司
衛府豊盈倉祿粳米壹百貳拾石
本縣官倉粟米壹百柒拾捌石伍斗捌升壹合壹勺

本縣儒學倉粟米貳百肆拾石
本府永阜倉粟米陸百石
額料派剩米叁百貳拾壹石伍斗每石肆錢解司



# 馬草盐鈔

原額馬草伍萬柒百柒拾束實徵銀貳千捌拾貳兩貳錢伍分叁釐
內象房倉草叁千捌百束每束陸分伍釐共銀貳百肆拾柒兩
中府外場草伍千捌百玖拾貳束壹斤拾貳兩捌錢每束陸分共銀叁百伍拾叁兩伍錢貳分柒釐貳毫

安仁坊草場草貳千玖百叁拾叁束肆斤拾伍兩貳錢每束伍分共銀壹百肆拾陸兩陸錢陸分陸釐伍毫

太倉銀庫草叁萬捌千壹百肆拾肆束捌斤肆兩每束叁分伍釐共銀壹千叁百叁拾伍兩伍分玖釐叁毫

京庫鈔銀無閏貳百貳拾伍兩叁錢叁分有閏貳百肆拾陸兩陸錢貳分柒釐伍毫

府庫鈔銀無閏叁百貳拾玖兩玖錢肆分柒釐伍毫有閏叁百陸拾壹兩壹錢捌分壹釐陸毫

## 安丘縣夏稅

原額小麥壹萬柒千玖百陸拾柒石貳斗壹升捌合玖勺肆抄

起運壹萬叁千伍百石

實徵銀肆千柒百玖拾柒兩陸錢肆分玖釐

德州倉小麥折米叁千壹百叁拾陸石柒斗伍升伍合每石捌錢共銀貳千伍百玖兩肆錢肆釐

御馬倉小麥伍拾石每石壹兩陸錢共銀捌拾兩

酒醋麵局小麥叁百石每石壹兩壹錢共銀叁百叁拾兩

光祿寺小麥叁拾叁石貳斗肆升伍合每石壹兩共銀叁拾叁兩貳錢肆分伍釐

登州府豐廣貳庫布貳千玖百疋准麥叁千肆百捌拾石每疋叁錢共銀捌百柒拾兩

登州府豐廣貳庫鈔陸萬伍千錠准麥陸千伍百石每鈔壹分伍釐共銀玖百柒拾伍兩每伍拾兩加耗貳兩

絲綿折絹伍百肆拾玖疋貳丈柒尺肆寸貳分肆釐陸毫玖絲貳忽伍微每疋柒錢共銀叁百捌拾肆兩玖錢

農桑折絹叁百貳拾陸疋伍尺柒寸每疋柒錢共銀貳百貳拾捌兩叁錢叁分伍釐

存留肆千肆百陸拾柒石貳斗壹升捌合玖勺肆抄

本縣儒學倉小麥壹百貳拾捌石

本縣官倉小麥壹百壹拾玖石貳斗壹升捌合玖勺肆抄

本府永阜倉小麥肆千貳百貳拾石

經會録　糧青七

## 秋糧

原額粟米肆萬壹千玖百貳拾陸石叁升叁合貳勺陸抄

起運貳萬玖千石

實徵銀壹萬柒千壹百柒拾肆兩貳錢壹分

龍門倉粟米壹千肆百石每石銀壹兩貳錢共銀壹千陸百捌拾

保定府廣盈左右貳倉粟米壹千玖百叁拾伍石玖斗柒升每石捌錢共銀壹千伍百肆拾捌兩柒錢柒分陸釐

延慶衛倉粟米伍千石每石捌錢伍分共銀肆千貳百伍拾兩

延慶衛倉綿

河間府巨盈倉粟米壹千肆百捌拾貳石貳斗伍升每石陸錢共銀捌百捌拾玖兩叁錢伍分

唐縣庫布叁千疋准米叁千石每疋叁錢共銀玖百兩

德州常盈庫布准米壹萬壹千叁百貳拾伍

京庫地畝綿花絨陸拾陸斤貳兩肆錢徵收本色

存留壹萬貳千玖百貳拾陸石叁升叁合貳勺陸抄

甲字庫黃丹壹千柒拾斤每斤伍分准米壹百叁拾叁石柒斗伍升

甲字庫綠礬陸千貳百陸拾斤捌兩每斤壹分准米壹百伍拾叁石伍斗壹升

衛府豐盈倉祿粟米壹百[illegible]拾石

衛府豐盈倉奏辭祿粟米壹百叁拾石每石折銀柒錢解司

衛府豐盈倉祿粟米伍百貳拾石

衛府郡王府軍祿粟米叁百捌拾柒石解本府永阜倉

另收

馬草鹽鈔



兩

密雲古北口倉粟米叄千伍百柒拾陸石貳斗每石壹兩共銀叄千伍百柒拾陸兩貳錢

龍門倉黑豆柒拾貳石伍斗每石壹兩貳錢共銀捌拾柒兩

派剩米玖百柒石肆斗每石銀柒錢共銀陸百叄拾伍兩壹錢捌分

京領馬草柒萬捌千貳百柒拾束實徵銀叄千壹百壹拾壹兩壹分

天師庵外場草貳萬貳千捌百叄拾壹束叄斤每束陸分共銀壹千叄百陸拾玖兩捌錢柒分貳釐

花絨叄千斤准米叄百石每斤柒分共銀貳百壹拾兩

太倉銀庫草肆萬柒千陸百陸拾捌束壹拾貳斤每束叄分伍釐共銀壹千陸百陸拾捌兩肆錢捌釐

石陸斗捌升每疋叄錢共銀叄千叄百玖拾柒兩柒錢肆釐

山海庫草柒千柒百柒拾束每束玖釐每伍拾兩外加耗貳兩共銀柒拾貳兩柒錢叄分

京庫鈔銀無閏叄百叄拾捌兩壹錢玖分有閏叄百陸拾陸兩叄錢柒分貳釐伍毫

貳合伍勺

德州常豐倉粟米伍千石每石折銀肆錢

東昌府廣盈倉粟米壹千石每石折銀肆錢

濟南府永豐倉粟米貳千石每石折銀肆錢

衡府郡土米叄百壹拾叄石每石折銀伍錢解司

衡府豐盈倉奏辭祿糧

米叄拾石每石折銀壹兩解司

府庫鈔銀無閏伍百柒兩貳錢捌分伍釐捌毫有閏伍百肆拾玖兩伍錢伍分肆釐貳毫

本縣儒學倉粟米

肆拾石

本縣官倉粟米

合貳勺陸

抄

本府永阜倉粟米貳千伍百石

顏神鎮剩米貳百貳拾陸石玖升貳合伍勺每石折銀肆錢解司

# 諸城縣夏稅

原額小麥壹萬柒千玖百柒拾叁石肆斗壹升玖合貳勺
起運壹萬叁千石實徵銀叁千壹百伍拾肆兩壹錢陸分陸釐
御馬倉小麥伍拾石每石壹兩陸錢共銀捌拾兩
萬全廣盈倉仟張家口堡倉小麥

光禄寺小麥壹百玖石捌斗叁升每石壹兩共銀壹百玖兩捌錢叁分
德州倉小麥折米捌百肆拾肆石壹斗柒升每石捌錢共銀陸百柒拾伍兩叁錢叁分陸釐
永平府山海庫布壹千肆百肆拾疋准麥壹

登州府豐廣貳庫布捌百玖拾疋准麥壹千陸拾捌石每疋叁錢共銀貳百陸拾柒兩
登州府豐廣貳庫鈔玖萬錠准麥玖千石每錠壹分伍釐共銀壹千叁百伍拾兩每伍拾兩加耗貳兩

絲綿折絹伍百壹疋壹丈柒尺柒寸叁分玖絲叁忽叁微叁纖每疋柒錢共銀叁百伍拾壹兩捌分捌釐
農桑折絹貳百貳拾疋壹丈捌尺玖寸每疋柒錢共銀壹百伍拾肆兩肆錢壹分肆釐

存留肆千玖百柒拾叁石肆斗壹升玖合貳勺
本縣儒學倉小麥壹百貳拾捌石
本縣豐盈倉小麥貳千叁百肆拾伍石肆斗壹升玖合貳勺

安東倉小麥貳千伍百石



# 秋糧

貳百石每石銀壹兩貳錢共銀貳百肆拾兩
原額粟米肆萬壹千玖百玖拾陸石叁斗壹升玖合玖勺
起運貳萬捌千伍百石實徵銀壹萬叁千壹百捌拾伍兩捌錢叁分柒釐伍毫
光禄寺細粟

千柒百貳拾捌石每疋叁錢共銀肆百叁拾貳兩
龍門倉粟米壹千叁百玖拾柒石肆斗捌升貳合玖勺捌抄伍圭每石壹兩貳錢共銀壹千陸百柒拾陸兩玖錢柒分玖釐陸毫
湖渠馬房倉黑豆叁百玖拾捌石

保定府廣盈左右貳倉粟米貳千叁百伍拾柒石陸斗柒升伍合壹撮每石捌錢共銀壹千捌百捌拾陸兩壹錢肆分
臨清倉粟米陸百肆拾捌石柒斗肆升每石

派剩米壹千叁百壹石肆斗捌合陸勺捌抄每石柒錢共銀玖百壹拾兩玖錢捌分陸釐壹毫
德州常盈倉布准米壹萬陸千柒百陸拾石每疋叁錢共銀伍千

存留壹萬叁千肆百玖拾陸石叁斗壹升玖合玖勺
丁字庫苗臘叁百柒拾斤每斤壹錢柒分准米壹百伍拾柒石貳斗伍升
東昌府廣盈倉粟米伍千石每石

衡府豐盈倉奏辭祿粟米壹百肆拾石每石折銀柒錢解司
衡府豐盈倉祿粟米伍百陸拾石
衡府郡王將軍祿粟米肆百玖石玖斗柒升玖合解本府永阜倉

米叁百貳拾貳石玖斗肆升肆勺叁抄肆撮每石壹兩共銀叁百貳拾貳兩玖錢肆分伍毫

酒醋麵局黃豆壹千石每石柒錢共銀柒百兩

白羊口倉綿花絨壹千斤准米壹百石每斤陸分共銀陸拾兩

米斗叁升捌合貳勺叁抄伍撮每石捌錢共銀叁百壹拾捌兩玖錢玖分陸毫

延慶衛倉黑豆玖百石本折中半每石柒錢伍分共銀陸百柒拾伍兩

捌錢共銀伍百壹拾捌兩玖錢玖分貳釐

河間府邑盈倉粟米叁百壹拾叁石壹升肆合陸勺陸抄肆撮伍圭每石陸錢共銀壹百捌拾柒兩捌錢捌釐捌毫

貳拾捌兩

延慶衛倉綿布准米壹千石每疋叁錢共銀叁百兩

通州通濟庫布准米貳千石每疋叁錢共銀陸百兩

京庫地畝綿花絨肆百柒拾伍斤壹拾貳兩徵收本色

折銀肆錢

臨清州常盈倉粟米叁千伍百石每石折銀肆錢

衡府郡王米叁百叁拾石貳升壹合每石折銀伍錢解司

本縣儒學倉粟米貳百肆拾石

本縣豐盈倉粟米貳千伍百壹拾陸石壹斗捌升玖合玖勺

另收

本府永阜倉粟米肆百石

顏料派剩米貳百肆拾貳石捌斗捌升每石折銀肆錢解司

經會録　糧而于　冊　六百卜六

# 馬草盐鈔

原額馬草捌萬玖千陸束實徵銀叁千壹百壹拾伍兩叁錢玖分

天師庵外場草貳千捌百肆拾束陸斤每束陸分共銀壹百柒拾兩肆錢貳分肆釐

安仁坊草場草陸千伍拾陸束每束伍分共銀叁百貳兩捌錢

太倉銀庫草陸萬陸千肆百捌拾柒束玖斤每束叁分伍釐共銀貳千叁百貳拾柒兩陸分陸釐

山海衛草玖千陸百束每束玖釐每伍拾兩加耗貳兩共銀捌拾肆兩捌錢

[illegible]廣倉草肆千陸百壹拾陸束每束伍分共銀貳百叁拾兩捌錢

京庫鈔銀無閘壹百柒拾叁兩貳錢叁分貳釐有閘壹百捌拾柒兩陸錢陸分捌釐

府庫鈔銀無閘貳百伍拾叁兩陸錢陸分壹釐貳毫有閘貳百柒拾肆兩柒錢玖分玖釐陸毫

# 蒙陰縣夏稅

原額小麥伍千貳百玖拾伍石貳斗玖升捌合柒勺

起運叄千捌百石實徵銀壹千肆拾伍兩肆錢壹分叄釐

御馬倉豌豆壹百貳拾玖石陸斗陸升伍合每石壹兩共銀壹百貳拾玖兩陸錢陸分伍釐

德州倉小麥折米貳百玖拾捌石玖斗叄升伍合每石捌錢共銀貳百叄拾玖兩壹錢肆分捌釐

登州府豐廣貳庫布壹千壹百貳拾貳疋準麥壹千叄百肆拾陸石肆斗每疋叄錢共銀叄百叄拾陸兩陸錢

御馬倉小麥貳拾伍石每石折銀壹兩陸錢共銀肆拾兩

登州府豐廣貳庫鈔貳萬錠準麥貳千石每錠壹分伍釐共銀叄百兩每伍拾兩加耗貳兩

絲綿折絹壹百肆拾柒疋貳丈柒尺壹寸柒分陸釐玖毫捌絲玖忽伍微每疋柒錢共銀壹百叄兩肆錢玖分伍釐

農桑折絹貳百肆拾貳疋肆尺叄寸伍分每疋柒錢共銀壹百陸拾玖兩肆錢玖分陸釐

存留壹千肆百玖拾伍石貳斗玖升捌合柒勺

本縣儒學倉小麥壹百貳拾捌石

本縣官倉小麥壹百壹拾柒石貳斗玖升捌合柒勺

兗州府沂州永豐倉小麥壹千貳百伍拾石

經會録　粮圭月二十一　七百五十七壹

# 秋糧

原額粟米壹萬貳千叄百柒拾壹石柒斗捌升柒合柒勺

起運捌千伍百石實徵銀肆千柒百叄兩貳錢捌分

保定府廣盈左右貳倉粟米叄千陸百伍拾陸石伍斗伍升伍合伍勺叄抄伍撮伍圭每石捌錢

派剩米貳百壹拾玖石柒斗貳升捌合玖勺貳抄玖撮每石柒錢共銀壹百伍拾叄兩捌錢壹分叄毫

河間府巨盈倉粟米貳百伍拾柒石叄升伍合伍勺叄抄伍撮陸圭每石陸錢共銀壹百伍拾肆兩貳錢

山海庫布準米叄千玖百陸拾陸石陸斗捌升每疋叄錢共銀壹千壹百玖拾兩肆釐

京庫地畝絹花絨叄拾壹斤肆兩肆錢徵收本色

存留叄千捌百柒拾壹石柒斗捌柒合柒勺

甲字庫槐花貳千柒百斤每斤價銀壹分準米陸拾柒石伍斗

丁字庫黃臘貳百伍拾陸斤每斤壹錢柒分準米壹百捌石捌斗

東平州常盈倉粟米貳千石每石折銀肆錢

衡府豐盈倉祿粳米壹百貳拾石

衡府豐盈倉祿粟米肆百肆拾石

衡府豐盈倉奏辭祿粟米壹百壹拾石每石折銀柒錢解司

衡府郡王將軍祿粟米貳百壹石柒斗捌升壹合解本府承奉房收

本縣儒學倉粟米貳百肆拾石

本縣官倉粟

稅夏州莒鈔鹽草馬

共銀貳千玖百玖拾伍兩貳錢肆分肆釐伍毫

萊草贓倉米豆肆百石每石柒錢共銀貳百捌拾兩

原額馬草貳萬柒千貳百束實徵銀壹千貳拾兩壹錢陸分叁釐

安東場草貳千壹百伍拾束共銀壹百伍兩貳錢伍分

分壹釐肆毫

中府外場草壹千肆百陸拾叁束米斤拾貳兩捌錢共銀捌拾柒兩捌錢壹分壹釐貳毫

大倉銀庫草貳萬叁千陸百叁拾壹束柒斤叁兩貳錢共銀捌百貳拾柒兩壹錢壹釐捌毫

京庫鈔銀無閏壹百肆拾捌兩捌錢有閏壹百陸拾壹兩貳錢

衛府部七米玖拾石貳斗壹升玖合每石折銀伍錢解司

衛府豐盈倉叁辭祿粳米叁拾石每石折銀壹兩解司

府庫鈔銀無閏貳百貳拾柒兩捌錢捌分伍毫有閏貳百叁拾陸兩肆分貳釐玖毫

米貳百柒拾陸斗陸升伍合貳勺

本府永阜倉粟米壹百[illegible]

顏料派剩米[illegible]百伍石捌斗貳升貳合伍勺每石肆錢解司

經會錄　糧　三百三　六百八

原額小麥貳萬肆千貳百玖拾柒石叁斗柒升壹合

起運壹萬柒千貳百石實徵銀叁千捌百壹拾柒兩陸錢捌分伍釐

萬全廣盈倉并張家口保倉小麥叁百石每石銀壹兩貳錢共銀叁百陸拾兩

御馬倉豌豆捌拾石肆斗貳升伍合伍石壹兩共銀捌拾兩肆錢貳分伍釐

登州府豐廣貳庫鈔壹拾肆萬伍千[illegible]壹萬肆千伍百[illegible]

德州倉小麥折米壹千壹百叁拾壹石伍斗米外伍合每石捌錢共銀玖百伍兩貳錢陸分

登州府豐廣[illegible]

絲綿折絹百柒拾肆疋伍尺肆寸貳分壹[illegible]每疋柒錢共銀肆百柒拾壹兩[illegible]

農桑折絹[illegible]

存留柒千玖拾柒石叁斗柒升壹合

本州儒學倉小麥壹百捌拾肆石

本州永豐倉小麥貳千肆百壹拾叁石叁斗柒升壹合

安東倉小麥肆千伍百石

原額粟米伍萬陸千捌百壹拾捌石叁斗玖升肆合捌勺 起運叁萬陸千石實徵銀壹萬陸千叁百叁拾壹兩肆錢玖分 密雲古北口倉粟米玖拾壹石捌斗陸升捌合陸勺伍抄每石壹兩共銀玖拾壹兩捌

保定府廣盈左右貳倉粟米柒千貳百壹拾叁石伍斗玖升貳合柒勺每石捌錢共銀伍千柒百柒拾兩捌錢柒分肆釐貳毫 河間府巨盈倉粟米伍百伍拾陸石壹升捌合陸勺伍抄每石陸錢共銀叁百叁拾叁

[illegible]華城倉里豆壹千伍百[illegible]拾壹石捌斗每石柒錢共銀壹千壹百兩貳錢陸分 派剩米叁百貳拾叁石肆斗每石柒錢共銀貳百貳拾陸兩叁錢捌分 山海廣布准米伍千叁百叁拾叁石叁斗貳升每疋叁

萬億庫布准米捌千壹百石每疋叁錢共銀貳千肆百叁拾兩 京庫地畝綿花絨叁百伍拾叁斤肆兩貳錢徵收本色

存留貳萬捌百壹拾捌石叁斗玖升肆合捌勺 甲字庫黑鉛壹百柒拾伍斤每斤價銀肆分准米拾柒石伍斗 丁字庫黃熟銅壹千壹百叁拾斤每斤價銀壹錢伍分准米肆百貳拾叁石柒斗伍升 兗州府廣盈

衛府[illegible]祿粟米肆百石 衛府郡王將軍祿粟米減派伍百陸拾捌石壹斗肆升每石伍錢解司 衛府郡王將軍祿粟米叁百肆拾壹石捌斗陸升解本府永阜倉 另收 本州儒學倉粟米叁百伍拾



[illegible]



錢陸分捌釐柒毫 延慶衛倉粟米陸百壹拾石每石捌錢伍分共銀伍百壹拾捌兩伍錢 萬億庫綿花絨壹萬伍千斤准米壹千伍百石每斤陸分共銀壹千伍拾兩

原額馬草壹拾萬叁百肆拾束實徵銀叁千

兩陸錢壹分壹釐貳毫 德州常盈庫布准米壹萬柒百石每疋叁錢共銀叁千貳百壹拾兩

居庸倉草玖千陸百捌拾捌束柒斤捌兩每

錢共銀壹千伍百玖拾玖兩玖錢玖分陸釐

鄭家莊馬房倉草叁千叁百束每束肆分共

京庫鈔銀無閏陸百貳兩陸錢壹分有閏[illegible]

倉粟米叁千石每石折銀肆錢 濟寧州永豐倉粟米伍千石每石折銀肆錢 德州常豐倉粟米叁千石每石折銀肆錢 衛府豐盈倉奏辭祿粳米壹百石每石壹兩解司

府庫鈔銀無閏壹千壹百壹拾捌兩叁錢玖

本州永豐倉粟米叁千肆拾叁石柒斗陸升玖合捌勺 本府永阜倉粟米壹百石 安東倉粟米肆千石 領料派剩米肆百柒拾叁石叁斗柒升伍合每石肆錢解司

# 鹽鈔

陸百叁拾
貳兩柒錢
陸分
中府外場草
叁千伍百
肆束陸斤
每束陸分
共銀貳百
壹拾兩貳
錢陸分肆
釐
安仁坊草場
草柒千叁
百玖拾叁
束柒斤捌
兩每束伍
分共銀叁
百陸拾玖
兩陸錢柒
分伍釐

束伍分共
銀肆百捌
拾肆兩肆
錢貳分伍
釐
山海庫草玖
千叁百肆
拾束每束
玖釐每伍
拾兩加耗
貳兩共銀
捌拾柒兩
肆錢貳分

銀壹百叁
拾貳兩
太倉銀庫草
陸萬柒千
壹百壹拾
叁束玖斤
每束叁分
伍釐共銀
貳千叁百
肆拾捌兩
玖錢柒分
陸釐

百伍拾貳
兩捌錢貳
分柒釐伍
毫

分貳釐有
閏壹千貳
百壹拾
兩肆錢柒
分肆釐



# 沂水縣夏税

原額小麥壹
萬玖千陸
百捌拾肆
石捌斗伍
升玖合肆
勺
起運壹萬肆
千叁百石
實徵銀叁
千伍百貳
拾叁兩叁
錢陸分貳
釐
酒麴麥折小
麥叁百陸
拾石每石
壹兩壹錢
共銀叁百
玖拾陸兩
光祿寺小麥

德州倉小麥
折米壹千
肆拾叁石
壹斗玖升
每石捌錢
共銀捌百
叁拾肆兩
伍錢伍分
貳釐
登州府豐廣
貳庫鈔玖
萬伍千錠
准麥玖千
伍百石每
錠壹分伍
釐共銀壹
千肆百貳
拾伍兩每
伍拾兩加
耗貳兩

登州府豐廣
貳庫布貳
千捌百壹
拾疋准麥
叁千叁百
柒拾貳石
每疋叁錢
共銀捌百
肆拾叁兩
絲綿折絹伍
百肆拾柒
疋壹丈貳
尺捌寸肆
分貳毫壹
絲伍微壹
纖每疋柒
錢共銀叁
百捌拾叁
兩壹錢捌
分壹釐

豐農桑折絹貳
百壹拾陸
疋壹丈叁
尺伍分每
疋柒錢共
銀壹百伍
拾壹兩肆
錢捌分陸
釐

存留伍千叁
百捌拾肆
石捌斗伍
升玖合肆
勺
本縣儒學倉
小麥壹百
貳拾捌石
本縣官倉小
麥壹百陸
石捌斗伍
升玖合肆
勺
日照縣廣豐
倉小麥壹
千叁百石

兗州府沂州
永豐倉小
麥叁千捌
百伍拾石

# 秋糧

貳拾肆石捌斗壹升每石壹兩共銀貳拾肆兩捌錢壹分

原額粟米肆萬陸千貳石壹斗捌合玖勺

起運叁萬壹千石實徵銀壹萬柒千肆百貳拾貳兩陸錢捌分壹釐

御馬倉菉豆肆百石每石壹兩叁錢共銀伍百貳拾兩

密雲古北口倉粟米貳千伍拾石伍斗玖升玖合肆勺伍抄柒撮每石壹兩共銀貳千伍拾兩伍錢玖分玖釐伍毫

供用庫菉豆貳百伍拾石每石壹兩貳錢共銀叁百兩

密雲隆慶倉粟米壹千

密雲古北口倉黑豆壹千伍百玖拾肆石捌斗柒升每石捌錢伍分共銀壹千叁百伍拾伍兩陸錢叁分玖釐伍毫

派剩米肆百壹拾柒石叁斗捌升伍合每石柒錢共銀貳百玖拾貳兩壹錢陸分玖釐伍毫

德州常盈庫布准米壹萬壹千貳百玖石捌斗貳升每疋叁錢共銀叁千叁百陸拾貳兩玖錢肆分陸釐

保定府廣盈左右貳倉粟米陸千捌百捌拾叁石肆斗伍升柒合柒勺陸抄每石捌錢共銀伍千伍百陸兩柒錢陸分陸釐貳毫

萬億庫布准米伍千肆百肆拾伍石捌斗陸升柒合柒勺捌抄叁撮每疋叁錢共銀壹千陸百叁拾叁兩柒錢陸分肆毫

京庫地畝綿花絨貳百肆拾伍斤叁兩陸錢捌分本色

存留壹萬伍千貳石壹斗捌合玖勺

甲字庫黄丹貳千伍百叁拾斤每斤價銀伍分准米叁百壹拾陸石貳斗伍升

丁字庫黄蠟捌百玖斤壹拾貳兩每斤價銀壹錢柒分准米叁百肆拾肆石壹斗肆升叁合柒勺伍抄

濟寧州永豐倉粟米肆千伍百石每石折銀肆錢

滕縣官倉粟米壹千伍百石每石折銀肆錢

臨清州常盈倉粟米貳千石每石折銀陸錢

衡府郡王將軍祿粟米壹千捌拾陸石解本府永阜倉另放

衡府郡王將軍祿粟米減派捌百陸拾石每石折銀伍錢解司

本縣儒學倉粟米貳百肆拾石

本縣官倉粟米壹百捌拾柒石壹斗壹升陸合肆勺

預料派剩米伍百壹拾捌石伍斗玖升捌合柒勺伍抄每石折銀肆錢解司

經會録　糧青　二十五

# 馬草盐鈔



叁百石每石玖錢共銀壹千壹百柒拾兩
[illegible]慶衛倉粟米壹千肆百肆拾捌石每石捌錢伍分共銀壹千貳百叁拾兩捌錢
原額馬草捌萬貳千伍百束實徵銀貳千玖百叁兩壹錢叁分貳釐肆毫叁絲
御馬倉內場草壹千束每束柒分共銀柒拾兩
中府外場草壹千肆百叁拾肆束貳斤壹兩每束陸分共銀捌拾陸兩肆分捌釐貳毫伍絲
壩上東馬房倉草叁千叁百束每束肆分共銀壹百叁拾貳兩

湖渠馬房倉草叁千壹百捌拾捌束柒斤捌兩每束肆分共銀壹百貳拾柒兩伍錢肆分
太倉銀庫草伍萬伍千陸百叁束伍斤拾叁兩陸錢每束叁分伍釐共銀壹千玖百肆拾陸兩壹錢壹分陸釐貳毫
居庸倉草壹千捌百伍拾叁束柒斤捌兩每束伍分共銀玖拾貳兩陸錢柒分伍釐

鄭家庄馬房倉草玖百伍束拾斤每束肆分共銀叁拾陸兩貳錢貳分柒釐
新草場草伍百伍拾肆束壹拾貳斤每束肆分伍釐共銀貳拾肆兩玖錢陸分陸釐
山海庫草捌千伍百束每束玖釐每伍拾兩加耗銀貳兩共銀柒拾玖兩伍錢陸分

安仁坊草場草陸千壹百陸拾束壹兩肆錢每束伍分共銀叁百捌兩伍絲
京庫鈔銀無閏叁百玖拾玖兩捌錢陸分肆釐有閏肆百叁拾叁兩壹錢捌分陸釐

衡府豐盈倉奏辭祿粳米壹百石每石壹兩解司
衡府豐盈倉奏辭祿粳米肆百石
本府永阜倉粟米貳千玖百伍拾石
府庫鈔銀無閏伍百捌拾伍兩伍錢壹分伍釐貳毫有閏陸百叁拾肆兩壹錢捌釐

# 日照縣夏稅秋糧

原額小麥捌千捌百捌拾伍石壹斗肆升柒合貳勺
起運陸千貳百石實徵銀壹千伍百柒拾陸兩柒錢伍分叁釐
酒醋麯局小麥壹百石肆斗每石壹兩壹錢共銀壹百壹拾兩肆錢肆分
原額粟米貳萬柒百肆拾肆石肆升柒合柒勺
起運壹萬肆千伍百石實徵銀陸千叁百貳拾伍兩陸錢玖分伍釐
光祿寺細粟米肆百捌拾叁石肆斗柒升伍合壹勺伍抄每石壹兩共銀肆百捌拾叁兩肆錢柒分伍釐貳

御馬倉豌豆伍拾壹石壹斗陸升伍合每石壹兩共銀伍拾壹兩壹錢陸分伍釐
登州府豐廣貳庫鈔肆萬捌千錠準麥肆千捌百石每錠壹分伍釐共銀柒百貳拾兩每伍拾兩加耗貳兩
保定府廣盈左右貳倉粟米叁千貳百柒拾肆石伍斗貳升肆合捌勺伍抄每石捌錢共銀貳千陸百壹拾玖兩陸錢壹分玖釐玖毫

德州倉小麥折米陸百玖拾陸石肆斗叁升伍合每石伍錢共銀捌百伍拾柒兩壹錢肆分捌釐
登州府豐廣貳庫布肆百陸拾疋準麥伍百伍拾貳石每疋叁錢共銀壹百叁拾捌兩
德州常盈庫布准米伍千柒百肆拾貳石每疋叁錢共銀壹千柒百貳拾貳兩陸錢

絲綿折絹貳百肆拾柒疋叁尺肆寸貳分柒釐貳毫柒絲叁忽伍微每疋柒錢共銀壹百柒拾貳兩玖錢柒分伍釐
農桑折絹貳百壹拾疋壹丈叁尺伍寸每疋錢共銀壹百肆拾柒兩貳錢玖分
京庫地畝綿花絨貳百叁拾捌斤壹拾貳兩貳錢徵收本色

存留貳千陸百捌拾伍石壹斗肆升柒合貳勺
本縣儒學倉小麥壹百貳拾捌石
本縣廣豐倉小麥壹千伍百伍拾柒石壹斗肆升柒合貳勺
存留陸千貳百肆拾肆石肆升柒合柒勺
甲字庫黃丹壹千貳百肆拾斤每斤折銀伍分准米壹百伍拾伍石
臨清州常盈倉粟米叁千石每石折銀肆錢
衛府豐盈倉奏辭祿粳米叁拾石每石折銀壹兩解司
衛府豐盈倉祿粳米壹

安東倉小麥壹千石
衛府豐盈倉祿粟米貳百捌拾石
衛府郡王將軍祿粟米壹百壹拾石解本府永阜倉另收
衛府郡王將軍祿粟米減派壹百石每石折銀伍錢解司
本縣儒學倉粟米貳百肆拾石
本府永阜倉粟米貳千貳拾玖石陸升貳合柒勺

經會録 一 糧壹乇 叅七五頁

毫

萬億庫布准米伍千石每疋叁錢共銀壹千伍百兩

## 馬草鹽鈔

原額馬草肆萬叁千陸拾束實徵銀壹千貳百玖拾玖兩玖錢捌分玖釐

山海庫草陸千束每束玖釐每伍拾兩加耗貳兩共銀伍拾陸兩壹錢陸分

太倉銀草叁萬壹千陸百壹拾壹束伍斤拾肆兩每束叁分伍釐共銀壹千壹百陸兩叁錢玖分捌釐柒毫

安丘坊草場草貳千柒百肆拾捌束玖斤貳兩每束伍分共銀壹百叁拾柒兩肆錢叁分叁毫

京庫鈔銀無閏貳百貳拾捌兩壹錢捌分有閏貳百肆拾柒兩壹錢玖分壹釐

府庫鈔銀無閏肆百肆拾叁兩肆錢貳分捌釐捌毫有閏肆百伍拾兩伍錢柒分壹釐貳毫

百貳拾石

衛府豐盈倉奏討祿粟米柒拾石每石折銀柒錢解司

顏料派剩米壹百玖石玖斗捌升伍合每石折銀肆錢解司



## 萊州府所屬掖縣夏稅

原額小麥壹萬壹千伍百陸石陸斗柒升玖合肆勺壹抄柒撮伍圭

起運米千陸百石實徵銀貳千伍百叁拾陸兩伍錢捌釐

萬全廣盈倉并張家口堡倉小麥柒拾柒石貳斗每石壹兩貳錢共銀玖拾

御馬倉小麥玖拾叁石肆斗貳升每石捌錢共銀壹百肆拾玖兩肆錢柒分貳釐

派剩各馬房倉小麥壹百玖拾玖石肆斗陸升每石壹兩共銀壹百玖拾玖兩肆錢陸分

德州倉小麥折米壹千叁拾肆石玖斗貳升

京庫本色紅花柒百斤每斤壹錢陸分准麥壹百柒拾伍石共銀壹百壹拾貳兩

登州府豐廣貳庫布准麥貳千伍百貳拾石每疋叁錢共銀陸百叁拾兩

廣寧前屯庫鈔叁萬伍千錠准麥叁千伍百石每錠壹

絲綿折絹叁百壹拾肆疋叁尺壹寸伍分柒釐伍毫肆絲伍忽每疋柒錢共銀貳百壹拾玖兩捌錢柒分

農桑折絹陸拾貳疋壹丈壹尺玖寸貳分伍釐每疋柒錢共銀肆拾叁兩陸錢陸分壹釐

存留叁千玖百陸石陸斗柒升玖合肆勺壹抄柒撮伍圭

本縣儒學倉小麥壹百貳拾捌石

本府儒學倉小麥貳百伍拾肆石

工徐倉小麥壹千捌百石

本府廣豐倉小麥壹千柒百貳拾肆石陸斗柒升玖合肆勺壹抄柒撮伍圭

# 秋糧

貳兩陸錢肆分

原額粟米貳萬陸千捌百肆拾捌石玖斗壹升捌合陸勺米撮伍圭

起運壹萬叁千石實徵銀柒千柒百貳拾柒兩柒錢伍分叁釐

白羊口倉粟米叁千貳百石每石玖

每石捌錢共捌百貳拾柒兩玖錢叁分陸釐

新開口等堡倉粟米壹千肆百伍石每石壹兩貳錢共銀壹千陸百捌拾陸兩

昌平州居庸倉粟米玖百陸拾陸石貳斗陸升伍合每石捌錢共銀柒百柒拾叁兩壹

分伍釐共銀伍百貳拾伍兩每伍拾兩加耗貳兩

派剩米伍百叁拾叁石柒斗叁升伍合每石陸錢共銀叁百貳拾兩貳錢肆分壹釐

登州府庫闊白綿布陸千捌百玖拾伍疋准米陸千捌百玖拾伍石每疋叁錢共銀貳

京庫地畝綿花絨伍拾斤壹拾貳兩本色

存留壹萬叁千捌百肆拾捌石玖斗壹升捌合陸勺米撮伍圭

甲字庫水膠肆千捌百叁拾斤每斤貳分叁釐准米貳百柒拾柒石柒斗貳升伍合

顏料剩米壹千柒百叁

本府廣豐倉粟米肆千壹百壹拾玖石柒升叁合陸勺米撮伍圭

王徐倉粟米貳千石

寧海州常豐倉粟米伍千石

本府儒學倉粟米肆百捌拾石

本縣儒學倉粟米貳百

# 馬草 鹽鈔

錢共銀貳千捌百捌拾兩

原額馬草肆萬貳千伍百束

起運叁萬玖千伍百束實徵銀壹千捌百貳拾玖兩肆錢陸分玖釐

宣府在城草場草貳千陸百陸束每束柒分每壹兩加腳價貳錢共銀貳百壹拾捌兩玖錢肆釐

分貳釐

天師庵外場草壹萬貳千柒百柒拾壹束每束陸分共銀柒百陸拾陸兩貳錢陸分

千陸拾捌兩伍錢

太倉銀庫草貳萬肆千壹百貳拾叁束每束叁分伍釐共銀捌百肆拾肆兩叁錢伍釐

京庫鈔銀無閏貳百捌拾壹兩伍錢柒分捌釐伍絲陸忽有閏叁百伍兩壹錢叁分陸釐

拾貳石壹斗貳升每石銀肆錢解司

存留叁千束該銀肆拾伍兩

即墨縣積盈倉草叁千束每束折料豆伍升

肆拾石

本府庫鈔銀無閏肆百貳拾陸兩伍錢捌分叁釐有閏肆百伍拾柒兩柒錢肆釐

## 平度州夏稅

原額小麥壹萬伍千叁百捌拾陸石叁斗壹升肆合叁勺壹抄叁撮伍圭

起運壹萬伍百石實徵銀叁千伍百叁拾壹兩叁錢玖分

廣寧前屯庫鈔叁萬肆千肆百伍拾錠准麥叁千肆百肆拾伍石每錠壹分伍釐共銀伍百壹拾陸兩柒錢伍分每伍拾兩加銀貳兩

御馬倉小麥萬全廣盈倉貳百玖石柒斗壹升伍合每石捌錢共銀叁百叁拾伍兩伍錢肆分肆釐

德州倉小麥折米捌百陸拾壹石貳斗肆升伍合每石捌錢共銀陸百捌拾捌兩玖錢玖分陸釐

派剩各馬房倉小麥壹百玖拾壹石貳斗肆升每石壹兩共銀壹百玖拾壹兩貳錢肆分

升張家口堡倉小麥壹百貳拾貳石捌斗每石壹兩貳錢共銀壹百肆拾柒兩叁錢陸分

京庫本色紅花貳千肆百斤每斤壹錢陸分准麥陸百石共銀叁百捌拾肆兩

登州府豐廣貳庫折准麥伍千柒拾石每疋叁錢共銀壹千貳百陸拾柒兩伍錢

絲綿折絹肆百貳拾陸疋壹丈陸尺捌分叁釐伍毫肆絲每疋柒錢共銀貳百玖拾捌兩伍錢伍分貳釐

農桑折絹壹百捌拾捌疋壹丈叁尺陸寸每疋柒錢共銀壹百叁拾壹兩捌錢玖分捌釐

存留肆千捌百捌拾陸石叁斗壹升肆合叁勺壹抄叁撮伍圭

本府廣豐倉小麥壹千叁百叁拾石

本州儒學倉小麥壹百捌拾肆石

雄崖倉小麥叁千貳百伍拾石

本州官倉小麥壹百貳拾貳石叁斗壹升肆合叁勺壹抄叁撮伍圭

## 秋糧

原額粟米叁萬伍千玖百壹石肆斗叁抄壹撮伍圭

起運壹萬玖千壹百陸拾石萊陽縣民姜進泰添紫納關米登州布壹千石共貳萬壹百陸拾石實徵銀壹

御馬倉粟豆壹百貳拾柒石肆斗每石壹兩叁錢共銀壹百陸拾伍兩陸錢貳分

新開口等堡倉粟米貳千肆拾玖石陸斗貳升伍合每石壹兩貳錢共銀貳

紫荊關新城倉粟米壹百陸拾貳石伍斗每石玖錢共銀壹百肆拾陸兩貳錢伍分

昌平州居庸倉粟米伍百叁拾叁石柒斗叁升伍合每石捌錢共銀肆百貳

易州倉粟米壹千柒百捌拾柒石貳斗玖升伍合每石捌錢共銀壹千肆百貳拾玖兩捌錢叁分陸釐

登州府庫綿花絨壹萬斤准米壹千石每斤伍分共銀

存留壹萬伍千柒百肆拾壹石肆斗叁抄壹撮伍圭外除壹千石大嵩倉米萊陽縣辦納訖

甲字庫藍靛玖千肆百壹拾斤每斤價銀壹分伍釐准米叁百伍

本州儒學倉粟米叁百伍拾石

本州官倉粟米貳百壹拾貳石貳斗叁抄壹撮伍圭

成山倉粟米壹千伍百石

大嵩倉粟米伍百石

登州府和豐倉粟米捌

經會錄　糧卷三　五十

# 馬草鹽鈔

萬貳千肆百叁拾兩伍錢捌分玖釐　昌平州黃花鎮倉粟米陸百石每石壹兩共銀陸百兩　登州府庫闊白綿布玖千捌百叁拾柒疋准米玖千捌百叁拾柒石每疋叁錢共銀貳千玖百伍拾壹兩壹錢

千肆百伍拾玖兩伍錢伍分、　密雲古北口倉粟米貳千陸百伍拾陸石肆斗肆升伍合每石壹兩共銀貳千陸百伍拾陸兩肆錢肆分伍釐　涿州庫綿花絨叁千斤准米叁百石每斤柒分共銀貳百壹拾兩

拾陸兩玖錢捌分捌釐　良鄉縣豐濟倉粟米壹千壹百陸石每石捌錢共銀捌百捌拾肆兩捌錢

伍百兩　京庫地畝綿花絨捌拾肆斤本色

拾貳石捌斗柒升伍合　甲字庫水膠米千伍百壹拾斤每斤銀貳分叁釐准米肆百叁拾壹石捌斗貳升伍合　東昌府廣盈倉粟米壹千石每石折銀肆錢　濟寧州永豐倉粟米壹千石每石折銀肆錢

千貳百[illegible]　本府慶豐倉粟米陸百石　顏料派剩米壹千伍百玖拾肆石伍斗每石折銀肆錢解司

經會録　粮茶四　道志信五百六十四

原額馬草伍萬肆千捌百束　起運伍萬壹千束實數銀貳千肆百肆拾捌兩陸分肆釐　宣府在城草塲草伍千壹百肆拾壹束柒斤捌兩每束柒分每兩加脚價貳錢共銀肆百叁拾壹兩捌錢捌分陸釐

北新草塲草肆萬壹千壹百壹拾叁束每束肆分伍釐共銀壹千捌百伍拾兩捌分伍釐

太倉銀庫草肆千柒百肆拾伍束柒斤捌兩每束叁分伍釐共銀壹百陸拾陸兩玖分叁釐

京庫鈔銀無閏伍百肆拾玖兩叁錢叁分陸釐有閏伍百玖拾伍兩壹錢叁分伍釐叁毫

存留叁千捌百束該銀伍拾柒兩　即墨縣積盈倉草叁千捌百束每束折料豆伍升

府庫鈔銀無閏捌百肆兩肆錢有閏捌百柒拾壹兩肆錢伍分柒釐伍毫

# 濰縣夏稅

原額小麥壹萬柒千捌百陸拾柒石肆斗柒升捌合叁勺壹抄柒撮肆圭 起運壹萬貳千貳百石 實徵銀肆千玖拾玖兩玖錢柒分貳釐 德州倉小麥折米壹千玖百玖拾壹石叁斗玖升每石捌錢共銀壹千伍百

派剩各馬房倉小麥壹百壹石陸斗壹升每石壹兩共銀壹百壹兩陸錢壹分 廣寧前屯庫鈔叁萬伍千伍百伍拾錠准麥叁千伍百伍拾伍石每錠壹分伍釐共銀伍百叁拾叁兩貳錢伍分每伍拾兩加耗

京庫本色紅花貳千肆百斤每斤壹錢陸分准麥陸百石共銀叁百捌拾肆兩 永平府山海庫闗白綿布肆千玖百陸拾疋准麥伍千玖百伍拾貳石每疋叁錢共銀壹千肆百捌拾捌兩

絲綿折絹肆百玖拾伍疋貳丈陸寸陸分玖釐叁毫壹絲每疋柒錢共銀叁百肆拾陸兩玖錢伍分叁釐 農桑折絹貳百柒拾柒疋壹丈玖尺玖寸伍分每疋柒錢共銀壹百玖拾肆兩叁錢叁分柒釐

存留伍千陸百陸拾柒石肆斗柒升捌合叁勺壹抄柒撮肆圭 本縣官倉小麥壹百壹拾玖石肆斗柒升捌合叁勺壹抄柒撮肆圭 本縣儒學倉小麥壹百貳拾捌石 即墨縣積盈倉小麥壹千捌百石

本府廣豐倉小麥貳千叁百貳拾石 夏河口倉小麥壹千叁百石隆慶肆年改膠州照數充徵米訖 登州府和豐倉米壹千叁百石係膠州隆慶肆年改與本縣徵麥解倉抵米之數

經會録 糧案五 八百八十二 本七表

# 秋糧

玖拾叁兩壹錢壹分貳釐 原額粟米肆萬壹千陸百玖拾石柒斗捌升貳合柒勺肆抄陸圭 起運貳萬壹千石萊陽縣民姜進奏添紫荊闗粟米登州府布壹千石共貳萬貳千石 實徵銀壹萬伍千玖拾壹兩壹

貳兩 御馬倉黑豆貳百伍拾石每石壹兩叁錢共銀叁百貳拾伍兩 白羊口倉粟米伍百壹拾玖石每石玖錢共銀肆百陸拾柒兩壹錢 懐來廣昌倉粟米貳千石每石壹兩貳錢共

紫荊闗新城倉粟米壹百陸拾貳石伍斗每石玖錢共銀壹百肆拾陸兩貳錢伍分 昌平州居庸倉黑豆壹千壹百石每石柒錢共銀柒百柒拾兩 派剩米肆百石每石柒錢共銀貳

登州府庫闗白綿布陸千捌百叁拾柒疋准米陸千捌百叁拾柒石每疋叁錢共銀貳千伍拾壹兩壹錢 薊州庫闗白綿布貳千伍百疋准米貳千伍百石每疋叁錢共銀柒百伍拾

存留壹萬玖千陸百玖拾石柒斗捌升貳合柒勺肆抄陸圭外除大嵩倉壹千石歸囬萊陽縣訖 甲字庫槐花柒千肆百肆拾貳斤捌兩每斤價銀壹分准米壹百捌拾陸石陸升貳合

本縣官倉粟米壹百捌拾石捌斗柒合柒勺肆抄陸圭 大嵩倉粟米壹千伍百石 成山倉粟米壹千伍百石 靖海倉粟米壹千石 百尺崖倉粟米貳千壹百石 本府廣豐倉

# 馬草鹽鈔

錢陸分捌釐

光祿寺細粟米伍百捌拾捌石壹斗貳升每石壹兩共銀伍百捌拾捌兩壹錢貳分

良鄉縣豐濟倉粟米壹千壹百肆拾陸石壹斗肆升伍合每石捌錢共銀玖百壹拾陸兩玖錢壹分陸釐

銀貳千肆百兩

新開口等堡倉粟米肆千肆百玖拾柒石貳斗叁升伍合每石壹兩貳錢共銀伍千叁百玖拾陸兩陸錢捌分貳釐

百捌拾兩

登州府庫絲花絨貳萬斤准米貳千石每斤伍分共銀壹千兩

兩

京庫地畝絲花絨伍百玖拾貳斤壹兩陸錢本色

伍勺

丁字庫黃牛皮肆拾陸張每張價銀叁錢肆分准米叁拾玖石壹斗

德州常豐倉粟米叁千石每石折銀肆錢

本縣儒學倉粟米貳百肆拾石

粟米柒千玖百石

顏料剩派米貳千肆拾肆石捌斗壹升貳合伍勺每石折銀肆錢解司

經會録　糧卷六　六百二十[illegible]

原額馬草陸萬伍千束

起運陸萬壹百伍拾束實徵銀貳千捌百肆拾肆兩捌錢壹分玖釐

宣府在城草場草伍千貳百貳拾捌束柒斤捌兩每束柒分每兩加脚價貳錢共銀肆百叁拾玖兩壹錢玖分肆釐

御馬倉內場草貳千伍百陸拾伍束每束柒分共銀壹百柒拾玖兩伍錢伍分

霸上南倉草肆千束每束肆分伍釐共銀壹百捌拾兩

鄭家庄馬房倉草壹千貳百伍拾肆束每束肆分共銀伍拾兩壹錢陸分

天師庵外場草伍千柒百陸拾肆束每束陸分共銀叁百肆拾伍兩捌錢肆分

西城坊草場草貳萬叁百貳拾貳束貳拾斤每束肆分伍釐共銀玖百壹拾肆兩伍錢貳分陸釐

太倉銀庫草貳萬壹千壹拾伍束拾斤捌兩每束叁分伍釐共銀柒百叁拾伍兩伍錢肆分玖釐

京庫鈔銀無閏肆百貳拾兩柒錢捌分有閏肆百伍拾伍兩叁錢陸分柒釐

行留草肆千捌百伍拾束該銀柒拾貳兩柒錢伍分

登州府和豐倉草肆千捌百伍拾束每束折料豆伍升

府庫鈔銀無閏陸百壹拾陸兩叁分陸釐柒毫有閏陸百陸拾柒兩叁錢柒分叁釐貳毫

# 昌邑縣夏稅　秋糧

原額小麥壹萬陸千肆百叁石貳斗伍合伍勺壹抄叁撮柒圭伍粒 起運壹萬壹千壹百石實徵銀叁千肆百壹拾兩柒錢柒分 御馬倉豌豆陸拾貳石伍升每石壹兩共銀陸拾貳兩伍分 原額粟米叁萬捌千貳百柒拾陸石捌斗壹升壹合玖勺玖抄捌撮柒圭伍粒 起運壹萬玖千石實徵銀壹萬壹千伍百叁拾伍兩柒分 密雲古北口倉粟米陸百陸拾陸石貳斗伍合每石壹兩共銀陸百陸拾陸兩貳錢伍釐

德州倉小麥折米壹千捌百壹拾陸石叁斗伍升每石捌錢共銀壹千肆百伍拾叁兩捌分 永平府山海衛闊白綿布肆千貳百柒拾疋准麥伍千壹百貳拾肆石每疋叁錢共銀壹千貳百捌拾壹兩 新開口等堡倉粟米壹千貳百陸拾伍石壹斗伍升每石壹兩貳錢共銀壹千伍百壹拾捌兩壹錢捌分解 光祿寺細粟米壹千柒百貳拾叁石柒升每石壹兩共銀壹千柒百貳拾叁兩柒分 沂剩米壹百玖拾陸石柒斗貳升伍合每石陸錢共銀

廣寧前屯庫鈔肆萬玖百柒拾陸錠准麥肆千玖拾柒石陸斗每錠壹分伍釐共銀陸百壹拾肆兩陸錢肆分每伍拾兩加耗貳兩 良鄉縣豐濟倉粟米貳千柒百貳拾玖石捌斗伍升每石捌錢共銀貳千壹百捌拾叁兩捌錢捌分 登州府庫闊白綿布陸千陸百伍疋准米陸千陸百伍石每疋叁錢共銀壹千玖百捌拾壹兩伍錢

絲綿折絹肆百伍拾陸疋壹丈伍尺捌寸捌分壹釐壹毫壹絲貳忽每疋柒錢共銀叁百壹拾玖兩伍錢肆分捌釐 農桑折絹壹百玖拾玖疋壹丈伍尺陸寸柒分伍釐每疋柒錢共銀壹百叁拾玖兩陸錢肆分叁釐 涿州庫闊白綿布貳千陸百壹拾肆疋准米貳千陸百壹拾肆石每疋叁錢共銀柒百捌拾肆兩貳錢 京庫地畝綿花絨壹百伍拾玖斤壹兩本色

存留伍千叁百叁石貳斗貳合伍勺壹抄叁撮柒圭伍粒 本縣儒學倉小麥壹百貳拾捌石 本縣官倉小麥壹百壹拾伍石貳斗貳合伍勺壹抄叁撮柒圭伍粒 存留壹萬玖千貳百柒拾陸石捌斗壹升壹合玖勺玖抄捌撮柒圭伍粒 甲字庫藍靛肆千貳百伍拾斤每斤[illegible]分伍釐准米壹百伍拾玖石叁斗柒升伍合 甲字庫槐花壹萬貳千壹百柒拾斤每斤壹分准米叁百肆石貳斗伍升 臨清州常盈倉粟米叁千石每石折銀肆錢 本縣儒學倉粟

鰲山倉小麥貳千伍百石 本府廣豐倉小麥貳千伍百陸拾石 本縣官倉粟米貳百柒拾陸石捌斗壹升壹合玖勺玖抄捌撮柒圭伍粒 本府廣豐倉粟米捌百石 登州府和豐倉粟米伍千石 尋山倉粟米壹千伍百石 成山倉粟米貳千石隆慶肆年膠州并過壹千伍百石共叁千伍百石 威海倉粟米貳千柒百石 奇山倉粟米壹千伍百石 額料派剩米貳百玖拾

經會録　根粱 七　刑思督字九百五

易州倉粟米叁千貳百石每石捌錢共銀貳千伍百陸拾兩

壹百壹拾捌兩叁分伍釐

米貳百肆拾石

靈山倉粟米壹千伍百石隆慶肆年撥與膠州

陸石叁斗柒升伍合每石折銀肆錢解司

## 馬草鹽鈔

原額馬草伍萬貳千貳百束

起運肆萬捌千伍百束實徵銀貳千肆拾叁兩玖錢肆分貳釐

御馬倉內場草貳千肆百伍拾伍束每束柒分共銀壹百柒拾壹兩捌錢伍分

天師庵新場草叁千捌百陸拾伍束每束陸分共銀貳百叁拾壹兩玖錢

宣府在城草場草叁千貳拾肆束每束柒分每兩加腳價貳錢共銀貳百伍拾肆兩壹分陸釐

北新草場草壹千捌百捌拾柒束每束肆分伍釐共銀捌拾肆兩玖錢壹分伍釐

太倉銀庫草叁萬肆千壹百壹拾伍束每束叁分伍釐共銀壹千壹百玖拾肆兩貳分伍釐

供用庫草叁千壹百伍拾肆束每束叁分肆釐共銀壹百柒兩貳錢叁分陸釐

京庫鈔銀無閏叁百貳拾陸兩捌錢叁分有閏叁百伍拾肆兩壹錢陸釐伍毫

存留草叁千柒百束該銀伍拾伍兩伍錢

即墨縣積盈倉草叁千柒百束每束折料豆伍升

府庫鈔銀無閏肆百柒拾捌兩伍錢柒分貳釐伍毫有閏伍百叁拾壹兩壹錢陸分伍毫

經會録　糧莢八　[illegible]百七十五

## 膠州夏稅

原額小麥壹萬壹千叁百叁拾壹石陸斗貳升伍勺壹抄柒撮肆圭

起運柒千肆百石實徵銀壹千玖百柒拾玖兩伍錢壹分叁釐

御馬倉豌豆玖拾伍石玖斗伍升每石壹兩共銀玖拾伍兩玖錢伍分

派剩各馬房倉小麥貳百壹石玖斗壹升伍合每石壹兩共銀貳百壹兩玖錢壹分伍釐

廣盈庫鈔肆萬肆千貳拾肆錠准麥肆千肆百貳石肆斗每錠壹分伍釐共銀陸百陸拾兩叁錢陸分

德州倉小麥折米陸百貳拾玖石柒斗叁升伍合每石捌錢共銀伍百叁兩柒錢捌分捌釐

薊州庫闊白綿布壹千柒百貳拾伍疋准麥貳千柒拾石每疋叁錢共銀伍百壹拾柒兩伍錢

絲綿折絹叁百壹拾壹疋壹丈叁寸肆分壹釐捌毫肆絲每疋柒錢共銀貳百壹拾柒兩玖錢貳分柒釐

農桑折絹叁百玖拾肆疋貳丈壹尺陸寸柒分伍釐每疋柒錢共銀貳百柒拾陸兩貳錢柒分伍釐

存留叁千玖百叁拾壹石陸斗貳升伍合壹抄柒撮肆圭

本州儒學倉小麥壹百捌拾肆石

靈山倉小麥貳千柒百石

本州官倉小麥壹千肆拾柒石陸斗貳升伍勺壹抄柒撮肆圭

## 秋糧　　馬草　塩鈔



原額粟米貳萬陸千肆百肆拾石肆斗肆升柒合柒勺玖抄肆撮陸圭 起運壹萬叁千石實徵銀陸千柒百貳拾伍兩伍錢伍分柒釐 昌平州黃花鎮倉粟米叁百玖拾石每石壹兩共銀叁百玖拾兩 密雲古北口倉粟米陸百柒拾柒石叁斗伍升每石壹兩共銀陸百柒拾柒兩叁錢伍分 原額馬草肆萬叁千束 起運肆萬束實徵銀壹千叁百陸拾玖兩壹分肆釐 西城坊草場草貳千陸百肆拾束每束肆分伍釐共銀壹百壹拾捌兩捌錢

光祿寺細粟米叁百伍拾貳石叁斗壹升每石壹兩共銀叁百伍拾貳兩叁錢壹分 紫荊關新城倉粟米叁百柒拾陸石柒斗捌升每石玖錢共銀叁百叁拾玖兩壹錢貳釐 昌平州黃花鎮倉黑豆陸百伍拾叁石肆斗每石捌錢伍分共銀伍百伍拾伍兩叁錢玖分 太倉銀庫草貳萬伍千玖拾捌束每束叁分伍釐共銀捌百柒拾捌兩肆錢叁分 鄭家庄馬房倉草貳千柒百肆拾陸束每束肆分共銀壹百玖兩捌錢肆分

瓜剩米貳千肆百肆拾玖石玖升每石柒錢共銀壹千柒百壹拾肆兩叁錢陸分叁釐 霸上南倉黑豆貳百柒拾石每石捌錢共銀貳百壹拾陸兩 登州府庫闊白綿布肆千捌百柒拾陸疋准米肆千捌百柒拾陸石每疋叁錢共銀壹千肆百陸拾貳兩捌錢 供用庫草柒千壹拾陸束每束叁分肆釐共銀貳百叁拾捌兩伍錢肆分肆釐 山海庫草貳千伍百束每束玖釐每伍拾兩加耗貳兩共銀貳拾叁兩肆錢

瓜剩米肆百叁拾玖石柒升每石陸錢共銀貳百陸拾叁兩肆錢肆分貳釐 薊州庫闊白綿布壹千伍百疋准米壹千伍百石每疋叁錢共銀肆百伍拾兩 涿州庫闊白綿布壹千壹拾陸疋准米壹千壹拾陸石每疋叁錢共銀叁百肆兩捌錢 京庫地畝綿花絨貳百壹拾柒斤本色 京庫鈔銀無閏壹百柒拾叁兩壹錢壹分貳釐有閏壹百捌拾柒兩伍錢叁分捌釐

存留壹萬叁千肆百肆拾石肆斗肆升柒合柒勺玖抄肆撮陸圭 本州儒學倉粟米叁百伍拾石 本州官倉粟米貳千伍百玖拾石肆斗肆升柒合柒勺玖抄肆撮陸圭 登州府和豐倉粟米壹千捌百石內壹千叁百石隆慶肆年奉明文改坐濰縣徵麥鮮本倉以抵米數實徵伍百石 存留草叁千束該銀肆拾伍兩 即墨縣積盈倉草叁千束每束折料豆伍升

成山倉粟米貳千石改撥壹千伍百石與昌邑實徵伍百石 靈山倉粟米陸千石隆慶肆年奉明文又加兌過昌邑縣米壹千伍百石共柒千伍百石 夏河倉粟米柒百石今加壹千叁百石原係濰縣夏稅存留瓜徵麥隆慶肆年奉明文以米本州徵米鮮本倉以抵麥數實徵米貳千石 府庫鈔銀無閏貳百陸拾叁兩壹錢伍分伍釐伍毫有閏貳百柒拾肆兩陸錢玖釐叁毫

## 高密縣夏稅

原額小麥壹萬壹千玖百伍拾柒石玖斗叁升捌合捌勺壹抄肆撮伍圭

起運柒千玖百石實徵銀壹千玖百叁拾兩柒錢柒分

德州倉小麥[illegible]伍百陸拾陸石壹斗貳升每石捌錢共銀肆百伍拾貳兩

泒剩谷馬麥倉小麥陸拾貳石捌斗捌升每石壹兩共銀陸拾貳兩捌錢捌分

御馬倉小麥叁拾伍石每石壹兩陸錢共銀伍拾陸兩

薊州庫闊白綿布[illegible]陸百柒拾叁疋准麥捌百柒石陸斗每疋叁錢共銀貳百

河間府滄州庫闊白綿布壹千陸百柒疋准麥壹千玖百貳拾捌石肆斗每疋叁錢共銀肆百捌拾貳兩壹錢

[illegible]前倉鈔[illegible]伍千伍百[illegible]肆千伍百石每錠壹分伍釐共銀陸百柒拾伍兩每伍拾兩加

絲綿折絹共百叁拾叁疋捌尺肆寸叁分壹釐壹毫伍絲每疋柒錢共銀貳百肆拾叁兩貳錢捌分伍釐

農桑折絹貳百叁拾柒疋貳丈柒尺陸寸柒分伍釐每疋柒錢共銀壹百陸拾陸兩伍錢陸釐

存留肆千伍拾柒石玖斗叁升捌合捌勺壹抄肆撮伍圭

本縣儒學倉小麥壹百貳拾捌石

本縣官倉小麥壹百玖石玖斗叁升捌合肆勺壹抄肆撮伍圭

浮山倉小麥貳千石

膠州官倉小麥柒百石

本府齊東倉小麥壹千壹百貳拾石



## 秋糧

捌錢玖分 陸糧

原額粟米貳萬柒千玖百貳石叁斗玖升貳合貳勺伍圭

起運壹萬叁千石實徵銀柒千壹百玖拾捌兩柒分叁釐

御馬倉菉豆壹百貳拾貳石陸斗每石壹兩叁錢共銀壹百伍拾

壹兩玖錢

泒剩米叁百捌拾玖石伍斗肆升肆合伍勺每石陸錢共銀貳百叁拾叁兩柒錢貳分陸釐柒毫

光祿寺細粟米壹千壹百叁拾肆石捌斗玖升壹合伍勺每石壹兩共銀壹千壹百叁拾肆兩捌

拌貳兩

泒剩米玖百壹拾柒石玖斗陸升肆合每石柒錢共銀陸百肆拾貳兩伍錢柒分肆釐捌毫

登州府庫闊白綿布肆千玖百貳拾伍疋准米肆千玖百貳拾伍石每疋叁錢共銀壹千肆百柒

昌平州苗花鎮倉粟米貳千柒百壹拾石每石壹兩共銀貳千柒百壹拾兩

薊州庫闊白綿布貳千捌百疋准米貳千捌百石每疋叁錢共銀捌百肆拾兩

京庫地畝綿花絨肆百壹拾肆斤

存留壹萬肆千玖百貳石叁斗玖升貳合貳勺伍圭

本縣儒學倉粟米貳百肆石

本縣官倉粟米貳百陸拾貳石叁斗玖升貳合貳勺伍圭

本府廣豐倉粟米貳千肆百石

[illegible]崖倉粟米

鰲山倉粟米柒千石

浮山倉粟米壹千捌百石

登州府和豐倉粟米貳千石

額外泒剩米叁拾陸石每石折銀肆錢解司

## 馬草盐鈔

以兩坐錢例分

原額馬草肆萬陸千陸百束

起運肆萬叁千束實徵銀壹千肆百叁拾貳兩陸錢陸分

太倉銀庫草叁萬壹千叁百肆拾柒束每束叁分伍釐共銀壹千玖拾柒兩壹錢肆分伍釐

錢玖分壹釐伍毫一

西城坊草場草貳千叁百貳拾叁束每束肆分伍釐共銀壹百肆兩伍錢叁分伍釐

供用庫草伍千捌百叁拾束每束叁分肆釐共銀壹百玖拾捌兩貳錢貳分

拾柒兩伍錢

山海庫草叁千伍百束每束玖釐每伍拾兩加耗貳兩共銀叁拾貳兩柒錢陸分

捌兩本色

京庫鈔銀無閏壹百柒拾柒兩柒錢捌分有閏壹百玖拾貳兩伍錢玖分肆釐

壹千貳百石

存留叁千陸百束該銀伍拾肆兩

登州府和豐倉草叁千陸百束每束折料豆伍升

府庫鈔銀無閏貳百陸拾兩叁錢貳分有閏貳百捌拾貳兩壹分貳釐柒毫

卷六之二

## 即墨縣夏稅

原額小麥壹萬貳千肆百肆拾柒石玖斗貳升捌合貳勺

起運捌千叁百石實徵銀貳千肆百肆拾柒兩玖錢伍分貳釐

派剩各馬房倉小麥壹百陸拾伍石柒斗陸升每石壹兩共銀壹百陸拾伍兩柒錢陸分

德州倉小麥折米壹千貳百柒拾石貳斗肆升每石捌錢共銀壹千壹拾陸兩壹錢玖分貳釐

登州府豐廣貳庫闊白綿布壹千貳百肆拾伍疋准麥壹千肆百玖拾肆石每疋叁錢共銀叁百柒拾叁兩伍錢

薊州庫闊白綿布柒百貳拾伍疋准麥捌百柒拾石每疋叁錢共銀貳百壹拾柒兩伍錢

廣寧前屯衛鈔肆萬伍千錠准麥肆千伍百石每錠壹分伍釐共銀陸百柒拾伍兩每伍拾兩加耗貳兩

絲綿折絹叁百肆拾伍疋壹丈捌尺肆寸肆分貳釐每疋柒錢共銀貳百肆拾壹兩玖錢肆釐

農桑折絹陸百伍拾陸疋陸尺玖寸伍分每疋柒錢共銀肆百伍拾玖兩叁錢伍分叁釐

存留肆千壹百肆拾柒石玖斗貳升捌合貳勺

本縣儒學倉小麥壹百貳拾捌石

鰲山倉小麥貳千石

本縣積盈倉小麥貳千壹拾玖石玖斗貳升捌合貳勺

## 秋糧

原額秋米貳白草口倉栗峪口官莊馬巡剌米[illegible]

萬玖千肆拾捌石柒斗肆升伍勺

起運壹萬肆千石貳斗

銀米千玖百叁拾捌兩肆錢柒分肆釐

米壹千陸百石 玖錢共銀肆拾[illegible]

易州倉粟米壹千捌拾石 每石捌錢 共銀[illegible]

[illegible]

折閏口米倉粟米[illegible]

石玖斗[illegible] 升[illegible]合 兩[illegible] 銀玖百叁拾 伍兩 錢捌分捌釐

[illegible]

本色[illegible] 千石

經會録 糧 卷十二

## 馬草 鹽鈔

光祿寺細粟米叁百米 拾貳石捌斗叁升 合每石壹兩共銀叁 百米拾貳兩捌錢叁 分肆釐

石貳斗貳升每石玖 錢共銀叁百捌拾兩 捌錢玖分

花絨肆百斤 京庫地畝絹 肆拾伍斤 壹兩本色

原額馬草肆萬伍千玖百叁拾肆束

起運肆萬壹千捌百伍拾束 千捌百伍拾貳束 拾壹千伍 銀壹千伍 百柒拾叁 兩米錢壹

陸錢 每束折銀 御馬倉馬草 太倉銀庫草

叁萬叁千 肆百肆拾束 每束銀叁分 伍釐共銀 壹千壹百 陸拾玖兩 壹錢肆分

[illegible]

## 鈔

分

登州府所屬

# 蓬萊縣夏稅

原額小麥捌千捌拾叁石貳斗貳升玖合陸勺叁抄貳撮伍圭

起運伍千肆百石實徵銀壹千柒百壹拾伍兩柒錢

延慶州永寧縣永寧倉并四海冶堡倉小麥壹百叁拾伍石肆斗每石壹兩貳錢共銀壹百陸拾貳兩肆錢捌分

衛馬倉小麥柒拾叁石肆斗貳升伍合每石壹兩陸錢共銀壹百壹拾柒兩肆錢捌分

廣寧前屯庫鈔叁萬伍千錠准麥叁千伍百石每錠壹分伍釐共銀伍百貳拾伍兩每伍拾兩加耗貳兩

德州倉小麥折米捌百捌拾柒石壹斗柒升伍合每石捌錢共銀柒百玖兩柒錢肆分

永平府山海庫闊白綿布陸百柒拾疋准麥捌百肆石每疋叁錢共銀貳百壹兩

絲綿折絹貳百貳拾肆疋叁尺伍寸伍分柒釐壹毫柒絲伍忽每疋柒錢共銀壹百伍拾陸兩捌錢柒分捌釐

農桑折絹壹百柒拾伍疋壹丈叁尺肆寸貳分伍釐每疋柒錢共銀壹百貳拾貳兩柒錢玖分肆釐

存留貳千陸百捌拾叁石貳斗貳升玖合陸勺叁抄貳撮伍圭

本縣儒學倉小麥壹百貳拾捌石

本府儒學倉小麥貳百伍拾肆石

本府和豐倉小麥貳千叁百壹石貳斗貳升玖合陸勺叁抄貳撮伍圭



# 秋糧

原額粟米壹萬捌千捌百陸拾石捌斗玖升叁合叁勺肆抄貳撮伍圭

起運柒千伍百石實徵銀肆千玖拾玖兩壹錢捌分

衛馬倉菉豆壹百陸拾石每石壹兩叁錢共銀貳百捌兩

延慶州雲州堡倉粟米貳百伍拾玖石貳斗每石壹兩貳錢共銀叁百壹拾壹兩肆分

山海倉粟米壹千捌百壹拾石貳升每石捌錢共銀壹千肆百肆拾捌兩壹分陸釐

保定府廣盈左右貳倉粟米捌百叁拾石玖斗壹升每石捌錢共銀陸百陸拾肆兩柒錢貳分捌釐

義河倉黑豆壹百叁拾石捌斗柒升每石捌錢共銀壹百肆兩陸錢玖分陸釐

登州府庫闊白綿布肆千貳百玖疋准米肆千貳百玖石每疋叁錢共銀壹千貳百陸拾貳兩柒錢

京庫地畝綿花絨壹百叁拾柒斤肆兩徵收本色

存留壹萬壹千叁百陸拾石捌斗玖升叁合叁勺肆抄貳撮伍圭

丁字庫黃牛皮捌拾貳張每張銀叁錢肆分共米陸拾玖石柒斗

本縣儒學倉粟米貳百肆拾石

本府儒學倉粟米肆百捌拾石

本府和豐倉粟米玖千捌百柒拾捌石壹斗肆升叁合叁勺肆抄貳撮伍圭

類料派剩米陸百玖拾叁石伍升每石折銀肆錢解司

# 馬草鹽鈔

光祿寺細粟米壹百石每石壹兩共銀壹百兩

原額馬草叁萬貳千陸百壹拾伍束

起運叁萬束實徵銀壹千叁百伍拾兩叁錢叁分叁釐

西城坊草場草陸千壹百捌拾束每束肆分伍釐共銀貳百柒拾捌兩壹錢

天師菴外場草叁千貳百肆拾壹束肆斤拾貳兩捌錢每束陸分共銀壹百玖拾肆兩肆錢柒分玖釐貳毫

司苑局草叁千伍百束每束伍分共銀壹百柒拾伍兩

御馬倉內場草叁千束每束柒分共銀貳百壹拾兩

大倉銀庫草壹萬肆千柒拾捌束壹拾斤叁兩貳錢每束叁分伍釐共銀肆百玖拾貳兩柒錢伍分叁釐捌毫

京庫鈔銀無閏壹百貳拾貳兩貳錢肆分肆釐有閏壹百叁拾貳兩肆錢叁分壹釐

存留草貳千陸百壹拾伍束該銀叁拾玖兩貳錢貳分伍釐

登州府和豐倉貳千陸百壹拾伍束每束折料豆伍升

府庫鈔銀無閏壹百柒拾玖兩貳毫有閏壹百玖拾叁兩柒錢壹分陸釐玖毫

經會錄　糧卷二　平上六百七十

# 黄縣夏税

原額小麥陸千叁百柒拾陸石捌升貳合

起運肆千肆百石實徵銀壹千柒百貳拾陸兩壹分叁釐

登州府豐廣貳庫闊白綿布壹千肆百貳拾疋准麥壹千柒百肆石每疋叁錢共銀肆百貳拾陸兩

延慶州永寧縣永寧倉并四海冶堡倉小麥貳百玖拾伍石伍斗叁升貳合伍勺每石壹兩貳錢共銀叁百伍拾肆兩陸錢叁分玖釐

德州倉小麥折米玖百石肆斗陸升柒合伍勺每石捌錢共銀柒百貳拾兩叁錢柒分肆釐

延慶衛前屯庫鈔壹萬伍千錠准麥壹千伍百石每錠壹分伍釐共銀貳百貳拾伍兩每伍拾兩加耗貳兩

絲綿折絹壹百柒拾捌疋捌尺陸寸捌分叁釐柒毫伍忽伍微每疋柒錢共銀壹百貳拾肆兩柒錢玖分

農桑折絹肆百伍拾陸疋壹尺玖寸肆分每疋柒錢共銀叁百壹拾玖兩貳錢肆分叁釐

存留壹千玖百柒拾陸石捌升貳合

本縣儒學倉小麥壹百貳拾捌石

本縣官倉小麥肆百肆拾捌石捌升貳合

靖海倉小麥伍百伍拾石

奇山倉小麥捌百伍拾石

## 糧

石額粟米壹萬肆千捌百柒拾柒石伍斗貳升肆合捌勺起運陸千石實徵銀肆千肆百柒拾壹兩柒錢登州府庫綿花絨壹萬貳千伍百斤准米壹千貳百伍拾石每斤伍分共銀陸百貳拾伍兩

光祿寺芝蔴壹百石每石壹兩叁錢伍分共銀壹百叁拾伍兩延慶州雲引豐倉粟米肆百貳拾柒石每石壹兩貳錢共銀伍百壹拾貳兩肆錢光祿寺細米貳百貳拾玖石每石壹兩共銀貳百貳拾玖兩

山海倉粟米壹百捌拾石每石捌錢共銀壹百肆拾肆兩供用庫芝蔴壹百石每石壹兩捌錢共銀壹百捌拾兩登州府庫閣白綿布玖百肆拾伍疋准米玖百肆拾伍石每疋叁錢共銀貳百捌拾叁兩伍錢

四海冶保倉粟米壹千壹百陸拾玖石每石壹兩貳錢共銀壹千肆百貳兩捌錢派剩米壹千陸百石每石陸錢共銀玖百陸拾兩京庫地畝綿花絨壹百貳拾壹斤捌兩徵收本色

存留捌千捌百柒拾柒石伍斗貳升肆合捌勺甲字庫光粉壹千柒拾柒斤肆兩每斤銀肆分伍釐准米壹百貳拾壹石壹斗玖升陸合貳抄伍撮丁字庫生銅玖百肆拾斤每斤折捌分准米壹百捌拾捌石威海倉粟米叁千叁百石

本縣儒學倉粟米貳百肆石本府和豐倉粟米貳千肆百石本縣官倉粟米肆百叁拾柒石伍斗貳升肆合捌勺百尺崖倉粟米壹千肆百石顏料派剩米捌百貳拾陸石捌斗玖合叁勺柒抄伍撮每石折銀肆錢解同[illegible]

經會録　粮登　三

## 馬草　鹽鈔

原額馬草貳萬伍千捌百叁拾肆束起運貳萬叁千束實徵銀壹千壹百伍拾陸兩陸錢陸分捌釐太倉銀庫草柒千叁百柒拾柒束肆斤叁兩貳錢每束叁分伍釐共銀貳百伍拾捌兩

中府外場草壹萬壹千叁百陸拾貳束拾斤拾貳兩捌錢每束陸分共銀陸百捌拾壹兩柒錢陸分叁釐貳毫西城坊草場草叁千貳百陸拾斤每束肆分伍釐共銀壹百肆拾陸兩柒錢

御馬倉內場草壹千束每束柒分共銀柒拾兩

京庫鈔銀無閏貳百陸兩玖錢伍分玖釐肆毫有閏貳百貳拾肆兩貳錢陸釐

存留貳千捌百叁拾肆束該銀肆拾貳兩伍錢壹分登州廣盈倉草貳千捌百叁拾肆束每束折料伍升

府庫鈔銀無閏叁百叁兩叁分陸釐肆毫有閏叁百貳拾捌兩貳錢玖分

# 棲霞縣夏稅

原額小麥伍[illegible]存留貳千柒百石本庫倉小

千玖百貳拾貳石伍斗壹升叁合叁勺捌抄陸撮伍圭

起運叁千貳百石實徵銀壹千肆拾捌兩肆錢叁分叁釐

派剩各馬房倉小麥貳百貳拾壹石壹斗陸升伍合每石壹兩共銀貳百貳拾壹兩壹錢陸分伍釐

折米肆百貳拾貳石捌斗叁升伍合每石捌錢共銀叁百叁拾捌兩貳錢陸分捌釐

廣寧前屯庫鈔壹萬伍千錠准麥壹千伍百石每錠壹分伍釐共銀貳百貳拾伍兩每伍拾兩加耗貳兩

貳庫賠白綿布捌百捌拾疋准麥壹千伍拾陸石每疋叁錢共銀貳百陸拾肆兩

絲綿折絹壹百陸拾伍疋陸分捌釐陸毫玖絲柒忽每疋柒錢共銀壹百伍拾伍兩壹錢貳釐

百叁疋貳丈叁尺壹寸捌分玖釐每疋柒錢共銀貳百壹拾貳兩陸錢捌釐

百貳拾貳石伍斗壹升叁合叁勺捌抄玖撮伍圭

本縣儒學倉小麥壹百貳拾捌石

本縣官倉小麥壹百貳拾肆石伍斗壹升叁合叁勺捌抄玖撮伍圭

福山縣豐盈倉小麥肆百柒拾石

麥壹千石

青州倉小麥叁百伍拾石

尋山倉小麥陸百伍拾石

經會録　糧　登四　合百四十七葉

# 秋糧

原額粟米壹萬叁千捌百壹拾玖石壹斗玖升柒合陸勺柒抄伍撮伍圭

起運伍千伍百石實徵銀叁千貳百捌拾貳兩陸錢

山海倉粟米柒百柒拾陸石肆斗每石銀捌錢共銀陸百貳拾壹兩壹錢貳分

保定府廣盈左右貳倉粟米壹千壹百壹拾捌石柒斗貳合伍勺每石捌錢共銀捌百玖拾肆兩玖錢陸分貳釐

光祿寺細粟米壹百肆拾叁石伍斗玖升伍合每石壹兩共銀壹百肆拾叁兩伍錢玖分伍釐

四海冶堡倉粟米叁百叁拾肆石柒斗貳合伍勺每石壹兩貳錢共銀肆百壹兩陸錢肆分叁釐

登州府庫闊白綿布壹千玖百陸拾疋准米壹千玖百陸拾石每疋叁錢共銀伍百捌拾捌兩

壩上倉黑豆壹百陸拾陸石陸斗每石捌錢共銀壹百叁拾叁兩貳錢捌分

登州府庫綿花絨壹萬斤准米壹千石每斤伍分共銀伍百兩

京庫地畝綿花絨壹百貳拾陸斤徵收本色

存留捌千叁百壹拾玖石壹斗玖升柒合陸勺柒抄伍撮伍圭

甲字庫水膠貳千柒百伍拾斤每斤銀貳分叁釐准米壹百伍拾捌石壹斗貳升伍合

丁字庫錫貳百玖拾貳斤每斤銀壹錢貳分捌釐准米玖拾叁石肆斗肆升

本縣儒學倉粟米貳百肆拾石

本縣官倉粟米壹百陸拾伍石壹斗玖升柒合陸勺柒抄伍撮伍圭

本府和豐倉粟米陸千捌百伍拾石

奇山倉粟米伍百石

額料派剩米叁百壹拾貳石肆斗叁升伍合每石折銀肆錢解司

馬草

原額馬草貳萬陸千捌百陸拾玖束 起運貳萬肆千貳拾束實徵銀玖百捌拾兩貳錢陸分玖釐 太倉銀庫草壹萬捌千貳拾伍束拾貳斤玖兩陸錢每束叁分伍釐共銀陸百叁拾兩玖錢肆釐肆毫

天師庵外場草壹千壹百柒拾伍束貳斤陸兩肆錢每束陸分共銀柒拾兩伍錢玖釐陸毫 御馬倉內場草壹千叁百貳拾伍束每束柒分共銀玖拾貳兩柒錢伍分

西城坊草場草壹千伍百陸拾玖束每束肆分伍釐共銀柒拾兩陸錢伍釐 中府外場草壹千玖百貳拾伍束每束陸分共銀壹百壹拾伍兩伍錢

京庫鈔銀無閏壹百柒拾貳兩捌錢陸分陸釐有閏壹百捌拾柒兩貳錢玖分肆釐

存留草貳千捌百肆拾玖束該銀肆拾貳兩柒錢叁分伍釐 文登縣廣盈倉草貳千捌百肆拾玖束每束折料豆伍升

府庫鈔銀無閏貳百伍拾叁兩壹錢貳分伍釐貳毫有閏貳百柒拾肆兩貳錢伍分貳釐

福山縣

夏稅

原額小麥伍千叁百貳拾肆石玖斗叁升陸合玖勺 起運叁千陸百石實徵銀壹千壹百柒拾伍兩玖錢貳分 派剩各馬房倉小麥壹百柒拾石捌斗每石壹兩共銀壹百柒拾兩捌錢

永平府山海庫布陸百陸拾肆疋准麥柒百玖拾陸石捌斗每疋叁錢共銀壹百玖拾玖兩貳錢 廣盈前屯庫鈔貳萬錠准麥貳千石每錠壹分伍釐共銀叁百兩每伍拾兩加耗貳兩

德州倉小麥折米陸百叁拾貳石肆斗每石捌錢共銀伍百伍兩玖錢貳分 絲綿折絹壹百肆拾柒疋壹丈叁寸伍分肆釐伍忽每疋柒錢共銀壹百叁兩壹錢貳分柒釐

農桑折絹肆百柒拾伍疋貳丈壹尺叁寸每疋柒錢共銀叁百叁拾貳兩玖錢陸分陸釐

存留壹千柒百貳拾肆石玖斗叁升陸合玖勺 本縣儒學倉小麥壹百貳拾捌石 本縣豐盈倉小麥壹百玖拾陸石玖斗叁升陸合玖勺 奇山倉小麥伍百伍拾石

寧海州常豐倉小麥捌百伍拾石

秋

原額粟米壹萬貳千肆

延慶州雲州堡倉粟米

渤海所倉粟米壹千陸

京庫地畝綿花絨壹百

存留柒千肆[illegible]貳拾肆

甲字庫水膠壹千貳百

糧　馬草　鹽　鈔

百貳拾肆石捌斗伍升貳合捌勺

起運伍千石實徵銀貳千捌百伍拾叁兩捌錢肆分

山海倉粟米貳百柒拾柒石每石捌錢共銀貳百貳拾壹兩陸錢

原額馬草壹萬肆千玖百捌拾叁束

起運壹萬叁千束實徵銀伍百叁拾柒兩貳錢玖分壹釐

太倉銀庫草捌千柒拾貳束玖斤每束銀叁分伍釐共銀貳百捌拾貳兩伍錢肆分壹釐

中府外場草壹千玖拾陸束每束陸分共銀陸拾伍兩柒錢[illegible]

肆拾陸石貳斗每石壹兩貳錢共銀伍拾伍兩肆錢肆分

登州府庫布叁千疋准米叁千石每疋叁錢共銀玖百兩

御馬倉內場草壹千束每束柒分共銀柒拾兩

居庸倉草伍百柒拾叁束陸斤每束伍分共銀貳拾捌兩陸錢柒分

百柒拾陸石捌斗每石壹兩共銀壹千陸百柒拾陸兩捌錢

覇上東馬房倉草貳千貳百伍拾捌束每束肆分共銀玖拾兩叁錢貳分

壹拾肆斤肆兩徵收本色

京庫鈔銀無閏捌拾叁兩玖錢伍分捌釐有閏玖拾兩玖錢陸分

石捌斗伍升貳合捌勺

本縣豐富倉粟米壹千柒百叁拾肆石伍斗柒升柒合捌勺

預料派剩米肆百柒拾陸石伍斗陸升每石折銀肆錢解司

存留壹千玖百捌拾叁束該銀貳拾玖兩柒錢肆分伍釐

文登縣廣盈倉草壹千玖百捌拾叁束每束折料豆伍升

捌拾貳斤每斤銀貳分叁釐准米柒拾叁石柒斗壹升伍合

本縣儒學倉粟米貳百肆拾石

靖海倉粟米貳千石

成山倉粟米貳千玖百石

府庫鈔銀無閏壹百貳拾貳兩玖錢叁分捌釐伍毫有閏壹百叁拾叁兩壹錢捌分叁釐肆毫



孟宗智四百卆

# 招遠縣夏稅

原額小麥伍千陸百叁拾柒石肆斗貳升叁合捌勺陸抄肆撮貳圭

起運肆千石

實徵銀壹千叁百壹拾叁兩貳錢陸分陸釐

德州倉小麥折米捌百肆拾貳石叁斗貳合每石捌錢共銀陸百柒拾叁兩

登州府豐廣、廣寧五刑平庫貳庫布壹千叁百捌拾壹疋伍尺柒寸伍分準麥壹千陸百伍拾柒石陸斗玖升捌合每疋叁錢共銀肆百壹拾肆兩肆錢貳分肆釐肆毫

鈔壹萬伍千錠準麥壹千伍百石每錠伍分伍釐共銀貳百貳拾伍兩每伍拾兩加耗貳兩

絲綿折絹壹百伍拾肆疋貳丈伍尺伍寸貳分玖釐陸毫捌絲捌忽陸微每疋柒錢共銀壹百捌兩叁錢伍

農桑折絹壹百壹拾陸疋貳丈伍尺肆寸每疋柒錢共銀捌拾壹兩柒錢伍分陸釐

存留壹千陸百叁拾柒石肆斗貳升叁合捌勺陸抄肆撮貳圭

本縣儒學倉小麥壹百貳拾捌石

本府和豐倉小麥壹千肆百石

本縣官倉小麥壹百玖石肆斗貳升叁合捌勺陸抄肆撮貳圭





# 秋糧

捌錢肆分壹釐陸毫

原額粟米壹萬叁千壹百伍拾叁石玖斗捌升捌合陸勺肆抄玖撮捌圭牛租米陸石

起運伍千石

實徵銀叁千壹拾貳兩肆錢

勃海所倉粟米陸百叁拾叁石每石壹兩共銀陸百叁拾叁兩

御馬倉菉豆陸拾石每石壹兩叁錢共銀柒拾捌兩

四海冶堡倉粟米壹百柒拾柒石每石壹兩貳錢共銀貳百壹拾貳兩肆錢

保定府廣盈左右貳倉粟米叁百石每石捌錢共銀貳百肆拾兩

分玖釐

登州府庫綿花絨柒千伍百斤準米柒百伍拾石每斤伍分共銀叁百柒拾伍兩

登州府庫布壹千玖百捌拾疋准米壹千玖百捌拾石每疋叁錢共銀伍百玖拾肆兩

山海倉粟米壹千壹百石每石捌錢共銀捌百捌拾兩

存留捌千壹百伍拾叁石玖斗捌升捌合陸勺肆抄玖撮捌圭牛租米陸石

甲字庫水膠壹千貳百捌拾貳斤每斤銀貳分叁釐准米柒拾叁石柒斗壹升伍合

本縣儒學倉粟米貳百肆拾石

金山倉粟米壹千石

本縣官倉粟米壹百叁拾伍石叁斗伍升壹合壹勺肆抄玖撮捌圭

奇山倉粟米陸百石

文登縣養濟倉粟米捌百石

靖海衛倉粟米伍千石

額料派剩米叁百肆石玖斗貳升貳合伍勺每石折銀肆錢解司

## 馬草鹽鈔

原額馬草貳萬柒千捌百肆拾柒束

起運貳萬伍千束實徵銀壹千捌拾玖兩陸錢貳分捌釐

御馬倉內場草壹千束每束柒分共銀柒拾兩

南石渠西倉草壹千伍百束每束肆分共銀陸拾兩

中府小場草伍千伍百束拾斤拾伍兩捌錢每束陸分共銀叄百叄拾兩肆分叄釐柒毫

大倉銀庫草壹萬貳千柒拾柒束肆斤貳錢每束叄分伍釐共銀肆百貳拾貳兩柒錢肆釐叄毫

新上東馬房倉草壹千伍百貳拾玖束每束肆分共銀陸拾壹兩壹錢陸分

北高倉草貳千叄百玖拾叄束每束肆分共銀玖拾伍兩柒錢貳分

居庸倉草壹千束每束伍分共銀伍拾兩

東庫鈔銀無閏壹百捌拾壹兩捌錢陸釐有閏壹百玖拾陸兩玖錢玖分伍釐玖毫

存留草貳千捌百肆拾柒束該銀肆拾貳兩柒錢伍釐

文登縣廣盈倉草貳千捌百肆拾柒束每束折料豆伍升

府庫鈔銀無閏貳百陸拾陸兩貳錢壹分陸釐有閏貳百捌拾捌兩肆錢肆分捌釐貳毫

經會録　八　賦役八

## 萊陽縣夏稅

原額小麥貳萬壹千伍百壹拾叄石叄斗玖升陸合叄勺陸抄伍撮伍圭叄粒

起運壹萬伍千石實徵銀伍千伍拾捌兩柒錢伍釐

延慶州永寧縣永寧倉折四海冶保倉小麥肆百捌拾柒石陸斗壹升柒合

御馬倉小麥陸拾柒石捌斗壹升叄合伍勺每石壹兩陸錢共銀壹百捌兩伍錢壹釐陸毫

派剩各馬房倉小麥壹百陸拾貳石叄斗叄升壹合每石壹兩共銀壹百陸拾貳兩叄錢叄分壹釐

德州倉小麥

御馬倉豌豆壹百伍拾石每石壹兩共銀壹百伍拾兩

登州府豐廣庫布壹千玖百貳拾捌疋貳丈叄尺貳寸伍分准麥貳千叄百壹拾肆石叄斗貳合每疋叄錢共銀伍百柒拾捌兩伍錢柒分伍釐伍毫

永平府山海庫布叄千叄百玖拾肆疋柒尺肆寸貳分准麥肆千柒拾叄石柒升捌合每疋叄錢共銀壹千壹拾捌兩貳錢陸分玖釐伍毫

絲綿折絹伍百玖拾伍疋陸尺伍寸伍分壹釐肆忽每疋柒錢共銀肆百壹

存留陸千伍百壹拾叄石叄斗玖升陸合叄勺陸抄伍撮伍圭叄粒

本縣儒學倉小麥壹百貳拾捌石

文登縣廣盈倉小麥伍百石

成山倉小麥貳千柒百伍拾石

大嵩倉小麥壹千石

靖海倉小麥伍百石

本縣廣盈倉小麥貳百捌拾伍石叄斗玖升陸合叄勺陸抄伍撮伍圭叄粒

# 秋糧

伍勺每石壹兩貳錢共銀伍百捌拾伍兩壹[illegible][illegible]分壹釐　河間府庫布貳百伍拾疋准麥叁百石每疋叁錢共銀柒拾伍兩　原額粟米伍萬貳百捌石肆斗陸升玖合捌勺陸抄玖撮伍圭捌粒　起運貳萬石　該縣民差進奏准歸復平糶起運貳千石充囤存留外止該起運壹萬捌千石實徵銀壹萬壹千伍百玖拾玖兩貳錢玖釐　延慶州[illegible]所堡倉粟米貳百肆拾柒石陸斗每石壹兩貳錢共銀貳百玖拾柒兩壹錢

折米壹千玖百肆拾肆石捌斗伍升捌合每石捌錢共銀壹千伍百伍拾伍兩捌錢捌分陸釐肆毫　光祿寺芝麻壹百石每石壹兩叁錢伍分共銀壹百叁拾伍兩　御馬倉黑豆貳百石每石壹兩叁錢共銀貳百陸拾兩　四海冶保倉粟米叁千玖百貳拾石肆斗玖升柒合伍勺每石壹兩貳錢共銀肆千柒百肆兩伍錢玖分柒釐　渤海所倉黑豆玖百壹石捌斗每石折銀捌錢伍分共銀柒百陸

廣寧前屯庫鈔伍萬伍千錠准麥伍千伍百石每錠壹分伍釐共銀捌百貳拾伍兩每伍拾兩加耗貳兩　保定府廣盈左右貳倉粟米貳百柒石壹斗伍升柒合伍勺每石捌錢共銀壹百陸拾伍兩柒錢貳分陸釐　阜口倉黑豆壹百玖拾肆石陸斗每石捌錢伍分共銀壹百陸拾伍兩肆錢壹分　供用庫芝麻壹百叁拾石每石壹兩捌錢共銀貳百叁拾肆兩　唐縣新興倉黑豆肆百石每石捌錢共銀叁

拾陸兩陸錢肆分肆釐　農桑折絹伍百陸拾疋貳尺壹寸每疋柒錢共銀叁百玖拾貳兩肆分陸釐　山海倉粟米陸百叁拾石貳斗叁升每石捌錢共銀伍百肆兩壹錢捌分肆釐　登州府庫布伍千捌百柒拾壹疋准米伍千捌百柒拾壹石每疋叁錢共銀壹千柒百陸拾壹兩叁錢　萬億庫布叁千叁百疋准米叁千叁百石每石叁錢共銀玖百玖拾兩　京庫地畝綿花絨壹百叁拾捌斤

大山倉小麥柒百伍拾石　海陽倉小麥陸百石　存留叁萬貳千貳百捌石肆斗陸升玖合捌勺陸抄玖撮伍圭捌粒　甲字庫水膠壹千貳百捌拾貳斤每斤銀貳分叁釐共銀貳拾玖兩肆錢捌分陸釐准米陸拾叁石柒斗壹升伍合　甲字庫黑鉛肆百貳拾陸斤壹拾貳兩每斤銀肆分共銀壹拾柒兩柒分准米肆拾貳石陸斗柒升伍合

威海倉粟米陸千石　本府和豐倉粟米貳千陸百石　尋山倉粟米貳千石　大嵩倉粟米玖千石　大山倉粟米叁千石　海陽倉粟米叁千陸百伍拾石　成山倉粟米叁千陸百石　預料派剩米壹千捌百柒石伍斗貳升貳合伍勺每石折銀肆錢共銀柒百貳拾叁兩玖釐解司

# 馬草塩鈔

貳分
光祿寺細粟米貳百肆石玖斗伍升柒合伍勺每石壹兩共銀貳百肆兩玖錢伍分柒釐伍毫
原額馬草柒萬貳千柒百貳拾肆束
起運陸萬柒千束實徵銀貳千柒百伍拾壹兩伍錢叄分叄釐
天師庵外場草貳千伍百捌拾叄束柒斤拾貳兩捌錢每束陸分共銀壹百伍拾伍兩壹分壹釐貳毫
中府外場草陸千肆百貳拾玖束肆斤拾貳兩陸錢每束陸分共銀叄百捌拾伍兩柒錢伍分玖釐貳毫

拾陸兩伍錢叄分
義河倉盈豆叄百柒拾伍石肆斗伍升每石捌錢共銀叄百兩叄錢陸分
司苑局草壹千伍百束每束伍分共銀柒拾伍兩
南石渠西倉草叄千捌百肆拾捌束每束肆分共銀壹百伍拾叄兩玖錢貳分
居庸倉草伍千柒百捌拾束玖斤每束伍分共銀貳百捌拾玖兩叄分

百貳拾兩
沁剩米壹千叄百壹拾陸石柒斗柒合伍勺每石陸錢共銀柒百玖拾兩貳分肆釐伍毫
太倉銀庫草肆萬玖百貳拾捌束壹拾壹斤陸兩陸錢每束叄分伍釐共銀壹千肆百叄拾貳兩伍錢陸釐陸毫
西城坊草場草肆千陸百貳拾貳束拾貳斤每束肆分伍釐共銀貳百捌兩貳分陸釐

肆兩徵收本
本色
北高倉草壹千叄百柒束每束肆分共銀伍拾貳兩貳錢捌分
京庫料銀無閏陸百叄拾壹兩伍錢壹分貳釐有閏陸百捌拾肆兩壹錢叄分捌釐

縣官倉粟米壹百玖拾肆石伍斗伍升柒合叄勺陸抄玖撮伍圭捌粒
本縣儒學倉粟米貳百肆拾石
存留草伍千柒百貳拾肆束該銀捌拾伍兩捌錢陸分
登州府和豐倉草伍千柒百貳拾肆束每束折料豆伍升

府庫鈔銀無閏玖百貳拾肆兩柒錢壹分肆釐有閏壹千壹兩柒錢柒分叄釐壹毫

## 學海州夏稅

原額小麥米千肆百肆拾叁石叁斗叁升捌合叁勺貳抄玖圭

起運伍千石 實徵銀壹千陸百玖拾肆兩陸錢叁分叁釐

德州倉小麥折米壹十貳百柒拾叁石捌斗柒升捌合每石捌錢共銀壹千壹拾玖兩壹錢貳釐

永平府山海庫布玖百柒拾壹疋貳丈肆尺伍寸捌分准麥壹十壹百肆拾陸石壹斗貳升柒合每疋叁錢共銀貳百玖拾壹兩伍錢叁分陸毫

廣寧前屯衛鈔貳萬伍千陸百錠准麥貳千伍百陸拾石每錠壹分伍釐共銀叁百捌拾肆兩每伍拾兩加耗貳兩

絲綿折絹貳百陸疋貳尺陸寸叁分八釐伍毫肆絲貳忽伍微每疋柒錢共銀壹百肆拾肆兩貳錢伍分捌釐

農桑折絹壹百柒拾玖疋貳丈壹寸每疋柒錢共銀壹百貳拾伍兩柒錢肆分壹釐

存留貳千肆百肆拾叁石叁斗叁升捌合叁勺貳抄玖圭

本州儒學倉小麥壹百捌拾肆石

本州常豐倉小麥壹千貳百伍拾玖石叁斗叁升捌合叁勺貳抄玖圭

威海倉小麥壹千石



## 秋糧

肆壹

原額粟米壹萬柒千叁百陸拾柒石柒斗捌升玖合肆勺捌抄貳撮壹圭

起運柒千石 實徵銀肆千捌百捌拾貳兩

御馬倉草豆壹百捌拾石每石壹兩叁錢共銀貳百叁拾肆兩

延慶州雲州保安倉粟米

四海冶堡倉粟米玖百玖石玖斗每石壹兩貳錢共銀壹千玖拾壹兩捌錢捌分

保定府廣盈左右貳倉粟米玖百柒石陸斗捌升每石捌錢共銀柒百貳拾陸兩壹錢肆分肆釐

登州府綿花絨壹萬斤

渤海所倉粟米肆百玖拾石貳斗每石壹兩共銀肆百玖拾兩貳錢

覇上東馬房倉黑豆貳百伍拾貳石貳斗貳升每石捌錢共銀貳百壹兩柒錢柒分陸釐

鎮邊城新城倉綿花絨壹千斤准

登州府庫布貳千肆百陸拾疋准米貳千肆百陸拾石每疋叁錢共銀柒百叁拾捌兩

京庫地畝綿花絨壹百伍拾陸斤壹拾兩徵收本色

存留壹萬叁百陸拾柒石柒斗捌升玖合肆勺捌抄貳撮壹圭

甲字庫水膠玖千貳百捌拾斤每斤銀貳分叁釐准米伍百叁拾叁石陸斗

本州常豐倉粟米肆千玖百貳拾貳石捌斗肆升伍合柒勺叁抄

威海倉粟米貳千石

奇山倉粟米壹千肆百石

顏料派剩米壹千壹百陸拾壹石叁斗肆升叁合柒勺伍抄每石折銀肆錢解司

## 馬草鹽鈔

米百石每石壹兩貳錢共銀捌百肆拾兩

原額馬草叁萬肆百陸束

起運貳萬捌千束實徵銀壹千叁百伍拾玖兩捌錢捌分陸釐

御馬倉內場草貳千壹百壹束每束米分共銀壹百肆拾柒兩柒分

准米壹千石每斤伍分共銀伍百兩

太倉銀庫草壹萬壹千陸百貳拾肆束拾肆斤陸兩肆錢每束叁分伍釐共銀肆百陸兩捌錢米分叁釐陸毫

薊花馬房倉草壹千捌百束每束肆分伍釐共銀捌拾壹兩

米壹百石每斤陸分共銀陸拾兩

中府外場草壹萬米百米拾陸束玖兩陸錢每束陸分共銀陸百肆拾陸兩伍錢陸分貳釐肆毫

南苑西倉草陸百伍拾貳束每束肆分共銀貳拾陸兩捌分

召廣倉草壹千肆拾陸束每束伍分共銀伍拾貳兩叁錢

京庫鈔銀無閏貳百叁拾捌兩玖錢陸分貳釐有閏貳百伍拾捌兩捌錢米分伍釐伍毫

貳撥京主

本州儒學倉粟米叁百伍拾石

存留草貳千肆百肆束該銀叁拾陸兩玖分

文登縣豐盈倉草貳千肆百陸束每束折料豆伍升

府庫鈔銀無閏叁百肆拾貳兩肆錢玖分叁釐貳毫有閏叁百米拾玖兩陸分米釐肆毫



## 文登縣夏税

原額小麥壹萬陸百玖拾貳石貳斗陸升叁合貳勺玖抄壹撮肆圭米粒

起運米千肆百石實徵銀貳千貳百貳拾兩米錢米分叁釐壹毫

派剩各馬房倉小麥壹百捌拾貳石玖斗陸升伍合伍勺每石壹兩共銀壹

御馬倉小麥伍拾石每石壹兩陸錢共銀捌拾兩

隆慶州永寧縣永寧倉并四海冶堡倉小麥捌拾壹石肆斗伍升每石壹兩貳錢共銀玖拾米兩米錢肆分

德州倉小麥折米捌百米拾米石伍斗捌升肆合伍勺

登州府豐濟貳庫布壹千捌百玖拾疋准麥貳千貳百陸拾捌石每疋叁錢共銀伍百陸拾米兩

廣盈正副庫鈔叁萬玖千肆百錠准麥叁千玖百肆拾石每錠壹分伍釐共銀伍百玖拾壹兩每伍拾兩加耗貳兩

絲綿折絹貳百玖拾壹疋貳丈肆尺肆分捌釐貳毫肆絲玖忽米微伍纖每疋米錢共銀貳百肆兩貳錢貳分陸釐

農桑折絹叁百貳拾伍疋肆尺捌寸捌分伍釐每疋米錢共銀貳百貳拾米兩陸錢米釐

存留麥壹千貳百玖拾貳石貳斗陸升叁合貳勺玖抄壹撮肆圭米粒

本縣儒學倉小麥壹百貳拾捌石

本縣廣盈倉小麥陸百陸拾肆石貳斗陸升叁合貳勺玖抄壹撮肆圭米粒

金山倉小麥壹千石

靖海倉小麥伍百石

寧津倉小麥壹千石

# 秋糧

# 馬草鹽鈔

百捌拾貳兩玖錢陸分伍釐伍毫

原額粟米貳萬肆千玖百肆拾捌石陸斗壹升柒合陸勺柒抄伍撮伍圭

起運玖千石實徵銀伍千玖拾伍兩伍錢陸分

四海冶堡倉粟米肆百捌拾捌石玖斗每石壹兩貳錢共銀伍百捌拾陸兩陸錢捌分

唐縣新興倉黑豆伍百石每石捌錢共銀肆百兩

原額馬草叁萬捌千貳百貳拾貳束

起運叁萬肆千陸百伍拾束實徵銀壹千貳百柒拾陸兩玖錢壹分

御馬倉內場草伍百柒拾肆束共銀肆拾伍兩[illegible]錢捌分

每石捌錢共銀柒百貳兩陸分柒釐陸毫

山海倉粟米柒百貳拾陸石叁斗伍升每石捌錢共銀伍百捌拾壹兩捌分

北高倉黑豆叁百叁拾伍石捌斗每石捌錢共銀貳百陸拾捌兩陸錢肆分

保定府廣盈左右貳倉粟米壹千玖百伍拾伍石伍斗伍升每石捌錢共銀壹千伍百陸拾肆兩肆錢肆分

薊上東馬房倉草陸百壹拾叁束共銀貳拾肆兩伍錢貳分

中府外場草壹千陸百肆拾束貳斤拾叁兩貳錢共銀玖拾捌兩肆錢壹分壹[illegible]貳毫

薊上倉黑豆叁百玖拾叁石肆斗每石捌錢共銀叁百壹拾肆兩柒錢貳分

登州府庫布肆千陸百疋准米肆千陸百石每疋叁錢共銀壹千叁百捌拾兩

太倉銀庫草叁萬壹千捌百貳拾貳束拾貳斤貳兩捌錢共銀壹千壹百壹拾叁兩柒錢玖分捌釐柒毫

京庫地畝綿花絨陸拾肆斤壹拾壹兩貳錢徵收本色

京庫鈔銀無閏貳百叁拾叁兩捌錢玖分捌釐有閏貳百伍拾叁兩叁錢捌分玖釐伍毫

存留壹萬伍千玖百肆拾捌石陸斗壹升柒合陸勺柒抄伍撮伍圭

甲字庫水膠叁千柒百捌拾肆斤每斤銀貳分叁釐共銀捌拾柒兩叁分貳釐准米貳百壹拾柒石伍斗捌升

本縣[illegible]倉粟米貳百肆拾石

靖海倉粟米貳千石

寧津倉粟米壹千伍百石

存留草叁千伍百柒拾貳束該銀伍拾叁兩伍錢捌分

文登縣廣盈倉草叁千伍百柒拾貳束每束折料豆伍升

丁字庫牛觔玖百玖拾肆斤每斤捌分玖釐共銀捌拾捌兩肆錢陸分陸釐准米貳百貳拾壹石壹斗陸升伍合

本縣廣盈倉粟米壹萬壹千叁百捌拾肆石貳斗伍升柒合陸勺柒抄伍撮伍圭

顏料派剩米叁百捌拾伍石陸斗壹升伍合每石折銀肆錢解司

府庫鈔銀無閏叁百肆拾貳兩肆錢玖分叁釐貳毫有閏叁百柒拾壹兩叁分肆釐柒毫

税糧總額

山東布政司全省共夏税小麥捌拾伍萬伍千貳百貳拾壹石肆斗柒升捌合捌勺貳抄肆圭伍微伍纖内除曲阜縣孔氏奏免小麥肆拾玖石叁斗叁升壹合捌勺壹抄陸撮柒粒外實徵小麥捌拾伍萬伍千壹百柒拾貳石壹斗肆升柒合肆撮叁圭玖粟叁粒伍微伍纖税絲貳千玖拾壹斤捌兩捌錢壹分貳釐陸毫陸絲玖忽内除孔氏奏免壹斤壹拾壹兩陸錢陸分貳釐柒毫壹忽陸微外實徵貳千捌拾玖斤壹



拾叁兩壹錢肆分玖釐玖毫陸絲柒忽肆微絲綿折絹貳萬貳千壹百陸拾伍疋壹丈伍尺叁寸壹毫陸絲捌忽陸微壹纖柒渺農桑絲折絹叁萬貳千捌百貳拾伍疋壹寸柒分陸釐本色絲貳拾斤陸兩叁錢壹分貳釐起運小麥陸拾貳萬肆千捌百伍拾石隆慶伍年部坐倉實徵銀貳拾貳萬玖千肆百玖拾壹兩柒分零御馬倉大麥肆千柒百石准小麥貳千叁百伍拾石每大麥壹石銀捌錢豌豆叁千捌百石准小麥抵斗每石銀壹兩馴象千戶所外象房倉大麥壹千叁百貳拾伍石陸斗玖升准小麥陸百陸拾貳石捌斗肆升伍合每大麥壹石銀柒錢壩上倉大麥

貳百壹拾柒石肆斗捌升准小麥壹百捌石柒斗肆升每大麥壹石銀柒錢豌豆貳百壹拾柒石肆斗捌升准小麥抵斗每石銀壹兩神樂觀小麥壹千叁百捌石肆斗壹升捌合陸勺每石銀捌錢伍分解部轉發太倉銀庫交收以備神樂觀樂舞生支用光禄寺小麥捌千石本色肆分折色陸分每石銀壹兩酒醋麵局小麥貳千貳百石本色每石銀壹兩壹錢臨清廣積貳倉小麥貳萬石本色無麥納米照例每石徵銀捌錢德州倉小麥陸萬石本色無麥納米照例每石徵銀捌錢內改撥伍千捌



百石赴天津倉交納保安州懷安廣備倉小麥貳千陸百石延慶州懷來廣阜倉小麥壹千石保安州宣德等叁倉𠦜趙川葛峪堡倉小麥柒千石保安州新興倉小麥陸百石延慶州永寧縣永寧倉𠦜四海冶堡倉小麥壹千叁百石萬全廣盈倉𠦜張家口堡倉小麥柒百石保安州柴溝堡倉𠦜西陽河堡倉小麥壹千石延慶州龍門廣盈倉𠦜獨石馬營雲州赤城龍門鵰鶚長安嶺堡倉小麥叁千肆百石以上捌項俱宣府倉口每石銀壹兩外加脚價銀貳錢永平府山海倉小麥壹千柒百

石每石銀捌錢涿州常盈倉小麥壹千捌百石本色壹半無麥納米折色壹半每石銀柒錢保定府易州倉小麥壹千伍百石本色壹半無麥納米折色壹半每石銀柒錢保定府廣盈左右貳倉小麥伍千伍百石本色壹半玖納折色每石折銀捌錢折色壹半每石折銀柒錢眞定府豐盈倉小麥肆千石本色無麥納米每石銀捌錢眞定府定州永豐倉小麥柒百石本色無麥納米每石銀捌錢永平府山海庫闊白綿布壹拾貳萬疋准小麥壹拾肆萬肆千石每疋銀叁錢廣寧前屯庫鈔伍拾萬錠每錠折銀壹分伍釐共



准小麥伍萬石登州府豐廣貳庫闊白綿布伍萬疋准小麥陸萬石每疋折銀叁錢鈔壹百叁拾萬錠每錠折銀壹分伍釐共准小麥壹拾叁萬石通州通濟庫闊白綿布陸千疋准小麥柒千貳百石每疋銀叁錢解部轉發通州庫交納萬全萬億庫闊白綿布壹萬疋准小麥壹萬貳千石每疋銀叁錢解部轉發該庫交納德州常盈庫闊白綿布肆萬壹千玖百伍拾柒疋准小麥伍萬叁百肆拾捌石肆斗內壹千陸百疋該起運薊州倉之數每疋銀叁錢餘肆萬叁百伍拾柒疋自嘉靖陸年為始於內分撥壹萬陸千伍百

捌拾疋徑解河間府庫交收以備河間衛瀋陽中屯衛大同中屯衛軍士冬衣布壹萬貳千貳百貳拾玖疋徑解河間府靜海縣庫交納以備天津衛并天津左右貳衛軍士冬衣布肆千壹拾捌疋徑解保定府唐縣庫交收以備真定衛守禦倒馬關中千户所軍士冬衣布壹千陸百柒疋徑解河間府滄州庫交收以備直隷滄州守禦千户所軍士冬衣布各支用以上每疋各折銀叁錢其餘伍千玖百貳拾叁疋每疋銀叁錢改撥薊州上納以備新增軍士冬衣布支用鎮邊城新城倉綿布玖百疋准小麥壹千捌拾石每



疋銀叁錢白羊口倉綿布叁百伍拾疋准小麥肆百貳拾石每疋銀叁錢横嶺口倉綿布壹千壹百疋准小麥壹千叁百貳拾石每疋銀叁錢京庫闊白綿布貳萬疋本色准小麥貳萬肆千石每疋脚價銀貳分叁釐紅絨花叁萬斤每斤折銀壹錢陸分准小麥貳斗伍升共准小麥柒千伍百石派剩各馬房倉小麥伍千伍百叁拾肆石壹斗壹升陸合肆勺每石銀壹兩赴太倉銀庫交納德州常盈庫絲綿折絹壹百肆拾肆疋壹丈肆尺玖分肆釐捌毫壹絲每疋銀捌錢農桑折絹伍百玖拾疋貳丈柒尺柒寸伍分每疋銀捌

錢京庫絲綿折絹貳萬貳千壹疋壹尺貳寸伍釐叁毫伍絲捌忽陸微壹纖柒渺每疋銀柒錢農桑折絹叁萬貳千貳百叁拾肆疋肆尺肆寸貳分陸釐每疋銀柒錢存留貳拾叁萬叁百貳拾貳石壹斗肆升柒合肆撮叁圭玖粟叁粒伍微伍纖濟南府廣豐倉小麥壹萬玖千貳百伍拾石濟南府廣儲倉小麥壹萬玖千肆百陸拾壹石貳斗壹升叁合捌勺陸抄肆撮德州常豐倉小麥壹萬叁百貳石叁斗伍升玖合壹勺貳抄武定州官倉小麥壹千貳百壹拾捌石叁斗玖升叁合伍勺柒抄壹撮肥城縣阜積倉小麥壹千



壹拾伍石陸斗捌升肆合兖州府廣盈倉小麥壹萬壹千貳百貳拾捌石陸斗伍合壹勺伍抄玖撮壹圭伍粒濟寧州永豐倉小麥肆千貳百陸拾貳石叁斗捌升叁合陸勺叁抄貳撮玖圭柒粒伍微沂州永豐倉小麥壹萬伍千貳百肆拾壹石玖斗肆升玖合伍勺柒抄捌圭滕縣官倉小麥壹千叁百伍拾叁石叁斗伍升肆合捌勺玖抄伍撮東平州常豐倉小麥肆百柒拾壹石柒斗貳升玖合柒勺陸抄肆撮捌圭東昌府廣盈倉小麥陸千貳百叁拾陸石柒斗捌合肆勺貳抄伍撮貳圭壹粒臨清州常盈倉小麥壹萬陸

千叁百貳拾柒石肆斗陸合陸勺貳抄貳撮伍圭濮州官倉小麥玖百捌石貳斗貳升肆合玖勺叁抄玖撮青州府永阜倉小麥叁萬柒百柒拾陸石玖合陸勺捌抄安東倉小麥捌千石莒州永豐倉小麥貳千肆百壹拾叁石叁斗柒升壹合諸城縣豐盈倉小麥貳千叁百肆拾伍石肆斗壹升玖合貳勺日照縣廣豐倉小麥貳千捌百伍拾柒石壹斗肆升柒合貳勺樂安縣官倉小麥叁百叁拾捌石伍斗柒升貳合柒勺萊州府廣豐倉小麥玖千伍拾肆石陸斗柒升玖合肆勺壹抄柒撮伍圭膠州官倉小麥壹千柒百肆拾柒石陸斗貳升伍勺壹抄柒撮肆圭王徐倉小麥



壹千捌百石靈山倉小麥貳千柒百石夏河倉小麥壹千叁百石鰲山倉小麥肆千伍百石椎崖倉小麥叁千貳百伍拾石浮山倉小麥貳千壹石即墨縣積盈倉小麥叁千捌百壹拾玖石玖斗貳升捌合貳勺登州府和豐倉小麥叁千柒百壹石貳斗貳升玖合陸勺叁抄貳撮伍圭威海倉小麥壹千石寧海州常豐倉小麥貳千壹百玖石叁斗叁升捌合叁勺貳抄玖圭百尺崖倉小麥壹千石金山倉小麥壹千石奇山倉小麥壹千肆百石文登縣廣盈倉小麥壹千壹

百陸拾肆石貳斗陸升叁合貳勺玖抄壹撮肆圭米粒，靖海倉小麥壹千玖百石，成山倉小麥貳千柒百伍拾石，尋山倉小麥陸百伍拾石，寧津倉小麥壹千石，大嵩倉小麥壹千石，大山倉小麥柒百伍拾石，海陽倉小麥陸百石，福山縣豐盈倉小麥陸百陸拾陸石玖斗叁升陸合玖勺，黄縣官倉小麥肆百肆拾捌石捌升貳合，各府州縣儒學倉小麥壹萬伍千陸百壹拾貳石，各州縣官倉小麥玖千玖拾石貳斗陸升貳合貳勺伍抄叁撮伍圭玖粒，稅絲貳千捌拾玖斤壹拾叁兩壹錢壹分玖釐玖毫陸絲柒忽肆微，本色絲貳拾斤陸兩叁錢壹分貳釐，以上貳項每斤折銀壹兩，秋糧米壹百玖拾玖萬伍千捌百捌拾壹石貳升肆合壹勺柒抄陸撮貳粒伍，徵內除曲阜縣孔氏照例減免秋糧壹百壹拾伍石壹斗柒合伍勺柒抄捌圭叁粒外，實徵米壹百玖拾玖萬伍千柒百陸拾伍石玖斗壹升陸合陸勺伍撮壹圭玖粟玖粒伍微，牛租米壹拾陸石伍斗，地畝綿花絨伍萬貳千肆百肆拾玖斤壹拾兩柒錢壹分貳釐，起運米壹百叁拾叁萬捌百陸拾石，隆慶五年部坐倉口實徵銀壹百貳萬柒千捌百陸拾貳兩肆分零，光祿寺青黃豆叁百石本色每石銀貳兩肆錢細粟米貳萬玖千石本色每石銀壹兩白芝蔴壹百捌拾石本色每石壹兩陸錢蘭秫肆千陸百石隹米貳千叁百石本色每蘭秫壹石銀伍錢芝蔴貳千石本色貳分折色捌分每石銀壹兩叁錢伍分供用庫菉豆伍百石本色每石銀壹兩貳錢黑豆玖百叁拾玖石壹斗本色每石銀伍錢伍分芝蔴貳千貳百石本色每石銀壹兩捌錢酒醋麵局黃豆貳千貳百石本色每石銀柒錢司苑局黑豆柒百石本色每石銀捌錢神樂觀芝蔴陸拾伍石肆斗柒升壹合貳勺本色每石銀壹兩犧牲所黑



豆貳百捌拾石壹斗捌升壹合伍抄本色每石銀柒錢御馬倉黑豆陸千捌百伍拾石本色每石銀捌錢菉豆伍千石本色每石銀壹兩叁錢壩上北倉黑豆陸百伍拾柒石貳斗捌升壩上倉黑豆肆百肆拾石俱本色每石銀捌錢菉豆貳百柒拾石本色每石銀壹兩壩上東馬房倉黑豆貳百陸拾肆石玖斗肆升壩上南倉黑豆貳百伍拾玖石湖渠馬房倉黑豆壹千陸百壹拾柒石鄭家庄馬房倉黑豆伍百柒拾石叁斗陸升峪口官庄馬房倉黑豆叁百玖拾柒石陸升黃土倉黑豆肆百玖拾捌石涅石橋倉黑豆肆百

陸拾柒石叁斗貳升湯山草場倉黑豆陸百叁拾伍石肆斗伍升義河倉黑豆肆百陸拾捌石玖斗陸升金盞兒甸倉黑豆貳百壹拾柒石柒斗捌升北高倉黑豆叁百貳拾石肆斗陸升以上俱本色每石銀捌錢唐縣庫閏白綿布叁千疋准米叁千石每疋銀叁錢昌平州黄花鎮倉粟米叁千柒百石本折中半每石銀壹兩黑豆陸百伍拾叁石肆斗本折中半每石銀捌錢伍分渤海所倉粟米柒千石本折中半每石銀壹兩黑豆玖百壹石捌斗本折中半每石銀捌錢伍分浮圖峪口倉粟米壹萬石本折中半每石銀玖



錢肇華城倉黑豆壹千玖百柒拾壹石捌斗本色每石銀柒錢易州倉粟米陸千陸拾柒石肆斗叁升玖合本折中半每石銀捌錢鎮邊城新城倉粟米伍千石本色每石銀玖錢黑豆壹百伍拾石本色每石銀捌錢伍分綿花絨壹千斤准米壹百石每斤銀陸分延慶衛倉粟米貳萬伍千石本折中半每石銀捌錢伍分黑豆玖百石本折中半每石銀柒錢伍分綿布肆千疋准米肆千石每疋折銀叁錢解戶部轉發該倉上納綿花絨叁千斤准米叁百石本色每斤銀柒分保定府廣盈左右貳倉粟米陸萬貳千陸百玖拾陸石玖

斗每石銀捌錢解本府庫上納唐縣新興倉粟米玖
千捌百石本折中半每石銀捌錢黑豆玖百石本折
中半每石銀捌錢昌平州居庸倉粟米壹千伍百石
本折中半每石銀捌錢黑豆壹千壹百石本折中半
每石銀柒錢紫荆關新城倉粟米壹萬肆千肆百陸
拾壹石捌斗陸升本折中半每石銀玖錢密雲龍慶
倉粟米叁萬叁千石本折中半每石銀玖錢黑豆叁
千石本折中半每石銀柒錢伍分密雲古北口倉粟
米貳萬壹千石本折中半每石銀壹兩黑豆壹千伍
百玖拾肆石捌斗柒升本折中半每石銀捌錢伍分
石匣倉粟米柒千伍百石本折中半每石銀玖錢涿



州常盈倉粟米壹萬伍千石本折中半每石銀捌錢
良鄉縣豊濟倉粟米伍千壹百伍拾伍石叁斗捌升
本折中半每石銀捌錢白羊口倉粟米伍千叁百壹
拾玖石本折中半每石銀玖錢黑豆壹百玖拾肆石
陸斗本折中半每石銀捌錢伍分綿花絨壹千斤准
米壹百石每斤銀陸分通州通濟庫闊白綿布貳千
疋准米貳千石每疋銀叁錢解部轉發通州庫上納
京庫綿花絨伍萬玖千伍百叁拾伍斤内壹千伍百
斤以備薊鎮千户所支用共准米伍千玖百伍拾叁

石伍斗俱本色每斤銀柒分伍釐涿州庫闊白綿布叁千陸百叁拾疋准米叁千陸百叁拾石每疋銀叁錢解部轉發該庫上納綿花絨叁千斤准米叁百石本色每斤銀柒分充軍儹運米貳拾捌萬石内應運天津等倉叁萬石薊州倉伍萬石京通倉壹拾叁萬石共本色貳拾壹萬石每石外隨船加耗米貳斗伍升輕齎銀捌分蓆草銀壹分貳釐伍毫陸路脚價銀每百里叁分伍釐薊州倉折色柒萬石内貳萬石每石銀陸錢伍萬石每石銀捌錢照舊分解薊永貳鎮交納山海庫闊白綿布柒萬疋准米柒萬石每疋銀



叁錢綿花絨陸萬貳千斤准米陸千貳百石每斤銀陸分薊州庫闊白綿布捌千疋准米捌千石每疋銀叁錢解送本庫上納綿花絨壹萬伍千斤准米壹千伍百石每斤銀陸分解送本庫上納山海倉粟米壹萬捌千石本折中半每石銀捌錢河間府巨盈倉粟米伍千石每石銀陸錢橫嶺口倉粟米貳千石本色每石銀玖錢宣府在城宣德等叁倉粟米捌千石内伍千石每石銀壹兩每兩外加脚價銀貳錢其餘叁千石係太倉改撥之數每石銀捌錢亦加脚價銀貳錢保安州新興倉粟米貳千伍百石永豐倉粟米伍

千石保安州萬全廣積倉粟米柒千伍百石保安州
萬全廣盈倉粟米貳萬伍千石保安州趙川堡倉并
大小白羊貳堡倉粟米伍千石黑豆伍千石保安州
葛峪堡倉并青邊常峪口貳堡倉粟米陸千石洗馬林
堡倉并新河口堡倉粟米壹萬石黑豆伍千石永寧
倉粟米捌千石懷來廣阜倉粟米柒千石延慶州獨
石廣積倉粟米貳萬石黑豆伍千石赤城廣備倉粟
米肆千石延慶州雲州堡倉粟米伍千石龍門倉粟
米捌千石黑豆肆百石龍門廣盈倉粟米陸千石鵰
鶚堡倉粟米伍千石黑豆壹千玖百石蔚州倉粟米



伍千石張家口堡倉粟米壹萬石黑豆壹千石廣昌
倉粟米肆千石四海冶堡倉粟米柒千石新開口等
堡倉粟米壹萬石以上宣府各倉米豆每石銀壹兩
外加腳價銀貳錢萬億庫闊白綿布伍萬伍千疋准
米伍萬伍千石每疋銀叁錢解部轉發該庫交納綿
花絨壹萬伍千斤准米壹千伍百石本色每斤銀柒
分萬全都司宣府等貳拾壹衛所官旗折俸布肆千
疋准米肆千石每疋銀叁錢解部轉發該庫交納派
剩米貳萬叁千捌百壹拾壹石捌升捌合柒勺伍抄
內壹萬石係改撥光禄寺之數每石銀柒錢其餘壹

萬叁千捌百壹拾壹石捌升捌合柒勺伍抄每石銀陸錢貳項俱解送太倉銀庫交納地畝綿花絨伍萬貳千肆百肆拾玖斤壹拾兩米錢壹分貳釐徵收本色解京上納本司經撫倉庫存留米陸拾陸萬肆千玖百伍石玖斗壹升陸合陸勺伍撮壹圭玖粟玖粒伍微甲字庫黄丹壹萬陸千貳百捌拾陸斤每斤銀伍分黑鉛壹千玖百壹斤拾貳兩每斤銀肆分碌礬陸千貳百陸拾斤捌兩每斤銀壹分光粉貳千貳百玖拾斤拾貳兩每斤銀肆分伍釐水膠叁萬貳千斤每斤銀貳分叁釐槐花貳萬貳千叁百壹拾貳斤捌

經會録　糧總十三

兩每斤銀壹分藍靛壹萬伍千伍百斤每斤銀壹分伍釐丁字庫黄熟銅壹千捌百陸拾玖斤壹拾貳兩每斤銀壹錢伍分錫貳百玖拾貳斤每斤銀壹錢貳分捌釐生銅玖百肆拾斤每斤銀捌分牛觔玖百玖拾肆斤每斤銀捌分玖釐黄蠟壹千肆百叁拾伍斤拾貳兩每斤銀壹錢柒分黄牛皮壹百貳拾捌張每張銀叁錢肆分紅熟銅貳千貳百伍拾伍斤捌兩每斤銀壹錢肆分貳釐以上共銀叁千叁百叁拾柒兩陸分陸釐柒毫伍絲每銀肆錢徃米壹石共徃米捌千叁百肆拾貳石陸斗陸升陸合捌勺柒抄伍撮渾[illegible]

行糧本色玖千石徵運水次聽兗德府廣受倉禄粟米捌千石魯府廣資倉禄粳米捌百石禄粟米肆千貳百石共伍千石衡府豐盈倉禄粳米貳千石禄粟米陸千石共捌千石德府郡王將軍禄粟米叁千叁百貳拾石解濟南府豐儲貳倉另收魯府郡王將軍禄粟米肆萬叁千捌百石解兗州府廣盈倉另收魯府郡王將軍禄粟米令撥保盈倉禄粳米陸百肆石陸斗陸升陸合叁勺每石銀壹兩解兗州府上納照例放支俱作捌箇月之數魯府郡王將軍禄粟米貳萬壹千玖百貳拾肆石壹斗肆升肆合每石銀伍錢



解布政司轉發兗州府放支作肆箇月之數衡府郡王將軍禄粟米玖千肆百捌拾石解本府永阜倉另收濟南府廣豐倉稻米壹千伍百石粟米玖千伍百伍拾貳石濟南府廣儲倉稻米壹千陸百壹拾柒石粟米玖千捌百肆拾捌石壹斗陸升伍合陸勺德州常豐倉粟米陸萬玖千陸百伍拾壹石伍斗肆合叁勺捌抄武定州官倉粟米肆千玖百肆拾捌石玖斗壹升捌合貳勺叁抄肥城縣阜積倉粟米肆千柒百柒石貳斗陸升貳合陸勺兗州府廣盈倉粟米壹萬壹千壹百柒拾肆石柒斗肆升伍合叁勺柒抄壹撮

叁圭伍粒濟寧州永豊倉粟米叁萬壹千玖石壹斗
陸升壹合捌勺壹抄貳圭柒粒伍微東平州常豊倉
粟米柒千陸百肆拾叁石叁斗陸升玖合叁勺玖抄
伍撮貳圭滕縣官倉粟米捌千壹百壹拾陸石肆斗
玖升肆合柒勺伍抄伍撮沂州永豊倉粟米壹萬柒
千肆百伍拾柒石貳斗壹升伍合陸勺陸抄伍撮貳
圭東昌府廣盈倉粟米貳萬陸千陸百玖拾陸石玖
斗柒升肆合壹勺臨清州常盈倉粟米叁萬伍千柒
百肆拾陸石陸斗伍升捌合肆勺伍抄濮州官倉粟
米壹千玖拾捌石伍斗貳升壹勺玖抄壹撮青州府



永阜倉粟米壹萬伍千陸百玖拾柒石肆升壹勺叁
抄莒州永豊倉粟米叁千肆拾叁石柒斗陸升玖合
捌勺安東倉粟米肆千石諸城縣豊盈倉粟米貳千
伍百壹拾陸石壹斗捌升玖合玖勺樂安縣官倉粟
米陸百伍拾陸石陸斗壹升陸合陸勺伍抄伍圭萊
州府慶豊倉粟米壹萬伍千捌百壹拾玖石柒升叁
合陸勺柒撮伍圭王徐倉粟米叁千貳百石靈山倉
粟米柒千伍百石膠州官倉粟米貳千伍百玖拾石
肆斗肆升柒合柒勺玖抄肆撮陸圭夏河倉粟米貳
千石即墨縣積盈倉粟米柒千貳百叁拾叁石柒斗

肆升伍勺鰲山倉粟米柒千石雄崖倉粟米壹千貳百石浮山倉粟米壹千捌百石大嵩倉粟米壹萬壹千石登州府和豐倉粟米肆萬叁千肆百貳拾捌石壹斗肆升叁合叁勺肆抄貳撮伍圭百尺崖倉粟米叁千伍百石威海倉粟米壹萬肆千石靖海倉粟米壹萬石寧海州常豐倉粟米玖千玖百貳拾貳石捌斗肆升伍合柒勺叁抄貳撮壹圭尋山倉粟米叁千伍百石奇山倉粟米肆千石成山倉粟米壹萬叁千伍百石文登縣廣盈倉粟米壹萬貳千壹百捌拾肆石貳斗伍升柒合陸勺柒抄伍撮伍圭金山倉粟米壹千石寧津倉粟米壹千伍百石大山倉粟米叁千



石海陽倉粟米叁千陸百伍拾石福山縣豐盈倉粟米壹千柒百叁拾肆石伍斗柒升柒合捌勺黄縣官倉粟米肆百叁拾柒石伍斗貳升肆合捌勺各府州縣衍聖三氏儒學倉粟米貳萬玖千柒百玖拾壹石各州縣官倉粟米壹萬柒千肆百伍拾玖石貳斗捌升捌合肆抄壹撮柒圭壹粟捌粒渡口水驛米肆拾石運軍行糧折色米肆千壹百玖石玖斗玖升玖合柒勺伍抄伍撮每石折銀陸錢聽買本色魯府郡王將軍禄粟米原擬保盈倉粳米貳千伍百石每石折銀

壹兩除先撥叄百壹拾玖兩肆錢與石門寨衆將等
抵作俸糧外，其餘貳千壹百捌拾兩陸錢内除陸百
肆兩陸錢陸分陸釐叄毫解兗州府均放新封魯府
郡王將軍人等禄米用，實剩壹千伍百柒拾伍兩玖
錢叄分叄釐柒毫解司聽用顔料派剩米壹萬玖千
貳百叄石陸斗叄升叄合壹勺捌抄柒撮伍圭每石
折銀肆錢德府奏辭廣受倉禄粟米壹千石每石折
銀柒錢德府郡王將軍減派禄粟米叄千壹百伍拾
石每石折銀伍錢魯府郡王將軍減派禄粟米叄千
柒拾伍石捌斗伍升陸合每石折銀伍錢魯府郡王



將軍禄粟米原撥保盈倉禄粟米柒千壹百壹拾石
每石折銀柒錢衡府奏辭禄粳米伍百石每石折銀
壹兩衡府奏辭禄粟米壹千伍百石每石折銀柒錢
衡府郡王將軍減派禄粟米柒千貳百陸拾貳石陸
斗肆升肆合每石折銀伍錢以上捌項俱解本司另
項收貯聽抵部坐起運之數馬草叄百捌拾壹萬玖
千柒百叄拾柒束貳拾玖斤壹拾叄兩叄錢壹分貳
釐内除曲阜縣孔氏照例減免草貳百陸拾玖束柒
斤壹拾肆兩外實徵草叄百捌拾壹萬玖千肆百陸
拾捌束貳拾壹斤壹拾伍兩叄錢壹分貳釐起運草

叁百伍拾肆萬伍千束御馬倉内場草貳拾萬束每束銀柒分中府外場草貳拾萬束每束銀陸分天師庵外場草貳拾萬束每束銀陸分壩上倉草壹萬壹百束壩上南倉草陸千伍百束壩上北馬房倉草捌千陸百陸束壹拾斤湯山草場草壹萬陸千壹百叁束壹拾斤臺基廠草場草肆萬肆千伍百束明智坊草場草伍萬束西城坊草場草玖萬束北新草場草捌萬束以上俱每束銀肆分伍釐金盞兒甸倉草伍千玖百貳拾叁束壹拾斤每束銀肆分北高倉草叁千貳百束湖渠馬房倉草壹萬束壩上屯倉草肆千柒



百束南石渠西倉草伍千壹百玖拾玖束鄭家庄馬房倉草壹萬伍百叁拾貳束壩上東馬房倉草捌千貳百束以上俱每束銀肆分裏牛房倉草柒千柒百叁拾壹束每束銀陸分伍釐吴家駝牛房倉草柒千捌百玖拾伍束壹拾斤每束銀伍分伍釐安仁坊草場草玖萬束居庸倉草壹拾貳萬束司苑局草壹萬束外象房倉草肆萬束以上俱每束銀伍分内象房倉草貳萬束每束銀陸分伍釐宣府在城草場草拾萬束每束銀柒分每草價銀壹兩外加脚價銀貳錢太倉銀庫草貳百壹拾柒萬玖千捌百捌束伍斤每

束銀叁分伍釐供用庫草壹萬陸千束每束銀叁分肆釐存留草貳拾柒萬肆千肆百陸拾捌束貳拾壹斤壹拾伍兩叁錢壹分貳釐山海庫草貳拾貳萬叁千伍百陸拾陸束壹拾斤玖錢每束銀玖釐每伍拾兩加耗銀貳兩即墨縣積盈倉草壹萬柒千伍百伍拾叁束肆斤登州府和豐倉草捌千肆百伍拾束文登縣廣盈倉草壹萬陸千肆百玖拾壹束以上叁倉俱每束折料豆伍升分派于陸府濟南府原額小麥貳拾伍萬伍千捌百叁拾石陸斗壹升叁合肆勺叁抄起運壹拾捌萬捌千叁百伍拾石實徵銀柒萬貳千玖



拾肆兩叁錢柒分壹釐御馬倉大麥貳千石准小麥壹千石馴象千戶所外象房倉大麥陸百柒拾陸石捌斗伍升伍合准小麥叁百叁拾捌石肆斗貳升柒合伍勺保安州宣德等叁衛并趙川葛峪堡倉小麥柒千石酒醋麵局小麥伍百石御馬倉豌豆貳千壹百叁拾石准小麥抵斗光禄寺小麥捌百石本色肆分折色陸分德州倉小麥壹萬肆千貳百捌拾伍石天津倉小麥伍千捌百石保定府廣盈左右貳倉小麥伍千伍百石京庫本色紅花壹萬壹千陸百斤每斤准小麥貳斗伍升共麥貳千玖百石京庫本色闊白綿布壹

萬捌千疋准小麥貳萬壹千陸百石河間府靜海縣
庫闊白綿布壹千貳百貳拾肆疋准小麥壹千貳百貳拾肆
石薊州倉闊白綿布壹千陸百疋准小麥壹千玖百
貳拾石永平府山海庫闊白綿布柒萬肆千貳百叁
拾疋准小麥捌萬玖千柒拾陸石横嶺口倉綿布壹
千壹百疋准小麥壹千叁百貳拾石保定府唐縣庫
闊白綿布叁千疋准小麥叁千陸百石登州府豐廣
貳庫鈔貳拾柒萬錠准小麥貳萬柒千石派剩各馬
房倉小麥貳千叁百伍拾陸石伍斗柒升貳合伍勺
德州常盈庫絲綿折絹壹百肆拾肆疋壹丈肆尺玖



分肆釐捌毫壹絲農桑折絹伍百玖拾疋貳丈柒尺
柒寸伍分京庫絲綿折絹伍千貳百陸拾伍疋貳丈
陸尺貳寸貳分壹毫玖絲壹忽伍纖農桑折絹壹萬
壹千叁百玖拾疋貳丈壹尺陸寸捌分柒釐存留陸
萬柒千伍百壹拾石陸斗壹升叁合肆勺叁抄本府
廣豐倉小麥壹萬玖千貳百伍拾石本府廣儲倉小
麥壹萬玖千肆百陸拾壹石貳斗壹升叁合捌勺陸
抄肆撮德州常豐倉小麥壹萬叁百貳石叁斗伍升
玖合壹勺貳抄武定州官倉小麥壹千貳百壹拾捌
石叁斗玖升叁合伍勺柒抄壹撮肥城縣阜積倉小

麥壹千壹拾伍石陸斗捌升肆合兗州府廣盈倉小麥伍千柒百柒拾石臨清州常盈倉小麥叁千貳百石本府州縣并三氏儒學倉小麥肆千叁百壹拾捌石各州縣官倉小麥貳千玖百柒拾肆石玖斗陸升貳合捌勺柒抄伍撮税絲貳千捌拾玖斤壹拾叁兩壹錢肆分玖釐玖毫陸絲柒忽肆微本色絲壹拾捌斤柒兩肆錢伍分貳釐本府原額秋糧粟米伍拾玖萬陸千叁百柒拾玖石玖斗玖升伍合伍勺柒抄叁撮伍圭起運肆拾伍萬柒百石實徵銀叁拾捌萬柒千柒百伍拾肆兩玖錢伍釐兌軍備運本色米柒萬壹千



捌百石德州倉改兌本色米柒萬伍千石兌軍備運折色米壹萬貳千石每石折銀陸錢叁萬石每石折銀捌錢俱解司類解薊州上倉光禄寺青蒙豆陸拾石供用庫芝麻柒百貳拾石光禄寺芝麻陸百石御馬倉菉豆玖百石保安州新興倉粟米貳千伍百石永豐倉粟米伍千石保安州萬全廣盈倉粟米貳萬伍千石保安州萬全廣積倉粟米柒千伍百石保安州趙川堡倉并大小白羊貳堡倉粟米伍千石保安州趙川堡倉并大小白羊貳堡倉黑豆伍千石保安州葛峪堡倉并青邊常峪口貳堡倉粟米陸千石赤

城廣備倉粟米肆千石延慶州雲州保安倉粟米貳千石洗馬林堡倉并新河口堡倉里黑豆伍千石宣府在城宣德等叁倉粟米叁千石係太倉攺撥之數光禄寺細粟米壹萬捌千陸百捌拾叁石捌斗柒合伍勺光禄寺菊秣肆千陸百石准米貳千叁百石密雲古北口倉粟米貳千叁百石石匣倉粟米柒千伍百石密雲隆慶倉粟米叁萬壹千石司苑局黑豆柒百石浮圖峪口倉粟米伍千石御馬倉黑豆陸千捌百伍拾石山海倉粟米陸千貳百石渾石橋黑豆肆百玖拾叁石叁斗陸升壩上北倉黑豆陸百貳拾叁石貳





斗臨清倉粟米叁萬石密雲隆慶倉黑豆叁千石京庫綿花絨叁萬捌千叁拾伍斤准米叁千捌百叁石伍升莫靖千户所綿花絨壹千伍百斤准米壹百伍拾石派剩米貳千石德州常盈庫綿花絨貳萬陸千伍百斤准米貳千陸百伍拾石派剩米伍千玖百柒拾柒石叁升貳合伍勺山海庫綿花絨陸萬貳千斤准米陸千貳百石德州常盈庫綿花絨叁千伍百斤准米叁百伍拾石供用庫里黑豆玖百叁拾玖石壹斗萬全都司宣府等貳拾壹衛所官旗折俸布肆千疋准米肆千石山海庫闊白綿布肆萬捌千玖百疋准

米肆萬捌千玖百石存留壹拾肆萬伍千陸百柒拾玖石玖斗玖升伍合伍勺柒抄叁撮伍圭德州常豐倉粟米壹萬捌千石東昌府廣盈倉粟米叁千伍百石濟寧州永豐倉粟米叁千石肥城縣阜積倉粟米壹千石臨清州常盈倉粟米玖千壹百石以上俱係青萊兗派之數照例每石折銀肆錢德府廣受倉祿粟米捌千石德府郡王實用祿粟米叁千叁百貳拾石解本府豐儲倉另收德府郡王減派改折祿粟米叁千壹百伍拾石魯府郡王將軍減派祿粟米叁千柒拾伍石捌斗伍升陸合俱每石折銀伍錢德府奏



辭祿粟米壹千石每石折銀柒錢以上叁項俱解司聽用魯府郡王將軍實用祿粟米壹萬壹千玖百貳拾肆石壹斗肆升肆合每石折銀伍錢解司轉發兗州府均放本府廣豐倉稻米壹千伍百石內本色柒百貳拾伍石伍斗折色柒百柒拾肆石伍斗每石折銀壹兩解司支用本府廣豐倉粟米玖千伍百伍拾貳石本府廣儲倉稻米壹千陸百壹拾柒石內本色捌百叁拾叁石折色柒百捌拾肆石每石折銀壹兩解司支用本府廣儲倉粟米玖千捌百肆拾捌石壹斗陸升伍合陸勺德州常豐倉粟米貳萬捌千陸百

伍拾壹石伍斗肆合叁勺捌抄武定州官倉粟米肆千玖百肆拾捌石玖斗壹升捌合貳勺叁抄肥城縣阜積倉粟米壹千柒百柒石貳斗陸升貳合陸勺本府州縣儒學倉粟米捌千壹百貳拾石各州縣官倉粟米陸千伍百伍拾伍石壹斗肆升伍合捌撮伍圭運軍行糧本色米肆千陸百玖拾柒石徵運不次倉聽兑運軍行糧折色米叁千肆百壹拾貳石玖斗玖升玖合柒勺伍抄伍撮每石折銀陸錢隨同本色徵完解司聽買本色京庫地畝綿花絨壹萬肆千捌拾貳斤壹拾肆兩捌錢貳分徵收本色本府原額馬草



壹百壹拾壹萬肆千肆百玖拾束實徵銀肆萬伍千捌百柒拾肆兩貳錢伍分零宣府在城草場草貳萬陸千束御馬倉内場草捌萬壹千陸百束中府外場草柒萬叁千束天師癈外場草肆萬玖束伍斤陸兩、湯山草場草壹萬肆千壹百肆拾壹束安仁坊草場草貳萬束吳家駝牛房倉草貳千叁百束司死局草伍千束北新草場草叁千叁百束壩上倉草肆千束外象房倉草陸千伍百束内象房倉草貳千束西城坊草場草壹萬玖千叁百柒拾捌束陸斤捌兩居庸倉草陸萬伍千玖拾貳束太倉銀庫草陸拾柒萬貳千壹百陸拾玖束叁斤貳兩山海衛草捌萬束兖州府原額夏稅小麥壹拾叁萬肆千捌百捌拾肆石柒斗捌升叁合伍勺壹抄玖圭叁粒伍微起運壹拾萬陸千伍百石實徵銀叁萬柒千捌百柒拾伍兩肆錢零御馬倉大麥貳百石准小麥壹百石御馬倉豌豆肆百石准小麥抵斗馴象千戶所外象房倉大麥伍百捌拾陸石玖斗玖升伍合准小麥貳百玖拾叁石肆斗玖升柒合伍勺壩上倉大麥壹百陸拾肆石肆斗叁升准小麥捌拾貳石貳斗壹升伍合保安州柴溝堡倉并西陽河堡倉小麥壹千石延慶州懷來廣



阜倉小麥叁百石壩上倉豌豆壹百陸拾肆石肆斗叁升准小麥抵斗光禄寺小麥叁千陸百石神樂觀小麥壹千叁百捌石肆斗壹升捌合陸勺臨清廣積貳倉小麥壹萬捌拾壹石貳斗玖升德州倉小麥叁千貳百石伍合眞定府定州永豐倉小麥柒百石涿州常盈倉小麥壹千捌百石派剩各馬房倉小麥捌百伍拾叁石柒斗肆升叁合玖勺登州府豐廣貳庫闊白綿布柒百柒拾疋准小麥玖百貳拾肆石通州通濟庫闊白綿布陸千疋准小麥柒千貳百石萬全萬億庫闊白綿布壹萬疋准小麥壹萬貳千石鎮邊

城新城倉綿布玖百疋零小麥壹千捌拾石白羊口
倉綿布叁百伍拾疋零小麥肆百貳拾石薊州庫閣
白綿布玖百疋零小麥壹千捌拾石河間府庫閣白
綿布柒千柒百疋零小麥玖千貳百肆拾石保定府
唐縣庫閣白綿布壹千壹拾捌疋零小麥壹千貳百
貳拾壹石陸斗河間府靜海縣庫閣白綿布壹萬壹
千貳百玖疋零小麥壹萬叁千肆百伍拾石捌斗
登州府豐廣貳庫鈔叁拾陸萬錠零小麥叁萬陸千
石絲綿折絹叁千柒百壹拾柒疋貳丈捌尺玖寸肆
分捌釐叁毫肆絲貳忽柒微農桑折絹壹萬柒拾捌

經會録　粮總二十六　昌立明

疋叁尺壹寸陸分存留貳萬捌千叁百捌拾肆石柒
斗捌升叁合伍勺壹抄玖圭叁粒伍微本府廣盈倉
小麥伍千肆百伍拾捌石陸斗伍合壹勺伍抄玖撮
壹圭伍粒濟寧州永豐倉小麥肆千貳百陸拾貳石
叁斗捌升叁合陸勺叁抄貳撮玖圭柒粒伍微沂州
永豐倉小麥壹萬壹百肆拾壹石玖斗肆升玖合伍
勺柒抄捌圭滕縣官倉小麥壹千叁百伍拾叁石叁
斗伍升肆合捌勺玖抄伍撮東平州常豐倉小麥柒
百柒拾壹石柒斗貳升玖合柒勺陸抄肆撮捌圭本
府州縣儒學倉小麥叁千玖百叁拾肆石各州縣官

倉小麥貳千肆百陸拾貳石柒斗陸升肆勺捌抄捌撮貳圭壹粒本府原額秋糧粟米叁拾壹萬伍千肆百叁拾壹石柒斗伍升伍合貳勺陸撮貳圭玖粒起運壹拾玖萬捌千石實徵銀壹拾伍萬柒千叁百陸拾貳兩貳錢零兑軍儹運本色米伍萬伍千貳百石兑軍儹運折色米伍千石每石折銀捌錢叁千石每石折銀陸錢俱解司類解薊州交納光禄寺青菉豆捌拾石供用庫芝蔴陸百石光禄寺白芝蔴壹百捌拾石御馬倉菉豆壹千伍拾伍石伍升伍合玖勺洗馬林堡倉并新河口堡大倉粟米壹萬石永寧倉粟米



捌千石張家口堡大倉粟米壹萬石張家口堡大倉黑豆壹千石渤海所倉粟米叁千石光禄寺細粟米壹千壹百壹拾叁石肆斗陸升肆合壹勺鎮邊城新城倉粟米伍千石紫荆關新城倉粟米柒千石浮圖峪口倉粟米伍千石山海倉粟米陸千叁百石保定府廣盈左右貳倉粟米柒千石涿州常盈倉粟米壹萬伍千石鄭家庄馬房倉黑豆肆百柒拾壹石肆斗捌升德州常盈庫闊白綿布伍萬肆千疋准米伍萬肆千石存留壹拾壹萬柒千肆百叁拾壹石柒斗伍升伍合貳勺陸撮貳圭捌粒伍徵東平州常豐倉粟米叁

千貳百石濟寧州永豐倉粟米玖千石本府廣盈倉粟米伍千石滕縣官倉粟米壹千石以上俱係青萊兗派之數照例每石折銀肆錢魯府郡王將軍祿粟米原撥保盈倉祿粳米貳千伍百石每石折銀壹兩除先撥叄百壹拾玖兩肆錢與石門寨參將等抵作俸糧外其餘貳千壹百捌拾兩陸錢每石扣銀伍錢共扣銀陸百肆兩陸錢陸分陸釐叄毫解兗州府均放新封魯府郡王將軍等祿米用實剩壹千伍百柒拾伍兩玖錢叄分叄釐柒毫解司魯府郡王將軍減派祿粟米原撥保盈倉祿粟米柒千壹百壹拾石每



石折銀柒錢亦解司魯府廣資倉祿粳米捌百石魯府廣資倉祿粟米肆千貳百石魯府郡王將軍實用祿粟米肆萬叄千捌百石本府廣盈倉粟米壹千壹百柒拾肆石柒斗肆升伍合叄勺柒抄壹撮叄圭伍粒濟寧州永豐倉粟米叄千玖石壹斗陸升壹合捌勺壹抄貳圭柒粒伍微東平州常豐倉粟米玖百肆拾叄石叄斗陸升玖合叄勺玖抄伍撮貳圭滕縣官倉粟米伍千陸百壹拾陸石肆斗玖升肆合柒勺伍抄伍撮沂州永豐倉粟米壹萬柒千肆百伍拾柒石貳斗壹升伍合陸勺陸抄伍撮貳圭孔顏孟三氏學

粟米叁百柒拾叁石本府州縣儒學倉粟米柒千肆百石各州縣官倉粟米肆千捌百肆拾柒石柒斗陸升捌合貳勺玖撮壹圭伍粒京庫地畝綿花絨壹萬柒千陸拾陸斤玖兩徵收本色本府原額馬草柒拾叁萬捌百伍拾捌束捌斤伍兩捌錢實徵銀貳萬玖千捌百肆拾玖兩肆錢零宣府在城草場草貳萬束御馬倉內場草伍萬貳千肆百束裏牛房倉草捌千束中府外場草陸萬叁千玖百肆拾伍束玖斤吳家駝牛房倉草伍千捌百肆拾肆束壹拾斤居庸倉草壹萬壹千壹百捌束臺基廠草場草叁萬束壩上倉



草叁千束壩上北馬房倉草陸千捌百束北新草場草叁萬叁千壹百肆拾伍束叁斤太倉銀庫草肆拾肆萬貳千壹百陸拾貳束壹斤伍兩捌錢山海庫草伍萬肆千肆百伍拾叁束東昌府原額夏稅小麥玖萬伍千伍百玖拾石壹斗玖升壹合伍勺伍抄捌撮柒圭壹粒起運米萬壹千石實徵銀叁萬伍千肆兩肆錢零御馬倉大麥肆百壹拾石准小麥貳百伍石御馬倉豌豆伍百石准小麥柢斗保安州懷安廣備倉小麥貳千陸百石保安州新興倉小麥陸百石延慶州龍門廣盈倉并獨石馬營雲州赤城龍門鵰鶚

長安領保盈倉小麥叁千肆百石光禄寺小麥貳千壹百伍拾伍石壹斗柒升陸合玖勺臨清廣積貳倉小麥玖千玖百壹拾捌石柒斗壹升真定府豐盈倉小麥肆千石保定府易州倉小麥陸百肆拾陸石壹斗壹升叁合壹勺京庫本色紅花柒千玖百斤每斤准麥貳斗伍升共麥壹千玖百柒拾伍石京庫本色闊白綿布貳千疋准小麥貳千肆百石河間府庫闊白綿布陸千陸百疋准小麥柒千玖百貳拾石永平府山海庫闊白綿布貳萬捌千玖百疋准小麥叁萬肆千陸百捌拾石絲綿折絹貳千陸百伍拾捌疋壹丈陸



尺伍寸伍分貳釐玖毫壹絲叁忽捌微農桑折絹壹千肆百伍拾貳疋貳丈肆尺伍分存留貳萬肆千伍百玖拾石壹斗玖升壹合伍勺伍抄捌撮柒圭壹粒本府廣盈倉小麥陸千貳百叁拾陸石柒斗捌合肆勺貳抄伍撮貳圭壹粒臨清州常盈倉小麥壹萬叁千壹百貳拾柒石肆斗陸合陸勺貳抄貳撮伍圭濮州官倉小麥玖百捌石貳斗貳升貳合玖勺叁抄玖撮本府州縣儒學倉小麥貳千陸百陸拾貳石各州縣官倉小麥壹千陸百伍拾伍石捌斗伍升叁合伍勺柒抄貳撮本府原額秋糧粟米貳拾貳萬叁千肆拾

叁石捌斗柒升陸合陸勺叁抄玖撮起運壹拾柒萬
捌千石實徵銀壹拾柒萬叁千貳百捌拾壹兩柒錢
伍分叁釐兗軍儹運本色米捌萬叁千石臨清倉改
兗本色米貳萬陸百石兗軍儹運折色米壹萬伍千
石每石折銀捌錢伍千石每石折銀陸錢俱類解劉
州交納光祿寺青菉豆壹百石供用庫芝蔴陸百伍
拾石光祿寺芝蔴壹千貳百石御馬倉菉豆壹千壹
百石延慶州雲州堡倉粟米壹千叁百貳拾石延慶
州獨石廣積倉粟米貳萬石延慶州獨石廣積倉黑
豆伍千石鵰鶚堡倉粟米伍千石龍門廣盈倉粟米
陸千石光祿寺細粟米玖百捌石柒斗陸升伍合壩

經會錄　根總三二　四百五十畱

上倉菉豆貳百壹拾石湖渠馬房倉黑豆壹千陸拾
石肆斗柒升伍合湯山草場黑豆伍百肆拾壹石肆
斗陸升臨清倉粟米叁千肆百玖石叁斗十山海庫闕
白綿布柒千玖百疋准米柒千玖百石存留肆萬伍
千肆拾叁石捌斗柒升陸合陸勺叁抄玖撮臨清州
常盈倉粟米陸千伍百石本府廣盈倉粟米陸千貳
百石濮州官倉粟米伍百石以上俱係青萊兗派之
數照例每石折銀肆錢魯府郡王將軍祿粟米壹萬
石每石折銀伍錢解司轉發兗州府支用本府廣盈

倉粟米伍千玖百玖拾陸石玖斗柒升肆合壹勺臨
清州常盈倉粟米貳千壹百肆拾陸石陸斗伍升捌
合肆勺伍抄濮州官倉粟米伍百玖拾捌石伍斗貳
升壹勺玖抄壹撮渡口水驛粟米肆拾石各州縣官
倉粟米貳千玖百叁拾壹石柒斗貳升叁合捌勺玖
抄捌撮本府州縣儒學倉粟米伍千壹百叁拾石運
軍行糧本色米肆千叁百叁石運軍行糧折色米陸
百玖拾柒石每石折銀陸錢解司聽買本色京庫地
畝綿花絨壹萬伍千柒百壹斤壹拾壹兩捌錢徵收
本色本府原額馬草肆拾柒萬玖千貳百柒拾束壹



拾肆斤肆兩柒錢實徵銀貳萬貳百貳拾兩叁錢零
宣府在城草場草貳萬伍千束御馬倉內場草肆萬
束外象房倉草叁萬叁千伍百束安仁坊草場草壹
萬柒千柒百束明智坊草場草伍萬束金盞兒甸倉
草柒千伍百束臺基廠草場草壹萬貳千伍百束壩
上倉草叁千束西城坊草場草壹萬玖千捌百壹拾
陸束壹斤拾貳兩捌錢太倉銀庫草貳拾叁萬柒千
伍百柒拾捌束肆斤壹拾叁兩肆錢山海庫草叁萬
貳千陸百柒拾陸束柒斤壹拾兩伍錢青州府原額
實徵麥貳拾萬玖百肆拾貳石玖斗叁升柒合伍勺

貳抄起運壹拾肆萬陸千石實徵銀肆萬捌千陸百
叄兩伍錢壹分玖釐御馬倉大麥壹千叄拾壹石貳
斗伍升叄合准小麥伍百壹拾伍石陸斗貳升陸合
伍勺御馬倉豌豆肆百陸拾貳石准小麥抵斗延慶
州懷來廣昌倉小麥柒百石延慶州永寧縣永寧倉
千四海冶堡倉小麥叄百石萬全廣盈倉千張家口
堡倉小麥伍百石酒醋麵局小麥壹千柒百石光祿
寺小麥壹千肆百肆拾肆石捌斗貳升叄合壹勺派
剩各馬房倉小麥柒百柒拾肆石壹斗陸升捌合伍
勺德州倉小麥貳萬柒百陸拾叄石肆斗玖升伍合



永平府山海倉小麥壹千柒百石京庫本色紅花伍
千斤每斤准小麥貳斗伍升共麥壹千貳百伍拾石河間
府庫闊白綿布貳千叄拾疋准小麥貳千肆百叄拾
陸石永平府山海庫闊白綿布壹千玖百肆拾疋准
小麥貳千叄百貳拾捌石登州府豐廣貳庫闊白綿
布叄萬肆千壹百陸拾疋准小麥肆萬玖百玖拾貳
石薊州庫闊白綿布壹千玖百疋准小麥貳千貳
百捌拾石登州府豐廣貳庫鈔陸拾柒萬錠准小麥
陸萬柒千石保定府易州倉小麥捌百伍拾叄石捌
斗捌升陸合肆勺絲綿折絹伍千柒百叄拾叄疋貳

丈伍分貳釐肆毫捌絲叁忽叁微陸纖塵叁折絹肆
千柒百叁疋壹丈叁尺玖寸伍分存留伍萬肆千玖
百肆拾貳石玖斗叁升柒合伍勺貳抄本府永阜倉
小麥叁萬柒百柒拾陸石玖合陸勺捌抄安東倉小
麥捌千石莒州永豐倉小麥貳千肆百壹拾叁石叁
斗柒升壹合諸城縣豐盈倉小麥貳千叁百肆拾伍
石肆斗壹升玖合貳勺日照縣廣豐倉小麥貳千捌
百伍拾柒石壹斗肆升柒合貳勺樂安縣官倉小麥
叁百叁拾捌石伍斗柒升貳合柒勺兗州府沂州永
豐倉小麥伍千壹百石本府州縣儒學倉小麥貳千



壹百貳石各州縣官倉小麥壹千壹拾石肆斗壹升
柒合柒勺肆抄本府原額秋糧粟米肆拾陸萬玖千
叁百肆石捌斗捌升柒合陸勺柒抄伍圭內除樂安
縣民許珮奏免西通明原奏添秋糧壹百壹拾玖石
捌斗玖升叁合肆勺叁抄實在米肆拾陸萬玖千壹
百捌拾肆石玖斗玖升肆合貳勺肆抄伍圭起運叁
拾貳萬柒千石實徵銀貳拾萬壹千伍百壹拾肆兩
柒錢零供用庫黃豆伍百石光禄寺青黃豆陸拾石
宣府在城宣德等叁倉粟米伍千石御馬倉黃豆捌
百肆拾肆石玖斗肆升肆合壹勺龍門倉粟米捌千

石龍門倉黑豆肆百石懷來廣阜倉粟米伍千石鵰鶚堡倉黑豆壹千玖百石蔚州倉粟米伍千石廣昌倉粟米肆千石密雲古北口倉粟米壹萬肆千柒百石湖渠馬房倉黑豆伍百玖拾玖石伍斗貳升伍合渤海所倉粟米壹千貳百石神樂觀芝蔴陸拾伍石肆斗柒升壹合貳勺横嶺口倉粟米貳千石臨清倉粟米玖百玖拾石柒斗紫荆關新城倉粟米陸千叁百叁拾陸石捌斗陸升密雲延慶倉粟米貳千石光禄寺細粟米叁千肆百肆拾伍石壹斗捌升伍合肆勺密雲古北口倉黑豆壹千伍百玖拾肆石捌斗柒



升延慶衛倉粟米貳萬伍千石鎮邊城新城倉黑豆壹百伍拾石保定府廣盈左右貳倉粟米伍萬叁百柒拾陸石玖斗黄土倉黑豆肆百貳拾捌石唐縣新興倉粟米玖千捌百石金盞兒甸倉黑豆貳百捌拾石玖斗陸升延慶衛倉黑豆玖百石京庫綿花絨貳萬斤雉米貳千石萬億庫綿花絨壹萬伍千斤雉米壹千伍百石延慶衛倉綿花絨叁千斤雉米叁百石犧牲所黑豆貳百陸拾叁石柒斗柒合柒勺酒醋麵局黄豆貳千貳百石翠華城倉黑豆壹千玖百柒拾壹石捌斗派剩米叁千玖百石河間府巨盈倉粟米

伍千石派剩米壹千肆百玖拾壹石柒升陸合陸勺
白羊口堡倉綿花絨壹千斤準米壹百石德州常盈
庫綿花絨柒萬斤準米柒百石薊州庫綿花絨壹萬
伍千斤準米壹千伍百石山海庫闊白綿布壹萬叁
千貳百疋準米壹萬叁千貳百石德州常盈庫闊白
綿布陸萬陸千疋準米陸萬陸千石萬億庫闊白綿
布伍萬壹千疋準米伍萬壹千石唐縣庫闊白綿布
叁千疋準米叁千石通州通濟庫闊白綿布貳千疋
準米貳千石延慶衛倉綿布肆千疋準米肆千石登
州府闊白綿布壹萬疋準米壹萬石存留壹拾肆萬



貳千壹百捌拾肆石玖斗玖升肆合貳勺肆抄伍圭
甲丁貳庫顏料準米肆千伍百玖拾肆石玖斗壹升
伍合德州常豐倉粟米貳萬石肥城阜積倉粟米貳
千石兗州府廣盈倉粟米伍千石濟寧州永豐倉粟
米壹萬伍千石東平州常豐倉粟米叁千伍百石滕
縣官倉粟米壹千伍百石臨清州常盈倉粟米壹萬
伍千石東昌府廣盈倉粟米壹萬石以上俱每石折
銀肆錢衡府豐盈倉祿粳米貳千石祿粟米陸千石
衡府豐盈倉奏辭祿粳米伍百石每石折銀壹兩祿
粟米壹千伍百石每石折銀柒錢俱解司聽用衡府

郡王將軍實用祿粟米玖千肆百捌拾石照舊解本府求阜倉另收本府求阜倉粟米壹萬伍千陸百玖拾柒石肆升壹勺叁抄衡府郡王將軍減派祿粟米柒千貳百陸拾貳石陸斗肆升每石折銀伍錢解司聽用莒州求豐倉粟米叁千肆拾叁石柒斗陸升玖合捌勺安東倉粟米肆千石諸城縣豐盈倉粟米貳千伍百壹拾陸石壹斗捌升玖合玖勺樂安縣官倉粟米陸百伍拾陸石陸斗壹升陸合陸勺伍抄伍圭本府州縣儒學倉粟米叁千玖百伍拾石各州縣官倉粟米壹千陸百玖拾柒石叁斗叁升貳合柒勺陸



抄頗料派剩米柒千貳百捌拾陸石肆斗捌升陸合叁勺壹抄貳撮伍圭每石折銀肆錢京庫地畝綿花絨貳千柒百玖拾肆斤壹拾壹兩肆錢玖分貳釐徵本色本府原額實徵草捌拾柒萬伍千伍拾貳束貳斤捌兩實徵銀叁萬陸千貳百叁拾陸兩陸錢零壹府在城草塲草壹萬叁千束御馬倉內塲草壹萬束內象房倉草壹萬捌千束中府外塲草貳萬肆千叁百貳拾肆束陸斤天師庵外塲草壹拾叁萬伍百玖拾束玖斤拾兩安仁坊草塲草伍萬貳千叁百束西城坊草塲草貳千肆百貳拾壹束壹拾貳斤壹拾壹

兩貳錢居庸倉草叁萬伍千肆百束鄭家庄馬房倉
草陸千伍百叁拾貳束北新草場草伍百伍拾肆束
壹拾貳斤壩上南倉草叁千束湖渠馬房倉草壹萬
束壩上北倉草肆千陸百束壩上東馬房倉草叁千叁
百束太倉銀庫草伍拾壹萬捌百壹拾陸束肆斤拾
兩捌錢山海庫草伍萬肆百叁拾柒束貳斤陸兩肆
錢内除去西通明奏添馬草貳百貳拾肆束壹拾肆
斤拾肆兩肆錢實徵草伍萬貳百壹拾貳束貳斤捌
兩萊州府原額夏稅小麥玖萬陸千玖百壹石壹斗
陸升貳合玖抄肆撮伍粒起運陸萬伍千石實徵銀



壹萬玖千玖百叁拾陸兩捌錢零御馬倉大麥陸百
柒拾陸石貳斗柒升準小麥叁百叁拾捌石壹斗叁
升伍合御馬倉豌豆壹百伍拾捌石準小麥抵斗萬
金廣盈倉并張家口堡倉小麥貳百石派剩各馬房倉
小麥玖百貳拾貳石捌斗陸升伍合德州倉小麥捌
千壹百柒拾石京庫本色紅花伍千伍百斤每斤準小麥
貳斗伍升共麥壹千叁百柒拾伍石東平府山海庫
闊白綿布玖千貳百叁拾疋準小麥壹萬壹千柒拾
陸石登州府豐廣貳庫闊白綿布柒千伍百柒拾疋
準小麥玖千捌拾肆石河間府倉州庫闊白綿布壹

千陸百柒疋准小麥壹千玖百貳拾捌石肆斗薊州
庫闊白綿布叁千壹百貳拾叁疋准小麥叁千柒百
肆拾柒石陸斗廣寧前屯庫鈔貳拾捌萬錠准小麥
貳萬捌千石絲綿折絹貳千陸百捌拾貳疋貳丈玖
尺陸釐叁毫伍絲玖忽陸微伍纖農桑折絹貳千壹
拾陸疋貳丈壹尺肆寸伍分存留叁萬壹千玖百壹
石壹斗陸升貳合玖抄肆撮伍粒本府慶豐倉小麥
玖千伍拾肆石陸斗柒升玖合肆勺壹抄柒撮伍圭
膠州官倉小麥壹千柒百肆拾柒石陸斗貳升伍勺
壹抄柒撮肆圭王徐倉小麥壹千捌百石靈山倉小



麥貳千柒百石夏河口倉小麥壹千叁百石鰲山倉
小麥肆千伍百石雄崖倉小麥叁千貳百伍拾石浮
山倉小麥貳千石本府州縣儒學倉小麥壹千貳百
陸拾貳石各州縣官倉小麥肆百陸拾陸石玖斗叁
升叁合玖勺伍抄玖撮壹圭伍粒即墨縣積粟倉小
麥叁千捌百壹拾玖石玖斗貳升捌合貳勺本府原
額秋糧粟米貳拾貳萬陸千壹百玖石肆斗玖升叁
合捌勺柒抄叁撮肆圭伍粒起運壹拾壹萬貳千壹
百陸拾石又萊陽縣民姜進奏准明文撥貳千石該
銀柒百玖拾伍兩先換存留共起運壹拾壹萬肆千

壹百陸拾石實徵銀陸萬捌千陸百肆拾陸兩陸錢零御馬倉黑豆伍百石懷來廣盈倉粟米貳千石新開口等堡倉粟米壹萬石光祿寺細粟米肆千壹百柒拾壹石貳斗貳升伍合伍勺昌平州黃花鎮倉粟米叁千柒百石白羊口倉粟米伍千叁百壹拾玖石紫荊關新城倉粟米壹千壹百貳拾伍石派剩米叁千肆百石陸斗伍升伍合伍勺易州倉粟米陸千陸拾柒石肆斗叁升玖合昌平州居庸倉粟米壹千伍百石密雲古北口倉粟米肆千石良鄉縣豐濟倉粟米伍千壹百伍拾伍石叁斗捌升昌平州黃花鎮倉



黑豆陸百伍拾叁石肆斗壩上南倉黑豆貳百柒拾石峪口官莊馬房倉黑豆肆百玖拾貳石玖斗涿州庫綿花絨叁千斤准米叁百石派剩米肆千壹百石昌平州居庸倉黑豆壹千壹百石登州府庫綿花絨叁萬斤准米叁千石薊州庫闊白綿布柒百疋准米柒百石登州府庫闊白綿布肆萬肆千玖百柒拾伍疋准米肆萬肆千玖百柒拾伍石薊州庫闊白綿布捌千疋准米捌千石涿州庫闊白綿布叁千陸百叁拾疋准米叁千陸百叁拾石存留米壹拾壹萬叁千玖百肆拾玖石肆斗玖升叁合捌勺柒抄叁撮肆圭

伍粒內有萊陽縣民姜進奏准明文撥大嵩倉米貳千石該縣辦納止實徵米壹拾壹萬壹千玖百肆拾玖石肆斗玖升叁合捌勺柒抄叁撮肆圭伍微甲丁貳庫顏料准米壹千捌百捌拾壹石壹斗叁升壹合貳勺伍抄德州常豐倉粟米叁千石濟寧州米豐倉粟米壹千石東昌府廣盈倉粟米壹千石臨清州常盈倉粟米叁千石本府廣豐倉粟米壹萬伍千捌百壹拾玖石柒升叁合陸勺柒撮伍圭王徐倉粟米叁千貳百石靈山倉粟米柒千伍百石膠州官倉粟米貳千伍百玖拾石肆斗肆升柒合柒勺玖抄肆撮陸



圭夏河口倉粟米柒百石又加壹千叁百石共貳千石即墨縣積盈倉粟米柒千貳百叁拾叁石柒斗肆升伍勺鰲山倉粟米柒千石雄崖倉粟米壹千貳百石浮山倉粟米壹千捌百石登州府和豐倉粟米貳萬叁千石內改壹千叁百石止實徵貳萬壹千柒百石百尺崖倉粟米貳千壹百石威海倉粟米貳千柒百石大嵩倉粟米肆千石內撥貳千石萊陽縣去訖本府州縣儒學倉粟米貳千叁百肆拾肆石靖海倉粟米壹千石寧海州常豐倉粟米伍千石奇山倉粟米壹千伍百石成山倉粟米柒千石尋山倉粟米壹

千伍百石各州縣官倉粟米玖百叁拾貳石貳斗壹升壹合玖勺柒抄壹撮叁圭伍粒顔料派剩米伍千玖百肆拾捌石捌斗捌升捌合柒勺伍抄每石銀肆錢解司聽用京庫地畝綿花絨壹千玖百陸拾貳斤柒兩陸錢徵收本色本府原額馬草叁拾伍萬叁束肆斤起運叁拾貳萬肆千束實徵銀壹萬叁千伍百肆拾壹兩陸錢零御馬倉内塲草陸千束宣府在城草塲草壹萬陸千束天師庵外塲草貳萬貳千肆百束霸上南倉草肆千束北新草塲草肆萬叁千束鄭家庄馬房倉草肆千束西城坊草塲草叁萬貳千柒

經會録　　糧總四十二　　智四一日五

百伍拾壹束壹拾貳斤太倉銀庫草壹拾柒萬叁千捌百肆拾捌束叁斤供用庫草壹萬陸千束山海庫草陸千束存留貳萬陸千叁束肆斤即墨縣積盈倉草壹萬柒千伍百伍拾叁束肆斤登州府和豐大倉草捌千肆百伍拾束俱每束折料豆伍升登州府原額夏税小麥柒萬玖百玖拾叁石壹斗捌升叁合柒勺陸抄肆撮壹圭起運肆萬捌千石實徵銀壹萬伍千玖百伍拾叁兩肆錢零御馬倉大麥叁百捌拾貳石肆斗柒升柒合伍小麥壹百玖拾壹石貳斗叁升捌合伍勺御馬倉豌豆壹百伍拾石延慶州永寧縣米

寧倉并四海治堡倉小麥壹千石派剩各馬房倉小麥柒百叁拾柒石貳斗陸升壹合伍勺德州倉小麥柒千柒百捌拾壹石伍斗河間府庫閣白綿布貳百伍拾疋准小麥叁百石永平府山海庫閣白綿布伍千柒百疋准小麥陸千捌百肆拾石登州府豊廣貳庫閣白綿布柒千伍百疋准小麥玖千石廣寧前屯庫鈔貳拾貳萬錠准小麥貳萬貳千石絲綿折絹壹千玖百陸拾貳疋壹丈柒尺肆寸貳分伍釐陸絲柒忽肆微農桑折絹貳千伍百玖拾貳疋壹丈陸尺叁寸叁分玖釐存留貳萬貳千玖百玖拾叁石壹斗捌



升叁合柒勺陸抄肆撮壹圭本府和豊倉小麥叁千柒百壹石貳斗貳升玖合陸勺叁抄貳撮伍圭威海倉小麥壹千石寧海州常豊倉小麥貳千壹百玖石叁斗叁升捌合叁勺貳抄玖圭百尺崖倉小麥壹千石金山倉小麥壹千石奇山倉小麥壹千肆百石文登縣廣盈倉小麥壹千壹百陸拾肆石貳斗陸升叁合貳勺玖抄陸撮肆圭柒粒靖海倉小麥壹千玖百石成山倉小麥貳千柒百伍拾石尋山倉小麥陸百伍拾石寧津倉小麥壹千石大嵩倉小麥壹千石大山倉小麥柒百伍拾石海陽倉小麥陸百石福山縣

豐盈倉小麥陸百陸拾陸石玖斗叁升陸合玖勺黄
縣官倉小麥肆百肆拾捌石捌升貳合本府州縣儒
學倉小麥壹千叁百叁拾肆石各州縣官倉小麥伍
百壹拾玖石叁斗叁升叁合陸勺壹抄玖撮貳圭叁
粒本府原額秋糧粟米壹拾陸萬伍千陸百陸拾壹
石叁斗叁升肆合貳勺玖抄肆撮玖圭捌粒牛租米
陸石起運萊陽縣民姜進奏准奉部院明文將起運
貳千石該銀柒百玖拾伍兩歸復萊州府平濰貳州
縣兊換存留大嵩倉米貳千石與萊陽收除各歸還
外實徵起運陸萬叁千石該銀叁萬玖千貳百玖拾



陸兩肆錢零供用庫芝蔴貳百叁拾石光禄寺芝蔴
貳百石御馬倉菉豆陸百石四海冶堡倉粟米柒千
石延慶州雲州堡倉粟米壹千陸百捌拾石渤海所
倉粟米貳千捌百石白羊口倉黑豆壹百玖拾肆石
陸斗光禄寺細粟米陸百柒拾柒石伍斗伍升貳合
伍勺渤海所倉黑豆玖百壹石捌斗壩上東馬房倉
黑豆貳百伍拾貳石貳斗貳升北高倉黑豆叁百叁
拾伍石捌斗派剩米貳千玖百壹拾陸石柒斗柒合
伍勺壩上倉黑豆伍百陸拾石義河倉黑豆伍百陸
石叁斗貳升保定府廣盈左右二倉粟米伍千叁百

貳拾石唐縣新興倉黒豆玖百石山海倉粟米伍千伍百石本折中半鎮邊城新城倉綿花絨壹千斤准米壹百石登州府綿花絨肆萬斤准米肆千石登州府闊白綿布貳萬伍千貳拾伍疋准米貳萬伍千貳拾伍石萬億庫闊白綿布叁千叁百疋准米叁千叁百石存留壹拾萬貳千陸百陸拾壹石叁斗叁升肆合貳勺玖抄肆撮玖圭捌粒牛租米陸石甲丁貳庫顔料准米壹千捌百陸拾陸石陸斗貳升陸勺貳抄伍撮本府和豊倉粟米貳萬壹千柒百貳拾捌石壹斗肆升叁合叁勺肆抄貳撮伍圭寧海州常豊倉粟





米肆千玖百貳拾貳石捌斗肆升伍合柒勺叁抄貳撮壹圭文登縣廣盈倉粟米壹萬貳千壹百捌拾肆石貳斗伍升柒合陸勺柒抄伍撮伍圭威海倉粟米壹萬壹千叁百石百尺崖倉粟米壹千肆百石金山倉粟米壹千石奇山倉粟米貳千伍百石靖海倉粟米玖千石成山倉粟米陸千伍百石尋山倉粟米貳千石寧津倉粟米玖千石大嵩倉粟米玖千石大山倉粟米叁千石海陽倉粟米叁千陸百伍拾石福山縣豊盈倉粟米壹千柒百叁拾肆石伍斗柒升柒合捌勺黄縣官倉粟米肆百叁拾柒石伍斗貳升肆合捌勺

本府州縣儒學倉粟米貳千肆百柒拾肆石各州縣
官倉粟米肆百玖拾伍石壹斗陸合壹勺玖抄肆撮
捌圭捌粒額料派剩米伍千玖百陸拾捌石貳斗伍升捌
合壹勺貳抄伍撮每石銀肆錢京庫地畝綿花絨捌
百伍拾捌斤玖兩貳錢徵收本色本府原額馬草貳
拾陸萬玖千伍百束起運貳拾肆萬肆千陸百柒拾
束實徵銀壹萬伍百貳兩伍錢零御馬倉內場草壹
萬束天師庵外場草柒千束中府外場草叁萬捌千
柒百叁拾束司苑局草伍千束石廣倉草捌千肆百束
壩上北馬房倉草壹千捌百束西城坊草壹萬伍千







陸百叁拾壹束壹拾貳斤壩上東馬房倉草肆千肆
百束南石渠西倉草陸千束北高倉草叁千柒百束
太倉銀庫草壹拾肆萬肆千捌束叁斤存留草貳萬
肆千捌百叁拾束該銀叁百柒拾貳兩肆錢伍分登
州府和豐倉草捌千叁百叁拾玖束文登縣廣盈倉
草壹萬陸千肆百玖拾壹束俱每束折料豆伍升山
東歲額戶口鹽鈔無閏銀肆萬伍千壹百柒拾兩伍
錢叁分伍釐壹毫貳絲有閏銀肆萬捌千柒百叁拾
陸兩壹錢捌分叁毫叁絲陸府所屬州縣照依戶口
人丁徵辦起運無閏銀壹萬玖千壹拾壹兩叁錢玖

分伍釐柒絲有閏銀貳萬壹百捌拾貳兩貳錢捌分捌釐陸毫捌絲京庫無閏銀壹萬叁千玖百柒拾兩叁錢捌分叁釐柒毫玖絲有閏銀壹萬伍千壹百壹拾貳兩捌錢玖分貳釐玖毫解司倒文轉解戶部發太倉銀庫上納宣府庫不拘有無閏月額銀肆千柒百兩叁錢玖分柒釐貳毫捌絲解司倒文轉解戶部發宣府上納德州常盈庫無閏銀叁百肆拾兩陸錢壹分肆釐有閏銀叁百陸拾捌兩玖錢玖分捌釐伍毫解司倒文赴該州戶部管糧分司上納存留鈔無閏銀貳萬陸千壹百伍拾玖兩壹錢肆分伍絲有閏



銀貳萬捌千伍百伍拾叁兩捌錢玖分壹釐陸毫伍絲司庫鈔無閏銀陸千伍百陸拾伍兩肆錢玖分伍釐玖毫有閏銀柒千叁百肆拾柒兩陸錢壹分捌釐柒毫解司支用府庫鈔無閏銀壹萬玖千伍百玖拾叁兩陸錢肆分肆釐壹毫陸絲有閏銀貳萬壹千貳百陸兩貳錢柒分貳釐玖毫柒絲徑解本府支用濟南府起運京庫鈔無閏銀貳千陸百陸拾捌兩柒錢伍分陸毫有閏銀貳千捌百陸拾兩伍錢捌分柒釐陸毫宣府庫鈔額銀貳千玖百肆拾壹兩叁錢伍分叁釐玖毫德州常盈庫鹽鈔無閏銀叁百肆拾兩陸

錢壹分肆釐有閏銀叁百陸拾捌兩玖錢玖分捌釐
伍毫存留司庫鈔無閏銀陸千伍百陸拾伍兩肆錢
玖分伍釐玖毫有閏銀柒千叁百肆拾柒兩陸錢壹
分捌釐柒毫府庫鹽鈔無閏銀柒百柒拾柒兩壹錢
捌分捌釐柒絲有閏銀捌百肆拾壹兩貳錢叁分陸
釐玖毫伍絲支德府宗儀按察司本府運司歷城縣
濟南德左貳衛武定肥城貳所文武官吏旗甲折色
俸鈔用兖州府起運京庫鹽鈔無閏銀貳千壹百伍
拾肆兩捌錢伍分伍釐玖毫有閏銀貳千叁百叁拾
玖兩貳分肆毫捌絲宣府庫鈔額銀壹千柒百伍拾



玖兩肆分叁釐叁毫捌絲存留府庫鹽鈔無閏銀伍
千叁拾玖兩貳錢伍分叁釐壹毫伍絲有閏銀伍千
伍百伍拾叁兩玖錢肆分貳釐玖毫伍絲支魯府宗
儀折色俸祿用東昌府起運京庫鹽鈔無閏銀壹千
壹百陸拾兩叁分叁釐捌毫伍絲有閏銀壹千貳百
伍拾陸兩陸錢陸分柒釐伍毫陸絲存留府庫鹽鈔
無閏銀壹千陸百玖拾捌兩柒錢柒分陸釐貳毫壹
絲有閏銀壹千捌百肆拾兩玖錢柒分捌釐伍毫柒
絲青州府起運京庫鹽鈔無閏銀叁千玖百玖拾叁
兩柒錢伍分捌釐有閏銀肆千叁百叁拾兩柒錢叁

分玖釐伍毫存留府庫鹽鈔無閏銀陸千貳百壹拾伍兩壹錢叁分貳厘叁絲有閏銀陸千壹百伍拾肆兩捌錢伍分柒毫肆絲萊州府起運京庫鹽鈔無閏銀貳千壹百貳拾兩柒錢捌分陸絲有閏銀貳千貳百玖拾柒兩伍錢捌分柒釐捌毫伍絲存留府庫鹽鈔無閏銀叁千壹百貳拾玖兩貳錢柒分玖釐叁毫有閏銀叁千肆百肆拾伍兩肆錢玖分捌釐陸毫叁絲不拘有無閏月闊白綿布玖疋登州府起運京庫鹽鈔無閏銀壹千捌百柒拾貳兩貳錢伍釐肆毫有閏銀貳千貳拾捌兩貳錢捌分玖釐玖毫存留府庫




鹽鈔無閏銀貳千柒百叁拾肆兩壹分柒釐貳毫有閏銀貳千玖百陸拾玖兩柒錢陸分伍釐貳毫伍絲

山東經會錄
寅
稅糧
因革

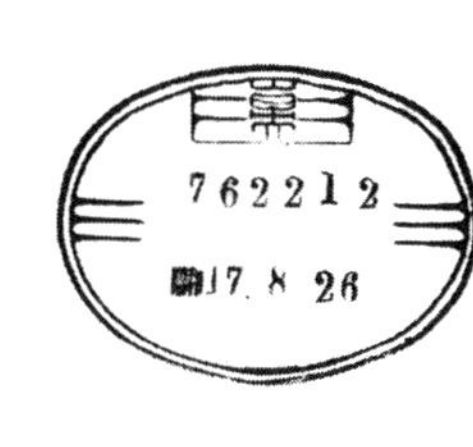


山東經會録卷之三

稅糧因革

山東地方密邇京畿自

國初額課稅糧設有起運存留之別然起運之中則有在京光祿寺酒醋麵局供用庫犧牲所小麥細粟米芝蔴菉豆黄豆蒭秫解各該寺庫局上納以供

上用之需神樂觀小麥解本觀上納以備樂舞生支用

御馬馴象司苑局壩上等馬房倉大麥菉豆黑豆俱解各該倉局上納以備象馬等料支用派剩京倉小麥粟米俱解太倉上納以備在京幷發邊支用京庫紅花絹布花絨解本庫上納以備京官俸絹布疋支用



漕運兌軍儹運米貳拾捌萬石內除應運天津等衛倉上納叁萬石遞年徵運本色交兌外薊州倉拾貳萬石舊例本色拾萬石折色貳萬石每石折銀陸錢嘉靖四年先該　巡撫順天都御史孟春奏本部會議題　准改納折色伍萬石每石折銀捌錢嘉靖拾貳年又該御史聞人銓奏本部會議題　准又改折色貳萬石每石折銀玖錢止徵本色叁萬石嘉靖三十年本部題議薊鎮等處增募軍士數多將山東額運除貳萬石照舊折徵外其餘拾萬石俱派本色叁

拾貳年會議復將伍萬石每石折銀捌錢貳萬石每石折銀玖錢叁拾肆年薊州管糧郎中高光呈該本部等衙門會議復又改徵本色貳萬石連舊本色共伍萬石其餘柒萬石照例折銀内貳萬石每石折銀陸錢伍萬石每石折銀捌錢照舊分解薊永貳鎮交納其餘壹拾叁萬石俱本色改兌玖萬伍千陸百石内德州改兌柒萬伍千石臨清改兌貳萬陸百石俱本色臨德貳倉夏稅小麥折米捌萬石秋糧叁萬肆千肆百石俱每石徵銀捌錢赴彼買納附近地方自運本色聽從其便解貳倉戶部分司收貯聽災傷年



分奏　准撥補支運漕糧之用又　御馬天師庵中府錦衣衛馴象所内外象房東直門裏外牛房吳家駝東安京場安仁西城基臺基明智北新壩上等馬房太倉草束俱解各倉場上納以備象牛馬草支用又宣府鎮保安萬全等倉庫小麥粟米黑豆布花草束俱解萬全戶部管糧分司上納以備本鎮兵馬糧料冬衣布花支用遼東鎮登州廣寧永平山海各庫麥鈔布花草束俱解廣寧戶部管糧分司上納以備本鎮賞賜冬衣布花支用薊州保定等鎮各倉庫小麥粟米黑豆布花草束俱解易州薊州戶部管糧分司

及保定河間等府州縣各該倉庫上納以備各鎮兵馬糧料冬衣布花支用其存留之中又有王府祿糧併本省大小衙門文武官吏師生俸廪及境内濟南德州等衛所官軍月糧及運軍行糧各支用又查甲丁貳庫藍靛碌礬黑鉛黄丹銅錫等料節奉勘合該

户部查正統拾壹年欽奉

聖旨於出産去處定數派去每年於存留糧内照依彼處時值從公估計折徵選委糧户解户部上納至於京邊稅糧馬草價值查自弘治正德年間如光禄寺小麥粟米菉秫准米俱每石原玖錢今壹兩本寺青菉豆



原壹兩陸錢今貳兩肆錢芝蔴原壹兩叁錢今壹兩叁錢伍分白芝蔴原無自嘉靖叁拾伍年新添每石壹兩陸錢酒醋麵局小麥每石原玖錢今壹兩壹錢犧牲所黑豆原陸錢伍分今柒錢御馬倉大麥准小麥原壹兩貳錢今壹兩陸錢豌豆原玖錢今壹兩馴象所大麥准小麥原壹兩貳錢今壹兩肆錢供用庫芝蔴原壹兩叁錢今壹兩捌錢宣府鎮麥米黑豆原壹兩今壹兩貳錢薊州永平府山海倉小麥原陸錢伍分今捌錢密雲古北口倉粟米原陸錢伍分今壹兩密雲隆慶倉粟米原柒錢今玖錢黄花鎮原玖錢

令壹兩保定府廣盈左右貳倉小麥原陸錢今柒錢
伍分涿州常盈倉粟米原陸錢今玖錢其餘倉口比
之弘治等年率皆加添通融計筭以今視昔比舊加
重拾之叁肆嘉靖貳拾壹年山東原額夏稅捌拾伍
萬伍千壹百柒拾貳石壹斗肆升零内起運陸拾貳
萬肆千捌百伍拾石銀貳拾貳萬柒千叁百肆拾伍
兩柒錢玖分貳釐陸毫秋糧壹百玖拾玖萬伍千柒
百陸拾伍石玖斗壹升陸合陸勺伍抄牛租米壹拾
陸石伍斗内起運壹百叁拾叁萬捌百陸拾石銀玖
拾捌萬貳千肆拾貳兩叁錢壹釐馬草起運叁百伍



拾肆萬伍千束又存留撥解遼東山海庫貳拾貳萬
叁千伍百陸拾陸束壹拾斤玖錢貳項共叁百柒拾
陸萬捌千伍百陸拾陸束壹拾斤玖錢銀壹拾伍萬
捌千捌拾貳兩伍錢柒分叁項共壹百叁拾陸萬柒
千肆百柒拾兩陸錢陸分叁釐陸毫貳拾貳年夏稅
起運銀貳拾貳萬伍千陸兩陸錢陸分叁釐伍毫秋
糧起運銀玖拾柒萬玖千伍百柒拾伍兩玖錢陸釐
馬草起運銀壹拾伍萬伍千玖百柒拾叁兩陸錢叁
項共壹百叁拾陸萬伍百伍拾陸兩壹錢陸分玖釐
叁毫貳拾叁年夏稅起運銀貳拾貳萬陸千貳百肆

兩壹錢伍分肆釐貳毫秋糧起運銀玖拾捌萬貳百
肆拾兩伍錢陸分叁釐壹毫馬草起運銀壹拾伍萬
捌千柒百捌兩陸錢捌分伍釐叁項共壹百叁拾陸
萬伍千壹百伍拾叁兩肆錢貳釐叁毫貳拾肆年夏
稅起運銀貳拾貳萬伍千肆百捌拾肆兩叁錢叁分
柒釐肆毫秋糧起運銀玖拾捌萬壹千捌百貳拾柒
兩貳錢柒分叁毫馬草起運銀壹拾伍萬叁千玖百
叁拾捌兩玖錢捌分叁項共壹百叁拾陸萬壹千貳
百伍拾兩伍錢捌分柒釐柒毫貳拾伍年夏稅起運銀
貳拾貳萬肆千叁百捌拾肆兩伍錢柒釐陸毫秋糧



起運銀玖拾捌萬壹千肆百肆拾柒兩柒錢捌分捌
釐玖毫馬草起運銀壹拾伍萬陸千柒百陸拾柒兩
壹錢叁項共壹百叁拾陸萬貳千伍百玖拾玖兩叁
錢玖分陸釐伍毫貳拾陸年夏稅起運銀貳拾貳萬
肆千伍百柒拾伍兩伍錢叁釐捌毫秋糧起運銀玖
拾捌萬叁千柒百柒拾陸兩玖錢陸分肆釐叁毫馬
草起運銀壹拾伍萬叁千肆百壹拾柒兩叁錢伍釐
叁項共壹百叁拾陸萬壹千柒百陸拾玖兩柒錢柒
分叁釐壹毫貳拾柒年夏稅起運銀貳拾貳萬壹千
捌百壹拾肆兩貳錢玖分貳釐陸毫秋糧起運銀玖

拾捌萬壹千貳百捌拾兩貳錢陸分陸釐柒毫馬草
起運銀壹拾肆萬伍千肆百陸兩叁錢陸釐伍毫叁
項共壹百叁拾肆萬捌千伍百兩捌錢陸分伍釐捌
毫貳拾捌年夏税起運銀貳拾貳萬肆千肆百柒拾
貳兩伍分伍毫秋糧起運銀玖拾捌萬陸千伍百玖
拾玖兩伍錢柒分陸釐貳毫馬草起運銀拾柒萬貳
千陸百肆拾壹兩陸錢壹分壹釐叁項共壹百叁拾
捌萬叁千柒百壹拾叁兩叁錢叁分柒釐柒毫又該
本司查節年派糧規式以奉到勘合坐數比上年多
寡或於闔省加減或量州縣豐疲損益務足原額銀



兩坐數委官查將貳拾玖年夏税起運陸拾貳萬肆
千捌百伍拾石銀貳拾貳萬伍千伍百壹拾伍兩伍
錢叁分伍毫比貳拾捌年加銀壹千肆拾叁兩肆錢
叁分均加陸府州縣查算上年各屬起運小麥每石
濮州起至柒錢伍分壹釐叁毫其餘州縣伍錢上下
者有之肆錢叁錢上下者有之甚至莒州止起貳錢
壹分玖釐零輕重不齊欲便壹例均攤但地土有肥
瘠州縣有豐疲行之或難隨吊均徭則例備查上中
下州縣與原派銀數相對中間有應重而輕有應輕
而重欲將上等州縣照等增添有加至伍柒百兩者

下等疲敝州縣照等減削亦不下伍柒百兩加減太驟未免人情驚異又先年原派銀數等至釐毫絲忽奸弊滋多須劑量整齊庶便查考頗過輕者益其釐毫而成分偏重疲累者去其釐毫而分上豐疲相懸者量爲加減壹貳分今查起運每麥壹石濮州原柒錢陸分壹釐叁毫刪去壹分壹釐叁毫曹州原伍錢壹分叁釐柒毫刪去叁釐柒毫與以下肥城莘丘寧陽陵縣東平新泰濟寧萊蕪長山滋陽蒙陰鄒縣聊城淄川金鄉齊河平陰鉅野汶上嶧縣茌平臨朐安丘武定城武曲阜泗水嘉祥棲霞招遠商河濱州霑化沂州新城蒲臺高苑海豐高密膠州日照利津諸城樂陵滕縣費縣肆拾玖州縣各原數不同俱應酌量刪減共減銀壹千捌兩壹錢如曹縣原肆錢捌分陸釐肆毫今增壹分叁釐陸毫與以下觀城范縣臨清鄆城朝城德州青城壽張博平冠縣堂邑泰安東阿武城臨邑高唐章丘長清鄒平恩縣歷城平原禹城陽穀夏津黃縣齊東單縣清平館陶壽光濟陽定陶益都昌樂臨淄魚臺寧海陽信博興平度濰掖昌邑萊陽福山蓬萊樂安文登德平即墨郯城沂水莒州伍拾伍州縣各原數不同俱應酌量加增共加

銀貳千伍拾壹兩伍錢捌分内新泰寧陽嘉祥嶧縣
近稱凋疲量爲多減單縣陽信近稱得過無棣丘長
清歷城曹縣壽光俱量多加通計以足坐數刪其畸
零以杜弊端酌量增損以爲通變又議秋糧起運比上
年減銀叁千貳百柒拾柒兩壹錢叁分查上年起運
每石上自曹州起派玖錢玖分貳釐伍毫下至日照
縣每石肆錢貳分貳釐叁毫止中間輕重不齊仍照
夏税規則隨其豐疲量爲加減計其價值定爲銀數
如青城縣每石原起銀捌錢玖分玖釐捌毫今減玖
釐捌毫與以下泰安肥城長清德州萊蕪齊東長山



免四百〇五丁

臨邑鄒平商河武定陵縣淄川霑化利津蒲臺曹州
定陶東平汶上東阿濟寧平陰陽穀鄒縣曲阜嶧縣
泗水滕縣郯城沂州費縣濮州莘縣臨清堂邑清平
館陶恩縣高唐聊城武城觀城丘縣茌平樂安昌樂
臨淄臨朐安丘沂水高苑莒州日照即墨掖縣高密
膠州寧海棲霞招遠萊陽文登蓬萊福山陸拾陸州
縣各原數不等俱量其毫釐共減銀叁千陸百捌拾捌
兩伍錢貳分壹釐貳毫齊河縣每石捌錢捌分叁釐
貳毫今減壹分叁釐貳毫與金鄉博興濰縣肆縣各
數不等不係豐厚原起太重量減分釐共減銀柒百

陸拾伍兩伍錢新泰縣每石捌錢陸分貳釐今減貳
分貳釐與新城樂陵海豐寧陽滋陽鉅野嘉祥蒙陰
昌邑拾縣各數不等素稱疲累原起過重量減壹
貳分共減銀壹千肆百肆拾壹兩壹錢平原縣每石
捌錢肆分伍釐柒毫今加肆釐叁毫與以下章丘濟
陽禹城德平夏津曹縣壽張鄆城范縣冠縣朝城博
平益都壽光諸城黄縣拾陸縣各數不等素稱得過
原起不重量加毫釐共加銀玖百壹拾兩叁錢捌分
叁釐貳毫歷城縣每石捌錢捌釐柒毫今加壹分貳
釐叁毫與以下陽信濱州單縣城武魚臺平度萊州



縣各數不等素稱豐厚原起太輕共加銀壹千柒百
陸兩陸錢及照極疲如萊蕪新泰濟寧滋陽鄒平金
鄉蒙陰等州縣今雖量減猶爲偏累以後遇勘合減
派仍須再減濱州陽信德平魚臺單縣益都福山等
州縣今雖量加猶爲未均以後加派仍須再加但加
減不宜太驟至於坐派起存倉口酌量遠近難易極
重者以極輕者補之庶幾不致獨累又議馬草比上
年加銀壹萬玖百壹拾玖兩叁錢玖分相應均加通
省今查各州縣派草舊額每糧壹石自范縣壹錢肆
分捌釐肆毫起漸減至齊河縣伍分肆釐陸毫止輕

重懸絕合行斟酌損益原起太輕者加之原起太重者減之其素稱極疲者又減之如泰安州原每石銀壹錢壹分貳釐玖毫今派壹錢貳分與以下肥城齊河德州平原萊蕪齊東長山臨邑鄒平歷城商河陵縣樂陵德平曹州定陶東平汶上曹縣壽張寧陽鄆城陽穀金鄉滕縣郯城沂州費縣臨淸冠縣淸平朝城館陶博平恩縣高唐聊城夏津武城觀城丘縣茌平樂安昌樂臨淄壽光臨朐安丘博興沂水莒州日照濰縣平度即墨掖縣寧海棲霞萊陽文登蓬萊福山章丘長清陽信濱州單縣城武魚臺濮州堂邑黃縣益都昌邑濟陽武定新城淄川霑化利津海豐東阿濟寧曲阜嘉祥范莘蒙陰高苑玖拾州縣各原數不等共加壹萬壹千肆百伍拾捌兩捌錢壹分柒釐青城縣每石起銀壹錢貳分伍釐今止派銀壹錢貳分與以下新泰禹城滋陽平陰鄒縣鉅野嶧縣泗水諸城膠州招遠蒲臺高密拾肆州縣各數不等共減伍百叁拾玖兩伍錢捌釐以通省論之減者叁分之壹加者叁分之貳叁拾年夏稅起運該銀貳拾貳萬叁千叁百捌拾壹兩伍錢肆分捌釐柒毫比貳拾玖年減銀貳千壹百叁拾叁兩玖錢捌分壹釐議於縣省起

運内均減其存留倉口不在輕減之内蓋存留錢糧比之起運徵收頗緩在豐年既易完納在荒年又多蠲免今若通減似為過輕其各州縣存留倉口不無石斗動移蓋因起運糧石既經均減則零數太多法非簡明何以革弊合先儘州縣京邊數目務在百石或伍拾石為止刪去畸零以便上納又議秋糧該銀玖拾玖萬伍千玖百肆拾貳兩陸錢柒分貳釐貳毫比貳拾玖年加銀陸百貳拾兩貳錢叁分肆釐及本色兌軍該加銀壹萬貳千兩與前部坐加銀議該每起運壹石該銀玖釐肆毫捌絲叁忽以足前數但毫



釐零碎難以分派每石均加壹分尚餘銀陸百捌拾捌兩叁錢陸分陸釐查將被災鉅野等州縣通融減派後不為例本年　巡撫都御史王　行司將青州等府臨德濟寧肥城等軍倉改派附近去處上納隨該本司議將青萊貳府所屬舊派臨德等倉糧米改派臨近州縣就便徵納仍將各州縣舊派起運價輕倉口兩平兌換改派呈允將青州等府舊派德州常豐倉内改壹萬捌千石肥城縣阜積倉内改壹千石兗州府廣盈倉内改伍千石濟寧州永豐倉内改壹萬貳千石滕縣官倉内改壹千石東平州常豐倉内

改叁千貳百石東昌府廣盈倉內改玖千柒百石臨
清州常盈倉內改壹萬伍千陸百石濮州官倉全改
伍百石以上共米陸萬陸千石俱兌與濟兗東叁府
所屬附近州縣仍將起運價輕倉口兩平兌與青州
等府所屬各與起運同完責令大戶赴司倒文發倉
上納其該年馬草起運銀壹拾柒萬玖千伍百柒拾
陸兩陸錢肆分貳釐伍毫比貳拾玖年減銀叁千玖
百捌拾肆兩貳錢柒分柒釐伍毫亦于與省起運草
銀內均減叁拾壹年夏稅起運銀貳拾貳萬貳千壹
兩伍錢貳釐玖毫秋糧起運銀壹百萬叁百捌拾捌



兩叁錢柒分玖毫馬草起運銀壹拾伍萬玖千陸百
陸拾捌兩叁項共壹百叁拾捌萬貳千伍拾捌兩肆
錢壹分陸釐叁毫叁拾貳年夏稅起運銀貳拾貳萬
叁千叁百伍拾肆兩伍錢陸分叁釐玖毫秋糧起運
銀壹百萬貳百陸拾捌兩貳錢肆分壹釐馬草起運
銀壹拾伍萬捌千陸百肆拾柒兩伍錢陸分叁釐肆
毫叁項銀壹百叁拾捌萬貳千貳百柒拾兩叁錢陸
分捌釐叁毫叁拾叁年夏稅起運銀貳拾貳萬壹千
玖百玖拾玖兩叁錢叁分捌釐秋糧起運銀玖拾柒
萬玖千叁百壹拾兩肆錢伍分叁釐玖毫馬草起運

銀壹拾伍萬陸千玖兩叁錢叁項共壹百叁拾伍萬柒千叁百壹拾玖兩玖分壹釐玖毫叁拾肆年夏稅起運銀貳拾貳萬柒千捌百捌拾肆兩柒錢捌分柒釐伍毫秋糧起運銀壹百壹萬柒千捌百伍拾叁兩捌分柒釐伍毫馬草起運銀壹拾伍萬捌千叁百陸兩捌錢肆分叁項共壹百肆拾萬肆千肆拾肆兩柒錢壹分肆釐柒毫叁拾伍年夏稅起運銀貳拾叁萬伍百柒拾兩捌錢秋糧起運銀壹百貳萬叁千貳百捌拾捌兩陸錢肆分叁釐陸毫馬草起運銀壹拾伍萬伍千叁百貳拾肆兩肆錢玖分叁項共壹百肆拾



萬玖千壹百捌拾叁兩玖錢叁分叁釐陸毫叁拾陸年夏稅起運銀貳拾叁萬貳千陸百肆拾伍兩秋糧起運銀壹百貳萬陸千捌百貳拾肆兩叁錢陸分貳釐陸毫馬草起運銀壹拾伍萬貳千叁百貳兩貳分肆釐叁項共壹百肆拾壹萬壹千柒百柒拾壹兩叁錢捌分陸釐陸毫叁拾柒年夏稅起運銀貳拾叁萬貳千叁百貳拾壹兩捌錢捌釐秋糧起運銀壹百貳萬柒千柒百壹拾壹兩伍錢肆分壹毫馬草起運銀壹拾伍萬貳千壹百玖拾柒兩肆錢壹分玖釐叁項共壹百肆拾壹萬貳千貳百叁拾兩柒錢陸分柒釐壹

毫叁拾捌年夏税起運銀貳拾叁萬貳千肆百壹拾貳兩肆錢貳分秋糧起運銀壹百叁萬壹千壹百叁拾兩捌錢捌分叁釐陸毫馬草起運銀壹拾伍萬貳千伍百壹拾陸兩壹錢玖分伍釐叁項共壹百肆拾壹萬陸千伍拾玖兩肆錢玖分捌釐陸毫叁拾玖年夏税起運銀貳拾叁萬肆百貳拾叁兩壹錢玖分柒釐貳毫秋糧起運銀壹百肆萬壹拾叁兩捌毫馬草起運銀壹拾伍萬貳千柒百柒拾陸兩伍錢捌分叁項共壹百肆拾貳萬叁千叁百壹拾貳兩柒錢柒分捌釐肆拾年夏税起運銀貳拾叁萬伍百捌拾肆兩玖





分陸釐貳毫秋糧起運銀壹百叁萬柒千叁百柒拾壹兩陸錢捌分柒釐壹毫馬草起運銀壹拾伍萬肆千肆百叁拾壹兩捌錢肆分叁項共壹百肆拾貳萬叁千貳百捌拾柒兩陸錢貳分叁釐肆毫鄒平等縣知縣張中復等呈肆拾壹年夏税起運該銀貳拾叁萬陸百肆兩捌分陸釐貳毫壹絲較比肆拾年加銀壹拾玖兩玖錢玖分欲照上年均加槩省通融派若止加叁絲貳忽似爲瑣碎不便惟單縣原坐倉口與今部坐加減不同比之上年加銀壹拾玖兩玖錢玖分待分派秋糧將該縣起運糧銀照數充減似亦適

均肆拾壹年秋糧起運該銀壹百貳萬捌千陸百叁
拾壹兩壹錢貳釐貳毫比肆拾年減銀捌千柒百肆
拾兩伍錢捌分肆釐玖毫內除抵減夏稅加與單縣
拾玖兩玖錢玖分外仍減捌千柒百貳拾兩伍錢玖
分肆釐玖毫及查該年馬草起運銀壹拾陸萬壹千
陸百伍拾伍兩捌錢肆分伍釐比肆拾年加銀柒千
貳百貳拾肆兩伍釐惟照今年糧價減捌千柒百餘
兩草價加柒千貳百餘兩相應互相抵兑仍合上年
壹條鞭例尚減壹千肆百玖拾陸兩伍錢捌分玖釐
玖毫議將上等貳拾肆州縣共秋糧起運叁拾肆萬



貳千叁百陸拾石每石減銀柒毫章丘縣減貳拾壹
兩柒錢歷城縣減拾肆兩捌錢肆分泰安州減拾壹
兩陸錢玖分陽信縣減拾叁兩叁錢長清縣減拾壹
兩玖錢濱州減拾陸兩肆錢伍分曹州減肆兩肆錢
壹分曹縣減肆兩玖錢定陶縣減壹兩肆錢壽張縣
減壹兩肆錢陽穀縣減捌兩伍分鉅野縣減貳兩捌
錢單縣減陸兩叁錢魚臺縣減肆兩貳錢臨清州減
拾兩壹錢伍分濮州減肆兩玖錢范縣減貳兩肆錢
伍分益都縣減貳拾陸兩陸錢壽光縣減貳拾伍兩
玖錢壹分濰縣減拾肆兩柒錢平度州減拾叁兩肆

錢壹分掖縣減玖兩壹錢黄縣減肆兩貳錢寧海州減肆兩玖錢中等肆拾貳州縣共秋糧起運伍拾肆萬玖百石每石減銀壹釐壹毫青城縣減捌兩貳錢伍分肥城縣減捌兩貳錢伍分齊東縣減拾捌兩柒錢德州減拾壹兩平原縣減拾柒兩伍分齊河縣減拾肆兩捌錢伍分長山縣減拾捌兩柒錢禹城縣減拾肆兩捌錢伍分陵縣減拾壹兩武定州減叁拾兩肆錢柒分商河縣減貳拾肆兩柒錢伍分淄川縣減拾伍兩玖錢伍分德平縣減拾貳兩壹錢樂陵縣減拾陸兩伍錢濟寧州減拾壹兩汶上縣減拾肆兩捌



分東平州減玖兩叁錢伍分東阿縣減陸兩陸錢平陰縣減肆兩玖錢伍分鄒縣減捌兩貳錢伍分鄆城縣減叁兩捌錢伍分嘉祥縣減貳兩陸錢肆分城武縣減叁兩捌錢肆分捌釐冠縣減拾叁兩柒錢伍分館陶縣減拾壹兩伍錢伍分朝城縣減拾壹兩堂邑縣減拾貳兩壹錢博平縣減陸兩陸錢高唐州減拾玖兩捌錢莘縣減捌兩貳錢伍分觀城縣叁兩捌錢伍分聊城縣減拾壹兩臨淄縣減拾捌兩柒錢樂安縣減貳拾柒兩伍錢昌樂縣減拾伍兩玖錢伍分臨朐縣減貳拾兩叁錢伍分安丘縣減叁拾壹兩玖錢

諸城縣減叁拾壹兩叁錢伍分昌邑縣減貳拾兩玖
錢即墨縣減拾伍兩肆錢棲霞縣減陸兩伍分萊陽
縣減貳拾貳兩下等叁拾捌州縣共秋糧起運肆拾
肆萬柒千陸百石每石減壹釐肆毫柒絲玖忽濟陽
縣減貳拾捌兩壹錢臨邑縣減拾捌兩肆錢玖分鄒
平縣減貳拾伍兩捌錢捌分萊蕪縣減拾肆兩柒錢
玖分新城縣減拾捌兩肆錢玖分利津縣減拾伍兩
伍錢叁分海豐縣減拾壹兩陸錢玖分新泰縣減拾
兩叁錢伍分霑化縣減拾貳兩捌錢柒分蒲臺縣減
貳拾壹兩肆錢伍分寧陽縣減拾壹兩捌錢叁分滋



陽縣減捌兩壹錢叁分金鄉縣減捌兩壹錢肆分嶧
縣減玖兩陸錢壹分曲阜縣減肆兩肆錢肆分泗水
縣減伍兩玖錢貳分滕縣減貳拾貳兩貳錢郯城縣
減拾肆兩柒錢玖分沂州減叁拾貳兩伍錢肆分叁
釐費縣減拾柒兩柒錢肆分玖釐清平縣減拾貳兩
伍錢柒分恩縣減拾捌兩肆錢玖分武城縣減拾壹
兩捌錢叁分夏津縣減貳拾兩柒錢壹分丘縣減拾
貳兩伍錢柒分茌平縣減拾捌兩肆錢玖分博興縣
減叁拾壹兩陸分高苑縣減拾貳兩伍錢柒分蒙陰
縣減拾貳兩伍錢柒分沂水縣減肆拾伍兩捌錢伍

分莒州減伍拾叁兩貳錢叁分日照縣減貳拾壹兩肆錢伍分膠州減拾玖兩貳錢叁分高密縣減拾玖兩貳錢叁分招遠縣減柒兩肆錢文登縣減拾叁兩叁錢蓬萊縣減拾壹兩壹錢福山縣減柒兩肆錢以足部減之數本省境內住劄　巡撫　河院戶工貳部分司郎中員外主事共玖員俸糧奉例改於本省支用無閏歲該銀肆百壹拾柒兩肆錢捌分有閏歲該銀肆百伍拾貳兩貳錢陸分玖釐捌毫俱於起運派剩米內改撥每石折銀陸錢解司聽各員下俸糧用

肥城等縣知縣萬鵬程等呈肆拾貳年夏稅內農桑



折絹稅絲本色絲綿肆佰共銀貳萬伍千壹百肆拾捌兩陸錢柒釐捌毫壹絲每年俱在壹條鞭之外各另派徵今若與其餘錢糧俱爲壹條鞭每石折增不過分釐不惟便民抑且革弊況上年已該各府併派壹次今歲相應併入條鞭派徵其該年夏稅起運該銀貳拾叁萬肆百陸拾兩陸錢貳分柒釐貳毫比肆拾壹年減銀壹百肆拾叁兩肆錢伍分玖釐欲於通省下等新城等叁拾肆州縣通減但前銀不多每石止該減去毫釐今武定兵備道呈所轄海豐霑化利津叁縣疲累已甚蒲臺樂陵濱州武定商河伍州

縣地土亦有荒蕪見在之民苦於包賠應將前減銀壹百肆拾叁兩肆錢伍分玖釐於極疲海豐霑化利津叁縣起運麥共壹萬貳千叁百石每石減銀肆釐壹毫海豐縣減拾陸兩霑化縣減拾陸兩肆錢利津縣減拾捌兩稍疲濱州武定樂陵商河蒲臺伍州縣起運麥共肆萬肆千叁百石每石減銀貳釐壹毫濱州減銀貳拾兩叁錢伍分玖釐武定州減貳拾伍兩捌錢樂陵縣減拾叁兩柒錢蒲臺縣減拾叁兩貳錢商河縣減貳拾兩以足部減之數其餘州縣俱照舊分派該年秋糧起運銀壹百貳萬捌千伍百捌拾兩柒錢



柒分壹釐玖毫比肆拾壹年減銀伍拾兩叁錢叁分壹釐叁毫若於通省減派每石減至忽微節奉

本院批嶧單滕長山青城伍縣災傷俱行本司查報新城縣民金煥等告水患渰沒民田已行守巡道委官踏勘但今分派秋糧備行各官速將中間災傷酌議分別輕重應否量為減免又蒙　本院案行各官即將沂嶧滕鄒費泗陸州縣應徵起運稅糧內照數除豁免派但今秋糧比上年減銀伍拾兩叁錢叁分壹釐叁毫應於前項被災陸州縣秋糧起運陸萬捌千伍百石於內每石減銀柒毫叁絲滕縣減拾

貳兩嶧縣減伍兩陸錢叁分壹釐叁毫單縣減陸兩
伍錢青城縣減伍兩伍錢長山縣減拾貳兩陸錢新
城縣減捌兩壹錢以足部減之數今年部坐草銀壹
拾伍萬玖千肆百肆拾壹兩貳錢比肆拾壹年減銀
貳千玖百柒拾柒兩壹錢肆分若分別上中下叁等
州縣減派但查上年州縣已分豐疲等第價銀輕重
已定即今雖有嶧縣等陸縣災傷已將秋糧銀兩減
派偏於各縣其草銀應於槩省通融查照各州縣上
年實徵銀兩每兩均減去壹分捌釐叁毫叁絲則槩
省民霑實惠其沂嶧郯滕費泗陸州縣秋糧起運共



該米陸萬玖千伍百石內奉例蠲免壹萬陸千貳百
柒拾壹石玖斗陸升陸合實徵伍萬叁千貳百貳拾
捌石叁升肆合沂州秋糧起運米貳萬貳千石內蠲
免肆千叁百貳拾壹石壹斗陸升捌合伍勺實徵壹
萬柒千陸百柒拾捌石捌斗叁升壹合伍勺嶧縣秋
糧起運米陸千伍百石內蠲免肆千捌百石壹斗壹
升玖合叁勺實徵壹千陸百玖拾石捌斗捌升柒
勺滕縣秋糧起運米壹萬伍千石內蠲免貳千柒百
壹拾捌石柒斗肆升伍勺實徵壹萬貳千貳百捌拾
壹石貳斗伍升玖合伍勺郯城縣秋糧起運米壹萬

石内蠲免壹千陸百伍拾石玖升玖合柒勺實徵捌
千叁百肆拾玖石叁勺費縣秋糧起運米壹萬貳千
石内蠲免壹千捌百柒拾伍石肆升肆合陸勺實徵
壹萬壹百貳拾肆石玖斗伍升伍合肆勺泗水縣秋
糧起運米肆千石内蠲免玖百陸石柒斗玖升叁合
伍勺實徵叁千玖拾叁石貳斗陸合伍勺應於各州
縣秋糧起運原坐各倉口照數除豁以蘇民困夏津
等縣知縣趙大倫等呈肆拾叁年夏稅起運銀貳拾
叁萬伍百陸拾叁兩捌錢伍分肆釐貳毫壹絲比肆
拾貳年加銀壹百叁兩貳錢貳分柒釐但上年夏稅
比肆拾壹年減銀壹百肆拾叁兩肆錢伍分玖釐已

於濟南府屬海豐縣減拾陸兩霑化縣減拾陸兩肆
錢利津縣減拾捌兩濱州減貳拾兩叁錢伍分玖釐
武定州減貳拾伍兩捌錢樂陵縣減拾叁兩柒錢蒲
臺縣減拾叁兩貳錢商河縣減貳拾兩今歲所加銀
兩欲於槩省均加至毫忽煩瑣不便合於前項上年
減銀海豐等捌州縣均加議將海豐縣加拾壹兩伍
錢霑化縣加拾壹兩捌錢利津縣加拾貳兩玖錢濱
州加拾肆兩柒錢武定州加拾捌兩伍錢樂陵縣加
玖兩玖錢蒲臺縣加玖兩伍錢商河縣加拾肆兩肆

錢貳分柒釐以足部單所加之數沂嶧滕郯費泗陸
州縣上年　巡撫都御史張　題　准於各州縣夏
稅起運內每年蠲免荒地麥陸千玖百柒拾叁石陸
斗玖升玖合伍勺共免叁年肆拾貳年沂州減麥壹
千捌百伍拾壹石玖斗貳升玖合叁勺嶧縣減麥貳
千伍拾柒石壹斗玖升叁合玖勺滕縣減麥壹千壹
百陸拾伍石壹斗柒升肆合伍勺郯城縣減麥柒百
柒石壹斗捌升伍合伍勺費縣減麥捌百叁石伍斗
玖升柒勺泗水縣減麥叁百捌拾捌石陸斗貳升伍
合貳勺今歲仍應遵照前項明文蠲免本年



巡撫都御史鮑　案驗准户部咨先該山東巡撫都
御史張　咨稱青州府樂安縣馬頭社東北舊有清
水白一處先年水退淤出地丈量叁拾貳頃壹畝肆分
每年該夏稅伍拾壹石叁斗捌升貳合貳勺稅絲貳
拾捌兩捌錢壹分貳釐陸毫秋糧壹百壹拾玖石捌
斗玖升叁合肆勺馬草貳百貳拾叁束壹拾肆斤壹
拾肆兩肆錢歸入樂安縣總明開鄉民西通明奏添
之數近來復被水淹添派糧草委無人辦節累戶丁
許佩等包賠因而奏告原非額數相應除豁已該本
部議將樂安縣故民西通明奏派地畝稅絲馬草候

會派肆拾叁年夏稅秋糧馬草之日照數除豁其該年秋糧起運實徵銀壹百叁萬壹千貳百陸拾兩肆錢玖分捌釐捌毫捌絲比肆拾貳年加銀貳千陸百柒拾玖兩柒錢貳分陸釐玖毫本司呈　撫按兩院詳允加派上中貳等章丘等豐縣徵解其下等極疲濟陽等州縣免加隨將章丘等州縣每石加銀貳釐肆毫壹絲叁忽伍微章丘加玖拾伍兩伍錢貳分歷城縣加柒拾柒兩齊河縣加肆拾壹兩陸錢叁分長清縣加伍拾壹兩玖錢伍分青城縣加貳拾壹兩陸錢玖分臨邑縣加叁拾柒兩貳錢玖分禹城縣加叁



拾玖兩陸錢陸分長山縣加伍拾貳兩柒分淄川縣加肆拾伍兩柒錢肥城縣加貳拾貳兩柒錢柒分齊東縣加伍拾壹兩叁錢貳分陵縣加叁拾兩玖錢貳定州加玖拾壹兩捌錢壹分陽信縣加陸拾貳兩貳錢捌分商河縣加柒拾叁兩壹錢柒分樂陵縣加伍拾壹兩柒錢壹分德州加貳拾玖兩貳錢壹分德平縣加叁拾肆兩柒錢平原縣加肆拾伍兩叁錢玖分泰安州加伍拾肆兩壹錢濱州加柒拾肆兩捌錢濟寧州加叁拾捌兩肆錢曹州加壹拾捌兩伍錢伍分汶上縣加肆拾兩陸錢捌分東平州加貳拾肆兩叁

錢陸分曹縣加貳拾壹兩柒分東阿縣加貳拾兩玖
錢肆分定陶縣加陸兩壹錢貳分平陰縣加拾陸兩伍
錢伍分壽張縣加陸兩伍錢伍分陽穀縣加肆拾兩貳
錢叁分鄒縣加貳拾捌兩壹錢叁分鄆城縣加拾兩
玖錢叁分鉅野縣加拾伍兩陸錢玖分單縣加叁拾
兩玖錢伍分嘉祥縣加拾兩叁錢貳分城武縣加拾
貳兩伍錢伍分魚臺縣加貳拾壹兩捌錢肆分臨清
州加肆拾貳兩捌錢壹分冠縣加叁拾陸兩柒錢肆
分館陶縣加叁拾壹兩玖錢柒分濮州加拾玖兩陸
錢柒分朝城縣加貳拾捌兩玖錢陸分清平縣加貳
拾伍兩壹錢壹分堂邑縣加叁拾貳兩肆錢范縣加



拾兩叁錢捌分武城縣加貳拾叁兩肆錢壹分博平
縣加拾捌兩叁錢玖分莘縣加貳拾肆兩貳分丘縣
加貳拾柒兩壹錢玖分觀城縣加拾兩伍錢柒分聊
城縣加叁拾兩伍錢捌分益都縣加壹百叁拾兩叁
錢肆分陸釐玖毫壽光縣加壹百貳拾肆兩伍錢玖
分臨淄縣加伍拾兩肆錢貳分昌樂縣加肆拾玖兩
肆分臨朐縣加陸拾叁兩伍錢貳分平度州加捌拾
陸兩陸錢伍分濰縣加壹百兩陸錢貳分掖縣加陸
拾肆兩捌錢黄縣加叁拾伍兩玖錢壹分寧海州加

肆拾壹兩玖錢貳分萊陽縣加壹百貳拾壹兩壹錢
捌分　前院巡撫張　奏免沂嶧郯滕費泗陸州縣
荒地秋糧起運叄年每年減米壹萬陸千貳百柒拾
壹石玖斗陸升陸合上年免過壹次今歲仍應査照
前數免派該年馬草共折銀壹拾陸萬壹千伍百叄
拾貳兩柒錢陸分玖釐較比肆拾貳年加銀貳千捌
百伍拾陸兩壹錢柒分亦於通省上中素豐州縣通
融均加每草壹束加銀壹釐叄毫叄絲伍忽叄微歷
城縣加陸拾玖兩柒錢壹分章丘縣加柒拾陸兩陸
錢叄分齊河縣加貳拾捌兩貳錢壹分長清縣加伍



拾肆兩叄錢青城縣加叄拾貳兩捌分臨邑縣加叄
拾貳兩貳錢柒分禹城縣加伍拾玖兩壹錢柒分長
山縣加肆拾肆兩貳錢壹分淄川縣加陸拾壹兩叄
錢玖分肥城縣加貳拾捌兩叄錢壹分齊東縣加肆
拾玖兩陸分陵縣加叄拾兩陸錢肆分武定州加壹
百貳兩柒錢伍分陽信縣加柒拾陸兩柒錢伍分商
河縣加陸拾玖兩捌錢陸分樂陵縣加肆拾捌兩捌
錢玖分德州加叄拾捌兩伍錢壹分德平縣加肆拾
捌兩肆錢伍分平原縣加肆拾叄兩貳錢玖分泰安
州加柒拾貳兩壹錢捌分濱州加捌拾叄兩叄錢叄

分東平州加叁拾壹兩貳錢陸分曹州加貳拾叁兩叁錢曹縣加貳拾陸兩捌錢陸分定陶縣加柒兩伍錢肆分汶上縣加伍拾貳兩貳錢貳分陽穀縣加伍拾壹兩陸錢肆分東阿縣加貳拾陸兩捌錢柒分平陰縣加貳拾壹兩貳錢肆分魚臺縣加貳拾捌兩叁分城武縣加拾陸兩壹錢壹分單縣加叁拾玖兩柒錢貳分壽張縣加捌兩肆錢壹分濟寧州加肆拾玖兩壹錢玖分鄒縣加叁拾陸兩壹錢鉅野縣加貳拾兩壹錢壹分鄆城縣加拾肆兩叁分嘉祥縣加拾叁兩貳錢伍分臨清州加伍拾伍兩柒錢陸分冠縣加



肆拾貳兩叁錢伍分朝城縣加叁拾貳兩柒錢伍分濮州加貳拾伍兩捌錢捌分館陶縣加肆拾兩玖錢伍分堂邑縣加叁拾兩玖分武城縣加貳拾陸兩伍錢博平縣加貳拾肆兩柒錢叁分莘縣加貳拾貳兩玖分范縣加拾柒兩壹錢捌分丘縣加肆拾貳兩壹錢壹分清平縣加貳拾肆兩柒錢貳分觀城縣加拾伍兩叁錢玖分聊城縣加貳拾玖兩叁錢伍分益都縣加壹百貳拾柒兩玖錢壽光縣加壹百貳拾伍兩叁分臨淄縣加伍拾貳兩叁錢貳分昌樂縣加肆拾捌兩肆錢柒分臨朐縣加陸拾柒兩捌錢平度州加

柒拾叁兩壹錢捌分濰縣加捌拾陸兩柒錢玖分掖
縣加伍拾陸兩柒錢伍分黃縣加叁拾肆兩伍錢寧
海州加肆拾兩陸錢萊陽縣加玖拾柒兩壹錢壹分
以足部加之數其東昌府茌平縣申量行分撥輕糧
該縣既疲部加夏稅秋糧馬草銀兩免加肆拾叁年
該河南道監察御史董文寀題臣初仕授官章丘奔
走簿書之暇竊嘗留意民隱得於伍事除臣今職奉
命巡視東城目覩伍事該部覆議看得河南道監察御
史董文寀條陳拾事內除崇節約以省民財等事係
隸禮兵工各部掌行徑自查覆外所據豫儲蓄以全

經會録　粮因二十七　細百介

民命總解運以祛民獘建倉塲以儲軍食本部尚書
高　等題奉　欽依案行本司內開壹總解運以祛
民弊臣昔任章丘每見大戶解納起運京邊銀兩侵
欺興敗借貸那移或捏稱途次遇盜被虜而累年不
掣批者有之獘端蝟集不可勝言追補比較株引蔓
連卒無親結又非可以一言盡者爲今日計莫若先
期嚴催州縣解之本府本府解之布政司各另收貯
選委廉能佐貳官及司府首領官逐款勒限星馳解
送各邊每銀百兩量加銀叁錢爲辦買鞘木雇募車
脚快手之費定限迴銷計日可待仍乞

勑下該部較鑄平法分發各邊及各布政司務要相同以便收兑銀俱傾銷成錠足色伍拾兩大錠不得零碎成色以長奸弊起解之日仍用印封當官照錠驗收不得勒添羨餘臣曾博訪衆人無不稱便不惟侵欺諸弊可以肅清而大户小民蒙恵不淺京邊錢糧亦不至於稽緩矣此法壹行而諸邊典守者亦得以免重收輕放之物議官箴心事將不待辯而自明及查浙江等處壹應官銀俱差官類解殊無他虞而京儲邊餉關係尤重何獨山東河南等處專用大户以滋夙弊耶該户部覆行山東北直隸各撫按官轉行司府自嘉靖肆拾肆年爲始行令各該州縣將應解京



邊錢糧依期徵收通解各府交納該府即將收過錢糧分別項款開具細數布政司倒文差官類解其買鞘雇車壹應脚價之費聽各該司府徑自酌處所解銀兩務要傾銷足色旋收旋解不許稽遲日月致悞邊餉如有遲違壹貳月之外錢糧不到部者容本部行催聽其從便解納期於得濟實用若假以類解爲名等候數足故意稽遲及截數混解拖欠不完致悞邊鎮緊急錢糧定行從重叅究通行濟南等陸府各該州縣自嘉靖肆拾肆年爲始將應解京邊錢糧依

期徵收通解各府交納該府即將收過錢糧分別項
款開具細數赴司倒文差官類解其買鞘雇車壹應
脚價之費該府徑自酌處通行訖又該商河等縣知
縣史篆等呈肆拾肆年夏稅比肆拾叁年加銀貳拾
叁兩柒錢肆分欲於該省州縣均加但每兩加至絲
忽瑣屑未便查得單縣部單原坐有前項倉口合將
前銀加派該縣徵解以足部單之數仍於該年糧草
銀内照數減除其該年秋糧起運銀壹百叁萬柒千
肆百伍拾玖兩柒錢叁分柒毫捌絲比肆拾叁年加
銀壹百玖拾玖兩貳錢叁分壹釐玖毫要欲通省均



加其數不多合於上等章丘泰安等州縣每額糧壹
石加銀叁毫玖絲章丘縣加拾伍兩肆錢叁分歷城
縣加拾貳兩肆錢肆分長清縣加捌兩叁錢玖分陽
信縣加拾兩陸分泰安州加捌兩柒錢肆分濱州加
拾貳兩捌分魚臺縣加叁兩伍錢貳分單縣加伍兩
曹州加貳兩玖錢玖分曹縣加叁兩肆錢定陶縣加
壹兩鉅野縣加貳兩伍錢陽穀縣加陸兩伍錢壽張
縣加壹兩臨清州加陸兩玖錢濮州加叁兩壹錢柒
分范縣加壹兩陸錢柒分益都縣加貳拾壹兩陸分
壽光縣加貳拾兩壹錢叁分披縣加拾兩伍錢平度

州加拾肆兩濰縣加拾陸兩壹錢捌分壹釐玖毫黄
縣加伍兩捌錢寧海州加陸兩柒錢柒分以足部單
坐派之數前院巡撫張　奏免沂嶧滕郯費泗陸州
縣荒田稅糧起運叁年每年減麥陸千玖百柒拾叁
石陸斗玖升玖合伍勺米壹萬陸千貳百柒拾壹石
玖斗陸升陸合其肆拾貳年肆拾叁年已免過貳年
今歲仍應免派又查該年草銀壹拾伍萬玖千捌百
陸拾兩陸錢捌分捌釐比肆拾叁年減銀貳千肆百
叁拾陸兩陸錢柒分除夏稅內加派單縣麥銀貳拾
叁兩柒錢肆分照數抵減外仍剩貳千肆百壹拾貳
兩玖錢叁分合於中下貳等州縣通融均減以蘇民



困中等德平等州縣每額糧壹石減銀壹釐貳毫捌
絲德平縣減拾捌兩肆錢齊河縣減貳拾壹兩玖錢
青城縣減拾壹兩肆錢伍分禹城縣減貳拾兩玖錢
淄川縣減貳拾肆兩長山縣減貳拾柒兩肆錢肥城
縣減拾貳兩齊東縣減拾柒兩壹錢陵縣減拾陸
兩叁錢柒分武定州減肆拾捌兩肆錢商河縣減叁
拾捌兩陸錢樂陵縣減貳拾柒兩貳錢德州減拾伍
兩伍錢平原縣減貳拾肆兩壹錢臨淄縣減貳拾柒
兩陸錢樂安縣減肆拾貳兩壹錢昌樂縣減貳拾伍

兩玖錢臨朐縣減叁拾叁兩陸錢安丘縣減伍拾叁
兩肆錢諸城縣減伍拾叁兩肆錢城武縣減陸兩陸
錢貳分鄒縣減拾肆兩捌錢肆分濟寧州減貳拾兩
壹錢捌分嘉祥縣減伍兩肆錢捌分東平州減拾貳
兩捌錢叁分鄆城縣減伍兩捌錢汶上縣減貳拾壹
兩叁錢玖分東阿縣減拾壹兩壹錢平陰縣減捌兩
柒錢貳分聊城縣減拾陸兩貳錢堂邑縣減拾柒兩
博平縣減玖兩柒錢叁分冠縣減拾玖兩伍錢貳分
莘縣減拾貳兩陸錢伍分館陶縣減拾陸兩捌錢捌
分高唐州減貳拾玖兩叁錢捌分觀城縣減伍兩陸



錢貳分朝城縣減拾伍兩貳錢柒分昌邑縣減肆拾
捌兩捌錢肆分即墨縣減叁拾柒兩壹錢壹分棲霞
縣減拾柒兩陸錢萊陽縣減陸拾叁兩玖錢下等新
城等州縣每額糧壹石減銀貳釐新城縣減叁拾叁
兩伍錢捌分臨邑縣減叁拾兩玖錢鄒平縣減肆拾
伍兩陸錢濟陽縣減肆拾玖兩伍錢貳分海豐縣減
貳拾肆兩陸錢柒分新泰縣減拾玖兩柒分萊蕪縣
減貳拾伍兩伍錢肆分蒲臺縣減肆拾兩捌錢伍分
霑化縣減貳拾柒兩肆分利津縣減貳拾捌兩柒分
博興縣減陸拾兩肆錢伍分高苑縣減貳拾肆兩捌

錢叁分蒙陰縣減貳拾肆兩柒錢伍分莒州減壹百
壹拾叁兩陸錢叁分沂水縣減玖拾貳兩壹分日照
縣減肆拾壹兩肆錢捌分滋陽縣減拾捌兩叁錢玖
分金鄉縣減拾捌兩叁錢伍分曲阜縣減拾兩壹錢
貳分寧陽縣減貳拾貳兩玖錢玖分泗水縣減拾肆
兩伍錢貳分嶧縣減貳拾壹兩捌錢玖分沂州減捌
拾伍兩陸錢貳分費縣減肆拾陸兩叁錢比因告民
霍思仁稱累又減銀伍兩伍錢共減伍拾壹兩捌錢
滕縣伍拾壹兩柒錢壹分郯城縣減叁拾玖兩肆錢
陸分茌平縣減叁拾叁兩柒分清平縣減貳拾兩捌



錢壹分丘縣減貳拾貳兩伍錢叁分恩縣減叁拾壹
兩玖錢壹分夏津縣減叁拾肆兩玖錢叁分武城縣
減拾玖兩肆錢膠州減伍拾貳兩捌錢捌分高密縣減
伍拾伍兩捌錢壹分蓬萊縣減叁拾柒兩柒錢貳分
福山縣減貳拾肆兩捌錢伍分招遠縣減貳拾陸兩
叁錢壹分文登縣減肆拾玖兩捌錢玖分以足部單
坐派之數兖州府同知邵鳴岐呈費縣生員霍思仁
告稱緊縣地少糧多差繁賦重地既丈明糧各有主
本官議欲坐派之際量為輕省具呈
巡撫都御史鮑　批布政司量將秋糧馬草內量減

銀伍拾壹兩捌錢以蘇其困長山等縣知縣馬三接等呈肆拾伍年夏稅起運銀貳拾叁萬肆百柒拾叁兩叁錢柒分柒釐貳毫壹絲比肆拾肆年減銀壹百壹拾肆兩貳錢壹分柒釐及該年秋糧起運銀壹百叁萬壹千壹百肆拾肆兩柒分貳釐壹毫捌絲比肆拾肆年減銀叁百壹拾伍兩陸錢伍分捌釐陸毫先該工科給事中何　題奉　欽依被災照臺縣例免稅糧前減貳項銀兩俱於該縣減盡以合部單原減之數及查沂嶧郯滕費泗陸州縣開墾荒田該徵稅糧原蒙　巡撫都御史張　題　准於各州縣稅糧起



運內暫免叁年查得肆拾貳年起至肆拾肆年止每年減麥陸千玖百柒拾叁石陸斗玖升玖合伍勺米壹萬陸千貳百柒拾壹石玖斗陸升陸合已免叁年今該歸復各州縣照舊派徵及查金鄉縣申奉例裁革治農管馬主簿貳員俸糧該麥壹拾柒石貳斗玖升米叁拾石柒斗壹升原係部坐實徵數目未嘗除豁應折價解司以備王府祿糧之用又查上年玖月內巡撫都御史鮑　批據曹縣申稱連歲災傷要將叁拾捌年暫代滕縣起運米伍百石仍歸該縣照舊派徵今滕縣被災若復歸田似益增重合暫將前來仍

派曹縣代徵以待肆拾陸年歸還又該年起運馬草銀壹拾伍萬伍千肆百柒拾伍兩伍錢貳分柒釐捌毫比肆拾肆年減銀叅千陸百貳拾兩伍錢伍分陸釐陸毫亦蒙工科右給事中何　奏免魚臺縣稅糧減銀貳百捌拾叅兩伍釐又蒙　撫按兩院批據守巡道會呈青城商河德平濟陽武定州伍處災重量擬輕省馬草銀兩量爲處免武定州免銀壹百貳拾玖兩伍錢貳分捌釐青城縣免銀叅拾壹兩捌錢捌分叅釐商河縣免銀陸拾兩肆錢叅分捌釐德平縣免銀肆拾貳兩壹錢叅分肆釐濟陽縣免銀肆拾



貳兩柒錢滕縣免銀壹百伍拾壹兩肆錢肆分捌釐共免柒百肆拾壹兩壹錢叅分陸釐仍剩貳千捌百柒拾玖兩肆錢貳分陸毫合於歷城泰安玖拾柒州縣查照馬草原額數目每草壹束免銀捌毫叅絲通融均減以合部減之數登州府同知弋正等呈隆慶元年夏稅除奉例免徵外實徵伍分該銀壹拾壹萬肆千壹百捌拾兩肆錢伍分捌釐陸毫比嘉靖肆拾伍年減銀伍百壹拾陸兩貳錢柒分及查登州府豊廣貳庫并廣寧前屯庫鈔折銀壹萬肆千肆拾兩內原舊每伍拾兩加耗銀貳兩共銀伍百肆拾兩今部

单内並無開有前項耗銀與前共減壹千伍拾陸兩貳錢叁分槩省通融計筭每兩該減銀玖釐壹毫陸絲伍忽以合部減之數其鈔候本司呈請部文至日另行原坐州縣照舊加徵其該年秋糧除奉例漕糧本色特折拾分之叁其餘免拾分之伍外實徵起運銀陸拾捌萬陸千陸百陸拾陸兩叁錢零比嘉靖肆拾伍年減銀貳千玖百貳拾伍兩柒錢柒分肆毫槩省通融計筭每糧銀壹兩該減肆釐貳毫肆絲叁忽以合部減之數其東平原代郯城起運兌派存留貳百石曹縣原代滕縣起運兌派存留伍百石各申乞



歸復看得郯滕貳縣委係災傷似應照舊魚臺縣上年災減銀叁百壹拾伍兩陸錢伍分捌釐陸毫今水災未退仍舊減免又該年馬草除奉例減派伍分外實徵起運銀柒萬陸千捌百肆拾陸兩伍錢壹分捌釐捌毫比嘉靖肆拾伍年減銀捌百玖拾壹兩貳錢伍分貳釐貳毫槩省通融計筭每草銀壹兩該減壹分壹釐肆毫陸絲伍忽以合部減之數及查魚臺縣上年水災減銀貳百捌拾叁兩伍錢今年水災未退照常減免又武定青城商河德平濟陽滕縣陸州縣上年災傷稍重除壹例通減外比別州縣量多減銀

共貳百貳拾玖兩陸錢捌分貳釐肆毫係壹時被災今俱查照原減數目歸復武定州陸拾伍兩柒錢貳分陸釐青城縣壹拾壹兩玖錢伍分玖釐肆毫商河縣貳拾陸兩肆分肆釐德平縣壹拾貳兩肆分濟陽縣壹拾貳兩貳錢壹釐滕縣壹百壹拾兩柒錢壹分貳釐以合原減之數其銀應於泰安歷城等玖拾捌州縣原額數目壹例均減每兩該減壹釐伍毫捌絲柒忽減盡無餘濱州知州萬鵬程等呈隆慶貳年夏稅起運銀貳拾貳萬玖千伍百叁拾陸兩伍錢貳分柒釐貳毫比元年加銀壹千壹百柒拾伍兩陸錢壹分槩省通融每起運壹石加銀壹釐捌毫捌絲壹忽伍徵以合部加之數本年

總理河道工部尚書兼都御史朱 案驗將勘合坐派隆慶貳年起運靜海德州等庫闕布行仔留濟寧東平等軍倉米查照酌量分派濟寧嶧滕叁州縣徵納魚臺滋陽鄒縣平陰鉅野伍縣亦與量派輕糧壹貳年後不爲例其額徵重糧酌量洒派稍豊州縣兑換徵納將靜海縣庫布酌派與濟寧嶧滕叁州縣濟寧滕縣各減叁百兩嶧縣減貳百兩滋陽鄒縣各減壹百兩平陰縣減柒拾兩魚臺鉅野各減伍拾兩以

上捌州縣共減銀壹千壹百柒拾兩加派與本府稍豐拾玖州縣金鄉縣加伍拾貳兩肆錢貳分城武縣加貳拾捌兩陸錢曲阜縣加貳拾柒兩寧陽縣加陸拾兩叁錢陸分單縣加柒拾壹兩肆錢玖分曹州加肆拾陸兩柒分曹縣加伍拾兩捌錢肆分定陶縣加拾叁兩伍錢嘉祥縣加貳拾貳兩貳錢伍分鄆城縣加貳拾叁兩捌錢叁分東平州加伍拾捌兩柒錢捌分汶上縣加玖拾叁兩柒錢叁分東阿縣加肆拾柒兩陸錢伍分陽穀縣加玖拾伍兩叁錢壹分壽張縣加拾伍兩捌錢玖分泗水縣加叁拾捌兩壹錢叁分



沂州加貳百壹拾肆兩肆錢陸分費縣加壹百壹拾貳兩柒錢玖分郯城縣加玖拾陸兩玖錢以上共加壹千壹百柒拾兩以合前減之數候壹貳年照舊歸復其該年秋糧起運銀壹百貳萬柒千柒百玖拾叁兩玖錢貳分陸釐叁絲比元年加銀貳千伍百壹兩貳錢零宜合通省均加每起運壹石加銀壹釐捌毫捌絲以合部加之數前奉　總理河道宋　案驗查將德州常盈庫布酌派與兗州府屬濟寧嶧滕叁州縣濟寧州減陸百兩嶧縣減肆百兩滕縣減陸百兩滋陽縣減貳百兩鄒縣減貳百兩平陰縣減壹百肆

拾兩魚臺縣減壹百兩鉅野縣減壹百兩以上捌州縣通共減銀貳千叁百肆拾兩加派本府稍豊拾玖州縣金鄉縣加玖拾貳兩伍錢玖分城武縣加伍拾捌兩玖錢貳分曲阜縣加伍拾兩伍錢寧陽縣加壹百叁拾肆兩陸錢捌分單縣加壹百伍拾壹兩伍錢壹分曹州加壹百陸兩陸分曹縣加壹百壹拾柒兩捌錢肆分定陶縣加叁拾叁兩陸錢柒分嘉祥縣加肆拾兩肆錢鄆城縣加伍拾捌兩玖錢貳分東平州加壹百肆拾叁兩玖分汶上縣加貳百壹拾伍兩肆錢捌分東阿縣加壹百壹兩陽穀縣加壹百玖拾叁兩陸錢壽張縣加叁拾叁兩陸錢柒分泗水縣加陸拾



柒兩叁錢肆分沂州加叁百柒拾兩叁錢陸分費縣加貳百貳兩貳分郯城縣加壹百陸拾捌兩叁錢伍分以上共加貳千叁百肆拾兩以合前減之數俟壹貳年照舊歸復又查該年馬草起運銀壹拾伍萬伍千壹百伍拾貳兩壹錢零比元年加銀壹千肆百伍拾玖兩壹錢零緊省逼融每草銀壹兩該加玖釐肆毫伍忽以合部加之數濱州知州萬鵬程等呈隆慶叁年夏税起運銀貳拾貳萬玖千陸百壹拾叁兩玖錢零比貳年加銀柒拾柒兩肆錢壹分文掌

巡撫都御史姜　鈞牌仰各官即將陸府州縣酌量
查定上等者當與重糧中等者照常下等并災傷地
方當派輕賫倉口該本司將陸府壹百肆州縣定註
上中下等第遵照量爲調停增減查將濟南府起運
上年銀柒萬貳千壹百壹拾伍兩并部單加銀貳拾
叁兩叁錢叁分肆釐每石等該徵銀叁錢捌分貳釐
除每石徵銀如上等歷城縣肆錢肆分捌釐柒毫伍
絲長清縣肆錢伍分德州肆錢肆分伍釐中等武定
州叁錢伍分壹釐陸毫濱州叁錢壹分捌釐叁毫柒
絲下等新城縣貳錢捌分玖釐貳毫海豐縣貳錢捌

經會録　銀目二十九　孟四百五丁

分陸釐貳毫貳絲蒲臺縣貳錢捌分陸釐陸毫伍絲
利津縣貳錢捌分柒釐壹毫俱不增減外如上等齊
河縣叁錢捌分陸釐叁毫貳絲每石加壹分陸釐叁
毫柒絲淄川縣叁錢捌分陸釐叁毫貳絲每石加貳
分貳毫捌絲陽信縣肆錢叁分叁絲每石加貳釐捌
毫捌絲禹城縣叁錢玖分柒釐貳毫每石加壹分壹
釐肆毫貳絲平原縣肆錢貳分捌釐每石加玖釐玖
毫肆絲泰安州叁錢玖分捌釐叁毫每石加壹分捌
毫萊蕪縣貳錢柒分陸釐叁毫伍絲每石加叁分貳
釐伍毫中等樂陵縣叁錢壹分貳釐肆毫貳絲每石

加壹分壹釐伍毫壹絲德平縣叁錢壹分捌釐每石
加壹分陸釐壹毫商河縣貳錢玖分柒釐伍毫陸絲
每石加壹分伍釐捌毫壹絲下等新泰縣貳錢伍分
陸釐每石加壹分陸釐以上除部加外共加捌百捌
拾貳兩柒錢壹分柒毫又如上等肥城縣肆錢玖分
陸釐叁毫每石減貳分玖釐柒毫章丘縣肆錢柒分
玖釐伍毫柒絲每石減壹分玖毫陵縣肆錢柒分伍
釐伍毫每石減壹分捌釐柒毫中等青城縣肆錢玖
分陸釐叁毫每石減肆分叁釐肆毫臨邑縣肆錢陸
釐壹毫肆絲每石減壹分貳釐伍毫長山縣肆錢肆



分捌毫肆絲每石減壹分壹釐玖毫叁絲濟陽縣叁
錢玖分柒釐叁毫每石減柒釐柒毫鄒平縣肆錢叁
分壹釐陸毫伍絲每石減壹分柒釐肆絲齊東縣叁
錢玖分陸釐貳毫叁絲每石減壹分肆釐壹毫肆絲
下等極淚霑化縣貳錢捌分陸釐壹毫每石減玖釐
伍毫以上共減銀捌百捌拾貳兩柒錢壹分柒毫以
抵前加之數兗州府起運上年銀叁萬柒千捌百捌
拾柒兩壹錢貳分柒釐貳毫壹絲今部單加銀壹拾
叁兩壹錢玖分肆釐算該每石徵銀叁錢伍分伍釐
捌毫柒絲如上等定陶縣伍錢肆分壹毫貳絲壽張

縣伍錢貳分柒釐壹毫陸絲中等曲阜縣叁錢叁分陸釐玖毫叁絲平陰縣叁錢陸分捌釐陸絲下等鄒城縣每石徵銀貳錢叁分捌毫俱不加減外如上等單縣肆錢捌分貳釐壹毫柒絲每石加壹分伍釐叁毫捌絲濟寧州肆錢壹分叁釐壹絲每石加壹分柒釐陸毫捌絲鉅野縣叁錢肆分叁釐捌毫陸絲每石加叁分肆釐叁毫鄆城縣肆錢玖分陸釐叁毫伍絲每石加銀肆分柒釐柒絲陽穀縣肆錢貳分肆釐壹毫壹絲每石加壹分肆釐陸毫伍絲中等滋陽縣叁錢肆分伍釐陸毫伍絲每石加叁分肆釐捌毫玖絲



金鄉縣叁錢伍錢玖釐叁毫肆絲每石加貳分鄒縣叁錢壹分肆毫貳絲每石加壹分玖釐捌毫貳絲嘉祥縣叁錢貳釐壹毫伍絲每石加肆分壹釐柒毫捌絲滕縣壹錢柒分玖釐捌毫貳絲每石加貳分捌釐捌毫壹絲下等泗水縣叁錢捌釐伍絲每石加貳分叁釐柒毫叁絲嶧縣貳錢叁分捌釐陸毫柒絲每石加壹分陸釐陸毫以上除部加外共加銀壹千陸拾陸兩叁錢壹分又如上等曹州陸錢肆分捌釐肆絲每石減叁分捌釐柒毫叁絲曹縣陸錢肆分捌釐叁絲每石減叁分捌釐叁毫捌絲汶上縣肆錢貳分叁

釐貳絲每石減壹分陸釐柒毫捌絲中等城武縣肆錢貳分叁釐貳絲每石減貳分貳釐貳毫貳絲寧陽縣肆錢壹分貳釐壹毫貳絲每石減貳分壹釐叁毫捌絲東平州伍錢壹分貳釐貳毫每石減貳分叁毫玖絲東阿縣伍錢壹分貳釐壹毫叁絲每石減伍分柒釐玖毫柒絲下等魚臺縣貳錢玖分貳釐壹毫壹絲每石減壹分柒釐柒毫叁絲沂州貳錢陸分壹釐伍毫壹絲每石減壹分柒釐貳毫陸絲費縣貳錢肆分柒毫貳絲每石減玖釐捌毫陸絲以上共減壹千陸拾陸兩叁錢壹分以抵前加之數東昌府起運上



年銀叁萬伍千壹拾貳兩貳錢部加銀捌兩柒錢玖分陸釐每石算該徵銀肆錢玖分叁釐貳毫伍絲如上等堂邑縣伍錢伍釐柒毫伍絲博平縣肆錢柒分伍釐伍毫玖絲臨清州伍錢伍分捌釐柒毫壹絲中等清平縣肆錢伍分陸釐玖毫丘縣伍錢伍釐陸毫肆絲高唐州肆錢陸分陸釐叁毫恩縣肆錢伍分捌釐陸毫伍絲武城縣肆錢伍分陸釐陸毫捌絲朝城縣伍錢陸釐貳毫叁絲俱不增減外如上等聊城縣肆錢貳分陸釐肆毫貳絲每石加壹分伍毫叁絲冠縣伍錢柒釐貳毫貳絲每石加壹釐柒毫陸絲館陶縣

肆錢伍分陸釐陸毫玖絲每石加玖釐伍毫貳絲利
津縣肆錢伍分柒釐陸毫柒絲每石加陸釐玖毫中
等茌平縣叁錢玖分陸釐貳毫貳絲每石加柒釐伍
毫伍絲除部加外以上共加銀壹百陸拾兩又如上
等濮州柒錢玖分玖釐陸毫貳絲每石減壹分陸釐
陸毫柒絲觀城縣陸錢貳分壹毫肆絲每石減貳分
捌釐伍毫柒絲中等莘縣伍錢貳分陸釐叁毫每石
減壹分貳釐伍毫范縣陸錢貳分伍釐貳毫捌絲每
石減貳分捌釐伍毫捌絲以上共減銀壹百陸拾兩
以抵煎鹽之數青州府起運上年銀肆萬捌千陸百壹



拾玖兩伍錢部加銀壹拾捌兩捌分捌釐每石算該
徵銀叁錢叁分叁釐壹毫肆絲如上等壽光縣每石
肆錢壹分肆釐陸毫柒絲臨朐縣每石叁錢玖分捌
釐貳毫叁絲中等安丘縣每石叁錢伍分伍釐陸毫
壹絲下等蒙陰縣貳錢柒分伍釐叁毫肆絲沂水縣
貳錢肆分陸釐陸毫貳絲俱各照舊不行增減外如
上等益都縣肆錢壹釐柒毫貳絲每石加陸釐伍毫
壹絲臨淄縣叁錢玖分柒釐貳毫每石加貳釐柒毫
中等樂安縣叁錢陸釐壹毫叁絲每石加玖釐叁毫柒
絲伍忽諸城縣貳錢叁分陸釐柒毫壹絲每石加陸

釐壹毫伍絲莒州貳錢壹分玖釐捌毫柒絲每石加
貳釐叁毫叁絲除部加外以上共加銀叁百貳拾陸
兩貳錢伍分又如中等昌樂縣叁錢捌分柒釐叁毫
壹絲每石減陸釐貳毫伍絲下等博興縣叁錢陸分
柒釐肆毫玖絲每石減貳分壹釐柒毫壹絲高苑縣
叁錢壹分柒釐玖毫伍絲每石減貳分伍毫壹絲叁
忽以上共減叁百貳拾陸兩貳錢伍分抵充前加之
數萊州府起運上年銀壹萬玖千玖百肆拾肆兩部
加捌兩伍分貳釐每石等該徵銀叁錢叁分叁釐捌
絲如中等即墨縣貳錢玖分伍釐壹毫柒絲下等高



密縣貳錢肆分肆釐陸毫肆絲俱照舊不行增減外
如上等平度州叁錢貳分捌釐玖毫陸絲每石加柒
釐伍毫貳絲掖縣叁錢叁分貳釐玖毫伍絲每石加
壹釐陸絲中等膠州貳錢伍分陸釐伍毫每石加壹
分壹釐貳毫壹絲以上除部加外加壹百陸拾貳兩
柒錢壹分又如上等濰縣叁錢肆分貳釐捌毫叁絲
每石減陸釐伍毫叁絲柒忽中等昌邑縣叁錢壹分
肆釐玖毫玖絲每石減柒釐肆毫柒絲以上共減銀
壹百陸拾貳兩柒錢壹分以抵前加之數登州府起
運上年銀壹萬伍千玖百伍拾捌兩柒錢部加銀伍

兩玖錢肆分陸釐每石筭該銀叁錢叁分貳釐陸毫如中等蓬萊縣叁錢壹分柒釐玖毫伍絲伍忽福山縣叁錢貳分陸釐玖毫下等棲霞縣叁錢貳分柒釐捌毫柒絲俱照舊不行增減外如上等萊陽縣叁錢貳分柒釐玖毫每石加玖釐貳毫貳絲文登縣貳錢捌分伍釐貳毫陸絲每石加壹分伍釐捌絲除部單加銀外共加貳百肆拾玖兩捌錢肆分又如上等黄縣叁錢玖分玖釐叁毫叁絲每石減陸釐捌毫貳絲中等寧海州叁錢陸分捌釐陸毫貳絲每石減貳分玖釐肆毫伍絲下等招遠縣叁錢肆分陸釐柒毫每



石減壹分捌釐壹毫肆絲以上共減貳百肆拾玖兩捌錢肆分以抵前加之數議照各府州縣遵照本司議註上中下州縣等第通融酌派較之往年緊加緊減稍得調停但州縣雖分叁等而各等亦有差别中間加減難便齊壹具呈 撫院詳允通行其該年秋糧起運銀壹百貳萬捌千壹百貳拾伍兩玖錢玖分壹釐柒毫捌絲比貳年加銀叁百叁拾貳兩陸分伍釐柒毫伍絲緊省通融每起運壹石加銀貳毫肆絲玖忽伍微以合部加之數又將單縣原撥滕縣起運米伍百石歸復滕縣其滕縣原撥單縣兗儲存留濟寧

州永豐倉粟米伍百石改回單縣各徵解又該萊陽民姜進 奏乞皇將該縣先年兑換起運肆千石於内改回登州府庫布准米壹千陸百柒拾伍石浮圖峪口倉米叁百貳拾伍石歸復平度州濰縣徵解其該州縣兑換存留大嵩倉粟米貳千石歸復萊陽縣徵解其酌量等第已經本司註定上中下等合將濟南府原額秋糧起運肆拾伍萬柒石實徵銀叁拾捌萬柒千柒百肆拾貳兩肆錢伍分今部單加銀壹百壹拾貳兩肆錢伍分伍釐算該每石徵銀捌錢陸分伍毫陸絲除每石徵銀上等齊河縣玖錢肆分玖釐肆絲長清縣玖錢陸分叁釐貳毫肆絲德州玖錢陸分貳釐陸毫伍絲平原縣玖錢陸分貳釐伍毫叁絲中等武定州捌錢伍分貳釐壹毫陸絲商河縣捌錢肆分柒釐陸毫柒絲德平縣捌錢壹分玖釐伍毫玖絲海豐縣陸錢肆分柒釐貳毫叁絲新泰縣柒錢壹釐柒毫貳絲蒲臺縣陸錢貳分捌毫肆絲俱不加減外如每石止徵銀上等歷城縣捌錢捌分伍釐柒毫肆絲每石加肆釐玖毫伍絲章丘縣玖錢叁分伍釐玖毫貳絲每石加叁釐貳毫叁絲禹城縣玖錢玖釐捌毫捌絲每石加伍釐貳毫柒絲淄川縣捌錢貳

分陸釐叁絲每石加陸釐玖毫壹絲陵縣捌錢捌分
壹釐每石加壹分陽信縣捌錢貳分每石加伍釐貳
毫柒絲泰安州捌錢肆分玖釐肆毫肆絲每石加陸
釐伍絲萊蕪縣捌錢柒分肆釐貳毫伍絲每石加柒
釐玖毫中等樂陵縣柒錢玖分陸釐捌毫柒絲每石
加捌釐濱州陸錢陸釐叁毫叁絲每石加貳釐陸毫
捌絲下等利津縣肆錢柒分捌釐陸毫陸絲每石加
肆釐柒毫陸絲以上除部加外共加捌百柒拾柒兩
又如每石徵銀上等肥城縣玖錢玖分叁釐叁毫玖
絲每石減壹分中等青城縣壹兩陸分每石減壹分



臨邑縣玖錢貳分伍釐捌絲每石減捌釐貳絲長山
縣玖錢伍分伍釐陸毫玖絲每石減陸釐肆毫肆絲
濟陽縣玖錢叁分壹釐每石減伍釐貳毫陸絲鄒平
縣玖錢貳分肆釐伍毫柒絲每石減捌釐伍毫柒絲
齊東縣玖錢柒分貳釐壹毫每石減柒釐陸絲下等
新城縣捌錢柒分壹釐柒毫貳絲每石減伍釐肆絲
霑化縣陸錢捌分伍釐柒絲每石減壹分貳釐柒絲
以上共減銀捌百柒拾柒兩以抵前議加之數兖州
府原額秋糧起運壹拾玖萬捌千石實徵銀壹拾伍
萬柒千肆百捌拾壹兩玖錢玖分今又部加銀肆拾

玖兩肆錢肆毫筭該每石徵銀柒錢玖分伍釐陸毫貳絲上年因修河備累暫代銀兩已呈明示照議等第分派查得上等定陶鄆城壽張中等金鄉鄒縣曲阜東阿下等魚臺嶧縣以上內雖有代徵減派縣分若同各州縣壹例加減但各地方豐瘠不一俱甚照舊徵收免行加減外其原撥糧價州縣相應各量歸復上等濟寧州伍百兩鉅野縣壹百兩中等滋陽縣貳百兩平陰縣柒拾兩滕縣肆百貳兩叁錢壹分又部加銀肆拾玖兩肆錢肆釐以上共復過銀壹千貳百柒拾貳兩叁錢壹分部加銀肆拾玖兩肆錢肆釐其原代徵州縣俱應斟酌減回上等單縣玖拾貳兩曹



州貳拾兩曹縣貳百壹拾兩汶上縣貳百壹拾伍兩肆錢捌分陽穀縣伍拾兩中等城武縣肆拾兩寧陽縣捌拾兩嘉祥縣肆拾肆兩肆錢東平州壹百肆拾叁兩玖分下等泗水縣陸拾柒兩叁錢肆分沂州貳百兩費縣貳百兩郯城縣壹百兩以上共減回銀壹千貳百柒拾貳兩叁錢壹分抵免前歸復之數東昌府原額秋糧起運壹拾柒萬捌千石實徵銀壹拾柒萬叁千貳百叁拾柒兩叁錢肆分今又部單加銀肆拾肆兩肆錢壹分叁毫筭該每石徵銀玖錢柒分叁釐

肆毫玖絲如上等每石徵銀冠縣壹兩叁分柒釐叁毫肆絲臨清州壹兩陸分肆釐肆毫肆絲館陶縣壹兩貳分陸釐叁毫貳絲中等莘縣玖錢伍分叁毫壹絲高唐州玖錢伍分伍釐壹毫玖絲照舊不行加減外又如每石止徵銀上等聊城縣捌錢叁分壹釐貳毫伍絲每石加伍釐堂邑縣玖錢玖分陸釐壹毫陸絲每石加伍釐博平縣玖錢伍分肆釐肆毫貳絲每石加陸釐夏津縣玖錢柒分壹釐捌絲每石加肆釐觀城縣玖錢肆分柒釐柒毫叁絲每石加壹分中等茌平縣柒錢捌分陸釐捌絲每石加叁釐武城縣玖錢肆分伍釐柒毫貳絲每石加伍釐丘縣玖錢肆分捌毫陸絲每石加叁釐以上除部加銀外共加貳百玖拾兩伍錢捌分柒釐又如每石却徵銀上等濮州壹兩捌分肆釐捌毫肆絲每石減叁釐中等清平縣壹兩柒釐陸毫每石減伍釐恩縣玖錢玖分柒釐玖毫貳絲每石減壹分范縣壹兩壹分壹釐肆毫捌絲每石減壹分朝城縣壹兩叁分叁釐伍毫玖絲每石減陸釐柒毫以上共減銀貳百玖拾兩伍錢捌分柒釐以抵前議加之數青州府原額秋糧起運叁拾貳萬柒千石實徵銀貳拾萬壹千肆百叁拾叁兩壹錢柒

分陸釐叁絲今又部单加銀捌拾壹兩伍錢玖分柒毫伍絲算該每石徵銀陸錢壹分陸釐貳毫伍絲如每石止徵銀上等益都縣陸錢玖分肆釐肆毫貳絲每石加伍毫柒絲壽光縣陸錢玖分肆釐肆毫伍絲每石加貳釐叁毫壹絲臨朐縣陸錢玖分陸釐壹毫叁絲每石加肆釐陸毫貳絲中等安丘縣伍錢玖分壹釐貳毫貳絲每石加壹釐諸城縣肆錢陸分陸釐陸絲每石加貳釐莒州肆錢伍分貳釐陸毫伍絲每石加壹釐下等日照縣肆錢叁分肆釐貳毫伍絲每石加貳釐以上除部加外共加貳百陸拾貳兩又如



每石却徵銀上等臨淄縣柒錢陸分伍釐肆毫玖絲每石減貳釐中等樂安縣柒錢柒分捌釐每石減貳釐昌樂縣柒錢伍分伍釐玖毫每石減貳釐下等博興縣陸錢壹分貳釐陸毫每石減貳釐蒙陰縣伍錢伍分捌釐叁毫叁絲每石減伍釐沂水縣伍錢陸分叁釐伍毫貳絲每石減壹釐伍毫高苑縣陸錢貳毫捌絲每石減貳釐以上共減貳百陸拾貳兩以抵前加之數萊州府原額秋糧起運壹拾壹萬貳千壹百陸拾石實徵銀陸萬柒千捌百貳拾叁兩貳錢今該登州府萊陽縣民姜進　奏允歸併起運貳千石該銀

柒百玖拾伍兩實徵米壹拾壹萬肆千壹百陸拾石銀陸萬捌千陸百壹拾捌兩貳錢又部单加銀貳拾捌兩肆錢捌分肆釐算該每石徵銀陸錢壹釐叁毫貳絲除平度州歸復起運壹千石該銀叁百玖拾柒兩伍錢濰縣歸復起運壹千石該銀叁百玖拾柒兩伍錢與中等即墨縣每石徵銀伍錢陸分柒釐貳絲俱不加減外每石止徵銀上等掖縣伍錢捌分柒釐壹毫柒絲每石加柒釐貳毫柒絲中等膠州伍錢玖釐肆毫陸絲每石加柒釐貳毫以上除部加外共加壹百伍拾玖兩陸錢又如每石却徵銀中等昌邑縣



陸錢壹分貳釐壹毫每石減肆釐玖毫柒絲下等高密縣伍錢伍分捌釐柒毫每石減伍釐以上共減壹百伍拾玖兩陸錢以抵前加之數登州府原額秋糧起運陸萬伍千石除萊陽縣姜進　奏准歸與萊州府平濰二州縣貳千石該銀柒百玖拾伍兩外實徵陸萬叁千石該銀叁萬玖千貳百捌拾兩柒錢柒分今又部单加銀壹拾伍兩柒錢壹分玖釐算該每石徵銀柒錢捌分貳釐肆毫捌絲如每石徵銀中等福山縣伍錢柒分柒毫柒絲下等棲霞縣伍錢玖分陸釐捌毫肆絲俱不加減外如上等萊陽縣除姜進

奏退銀柒百玖拾伍兩外每石止徵銀陸錢肆分壹毫玖絲每石加叁錢叁釐中等蓬萊縣每石止徵銀伍錢叁分捌釐伍毫陸絲每石加捌釐文登縣每石止徵銀伍錢陸分貳釐壹毫柒絲每石加肆釐以上共加壹百伍拾陸兩部加壹拾伍兩柒錢壹分玖釐又如上等每石卻徵銀黃縣柒錢伍分貳毫捌絲每石減壹分中等寧海州柒錢伍釐肆毫貳絲每石減捌釐下等招遠縣陸錢壹分肆毫捌絲每石減捌釐以上共減壹百伍拾陸兩以抵前加之數又查該年起運馬草銀壹拾伍萬伍千捌百伍拾兩壹錢柒分肆毫叁絲



比貳年加銀陸百玖拾柒兩玖錢捌分伍釐柒省通融每章銀壹兩該加銀肆釐肆毫玖絲玖忽以合部加之數東昌府同知管濱州事萬鵬程等查得隆慶四年夏稅起運銀貳拾貳萬玖千肆百陸拾捌兩玖分叁釐貳毫比三年減銀壹百肆拾伍兩捌錢肆分肆釐通省均減每起運壹石減銀貳毫叁絲叁忽以合部加之數其該年秋糧起運銀壹百貳萬柒千捌百伍拾陸兩捌錢壹分捌釐伍毫伍絲比三年減銀貳百陸拾玖兩壹錢柒分叁釐貳毫叁絲據沂州霑化縣申查得部單減銀貳百陸拾玖兩壹錢零欲於

通省糧減每石止該減銀貳毫貳忽今沂州霑化申討輕糧今將沂州減銀壹百陸拾玖兩壹錢零霑化縣減壹百兩具呈本司駁行隨又查濟南府屬一等歷城章丘齊河長清淄川禹城肥城陵縣陽信德州平原泰安萊蕪十三州縣各暫代伍兩二等青城臨邑長山齊陽武定商河樂陵德平八州縣各暫代肆兩二等次濱州暫代叁兩共銀壹百兩與前部減銀壹百兩通減貳百兩待豐年照舊歸復呈詳議行又查該年起運馬草銀壹拾伍萬陸千貳百貳拾肆兩玖錢肆分捌釐叁毫叁絲比叁年加銀叁百柒拾肆



兩米錢柒分捌釐叁毫舉省通融計筭每草銀壹兩均加銀貳釐肆毫肆忽柒微以合部減之數本司呈允又將曹縣原代滕縣起運米伍百石歸復滕縣其滕縣原兑派曹縣存留米伍百石於本府廣盈倉米内照數改回與曹縣各徵解又爲疲敝已極不成縣治懇乞速議裁處以全民命事隆慶四年七月内巡撫都御史梁　批據濟南府申據霑化縣申要將德州兑軍米壹千伍百石比照海豐縣徵解折色批行本府查議比例折銀解納該本司議得該縣素稱疲敝又兼上年水蝗風雨重災民委苦困錢糧實難

追徵相應，將該縣隆慶四年原坐德州倉改見米壹千伍百石撥與附近水次武定、商河各貳百石，德州、陵縣各壹百伍拾石，德平縣壹百陸拾石，平原縣壹百柒拾石，長山縣壹百肆拾石，淄川縣壹百壹拾石，臨邑縣壹百貳拾石，陽信縣壹百石，徵運本色交兌。却將武定、商河等州縣兌軍陸折米內撥出壹千伍百石與霑化縣，每石折銀陸錢，解司類解，各不失原額之數，庶糧差得以調停而災邑怨讟自息。呈蒙

巡撫都御史梁　批：武定、陽信、德平已稱疲累，又告災傷，似難撥派，仰再查報。又該本司覆議：武定、陽信、德平三處近來亦稱疲敝，今歲又報災傷，其前項米石委難撥兌，相應將原議撥與武定等三州縣德州改兌本色米肆百陸拾石改加與稍豐平原、陵縣各壹百石，臨邑縣伍拾石，淄川、長山各陸拾石，商河縣伍拾柒石玖斗，德州叁拾貳石壹斗，以合原數。久經呈允遵行。續蒙

巡撫都御史梁　案驗：為查議歲派錢糧事，行司內開：一、正夏稅、秋糧之規。自隆慶伍年為始，每遇派徵錢糧，分別夏稅、秋糧各項，明白出給由帖，各照律例兩限次第完解，以正分收分解之規。自隆慶伍年為始，派徵錢糧，仍遵成法，編僉大戶

坐定倉口給與赤曆號票各另收受完日各另起解
壹應均徭原編之規苗蠟柴炭牲口果品料價等係
均徭正項自隆慶伍年爲始仍遵成法編還均徭除
通行遵依外今照隆慶肆年秋糧馬草既經各官分
派調停適均其編僉大戶坐定倉口分收分解之法
自今即可舉行又經呈蒙　兩院遵依許夏稅起運
京庫絲綿折絹貳萬貳千貳拾壹疋壹尺貳寸伍釐
叁毫零農桑折絹叁萬貳千貳百叁拾肆疋肆尺肆
寸貳分陸釐俱每疋折銀柒錢徳州常盈庫絲綿折
絹壹百肆拾肆疋壹丈肆尺玖分肆釐捌毫壹絲農



桑折絹伍百玖拾疋貳丈柒尺柒寸伍分俱每疋折
銀捌錢秋糧起運京庫地畝綿花絨伍萬貳千肆百
肆拾玖斤壹拾兩米錢壹分貳釐本色以上俱係自
來額坐一定不易之數遞年照舊坐派所屬徵解外再
查本省存留夏稅小麥貳拾叁萬叁百柒拾叁石伍
斗貳升玖合肆勺柒抄肆撮叁圭叁粟伍微伍纖稅
絲貳千捌拾玖斤壹拾叁兩壹錢肆分玖釐玖毫本
色絲貳拾斤陸兩叁錢壹分貳釐秋糧粟米陸拾陸
萬伍千貳拾伍石捌斗壹升牛租米拾陸石伍斗馬
草除撥遼東山海庫外實在登州文登即墨三營草

伍萬壹千壹百貳拾陸束貳拾陸斤壹拾貳兩捌錢
壹分貳釐查得秋糧存留之內甲丁貳庫顏料自正
統十一年欽奉
聖旨於出産去處每年於存留糧內折徵解部送庫上
納嘉靖七年禮科右給事中蔡經等題行該科將各
料查明見在數目有無多少斟酌坐派二十一年坐
到甲字庫藍靛每斤價銀貳分伍釐碌礬每斤價銀
貳分伍釐黑鉛每斤價銀伍分紅花每斤價銀壹錢
伍分槐花每斤價銀壹分黃丹每斤價銀伍分伍釐
光粉每斤價銀柒分水膠每斤價銀叁分丁字庫紅



熟銅每斤價銀壹錢叁分生銅每斤價銀壹錢貳分
錫每斤價銀壹錢貳分黃熟銅每斤價銀壹錢貳分
牛觔每斤價銀壹錢伍分黃蠟每斤價銀貳錢伍分
黃牛皮每張價銀伍錢捌分通共折銀伍千陸百捌
拾叁兩肆錢叁分陸釐捌毫以後直查至三十一年
銀壹萬壹千玖拾兩陸錢捌分三十二年承准戶部
照會議處三十二年京估藍靛每斤銀壹分伍釐紅
花每斤銀壹錢陸分碌礬每斤銀壹分黑鉛每斤銀
肆分槐花每斤銀壹分黃丹每斤銀伍分光粉每斤
銀肆分伍釐水膠每斤銀貳分叁釐紅熟銅每斤銀

壹錢肆分貳釐生銅每斤銀捌分錫每斤銀壹錢貳分捌釐黃熟銅每斤銀壹錢伍分牛觔每斤銀捌分玖釐黃牛皮每張銀叁錢肆分黃蠟每斤銀壹錢柒分本司前項顏料節年原無買解本色遵照今定京估價值派行所屬徵銀解部本年照京估折銀柒千肆百捌拾肆兩貳錢壹分比三十一年減銀叁千陸百陸兩肆錢柒分但原係存留摘撥每石折銀肆錢徵解今若退還原倉恐後京估不同臨期難處今將前派銀兩解司聽候時估不足之數及查以後遞年與三十二年價值相同三十三年照前京估該銀肆





千壹百玖拾陸兩伍錢陸分壹釐伍毫該本司查得舊派甲丁貳庫顏料每歲共用銀壹萬壹千玖拾兩捌錢捌分額於青萊登三府存留糧內摘撥每銀肆錢折米壹石共折米貳萬柒千柒百貳拾陸石柒斗上年坐到顏料止用銀柒千肆百捌拾肆兩貳錢壹分折米壹萬捌千柒百壹拾石伍斗貳升伍合派徵顏料解送本庫外餘剩米玖千壹拾陸石壹斗柒升伍合每石仍照例折銀肆錢共銀叁千陸百陸兩肆錢柒分解司貯庫今年坐到顏料價銀仍照舊例每銀肆錢折米壹石止該用米壹萬肆百玖拾壹石肆

斗叁合柒勺伍抄尚剩米壹萬柒千貳百叁拾伍石貳斗玖升陸合貳勺伍抄俱係部单坐减之數既蒙戶部將料在庫足用者不派於民應合查將舊派額料准米貳萬柒千柒百貳拾陸石柒斗俱每石折銀壹錢伍分壹釐叁毫陸絲僅足今年坐到額料之數以甦海隅小民之困以後年分仍照舊規每石折銀肆錢派徵以上料銀叁拾壹年以前分派濟南等六府三十二年至四十年俱派青萊登三府徵銀先解各庫今改解太倉上納今查四十年坐到料銀比三十九年加銀玖百叁拾貳兩壹錢肆分陸釐伍毫例





應於存留糧內摘撥查得青州府所屬原派
衡府郡王將軍禄粟米內盈餘肆千餘石但查該府節年新封禄糧原係减派額料數內摘撥今禄米既以盈餘相應於內撥回貳千叁百叁拾石陸斗陸升叁合陸勺仍補添坐額料之數四十一年共坐銀壹萬玖百叁拾叁兩壹錢柒分柒釐伍毫以上各年俱於存留官庫俸月糧內摘撥每石折銀肆錢務足部坐之數四十二年共坐銀壹萬貳千柒百叁拾肆兩壹錢伍分伍釐比四十一年加銀壹千捌百兩玖錢柒分柒釐伍毫但查青萊登三府再無應改存留止查

有運軍行糧折色伍千陸百壹拾石每石折銀陸錢解司應合於内改撥叁千壹石陸斗貳升玖合貳勺每石仍折銀陸錢輳足額料待來年減派額料仍退原倉四十三年共坐銀壹萬叁千柒百柒拾柒兩壹錢柒釐陸毫貳絲伍忽比四十二年加銀壹千肆拾貳兩玖錢伍分貳釐陸毫貳絲伍忽仍於前項運軍行糧折色内撥壹千柒百叁拾捌石貳斗伍升肆合叁勺柒抄伍撮每石折銀陸錢輳補四十四年四十伍年俱折銀壹萬叁千柒百柒拾柒兩壹錢柒釐陸毫照舊派徵隆慶元年額料比四十五年減銀肆千貳百捌拾陸兩肆錢柒分陸釐捌毫派徵解司支用隆慶二年共坐銀叁千叁百叁拾柒兩陸分陸釐柒毫伍絲隆慶三年共坐銀叁千肆百兩陸錢壹分壹釐柒毫伍絲隆慶四年共坐銀叁千叁百叁拾柒兩陸分柒釐陸毫伍絲俱照數徵解外其餘額料派剩米石俱徵銀解司聽用及查三王府歲派　德府郡王將軍禄粟米嘉靖二十四年濟南府中

德府郡王伍位郡主儀賓伍員養贍夫人壹位共歲用禄米伍千捌百捌拾石除舊坐歷城縣壹千石仍少肆千捌百捌拾石查於長山淄川二縣原坐

衡府郡王和餘禄粟米貳百柒拾柒石伍斗貳升叁合壹勺俱撥回又將濟南府豐儲貳倉粟米内撥肆千陸百貳石肆斗柒升陸合肆勺輳足二十七年查得德府泰安高唐二王歲該禄米共壹千伍百石二王無嗣禄米住支内除　泰安王宫眷請給養贍米壹百石外餘壹千肆百石每石折銀伍錢解司至四十年本府郡王儀賓人等歲止該禄米叁千肆百柒拾石尚多餘壹千壹百壹拾石又新封　堂邑利津二王歲該禄米各壹千石鎮國將軍載壃載塿歲該禄米各伍百石共叁千石除前多餘壹千壹百壹拾石又



于運軍行糧折色解司數内撥補壹千捌百玖拾石原價每石折銀陸錢今照禄米則例每石折銀伍錢共足叁千石運前共坐禄米陸千肆百柒拾石其

魯府郡王將軍禄粟米嘉靖二十年兖州府申該府郡王鎮輔奉國將軍中尉庶人郡縣主君儀賓夫人恭人淑人并半俸主君儀賓共叁百壹拾伍位員歲該禄米米萬伍千柒百伍拾叁石叁斗叁升叁合嘉靖十九年坐派陸萬叁千貳百壹拾石捌斗比歲用少米壹萬貳千伍百肆拾貳石伍斗叁升叁合每石折銀伍錢共該銀陸千貳百柒拾壹兩貳錢陸分陸釐

伍毫嘉靖十六年將　涇府遺下保寧倉祿粳米貳
千伍百石每石銀壹兩祿粟米柒千伍百石每石銀
柒錢內摘撥伍千叁百捌拾柒石伍斗叁升叁合陸
勺通共折銀陸千貳百柒拾壹兩貳錢陸分伍釐陸
毫貳絲改派　魯府郡王將軍儀賓等位不足之數
俱徵銀解兗州府照例放支貳拾貳年　衡府長史
司呈將青州府臨朐縣原坐　魯府郡王將軍儀賓
祿米內撥壹千叁百陸拾石與新添清苑等郡主儀
賓人等就近徵解及將　涇府遺下保盈倉祿粟米
改撥玖百柒拾壹石肆斗叁升折銀陸百捌拾兩每



石伍錢准米壹千叁百陸拾石解兗州府放支以補
臨朐縣改撥之數至貳拾肆年本府郡王將軍祿米
柒萬玖千柒百捌拾貳石貳升玖合貳勺除濟兗東
青肆府原派柒萬伍千柒百伍拾叁石叁斗叁升伍
合外該添肆千貳拾捌石陸斗玖升肆合壹勺於兗
州府屬原坐運軍行糧內添足貳拾柒年兗州府申
魯府郡王將軍中尉庶人郡縣主君儀賓養贍妃夫人
等歲用祿米除原坐外尚少米叁千肆百伍拾壹石
肆斗捌升叁合陸勺本司議於　涇府遺下保盈倉
祿粟米柒百伍拾壹石肆升陸合肆勺每石折銀柒

錢糧米壹千叁百壹拾肆石壹斗柒升捌勺又於運
軍行糧折銀解司內撥貳千壹百叁拾柒石叁斗伍
合捌勺湊足貳拾捌年本司議 魯府宗儀歲該祿
米增至捌萬伍千石今派與濟兗東叁府徵解除兗
州府屬徑解本府倉庫上納其濟東貳府解布政司
轉發兗州府支放三十年兗州府申新封新蔡王秆
奉國將軍觀熻等拾貳位儀賓劉鸑等捌員庶人貳
位通計魯府郡王將軍等共肆百肆拾叁位員每季
該銀壹萬玖百肆拾叁兩肆分陸釐柒毫該本司查
得該府祿米壹年該銀肆萬叁千柒百柒拾貳兩原



派濟兗東叁府所屬祿米折銀共肆萬壹千捌百柒
拾柒兩尚欠壹千捌百玖拾伍兩議于運軍行糧折
色米千伍百石每石折銀陸錢解司數內動支壹千
捌百玖拾伍兩補添仍行兗州府將原派所屬祿米
折銀貳萬玖千叁百柒拾柒兩本府收放作爲捌箇
月之數其濟東貳府原派銀壹萬貳千伍百兩照舊
徵解本司與同行糧撥補銀共壹萬肆千叁百玖拾
伍兩作爲肆箇月共足壹年支用先三十二年爲議
處改撥祿米事三十一年六月內蒙 巡撫都御史
王 批據兗州府申 魯府宗儀歲該祿米玖萬壹

千陸百柒拾捌石貳斗陸升折銀肆萬叁千柒百柒拾貳兩壹錢捌分陸釐捌毫原派濟兖東青肆府節因災傷徵解不前積欠拾捌萬有零累累告討無憑給補濟東青等府徵解不前本府所屬沂費郯滕等處被災州縣名為坐派實如蠲免且恩欠祿在彼而逼討在本府乞要坐派本府所屬貳拾柒州縣該本司議兖州府所屬民皆疲困魯府郡王米歲用拾萬若該府供給恐難湊辦應合照舊派徵四十年議運軍行糧折色伍千陸百壹拾石徵銀解司候兑糧畢日所剩之數聽本司作　魯府宗室肆箇月祿糧支



用本年九月內　巡撫都御史謝　批據兖州府申魯府宗儀伍百伍拾位員本府捌箇月共該祿米陸萬玖千捌百肆拾捌石柒斗壹升貳合伍勺郡王鎮輔奉國將軍中尉夫人每石折銀伍錢郡縣主鄉君儀賓妃夫淑恭妾媵人等每石折銀肆錢共該折銀叁萬叁千壹百玖拾陸兩貳錢玖分貳釐玖毫及查本府所屬州縣原坐祿米通共止折銀貳萬玖千叁百柒拾柒兩尚少銀叁千捌百壹拾玖兩貳錢玖分貳釐玖毫不敷支用今議除原撥併盈倉祿粳米每石壹兩粟米每石柒錢照舊外要將兖州府廣盈倉另

收祿米肆萬叁千捌百石內濟寧等州縣共米壹萬壹千叁百石因離倉近除上納本色外今議每石再加徵銀壹錢滕縣等拾叁州縣共米壹萬捌千伍百石因離倉遠每石除原價伍錢外今議再加壹錢沂費嶧郯肆州縣共米壹萬肆千石素稱疲敝每石除原價伍錢外今議再加陸分通共加徵銀叁千捌百貳拾兩湊足本府放支捌箇月之數　衡府郡王祿粟米嘉靖二十一年以前原坐叁千捌百石二十二年添清苑等郡主儀賓拾員共米壹千叁百陸拾石於附近青州府臨朐縣原坐魯府郡王將軍儀賓祿



粟米內改撥就近徵解青州府永阜倉上納按季支放二十三年添派新封東昌郡陵貳王祿米共貳千石二十四年查得本府郡王伍位儀賓柒員歲該祿米伍千貳百石原坐陸千壹百陸拾石多餘壹千壹百肆拾石除撥德府祿米貳百柒拾柒石伍斗貳升叁合壹勺仍餘米捌百陸拾貳石肆斗柒升陸合肆勺照舊撥回青州府永阜倉上納二十五年新封武定平度貳王共該本色祿米貳千石本司查得原有盈餘郡王祿粟米捌百陸拾貳石肆斗柒升陸合肆勺尚少壹千壹百叁拾柒石伍斗貳升叁合陸勺又

於涇府官軍遺下停止米内撥輳足貳千石二十六年新封漢陽寧陽玉田三王歲用共該禄米貳千伍百石俱於本府所屬存留米内撥補二十七年新封昌樂王禄米壹千石於本府所屬原坐涇府官軍遺下停支米内撥足二十九年添派新封泰安郡主儀賓王淩歲該叁百貳拾石三十年添派新封壽張王并鎮國將軍三位禄米貳千伍百石三十二年添派新封鎮國將軍縣主儀賓劉立禄米柒百肆拾石及查本府郡王將軍人等禄粟米共該壹萬肆千伍百捌拾石通解青州府永阜倉按季均給三十四年添



派東平郡主儀賓禄米叁百貳拾石寧海郡主儀賓禄米叁百貳拾石金鄉縣主儀賓禄米貳百肆拾石三十五年添派商河王禄米壹千石鎮國將軍載堅伍百石金華郡主儀賓鄒東哲叁百貳拾石三十七年添派鎮國將軍載挑伍百石昌邑自仕郡主儀賓黃繼恭史筆各叁百貳拾石昌樂縣主儀賓李芸貳百肆拾石三十八年添派新封鎮國將軍二位禄米共壹千石四十年添派新封黃蒲縣主儀賓王惟俊禄米貳百肆拾石又查青州府屬原派衡府郡王將軍禄粟米壹萬玖千貳百捌拾陸石陸斗陸升叁合

陸勺除該府郡王將軍儀賓人等歲該禄米仍存壹萬陸千玖百伍拾陸石聽支外其餘貳千叁百叁拾石陸斗陸升叁合陸勺每石折銀肆錢改撥甲丁貳庫顔料訖四十三年本司議將已故德府泰安臨朐二王各遺禄米每石折銀伍錢觧廣儲倉就令載坐兑支臨朐王伍百石其泰安王遺妃及縣主儀賓米應元禄米俱於泰安王伍百石内濟南府照例関支四十四年兗州府申　魯府郡王將軍禄粟米原撥保盈倉禄粟米柒千壹百壹拾石每石折銀柒錢又原撥保盈倉禄粳米貳千伍百石每石折銀壹兩又禄粟米陸萬捌千捌百石通共米柒萬捌千肆百壹拾石近奉新例郡王及鎮輔奉國將軍俱叁分本色柒分折鈔鎮輔奉國中尉俱肆分本色陸分折鈔郡縣主鄉君及儀賓俱貳分本色捌分折鈔查得本府郡王鎮輔奉國將軍中尉并縣主鄉君儀賓共八通共伍百陸拾伍位員名口照例扣减壹萬貳千陸百捌拾伍石捌斗伍升陸合内柒千壹百壹拾石每石折銀柒錢貳千伍百石每石折銀壹兩叁千柒拾伍石捌斗伍升陸合每石折銀伍錢俱改觧司每歲實用禄米陸萬伍千柒百貳拾肆石壹斗肆升肆合及查

上年秋糧該兖州府議禄米不敷將本府所屬州縣原坐米內共加銀叁千捌百貳拾兩以補不足今照新例減派壹萬貳千陸百捌拾伍石捌斗伍升陸合所存本色俱已足用其前議加派銀兩相應減去青州府申 衡府親王位下原坐豊盈倉禄米壹萬石近該 本王奏辭粳米伍百石每石折銀壹兩粟米壹千伍百石每石折銀柒錢俱解司正剩粳米貳千石粟米陸千石共捌千石照舊派徵其郡王將軍禄粟米壹萬陸千玖百伍拾陸石近奉新例郡王鎮國將軍郡縣主君儀賓共叁拾捌位員照例歲該米玖



千叁百捌拾石其餘柒千伍百柒拾陸石每石折銀伍錢解司又濟南府申 德府郡王將軍禄粟米陸千肆百柒拾石本府郡王四位鎮國將軍叁位縣主并儀賓貳位員各該禄米照例減去貳千陸百伍拾石每石折銀伍錢每歲實用叁千捌百貳拾石以上叁府共減米貳萬肆千玖百壹拾壹石捌斗陸升伍合內除抵補顏料伍千陸百捌拾柒石捌斗陸升肆勺伍抄外仍剩壹萬玖千貳百貳拾叁石玖斗玖升伍合伍勺伍抄俱照例折銀解司隆慶元年濟陽縣原坐寧海王禄米叁百柒拾伍石坐兖改派齊河縣

訖隆慶二年歷城縣原派減存
德府郡王禄粟米陸百叁拾石每石折銀伍錢解司之
數内撥新封　德府鎮國將軍載墇平原霑化郡主
儀賓薛焰張元吉蒲臺縣主儀賓劉喬共該禄米伍
百肆拾石又將盂都縣原派減存　衡府郡王將軍
禄粟米玖百石每石折銀伍錢解司之數内撥新封
衡府鎮國將軍載垙禄米壹百石又　德府奏辭禄粟
米壹千石已該本司於原派縣分減去鄒平縣貳百
石新城縣貳百伍拾石海豐縣壹百石長山利津蒲
臺各壹百伍拾石俱每石折銀柒錢解司隆慶四年



本司呈允堂邑利津二王位下禄米原坐章丘縣壹
百貳拾伍石商河縣捌拾石濟陽縣貳百玖拾伍石
共伍百石每石折銀伍錢改作解司之數仍將已故
寧海王遺下原坐齊河縣禄米伍百石兑派與二王
支用又臨清王位下禄米原坐章丘縣壹百貳拾伍
石每石折銀伍錢改作解司之數仍將寧海王遺下
原坐歷城縣禄米貳百貳拾伍石内兑壹百貳拾伍
石作本王支用其餘壹百石仍作寧海王遺下嫡妃
孫氏并未封幼子養贍米用及查嫡妃等自隆慶四
年二月十七日爲始扣筭本年該支捌拾柒石貳斗

貳升貳合叁勺其餘壹拾貳石柒斗柒升柒合柒勺
扣留解司聽用待隆慶五年照數全支又魯府新封
鄒平鉅野安丘陽信高密等府郡王將軍中尉庶人
儀賓共該祿米壹千貳百玖石叁斗叁升貳合陸勺
查將滋陽魚臺東平等十州縣原坐　魯府郡王將
軍祿粟米原撥保盈倉祿粳米壹千貳百玖石叁斗
叁升貳合陸勺每石折銀壹兩內扣伍錢共扣銀陸
百肆兩陸錢陸分陸釐叁毫解本府廣盈倉另收均
支其餘盡數照舊解司及查運軍行糧舊坐本色米
貳萬柒千肆百捌拾伍石徵解水次聽監兌衙門放
給臨清東昌濟寧任城德州等衛所運糧官軍每員

經會録　權目六十九　習匠

名貳石肆斗嘉靖二十年議得前米支使不盡準多
變價解司除扣壹萬伍千石坐派本色徵運水次聽
兌其餘壹萬貳千肆百捌拾伍石內摘撥肆千柒百
伍拾叁石壹斗肆升伍合每石徵銀陸錢補添本年
增甲丁貳庫顏料又將貳百柒拾柒石伍斗貳升叁
合陸勺派撥新封　衡府邵陵王祿米仍剩柒千肆
百伍拾肆石叁斗叁升壹合肆勺每石徵銀陸錢解
司至二十四年本司又議前項本色壹萬伍千石支
兌不盡合減叁分之壹該米伍千石於內改派

魯府郡王將軍等位祿粟米貳千捌拾石仍有貳千玖百貳拾石照常每石徵銀陸錢解司以蘇窮遠疲民之困二十五年議本色壹萬石不足運軍支用改派本色壹萬叁千石其餘徵銀解司聽候買補二十六年災傷州縣量減貳千石改徵折色每石折銀陸錢解司二十八年議節年歲用不多合將壹萬伍千石內本色壹萬壹千石於濟東二府所屬徵運折色肆千石每石折銀陸錢令濟南府徵解本司聽補不足其餘俱改派　魯府宗儀人等祿糧訖二十九年查得本色壹萬壹千石每年支剩負累大戶變賣止派本色柒千伍百石同充軍本色齊赴水次聽候運軍支用折色柒千伍百石照舊折銀解司聽候買補至四十年　巡撫都御史朱　批據　德府長史司呈稱堂邑利津二王鎮國將軍載棫載墺祿米尚少壹千捌百玖拾石議於運軍行糧折色內撥補原價每石陸錢止照祿米每石折銀伍錢減派壹錢以蘇民困本年行糧本色仍派柒千伍百石折色止派伍千陸百壹拾石每石折銀陸錢解司聽本色不敷買補支用至四十二年四十三年改撥加添顏料共肆千柒百叁拾玖石捌斗捌升叁合伍勺肆抄伍撮止剩

捌百柒拾石壹斗壹升陸合肆勺伍抄伍撮但查四
十二年運糧官軍數多原派本色米柒千伍百石不
足支用監兌衛門添取壹千貳百叁拾肆石捌斗四
十三年添取肆百肆拾陸石四十四年添取壹千貳
百肆拾石俱發銀買補但前項折色銀兩各屬徵解
不特屢屢動借別項給發今照四十四年行糧若仍
照上年派徵誠恐又有添取之數况今歲奏例減派各
王府本色祿米數多所據前項行糧應將舊坐折色伍
千陸百壹拾石照舊改回於内改派本色壹千伍百
石連原派本色柒千伍百石共玖千石徵運水次聽



兌其餘肆千壹百壹拾石仍派折色每石折銀陸錢
解司其節年加派額料銀兩就將各
王府減派祿米照數抵補又查隆慶元年都司咨稱石
門寨參將張功原係萊州衛指揮呈准添派稻米銀
玖拾捌兩肆錢查將原派　會府郡王將軍祿粟米
原擬保盈倉祿粳米内改擬玖拾捌石肆斗坐派濟
寧州每石徵銀壹兩解司聽支隆慶貳年管民兵孫
參將四月二十四日到任歲該俸糧陸拾貳石肆斗
隨於金鄉縣原坐保盈倉祿粳米每石折銀壹兩解
司數内摘擬陸拾貳石肆斗以充本官俸糧用隆慶

四年本司呈允將膠州原坐成山倉粟米貳千石內
撥壹千伍百石與昌邑又和豐倉粟米壹千捌百石
內撥壹千叁百石與濰縣其昌邑原坐靈山倉粟米
壹千伍百石濰縣原坐夏河倉小麥壹千叁百石兑
派與膠州其所剩原坐成山和豐二倉粟米壹千石
仍派該州徵解隆慶四年十一月本司右布政使徐
咨會同三司各道查議山東近年以米奉到部單歲
取委州縣正官二三員帶領書筭數十名在省磨筭
分派累月方完填註由帖分發各府又委官分派一
次方行州縣責之積書又各細派花户相沿襲訛歲



以爲常其在省員役供應所費不下百金在各府則
每屬取解書手貳名工食貳兩計六府一百四處有
二三百餘兩之費在各州縣則每社人户雇募書筭
暗行會歛尤難數計糜費誠不貲矣况倉口無定難
派由人州縣類多引災告輕而委官遷就因以低昂
其間奸猾率多用賄求減而積書舞弄得以上下其
手滋弊誠無已也且徵收各有限期及時自可完報
今夏稅延至秋後未徵秋糧延至年終未比民間所
收食費垂盡徒煩箠楚輸納不前積逋之源類由於
此及本職推原每歲委官分派之意殆以部單糧數

倉匕折價歲有增減必須逐年一次分派方可均平乎不知倉口輕重有增亦有減查得自嘉靖四十年以至于今計十年之內部单坐到夏秋二糧止共增銀柒千貳百柒拾餘兩減銀則共壹萬貳千伍百餘兩以十年而推之以後年分槩可知矣若以所減酌補所增之數大約多寡本不相懸而每年分派勞擾之費復倍過之甚至滋獘無窮失時致逋極爲未便本職守詢徵糧民瘼莫切於此相應申明舊例以定賦法合候詳允通行六府轉行所屬州縣自隆慶五年爲始不拘部单增減以後俱以隆慶四年無有災

經會録　糧四之十三　四百五十字

傷分定倉口爲則本司奉到部单即行府轉行各該州縣查照則例依限及時徵收起解再不必逐年委官分派查得本省錢糧每年除存留額數自來照舊外其起運原額夏稅陸拾貳萬肆千捌百伍拾石秋糧壹百叁拾叁萬捌百陸拾石奉到部单雖有增減俱不失原額總數若本年部单無有增減照舊徵解如比舊加增本司另爲呈請酌補比舊減少就將所減錢糧扣解本司聽補以後年分所增之數或其州縣其倉口停止其州縣新增就於裁革倉口酌量抵補新增糧數或遇災傷輕則呈詳

兩院重則奏

請定奪並不派累隣邑凡積有扣留糧銀本司另置一簿登記明白專備起運額糧及災傷酌補不許別項動支仍出顯明告示刊刻書冊遍發使小民家知戶曉以便輸納廢倉口一定糧數可稽事體畫一經久可行具呈

本院詳允刊成書冊分發六府遵行訖此節年分派大都 國用之多寡民力之豐匱與夫官於茲土者甚爲民之倦勤皆可考而知焉夫上節則下省官省則民豊此不惟以告山東之有司即使有以



上聞者查據山東之派額浸浸四倍于初年則必加憫而恤焉六郡疲民其倘有瘳乎

卷之四。積糧附录

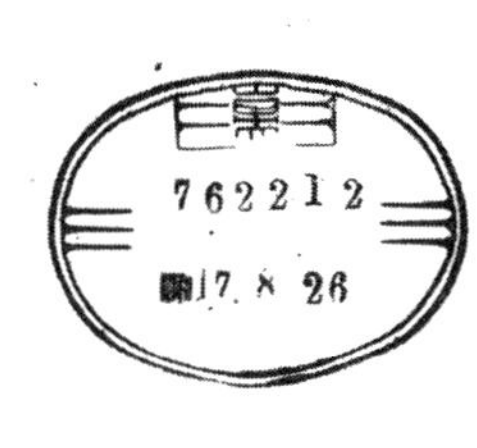

# 山東經會録卷之四

## 稅糧附録

稅糧固有定額征斂隨時變通自
國初迄今貳百年矣元末之後民不安業東府僻處濵海小民迯竄無地所以當時報賦多西府南北通衢小民流移肆至所以當時報賦少且如莒州稅糧比濮州則多柒倍莒州坐派之輕每石夏稅計止貳錢之上秋糧肆錢之上濮州坐派之重每石夏稅柒錢之上秋糧壹兩之上較其濮莒之民戶口不相上下也而莒民之貧富比之濮州逈異視其壹石之重難敵柒石之輕舉一隅則三隅可知矣况西府之地宣德年來漕運既開商賈貿易舟車所至人力所適居民漸蘩荒萊盡闢東府之民日益迯而地益棄矣本司歷年分派稅糧各有因時消長之宜勢不得不然也所以東府坐派雖輕熟少荒多一畝常包二三畝之稅似輕而實重矣西府坐派雖重熟多荒少三四畝止徵一畝之糧似重而實輕矣額賦版籍固難更動人情變態須酌時宜不然則壯士擔輕懦夫負重
國儲何賴其間或因節年救災恤患暫代未歸或因各屬請輕辭重以寬民力其有在卷存查及今緣情具

白者俱附録於後查得嘉靖三十四年
巡撫都御史劉　案驗爲查議派徵稅糧蠲宿弊以
蘇民困事行司會同按察司稅糧分巡等道將派徵
稅糧事宜從長酌議要見某府所屬田糧無大不均
貧富不甚相遠可用一條鞭之法某府所屬田有肥
瘠荒熟人有貧富亡存須用三等九則之法如必用
三等九則則人户高下作何分別使里書不得以那
移稅糧多寡作何限制使富豪不得以飛詭倉口輕
重作何分別使愚懦不受其欺蔽或每州縣造一實
徵每人户給一由帖使户則倉口曉然皆知又恐田



糧轉賣不一户則陞擦不常亦有難於定執者知其
弊而難救求其説而未通是在各司道集衆思廣忠
益務求歸一之説用垂久遠之規曉告裁度通行六
府議報續據濟南府申知府項守禮關稱本府所屬
歷城長清二縣遞年俱用一條鞭分派章丘等二十
六州縣俱用三等分派新泰萊蕪二縣俱用四等派
徵規制雖有不同飛洒積弊則一小民受累相應議
處爲今之計莫若本司派糧之時備查該縣坐到京
邊某倉若干石該折色銀若干存留某倉若干石該
收麥米若干通共各倉該折色銀若干本色若干將

本縣遞年原定糧數通融均派每糧壹石該折色銀
若干准收幾錢幾錢幾分本色米麥若干明撒单呈發府
轉發該縣由壹石而上為拾石百石以至千萬石由
壹石而下為壹斗壹升壹合百姓皆自能以類而推
也本府仍查其縣每糧壹石該折色銀幾錢幾錢幾分本
色米麥幾斗幾升不許大户分外多收毫釐升合刊
刻告示分發各處張掛使小民曉然皆知今年稅糧
每石應該本色若干已有定價各執自已遞年原納
糧數查照告示隨便納與大户而已不必使之知為
何倉口亦不必令里書零分細派納者既有定數收



者自不敢欺冒仍行該縣掌印官將縣里分置簿
品搭均匀大縣分為八區小縣分為六區或四區每
區為一櫃僉收本色大户二名折色大户二名各給
與一櫃由帖照數徵收亦不必定為何倉口大户責
之里長里長責之拾排拾排責之花户及時輸納收
糧既有定制起解亦須及時本府仍查其縣某櫃該
折色銀若干可以勾其幾倉之數即以其幾倉坐之
每銀貳百兩僉小大户貳名令其赴收糧大户處照
數陸續領解各縣花户地糧仍於各里擇委殷實知
事富户壹名令其逐户挨查每里造壹手冊明開某

人地若干夏麥若干秋糧若干人丁若干送縣鈐印
倉庫仍謄一本觧府候查此册一定十年一更如册
内地畝轉賣不一仍令原業之人赴承買人户取糧
上納庶不致更换不常而官有所憑據小民知所遵
守矣或將兖東二府照濟南府法行而責登諸府尤
雜以三等九則之法或查該縣疲敝果極則於派糧
之時少坐以極重之糧即是調停之術矣必逐户分
門細别輕重之一二以滋弊端之什伯孰不如一槩
通行之爲簡易而小民又自相安申詳
撫院批行本司會同按察司税糧道會議山東所屬



地有抛荒固難一槩徵派但查嘉靖二十九年七月
巡撫都御史應　題稱沂莒郯滕等州縣抛荒地糧
大約不出肆拾萬石要將歲派夏税鈔麥壹拾捌萬
石每石壹錢伍分秋糧米叁拾伍萬石每石叁錢抛
荒地畝麥盡派與鈔未盡與布責令見在之民壹石
兼納貳石比之無荒州縣尚不逮遠題奉
欽依備行本司行催守巡東兖海右道委官踏勘過沂
州抛荒地肆千壹百玖拾壹頃費縣抛荒地叁千肆
百玖拾壹頃郯城縣抛荒地叁千伍百柒拾伍頃滕
縣抛荒地伍千玖百肆拾捌頃莒州抛荒地柒千捌

百柒頃諸城縣拋荒地陸千伍百壹拾陸頃安丘縣拋荒地肆千肆百壹拾玖頃日照縣拋荒地叁千壹百陸拾陸頃膠州拋荒地貳千玖百柒拾頃高密縣拋荒地叁千貳百陸拾肆頃即墨縣拋荒地叁千壹百叁拾陸頃萊陽縣拋荒地柒千玖百肆拾伍頃寧海州拋荒地壹千捌百叁拾頃蓬萊縣拋荒地貳千壹百柒頃文登縣拋荒地壹千貳百壹拾伍頃已將前項州縣酌派極輕倉口徵納外近該 營田都察院將兖州府所屬荒田行令極力開墾除已開耕有人承佃外仍有滕縣拋荒肆千叁百壹拾柒頃鄒城



縣拋荒叁千壹百柒拾伍頃曹縣拋荒陸百捌拾伍頃沂州拋荒貳千叁百伍拾伍頃嶧縣拋荒伍千叁百壹拾柒頃陽穀縣拋荒柒拾頃零泗水縣拋荒地叁百捌拾頃零魚臺縣拋荒貳百柒拾頃零曲阜縣拋荒壹拾壹頃零鄒縣拋荒地壹拾伍頃零嘉祥縣拋荒地肆拾陸頃零今蒙 撫院軫念疲民案示會議但查本司舊定各府州縣原糧銀數多寡不同經今年歲凶豐不常地方消長頃畝相應酌處且如歷城縣原額小麥壹萬叁千陸百柒拾叁石貳斗壹升叁合捌勺起運玖千捌百石每石原派銀肆錢叁分

共銀肆千貳百壹拾肆兩存留叁千捌百柒拾叁石貳斗壹升叁合捌勺俱本色槩縣不分寄庄上中下戸通為一條鞭每額麥壹石實徵折色起運計該柒斗壹升陸合柒勺叁抄每斗以原坐銀肆分叁釐計該徵銀叁錢捌釐壹毫玖絲肆忽本色存留計該貳斗捌升叁合貳勺柒抄每斗加耗捌合連耗計該麥叁斗伍合玖勺叁抄壹撮陸圭蓆草銀肆釐叁毫伍絲不必定出各項倉口只責令花戸照由帖内銀麥數目上納其餘州縣俱照前例分派及將勘有荒田沂滕膠莒等處亦一條鞭責令熟地人戸先行追徵



一面行令該府嚴督各州縣掌印官將荒地勘明應辦銀麥仍令槩州縣熟地人戸通融均攤亦一條鞭帶納本司仍將今派本折定數填給由帖發與該州縣總告示并總由帖發各該府府摘發各條刊發所屬曉諭花戸各照一條鞭銀麥蓆草徵辦各州縣掌印官親督里書備將花戸地畝麥數造冊在官分别起運存留貳簿俱用印鈐蓋給與各大戸即為赤曆不必再用零分細派每戸對同原冊仍給印信由帖小票壹張各執票赴大戸處上納仍造花名地糧手冊送府備查其各州縣坐僉大戸不必坐定倉口止

以本司坐去銀麥總數多寡定擬有身家殷實大户多者七八名或五六名少者三四名或二名分櫃專管收受完日各掌印官查照倉口應解之數另僉大户領解部運官督率同行上納依限掣批銷照各府仍每屬摘刊告示一條沿村粘貼庶百姓曉然知户糧原數及今該納本折若干里書無所容其奸矣議呈 撫院詳允通行訖又賦役總會冊内條鞭明文

嘉靖四十年五月 巡撫都御史朱 案驗内稱本省稅糧舊規俱係一條鞭分派不惟便民亦且革弊近來各州縣積年書手豪猾之人希圖賄囑官吏以



上作中以中作下而生員監生人等挾制有司雖地連阡陌富甲鄉道往往輒稱下户又有等權力之家籍此爲名通不派納暗增上户合勺積少成多爲之包收有稱三等或四等派者有稱五等或照舊派者紛紜不一小民赴告無已甚至有隔越一二年議論不定始不派徵者該司即行稅糧守巡各道嚴督府州縣將派糧事宜參酌布政司歷年規則俱照一條鞭虛心分派務使輕重貧富適均中間地有肥瘠不一里有厚薄不同止許槩分里社不許分門別户以致豪猾之人藉手肆巧有司借口民便狐媚權力已該本

司議將四十年夏税秋糧馬草行令六府所屬俱用
一條鞭分派其間果有水占拋荒人逃地曠之處許
該州縣掌印官親行勘實申允就於本州縣坐派税
糧內通融區處止許照分里社不許分門別戶以致
豪猾藉手孤弱權力務要嚴加禁革呈允通行嘉靖
四十一年十一月　巡撫都御史張　案驗爲巡撫
地方事山東先年徵派錢糧或用一條鞭或用三等
九則每行數年輙復更變嘉靖三十四年該前任
巡撫劉　議復條鞭之法遵行至今近年
巡撫朱　復嚴分門之禁先該本院會案行布政司



轉行六府查取州縣地額會委廉官劉府分派又經
行府刊布城市鄉村及立總收分解之法去後及訪
六府士民或以爲便或以爲不便議論不同參詳三
等九則以重糧派上戶中糧派中戶輕糧派下戶斟
酌民力以足公家之儲用意何嘗不善使其行而無
弊雖千百年誰能易之惟是州縣官員才力精敏者
十止二三挾同了事者十之六七致使里書富豪交
通作弊上戶之地多寄下中之家加以飛洒那移貧
民明受輕派之名實爲富家暗納之數甚者州縣官
員人品不齊或取輕便倉口以奉所私又其甚者爲

他人滿派地糧均攤於槩州槩縣因此改為條鞭夫條鞭豈得已哉補弊救偏勢不得不然故也今之論者或曰地力有肥瘠收成有厚薄安得條鞭取齊及查山東起科有等州縣一樣科糧有等州縣地分金銀銅鐵金地壹畝為畝銀地加若干步為畝銅地再加若干步為畝鐵地加罡若干步為畝地力不齊者已折筭於步多寡之中故本省州縣起科稅糧別無異等既可以一等派獨不可以一等徵乎前院巡撫劉　議復條鞭之後今已遵行七年前此未聞不便而今之言不便者中間豈無根因行法欲



求無弊立法所以民便者前項條鞭派徵收解式若果有益於小民自當行之勿疑若果於民風土俗別有滯礙難行要覓作何議派得免官民飛洒那移之奸作何收解得免私收暗兌守掌侵欺之弊有何經畫便益群情可以垂之永久相應廣行諮訪以為定規案行本司轉行稅糧守巡兵備各道六府掌印官督同州縣掌印官多集里甲鄉民虛心詢訪法之窮者何以變通法之弊者何以救正如何而便民如何而正法每年錢糧應該作何分派應該作何徵收起解各申該府掌印官酌議停當施行續據東昌府申

據所屬濮州聊城等十八州縣掌印知州知縣等官張尚等查得歷年以來派糧事規先以三等九則分派謂之倉口有輕重人戶有高下地土有肥瘠上戶行寄庄則極重中戶則稍輕下戶則又輕是立法其初未嘗不善也然行之既久百弊滋生其間富者有多以賄而獲輕派貧者勢無力而受重徵賦稅十分不平至各州縣先年奉例均平地糧除嶮薄不堪行犁外其餘不分高下肥瘠通融均攤各照額派地糧分派是雖地畝稍有厚薄不同而糧科不致輕重懸絕比之三等九則攤派者其弊已革去八九矣嘉靖四



十一年七月内蒙　撫院明文批委濮州知州張尚聊城等縣知縣孟秋等已將府屬州縣夏稅秋糧馬草遵照一條鞭之法將均過地土編派調停刊刷由帖布散城市鄉民各照數完納以革奸豪之弊而小民無不稱便及徵完錢糧隨即立限起解並無侵欺那移之弊但分土分民各州縣不能以強同而地糧輕重分派似難以畫一亦在本處有司加意尋求本院隨宜裁奪職等未敢以州縣之例而槩謂通省宜然也倘蒙遵照條鞭之法永為定規則里書足之弊無自而生閭巷之議無自而起其徵收弊端固已永

絶緣法而治，庶吏習而民亦安矣。各職又經拘集里老鄉民前來，再三逐一虚心查審，詳畧相同，是允通行訖。隆慶元年五月，戶部尚書葛　題一寬農民以重根本。竊惟古帝王治天下之法，莫備於成周，而成周之法所以善者，莫過於重農桑。觀豳風七月之詩，惓惓以農桑爲務，蓋云王業之根本在是也。及考其法，既制民之常産，復定于耜舉趾之時；田畯之官，星言夙駕，稅於桑田，勸課之意既勤勤懇懇，而省耕省斂，惟恐民之失農務焉。帝耕籍田，后親蠶桑，立爲三推九推終畝之制，蓋自天子以至於庶人，無非有事



於農桑者，而遊惰閒民則加之罰焉，故能致百室盈止，婦子寧止，而爲有道之長也。漢代繼之，既以力田開科，而又課致粟帛多者復其身，勸農之使巡行阡陌，時時遣焉，驅末技遊食之民轉而緣南畝，此文景之富所以至太倉粟紅腐不可食，而內府錢貫朽不可較，賜民田租之半歲以爲常。觀周漢已然之跡，重農之效可想矣。有唐之世，雖未及周漢，而其取民有制，亦復可爲萬世法者，租庸調是也。租者有田之征也，庸者有身之征也，調者有家之征也，蓋各有依屬，孟子所謂用其一緩其二之說也。即此行之，自可萬

世無弊以賦租屬之田以庸調屬之身家故論門戶高下定丁力壯弱審而籍之謂之均徭稽籍定役無與於田界世因之民以爲便臣巫仕爲彰德府推官歷觀河南人物殷富沃野盈疇其時賦役尚如舊也後有巡撫河南者以江南之法行之河南按地科差始將租庸調之征併之於地有家有身者皆不與焉於是農民囂囂然喪其務本之心地愈多者苦愈甚富者貧貧者逃而田卒汙萊棄爲萑莽如脩武等縣極目不見其界及臣爲巡撫入其境見田野荒蕪黎民憔悴咨訪其故始知爲以地科差之害夫江南以地



科差蓋田之收入既多又十年始一應差故論地亦便若河之南北山之東西地多瘠薄沙鹻每畝收入不過數斗而寸草不生者亦有之且又年年應差併之於地無怪農民之失所也既而放告有衛輝府淇縣民願捨原價空以地歸原主一日而具狀者貳百人中亦有原主抵告者隨而審之云當時爲貧賣地今地歸於我將何辦差壹人必欲歸壹人苦不受時亦無可柰何乃嘆曰土地生物以養人財用於是乎出至使人惡之如是爲法之弊一至此哉乃諭而遣之即查復舊規田地令納本等稅糧及驛遞站糧絲

綿絹布門戶人丁則應力差等役民乃喜若更生又樂種田而逃亡者亦漸復業焉未幾遷官而繼之者不察又復以地科差今其患未已不知凋敝作何狀此亦可以爲戒矣近北直隸乃又倣而行之計地徵銀農民喪氣無計得脫田畝將來畿内荒蕪必可立見聞之此法又將浸淫及於山東夫山東地太半濵海鹹鹻沙薄甚至不毛民已苦包糧若再加之以差民不至盡逃地不至盡荒不已也先此獨以納糧負累民以逃亡見今沂費郯滕之間荒田至貳萬餘頃人煙繼絶周廻幾百里　朝堂之上經畫招徠開墾



者二十餘年竟無壹人歸尺地墾者倘科差之風不止則舉山東爲沂費郯滕在數年之間爾可不畏哉臣農家也習知農苦今爲司農又當理農事嘗總四民觀之士工商賴農以養則皆農之蠹也士猶曰脩大人之事若工商既資農矣而其該應之差又使農民代焉何其不情如是今夫工日可傭銀幾分終歲而應壹貳錢之差既爲王臣有何不可況富商大賈列坐市肆取利無筭而差役又不及焉是豈可通乎今科差於地者不過日計地而差則地多之富家無所逃然此務本之人也與其使富商大賈逐末者得

便寧使務本者稍寛不猶愈乎況地多則門戶高就門戶而派一重差亦可但不可規規計地使窮民同病也且賦税者軍　國之需必不可少者也差役者供衙門使令猶可或緩者也今有欠糧而無欠差農者供上者也爲地所苦工商者自爲者也以身得閒故有逃農而無逃匠緩急輕重之閒可以思其外矣夫周漢之所以國富民安者在重本而抑末今縱末以戕本反其道而欲同其治其可得乎臣等日夜籌計惟願

皇上念重農民特下　明詔嚴禁以地科差少寛農力



使其得盡心於田畝又令閒民及工商之家必各種田數畝至數拾畝雖無力者或佃種或分種期無壹人之遊惰焉將見人無餘力則地無遺利在一鼓舞之閒逃亡可復荒蕪可闢民生可遂　國用可足不至如周漢之盛則臣不信也一復舊規以便徵解

國初徵派錢糧戶部備開各倉庫名目及石數價值各若干通行各布政司及直隸各府查照原數轉行各州縣分派小民按地每畝夏税秋糧各若干以其應輸之數分定各項倉口倉口由重而輕人戶自上而下明白開派某人某倉口糧若干給與由帖使其收

照各赴該倉收糧大戶處投納給私記合同小票以
徵完欠官府憑此以稽查人戶憑此以考驗其大戶
收完與已收若干未完若干歷歷可指其法簡易可
以百世通行無弊近年不知何故乃變為一條鞭派
不論貧富一切同攤既不顯倉口又不開石數只開
每畝該銀若干致使書手任意增減漫無底定雖小
民黠慧者亦莫知端倪而況蠢愚只應憑其口說從
其愚弄也不惟小民莫知雖官府亦豈能於分釐毫
忽之間算無遺失乎此派法之變不便於民者一也
至於收解乃又變為一串鈴法夥收分解大戶雖定



有各倉口之名而但擇其能事者數人兼總收受其
倉催急則合併以應令原坐大戶領而解之以次皆
然不見催者遂聽其拖欠在大戶則收者不解解者
不收秤頭之積餘收者得之及其交納之添墜解者
償焉其得為平乎況錢糧無緩急皆當報完未可於
方收之時已拼留幾倉作欠也且
祖宗立法制律明開那移借代還充官用者准盜論附
餘錢糧私下補數者以盜論蓋為錢糧必須各項明
白始得不紊若混而亂之則其弊可勝言哉即今
詔書開載四十三年以前拖欠錢糧盡數蠲免已收在

官者委官查盤明白截數起解不知其將何倉口作
拖欠若干何倉口作已收若干委官查盤又不知將
某大戶作拖欠者免其徵解某大戶作已收者責其
截數起解其有侵欺那移等項情弊倒當追問者當
作侵欺那移何項錢糧皆不能着實指定以憑問發
也此不惟不便於民且不便官矣古人稱利不有者
不變法今未觀其利則何如仍其舊貫乎伏望
聖明勅下所司各要查復舊規逐項分明徵解令小民
得便於從事所謂徵科中之撫字常在是也再照
祖宗立法初無不善其後奉行者不至致有偏弊亦在



補而救之耳舉而更張之未可也今人情喜於變更
而事久因有廢墜至使
祖宗良法盡失其初可爲太息仍乞　勑各衙門每事
俱要查復舊規着實舉行以求成效其有不能舉職
及輕易變法者悉聽言官糾論究治舊章盡舉則庶
績其凝天下之平治可計日而成矣奉
聖旨你每以司計司農爲職這所奏都依行此外但有
可以足國裕民的宜勿避嫌怨盡心幹理以副朝廷
委任之意欽此行下本司遵依外隆慶三年
巡撫都御史姜　據本司議會議賦役冊內壹欵壹

錢糧徵收有總收分解者有本里自收本里完日交與大户類解者有照倉口分收分解者有夏稅秋糧壹起併徵者有完糧不肯至十分者有某縣代某糧應否撥還者有某里災重該其糧者通作何斷令歸一行據濟南府議稅糧徵收稽之成法夏稅於五月開倉七月終徵完秋糧於十月開倉十二月終徵完催納及時誠不易之定規也夫何今之收納二項通徵收於一時是以民受併徵之苦糧致逋欠之患蓋由坐單遲下徵收非時沿爲常規爲今之計不若麥熟於夏也而即徵之於夏粟成於秋也而即徵之於



秋民無借代之苦官無刑罰之督矣至於本里自收本里完日交與大户類解者此未免侵漁之弊照倉口分收分解者尤恐有遲速之殊俱爲未便似應遵照成法將稅糧坐單各以時發下令各州縣將見年收糧大户預先編僉仍選上户篤實者爲櫃頭令其總收堂印管糧官立限督之拾排拾排督之花户親自赴倉交納三限完足通令各大户照倉拈鬮分投起解不惟緩急適宜而錢糧不致逋欠矣所議相同東昌府議稱所屬州縣錢糧專用分收分解之法自嘉靖四十一年奉文總收分解州縣多未遵行蓋政

當從俗法貴宜民總收分解非不可也但所收者先儘京邊倉口起解則拖欠者必存留倉口也存留倉口不完則大戶經年守候雖官府嚴併而其間多有逃移入戶沙鹻地土輸納不前卒亦付之無可柰何而已然而不遽已也大戶力不能賠則必動遭提解甚至查盤問罪莫可推辭其賠累有如此者本里自收本里交與大戶起解非不可也但收者不管解解者不管收責任既輕彼此推諉聞有拾排將花戶錢糧誆討在手揚帶逃走者矣聞有大戶與本里交收不明侵欺入己者矣其流弊有如此者故二法雖善



其實難以通行近日武定州之議未見其所謂伍弊者若何但百里不同風或有宜於彼而不宜於此者近據高唐聊城等州縣各申稱照舊倉口分收起解百姓並無拖欠大戶亦無賠補官民兩便隨該本司議得各府所議大畧相同惟東昌地土平衍糧則頗輕易於完納故以分收分解爲便然民風土俗各有不同既以分收分解爲便亦當聽之東省錢糧昔年俱照戶則高下分撥倉口自重而輕人戶自上而下行之已久但近年以來民情滋僞戶則那減若照戶則分派倉口則大戶力能營幹必得輕則貧民不

識官府又納重糧輕重倒置錢糧難完故改爲一條鞭之法令各大戶總收分解則奸民既不得營幹各逞其私而大戶又免包賠之累成法之最善惟有司官於徵收之時印給赤曆設立小票待花戶納糧必令大戶登記赤曆將小票用私記鈐蓋給與花戶仍嚴限比較務令剋期報完則錢糧完欠易於稽查而拖欠者亦自少矣至於完糧不肯至十分者迺玩法奸民所富重究各里自收本里完日交與大戶者不免有侵欺之弊總不如總收分解之善其縣代其縣徵納者各府查亦不多災傷去處重則減免輕則量



爲存恤通行遵依外隆慶四年八月二十三日巡撫都御史梁　案驗爲查議歲派錢糧事該本院題據山東布政司呈准左布政使姚　會同按察司議山東派徵起運錢糧視戶則高下定倉口輕重此成法也使編僉公平雖百世可行後緣里書納賄官吏循情弊不可詰改爲一條鞭法派徵此一變也然猶分夏稅秋糧各自派徵猶顯倉口猶僉大戶後人改爲一串鈐總收分解夏稅秋糧一總收受不復知某項爲夏稅某項爲秋糧矣零星起解倉口不顯矣設立櫃頭革去大戶收者不解解者不收矣此再變也

末流之弊至黄蠟料價等項原係均徭正項者俱派入地畝賦歛愈重於是豪強者埋沒单弱者抛荒州縣日益困弊矣所據成法委應議復但查各州縣均徭文冊見在人户俱非當年之比上中六則十無一二下三則十居八九及查重倉口十居七八輕倉口十無二三以一二上則人户僉七八重倉口不敷之數勢必及於下户将來百姓恐仍有破家繫獄者今欲復成法須先陞户則往歲審編户則極有才力官員欲陞一則百姓有抵死不甘者若一旦驟陞民豈能堪況今之上户非昔時之上户一應重倉口之役力亦不支故成法不可尚已任民淳事簡庶富時爲宜後不得已而用一條鞭法其次也在俗敝令煩凋疲時亦宜獨自再變之後以至末流之弊盡以南方之法行於北方始大不便茲欲復舉成法拯濟斯民誠宜有漸除一二勢難驟復者姑俟再議所有三事僉議歸一欵列於後伏乞裁定開呈到臣議照派徵錢糧論户則高下定倉口重輕係

國初成法後因小民避重投輕里書多弊議改一條鞭法今准咨文又稱一條鞭法不便於民多方咨詢甲乙互異又成法者曰此法行貧富適均先欠易稽乃

若避重投輕之弊在任人以釐之耳又曰不革一條鞭法下户日益逃徙田土日益拋荒又一條鞭法者曰此法行神奸不售料理簡截乃若存恤下户應於別項調停耳又曰盡復成法將來百姓破家者多夫守固常則民瘼不瘳喜紛更則政格益亂策事者利害當析於毫芒綏下者德惠務期於周遠須要從長查議要見成法仍有何項利害應否復行一條鞭法仍有何項利害應否停革如成法可復即當盡復倘成法不能遽復一條鞭法又不可盡革要見或將何項分別派徵或將何項仍還均徭並往從來凡事不



得悉准一條鞭例再照成法有利有害利則均平害則投避一條鞭法亦有利有害利在簡截害在偏累成法循是任人一條鞭法純是任法成法利害昭然可覩一條鞭法利則易見害則難知姑以山東言之部坐倉口有重有輕重倉口每派糧一石實納銀一兩三錢名為重糧輕倉口每派糧一石實納銀三錢名為輕糧成法上户派重倉口納重糧下户派輕倉口納輕糧一條鞭法不論上户下户每糧一石均徵銀若干合一兩六錢而筭是上户暗減五錢下户暗增五錢百千萬億可以遞推名為簡截實欠均平又

自此法既行愈變愈下有司不計末流凡事悉准此例所以下戶難支靡有底止且天下一家誰不知之顧大江南北風土各殊裁成天地之道輔相天地之宜勢難强同江南糧賦重而丁差輕江北丁差重而糧賦輕前臣丘濬議之詳矣故江南糧賦重宜調停使平不宜謂其丁差之輕也而更苦之盖江南每族百丁出差不過數丁餘皆業商業工遠遊他方辛苦營積輸辦正供苦更苦之則爲厲民江北丁差重宜調停使平不宜謂其糧賦之輕也而更加之盖江北不善水利地産鮮薄雖以金元之法不能加賦正謂



地利已盡何况中國王道若更加之則爲厲民錢糧均徭相爲表裏正在此際會行查議以憑具

題該臣會同巡按山東監察御史周　昭得北方錢糧論戶則以定倉口分收分解輕重適均完欠易稽又地畝只辦錢糧不代均徭成法本善後來錢糧改一條鞭法派徵已非北方所宜再變爲一串鈴總收分解末流之害遂將均徭銀兩派入地畝始盡用南方之法大較偏苦農家就中下戶尤爲更苦所以逃徙拋荒日甚一日既失養民之意因虧正賦之額有礙治平深爲可慮愚竊有言

朝廷屢下節省之令而海內未復賦役之法百姓不樂農業庶富何由而臻財用何由而舒但積習已久一旦盡革恐紛更太驟有乖事體除俟漸次酌處外所據三事誠爲太甚亟應革去復舉成法既經該司竭忠集思僉議歸一臣等復加裁定若不具

題申明畫一竊恐一守一令之相代必有紛更以致

祖宗良法變易小民惶惶不知所從有如該部之所軫

念者伏望

皇上勑下户部再加查議如果不謬速下臣等施行地方幸甚題行户部該本部列欵覆開一正夏稅秋糧之規夏稅秋糧原係兩項原分兩限夏稅五月開倉七月終完秋糧十月開倉十二月終完

制律昭然山東自行一條鞭法之後不分夏稅秋糧一槩混筭不用兩限一時併徵遂致飛詭埋沒究詰愈難且徵收無漸民力不堪不幸有夏災秋災難以分別蠲免賦法之壞此其爲甚亟應釐正合無自隆慶五年爲始仍遵

成法每遇派徵分别夏稅秋糧各項明白出給由帖各照律限次第完觧庶幾錢穀一清民力少舒或遇蠲免亦易分别矣該部覆議夏稅秋糧載在律例兩次

徵收原法甚善近來行一條鞭法既行併徵不惟民力不堪抑且那移滋弊既經各官題議相應依擬合候
命下移文撫按嚴行司府州縣掌印管糧等官自隆慶五年爲始每遇派徵錢糧仍照舊分别夏稅秋糧各項明白出給由帖執照依律限次第完解不許再行變亂一正分收分解之規山東錢糧派徵雖改爲一條鞭法其編僉大户坐定倉口分收分解猶是
成法再變爲一串鈴總收分解設立櫃頭一總收受點差上丁零星起解那移應急苟免督責少緩倉口任意拖欠積年遂其侵欺有司利其餘羨正賦焉得不



虧故自總收分解之法行解京馬草之類有曾壓欠者矣腹裏倉口有僅完及半者矣
王府軍衛禄糧有全然不完者矣悖絜矩之訓忽正大之圖賦法之壞此其濫觴合無仍遵
成法編僉大户坐定倉口給與赤曆號票各另收受完日各另起解庶幾完欠易稽追併有據侵欺之奸可以少杜議者曰此法于收受良有責成如起解頗累大户何殊不知昔年大户徑解遠近倉口所以多累今改差官類解其大户止解本府或本司耳役不出境何累之有該部覆議收解錢糧原有編僉大户坐

定倉口近來設立櫃頭總收零觧那移應急甚至拖欠侵欺致虧

國賦誠有如都御史梁　等所議者相應依擬合候

命下移文撫按嚴行司府州縣掌印管糧等官自隆慶五年爲始派徵錢糧務要編僉大戶坐定倉口給與赤曆號票各另收受完日起觧司府交納委官類觧以便責成完報一正均徭原編之規黄蠟紫炭牲口果品料價等項原係均徭正項自行一條鞭法之後事事派入地畝其于賦役良法委屬紊亂况山東地土瘠薄夏稅秋糧馬草站價尚辦不前再代均徭地



力益不能堪失重農固本之意貽逃徙抛荒之憂幾軸正在此際查得前項銀兩共該伍萬叁千有餘合無仍遵

成法編還均徭各州縣多寡之數悉照原額不得那移長奸庶幾農家不至偏苦荒田可望歸耕矣該部覆議原編料價銀兩係均徭正項出辦近來派入地畝委于賦役失均偏累農家此有司苟且之政貽抛荒流徙之端也都御史梁　等目擊時弊開立具奏相應依擬合候

命下移文撫按嚴行司府州縣掌印管糧等官自隆慶

五年為始將額派黄蠟茶炭牲口果品料價等項銀伍萬叁千餘兩編還均徭悉照各州縣多寡額數解納不許仍於地畝徵派以滋民患俱奉有

俞旨通行遵照派徵而夙弊盡革民用安生矣但亦有一二未盡者今載大都以備采擇一曰給戶由以便遵依議照赤曆頒大戶糧由給花戶先年未始不然也自總收類解之法行赤曆名則存矣糧由與俱亡焉派糧隨書手以增減收糧任大戶以侵欺以致蠢愚百姓將自已糧銀亦莫知該出若干至于赤曆之曾上與否又孰問哉奸頑者賄里書而飛洒老實者守本分而包賠官司慢無稽查百姓茫無遵守今稅糧定為額派是矣而戶由不定可但已哉自今以後將該縣地土逐一清查原額若干除全熟外其有拋荒州縣見今成熟若干拋荒若干其杜地若干其社不拘上上上戶以至下下戶各種地若干務須坐定其倉口糧若干該折銀若干備細開造倉口赤曆戶由底簿用印鈐蓋正官親執每大戶各填給赤曆一扇每花戶各填給戶由一張或夏稅或秋糧俱先期給散候本戶完納之日即將赤曆對面勾銷仍將戶由註一完訖本戶親執便于稽查然又有說焉蓋大戶

侵欺者固多而良善之家人户不識書算不通往往致破家者蓋亦多矣其編僉大户仍該比照里甲每十年輪流一次於本甲内户則高者僉派二名内能書者一名能算者一名仍量里分大小以僉各役名数官置大櫃分給徵收其櫃如匭之制列於該州縣大門之内秤收明白投于其中收完之日掌印官公同佐貳當堂拆封分令傾錠止解本府或本司庫編僉大户之本意不失而人亦不苦難矣其舒徐調停尤在正官一加意焉爾二曰議漕糧加耗脚價查得漕運議单内一欵該　總督薊遼尚書許　題要將



原派密雲昌平漕糧不必寄囤通倉照舊運官徑運該鎮上納本部會議自嘉靖四十年爲始行漕運衙門仍照舊於山東河南二省兑軍糧米派撥運官密雲柒萬石又班軍行糧叁萬肆千捌百壹拾石捌斗由通州水路運至牛欄山交卸車户轉輸該鎮昌平叁萬石又班軍行糧玖千貳百柒拾貳石五斗由大通橋陸路運至該鎮聽各運官上納出給通關原議每石隨船耗米貳斗伍升盤剥米叁升照舊隨運不必扣除查得山東每年各總額運兑軍儹運本色正糧編年除每石額徵隨船加耗貳斗伍升外及至各

州縣徵完運赴水次聽兑間又奉　漕運衙門撥单運赴牛欄山交卸者每石外加盤剥米叁升仍行各屬又復重徵一番似爲未便今照密雲昌平二鎮加添盤剥米叁升既係漕運議单坐定況查本司歷年奉到兑運之數相同相應行令原坐州縣趂時隨同正糧徵收永爲定規侯　漕運衙門撥单至日仍照原坐州縣撥給及照離河寫遠州縣正兑本色每石加耗貳斗伍升改兑本色每石加耗壹斗柒升每正糧壹石連耗計百里原定陸路脚價止叁分伍釐委不足用況本色米石在櫃經收水次囤放路途押運



每大戶壹名常用三四人加以賠費脚價苦累不堪每至傾家近來聞僉本色大户者畏懼賠累逃竄益多亦應酌處即今歷城縣運至德州二百八十里每米二十石爲一載見用脚價銀三兩六錢可據此通計正耗每米一石計百里定擬脚價銀六分庶大户免偏累之苦而逃移亦自可免矣三曰議

王府宗室禄糧查得嘉靖四十四年以前原坐三王府郡王将軍中尉郡縣主鄉君儀賓妃夫庶人等共用禄糧拾萬壹千捌百叁拾陸石近奉宗藩條例郡王及鎮輔奉國将軍俱叁分本色柒分折鈔鎮輔奉國

中尉俱肆分本色陸分折鈔郡縣主君儀賓俱貳分本色捌分折鈔三王府郡王將軍儀賓人等實用祿米魯府陸萬伍千柒百貳拾肆石壹斗肆升肆合德府叁千捌百貳拾石衡府玖千叁百捌拾石通共柒萬捌千玖百貳拾肆石零三府減米貳萬肆千玖百壹拾壹石零自奉例之後隆慶元年

德府添派郡縣主儀賓叁員共米肆百肆拾石

衡府添派鎮國將軍載垙祿米壹百石隆慶四年

德府寧海王已薨遺下祿米陸百石內存嫡妃孫氏幷未封幼子養贍米壹百石　魯府添派鄒平等府郡



王將軍中尉庶人儀賓共米壹千貳百玖石叁斗叁升貳合陸勺及查新封　魯府鎮國將軍頤埏該添壹百石輔國將軍壽鍺捌拾石奉國將軍頤堭觀燋各陸拾石鎮國中尉觀熯伍拾叁石叁斗叁升叁合叁勺輔國中尉頤坔頤塿頤堈各肆拾石容城縣君儀賓張惟孝陸拾石郃原鄉君半祿貳拾石共該添派祿米伍百伍拾叁石叁斗叁升叁合叁勺

衡府鎮國將軍翊釗該添壹百石俱經呈蒙　撫院詳允准令添派看得節年新封宗儀俱各添派祿米中間豈無事故停支未據各府申報開除但查本司今

年已發過兖州府放支　魯府宗儀人等伍百柒拾
貳位員自隆慶四年九月起至十二月終止四箇月
實該禄米折銀壹萬伍百壹拾捌兩貳錢就以四箇
月爲準壹年共該銀叁萬壹千伍百伍拾肆兩陸錢
今查隆慶四年實派　魯府郡王將軍人等禄米陸
萬陸千玖百叁拾叁石零俱每石折銀伍錢共徵銀
叁萬叁千肆百陸拾陸兩米錢零兖州府屬坐派肆
萬伍千玖石零徵銀貳萬貳千伍百肆兩陸錢零係
放支正月起至捌月終止捌箇月之數濟東二府所
屬共派禄米貳萬壹千玖百貳拾肆石零徵銀壹萬
玖百陸拾貳兩零係放支玖月起至拾貳月終止四



箇月之數況歲派比歲支尚多壹千玖百壹拾貳兩
零必係事故停支之數所據前項新封宗儀該添禄
米伍百伍拾叁石零似亦不必添派但濟東二府解
司轉發四箇月之數比兖州府屬坐派數少相應准
於濟南府所屬泰安州原坐扣解本司　魯府郡王
將軍禄糧米内撥肆百柒拾伍石捌斗伍升陸合與
濟東二府原坐魯府宗儀禄米貳萬壹千玖百貳拾
肆石壹斗肆升肆合共轃貳萬貳千肆百石俱每石
折銀伍錢共徵銀壹萬壹千貳百兩專候放支四箇

月之數其兖州府屬量添米拾石陸斗陸升柒合肆勺與本府原坐魯府宗儀禄米肆萬伍千玖石叁斗叁升貳合陸勺共輳肆萬伍千捌拾石内除原坐郡王將軍禄粟米肆萬叁千捌百石外其餘壹千貳百捌拾石查得上年原將新添禄米與原扣解司

魯府郡王將軍原撥保盈倉禄粳米内撥壹千貳百玖石零每石折銀壹兩内扣伍錢其餘伍錢照舊解司殊非法體相應改正合查將兖州府所屬原坐保盈倉禄米内滋陽滕縣各壹百石嶧縣郯城各壹百伍拾石費縣壹百肆拾石共陸百肆拾石每石折銀壹



兩每銀伍錢准禄米壹石共准禄米壹千貳百捌拾石輳足新添之數其餘粳米俱照舊解司聽用又查

衡府新封鎮國將軍翊釗禄米壹百石仍於青州府屬益都縣原坐撥剩解司衡府郡王禄粟米捌百石内撥壹百石解本府永阜倉另收均支其餘柒百石照舊解司聽用以後年分三王府凡有新封宗儀不許照常奏文到日即與呈請派撥禄米須明白行令齊兖青三府備查在倉在庫有無扣留事故宗儀停支之數有停支者先儘停支如或不敷具數申司呈請撥給果無停支方准全數撥給庶冒濫之弊可革有

司亦免侵逋矣四曰議聽補起運錢糧查得山東一省夏税秋糧馬草除存留外起運京邊自嘉靖二十一年起至三十年止十年戶部坐到倉口共折銀壹千叁百伍拾萬貳千壹百捌拾貳兩零又自嘉靖三十一年起至四十年止十年部坐倉口共折銀壹千肆百貳萬壹千伍百叁拾捌兩零又自嘉靖四十一年起至隆慶五年止十年坐到倉口共折銀壹千肆百壹拾柒萬柒千貳百壹拾伍兩零互相考較三十一年之後比前十年則加銀伍拾壹萬捌千餘兩四十年之後比四十年以前則又加銀壹拾伍萬伍千



餘兩自隆慶二年部議有定加派無大相懸今隆慶五年比之四年止加銀叁拾玖兩零國有定額法可遵行民有定志法可常守但恐隣省罹災偶爾加派適今不預爲備一時司庫無積不能措處再行加派不惟沮壞良法抑且仍復殃民相應措處以防驟增除起運遇有部減銀兩扣留解司另置庫簿查收聽補部增外查得本司徑撥存留米内甲丁二庫顔料剩米壹萬玖千貳百叁石陸斗零每石折銀四錢解司係隆慶元年以後奏例題減之數　德府奏辭禄粟米壹千石每石折銀柒錢　衡府奏辭禄粳米伍

百石每石折銀壹兩祿粟米壹千伍百石每石折銀柒錢　德府減派郡王將軍祿粟米叁千壹百伍拾石　魯府減派郡王將軍人等祿粟米叁千柒百伍石捌斗零　衡府減派郡王將軍祿粟米柒千貳百陸拾貳石陸斗零俱每石折銀伍錢　魯府減派郡王將軍人等祿粟米原擬保盈倉祿粳米壹千伍百柒拾伍石玖斗零每石折銀壹兩又保盈倉祿粟米柒千壹百壹拾石每石折銀柒錢俱解司係近年奉宗藩條例減派之數又原派運軍行糧折色米肆千壹百壹拾石每石折銀陸錢解司係除本色玖千石不



敷聽候買補之數又查臨清州原坐派渡口水驛米肆拾石係該驛支用過關米數但北自良店南至河橋壹拾叁驛俱無坐派過關米石自來各有驛傳水夫編給過關銀兩其渡口壹驛前派米肆拾石委屬冗濫徒滋侵費相應裁革每石折銀伍錢解司與前顏料祿米折色行糧通共折銀貳萬陸千貳拾玖兩陸錢零各州縣隨同起運銀兩一齊徵完解司置立庫簿另項收貯專候部增銀兩并災傷酌補及聽補行糧不足之用及查金鄉縣申稱奉例裁革治農管馬主簿貳員俸糧計筭該麥壹拾柒石貳斗玖升米

叁拾石柒斗壹升原係部單坐到實徵數目未蒙除
豁仍應派徵折價解司以備各王府禄糧之用已於
嘉靖四十五年分派税糧行令該縣折銀解司去後
今查減革官員不獨金鄉爲然各府裁革同知通判
州縣裁革同知判官縣丞主簿儒學教官巡檢驛丞
閘官倉庫税課局大使副使官吏人等合用俸糧比
昔減省十有二三不爲有司混支必係收頭大户侵
費頑民乘機逋欠通應查處俱自隆慶五年爲始各
州縣一面備將裁革過官吏應支俸糧馬上差人送
司轉報一面照數扣出每石折銀伍錢另項徵收隨



同起運糧銀起司轉文之日印封責令部解官員一
同解司聽補起運糧銀之數隆慶五年三月十七日
又蒙　巡撫都御史梁　案驗准　吏部咨該襲封
衍聖公孔尚賢奏　准裁革曲阜縣世襲知縣孔承
厚該縣事務行令兖州府清軍同知駐劄該縣管理
其知縣俸給柴薪馬夫門皂等項減革以收無益之
費除裁革柴薪馬夫門皂等項係均徭另議查革外
本官歲該俸糧亦應照數一體每石折銀伍錢扣解
本司聽補起運之用再照各州縣儒學每府全設教
官伍員每員歲支俸糧叁拾陸石廩膳生員肆拾名

每名歲支拾貳石學吏壹名歲支叁石陸斗壹年支用香燭米叁石陸斗通共歲支陸百陸拾柒石貳斗今查每府原派小麥貳百伍拾肆石粟米肆百捌拾石連每石加耗捌升共該柒百玖拾貳石零尚餘壹百貳拾伍石零州學全設教官肆員廩膳生員叁拾名連學吏香燭米共該歲支伍百壹拾壹石貳斗今查每州學原坐派小麥壹百捌拾肆石粟米叁百伍拾石連加耗共該伍百柒拾陸石零尚餘陸拾伍石零縣學全設教官叁員廩膳生員貳拾名連學吏香燭共該歲支叁百伍拾伍石貳斗今查每學原坐派



小麥壹百貳拾捌石秋糧貳百肆拾石連耗共該叁百玖拾柒石零尚餘肆拾貳石零中間又有拾玖年柒閏該支俸糧俱合于缺官空月及事故停支廩糧聽支況學糧舊規縱遇災傷亦不減免惟奉

恩例方有免徵則盈餘數年之積亦可以備偶爾恩減之數如府學教官全設者俸糧應合全坐止該陸百壹拾捌石再量預備拾陸石合減壹百石州學全設者止該肆百柒拾肆石再量預備拾石合減伍拾石每歲革訓導壹員再量減叁拾石縣學全設者止該叁百貳拾玖石再量預備玖石合減叁拾石每該減

訓導壹員廩生歲減叁拾石三氏學米原坐叁百柒拾
叁石連耗亦作盈餘亦應量減貳拾石其沿海衛分
裁革訓導俸糧俱於坐落州縣原配該衛糧內每員
扣除叁拾石大約共減學糧伍千餘石俱每石連耗
折銀伍錢隨同起運徵完解司聽補起運之數以上
存留之內應扣各項糧銀務要與同起運一齊徵解
如有拖延遲悞俱筭入起運糧銀之內計筭分數參
究不得仍前視爲存留不急之糧逋欠臨期罪莫能
逭如此庶侵冒可杜而錢糧亦得肅清矣五曰議免
運以蘇偏累查得稅糧馬草有起運有存留然起運



存留之中各又有本色折色且起運折色往年徵收
無大賠費惟解京邊路途防範險阻偶爾遇盜傾家
賠補不前所以坐僉上户徵解其漕運正改兑軍本
色米石外有加耗輕齎蓆草脚價雖比起運極苦因
無路途險阻則於上中下叁等大户内兼僉今起運
銀兩奉例俱改解本府上納既無虧折賠費仍僉上
户收鮮惟漕運本色在倉經收水次看守中途押運
每名常用叁肆人至于搬運脚價每石百里又止叁
分伍釐僅足雇脚壹半仍僉中下下上貳則大户且
貳則人户多無身家非往年中下下上之户其中反

有不及埋頭下下下中人户者且如歷城縣上叁則
之家皆在各鄉居住每家該納本色常至叁貳百石
反令貧下大户傾家賠費替伊代收似此顛倒不均
實爲民間大害各州縣皆然不獨歷城壹縣已也所
以今歲之大户未僉而中中中下下上無力之家先
已從去過半矣雖然立法固有常規人情貴乎適變
爲今之計漕運正改兑軍運軍行糧本色米石及供
用庫並蘇京庫綿花紙但係大户管解赴京應買本
色者與均徭公用銀兩俱僉上三則并中上及中中
人户選有地糧多者管令收受其次如存留本色麥



米方僉中中中下人户收受其京邊糧草折銀及均
徭柴夫軍器門皂庫禁工食等銀俱僉中中中下大
户收受其間倉口難易不得均泥或本州縣親知偏
累者仍具由備申本府定奪務使賠累者坐僉上上
至中中人户省便者坐僉中下下下上人户斟酌重輕
俾於貧富均平民無偏累不然糧由地出合無於聚
州縣人户之中亦可論也糧之多者坐僉本色大户
則大户之名目管收自已壹半而止代收小民壹半
次者坐僉折銀大户其均徭銀兩仍論上中户則僉
之亦爲調停之法如此庶大户無偏累之害而逃移

亦可招復矣六曰議代徵起運錢糧查得山東會議賦役册内　巡撫都御史姜　案開有某縣代某糧應否撥還者據兗州府申先年滕鄒嶧縣荒田災困欲求恤民之策議將曹州代鄒城起運叁百石東平州代鄒城起運貳百石曹單貳縣代滕縣起運伍百石陽穀代嶧縣起運伍百石其鄒滕嶧縣各兑存留少息災民之困除單縣起運淮歸滕縣將存留收回單縣其餘州縣所代俱應歸復但滕縣支河占地數多鄒嶧墾田未熟且今年存運已經派行合將前糧准令曹州東平曹縣陽穀照舊代納候滕縣除豁河地鄒嶧荒田成熟另行議復若沿習久代不歸則城



火殃魚民心難服也又兗州府申蒙　巡撫都御史姜　批據曹縣申本縣代徵滕縣起運重糧伍百石至今未還批行本府查得知縣薛俍申允至隆慶肆年將曹縣原代起運米伍百石歸復滕縣其滕縣原兑存留本府廣盈倉米伍百石改回曹縣訖今查尚有曹州仍代鄒城縣起運叁百石東平州仍代鄒城縣起運貳百石陽穀縣仍代嶧縣起運伍百石俱係當時因災荒暫代至今拾叁年尚未歸復而曹單貳縣既已退還其曹州東平陽穀所代鄒嶧起運亦應

一體歸復隆慶二年　總理河道漕運工部尚書朱
案驗將該年起運靖海德州等布查照分派濟寧
嶧滕叅州縣徵納魚臺滋陽鄒縣平陰鉅野伍縣亦
與量派輕糧或壹貳年後不為常例其額徵重糧酌
量灑派稍豐州縣兑換徵納隨將該年夏稅濟寧滕
縣各減叅百兩嶧縣減貳百兩及將滋陽鄒縣各減
壹百兩平陰減柒拾兩魚臺鉅野各減伍拾兩以上
捌州縣共減壹千壹百柒拾兩加派稍豐金鄉等拾
玖州縣以抵前減之數及將秋糧濟寧滕縣各減陸
百兩嶧縣減肆百兩滋陽鄒縣各減貳百兩平陰縣
減壹百肆拾兩魚臺鉅野各減壹百兩以上捌州縣



共減銀貳千叅百肆拾兩亦加派本府稍豐金鄉等
拾玖州縣俱待壹貳年歸復至隆慶三年　巡撫都
御史姜　牌行各官即將陸府州縣酌量查定上等
者當與重糧中等者照常下等并災傷地方當派輕
省倉口隨該委官開呈本司將陸府州縣定註上中
下等議將兖州府屬夏稅上等定陶壽張中等曲阜
平陰下等鄒城俱不加減外其上等單縣加貳拾玖
兩貳錢濟寧加玖拾玖兩鉅野加柒拾伍兩肆錢鄆
城加柒拾兩伍錢陽穀加捌拾柒兩玖錢中等滋

陽加壹百玖兩玖錢金鄉加陸拾陸兩鄒縣加捌拾壹兩貳錢嘉祥加伍拾捌兩伍錢滕縣加貳百肆拾肆兩玖錢下等泗水加伍拾陸兩玖錢嶧縣加伍拾玖兩柒錢以上共加銀壹千陸拾陸兩又將上等曹州減壹百壹拾貳兩叄錢曹縣減壹百貳拾貳兩捌錢汶上減玖拾玖兩中等城武減肆拾兩寧陽減捌拾壹兩貳錢東平減柒拾伍兩肆錢東阿減壹百柒拾叄兩玖錢下等魚臺減伍拾捌兩伍錢沂州減貳百叄拾叄兩費縣減柒拾兩以上共減壹千陸拾陸兩以抵前加之數本年秋糧議稱兖州府屬上年因



修河偏累暫代銀兩已呈明示照依等第分派查得上等定陶鄆城壽張中等金鄉鄒縣曲阜東阿下等魚臺嶧縣錐有代徵減派若一例加減但各地方豊歉不一俱堪照舊免行加減外其原撥糧價相應各量歸復上等濟寧伍百兩鉅野壹百兩中等滋陽貳百兩平陰柒拾兩滕縣肆百伍拾壹兩柒錢其原代徵州縣俱應斟酌減回上等單縣玖拾貳兩曹州曹縣各貳拾兩汶上貳百壹拾伍兩肆錢陽穀伍拾兩寧陽捌拾兩嘉祥肆拾肆兩肆錢東平壹百肆拾叄兩下等泗水陸拾柒兩叄錢沂州費縣各貳百兩郯

城壹百兩以上共減四壹千貳百柒拾貳兩抵充前項歸復之數至隆慶四年前議修河減代銀兩再無歸復查得前項減銀州縣除全復外濟寧少復叁百壹兩滕縣少復貳百叁兩嶧縣少復伍百肆拾兩鄒縣少復貳百壹拾捌兩平陰少復壹百肆拾兩魚臺反減伍拾捌兩伍錢看得濟寧等捌州縣前減銀兩雖未盡復委官會計隆慶叁年稅糧照各州縣原坐重輕通融處派重者減削輕者加增調停適均况隆慶肆年夏稅部增銀壹百肆拾伍兩俱已通融均加秋糧部減銀貳百陸拾玖兩於極疲沂州霑化減派



濟寧等州縣項下原詳歸復俱經開除無容再議隆慶肆年伍月霑化縣申稱人逃地荒乞將起運量爲減去批萬同知議將隆慶肆年秋糧部減銀貳百陸拾玖兩零分撥沂州減銀壹百陸拾玖兩零霑化縣減銀壹百兩具呈本司批仰委官查照該縣申文與公減壹百兩數外再一輕減以蘇疲累隨將濟南府屬壹等歷城章丘齊河長清淄川禹城肥城陵縣陽信德州平原泰安萊蕪拾叁州縣各暫代伍兩貳等青城臨邑長山濟陽武定商河樂陵德平捌州縣各暫代肆兩貳等次濱州暫代叁兩共銀壹百兩與前

部減壹百兩通減貳百兩待候豐年照舊歸復呈允
暫代本年柒月內　撫院批據濟南府申節蒙
撫按兩院布政司守巡道俱批據霑化縣申要將德
州改兑本色米壹千伍百石徵解折色俱批本府議
得霑化縣疲累太甚本司復議將霑化縣隆慶肆年
德州倉改兑米撥與附近水次商河貳百伍拾柒石
玖斗德州壹百捌拾貳石壹斗陵縣貳百伍拾石平
原貳百柒拾石長山貳百石淄川臨邑各壹百柒拾
石徵運本色却將武定商河等州縣兑軍六折米內
撥出壹千伍百石與霑化每石折銀陸錢具呈



撫按兩院詳允遵行訖及查霑化縣近來凋敝不堪
隆慶肆年夏稅議令歷城等貳拾貳州縣暫代起運
麥銀壹百兩待候豐年歸復理固宜然但司總巳定
非遇部單大有增減之日擅難輕易况每州縣各止
加銀肆伍兩數亦不多而霑化疲民又非壹貳年可
蘇者似宜姑准照舊候豐年乃議庶得少寬霑民之
困其改兑本色原議並無暫代合行各州縣照常徵
解至隆慶五年捌月蒙　巡撫都御史梁　批據肥
城縣民張進道告據該縣申查得嘉靖貳拾年以前
原有登州鈔壹千叁百餘石每石銀壹錢伍分山海

河間永平德州等鬧布壹千捌百餘石夏麥壹石銀貳錢伍分秋米壹石銀叁錢嘉靖玖等年被青萊登叁府所屬申災告改輕糧却將該府重糧每石銀壹兩貳錢兑改本縣多代銀叁千餘兩見存花户由帖票証青州府益都縣派肥城縣阜積倉粟米貳千石折銀捌百兩伍柒年通不完解乞要將本縣保安萬全等倉米貳千石撥與益都其阜積倉粟米貳千石撥與肥城行該府議看得歷年議派稅糧俱照起運糧石額銀多寡扣坐倉口今查益都縣原坐阜積倉米每石止銀肆錢其保安萬全倉起運京邊每石壹兩之上價值懸遠難以兑撥且益啓各屬聞風告擾難以准從隆慶伍年陸月本司據蓬萊縣申致仕省祭生員耆民楊奎等揭稱登州府學乃作養捌州縣之人才歲該學糧柒百叁拾肆石要於捌州縣均派本縣連遭水旱民多逃竄其地抛荒太半俯念疲邑坐派輕糧或攤當庶縣分代納又據該縣民韓大江告稱府學歲該糧獨派蓬萊附郭疲縣出辦伏望均派州縣朋攤易舉蒙　巡撫梁　批布政司俱行景推官議報查得隆慶叁年登州府申據蓬萊縣民白世臣等告該本府議隨查府學廪糧每石折銀壹兩

重糧也各州縣存倉每石肆錢輕糧也歷年府學重糧盡派蓬萊壹縣此民所以不堪而紛紛告擾合攤派與柒州縣則勢分而不覺其重以輕糧改派與蓬萊則折少而始覺漸輕糧數不必增减止令互相更換在寧黄等柒州縣有協濟之實在蓬萊疲縣免獨累之苦該府将易換過倉口石數申司間　巡撫姜

巡按羅　批據登州府呈據寧海福山招遠棲霞文登萊陽黄縣柒州縣靖海威海成山大嵩等衛儒學廪膳生員呈稱乞要比照登州府并蓬萊縣兩學師生俸廪每石折銀壹兩蒙批本司議得通省學糧舊規原係徵收本色並無折銀之例祇緣近年　按院巡歷登州府縣兩學師生呈准學糧每石折銀壹兩出自　本院一時特恵原非定例遂致寧海等州縣各衛學比例告擾不已而蓬萊所謂府學糧價壹兩比之他縣增重屢屢申累該府遂有分派寧海等柒州縣以重兑輕之議其濟南等伍府學糧皆派徵本色支放獨該府學糧折價壹兩似爲太重誠恐此端一開别府聞風比例告擾益難區處合候呈允備行登州府将蓬萊并寧海等柒州縣府州縣學夏秋麥米俱要照舊止徵本色支給不許改折有願折者

照本司呈允事規折銀米錢不願者不許強勒其登州府學廩糧仍於蓬萊照舊徵納不必改派兑换别縣如此庶事體歸一民不稱累且杜申擾之端具呈兩院詳允通行訖竊照學糧乃師生養廩之資六府皆附郭縣分輸納本色按月支給此貳百餘年之成規未之有改也惟登州壹府僻處海濱不知該學起自何年作俑将本色小麥粟米盡改爲折色以致貪饕者勒索高價每石直至壹兩尚靡底止今則因循既久援以爲例八府屬及境内衛學皆槩爲壹兩之數蓬萊附郭疲邑兩學俸廩已逾千金殘民其可以



堪無怪乎紛紛控訴之不已也若非本司查例議止抑勒之害幾徧于東省矣其蓬萊所稱民逃地荒乞要代派一節情雖可憫而本司歷年派糧就中已自有輕重之殊亦未見有偏累安得令他縣爲之代派乎不如仍舊貫之爲善也已上數事各於地方派徵俱有關係謹存之以備擇焉

山東經會録卷之四終

# 山東經會錄

辰

均徭
横圖

均傜

山東經會録卷之五

均傜横圖

銀差

力差

# 濟南府所屬 歷城縣

銀差

實編銀玖千壹百伍拾貳兩壹分伍釐叁毫銀差銀柒千伍拾玖兩陸錢壹分伍釐叁毫料價戶部本色黃蠟銀叁拾兩木柴銀叁拾肆兩貳錢胖襖壹百玖拾捌副共銀貳百玖拾柒兩鞋折襖褲各貳拾貳件每副脚價壹錢伍分解府類解軍器銀濟南衛料價壹百柒拾捌兩玖錢壹分伍釐柴夫貳百伍拾伍名共銀柒百玖拾兩伍錢軍餉銀陸拾兩解司給兵聽征有馬民兵拾捌名每名叁拾陸兩共銀陸百肆拾捌兩

力差

聽征步隊民兵肆拾叁名每名貳拾兩共銀捌百陸拾兩館夫譚城馬驛陸名每名玖兩共銀伍拾肆兩抄案書手工食銀貳百貳拾兩禁子布政司拾貳名按察司伍名每名拾貳兩共銀貳百肆兩有馬快手德州道團操貳拾壹名每名連器械貳拾柒兩共銀伍百陸拾柒兩庫子布政司叁拾名按察司捌名本府貳名每名拾貳兩共銀肆百捌拾兩歲貢銀叁拾陸兩歷科舉人車價銀拾陸兩解府

門子巡撫布按運府伍拾捌名每名玖兩德府肆名每名陸兩門子工食柒拾貳兩每名日貳分共銀陸百壹拾捌兩皂隸巡撫布按本府叁拾玖名每名拾兩捌錢運司肆名每名拾貳兩德府貳名每名柒兩貳錢馬院壹名玖兩陸錢共銀肆百玖拾叁兩貳錢本縣庫子叁名每名銀貳拾肆兩共柒拾貳兩在官雇募正差去進士舉人牌坊武舉盤纏長夫銀陸拾玖兩解司民廚貳名半每名捌兩共銀貳拾兩

齋郎德府捌名每名伍兩共銀肆拾兩祭祀銀壹百叁拾陸兩叁錢許忠節祠肆兩祭田租銀內辦祭鄉飲拾貳兩公用銀兩院拾叁兩犧布政司柒拾壹兩伍錢按察司壹百肆拾壹兩鹽院外道各府官進省油燭柴炭銀貳百玖拾兩廚子工食陸拾肆兩共銀伍百柒拾捌兩伍錢民校陸名共銀陸拾兩柴薪皂隸本縣拾壹名共銀壹百叁拾貳兩馬夫運司壹名本縣伍名共銀貳百肆拾兩齋夫銀柒拾貳兩膳夫銀肆拾兩

力差銀貳千玖拾叁兩肆錢德州道步隊團操民壯壹百伍名銀柒百伍拾陸兩每名連器械打討拾貳兩守城民壯壹百伍拾名銀陸百兩每名打討捌兩門子縣官學書院拾玖名每名叁兩啓聖祠壹名貳兩共銀伍拾玖兩俱打討陸兩庫子學叁名銀玖兩每名打討陸兩皂隸縣官叁拾捌名銀壹百叁拾叁兩每名打討捌兩禁子拾貳名銀陸拾兩每名打討拾貳兩巡攔本府稅課司陸名銀叁兩

斗級府學貳名每名叁兩預備倉叁名每名陸兩共銀貳拾肆兩打討學陸兩預備拾貳兩弓兵壩頭鎮巡檢司貳拾名銀陸拾兩每名打討玖兩司兵總鋪貳拾伍名西伍里鋪柒名管山等拾鋪各伍名東北肆鋪各肆名銀叁百柒拾伍兩每名打討司陸兩兵捌兩脚夫洛口批驗所肆名銀拾肆兩肆錢每名打討陸兩

# 章丘縣

實編銀玖千貳百叁拾捌兩肆錢貳分

## 銀差

銀差銀捌千肆拾貳兩柒錢貳分

料價銀戶部折色黃蠟陸百肆拾伍兩工部磚料貳百陸拾兩營繕司壹百兩

木柴銀壹百貳拾柒兩柒錢

藥材銀禮部壹拾玖兩貳分德府肆兩

京班皁隷柴薪拾捌名共銀貳百壹拾陸兩

直堂貳名銀貳拾兩

胖襖壹百壹拾肆副共銀壹百柒拾壹兩內鞋折襖拾叁件褲拾貳條每副脚價壹錢伍分觧府類觧

脚夫銀運司貳拾兩

活鹿本色貳隻共銀叁拾貳兩

柴夫柒百肆拾捌名共銀貳千叁百壹拾捌兩捌錢

聽征有馬民兵拾陸名每名叁拾陸兩共銀伍百柒拾陸兩

聽征步隊民兵叁拾捌名每名貳拾兩共銀柒百陸拾兩

軍餉銀貳百壹拾陸兩解司給兵

有馬快手武定道團操玖名每名連器械貳拾柒兩共銀貳百肆拾叁兩

庫子譙城驛玖名安德馬驛捌名梁家庄驛貳名共銀捌百柒拾肆兩

門子巡按壹名銀玖兩

鄉飲拾貳兩

皁隷巡按布政司本府貳拾叁名每名拾兩捌錢運司叁名每名拾貳兩共銀貳百捌拾肆兩肆錢

禁子按察司柒名共銀捌拾肆兩

本縣庫子貳名每名貳拾肆兩共銀肆拾捌兩在官催募正戶革去

祭祀銀捌拾壹兩壹錢

歲貢銀叁拾陸兩

公用銀兩院叅兩[illegible]錢觧司發歷城縣支銷布政司叁拾伍兩柒錢按察司陸拾伍兩

歷科舉人車價銀拾陸兩解府

進士舉人牌坊武舉盤纏長夫銀肆拾兩解司

齋郎德府叁名共銀拾伍兩

民校玖名共銀玖拾兩

柴新皁隷本府肆名德府伍名本縣玖名共銀貳百壹拾陸兩

馬夫兵備按察司各壹名本縣肆名共銀貳百肆拾兩

齋夫府學貳名縣學陸名共銀玖拾陸兩

擺夫府學貳名縣學肆名共銀陸拾兩

## 力差

力差銀壹千壹百玖拾伍兩柒錢

武定道步隊團操民壯陸拾陸名共銀肆百柒拾伍兩貳錢每名連器械打討拾貳兩

守城民壯玖拾名共銀叁百陸拾兩每名打討捌兩

門子縣官弁學柒名每名叁兩啓聖祠壹名貳兩分司府舘肆名每名壹兩伍錢共銀叁拾伍兩打討俱陸兩啓聖肆兩

皁隷縣官貳拾柒名共銀玖拾肆兩伍錢每名打討捌兩

庫子儒學壹名銀貳兩打討陸兩

巡攔本縣稅課司貳名共銀肆兩

禁子肆名共銀貳拾兩每名打討拾貳兩

斗級預備常平貳倉捌名共銀肆拾捌兩每名打討拾貳兩

防夫濟南府西關遞運所拾壹名共銀肆拾肆兩每名打討拾兩捌錢

司兵總鋪陸名夏庄等肆鋪各伍名柳塘口等貳鋪各貳名共銀壹百壹拾叁兩每名打討司陸兩兵捌兩

# 泰安州

實編銀捌千柒百陸拾肆兩陸錢陸分伍釐叁毫 銀差銀陸千捌百陸兩柒錢陸分伍釐叁毫 料價戶部本色黃蠟銀叁拾兩工部虞衡司料銀伍百兩 木柴銀壹百陸拾玖兩柒錢 藥材銀禮部叁拾叁兩玖錢伍分 德府肆兩 京班皇隷柒新伍名共銀陸拾兩 直堂貳名共銀貳拾兩 胖襖玖拾陸副共銀壹百肆拾肆兩內鞋折襖拾壹件褲拾條每副脚價壹錢伍分解府類解 活鹿本色貳隻共銀叁拾貳兩

## 銀差

狐狸皮拾張共銀伍兩 軍器銀德州左衛料價壹百柒拾捌兩玖錢壹分伍釐叁毫 柴夫捌百捌拾貳名共銀貳千柒百叁拾肆兩貳錢 聽征有馬民兵拾貳名每名叁拾陸兩共銀肆百叁拾貳兩 聽征步隊民兵貳拾貳名每名貳拾兩共銀肆百肆拾兩 雲騎銀壹百捌拾肆兩解司給兵 有馬快手沂州道閱操柒名每名連器械貳拾柒兩共銀壹百捌拾玖兩 庫子察庄驛貳名共銀玖拾貳兩 門子巡按壹名銀玖兩

皇隷布政司本府柒名每名拾兩捌錢共銀柒拾伍兩陸錢 庫子本府壹名銀拾貳兩 禁子本府肆名共銀肆拾捌兩 本州庫子貳名每名貳拾肆兩共銀肆拾捌兩在官雇募正戶革去 脚夫銀運司貳拾兩 泉夫壹百貳拾玖名內原代新泰陸名候年豐政正每名叁兩共銀叁百捌拾柒兩玖 力差 祭祀銀玖拾叁兩柒錢 歲貢銀叁拾陸兩 公用銀兩院[illegible][illegible]錢解司發歷城縣支銷布政司叁拾伍兩柒錢

鄉飲拾貳兩 歷科舉人車價銀拾陸兩解府 進士舉八牌坊武舉盤纏長夫銀叁拾兩解司 民校臨朐王貳名每名拾兩共銀貳拾兩 看增民校泰安王叁名每名捌兩共銀貳拾肆兩 齋即德府叁名共銀拾伍兩 柴薪皂隷本府叁名德府陸名本州拾貳名共銀貳百伍拾貳兩 馬夫布政司壹名本州肆名共銀貳百兩 齋夫府學叁名州學捌名共銀壹百叁拾貳兩 膳夫府學貳名州學陸名共銀捌拾兩

## 力差

力差銀壹千玖百伍拾柒兩玖錢 沂州道步隊團操民壯陸拾柒名共銀肆百捌拾貳兩肆錢每名連器械打討拾貳兩 守城民壯壹百名共銀肆百兩每名打討捌兩 泉夫貳百名每名叁兩共銀陸百兩 [illegible]州并學拾名每名叁兩啓聖祠壹名每廟貳名每名貳兩院司舘陸名每名壹兩伍錢共銀肆拾叁兩每名打討俱陸兩啓聖肆兩院司不加 皇隷貳拾玖名共銀壹百壹兩伍錢每名打討捌兩

庫子儒學壹名貳兩打討陸兩 禁子陸名共銀叁拾兩每名打討拾貳兩 斗級運司倉貳名府倉豐倉壹名州預備[illegible]陸名共銀伍拾肆兩每名打討鹽倉玖兩餘拾貳兩 弓兵泰安巡撿司貳拾肆名共銀柒拾貳兩每名打討柒兩名銀 巡撿貳名共銀壹兩 司兵肆拾陸名共銀壹百柒拾貳兩每名打討司肆兩 兵陸兩

# 武定州

銀差

實編銀捌千柒百玖拾陸兩叁錢伍分

銀差銀柒千肆百壹拾叁兩肆錢伍分

料價戶部折色黃蠟銀貳拾兩工部虞衡司料銀捌百伍拾兩磚料銀壹百肆拾兩

藥材銀禮部肆兩德府捌兩

京班皂隸柴薪叁拾伍名共銀肆百貳拾兩直堂叁名共銀叁拾兩

府快壹百陸拾捌副共銀貳百伍拾貳兩內料折襖拾玖件褲拾柒條每副腳價銀壹錢伍分解府類解

庫子良店驛陸名共銀貳百柒拾陸兩

柴夫伍百陸拾捌名共銀壹千柒百陸拾兩捌錢

聽征有馬民兵拾陸名每名叁拾陸兩共銀伍百柒拾陸兩

聽征步隊民兵肆拾名每名貳拾兩共銀捌百兩

民校臨清王貳名利津王壹名共銀叁拾兩

有馬快手武定道團操叁拾壹名每名連器械貳拾柒兩共銀捌百叁拾柒兩

門子武定道叁名共銀貳拾柒兩

皂隸武定道拾貳名本府伍名共銀壹百捌拾叁兩陸錢

庫子運司壹名銀拾貳兩

木柴銀壹百肆拾壹兩貳錢

本州庫子貳名每名貳拾肆兩共銀肆拾捌兩在官雇募正戶革去

鄉夫銀運司壹拾陸兩

接遞大德州廠貳拾伍名共銀壹百伍拾兩

斗級德州倉伍名共銀陸拾兩

祭祀銀捌拾壹兩壹錢

鄉飲拾貳兩

歲貢銀叁拾陸兩

公用銀兩守共壹拾肆兩貳錢解司發歷城縣文銷

歷料紙人車價銀拾伍兩解府

進士樂人腳坊武舉盤纏長夫銀叁拾兩解司

齋郎德府伍名共銀貳拾伍兩

柴新皂隸兵備壹名本府壹名德府壹名本州拾貳名共銀壹百玖拾貳兩

馬夫按察司壹名本州肆名共銀貳百兩

禁子本府叁名共銀叁拾陸兩

齋夫學陸名共銀柒拾貳兩

膳夫陸名共銀陸拾兩

力差

力差銀壹千叁百捌拾貳兩玖錢

武定道步隊團操民壯柒拾柒名共銀伍百伍拾肆兩肆錢每名連器械打討拾貳兩

守城民壯壹百名共銀肆百兩每名打討捌兩

門子州并學玖名每名叁兩啓聖祠壹名貳兩院司府館肆名每名壹兩共銀叁拾叁兩每名打討俱陸兩啓聖肆兩院司不加

皂隸貳拾玖名共銀壹百壹兩伍錢每名打討捌兩

庫子儒學壹名貳兩打討陸兩

禁子本州陸名共銀叁拾兩每名打討[illegible]兩

斗級本府廣儲倉貳名德府衛[illegible]倉貳名預備倉叁名共銀肆拾貳兩每名打討[illegible]玖兩餘拾貳兩

方在清河鎮巡檢司貳拾名共銀陸拾兩每名打討柒兩

巡攔本州貳名共銀肆兩

司兵總鋪陸名趙皮寨等捌鋪冬叁名白常堂等陸鋪各貳名劉家鋪壹名共銀壹百伍拾陸兩每名打討司肆兩兵陸兩

# 德州

實編銀柒千陸拾陸兩肆錢
銀差銀叁千壹百陸拾叁兩肆錢
料價戶部折色黃蠟銀貳拾兩工部磚料銀肆拾兩營繕司料銀伍拾兩
胖襖貳拾副每副壹兩伍錢共銀叁拾陸兩內鞋折襖叁件褲貳條每副脚價壹錢伍分解府類解
狐狸皮伍拾伍張共銀貳拾柒兩伍錢
聽征有馬民兵貳拾壹名每名叁拾陸兩共銀柒百伍拾陸兩
聽征步隊民兵叁拾叁名每名貳拾兩共銀陸百陸拾兩

銀

有馬快手德州道拾肆名每名連器械貳拾柒兩共銀叁百柒拾捌兩
民兵營吹鼓手鐵匠鎧甲匠工食扦安家銀拾叁兩陸錢
接遞德州做夫拾叁名每名陸兩共銀柒拾捌兩
淺鋪夫捌拾肆名共銀叁百叁拾陸兩改力差
門子分巡濟南道叁名共銀貳拾柒兩
本州庫子貳名每名貳拾肆兩共銀肆拾捌兩任官雇募正戶革去

差

庫子本府壹名銀拾貳兩
祭祀銀捌拾捌兩叁錢
鄉飲銀拾貳兩
歲貢銀叁拾陸兩
公用銀兩院拾兩解司發還城縣支銷
歷科舉人車價銀拾貳兩解府
柴新皁隸拾肆名共銀壹百陸拾捌兩
馬夫伍名共銀貳百兩
齋夫捌名共銀玖拾陸兩

膳夫陸名共銀陸拾兩

力

力差銀叁千玖百叁兩
德州道步隊圖操民壯柒拾名共銀伍百肆兩每名連器械打討拾貳兩
橋夫拾貳名共銀叁拾陸兩每名打討玖兩
淺鋪夫伍拾陸名共銀壹百肆拾兩每名打討柒兩伍錢
接遞夫本州廠肆百柒拾名共銀貳千捌百貳拾兩每名打討拾貳兩
門子拾壹名每名叁兩啓聖董子祠共壹名院司伍名每名貳兩共銀肆拾叁兩每名打討俱陸兩啓聖肆兩院司不加
巡欄本州稅課局貳名共銀壹兩

差

皁隸叁拾伍名共銀壹百貳拾貳兩伍錢每名打討捌兩
庫子儒學壹名貳兩打討陸兩看民兵軍器貳名每名貳兩
禁子陸名共銀貳拾肆兩每名打討拾貳兩
斗級預備倉肆名每名陸兩常豐倉拾五名每名貳兩共銀伍拾肆兩每名打討預備拾貳兩常豊陸兩
司兵肆拾伍名共銀壹百伍拾貳兩伍錢每名打討司陸兩兵捌兩

# 濱州

## 銀差

實編銀柒千肆拾貳兩柒錢 銀差銀伍千捌百貳拾伍兩壹錢 料價工部顙料銀壹百肆拾兩都水司料銀柒百伍拾兩 木柴銀陸拾兩貳錢 京班皂隸柴薪貳拾叁名共銀貳百柒拾陸兩 直堂玖名共銀玖拾兩 胖襖玖拾捌副共銀壹百肆拾柒兩內鞋折襖拾壹件褲拾條每副脚價壹錢伍分解府類解 柴夫叁百陸拾捌名共銀壹千壹百肆拾兩捌錢 聽征步隊民兵貳拾陸名每名貳拾兩共銀伍百貳拾兩

聽征有馬民兵拾貳名每名叁拾陸兩共銀肆百叁拾貳兩 軍餉銀壹百陸拾肆兩解司給兵 有馬快手武定道團操拾玖名每名連器械貳拾柒兩共銀伍百壹拾叁兩 庫子安德水驛肆名共銀壹百捌拾肆兩 館夫安德水驛叁名共銀貳拾柒兩 皂隸德州戶部分司布按分巡道叁拾名共銀叁百貳拾肆兩 庫子軍司壹名銀拾貳兩 禁子按察司貳名本府壹名共銀叁拾陸兩 斗級德州倉肆名共銀肆拾捌兩

本州庫子貳名每名貳拾肆兩共銀肆拾捌兩在官程募正戶華去 齋夫捌名共銀玖拾陸兩 祭祀銀捌拾壹兩壹錢 鄉飲銀拾貳兩 歲貢銀叁拾陸兩 公用銀兩院拾兩解司發歷城縣支銷 歷科舉人車價銀拾貳兩解府 進士舉人牌坊武舉盤纏長夫銀叁拾玖兩解司 民校臨清王叁名寧海王壹名共銀肆拾兩 民廚寧海堂邑貳王各貳名共銀叁拾貳兩 馬夫本府叁名本州肆名共銀貳百捌拾兩

柴新皂隸兵備壹名按察司叁名本府貳名本州拾貳名共銀貳百壹拾陸兩 膳夫陸名共銀陸拾兩

## 力差

力差銀壹千貳百壹拾柒兩陸錢 武定道步隊團操民壯柒拾捌名共銀伍百陸拾壹兩陸錢每名連器械打討拾貳兩 守城民壯壹百名共銀肆百兩每名打討捌兩 門子本州并學拾名每名叁兩共銀叁拾兩每名打討陸兩 皂隸本州貳拾貳名共銀柒拾柒兩每名打討柒兩貳錢 庫子儒學壹名貳兩打討陸兩 禁子陸名共銀叁拾兩每名打討拾貳兩 斗級預備倉貳名共銀拾貳兩每名打討拾貳兩

巡攔貳名共銀捌兩 司兵總鋪叁名西叁鋪南貳鋪各叁名東貳鋪北貳鋪各貳名南叁拾里鋪壹名每名司叁兩兵肆兩共銀玖拾柒兩

# 肥城縣

銀差

實編銀陸千伍百陸拾柒兩捌錢叁分

銀差銀伍千叁百伍拾兩陸錢叁分

料價戶部本色黃蠟銀貳拾伍兩工部顏料銀壹百兩營繕司料銀伍百兩

不柒銀壹百陸兩叁錢

藥材銀禮部肆兩德府捌兩柒錢

京班皁隸柒新肆拾名共銀肆百捌拾兩直堂叁名共銀叁拾兩

胖襖肆拾伍副共銀陸拾柒兩伍錢內鞋折襖伍件褲伍條每副脚價壹錢伍分解府類解

狐狸皮壹張銀伍錢

庫子五寧馬驛叁名半共銀壹百陸拾壹兩

軍器銀肥城所料價肆拾肆兩柒錢叁分脚價叁拾伍兩

柴夫貳百玖拾陸名共銀玖百壹拾柒兩陸錢

聽征有馬民兵拾貳名每名叁拾陸兩共銀肆百叁拾貳兩

聽征步隊民兵貳拾叁名每名貳拾兩共銀肆百陸拾兩

軍餉銀壹百陸拾捌兩解司給兵

有馬快手德州道團操柒名每名連器械貳拾柒兩共銀壹百捌拾玖兩

本縣庫子貳名每名貳拾肆兩共銀肆拾捌兩在官僱募正戶華去

館夫五寧馬驛貳名共銀拾捌兩

皁隸布按分巡道本府叁拾玖名共銀肆百貳拾壹兩貳錢

庫子本府貳名共銀貳拾肆兩

禁子本府貳名共銀貳拾肆兩

脚夫銀運司貳拾壹兩

泉夫貳拾玖名共銀捌拾柒兩[illegible]

力差

斗級德州倉叁名共銀叁拾陸兩

祭祀銀捌拾壹兩壹錢

鄉飲銀拾貳兩

歲貢銀府學玖兩縣學叁拾陸兩

公用銀兩院捻[illegible]肆錢解司發歷城縣支銷按察司叁拾捌兩

歷科舉人車價銀拾陸兩解府

民校拾名共銀壹百兩

柴薪皁隸本府壹名德府叁名本縣玖名共銀壹百伍拾陸兩

馬夫布政司肆名本縣肆名共銀叁百貳拾兩

齋夫陸名共銀柒拾貳兩

膳夫府學貳名縣學肆名共銀陸拾兩

進士舉人牌坊武舉盤纏長夫銀叁拾兩解司

力差

力差銀壹千貳百壹拾柒兩貳錢

德府道步隊團操民壯肆拾陸名共銀叁百叁拾壹兩貳錢每名連器械打討拾貳兩

守城民壯柒拾名共銀貳百捌拾兩每名打討捌兩

泉夫伍拾名共銀壹百伍拾兩

門子縣并學捌名每名叁兩啓聖祠壹名貳兩分司叁名每名壹兩伍錢共銀叁拾叁兩伍錢每名打討俱陸兩啓聖肆兩分司不加

皁隸貳拾柒名共銀玖拾肆兩伍錢每名打討捌兩

巡欄本縣貳名共銀捌兩

差

庫子縣學壹名銀貳兩打討陸兩在京糧儲道壹名照舊編

禁子肆名共銀貳拾兩每名打討拾貳兩

斗級阜積倉壹名貳兩預備倉叁名每名陸兩共銀貳拾兩打討阜積陸兩預備拾貳兩

防夫西關遞運所柒名共銀貳拾捌兩每名打討拾兩捌錢

弓兵大石巡檢司拾伍名共銀肆拾伍兩每名打討玖兩

司兵伍拾伍名共銀貳百伍兩每名打討司陸兩兵捌兩

# 長清縣

銀差

實編銀陸千肆百貳拾壹兩玖錢柒分

銀差銀伍千陸兩壹錢叁分

料價戶部本色黃蠟銀玖拾兩工部營繕司料銀柒百兩虞衡司料銀壹百貳拾兩森蘇銀玖兩

木柴銀肆拾貳兩捌錢

藥材銀禮部肆兩玖錢

柴夫貳百捌拾伍名共銀捌百捌拾叁兩伍錢

聽征有馬民兵拾叁名每名叁拾陸兩共銀肆百陸拾捌兩

聽征步隊民兵貳拾伍名每名貳拾兩共銀伍百兩

軍餉銀貳拾肆兩解司

給兵

有馬快手悉

皁隸巡按布按分巡道本府貳拾陸名共銀貳百捌拾兩捌錢

禁子本府貳名共銀貳拾肆兩

本縣庫子貳名共銀肆拾捌兩在官雇募止戶革去

腳夫銀運司貳拾兩

祭祀銀捌拾壹兩壹錢

鄉飲銀拾貳兩

民校臨朐堂邑二王各貳名共銀肆拾兩

柴薪皁隸德府肆名本縣玖名共銀壹百伍拾陸兩

馬夫布政司肆名本縣肆名共銀叁百貳拾兩

齋夫府學壹名縣學陸名共銀捌拾肆兩

膳夫肆名共銀肆拾兩

力差

力差銀壹千肆百壹拾伍兩捌錢

德州道步隊團操民壯肆拾玖名共銀叁百伍拾貳兩捌錢每名連器械打討拾貳兩

守城民壯柒拾名共銀貳百捌拾兩每名打討捌兩

門子縣許學玖名每名叁兩啓聖祠院司府

庫子縣學壹名銀貳兩打討陸兩在京糧儲道壹名照舊編

禁子肆名共銀貳拾兩每名打討拾貳兩

斗級預備倉肆名共銀貳拾肆兩每名打討拾貳兩

弓兵石都集巡檢司貳拾名共銀陸拾兩每名打討柒

柒分德府

京班皁隸柴薪陸名共銀柒拾貳兩直堂叁名共銀叁拾兩

活鹿工部壹隻銀拾陸兩

胖襖柒拾陸副共銀壹百壹拾肆兩內鞋折襖捌件褲拾條每副腳價壹錢伍分解府類解

州道團操玖名每名連器械貳拾柒兩共銀貳百肆拾叁兩

庫子東北置驛柒名民店水驛壹名共銀叁百陸拾捌兩

館夫東北置驛貳名共銀拾捌兩

門子巡按壹名銀玖兩

庫子本府貳名共銀貳拾肆兩

歲貢銀府學玖兩縣學叁拾陸兩

公用銀兩院撫兩錢解司發歷城縣支銷按察司叁拾捌兩

歷科舉人車價銀拾陸兩解府

進士舉人牌坊武舉盤纓長夫銀叁拾玖兩解司

齋郎德府貳名共銀拾兩

館伍名每名壹兩伍錢遷賢故山公館貳名每名壹兩共銀叁拾陸兩伍錢每名打討俱陸兩啓聖肆兩館不加

皁隸本縣貳拾柒名共銀玖拾肆兩伍錢每名打討捌兩

巡欄本縣貳名共銀捌兩

兩貳錢

司兵壹名肆拾肆名共銀伍百叁拾捌兩每名打討司陸兩兵捌兩

# 商河縣

實編銀陸千貳百貳拾伍兩捌錢 銀差銀伍千叁百叁拾伍兩捌錢 料價戶部折色黃蠟銀貳拾兩工部營繕司料銀陸百兩 木柴銀伍拾柒兩叁錢 藥材銀禮部貳兩捌錢德府捌兩 京班皁隸柴薪貳拾伍名共銀叁百兩 直堂壹名銀拾兩 胖襖捌拾副共銀壹百貳拾兩內鞋折襖玖件褲捌條每副脚價壹錢伍分解府類解 柴夫叁百壹拾玖名共銀玖百捌拾捌兩玖錢 禁子按察司陸名本府貳名共銀玖拾陸兩

銀差

聽征有馬民兵捌名每名叁拾陸兩共銀貳百捌拾捌兩 聽征步隊民兵貳拾貳名每名貳拾兩共銀肆百肆拾兩 軍餉銀壹百陸拾捌兩解司給兵 有馬快手武定道團操拾名每名連器械貳拾柒兩共銀貳百柒拾兩 庫子譚城驛拾名安德水驛肆名梁家庄驛貳名共銀柒百叁拾陸兩 皁隸按察司壹名本府捌名共銀玖拾柒兩貳錢 本縣庫子貳名每名貳拾肆兩共銀肆拾捌兩在官雇募正戶革去

脚夫銀運司拾陸兩 擺遞夫德州廠肆拾捌名共銀貳百捌拾捌兩 斗級德州倉肆名共銀肆拾捌兩 祭祀銀捌拾壹兩壹錢 鄉飲銀拾貳兩 歲貢銀叁拾陸兩 公用銀兩院[illegible]兩叁錢伍分解司發歷城縣支銷 歷科舉人車價銀拾兩解府 進士舉人牌坊武舉盤纏長夫銀叁拾兩解司 齋郎德府叁名共銀拾伍兩 民校寧海王叁名利津王貳名共銀伍拾兩 看墳民校歷城高唐貳王各壹名共銀拾陸兩

庫子運司壹名銀拾貳兩 柴薪皁隸本府肆名運司伍名本縣柒名共銀壹百玖拾貳兩 馬夫本府壹名本縣叁名共銀壹百陸拾兩 齋夫陸名共銀柒拾貳兩 膳夫肆名共銀肆拾兩

力差

力差銀捌百玖拾兩 武定道步隊團操民壯肆拾伍名共銀叁百貳拾肆兩每名連器械打討拾貳兩 守城民壯捌拾名共銀叁百貳拾兩每名打討捌兩 門子縣并學捌名每名叁兩啓聖祠壹名貳兩分司府館叁名每名壹兩共銀貳拾玖兩打討俱陸兩啓聖肆兩司館不加 皁隸本縣拾陸名共銀伍拾陸兩每名打討柒兩貳錢 庫子德府廣受庫壹名銀肆兩打討玖兩縣學壹名貳兩打討陸兩

禁子肆名共銀貳拾兩每名打討拾貳兩 防夫兩關遞運所叁名共銀拾貳兩每名打討拾兩捌錢 斗級本府廣豐倉壹名德府廣受倉貳名預備倉叁名每名陸兩共銀叁拾陸兩打討德府玖兩餘拾貳兩 巡攔本縣貳名共銀捌兩 司兵貳拾貳名共銀柒拾玖兩每名打討司肆兩兵陸兩

# 陽信縣

銀差

實編銀陸千貳百伍拾伍兩捌錢伍釐捌毫銀差銀伍千叁百肆拾陸兩貳錢伍釐捌毫料價銀禮部牲口等料柒百伍拾陸兩工部軛料銀壹百肆拾兩木柴銀柒拾肆兩肆錢藥材銀禮部叁兩肆錢肆分肆釐貳毫

柴夫肆百叁拾壹名共銀壹千叁百叁拾陸兩壹錢聽征有馬民兵拾貳名每名叁拾陸兩共銀肆百叁拾貳兩聽征步隊民兵貳拾壹名每名貳拾兩共銀肆百貳拾兩軍餉銀壹百捌兩解司給兵

禁子本府壹名銀拾貳兩本縣庫子貳名每名貳拾肆兩共銀肆拾捌兩在官程募正工革去接遞夫德州驛貳拾肆名共銀壹百肆拾肆兩祭祀銀捌拾壹兩壹錢鄉飲銀拾貳兩歲貢銀叁拾

馬夫兵備壹名本縣叁名共銀壹百陸拾兩齋夫陸名共銀柒拾貳兩膳夫肆名共銀肆拾兩

力差

力差銀玖百玖兩陸錢武定道步隊團操民壯肆拾捌名共銀叁百肆拾伍兩陸錢每名連器械打討拾貳兩守城民壯捌拾名共銀叁百貳拾兩每名打討捌兩門子縣并學捌名每名叁兩啓聖祠壹名貳兩分司府

斗級本府廣豐倉壹名預備倉肆名共銀叁拾兩每名打討拾貳兩防夫西關遞運所叁名共銀拾貳兩每名打討拾兩捌錢巡攔本縣貳名共銀捌兩司兵貳拾伍名共銀捌拾柒兩每名打討司

京班皂隸柴新叁拾名共銀叁百陸拾兩直堂柒名共銀柒拾兩胖襖捌拾副共銀壹百貳拾兩內鞋折襖玖件褲捌條脚價壹錢伍分解府類解活鹿本色壹隻銀拾陸兩野味銀肆拾壹兩玖錢陸分貳釐

有馬快手武定道團操玖名每名連器械貳拾柒兩共銀貳百肆拾叁兩庫子梁家庄水驛伍名共銀貳百叁拾兩皂隸布按分巡德州戶部分司本府拾玖名共銀貳百伍兩貳錢庫子本府貳名共銀貳拾肆兩

陸兩公用銀兩院拾[illegible]兩錢解司發歷城縣支銷歷料樂人車價銀拾陸兩解府進士舉人牌坊武舉盤纏長夫銀叁拾玖兩解司民校寧海王壹名銀拾兩柴新皂隸本縣柒名共銀捌拾肆兩

館叁名每壹兩共銀貳拾玖兩每名打討俱陸兩啓聖肆兩司館不加皂隸本縣拾陸名共銀伍拾陸兩每名打討柒兩貳錢庫子儒學壹名貳兩打打陸兩禁子肆名共銀貳拾兩每名打討拾貳兩

肆兩兵陸兩

# 濟陽縣

銀差

實編銀伍千玖百肆拾叁兩銀差銀肆千玖百肆拾玖兩伍錢料價戶部果品銀肆拾兩工部營繕司料銀陸百柒拾兩本柴銀伍拾兩京班皂隸柴薪肆拾柒名共銀伍百陸拾肆兩直堂壹名銀拾兩胖襖柒拾副共銀壹百伍兩內鞋折襖捌件褲柒條每副脚價壹錢伍分解府類解泉夫叁百柒拾名共銀壹千壹百肆拾柒兩皂隸巡按察院伍名布政司柒名分巡道壹名本府伍名共銀壹百玖拾肆兩肆錢

聽征有馬民兵拾壹名每名叁拾陸兩共銀叁百玖拾陸兩聽征步隊民兵貳拾捌名每名貳拾兩共銀伍百陸拾兩有馬快手武定道團操柒名每名連器械貳拾柒兩共銀壹百捌拾玖兩庫子良店水驛貳名共銀玖拾貳兩門子巡按察院壹名銀玖兩禁子本府叁名共銀叁拾陸兩本縣庫子貳名每名貳拾肆兩共銀肆拾捌兩在官雇募正戶革去接遞夫德州廠貳拾叁名共銀壹百叁拾捌兩

斗級德州倉肆名共銀肆拾捌兩祭祀銀捌拾壹兩壹錢鄉飲銀拾貳兩歲貢銀叁拾陸兩公明銀兩院拾兩解司發歷城縣支銷歷科舉人東價銀拾貳兩解府進士舉人牌坊武舉盤纏長夫銀貳拾兩解司齋郎德府伍名共銀貳拾伍兩柴薪皁隸兵備壹名本府壹名岫巖通判壹名德府貳名本縣柒名共銀壹百肆拾肆兩馬夫按察司壹名本府壹名岫巖通判壹名本縣叁名共銀貳百兩

齋夫府學壹名縣學陸名共銀捌拾肆兩膳夫肆名共銀肆拾兩

力差

力差銀玖百捌拾叁兩伍錢[illegible][illegible]共隊[illegible]操民壯肆拾貳名共銀叁百玖兩陸錢每名連器械打討拾貳兩守城民壯捌拾名共銀叁百貳拾兩每名打討捌兩渡夫東門運盐河叁名共銀玖錢門子縣并學捌名每名叁兩啓聖祠壹名貳兩分司府館叁名每名壹兩共銀貳拾玖兩每名打討俱陸兩司鋪不加皂隸本縣拾陸名共銀伍拾陸兩每名打討柒兩貳錢庫子儒學壹名貳兩打討陸兩巡攔本縣貳名共銀捌兩

禁子肆名共銀貳拾兩每名打討拾貳兩斗級本府廣豐倉壹名預備倉叁名共銀貳拾肆兩每名打討拾貳兩防夫西關遞運所拾陸名共銀陸拾肆兩每名打討拾兩捌錢司兵納鋪伍名任家岸等伍鋪各肆名鄭家渡等貳鋪各叁名每名司叁兩兵肆兩趙家等叁鋪各叁名西河等貳鋪各貳名每名司貳兩兵叁兩共銀壹百伍拾兩打討俱司肆兩兵陸兩

# 平原縣

**銀差**

實編銀伍千捌百柒拾叁兩伍錢 銀差銀肆千伍百貳拾叁兩捌錢 料價戶部本色黃蠟銀叁拾兩工部營繕司料銀柒百貳拾兩 木柴銀叁拾貳兩 京班皁隷柴新肆名共銀肆拾捌兩直堂肆名共銀肆拾兩 胖襖肆拾副共銀陸拾兩內鞋折襖肆件褲陸條每副脚價壹錢伍分解府類解 聽征有馬兵拾伍名每名叁拾陸兩共銀伍百肆拾兩 聽征步隊民兵叁拾肆名每名貳拾兩共銀陸百捌拾兩

柴夫貳百柒名共銀陸百肆拾壹兩柒錢 有馬快手德州道拾壹名每名連器械貳拾柒兩共銀貳百玖拾柒兩 庫子桃園馬驛捌名共銀壹百捌拾肆兩 館夫桃園馬驛叁名安德馬驛叁名共銀伍拾肆兩 皁隷布政司拾壹名分巡濟南道貳名每名拾兩捌錢運司壹名拾貳兩共銀壹百伍拾貳兩肆錢 禁縣曆子貳名每名貳拾肆兩共銀肆拾捌兩右官崖募正户茅去 庫子本府壹名銀拾貳兩

禁子本府壹名銀拾貳兩 接遞夫德州廠貳名共銀拾貳兩 斗級德州倉捌名共銀玖拾陸兩 修倉夫拾柒名共銀叁拾肆兩 祭祀銀捌拾柒兩柒錢 鄉飲拾貳兩 歲貢銀府學玖兩縣學叁拾陸兩 公用銀兩院拾叁兩肆錢解司發曆城縣支銷 歷科舉人車價銀拾陸兩解府 進士舉人牌坊武舉盤纏長夫銀叁拾兩解司 民校臨朐王肆名臨清利津貳王各壹名共銀陸拾兩 馬夫按察司貳名本縣肆名共銀貳百肆拾兩

柴新皁隷布政司伍名本府貳名德府貳名本縣玖名共銀貳百壹拾陸兩 齋夫陸名共銀柒拾貳兩 膳夫銀肆拾兩

**力差**

力差銀壹千叁百肆拾玖兩柒錢 德州道步隊團操民壯肆拾陸名共銀叁百叁拾壹兩貳錢每名連器械打討拾貳兩 守城民壯捌拾名共銀叁百貳拾兩每名打討捌兩 門子縣儒學玖名每名叁兩 分司府館肆名每名貳兩共銀叁拾伍兩打討但陸兩司館不加 接遞夫德州廠陸拾肆名共銀叁百捌拾肆兩每名倍徵銀拾貳兩解德州 雇募 庫子儒學壹名貳兩兩打討陸兩 禁子肆名共銀貳拾兩每名打討拾貳兩

皁隷本縣貳拾柒名共銀玖拾肆兩陸錢每名打討捌兩 斗級預備倉叁名共銀拾捌兩每名打討拾貳兩 巡欄稅課局肆名共銀捌兩 司兵叁拾陸名共銀壹百叁拾柒兩每名打討司陸兩兵捌兩

# 禹城縣

## 銀差

除常地租銀抵補叁百貳拾伍兩陸錢外實編銀伍千肆百肆拾壹兩肆錢銀差銀肆千肆百貳兩壹錢料價戶部折名黃蠟銀貳拾伍兩工部營繕司料銀柒百壹拾兩本柴銀叁拾伍兩京班柴薪皂隸玖名共銀壹百捌兩柴夫貳百伍拾叁名共銀柒百捌拾肆兩叁錢聽征有馬民兵拾叁名每名叁拾陸兩共銀肆百陸拾捌兩聽征步隊民兵貳拾伍名每名貳拾兩共銀伍百兩軍餉銀捌拾捌兩解司給兵

有馬快手德州道團操拾名每名連器械貳拾柒兩共銀貳百柒拾兩庫子劉普驛伍名安德馬驛壹名安城驛貳名共銀叁百陸拾捌兩館夫劉普驛叁名譚城驛貳名共銀肆拾伍兩皂隸布按本府拾陸名每名拾兩捌錢運司捌名每名拾貳兩共銀貳百陸拾捌兩捌錢庫子運司壹名銀拾貳兩禁子本府壹名銀拾貳兩本縣庫子貳名每名貳拾肆兩共銀肆拾捌兩在官程募兵筆去

接遞夫德州廠貳拾伍名共銀壹百伍拾兩鮮德州募夫鄉飲銀拾貳兩進士舉人牌坊武舉盤纏長夫銀叁拾兩解司民校臨朐堂邑貳王肆名共銀肆拾兩看墳民校泰安王壹名銀捌兩柴薪皂隸本府肆名德府貳名本縣玖名共銀壹百捌拾兩馬夫布政司壹名昌平道壹名本縣肆名共銀貳百肆拾兩常地租銀抵補叁百貳拾伍兩陸錢祭祀銀捌拾壹兩壹錢歲貢銀叁拾陸兩

胖襖肆拾叁副共銀陸拾肆兩伍錢內鞋折襖伍件褲肆條每副腳價壹錢伍分解府類解齋夫陸名共銀柒拾貳兩膳夫銀肆拾兩公用銀兩院拾陸兩解司發縣城縣支銷歷科舉人車價銀拾陸兩解府

## 力差

力差銀壹千叁拾玖兩叁錢德州道步隊團練民壯伍拾肆名共銀叁百捌拾捌兩捌錢每名連器械打討拾貳兩守城民壯捌拾名共銀叁百貳拾兩每名打討捌兩門子縣并學玖名每名叁兩分司貳名每名貳兩府館壹名壹兩共銀叁拾貳兩打討俱陸兩司館不加皂隸本縣貳拾柒名共銀玖拾肆兩伍錢每名打討捌兩斗級德府廣受倉貳名預備倉叁名共銀叁拾兩每名打討德府玖兩預備拾貳兩

庫子縣學壹名銀貳兩打討陸兩在京糧儲道壹名令照舊編禁子肆名共貳拾兩每名打討拾貳兩巡攔本縣貳名共銀捌兩司兵叁拾捌名共銀壹百肆拾肆兩每名打討司陸兩兵捌兩

# 萊蕪縣

實編銀伍千陸百肆拾柒兩肆錢

銀差銀肆千貳百玖拾貳兩陸錢

料價戶部果品銀肆拾兩工部營繕司料銀叄百兩虞衡司料銀陸拾兩

木柴銀壹百壹拾柒兩玖錢

樂材銀德府肆兩

京班直堂皂隸壹名銀拾兩

胖襖捌拾肆副共銀壹百貳拾陸兩內鞋折襖玖件庫拾條每副脚價壹錢分解府類解

軍器銀濟南衛脚價柒拾兩

柴夫陸百陸名共銀壹千捌百柒拾捌兩陸錢

聽征有馬民兵玖名每名叄拾陸兩共銀叄百貳拾肆兩

銀差

聽征步隊民兵伍名每名貳拾兩共銀壹百兩

軍餉銀柒拾陸兩解司給兵

泉夫柒拾玖名代新泰陸名僉年豐改正每名叄兩共銀貳百叄拾柒兩改力差

有馬快手青州道團操玖名每名連器械貳拾柒兩共銀貳百肆拾叄兩

皁隸運司肆名共銀肆拾捌兩

禁子本府壹名銀拾貳兩

本縣庫子貳名每名貳拾肆兩共銀肆拾捌兩在官雇募正戶革去

祭祀銀柒拾玖兩壹錢

鄉飲拾貳兩

歲貢銀叄拾陸兩

公用銀兩院伍兩捌錢解司發歷城縣支銷

歷科舉人車價銀拾貳兩解府

進士舉人牌坊武舉盤纏長夫銀貳拾兩解司

民校堂邑利津貳千柒名共銀柒拾兩

柴薪皁隸德府肆名本縣柒名共銀壹百叄拾貳兩

馬夫本縣叄名共銀壹百貳拾兩

齋夫府學貳名縣學肆名共銀柒拾貳兩

膳夫銀肆拾兩

力差

力差銀壹千叄百伍拾肆兩捌錢

青州道步隊團操民壯伍拾玖名共銀肆百貳拾肆兩捌錢每名連器械打討拾貳兩

守城民壯捌拾名共銀叄百貳拾兩每名打討柒兩貳錢

泉夫壹百叄拾名共銀叄百玖拾兩

門子縣并學柒名每名叄兩啓聖祠壹名貳兩分司貳名每名壹兩共銀貳拾伍兩打討俱陸兩啓聖肆兩分司不加

皁隸本縣拾陸名共銀伍拾陸兩每名打討柒兩貳錢

庠子儒學壹名貳兩打討肆兩

差

禁子肆名共銀貳拾兩每名打討拾貳兩

斗級預備倉叄名共銀拾捌兩每名打討拾貳兩

巡攔壹名銀貳兩

司兵總舖肆名鍾徐等叄舖各叄名孝義等柒舖各貳名共銀玖拾柒兩每名打討肆兩兵陸兩

# 德平縣

實編銀伍千伍百壹兩叁錢差銀肆千銀肆百陸拾兩玖錢價戶部折色黃[illegible]銀貳拾兩工料營繕司銀[illegible]兩本色[illegible]銀[illegible]本京共銀[illegible]名[illegible]兩

## 銀差

聽征步隊民兵拾玖名每名貳拾兩共銀叁拾百捌拾兩馬快手拾有定道武陸名每名運器械貳拾壹兩共銀壹百陸拾貳兩庫子安德驛夫[illegible]名共[illegible]店[illegible]兩館夫叁名[illegible]

斗級德州倉陸名共銀柒拾貳兩本縣庫子貳名每名拾肆兩共銀肆拾捌兩伍錢募正戶[illegible]去倉夫德州倉拾柒名共銀叁拾[illegible]解德[illegible]祭祀銀壹兩[illegible]鄉飲[illegible]

柴薪皂隸兵備壹名布政司肆名德府壹名本縣玖名共銀壹百捌拾兩馬夫運司壹名本縣[illegible]百兩共銀貳齋夫陸名銀柒拾兩膳夫銀肆拾兩

## 力差

力差銀壹千肆拾兩肆錢武定道步隊壯民固操[illegible]名叁拾柒百[illegible]守城[illegible]接遞[illegible]

庫子儒學壹名貳兩打討肆兩禁子肆名銀壹拾每名打[illegible]斗級[illegible]倉防夫德州運所[illegible]

[illegible]

廳軍柴[illegible]

聽征兵馬民兵[illegible]名叁拾陸兩共銀叁百貳拾肆兩軍餉銀伍錢解司銀壹千柴夫叁百[illegible]解府類解[illegible]

皂隸布按分巡濟南本府拾貳名共銀壹百貳拾兩陸錢庫子本司壹名銀拾貳兩[illegible]接遞夫德州[illegible]共銀壹百陸拾貳兩解德州募[illegible]

歲貢銀叁拾陸兩公用銀南院[illegible]歷科舉人[illegible]進士[illegible]坊[illegible]解司齋夫德府叁名共銀拾伍兩民壯臨清王壹名拾兩

門子縣學[illegible]名[illegible]皂隸本縣貳[illegible]名共銀[illegible]兩打討[illegible]

司兵總鋪[illegible]名懷仁鋪[illegible]名[illegible]加[illegible]

# 長山縣

銀差 力差

實編銀伍千捌拾陸兩壹錢 銀差銀肆千貳拾玖兩玖錢 料價戶部折色黃蠟銀貳拾兩工部營繕司料銀柒百兩 本柴銀伍拾捌兩貳錢 藥材銀德府肆兩 京班柴薪皁隸貳拾壹名共銀貳百伍拾貳兩 直堂貳名共銀貳拾兩 胖襖陸拾叄副共銀玖拾肆兩伍錢內鞋折襖柒件褲柒條每副腳價壹錢分解府類解 柴夫叄百名共銀玖百叄拾兩 聽征有馬民兵拾名每名叄拾陸兩共銀叄百陸拾兩

聽征步隊民兵拾壹名每名貳拾兩共銀貳百貳拾兩 軍餉銀壹百玖拾陸兩解司給兵 有馬快手青州追團操玖名每名連器械貳拾柒兩共銀貳百肆拾叄兩 庫子梁家庄驛壹名龍山鎮驛貳名共銀壹百叄拾捌兩 館夫龍山鎮驛貳名裁革白山馬驛改本縣貳名共銀叄拾陸兩 皁隸分巡濟南道壹名銀拾兩捌錢 庫子運司壹名銀拾貳兩 禁子按察司本府各壹名每名拾貳兩共銀貳拾肆兩 腳夫銀運司拾陸兩

本縣庫子貳名每名貳拾肆兩共銀肆拾捌兩在官雇募充筆去 祭祀銀捌拾肆兩柒錢 鄉飲拾貳兩 歲貢銀叄拾陸兩 公用銀兩院拾兩解司發歷城縣支銷布政司叄拾伍兩柒錢 歷科舉人車價銀拾貳兩解府 進士舉人牌坊武舉盤纏長夫銀叄拾兩解司 民校寧海利津貳王陸名共銀陸拾兩 商墻民校歷城高唐貳王各壹名共銀拾陸兩 柴薪皁隸本府貳名德府壹名本縣柒名共銀壹百貳拾兩

馬夫本縣叄名共銀壹百貳拾兩 齋夫陸名共銀柒拾貳兩 膳夫銀肆拾兩

力差銀壹千伍拾陸兩貳錢 青州道步隊團操民壯陸拾壹名共銀肆百叄拾玖兩貳錢每名連器械打討拾貳兩 守城民壯捌拾名共銀叄百貳拾兩每名打討捌兩 門子縣庠學捌名每名叄兩啓聖祠壹名貳兩分司府館肆名每名壹兩伍錢范公祠壹名壹兩共銀叄拾叄兩打討俱陸兩啓聖等祠肆兩司館不加 皁隸本縣貳拾壹名共銀柒拾叄兩伍錢每名打討捌兩 禁子肆名共銀貳拾兩每名打討拾貳兩

庫子儒學壹名貳兩打討陸兩 斗級預備倉叄名共銀拾捌兩每名打討拾貳兩 防夫西關遞運所陸名共銀貳拾肆兩每名打討拾兩捌錢 巡攔本縣稅課局肆名共銀捌兩 司兵總鋪陸名禮祭等肆鋪各伍名每名司叄兩兵肆兩韓家等叄鋪各貳名每名司叄兩兵叄兩伍錢共銀壹百壹拾捌兩伍錢打討司陸兩兵捌兩

# 齊東縣

銀差

實編銀伍千玖拾柒兩壹錢

銀差銀肆千叁百陸拾柒兩柒錢

料價戶部折色黃蠟銀貳拾兩禮部□□口等料陸百叁拾兩工部軌料銀壹百貳拾兩

木柴銀陸拾壹兩玖錢

藥材銀禮部陸兩

京班皁隸柒新拾伍名

皁隸本府陸拾伍兩

聽征有馬民兵拾壹名每名叁拾陸兩共銀叁百玖拾陸兩

聽征步隊民兵貳拾貳名每名貳拾兩共銀肆百肆拾兩

有馬快手武定道團操伍名每名連器械貳拾柒兩共銀壹百叁拾伍兩

祭祀銀捌拾壹兩壹錢

鄉飲拾貳兩

歲貢銀叁拾陸兩

公用銀兩院拾兩解司發遣城縣支銷

驛科舉入車價銀拾貳兩解府

進士舉人牌坊武舉盤纏長夫銀叁拾兩解司

齋郎德府肆名共銀貳拾兩

馬夫按察司壹名本縣叁名共銀壹百陸拾兩

齋夫陸名共銀柒拾貳兩

膳夫府學貳名縣學肆名共銀陸拾兩

力差

力差銀柒百貳拾玖兩肆錢

武定道步隊團操民壯叁拾柒名共銀貳百陸拾陸兩肆錢每名連器械打討拾貳兩

守城民壯壹拾名共銀貳百肆拾兩每名打討捌兩

門子縣儒學捌名每名叁兩

啓聖祠壹名貳兩院司肆名每名壹兩共銀叁拾兩打討俱陸兩啓聖肆兩院司不加

皁隸本縣拾陸名共銀伍拾陸兩每名打討柒兩貳錢

庫子儒學壹名貳兩打討陸兩

禁子本縣肆名共銀貳拾兩每名打討拾貳兩

斗級本縣預備倉貳名共銀拾貳兩每名打討拾貳兩

防夫西關遞運所叁名共銀拾貳兩每名打討拾兩捌錢

巡攔本縣貳名共銀捌兩

司兵總鋪肆名捌里等肆鋪各叁名康家等叁鋪各貳名劉家鋪壹名共銀捌拾叁兩每名打討司肆兩兵陸兩

共銀壹百捌拾兩直堂貳拾貳名共銀貳百貳拾兩

胖隸陸拾伍□□銀玖司□銀玖拾柒兩伍錢內藥折樂柒件轉備修每部物價壹錢料分解解府額解

柴夫叁百肆拾捌名共銀壹千柒拾捌兩捌錢

腳夫銀運司拾陸兩

名按察司民拾壹名分巡濟南道壹名共銀壹百玖拾肆兩肆錢

禁子運司肆名本府壹名共銀貳拾肆兩

本縣庫子貳名每名貳拾肆兩共銀肆拾捌兩在官募追戶革去

斗級德州倉叁名共銀叁拾陸兩

民校寧海王貳名共銀貳拾兩

看墳校歷城王壹名捌兩

□新庄肆本府貳名德府叁名本縣柒名共銀壹百肆拾肆兩

# 淄川縣

銀差

實編銀伍千玖拾兩

銀差銀肆千玖拾肆兩貳錢

村價戶部折色黃蠟銀貳拾兩工部營繕司料銀伍百貳拾兩

木柴銀柒拾肆兩柒錢

京班皁隸柒新拾柒名共銀貳百肆兩

胖襖捌拾捌副共銀壹百叁拾貳兩內鞋折襖拾件褲叁條每副腳價壹錢伍分解府

額解

柴夫叁百玖拾六名共銀壹千貳百叁拾兩柒錢

聽征有馬民兵玖名每名叁拾陸兩共銀叁百貳拾肆兩

聽征步隊民兵拾伍名每名貳拾兩共銀叁百兩

軍餉銀壹百肆拾肆兩解司給兵

有馬快手青州道團操玖名每名運器械貳拾柒兩共銀貳百肆拾叁兩、

皁隸本府捌名共銀捌拾陸兩肆錢

禁子運司壹名本府壹名共銀貳拾肆兩

本縣庫子貳名每名貳拾肆兩共銀肆拾捌兩在官僱募正戶荳

去

祭祀銀捌拾肆兩柒錢

鄉飲拾貳兩

歲貢銀叁拾陸兩

歷科舉人車價銀拾貳兩解府

公用銀兩院拾兩解司發歷城縣支銷布政司叁拾伍兩柒錢

進士舉人牌坊武舉盤纏長夫銀叁拾兩解司

柴新皁隸本府[illegible]嚴通判貳名本縣玖名共銀壹百叁拾貳兩

馬夫按察司叁名本縣肆名共銀貳百捌拾兩

齋夫陸名共銀柒拾貳兩

膳夫銀肆拾兩

力差

力差銀玖百玖拾肆兩捌錢

青州道步隊團操民壯伍拾玖名共銀肆百貳拾肆兩捌錢每名運器械打討拾貳兩

守城民壯捌拾名共銀叁百貳拾兩每名打討捌兩

門子縣儒學玖名每名叁兩啓聖祠[illegible]名貳兩鄉賢成祠壹名分司府館叁名每名壹兩共銀叁拾叁兩打討俱陸兩啓聖肆兩看祠司館不加

皁隸本縣貳拾名共銀柒拾兩每名打討柒兩貳錢

禁子本縣肆名共銀貳拾兩每名打討拾貳兩

庫子儒學壹名貳兩打討肆兩

斗級本府廣儲倉貳名預備倉貳名共銀貳拾肆兩每名打討拾貳兩

防[illegible]遞運所[illegible]名共銀拾貳兩每名打討拾兩捌錢

巡攔本縣貳名共銀捌兩

司兵總鋪叁名黃家灣本明水[illegible]唐拾里[illegible]村尭村[illegible]水柴里岱崙拾鋪各貳名共銀捌拾壹兩每名打討司肆兩兵陸兩

# 鄒平縣

實編銀肆千捌百玖拾肆兩玖錢

## 銀差

銀差銀叁千玖百捌拾叁兩柒錢伍分

料價工部營繕司料銀叁百貳拾兩

木柴銀肆拾伍兩

藥材銀德府肆兩

京班皁隸柴薪貳名共銀貳拾肆兩直堂貳名共銀貳拾兩

胖襖柒拾貳副零襖壹件共銀壹百捌兩柒錢伍分內鞋折襖捌件褲捌條每副脚價壹錢伍分解府類解

柴夫貳百玖拾柒名共銀玖百貳拾兩柒錢

聽征有馬民兵玖名每名叁拾陸兩共銀叁百貳拾肆兩

聽征步隊民兵拾柒名每名貳拾兩共銀叁百肆拾兩

軍餉銀壹百肆兩解司給兵

有馬快手武定道團操柒名每名連器械貳拾柒兩共銀壹百捌拾玖兩

庫子安德馬驛柒名良店驛壹名共銀叁百陸拾捌兩

舘夫裁革青陽杏馬驛改撥本縣貳名共銀拾捌兩

庫子本府壹名銀拾貳兩

禁子撥察司壹名本府壹名共銀貳拾肆兩

本縣庫子貳名每名貳拾肆兩共銀肆拾捌兩在官雇募正力革去

脚夫銀運司拾陸兩

祭祀銀捌拾壹兩壹錢

鄉飲拾貳兩

歲貢銀叁拾陸兩

公用銀兩院捌兩案伍解司發壁城縣支銷布政司叁拾伍兩柒錢

歷科舉人車價銀拾兩解府

進士舉人牌坊武舉盤纏長夫銀貳拾兩解司

民校臨朐王叁名堂邑王壹名共銀肆拾兩

柴薪皁隸兵備本府貳名本縣玖名共銀壹百叁拾貳兩

馬夫兵備壹名本縣肆名共銀貳百兩

齋夫府學壹名縣學陸名共銀捌拾肆兩

膳夫銀肆拾兩

## 力差

力差銀玖百壹拾兩叁錢

武定道步隊團操民壯叁拾玖名共銀貳百捌拾兩捌錢每名連器械打討拾貳兩捌

守城民壯捌拾名共銀叁百貳拾兩每名打討捌兩

門子縣學玖名每名叁兩啓聖祠壹名貳兩分司府館肆名每名壹兩伍錢共銀叁拾伍兩打討供陸兩啓聖肆兩司館不加

皁隸本縣貳拾柒名共銀玖拾肆兩伍錢每名打討捌兩

庫子儒學壹名貳兩打討陸兩

禁子肆名共銀貳拾兩每名打討拾貳兩

斗級預備倉叁名共銀拾捌兩每名打討拾貳兩

巡攔本縣稅課司肆名共銀捌兩

司兵總舖陸名總家等肆舖各伍名每名司叁兩兵肆兩宋家左叁名沒洋等肆舖各貳名司兵具叁兩共銀壹百叁拾貳兩打討司陸兩兵捌兩

七百四十五

兩內[illegible]折　襖肆件褲　[illegible]條每副　腳價壹錢　伍分解府　類解　柴夫叁百柒　名共銀玖　百伍拾壹　兩柒錢　聽征有馬民　兵玖名每　名叁拾陸　兩共銀叁百　貳拾肆兩　聽征步隊民　兵拾捌名　每名貳拾　兩共銀叁　百陸拾兩

[illegible]子本府壹　名銀拾貳　兩　本縣庫子貳　名每名貳　拾肆兩共　銀肆拾捌　兩在官　募工若去　腳夫銀運司　拾陸兩　接遞夫德州　廠貳拾伍　名共銀壹　百伍拾兩　解德州募　夫　斗級德州倉　肆名共銀　[illegible]拾捌兩

司　[illegible]肆　名共銀貳　拾兩　民校臨清王　肆名共[illegible]　肆拾兩　看墳民校[illegible]　城奉[illegible]　王各貳[illegible]　高唐王叁　名共銀伍　拾陸兩　[illegible]學[illegible]兵　備壹名本　府貳名本　縣玖名共　銀壹百肆　拾肆兩

[illegible]分府　館肆名每　名壹兩共　銀叁[illegible]叁　兩打討[illegible]　[illegible]兩[illegible]　肆兩司館　不加　皁隸本縣貳　拾名兵[illegible]　柒拾兩[illegible]　名打討柒　兩貳錢　庫子[illegible]壹　名貳兩打　討陸兩　禁子肆名共　銀貳拾兩　每名打討　拾貳兩

討司肆兩　兵陸兩

# 臨邑縣

實編銀肆千捌百貳拾肆兩貳錢伍分

## 銀差

銀差銀肆千壹百兩陸錢伍分　料價工部營繕司料銀伍百玖拾兩　木柴銀肆拾陸兩柒錢　京班皁隸柒新拾肆名共銀壹百陸拾捌兩　直堂壹名銀拾兩　胖襖肆拾副共銀陸拾

軍餉銀壹百捌兩解司給兵　有馬快手武定道團操柒名每名連器械貳拾柒兩共銀壹百捌拾玖兩　皁隸布政司柒名按察司伍名武定道壹名共銀壹百肆拾兩肆錢　庫子本府壹名銀拾貳兩

祭祀銀捌拾壹兩壹錢　鄉飲銀拾貳兩　歲貢銀叁拾陸兩　公用銀兩院拾肆兩貳錢解布政司發歷城縣支銷按察司叁拾捌兩　歷科舉人車價拾伍兩解府　進士舉人牌坊武舉盤纏長夫銀貳拾兩[illegible]

馬夫本府貳名運司壹名本縣肆名共銀貳百捌拾兩　齋夫陸名共銀柒拾貳兩　膳夫銀肆拾兩

## 力差

力差銀柒百貳拾叁兩陸錢　武究道步隊團操民壯叁拾叁名共銀貳百叁拾柒兩陸錢每名連器械打討拾貳兩　守城民壯陸拾名共銀貳百肆拾兩每名打討捌兩　門子縣弁學玖名每名叁兩　啓聖祠壹名貳

斗級本府廣儲倉貳名德府廣受倉壹名預備倉叁名共銀叁拾陸兩每名打討德府玖兩府縣倉拾貳兩　巡攔本縣貳名共銀捌兩　司兵總鋪肆名張家庄等伍鋪各叁名宿安鋪貳名共銀柒拾柒兩每名打

# 樂陵縣

銀差

實編銀肆千陸百叁拾叁兩 銀差銀叁千捌百捌拾捌兩貳錢 料價工部營繕司料銀陸百陸拾兩 木柴銀壹百柒拾肆兩捌錢 京班皁肆柒新拾叁名共銀壹百伍拾陸兩 直堂壹名銀拾兩 胖襖肆拾肆副共銀陸拾陸兩內鞋折襖伍件褲肆條每副購價壹錢伍分解府類解 柴夫貳百伍拾陸名共銀柒百拾叁兩陸錢 聽征有馬民兵玖名每名叁拾陸兩共銀叁百貳拾肆兩 聽征步隊民兵拾捌名每名貳拾兩共銀叁百陸拾兩

軍餉銀壹百肆兩解司給兵 有馬快手武定道團操陸名每名連器械貳拾柒兩共銀壹百陸拾貳兩 皁隸按察司貳名本府貳名共銀肆拾叁兩貳錢 庫子運司壹名銀拾貳兩 禁子本府壹名銀拾貳兩 本縣庫子貳名每名貳拾肆兩共銀肆拾捌兩任官存募正存牽去 腳夫銀運司拾陸兩 接遞夫德州廠貳拾伍名共銀壹百伍拾兩解德州募夫 斗級德州倉肆名共銀肆拾捌兩 祭祀銀捌拾壹兩壹錢

[illegible]拾貳兩 歲貢銀叁拾陸兩 公用銀兩院[illegible]分解司發歷城縣支銷 歷科鄉會供[illegible]拾兩解府 進[illegible] 武舉盤纏 長夫銀叁拾兩解司 民校臨清刑津貳名臨胊王各壹名共銀伍拾兩 看監民校歷城高[illegible]貳 王會壹名共銀拾陸兩 柴薪皁隸兵備道貳名運司柒名本府叁名本縣柒名共銀貳百貳拾捌兩

馬夫本府壹名本縣[illegible]名共銀[illegible]百陸拾兩 齋夫肆名共銀肆拾捌兩 膳夫銀肆拾兩

力差

力差銀柒百肆拾肆兩捌錢 武定道步隊團操民壯叁拾肆名共銀貳百肆拾肆兩捌錢每名連器械打討拾貳兩 守城民壯陸拾名共銀貳百捌拾兩每名打討捌兩 門子縣丞等柒名每名叁兩啓聖祠壹名貳兩 司[illegible]名每名壹兩共銀貳拾陸兩打討俱陸兩啓聖肆西司館不加 皁隸本縣拾陸名共銀伍拾陸兩每名打討柒兩貳錢 庫子德府廣受庫壹名肆兩打討玖兩縣學壹名貳兩打討肆兩 禁子肆名共銀貳拾兩每名打討拾貳兩

斗級運司倉壹名德府廣受倉壹名預備倉叁名共銀叁拾兩每名打討德府運司玖兩預備拾貳兩 防夫西關遞運所叁名共銀拾貳兩每名打討拾兩捌錢 弓兵舊縣鎮巡檢司貳拾名共銀陸拾兩每名打討柒兩貳錢 巡攔貳名共銀捌兩 司兵總舖肆名務兒頭寨頭馬逹店叁舖各貳名石家橋有陽貳舖各壹名共銀肆拾貳兩僻隣直隸不加

# 陵縣

實編銀肆千肆百捌拾玖兩伍錢 銀差銀叄千肆百叄拾叄兩玖錢 料價戶部本色黃蠟銀叄百貳拾伍兩 大柴銀貳拾捌兩 京班皁肆柒新貳拾名共銀貳百肆拾兩直堂貳名共銀貳拾兩 府禩貳拾伍副共銀叄拾柒兩伍

**銀差**

有馬快手武定道團操陸名每名連器械貳拾柒兩共銀壹百陸拾貳兩 庫子良店驛壹名安德水驛肆名共銀貳百叄拾兩 皁隸布政司陸名共銀陸拾肆兩捌錢 庫子本府壹名銀拾貳兩 禁子按察司

修倉夫德州拾陸名共銀叄拾貳兩解德州收貯修理不許僱役 祭祀銀捌拾肆兩壹錢 鄉飲拾貳兩 歲貢銀叄拾陸兩 公用銀兩院拾兩解司發歷城縣支銷 歷科舉人車價拾貳兩解府 進士舉人牌坊武舉盤

馬夫運司壹名本縣肆名共銀貳百兩 齊夫肆名共銀肆拾捌兩 膳夫銀肆拾兩

**力差**

力差銀壹千伍拾伍兩陸錢 武定道步隊團操民壯叄拾捌名共銀貳百柒拾叄兩陸錢每名連器械打討拾貳兩 守城民壯柒拾名共銀貳百捌拾兩每名打討捌兩 接逓夫德州水厰肆拾捌名共銀貳百捌拾

庫子儒學壹名貳兩打討肆兩 禁子肆名共銀貳拾兩每名打討拾貳兩 斗級德府廣受倉壹名預備倉叄名共銀貳拾肆兩每名打討德府玖兩預備拾貳兩 防夫德州逓運所玖撥安德馬驛肆名西關逓運所叄

錢內難折襖叄件褲貳條每副腳價壹錢伍分解府類解 柴夫壹百陸拾伍名共銀伍百壹拾壹兩伍錢 聽征有馬民兵拾貳名每名叄拾陸兩共銀肆百叄拾貳兩 聽征步隊民兵貳拾肆名每名貳拾兩共銀肆百捌拾兩

壹名本府壹名共銀貳拾肆兩 本縣庫子貳名每名貳拾肆兩共銀肆拾捌兩在官僱募立戶革夫 接逓夫德州厰貳拾叄名共銀壹百叄拾捌兩解德州募夫

纏長夫銀叄拾兩解司 民校臨清王壹名銀拾兩 柴新皁隸本府壹名德府肆名本縣玖名共銀壹百陸拾捌兩

捌兩每名倍徵銀拾貳兩解德州官募 門子縣[illegible]學捌名每名叄兩啓聖祠壹名貳兩分司府館叄名每名壹兩共銀貳拾玖兩打討俱陸兩啓聖肆兩司[illegible]不加 皁隸本縣貳拾名共銀柒拾兩每名打討柒兩貳錢

名共銀貳拾捌兩每名打討拾兩捌錢 巡攔貳名共銀捌兩 司兵總鋪肆名鳳凰店鋪叄名神頭店鋪貳名共銀叄拾叄兩每名打討司兵肆兩陸兩

# 青城縣

## 銀差

實編銀肆千壹百叁拾捌兩柒錢伍分

銀差銀叁千伍百貳拾叁兩玖錢伍分

料價戶部折色黃蠟銀貳拾兩工部營繕司料銀伍百肆拾兩

木柴銀伍拾貳兩玖錢

京班皂隸柴新伍名共銀陸拾兩直堂伍名共銀伍拾兩

胖襖叁拾柒副零襖壹件共銀伍拾陸兩貳錢伍分內鞋折襖肆件褲肆條每副腳價壹錢伍分解府類解

狐狸皮貳拾伍張共銀壹拾貳兩伍錢

柴夫叁百肆拾捌名共銀壹千柒拾捌兩捌錢

聽征有馬民兵捌名每名叁拾陸兩共銀貳百捌拾捌兩

聽征步隊民兵拾捌名每名貳拾兩共銀叁百陸拾兩

軍餉銀壹百肆兩解司給兵

有馬快手武定道團操柒名每名連器械貳拾柒兩共銀叁百捌拾玖兩

皂隸分巡濟南道壹名武定道貳名共銀叁拾貳兩肆錢

庫子運司壹名銀拾貳兩

本縣庫子貳名每名貳拾肆兩共銀肆拾捌兩在官催募正戶革去

斗級德州倉叁名共銀叁拾陸兩

祭祀銀柒拾柒兩壹錢

鄉飲拾貳兩

歲貢銀叁拾陸兩

公用銀兩院拾兩解司發歷城縣支銷

歷科舉人車價銀拾貳兩解府

進士舉人牌坊武舉盤纏長夫銀叁拾兩解司

民校臨朐學海貳王各貳名共銀肆拾兩

柴新皂隸兵備壹名本縣柒名共銀玖拾陸兩

馬夫運司壹名本縣叁名共銀壹百陸拾兩

齋夫陸名共銀柒拾貳兩

膳夫銀肆拾兩

## 力差

力差銀陸百壹拾肆兩捌錢

武定道步隊團操民壯叁拾肆名共銀貳百肆拾肆兩捌錢每名連器械打討拾貳兩

守城民壯伍拾名共銀貳百兩每名打討捌兩

門子縣幷學捌名每名叁兩啓聖壹名貳兩分司貳名每名壹兩共銀貳拾捌兩打討俱陸兩啓聖肆兩分司不加

皂隸本縣拾陸名共銀伍拾陸兩每名打討柒兩貳錢

庫子儒學壹名貳兩打討肆兩

防夫西關遞運所叁名共銀拾貳兩每名打討拾兩捌錢

禁子肆名共銀貳拾兩每名打討拾貳兩

斗級本府廣豐倉壹名預備倉叁名共銀貳拾肆兩每名打討供拾貳兩

巡攔本縣貳名共銀陸兩

司兵總舖肆名孟家舖貳名共銀貳拾貳兩每名打討司肆兩共陸兩

# 蒲臺縣

實編銀叄千柒百伍拾陸兩壹錢捌分陸釐柒毫柒絲

## 銀差

銀差銀叄千伍拾玖兩伍錢捌分陸釐柒毫柒絲　料價工部營繕司料銀貳百捌兩伍錢貳分壹釐伍毫貳絲　木柴銀伍拾玖兩肆錢　京班皁隸柴新柒名共銀捌拾肆兩　直堂拾壹名共銀壹百壹拾兩　胖襖伍拾貳副零襖壹件共銀柒拾捌兩柒錢伍分內鞋折襖陸件褲伍條每副脚價壹錢伍分解府類解　軍器銀德州衛料價柒拾捌兩玖錢壹分伍釐貳毫伍絲

柴夫叄百伍拾肆名共銀壹千玖拾柒兩肆錢　聽征有馬民兵柒名每名叄拾陸兩共銀貳百伍拾貳兩　聽征步隊民兵拾陸名每名貳拾兩共銀叄百貳拾兩　軍餉銀伍拾貳兩解司給兵　有馬快手武　定道團操陸名每名連器械貳拾柒兩共銀壹百陸拾貳兩　本縣庫子貳名每名貳拾肆兩共銀肆拾捌兩在官催募正户華去

祭祀銀捌拾壹兩壹錢　鄉飲拾貳兩　歲貢銀叄拾陸兩　公用銀兩院捌兩叄錢伍分解司發歷城縣支銷　歷科舉人車價銀拾兩解府　進士舉人牌坊貳樂盤纓長夫銀貳拾兩解司　民校寧海王壹名銀拾兩　柴新皁隸本縣柒名共銀捌拾肆兩　馬夫本府壹名本縣貳名共銀壹百陸拾兩

齋夫肆名共銀肆拾捌兩　膳夫銀肆拾兩

## 力差

力差銀陸百玖拾陸兩陸錢　武定道步隊團操民壯貳拾陸名共銀壹百捌拾柒兩貳錢每名連器械打討壹拾貳兩　守城民壯捌拾名共銀叄百貳拾兩每名打討捌兩　門子縣科學柒名每名叄兩啓聖祠壹名貳兩分司壹名壹兩共銀貳拾肆兩打討俱陸兩啓聖肆兩分司不加　皁隸本縣拾陸名共銀伍拾陸兩每名打討柒兩貳錢　庫子儒學壹名貳兩打討肆兩　禁子肆兩共銀貳拾兩每名打討拾貳兩

斗級本府廣豊倉德府廣受倉各壹名預備倉貳名共銀貳拾肆兩每名打討德府玖兩府縣倉拾貳兩　巡欄壹名銀貳兩　司兵總鋪叄名何家等叄鋪各貳名每名司叄兩兵肆兩第肆鋪第伍鋪第陸鋪各貳名每名司貳兩兵叄兩共銀肆拾柒兩打討司肆兩兵陸兩　脚夫本縣批驗所肆名共銀拾貳兩每名打討伍兩　橋夫貳名共銀貳兩肆錢每名打討叄兩陸錢打造浮橋本縣設處不必獨累此役

# 齊河縣

## 銀差

實編銀叄千伍百玖拾伍兩柒錢
銀差銀貳千玖百貳拾肆兩捌錢
料價戶部折色黃蠟銀貳拾兩工部虞衡司料銀貳百叄拾兩
木柴銀叄拾叄兩肆錢
京班皁隸柴薪玖名共銀壹百捌兩
胖襖叄拾玖副共銀伍拾捌兩伍錢內鞋折襖肆件褲伍條每副脚價壹錢伍分併府類解
柴夫壹百柒拾貳名共銀伍百叄拾叄兩貳錢
聽征有馬民兵柒名每名叄拾陸兩共銀貳百伍拾貳兩
聽征步隊民兵拾陸名每名貳拾兩共銀叄百貳拾兩

軍餉銀叄拾貳兩解司給兵
有馬快手德州道團操伍名每名連器械貳拾柒兩共銀壹百叄拾伍兩
本縣庫子貳名每名貳拾肆兩共銀肆拾捌兩在官催募正戶華去
庫子晏城馬驛伍名共銀貳百叄拾兩
館夫晏城馬驛叄名共銀貳拾柒兩
門子德州戶部管糧分司叄名共銀貳拾柒兩
皁隸巡按察院伍名布政司柒名共銀壹百貳拾玖兩陸錢
庫子按察司肆名本府壹名共銀陸拾兩

祭祀銀捌拾壹兩壹錢
鄉飲拾貳兩
歲貢銀府學玖兩縣學叄拾陸兩共銀肆拾伍兩
公用銀兩院拾兩解司發歷城縣支銷
歷科舉人車價銀拾貳兩解府
進士舉人牌坊武舉盤纏長夫銀叄拾兩解司
民校皁海王貳名利津王捌名共銀壹百兩
民廚利津王壹名半共銀拾貳兩
柴薪皁隸本縣玖名共銀壹百捌兩
馬夫本縣肆名共銀壹百陸拾兩

齊夫陸名共銀柒拾貳兩
膳夫銀肆拾兩

## 力差

力差銀陸百柒拾兩玖錢
德州道步隊團操民壯貳拾柒名共銀壹百玖拾肆兩肆錢每名連器械打討拾貳兩
守城民壯肆拾名共銀壹百陸拾兩每名打討捌兩
門子縣儒學玖名每名叄兩分司府館叄名每名貳兩共銀叄拾叄兩打討俱陸兩司館不加
皁隸本縣貳拾柒名共銀玖拾肆兩伍錢每名打討兩
庫子縣學壹名銀貳兩打討陸兩在京糧儲道壹名照舊編
禁字肆名共銀貳拾兩每名打討拾貳兩

斗級本府廣豐倉壹名預備倉叄名共銀貳拾肆兩每名打討拾貳兩
司兵總舖陸名倫鎮等貳舖各伍名丘家等伍舖各肆名曹章舖貳名每名司叄兩兵肆兩共銀壹百肆拾叄兩每名打討司陸兩兵捌兩

# 利津縣

## 銀差

實編銀叄千壹百肆拾柒兩捌錢

銀差銀貳千伍百壹拾陸兩陸錢

料價工部虞衡司料銀肆百貳拾兩

本柒銀貳拾兩伍錢

胖襖伍拾副共銀柒拾伍兩內鞋折襖陸件褲肆條每副腳價壹錢伍分解府類解

軍器銀德州衛料價肆拾捌兩

柴夫壹百壹拾叄名共銀叄百伍拾兩叄錢

聽征有馬民兵柒名每名叄拾陸兩共銀貳百伍拾貳兩

聽征步隊民兵貳拾名每名貳拾兩共銀肆百兩

軍餉銀肆拾捌兩解司給兵

有馬快手武定道團操伍名每名連器械貳拾柒兩共銀壹百叄拾伍兩

皂隸按察司肆名武定道壹名本府肆名共銀玖拾柒兩貳錢

本縣庫子貳名每名貳拾肆兩共銀肆拾捌兩在官産募正戶革去

腳夫銀運司拾陸兩

祭祀銀捌拾壹兩壹錢

鄉飲拾貳兩

歲貢銀叄拾陸兩

公用銀兩院捌兩叄錢[illegible]解司發歷城縣支銷

歷科舉人車價銀拾兩解府

進士舉人牌坊武舉盤纏長夫銀貳拾兩解司

柴薪皂隸運司伍名本縣玖名共銀壹百陸拾捌兩

馬夫本縣肆名共銀壹百陸拾兩

齋夫陸名共銀柒拾貳兩

膳夫銀肆拾兩

## 力差

力差銀陸百叄拾壹兩貳錢

武定道步隊團操民壯貳拾壹名共銀壹百伍拾壹兩貳錢每名連器械打討壹拾貳兩

守城民壯拾名共銀貳百肆拾兩每名打討捌兩

門子縣學玖名每名叄兩啓聖祠壹名貳兩分司貳名每名壹兩共銀叄拾壹兩打討俱陸兩啓聖肆兩分司不加

皂隸本縣貳拾名共銀柒拾兩每名打討柒兩貳錢

庫子儒學壹名貳兩打討肆兩

禁子肆名共銀貳拾兩每名打討拾貳兩

斗級本府廣儲倉貳名預備倉貳名共銀貳拾肆兩每名打討拾貳兩

弓兵豐國鎮巡檢司貳拾名共銀陸拾兩每名打討柒兩貳錢

巡欄貳名共銀捌兩

司兵總舖叄名彭家店侯家庄貳舖各貳名每名司叄兩兵肆兩共銀貳拾伍兩近海偏僻不加

# 海豐縣

銀差

實編銀叁千壹百貳拾柒兩陸錢 銀差銀貳千肆百玖拾伍兩肆錢 料價工部壹衡司料銀壹百叁拾兩 木柴銀壹百捌拾叁兩柒錢 京班皁隸柒薪貳拾名共銀貳百肆拾兩直堂肆名共銀肆拾兩 伴興肆拾副共銀陸拾兩內鞋折襖肆件褲陸條每副腳價壹錢伍分解府類解 狐狸皮拾壹張共銀伍兩伍錢 柴夫壹百柒拾捌名共銀伍百伍拾壹兩捌錢 聽征有馬民兵柒名每名叁拾陸兩共銀貳百伍拾貳兩

聽征步隊民兵拾壹名每名貳拾兩共銀貳百貳拾兩 軍餉銀柒拾貳兩解司給工 有馬快手武定道團操伍名每名連器械貳拾柒兩共銀壹百叁拾伍兩 庫子本府壹名銀拾貳兩 禁子本府壹名銀拾貳兩 本縣庫子貳名每名貳拾肆兩共銀肆拾捌兩伍官桂募正六革去 祭祀銀捌拾壹兩壹錢 鄉飲拾貳兩

歲貢銀叁拾陸兩 公用銀兩院撫[illegible]錢伍分[illegible]言[illegible]庭城縣支銷 歷科舉人車價銀拾兩解府 進士舉人牌坊武舉盤纏長夫銀貳拾兩解司 民校字海王壹名銀拾兩 柴薪皁隸本縣柒名共銀捌拾肆兩 馬夫本府壹名本縣叁名共銀肆百陸拾兩

齋夫陸名共銀柒拾貳兩 膳夫銀肆拾兩

力差

力差銀陸百叁拾貳兩貳錢 武定道步隊團操民壯貳拾陸名共銀壹百捌拾柒兩貳錢每名連器械打討柒拾貳兩 守城民壯陸拾名共銀貳百肆拾兩每名打討捌兩 門子縣學捌名每名叁兩拾[illegible] 祠壹名貳兩分司府館壹名壹兩共銀貳拾柒兩打討俱陸兩啓聖肆兩司館不加 皁隸本縣拾陸名共銀伍拾陸兩每名打討柒兩貳錢 庫子儒學壹名貳兩打討肆兩 禁子肆名共銀貳拾兩每名打討拾貳兩

斗級預備倉叁名共銀拾捌兩每名打討拾貳兩 弓兵大沽河海口巡檢司貳拾名共銀陸拾兩每名打討柒兩貳錢 巡攔壹名銀肆兩 司兵總舖叁名東團店舖貳名每名司叁兩兵肆兩共銀壹拾捌兩近海偏僻不加

# 新城縣

實編銀叁千壹百叁拾捌兩肆錢伍分

銀差

銀差銀貳千伍百陸拾叁兩伍分

料價工部虞衡司料銀叁百玖拾兩

木柴銀貳拾柒兩貳錢

京班皂隸柴新拾貳名共銀壹百肆拾肆兩直堂叁名共銀叁拾兩

胖襖伍拾柒副零襖壹件共銀捌拾陸兩式錢伍分內鞋拾襖陸件襖柒條每副腳價壹錢伍分件府頭解

柴夫壹百肆拾玖共銀肆百陸拾壹兩玖錢

聽征有馬式兵柒名每名叁拾陸兩共銀貳百伍拾貳兩

聽征步隊民兵拾肆名每名貳拾兩共銀貳百捌拾兩

軍餉銀貳拾捌兩解司給兵

有馬快手武定道團操玖名每名連器械貳拾柒兩共銀貳百肆拾叁兩

皂隸本府貳名共銀貳拾壹兩陸錢

禁子按察司壹名銀拾貳兩

本縣庫子貳名每名貳拾肆兩共銀肆拾捌兩在官在募正戶華去

祭祀銀捌拾壹兩壹錢

鄉飲壹拾貳兩

歲貢旗叁拾陸兩

公用銀兩院拾兩解司發歷城縣支銷

歷科舉人車價拾貳兩解府

進士舉人牌坊武舉盤纏長夫銀貳拾兩解司

柴新皂隸本府壹名本縣柒名共銀玖拾陸兩

馬夫按察司壹名本縣叁名共銀壹百陸拾兩

齋夫陸名共銀柒拾貳兩

膳夫銀肆拾兩

力差

力差銀伍百柒拾伍兩肆錢

武定道步隊團操民壯貳拾貳名共銀壹百伍拾捌兩肆錢每名連器械打討拾貳兩

守城民壯陸拾名共銀貳百肆拾兩每名打討捌兩

門子縣秤學捌名每名叁兩啓聖祠宣名貳兩分司府館叁名每名壹兩共銀貳拾玖兩打討俱陸兩啓聖肆兩司館不加

皂隸本縣拾陸名共銀伍拾陸兩每名打討柒兩貳錢

庫子備學壹名貳兩討肆兩打

禁子肆名共銀貳拾兩每名打討拾貳兩[illegible]

斗級預備倉叁名共銀拾捌兩每名打討拾貳兩

巡攔本縣貳名共銀捌兩

司兵總舖肆名張店舖肆名于家張機貳舖各貳名每名司叁兩兵肆兩共銀肆拾肆兩備解不加

# 新泰縣

## 銀差

富編銀貳千玖百捌拾貳兩肆錢貳分玖釐捌毫壹絲
鋪差銀貳千壹百肆拾玖兩叁錢貳分玖釐捌毫壹絲
木柴編銀貳拾捌兩陸錢
胖襖肆拾貳副共銀陸拾叁兩內鞋折襖伍件褲叁條每副脚價壹錢伍分
[illegible]
軍器銀貳[illegible]斤料價肆拾肆兩柒錢貳分玖釐捌毫壹絲
柴夫貳百玖拾肆名共銀玖百壹拾壹兩肆錢
聽征有馬民兵壹名銀叁拾陸兩
聽征步隊民兵拾名每名貳拾兩共銀貳百兩

軍餉銀肆拾肆兩解司給兵
泉夫叁拾貳名每名叁兩共銀貳百壹拾陸兩其肥城退回拾貳名改發泰安萊蕪各代陸名候年豐改正改
力差
有馬快手青州道團操柒名每名連器械貳拾柒兩共銀壹百捌拾玖兩
本縣庫子貳名每名貳拾肆兩共銀肆拾捌兩在官傭募正戶華去

祭祀銀柒拾玖兩壹錢
鄉飲拾貳兩
歲貢銀叁拾陸兩
公用銀兩院捌兩叁錢伍分解司發歷城縣支銷
歷科舉人車價拾兩解府
進士舉人牌坊武舉盤纏長夫銀貳拾兩解司
柴薪皂隸本縣伍名共銀陸拾兩
[illegible]夫本縣貳名共銀捌拾兩

齋夫貳名共銀貳拾肆兩
膳夫銀肆拾兩

## 力差

力差銀捌百叁拾叁兩壹錢
青州道步隊團操民壯拾捌名共銀壹百肆拾玖兩陸錢每名連器械打討[illegible]兩
守城民壯肆拾名共銀壹百陸拾兩每名打討肆兩
泉夫壹百貳拾貳名共銀叁百陸拾陸兩
門子縣行學伍名每名[illegible]兩啓聖祠壹名貳兩分司叁名每名壹兩楊柳集公署壹名伍錢共銀拾玖兩伍錢打討伍陸兩啓聖肆兩司署不加
皂隸本縣拾貳名共銀肆拾貳兩每名打討柒兩貳錢
庫子儒學壹名貳兩打討肆兩

禁子肆名共銀貳拾兩每名打討拾貳兩
斗級預備倉壹名陸兩打討拾貳兩
弓兵上肆莊巡檢司拾伍名共銀肆拾伍兩每名打討柒兩貳錢
司兵總舖肆名南舖高谷貳舖各叁名名公北鄉貳舖各[illegible]名每名司叁兩兵肆兩共銀肆拾叁兩山僻不加

# 霑化縣

實編銀貳千陸百貳拾壹兩玖錢

**銀差**

銀差銀貳千壹百壹拾叄兩玖錢。料價工部劄水司[illegible]銀貳百[illegible]兩。木柴銀拾貳兩捌錢。京班皂隸柒新添看監壹百捌兩。直堂伍名共銀伍拾兩。附襯肆拾叄副共銀陸拾肆兩伍錢內推折襯伍[illegible]徵肆條鞭[illegible]價壹錢伍[illegible]。公館什物銀[illegible]。器[illegible]料銀德州衛料價伍拾[illegible]兩。柴夫壹百名共銀叄百壹拾兩。聽征有馬民壯[illegible]名叄拾陸兩共銀貳百伍拾兩。聽征步隊民兵貳拾名每名貳拾兩共銀肆百兩。

軍餉銀貳拾肆兩解司給兵。有馬快手武定道團操肆名每名連器械貳拾柒兩共銀壹百捌兩。本縣庫子貳名每名貳拾肆兩共銀肆拾捌兩在官僱募正戶革去。祭祀銀捌拾壹兩壹錢。鄉飲拾貳兩。歲貢銀叄拾陸兩。公用銀兩托柒兩伍錢解司發盤城縣支銷。

歷科舉人車價銀拾兩解府。進士舉人牌坊武舉盤纏長夫銀貳拾兩解司。民廚臨清王貳名共銀拾陸兩。柴新皂隸本縣柒名共銀捌拾肆兩。馬夫本縣叄名共銀壹百貳拾兩。

齋夫肆名共銀肆拾捌兩。膳夫銀肆拾兩。

**力差**

力差銀伍百捌兩。武定道步隊團操民壯拾名共銀柒拾貳兩每名連器械打討壹拾貳兩。守城民壯陸拾名共銀貳百肆拾兩每名打討捌兩。門子縣儒學柒名每名叄兩啓聖祠壹名貳兩共銀貳拾叄兩打討俱陸兩。啓聖肆兩。皁隸本縣拾陸名共銀伍拾陸兩每名打討銀柒兩貳錢。庫子儒學壹名貳兩打討[illegible]兩。禁子肆名共銀貳拾兩每名打討拾貳兩。斗級預備倉叄名共銀拾捌兩每名打討拾貳兩。

**差**

弓兵久山鎮巡檢司貳拾名共銀陸拾兩每名打討柒兩貳錢。巡攔貳名共銀捌兩。司兵總舖叄名賈莊皮店貳舖各壹名每名司叄兩兵肆兩共銀拾柒兩近海偏僻不加。

# 兗州府所屬

## 曹州

銀差

實編銀玖千
伍百陸拾
兩肆錢伍分
銀差銀柒千
貳百貳拾叁
兩肆錢伍分
料價戶部本
色黃蠟銀
叁百叁拾
兩工部磚
料銀伍拾兩
胖襖陸拾玖
副每褲壹
腰鞋壹雙
共銀壹百
叁兩玖錢
伍分內鞋
折襖捌件
褲柒腰每
副腳價壹
錢伍分伍
釐解府類解
紙劄皮柒拾叁
張共銀叁拾
陸兩伍錢
軍器銀濟寧衛
料價拾伍兩
柴夫壹百捌
拾名共銀壹
百伍拾捌兩
聽征有馬民
兵拾柒名
每名叁拾
陸兩共銀
陸百拾貳兩
聽征步隊民
兵肆拾陸
名每名貳
拾兩共銀
玖百貳拾兩

軍餉銀柒拾
陸兩解司
給兵
有馬快手曹
濮道團操
叁拾叁名
每名連器
械貳拾柒
兩共銀捌
百玖拾壹
兩
庫子東原驛
伍名昌平
驛叁名南
城驛陸名
翔門安山
驛貳名開
河驛貳名
共銀捌百
貳拾捌兩
門子曹濮道
叁名共銀
貳拾柒兩
皂隸河院拾
名曹濮道
拾陸名分
守東兗道
捌名本府
叁拾肆名
共銀柒百
叁拾肆兩
肆錢
庫子本府貳
名共銀貳
拾肆兩
接遞夫協濟
濟寧廠叁
名解濟寧
州募夫共
銀拾捌兩

閘夫協濟濟
寧衛柒道
閘貳名每
名肆兩共
銀捌兩玖
力差
溜夫協濟濟
寧新閘陸
拾叁名師
家莊閘拾
伍名協濟
魚臺廣運
閘壹名代
魚臺南陽
閘叁拾名
每名陸兩
共銀陸百
伍拾肆兩
改力差
撈淺夫協濟
嘉祥柒名
協濟濟寧
衛拾伍名
每名肆兩
共銀捌拾
捌兩改力差
本州庫子貳
名每名貳
拾肆兩共
銀肆拾捌
兩在官
募正戶革
去
看墳民校高
密王叁名
共銀貳拾
肆兩
祭祀銀捌拾
壹兩壹錢
鄉飲拾貳兩

力差

民校樂陵王
伍名鄒平
王叁名新
泰王壹名
鉅野王玖
名陽信貳
城安伍叁
王各貳名
共銀貳百
肆拾兩
歲貢銀叁拾
陸兩
公用銀兩院
拾壹兩票錢
解司發歷
城縣支銷
進士舉人牌
坊武舉盤
纏長夫銀
肆拾兩解
司
柴薪皂隸本
府捌名曹
府玖名本
州拾貳名
共銀叁百
肆拾捌兩
馬夫兵備壹
名本州肆
名每名肆
拾兩共銀
貳百兩
齋夫府學貳
名州學捌
名共銀壹
百貳拾兩
膳夫府學叁
名州學陸
名共銀玖
拾兩

力差銀貳千叁
百叁拾柒兩
曹濮道步隊團
操民壯壹百
肆拾名共銀
壹千捌陸每
名連器械打
討拾貳兩
守城民壯捌拾
名共銀叁百
貳拾兩每名
打討捌兩
閘夫見役協濟
濟寧天井閘
叁拾名共銀
壹百捌拾兩
每名打討拾
貳兩其停役
協濟濟寧衛
本通閘貳拾
陸名協濟濟
寧宮村吳太
貳閘貳名卒
王閘肆名每
名伍錢共銀
拾陸兩
守口夫停役沙
灣拾伍名
每名伍錢共
銀柒兩伍錢
門子本州伍名
州學伍名每
名叁兩啓聖
祠壹名貳兩
祭院分司府
館肆名每名
壹兩共銀叁
拾陸兩打討
俱陸兩司館
不加

溜夫停役協濟
濟寧中新閘
伍拾名協濟
魚臺廣運閘
拾貳名每名
伍錢共銀叁
拾壹兩
撈淺夫見役協
濟嘉祥玖名
協濟濟寧衛
拾伍名共銀
拾陸兩每
名打討捌兩
泉夫見役襄河
叁拾貳名
共銀叁百陸
拾兩每名打
討陸兩
皂隸本州貳拾
伍名共銀捌
拾柒兩伍錢
每名打討玖兩
庫子儒學壹
名貳兩打討
陸兩
禁子陸名共
叁拾陸兩每名
打討拾貳兩
斗級預備倉肆
名共銀貳拾
肆兩每打討
拾貳兩
巡攔本州稅課
局貳名共銀
叁兩
司兵叁拾柒名
共銀壹百叁
拾陸兩每名
打討司陸兩
兵柒兩貳錢

# 汶上縣

銀差

實編銀玖千壹百玖拾捌兩捌錢伍分

銀差銀肆千柒百玖拾兩伍分

料價戶部本色黃蠟銀伍拾貳兩伍錢工部輒料銀壹百兩都水司料銀貳百兩

藥材銀柒兩貳錢

聽征有馬民兵拾壹名每名叁拾陸兩共銀叁百玖拾陸兩

聽征步隊民兵貳拾叁名每名貳拾兩共銀肆百陸拾兩

軍餉銀玖拾陸兩解司給兵

庫子新橋馬驛拾名新嘉馬驛壹名共銀伍百陸兩

禁子本府壹名銀拾貳兩

有馬快手曹濮道團操拾柒名每名連器械貳拾柒兩共銀肆百伍拾玖兩

皂隸管河道拾名共銀壹百捌兩解濟寧州

聽催

本縣庫子貳名每名貳拾肆兩共銀肆拾捌兩任官催募正戶革去

留夫本縣地方南旺上下閘叁拾名每名陸兩共銀壹百捌拾兩改力差

淺舖夫本縣地方柒拾名每名肆兩共銀貳百捌拾兩改力差

撈淺夫本縣地方貳百伍拾貳名每名肆兩共銀壹千捌兩改力差

鄉飲拾貳兩

泉夫拾陸名每名叁兩共銀肆拾捌兩改力差

壩夫正身內改貳拾名每名叁兩共銀陸拾兩改力差

祭祀銀捌拾柒兩壹錢

歲貢銀叁拾陸兩

公用銀兩院玖兩壹錢伍分解司發歷城縣支銷

進士舉人牌坊武舉盤纏長夫銀肆拾兩解司

齋郎魯府貳名共銀拾兩

民校鉅城安丘樂陵滋陽陽信伍王拾捌名共銀壹百捌拾兩

民廚樂陵王半名銀肆兩

米新皂隸兵備壹名本縣玖名共銀壹百貳拾兩

馬夫本縣肆名共銀壹百陸拾兩

齋夫陸名共銀柒拾貳兩

膳夫銀肆拾兩

力差

力差銀肆千肆百捌兩捌錢

曹濮道兵操伍拾玖名每銀肆貳拾肆兩捌錢每名連器械打拾貳兩

守城民壯伍拾柒名共銀貳百貳拾捌兩每名打玖兩

閘夫見役守前鋪開閘河閘各貳名南旺上下閘肆拾名袁家口閘叁拾名共銀陸百陸拾兩每名打討拾貳兩停役李太口閘貳名共銀壹兩

溜夫見役南旺上下閘陸拾名共銀叁百陸拾兩每名打討拾貳兩

淺舖夫見役本縣地方伍拾陸名共銀貳百貳拾肆兩每名打討捌兩

撈淺夫見役本縣地方貳百名共銀捌百兩每名打討肆兩

接遞夫本縣[illegible]本府叁名每名叁兩[illegible]名每名肆兩[illegible]夫拾陸名每名陸兩共銀壹千貳百貳拾壹兩打討肆拾兩捌錢餘拾貳兩

守吳停役安平鎮拾名共銀伍兩

泉夫見役貳拾名共銀陸拾兩每名打討陸兩停役馬蹄泉陸名共銀叁拾兩

壩夫見役[illegible]柒拾名每名貳兩共銀壹百肆拾兩內正身貳拾名打討陸伍拾名徵銀解府仍註南旺挑停役戴村壩貳拾名伍錢共銀陸兩

門子縣丞典史名每名叁兩啓聖祠院司肆名每名貳兩南旺司叁名每名壹兩書院龍王廟貳名每名[illegible]共銀叁拾玖兩打討供陸兩司解不加

皂隸本縣拾玖名共銀伍拾柒兩每名打討玖兩

庫子儒學壹名貳兩打討陸兩

禁子肆名共銀貳拾兩每名打討拾貳兩

斗級儒學倉壹名貳兩預備倉叁名每名陸兩共貳拾兩打討叁陸兩預備拾貳兩

司兵叁拾柒名共銀壹百叁拾捌兩打討柒兩貳錢兵玖兩

# 濟寧州

銀差

賞編銀捌千捌百貳拾兩貳錢。

銀差銀叁千叁百叁拾肆兩陸錢。

料價戶部折色黃蠟銀貳拾兩，工部顏料銀壹百兩。

藥材銀叁兩貳錢。

軍器銀濟寧衛料價拾伍兩，腳價柒拾兩。

聽徵有馬民兵拾伍名，每名叁拾陸兩，共銀伍百肆拾兩。

軍餉銀柒拾肆兩，解司給兵。

有馬快手沂州道團操捌名，每名連器械貳拾柒兩，共銀貳百壹拾陸兩。

門子管河道叁名，共銀貳拾柒兩。

皁隸管河道陸名，共銀叁拾肆兩捌錢。

聽徵步隊民兵貳拾壹名，每名貳拾兩，共銀肆百貳拾兩。

本州庫子貳名，每名貳拾肆兩，共銀肆拾捌兩，在官催募正戶革去。

接遞夫本州廠拾壹名，內本州看廠貳名，每名陸兩，共銀陸拾陸兩，本州募夫。

濬夫陸名，每名陸兩，共銀叁拾陸兩，改力差。

閘夫師家莊閘柒名，每名陸兩，共銀肆拾貳兩，改力差。

淺舖夫今編陸拾名，每名肆兩，共銀貳百肆拾兩，改力差。

撈淺夫壹百陸拾貳名，每名肆兩，共銀陸百肆拾捌兩，改力差。

泉夫拾貳名，每名叁兩，共銀叁拾陸兩，改力差。

祭祀銀捌拾肆兩壹錢。

鄉飲銀拾貳兩。

歲貢銀叁拾陸兩。

公用銀兩院拾壹兩柒錢，解司[illegible]城[illegible]支銀。

進士舉人牌坊、武舉盤纏長夫銀叁拾兩，解司。

柴薪皁隸兵備壹名，本州拾肆名，共銀壹百捌拾兩。

馬夫本州伍名，每名肆拾兩，共銀貳百兩。

齋夫捌名，共銀玖拾陸兩。

膳夫銀陸拾兩。

力差

力差銀伍千肆百肆拾伍兩陸錢。

沂州道步隊團操民壯肆拾叁名，共銀叁百玖兩陸錢，每名運器械打討拾貳兩。

守城民壯捌拾名，共銀叁百貳拾兩，每名打討捌兩。

閘夫見役本州師家莊閘叁名，石佛閘拾名，在城閘叁拾名，共銀貳百拾捌兩，每名打討拾貳兩，停役王閘肆名，共銀貳[illegible]兩。

淺舖夫見役本州地方肆拾捌名，共銀壹百玖拾貳兩，每名打討捌兩。

撈淺夫見役本州地方壹百叁拾捌名，共銀伍百伍拾貳兩，每名打討捌兩。

泉夫見役拾名，共銀[illegible]拾兩，每名打討陸兩。

皁隸本州叁拾貳名，共銀壹百壹拾貳兩，每名打討叁兩。

庫子儒學壹名，貳兩，打討陸兩。

接遞夫本州廠陸百肆拾柒名，共銀叁千貳百叁拾伍兩，每名打討拾兩。

門子州并學拾壹名，每名叁兩；啓聖祠壹名，分司府館肆名，每名貳兩；漕河神祠壹名壹兩；共銀肆拾肆兩，打討啓聖肆兩，餘俱陸兩，司館不加。

禁子陸名，共銀叁拾兩，每名打討拾貳兩。

斗級[illegible]兩[illegible]倉叁名，每名陸[illegible]，共銀貳拾[illegible]兩，打討[illegible]拾貳兩[illegible]。

弓兵魯橋巡檢司貳拾名，共銀陸拾兩，每名打討[illegible]兩[illegible]錢。

巡攔本州稅課局肆名，共銀陸兩。

弓兵[illegible]拾名，共銀貳拾兩，每名打討捌兩。

司兵陸拾柒名，共銀貳百[illegible]拾壹兩，每名打討[illegible]兩貳錢[illegible]兩。

# 單縣

銀差

實編銀玖千玖拾捌兩伍錢銀差銀陸千叁百貳兩捌錢料價戶部折色黃蠟銀捌拾陸兩工部顏料銀壹百壹拾兩叁衛司料銀叁百兩藥材銀肆兩陸錢東平軍器銀所料價柴兩胖襖肆拾陸

肆百陸拾拾名共銀伍兩軍餉銀壹百叁拾陸兩新司給陸馬快手曹有快道團操拾名每名連器械貳拾兩米共銀貳百米拾兩庫子河橋水驛叁名昌平驛壹名共銀壹百捌拾肆兩鋪夫河橋

力差

路廠貳拾名內貴夫名每名捌兩白夫拾肆名共銀貳百兩壹拾陸兩開大協濟魚荸薺南陽開捌名協濟濟寧棗林開玖名魯橋新閘貳拾名仲家淺叁名每閘米名名陸兩上新閘貳名

接遞夫沙溝窯棗林協濟捌拾名魯閘橋閘玖拾名師家莊新閘貳拾名閘新店叁拾名新店伍名貳拾伍名莊村閘石拾肆名佛名代貳伍名代魚仲閘每名荸薺南陽閘伍拾陸兩共銀壹千捌百兩伍拾肆兩力差

力差銀貳千柴百玖拾伍兩米錢貴撥溜夫陸名操民壯肆拾陸名共銀叁百壹拾兩每名貳錢打討拾貳兩城守壯打拾名共銀貳百肆拾兩每名打討捌兩閘夫協役協濟沙河南陽名拾名濟寧蔡林閘名閘貳名濟寧名閘伍名新閘貳名

溜夫兒役新店閘捌名趙村閘伍陸名天井閘玖拾名石佛閘拾捌名共銀米百玖拾貳兩每名打討拾貳兩停役上新閘貳拾名共銀拾兩撈淺夫兒役協濟濟寧衛拾伍名共銀陸拾兩每名打討捌兩門子縣拾玖名每名叁兩啓聖祠壹名貳兩分司府館白浮閘陸

副共銀陸拾玖兩內伍兩韃折襖陸價件每副襖腳價伍錢壹分伍錢鑾解府額解有征兵拾馬民兵每名貳名叁拾陸兩共叁拾銀肆百兩叁拾貳兩征步隊民兵貳拾玖名每名拾貳拾兩共銀伍百捌拾兩

聽

聽

驛叁名共銀貳拾米兩庫子本府壹名銀拾貳兩門子安平鎮管河分司貳名共銀拾捌兩本縣庫子貳名每名貳拾兩共銀肆拾捌兩銀伍官雇募去看守庫院公用銀兩會盆藥銀解司發歷城縣交銷

本

中新閘貳名每名肆名共銀貳兩百玖拾捌兩改力差撈淺夫協濟魚臺壹百叁拾名協濟濟寧衛濟寧名共拾伍名伍百捌拾伍兩改力差銀伍兩祭祀銀捌拾肆兩米錢鄉飲拾貳兩進士舉人牌坊武舉盤纏長夫銀肆拾兩解司

祭

陸兩齋郎魚府名共銀叁拾伍兩廚子城安立貳王銀拾名共貳兩民壯陸兩柴薪皂隸備壹名本兵縣玖名共銀壹百貳拾兩馬夫本縣肆名共銀壹兩百陸拾名齋夫陸名共銀柴拾貳兩膳夫銀肆拾兩

村新店閘名拾名仲家淺閘叁名直隸沛縣湖陵城閘貳拾陸名共銀伍百肆兩每名打討拾貳兩上新閘每名肆兩停役上新閘拾捌名中新閘拾捌名共銀拾捌兩堤夫貳百壹拾米名共銀陸百伍拾兩每名打討陸兩皂隸本縣拾陸名共銀伍拾陸兩分司

名每名壹兩琴堂壹名伍錢共銀叁拾叁兩伍錢打討陸兩庫子儒學壹名貳兩打討陸兩館不加肆兩司禁子肆名共銀貳拾兩每名打討拾貳兩斗級儒學倉壹名預備倉貳名每名陸兩共銀拾肆兩打討學陸兩兩司獄拾叁名共銀肆拾捌兩每名打討司陸兩巡檢司柴兩貳錢

# 曹縣

## 銀差

實編銀伍千伍拾壹兩陸錢柒分伍釐

銀差銀伍千伍百貳拾叁兩柒分伍釐

料價戶部黃蠟本色銀叁拾兩工部顏料銀壹百伍拾兩都水司料價叁百伍拾兩

藥材銀陸兩伍錢

胖襖[illegible]

聽征有馬民兵拾貳名每名叁拾陸兩共銀肆百叁拾貳兩

聽征步隊民兵貳拾名每名貳拾兩共銀肆百陸拾兩

軍餉銀肆百壹兩解司給兵

有馬快手曹濮道團操拾伍名每名器械[illegible]

禁子本府貳名共銀貳拾肆兩

本縣庫子貳名每名貳拾肆兩共銀肆拾捌兩在官[illegible]

接遞夫協濟寧驛拾叁名共銀柒拾捌兩

溜夫協濟南旺閘伍名家夫閘拾伍名趙村閘貳拾伍名[illegible]

進士舉人牌坊武舉盤纏長夫銀肆拾兩解司

民校曹城新蔡樂陵安丘鉅野陽信滋陽東原捌十叁拾柒名共銀叁百柒拾兩

看守魯校東阿高名貳平陰肆名共銀叁拾貳兩

[illegible]

## 力差

以下各衙門[illegible]貳拾捌兩陸錢

曹濮道兵備團操民壯伍拾叁名共銀叁百捌拾壹兩陸錢每名造器械[illegible]

[illegible]

門子縣并學玖名每名叁兩啓聖祠壹名貳兩分司寺廟公館伍

[illegible]

壹佰叁拾肆名徵銀貳百陸拾捌名每名貳兩

腰鞋壹雙共銀伍拾柒兩伍錢柒分叁釐[illegible]

狐狸皮拾捌張共銀玖兩

軍器料價肆拾伍兩

柴夫貳百名共銀陸百貳拾兩

庫子本府壹名銀拾貳兩

共銀肆百伍兩

庫子南城馬[illegible]

館夫[illegible]

門子安平司[illegible]管河分司[illegible]

皂隸河道都院拾名分守道捌名本府玖名共銀貳百玖拾壹兩陸錢

名共銀伍百肆拾陸兩攻力差

撈淺夫協濟濟寧[illegible]

祭祀[illegible]

歲貢[illegible]

公用銀[illegible]拾兩解司發城縣支銷

齋夫魯府肆名共銀貳拾兩

名共銀拾陸兩

柴薪皂隸本府貳名[illegible]

馬夫[illegible]

齋夫[illegible]

膳夫府學[illegible]名縣學肆名共銀柒拾兩

[illegible]討拾貳兩

撈淺夫協濟[illegible]

堤夫[illegible]

橋夫[illegible]

門橋捌名濟安橋[illegible]閘橋馬驛各貳名共銀捌兩

[illegible]

看堤打討叁兩

共銀□□□□

# 東平州

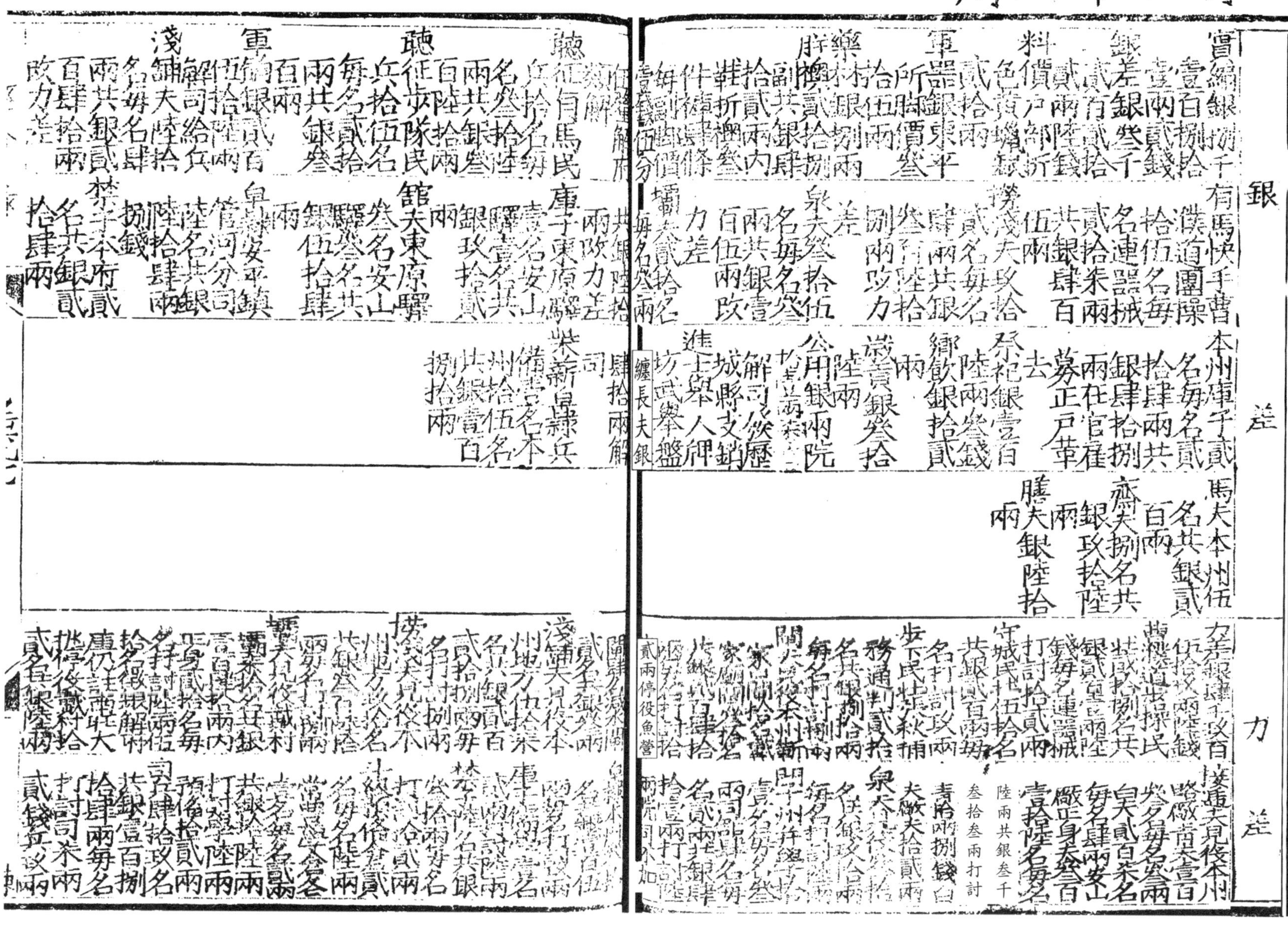

銀差

力差

# 陽穀縣

實編銀陸千伍百叁拾柒兩捌錢 銀差銀叁千玖百伍拾玖兩肆錢 料價户部折色黄蠟銀貳拾兩工部熟料銀壹百兩都水司料價壹百伍拾兩 藥材銀捌兩 胖襖叁拾玖副褲鞋壹件共銀伍拾玖兩伍錢伍分內鞋折襪肆件褲陸條每副胖價壹錢伍分伍釐解府類解 軍器銀濟寧衛料價拾兩 狐狸皮叁拾叁張共銀壹拾陸兩伍錢 有馬快手臨清道團操肆名每名連器械貳拾柒兩共銀壹百捌兩

聽征有馬民兵捌名每名叁拾陸兩共銀貳百捌拾捌兩 聽征安隊民兵拾肆名每名貳拾兩共銀貳百捌拾兩 軍餉銀陸拾捌兩解司給兵 濬夫協濟濟寧仲家淺閘貳拾名代魚臺南陽閘拾叁名該縣水災仍暫代編共銀壹百玖拾捌兩改力差 淺鋪夫本縣陸拾名每名肆兩共銀貳百肆拾兩改力差 撈淺夫本縣貳百肆拾柒名每名肆兩共銀玖百捌拾捌兩改力差 館夫荆門驛叁名共銀貳拾柒兩

庫子荆門驛拾叁名安山驛壹名共銀陸百肆拾肆兩 皂隸安平鎮管河分司肆名共銀肆拾叁兩貳錢 禁子本府叁名張秋捕務通判壹名共銀肆拾捌兩 本縣庫子貳名每名貳拾肆兩共銀肆拾捌兩 兩在官僱 募正户革去 祭祀銀捌拾叁兩玖錢 鄉飲銀拾貳兩 歲貢銀叁拾陸兩 公用銀兩院玖兩壹錢伍分解司發歷城縣支銷 柴薪皂隸兵備壹名張秋捕務通判貳名本縣玖名共銀壹百肆拾肆兩

進士舉人牌坊武舉盤纏長夫銀肆拾兩解司 齋郎魚府發名共銀拾伍兩 民廚陽信王半名銀肆兩 馬夫本縣肆名共銀壹百陸拾兩 齋夫陸名共銀柒拾貳兩 膳夫銀肆拾兩

力差銀貳千伍百柒拾捌兩肆錢 臨清道步隊團操民壯叁拾貳名共銀貳百叁拾兩肆錢每名連器械打討拾貳兩 守城民壯肆拾柒名共銀壹百捌拾捌兩每名打討捌兩 接遞夫安山驛正身拾貳名共銀柒拾貳兩每名打討拾貳兩 閘夫見役荆門 上下閘肆拾名阿城上下閘伍拾名七級上下閘貳拾名共銀陸百陸拾兩每名打討拾貳兩 撈淺夫見役本縣地方貳百肆拾名共銀玖百陸拾兩每名打討捌兩 守口夫停役安平鎮叁拾肆名共銀拾柒兩 橋夫見役安平鎮拾貳名共銀柒拾陸兩每名打討拾兩

淺鋪夫見役本縣地方肆拾捌名共銀壹百玖拾貳兩每名打討兩 閘夫本縣并學玖名每名叁兩 啓聖祠壹名貳兩司廟共平柴陸伍名勿名各兩共銀叁拾肆兩打討各理肆兩餘陸兩 皂隸本縣拾陸名共銀肆拾捌兩每名打討玖兩 庫子儒學壹名貳兩 禁子肆名共銀貳拾兩每名打討拾貳兩 斗級學倉名貳兩預備倉叁名每名陸兩共銀貳拾兩打討學陸兩預備拾貳兩 弓兵梁山巡檢司陸名共銀拾捌兩每名打討柒兩貳錢 巡攔壹名銀貳兩 司兵拾玖名共銀柒拾玖兩每名打討司陸兩兵柒兩貳錢

# 東阿縣

實編銀陸千玖百肆拾兩貳錢伍分
銀差銀叁千玖百陸拾叁兩叁錢伍分
料價戶部折色黃蠟銀貳百壹拾伍兩工部顏料銀壹百壹拾兩虞衡司料銀貳百肆拾兩藥材銀伍兩胖襖拾柒副共銀貳拾

## 銀差

聽征有馬民兵拾名每名叁拾陸兩共銀叁百陸拾兩聽征步隊民兵貳拾貳名每名貳拾兩共銀肆百肆拾兩軍餉銀捌拾捌兩解司給兵淺舖夫肆拾伍名每名肆兩共銀壹百捌拾兩改力差撈淺夫捌拾

皁隸安平鎮管河分司叁名共銀叁拾貳兩肆錢禁子本府貳名張秋捕務通判壹名共銀叁拾陸兩本縣庠子貳名每名貳拾肆兩共銀肆拾捌兩任官權募正戶革去祭祀銀捌拾陸兩柒錢鄉飲銀拾貳

米新皁隸兵備本府各壹名本縣玖名共銀壹百叁拾貳兩馬夫本縣肆名共銀壹百陸拾兩齋夫陸名共銀柒拾貳兩膳夫銀肆拾兩

## 力差

力差銀貳千玖百柒拾陸兩玖錢臨[illegible]隊圖操民壯叁拾柒名共銀貳百陸拾陸兩肆錢每名運器械打討拾貳兩守城民壯伍拾柒名共銀貳百貳拾捌兩每名打討玖兩閘夫見役協濟東平安山閘叁拾名靳家閘拾名汶上寺前鋪閘拾名每名陸兩共銀叁百兩

撥遞夫本縣路歇青夫壹百叁名每名叁兩白夫貳百柒名每名肆兩安山廠正身夫叁拾捌名每名陸兩共銀壹千叁百陸拾伍兩打討肯拾兩捌錢餘拾貳兩門子縣學肆名每名叁兩本縣伍名啓聖祠名司壇叁名每名貳兩共銀叁拾兩打討啓聖肆兩餘陸兩皁隸本縣拾玖

伍兩伍錢內鞋折換貳件襪壹條每副脚價壹錢伍分伍釐解府類解狐狸皮貳拾壹張共銀拾兩伍錢軍器銀濟寧衛料價拾兩有馬快手餘請道關操拾名每名連器械貳拾柒兩共銀貳百柒拾兩

叁名每名肆兩共銀叁百叁拾貳兩改力差亭銅城驛玖名舊縣驛拾名每名肆拾陸兩共銀捌百柒拾壹兩館夫銅城驛叁名舊縣驛貳名每名玖兩共銀肆拾伍兩歲貢銀叁拾陸兩

兩公用銀兩院玖兩壹錢伍分解司發歷城縣支銷進士舉人牌坊武舉盤纏長夫銀叁拾兩解司齋郎兗府壹名伍兩民校冀城鋪野鄉平叁王各貳名共銀陸拾兩

打討拾捌兩淺舖夫見役本縣地方叁拾伍名共銀壹百肆拾兩每名打討捌兩撈淺夫見役本縣撈淺柒拾伍名共銀叁百兩每名打討捌兩守口夫見役叁鎮拾捌名汶上拾伍名共銀拾陸兩錢橋夫停役安平鎮陸名共銀叁兩庫子儒學壹名貳兩打討陸兩

名共銀伍拾柒兩每名打討玖兩禁子肆名共銀貳拾兩每名打討拾貳兩斗級濟府貲倉預備倉各貳名共銀貳拾肆兩打討預備拾貳兩倉府玖兩巡攔安平鎮稅課局貳名共銀肆兩司兵伍拾捌名共銀貳百貳拾壹兩每名打討司柒兩貳錢兵玖兩

# 滕縣

銀差

實編銀陸千叁百貳拾玖兩貳錢伍分
銀差銀貳千玖百陸拾叁兩肆錢伍分
藥材銀肆兩伍錢
軍器料價滕縣所脚價叁拾兩伍拾兩壹百副
胖襖銀伍拾壹兩共叁拾伍副內鞋折件褲給

有馬快手沂州道團操拾伍名每名連器械貳拾柒兩共銀肆百伍兩
水夫壹百捌拾肆名每名叁兩共銀伍百伍拾貳兩
民校安丘王貳名共叁拾兩
栄新泉本縣陸拾名共銀壹百捌兩

庫子滕陽驛伍名臨城驛叁名界河驛壹名共銀肆百壹拾肆兩
祭祀銀捌拾肆兩柒錢
鄉飲銀拾貳兩
歲貢銀叁拾陸兩
公用銀壹兩玖兩壹錢院伍分解司
癸經撫縣
進士文舉人武舉人坊長夫銀

齋夫陸名共銀柒拾貳兩
膳夫銀肆拾兩

力差

力差銀叁千叁百陸拾伍兩捌錢
沂州道操兵壯陸拾肆名共銀肆百陸拾兩捌錢每名連器械打討壹拾貳兩
寨長陸拾名共銀貳百肆拾兩每名打討捌兩
閘夫見役協濟直隸沛縣湖陵城閘肆名共銀貳拾肆兩每名打討拾貳兩
溜夫見役協濟直隸沛縣湖陵城閘叁拾伍名共銀貳百拾兩每名

守宗夫隸家口鎖家丁家口各貳名共銀拾陸兩每名打討肆兩
壩夫金口壩拾貳名共銀貳肆兩解府
註兩淮大挑閘夫名
名叁兩協濟縣陸名道祠
河渡新渡名每名貳兩壹名壹兩叁拾壹兩打討學陸兩
泉夫本縣拾玖名共銀伍拾柒兩每名打

價壹錢伍分伍錢解府
聽征有馬民兵陸名每名叁拾陸兩共銀貳百壹拾陸兩
聽征步隊民兵拾伍名每名貳拾兩共銀叁百兩
餉銀貳肆兩解司
給兵夫滕陽驛館叁名共銀貳拾柒兩

本縣庫子貳名每名貳拾肆兩共銀肆拾捌兩在官募正戶去
庫子本府壹名銀拾貳兩

貳拾兩解司
馬夫本縣肆名共銀壹百陸拾兩

打討拾貳兩
接遞夫縣路廠青夫壹百叁名皂夫貳百柒名沙灣廠青夫拾叁名皂夫壹百拾柒名共銀壹百肆拾肆兩每名叁兩打討拾兩皂夫肆兩打討拾貳兩
泉夫見役拾捌名共銀伍拾肆兩每名打討陸兩停役陸拾名共銀叁拾兩貳名共陸兩每名打討陸兩

傳學兩打討陸兩
禁子肆名共銀貳拾兩每名打討拾貳兩
斗級學倉壹名貳兩預備倉貳名每名陸兩共銀拾肆兩打討預備拾貳兩學陸兩
巡兵沙溝巡檢司貳拾名共銀陸拾兩每名打討柒兩貳錢
司兵肆拾捌名共銀壹百柒拾叁兩打討伍兩兵柒兩貳錢

# 鄒縣

銀差

力差

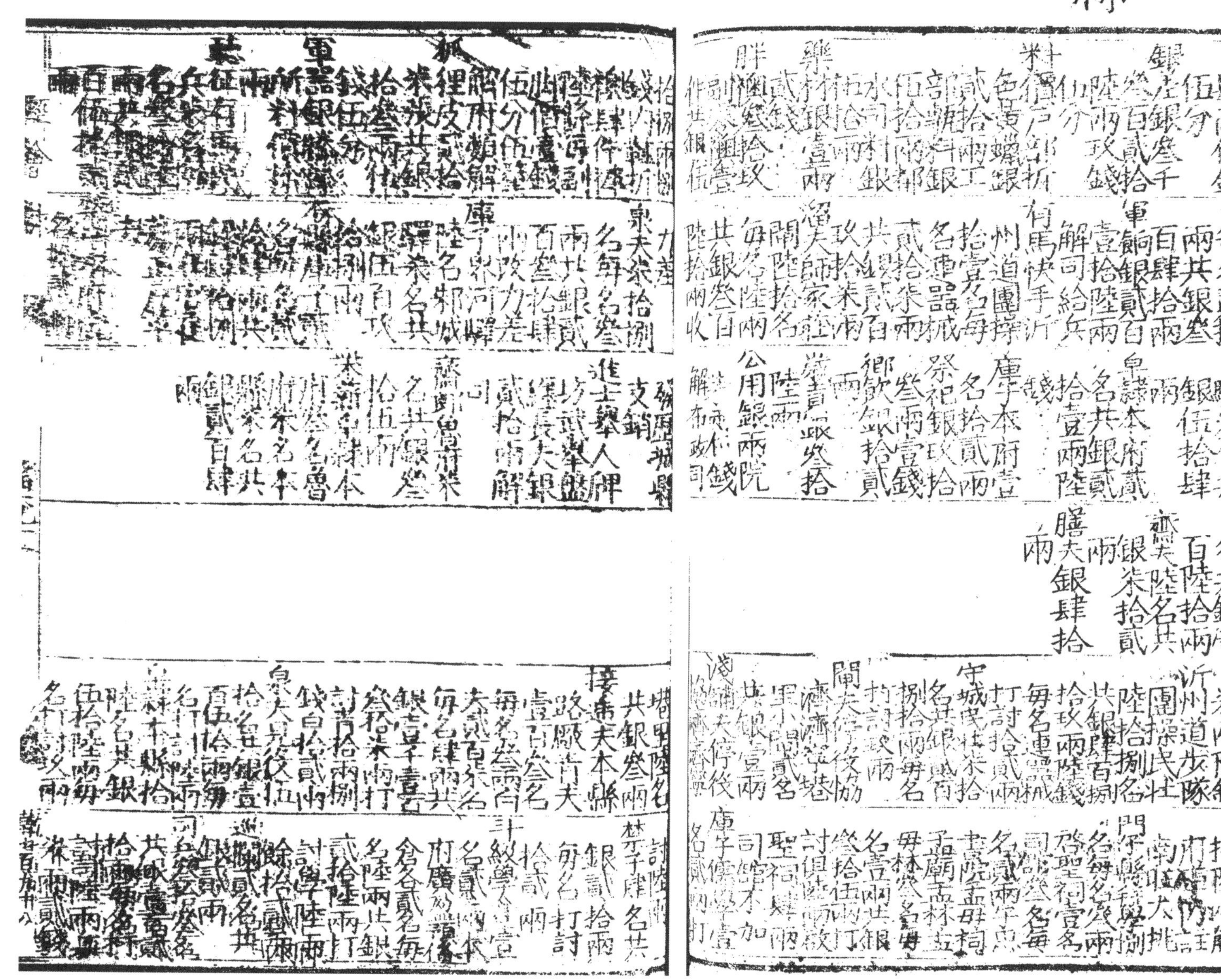

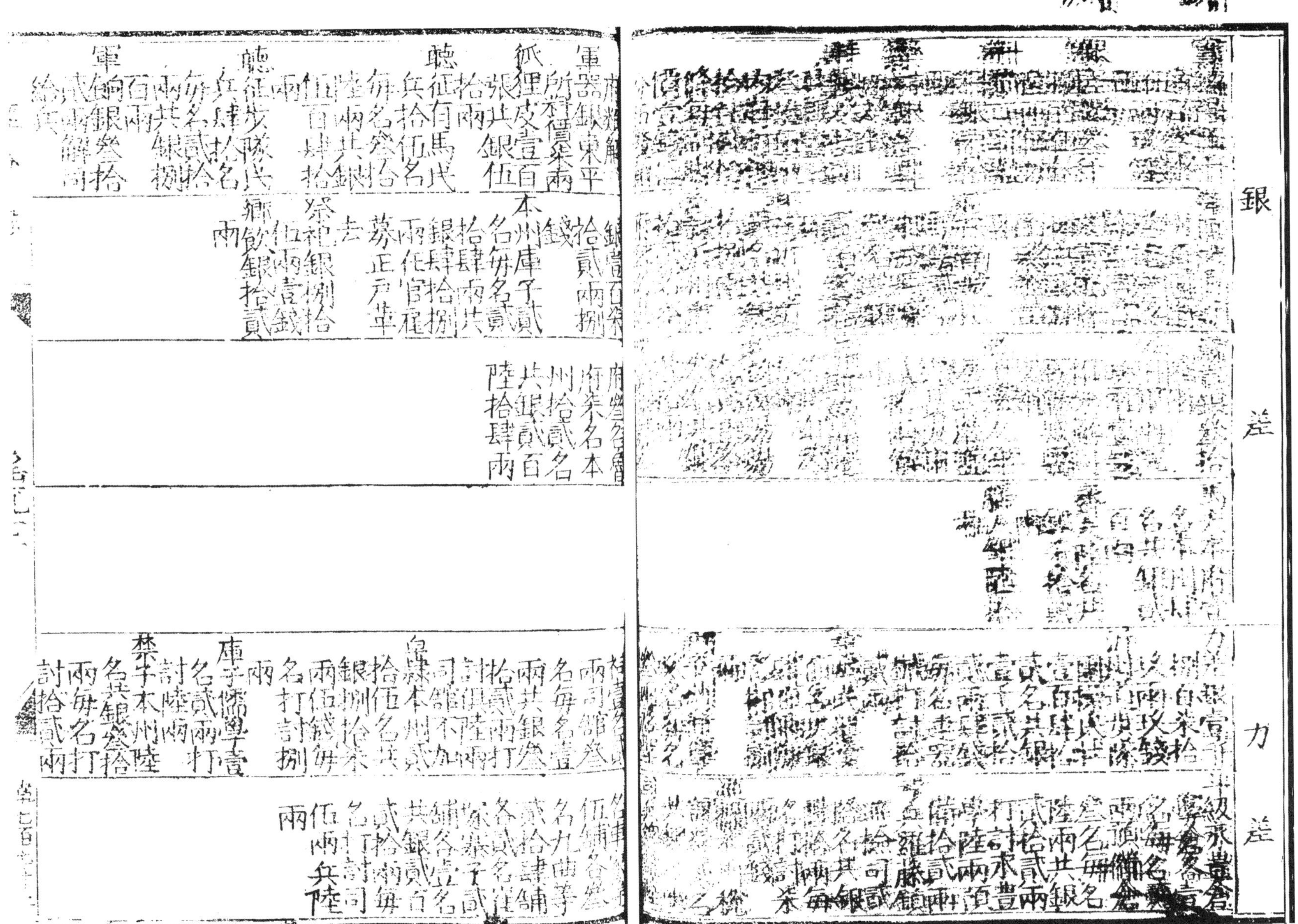

府糧解
軍器銀東平
所糴價粟兩
狐狸皮壹百
張共銀伍
拾兩
聽征有馬
兵拾伍名
毎名參拾
陸兩共銀
伍百肆拾
兩
聽征步隊
兵肆拾名
毎名貳拾
兩共銀捌
百兩
軍餉銀參拾
貳兩解司
給兵

銀壹百柒
拾貳兩捌
錢
本州庫子貳
名毎名貳
拾肆兩共
銀肆拾捌
兩任官程
募正戶華
去
祭祀銀捌拾
伍兩壹錢
鄉飲銀拾貳
兩

府[illegible]
府柒名本
州拾貳名
共銀貳百
陸拾肆兩

[illegible]
兩司館參
名毎名壹
兩共銀參
拾貳兩打
討俱陸兩
司館不加
皐隷本州共
拾伍名柒
銀捌拾毎
兩伍錢捌
名打討
兩
庫子儒學壹
名貳兩打
討陸兩
禁子本州陸
名共銀參拾
兩毎名打
討拾貳兩

[illegible]
伍鋪各參
曲舖茅舖
名九肆
貳拾名貳
各衆子名
舖各衆壹
共銀貳百
貳拾兩毎
名打討司
伍兩
兵陸
兩

# 魚臺縣

銀差

實編銀伍千玖百捌拾捌兩肆錢捌分貳釐

銀差銀叁千貳百陸拾貳兩陸錢捌分貳釐

料價戶部折色黃蠟銀貳拾兩工部虞衡司料銀壹百壹拾兩

藥材銀叁兩叁分貳釐

胖襖拾伍副零褲壹條鞋壹雙共[illegible]兩捌錢內鞋折[illegible]貳[illegible]數解

聽征有馬民兵柒名每名叁拾陸兩共銀貳百伍拾貳兩

溜夫利建閘柒拾伍名每名陸兩共銀肆百伍拾兩改力差

聽征步隊民兵玖名每名貳拾兩共銀壹百捌拾兩

軍餉銀壹百伍拾陸兩解司給兵

有馬快手曹濮道團操柒名每名連器械貳拾柒兩共銀壹百捌拾玖兩

閘夫利建閘貳拾捌名南陽閘拾陸名每名陸兩共銀貳百陸拾肆兩改力差

淺鋪夫壹百貳拾陸名每名肆兩共銀伍百肆兩改力差

撈淺夫玖拾名每名肆兩共銀叁百陸拾兩改力差

泉夫肆拾貳名每名叁兩共銀壹百貳拾陸兩改力差

本縣庫子貳名每名貳拾肆兩共銀肆拾捌兩在官催募正戶革去

庫子河橋驛壹名銀肆拾陸兩

祭祀銀捌拾壹兩壹錢

鄉飲銀拾貳兩

歲貢銀叁拾陸兩

公用銀兩院共銀柒兩伍錢解司[illegible]支銷

進士舉人牌坊武舉盤纏長夫銀貳拾兩解司

民校皇城東原貳王肆名共銀肆拾兩

看墳民校高密王壹名銀捌兩

民廚陽信王壹名半共銀拾貳兩

柴薪皁隸本縣柒名共銀捌拾肆兩

馬夫本縣叁名共銀壹百貳拾兩

齋夫陸名共銀柒拾貳兩

膳夫銀肆拾兩

力差

力差銀貳千貳拾伍兩捌錢

曹濮道步操民壯肆名共銀貳拾捌兩捌錢每名連器械打討壹拾貳兩

守城民壯肆拾名共銀壹百陸拾兩每名打討捌兩

閘夫見役珠梅閘汶河黃甫壩各貳拾名利建閘貳名南陽閘肆名共銀貳百柒拾陸兩每名打討閘拾貳兩壩夫陸兩

[illegible]鋪夫[illegible]本縣地方陸拾叁名共銀貳百伍拾貳兩每名打討捌兩

門子縣[illegible]捌名每名叁兩啓聖祠壹名貳兩分司貳名每名壹兩共銀貳拾捌兩打討與陸兩分司不加

皁隸本縣拾叁名共銀肆拾伍兩伍錢每名打討玖兩

禁子肆名共銀貳拾兩每名打討拾貳兩

溜夫利建閘南至橋頭柒拾陸名西鄉莊閘叁拾壹名薛河石壩肆名東邵壩拾名王家口壩叁拾名豸裡溝貳拾名汶河崖貳名珠梅閘南叁拾陸名宋家壩貳拾名權城壩陸名橋頭南至珠梅閘柒拾陸名共銀壹千捌百陸拾陸兩每名打討捌兩壩夫陸兩共

南陽閘[illegible]叁拾[illegible]仍令[illegible]曹州[illegible]定陶[illegible]城武陽穀[illegible]代

學[illegible]儒學壹名貳兩打討陸兩

斗級學倉壹名貳兩預備倉貳名每名陸兩共銀拾肆兩打討預備拾貳兩學陸兩

巡攔壹名壹兩伍錢

司兵玖名共銀叁拾貳兩每名打討司[illegible]兵捌兩

# 城武縣

## 銀差

實編銀伍千捌拾貳兩捌錢伍分
銀差銀叁千壹百貳拾柒兩捌錢伍分
料價戶部折色黃蠟銀貳拾兩工部虞衡司料銀貳百兩
藥材銀捌兩
胖襖貳拾副共銀叁拾兩內鞋袜襖貳件褲叁降每副腳價壹錢伍分伍釐解府類角
狐狸皮拾壹張共銀伍兩伍錢
軍器銀濟寧備料價拾兩
柴夫叁拾名共銀玖拾叁兩
聽征有馬民兵柒名每名叁拾陸兩共銀貳百伍拾貳兩
軍餉銀玖拾貳兩解司給兵
聽征步隊民壯拾陸名每名貳拾兩共銀叁百貳拾兩
有馬快手曹濮道團操陸名每名連器械貳拾柒兩共銀壹百陸拾貳兩
閘夫仲家淺閘陸名每名陸兩共銀叁拾陸兩改力差
溜夫魯橋閘貳拾叁名石佛閘柒拾柒名新店閘柒拾伍名代魚臺南陽閘拾伍名每名陸兩共銀玖百兩改力差
庫子河橋驛叁名每名肆拾陸兩共銀壹百叁拾捌兩
本縣庫子貳名每名貳拾肆兩共銀肆拾捌兩在官催募正戶革去
接遞夫沙溝厰青夫陸名每名捌兩白夫拾肆名每名拾貳兩共銀貳百壹拾陸兩解滕縣募夫
撈淺夫貳拾壹名共銀捌拾肆兩改力差
歲貢銀叁拾陸兩
公用銀兩院[illegible]兩壹錢伍分解司
發縣城縣支銷
進士舉人牌坊武舉盤纏長夫銀叁拾兩解司
民校新蔡王壹名鉅野安丘貳王各叁名共銀柒拾兩
看賞民按東阿王壹名銀捌兩
民廚東原王半名銀肆兩
柴薪皁隸兵備壹名本縣伍名共銀柒拾貳兩
祭祀銀捌拾壹兩壹錢
鄉飲銀拾貳兩
馬夫本縣貳名共銀捌拾兩
齋夫陸名共銀柒拾貳兩
膳夫銀肆拾兩

## 力差

力差銀壹千玖百伍拾伍兩
曹濮道步隊團操民壯叁拾名共銀貳百壹拾陸兩每名連器械打討拾貳兩
守城民壯肆拾名共銀壹百陸拾兩每名打討捌兩
閘夫見役協濟濟寧仲家淺閘肆名共銀貳拾肆兩每名打討拾貳兩
溜夫見役協濟濟寧石佛閘貳拾叁名新店閘貳拾伍名共銀貳百捌拾捌兩每名打討拾貳兩
撈淺夫見役協濟濟寧州方拾玖名共銀柒拾陸兩每名打討捌兩
提夫叁百叁拾伍名共銀壹皁伍兩每名打討陸兩
門子縣并學柒名每名叁兩啟聖祠壹名貳兩院司貳名每名貳兩共銀貳拾伍兩打討縣并學陸兩啟聖肆兩院司不給
皁隸本縣名共銀叁拾伍兩每名打討柒兩貳錢
庫子儒學壹名貳兩打討陸兩
禁子肆名共銀貳拾兩每名打討拾貳兩
斗級儒學倉壹名貳兩預備倉貳名每名陸兩共銀拾肆兩每名打討學陸兩預備拾貳兩
巡攔壹名銀貳兩
司兵貳拾肆名共銀捌拾捌兩打討司陸兩兵柒兩貳錢

銀差

實編銀伍千陸拾壹兩柒錢伍分。銀差銀叄千貳百肆兩肆錢伍分。料價戶部折色黃蠟銀貳拾兩，工部虞衡司料銀伍拾兩。胖襖貳拾貳副共銀叄拾叄兩內鞋折襖叄件褲壹條每副鞍價壹錢伍分[illegible]

聽征步隊民兵拾柒名，每名貳拾兩，共銀叄百肆拾兩。軍餉銀壹百捌兩解司。給兵有馬快手曹濮道團操拾壹名，每名連器械貳拾柒兩，共銀貳百玖拾柒兩。溜夫協濟汶上寺前舖閘叄拾名，協濟濟寧趙村閘玖

館夫開河水驛貳名，共銀拾捌兩。皁隸本府通判貳名，共銀貳拾壹兩陸錢。禁子本府壹名，銀拾貳兩。本縣庫子貳名，每名貳拾肆兩，共銀肆拾捌兩在官徑募正戶華去。接遞夫濟寧隊陸名共銀叄拾陸

力差

進士舉人牌坊武舉盤纏長夫銀叄拾兩解司。看墻民校東阿王叄名，共銀貳拾肆兩。茶新皁隸兵備壹名，本縣玖名，共銀壹百貳拾兩。馬夫本府通判壹名，本縣肆名，共銀貳百兩。齋夫陸名共[illegible]

力差銀壹千捌百伍拾柒兩叄錢。曹濮道步隊團操民壯叄拾玖名，共銀貳百捌拾兩捌錢，每名連器械打討拾貳兩。守城民壯陸拾名，共銀貳百肆拾兩，每名打討捌兩。溜夫見役協濟汶上寺前舖閘陸拾名，濟寧趙村閘陸

撈淺夫見役協濟濟寧衛拾伍名，本縣地方壹百貳拾名，協濟嘉祥貳拾伍名，共銀陸百肆拾兩，每名打討捌兩。皁隸本縣拾陸名，共銀伍拾陸兩每名打討柒兩貳錢。庫子儒學壹名，貳兩打討陸兩。禁子[illegible]名共銀貳拾兩，每名打討捌兩

[illegible]狐狸皮貳拾張，共銀拾兩。軍器銀濟寧衛料價拾兩。柴夫玖拾名，共銀貳百柒拾玖兩。聽征存馬民兵柒名，每名叄拾陸兩，共銀貳百伍拾貳兩。門子安平鎮管河分司壹名，銀玖兩。

名每名陸兩，共銀貳百叄拾肆兩，攺力差。淺舖夫本縣地方貳拾伍名，每名肆兩，共銀壹百兩，攺力差。撈淺夫協濟濟寧衛拾伍名，本縣地方壹百貳拾伍名，協濟嘉祥貳拾伍名，每名肆兩，共銀陸百陸拾兩，攺力差。

兩解濟寧州募夫。祭祀銀捌拾壹兩壹錢。鄉飲銀拾貳兩。歲貢銀叄拾[illegible]兩。公用銀兩院柒兩伍錢，解布政司，發歷城縣支銷。齋郎魯府叄名，共銀拾伍兩。民校陽信王壹名，滋陽王貳名，共銀叄拾兩。

兩。膳夫銀肆拾兩。

名共銀叄百玖拾陸兩，每名打討拾貳兩。淺舖夫見役本縣地方貳拾名，共銀捌拾兩，每名打討捌兩。門子縣儒學玖名，每名叄兩。啟聖祠壹名，貳兩。分司叄名，每名壹兩，共銀叄拾貳兩，打討俱陸兩，啟聖肆兩，分司不加。

[illegible]壹名貳兩。預備倉[illegible]名陸兩，共銀捌兩，打討學陸兩，預備拾貳兩。弓兵安興墓巡檢司拾伍名，共銀肆拾伍兩，每名打討柒兩貳錢。巡攔壹名，壹兩伍錢。司兵拾伍名，共銀伍拾陸兩，打討司肆兩貳錢，[illegible]陸兩。

# 鄆城縣

銀差

實編銀肆千捌百叄兩陸錢玖分貳釐叄毫

銀差銀叄千貳百貳拾叄兩貳錢玖分貳釐叄毫

料價戶部折色黃蠟銀捌拾壹兩工部虞衡司料價貳百伍拾兩都水司料銀壹百兩

樂料銀貳兩捌錢肆分貳釐叄毫

胖襖拾柒副[illegible]共銀貳[illegible]拾陸兩[illegible]內料折[illegible]價[illegible]分伍釐[illegible]府[illegible]解

狐狸皮貳張共銀[illegible]兩

鹿[illegible]銀濟寧[illegible]兩

聽征[illegible]馬民[illegible]名每名叄拾陸兩共銀貳百伍拾貳兩

柴夫叄拾伍名共銀壹百捌兩伍錢

聽征步隊民兵拾陸名每名貳拾兩共銀叄百貳拾兩

軍餉銀壹百壹拾陸兩解司給兵

有馬快手曹濮道團操拾名每名連器械貳拾柒兩共銀貳百柒拾兩

閘夫協濟[illegible]

[illegible]拾柒名每名陸兩共銀壹百貳兩改力差

河夫[illegible]閘[illegible]拾捌名[illegible]閘貳[illegible]陽閘拾伍名每名陸兩共銀叄百玖拾兩改力差

庫子南城水馬驛伍名共銀貳百叄拾兩

撈淺夫協濟濟寧州地方叄拾名嘉祥拾伍名每名肆兩共銀壹百捌拾兩改力差

本縣庫子貳名每名貳拾肆兩共銀肆拾捌兩在官程募正戶革去

官館夫開河水驛壹名銀玖兩

接遞夫濟寧[illegible]拾貳名[illegible]

共銀[illegible]拾貳兩

祭祀銀捌拾壹兩[illegible]

鄉飲[illegible]兩[illegible]

歲貢銀叄拾陸兩

合用銀兩隨[illegible]

[illegible]伍[illegible]解司[illegible]歷城縣支銷

進士舉人牌坊武舉盤纏長夫銀叄拾兩解司

齋郎[illegible]叄名共銀拾伍兩

民校安丘新泰貳王各肆名陽信冀城貳王各叄名東原王柒名共銀貳百壹拾兩

柴薪皁隷兵備壹名本縣伍名共銀柒拾貳兩

馬夫本縣貳名共銀捌拾兩

齋夫陸名共銀柒拾貳兩

膳夫[illegible]銀肆拾[illegible]兩

力差

力差銀壹千伍百捌拾兩肆錢

曹濮道步隊團操民壯貳拾柒名共銀壹百玖拾肆兩肆錢每名連器械打討拾貳兩

守城民壯肆拾柒名共銀壹百捌拾捌兩每名打討捌兩

閘夫[illegible]協濟濟寧棗林閘叄名共銀拾捌兩每名打討拾貳兩停役[illegible]新開閘[illegible]

溜夫見役協濟濟寧在城閘壹百貳名趙村閘捌名共銀陸百陸拾兩每名打討拾貳兩停役協濟[illegible]新開叄拾名共銀拾貳兩

撈淺夫協濟濟寧州地方貳拾伍名嘉祥拾陸名共銀壹百陸拾肆兩每名打討捌兩

庫子儒學壹名貳兩打討陸兩

堤夫貳拾名共銀陸拾兩每名打討陸兩

門子縣學柒名每名叄兩啟聖祠壹名貳兩[illegible]名每名壹兩共銀[illegible]兩打討[illegible]兩[illegible]

皁隷本縣拾名共銀[illegible]拾伍兩每名打討柒兩貳錢

禁子肆名共銀貳拾兩每名打討拾貳兩

[illegible]級本府[illegible]盜[illegible]名幫補

舖[illegible]壹名每名陸兩儒學[illegible]壹名貳兩共銀貳拾兩[illegible]名打討府縣拾貳兩學陸兩

弓兵梁山巡檢司柒名安興墓巡檢司伍名共銀叄拾陸兩每名打討柒兩貳錢

巡攔貳名共銀捌兩

司兵叄拾肆名共銀壹百貳拾肆兩每名打討司肆兩貳錢兵陸兩

# 寧陽縣

銀差

實編銀肆千伍百以拾貳兩壹錢伍分銀差銀叄千肆百玖拾肆兩叄錢伍分料價戶部柒品銀壹百陸拾貳兩工部虞衡司料銀貳百肆拾兩藥材銀貳兩胖襖叄拾柒副共銀伍拾伍兩伍錢內鞋折細肆牛褲

軍餉銀壹百叄拾貳兩解司給兵有馬快手沂州道團操柒名每名連器械貳拾柒兩共銀壹百捌拾玖兩泉夫玖拾名每名叄兩共銀貳百柒拾兩玖力差門子河道都察院肆名工部管泉分司叄名每名玖兩

禁子本府貳名共銀貳拾肆兩庫子東原馬驛肆名新嘉馬驛叄名昌平馬驛壹名青川村馬驛叄名半每名肆拾陸兩工部分司壹百捌兩遇閏月加玖兩共銀陸百叄拾柒兩館夫新嘉馬驛叄名新橋馬驛叄

名學民校皂善王壹名銀捌兩民廚東原王半名銀肆兩祭祀銀捌拾捌兩壹錢鄉飲拾貳兩歲貢銀府學玖兩縣學叄拾陸兩共銀肆拾伍兩公用銀兩院玖兩壹錢伍分解司發蠶城縣支銷進士舉人牌

力差

力差銀壹千玖拾柒兩捌錢沂州道步隊團操民壯肆拾玖名共銀叄百伍拾貳兩捌錢每名連器械打討拾貳兩守城民壯伍拾柒名共銀貳百貳拾捌兩每名打討捌兩閘夫見役協濟東平靳家口閘拾

門子縣儒學柒名每名叄兩啟聖祠壹名貳兩院司叄名每名壹兩貳錢共銀伍拾柒兩伍錢打討俱陸兩司館不加皂隸本縣拾陸名共銀伍拾陸兩每名打討玖兩庫子魯府貳名每名肆兩儒學叄壹名貳兩

肆修每副腳價壹錢伍分伍釐解府類解軍器銀齎軍衛料價拾兩柴夫拾柒名共銀伍拾貳兩柒錢聽征有馬民兵柒名每名叄拾陸兩共銀貳百伍拾貳兩聽征步隊民兵拾陸名每名貳拾兩共銀叄百貳拾兩

共銀陸拾叄兩皂隸本府柒名每名拾兩捌錢管泉分司拾陸名每名柒兩貳錢共銀壹百玖拾兩捌錢庫子本府貳名共銀貳拾肆兩本縣庫子貳名每名貳拾肆兩共銀肆拾捌兩在官雇募正戶華去

名肯川村馬驛貳名共銀柒拾貳兩接遞夫協濟濟寧水廠貳名半共銀拾伍兩解濟寧州募夫齋郎魯府肆名共銀貳拾兩民校樂陵王貳名鄒平鉅野貳王各壹名滋陽王叄名共銀柒拾兩

坊武舉盤纏長夫銀貳拾兩解司柴新皂隸兵備壹名本府貳名魯府陸名本縣柒名共銀壹百玖拾貳兩馬夫本縣叄名共銀壹百貳拾兩齋夫府學伍名縣學陸名共銀壹百捌兩膳夫銀肆拾兩

名共銀陸拾兩每名打討拾貳兩泉夫見役柒拾玖名共銀貳百叄拾柒兩每名打討陸兩壩夫堽城壩壹名貳兩打討陸兩停役叄拾壹名共銀拾伍兩伍錢禁子肆名共銀貳拾兩每名打討拾貳兩

共銀拾兩打討魯府玖兩學陸兩斗級領備倉壹名魯府廣資倉貳名共銀拾捌兩每名打討領備拾貳兩魯府玖兩巡攔貳名共銀肆兩司兵拾捌名共銀陸拾柒兩每名打討司陸兩兵柒兩貳錢

# 滋陽縣

實編銀肆千肆百貳拾叁兩壹錢伍分

銀差銀貳千叁百肆拾貳兩陸錢伍分

料價工部虞衡司料銀玖拾兩

軍器銀濟寧衛料價拾兩

胖襖叁拾副共銀肆拾伍兩內鞋折襖叁件褲肆條每副脚價壹錢伍分伍釐解府類解

聽征有馬民兵柒名每名叁拾陸兩共銀貳百伍拾貳兩

聽征步隊民兵陸名每名貳拾兩共銀壹百貳拾兩

庫子昌平馬驛肆名新嘉馬驛伍名共銀肆百壹拾肆兩

銀差

軍餉銀伍拾貳兩解司

給兵

有馬快手沂州道團操拾壹名每名連器械貳拾柒兩共銀貳百玖拾柒兩

壩夫金口壩拾名每名叁兩共銀叁拾兩攺力差

泉夫拾名每名叁兩共銀叁拾兩攺力差

淺夫洸河貳拾柒名濟河柒名每名肆兩共銀壹百叁拾陸兩攺力差

門子本府拾陸名每名捌兩魯府親方貳名每名叁兩長史貳名每名肆兩共銀壹百肆拾貳兩

皂隷本府貳名共銀貳拾壹兩陸錢

禁子本府壹名拾貳兩

本縣庫子貳名每名貳拾肆兩共銀肆拾捌兩在官在募工戶草

去

館夫昌平馬驛壹名銀玖兩

齋郎魯府肆名共銀貳拾兩

看墳民校東臨王叁名共銀貳拾肆兩

民廚新蔡王貳名共銀拾陸兩

祭祀銀柒拾玖兩叁錢

鄉飲銀拾貳兩

歲貢銀叁拾陸兩

公用銀兩院柒兩伍錢布政司

發歷城縣支銷

進士舉人牌坊武舉盤纏長夫銀貳拾兩解司

柴薪皂隷本縣玖名共銀壹百捌兩

馬夫本府壹名本縣肆名共銀貳百兩

齋夫陸名共銀柒拾貳兩

膳夫銀肆拾兩

力差

力差銀貳千捌拾兩伍錢

守城民壯壹百貳拾名共銀肆百捌拾兩每名計玖兩

接遞夫本縣路廠青夫壹百陸名每名叁兩白夫貳百壹拾肆名每名肆兩共銀壹千壹百柒拾肆兩打討壹拾兩捌錢[illegible]拾貳兩

壩夫金口壩貳拾捌名共銀伍拾陸兩內見役拾名在壩守閘啟閉每名打討陸兩停拾捌名徵銀解府庫打討南旺大挑

泉夫見役拾陸名共銀肆拾捌兩每名打討陸兩

斗級本府六名盈倉壹名預備倉貳名共銀拾捌兩每名打討貳兩

溜夫停役協濟魚臺廣運閘拾名共銀伍兩

門子府學陸名本縣伍名縣學肆名每名叁兩兩學啟聖祠各壹名院司肆名每名貳兩西關察院壹名壹兩伍錢共銀伍拾捌兩伍錢打討兩學縣官俱陸兩司館不加

皂隷本縣拾玖名共銀伍拾柒兩[illegible]名打討叁兩

庫子府學貳名縣學[illegible]名共銀陸兩每名打討陸兩

禁子四名共銀貳拾伍兩每名打討拾貳兩

巡攔本府稅課司貳名共銀肆兩

司兵肆拾名共銀壹百肆拾玖兩每名打討柒兩貳錢

# 金鄉縣

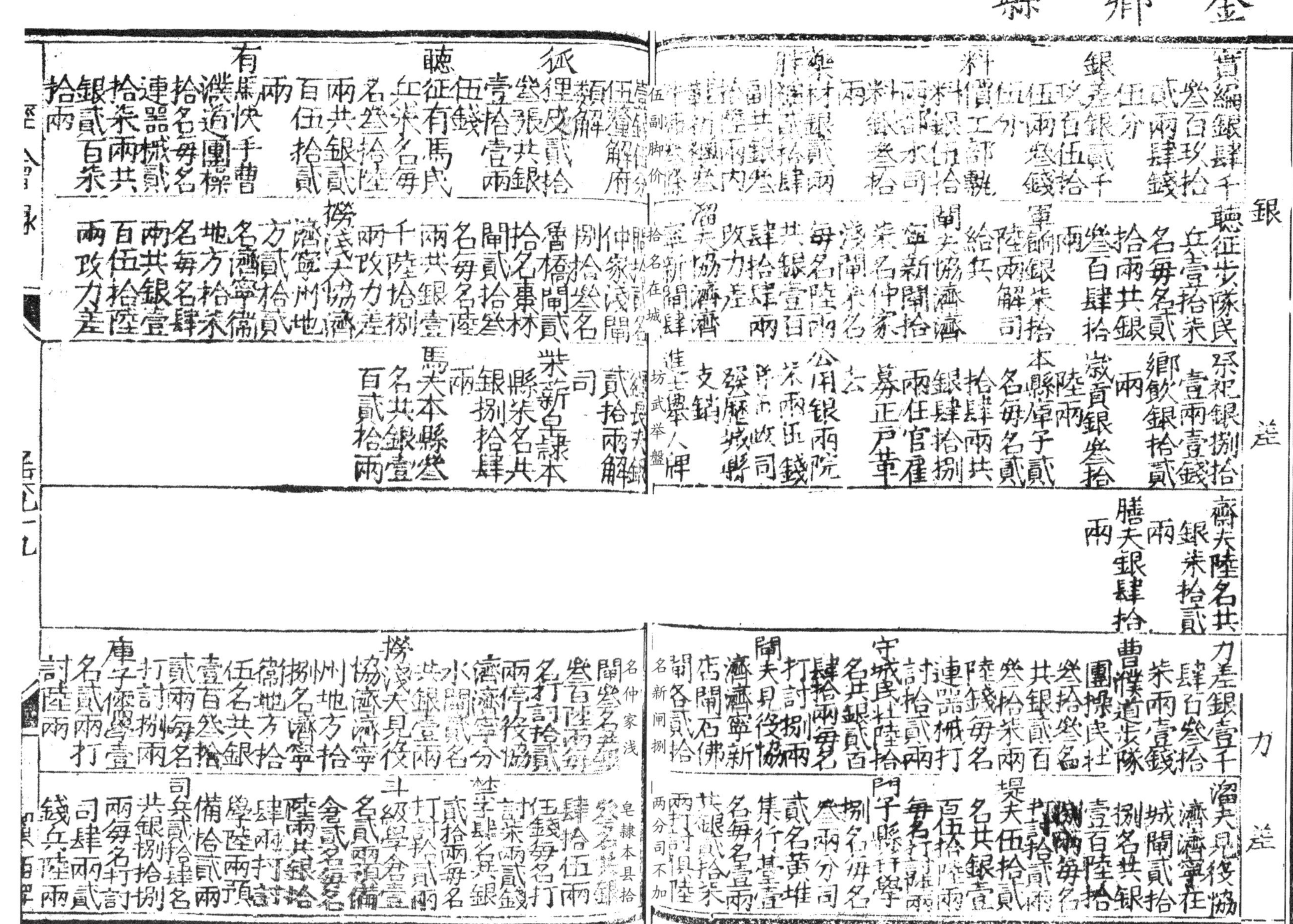

銀差

實編銀肆千叁百玖拾貳兩肆錢伍分 銀差銀貳千玖百伍拾伍兩叁錢伍分 料價工部[illegible]料銀伍拾兩陸水司料[illegible]叁拾兩 樂材銀貳兩[illegible]工拾肆副共銀叁拾陸兩內[illegible]折[illegible]叁[illegible]條 伍副脚价 [illegible]解府分伍[illegible]解府 類解 理皮貳拾叁張共銀壹拾壹兩伍錢 聽征有馬民兵柒名每名叁拾陸兩共銀貳百伍拾貳兩 有馬快手曹濮道團操拾名每名連器械貳拾柒兩共銀貳百柒拾兩

聽征步隊民兵壹拾柒名每名貳拾兩共銀叁百肆拾兩 軍餉銀柒拾陸兩解司 給共 閘夫協濟濟寧新閘拾柒名仲家淺閘[illegible]名每名陸兩共銀壹百肆拾肆兩攺力差 溜夫協濟濟寧新閘肆拾名在城 中家淺閘捌拾叁名魯橋閘貳拾貳名東林閘貳拾叁名每名陸兩共銀壹千陸拾捌兩攺力差 撈淺夫協濟濟寧州地方貳拾貳名濟寧拾地方拾柒名每名肆兩共銀壹百伍拾陸兩攺力差

祭祀銀捌拾壹兩壹錢 鄉飲銀拾貳兩 歲貢銀叁拾陸兩 本縣皁隸貳名每名貳拾肆兩共銀肆拾捌兩任官雇募正戶革去 公用銀兩院柒兩伍錢[illegible]司發歷城縣支銷 進士舉人牌坊武举盤 經費共銀貳拾兩解司 柴薪皁隸本縣柒名共銀捌拾肆兩 馬夫本縣叁名共銀壹百貳拾兩

齋夫陸名共銀柒拾貳兩 膳夫銀肆拾兩

力差

力差銀壹千肆百叁拾柒兩壹錢 曹濮道步隊團操民壯叁拾叁名共銀貳百叁拾柒兩陸錢每名連器械打討拾貳兩 守城民壯陸拾名共銀貳百肆拾兩每名打討捌兩 閘夫見役協濟濟寧新店閘石佛閘各貳拾名新闸捌名仲家浅閘[illegible]叁百陸兩每名打討拾貳兩 停役協濟濟寧分水閘貳名共銀壹兩 撈淺夫見役協濟濟寧州地方拾捌名濟寧衛地方拾伍名共銀壹百叁拾貳兩每名打討捌兩 庫子僱學壹名貳兩打討陸兩

溜夫見役協濟濟寧在城閘貳拾捌名共銀壹百陸拾捌兩每名打討貳兩 堤夫伍拾貳名共銀壹百伍拾陸兩每名打討陸兩 門子縣學捌名儒學叁兩分司貳名黃堆集行臺壹名每名壹兩共銀貳拾柒兩打討俱陸两分司不加 皂隸本县拾叁名共銀肆拾伍兩伍錢每名打討柒兩貳錢 禁子縣名共銀貳拾兩每名打討拾貳兩 斗級學倉壹名貳兩預備倉貳名各膳兩共銀拾肆兩打討學陸兩打預備拾貳兩 司兵貳拾肆名共銀捌拾兩每名打討司肆兩貳錢兵陸兩

# 定陶縣

實編銀肆千叁百捌拾玖兩玖錢

銀差

銀差銀叁千貳百伍拾陸兩壹錢料價戶部本色黃蠟銀壹百壹拾壹兩工部都水司料銀叁百兩胖襖玖副共銀拾叁兩伍錢內新折襖壹件褲壹條每副腳價壹錢伍分伍盤纏解府類

聽征步隊民兵拾肆名每名貳拾兩共銀捌百捌拾兩東偏銀壹百肆拾肆兩解司給兵溜夫協濟寧仲家淺閘叁拾名佛閘拾名丁新閘貳名東林閘叁拾名趙村閘玖名代魚臺南陽閘拾伍名每名陸兩共

禁子本府貳名共銀貳拾肆兩祭祀銀捌拾壹兩壹錢鄉飲銀拾貳兩歲貢銀叁拾臨兩會銀兩院拾壹兩錢解司發歷城縣支銷進士舉人牌坊武舉盤纏長夫銀叁拾兩解司民校鉅野樂陵安

柴新兵備壹名阜隸本縣伍名共銀柒拾貳兩馬夫本縣貳名共銀捌拾兩齋夫肆名共銀肆拾捌兩膳夫銀肆拾兩

力差

力差銀壹千叁百叁拾叁兩捌錢曹濮道步隊團操民壯貳拾玖名共銀貳百捌兩捌錢每名運器械打討拾貳兩守城民壯肆拾名共銀壹百陸拾兩每名打討捌兩閘夫停役陽城湖閘貳名共銀壹兩溜夫見役協濟自隸沛縣湖陵城閘貳拾伍

撈淺夫協濟濟寧衛地方拾伍名共銀陸拾兩每名打討捌兩堤夫柒拾名共銀貳百壹拾兩每名打討陸兩守口夫停役濟拾捌名共銀玖兩門子縣學陸名每名叁兩啟聖祠壹名貳兩分司叁名每名壹兩共銀貳拾叁兩打討俱陸兩佈司不加

軍器銀濟寧衛料價拾兩柴夫伍拾名共銀壹百伍拾伍兩聽征有馬民兵捌名每名叁拾陸兩共銀貳百捌拾捌兩看馬快手濮道團操玖名每名車器概貳拾柒兩共銀貳百肆拾叁兩

銀陸百貳拾肆兩玖力差撈淺夫協濟濟寧衛地方拾伍名每名肆兩共銀陸拾兩改力差車夫南城驛陸名河橋壹名共銀叁百貳拾貳兩本縣庫子貳名每名貳拾肆兩共銀肆拾捌兩在官募充庫子

城肆王各叁名滋陽新泰貳王各貳名鄒平王肆名共銀貳百兩看墳民夫東陝王貳名共銀拾陸兩民廚鉅野王壹名銀捌兩

名濟寧石佛閘拾貳名下新閘貳名趙村閘陸名共銀貳百拾兩每名打討拾貳兩停役協濟濟寧下新閘肆拾陸名共銀貳拾叁兩壩夫金口壩拾陸名每名貳兩共銀叁拾貳兩解府庫註南旺八排

皂隸本縣拾伍名共銀叁拾伍兩每名打討柒兩貳錢庫子儒學壹名貳兩打討陸兩禁子肆名共銀貳拾兩每名打討拾貳兩斗級儒學壹名貳兩預備倉貳名每名陸兩共銀拾肆兩每名打討學陸兩備拾貳兩司兵拾捌名共銀陸拾陸兩打討肆兩貳錢上陸兩

# 嶧縣

實編銀肆千貳百叁拾陸兩伍錢柒分
銀差銀叁千貳百肆拾壹兩柒分
料價工部輛料銀伍拾兩
藥材銀肆兩貳錢貳分
軍器銀濟寧備料價拾兩
胖襖陸拾玖副共銀壹百叁兩伍錢內鞋折綿捌件褲

銀差

聽征有馬民兵伍名每名叁拾陸兩共銀壹百捌拾兩
聽征步隊民兵拾名每名貳拾兩共銀貳百兩
軍餉銀壹百肆拾兩解司給兵
有馬快手沂州道團操拾名每名連器械貳拾柒兩共銀貳百柒拾兩

本縣庫子貳名每名貳拾肆兩共銀肆拾捌兩在官雇募正戶革去
接遞夫泇溝嚴青夫貳拾肆名每名捌兩白夫肆拾陸名每名拾貳兩共銀柒百肆拾肆兩
祭祀銀捌拾壹兩壹錢
鄉飲銀拾貳兩

柴薪皁隸本府陸名本縣柒名共銀壹百伍拾陸兩
馬夫本府壹名本縣叁名共銀壹百陸拾兩
齋夫肆名共銀肆拾捌兩
膳夫銀肆拾兩

力差

力差銀玖百玖拾伍兩伍錢
沂州道步隊團操民壯伍拾名共銀叁百陸拾兩每名連器械打討拾貳兩
守城民壯陸拾名共銀貳百肆拾兩每名打討捌兩
閘夫見役協濟濟寧師家庄閘柒名共銀肆拾貳兩每

皁隸本縣拾叁名共銀肆拾伍兩伍錢每名打討捌兩
庫子儒學壹名貳兩打討肆兩
禁子肆名共銀貳拾兩每名打討拾兩
斗級本府廣盈倉貳名魯府廣資倉貳名預備倉叁名每名陸兩學倉壹名貳兩共銀

[illegible]每副脚價壹錢伍分伍釐解府類解
閘夫協濟濟寧師家庄閘拾叁名每名陸兩共銀柒拾捌兩改力差
泉夫伍拾肆名每名叁兩共銀壹百陸拾貳兩改力差
狐狸皮叁拾柒張共銀拾捌兩伍錢

[illegible]河橋驛壹名滕陽驛伍名臨城驛陸名共銀伍百伍拾貳兩
館夫臨城驛叁名共銀貳拾柒兩
皁隸本府貳名每名拾兩捌錢啓府長史司貳名每名柒兩貳錢共銀叁拾陸兩
齋郎魯府捌名共銀肆拾兩

歲貢銀叁拾陸兩
公用銀兩院柒兩伍錢解布政司發歷城縣支銷
進士舉人牌坊貳叁盤纏長夫銀貳拾兩解司
民校東原王壹名銀拾兩
看墳民校東甌王壹名銀捌兩

名打討拾貳兩
壩夫金口壩拾叁名每名貳兩共銀貳拾陸兩解府庫仍詳南旺挑
門子教官文廟叁名每名叁兩本縣肆名啟聖祠壹名每名貳兩分司叁名每名壹兩共銀貳拾貳兩打討縣肆兩學陸兩看司不加

肆拾肆兩打討[illegible]倉拾[illegible]兩魯府玖兩學倉肆兩
守兵鄉塲鎮巡撿司貳拾伍名共銀柒拾伍兩每名打討陸兩
巡攔壹名銀壹兩
司兵叁拾叁名共銀壹百壹拾捌兩每名打討肆兩貳錢兵柴兩貳錢

# 壽張縣

## 銀差

審編銀叁千柒百玖拾肆兩陸錢伍分

銀差銀貳千陸百伍拾叁兩伍錢伍分

料價戶部折色黃蠟銀壹百玖拾叁兩伍錢

工部軌料銀伍拾兩

都水司料銀貳百肆拾兩

內藥材銀肆兩

胖襖[illegible]拾[illegible]肆[illegible]折襖貳件每副腳價壹錢伍分伍釐解府類解

壹兩內鞋

軍器銀勝縣所料價拾兩

柴夫拾伍名共銀肆拾陸兩伍錢

聽征有馬民兵捌名每名叁拾陸兩共銀貳百捌拾捌兩

聽征步隊民兵拾伍名每名貳拾兩共銀叁百兩

驛傳銀肆拾肆兩解司給兵

直馬快手臨清道關縣陸名每名連器械貳拾柒兩共銀壹百陸拾貳兩

淺鋪夫貳拾伍名每名肆兩共銀壹百玖拾兩力差

撈淺夫肆拾柒名每名肆兩共銀壹百捌拾捌兩改力

差

渡夫貳名每名叁兩共銀陸兩改力差

庫子界河驛安山驛名貳名河橋驛壹名共銀貳百叁拾兩

禁子本府壹名銀拾貳兩

本縣庫子貳名每名貳拾肆兩共銀肆拾捌兩在官雇募正軍去

皁隸安平鎮管河分司叁名共銀叁拾貳兩肆錢

祭祀銀捌拾叁兩玖錢

鄉飲銀拾貳兩

歲貢銀叁拾陸兩

分司銀兩院玖兩壹錢伍分兩司

發解城縣支銷

進士舉人牌坊武舉盤纏長夫銀叁拾兩解

司

皁隸鄆平王陸名新祭王肆名共銀壹百兩

看增民校歸善王肆名共銀叁拾貳兩

柴薪皁隸本府通判貳名兵備壹名魯府貳名本縣柒名共銀壹百肆拾肆兩

馬夫本縣叁名共銀壹百貳拾兩

齋夫陸名共銀柒拾貳兩

膳夫銀肆拾兩

## 力差

力差銀壹千壹百肆拾壹兩壹錢

臨清道兵隊團操民壯拾叁名共銀玖拾叁兩陸錢存留連器械打討拾貳兩

守城民壯柒拾名共銀壹百肆拾捌兩每名打討捌兩

接遞夫安山驛叁拾玖名共銀貳百叁拾肆兩每名打討陸兩

閘夫見役本縣地名沙灣小閘[illegible]陽穀東[illegible]上下閘叁拾名共銀壹百捌拾陸兩每名打討拾貳兩停役沙灣小閘貳名共銀壹兩

淺鋪夫見役本縣地方貳拾名共銀捌拾兩每名打討捌兩停役壹河鋪夫肆名共銀貳兩

守口夫停役安平鎮拾玖名沙灣貳拾壹名共銀貳拾兩

撈淺夫見役本縣地方肆拾伍名共銀壹百捌拾兩每名打討捌兩

橋夫停役叁名肆名銀貳兩

渡夫見役叁名貳名銀肆兩

門子[illegible]名每名貳兩縣祠宜壹名貳兩分司叁名每名壹兩共銀貳拾玖兩打討俱除兩司館不加

皁隸本縣拾叁名共銀拾伍兩每名打[illegible]

[illegible]討[illegible]錢

[illegible]單儒學壹名貳兩討陸兩

禁子肆名共銀[illegible]

斗級儒學倉壹名貳兩預備倉貳名每名陸兩共銀拾肆兩打討預備拾貳兩儒學陸兩

弓兵[illegible]巡檢司柒名共銀貳拾壹兩每名討柒兩貳錢

司兵拾陸名共銀伍拾玖兩每名打討陸兩柒兩貳錢

# 平陰縣

實編銀叁千壹百玖拾貳兩陸錢伍分 銀差銀貳千叁百柒拾兩捌錢伍分 料價戶部折色黃蠟銀貳百貳拾貳兩伍錢 工部軏料銀貳百叁拾兩 屯田司料銀壹百伍拾兩 藥材銀叁兩 胖襖拾貳副

銀差

聽征步隊民兵柒名每名貳拾兩共銀壹百肆拾兩 軍餉銀陸拾捌兩解司給兵 有馬快手臨清道團操捌名每名連器械貳拾柒兩共銀貳百壹拾陸兩 泉夫柳溝泉肆名每名叁兩共銀拾貳兩改力差

鄉飲銀拾貳兩 歲貢銀府學玖兩縣學叁拾陸兩共銀肆拾伍兩 公用銀兩院柒兩伍錢解布政司發歷城縣支銷 進士舉人牌坊武舉盤纏長夫銀貳拾兩解司 民校新蔡鄉平貳王〻肆名東

馬夫本縣貳名共銀捌拾兩 齋夫府學壹名縣學肆名共銀陸拾兩 膳夫府學貳名縣學肆名共銀陸拾兩

力差

力差銀捌百貳拾壹兩捌錢 臨清道步隊團操民壯貳拾肆名共銀壹百柒拾貳兩捌錢每名連器械打討拾貳兩 守城民壯叁拾柒名共銀壹百肆拾捌兩每名打討捌兩 接遞大安山廠工身〻拾壹名共

泉夫見役捌溝泉陸名共銀拾捌兩每名打討陸兩 皁隸本縣拾名共銀叁拾伍兩每名打討柒兩貳錢 庫子儒學壹名貳兩打討陸兩 禁子肆名共銀貳拾兩每名打討拾貳兩 斗級儒學倉壹名貳兩 預備倉貳

兩內軍折襖壹件褲貳條每副腳價壹錢伍分伍釐解府類解 狐裡皮拾張共銀伍兩 柴夫拾伍名共銀肆拾陸兩伍錢 軍器銀捌解所料價拾兩 聽征有馬民兵陸名每名叁拾陸兩共銀貳百壹拾陸兩

夫浦泉拾伍名每名肆兩共銀陸拾兩改力差 庫子安山水驛柒名共銀叁百貳拾貳兩 館夫舊縣馬驛壹名銀玖兩 本縣庫子貳名每名貳拾肆兩共銀肆拾捌兩在官雇募丟鞏去 祭祀銀捌拾壹兩壹錢

王壹名共銀玖拾兩 看鳥良校歸善王壹名銀捌兩 廟鄉平王貳名安丘王壹名共銀貳拾肆兩 柴薪皁隸兵備營名營府叁名本縣伍名共銀壹百捌兩

銀壹百捌拾陸兩每名打討拾貳兩 閘夫見役協濟陽殺荊 門閘拾名共銀陸拾兩每名打討貳兩 門子縣守學陸名每名叁兩改聖祠壹名貳兩分司叁名每名壹兩共銀貳拾叁兩打討俱陸兩司館不加

名廣濟倉壹名每名陸兩共銀貳拾兩打討學陸兩餘拾貳兩 司兵總舖伍名孝直等叁舖各肆名陳洪等陸舖各叁名舊并舖貳名共銀壹百叁拾柒兩每名打討副陸兩兵柒兩貳錢

# 費縣

## 銀差

實編銀叁千貳百肆兩柒錢伍分

銀差銀貳千壹百陸拾伍兩伍分

驛什銀貳兩討錢陸銀濟等

軍器料價銀衛兩拾玖副禰銀壹百共拾伍兩叁鞋折纏內件褲給拾疼副脚條壹錢伍

胖價伍聲解分伍聲解附索解

軍餉銀貳百肆兩解司給兵

有馬快手沂州道團操捌名每名連器械貳拾柒兩共銀貳百壹拾陸兩

本縣廩子貳名每名貳拾肆兩共銀肆拾捌兩任官種恭正方董去

館夫昌平驛貳名共銀拾捌兩

進士舉人牌坊武舉盤纏長夫銀貳拾兩解司

看増民校郊城毛叁名共銀貳拾肆兩

皂廚滋陽王貳名共銀拾陸兩

柴薪皂隸兵備壹名本府壹名曾府伍名本縣柒名共銀壹百陸拾捌兩

馬夫本縣叁名共銀壹百貳拾兩

齋夫肆名共銀肆拾捌兩

膳夫銀肆拾兩

狐狸皮伍拾貳張共銀貳拾陸兩

聽征有馬民兵陸名每名叁拾陸兩共銀貳百壹拾陸兩

聽征步隊民兵拾伍名每名貳拾兩共銀叁百兩

庫子開河驛伍名昌平驛壹名南城驛叁名共銀肆百壹拾肆兩

祭祀銀捌拾肆兩柒錢

鄉飲銀拾貳兩

歲貢銀叁拾陸兩

公用銀兩院共銀柒兩伍錢解司發歷城縣支銷

## 力差

力差銀壹千叁拾玖兩柒錢

沂州道步隊團操民壯伍拾柒名共銀肆百壹拾兩器械每名肆兩連打討錢壹拾銀民壯貳拾兩共肆百名每名捌兩縣子門討兩貳拾城拾器錢壹共伍團

祠壹名教每名貳兩聖學

斗級儒學倉壹名貳兩魚府廣貧倉貳名備倉貳名每名貳兩共銀陸拾陸兩預備倉打貳兩不玖兩加名巡檢司陽川巡檢司陽各名共銀貳拾兩百貳拾兩每名打討捌兩

兩分司肆名每名壹兩共銀貳拾柒兩打討具陸兩司館不加

皂隸本縣拾叁名共銀肆拾伍兩伍錢每名打討捌兩

庫子備學壹名貳兩不加

禁子肆名每名伍兩共銀貳拾兩每名打討銀壹拾貳兩

司兵總舖名新安等拾貳舖各貳名武溝等伍舖各貳名每名司貳兩兵叁兩肆錢徐家等肆舖名壹名每名壹兩共銀壹百肆拾捌兩捌錢打討司肆兩兵陸兩

# 泗水縣

銀差

寳鈔銀貳千柒百柒拾叁兩玖錢
銀差銀壹千捌百柒拾貳兩
料價刀部果品銀壹百貳拾貳兩匚部虞徹司料銀壹百叁拾兩
藥材銀叁兩捌錢
胖襖貳拾玖副零襖壹件褲壹條共銀肆拾肆兩捌錢伍分內鞋折襖[illegible]件褲肆條每副腳價壹錢伍分伍整解府類解
軍器銀東平所料價柒兩伍錢
聽征有馬民兵伍名每名叁拾陸兩共銀壹百捌拾兩
聽征兵隊民兵拾貳名每名銀貳拾兩共銀貳百肆拾兩

運餉銀貳拾捌兩解司給兵
有馬快手沂州道團操捌名每名連器械貳拾柒兩共銀貳百壹拾陸兩
廣亍河橋水驛昌平馬驛各貳名共銀壹百捌拾肆兩
本縣雇子貳名每名貳拾肆兩共銀肆拾捌兩在官雇募正戶革去
泉夫伍拾柒名每名叁兩共銀壹百柒拾壹兩改力差
接遞夫協濟濟寧水廠貳名半共銀拾伍兩解該州募夫
祭祀銀捌拾壹兩壹錢
鄉飲銀拾貳兩

歲貢銀府學玖兩縣學叁拾陸兩共銀肆拾伍兩
公用銀兩院共銀柒兩伍錢解司發歷城縣支銷
淮士舉人牌坊武舉盤纏長夫銀貳拾兩解司
齋部爲府叁名共銀拾伍兩壹名銀拾
民校員城王
柴薪皂隸本縣柒名共銀捌拾肆兩

馬夫本縣叁名共銀壹百貳拾兩
齋夫肆名共銀肆拾捌兩
膳夫銀肆拾兩

力差

力差銀玖百壹兩玖錢
沂州道步隊團操民壯拾貳名共銀捌拾陸兩肆錢每名連器械打討拾貳兩
守城民壯肆拾名共銀壹百陸拾兩每名打討捌兩
泉夫見役壹百名共銀叁百兩每名打討陸兩
壩夫金口壩陸拾伍名每名貳兩共銀壹百叁拾兩解府庫仍詳南兀大挑
門子縣縣學柒名每名叁兩
啓聖祠壹名貳兩分司叁名每名壹兩共銀貳拾陸兩打討俱陸兩司部不加
庫子儒學壹名貳兩打討陸兩

皇隸本縣拾叁名共銀肆拾伍兩伍錢每名打討柒兩貳錢
禁子肆名共銀貳拾兩每名打討拾貳兩
斗級預備倉貳名共銀拾貳兩每名打討拾貳兩
巡攔壹名貳兩
司兵總鋪伍名王滿等以鋪甘叁名共銀壹百壹拾捌兩每名打討司陸兩兵柒兩貳錢

# 郯城縣

實編銀貳千柒百肆拾兩貳錢貳分伍釐

銀差銀壹千玖百伍兩玖錢貳分伍釐

藥材銀貳兩伍錢

軍器料價銀濟寧衛叁拾叁兩玖錢壹分伍釐滕縣所肆兩叁錢叁分東平所拾伍兩[illegible]叁分

胖襖肆拾肆副共銀陸拾陸兩內鞋折每伍件褲肆價每副銀價壹錢伍分伍釐解府類解

狐狸皮捌張共銀肆兩

聽征有馬民兵伍名每名叁拾陸兩共銀壹百捌拾兩

聽征步隊民兵拾伍名每名貳拾兩共銀叁百兩

軍餉銀壹百肆拾肆兩解司給兵

有馬快手沂州道團操拾貳名每名連器械貳拾柒兩共銀叁百貳拾肆兩

庠子南城水馬驛貳名每名肆拾陸兩共銀玖拾貳兩

本縣庠子貳名每名貳拾肆兩共銀肆拾捌兩在官雇募正戶革去

皁隸本府肆名共銀肆拾叁兩貳錢

祭祀銀捌拾壹兩壹錢

鄉飲銀拾貳兩

歲貢銀叁拾陸兩

公用銀兩院共銀柒兩伍錢解司發歷城縣支銷

進士舉人牌坊武舉鑑總長夫銀貳拾兩解司

看守民校館門子叁名每名捌兩共銀貳拾肆兩

民廚樂陵王壹名半每名捌兩共銀拾貳兩

[illegible]皁隸本府肆名魯府叁名本縣柒名每名拾貳兩共銀壹百陸拾捌兩

馬夫本府貳名本縣叁名共銀貳百兩

齋夫肆名共銀肆拾捌兩

膳夫銀肆拾兩

力差銀捌百叁拾肆兩叁錢

沂州道步隊團操民壯伍拾肆名共銀叁百捌拾捌兩捌錢每名連器械打討拾貳兩

守城民壯陸拾名共銀貳百肆拾兩每名打討捌兩

門子縣并學柒名每名叁兩啓聖祠壹名貳兩分司貳名每名伍錢共銀貳拾肆兩打討俱伍兩司館不加

皁隸本縣拾叁名共銀肆拾伍兩伍錢每名打討捌兩

庫子儒學壹名貳兩打討陸兩

禁子肆名每名銀伍兩共銀貳拾兩每名實打討銀拾兩

斗級儒學倉壹名貳兩預備倉貳名每名陸兩共銀拾肆兩每名打討預備拾貳兩學不加

巡攔本縣稅課局貳名每名貳兩共銀肆兩

司兵總舖肆名白馬等肆舖各叁名馬頭等伍舖各貳名每名司叁兩兵肆兩分司馬庄高塚貳舖各壹名每名壹兩共銀玖拾陸兩每名打討司肆兩兵柒兩

銀差

力差

# 曲阜縣

實編銀貳千壹百柒拾捌兩壹分

銀差銀壹千陸百陸拾貳兩陸錢壹分

料價工部虞衡司料銀壹百玖兩貳錢陸分柒毫陸絲陸忽

胖襖拾叁副綿褲壹條鞋貳雙共銀貳拾兩壹錢內鞋折價貳件

褲壹條每庫子關河水

副脚價壹驛壹名銀柴薪皂隸魯

錢□分伍解府類解

紙提皮拾陸張共銀捌兩

軍器銀東平所料價柒兩伍錢

聽征有馬民兵伍名每名叁拾陸兩共銀壹百捌拾兩

聽征步隊民兵捌名每名貳拾兩共銀壹百陸拾兩

軍餉銀陸拾貳兩解司給兵

有馬快手沂州道團操捌名每名連器械貳拾柒兩共銀貳百壹拾陸兩

泉夫貳拾柒名每名叁兩共銀捌拾壹兩

力差

門子分巡東兖道叁名共銀貳拾柒兩

肆拾陸兩

禁子本府壹名銀拾貳兩

本縣庫子貳名每名貳拾肆兩共銀肆拾捌兩

往官崔募正戶韋去

齋郎魯府肆名共銀貳拾兩

民廚東原王壹名銀捌兩

祭祀銀柒拾兩

鄉飲銀拾貳兩

歲貢銀縣學叁拾陸兩三氏學叁拾陸兩共銀柒拾貳兩

公用銀兩院柒兩伍錢解布政司發歷城縣支銷

進士舉人牌坊武舉盤經長夫銀拾叁兩解司

府伍名本縣柒名共銀壹百肆拾肆兩

馬夫本縣叁名共銀壹百貳拾兩

齋夫府學貳名縣學肆名三氏學肆名共銀壹百貳拾兩

膳夫縣學肆名三氏學陸名共銀壹百兩

力差銀伍百壹拾伍兩肆錢

沂州道步隊團操民壯拾貳名共銀捌拾陸兩肆錢每名連器械打討拾貳兩

守城民壯肆拾名共銀壹百陸拾兩每名打討捌兩

泉夫見役肆拾名共銀壹百貳拾兩每名打討陸兩

門子縣學三氏共肆名文廟壹名每名叁兩本縣叁名啟聖祠壹名每名貳兩院司叁名每名貳兩府館壹名壹兩共銀叁拾兩□詞具幾兩□□不

禁子肆名共銀□拾兩每名打討拾貳兩

皂隸本縣拾貳名共銀叁拾兩每名打討捌兩

庫子儒學壹名貳兩打討陸兩

斗級預備倉貳名每名肆兩共銀捌兩每名打討拾貳兩

司兵總舖肆名舊城等肆舖名叁名共銀伍拾玖兩每名打討

陸兩兵柴兩貳錢

銀差

力差

# 嘉祥縣

銀差

實編銀壹千
叁百柒拾
玖兩叁錢
銀差銀玖百
肆拾肆兩
叁錢
料價工部都
水司料銀
肆拾兩
胖襖伍副零
褲壹條鞋
壹雙共銀
柒兩柒錢
內鞋折襖
壹件每副
脚價壹錢
伍分伍釐
解府類解
狐俚皮拾壹
張每張伍
錢共銀伍
兩伍錢
聽征有馬民
兵貳名每
名叁拾陸
兩共銀柒
拾貳兩銀
聽征步隊民
兵叁名每
名貳拾兩
共銀陸拾
兩
軍餉銀貳拾
兩解司給
兵
淺鋪夫本縣
地方貳拾
名每名肆
兩共銀捌
拾兩改力差

有馬快手曹
濮道團操
伍名每名
連器械貳
拾柒兩共
銀壹百叁
拾伍兩
撈淺夫本縣
地方貳拾
名每名肆
兩共銀捌
拾兩改力
差
本縣庫子貳
名每名貳
拾肆兩共
銀肆拾捌
兩在官僱
募正戶革
去
禁卒本府貴
名銀拾貳
兩
祭祀銀捌拾
玖兩叁錢

鄉飲銀拾貳
兩
歲貢銀叁拾
陸兩
公用銀兩院
陸兩叁錢司
發歷城縣
支銷
進士舉人牌
坊武舉盤
纏長夫銀
拾叁兩解
司
柴薪皁隸本
縣伍名共
銀陸拾貳
馬夫本縣肆
名每名肆
拾兩共銀
捌拾兩

齋夫肆名每
名拾貳兩
共銀肆拾
捌兩
膳夫肆名每
名拾兩共
銀肆拾兩

力差

力差銀肆百
叁拾伍兩
守城民壯肆
拾名共銀
壹百陸拾
兩每名打
討捌兩
淺鋪夫見役
本縣地方
拾陸名共
銀陸拾肆
兩每名打
討捌兩
撈淺夫見役
本縣地方
貳拾名共
銀捌拾兩
每名打討
捌兩
門子縣學
陸名每名
叁兩啓聖
祠壹名貳
兩院司叁
名每名壹
兩共銀貳
拾叁兩打
討俱陸兩
看司不加
皁隸本縣拾
名共銀叁
拾伍兩每
名打討柒
兩貳錢
禁子肆名每
名伍兩共
銀貳拾兩
每名管打
討壹拾貳
兩

庫子儒學壹
名貳兩打
討陸兩
斗級儒學倉
壹名貳兩
預備倉貳
名每名陸
兩共銀拾
肆兩每名
打討預備
拾貳兩學
陸兩
司兵總舖肆
名興龍等
貳舖各叁
名共銀叁
拾柒兩每
名打討司
陸兩兵柒
兩貳錢

# 東昌府所屬

## 臨清州

### 銀差

實編銀玖千貳百叁拾陸兩捌錢

銀差銀伍千肆百肆拾兩壹錢

料價戶部本色黃蠟銀貳百玖拾兩

木柴銀陸兩肆錢

狐狸皮拾張每張伍錢共銀伍兩

軍器銀平山衛料價肆拾兩腳價貳拾兩

藥材銀禮部

聽征步隊民兵拾捌名每名貳拾兩共銀叁百陸拾兩

軍餉銀貳百叁拾陸兩解司給兵

有馬快手臨清道團操拾伍名每名連器械貳拾柒兩共銀肆百伍兩

濬夫本州地方南教新橋貳閘拾名每名陸兩共銀陸

庫子清源驛貳拾貳名每名肆拾陸兩共銀壹千壹拾貳兩

橋夫本州貫積等橋捌名每名叁兩共銀貳拾肆兩改力差

門子鈔關貳名倉糧管閘各叁名臨清道叁名每名玖兩共銀玖拾玖兩

皁隸分巡東

馬夫兵備壹名本州伍名共銀貳百肆拾兩

進士舉人牌坊武舉盤纏長夫銀陸拾兩解司

歲貢銀叁拾陸兩

公用銀兩院共銀拾伍兩解司發歷城縣支銷

祭祀銀捌拾肆兩壹錢

齋夫共銀玖拾陸兩

### 力差

力差銀[illegible]千[illegible]百玖拾陸兩柒錢

臨清道[illegible][illegible][illegible]名每名[illegible]拾[illegible]壹名共銀柒百玖拾玖兩貳錢每名連器械打討拾貳兩

守城民壯捌拾名共銀叁百貳拾兩每名打討捌兩

濬舖夫本州柒拾陸名共銀叁百肆兩每名打討拾兩

閘夫本州南版閘橋貳閘

接遞夫本州水驛[illegible]百捌拾名共銀壹千捌拾兩每名打討拾貳兩

門子州學拾壹名每名叁兩修學壹名壹兩臨司叁名各每名貳兩共銀肆拾肆兩打討陸兩

皁隸叁拾名共銀壹百貳拾貳兩伍錢

橋夫見役廣積等橋貳拾名共銀肆拾兩每名打討貳兩

---

貳拾陸兩伍錢

胖襖叁拾副共銀肆拾伍兩鞋折襖叁件褲伍條每副腳價壹錢捌分解府類解

柴夫陸拾貳名共銀壹百玖拾貳兩貳錢

聽征有馬民兵拾柒名每名叁拾陸兩共銀陸百壹拾貳兩

拾兩改力差

淺鋪夫本州地方玖拾伍名每名肆兩共銀叁百捌拾兩改力差

館夫清源驛叁名每名玖兩共銀貳拾柒兩

撈淺夫本州地方叁拾玖名每名肆兩共銀壹百伍拾陸兩改力差

鄉飲拾貳兩

兌貳名管鈔捌名管糧管閘各拾陸名臨清道拾陸名每名拾兩捌錢共銀陸百貳拾陸兩肆錢

柴新皁隸拾肆名銀壹百陸拾捌兩

本州庫子貳名每名貳拾肆兩共銀肆拾捌兩在官倉募正[illegible]書

膳夫陸名每名拾兩共銀陸拾兩

平江伯祠廟戶李奉吳挂在廟焚掃各免本身差役看守貳祠但遇損壞責令修葺永遠遵守

捌拾肆名共銀伍百肆兩每名打討拾貳兩

濬夫見役本州南板新橋閘叁拾名共銀壹百捌拾兩每名打討拾貳兩

撈淺夫見役本州叁拾玖名共銀壹百伍拾陸兩每名打討拾兩

巡攔本州稅課局拾名銀伍兩

庫子廠貳名每名肆兩學壹名貳兩共拾兩打討廠拾貳兩學陸兩

禁子拾肆名共銀柒拾兩每名打討拾貳兩

弓手巡鹽拾名共銀貳拾兩每名打討捌兩

斗級常盈倉壹名儒學壹名各叁兩預備倉叁名每名陸兩共銀貳拾肆兩打討每名學陸兩餘拾貳兩

司兵叁拾壹名共銀壹百壹拾捌兩每名打討司柒兩貳錢兵玖兩

# 濮州

會編銀捌千玖百叁拾兩壹錢伍分

銀差銀陸千陸百肆拾玖兩玖錢伍分

料價戶部折色黃蠟銀陸百柒拾貳兩伍錢

禮部牲口料銀叁百陸拾捌兩

工部屯田司料銀叁拾陸兩

木柴銀壹百壹拾伍兩貳錢

藥材銀禮部叁兩捌錢伍分

京班柴薪皁隸叁拾壹名銀叁百柒拾貳兩

胖襖叁拾壹副共銀肆拾陸兩伍錢內鞋襖肆件褲貳條每副腳價壹錢捌分解府類解

狐狸皮拾陸張每張伍錢共銀捌兩

## 銀差

軍器銀臨清衛料價壹百兩腳價叁拾兩

柴夫貳百捌拾叁名共銀捌百柒拾柒兩叁錢

聽征有馬民兵拾肆名每名叁拾陸兩共銀伍百肆兩

聽征步隊民兵貳拾柒名每名貳拾兩共銀伍百肆拾兩

軍餉銀壹百叁拾貳兩解司給兵

有馬快手曹濮道團操拾叁名每名連器械貳拾柒兩共銀叁百伍拾壹兩

淺鋪夫協濟聊城陸拾叁名每名肆兩共銀貳百伍拾貳兩改力差

祭祀銀共捌拾壹兩壹錢

撈淺夫協濟博平貳拾壹名每名肆兩共銀捌拾肆兩改力差

庫子崇武驛拾貳名甲馬營驛壹名每名肆拾陸兩共銀伍百玖拾捌兩

皁隸分巡東兗道貳名本府拾捌名每名拾兩捌錢共銀貳百壹拾陸兩

庫子本府貳名每名拾貳兩共銀貳拾肆兩

禁子本府叁名每名拾貳兩共銀叁拾陸兩

本州庫子貳名每名貳拾肆兩共銀肆拾捌兩在官徵募正身去

接遞夫協濟臨清廠柒名半每名陸兩共銀肆拾伍兩解臨清州

鄉飲銀拾貳兩

歲貢銀叁拾陸兩

公用銀兩院拾伍兩解布政司發歷城縣支銷

進士舉人牌坊貳舉盤纏長夫銀陸拾兩解司

斗級臨清倉拾名每名拾貳兩共銀壹百貳拾兩

柴薪皁隸布政司拾叁名本府拾名本州捌名共銀叁百柒拾貳兩

馬夫布政司壹名本府貳名本州叁名共銀貳百肆拾兩

齋夫府學柒名州學陸名共銀壹百伍拾陸兩

膳夫府學肆名州學陸名共銀壹百兩

## 力差

力差銀貳千貳百捌拾兩貳錢

曹濮道步操民壯伍拾陸名共銀肆百叁兩貳錢每名連器械打討拾貳兩

守城民壯捌拾名共銀叁百貳拾兩每名打討捌兩

接遞夫見役協濟聊城廠壹百壹拾叁名臨清廠伍拾名共銀玖百柒拾捌兩每名打討拾貳兩

閘夫見役協濟聊城周家店閘拾名共銀陸拾兩每名打討拾貳兩

淺鋪夫見役協濟聊城肆拾玖名共銀壹百玖拾陸兩每名打討肆兩

皁隸拾捌名共銀陸拾叁兩每名打討玖兩

撈淺夫見役協濟博平貳拾壹名共銀捌拾肆兩每名打討捌兩

門子州學捌名每名叁兩係學併分司肆名每名壹兩共銀貳拾捌兩每名打討俱陸兩分司不加

庫子儒學壹名貳兩打討陸兩

斗級陸名共銀貳拾伍兩每名打討拾貳兩

斗級廣盈預備倉各貳名每名陸兩儒學壹名叁兩共銀貳拾柒兩每名打討學陸兩餘拾貳兩

巡攔本州稅課局名貳兩

司兵貳拾伍名共銀玖拾貳兩每名打討司柒兩貳錢兵玖兩

# 高唐州

銀差

實編銀陸千
伍拾伍兩
肆錢柒分
伍釐
銀差銀叁千
捌百陸兩
壹錢柒分
伍釐
料價戶部折
色黄蠟銀
柒拾兩伍
錢工部顏
料銀壹百
伍拾兩都
水司料銀
貳百伍拾
兩
木柴銀壹拾
壹兩陸錢
藥材銀禮部
壹兩玖錢
貳分伍釐
京班步新皁
隸玖名共
銀壹百捌
兩自堂壹
名銀拾兩
胖襖貳拾肆
副零陸壹
件共銀叁
拾陸兩柒
錢伍分內
鞋折價叁
件褲貳條
每副腳價
銀壹錢捌
分解府類
解
鄉飲銀拾貳
兩

軍器銀平山
備料價叁
拾伍兩
柴夫玖拾名
每名叁兩
壹錢共銀
貳百柒拾
玖兩
聽征有馬民
兵拾伍名
每名叁拾
陸兩共銀
伍百肆拾
兩
聽征步隊民
兵叁拾肆
名每名貳
拾兩共銀
陸百捌拾
兩
軍餉銀拾陸
兩解司給
丘
有馬快手臨
清道團操
拾名每名
連器械貳
拾柒兩共
銀貳百柒
拾兩
館夫魚丘馬
驛夫叁名每
名玖兩共
銀貳拾柒
兩
十級臨清倉
貳名每名
拾貳兩共
銀貳拾肆
兩

庫子魚丘驛齋夫銀玖拾
拾名太平陸兩
驛貳名甲膳夫銀陸拾
馬營驛壹兩
名每名肆
拾陸兩共
銀伍百玖
拾捌兩
本州庫子貳
名每名貳
拾肆兩共
銀肆拾捌
兩在官催
募正充革
去
皁隸本府壹
名銀拾兩
捌錢
祭祀銀共捌
拾壹兩壹
錢
歲貢銀叁拾
陸兩
公用銀兩院
壹兩柒錢
解司歷
城野支銷
進士舉人牌
坊武舉盤
纏長夫銀
肆拾兩解
司
紫荊皁隸拾
貳名每名
拾貳兩共
銀壹百肆
拾肆兩
馬夫肆名共
銀壹百陸
拾兩

力差

力差銀貳千
貳百肆拾
玖兩叁錢
臨清道步操
民壯伍拾
玖名共銀
肆百貳拾
肆兩捌錢
每名連器
械打討拾
貳兩
守城民壯捌
拾名共銀
叁百貳拾
兩每名打
討玖兩
接遞夫本州
路敞叁白
壹拾名內
青夫壹百
叁名白夫
貳百柒名
共銀壹千
壹百叁拾
柒兩每名
打討青夫
拾貳兩白
夫拾肆兩
肆錢
門子州儒學
拾名每名
叁兩啟聖
祠壹名壹
兩院司叁
名每名貳
兩共銀叁
拾柒兩打
討州學各
陸兩院司
不加

皁隸貳拾玖
名每名叁
兩伍錢共
銀壹百壹
兩伍錢每
名打討玖
兩
庫子儒學壹
名銀貳兩
打討陸兩
禁子伍名共
銀貳拾伍
兩每名打
討拾貳兩
十級廣盈倉
壹名預備
倉叁名每
名陸兩學
倉壹名貳
兩共銀貳
拾陸兩每
名打討學
陸兩餘拾
貳兩
巡攔壹名銀
貳兩
民兵肆拾陸
名共銀壹
百柒拾肆
兩每名打
討柒兩
貳錢兵玖
兩

# 恩縣

實編銀伍千叁百叁兩柒錢伍分

## 銀差

銀差銀叁千貳百叁兩捌錢伍分

料價戶部果品銀肆拾兩工部軌料銀壹百兩屯田司料銀貳百兩

木柴銀拾壹兩

京班皁隸柴薪拾肆名共銀壹百陸拾捌兩

直堂壹名銀拾兩

胖襖肆拾副零襖壹件共銀陸拾兩柒錢伍分內鞋折襖肆件褲陸條每副脚價壹錢捌分解府類解

軍器銀臨清衛料價叁拾兩

柴夫叁拾柒名每名叁兩壹錢共銀壹百壹拾肆兩柒錢

聽征有馬民兵壹拾肆名每名叁拾陸兩共銀伍百肆兩

聽征步隊民兵叁拾貳名每名貳拾兩共銀陸百肆拾兩

有馬快手臨清道團操陸名每名連器械貳拾柒兩共銀壹百陸拾貳兩

淺鋪夫本縣地方肆拾貳名每名肆兩共銀壹百陸拾捌兩攺力差

撈淺夫本縣地方拾肆名每名肆兩共銀伍拾陸兩攺力差

館夫太平驛叁名每名玖兩共銀貳拾柒兩

皁隸分巡東兖道壹名銀拾兩捌錢

庫子太平驛伍名每名肆拾陸兩共銀貳百叁拾兩

本縣庫子貳名每名貳拾肆兩共銀肆拾捌兩在官権務正尸華去

祭祀銀共捌拾壹兩壹錢

鄉飲銀拾貳兩

歲貢銀叁拾陸兩

公用銀兩院拾壹兩柒錢解司發歷城縣支銷

進士舉人牌坊武舉盤纏長夫銀肆拾兩解司

柴薪皁隸壹拾壹名每名壹拾貳兩共銀壹百叁拾貳兩

馬夫伍名共銀貳百兩

膳夫肆名每名拾兩共銀肆拾兩

齊夫銀柒拾貳兩

## 力差

力差銀貳千玖拾玖兩玖錢

臨清道步操民壯叁拾柒名共銀貳百陸拾陸兩肆錢每名連器械打討拾貳兩

守城民壯陸拾名共銀貳百肆拾兩每名打討玖兩

淺鋪夫見役本縣地方貳拾捌名共銀壹百壹拾貳兩每名打討捌兩

撈淺夫見役本縣地方拾肆名共銀伍拾陸兩每名打討捌兩

門子縣并學拾名每名叁兩啓聖祠新司貳名每名壹兩院司貳名每名貳兩共銀叁拾陸兩打討俱陸兩院司不加

接遞夫本縣路敝叁百壹拾名內青夫壹百叁名白夫貳百柒名共銀壹千壹百叁拾柒兩每名打討青夫拾貳兩白夫拾肆兩肆錢

皁隸叁拾叁名共銀壹百壹拾伍兩伍錢每名打討玖兩

庫子儒學壹名貳兩打討陸兩

禁子肆名共銀貳拾兩每名打討拾貳兩

斗級儒學壹名貳兩預備倉貳名每名陸兩共銀拾肆兩打討預備拾貳兩學陸兩

巡攔壹名銀貳兩

司兵貳拾陸名共銀玖拾玖兩每名打討司柒兩貳錢兵玖兩

乾八百五十四

## 冠縣

實編銀伍千貳百肆拾玖兩玖錢

### 銀差

銀差銀叁千捌百玖拾貳兩柒錢　料價戶部折色黃蠟銀壹百壹拾壹兩禮部牲口等料銀肆百柒拾貳兩工部軟料銀壹百兩　木柴銀叁拾陸兩柒錢　京班柴薪皂隸捌名共銀玖拾陸兩　胖襖柒拾副共銀壹百伍兩內鞋折襖捌件褲柒條每副脚價壹錢捌分解府類解　軍器銀平山衛料價叁拾伍兩東昌衛脚價伍兩　聽征有馬民兵捌名每名叁拾陸兩共銀貳百捌拾捌兩

柴夫壹百捌拾捌名共銀伍百捌拾貳兩捌錢　聽征步隊民壯拾柒名每名貳拾兩共銀叁百肆拾兩　有馬快手臨清道閘操叁名每名連器械貳拾柒兩共銀捌拾壹兩　淺鋪夫協濟聊城叁拾名每名肆兩共銀壹百貳拾兩改力差　撈淺夫協濟聊城拾叁名每名肆兩共銀伍拾貳兩改力差　庫子渡口驛叁名崇武驛壹名每名肆拾陸兩共銀壹百捌拾肆兩　門子本府柒名每名捌兩共銀伍拾陸兩

本縣庫子貳名每名貳拾肆兩共銀肆拾捌兩任官崔募正戶革去　皂隸分巡東兗道貳名本府捌名共銀壹百捌兩　庫子本府壹名銀拾貳兩　接遞夫協濟臨清廠拾叁名共銀柒拾捌兩　斗級臨清倉拾名共銀壹百貳拾兩　修倉夫臨清伍拾名每名貳兩共銀壹百兩　祭祀銀捌拾肆兩柒錢　鄉飲銀拾貳兩　歲貢銀叁拾陸兩　公用銀兩院銀壹拾伍兩解司發歷城縣支銷

進士舉人牌坊武舉盤纏長夫銀陸拾兩解司　柴薪皂隸按察司肆名本府肆名本縣玖名共銀貳百肆兩　馬夫本府貳名本縣肆名共銀貳百肆拾兩　齋夫共銀柒拾貳兩　膳夫銀肆拾兩

### 力差

力差銀壹千伍百叁拾柒兩貳錢　臨清道步操民壯貳拾陸名共銀壹百捌拾柒兩貳錢每名連器械打討拾貳兩　守城民壯肆拾名共銀壹百陸拾兩每名打討捌兩　接遞夫見役協濟聊城廠拾玖名臨清廠柒拾肆名共銀伍百伍拾捌兩每名打討拾貳兩　閘夫見役協濟清平戴家灣拾名共銀陸拾兩每名打討拾貳兩　淺鋪夫見役協濟聊城貳拾伍名共銀壹百兩每名打討拾兩　撈淺夫見役協濟聊城拾貳名共銀肆拾捌兩每名打討拾兩

守口夫停役安平鎮肆拾名共銀貳拾兩　濼夫臨清貳名共銀肆兩　門子本縣儒學玖名每名叁兩啓聖祠分司仲弓廟肆名每名並閏銀叁拾壹兩打討俱陸兩查司廟不加　皂隸貳拾名共銀柒拾兩每名打討玖兩　庫子儒學壹名貳兩打討陸兩　禁子貳名共銀貳拾兩每名打討拾貳兩　斗級儒學壹名貳兩預備倉貳名每名陸兩共銀拾肆兩打討學陸兩預備拾貳兩　司兵貳拾叁名共銀捌拾叁兩每名打討司柒兩貳錢兵玖兩

# 館陶縣

實編銀伍千壹百貳拾玖兩陸錢

## 銀差

銀差銀叁千陸百玖拾肆兩肆錢

料價戶部本色黃蠟銀壹百壹拾肆兩工部軏料銀壹百兩都水司料銀肆百兩營繕司料銀叁百兩

木柴銀叁拾壹兩捌錢

京班皁隸柒新柒名共銀捌拾肆兩直堂叁名共銀叁拾兩

胖襖叁拾副共銀肆拾玖兩伍錢內鞋折襖肆件褲叁條每副腳價壹錢捌分解府類解

狐狸皮拾張每張伍錢共銀伍兩

軍器銀平山衛料價貳拾伍兩腳價拾兩

柴夫壹百陸拾叁名共銀伍百伍兩叁錢

聽征有馬民兵柒名每名叁拾陸兩共銀貳百伍拾貳兩

聽征步隊民兵貳拾名每名貳拾兩共銀肆百兩

有馬快手臨清道團捕肆名每名連器械貳拾柒兩共銀壹百捌兩

淺鋪夫本縣地方肆拾捌名每名肆兩共銀壹百玖拾貳兩改力差

撈淺夫協濟聊城拾貳名每名肆兩共銀肆拾捌兩改力差

皁隸分巡東兗道貳名本府貳名共銀肆拾叁兩貳錢

庫子渡口驛壹名清陽驛壹名每名肆拾陸兩共銀玖拾貳兩

本縣庫子貳名每名貳拾肆兩共銀肆拾捌兩在官雇募正力革去

禁子本府壹名銀拾貳兩

接遞夫協濟臨清敞拾伍名共銀玖拾兩

斗級臨清倉伍名共銀陸拾兩

祭祀銀捌拾壹兩壹錢

鄉飲拾貳兩

歲貢銀叁拾陸兩

公用銀兩院共銀拾伍兩解司發歷城縣支銷

進士舉人牌坊武舉盤纏長夫銀陸拾兩解司

齋夫共銀柒拾貳兩

膳夫銀肆拾兩

柴新皁隸布政司貳名本府肆名本縣玖名共銀壹百捌拾兩

馬夫本府壹名本縣肆名共銀貳百兩

## 力差

力差銀壹千肆百叁拾伍兩貳錢

臨清道步隊團操民壯叁拾陸名共銀貳百伍拾玖兩貳錢每名連器械打討拾貳兩

守城民壯伍拾名共銀貳百兩每名打討捌兩

接遞夫見役協濟臨清敞捌拾壹名共銀肆百捌拾陸兩每名打討拾貳兩

淺鋪夫見役本縣地方肆拾捌名共銀壹百玖拾貳兩每名打討捌兩

撈淺夫協濟聊城拾叁名共銀伍拾貳兩每名打討捌兩

皁隸貳拾名共銀柒拾兩每名打討玖兩

庫子儒學壹名貳兩打討陸兩

門子府學文廟壹名縣拜學捌名每名叁兩文廟啓聖祠分司府館共貳名每名壹兩共銀貳拾玖兩打討俱陸兩司鋪加

禁子肆名共銀貳拾兩每名打討拾貳兩

斗級府學壹名叁兩縣學壹名貳兩預備倉叁名每名陸兩共銀貳拾叁兩打討預備拾貳兩兩學陸兩

弓兵南館陶巡檢司貳拾名共銀陸拾兩每名打討捌兩

巡攔本縣稅課局壹名貳兩

司兵拾壹名共銀肆拾兩每名打討司柒兩貳錢共玖兩

# 朝城縣

## 銀差

官編銀肆千肆百玖拾貳兩捌錢
銀差銀叁千伍百捌拾捌兩肆錢
料價戶部本色黃蠟銀貳拾兩禮部牲口等銀肆百貳拾兩工部軋料銀捌拾兩
木柴銀叁拾伍兩
京班皁隸柴薪拾捌名共銀貳百
壹拾陸兩 濮道團操 壹百兩改

柴夫壹百捌拾名共銀伍百伍拾捌兩
聽征有馬民兵柒名每名叁拾陸兩共銀貳百伍拾貳兩
聽征步隊民兵拾柒名每名貳拾兩共銀叁百肆拾兩
軍餉銀伍拾陸兩解司給兵
有馬快手曹

庫子本府壹名拾貳兩
禁子本府叁名共銀叁拾陸兩
本縣庫子貳名每名貳拾肆兩共銀肆拾捌兩在官雇募正戶革去
接遞夫協濟臨清廠壹名銀陸兩
淺鋪夫協濟武城貳拾伍名每名肆兩共銀

馬夫本縣肆名共銀壹百陸拾兩
齋夫銀柒拾貳兩
膳夫銀肆拾兩

## 力差

力差銀玖百肆兩肆錢
曹濮道步隊團操民壯貳拾貳名共銀壹百伍拾捌兩肆錢每名連器械打討拾貳兩
守城民壯肆拾柒名共銀壹百捌拾捌兩每名打討捌兩
接遞夫見役協濟聊城廠貳拾肆
名臨清廠

門子府學貳名縣科學玖名每名叁兩啓聖祠分司叁名每名壹兩共銀叁拾陸兩打討俱陸兩分司不加
皁隸貳拾名共銀柒拾兩每名打討玖兩
車子儒學壹名貳兩打討陸兩
禁子肆名共
每名打討

首覺各名共銀叁拾兩
胖襖肆拾玖副共銀柒拾叁兩伍錢內鞋折襖伍件褲柒條每副脚價壹錢捌分解府類解
狐狸皮叁拾壹張每張伍錢共銀拾伍兩伍錢
軍器銀臨清衛料價叁拾伍兩脚價拾伍兩

捌名每名連器械貳拾柒兩共銀貳百壹拾陸兩
庫子崇武驛貳名清陽驛貳名渡口驛叁名每名肆拾陸兩共銀叁百貳拾貳兩
皁隸分巡東兗道壹名本府拾名共銀壹百壹拾捌兩捌錢
鄉飲拾貳兩

力差
祭祀銀捌拾壹兩壹錢
歲貢銀叁拾陸兩
公用銀兩院陰壹兩柒錢解司發歷城縣支銷
進上舉人牌坊武舉盤纏長夫銀肆拾兩解司
柴薪皁隸兵備壹名本府壹名本縣玖名共銀壹百叁拾貳兩

柒名共銀壹百捌拾陸兩每名打討拾貳兩
閘夫見役協濟聊城周家店閘拾名共銀陸拾兩每名打討拾貳兩
淺鋪夫見役協濟武城貳拾名共銀捌拾兩每名打討捌兩
巡攔本縣貳名共銀肆兩

拾貳兩
斗級本府廣盈倉貳名預備倉貳名每名陸兩儒學官倉貳名每名貳兩共銀貳拾捌兩打討廣盈預備拾貳兩儒學陸兩
司兵貳拾名共銀柒拾貳兩每名打討司柒兩貳錢兵玖兩

# 茌平縣

實編銀肆千肆百貳兩貳錢伍分

## 銀差

銀差銀貳千伍百陸拾壹兩叁錢伍分

料價戶部果品銀肆拾兩工部軟料銀陸拾兩屯田司料銀壹百兩

木柴銀貳拾貳兩陸錢

藥材銀禮部叁兩伍錢伍分

京班皂隸柴薪伍名共銀玖兩

聽征有馬民兵捌名每名叁拾陸兩共銀貳百捌拾捌兩

聽征步隊民兵拾捌名每名貳拾兩共銀叁百陸拾兩

有馬快手隙清道團操陸名每名連器械貳拾柒兩共銀壹百陸拾貳兩

門子分巡東究道壹名

祭祀銀捌拾壹兩壹錢

鄉飲銀拾貳兩

歲貢銀叁拾陸兩

公用銀兩院捌兩叁錢伍分解司發歷城縣支銷

進士舉人牌坊武舉盤纏長夫銀叁拾貳兩解司

柴新皂隸本府貳名本縣玖名共銀壹百叁拾貳兩

膳夫肆名共銀肆拾兩

銀陸拾兩

有學貳名共銀貳拾兩

胖襖肆拾副共銀陸拾兩內鞋折襖肆件褲陸條每副脚價壹錢捌分解府類解

柴夫陸拾陸名共銀貳百肆兩陸錢

軍餉銀貳拾肆兩解司給兵

庫子茌山驛拾名每名[illegible]共銀肆百陸拾兩

館夫茌山驛叁名每名玖兩共銀貳拾柒兩

本縣庫子貳名每名貳拾肆兩共銀肆拾捌兩在官雇募正戶華去

馬夫本府壹名本縣肆名共銀貳百兩

齋夫陸名共銀柒拾貳兩

## 力差

力差銀壹千捌百肆拾兩玖錢

臨清道步隊閘操民壯貳拾貳名共銀壹百伍拾捌兩肆錢每名連器械打討拾貳兩

守城民壯肆拾名共銀壹百陸拾兩每名打討玖兩

接遞夫本縣路做叁百壹拾名內青夫壹百叁名每名叁兩白夫貳百柒名每名肆兩共銀壹千壹百叁拾柒兩打討青夫拾貳兩白夫拾肆兩肆錢

門子縣拜學玖名每名叁兩啓聖祠壹名壹兩分司貳名每名貳兩共銀叁拾貳兩打討俱陸兩分司不加

皂隸貳拾柒名共銀玖拾肆兩伍錢每名打討玖兩

庫子儒學壹名貳兩打討陸兩

禁子肆名共銀貳拾兩每名打討拾貳兩

斗級儒學倉壹名叁兩預備倉貳名每名陸兩共銀拾伍兩打討預備拾貳兩學倉陸兩

巡攔壹名銀貳兩

司兵伍拾捌名共銀貳百貳拾兩每名打討司柒兩貳錢兵玖兩

# 堂邑縣

## 銀差

實編銀肆千貳百壹拾柒兩肆錢
銀差銀貳千柒百陸拾貳兩捌錢
料價戶部本色黃蠟銀貳拾伍兩
工部軛料銀玖拾兩
屯田司料銀叁百伍拾兩
木柴銀貳拾兩叁錢
京班柴薪皁隸拾名共銀壹百貳拾兩
胖襖肆拾副共銀陸拾兩內鞋折襖肆件褲陸條每副腳價壹錢捌分解府類解
狐狸皮拾柒張每張伍錢共銀捌兩伍錢
聽征有馬民兵捌名每名叁拾陸兩共銀貳百捌拾捌兩
鄉飲銀拾貳兩

軍器銀東昌衛料價貳拾兩腳價捌兩伍錢
柴夫壹百肆名共銀叁百貳拾貳兩肆錢
聽征步隊民兵拾伍名每名貳拾兩共銀叁百兩
有馬快手臨清道團操柒名每名連器械貳拾柒兩共銀壹百捌拾玖兩
淺鋪夫本縣地方叁拾伍名每名肆兩共銀壹百肆拾兩改力差
撈淺夫本縣地方陸拾陸名每名肆兩共銀貳百陸拾肆兩改力差

本縣庫子貳名每名貳拾肆兩共銀肆拾捌兩在官僱募正戶革去
祭祀銀捌拾貳兩陸錢
歲貢銀叁拾陸兩
公用銀兩院拾壹兩七錢解司發歷城縣支銷
進士舉人牌坊武舉盤纏長夫銀肆拾兩解司
柴薪皁隸兵備壹名本縣柒名共銀玖拾陸兩
馬夫本縣叁名共銀壹百貳拾兩
齋夫陸名共銀柒拾貳兩

膳夫肆名共銀肆拾兩

## 力差

力差銀壹千肆百伍拾肆兩陸錢
臨清道步隊團操民壯貳拾貳名共銀壹百伍拾捌兩肆錢每名連器械打討拾貳兩
守城民壯肆拾名共銀壹百陸拾兩每名打討捌兩
閘夫見役本縣地方梁家鄉土橋閘各叁拾名協濟聊城李海務閘貳拾名共銀肆百捌拾兩每名打討拾貳兩
淺鋪夫見役本縣地方貳拾捌名共銀壹百拾貳兩每名打討捌兩
撈淺夫見役本縣地方陸拾陸名共銀貳百陸拾肆兩每名打討捌兩
守口夫傳役安平鎮肆拾名共銀貳拾兩

接遞夯貧見役協濟聊城水驛柒名共銀肆拾貳兩每名打討拾貳兩
門子縣學捌名每名叁兩啓聖祠門叁名每名壹兩共銀貳拾柒兩打討俱陸兩分外加
皁隸本縣拾陸名共銀伍拾陸兩每名打討玖兩
庫子儒學壹名貳兩打討銀陸兩
禁子肆名共銀貳拾兩每名打討拾貳兩
斗級廣盈倉壹名預備倉倉貳名每名陸兩學倉壹名貳兩共銀貳拾兩打討學倉陸兩餘拾貳兩
巡攔壹名銀壹兩貳錢
司兵貳拾伍名共銀玖拾貳兩打討司柒兩貳錢兵玖兩

七百五十五

# 聊城縣

銀差

實編銀肆千貳百壹拾壹兩柒錢

銀差銀貳千陸拾柒兩貳錢

料價戶部折色黃蠟銀貳拾兩工部顏料銀肆拾兩屯田司料銀壹百兩

胖襖叁拾副零褲壹腰鞋壹雙共銀肆拾伍兩叁錢內鞋折襖肆件褲貳條每副脚價壹錢捌分解府類解

狐狸皮叁拾壹張每張伍錢共銀拾伍兩伍錢

軍器銀臨清衛料價貳拾伍兩

聽征有馬民兵玖名每名叁拾陸兩共銀叁百貳拾肆兩

軍餉銀貳拾兩解司給兵

聽征步隊民兵拾柒名每名貳拾兩共銀叁百肆拾兩

有馬快手臨清道團操拾名每名連器械貳拾柒兩共銀貳百柒拾兩

撈淺夫本縣地方叁拾伍名每名肆兩共銀壹百肆拾兩改力差

皁隸分巡東兗道壹名銀拾兩捌錢

庫子崇武水馬驛壹名銀肆拾陸兩

本縣庫子貳名每名貳拾肆兩共銀肆拾捌兩在官僱募正戶革去

祭祀銀玖拾壹兩壹錢

鄉飲銀拾貳兩

歲貢銀叁拾陸兩

公用銀兩院捌兩錢伍分解司發歷城縣支銷

進士舉人牌坊武舉盤纏長夫銀叁拾貳兩解司

柴薪皁隸本縣拾壹名共銀壹百叁拾貳兩

馬夫本縣伍名共銀貳百兩

齋夫陸名共銀柒拾貳兩

膳夫肆名共銀肆拾兩

力差

力差銀貳千壹百肆拾肆兩伍錢

臨清道步隊團操民壯貳拾名共銀壹百肆拾肆兩每名連器械打討拾貳兩

守城民壯伍拾名共銀貳百兩每名打討捌兩

閘夫見役本縣地方李海務閘拾名通濟橋閘拾伍名共銀壹百伍拾兩每名打討拾貳兩

撈淺夫見役本縣地方叁拾伍名共銀壹百肆拾兩每名打討拾兩

接遞夫見役本縣水驛貳百名共銀壹千貳百兩每名打討拾貳兩

庫子儒學壹名貳兩打討陸兩

門子縣并學玖名每名叁兩文廟啓聖祠壹名壹兩院司肆名每名貳兩共銀叁拾陸兩打討俱陸兩院司不加

皁隸叁拾叁名共銀壹百壹拾伍兩伍錢每名打討玖兩

禁子伍名共銀貳拾伍兩每名打討拾貳兩

斗級縣學倉壹名貳兩預備倉貳名每名陸兩共銀拾肆兩打討預備倉拾貳兩學陸兩

巡攔本府稅課司捌名共銀捌兩

司兵叁拾壹名共銀壹百壹拾兩每名打討司柒兩貳錢兵玖兩

# 夏津縣

銀差

實編銀肆千壹百玖拾貳兩
銀差銀叁千貳百捌拾叁兩陸錢
料價戶部果品銀伍百玖拾兩
木柴銀拾伍兩
京班皁隸柴新拾貳名共銀壹百肆拾肆兩直堂貳名共銀貳拾兩
胖襖玖副共銀拾叁兩伍錢內鞋折襖壹件棒壹條每副腳價壹錢捌分解府類解
狐狸皮貳拾張每張伍錢共銀拾兩
軍器銀東昌衛料價叁拾兩腳價伍兩伍錢
柴夫壹百貳名共銀叁百壹拾陸兩貳錢
鄉飲銀拾貳兩

聽征有馬民兵玖名每名叁拾陸兩共銀叁百貳拾肆兩
聽征步隊民兵貳拾陸名每名貳拾兩共銀伍百貳拾兩
有馬快手臨清道兩操叁名每名運器城貳拾柒兩共銀捌拾壹兩
庫子渡口驛肆名每名肆拾陸兩共銀壹百捌拾肆兩
館夫渡口驛叁名每名玖兩共銀貳拾柒兩
本縣庫子貳名每名貳拾肆兩共銀肆拾捌兩在官催募正戶輩去
撈淺夫本縣地方拾名每名肆兩共銀肆拾兩改力差

接遞夫協濟臨清廠貳名共銀拾貳兩
淺鋪夫本縣地方肆拾捌名每名肆兩共銀壹百玖拾貳兩改力差
皁隸分巡東兗道壹名銀拾兩捌錢
斗級臨清倉伍名共銀陸拾兩
祭祀銀捌拾壹兩壹錢
歲貢銀叁拾陸兩
公用銀兩院捌兩叁錢伍分解司發歷城縣支銷
進士舉人牌坊武舉盤纏長夫銀肆拾兩解司
柴新皁隸兵備壹名本府肆名本縣玖名共銀壹百陸拾捌兩

馬夫本縣肆名共銀壹百陸拾兩
齋夫府學貳名縣學陸名共銀玖拾陸兩
膳夫肆名共銀肆拾兩

力差

力差銀玖百捌兩肆錢
臨清道步隊團操民壯叁拾貳名共銀貳百叁拾兩肆錢每名運器械打討拾貳兩
守城民壯伍拾名共銀貳百兩每名打討捌兩
接遞夫見役臨清廠拾壹名共銀陸拾陸兩每名打討拾貳兩
淺鋪夫見役本縣地方叁拾貳名共銀壹百貳拾捌兩每名打討拾兩
撈淺夫見役本縣地方拾名共銀肆拾兩每名打討拾兩
庫子儒學壹名貳兩打討陸兩
巡欄貳名每名壹兩共銀貳兩

門子縣庠學玖名每名叁兩啓聖祠分司肆名每名壹兩共銀叁拾壹兩打討俱陸兩看司不加
皁隸貳拾名共銀柒拾兩每名打討玖兩
禁子肆名共銀貳拾兩每名打討拾貳兩
斗級儒學倉壹名叁兩預備倉貳名每名陸兩共銀拾伍兩打討預備拾貳兩學倉陸兩
弓兵張家圈巡檢司貳拾名共銀陸拾兩每名打討捌兩
司兵拾貳名共銀肆拾肆兩每名打討司柒兩貳錢兵玖兩

# 丘縣

## 銀差

實編銀叁千陸百伍拾捌兩陸錢

銀差銀叁千叁拾兩

料價戶部果品銀壹百陸拾貳兩

工部都水司料銀叁百貳拾兩

木柴銀叁拾陸兩陸錢

京班皁隸柒新捌名共銀玖拾陸兩

直堂壹名銀拾兩

祥禊捌副壯銀拾貳兩

內[illegible][illegible]撥壹件[illegible]壹條每副[illegible]價壹錢捌分解府類解

狐狸皮陸張共銀叁兩

麂皮拾柒張共銀拾兩貳錢

柴夫壹[illegible][illegible]捌拾捌名共銀伍百[illegible]拾貳兩捌錢

聽征有馬民壯柒名每名叁拾陸兩共銀貳百伍拾貳兩

聽征步隊民兵拾柒名每名貳拾兩共銀叁百肆拾兩

軍器銀平山衛料價叁拾兩

有馬快手臨清道團操柒名每名連器械貳拾柒兩共銀壹百捌拾玖兩

皁隸分巡東兗道壹名銀拾兩捌錢

庫子清源驛

貳名太平驛叁名共銀貳百叁拾兩

本縣庫子貳名每名貳拾肆兩共銀肆拾捌兩任官僱募正戶革去

接遞夫臨清驛伍名共銀叁拾兩解本州募夫

斗級臨清倉拾名共銀壹百貳拾兩

祭祀銀捌拾壹兩壹錢

鄉飲銀拾貳兩

歲貢銀叁拾陸兩

公用銀兩院拾壹兩柒錢解司發歷城縣支銷

進士舉人牌坊武舉盤纏長夫銀肆拾兩解司

柴薪皁隸本府叁名本縣柒名共銀壹百貳拾兩

馬夫本縣肆名共銀壹百貳拾兩

齋夫肆名共銀肆拾捌兩

膳夫府學肆名縣學肆名共銀捌拾兩

## 力差

力差銀陸百貳拾捌兩陸錢

臨清道步隊團操民壯拾捌名共銀壹百貳拾玖兩陸錢每名連器械打討拾貳兩

守城民壯肆拾名共銀壹百陸拾兩每名打討捌兩

接遞夫協濟臨清驛叁拾伍名共銀壹百捌拾陸兩每名打討拾貳兩

門子縣儒學柒名每名叁兩啟聖祠壹名壹兩分司貳名每名貳兩共銀貳拾陸兩打討俱陸兩分司不加

皁隸本縣拾陸名共銀伍拾陸兩每名打討玖兩

庫子儒學壹名貳兩打討陸兩

禁子肆名共銀貳拾兩每名打討拾貳兩

斗級儒學倉壹名貳兩預備倉貳名每名陸兩共銀拾肆兩打討預備拾貳兩學陸兩

巡攔壹名銀壹兩

司兵總鋪肆名新并頭鋪叁名共銀貳拾陸兩每名打討司柒兩貳錢兵玖兩

窰夫肆名共銀捌兩

銀差

所□捌銀玖千陸百柒拾捌兩肆錢叁分陸釐

銀　本□銀□□柒兩□錢壹兩肆拾叁分陸釐

料　價□部折色□□□銀壹百伍拾

工部□□料銀肆兩

衡司伍拾兩銀

貳□伍拾錢

柴　肆兩銀柒錢

本　班皂肆名共

京　新伍名

銀陸拾兩

直堂貳名拾伍兩

聽　征步隊民壯拾玖名每名□拾□兩共銀□□兩

門　□□□□銀□兩

軍　器料價銀東昌衛料價貳□□□錢

□　□□銀壹百貳□□□□

有　□□□□□□□□□

清道　□□□名

伍名每□□□□名

連□□□拾貳□

拾柒兩

□□□□□

銀

館夫崇武驛叁名共銀肆兩

門子本府肆名共銀叁□

皁隸分巡東兗道□名

本府□名每名□兩

捌錢□□馬

祭　院壹名

□□陸錢

庫　□□□□銀伍拾錢

子本府捌貳錢

名共銀貳

禁　□拾肆兩

子本府叁

一名共銀叁

驛鄉夫拾叁兩銀

公　用銀□院陸兩

解司□□□□錢

城　縣支銷

進　士舉人□□

坊　武舉

□夫銀

□肆拾兩解

柴　薪皂隸兵

□□名本

縣伍名共

銀柒拾貳

兩

馬　夫本縣

名共銀捌貳

拾兩

力差

力差銀玖百□□兩

臨　清道步隊民壯

肆拾柒兩

□□團操民壯

拾伍名共

銀壹百捌

兩每名連

器械打討

拾貳兩

守　城民壯肆

拾名共銀

壹百陸拾

兩每名打

討捌兩

接　遞夫見役

協濟聊城

廠伍拾名

臨清廠捌

名共銀叁

百肆拾捌

皁　撈淺夫見役協濟聊城伍名

貳拾壹百

共銀壹

兩每名打

討捌兩

皁　隸本縣拾

貳名共銀

肆拾兩

每名打

玖兩

庫　子儒學壹

名貳兩

陸兩打

討名

禁　子肆拾共

銀貳名

每名打

拾貳兩討

斗　級官倉

貳名每名

---

共銀貳拾兩

接　遞夫協濟臨清廠伍名共銀叁拾本

狐　貍皮貳張

共銀壹兩

征有馬民

兵柒名每

名叁拾陸

兩共銀貳

白伍拾貳

兩

胖　襖叁拾壹

副零襖壹

件共銀肆

拾柒兩肆

錢內鞋折

襖肆件褲

貳條每副

脚價壹錢

捌分解府

類解

撈　淺夫協濟臨清廠

名共銀叁本

拾兩解

淺　鋪夫協濟

州募夫

聊城貳拾

貳名每名

肆兩共銀

捌拾捌兩

攻力差

聊城貳拾

伍名每名

肆兩共銀

壹百兩

力差

庫　子清陽驛

貳名共銀

玖拾貳兩

本　縣庫子貳

名每名貳

拾肆兩共

銀肆拾捌

兩在官雇

募去筆

斗　級臨清倉

伍名共銀

陸拾兩

祭　祀銀捌拾

陸兩壹錢內

除丁甫等

餘地租銀拾

貳兩肆錢陸

分肆釐抵

文廟祭祀

外止編柒拾

叁兩陸錢

叁分陸釐

拾陸兩

齋　夫肆名共

銀肆拾捌

兩

膳　夫銀肆拾

兩

兩每名打討拾貳兩

淺　鋪夫見役協濟聊城

拾捌名共

銀柒拾貳

兩每名打

討捌兩

門　子府學訓

導貳名縣

學陸名

每名叁兩

啓聖祠壹

名分司府

館叁名每

名壹兩共

銀貳拾捌

兩打討俱

陸兩司館

不加

貳兩預備

本府廣盈

倉各貳名

每名陸兩

共銀貳拾

捌兩打討

廣盈預備

拾貳兩學

陸兩

巡　攔壹名銀

貳兩

司　兵總鋪肆

名新安南

觀貳鋪各

叁名共銀

叁拾柒兩

每名打討

司柒兩貳

錢兵玖兩

# 清平縣

實編銀叄千伍百陸拾叄兩柒錢

銀差銀貳千叄百伍拾貳兩壹錢

料價戶部果品銀肆拾兩禮部牲口等料銀叄百壹拾伍兩工部軓料銀柒拾兩

京班皁隸柒新捌名共銀玖拾陸兩直堂壹名銀拾兩胖襖拾玖副共銀貳拾捌兩伍錢內鞋折襖貳件權叄條每副脚價壹錢捌分解府類解

孤狸皮捌張共銀肆兩

聽征有馬民兵捌名每名叄拾陸兩共銀貳百捌拾捌兩

聽征步隊民兵拾伍名每名貳拾兩共銀叄百兩

軍餉銀拾貳兩解司給兵

軍器銀平山衛脚價銀叄拾兩

有馬快手臨清道團操伍名每名連器械貳拾柒兩共銀壹百叄拾伍兩

門子分巡東兗道壹名銀玖兩

本縣庫子貳名每名貳拾肆兩共銀肆拾捌兩在官崔募正戶華崇去

館夫清陽驛叄名共銀貳拾柒兩

淺鋪夫本縣地方肆拾伍名每名肆兩共銀壹百捌拾兩政力差

撈淺夫本縣地方陸拾陸名每名肆兩共銀貳百陸拾肆兩政力差

祭祀銀捌拾壹兩壹錢

鄉飲拾貳兩

歲貢銀叄拾陸兩

公用銀兩院拾壹兩柒錢解司發歷城縣支銷

進士舉人牌坊武舉盤纏長夫銀肆拾兩解司

新皁隸本縣柒名共銀捌拾肆兩

馬夫本縣[illegible]名共銀壹百貳拾兩

齋夫陸名共銀柒拾貳兩

膳夫銀肆拾兩

力差銀壹千貳百壹拾壹兩陸錢

臨清道步隊團操民壯貳拾捌名共銀貳百壹兩陸錢每名連器械打討拾貳兩

守城民壯肆拾名共銀壹百陸拾兩每名打討捌兩

閘夫見役本縣戴家灣閘貳拾名協濟聊城通濟橋閘拾伍名共銀貳百壹拾兩每名打討拾貳兩

淺鋪夫見役本縣地方叄拾陸名共銀壹百肆拾肆兩每名打討捌兩

撈淺夫見役本縣地方陸拾陸名共銀貳百陸拾肆兩每名打討捌兩

皁隸本縣拾陸名共銀伍拾陸兩每名打討玖兩

門子縣幷學捌名每名叄兩啓聖祠壹名分司壹名每名壹兩共銀貳拾陸兩打討俱陸兩分司不加

庫子府學貳名每名叄兩縣學壹名貳兩共銀捌兩打討陸兩

禁子肆名共銀貳拾兩每名打討拾貳兩

斗級庫[illegible]名每名貳兩預備倉貳名每名陸兩共銀拾陸兩打討預備拾貳兩餘陸兩

弓兵魏家灣巡檢司貳拾名共銀陸拾兩每名打討捌兩

巡攔壹名銀貳兩

司兵拾貳名共銀肆拾肆兩每名打討司柒兩貳錢兵玖兩

# 武城縣

## 銀差

實編銀叁千肆百捌兩壹錢 銀差銀貳千伍百貳拾陸兩 料價戶部品銀壹百肆拾兩工部都水司料銀伍拾兩 木柴銀玖兩肆錢 京班皁隸柴薪捌名共銀玖拾陸兩直堂壹名銀拾兩 胖襖陸副零褲貳腰鞋貳雙共銀柒兩陸錢內鞋折襖壹件褲壹條每副腳價壹錢捌分解府類解 狐狸皮拾貳張共銀陸兩 柴夫肆拾捌名共銀壹百肆拾捌兩捌錢 聽征有馬民兵捌名每名叁拾陸兩共銀貳百捌拾捌兩

聽征步隊民兵拾叁名每名貳拾兩共銀貳百陸拾兩 軍餉銀貳拾兩解司給兵 軍器銀東昌衛料價貳拾伍兩 庫子甲馬營驛陸名共銀貳百柒拾陸兩 館夫甲馬營驛叁名共銀貳拾柒兩 淺鋪夫本縣地方壹百壹拾名每名肆兩共銀肆百肆拾兩改力差 本縣庫子貳名每名貳拾肆兩共銀肆拾捌兩在官雇募正戶革去

有馬快手臨清道團操肆名每名連器械貳拾柒兩共銀壹百捌兩 祭祀銀捌拾肆兩柒錢 鄉飲拾貳兩 歲貢銀叁拾陸兩 公用銀兩院鋪叁錢陸分解司廠壇城縣支銷 進士舉人牌坊武舉盤纏長夫銀叁拾貳兩解司 柴薪皁隸兵備壹名本縣玖名共銀壹百貳拾兩

馬夫本縣肆名共銀壹百陸拾兩 齊夫陸名共銀柒拾貳兩 膳夫銀肆拾兩

## 力差

力差銀捌百捌拾貳兩 臨清道步隊團操民壯拾捌名共銀壹百貳拾玖兩陸錢每名連器械打討拾貳兩 守城民壯肆拾名共銀壹百陸拾兩每名打討捌兩 淺鋪夫見役本縣地方捌拾陸名共銀叁百肆拾肆兩每名打討捌兩 門子縣并學玖名每名叁兩啓聖祠壹名壹兩分司貳名每名貳兩共銀叁拾貳兩打討俱陸兩分司不加 皁隸本縣貳拾柒名共銀玖拾肆兩伍錢每名打討玖兩 庫子儒學壹名貳兩打討陸兩

禁子肆名共銀貳拾兩每名打討拾貳兩 斗級預備倉貳名每名陸兩儒學倉壹名貳兩共銀拾肆兩打討預備拾貳兩學陸兩 弓兵甲馬營巡檢司貳拾名共銀陸拾兩每名打討捌兩 巡攔本縣貳名共銀肆兩 司兵總鋪肆名新興鋪貳名共銀貳拾貳兩每名打討司柒兩貳錢兵玖兩

# 博平縣

銀 差 力 差

實編銀叁千
叁百陸拾
兩柒錢
銀差銀貳千
伍百壹拾
伍兩壹錢
料價戶部本
色黃蠟銀
貳拾兩工
部屯田司
料銀貳百
陸拾兩
木柴銀捌兩
伍錢
京班柴薪皁
隸拾貳名
共銀壹百
肆拾肆兩
直堂壹名
銀拾兩

聽征步隊民
兵拾陸名
每名貳拾
兩共銀叁
百貳拾兩
有馬快手臨
清道團操
伍名每名
連器械貳
拾柒兩共
銀壹百叁
拾伍兩
庫子清陽驛
叁名甲馬
營驛肆名
共銀叁百
貳拾貳兩
門子分巡東
充道壹名
壹名銀捌
玖兩本府

淺鋪夫本縣
地方叁拾
名協濟武
城伍名每
名肆兩共
銀壹百肆
拾兩攻力
差
撈淺夫本縣
地方肆拾
伍名每名
肆兩共銀
壹百捌拾
兩攻力差
祭祀銀捌拾
壹兩壹錢
鄉飲拾貳兩
歲貢銀叁拾
陸兩
捌兩叁錢伍分
公用銀兩院

柴薪皁隸本
縣伍名共
銀陸拾兩
馬夫本縣貳
名共銀捌
拾兩
齋夫陸名共
銀柒拾貳
兩
膳夫銀肆拾
兩

力差銀捌百
肆拾伍兩
陸錢
臨清道步隊
團操民壯
貳拾叁名
共銀壹百
陸拾伍兩
陸錢每名
連器械打
討壹拾貳
兩
守城民壯肆
拾名共銀
壹百陸拾
兩每名打
討捌兩
撈淺夫見役
協濟臨城
驛別名協

門子縣拜學
未名每名
叁兩啓聖
祠壹名分
司貳名每
名壹兩共
銀貳拾肆
兩打討俱陸
兩分司不加
皁隸本縣拾
貳名共銀肆
拾貳兩每
名打討致兩
庫子儒學壹
名貳兩
討陸兩
禁子肆名共
銀貳拾兩
每名打
拾貳兩

府祠貳壹
副共銀叁
拾壹兩伍
錢內靴折
襖貳件棒
肆件每副
捌價壹錢
分解府鞋解
軍器銀泉昌
衛腳價貳
拾伍兩
柴夫伍拾伍
名共銀壹百
柒拾兩伍錢
聽征有馬民
兵柒名每
名叁拾陸
兩共銀貳
百伍拾貳
兩

兩共銀拾
柒兩
本縣津子貳
名每名貳
拾兩共
銀肆拾捌
兩任官雇
募正戶革
去
撈淺夫協濟
臨清廠半
名銀叁兩
解本州募
夫

解司發歷
城縣支銷
進士舉人牌
坊武舉盤
纏長夫銀
肆拾兩解
司

濟臨清廠
叁名共銀
陸拾陸兩
每名打討
拾貳兩
淺鋪夫見役
本縣地方
貳拾肆名
協濟武城
伍名共銀
壹百壹拾
陸兩每名
打討捌兩
撈淺夫見役
本縣地方
肆拾伍名
共銀壹百
捌拾兩每
名打討捌
兩

斗級本府廣
盈倉貳名
預備倉貳
名每名陸
兩學倉壹
名貳兩共
銀貳拾陸
兩打討廣
盈預備拾
貳兩學陸
兩
巡攔貳名共
銀肆兩
司兵總鋪伍
名戶馬等
叁鋪各貳
名共銀肆
拾兩每名
打討柒兩
貳錢兵餉

# 范縣

實編銀貳千玖百陸拾壹兩捌錢

銀差

銀差銀貳千叁百陸拾壹兩肆錢 料價戶部本色黃蠟銀柒拾貳兩伍錢工部屯田司料銀貳百陸拾兩 木柴銀壹拾兩貳錢 京班皂隸柴薪拾名共銀壹百貳拾兩正堂壹名銀拾兩 胖襖貳拾陸副共銀叁拾玖兩內鞋折襖叁件褲叁條每副腳價壹錢捌分解府類解 狐狸皮拾貳張共銀陸兩 軍器銀平山衛料價貳拾伍兩腳價銀拾兩 驛夫陸拾叁名共銀壹百玖拾伍兩叁錢

聽征有馬民兵柒名每名叁拾陸兩共銀貳百伍拾貳兩 聽征步隊民兵拾叁名每名貳拾兩共銀貳百陸拾兩 軍餉銀肆拾兩解司給兵 有馬快手曹僕道團操柒名每名連器械貳拾柒兩共銀壹百捌拾玖兩 庫子清陽驛貳名共銀玖拾貳兩 門子本府貳名共銀拾陸兩 皂隸分巡東兗道壹名本府伍名共銀陸拾肆兩捌錢 禁子本府貳名共銀貳拾肆兩 本縣禁子貳名每名貳拾肆兩共銀肆拾捌兩在官種募足存去

接應夫協濟臨清廠壹名銀陸兩解本州募夫 淺鋪夫協濟武城伍名每名肆兩共銀貳拾兩改力差 斗級臨清倉叁名共銀叁拾陸兩 祭祀銀捌拾壹兩壹錢 鄉飲銀拾貳兩 歲貢銀府學叁拾兩縣學叁拾陸兩共銀陸拾陸兩 公用銀兩院拾壹柒錢解司發錠撥縣支銷 進士舉人牌坊武舉盤纏長夫銀肆拾兩解司 柴薪皁隸兵備壹名本府壹名本縣伍名共銀捌拾肆兩 馬夫本府貳名本縣貳名共銀壹百陸拾兩

齋夫陸名共銀柒拾貳兩 膳夫銀肆拾兩

力差

力差銀陸百兩肆錢 曹濮道步隊團操民壯拾貳名共銀捌拾陸兩肆錢每名連器械打討拾貳兩 守城民壯叁拾名共銀壹百貳拾兩每名打討捌兩 接濟夫見役協濟聊城廠拾貳名臨清廠柒名共銀壹百叁拾肆兩每名打討拾貳兩 閘夫見役協濟聊城同家店閘拾名共銀陸拾兩每名打討拾貳兩 淺鋪夫見役協濟武城伍名共銀貳拾兩每名打討捌兩 皁隸本縣拾貳名共銀肆拾貳兩每名打討玖兩

門子府學教授啓聖祠各壹名縣科學柒兩每名叁兩縣學啓聖祠壹名分司貳名每名壹兩共銀叁拾兩打討俱陸兩分司不加 庫子儒學壹名貳兩打討陸兩 禁子肆名共銀貳拾兩每名打討拾貳兩 斗級儒學壹名貳兩預備倉貳名每名陸兩共銀拾肆兩打討預備拾貳兩學陸兩 弓兵水保巡檢司貳拾名共銀陸拾兩每名打討捌兩 巡攔本縣稅課局貳名共銀肆兩 司兵總鋪叁名顏村北陽貳鋪各貳名方子鋪壹名共銀貳拾捌兩打討司柒兩貳錢兵玖兩

# 觀城縣

實編銀貳千貳百叁拾玖兩伍錢

銀差銀壹千捌百陸拾捌兩叁錢

料[illegible]戶部折色黃蠟銀陸拾柒兩伍錢工部水司料銀壹百伍拾伍兩

木柒銀玖兩

庫錢

班柒薪皁

京隷陸名共銀柒拾貳兩

胖襖拾壹副

共銀壹拾

陸兩伍錢內牲折價壹件糧武條每副料價壹錢捌分解府[illegible]解

[illegible]

銀操[illegible]錢

軍器銀[illegible]清編解[illegible]貳拾伍兩

柴夫陸拾名共銀壹百捌拾陸兩

聽征有馬民兵伍名每名叁拾陸兩共銀壹百捌拾兩

聽征步隊民兵捌名每名貳拾兩共銀壹百陸拾兩

軍餉銀玖拾貳兩解司

給兵

有馬快手曹濮道團操捌名每名連器械貳拾柒兩共銀貳百壹拾陸兩

庫子清陽驛貳名渡口驛壹名共銀壹百叁

拾捌兩

門子本府壹

名銀捌兩

皁隷分巡東兗道壹名本府伍名共銀陸拾肆兩捌錢

本縣庫子貳名每名貳拾肆兩共銀肆拾捌兩在[illegible][illegible]募正戶革去

祭祀銀捌拾壹兩壹錢

鄉飲銀拾貳兩

歲貢銀府學陸兩縣學叁拾陸兩共銀肆拾貳兩

公用銀兩院捌兩叁錢[illegible]分解司發曆城縣支銷

准上舉人牌坊武舉盤纏長夫銀叁拾壹兩解司

柴薪皁隷本

府壹名本

縣伍名共

銀柒拾貳兩

馬夫本縣貳名共銀捌拾兩

齋夫府學壹名縣學肆名共銀捌拾兩

膳夫銀肆拾兩

力差銀叁百柒拾壹兩貳錢

曹濮道步隊團操民壯拾壹名共銀柒拾玖兩貳錢每名連器械打討拾貳兩

守城民壯貳拾名共銀捌拾兩每名打討捌兩

接遞夫見役協濟聊城[illegible]拾伍名共銀玖拾兩每名打討拾貳兩

門子縣[illegible]學陸名每名叁兩啓聖祠壹名分司貳名每名壹兩共銀貳拾壹兩打討供陸兩分司不加

皁隷本縣拾貳名共銀肆拾貳兩每名打討玖兩

庫子儒學壹名貳兩打討陸兩

禁子肆名共銀貳拾兩每名打討拾貳兩

斗級儒學叁壹名貳兩頭備名陸名每名兩共銀拾肆兩打討學陸兩預備拾貳兩

巡攔壹名貳兩

司兵總舖叁名南新興北吳婁貳舖各貳名共銀貳拾壹兩打討[illegible][illegible]兩貳錢兵玖兩

經會録

富七百四十[illegible]

# 青州府所屬

## 益都縣

銀差

實編銀壹萬壹千捌百陸拾柒兩玖錢銀差銀壹萬壹百柒拾肆兩陸錢料價戶部本色黃蠟銀壹百伍拾伍兩工部屯田司料銀叁百伍拾兩本柒銀捌百柒拾柒兩玖錢藥材銀禮部貳拾兩京班皂隸柴新伍拾柒名共銀陸百捌拾肆兩直堂陸名共銀陸拾兩胖襖壹百伍拾貳副共銀貳百貳拾捌兩內鞋折襖褲各拾柒件每副縣價壹錢捌分解府類解軍器銀青州左衛料價叁拾伍兩脚價拾柒兩

柴夫壹千壹百壹拾捌名共銀叁千肆百陸拾伍兩捌錢活鹿工部壹隻銀拾陸兩聽征有馬民兵拾柒名每名叁拾陸兩共銀陸百壹拾貳兩聽征步隊民兵叁拾名每名貳拾兩共銀陸百兩軍餉銀壹百捌拾捌兩解司給兵有馬快手青州道邊操拾叁名每名連器械貳拾柒兩共銀叁百伍拾壹兩庫子金嶺鎮馬驛壹名并青社馬驛伍名共銀貳百玖拾玖兩禁子本府拾捌名共銀貳百壹拾陸兩

鋪夫金嶺鎮馬驛貳名青社馬驛貳名共銀叁拾陸兩門子青州道叁名本府拾叁名每名伍兩衙內朝各長史各貳名每名叁兩共銀壹百伍拾陸兩皂隸分守海右道壹名青州道拾陸名本府伍拾柒名每名拾兩捌錢衙府長史貳名每名柒兩貳錢共銀捌百壹拾叁兩陸錢庫子本府捌名共銀玖拾陸兩本縣庫子貳名每名貳拾肆兩共銀長拾捌兩在官僱募王戶華去祭祀銀捌拾壹兩叁錢鄉飲銀拾貳兩

歲貢銀府縣學各叁拾陸兩公用銀兩院拾兩解司發歷城縣支銷進士舉人牌坊武舉盤纏長夫銀伍拾兩解司民校新樂縣東武定寧陽昌樂拾柒名共銀壹百柒拾兩柴新皂隸衙府叁名本縣玖名共銀壹百肆拾肆兩馬夫兵備道壹名本縣肆名共銀貳百兩齋夫陸名共銀柒拾貳兩膳夫銀肆拾兩

力差

力差銀壹千陸百玖拾叁兩叁錢青州道步隊閱操民壯玖拾肆名共銀陸百柒拾陸兩捌錢每名連器械打討拾貳兩守城民壯壹百名共銀肆百兩每名打討柒兩貳錢渡夫淄河壹名銀貳兩門子縣官升兩學拾叁名每名叁兩兩學文廟貳名每名貳兩啓聖祠壹文忠公范文正公祠祭院分司公館社稷山川壇拾壹名每名壹兩共銀伍拾肆兩兩學縣官打討陸兩院司公館不加皂隸貳拾柒名共銀玖拾肆兩伍錢每名打討柒兩貳錢

庫子府學貳名每名貳兩縣學壹名壹兩打討拾兩禁子叁名共銀叁拾伍兩每名打討拾貳兩斗級衛府豐盈倉叁名本府永阜倉叁名預備倉肆名每名陸兩府學壹名貳兩縣學壹名壹兩共銀陸拾叁兩打討衙府攻兩府縣倉拾貳兩兩學伍兩弓兵顏神鎮巡檢叁拾名共銀玖拾兩打討陸兩巡攔本府稅課司捌名每名叁兩顏神鎮稅課局肆名每名貳兩共銀叁拾貳兩司兵陸拾伍名共銀貳百肆拾壹兩每名打討陸兩兵柒兩貳錢

莒州

實編銀玖千玖百叁拾伍兩壹錢叁分

銀差

銀差銀捌千叁百肆拾貳兩叁錢叁分

料價工部屯田司料銀陸百伍拾兩輓料銀玖拾兩

木柴銀壹百玖拾陸兩柴錢

藥材銀禮部壹拾伍兩叁錢伍分衛府柒兩伍錢

京班皂隸柴薪陸拾肆名共銀柒百陸拾捌兩直堂貳拾壹名共銀貳百壹拾兩

胖襖壹百叁拾副共銀壹百玖拾伍兩內鞋折襖拾肆件褲拾陸條每副腳價壹錢捌分解府類解

鹿皮貳拾伍張共銀拾伍兩

軍器銀莒州所料價肆拾肆兩柒錢叁分

柴夫壹千玖拾捌名共銀叁千肆百叁兩捌錢

聽征有馬民兵拾名每名叁拾陸兩共銀叁百陸拾兩

聽征步隊民兵拾捌名每名貳拾兩共銀叁百陸拾兩

軍餉銀叁百貳拾兩解司給兵

有馬快手青州道團操拾柒名每名連器械貳拾柒兩共銀肆百伍拾玖兩

本州庫子貳名每名貳拾肆兩共銀肆拾捌兩在官雇募正刀筆去

祭祀銀捌拾貳兩柒錢

鄉飲銀拾貳兩

歲貢銀安東衛學拾貳兩州學叁拾陸兩

公用銀兩院共銀柒兩伍錢撥司發歷城縣支銷

進士舉人牌坊武舉盤纏長夫銀叁拾叁兩解司

齋郎衛府肆名共銀貳拾兩

民校邵陵漢陽貳王各肆名寧陽王伍名王田王貳名共銀壹百伍拾兩

民府商河王壹名捌兩

皂隸分守海右道壹名銀拾兩捌錢衙[illegible]縣

柴薪皂隸布政司捌名按察司拾伍名本府壹名衛府肆名本州拾貳名共銀肆百捌拾兩

馬夫本州肆名共銀壹百陸拾兩

齋夫府學貳名安東衛學壹名州學陸名共銀壹百捌兩

膳夫銀府學貳名州學陸名共銀捌拾兩

力差

力差銀壹千伍百玖拾貳兩捌錢

青州道兵隊團操民壯壹百壹拾肆名共銀捌百貳拾兩捌錢每名連器械打討拾貳兩

守城民壯捌拾名共銀叁百貳拾兩每名打討柒兩貳錢

門子州仟學玖名每名叁兩啓聖祠宇夏廟共壹名貳兩分司府舘肆名每名壹兩共銀叁拾壹兩州學每名打討俱陸兩司舘不加

皂隸本州貳拾貳名共銀柒拾柒兩每名打討柒兩貳錢

庫子儒學壹名貳兩打討伍兩

禁子本州柒名共銀叁拾伍兩每名打討拾貳兩

斗級預備倉壹名肆兩永豐倉壹名叁兩共銀柒兩打討拾貳兩

弓兵舊溝店巡檢司貳拾名十字路巡檢司貳拾名共銀壹百貳拾兩每名打討陸兩

巡欄本州稅課局貳名每名貳兩共銀肆兩

司兵總舖肆名腐家……等貳拾叁舖各貳名共銀壹百柒拾陸兩每名打討司陸兩兵柒兩貳錢

# 臨朐縣

銀差

實編銀捌千
陸百肆拾
貳兩壹分
伍釐
銀差銀柒千
肆百叄拾
玖兩捌錢
壹分伍釐
料價戶部折
色黃蠟銀
貳拾兩禮
部牲口等
料銀柒百
伍拾兩工
部顏料銀
貳百兩
木柴銀貳百
叄拾伍兩
藥材銀禮部
拾叄兩柒
錢伍分
京班皂隸柴
新叄拾捌
名共銀肆
百伍拾陸
兩直堂拾
壹名共銀
壹百壹拾
兩
柴夫柒百陸
拾名共銀
貳千叄百
伍拾陸兩
有馬快手青
州道團操
拾名每名
連器械貳
拾柒兩共
銀貳百柒
拾兩

胖襖陸拾伍
副共銀玖
拾柒兩伍
錢內鞋折
襖柒件褳
捌條每副
脚價壹錢
捌分解附
類解
聽征有馬民
兵拾伍名
每名叄拾
陸兩共銀
伍百肆拾
兩
聽征步隊民
兵叄拾陸
名每名貳
拾兩共銀
柒百貳拾
兩
軍器銀安東
衛料價叄
拾壹兩玖
錢壹分伍
釐脚價拾
兩
軍餉銀壹百
伍拾貳兩
解司給兵
本縣庫字貳
名每名徵
銀貳拾肆
兩共銀肆
拾捌兩任
官僱募正
戶革去
祭祀銀玖拾
伍兩壹錢
鄉飲拾貳兩

歲貢銀叄拾
陸兩
公用銀兩院
柒兩伍錢
鮮布政司
發歷城縣
支銷
進士舉人牌
坊武舉盤
纏長夫銀
叄拾叄兩
解司支
齋郎衛府肆
名共銀貳
拾兩
民校新樂高
唐邵陵武
定漢陽寧
陽平慶王
田八王叄
拾陸名共
銀叄百陸
拾兩
民廚漢陽王
壹名銀捌
兩
皁隸分守海
右道壹名
銀拾兩捌
錢
柴新皁隸兵
備壹名布
政司叄名
按察司拾
肆名昌平
李各陸名
運司柒名衞
府貳名本縣
務名共銀伍
百拾陸兩

馬夫本縣肆
名共銀壹
百陸拾兩
齋夫陸名共
銀柒拾貳
兩
膳夫銀肆拾
兩

力差

力差銀壹千
貳百貳兩
貳錢
青州道步隊
團操民壯
捌拾壹名
共銀伍百
捌拾叄兩
貳錢每名
連器械打
討拾貳兩
守城民壯捌
拾名共銀
叄百貳拾
兩每名打
討柒兩貳
錢
門子縣手學
玖名每名
叄兩啓聖
祠壹名貳
兩院司火
照穆陵公
館肆名每
名壹兩共
銀叄拾叄
兩每名打
討俱陸兩
司館不加
斗級本府求
皁倉貳名
頭備倉叄
名每名陸
兩學倉壹
名叄兩共
銀叄拾叄
兩打討學
伍兩餘拾
貳兩

皁隸本縣貳
拾名共銀
柒拾兩每
名打討柒
兩貳錢
庫子儒學壹
名貳兩打
討伍兩
禁子肆名共
銀貳拾兩
每名打討
拾貳兩
弓兵穆陵關
巡檢司拾
伍名共銀
肆拾伍兩
每名打討
陸兩
司兵總舖肆
名赤澗等
肆舖名叄
名石溝等
捌舖各貳
名共銀玖
拾陸兩每
名打討司
陸兩兵柒
兩貳錢

# 壽光縣

銀差

實編銀捌千伍百伍拾陸兩肆錢壹分伍釐叁毫銀差銀柒千叁百陸拾肆兩玖錢壹分伍釐叁毫料價戶部本色黃蠟銀叁拾兩禮部牲口等料銀壹千壹百伍拾伍兩工部都水司料銀貳百肆拾兩柴銀肆拾兩藥材銀禮部柒兩叁錢衛府柒兩伍錢胖襖壹百柒拾伍副共銀貳百陸拾貳兩伍錢內鞋折襖拾玖件褲貳拾壹條每副脚價三錢捌分解府類解軍餉銀壹百壹拾陸兩解司給兵

京班皂隸柴薪玖名共銀壹百捌兩直堂貳拾貳名共銀貳百貳拾兩軍器銀青州左衛料價肆拾叁兩玖錢壹分伍釐叁毫脚價青州左衛拾肆兩諸城所叁拾兩柴夫捌百壹拾捌名共銀貳千伍百叁拾伍兩捌錢聽征有馬民兵拾伍名每名叁拾陸兩共銀伍百肆拾兩聽征步隊民兵叁拾肆名每名貳拾兩共銀陸百捌拾兩有馬快手青州道團操捌名每名連器械貳拾柒兩共銀貳百壹拾陸兩

庫子本縣貳名每名貳拾肆兩共銀肆拾捌兩在官權募正戶革去祭祀銀柒拾玖兩壹錢鄉飲拾貳兩歲貢銀叁拾陸兩公費銀兩院拾兩解司發[illegible]城縣文鋪進士舉人牌坊武舉盤纏長夫銀伍拾兩解司齋郎衛府肆名共銀貳拾兩民校新樂平度高唐盂陽肆王拾伍名共銀壹百伍拾兩民廚昌樂全半名銀肆兩柴薪皂隸按察司玖名本府肆名衛府柒名本縣玖名共銀叁百肆拾捌兩

皂隸分守海右道壹名銀拾兩捌錢解撫縣馬夫兵備壹名本府壹名本縣肆名共銀貳百肆拾兩齋夫陸名共銀柒拾貳兩膳夫銀肆拾二兩

力差

力差銀壹千壹百玖拾壹兩伍錢青州道步隊團操民壯陸拾伍名共銀肆百陸拾捌兩每名連器械打討拾貳兩守城民壯壹百名共銀肆百兩每名打討柒兩貳錢門子縣學玖名每名叁兩啓聖祠壹名貳兩分司貳名每名壹兩共銀叁拾壹兩打討俱陸兩分司不加斗級衛府豐盈倉壹名本府水阜倉貳名預備倉叁名每名陸兩學倉壹名伍錢共銀叁拾陸兩伍錢打討衛府玖兩府縣倉拾貳兩學伍兩

皂隸本縣貳拾名共銀柒拾兩每名打討柒兩貳錢庫子衛府貳名每名肆兩打討拾貳兩縣學壹名伍兩打討伍兩禁子肆名每名伍兩共銀貳拾兩打討拾貳兩弓兵廣陵鎮巡檢司貳拾名共銀陸拾兩每名打討陸兩巡攔本縣稅課司貳名共銀捌兩司兵總舖肆名張孫等貳舖各叁名潘曲等叁舖各貳名羅橋等拾舖各壹名共銀捌拾捌兩每名打討司陸兩兵柒兩貳錢

# 沂水縣

## 銀差

實編銀柒千叁百肆拾捌兩伍錢伍分銀差銀陸千伍拾陸兩壹錢伍分價工部都水司料銀料柒百貳拾兩木柴銀陸拾伍兩藥材銀禮部拾柒兩伍錢衛府柒兩伍錢京班皁隸紫薪拾名共銀壹百貳拾兩直堂柒名共銀柒拾兩胖襖玖拾貳副共銀壹百柒拾捌兩內雖折襖拾件褲拾膏條每閘塘價膏鹹撈分解府額解軍器銀安索衛料價叁拾伍兩腳價壹拾貳兩軍餉銀貳百陸拾肆兩解司給兵

柒夫捌百捌拾玖名共銀貳千柒百伍拾伍兩玖錢聽征有馬民兵拾壹名每名叁拾陸兩共銀叁百玖拾陸兩聽征步隊民兵拾捌名每名貳拾兩共銀叁百陸拾兩有馬快手青州道團操捌名每名連器械貳拾柒兩共銀貳百壹拾陸兩本縣庫子貳名每名貳拾肆兩共銀肆拾捌兩在官程募正工革去祭祀銀捌拾貳兩柒錢鄉飲銀拾貳兩歲貢銀叁拾陸兩

公用銀兩院共銀柒兩伍錢解司發歷城縣文銷進士舉人牌坊武舉盤纏長夫銀叁拾叁兩解司民校新樂齊東邵陵叁王柒名共銀柒拾兩民廚寧陽王壹名銀捌兩皁隸分守海右道壹名銀拾兩捌鋪廨撥縣柴薪皁隸布政司拾名衛府陸名本縣玖名共銀叁百兩馬夫本縣肆名共銀壹百陸拾兩

齋夫陸名共銀柒拾貳兩膳夫銀肆拾兩

## 力差

力差銀壹千貳百玖拾貳兩肆錢青州道步隊團操民壯柒拾柒名共銀伍百伍拾肆兩肆錢每名連器械打討拾貳兩守城民壯捌拾名共銀叁百貳拾兩每名打討柒兩貳錢門子縣升學玖名每名叁兩啓聖祠壹名貳兩察院分司叁名每名壹兩共銀叁拾貳兩打討俱陸兩院司不加皁隸本縣貳拾名共銀柒拾兩每名打討柒兩貳錢庫子儒學壹名貳兩打討伍兩禁子肆名共銀貳拾兩每名打討拾貳兩

斗級預備倉叁名每名陸兩學倉壹名叁兩共銀貳拾壹兩打討預備拾貳兩學伍兩弓兵穆陵關巡檢司拾伍名共銀肆拾伍兩每名打討陸兩巡闌本縣稅課司貳名每名貳兩共銀肆兩司總鋪肆名晏家等拾壹鋪名叁名葛子等柒鋪各貳名屺山等拾叁鋪各壹名共銀貳百貳拾肆兩每名打討司陸兩兵柒兩貳錢

經會録

# 樂安縣

銀差

實編銀柒千貳百玖拾柒兩壹錢柒釐

銀差銀陸千貳百肆兩陸錢柒釐

料價戶部折色黄蠟銀貳拾兩禮部牲口等料銀玖百兩工部都水司料銀貳百貳拾壹兩貳錢柒釐

藥材銀禮部拾叁兩伍錢除辦藥材餘扣縣庫

京班皁隸柴薪叁拾肆名共銀肆百捌兩[illegible]堂叁名共銀叁拾兩

胖襖捌拾[illegible]副共銀[illegible]百貳拾玖兩內鞋折襖拾作襪捌條旅副脚價壹錢捌分解府類解

軍餉銀壹百陸拾肆兩解司給兵

軍器銀安東衛料價叁拾伍兩脚價拾兩

柴夫伍百陸拾捌名共銀壹千柒百陸拾兩捌錢

聽差着馬民兵拾叁名每名叁拾陸兩共銀肆百陸拾捌兩

聽征步隊民兵貳拾捌名每名貳拾兩共銀伍百陸拾兩

有馬快手青州道閱操拾壹名每名連器械貳拾柒兩共銀貳百玖拾柒兩

本縣壯快貳名每名貳拾肆兩共銀肆拾捌兩在官崔募正戶革夫

祭祀銀捌拾兩叁錢

鄉飲拾貳兩

歲貢銀叁拾陸兩

公用銀兩院拾兩解司發歷城縣支銷

進士舉人牌坊武舉盤經長夫銀伍拾兩解司

齋郎衛府肆名共銀貳拾兩

民校高唐部陵漢陽商河武定伍王貳拾伍名共銀貳百伍拾兩

民廚竈陽王壹名銀捌兩

皁隸分守海右道壹名銀拾兩捌錢解按察

柴薪皁隸兵備貳名布政司陸名本府伍名衛府玖名本縣玖名每名拾貳兩共銀叁百柒拾貳兩

馬夫本縣肆名共銀壹百陸拾兩

齋夫陸名共銀柒拾貳兩

膳夫府學貳名縣學肆名共銀陸拾兩

力差

力差銀壹千玖拾貳兩伍錢

青州道步隊圍操民壯捌拾名共銀伍百柒拾陸兩每名連器械打討拾貳兩

守城民壯伍拾名共銀貳百兩每名打討柒兩貳錢

門子縣衎學捌名每名貳兩伍錢文廟壹名叁兩啓聖祠壹名貳兩分司府館叁名壹兩伍錢共銀貳拾陸兩伍錢打討俱陸兩司館不加

庫子儒學壹名貳兩打討伍兩

斗級頭備倉叁名每名陸兩學倉壹名貳兩共銀貳拾兩打討預備拾貳兩學伍兩

阜隸本縣貳拾名共銀柒拾兩每名打討柒兩貳錢

禁子肆名共銀貳拾兩每名打討拾貳兩

弓兵樂安高家巷巡檢司各貳拾名共銀壹百貳拾兩每名打討陸兩

巡攔本縣[illegible]課局貳名共銀陸兩

司兵總鋪肆名阜城等貳鋪各叁名趙家等伍鋪各壹名共銀伍拾貳兩每名打討司陸兩兵柒兩貳錢

# 安丘縣

**銀差**

實編銀柒千貳拾貳兩玖錢銀差銀伍千玖百貳拾叁兩伍錢料價戶部折色黃蠟銀貳拾兩工部都水司料銀柒百捌拾兩木柴銀捌拾兩藥材銀禮部捌兩京班皁隸柴新叁拾陸名共銀肆百叁拾貳兩直堂捌名共銀捌拾兩胖襖伍拾柒副共銀捌拾伍兩伍錢內該折襖陸件褲柒條每副脚價壹錢捌分解府類解軍器銀青州左衛料價叁拾兩脚價拾伍兩軍餉銀壹百玖拾陸兩解司給兵

柴夫柒百玖拾肆名共銀貳千肆百陸拾壹兩肆錢聽征有馬民兵玖名每名叁拾陸兩共銀叁百貳拾肆兩聽征步隊民兵貳拾名每名貳拾兩共銀肆百兩有馬快手青州道團操柒名每名連器械貳拾柒兩共銀壹百捌拾玖兩本縣庫子貳名每名貳拾肆兩共銀肆拾捌兩在官雇募正戶革去祭祀銀柒拾玖兩壹錢鄉飲銀拾貳兩歲貢銀安東衛學拾貳兩縣學叁拾陸兩共銀肆拾捌兩

公用銀兩院柒兩伍錢解布政司發歷城縣支銷進士舉人牌坊武舉盤纏長夫銀叁拾叁兩解司齋郎衛府肆名共銀貳拾兩民校齊東部陵昌樂叁王柒名半共銀柒拾伍兩柴新皁隸兵備道壹名衛府陸名布政司叁名本縣玖名共銀貳百貳拾捌兩馬夫本縣肆名共銀壹百陸拾兩

齋夫陸名共銀柒拾貳兩膳夫銀肆拾兩

**力差**

力差銀壹千玖拾玖兩肆錢青州道步隊團操民壯柒拾柒名共銀伍百伍拾肆兩肆錢每名連器械打討拾貳兩守城民壯捌拾名共銀叁百貳拾兩每名打討柒兩貳錢門子縣并學玖名每名叁兩啓聖祠壹名貳兩分司貳名壹兩共銀叁拾壹兩打討陸兩各司不加皁隸本縣貳拾名共銀柒拾兩每名打討銀柒兩貳錢庫子儒學壹名貳兩打討伍兩禁子肆名共銀貳拾兩每名打討拾貳兩

斗級儒學倉壹名叁兩預備倉叁名每名陸兩共銀貳拾壹兩打討學伍兩預備拾貳兩巡攔貳名共銀陸兩司兵總舖叁名河下等柒舖各貳名程家等伍舖各壹名共銀柒拾伍兩每名打討司陸兩兵柒兩貳錢

# 諸城縣

銀差

寫編銀陸千叁百肆拾肆兩伍錢壹分貳釐 銀差銀伍千伍拾壹兩伍錢壹分貳釐 料價戶部折色黃蠟銀貳拾兩工部都水司料銀捌百貳拾兩 藥材銀禮部肆兩肆錢柒分肆釐 京班皂隸柴薪玖名共銀壹百捌兩 直堂玖名共銀玖拾兩 胖襖壹百捌拾陸副共銀貳百柒拾玖兩內鞋折襖貳拾壹件褲貳拾條每副腳價壹錢捌分解府類解 翎毛銀肆兩伍錢捌釐 軍器銀諸城所料價肆拾肆兩柒錢叁分腳價伍兩

柴夫叁百肆拾柒名共銀壹千柒拾伍兩柒錢 聽征有馬民兵拾叁名每名叁拾陸兩共銀肆百陸拾捌兩 聽征步隊民兵拾玖名每名貳拾兩共銀叁百捌拾兩 軍餉銀貳百肆拾兩解司給兵 有馬快手青州道團操拾壹名每名連器械貳拾柒兩共銀貳百玖拾柒兩 本縣庫子貳名每名貳拾肆兩共銀肆拾捌兩任官雇募正戶革去 祭祀銀捌拾陸兩叁錢 進士舉人牌坊武舉盤纏長夫銀叁拾叁兩解司

鄉飲銀拾貳兩 歲貢銀叁拾陸兩 公用銀兩院拾兩解司發歷城縣支銷 齋夫衛府肆名共銀貳拾兩 民校新樂齊東邵陵寧陽王田武定陸王貳拾貳名共銀貳百貳拾兩 民廚商河王壹名銀捌兩 皁隸分守海右道壹名銀拾兩捌錢解撫縣 柴薪皁隸兵備壹名布政司拾名本府捌名衡府貳名本縣玖名共銀叁百陸拾兩 馬夫本府壹名本縣肆名共銀貳百兩

齋夫府學肆名安東衛壹名縣學陸名共銀壹百叁拾貳兩 膳夫銀肆拾兩

力差

力差銀壹千貳百玖拾叁兩 青州道步隊團操民壯捌拾名共銀伍百柒拾陸兩每名連器械打討拾貳兩 守城民壯捌拾名共銀叁百貳拾兩每名打討柒兩貳錢 門子縣科學玖名每名叁兩 啓聖祠壹名貳兩分司貳名每名壹兩共銀叁拾壹兩打討俱陸兩分司不加 皁隸本縣貳拾名共銀柒拾兩每名打討柒兩貳錢 弓兵南龍灣海口信陽鎮巡檢司各貳拾名共銀壹百貳拾兩每名打討陸兩

庫子儒學壹名貳兩打討伍兩 禁子肆名共銀貳拾兩每名打討拾貳兩 斗級本府永豐倉壹名預備倉叁名共銀貳拾肆兩每名打討拾貳兩 巡攔本縣稅課局壹名銀貳兩 司兵總鋪肆名官座等伍鋪各貳名沙座等鋪貳拾陸舖各壹名共銀壹百貳拾捌兩每名打討司陸兩兵柴兩貳錢

# 昌樂縣

實編銀伍千貳百陸拾陸兩肆錢捌分柒釐銀差銀肆千壹百玖拾柒兩陸錢捌分柒釐料價戶部折色黃蠟銀貳拾兩工部都水司料銀柒百兩藥材銀禮部肆兩貳錢叄分柒釐衛府柒兩伍錢京班阜隸柒新拾肆名共銀壹百陸拾捌兩直堂叄名共銀叄拾兩胖襖陸拾副共銀玖拾兩內鞋折襖柒件褌伍條每副腳價壹錢捌分解府類解聽征有馬民兵玖名每名叄拾陸兩共銀叄百貳拾肆兩

銀差

軍器銀安東衛料價貳拾捌兩腳價拾兩柴夫貳百玖拾叄名共銀玖百捌兩叄錢聽征步隊民兵貳拾伍名每名貳拾兩共銀伍百兩軍餉銀壹百叄拾陸兩解司給兵有馬快手青州道團操玖名每名連器械貳拾柒兩共銀貳百肆拾叄兩館夫裁革丹河馬驛改擬本縣貳名共銀拾捌兩本縣庫子貳名每名貳拾肆兩共銀肆拾捌兩在官雇募正戶革去祭祀銀捌拾叄兩玖錢鄉飲拾貳兩歲貢銀叄拾陸錢

公用銀兩院共銀柒兩伍錢解司發歷城縣支銷進士舉人牌坊武舉盤纏長夫銀叄拾叄兩解司齋郎衛府肆名每名伍兩共銀貳拾兩民校新樂漢陽平慶商河高唐王田陸王拾玖名共銀壹百玖拾兩民廚武定王壹名銀捌兩門子分守海右道壹名銀玖兩柴新皁隸兵備壹名布政司肆名衛府伍名本縣玖名共銀貳百貳拾捌兩馬夫本府壹名本縣肆名共銀貳百兩

齋夫府學貳名縣學陸名共銀玖拾陸兩膳夫銀肆拾兩

力差

力差銀壹千陸拾捌兩捌錢青州道步隊團操民壯伍拾玖名共銀肆百貳拾肆兩捌錢每名連器械打討拾貳兩守城民壯捌拾名共銀叄百貳拾兩每名打討柒兩貳錢門子縣許學玖名每名叄兩搭聖祠壹名貳兩分司貳名壹兩共銀叄拾壹兩打討俱陸兩分司不加皁隸本縣貳拾名共銀柒拾兩每名打討柒兩貳錢庫子儒學壹名貳兩打討伍兩禁子肆名共銀貳拾兩每名打討銀壹拾貳兩

斗級衛府豊盈倉叄名本府永阜倉貳名本縣預備倉叄名每名陸兩學倉壹名叄兩共銀伍拾壹兩打討衛府玖兩府縣倉拾貳兩學伍兩巡攔本縣稅課局貳名共銀陸兩司兵總舖伍名丹河等叄鋪各肆名夷齊等陸舖各叄名歸家疃大澗貳舖各貳名共銀壹百肆拾肆兩每名打討司陸兩兵米兩貳錢

# 臨淄縣

實編銀伍千貳百玖拾肆兩玖錢伍分

**銀差**

銀差銀肆千肆百叁拾貳兩柒錢伍分

料價戶部折色黃蠟銀貳拾兩禮部牲口等料銀陸百兩工部屯田司料銀伍拾兩

木柴銀柒拾兩

漆材銀禮部叁拾貳兩

[illegible]伍錢

京班皂隷柴新拾名共銀壹百貳拾兩直堂捌名共銀捌拾兩

胖襖叁拾陸副共銀伍拾肆兩內鞋折襖肆件褲肆條毎副貼價壹錢捌分解府類解

軍器銀青州左衛料價貳拾伍兩腳價拾貳兩

柴夫肆百肆名共銀壹千貳百伍拾貳兩肆錢

聽征有馬民兵拾名每名叁拾陸兩共銀叁百陸拾兩

聽征步隊民兵貳拾叁名每名貳拾兩共銀肆百陸拾兩

軍餉銀壹百叁拾貳兩解司給兵

有馬民守青州道屬捌伍名毎名連器械貳拾柒兩共銀壹百叁拾伍兩

本縣庫子貳名毎名貳拾肆兩共銀肆拾捌兩在官任募正戶華去

祭祀銀柒拾玖兩壹錢

鄉飲銀拾貳兩

齋郎衛府肆名共銀貳拾兩

歲貢銀叁拾陸兩

公用銀兩院共銀柒兩伍錢解司發歷城縣支銷

進士舉人牌坊武舉盤纏長銀叁拾叁兩解司

民校齊東漢陽平度寧陽商河伍王拾陸名共銀壹百陸拾兩

看墳民校壽張王墳名銀捌兩

民廚武定王壹名銀捌兩

柴薪皂隷兵備壹名布政司叁名按察司貳名衙府伍名本縣玖名共銀貳百肆拾兩

馬夫本府貳名本縣肆名共銀貳百肆拾兩

齋夫陸名共銀柒拾貳兩

膳夫府學貳名縣學肆名共銀陸拾兩

**力差**

力差銀捌百陸拾貳兩貳錢

青州道步隊團操民壯伍拾陸名共銀肆百叁兩貳錢毎名連器械打討拾貳兩

守城民壯陸拾名共銀貳百肆拾兩毎名打討柒兩貳錢

門子縣行學玖名毎名叁兩祭院分司淄河公館肆名毎名壹兩共銀叁拾壹兩打討俱陸兩院司館不加

皂隷本縣貳拾名共銀柒拾兩毎名打討柒兩貳錢

庫子儒學壹名貳兩打討伍兩

禁子肆名共銀貳拾兩毎名打討銀壹拾貳兩

**差**

斗級衛府豊盈倉叁名預備倉叁名毎名陸兩學倉壹名叁兩共銀叁拾玖兩打討衙府倉玖兩縣倉拾貳兩學倉伍兩

巡攔本縣稅課局壹名銀肆兩

司兵總舖叁名淄河肆名矮槐樹叁名新店貳名古城等叁舖各壹名共銀伍拾叁兩毎名打討銀司陸兩

兵米兩貳錢

# 博興縣

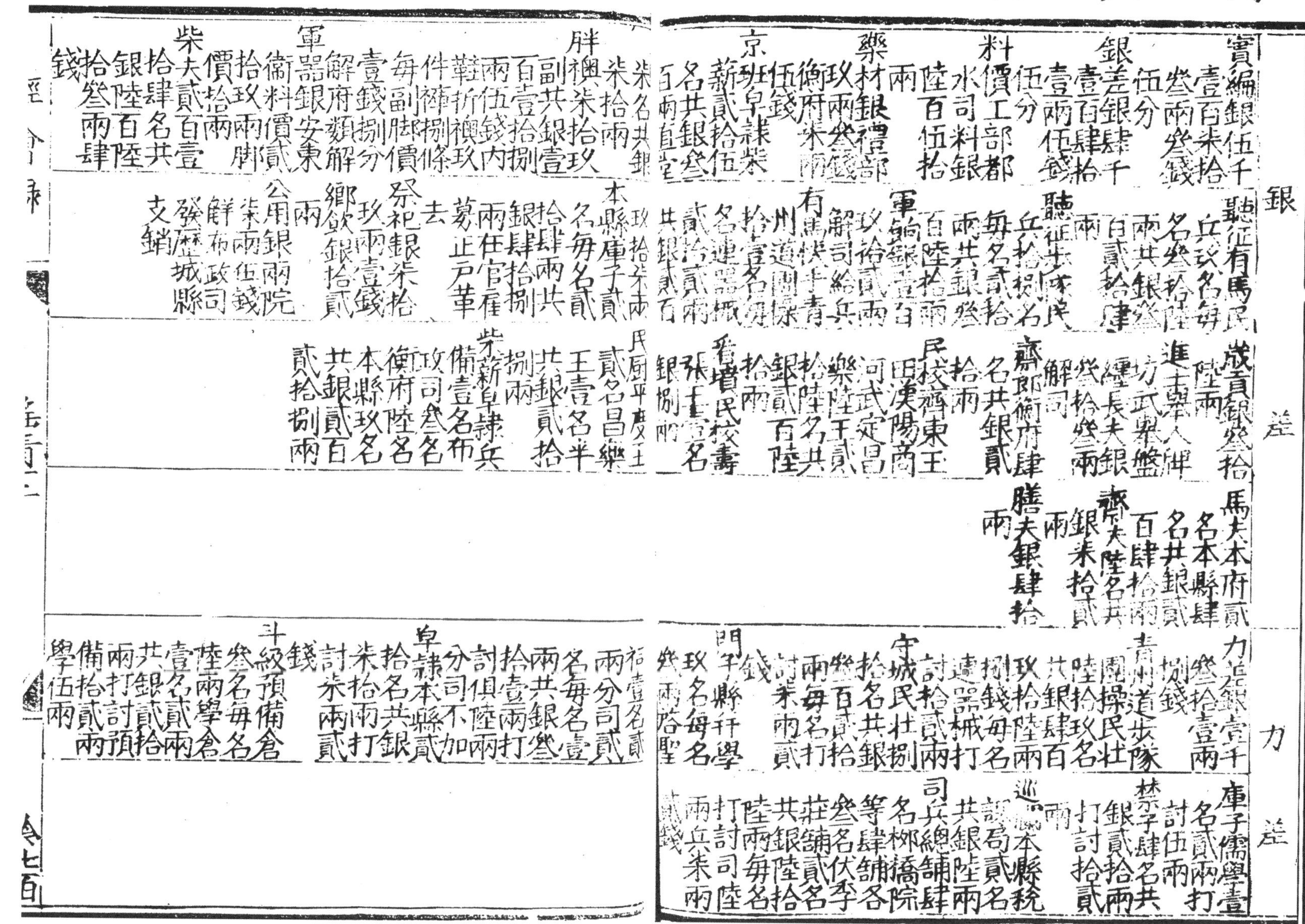

實編銀伍千壹百柒拾叁兩叁錢伍分

銀差銀肆千壹百肆拾壹兩伍錢伍分

料價工部都水司料銀陸百伍拾兩

藥材銀禮部玖兩叁錢衛府米兩伍錢

京班皁隷柒新貳拾伍名共銀叁百兩直堂柒名共銀柒拾兩

胖襖柒拾玖副共銀壹百壹拾捌兩伍錢内鞋折襖玖件襪捌條每副脚價壹錢捌分解府類解

軍器銀安束衛料價貳拾玖兩脚價拾兩

柴夫貳百壹拾肆名共銀陸百陸拾叁兩肆錢

銀差

聽征有馬民兵玖名每名叁拾陸兩共銀叁百貳拾肆兩

聽征步隊民兵拾捌名每名貳拾兩共銀叁百陸拾兩

軍餉銀壹百玖拾貳兩解司給兵

有馬快手青州道團操拾壹名每名連器械貳拾貳兩共銀貳百玖拾柒兩

本縣庫子貳名每名貳拾肆兩共銀肆拾捌兩任官權募正戶革去

祭祀銀柒拾玖兩壹錢

鄉飲銀拾貳兩

公用銀兩院柒兩伍錢鮮布政司發歷城縣支銷

歲貢銀叁拾陸兩

進士舉人牌坊武舉盤纏長夫銀叁拾叁兩解司

齋郎衛府肆名共銀貳拾兩

民校齊東王田漢陽商河武定昌樂陸王貳拾陸名共銀貳百陸拾兩

看增民校壽張[illegible]壹名銀捌兩

民廚平度王貳名昌樂王壹名半共銀貳拾捌兩

柴薪皁隷兵備壹名布政司叁名衛府陸名本縣玖名共銀貳百貳拾捌兩

馬夫本府貳名本縣肆名共銀貳百肆拾兩

齋夫陸名共銀柒拾貳兩

膳夫銀肆拾兩

力差

力差銀壹千叁拾壹兩捌錢

青州道步隊團操民壯陸拾玖名共銀肆百玖拾陸兩捌錢每名遞器械打討拾貳兩

守城民壯捌拾名共銀叁百貳拾兩每名打討米兩貳錢

門子縣秆學玖名每名叁兩答聖祐壹名貳兩分司貳名每名壹兩共銀叁拾壹兩打討俱陸兩分司不加

皁隷本縣貳拾名共銀柒拾兩打討柒兩貳錢

斗級預備倉叁名每名陸兩學倉壹名貳兩共銀貳拾兩打討預備拾貳兩學伍兩

庫子儒學壹名貳兩打討伍兩

禁子肆名共銀貳拾兩打討拾貳兩

巡攔本縣稅課局貳名共銀陸兩

司兵總舖肆名柳橋際等肆舖各叁名伏季莊舖貳名共銀陸拾陸兩每名打討司陸兩兵米兩貳錢

力差

# 蒙陰縣

## 銀差

實編銀叁千肆百玖拾柒兩貳錢肆分
銀差銀貳千伍百兩捌錢肆分
料價工部屯田司料銀貳百肆拾兩
藥材銀禮部貳拾叁兩伍錢肆分
京班皂隸柴薪柒名共銀捌拾肆兩
直堂貳名共銀貳拾兩
胖襖貳拾貳副共銀叁拾叁兩內鞋折襖貳件褲肆條每副脚價壹錢捌分解府類解
軍器銀青州左衛料價貳拾伍兩脚價拾貳兩
有馬快手青州道團操拾貳名每名連器械貳拾柒兩共銀叁百貳拾肆兩

柴夫壹百柒拾柒名共銀伍百肆拾捌兩柒錢
聽征有馬民兵伍名每名叁拾陸兩共銀壹百捌拾兩
聽征步隊民兵捌名每名貳拾兩共銀壹百陸拾兩
軍餉銀壹百伍拾貳兩解司給兵
庫子本縣壹名貳拾肆兩在官庫
夾募正戶革
祭祀銀柒拾玖兩壹錢
鄉飲銀拾貳兩
歲貢銀叁拾陸兩
公用銀兩院共銀伍兩解司發歷城縣支銷

進士舉人牌坊武舉盤纏長夫銀貳拾肆兩解司
齋郎衛府肆名共銀貳拾兩
民校邵陵王肆名武究王叁名昌樂王半名每名拾兩共銀柒拾伍兩
看墳民校壽張王壹名捌兩
民廚漢陽王壹名捌兩
柴薪皂隸按察司叁名衡府叁名本縣柒名共銀壹百伍拾陸兩
馬夫本縣叁名共銀壹百貳拾兩

齋夫府學貳名縣學肆名共銀柒拾貳兩
膳夫府學貳名縣學肆名共銀陸拾兩

## 力差

力差銀玖百玖拾陸兩肆錢
青州道步隊團操民壯柒拾貳名共銀伍百壹拾捌兩肆錢每名連器械打討拾貳兩
守城民壯陸拾名共銀貳百肆拾兩每名打討柒兩貳錢
門子縣并學柒名每名叁兩啓聖祠壹名貳兩分司貳名每名壹兩共銀貳拾伍兩打討俱陸兩司館不加
皂隸本縣拾陸名共銀伍拾陸兩打討柒兩貳錢
庫子儒學壹名貳兩打討銀伍兩
禁子肆名共銀貳拾兩打討拾貳兩

斗級儒學倉壹名叁兩預備倉壹名陸兩共銀玖兩打討學倉伍兩預備拾貳兩
弓兵紫金關巡檢司貳拾名共銀陸拾兩打討陸兩
司兵總舖肆名泰保等陸舖各貳名許家莊等叁舖各壹名共銀陸拾陸兩每名打討司陸兩兵柒兩貳錢

經會録

# 日照縣

銀差

實編銀叁千肆百陸拾捌兩玖分叁釐叁毫　銀差銀貳千肆百伍拾伍兩玖錢玖分叁釐叁毫　料價工部屯田司料銀壹百叁拾兩　藥材銀禮部伍兩玖錢玖分叁釐叁毫　京班皁隷柴薪陸名共銀柒拾貳兩直堂陸名共銀陸拾兩　胖襖肆拾捌副共銀柒拾貳兩內鞋折襖陸件褲叁條每副脚價壹錢捌分解府類解　軍器銀安東衛料價貳拾兩脚價拾兩　柴夫貳百叁拾肆名共銀柒百貳拾伍兩肆錢

驛征有馬民兵肆名每名叁拾陸兩共銀壹百肆拾肆兩　征步隊民兵陸名每名貳拾兩共銀壹百貳拾兩　軍餉銀貳百肆拾兩解司給兵　有馬快手青州道團操玖名每名連器械貳拾柒兩共銀貳百肆拾貳兩　庫子本縣貳名每名貳拾肆兩共銀肆拾捌兩在官催募正戶革去　祭祀銀柒拾玖兩壹錢

鄉飲銀拾貳兩　歲貢銀安東衛學拾貳兩縣學叁拾陸兩　公用銀兩院共銀伍兩解司發歷城縣支銷　進士舉人牌坊武舉盤纏長夫銀貳拾肆兩解司　民拔窯陽王壹名銀拾兩　柴薪皁隷本府捌名本縣柒名共銀壹百捌拾兩　馬夫本縣叁名共銀壹百貳拾兩

齋夫肆名共銀肆拾捌兩　膳夫銀肆拾兩

力差

力差銀壹千壹拾貳兩壹錢　青州道官峯寨民壯伍拾叁名共銀叁百捌拾壹兩陸錢分為兩班壹半守寨壹半赴道團操每名連器械打討拾貳兩　守城民壯捌拾名共銀叁百貳拾兩每名打討柒兩貳錢　門子縣并文廟伍名每名貳兩伍錢教官貳名每名貳兩啟聖祠壹名壹兩伍錢分司府館共壹名壹兩共銀拾玖兩打討俱陸兩司館不加　皁隷本縣拾陸名共銀伍拾陸兩每名打討柒兩貳錢

禁子肆名共銀貳拾兩每名打討拾貳兩　斗級預備倉叁名每名伍兩儒學壹名貳兩伍錢本縣廣豐安東倉各壹名每名貳兩共銀貳拾壹兩伍錢打討預備拾貳兩餘俱伍兩　庫子儒學壹名貳兩打討伍兩　弓兵夾倉鋪　巡檢司貳拾名共銀伍拾兩打討陸兩　司兵總鋪肆名遞汪等肆鋪各叁名劉家窯等捌鋪各貳名捐家在等玖鋪各壹名共銀壹百肆拾貳兩每名打討司陸兩兵柴兩貳錢

志信六百

# 高苑縣

實編銀貳千肆百貳拾伍兩柒分

銀差銀壹千玖百叁拾陸兩伍錢柒分

料價工部屯田司料銀壹百陸拾肆兩

藥材銀禮部叁兩柒錢貳分

京班直堂皂隸貳名共銀貳拾兩

胖襖陸拾貳副共銀玖拾叁兩內鞋折襖柒件準陸條每副脚價壹錢捌分解府類解

軍器銀青州左衛料價貳拾兩安東衛脚價捌兩

柴夫壹百伍拾名共銀肆百陸拾伍兩

聽征有馬民兵陸名每名叁拾陸兩共銀貳百壹拾陸兩

銀

聽征步隊民兵捌名每名貳拾兩共銀壹百陸拾兩

軍餉銀玖拾陸兩解司給兵

有馬快手青州道團操陸名每名連器械貳拾柒兩共銀壹百陸拾貳兩

庫子本縣壹名貳拾肆兩在官雇募正戶華去

祭祀銀柒拾玖兩壹錢

鄉飲銀拾貳兩

歲貢銀叁拾陸兩

差

公用銀兩院共銀肆兩貳錢解司發歷城縣支銷

進士舉人牌坊武舉盤纏長夫銀貳拾貳兩解司

民校昌樂王陸名每名拾兩共銀陸拾兩

柴薪皂隸本縣柒名共銀捌拾肆兩

馬夫本縣叁名共銀壹百貳拾兩

齋夫陸名共銀肆拾捌兩

膳夫銀肆拾兩

力

差銀肆百捌拾捌兩伍錢

青州道步隊團操民壯貳拾伍名共銀壹百捌拾兩每名連器械打討拾貳兩

守城民壯肆拾名共銀壹百陸拾兩每名打討柒兩貳錢

門子本縣肆名每名叁兩縣學叁名啓聖祠壹名每名壹兩伍錢分司府館共壹名壹兩共銀拾以兩打討供陸兩司館不加

庫子儒學壹名壹兩伍錢打討伍兩

禁子肆名共銀貳拾兩打討拾貳兩

斗級預備倉壹名陸兩打討拾貳兩

差

皁隸本縣拾陸名共銀伍拾陸兩每名打討柒兩貳錢

司兵總鋪叁名三教堂等伍鋪各貳名共銀肆拾陸兩每名打討司陸兩兵柒兩貳錢

# 萊州府所屬

## 平度州

實編銀柒千伍拾貳兩柒分叁釐叁毫

銀差銀伍千叁百柒拾壹兩柒分叁釐叁毫

料價戶部折色黃蠟銀叁百肆拾伍兩工部屯田司料銀柒拾兩

本紫銀叁百兩

藥材銀禮部柒兩柒錢伍分貳釐叁毫紅黃紙銀壹兩陸錢柒分壹釐

京班皂隸柴薪伍拾壹名共銀陸百壹拾貳兩直堂肆名共銀肆拾兩

胖襖壹百拾肆副共銀貳百壹拾陸兩內鞋折襖拾陸件褲拾陸條每副脚價壹錢玖分解府類解

銀差

軍器銀壹山衛料價壹百貳拾壹兩脚價陸拾兩

柴夫玖拾叁名共銀貳百捌拾捌兩叁錢

聽征有馬民兵拾肆名每名叁拾陸兩共銀伍百肆兩

聽征步隊民兵貳拾伍名每名貳拾兩共銀伍百兩

軍餉銀叁百伍拾陸兩解司給兵

有馬快手巡察海道團操拾肆名每名連器械貳拾柒兩共銀叁百柒拾捌兩

庫子灰埠驛壹名銀肆拾陸兩

館夫灰埠驛貳名共銀拾捌兩

扛夫灰埠驛拾柒名共銀貳百肆兩

皂隸分守海右道壹名巡察海道叁名本府拾壹名共銀壹百陸拾貳兩

庫子本府壹名銀拾貳兩

禁子本府貳名共銀貳拾肆兩

本州禁子貳名每名拾捌兩共銀叁拾陸兩在官存留正戶華夫

祭祀銀柒拾玖兩壹錢

鄉飲銀拾貳兩

歲貢銀府學伍兩州學叁拾陸兩

公用銀兩院拾伍兩捌錢伍分解司[illegible][illegible]城縣支銷

歷科舉人車價銀玖兩解府

進士舉人牌坊武舉盤纏長夫銀陸拾兩解司

柴薪皂隸布政司壹名巡察海道壹名本府玖名本州拾貳名共銀貳百柒拾陸兩

馬夫兵備壹名本府伍名本州肆名共銀肆百兩

齋夫府學叁名州學陸名共銀壹百捌兩

膳夫府學壹名州學陸名共銀柒拾兩

力差

力差銀壹千陸百捌拾壹兩

巡察海道步隊團操民壯壹百伍名共銀柒百伍拾陸兩每名連器械打討拾貳兩

守城民壯壹百名共銀肆百兩每名打討柒兩貳錢

門子州學玖名每名叁兩啓聖祠壹名貳兩分司府館叁名每名壹兩共銀叁拾貳兩打討俱伍兩司館不加

皂隸本州貳拾貳名共銀柒拾柒兩每名打討柒兩貳錢

弓兵亭口巡檢司貳拾名海倉巡檢司拾名共銀玖拾兩每名打討陸兩

庫子儒學壹名貳兩打討伍兩

禁子本州伍名共貳拾伍兩每名打討拾貳兩

斗級本府廣豐倉貳名西預備倉壹名本州預備倉叁名每名陸兩學倉壹名叁兩共銀叁拾玖兩打討府州倉拾貳兩學伍兩

巡欄本州稅課局陸名共銀貳拾柒兩

渡夫膠河叁名共銀叁兩

司兵總舖灰埠等肆舖各肆名石橋等肆舖各叁名周家莊等拾捌舖各貳名共銀貳百叁拾兩每名打討司伍兩兵陸兩

# 濰縣

實編銀伍千貳百柒拾壹兩伍錢陸分叁釐

銀差

銀差銀肆千壹百貳拾柒兩柒錢陸分叁釐料價戶部折色黃蠟銀叁百柒拾兩工部屯田司料銀伍拾兩木柴銀貳百伍拾兩藥材禮部樂價銀貳兩肆錢肆分貳釐紅黃

軍器銀鰲山衛料價捌拾陸兩脚價鰲山衛肆拾陸兩萊州衛拾玖兩柴夫伍拾捌名共銀壹百柒拾玖兩捌錢聽征有馬民兵拾貳名每名叁拾陸兩共銀肆百叁拾貳兩聽征步隊民兵貳拾肆名每名貳

皁隸分守海右道壹名本府玖名共銀壹百捌兩本縣庫子貳名每名拾捌兩共銀叁拾陸兩在官存募正户革去祭祀銀柒拾玖兩壹錢鄉飲銀拾貳兩歲貢銀府學伍兩縣學叁拾陸兩公用銀兩院拾伍兩捌

馬夫本府壹名本縣肆名共銀貳百兩齋夫府學貳名縣學肆名共銀柒拾貳兩膳夫府學肆名縣學肆名共銀捌拾兩

力差

力差銀壹千壹百肆拾叁兩捌錢巡察海道兵隊團操民壯伍拾玖名共銀肆百貳拾肆兩捌錢每名連器械打討拾貳兩守城民壯捌拾名共銀叁百貳拾兩每名打討柒兩貳錢門子縣拜學玖名每名

庫子儒學壹名貳兩打討伍兩禁子肆名共銀貳拾兩每名打討拾貳兩斗級西預備倉壹名陸兩縣學預名貳兩預備倉叁名每名肆兩共銀貳拾兩打討兩預備拾貳兩學伍兩巡攔捌名共銀肆拾捌兩

絹銀壹兩陸錢柒分壹釐京班皁隸柴薪伍拾貳名共銀陸百貳拾肆兩胖襖壹百伍副共銀壹百伍拾柒兩伍錢內鞋折襖拾貳件褲拾壹條每副脚價壹錢玖分解府類解庫子本府壹名拾貳兩

拾兩共銀肆百捌拾兩軍餉銀貳百捌拾兩解司給兵有馬快手巡察海道團操捌名每名連器械貳拾柒兩共銀貳百柒拾陸兩館夫本縣帶管古亭驛貳名共銀拾捌兩禁子本府貳名共銀貳拾肆兩

錢伍分解司發歷城縣支銷歷科舉人車價玖兩解府進士舉人牌坊貳舉盤纏長夫銀陸拾兩解司柴薪皁隸兵備壹名布政司壹名本府叁名本縣玖名共銀壹百陸拾捌兩

叁兩啓聖祠壹名貳兩分司村館伍名每名壹兩共銀叁拾肆兩打討俱伍兩司館不加皁隸本縣貳拾名共銀柒拾兩打討柒兩貳錢弓兵固堤店巡檢司貳拾名共銀陸拾兩每名打討陸兩

司兵總舖伍名[illegible]等柴鋪各肆名西北等柴舖各壹名共銀壹百肆拾伍兩每名打討司伍兩兵陸兩

# 掖縣

**銀差**

實編銀肆千玖百貳拾貳兩玖分陸釐肆毫 銀差銀叁千伍百肆拾兩柒錢玖分陸釐肆毫 料價戶部折色黃蠟銀貳拾兩工部屯田司料銀柒百貳拾兩 藥材禮部藥價叁兩肆錢柒分紅黃紙銀壹兩陸錢柒分壹釐 京班皁隸柴薪拾玖名共銀貳百貳拾捌兩 直堂壹名銀拾兩 胖襖玖拾副零襖壹件共銀壹百叁拾陸兩伍分內註折襖拾件障給係分副附價壹錢久分解府縣解 禁子本府完名銀拾貳兩

軍器銀兼州衛料價肆拾捌兩陸錢肆分伍釐脚價貳拾伍兩雄崖所料價貳拾叁兩伍錢陸分叁毫 柴夫伍拾陸名共銀壹百柒拾叁兩陸錢 聽征有馬民兵拾壹名每名叁拾陸兩共銀叁百玖拾陸兩 聽征步隊民兵拾肆名每名貳拾兩共銀貳百捌拾兩 軍餉銀貳百玖拾貳兩解司給兵 有馬快手巡察海道團操拾名每名造器械貳拾柒兩共銀貳百柒拾兩 皁隸巡察海道叁名本府肆名共銀柒拾伍兩陸錢

鋪夫本縣帶管城幸馬驛貳名朱橋馬驛貳名共銀叁拾陸兩 門子分守海右道壹名 巡察海道壹名半本府拾壹名共銀壹百貳拾壹兩伍錢 本庫子貳名每名拾捌兩共銀叁拾陸兩 在京[illegible] [illegible]

[illegible]本府叁名本縣玖名共銀壹百肆拾肆兩 馬夫本縣肆名共銀壹百陸拾兩 齋夫府學壹名縣學陸名共銀捌拾肆兩 膳夫銀肆拾兩

祭祀銀玖拾貳兩柒錢縣學動本縣供應陸兩 鄉飲銀拾貳兩 歲貢銀府學陸兩縣學叁拾陸兩 公用銀兩院撿詳錢解司發歷城縣支銷 進士舉人牌坊武舉盤纏長夫銀肆拾伍兩解司

**力差**

力差銀壹千柒百捌拾壹兩柒錢 巡察海道步隊團操民壯伍拾肆名共銀叁百捌拾捌兩捌錢每名造器械打討[illegible]貳 守城民壯捌拾名共銀叁百貳拾兩每名打討[illegible]貳錢 門子府學陸名本縣伍名縣學肆名每名叁兩兩學啓聖祠貳名每名貳兩察院分司叁名王徐寨公館壹名每名壹兩共銀伍拾叁兩打討俱伍兩院司不加 弓兵海倉巡撿司拾名柴湖寨巡撿司貳拾名共銀玖拾兩每名打討陸兩

皁隸本縣貳拾柒名共銀玖拾肆兩伍錢每名打討柒兩貳錢 庫子府學貳名每名叁兩縣學壹名貳兩共銀捌兩打討俱伍兩 禁子本縣陸名共銀叁拾兩每名打討拾貳兩 斗級本府壹倉壹名預備倉貳名本縣預備倉叁名每名陸兩府縣學倉貳名每名叁兩王徐倉壹名貳兩共銀肆拾肆兩打討府縣倉拾貳兩學倉徐陸兩 巡攔本府稅課司拾名共銀陸拾兩 司兵總鋪等拾玖鋪共銀貳百玖拾叁兩打討司伍兩兵陸兩

# 昌邑縣

**銀差**

寶綃銀肆千陸百玖拾伍兩陸錢肆分玖釐 銀准銀參千伍百貳拾柒兩伍錢肆分玖釐 料價戶部折色黃蠟銀貳拾兩禮部牲口等料銀肆百玖兩工部屯田司料銀參拾兩 木柴銀壹百陸拾兩 藥材禮部藥價參兩玖

雲嵒銀靈山衛料價伍拾柒兩玖錢壹分伍釐參毫腳價拾兩鰲山衛料價參拾貳兩捌分肆釐捌毫腳價貳拾肆兩雄崖所腳價捌兩 柴夫陸拾名共銀壹百捌拾陸兩 聽征有馬民兵玖名每名參拾陸兩共銀參

有馬快手巡察海道團操拾名每名連器械貳拾柒兩共銀貳百柒拾兩 館夫本縣帶管夏店馬驛貳名共銀拾捌兩 皂隸分守海右道壹名巡察海道貳名本府捌名共銀壹百壹拾捌兩捌錢 庫子本府壹名銀拾貳

柴新皂隸兵備壹名本府柒名本縣玖名共銀貳百肆兩 馬夫本縣肆名共銀壹百陸拾兩 齋夫府學壹名縣學陸名共銀捌拾肆兩 膳夫府學貳名縣學肆名共銀陸拾兩

**力差**

力差銀壹千壹百陸拾捌兩壹錢 巡察海道步隊團操民壯陸拾參名共銀肆百伍拾參兩陸錢每名連器械打討拾貳兩 守城民壯捌拾名共銀參百貳拾兩每名打討柒兩貳錢 渡夫濰河陸名膠河參

皂隸本縣貳拾名共銀柒拾兩每名打討柒兩貳錢 斗級本府慶豐倉壹名本縣預備倉貳名每名陸兩學倉壹名壹兩伍錢共銀拾玖兩伍錢打討府縣倉拾貳兩學倉伍兩 弓兵魚兒舖巡檢司參拾名共銀

錢柒分捌釐紅黃紙銀壹兩陸錢柒分壹釐 京班皂隸柴新拾捌名共銀貳百壹拾陸兩 直堂壹名銀拾兩 胖襖玖拾肆副共銀壹百肆拾壹兩內對折領拾件褲拾貳條每副腳價壹錢玖分府類解

百貳拾肆兩 聽征步隊民兵貳拾壹名每名貳拾兩共銀肆百貳拾兩 軍餉銀貳百捌拾捌兩解司給兵 禁卒本府貳名共銀貳拾肆兩 本縣庫子貳名每名拾捌兩共銀參拾陸兩在官雇募正戶革去

兩 祭祀銀捌拾肆兩壹錢 鄉飲銀拾貳兩 歲貢銀府學伍兩縣學參拾陸兩 公用銀兩院拾兩[illegible][illegible]司發歷城縣支銷 歷科舉人車價伍兩解府 進士舉人牌坊武舉盤纏長夫銀肆拾伍兩解司

名共銀玖兩 門子縣學玖名每名參兩啟聖祠壹名貳兩分司府館肆名每名壹兩共銀參拾參兩打討俱伍兩分司不加 庫子儒學壹名貳兩打討伍兩 禁卒肆名共銀貳拾兩每名打討拾貳兩

玖拾兩每名打討陸兩 巡攔參名共銀拾貳兩 司兵總舖伍名王彝等捌舖各肆名共銀壹百參拾玖兩每名打討司伍兩兵陸兩

膠州

實編銀肆千伍拾玖兩柒錢玖分伍釐伍毫

銀差

銀差銀貳千捌百叁拾玖兩柒錢玖分伍釐伍毫　料價工部屯田司料銀叁百伍拾兩　木柒銀壹拾貳兩　藥材禮部藥價貳兩柒分肆釐伍毫　紅黃紙銀壹兩柒錢柒分壹釐　京班柴新皁隸拾陸名共銀壹百玖拾貳兩　胖襖玖拾陸副零襪壹腰鞋壹雙共銀壹百肆拾肆兩叁錢內壹折襖拾壹件褲拾條每副腳價壹錢玖分解府類解　狐狸皮貳拾肆張共銀拾貳兩

軍器銀柒州衛料價肆拾伍兩貳錢柒分貳毫膠州所料價肆拾肆兩柒錢叁分腳價貳拾兩　柴夫拾壹名共銀叁拾肆兩壹錢　聽征有馬民兵拾壹名每名叁拾陸兩共銀叁百玖拾陸兩　聽征步隊民兵拾陸名每名貳拾兩共銀叁百貳拾兩　軍餉銀壹百肆拾兩解司給兵　有馬快手巡察海道團操拾叁名每名連器械貳拾柒兩共銀叁百伍拾壹兩　庫子本府壹名銀拾貳兩　禁子本府壹名銀拾貳兩

皁隸本府陸名共銀陸拾肆兩捌錢　本州櫃子貳名每名拾捌兩共銀叁拾陸兩在官雇募正戶革去　祭祀銀柒拾玖兩壹錢　鄉飲銀拾貳兩　歲貢銀府學伍兩州學叁拾陸兩　公用銀兩院拾兩捌錢解布政司發歷城縣支銷　歷科舉人車價拾兩解府　進士舉人牌坊武舉盤纏長夫銀叁拾捌兩解司　柴新皁隸兵備壹名本州拾貳名共銀壹百伍拾陸兩　馬夫本州肆名共銀壹百陸拾兩

齋夫府學壹名州學陸名共銀捌拾肆兩　膳夫銀陸拾兩

力差

力差銀伍千貳百貳拾兩　巡察海道團操民壯陸拾名共銀肆百叁拾貳兩每名連器械打討拾貳兩　守城民壯壹百名共銀肆百兩每名打討米兩貳錢　門子靈山衛學貳名州學肆名每名叁兩本州伍名督聖祠壹名每名貳兩分司貳名每名壹兩共銀叁拾貳兩打討俱伍兩分司不加　皁隸本州貳拾貳名共銀陸拾陸兩每名打討柒兩貳錢　禁子伍名共銀貳拾伍兩每名打討銀壹拾貳兩

庫子儒學壹名貳兩打討伍兩　斗級預備倉貳名每名[illegible]兩[illegible]州[illegible]河鹽山各叁名各壹兩共銀拾叁兩打討叁兩陸錢　弓兵逢猛古鎮貳巡檢司各貳拾名共銀壹百貳拾兩每名打討陸兩　巡[illegible]本州[illegible]課局捌名共銀貳拾肆兩　司兵總舖肆名于家舖陸等拾貳舖各貳名拾溝等叁舖各壹名共銀壹百零捌兩每名打討司叁兩陸錢兵伍兩肆錢

# 即墨縣

**銀差**

實編銀叁千陸百伍兩玖錢陸分捌釐銀差銀貳千玖百玖拾玖兩玖錢陸分捌釐料價戶部折色黃蠟銀捌拾肆兩捌錢陸分貳釐伍毫果品銀貳百柒拾兩貳錢柒分伍釐工部營繕司料銀壹百兩本紫銀貳百捌拾兩藥材禮部藥價伍兩柒錢玖叁伍毫紅黃紙銀壹兩陸錢柒分壹釐京班皂隸柴新拾伍名共銀壹百捌拾兩直堂貳名共銀貳拾兩狐狸皮拾肆張共銀柒兩軍餉銀壹百叁拾貳兩解司給兵

胖襖壹百壹拾壹副零襖壹件共銀壹百陸拾柒兩貳錢伍分內鞋折襖拾貳件褲拾肆條每副腳價壹錢玖分解府類解軍器銀鰲山衛料價陸拾兩捌錢叁分伍毫雄崖所料價貳拾壹兩壹錢陸分玖釐伍毫腳價貳拾柒兩膠州所腳價拾伍兩柴夫貳拾柒名共銀捌拾叁兩柒錢聽征有馬民兵玖名每名叁拾陸兩共銀叁百貳拾肆兩聽征步隊民兵拾壹名每名銀貳拾兩共銀貳百貳拾兩

有馬快手巡察海道團操陸名每名連器械貳拾柒兩共銀壹百陸拾貳兩皂隸分守海右道壹名本府柒名共銀捌拾陸兩肆錢庫子太府壹名銀拾貳兩禁子本府壹名銀拾貳兩本縣庫子貳名每名拾捌兩共銀叁拾陸兩在官僱募正戶革去祭祀銀柒拾玖兩壹錢鄉飲銀拾貳兩歲貢銀府學伍兩鰲山衛學拾捌兩縣學叁拾陸兩公用銀兩院拾叁兩肆錢司發歷城縣支銷歷科舉人車價陸兩解府

進士舉人牌坊武舉盤纏長夫銀肆拾伍兩解司柴新皂隸本縣玖名共銀壹百捌兩馬夫求平道壹名本縣肆名共銀貳百兩齋夫府學貳名鰲山衛學貳名縣學陸名共銀壹百貳拾兩膳夫府學壹名縣學肆名共銀伍拾兩

**力差**

力差銀陸百陸兩巡察海道掠隊團操民壯貳拾伍名共銀壹百捌拾兩每名連器械打討拾貳兩守城民壯肆拾名共銀壹百陸拾兩每名打討柒兩貳錢門子本縣伍名每名貳兩教官文朝肆名每名叁兩啓聖祠壹名貳兩分司府館叁名每名壹兩共銀貳拾柒兩打討俱伍兩司館不加禁子本縣肆名共銀貳拾兩每名打討拾貳兩弓兵栲栳島巡檢司貳拾名共銀陸拾兩每名打討陸兩

皂隸本縣貳拾名共銀陸拾兩每名打討柒兩貳錢庫子儒學壹名貳兩打討伍兩斗級雄崖鰲山浮山積各倉肆名每名貳兩儒學壹名叁兩預備倉貳名每名陸兩共銀貳拾叁兩打討雄崖等肆倉陸兩學伍兩預備拾貳兩巡攔肆名共銀拾陸兩司兵總鋪叁名孝村等柒鋪各貳名十字等拾貳鋪各壹名共銀伍拾捌兩每名打討司叁兩陸錢兵伍兩建錢

# 高密縣

銀差

實編銀叁千伍百肆拾捌兩貳錢叁分叁釐伍毫

銀差銀貳千伍百玖拾捌兩壹錢叁分叁釐伍毫

料價工部都水司料銀肆百肆拾伍兩

藥材禮部藥價叁兩壹錢壹分貳釐伍毫紅黃紙銀壹兩陸錢柒分壹釐

京班柴薪皂隸拾名共銀壹百貳拾兩直堂貳名共銀貳拾兩

胖襖壹百玖副每副壹兩伍錢共銀壹百陸拾叁兩伍錢內註折襖拾貳件補拾叁條每副脚價壹錢玖分解府類解

軍餉銀壹百柒拾陸兩解司給兵

柴夫拾肆名共銀肆拾叁兩肆錢

聽征有馬民兵捌名每名叁拾陸兩共銀貳百捌拾捌兩

聽征步隊民兵拾貳名每名貳拾兩共銀貳百肆拾兩

有馬快手巡察海道團操玖名每名連器械貳拾柒兩共銀貳百肆拾叁兩

皂隸分守海右道壹名本府柒名共銀捌拾陸兩肆錢

隼本府壹名銀拾貳兩

禁子本府壹名銀拾貳兩

軍器銀萊州衛料價捌拾伍兩脚價肆拾兩

差

祭祀銀捌拾兩叁錢

鄉飲銀拾貳兩

歲貢銀府學伍兩靈山衛學拾捌兩縣學叁拾陸兩共銀伍拾玖兩

公用銀兩院拾兩捌錢解布政司發歷城縣支銷

歷科舉傘車價肆兩解府

進士舉人牌坊武舉盤纏長夫銀叁拾捌兩解司

柴薪皂隸本縣柒名共銀壹百捌兩

馬夫本縣肆名共銀壹百陸拾兩

本縣庫子貳名每名拾捌兩共銀叁拾陸兩在官崔墓正戶革去

齋夫靈山衛學貳名縣學肆名共銀柒拾貳兩

膳夫銀肆拾兩

力

力差銀玖百伍拾兩壹錢

巡察海道步隊團操民壯伍拾叁名共銀叁百捌拾壹兩陸錢每名連器械打討拾貳兩

守城民壯捌拾名共銀叁百貳拾兩每名打討柒兩貳錢

門子本縣伍名每名貳兩縣學叁名每名叁兩啓聖祠壹名貳兩分司貳名每名壹兩共銀貳拾叁兩每名打討伍兩分司不加

皂隸本縣貳拾名共銀柒拾兩每名打討銀柒兩貳錢

庫子儒學壹名貳兩伍錢打討伍兩

差

禁子肆名共銀貳拾兩每名打討拾貳兩

斗級本府西預備倉壹名陸兩學倉壹名叁兩本縣預備倉貳名每名叁兩伍錢共銀拾陸兩打討附縣倉拾貳兩學伍兩

巡攔稅課局肆名共銀捌兩

司兵總鋪叁名正孝芝等玖鋪各貳名每名司叁兩兵肆兩大呂等柒鋪各貳名司兵俱每名貳兩伍錢共銀壹百玖兩每名打討司叁兩陸錢兵伍兩肆錢

銀差

實編銀陸千捌百貳拾伍兩玖錢壹分壹釐貳毫
銀差銀伍千壹百捌拾壹兩伍錢壹分壹釐貳毫
料價戶部果品銀貳百陸拾兩禮部牲口等料銀伍百陸拾肆兩捌錢叁分
木柴銀壹百捌拾陸兩玖錢叁分

軍器銀登州衛料價銀肆拾兩脚價拾兩成山衛料價壹百柒拾捌兩玖錢壹分伍釐叁毫脚價柒拾兩
柴夫壹百捌名共銀叁百叁拾肆兩捌錢
聽征兵隊民兵貳拾捌名每名貳拾兩共銀伍百陸拾兩

庫子本府壹名銀拾貳兩
胖襖壹百壹拾[illegible]副共銀壹百柒拾壹兩內鞋折襪拾叁件襪拾貳條分副腳價貳錢解府[illegible]解
祭祀銀[illegible]拾玖兩壹錢
鄉飲銀拾貳兩
歲貢銀叁兩衛學拾貳兩縣學叁拾陸府共

禁子本府貳名共銀貳拾肆兩
本縣庫子貳名每名拾陸兩共銀叁拾貳兩在官雇募正力革去
柴薪皂隸[illegible]備貳名本府貳名本縣拾壹名共銀壹百捌拾兩
齋夫府學伍名縣學陸名大嵩衛學貳名共銀壹百伍

力差

力差銀壹千陸百肆拾肆兩肆錢
巡察海道柒隊關操民壯壹百陸名共銀柒百陸拾叁兩貳錢每名運器械打討拾兩
守城民壯壹百名共銀肆百兩每名打討兩
巡攔本縣[illegible][illegible]名銀兩
門子大嵩衛文廟壹名縣所學拾

皂隸本縣貳拾肆名共銀捌拾肆兩每名打討陸兩
禁子本縣肆名共銀貳拾兩每名打討拾貳兩
斗級大嵩海陽大山倉叁名每名貳兩本府和壹倉壹名預備倉叁名每名陸兩學倉壹名叁兩共銀叁拾

藥材銀禮部柒兩玖錢捌分貳釐
京班皂隸柴薪貳拾捌名共銀叁百叁拾陸兩
食堂柒名共銀柒拾兩
紙狸皮伍拾張共銀貳拾伍兩
聽征有馬民兵拾叁名每名叁拾陸兩共銀肆百陸拾捌兩

軍餉銀肆百叁拾伍兩解司給兵
有馬快手巡察海道還操拾伍名每名運器械貳拾柒兩共銀肆百伍兩
皂隸分守海右道壹名巡察海道貳名本府拾壹名共銀壹百拾壹兩貳錢
門子本府叁名共銀貳拾肆兩

銀肆拾捌兩
公用銀兩院共銀柒兩伍錢解司發府城縣支銷
歷科舉傘車價銀玖兩解府
進士舉人牌坊武舉盤纏長夫銀貳拾肆兩解司
馬夫本府壹名本縣伍名共銀貳百肆拾兩

拾陸兩
膳夫府學貳名縣學肆名共銀陸拾兩

名每名叁兩啓聖祠壹名貳兩分司府館叁名叁路公館叁名大嵩衛分司壹名每名壹兩大嵩衛教授壹名叁兩本官員缺徵銀貯庫共銀肆拾伍兩打討俱伍兩司館不加
庫子儒學壹名貳兩打討伍兩

叁兩打討府縣倉拾貳兩大嵩等叁倉陸兩學伍兩
弓兵行村寨巡檢司貳拾名共銀陸拾兩每名打討陸兩
司兵總鋪肆名小官路叁鋪追麥各等貳拾伍鋪各貳名共銀貳百叁拾壹兩貳錢每名打討司叁兩陸錢兵肆兩貳錢

# 寧海州

實編銀伍千陸百肆拾玖兩柒錢玖分叁釐柒毫

銀差

銀差銀肆千貳百玖拾肆兩伍錢玖分叁釐捌毫 料價戶部折色黃蠟銀貳拾兩工部屯田司料銀伍百玖拾兩 木柴銀壹百貳拾兩 藥材銀禮部肆兩貳分捌釐伍毫 京班柴薪皂隸拾捌名共銀貳百壹拾陸兩 胖襖伍拾柒副零褲壹條鞋壹雙共銀捌拾伍兩玖錢內鞋折襖陸件褲捌條每副脚價貳錢解府額解 狐狸皮壹百伍張每張伍錢共銀伍拾貳兩伍錢

軍器銀登州衛料價叁拾兩腳價拾肆兩請每衛料價壹百柒拾捌兩玖錢壹分伍釐叁毫腳價銀柒拾兩 柴夫壹百叁名共銀叁百壹拾玖兩叁錢 聽征有馬民兵拾肆名每名叁拾陸兩共銀伍百肆兩 聽征步隊民兵貳拾肆名每名貳拾兩共銀肆百捌拾兩 軍餉銀叁百肆兩解司給兵 有馬快手巡察海道團操拾貳名每名連器械貳拾柒兩共銀叁百貳拾肆兩 門子本府貳名每名捌兩共銀拾陸兩

皂隸分守海右道壹名巡察海道貳名本府玖名共銀壹百貳拾玖兩陸錢 庫子本府壹名銀拾貳兩 禁子本府壹名銀拾貳兩 本州庫子貳名每名拾陸兩共銀叁拾貳兩在官僱募正戶革去 祭祀銀柒拾玖兩壹錢 鄉飲銀拾貳兩 歲貢銀本州叁拾陸兩威海衛學拾捌兩 公用銀兩院共銀肆兩貳錢解司發歷城縣支銷 歷科舉人車價銀柒兩解府 進士舉人牌坊武舉盤纏長夫銀拾陸兩伍錢解司

柴薪皂隸兵備壹名本府陸名本州拾貳名每名拾貳兩共銀貳百貳拾捌兩 馬夫本府壹名本州肆名共銀貳百兩 齋夫府學貳名威海衛學貳名州學陸名共銀壹百貳拾兩 膳夫銀陸拾兩

力差

力差銀壹千叁百伍拾伍兩貳錢 巡察海道步隊團操民壯壹百名共銀柒百貳拾兩每名連器械打討拾貳兩 守城民壯捌拾名共銀叁百貳拾兩每名打討陸兩 門子威海衛教授文廟貳名州學肆名每名叁兩本州伍名啓聖祠壹名每名貳兩分司府館叁名每名陸錢共銀叁拾壹兩捌錢打討俱伍兩司館不加 皂隸本州貳拾貳名共銀柒拾柒兩每名打討陸兩 禁子伍名共銀貳拾伍兩打討拾貳兩

庫子儒學壹名貳兩打討伍兩 斗級本府和豐倉壹名陸兩預備倉貳名每名肆兩學倉壹名叁兩常豐歲海百尺崖金山奇山伍名每名貳兩共銀貳拾柒兩打討府縣倉拾貳兩齡陸兩 弓兵乳山寨巡檢司貳拾名共銀陸拾兩每名打討陸兩 巡攔本州稅課司肆名共銀捌兩 司兵總舖肆名辛安等肆舖各叁名香林等伍舖各貳名辛店等伍舖各壹名共銀捌拾肆兩肆錢每名打討司叁兩陸錢兵肆兩貳錢

# 文登縣

## 銀差

貫編銀肆千叁百壹拾伍兩伍錢玖分伍釐捌毫

銀差銀叁千貳拾玖兩壹錢玖分伍釐捌毫

料價工部屯田司料銀肆百捌拾兩

樂材銀禮部叁兩叁分陸毫

京班皁隸柒新拾叁名共銀壹百伍拾陸兩直堂叁名共銀叁拾兩

胖襖肆拾捌副共銀柒拾貳兩內鞋折襖伍件褲陸條每副腳價貳錢解府類解

紙裡皮壹百叁拾張每張伍錢共銀陸拾伍兩

采夫伍拾柒名共銀壹百柒拾陸兩柒錢

軍器銀登州衛料價貳拾兩腳價拾兩威海衛料價壹百柒拾捌兩玖錢壹分伍釐叁毫腳價柒拾兩

聽征有馬民兵玖名每名叁拾陸兩共銀叁百貳拾肆兩

聽征步隊民兵拾叁名每名貳拾兩共銀貳百陸拾兩軍餉銀壹百玖拾貳兩解司給兵

有馬快手巡察海道團操捌名每名連器械貳拾柒兩共銀貳百壹拾陸兩

皁隸本府肆名共銀肆拾叁兩貳錢

門子本府壹名銀捌兩

庫子本府壹名銀拾貳兩

禁子本府壹名銀拾貳兩

本縣庫子貳名每名拾陸兩共銀叁拾貳兩在官雇募正戶革去

祭祀銀柒拾玖兩壹錢

鄉飲銀拾貳兩

歲貢銀本縣叁拾陸兩靖海成山貳衛各拾貳兩共銀陸拾兩

公用銀兩院共銀肆兩貳錢解司發歷城縣支銷

歷科舉人車價銀柒兩解府

進士舉人牌坊武舉盤纏長夫銀拾陸兩伍錢解司

柴新皁隸本府壹名本縣玖名每名拾貳兩共銀壹百貳拾兩

馬夫本府壹名本縣肆名共銀貳百兩

齋夫靖海成山貳衛學各貳名縣學陸名共銀壹百貳拾兩

膳夫成山衛學壹名縣學肆名共銀伍拾兩

## 力差

力差銀壹千貳百捌拾陸兩肆錢

巡察海道步隊團操民壯柒拾伍名共銀伍百伍拾肆兩肆錢每名連器械打討拾貳兩

守城民壯捌拾名共銀叁百貳拾兩每名打討陸兩

門子成山靖海貳衛學文廟各壹名教授叁名本縣叁名縣學肆名每名叁兩啓聖祠壹名貳兩分司叁名每名壹兩共銀肆拾肆兩打討俱伍兩分司不加

皁隸本縣貳拾名共銀柒拾兩每名打討陸兩

庫子儒學壹名貳兩打討伍兩

禁子本縣肆名共銀貳拾兩每名打討拾貳兩

斗級本府和豐倉壹名陸兩預備倉貳名每名肆兩學倉壹名叁兩廣盈成山等伍倉各壹名每名貳兩共銀貳拾柒兩打討府縣倉拾貳兩餘陸兩

弓兵亦山寨辛汪寨温泉鎮叁巡檢司各貳拾名共銀壹百捌拾兩每名打討陸兩

巡攔壹名銀叁兩

司兵總鋪伍名拾里等拾鋪各貳名大家泊鋪壹名共銀陸拾陸兩每名打討司兵俱叁兩陸錢

# 黄縣

## 銀差

實編銀叁千捌百壹拾陸兩陸錢叁分

銀差銀貳千玖百叁拾貳兩陸錢叁分

料價工部黄蠟銀本色壹百貳拾兩折色壹百壹拾兩

木柴銀壹百伍拾兩

藥材銀禮部貳兩叁錢伍分

京班皁隸柴薪拾肆名共銀壹百陸拾捌兩

育堂壹名銀拾兩

胖襖叁拾壹副共銀肆拾陸兩伍錢內鞋折襖叁件褲壹條每副脚價貳錢解府類解

狐狸皮玖拾伍張每張伍錢共銀肆拾柒兩伍錢

庫子黄山館驛半名銀貳拾叁兩

軍器銀登州衛料價貳拾兩脚價拾兩奇山所料價肆拾肆兩柒錢叁分脚價叁拾伍兩、

柴夫伍拾柒名共銀壹百柒拾陸兩柒錢

聽征有馬民兵玖名每名叁拾陸兩共銀叁百貳拾肆兩

聽征發隊民兵拾陸名每名貳拾兩共銀叁百貳拾兩

操餉銀貳百肆拾兩解司給兵

有馬快手巡察海道團操柒名每名連器械貳拾柒兩共銀壹百捌拾玖兩

門子分守海右道壹名玖兩本府貳名每名捌兩共銀貳拾伍兩

舘夫黄山舘驛壹名裁革龍山馬驛壹名改撥黄縣蓬萊馬驛貳名改撥蓬萊縣共銀叁拾陸兩

皁隸巡察海道貳名本府捌名共銀壹百捌兩

庫子本府壹名銀拾貳兩

禁子本府貳名共銀貳拾肆兩

本縣庫子貳名每名拾陸兩共銀叁拾貳兩

在官俸募征戶華夫

祭祀銀柒拾玖兩壹錢

鄉飲銀拾貳兩

歲貢銀叁拾陸兩

公用銀兩院共銀柒兩三院解司

發歷城縣支銷

歷科舉人車價銀玖兩解府

進士舉人牌坊武舉盤纏長夫銀貳拾肆兩解司

柴薪皁隸兵備壹名本府貳名本縣玖名共銀壹百肆拾肆兩

馬夫本府壹名本縣肆名共銀貳百兩

齋夫肆名共銀肆拾捌兩

膳夫府學陸名縣學肆名共銀壹百兩

## 力差

力差銀捌百捌拾肆兩

巡察海道步隊團操民壯肆拾名共銀貳百捌拾捌兩每名連器械打討拾貳兩

守城民壯陸拾名共銀貳百肆拾兩

門子縣儒學玖名每名叁兩啓聖祠壹名貳兩分司府館叁名每名壹兩共銀叁拾貳兩打討俱伍兩司舘不加

皁隸本縣貳拾名共銀柒拾兩每名打討陸兩

庫子儒學壹名貳兩打討伍兩

禁子肆名共銀貳拾兩每名打討拾貳兩

巡攔貳名每名叁兩共銀陸兩

斗級儒學倉壹名叁兩本府和豐倉壹名預備倉叁名每名陸兩共銀貳拾柒兩打討府縣倉拾貳兩學陸兩

弓兵馬停鎮巡檢司貳拾名共銀陸拾兩每名打討陸兩

司兵總舖伍名南莊等捌舖各肆名共銀壹百叁拾玖兩每名打討司叁兩陸錢兵伍兩肆錢

# 棲霞縣

## 銀差

實編銀叁千捌百捌拾玖兩捌錢叁分肆釐貳毫伍絲
銀差銀貳千捌百伍拾兩陸錢叁分肆釐貳毫伍絲
料價戶部果品銀貳拾陸兩陸分玖釐
工部屯田司料銀肆百貳拾兩
藥材銀禮部貳兩陸錢
蒼朮銀叁兩伍錢
[illegible]取[illegible][illegible]隸拾名共銀壹百貳拾兩
胖襖肆拾肆副共銀陸拾陸兩內鞋折[illegible]伍件褲[illegible][illegible]每副腳價貳錢解府類解
紙狎皮捌拾張每張伍錢共銀肆拾兩
軍餉銀貳百貳拾兩解司給兵

軍器銀登州衛料價貳拾兩腳價拾兩
大嵩衛料價壹百柒拾捌兩玖錢壹分伍釐叁毫腳價柒拾兩
柴夫肆拾肆名共銀壹百叁拾陸兩肆錢
聽征有馬民兵捌名每名叁拾陸兩共銀貳百捌拾捌兩
聽征步隊民兵拾名每名貳拾兩共銀貳百兩
有司快手巡察海道團操捌名每名連器械貳拾肆兩共銀貳百壹拾陸兩
本縣庫子貳名每名拾陸兩共銀叁拾貳兩在官雜役正戶革去
祭祀銀柒拾玖兩壹錢

皂隸分守海右道壹名巡察海道壹名本府玖名共銀壹百壹拾捌兩捌錢
庫子本府壹名銀拾貳兩
禁子本府壹名銀拾貳兩
鄉飲銀拾貳兩
歲貢銀叁拾陸兩
公用銀兩院共銀[illegible]兩貳錢解司
發歷城縣支銷
驛料輿傘價銀柒兩解府
進士舉人牌坊旗匾盤纏[illegible]大銀拾陸兩伍錢解司
柴薪[illegible]
馬夫本府壹名本縣肆名共銀貳百兩

齋夫本府學壹名縣學肆名共銀陸拾兩
膳夫銀肆拾兩

## 力差

力差銀壹千叁拾玖兩貳錢
巡察海道步隊團操民壯肆拾壹名共銀貳百玖拾伍兩貳錢每名連器械打討拾貳兩
守城民壯壹百名共銀肆百兩每名打討陸兩
門子縣儒學捌名每名叁兩
啓聖祠壹名貳兩
分司接官廳貳名每名壹兩共銀貳拾玖兩打討俱伍兩司廳不加
皂隸本縣貳拾名共銀[illegible]拾兩每名打討陸兩
庫子儒學壹名貳兩打討伍兩
禁子本縣肆名共銀貳拾兩每名打討[illegible]兩

斗級本府和豊倉壹名預備倉壹名每名陸兩儒學壹名叁兩共銀拾伍兩打討府縣倉拾貳兩學陸兩
巡攔貳名共銀拾貳兩
司兵總鋪肆名托行龍窩等貳拾鋪各叁名榆林等伍鋪各貳名共銀壹百玖拾陸兩每名打討司叁兩陸錢兵肆兩貳錢

# 招遠縣

實編銀叁千捌百貳拾貳兩捌錢捌釐伍毫捌絲捌忽柒微

## 銀差

銀差銀貳千柒百捌拾壹兩肆錢捌釐伍毫捌絲捌忽柒微
工部屯田司料價銀伍百壹拾捌兩捌錢玖分壹釐叁絲陸忽
藥材銀禮部叁兩貳錢貳分貳釐伍毫
京班柴薪皁隸拾貳名共銀貳百肆拾兩
胖襖肆拾貳副共銀陸拾叁兩內鞋折襖伍件褲條每副價貳錢解府類前
狐狸皮捌拾貳張每張伍錢共銀肆拾壹兩
軍餉銀壹百捌拾肆兩解司給兵

軍器銀登州衛料價拾肆兩玖錢壹分伍釐叁毫腳價拾兩海陽所料價肆拾肆兩柒錢叁分腳價叁拾伍兩
柴夫肆拾柒名共銀壹百叁拾陸兩肆錢
聽征有馬民兵玖名每名叁拾陸兩共銀叁百貳拾肆兩
聽征安家民兵拾貳名每名貳拾兩共銀貳百肆拾兩
有馬快手巡察海道巡捕捌名每名連閏貳拾柒兩共銀貳百壹拾陸兩
門子本府壹名銀捌兩
皁隸巡察海道壹名本府玖名共銀壹百捌兩

庫子本府壹名銀拾貳兩
禁子本府壹名銀拾貳兩
本縣庫子貳名每名拾陸兩共銀叁拾貳兩在官僱募正戶革去
祭祀銀柒拾玖兩壹錢
鄉飲銀拾貳兩
歲貢銀叁拾陸兩
公用銀兩院壯銀壹兩
貳錢解司 [illegible]城縣
歷科舉人傘價銀柒兩解府
進士舉人牌坊武舉盤纏長夫銀拾陸兩伍錢解司
柴薪皁隸兵備壹名本府肆名本縣玖名共銀壹百陸拾捌兩

馬夫本府壹名本縣肆名共銀貳百兩
齋夫本府學貳名縣學肆名共銀柒拾貳兩
膳夫銀肆拾兩

## 力差

力差銀壹千肆拾壹兩肆錢
巡察海道步隊團操民壯肆拾玖名共銀叁百伍拾貳兩捌錢每名連器械打討拾貳兩
守城民壯捌拾名共銀叁百貳拾兩每名打討陸兩
門子縣儒學捌名每名叁兩[illegible]
祠壹名貳兩分司守廳叁名每名壹兩共銀貳拾玖兩打討俱伍兩分司不加
皁隸本縣貳拾名共銀柒拾兩每名打討陸兩
庫子儒學壹名貳兩打討伍兩
禁子本縣肆名共銀貳拾兩每名打討拾貳兩

斗級本府和豐倉壹名陸兩預備倉貳名每名肆兩學倉壹名兩共銀拾柒兩打討府縣倉貳兩學陸兩
弓兵東良海口巡檢司貳拾名共銀陸拾兩每名打討陸兩
巡攔貳名銀捌兩共[illegible]肆
名湖汪[illegible]上王舖拾伍舖叁名兩等伍共銀壹名陸拾壹百陸錢貳兩司俱打討陸錢叁兩舖湖兵總上王汪宅上伍徐肆舖伍兩肆錢其舖肆兩貳錢

# 蓬萊縣

## 銀差

實編銀叁千伍百伍拾貳兩伍錢陸分伍釐叁毫

銀差銀貳千肆百玖拾叁兩貳錢陸分伍釐叁毫

料價工部屯田司料銀肆百伍拾兩

藥材銀禮部叁兩陸錢

胖襖伍拾伍副共銀捌拾貳兩伍錢内摺折領陸件雜陸條每副脚價貳錢解府類解

狐狸皮柒拾貳張每張伍錢共銀叁拾陸兩

軍器銀登州衛料價貳拾兩脚價拾兩寧海衛料價壹百柒拾捌兩玖錢壹分伍釐叁毫脚價柒拾兩

祭祀銀玖拾伍兩叁錢

米夫肆拾肆名共銀壹百叁拾陸兩肆錢

聽征有馬民兵柒名每名叁拾陸兩共銀貳百伍拾貳兩

聽征步隊民兵拾陸名每名貳拾兩共銀叁百貳拾兩

軍餉銀壹百肆拾兩解司給兵

有馬快手巡察海道團操伍名每名連器械貳拾柒兩共銀壹百叁拾伍兩

門子巡察海道壹名柒每名玖兩本府貳名每名捌兩共銀貳拾玖兩伍錢

皂隸本府名銀拾兩捌錢

進士舉人坊武舉經長夫銀拾陸兩錢解司

本縣庫子貳名每名拾陸兩共銀叁拾貳兩在官佃蕤正戶革去

鄉飲銀拾貳兩

歲貢銀府學叁拾陸兩縣學叁拾陸兩共銀米拾貳兩

公府銀兩院共銀肆兩貳錢解司發歷城縣支銷

歷科舉人軍價銀米兩解府

柴薪皂隸本縣玖名共銀壹百捌兩

馬夫本縣肆名共銀壹百陸拾兩

齋夫陸名共銀柒拾貳兩

膳夫銀肆拾兩

## 力差

力差銀壹千伍拾玖兩叁錢

巡察海道民隊團操民壯叁拾肆名共銀貳百肆拾肆兩捌錢每名連器械打討拾貳兩

守城民壯陸拾名共銀貳百肆拾兩每名打討陸兩

門子府學米名縣學玖名每名叁兩落地祠壹名貳兩祭院分司府舖肆名每名壹兩共銀伍拾肆兩打討俱伍兩院司不加

皂隸本縣六拾柒名共銀玖拾肆兩伍錢每名打討陸兩

庫子府學壹名縣學貳學壹名兩每名打討伍兩

禁子本縣伍名共銀貳拾伍兩每名打討拾貳兩

斗級府縣兩學各貳名每名貳兩本府和豐倉壹名預備倉叁名每名陸兩共銀貳拾捌兩打討俱拾貳兩學倉陸兩

弓兵高山楊家店貳巡檢司各貳拾名共銀壹百貳拾兩每名打討伍兩

巡欄本府名共銀貳拾肆兩陸

司兵總舖陸名赤山等叁舖各肆名沙河等拾壹舖各叁名王里等伍舖各貳名共銀貳百貳拾肆兩每名打討司叁兩陸錢兵伍兩肆錢

# 福山縣

銀差

實編銀貳千叁百柒拾叁兩叁錢陸分陸釐貳毫

銀差壹千柒百叁拾玖兩玖錢陸分陸釐貳毫

料價工部屯田司料銀貳百捌拾伍兩

藥材銀禮部壹兩捌分陸釐肆毫

京班皁隸柒名新肆名共銀肆拾捌兩

軍器銀登州衛料價銀拾肆兩腳價拾兩寧津所料價肆拾肆兩柒錢叁分腳價叁拾伍兩

聽征有馬官兵柒名每名叁拾陸兩共銀貳百伍拾貳兩

聽征步隊兵拾名每名貳拾兩共銀貳百兩

前衛軍餉銀叁拾柒兩解司給兵

察海道有馬快手巡捕兵柒名每名貳拾兩共銀壹百柒兩

操練[illegible]名連[illegible]兩

共銀壹百捌拾玖兩

皁隸分守海道壹名

右道官壹名

本府官貳名

共銀陸錢拾兩

本縣庫子壹名

名[illegible]陸

兩任官[illegible]

蘇正[illegible]去

祭祀銀柒拾柒兩陸錢

鄉飲銀拾貳兩

歲貢銀叁拾陸兩

公用銀兩院

共銀[illegible]解司

貳錢解司

發歷城縣

文銷

進士舉人坊牌

武舉盤纏長夫銀拾陸兩伍錢解司

柴薪皁隸兵備壹名本縣柒名共銀玖拾陸兩

腰鞋壹雙副[illegible]壹

胖襖叁拾壹

名銀拾兩

共銀肆拾陸兩捌錢

內[illegible]折[illegible]

肆件[illegible]

條每副[illegible]

價貳錢[illegible]

術類[illegible]

狐狸皮伍拾玖張每張

伍錢共銀

貳拾玖兩

伍錢

柴夫拾肆名

共銀肆拾

叁兩肆錢

驛夫肆名共銀肆拾捌兩

膳夫銀肆拾兩

馬夫本縣叁名共銀壹百貳拾兩

歷料與八車價銀柒兩解府

力差

力差銀陸百叁拾壹兩肆錢

巡[illegible]道[illegible]

隊聽操民壯貳拾玖名共銀[illegible]

百捌兩捌錢每名[illegible]

[illegible]打討

拾[illegible]

宗[illegible]

拾名共銀肆[illegible]

兩[illegible]名打討

渡夫清河洋河各貳名共銀肆兩

門子縣儒學

柴名每名叁兩[illegible]

祠壹名貳兩

[illegible]司府

館[illegible]名共

[illegible]錢打討

供伍兩司

館不加

皁隸本縣

陸名共銀

伍拾陸兩

每名打討

陸兩

弓兵[illegible]鎮

巡檢司貳

拾名共銀

陸拾兩每

名打討陸

兩

布政司[illegible]壹名貳兩打討

伍兩

禁子肆名共銀貳拾兩

每名打討

拾貳兩

斗級本府和豐倉壹名

預備倉壹名每名陸兩

豐盈倉壹名貳兩

共銀拾肆兩打討府

縣倉拾貳兩

豐盈陸兩

巡關貳名共銀陸兩

司兵總舖肆名

次與[illegible]

陸舖名叁

名萬家寨

伍舖各壹

名共銀柒

拾玖兩捌

錢每名

討司叁兩

陸錢兵肆

兩貳錢

山東經會録卷之五終

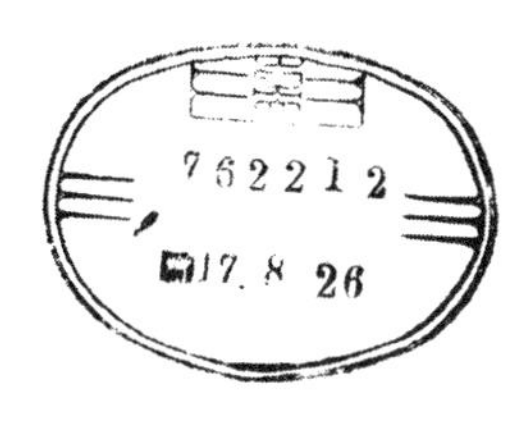


# 山東經會録卷之六

## 均徭總額

山東均徭隆慶伍年則例銀差編銀肆拾萬陸千貳百捌拾叁兩玖錢肆分陸毫捌絲貳忽叁微力差編銀壹拾肆萬玖千肆百陸拾兩叁錢又查得東昌府觀城縣續奉　院司明文加編力差牌夫銀肆拾貳兩民壯銀捌拾兩登州府福山縣革去豐盈倉斗級壹名減銀貳兩實編銀伍拾伍萬伍千捌百陸拾肆兩貳錢肆分陸毫捌絲貳忽叁微此隆慶伍年民役之總額也爲總既繁計目亦頗核籍覈民孰無思所



以逸之者撙節休養上不失公家之正額亦在有司一垂意焉爾今以銀差計之一項料價每年戶部額派光祿寺果品銀壹千玖百叁拾貳兩叁錢肆分捌釐編夏津即墨萊陽寧陽丘縣武城泗水萊蕪濟陽恩縣茌平清平棲霞縣黃蠟本色玖千伍百斤每斤銀貳錢共銀壹千玖百兩編曹州陵縣臨清益都黃縣館陶定陶長清范縣汶上歷城泰安平原曹縣壽光縣肥城堂邑博平朝城黃蠟折色壹萬玖千捌百肆拾陸斤壹拾叁兩每斤銀貳錢共銀叁千玖百陸拾玖兩叁錢陸分貳釐伍毫編濮州章丘濰縣平度

平陰東阿壽張莘縣冠縣黃縣單縣鄆城高唐觀城
禹城青城德州德平武定齊河淄川商河長山齊東
魚臺陽穀鉅野東平城武鄒縣濟寧聊城樂安臨朐
臨淄諸城壽昌樂安丘掖縣昌邑寧海即墨縣禮部額
派光祿寺供應牲口并大尾北羊黃白紙料銀柒千
叁百叁拾玖兩捌錢叁分編陽信齊東濮州冠縣朝
城清平壽光樂安臨朐臨淄昌邑萊陽縣工部額派
四司料銀并軌料共銀叁萬貳千肆百貳拾貳兩捌
錢捌分叁毫貳絲貳忽營繕司該銀玖千叁百叁拾
捌兩伍錢貳分壹釐伍毫貳絲編濟陽商河長清平



原禹城德平萊蕪長山鄒平淄川樂陵臨邑青城肥
城德州章丘蒲臺館陶即墨縣虞衡司該銀肆千陸
百陸拾玖兩貳錢陸分柒毫陸絲陸忽編武定泰安
齊河長清海豐利津新城萊蕪魚臺單縣東阿鉅野
寧陽鄆城城武滋陽泗水曲阜莘縣都水司該銀捌
千壹百柒拾壹兩貳錢柒釐編濱州霑化壽張鄆城
定陶嘉祥鄒縣汶上曹縣陽穀金鄉丘縣高唐館陶
武城觀城沂水壽光安丘諸城昌樂博興高密樂安
縣屯田司該銀柒千叁兩捌錢玖分壹釐叁絲陸忽
編平陰恩縣博平范縣茌平聊城堂邑濮州益都臨

淄莒州日照蒙陰高苑掖縣膠州平度濰縣昌邑寧海文登棲霞蓬萊福山招遠縣軋料該銀叁千貳百肆拾兩編章丘陽信武定德州濱州肥城齊東沂州濟寧汶上曹州平陰單縣曹縣東阿陽穀鄒縣金鄉壽張嶧縣曲阜冠縣朝城清平恩縣館陶茌平聊城堂邑莒州臨朐縣木柴額派伍千肆百肆拾叁兩壹錢叁分肆釐徵解工部交納編歷城章丘泰安鄒平長山淄川新城齊東青城濟陽齊河長清肥城禹城臨邑陵縣萊蕪新泰平原德平武定陽信商河海豐樂陵濱州蒲臺霑化利津茌平博平堂邑館陶高唐



恩縣夏津丘縣莘縣冠縣臨清武城朝城濮州觀城范縣益都莒州壽光臨朐臨淄安丘沂水平度濰縣昌邑即墨膠州寧海黃縣萊陽縣檾麻銀玖兩長清縣編藥材額派伍百伍拾玖兩貳釐陸毫叁微禮部該銀肆百伍拾叁兩陸錢伍釐陸毫叁微編章丘齊東長清肥城武定泰安陽信商河濟寧汶上東平單縣曹縣東阿寧陽嶧縣鄆城城武平陰壽張費縣鄒城泗水魚臺滕縣鄒縣沂州陽穀金鄉茌平臨清高唐濮州益都臨淄博興高苑樂安壽光昌樂臨朐安丘諸城蒙陰莒州沂水日照掖縣平度濰縣昌邑膠

州高密即墨蓬萊黄縣福山招遠萊陽寧海文登棲
霞縣紅黄紙該銀壹拾壹兩陸錢玖分柒釐編平度
膠掖濰昌邑高密即墨萊州縣　德府該銀肆拾捌
兩柒錢編武定商河肥城章丘鄒平長山長清泰安
萊蕪玖州縣　衡府該銀肆拾伍兩編莒州臨淄壽
光博興沂水昌樂陸州縣京班額派壹萬陸千捌百
柒拾貳兩徵解兵部交納計班內柴薪皂隸壹千壹
百玖拾陸名每名銀壹拾貳兩遇閏外加銀壹兩編
肥城濟陽陽信武定商河長山濱州章丘德平陵縣
海豐淄川齊東臨邑齊河禹城霑化樂陵平原長清

經 八 卷　條編口　李匡相四 伍三

蒲臺壽張城泰安鄒平新城濮州朝城恩縣博平夏津
范縣堂邑高唐冠縣清平丘縣武城館陶觀城茌平
莘縣益都臨朐莒州安丘樂安博興昌樂沂水臨淄
諸城壽光蒙陰日照平度濰縣膠州昌邑掖縣即墨
高密萊陽寧海文登福山黄縣招遠棲霞縣直堂皂
隸貳百伍拾貳名每名銀拾兩編齊東蒲臺濱州陽
信青城霑化海豐平原武定肥城長清新城章丘長
山泰安德平陵縣鄒平萊蕪樂陵濟陽臨邑商河館
陶朝城茌平莘縣夏津高唐博平恩縣丘縣武城范
縣清平壽光莒州臨朐諸城安丘臨淄沂水博興日

照益都蒙陰高苑昌樂樂安平度昌邑高密即墨萊陽文登黄縣福山棲縣胖襖額派伍千捌百伍拾貳副每副壹兩伍錢共銀捌千柒百柒拾肆兩陸錢貳分伍釐内除葦地租銀抵補陸拾肆兩伍錢外止編捌千柒百壹拾兩壹錢貳分伍釐奉例内將鞾鞋伍千捌百伍拾貳雙仍照舊例每玖雙折造胖襖壹件褲壹件共折胖襖陸百伍拾壹件褲陸百伍拾肆條六府俱於大戶名下辦完解府差官類解濟南府該壹千玖百玖拾伍副零[illegible]貳件每副出銀壹錢伍分編歷城章丘濟陽齊東霑化淄川肥城臨邑陵縣利津齊河長清泰安萊蕪新泰德州平原德平武定陽信商河樂陵海豐濱州蒲臺新城青城鄒平長山縣其禹城縣襖肆拾捌件褲肆拾柒條係葦地租銀抵補兖州府該玖百壹拾副零褲貳條鞋貳雙每副出銀壹錢伍分伍釐貳毫叁絲肆忽編曹州東阿嶧縣寧陽鄆城滋陽城武平陰壽張費縣定陶郯城泗水曲阜嘉祥魚臺滕縣鄒縣沂州陽穀金鄉鉅野東平單縣曹縣東昌府該伍百貳拾壹副每副出銀壹錢捌分編堂邑博平茌平清平冠縣臨清丘縣館陶夏津濮州觀城朝城范縣莘縣聊城高唐武城恩縣青

州府該壹千貳百伍拾副每副出銀壹錢捌分編益
都臨淄博興高苑樂安壽光昌樂臨朐安丘諸城蒙
陰莒州沂水日照縣萊州府該柒百伍拾副零貳
件每副出銀壹錢玖分編平度濰縣高密掖縣昌邑
膠州即墨縣登州府該肆百貳拾貳副零褲貳條鞋
貳雙每副出銀貳錢編蓬萊黄縣棲霞招遠萊陽文
登福山寧海州縣狐狸皮額派壹千肆百伍拾玖張
每張銀伍錢共銀柒百貳拾玖兩伍錢徵解工部交
納內兗州府議照解京糧事體每百兩加滴珠銀伍
錢盤纏銀玖錢本府所屬計每張加銀柒釐仍出經



收大戶名下其餘伍府照例類解者聽編青城肥城
泰安德州海豐曹州曹縣東阿嶧縣鄆城城武平陰
費縣郯城曲阜嘉祥鄒縣沂州陽穀金鄉鉅野聊城
堂邑清平莘縣臨清丘縣館陶夏津武城濮州觀城
朝城范縣膠州即墨蓬萊黄縣福山棲霞招遠萊陽
寧海文登縣鹿皮額派肆拾貳張每張銀陸錢共銀
貳拾伍兩貳錢徵解工部交納編丘縣莒州鵝翎毛
折銀肆兩伍錢捌釐徵解工部交納諸城縣編活鹿
額派柒隻每隻銀壹拾陸兩共銀壹百壹拾貳兩徵
銀買本色解工部交納編泰安章丘陽信長清益都

縣野味額派銀肆拾壹兩玖錢陸分壹釐陸毫徵解
工部交納陽信縣編軍器本省衛所每年額造壹千
陸百貳拾副除軍三銀本衛所自辦外該派民七料
價銀叁千陸百伍拾兩柒錢伍分陸釐陸毫陸絲奉
例造解本色額該腳價壹千肆百肆拾伍兩伍錢各
衛所委官管解工部交納濟南衛軍器捌拾副民料
銀壹百柒拾捌兩玖錢壹分伍釐貳毫伍絲歷城縣
編腳價銀柒拾兩萊蕪縣編肥城所軍器貳拾副民
料銀肆拾肆兩柒錢貳分玖釐捌毫壹絲腳價銀叁
拾伍兩俱肥城縣編濟寧衛軍器捌拾副民料銀壹

經會錄　條編之一

百柒拾捌兩玖錢壹分伍釐貳毫伍絲編濟寧曹州
等縣東阿陽穀嶧曹鄆城定陶滋陽城武寧陽鉅野
鄆城縣腳價柒拾兩濟寧州編滕縣所軍器貳拾副
民料銀肆拾肆兩柒錢貳分玖釐捌毫壹絲縣編張
鄒滕平陰鄆城縣腳價叁拾伍兩滕縣編東平所軍
器貳拾副民料銀肆拾肆兩柒錢貳分玖釐捌毫壹
絲編曲阜泗水沂州單縣鄆城縣腳價叁拾伍兩東
平州編平山衛軍器捌拾副民料銀壹百玖拾兩內
餘銀壹拾壹兩捌分肆釐柒毫伍絲存留司庫聽補
拖欠支用編臨清高唐冠縣丘縣館陶范陸州縣腳

價柒拾兩編清平臨清館陶范縣四州縣臨清衛軍
器捌拾副民料銀壹百玖拾兩內餘銀壹拾壹兩捌
分肆釐柒毫伍絲存留司庫聽補拖欠支用編濮州
朝城恩縣聊城縣脚價柒拾兩編濮州觀城朝城縣
東昌衛軍器肆拾副民料銀玖拾伍兩內餘銀伍兩
伍錢肆分伍釐叁毫柒絲伍忽存留司庫聽補拖欠
支用編夏津武城堂邑莘縣脚價伍拾貳兩伍錢編
博平堂邑莘縣夏津冠縣青州左衛軍器捌拾副民
料銀壹百柒拾捌兩玖錢壹分伍釐貳毫伍絲編益
都安丘蒙陰臨淄高苑壽光陸縣脚價柒拾兩編益



都壽光安丘蒙陰臨淄縣安東衛軍器捌拾副民料
銀壹百柒拾捌兩玖錢壹分伍釐叁毫伍絲編沂水
樂安博興昌樂日照臨朐莒縣脚價濟南總府成造
柒拾兩編沂水臨朐樂安博興昌樂日照高苑萊蕪縣
諸城所軍器貳拾副民料銀肆拾肆兩柒錢貳分玖
釐捌毫壹絲編諸城縣編脚價叁拾伍兩編諸城壽光
縣叁拾兩萊州衛軍器捌拾副民料銀壹百柒拾捌
兩玖錢壹分伍釐貳毫伍絲編高密膠州掖縣脚價
本衛自成造捌拾肆兩編高密濰掖叁縣靈山衛軍
器捌拾副民料銀壹百柒拾捌兩玖錢壹分伍釐貳

毫伍絲編平度州昌邑縣脚價濟南總局成造柒拾
兩編平度州昌邑縣鰲山衛軍器捌拾副民料銀壹
百柒拾捌兩玖錢壹分伍釐貳毫伍絲編濰縣昌邑
即墨叁縣脚價濟南總局成造柒拾兩編濰縣昌邑
縣雄崖所軍器貳拾副民料銀肆拾肆兩柒錢貳分
玖釐捌毫壹絲編即墨縣脚價濟南總局成造叁
拾伍兩編昌邑即墨縣膠州所軍器貳拾副民料銀
肆拾肆兩柒錢貳分玖釐捌毫壹絲膠州編脚價濟
南總局成造叁拾伍兩編膠州即墨縣登州衛軍器
捌拾副民料銀壹百柒拾捌兩玖錢壹分伍釐貳毫



伍絲編萊陽寧海文登棲霞黃縣蓬萊福山招遠縣
脚價本衛局成造捌拾肆兩寧海萊陽福山黃縣棲
霞文登蓬萊招遠柒縣靖海衛軍器捌拾副民料銀
壹百柒拾捌兩玖錢壹分伍釐貳毫伍絲脚價濟南
總局成造柒拾兩俱寧海州編威海衛軍器捌拾副
民料銀壹百柒拾捌兩玖錢壹分伍釐貳毫伍絲脚
價濟南總局成造柒拾兩俱文登縣編成山衛軍器
捌拾副民料銀壹百柒拾捌兩玖錢壹分伍釐貳毫
伍絲脚價濟南總局成造柒拾兩俱萊陽縣編大嵩
衛軍器捌拾副民料銀壹百柒拾捌兩玖錢壹分伍

釐貳毫伍絲脚價濟南總局成造柒拾兩俱棲霞縣
編寧海衛軍器捌拾副民料銀壹百柒拾捌兩玖錢
壹分伍釐貳毫伍絲脚價濟南總局成造柒拾兩俱
蓬萊縣編海陽所軍器貳拾副民料銀肆拾肆兩柒
錢貳分玖釐捌毫壹絲脚價濟南總局成造叁拾伍
兩俱招遠縣編奇山所軍器貳拾副民料銀肆拾肆
兩柒錢貳分玖釐捌毫壹絲脚價濟南總局成造叁
拾伍兩俱黄縣寧津所軍器貳拾副民料銀肆拾
肆兩柒錢貳分玖釐捌毫壹絲脚價濟南總局成造
叁拾伍兩俱福山縣編直隸德州衛民料銀壹百柒



拾捌兩玖錢壹分伍釐貳毫伍絲編霑化利津蒲臺
叁縣德州左衛民料銀壹百柒拾捌兩玖錢壹分伍
釐貳毫伍絲泰安州編直隸武定所民料銀肆拾肆
兩柒錢貳分玖釐捌毫壹絲新泰縣編直隸莒州所
民料銀肆拾肆兩柒錢貳分玖釐捌毫壹絲莒州編
易州廠柴夫額派貳萬玖百肆拾名每名銀叁兩壹
錢共銀陸萬肆千玖百壹拾肆兩徵解工部交納編
歷城章丘鄒平長山淄川新城齊東青城濟陽齊東
長清肥城禹城臨邑陵縣泰安萊蕪新泰平原德平
武定陽信商河海豐樂陵濱州蒲臺霑化利津曹州

曹縣寧陽鄆城城武平陰壽張定陶鉅野單縣茌平博平堂邑館陶高唐恩縣夏津丘縣莘縣冠縣臨清武城濮州觀城朝城范縣莒州益都壽光沂水安丘臨朐樂安臨淄諸城昌樂日照博興蒙陰高苑平度濰縣即墨昌邑掖縣膠州高密萊陽寧海黃縣文登蓬萊棲霞招遠福山縣聽征民兵額設叁千名銀兩俱解各兵備道按季放支其州縣但有各兵加增什物等銀盡行裁革內有馬民兵壹千名每名每年工食草料連買馬銀叁拾陸兩共銀叁萬陸千兩德州兵備道玖拾玖名編德州歷城平原長清禹城肥城



齊河縣武定兵備道壹百柒拾柒名編武定章丘濱州陽信陵縣齊東濟陽樂陵鄒平臨邑德平青城商河海豐蒲臺霑化利津新城縣臨清兵備道壹百陸拾肆名編臨清高唐恩縣東阿夏津聊城茌平清平堂邑武城冠縣陽穀壽張莘縣丘縣館陶博平平陰縣曹濮兵備道壹百肆拾名編曹州濮州曹縣單縣汶上東平定陶鄆城魚臺金鄉鉅野城武朝城范縣觀城嘉祥縣沂州兵備道玖拾伍名編濟寧沂州泰安寧陽鄒縣滋陽滕縣費縣郯城泗水曲阜嶧縣青州兵備道壹百柒拾伍名編益都壽光臨朐樂安諸

城沂水莒州長山臨淄淄川萊蕪安丘昌樂博興高苑蒙陰日照新泰縣巡察海道壹百伍拾名編平度寧海萊陽濰縣膠州掖縣昌邑即墨文登招遠黄縣高密棲霞蓬萊福山縣步隊民兵貳千名每名工食銀貳拾兩共銀肆萬兩德州兵備道壹百玖拾玖名編歷城平原德州長清禹城齊河肥城縣武定兵備道叁百玖拾貳名編武定章丘濟陽濱州陵縣齊東商河陽信利津霑化德平樂陵青城臨邑鄒平蒲臺新城海豐縣臨清兵備道叁百叁拾伍名編高唐恩縣夏津東阿館陶莘縣臨清茌平武城聊城冠縣丘縣博平壽張清平堂邑陽穀平陰縣曹濮兵備道貳



百玖拾叁名編曹州單縣濮州汶上曹縣鉅野金鄉朝城鄆城武城東平定陶范縣魚臺觀城嘉祥縣沂州兵備道壹百玖拾柒名編沂州泰安濟寧鄒縣寧陽鄒城費縣滕縣泗水嶧縣曲阜滋陽縣青州兵備道叁百叁拾貳名編臨朐壽光益都樂安昌樂臨淄安丘諸城莒州沂水博興淄川長山新泰蒙陰高苑日照萊蕪縣巡察海道貳百伍拾貳名編萊陽平度寧海濰縣昌邑膠州黄縣蓬萊掖縣文登高密招遠即墨棲霞福山縣軍餉額派壹萬貳千兩解布政司

候調征鮮道給兵編歷城長清章丘肥城齊河禹城
陽信臨邑濱州海豐樂陵鄒平青城德平商河蒲臺
霑化新城利津泰安長山淄川萊蕪新泰平陰壽張
陽穀東阿曹州東平汶上曹縣單縣鄆城定陶魚臺
金鄉鉅野城武嘉祥濟寧沂州滕縣鄒縣滋陽費縣
郯城泗水曲阜寧陽嶧縣臨清高唐聊城武城茌平
清平濮州觀城范縣朝城益都壽光諸城莒州臨朐
沂水博興蒙陰高苑臨淄昌樂樂安安丘日照平度
濰縣掖縣昌邑膠州高密即墨寧海萊陽文登蓬萊
棲霞招遠黃縣福山縣各道團操有馬快手共玖百
捌拾陸名今奉撫院案驗裁兵備道一例每名運買
馬草料工食器械編銀貳拾柒兩共編貳萬陸千陸
百貳拾貳兩官徵解各道關給德州兵備道柒拾柒
名編歷城德州平原禹城長清肥城齊河縣武定兵
備道壹百伍拾捌名編武定濱州商河章丘陽信新
城鄒平臨邑濟陽青城樂陵德平陵縣蒲臺齊東利
津海豐霑化縣臨清兵備道壹百壹拾捌名編臨清
高唐聊城東阿平陰堂邑丘縣茌平恩縣壽張博平
清平莘縣館陶武城陽穀夏津冠縣曹濮兵備道壹
百捌拾肆名編曹州汶上東平曹縣濮州鉅野金鄉

單縣鄆城定陶觀城朝城魚臺范縣城武嘉祥縣沂州兵備道壹百叁拾捌名編沂州滕縣鄒城滋陽鄒縣嶧縣濟寧曲阜泗水費縣泰安寧陽縣青州兵備道壹百柒拾壹名編莒州益都蒙陰諸城樂安博興臨朐日照昌樂萊蕪長山淄川壽光沂水安丘新泰高苑臨淄縣巡察海道壹百肆拾名編萊陽平度膠州寧海昌邑掖縣高密濰縣棲霞招遠文登福山黄縣即墨蓬萊縣德州民兵營吹鼓手鐵匠縫甲匠工食并安家銀壹拾叁兩陸錢德州編運河夫今改銀差伍千肆百叁拾肆名共徵銀貳萬叁千伍百玖拾



貳兩續蒙巡撫河道兩院明文因大挑及修築隄岸等項用工尚多仍將隆慶伍年改編力差閘夫壹百陸拾肆名共銀玖百柒拾貳兩利建閘魚臺閘南陽閘魚臺單縣分編棗林閘單縣鄆城分編魯橋閘單縣編師家莊閘濟寧州嶧縣分編仲家淺閘金鄉單縣城武分編新閘單縣金鄉分編以上每名俱徵銀陸兩上新中新貳閘單縣編永通閘貳名俱曹州編以上每名徵銀肆兩溜夫壹千貳百伍拾玖名每名徵銀陸兩共銀柒千伍百伍拾肆兩南陽閘曹州曹縣鄆城武定陶單縣陽穀分編廣運閘曹縣編棗林

閘單縣定陶金鄉分編魚橋閘單縣金鄉城武分編師家莊閘單縣曹州曹縣鄆縣濟寧州分編仲家淺閘定陶金鄉陽穀分編新閘曹州單縣金鄉分編利建閘魚臺縣編新店閘城武單縣分編石佛閘城武單縣定陶縣分編趙村閘單縣定陶鉅野鄆城曹縣分編在城閘金鄉鄆城分編下新閘定陶縣編寺前鋪閘鉅野縣編南旺上下閘汶上縣編新開上閘弁南坂閘臨清州編撈淺夫壹千捌百伍拾伍名每名徵銀肆兩共銀柒千肆百貳拾兩洸河淺夫滋陽縣編濟河淺夫平陰滋陽分編魚臺縣地方淺夫魚臺



單縣分編濟寧州地方淺夫濟寧金鄉城武鄆城分編濟寧衛地方淺夫金鄉曹州曹縣單縣鉅野定陶分編鉅野縣地方淺夫鉅野縣編嘉祥縣地方淺夫曹州鄆城嘉祥鉅野分編汶上縣地方淺夫汶上縣編東平州地方淺夫東平州編壽張縣地方淺夫壽張縣編東阿縣地方淺夫東阿縣編陽穀縣地方淺夫陽穀縣編聊城縣地方淺夫聊城莘縣館陶冠縣分編堂邑縣地方淺夫堂邑縣編博平縣地方淺夫博平濮州分編清平縣地方淺夫清平縣編臨清州地方淺夫臨清州編夏津縣地方淺夫夏津縣編恩

縣地方淺夫恩縣編淺鋪夫壹千壹百柒拾捌名每
名徵銀肆兩共銀肆千柒百壹拾貳兩魚臺縣地方
夫魚臺縣編濟寧州地方夫濟寧州編鉅野縣地方
夫鉅野縣編嘉祥縣地方夫嘉祥縣編汶上縣地方
夫汶上縣編東平州地方夫東平州編壽張縣地方
夫壽張縣編東阿縣地方夫東阿縣編陽穀縣地方
夫陽穀縣編聊城縣地方夫莘縣濮州冠縣分編堂
邑縣地方夫堂邑縣編博平縣地方夫博平縣編清
平縣地方夫清平縣編臨清州地方夫臨清州編館
陶縣地方夫館陶縣編夏津縣地方夫夏津縣編武



城縣地方夫武城縣朝城博平范縣分編恩縣地方夫
恩縣編德州河夫捌拾肆名德州編泉夫玖百壹拾
捌名每名徵銀叁兩共銀貳千柒百伍拾肆兩編嶧
縣魚臺滕縣鄒縣濟寧汶上東平滋陽泗水曲阜寧
陽平陰泰安萊蕪新泰肥城拾陸州縣橋壩夫陸拾
名每名徵銀叁兩共銀壹百捌拾兩臨清廣積等橋
捌名臨清州編戴村壩夫東平州汶上縣分編金口
壩夫滋陽縣編安平鎮渡夫壽張縣編館庫水陸叁
拾玖驛廩給庫子共肆百壹名每名銀肆拾陸兩各
驛幷改撥玖縣舖夫壹百叁拾名每名銀玖兩工部

分司應給銀壹百捌兩遇閏月加銀玖兩共銀壹萬
玖千柒百貳拾肆兩預先徵解各該轄驛府州縣按
月支給各驛官吏支銷填註循環送驛傳守巡道查
考年終通筭有餘作正支銷譚城馬驛會有衝庫子
拾玖名商河章丘縣編館夫捌名歷城禹城縣編晏
城馬驛衝庫子柒名齊河禹城縣編館夫叁名齊河
縣編劉普馬驛衝庫子伍名館夫叁名俱禹城縣編
桃園馬驛衝庫子肆名館夫叁名俱平原縣編安德
馬驛衝庫子拾陸名章丘鄒平禹城縣編館夫叁名
平原縣編安德水驛衝庫子拾捌名德平商河濱州



陵縣編館夫叁名濱州編良店水驛衝庫子拾貳名
武定濟陽長清陵縣鄒平德平縣編館夫叁名德平
縣編梁家莊水驛衝庫子拾貳名陽信泰安章丘商
河長山縣編館夫叁名德平縣編東北置馬驛次衝
庫子柒名館夫貳名俱長清縣編伍寧馬驛次衝庫
子叁名館夫貳名俱肥城縣編青川村馬驛次衝
庫子叁名館夫貳名俱寧陽縣編本縣又編銀壹
百捌兩遇閏月加銀玖兩專供工部分司之用龍山
鎮馬驛僻庫子貳名館夫貳名俱長山縣編銅城馬
驛衝庫子玖名館夫叁名俱東阿縣編舊縣馬驛衝

庫子拾名東阿縣編館夫叁名東阿平陰縣編東原
馬驛衝庫子拾名曹州寧陽東平州編館夫叁名東
平州編新橋馬驛衝庫子拾名汶上縣編館夫叁名
寧陽縣編新嘉馬驛衝庫子玖名滋陽寧陽汶上縣
編館夫叁名寧陽縣編昌平馬驛附郭衝庫子拾貳
名滋陽泗水曹州寧陽費縣單縣編館夫叁名滋陽
費縣編郗城馬驛衝庫子拾名鄒縣沂州編館夫叁
名鄒縣編界河馬驛衝庫子玖名鄒縣滕縣壽張縣
編館夫叁名鄒縣編滕陽馬驛衝庫子拾名滕縣嶧
縣編館夫叁名滕縣編臨城馬驛衝庫子玖名滕縣



嶧縣編館夫叁名嶧縣編荆門水驛衝庫子拾肆名
陽穀曹州編館夫叁名陽穀縣編安山水驛衝庫子
拾貳名平陰曹州壽張陽穀東平州編館夫叁名東
平州編開河水驛衝庫子拾貳名費縣曹縣曹州曲
阜縣編館夫叁名鉅野鄆城縣編南城水驛衝庫子
叁拾名曹州曹縣定陶鄆城費縣沂州郯城縣編館
夫叁名曹縣編河橋水驛衝庫子拾貳名城武單縣
泗水定陶壽張嶧縣魚臺縣編館夫叁名單縣編太
平馬驛衝庫子拾名高唐丘縣恩縣編館夫叁名恩
縣編魚丘馬驛衝庫子拾名館夫叁名俱高唐州編

茌山馬驛衝庫子拾名舘夫叁名俱茌平縣編甲馬
營水驛衝庫子拾貳名武城博平高唐濮州編舘夫
叁名武城縣編渡口水驛衝庫子拾貳名冠縣朝城
夏津舘陶觀城縣編舘夫叁名夏津縣編清源水驛
衝庫子貳拾肆名臨清丘縣編舘夫叁名臨清州編
清陽水驛衝庫子拾貳名博平觀城朝城范縣莘縣
舘陶縣編舘夫叁名清平縣編崇武水驛附郭衝庫
子拾陸名濮州朝城冠縣聊城縣編舘夫叁名莘縣
編金嶺鎮馬驛僻庫子壹名半舘夫貳名俱益都縣
編青社馬驛附郭次衝庫子伍名舘夫貳名俱益都



縣編灰埠馬驛僻庫子壹名舘夫貳名俱平度州編
黃山舘馬驛僻庫子半名舘夫壹名俱黃縣編裁革
青陽店馬驛今改撥鄒平舘夫貳名鄒平縣編裁革
白山馬驛今改撥長山舘夫貳名長山縣編裁革丹
河馬驛今改撥昌樂舘夫貳名昌樂縣編裁革古亭
馬驛今改撥濰縣舘夫貳名濰縣編裁革夏店馬驛
今改撥昌邑舘夫貳名昌邑縣編裁革城南朱橋貳
馬驛今改撥掖縣舘夫共肆名掖縣編裁革龍山逢
萊貳馬驛今改撥黃縣舘夫共叁名黃縣編各州縣
看庫庫子貳百陸名共徵銀肆千柒百肆拾兩在官

聽催濟南府屬陸拾壹名每名徵銀貳拾肆兩歷城
縣叁名泰安章丘武定德州濱州肥城長清商河陽
信平原禹城濟陽萊蕪德平長山齊東淄川鄒平臨
邑樂陵青城陵縣蒲臺齊河利津海豐新城新泰霑
化貳拾玖州縣各貳名兗州府屬伍拾肆名每名徵
銀貳拾肆兩曹州汶上濟寧單縣曹縣東平東阿陽
穀沂州滕縣魚臺鄒縣嶧縣城武鉅野鄆城寧陽滋
陽金鄉定陶壽張平陰費縣泗水郯城曲阜嘉祥貳
拾柒州縣各貳名東昌府屬叁拾陸名每名徵銀貳
拾肆兩臨清濮州高唐恩縣冠縣館陶朝城茌平堂



邑聊城夏津丘縣莘縣清平武城博平范縣觀城拾
捌州縣各貳名青州府屬貳拾陸名每名徵銀貳拾
肆兩益都莒州臨朐壽光沂水樂安安丘諸城昌樂
臨淄博興日照拾貳州縣各貳名蒙陰高苑貳縣各
壹名萊州府屬拾肆名每名徵銀拾捌兩平度濰掖
昌邑膠州即墨高密柒州縣各貳名登州府屬拾伍
名每名徵銀拾陸兩萊陽寧海文登黃縣棲霞招遠
蓬萊柒州縣各貳名福山縣壹名門子貳百肆名共
銀壹千柒百壹拾捌兩徵解各該府各該州縣收貯
聽催巡撫都察院陸名歷城縣編巡按察院肆名章

丘泰安長清濟陽縣編以上俱各州縣收貯雇役按月支給出巡月日扣除作正總理河道都察院肆名寧陽縣編户部德州管糧分司叁名齊河縣編户部臨清管糧分司叁名管鈔貳名工部管閘分司叁名共捌名俱臨清州編工部安平鎮管河分司肆名單縣曹縣鉅野縣編工部寧陽管泉分司叁名寧陽縣編布政司左右布政使各肆名分守濟南道叁名部糧道貳名經歷都事照磨理問肆員各壹名共拾柒名歷城縣編按察司按察使肆名分巡濟南清軍提學兵道各叁名經歷知事照磨叁員各壹名共拾陸



名歷城德州編管河道駐劄濟寧叁名濟寧州編分守東兖道移駐兖州叁名曲阜縣編分守海右道移駐萊州叁名改掖縣黃縣昌樂縣編分巡東兖道移駐壽張叁名茌平清平博平縣編曹濮兵備道叁名曹州編武定兼德州兵備道叁名武定州編沂州兵備道貳名沂州編臨清兵備道叁名臨清州編分巡海右兼管青州兵備道叁名益都縣編巡察海道叁名掖縣蓬萊縣編運司運使叁名運同運判各貳名經歷知事各壹名共玖名歷城縣編濟南府知府叁名同知通判推官肆員各貳名經歷照磨貳員各壹

名共拾叁名歷城縣編青州府知府叁名同知通判
推官肆員各貳名經歷照磨貳員各壹名共拾叁名
益都縣編萊州府知府叁名同知通判推官叁員各
貳名經歷照磨貳員各壹名共拾壹名掖縣編以上
貳拾叁項共壹百肆拾名每名壹年工食銀玖兩遇
閏外加銀柒錢伍分兗州府知府同知通判推官柒
員各貳名經歷照磨貳員各壹名共拾陸名俱滋陽
縣編東昌府知府叁名同知通判推官伍員各貳名
經歷照磨貳員各壹名共拾伍名冠縣莘縣范縣傳
平觀城縣編登州府知府叁名同知通判推官叁員



各貳名經歷照磨貳員各壹名共拾壹名萊陽寧海
文登黃縣招遠蓬萊縣編以上叁項共肆拾貳名俱
每名壹年工食銀捌兩遇閏外加銀陸錢陸分
德府朝房貳名長史貳員名每名壹年工食銀陸兩遇閏
外加銀伍錢歷城縣編　魯府長史貳員名每名壹年
工食銀肆兩遇閏外加銀叁錢叁分滋陽縣編
魯府朝房貳名滋陽縣編　衡府朝房貳名長史貳員名
益都縣編以上貳項共陸名俱每名壹年工食銀叁
兩遇閏外加銀貳錢伍分空役門子工食銀柒拾貳
兩歷城縣編另項收貯聽支答應巡鹽等院弁

欽差官員門役之費皂隸捌百捌拾叁名共銀玖千肆百柒拾捌兩捌錢徵解各該府及駐劄州縣收貯聽支雇役巡撫都察院貳拾貳名歷城縣編巡按察院貳拾名章丘長清濟陽齊河縣編以上俱各該縣收貯聽候支給雇役出巡月日扣除作正總理河道都察院貳拾名曹州曹縣編戶部德州管糧分司拾陸名濱州陽信縣編戶部臨清管鈔分司捌名戶部臨清管糧分司拾陸名工部臨清管閘分司拾陸名俱臨清州編工部安平鎮管河分司拾陸名東平東阿陽穀壽張縣編布政司左右布政使伍拾名分守濟



南部糧道各拾伍名經歷都事照磨理問肆員各伍名共壹百名肥城平原濱州歷城章丘濟陽齊河臨邑德平陵縣長清陽信禹城泰安拾肆州縣編按察司按察使肆拾名分巡濟南清軍提學叁道各拾伍名經歷知事照磨叁員各伍名共壹百名肥城濱州齊東長清歷城禹城陽信臨邑德平利津樂陵平原商河青城濟陽縣編管河道駐劄濟寧州拾陸名濟寧汶上縣編分守東兗道移駐兗州拾陸名曹州曹縣編分守海右道移駐萊州拾陸名平度昌邑即墨高密濰縣寧海萊陽福山棲霞益都壽光樂安諸

城莒州臨朐沂水縣編分巡東兖道移駐壽張拾陸名臨清濮州館陶冠縣夏津朝城聊城莘縣范縣觀城丘縣恩縣編武定濟德州兵備道拾陸名武定青城臨邑利津縣編曹濮兵備道拾陸名曹州編沂州兵備道拾貳名沂州編臨清兵備道拾陸名臨清州編分巡海右兼管青州兵備道拾陸名益都縣編巡察海道拾陸名掖縣平度昌邑寧海萊陽黄縣招遠棲霞縣編濟南府知府同知通判推官經歷照磨柒員共柒拾名章丘商河淄川齊東長清武定濟陽禹城泰安利津新城德平樂陵歷城陽信肥城縣編兖



州府知府同知通判推官經歷照磨玖員共陸拾陸名曹州曹縣寧陽沂州鄆城鉅野滋陽鄒縣嶧縣編東昌府知府同知通判推官經歷照磨捌員共伍拾貳名濮州朝城冠縣高唐館陶莘縣觀城范縣編青州府知府同知通判推官經歷照磨柒員共伍拾柒名俱益都縣編萊州府知府同知通判推官經歷照磨陸員共伍拾貳名平度濰縣昌邑掖縣高密即墨膠州編登州府知府同知通判推官經歷照磨陸員共伍拾貳名萊陽寧海棲霞招遠黄縣文登蓬萊福山縣編以上貳拾肆項共捌百叁拾玖名無名壹年

工食銀拾兩捌錢遇閏月外加銀玖錢運司運使拾
名運同肆名運判經歷知事叁員各貳名共貳拾名
每名銀拾貳兩遇閏月外加銀壹兩禹城萊蕪歷城
章丘平原縣編印馬察院貳名每名壹年工食銀玖
兩陸錢遇閏月外加銀捌錢歷城莘縣編工部寧陽
管泉分司拾陸名寧陽縣編　魯府長史貳名嶧縣
編　德府長史貳名歷城縣編　衡府長史貳名益
都縣編以上肆項共貳拾貳名每名壹年工食銀柒
兩貳錢閏月外加銀陸錢司府看庫庫子壹百名每
名銀拾貳兩共銀壹千貳百兩遇閏月每名外加銀

經會録　徭總二十五　上

壹兩布政司叁拾名俱歷城縣編按察司拾貳名歷
城齊河縣編運司捌名濱州武定商河禹城德平長
山青城樂陵縣編濟南府拾陸名陽信歷城長清肥
城泰安德州齊河鄒平平原陵縣臨邑海豐縣編兗
州府捌名曹州寧陽曹縣單縣滕縣鄒縣編東昌府
陸名莘縣濮州朝城冠縣編青州府捌名益都縣編
萊州府陸名平度高密即墨昌邑膠州濰縣編登州
府陸名寧海文登萊陽黃縣招遠棲霞縣編司府看
監禁子壹百叁拾捌名每名拾貳兩共銀壹千陸百
伍拾陸兩遇閏月每名外加銀壹兩布政司司獄司

拾貳名厯城縣編按察司司獄司貳拾肆名歷城章
丘商河濱州長山新城陵縣鄒平縣編運司貳名齊
東淄川縣編濟南府司獄司叁拾名泰安武定濟陽
長清肥城商河濱州齊東樂陵海豐淄川禹城平原
鄒平陽信長山萊蕪臨邑德平縣編兗州府司獄司
貳拾名陽穀東平東阿曹縣寧陽定陶滋陽汶上鄒
濮州莘縣朝城范縣館陶縣編青州府司獄司拾捌
縣鉅野嘉祥曲阜壽張縣編東昌府司獄司拾貳名
名益都縣編萊州府司獄司拾名平度昌邑濰縣膠
州掖縣即墨高密縣編登州府司獄司捌名萊陽黃



縣寧海文登招遠棲霞縣編張秋捕務通判貳名東
阿陽穀縣編運司巡夫拾名每名工食銀拾兩共銀
壹百兩在省布按都叁司及濟南長史等衙門官吏
共鹽壹百陸拾壹引預備司道陞遷初到補支拾引
行塲用鹽陸引分作叁年帶辦每年貳引壹年通共
用鹽壹百柒拾叁引該用買鹽雇運價銀壹百玖兩
貳項共該編貳百玖兩肥城縣貳拾壹兩泰安長清
章丘叁州縣各貳拾兩武定鄒平利津樂陵長山齊
東商河臨邑捌州縣各拾陸兩接遞夫各水路廠除
正身夫載於力差外止編水廠徵銀夫肆百捌拾叁

名共銀叁千伍百肆拾兩德州水廠徵銀夫貳百陸拾名每名銀陸兩解德州貯庫編商河德平武定禹城樂陵臨邑陽信濟陽陵縣德州平原拾壹州縣臨清水廠徵銀夫伍拾名每名銀陸兩解臨清州貯庫編館陶冠縣濮州莘縣丘縣夏津朝城范縣博平縣濟寧水廠徵銀夫伍拾名內有本州水廠貳名俱每名銀陸兩解濟寧州貯庫編曹縣鄆城濟寧鉅野曹州寧陽泗水縣滕縣沙溝路廠協濟徵銀夫壹百壹拾名內青夫叁拾陸名每名捌兩白夫柒拾肆名每名拾貳兩嶧縣編柒拾名青夫貳拾肆名白夫肆拾陸名城武單縣各編貳拾名青夫各陸名白夫各拾



肆名俱解滕縣灰埠驛扛夫拾柒名每名銀拾貳兩平度州編徵發該驛臨德貳倉斗級玖拾捌名該部題奉 欽依每名銀拾貳兩共銀壹千壹百柒拾陸兩徵解各該州收貯雇役臨清倉伍拾名高唐濮州丘縣冠縣莘縣夏津館陶范縣編德州倉肆拾捌名平原德平武定濱州商河濟陽臨邑樂陵青城齊東肥城縣編臨德貳倉修倉夫壹百名本例每名徵銀貳兩共銀貳百兩徵解該州收候戶部委官修理臨清倉伍拾名冠縣編德州倉伍拾名陵縣平原德平

縣編各廟祠壇暑春秋祭祀銀除葦地租銀抵補捌拾壹兩壹錢外止編捌千伍百肆拾兩肆錢叁分陸釐編歷城等壹百叁州縣其禹城縣捌拾壹兩壹錢葦地租銀頂補鄉飲酒禮歷城等壹百肆州縣春秋貳會每會銀陸兩共銀壹千貳百肆拾捌兩本州縣編附郭者行於府歲貢盤纏酒食銀每年叁拾陸兩除葦地租銀抵補叁百拾陸兩外止編肆千捌拾陸兩每年照數徵給歲貢之年銀兩解送布政司科場支用濟南府儒學叁百拾陸兩長清肥城齊河平原縣編兗州府儒學叁百拾陸兩平陰寧陽泗水曹縣編東昌



府儒學叁拾陸兩觀城范縣編青州府儒學叁百拾陸兩益都縣編萊州府儒學叁百拾陸兩平度膠州濰縣高密即墨昌邑掖縣編登州府儒學叁百拾陸兩蓬萊縣編二氏儒學叁百拾陸兩曲阜縣編靈山衛儒學壹年拾捌兩貳年共叁拾陸兩無歲貢高密縣編鰲山衛儒學壹年拾捌兩貳年共叁拾陸兩無歲貢即墨縣編威海衛儒學壹年拾捌兩貳年共叁拾陸兩無歲貢寧海州編大嵩衛儒學壹年拾貳兩貳年共貳拾肆兩無歲貢萊陽縣編成山靖海衛儒學每學壹年拾貳兩貳年各貳拾肆兩無歲貢俱文登縣編安

東衛儒學叁拾陸兩莒州安丘日照縣經歷坊等壹
百叁州縣儒學每處叁拾陸兩本州縣編其禹城縣
叁拾陸兩係葦地租銀抵補公用銀除葦地租銀抵
補外止編壹千玖百捌兩撫院今舊兩按院肆百兩
貳項兵銀玖百兩觧布政司發歷城縣支銷編泰安
歷城等壹百叁州縣其禹城縣拾陸兩係葦地銀抵
補布政司貳百伍拾兩歷城章丘泰安鄒平長山淄
川縣編解司按察司叁百貳拾兩歷城章丘肥城長
清臨邑縣編解該司臨院按臨各院酒宴并
欽差及外道各府正佐官進省油燭柴炭銀貳百玖拾
兩廚子工食陸拾肆兩都察院貳名每名拾兩并在
省各道及遇巡臨等院　欽差官員到省每日給銀
壹分事畢則止以上俱歷城縣編歷科舉人車價除
葦地租銀抵補外止編肆百陸拾柒兩經解各府收
貯聽候酉年會試車價用其兖東青登萊府所屬未據
申報不敷之數待下次均徭另申補編濟南府叁百
陸拾肆兩編泰安歷城等貳拾玖州縣其禹城縣壹
拾陸兩葦地租銀抵補萊州府肆拾叁兩編平度濰
縣即墨昌邑膠州高密登州府陸拾兩編萊陽縣黃
縣寧海蓬萊招遠棲霞福山文登縣進士舉人牌坊

武舉盤纏長夫每年叁千貳百玖拾壹兩自隆慶元年爲始叁年共編玖千捌百柒拾叁兩各解司貯庫進士每科約叁拾名牌坊銀叁千兩舉人柒拾伍名牌坊銀陸千陸拾兩武舉每科約肆拾名盤纏長夫捌百壹拾叁兩餘剩之數聽候接搭下科支用濟南府捌百肆拾陸兩編歷城等叁拾州縣兗州府柒百壹拾陸兩編曹州等貳拾柒州縣東昌府柒百陸拾柒兩編臨清等拾捌州縣青州府肆百捌拾肆兩編益都等拾肆州縣萊州府叁百叁拾壹兩編平度等柒州縣登州府壹百肆拾柒兩編萊陽等捌州縣抄案書手工食貳百貳拾兩歷城縣編王府齋郎壹百



叁拾伍名　欽定銀伍兩共銀陸百柒拾伍兩徵解該府　魯府伍拾伍名編嶧縣郯縣沂州寧陽滋陽曹縣曲阜鉅野鄆城陽穀單縣泗水汶上東阿縣德府肆拾名編歷城武定濟陽臨邑齊東泰安章丘德平商河長清縣　衡府肆拾名編莒州壽光諸城安丘臨朐蒙陰臨淄樂安昌樂博興縣郡王民校題准新例每位止編貳拾名共伍百名每名銀拾兩看墳民校有宮眷者止編陸名無宮眷者止編叁名共伍拾壹名每名銀捌兩貳項共銀伍千肆百捌兩遇閏

不加比舊增銀柒拾貳兩　德府臨朐王貳拾名編
平原章丘禹城鄒平泰安長清青城樂陵縣
臨清王貳拾名編臨邑肥城濱州歷城武定樂陵陵縣
平原德平縣　寧海王貳拾名編長山商河歷城青
城齊東齊河濱州陽信肥城蒲臺海豐縣
堂邑王貳拾名編章丘萊蕪肥城長清禹城鄒平縣
利津王貳拾名編齊河歷城萊蕪商河長山樂陵武定
平原縣　歷城王看墳陸名編臨邑齊東商河長山
樂陵縣　高唐王看墳陸名編臨邑商河長山樂陵
縣　泰安王看墳陸名編臨邑泰安禹城縣



魯府翼城王貳拾名編魚臺汶上定陶曹縣鄆城曹州
東阿泗水縣　樂陵王貳拾名編曹州曹縣定陶汶
上滕縣寧陽縣　鉅野王貳拾名編曹州定陶城武
曹縣東阿寧陽縣　滋陽王貳拾名編汶上曹縣沂
州寧陽鉅野定陶縣　陽信王貳拾名編曹縣汶上
沂州鄆城曹州鉅野縣　安丘王貳拾名編鄆城滕
縣汶上定陶城武曹州曹縣　鄒平王貳拾名編壽
張平陰定陶曹州東阿寧陽縣　新蔡王貳拾名編
壽張平陰鄆城曹縣定陶曹州城武縣
東原王貳拾名編曹縣鄆城魚臺嶧縣平陰縣

東甌王看墳陸名編滋陽定陶嶧縣　高密王看墳陸
名編曹州曹縣魚臺縣　歸善王看墳陸名編壽張
平陰寧陽縣　東阿王看墳陸名編鉅野曹縣城武
縣　鄆城王看墳叁名費縣編　館陶王看墳叁名
鄆城縣編　衡府新樂王貳拾名編諸城臨朐昌樂
壽光沂水益都縣　高唐王貳拾名編樂安壽光臨
朐昌樂縣　齊東王貳拾名編臨淄沂水博興益都
安丘諸城縣　邵陵王貳拾名編安丘莒州蒙陰樂
安諸城臨朐沂水縣　平度王貳拾名編臨朐昌樂
壽光臨淄縣　玉田王貳拾名編臨朐諸城博興莒



州昌樂縣　漢陽王貳拾名編博興莒州臨朐樂安
昌樂臨淄縣　寧陽王貳拾名編莒州益都臨淄臨
朐諸城壽光日照縣　商河王貳拾名編樂安昌樂
臨淄博興縣　武定王貳拾名編博興益都諸城蒙
陰樂安臨朐縣　昌樂王貳拾名編博興益都高苑
安丘蒙陰縣　壽張王看墳叁名編臨淄蒙陰博興
縣郡王民尉題　准新例每位止編貳名共肆拾名
每名捌兩共銀叁百貳拾兩遇閏不加
德府臨朐王貳名歷城縣編　寧海王貳名濱州編
臨清王貳名霑化縣編　堂邑王貳名濱州編

利津王貳名齊河歷城縣編　魯府曹單貳縣編　樂陵王貳名鄒城汶上縣編　鉅野王貳名定陶曹縣編　滋陽王貳名費縣編　陽信王貳名魚臺陽穀縣編　安丘王貳名平陰單縣編　鄒平王貳名平陰縣編　新蔡王貳名滋陽縣編　東原王貳名城武寧陽曲阜縣編　衡府平度王貳名博興縣編　漢陽王貳名蒙陰臨朐縣編　寧陽王貳名沂水樂安縣編　昌樂王貳名博興壽光縣編　武定王貳名昌樂臨淄縣編　商河王貳名莒州諸城縣編柴薪皂隸二品壹拾貳名三品拾名



四品陸名五品六品俱肆名七品八品九品俱貳名知縣係正官　欽定肆名流外官惟典史壹名共壹千肆百貳拾玖名每名銀拾貳兩共銀壹萬柒千壹百肆拾捌兩遇閏每名外加銀壹兩缺官銀歲終扣送布政司候送河道撫院戶工分司柴薪支用布政司左右布政使貳員各拾貳名叅政貳員各拾名叅議在司并遼東叅議陸名經歷理問各肆名都事照磨庫大使叅員各貳名共柒拾陸名編濮州沂水諸城莒州樂安平原德平昌樂安丘臨朐博興臨淄館陶平度濰縣按察司按察使拾名副使肆員各陸

名僉事貳員各肆名經歷知事照磨司獄肆員各貳
名共伍拾名編莒州臨朐壽光冠縣滄州蒙陰臨淄
縣兵備道曹濮臨清青州霸州寧前密雲昌平永平
副使捌員各陸名武定沂州開原僉事叄員各肆名
共陸拾名編樂陵樂安萊陽濟陽鄒平濱州武定臨
邑青城德平東平濟寧單曹城武定陶汶上東阿壽
張鄆城鉅野陽穀平陰寧陽堂邑武城夏津朝城莘
范昌樂臨朐臨淄博興安丘諸城膠濰平度昌邑寧
海福山招遠黃棲霞縣共昌平永平貳員各陸名俱
臨朐縣編臨邑運司運使拾名同知壹員陸名判官壹



員肆名經歷知事貳員各貳名共貳拾肆名編樂陵
臨朐商河利津縣濟南府知府陸名同知通判弁岫
巖陸員各肆名推官經歷照磨司獄肆員各貳名共
叄拾捌名編禹城章丘商河泰安樂陵濱州長山齊
東平原臨邑武定淄川濟陽鄒平新城肥城陵縣兗
州府知府陸名同知通判伍員各肆名推官經歷照
磨司獄肆員各貳名共叄拾肆名編曹州嶧縣郯城
沂州鄒縣陽穀壽張寧陽曹縣東阿費縣東昌府知
府陸名同知通判肆員各肆名推官經歷照磨司獄
肆員各貳名共叄拾名編濮州館陶夏津冠縣丘縣

茌平觀城朝城范縣青州府知府陸名同知通判叄
員各肆名推官經歷照磨司獄肆員各貳名共貳拾
陸名編諸城日照樂安壽光莒州萊州府知府陸名
同知通判貳員各肆名推官經歷照磨司獄肆員各
貳名共貳拾貳名編平度昌邑濰掖貳縣登州府知
府陸名同知通判貳員各肆名推官經歷照磨司獄
肆員各貳名共貳拾貳名編棲霞寧海招遠萊陽黃
縣文登縣　德府長史司等衙門叄拾捌名編泰安
章丘萊蕪長清陵縣肥城齊東濟陽禹城平原武定
德平長山縣　魯府長史司等衙門伍拾陸名編曹



州曹縣鄆縣沂州寧陽曲阜費縣郯城平陰壽張縣
衡府長史司等衙門伍拾捌名編樂安壽光安丘博興
沂水昌樂臨淄莒州益都蒙陰臨朐諸城縣各州縣
知州知縣同知每員肆名州判縣丞主簿典史每員
貳名典史壹名共捌百玖拾伍名編濟寧東平臨清
德州泰安武定濱曹沂高唐莒膠平度寧海歷城恩
縣臨邑齊河利津陽穀汶上曹單滕鉅野東阿滋陽
聊萊陽章丘平原禹城淄川鄒平肥城長清德平陵
茌平館陶冠武城朝城夏津益都臨朐沂水安丘昌
樂臨淄博興諸城樂安壽光掖濰昌邑高密即墨黃

縣文登棲霞蓬萊招遠濮州青城霑化魚臺萊蕪海豐丘縣福山齊東長山陽信濟陽商河蒲臺新城樂陵金鄉嶧費鄒寧陽壽張泗水郯城曲阜堂邑清平高苑日照蒙陰新泰鄆城城武定陶嘉祥平陰博平范莘觀城縣馬夫不論品級每員壹名共肆百伍拾柒名每名肆拾兩共銀壹萬捌千貳百捌拾兩缺官銀歲終扣送布政司候送河道撫院戶工分司柴薪支用布政司左右布政使貳員叅政在司貳員叅議在司并遼東叅員經歷都事照磨理問肆員共拾壹員各壹名編長清肥城泰安濮州禹城縣按察司按察使壹員副使肆員僉事貳員經歷知事照磨叅員共拾員各壹名編淄川平原新城章丘齊東濟陽武定州縣兵備曹濮臨清青州霸州寧前密雲昌平永平副使捌員武定沂州開原僉事叅員各壹名共拾壹名編章丘禹城陽信鄒平曹州曹縣臨清益都壽光平度即墨縣鹽運司運使同知判官經歷知事伍員各壹名編歷城青城臨邑德平陵縣濟南府知府同知通判并岫巖推官經歷照磨拾員各壹名編濱州臨邑濟陽蒲臺海豐商河樂陵縣兖州府知府同知通判推官經歷照磨玖員各壹名編曹縣郯城沂

州鄒嶧滋陽鉅野縣東昌府知府同知通判推官經
歷照磨捌員各壹名編濮州范縣冠縣茌平館陶縣
青州府知府同知通判推官經歷照磨柒員各壹名
編臨淄博興昌樂諸城壽光縣萊州府知府同知通
判推官經歷照磨陸員各壹名編平度濰縣登州府
知府同知通判推官經歷照磨陸員各壹名編棲霞
寧海萊陽文登招遠黃縣各州縣知州知縣同知州
官縣丞主簿吏目典史每員壹名共叁百柒拾肆名
濟寧東平臨清德州歷城恩聊城萊陽捌州縣各伍
名武定泰安濱曹沂高唐莒膠平度寧海拾州幷平



原鄒平肥城長清德平陵縣禹城章丘淄川臨邑齊
河利津陽穀鉅野曹單汶上滕東阿滋陽館陶夏津
冠茌平朝城武城益都臨朐沂水安丘昌樂臨淄壽
光樂安諸城博興掖濰昌邑高密即墨文登黃縣萊
棲霞招遠肆拾陸縣各肆名濮州萊蕪青城霑化魚
臺海豐樂陵新城蒲臺齊東長山濟陽陽信商河壽
張曲阜泗水郯城費鄒嶧寧陽金鄉堂邑清平丘蒙
陰高苑日照福山叁拾州縣各叁名新泰鄆城定陶
城武嘉祥平陰莘范博平觀城拾縣各貳名齋夫府
衛州縣儒學教授學正教諭訓導每員貳名共陸百

陸拾貳名每名拾貳兩共銀柒千玖百肆拾肆兩內除葦地租銀抵補外止編柒千捌百柒拾貳兩遇閏每名加銀壹兩府學者解府給缺官銀歲終扣解布政司候送河道撫院戶工二司柴薪外餘剩銀仍解兵部買馬支用濟南府儒學拾名編泰安章丘萊蕪濟陽鄒平長清縣兗州府儒學拾名編寧陽曹州曲阜平陰縣東昌府儒學拾名編濮州夏津觀城縣青州府儒學拾名編諸城莒州昌樂蒙陰縣萊州府儒學拾名編平度即墨濰縣膠州掖縣登州府儒學拾名編萊陽寧海招遠棲霞縣三氏儒學教授訓導



貳名文宗貳名曲阜縣編安東衛儒學教授壹員貳名莒州諸城縣各壹名威海衛儒學教授壹員貳名寧海州編靖海衛儒學教授壹員貳名文登縣編寧山衛儒學教授壹員貳名高密縣編鰲山衛儒學教授壹員貳名即墨縣編大嵩衛儒學教授壹員貳名萊陽縣編成山衛儒學教授壹員貳名文登縣編各州縣學學正教諭訓導每員貳名共伍百捌拾肆名泰安德平濟寧東平曹臨清高唐捌州各捌名武定沂濮莒膠平度寧海城章丘陽信濟陽商河肥城長清平原德平利津長山齊東鄒平淄川臨邑青城齊河海

豐新城曹單東阿金鄉鄆城城武壽張汶上魚臺滕
鄒陽穀鉅野滋陽館陶恩聊城堂邑博平范冠茌平
朝城夏津武城清平莘都臨朐沂水昌樂臨淄壽光
樂安諸城博興安丘掖昌邑即墨寧海萊陽文登蓬
萊陸拾捌州縣各陸名萊蕪陵縣霑化樂陵蒲臺曲
阜定陶平陰郯城費嶧泗水嘉祥寧陽章丘觀城高
苑日照蒙陰高密濰黃縣棲霞招遠福山貳拾陸縣各
肆名新泰縣貳名其禹城縣陸名係葦地租銀抵補
不編膳夫伍百壹名每名銀拾兩共銀伍千壹拾兩
內除葦地租銀抵補外上編肆千玖百柒拾兩濟南



府儒學捌名泰安肥城齊東章丘肆州縣各貳名兗
州府儒學捌名曹州曹縣各叁名平陰縣貳名東昌
府儒學捌名濮州丘縣各肆名青州府儒學捌名莒
州樂安臨淄蒙陰肆州縣各貳名萊州府儒學捌名
濰縣肆名昌邑縣貳名平度即墨貳州縣各壹名登
州府儒學捌名黃縣陸名萊陽縣貳名泰安等拾伍
州儒學每學陸名本州編歷城等捌拾捌縣儒學每
學肆名本縣編禹城縣學肆名本縣葦地租銀抵補
不編三氏學陸名曲阜縣編成山衛儒學貳名屯糧
內支壹名文登縣編壹名威海靖[illegible]安東靈山鰲山

伍衛儒學名貳名以上俱本衛屯田餘銀支給以力差討之步隊團操民壯額派肆千玖百捌拾伍名每名工食銀柒兩貳錢共銀叁萬伍千捌百玖拾貳兩令奉　撫院案驗柒兵備道俱一例每名工食連器械打討壹拾貳兩或自打討或官爲徵給各照本州縣土俗聽從其便德州兵備道叁百玖拾柒名編歷城德州長清平原禹城肥城齊河縣武定兵備道柒百壹拾肆名編武定濱州章丘陽信濟陽商河鄒平陵縣齊東樂陵青城德平臨邑海豐蒲臺利津霑化新城縣臨清兵備道伍百柒拾叁名編臨清高唐夏




津武城聊城莘縣冠縣堂邑茌平清平丘縣博平館陶恩縣東阿陽穀平陰壽張縣曹濮兵備道伍百捌拾玖名編曹州汶上曹縣單縣鉅野金鄉定陶鄆城城武東平濮州朝城范縣觀城魚臺縣沂州兵備道陸百壹拾捌名編沂州費縣鄒縣郯城滕縣嶧縣寧陽濟寧泗水曲阜泰安州青州兵備道壹千壹百玖拾玖名編益都莒州臨朐樂安諸城沂水安丘壽光博興蒙陰昌樂淄川萊蕪臨淄高苑長山新泰縣其日照縣守巨峯寨伍拾叁名分爲兩班更番赴道團操巡察海道捌百玖拾伍名編掖縣平度膠州昌邑

濰縣高密即墨萊陽寧海文登棲霞招遠黄縣蓬萊
福山縣守城民壯各府屬共派陸千捌百伍拾陸名
每名肆兩共銀貳萬柒千肆百貳拾肆兩濟南府貳
千壹百柒拾名内歷城縣壹百伍拾名泰安武定濱
叅州各壹百名章丘縣玖拾名平原蒲臺淄川鄒平
長山萊蕪陽信商河禹城濟陽拾縣各捌拾名德平
長清陵縣肥城肆縣各柒拾名樂陵臨邑海豐霑化
利津新城齊東柒縣各陸拾名青城縣伍拾名齊河
新泰貳縣各肆拾名兖州府壹千伍百捌拾玖名内
滋陽縣壹百貳拾名沂州壹百名曹縣玖拾名濟寧
曹州各捌拾名鄒縣柒拾名寧陽汶上東阿叅縣各



伍拾柒名單嶧費郯城滕鉅野金鄉柒縣各陸拾名
東平州伍拾名陽穀鄆城貳縣各肆拾柒名嘉祥魚
臺城武曲阜定陶泗水陸縣各肆拾名平陰壽張貳
縣各叅拾柒名東昌府捌百捌拾柒名内臨清高唐
濮叅州各捌拾名恩縣陸拾名夏津聊城館陶叅縣
各伍拾名朝城縣肆拾柒名武城茌平博平清平堂
邑丘冠莘捌縣各肆拾名范縣叅拾名觀城縣舊貳
拾名新加貳拾名共肆拾名青州府壹千伍拾名内
益都壽光貳縣各壹百名莒州博興日照安丘諸城

昌樂臨朐沂水捌州縣各捌拾名臨淄蒙陰貳縣各陸拾名樂安縣伍拾名高苑縣肆拾名萊州府伍百陸拾名內平度膠州各壹百名掖濰高密昌邑肆縣各捌拾名即墨縣肆拾名登州府陸百名棲霞萊陽貳縣各壹百名寧海招遠文登叁州縣各捌拾名蓬萊黃縣各陸拾名福山縣肆拾名張秋捕務民壯額設貳拾名每名銀肆兩共銀捌拾兩俱東平州編運河見役夫今編伍千貳百柒拾名共銀貳萬叁千陸百柒兩閏夫玖百貳拾柒名每名銀陸兩內上新中新貳閘肆名每名銀肆兩兗州府魚臺縣珠梅閘叁



拾名魚臺單縣分編沙河黃甫壩叁拾名魚臺單縣分編利建閘貳名魚臺縣編南陽閘陸名魚臺單縣分編濟寧州棗林閘肆名單縣鄆城縣分編魯橋閘拾名俱單縣編師家莊閘拾名濟寧嶧縣分編仲家淺閘拾名單縣金鄉城武縣分編新閘拾名單縣金鄉縣分編新店閘叁拾名單縣金鄉縣分編石佛閘叁拾名濟寧金鄉縣分編趙村閘叁拾名單縣曹縣分編在城閘叁拾名濟寧州編天井閘叁拾名曹州編壽張縣沙灣小閘壹名壽張縣編上新閘貳名小新閘貳名俱單縣編汶上縣寺前鋪閘叁拾名東阿

汶上縣分編南旺上下閘肆拾名汶上縣編開河閘叁拾名曹縣汶上縣分編袁家口閘叁拾名汶上縣編東平州靳家口閘叁拾名東平寧陽東阿縣分編安山閘叁拾名東阿縣編戴家廟閘叁拾名東平州編陽穀縣荆門上下閘伍拾名平陰陽穀縣分編阿城上下閘伍拾名陽穀縣編七級上下閘伍拾名壽張陽穀縣分編東昌府聊城縣周家店閘叁拾名濮范朝城三州縣分編李海務閘叁拾名聊城堂邑縣分編通濟橋閘叁拾名聊城清平縣分編堂邑縣梁家鄉閘叁拾名土橋閘叁拾名俱堂邑縣編清平縣戴家灣閘叁拾名清平冠縣分編臨清州南板新橋二閘捌拾肆名俱臨清州編直隸沛縣湖陵城閘叁拾名單縣滕縣分編溜夫捌百捌拾貳名每名銀陸兩兗州府魚臺縣西柳莊閘叁拾壹名魚臺縣編辥河石壩肆名東邵壩拾名王家口壩叁拾名豸裏溝貳拾名沙河崖貳名珠梅閘迤南堤岸叁拾陸名宋家壩貳拾名權城壩陸名橋頭迤南至珠梅閘一帶兩河堤岸柴拾陸名利建閘迤南至橋頭兩河堤岸地方派守新堤柴拾陸名以上俱魚臺縣編濟寧州新店閘叁拾叁名城武單縣分編石佛閘伍拾叁名

城武單縣定陶縣分編趙村閘伍拾叁名單縣定陶
鉅野鄆城曹縣分編在城閘壹百叁拾名金鄉鄆城
縣分編天井閘玖拾名單縣編下新閘貳名定陶縣
編次上縣寺前鋪閘陸拾名鉅野縣編南旺上下閘
陸拾名次上縣編東昌府臨清州南板新橋貳閘叁
拾名俱臨清州編直隸沛縣湖陵城閘陸拾名滕縣
定陶縣分編撈淺夫壹千肆百柒拾陸名每名銀肆
兩兗州府濟寧州地方貳百名濟寧金鄉城武鄆城
縣分編濟寧衛地方玖拾名金鄉曹州單縣鉅野定
陶曹縣分編鉅野縣地方壹百貳拾名鉅野縣編嘉
祥縣地方柒拾名曹州鄆城嘉祥鉅野縣分編次上
縣地方貳百名東平州地方玖拾名壽張縣地方肆
拾伍名東阿縣地方貳百肆拾名俱各州縣自編東
昌府聊城縣地方捌拾伍名聊城莘縣館陶冠縣分
編博平縣地方陸拾陸名堂邑縣地方陸拾陸名清
平縣地方陸拾陸名臨清州地方叁拾玖名夏津縣
地方拾名恩縣地方拾肆名俱各州縣自編淺鋪夫
捌百玖拾玖名內德州每名止編貳兩伍錢其餘俱
每名編銀肆兩兗州府魚臺縣地方陸拾叁名濟寧
州地方肆拾捌名鉅野縣地方貳拾名嘉祥縣地方

拾陸名汶上縣地方伍拾陸名東平州地方伍拾柒名壽張縣地方貳拾名東阿縣地方叁拾伍名陽穀縣地方肆拾捌名俱各州縣自編東昌府聊城縣地方玖拾貳名莘縣濮州冠縣分編堂邑縣地方貳拾捌名博平縣地方貳拾肆名清平縣地方叁拾陸名臨清州地方柒拾陸名館陶縣地方肆拾捌名夏津縣地方叁拾貳名恩縣地方貳拾捌名俱各州縣自編武城縣地方壹百壹拾陸名武城朝城博平莘縣分編濟南府德州河口伍拾陸名德州編橋夫伍拾貳名內濟寧州大南門橋拾名西草橋拾名俱曹縣編每名銀貳兩安平鎮橋夫拾貳名陽穀縣編每名銀叁兩臨清廣積等橋貳拾名臨清州編每名銀貳兩渡夫安平鎮貳名壽張縣編每名銀貳兩泉夫捌百柒拾壹名每名銀叁兩編濟寧汶上東平滕縣寧陽泗水平陰滋陽鄒縣曲阜肥城泰安萊蕪新泰縣其新泰拾貳名分與泰安萊蕪各代陸名條豐年改正壩夫貳百捌拾叁名每名銀貳兩戴村壩壹百肆拾名內肆拾名守修本壩壹百名徵銀解府貯庫汶上縣東平州各編柒拾名金口壩壹百肆拾貳名內正身壹拾名守閘啓閉滋陽縣編其壹百叁拾貳名

徵銀解府貯庫編滕縣泗水嶧縣鄒縣定陶滋陽縣堽城看壩夫壹名寧陽縣編守壩夫㑌城壩貳名每名銀叁兩滕縣守口夫程家口等處捌名每名銀貳兩滕縣編運河停役夫陸百陸拾叁名每名銀伍錢共銀叁百叁拾壹兩伍錢續奉　河道總院明文仍照舊編曹州實編壹百玖名呂村吳大貳閘閘夫貳名磚玉閘閘夫肆名濟寧衛永通閘閘夫貳拾陸名中新閘溜夫伍拾名魚臺縣廣運閘溜夫拾貳名沙灣守口夫拾伍名東平州實編拾捌名南旺閘閘夫肆名減水閘閘夫貳名戴村壩夫拾貳名曹縣實編



拾陸名濟寧州大南門橋橋夫捌名西草橋貳名濟安橋貳名小南門橋貳名馬驛橋貳名鄒縣實編捌名堽里小閘閘夫貳名堽里淺鋪夫陸名單縣實編伍拾陸名上新閘閘夫拾捌名中新閘閘夫拾捌名上新閘溜夫貳拾名鄆城縣實編伍拾名下新閘閘夫貳拾名上新閘溜夫叁拾名濟寧州實編片玉閘肆名金鄉縣實編分水閘貳名汶上縣實編叁拾名李太口閘閘夫貳名戴村壩壩夫拾貳名馬莊泉泉夫陸名安平鎮守口夫拾名壽張縣實編伍拾名沙灣小閘閘夫貳名棗河淺鋪夫肆名安平鎮橋夫肆

名沙灣守口夫貳拾壹名安平鎮守口夫拾玖名定
陶縣實編陸拾陸名陽城湖小閘閘夫貳名下新閘
溜夫肆拾陸名沙灣守口夫拾捌名滋陽縣實編廣
運閘溜夫拾名寧陽縣實編堽城壩夫叁拾壹名滕
縣實編泉夫陸拾名東阿縣實編叁拾玖名安平鎮
橋夫陸名沙灣守口夫拾伍名安平鎮守口夫拾捌
名陽穀縣實編安平鎮守口夫叁拾肆名堂邑縣實
編安平鎮守口夫肆拾名冠縣實編安平鎮守口夫
肆拾名堤夫額派壹千壹百玖名每名銀叁兩共銀
叁千叁百貳拾柒兩專爲修築黄河衝決而設然用



工有時歲不全役空閒之月即放寧家編曹縣單縣
城武定陶鄆城金鄉縣看堤鋪夫肆百貳名每名銀
貳兩共銀捌百肆兩內壹百叁拾肆名照舊看堤其
餘貳百陸拾捌名徵銀本縣貯庫買獾俱曹縣編裏
河淺夫壹百貳拾名每名銀叁兩共銀叁百陸拾兩
俱曹州編接遞水陸廠正身夫伍千陸百伍拾肆名
共銀貳萬陸千貳百叁拾肆兩名照原則加壹倍收
此外不許多討其原討不及壹倍者照舊不加德州
水廠陸百叁拾名每名銀陸兩德州陵縣德平平原
縣分編聊城縣水廠肆百伍拾伍名每名銀陸兩聊

城堂邑濮州莘縣冠縣朝城觀城博平茌縣分編臨清水廠肆百伍拾貳名每名銀陸兩臨清冠縣莘縣夏津館陶濮州朝城范縣博平丘縣分編安山水廠肆百伍拾名每名銀陸兩東平汶上陽穀東阿壽張平陰縣分編濟寧水廠陸百肆拾柒名每名銀伍兩濟寧州編滕縣沙溝路廠青白夫共貳百貳拾名滕縣路廠青白夫共叁百壹拾名滋陽路廠青白夫共叁百貳拾名東平汶上東阿鄒縣高唐茌平恩縣柒路廠青白夫紅處共叁百壹拾名俱本州縣編以上拾路廠青夫每名銀叁兩白夫每名銀肆兩閘夫各



州縣并儒學役使及司香看守公館祠壇墓所壹千叁百伍拾伍名共銀叁千貳百玖拾伍兩壹錢編歷城等壹百肆州縣直堂皂隸各州縣貳千肆拾玖名共銀柒千壹百肆拾壹兩伍錢俱本州縣自編其接遞皂隸若德州臨清聊城濟寧鄒滕滋陽汶上東平東阿茌平高唐恩縣等處俱於廠內取用餘州縣遇有接遞聽於里甲見年暫撥事畢則止編歷城等壹百肆州縣守庫藏祭器庫子壹百貳拾伍名共銀貳百柒拾叁兩其在京糧儲道四名今照舊編濟兗青萊肆府儒學祭器各貳名登州府儒學祭器壹名附

郭縣編東昌府儒學守祭器貳名清平縣編歷城等壹百肆州縣儒學守祭器各壹名本州縣編德州看守民兵軍器貳名德州編臨清看守廠貳名臨清州編　魯府貳名寧陽縣編　德府貳名樂陵縣編

衡府貳名壽光縣編有監禁子各州縣肆百陸拾陸名共銀貳千叁百貳拾肆兩歷城等壹百叁州縣肆百陸拾名每名銀伍兩德州陸名每名銀肆兩各倉斗級肆百柒拾伍名共銀貳千叁百伍拾兩伍錢

魯府廣資倉拾名嶧貫曹東阿寧陽伍縣編

德府廣受倉拾名武定商河禹城陵縣樂陵蒲臺臨邑



縣編　衡府豐盈倉拾名益都昌樂臨淄壽光縣編

運司臨盈倉叁名泰安樂陵縣編濟南府廣豐倉柒名泰安齊河商河陽信濟陽蒲臺青城縣編廣儲倉捌名武定利津臨邑淄川縣編兗州府廣盈倉拾名曹縣鄒縣嶧縣鄆城滋陽平陰縣編東昌府廣盈倉拾名濮州莘縣博平朝城高唐堂邑縣編青州府永阜倉拾名益都臨朐壽光昌樂諸城縣編萊州府慶豐倉叁名平度掖縣昌邑縣編本府西預備倉伍名平度高密濰縣掖縣編登州府和豐倉捌名寧海蓬萊萊陽黄縣招遠福山棲霞文登縣編德州常盈倉拾

伍名本州編州縣官倉各壹名本州縣編儒學倉濟
南府貳名兗青萊登肆府各壹名俱附郭縣編東昌
府儒學壹名館陶縣編兗東青萊登伍府所屬州縣
學各壹名本州縣編衛所軍倉各壹名俱本州縣編
義種倉壹名清平縣編州縣預備倉見在穀陸千石
以下編叁名陸千石以上仍足貳千石准添編壹名
各掌印官督令預備倉斗級役滿之日舊役交盤實
數先與新役守掌立案明白舊役省令寧家免其查
盤福山縣豐盈倉今裁革斗級壹名銀貳兩免編巡
攔貳百壹拾柒名共銀陸百壹拾捌兩貳錢專司催



徵額課凡小民自織布疋自種蔬菜雜果非係興販
者不許取稅編掖縣濰縣益都平度膠州蓬萊即墨
昌邑棲霞濱州禹城齊東淄川陵縣臨邑濟陽德平
陽信商河樂陵長清肥城鄒平長山平原利津新城
鄆城聊城壽光高密寧海招遠青城樂安博興黃縣
昌樂濟寧福山安丘萊陽臨清武定章丘海豐郯城
朝城武城博平范縣滋陽寧陽沂州東阿莒州沂水
臨淄歷城文登曹州曹縣濮州高唐茌平清平萊蕪
蒲臺泗水城武陽穀鄒縣館陶夏津恩莘觀城諸城
魚臺鉅野堂邑泰安德州嶧縣丘縣遞運所防夫米

拾肆名每名銀肆兩共銀貳百玖拾陸兩濟南府西
關陸拾肆名章丘濟陽肥城長山陽信商河德平齊
東淄川陵縣樂陵青城縣編裁革遞運所今改安德
馬驛相兼應付拾名德平陵縣編巡檢司弓兵壹千
捌拾玖名共編銀叁千貳百伍拾柒兩專一防禦盜
賊泰安貳拾肆名泰安州編清河鎮貳拾名武定州
編堰頭鎮貳拾名歷城縣編石都寨貳拾名長清縣
編大石拾伍名肥城縣編上四莊拾伍名新泰縣編
舊縣鎮貳拾名樂陵縣編大沽河貳拾名海豐縣編
久山鎮貳拾名霑化縣編豐國鎮貳拾名利津縣編



魯橋貳拾名濟寧州編羅滕鎮貳拾名沂州編新設
梁山貳拾名壽張鄆城陽穀縣編安興墓貳拾名鉅
野鄆城縣編鄒塢鎮貳拾伍名嶧縣編沙溝集貳拾
名滕縣編安陵貳拾名曹縣編毛陽鎮貳拾名關陽
川貳拾名俱費縣編裴家圈貳拾名夏津縣編魏家
灣貳拾名清平縣編甲馬營貳拾名武城縣編南館
陶貳拾名館陶縣編水保貳拾名范縣編葛溝店貳
拾名十字路貳拾名俱莒州編穆陵關叁拾名臨朐
沂水縣分編廣陵鎮貳拾名壽光縣編顏神鎮叁拾
名益都縣編南龍灣海口貳拾名信陽鎮貳拾名俱

諸城縣編紫金關貳拾名蒙陰縣編樂安貳拾名高
家港貳拾名俱樂安縣編逄猛鎮貳拾名古鎮貳拾
名俱膠州編栲栳島貳拾名即墨縣編固堤店貳拾
名濰縣編魚兒鋪叁拾名昌邑縣編海倉貳拾名平
度掖縣分編亭口貳拾名平度州編柴葫寨貳拾名
掖縣編赤山寨貳拾名辛汪寨貳拾名溫泉鎮貳拾
名俱文登縣編孫夼鎮貳拾名福山縣編馬停鎮貳
拾名黃縣編行村寨貳拾名萊陽縣編高山貳拾名
楊家店貳拾名俱蓬萊縣編東良海口貳拾名招遠
縣編乳山寨貳拾名寧海州編以上俱每名銀叁兩



夾倉鎮貳拾名每名銀貳兩伍錢日照縣編急遞鋪
司兵叁千貳百捌拾貳名共銀壹萬壹千捌百壹拾
柒兩捌錢編歷城等壹百肆州縣巡鹽弓手臨濟貳
州商賈輳集編設貳拾名每名銀貳兩共銀肆拾兩
臨清編拾名濟寧編拾名腳夫橋夫共拾名編銀貳
拾捌兩捌錢洛口批驗所腳夫肆名每名銀叁兩陸
錢歷城編蒲臺縣腳夫肆名每名銀叁兩聽候遞送
秤盤橋夫貳名每名銀壹兩貳錢看守浮橋盤詰私
鹽本縣編渡夫貳拾貳名共銀叁拾肆兩玖錢運鹽
河叁名每名銀叁錢濟陽縣編清河貳名洋河貳名

每名銀壹兩福山縣編洰洱河壹名益都縣編淮河陸名昌邑縣編膠河陸名平度昌邑縣編臨河貳名冠縣編以上俱每名銀貳兩德州橋夫拾貳名每名銀叁兩共銀叁拾陸兩德州編臨清州窑夫肆名每名銀貳兩共銀捌兩丘縣編扣其目而類其總濟南府該銀差壹拾叁萬壹千貳百叁拾兩捌錢柒分貳釐叁絲貳忽力差叁萬叁千貳百貳拾柒兩柒錢實編銀壹拾陸萬肆千伍百伍拾捌兩伍錢柒分貳釐叁絲貳忽兗州府該銀差玖萬壹百捌拾柒兩捌錢伍分肆釐捌毫柒絲玖忽貳微力差伍萬柒千壹百



陸拾陸兩叁錢實編銀壹拾肆萬柒千叁百伍拾肆兩壹錢伍分肆釐捌毫柒絲玖忽貳微東昌府該銀差伍萬捌千叁百叁拾肆兩捌錢陸分壹釐力差貳萬陸千柒拾玖兩捌錢實編銀捌萬肆千肆百壹拾陸兩陸錢陸分壹釐青州府該銀差柒萬陸千貳百貳拾貳兩陸分玖釐叁毫陸絲力差壹萬伍千玖百壹拾陸兩玖錢實編銀玖萬貳千壹百叁拾捌兩玖錢陸分玖釐叁毫陸絲萊州府該銀差貳萬伍千伍兩柒分捌釐陸毫柒絲力差捌千壹百伍拾兩叁錢實編銀叁萬叁千壹百伍拾伍兩叁錢柒分捌釐陸

毫柒絲登州府該銀貳萬伍千叁百叁兩貳錢肆釐柒毫肆絲壹忽壹微力差捌千玖百叁拾玖兩叁錢實編銀叁萬肆千貳百肆拾貳兩伍錢肆釐柒毫肆絲壹忽壹微六郡之黔計尸不加益計齒不加聚而奔走供輸乃歲增而日繁無以養馬之費驛站之費里甲之費不時坐派之費亦皆出自居民一時並徵者也舉日鈎以付於一人雖有烏獲之力恐弗能勝而況加此倍夫乎陶以寡不可爲國庶人往役於義何逃所可爲者亦惟酌其繁簡宜其勞逸調停而裒益之毋使偏累斯亦絜矩爲方之一術也若曰長短廣狹彼額固爾其何能均遡諸往昔參考時宜其所因革誠可鑒已



山東經會録卷之六終

山東經會録
午
均徭

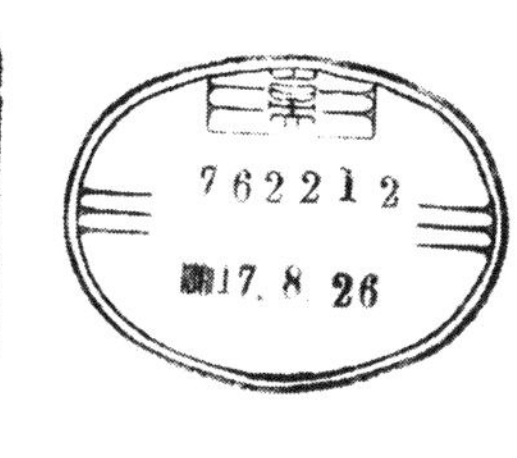

# 山東經會録卷之七

## 均徭因革上

徐幹有言治平在庶功興庶功興在事役均夫興平致理即民力之普存所係豈細故哉勞心者以佚道而使民勞力者以義而事人小人君子恒相依爲命者也山東均徭無暇遠舉攷之通志以户出貲者王府齋郎壹百柒拾壹人京班司府屬柴薪壹千肆百壹拾捌人易州廠柴夫幷木柴銀陸萬玖千貳拾壹兩貳錢捌分伍釐廩給庫子肆百叁拾壹人半儒學齋膳夫伍百肆拾柒人牌夫陸千壹百伍拾柒人路夫貳千叁百人以丁出役者司府屬直堂幷接遞皁隸叁千叁百捌拾叁人門子壹千捌百伍拾捌人庫子肆百捌拾壹人掃殿夫壹百壹拾壹人盬脚夫貳拾陸人舘夫壹百貳拾貳人防夫貳百叁拾玖人弓兵壹千陸百捌拾人舖司兵陸千肆百肆拾人閘溜夫叁千玖百肆拾叁人撈淺夫伍千陸百肆拾捌人守口夫貳百陸拾玖人壩夫叁百柒拾人泉夫貳千壹百陸拾陸人禁子柒百肆人倉斗級伍百叁拾陸人快手貳千肆百貳拾人有馬民壯陸百玖拾人庶人往役之數如斯而已百物之料徭民弗知也自後

上供浸廣軍費浩繁歲辦料價皆調諸民徭民輸直日加月益殆不可計在兗東貳府則又加以河道之衝工役什伍皆其所出如兗州府河夫壹萬伍千伍百有餘名歲費柒萬陸千有餘兩東昌府河夫伍千肆百壹拾捌名歲費叁萬陸百有餘兩此嘉靖貳拾陸年差額其額外之輸所不計也河道本爲京師糧運而設而獨使貳郡之民輸費至此其何能堪故先年議者欲少派兗東貳府京班皁隸柴夫料價其後又改兗州料價於東肆郡意蓋爲此嘉靖貳拾柒年 巡撫都御史彭 允議各州縣合用祭祀鄉飲歲貢公用柴



薪馬夫齋膳夫門子庫子禁子皁隸弓兵舖兵巡攔官攢縣學斗級橋夫渡夫快手民壯皆供壹州壹縣之用雖極疲弊亦難他僉其歲辦料銀及 撫按河道都察院戶工分司官皆奉使而來布按貳司鹽運司官皆爲壹省而設合用柴薪馬夫門皁庫子禁子腳夫之類當以壹省州縣酌量大小均派謂之省派各府與府衛學合用柴薪馬夫門皁庫子禁子齋膳夫與夫境內驛遞所用館庫防夫皆供壹府之用王府合用齋郎民校民厨藥材皆取於分封之郡水夫路夫泉夫日費浩大非壹州壹縣所能獨支當留於闔

郡之民令其協濟此皆據各府所屬州縣酌量大小均派謂之府派論省派濟南府歲編銀伍萬玖千捌百玖拾捌兩兖州府歲編銀壹萬柒千壹拾伍兩東昌府歲編銀壹萬叁千陸百柒拾兩青州府歲編銀肆萬捌百叁拾陸兩萊州府歲編銀柒千伍百陸拾叁兩登州府歲編銀陸千叁百肆拾叁兩論府派濟南府歲編銀貳萬壹千壹百伍拾伍兩兖州府歲編銀捌萬貳千貳百肆拾伍兩東昌府歲編銀叁萬叁千壹百肆兩青州府歲編銀陸千玖百玖拾壹兩萊州府歲編銀貳千伍百伍拾柒兩登州府歲編銀貳



千貳百肆拾柒兩故令次所派稍改兖州青州原坐貳司門皁於濟萊而撮其輕重以約之中其歲辦各部料價柴夫等項上次已派有定額今仍其舊如户部果品折銀貳百陸拾貳兩原坐青州府莒州派徵禮部藥材折銀肆百伍拾柒兩貳錢玖分陸釐捌毫叁微濟南府屬派銀柒拾捌兩壹錢捌分叁釐伍毫肆絲貳忽兖州府屬派銀壹百壹兩玖分肆釐貳毫肆絲叁忽貳微東昌府屬派銀叁拾伍兩捌錢貳分伍釐青州府屬派銀壹百陸拾捌兩陸錢陸分肆釐貳毫肆絲萊州府屬派銀肆拾伍兩柒錢捌分登州

府屬派銀貳拾柒兩柒錢柒分玖釐柒毫肆絲肆忽壹微野味折銀陸拾玖兩玖錢陸釐陸毫濟南府屬泰安州派銀壹拾陸兩兖州府屬派銀伍拾叁兩玖錢陸釐陸毫兵部柒新皁隸壹千壹百玖拾陸名每名銀拾貳兩遇閏加銀壹兩濟南府屬叁百肆拾壹名兖州府屬壹百肆拾肆名東昌府屬壹百柒拾壹名青州府屬貳百捌拾柒名萊州府屬壹百伍拾捌名登州府屬玖拾伍名直堂皁隸貳百伍拾貳名每名銀拾兩濟南府屬柒拾伍名兖州府屬貳拾壹名東昌府屬拾玖名青州府屬拾伍名登州府屬拾貳



名萊州府屬拾名工部胖襖伍千捌百肆拾捌副壹分陸釐零壹件褲柒腰鞋壹雙每副折銀壹兩伍錢共銀捌千柒百柒拾伍兩壹錢肆分濟南府屬胖襖壹千玖百玖拾柒副零褲貳腰鞋壹雙兖州府屬胖襖玖百捌副玖分伍釐零壹件褲貳腰東昌府屬胖襖伍百貳拾副貳分青州府屬胖襖壹千貳百伍拾副壹釐萊州府屬胖襖柒百伍拾副零褲壹腰登州府屬胖襖肆百貳拾貳副零褲貳腰狐狸皮壹千肆百伍拾玖張每張折銀伍錢共銀柒百貳拾玖兩伍錢濟南府屬壹百貳張兖州府屬肆百陸拾貳張東

昌府屬壹百捌拾肆張萊州府屬叁拾捌張登州府屬陸百柒拾叁張麂皮肆拾貳張每張折銀陸錢共銀貳拾伍兩貳錢東昌府屬丘縣拾柒張青州府屬莒州貳拾伍張鵝翎毛折銀肆兩伍錢捌釐青州府屬諸城縣編軍器料銀肆千壹百柒拾肆兩柒錢玖分肆釐伍毫柒忽陸微貳纖伍沙濟南府料銀陸百伍拾壹兩肆錢柒分伍釐柒毫兗州府料銀叁百叁拾肆兩叁錢玖分伍釐貳毫伍絲東昌府料銀伍百玖拾肆兩捌錢青州府料銀伍百伍拾壹兩肆錢陸分玖釐捌毫壹絲萊州府料銀柒百貳拾肆兩捌錢



叁分肆釐登州府料銀壹千叁百壹拾柒兩捌錢壹分玖釐柒毫肆絲柒忽陸微貳纖伍沙料價原額貳萬壹千陸百柒兩捌錢嘉靖貳拾肆年加銀壹萬叁千捌百陸拾玖兩壹錢貳分分作貳年派徵每年該銀陸千玖百叁拾肆兩伍錢陸分通原額共徵貳萬捌千伍百肆拾貳兩叁錢陸分彼時酌議以兗州府河夫數多差重不派濟南府派銀壹萬壹千柒百貳拾兩捌錢東昌府派銀貳千叁百捌兩玖錢青州府派銀捌千叁百壹拾肆兩壹錢萊州府派銀叁千肆百叁拾兩陸錢登州府派銀貳千柒百陸拾柒兩玖

錢陸分，令仍其舊。易州廠柴夫貳萬玖百肆拾貳名，
每名銀叁兩，路費銀壹錢，共銀陸萬肆千玖百貳拾
兩貳錢；木柴銀肆千捌拾兩。濟南府柴夫捌千陸百
玖拾肆名，銀貳萬陸千玖百伍拾壹兩肆錢；木柴銀
壹千陸百捌拾伍兩。兗州府柴夫叁千叁百陸拾柒
名，銀壹萬肆百叁拾柒兩柒錢；木柴銀陸百捌拾柒
兩。東昌府柴夫壹千柒百玖拾玖名，銀伍千伍百柒
拾陸兩玖錢；木柴銀叁百貳拾兩。青州府柴夫柒千
捌拾貳名，銀貳萬壹千玖百伍拾肆兩貳錢；木柴銀
壹千叁百捌拾捌兩。各州縣徵完，解府差官類解。春



秋祭祀文廟闕里貳祭壹拾壹兩貳錢（曲阜縣），濟南府
儒學貳祭壹百兩，兗東青萊登儒學貳祭伍拾兩，各
州縣儒學貳祭肆拾兩（附郭即行於府），啓聖祠貳祭叁兩陸
錢，名宦鄉賢祠貳祭各貳兩伍錢，社稷壇貳祭壹
拾貳兩，山川壇貳祭壹拾陸兩（有王府者不編），厲壇叁祭壹
拾肆兩八錢，蜡廟壹祭壹兩伍錢，其餘祠廟從輕重分
派，不能悉載。日曆銀，令各州縣聽於公用或無礙官
銀，州取捌兩，縣取伍兩，於領曆之日解司，計銀壹分
給與上曆壹本。鄉飲酒禮，春秋貳會，各銀陸兩，附郭
即行於府。歲貢盤纏，每名叁拾陸兩，每年照數派徵

府衛學解送該府查給如遇歇貢之年銀兩解送布政司以備科場支用濟南等陸府學無歇貢安東靈山鰲山叁衛并各州學叁年貳貢三氏學及各縣學貳年壹貢司府州縣公用銀各數不等俱以繁簡爲多寡各衙門徵收入庫進　表箋奏啓本冊合用什物新官到任家火公宴卓圍修理衙舍刑具上司按臨紙劄及慶賀士大夫禮凡事係於公者並得用之通計布政司編銀叁百伍拾兩按察司編銀貳百伍拾兩濟南府銀壹百貳拾兩歷城縣壹千肆百兩專備本縣各衙門抄案書手廚子工食新官到任祭品



撫按衙門紙筆硃墨油燭柴炭日用刑具歲用卓圍等項之費此外州縣以漸而約德州編銀陸百兩臨清州編銀捌百兩濟寧州編銀肆百兩長清縣叁百兩齊河縣貳百捌拾兩武定曹沂東平高唐泰安六州禹城平原東阿汶上滋陽鄒滕寧陽聊城茌平武城恩掖益都一十四縣各貳百伍拾兩肥城章丘鄒平長山濰黃昌邑蓬萊捌縣各貳百兩昌樂縣壹百伍拾兩日照縣肆拾伍兩其餘州縣各壹百兩

王府齋郎　魯府伍拾伍名　德府肆拾名　衡府肆拾名每名　欽定銀伍兩俱解布政司轉發該府雇

役郡王民校舊例每位叁拾名護衛僉拾名民僉貳拾名嘉靖捌年例新封者每位貳拾肆名原係護衛僉者本衛撥給不係護衛者護衛撥與軍拾貳名民僉拾貳名無護衛者民間全僉係舊封已僉叁拾名者不必減革泰安玉田各叁拾名臨朐臨清寧海寶慶新樂高唐齊東卲陵東昌平度漢陽寧陽武定昌樂各貳拾肆名翼城樂陵東阿鉅野滋陽陽信安丘鄒平高密新蔡東甌歸善各貳拾名每名拾貳兩解布政司轉發該府僉人代役郡王民廚每位

欽定肆名惟原無護衛者有之東昌武定平度漢陽寧陽臨朐泰安寧海臨清昌樂皆無護衛准給肆名每名銀壹拾兩俱解布政司轉發各府僉役　王府藥材　德府肆拾捌兩柒錢　衛府叁拾兩司府州縣及長史等衙門官柴薪皂隸布政司左右布政使貳員各拾貳名叅政叁員各拾名叅議叁員各陸名經歷理問各肆名都事副理問照磨檢校條牘司獄庫大使柒員各貳名共玖拾肆名按察司按察使壹員壹拾名副使肆員各陸名僉事肆員各肆名經歷知事照磨檢校司獄伍員各貳名共陸拾名兵備副使貳員各陸名僉事貳員各肆名止於缺官銀內支給

盐運司運使壹員壹拾名同知壹員陸名判官壹員
肆名經歷知事貳員各貳名共貳拾肆名濟南等陸
府知府陸名同知通判各肆名推官經歷知事照磨
司獄各貳名共壹百玖拾叁名　德府長史司等衙
門肆拾捌名　魯府長史司等衙門陸拾捌名
衡府長史司等衙門肆拾陸名各州縣知州知縣同知
每員肆名州判縣丞主簿每員貳名衛河提舉貳名
司府州縣官馬夫不論品級每員壹名銀肆拾兩缺
官銀歲終扣送布政司收候類解添註官即於缺官
銀內動給通計布政司壹拾肆名按察司壹拾伍名



盐運司伍名濟南等六府肆拾捌名各州縣知州知
縣同知判官縣丞主簿吏目典史每員壹名儒學齋
夫各府衛州縣三氏教授學正教諭訓導每員額定
齋夫貳名每名銀壹拾貳兩遇閏加銀壹兩府學缺
府查給缺官歲終扣解布政司收候類解儒學膳夫
濟南等府俱捌名泰安等州俱陸名成山等衛俱貳
名（威海以下伍衛用本衛屯糧餘銀支給）歷城等縣及三氏學俱肆名
每名銀拾兩　總理河道都察院户工分司與
撫按貳司兵備道合用人役門子每名銀拾兩皁隸
每名銀拾貳兩二司運司并各府庫子禁子各拾貳

兩王府朝房長史運司府門子每名銀陸兩皁隷每名銀柒兩貳錢州縣門子皁隷每名銀肆兩禁子每名銀拾兩三王府庫德州常盈庫臨清三廠庫子每名銀肆兩各額門子巡撫都察院肆名總理河道都察院肆名巡按察院肆名戶部德州管糧分司叁名戶部臨清管鈔管糧分司各叁名工部臨清管閘分司叁名工部安山管河分司肆名工部濟寧管閘分司寧陽管泉分司各叁名布政司左右布政使各肆名糧儲分守濟南東兖海右肆道各叁名部糧道貳名經歷都事照磨檢校理問副理問各壹名共貳拾



捌名按察司按察使肆名清軍提學驛傳分巡濟南東兖海右六道各叁名經歷知事照磨檢校肆員各壹名共貳拾陸名登萊海道臨清曹濮沂州青州武定兵備道各叁名運使叁名運同運判各貳名經歷知事各壹名共玖名濟南等六府知府各叁名同知通判推官各貳名經歷知事照磨檢校各壹名共捌拾柒名　魯德衡三府朝房長史司各貳名知州知縣各貳名州同州判吏目縣丞主簿典史每員壹名各府衛州縣三氏儒學教授學正教諭訓導各壹名各州縣社稷厲三壇共六設壹名銀壹兩儒學文廟司

香府衛州縣各壹名（舊名掃殿夫）啓聖祠司香幷守敬一亭府州縣學各壹名名宦鄉賢貳祠司香府州縣學各壹名今定與教官跟用門子守祭器庫子俱每名銀叁兩各州縣察院布按分司兵備道太僕寺府館俱各門子壹名看守衙門每名編銀壹兩其餘看守祠廟公館書院等項俱各從宜量派難以悉載皁隸撫按總理河道三院各貳拾名戶部德州臨清管糧工部臨清濟寧管閘安山管河寧陽管泉六分司各拾陸名工部臨清管鈔分司捌名布政司壹百伍拾伍名按察司壹百肆拾玖名登萊海道臨清曹濮沂



州青州武定六兵備道各拾陸名鹽運司拾捌名濟南府知府以下拾員玖拾捌名兗州府知府以下拾貳員玖拾捌名東昌府知府以下拾員伍拾捌名青州府知府以下拾員柒拾捌名萊州府知府以下玖員陸拾捌名登州府知府以下玖員陸拾捌名三王府長史司各貳名知州拾貳名知縣拾名同知判官縣丞主簿每員肆名吏目典史各貳名內歷城臨清濟寧德州爲最衝正官各加陸名鄒滕滋陽汶上東平東阿茌平高唐恩縣聊城武城平原禹城齊河長清肥城泰安寧陽章丘鄒平長山次之益都掖縣蓬

萊係附郭曹沂武定三州有兵備官駐劄正官俱加
肆名佐貳首領每員各加貳名其接遞皁隷若德州
臨清聊城濟寧鄒滕滋陽汶上東平東阿茌平高唐
恩縣等處俱於廠夫內取用其餘州縣遇有接遞聽
於見年甲首暫撥事已則止庫子布政司叁拾伍名
按察司捌名塩運司捌名濟南府貳拾名兖州府壹
拾名東昌府柒名青州府壹拾名萊州府陸名登州
府捌名州縣各貳名府學守祭器各貳名州縣學守
祭器各壹名德州常盈庫貳拾名臨清州看守三廠
貳名　魯府貳名　德府貳名　衡府貳名禁子布
政司司獄司貳拾名按察司司獄司伍拾名塩運司



貳名濟南府司獄司肆拾名兖州府司獄司叁拾名
東青二府司獄司各貳拾名萊登二府司獄司各拾
名臨清曹州各編拾名濟寧武定沂三州益都掖二
縣各編捌名歷城縣編拾肆名滋陽聊城蓬萊三縣
各編陸名汶上東阿平陰壽張陽穀曹費定陶嘉祥
鉅野鄆城郯城城武曲阜魚臺單鄒金鄉泗水寧陽
滕嶧蒙陰臨朐二十四縣各編伍名其餘州編陸名
縣編肆名水馬驛庫子每名銀肆拾陸兩館夫每名
銀玖兩各名數不等俱以衝僻為多寡共伍拾貳驛

庫子肆百貳拾玖名半舘夫壹百肆拾名計銀貳萬壹千壹拾柒兩俱解府支給各驛填註循環聽驛傳守巡道查考衝要會省譚城驛庫子拾玖名舘夫捌名南城水馬驛庫子叁拾名清源水馬驛庫子貳拾肆名安德水驛庫子拾捌名安德馬驛附郭崇武水馬驛庫子各拾陸名荆門水驛庫子拾肆名附郭呂平馬驛并良店梁家莊甲馬營渡口清陽安山開河魯橋沙河九水驛庫子各拾貳名太平魚丘荏山舊縣東原新橋郲城滕陽八馬驛庫子各拾名銅城新嘉界河臨城四馬驛庫子各玖名桃園劉普二馬驛



庫子各伍名安城馬驛庫子肆名以上三十一水馬驛舘夫各叁名次衝東北置五道嶺安德二馬驛庫子各叁名青川村馬驛庫子叁名半僻青泉陶山二水驛庫子各壹名附郭青社馬驛庫子伍名城南馬驛庫子肆名龍山鎮馬驛庫子貳名白山金嶺鎮二馬驛庫子各壹名半青陽丹河夏店古亭灰埠朱橋附郭蓬萊七馬驛庫子各壹名黄山舘龍山二馬驛庫子各半名以上二十水馬驛舘夫各貳名遞運所防夫每名銀陸兩濟南西關德州濟寧金線閘臨清五處各叁拾名甲馬營貳拾肆名新河拾名巡檢司

弓兵泰安顏神鎮楊家店三處各叁拾名金線閘口
貳拾伍名清河鎮堰頭石都寨大石上四莊舊縣鎮
大沽河久山鎮豐國鎮魯橋羅滕鎮安興墓鄒塢鎮
安陵滑口鎮毛陽鎮關陽川裴家圈魏家灣甲馬營
南館陶水保葛溝店十字路穆陵關夾倉鎮廣陵鎮
南龍灣海口信陽鎮紫金關樂安高家港逢猛鎮古鎮
固堤店魚兒鋪亭口鎮柴葫寨乳山寨赤山寨辛汪
寨溫泉鎮孫夼鎮馬停鎮行村寨高山東良海口四
十七處各貳拾名栲栳島拾名俱每名編銀叁兩斗
級之編臨德二倉該部題奉



欽依每名銀拾貳兩徵解該州僉役　魯府廣資倉拾
名　德府廣受倉拾名　衡府豐盈倉拾名臨清倉
伍拾名德州倉肆拾捌名鹽運司倉叁名濟南府廣
豐倉拾名今捌名廣儲倉拾名今捌名兗州府廣盈
倉拾名東昌府廣盈倉拾名青州府永阜倉拾名萊
州府慶豐倉拾名登州府和豐倉捌名各軍倉威海
百尺崖金山奇山肆倉各壹名大嵩海陽大山三倉
各壹名成山靖海寧津尋山四倉各壹名雄崖鰲山
浮山三倉各壹名王徐寨倉壹名靈山夏河二倉各
壹名安東倉壹名德州常豐倉拾伍名府儒學倉各

壹名州縣學倉各壹名州縣預備倉穀非遇荒年不支惟歷城在省間有收放亦入多出少與官倉稅糧歲收歲放者不同往年不論穀數多寡每州縣設斗級貳名老人壹名今革去老人止編斗級通計見在穀數每貳千石編壹名壹萬石編伍名數多者以此遞加少者遞減每名編銀陸兩稅課司凡三十七處俱照舊臨濟德泰安顏神鎮每名銀壹兩其餘每名銀肆兩濟南府拾名德州拾名章丘捌名鄒平捌名長山捌名平原捌名兖州府拾名濟寧州捌名沂州肆名曹縣肆名滕縣肆名郯城縣貳名安平鎮陸名



東昌府拾名臨清州貳拾名濮州肆名范縣肆名館陶縣貳名青州府拾名莒州肆名樂安肆名昌樂肆名安丘肆名諸城肆名博興肆名壽光肆名臨淄陸名沂水肆名顏神鎮陸名萊州府拾名平度州捌名膠州捌名高密縣捌名濰縣捌名登州府陸名寧海州肆名萊陽縣陸名各州縣急遞鋪路有衝僻故司兵有多寡省城總鋪承應　撫按司道府縣其任獨煩照舊設鋪司貳名鋪兵貳拾叁名自省城西至德州南至濟泰東至青州南至滕縣每鋪設鋪司壹名鋪兵肆名總鋪加壹名青州至登州濟寧東至沂州

西至曹州省城西至臨清北至武定每鋪設鋪司壹名鋪兵叁名總鋪加壹名其餘路衝者每鋪司壹名鋪兵貳名總鋪加壹名僻者每鋪設鋪司壹名鋪兵壹名總鋪加壹名其最僻者止設鋪司壹名淄陽益都聊城掖蓬萊伍縣係附郭武定曹沂有兵備駐劄各總鋪又加各壹名臨清有兵備與濟寧有河道分司官臨清加捌名濟寧加叁名俱每名鋪司叁兩鋪兵肆兩鍾鼓夫州縣各壹名鼓夫各貳名每名銀壹兩若別有司更者免編鹽運司舊設脚夫拾貳名本爲運送在省各衙門食鹽而設先年每名止編銀肆



兩須運司庫銀肆兩伍錢赴廠自備包索雇船雇車買運食鹽叁拾引每引計肆百斤拾貳人共運叁百陸拾引至省分送各衙門賠貱甚多役者苦之嘉靖貳拾叁年則例每名加銀肆拾兩徵銀觧送運司自行雇人運送該運使何其高議將前銀肆百捌拾兩內支壹百肆拾肆兩雇人拾貳名在司應役餘銀叁百叁拾陸兩本司差官與同雇役齎往各塲買運叁百陸拾引到司聽候支送呈行日久今照舊編批驗所脚夫惟洛口蒲臺二處有之每名舊編銀壹錢今議運司總設拾貳名洛口肆名蒲臺肆名每名銀叁

兩陸錢接遞夫山東水路北至德州南至濟寧沙河
陸路北自德州南至滕縣沙溝皆士夫往來通衢歲
無虛日故設有夫廠德州水廠壹千伍百名每名銀
肆兩臨清水廠壹千名每名銀陸兩聊城水廠壹千
名每名銀陸兩安山水廠壹千名每名銀拾兩濟寧
水廠壹千叁百名每名銀肆兩滕縣沙溝路廠叁百
陸拾名滋陽路廠叁百伍拾名滕縣鄒縣東平汶上
東阿高唐茌平恩縣八路廠各叁百肆拾名俱每名
銀叁兩臨德二倉舊設修倉夫近奉例每名徵銀貳
兩觧送該州收候戶部委官修理臨清倉伍拾名德



州倉伍拾名看倉夫凡兌運州縣有水次倉者各設
夫壹名看守每名銀伍錢如原無倉及有倉倒塌者
不編臨清州近造戰船編有守船夫拾貳名每名銀
貳兩糸入則例今照舊若船已壞者免編臨濟二處
有窰設窰夫臨清州肆名濟寧州貳名每名銀貳兩
臨濟二州商賈輳集有弓手以司巡盐臨清州拾名
濟寧州拾名每名銀拾兩濟寧等處河口設夫叁百
壹拾名居守安平鎮貳百叁拾陸名沙灣柒拾肆名
每名徵銀伍兩歲解該州縣貯庫聽用兗州壩四處
舊編壩夫伍百叁拾名今除東阿縣伍拾名陽穀縣

叁拾伍名改撥浅夫免編外東平州戴村壩貳百肆拾名寧陽縣堽城壩肆拾名滋陽縣金口壩壹百陸拾伍名共肆百肆拾伍名遇水衝決督令修理戴村壩夫內肆拾名全年停役每名徵銀五兩貯庫聽用其餘每名定銀貳兩橋夫壹百捌名德州橋拾貳名臨清州廣積等橋貳拾捌名濟寧州南門橋拾捌名西草橋拾肆名濟安橋肆名南小門橋貳名馬驛橋貳名安平鎮橋貳拾捌名每名俱定銀貳兩各河水險設夫以渡亦勢不可少者安平鎮肆名每名銀貳兩濰膠二河各陸名每名銀壹兩清洋二河各肆名



每名銀壹兩濟陽東門河叁名每名銀壹兩臨河貳名每名銀肆兩洰洱河肆名每名銀貳兩黃河衝決無常近河州縣專設椿夫以司修築然用工有時歲不全役故每夫止定銀叁兩曹縣叁百玖拾名單縣貳百壹拾柒名城武縣叁百壹拾伍名金鄉縣壹百叁拾柒名定陶縣伍拾名運河之水出於諸泉故設泉夫以司修濬然工用有時歲不全役今照河道規格馬庄泉貳拾名滕縣內壹百名每名徵銀叁兩貯庫聽用其餘俱編銀貳兩總額貳千壹百叁拾陸名泰安州叁百伍拾玖名新泰縣貳百貳拾玖名肥城

縣捌拾捌名萊蕪縣貳百貳拾伍名濟寧州貳拾陸名嶧縣陸拾叁名滋陽縣叁拾名曲阜縣柒拾陸名鄒縣壹百伍拾名魚臺縣伍拾名東平州柒拾貳名滕縣叁百叁拾貳名寧陽縣壹百捌拾柒名泗水縣壹百柒拾柒名汶上縣肆拾名又馬庄泉貳拾名平陰縣拾貳名其通運道有閘夫有溜夫有淺鋪夫有撈淺夫有淺夫原額共設壹萬壹百零柒名東昌府貳千叁百壹拾捌名兗州府柒千陸百肆拾玖名濟南府壹百肆拾名夫以萬計不爲不多矣閘夫溜夫雖常在役而凍月亦閑淺鋪夫撈淺夫則用工少而



閑日多故先年每名止編銀叁兩或肆兩據歷年則例及各州縣議稱一倍率五六倍遠則十餘倍者有之皆因近閘之民用計抑勒以至於此二府之民歲受其害今次閘夫溜夫每名定銀陸兩淺鋪夫撈淺夫每名定銀肆兩東河淺夫定銀叁兩德州淺夫定銀貳兩伍錢閘夫原派壹千貳百柒拾捌名湖陵城孟陽泊八里灣穀亭南陽棗林魯橋師家庄仲家淺新店石佛趙村天井在城寺前鋪開河袁家口靳家口安山戴家廟上新中新下新周家店李海務通濟橋梁家鄉土橋戴家灣閘各叁拾名南旺上下閘求

溜閘各肆拾名荊門阿城七級上下閘各伍拾名陽城湖小閘伍名片玉碎玉二閘拾陸名宮村吴太二閘肆名港里小閘貳名分水閘肆名李太口閘肆名魚營閘陸名減水閘肆名沙灣小閘叁名南板橋閘壹百名瀦夫壹千柒百壹拾陸名湖陵城閘陸拾名孟陽泊八里灣穀亭南陽棗林魯橋師家莊仲家淺新閘新店石佛趙村閘各壹百伍拾名穀亭閘壹百柒拾名天井在城寺前舖南旺上下閘各壹百名上新中新下新各捌拾名廣運閘肆拾叁名南板橋閘伍拾名淺舖夫貳千貳百玖拾肆名沿河栢林等處



貳百壹拾名濟寧等處壹百貳拾名長溝等處玖拾名南旺等處壹百肆拾名堽里拾名棗河陸名安山等處叁百柒拾捌名聊城等處叁百陸拾名戴家灣口壹百肆拾名撈淺夫叁千陸百肆拾肆名穀亭等處貳百伍拾名濟寧等處陸百捌拾壹名長溝等處玖拾名臨清等處肆百陸拾名武城貳百玖拾名河肆百貳拾名南旺等處伍百名東平安山等處壹千伍名聊城等處伍百名戴家灣壹百伍拾名臨清等處壹百叁拾捌名淺夫壹百柒拾伍名洸河叁拾名濟河貳拾伍名棗河壹百貳拾名各道有馬快手共

貳千肆百捌拾伍名每名工食連馬草料編銀拾捌兩團操民壯玖千玖百陸拾貳名每名編銀柒兩貳錢俱力差德州道坐編歷城縣馬快手肆拾名團操民壯貳百名平原縣馬快手叁拾名團操民壯壹百名德州馬快手肆拾名團操民壯壹百陸拾名禹城縣馬快手叁拾名團操民壯壹百名長清縣馬快手貳拾名團操民壯壹百名肥城縣馬快手貳拾名團操民壯玖拾名齊河縣馬快手貳拾名團操民壯伍拾名以上共馬快手貳百名團操民壯捌百名武定道坐編本州馬快手肆拾名團操民壯壹百捌拾名



濱州馬快手叁拾名團操民壯壹百陸拾名商河縣馬快手貳拾名團操民壯壹百名章丘縣馬快手貳拾名團操民壯壹百伍拾名陽信縣馬快手貳拾名團操民壯壹百名新城縣馬快手貳拾名團操民壯陸拾名鄒平縣馬快手貳拾名團操民壯玖拾名臨邑縣馬快手貳拾名團操民壯柒拾伍名濟陽縣馬快手貳拾名團操民壯壹百名青城樂陵德平陵肆縣馬快手各貳拾名團操民壯各捌拾名蒲臺齊東利津海豐霑化伍縣馬快手各貳拾名團操民壯各柒拾名以上共馬快手叁百玖拾名團操民壯壹千

柒百名臨清道坐綸本州馬快手肆拾名團操民壯壹百伍拾名高唐州馬快手肆拾名團操民壯壹百名聊城縣馬快手叁拾名團操民壯肆拾捌名東阿縣馬快手叁拾名團操民壯陸拾名平陰堂邑丘叁縣馬快手各貳拾名團操民壯各肆拾名茌平縣馬快手叁拾名團操民壯肆拾名恩縣馬快手叁拾名團操民壯玖拾名壽張縣馬快手貳拾名團操民壯叁拾名博平清平莘三縣馬快手各貳拾名團操民壯各肆拾名館陶縣馬快手貳拾名團操民壯叁拾名武城陽穀二縣馬快手各貳拾名團操民壯各伍拾名夏津縣馬快手貳拾名團操民壯柒拾名冠縣馬快手貳拾名團操民壯肆拾名以上共馬快手肆百肆拾名團操民壯玖百玖拾捌名曹濮道坐編曹州馬快手肆拾名團操民壯貳百肆拾名汶上縣馬快手叁拾名團操民壯壹百貳拾名東平州馬快手肆拾名團操民壯伍拾名曹縣馬快手貳拾名團操民壯壹百貳拾名濮州馬快手叁拾名團操民壯壹百貳拾名鉅野縣馬快手貳拾名團操民壯捌拾名金鄉縣馬快手貳拾名團操民壯柒拾名單縣馬快手貳拾名團操民壯壹百壹拾名鄆城定陶二縣馬

快手各貳拾名團操民壯各陸拾名觀城縣馬快手
貳拾名團操民壯貳拾名朝城魚臺二縣馬快手各
貳拾名團操民壯各伍拾名范縣馬快手貳拾名團
操民壯叁拾名城武縣馬快手拾捌名團操民壯陸
拾名嘉祥縣馬快手貳拾名以上共馬快手叁百柒
拾名團操民壯壹千貳百肆拾名沂州道坐編本州
馬快手肆拾名團操民壯叁百名滕縣馬快手叁拾
名團操民壯壹百名鄒城縣馬快手貳拾名團操民
壯壹百名滋陽縣馬快手叁拾名民壯無鄒縣馬快
手叁拾名團操民壯壹百名嶧縣馬快手貳拾名團



操民壯捌拾名濟寧州馬快手肆拾名團操民壯陸
拾名曲阜泗水二縣馬快手各貳拾名團操民壯各
肆拾名費縣馬快手貳拾名團操民壯壹百名泰安
州馬快手叁拾名團操民壯壹百名寧陽縣馬快手
貳拾名團操民壯捌拾名以上馬快手叁百貳拾名
團操民壯壹千壹百名青州道坐編莒州馬快手叁
拾名團操民壯貳百名益都縣馬快手叁拾名團操
民壯壹百捌拾名蒙陰縣馬快手叁拾名團操民壯
壹百貳拾名諸城縣馬快手叁拾名團操民壯壹百
肆拾名樂安縣馬快手貳拾名團操民壯壹百伍拾

名傳與縣馬快手貳拾名團操民壯壹百貳拾名臨朐縣馬快手叁拾名團操民壯壹百伍拾名日照縣馬快手貳拾名團操民壯壹百名昌樂縣馬快手貳拾名團操民壯壹百壹拾名萊蕪縣馬快手貳拾名團操民壯玖拾名長山淄川二縣馬快手各貳拾名團操民壯各壹百名壽光沂水二縣馬快手各叁拾名團操民壯各壹百叁拾名安丘縣馬快手貳拾名團操民壯壹百叁拾名新泰縣馬快手貳拾名團操民壯叁拾名高苑縣馬快手貳拾名團操民壯肆拾名臨淄縣馬快手貳拾名團操民壯壹百名以上共



馬快手肆百叁拾名團操民壯貳千壹百貳拾名巡察海道坐編萊陽縣馬快手貳拾名團操民壯貳百貳拾名平度州馬快手叁拾名團操民壯貳百名膠州馬快手貳拾伍名團操民壯壹百柒拾名寧海州馬快手叁拾名團操民壯壹百玖拾名昌邑縣馬快手貳拾名團操民壯壹百柒拾名掖縣馬快手叁拾名團操民壯玖拾名高密縣馬快手貳拾名團操民壯壹百伍拾名濰縣馬快手貳拾名團操民壯壹百陸拾名棲霞招遠二縣馬快手各貳拾名團操民壯各壹百名文登縣馬快手貳拾名團操民壯壹百伍

拾肆名福山縣馬快手貳拾名團操民壯柒拾名黄
縣馬快手貳拾名團操民壯玖拾名即墨縣馬快手
貳拾名團操民壯陸拾名蓬萊縣馬快手貳拾名團
操民壯捌拾名以上共馬快手叁百叁拾伍名團操
民壯貳千肆名各府州縣守城民壯捌千壹百名每
名俱編銀肆兩濟南府貳千肆百玖拾伍名歷城縣
壹百伍拾名平原縣壹百伍名泰安武定濱三州章
丘鄒平長山淄川禹城陽信商河蒲臺八縣各壹百
名齊東長清肥城陵縣萊蕪濟陽樂陵德平八縣各
捌拾名青城臨邑海豐利津霑化五縣各柒拾名新



城陸拾名齊河伍拾名新泰肆拾名兖州府貳千伍
拾名滋陽縣壹百陸拾名金鄉縣壹百壹拾名濟寧
曹沂三州汶上鄆城滕費單五縣各壹百名曹鄒二
縣各玖拾名鉅野捌拾名寧陽嶧二縣各柒拾名嘉
祥鄆城東阿三縣各陸拾名東平州陽穀城武魚臺
三縣各伍拾名曲阜泗水平陰壽張定陶五縣各肆
拾名東昌府玖百叁拾伍名臨清高唐二州各壹百
名濮州恩縣各捌拾名夏津柒拾名武城伍拾伍名
聊城伍拾名茌平博平清平堂邑丘冠莘朝城八縣
各肆拾名館陶范縣各叁拾名觀城縣貳拾名青州

府壹千叁百伍拾名樂安縣壹百肆拾名博興縣壹百壹拾名益都壽光昌樂臨朐安丘諸城蒙陰莒州沂水玖州縣各壹百名臨淄日照二縣各捌拾名高苑肆拾名萊州府陸百貳拾名平度膠州濰縣昌邑高密五州縣各壹百名掖縣捌拾名即墨縣肆拾名登州府陸百伍拾名寧海州棲霞萊陽縣各壹百名黄縣招遠文登各捌拾名蓬萊縣柒拾名福山縣肆拾名嘉靖叁拾年銀差力差數目雖一輕重懸殊復於府派貧派之中提出銀力二項及將撫按河道户工分司二司兵備道府運王府朝房長史司門皁及二司庫禁等役俱改作銀差令大户徵收係撫按兩司者解濟南府係河道户工分司兵備道者解各駐劄州縣係運司各府者解各附郭縣催人應役若編在附郭及駐劄州縣僱民自願應役者聽即以原編銀數給之其工食撫按二司門子與皁隸俱照舊本年奉例清軍加編清軍察院門子肆名每名銀伍兩皁隸貳拾名每名銀陸兩布政司加皁隸伍名按察司加皁隸肆名照例每名銀拾貳兩王府朝房長史司運司各府門子舊俱編陸兩皁隸柒兩貳錢今議運司各府照撫按二司人役同編係王府者只仍其

舊庫字禁子二司運司幷各府俱每名編銀拾貳兩
但運司各府庫子經收錢糧禁子看守獄囚干係匪
輕仍編力差聽本身自當餘俱改作銀差照行徵解
聽雇州縣門子比舊減銀壹兩止編叁兩禁子比舊
減銀貳兩止編捌兩各州縣設有察院分司兵備道
太僕寺府館公館等衙門每處門子壹名舊壹例編
銀壹兩今議最衝歷城臨清濟寧德州高唐東平聊
城恩縣武城茌平東阿汶上滋陽鄒縣滕縣平原齊
河禹城十八州縣每名編銀貳兩次衝泰安長清肥
城寧陽章丘鄒平長山七州縣每名編銀壹兩伍錢



其餘州縣每名編銀壹兩奎章閣門子壹名今編叁
兩比舊加銀貳兩社稷三壇門子今每壇壹名每名
減銀伍錢止編伍錢其餘看守祠館等役俱編壹兩
以上盡僉力差聽各户人自當雇人代當者照規打
討惟奎章閣門子係鄒縣編解曲阜縣雇役今已加
銀不許倍收軍器舊則止徵料銀肆千壹百柒拾肆
兩柒錢玖分肆釐伍毫柒忽陸微貳纖伍沙中間脚
價有並徵者但均徭失編數多俱無全額今據各府
議冊乞要補編查得額辦軍器簿內該工部節奉
准事例每衛捌拾副每所貳拾副通行有衛所軍三

民七派剏本省境內濟南等十七衛各該民料銀壹百柒拾捌兩玖錢壹分伍釐貳毫伍絲東昌衛民料銀捌拾玖兩肆錢伍分柒釐陸毫貳絲伍忽肥城等十一所各該民料銀肆拾肆兩柒錢貳分玖釐捌毫壹絲其脚價議得舟楫可通道路頗易如濟南臨清平山濟寧青州伍衛各柒拾兩東昌衛伍拾貳兩伍錢肥城滕縣東平諸城四所各叁拾伍兩舟楫不通山路難行如安東萊州靈山大嵩鰲山成山靖海威海寧海登州十衛各捌拾肆兩膠州雄崖海陽奇山寧津五所各肆拾貳兩通民料脚價共銀伍千貳百



壹拾五兩五錢肆分肆釐柒毫捌絲五忽濟兗東青登五府所屬衛所料脚俱有原酌州縣派有定額除足料價外平山臨清二衛每衛餘銀壹拾壹兩捌分肆釐柒毫伍絲東昌衛餘銀伍兩捌錢肆分伍釐叁毫柒絲伍忽青州左衛餘銀肆兩叁分玖釐陸毫玖絲並聽貯庫候補拖欠之用原酌州縣數目具例圖總巡攔在商貨流通之地倚借公法綱羅市利其差為至輕在商賈不通之處舊額課數責令包賠其差為至重各府查議平度高密掖濰福山棲霞六州縣課多賠累每名編銀陸兩歷城德州泰安臨清四州縣商貨輻輳

嶧縣課鈔甚少每名編銀伍錢武定州魚臺縣皆通
商賈霑化海豐壽張夏津四縣課數不多每名編銀
貳兩青城東平聊城三州縣商貨亦通寧海州黃縣
課額頗少每名編銀叁兩齊河縣課銀止該拾貳兩
免編巡攔即令縣官帶收其餘俱照舊每名編銀肆
兩凡小民自織布疋自種蔬菜雜果出賣非興販者
不許取稅內除濟南府并所屬德州章丘鄒平長山
平原兗州府并所屬安平鎮濟寧沂曹三州滕曹鄆
城三縣東昌府并所屬臨清濮州館陶范縣青州府
并所屬顏神鎮臨淄縣莒州樂安昌樂安丘諸城博



興壽光沂水等縣萊州府并所屬平度膠州高密濰
縣登州府并萊陽縣寧海州上次僉有定額徵稅無
欠外在濟南府屬仍有淄川齊東青城濟陽長清肥
城禹城臨邑陵縣泰安萊蕪德平武定海豐樂陵霑
化利津十八州縣未編今各僉肆名新泰陽信商河
蒲臺五縣各僉貳名兗州府屬曲阜寧陽泗水金鄉
魚臺城武嘉祥鉅野鄆城東平平陰壽張鄒費十五
州縣各僉貳名嶧縣定陶陽穀各僉壹名東昌府屬
高唐茌平博平清平堂邑莘冠丘恩夏津武城觀城
朝城十三州縣各僉貳名萊州府屬昌邑即墨二縣

各兵餉見今登州府蓬萊黄縣福山棲霞招遠文登五縣各兵僉貳名日照諸城高苑蒙陰汶上單縣照舊免僉司兵除上次酌議衝僻州縣增减停妥仍照舊外查得平度州石橋郵湖蘇村高望山劉野站蕭場丘西平家莊紀家莊亭口十鋪亦係衝路各添兵夫壹名朱村鋪併入古現鋪共編司兵貳名昌邑縣北逄黒埠卜莊杜埠四鋪各添兵夫貳名招遠縣胡汪宅上王徐三鋪各編司兵叁名梁家田基張星阜隂北尺張郎蕭都曲城馬埠老翅鐘離石城十二鋪路僻司兵各减銀壹兩遞運所防夫今添龍山鎮馬驛叁拾



名內濟陽鄒平長山三縣各編拾名接遞夫德州水厰上年德州極言綱頭小甲之弊要得各州縣解入輪差　撫院查議百姓裹糧遠役其費尤多况又未必無弊行令本州原坐户部分司門皁王府民校驛傳舘庫等銀該壹千貳百兩准改濱州鄒平齊河等縣代編免其解夫本州加編厰夫貳百伍拾名并原夫肆百伍拾名共柒百名陵縣减伍拾名止編捌拾名平原縣减陸拾名止編貳拾伍名共捌百名輪流聽差濟南府議仍照舊編為便於本州柒百名內减去壹百壹拾伍名止編伍百捌拾伍名陵縣全編壹

百叁拾名平原縣今編捌拾伍名共編正夫仍足捌百名數其德平商河二縣各編壹百肆拾名樂陵濟陽陽信武定臨邑禹城六州縣各編柒拾名俱照舊徵銀雇募諸廠亦各分別銀力貳差以均節民力勝縣議稱路夫勞費每名歲用銀貳拾兩通欲加銀恐門丁銀數不敷合就中分別青白貳夫壹分編青夫每名銀叁兩專候接遞皁隸之用貳分編白夫每名銀肆兩專擡扛轎此議勞逸最均可為通例今計德州水廠壹千伍百名力差捌百名銀差柒百名聊城水廠壹千名本縣貳百捌拾伍名力差濮州叁百貳拾名莘縣壹百貳拾名冠縣捌拾名朝城觀城各柒拾名博平貳拾伍名范縣叁拾名俱銀差臨清水廠壹千名本州貳百肆拾名力差冠縣貳百名夏津莘縣各叁拾名館陶貳百叁拾名濮州壹百肆拾名朝城范縣各貳拾名博平壹拾名丘縣捌拾名俱銀差安山水廠壹千名東平州肆百名力差壽張壹百伍拾名東阿壹百肆拾伍名陽穀肆拾伍名汶上肆拾名平陰壹百陸拾名曹州曹縣單縣各拾名魚臺鄆城各陸名鉅野伍名定陶肆名濟寧城武寧陽各叁名俱銀差濟寧水廠壹千叁百名本州壹千名力差

鄆城壹百貳拾名曹州曹縣寧陽各叁拾名鉅野陸拾名泗水貳拾陸名又自本州歸回肆名俱銀差滕縣沙溝路廠叁百陸拾名內青夫壹百玖名本縣柒拾叁名嶧縣叁拾陸名白夫貳百貳拾壹名本縣壹百肆拾柒名嶧縣柒拾肆名俱力差叁拾名銀差本縣貳拾伍名嶧縣伍名滕縣路廠叁百肆拾名內青夫壹百叁名白夫貳百柒名俱力差叁拾名銀差鄒縣路廠叁百肆拾名內青夫壹百叁名白夫貳百柒名俱力差叁拾名銀差滋陽路廠叁百伍拾名內青夫壹百陸名白夫貳百壹拾肆名俱力差叁拾名銀



差東平路廠叁百肆拾名內青夫壹百叁名白夫貳百柒名俱力差叁拾名銀差汶上路廠叁百肆拾名內青夫壹百叁名白夫貳百柒名俱力差叁拾名銀差東阿路廠叁百肆拾名內青夫壹百叁名白夫貳百柒名俱力差叁拾名銀差高唐路廠叁百肆拾名內青夫壹百叁名白夫貳百柒名俱力差叁拾名銀差茌平路廠叁百肆拾名內青夫壹百叁名白夫貳百柒名俱力差叁拾名銀差恩縣路廠叁百肆拾名內青夫壹百叁名白夫貳百柒名俱力差叁拾名銀差又平度州協濟扛夫貳拾伍名即墨縣協濟扛夫

拾伍名俱銀差以上路廠除滕縣沙溝廠有協濟餘皆本州縣自編其銀差徵銀貯庫專爲磁扛雇夫之用而加不用准正支銷各項河夫共計貳萬貳千柒百陸拾叁名歲不全役差銀未減近於糜民該

總理河道察院議處夫役以蘇民困查將河夫空閒不全役者減其差銀作爲停役自嘉靖叁拾年爲始每次均徭每名止編銀壹兩壹年一編銀伍錢聽候大挑調用工完即便放回並免別項徵調守口夫叁百壹拾名舊每名徵銀伍兩觧州貯庫聽河道取用今俱作停役止編銀伍錢聽候大挑壩夫肆百肆拾



伍名内戴村壩肆拾名舊每名改徵銀伍兩亦觧該州貯庫聽河道取用今作停役編銀伍錢聽候大挑共餘肆百伍名存留見役照舊每名編銀貳兩橋夫壹百捌名内將小南門橋貳名着令中新閘濟安橋肆名着令上新閘各存留夫帶管馬驛橋貳名着令地方看守濟寧州南門橋捌名西草橋肆名安平鎮橋壹拾陸名俱作停役每名編銀伍錢聽候大挑其餘柒拾貳名存留見役每名照舊編銀貳兩泉夫内將汶上縣馬莊泉貳拾名滕縣壹百名共壹百貳拾名作爲停役編銀伍錢聽候大挑其餘貳千壹拾

陸名存留見役每名編銀叁兩比舊加銀壹兩閘夫
溜夫淺舖夫撈淺夫原額壹萬壹百柒名今將陽城
湖小閘夫伍名片王碎王二閘拾陸名宮村吳泰二
閘肆名塔里小閘貳名分水閘肆名上新閘貳拾陸
名下新閘叁拾名李泰口閘肆名魚營閘陸名減水
閘肆名沙灣小閘貳名中新閘叁拾名永通閘叁拾
捌名以上壹百柒拾名俱閘夫上新閘溜夫捌拾名下新閘溜夫
柒拾陸名中新閘溜夫柒拾陸名廣運閘肆拾貳名
以上溜夫共貳百柒拾肆名塔里淺舖夫拾名裏河陸名以上淺舖夫共
壹拾陸名共夫肆百陸拾壹名俱作停役每名編銀伍錢



聽候大挑其餘玖千陸百肆拾陸名存留見役德州
淺夫每名照舊貳兩伍錢裏河淺夫每名照舊銀叁
兩閘夫溜夫照舊銀陸兩淺舖夫撈淺夫照舊銀肆
兩民兵快壯嘉靖貳拾捌年該兵部　題覆警急
武事不可不備乞　欽差科部等官赴近省兵備道
抽選招募民兵以助比征查得本省舊額各道有馬
快手貳千肆百捌拾伍名團操民壯玖千玖百陸拾
貳名合於團操民壯內每壹百名抽選貳拾伍名改
爲有馬民壯德州道團操民壯捌百名抽選貳百名
武定道團操民壯壹千柒百名抽選肆百貳拾伍名

臨清道團操民壯玖百玖拾捌名抽選貳百肆拾捌名曹濮道團操民壯壹千貳百肆拾名抽選叁百壹拾名沂州道團操民壯壹千壹百名抽選貳百柒拾伍名青州道團操民壯貳千壹百貳拾名抽選伍百叁拾名巡察海道團操民壯貳千肆名抽選伍百肆名共抽選貳千肆百玖拾貳名連快手實得有馬人數肆千玖百柒拾柒名除快手貳千壹百玖拾伍名有馬民壯壹千捌百伍名共肆千名聽候

欽差科部選爲民兵及招募義勇填補之數俱每名編銀壹拾捌兩尚存快手貳百玖拾名有馬民壯陸百捌拾柒名貳項共玖百柒拾柒名仍聽各兵備道團操俱每名編銀壹拾壹兩貳錢步隊民壯柒千肆百柒拾名照舊每名編銀柒兩貳錢通計德州道原編馬快貳百名内選民兵壹百柒拾捌名存操貳拾貳名改編馬壯貳百名内選民兵壹百肆拾貳名存操伍拾捌名共計民兵叁百貳拾名聽候北征其存操捌拾壹名并步隊陸百名俱在道操備武定道原編馬快叁百玖拾名内選民兵叁百叁拾肆名存操伍拾陸名改編馬壯肆百貳拾伍名内選民兵叁百貳拾壹名存操壹百肆名共計民兵陸百伍拾伍名聽

俱北征其存操壹百陸拾名幷步隊壹千貳百柒拾伍名在道操備臨清道原編馬快肆百肆拾名內選民兵叁百柒拾伍名存操陸拾伍名改爲馬壯貳百肆拾捌名內選民兵壹百柒拾捌名存操柒拾名共計民兵伍百伍拾叁名聽候北征其存操壹百叁拾伍名幷步隊柒百伍拾名俱在道操備曹濮道原編馬快叁百柒拾名內選民兵叁百叁拾貳名存操叁拾捌名改編馬壯叁百壹拾名內選民兵貳百壹拾捌名存操玖拾貳名共計民兵伍百伍拾名聽候北征其存操壹百叁拾名幷步隊玖百叁拾名俱在道



操備沂州道原編馬快叁百貳拾名內選民兵貳百捌拾貳名存操叁拾捌名改編馬壯貳百柒拾伍名內選民兵壹百玖拾捌名存操柒拾柒名共計民兵肆百捌拾名聽候北征其存操壹百壹拾伍名幷步隊捌百貳拾伍名俱在道操備青州道原編馬快肆百叁拾名內選民兵叁百玖拾貳名存操貳拾肆名改編馬壯伍百叁拾名內選民兵叁百柒拾捌名存操壹百伍拾貳名共計民兵柒百柒拾名聽候北征其存操壹百玖拾名俱在道操備巡察海道原編馬快叁百叁拾伍名內選民兵叁百貳名存操叁拾叁

名改編民壯伍百肆名內選民兵叁百陸拾捌名有
操壹百叁拾陸名共計民兵陸百柒拾名聽候北征
其存操壹百陸拾玖名幷步隊壹千伍百名俱在道
操備守城民壯照舊捌千壹百名嘉靖叁拾貳年議
兗州東昌二府力差獨浮於他郡雖節取料價以示
寬恤然原額本多終無少補先該監察御史趙 建
議要於歲運肆百萬石內每石加派銀貳分隨貳肆
銀俱解 漕運都察院類送河道衙門聽候雇夫此
誠大公經久之策未見舉行近該監察御史陳 題
爲陳愚見以裨鹽政以濟時艱事內稱兗州土瘠人



稀拋荒偏野又重以脩河之役民窮且逃乞於山東
五府均徑內量加銀兩解發兗州府收貯雇夫節該
巡撫都御史沈 巡按監察御史馮 行布政司議
得前項河道夫役欲照原題均派五府解銀雇役則
來春係大挑年分原編州縣既已停止而各府銀兩
未即徵解恐誤 欽限工程縱使各府編爲力差則
千里裹糧尤爲不便欲令兗州照舊編派則該府偏
累已久委係困敝況近被重大災傷尤當亟處相應
通計合用河夫歲該若干名共銀若干兩然後查照
六府所屬多寡州縣大小分別上中下三等攷銀力

二差輕重通融酌量分派其兗州府除應該額派之外餘者再除抵作先年改派料銀之數抵除之外仍有多餘銀兩查將別項銀差抵數分派各府凡河道夫役仍令兗州府屬照舊編僉如此在各府雖不免有加銀徵解之難而河夫雇役數外賠補之費各府亦自無累今以各府銀力原額計之濟南府所屬共力差陸萬柒千捌百肆拾柒兩叁錢銀差壹拾萬捌千壹拾玖兩叁錢陸分兗州府所屬共力差壹拾萬玖千肆百壹拾肆兩銀差陸萬柒千貳拾壹兩東昌府所屬共力差肆萬玖千柒百貳拾陸兩伍錢銀差叁萬柒千貳百叁拾柒兩陸錢貳分青州府所屬共力差叁萬貳千貳百捌拾兩柒錢銀差伍萬玖千叁百伍兩玖錢肆分萊州府所屬共力差壹萬貳千陸百捌拾貳兩陸錢銀差壹萬陸千柒百壹兩伍錢貳分登州府所屬共力差壹萬陸千肆百陸拾肆兩玖錢銀差壹萬肆千叁百伍拾柒兩叁錢壹分六府之中兗州府力差居叁之貳東昌府次之餘皆銀差浮於力差萊州最輕青州次之濟南登州又次之以河夫銀數計之閘壩泉堤淺舖撈淺橋溜守口等項夫役共壹萬肆千叁百貳名合叁名另各編銀不等共五萬

陸千肆百捌拾捌兩伍錢見役夫壹萬叁千叁百伍拾陸名共銀伍萬陸千伍兩停役夫玖百陸拾柒名每名銀伍錢共銀肆百捌拾叁兩伍錢今以前項夫銀酌量各府所屬多寡分別上中下三等通融均攤青州府上等四縣中等四縣下等一州五縣該銀柒千貳百捌拾捌兩壹錢萊州府上等一州一縣中等三縣下等一州一縣該銀肆千柒拾貳兩伍錢登州府上等一州一縣中等二縣下等四縣該銀肆千陸拾柒兩肆錢濟南府上等一州五縣中等三州十五縣下等六縣該銀壹萬柒千壹百柒拾肆兩捌錢





內除泰安州肥城縣新泰縣見編各項河夫銀叁千柒拾柒兩外少編銀壹萬肆千玖拾柒兩捌錢東昌府上等一州三縣中等二州七縣下等五縣該銀壹萬玖拾捌兩除見編各項河夫銀壹萬貳拾捌兩少編銀柒拾兩兖州府上等一州五縣中等八縣下等三州十縣該銀壹萬叁千柒百捌拾柒兩柒錢該府見編各項河夫銀肆萬叁千捌拾叁兩伍錢內除應該壹萬叁千柒百捌拾柒兩柒錢外多編銀貳萬玖千貳百玖拾伍兩捌錢內再除壹萬壹千伍百玖拾陸兩抵作先年改派五府料銀之數尚多編銀壹萬

柒仟陸百玖拾玖兩捌錢應合分派各該府屬循照各府徵派不前查將該府原坐省派藥材野味京班柴薪直堂皁隸胖襖狐狸皮柴夫木柴布按運司柴薪皁隸等銀壹萬伍千貳百叁拾貳兩捌錢貳分伍釐捌毫肆絲叁忽貳微并上年續派柴夫銀捌百肆拾叁兩壹錢共銀壹萬陸千柒拾陸兩貳分伍釐捌毫肆絲叁忽貳微應合照依前項州縣等第遞減分派除東昌府力差已浮前項少編銀柒拾兩數亦不多免派外其濟南府所屬該銀柒千玖百伍拾肆兩肆錢貳分伍釐捌毫肆絲叁忽貳微青州府所屬該



銀叁千捌百肆拾肆兩陸錢萊州府所屬該銀貳千壹百壹拾陸兩登州府所屬該銀貳千壹百陸拾壹兩其河道夫役仍令兖州府所屬僉編力差其前項原坐藥材等銀州縣各除不等鄒縣應除銀肆百伍拾捌兩陸錢柒分壹釐曲阜縣應除銀伍百壹拾柒兩貳錢滕縣應除銀捌百伍拾玖兩玖錢嶧縣應除銀柒百陸拾肆兩伍錢貳分寧陽縣應除銀柒百捌拾捌兩貳錢貳分魚臺縣應除銀壹百貳拾叁兩壹錢伍分貳釐滋陽縣應除銀壹百捌拾柒兩玖錢伍分城武縣應除銀伍百陸拾叁兩玖錢捌分伍釐陸

毫泗水縣應除銀伍百貳拾柒兩伍錢肆分金鄉縣應除銀柒百壹拾柒兩郯城縣應除銀伍百玖拾叁兩陸錢捌分費縣應除銀壹千壹拾叁兩捌錢伍分沂州應除銀壹千壹百捌拾柒兩壹錢陽穀縣應除銀叁百柒拾叁兩柒錢伍分東阿縣應除銀陸拾柒兩捌錢伍分汶上縣應除銀玖兩東平州應除銀伍拾兩曹州應除銀壹千玖百柒拾貳兩壹錢伍分鄆城縣應除銀肆百貳拾伍兩捌錢伍分貳釐貳毫肆絲叁忽貳微濟寧州應除銀陸兩貳錢陸分嘉祥縣應除銀壹拾肆兩柒錢鉅野縣應除銀壹千伍拾貳



兩壹錢壹分曹縣應除銀壹千捌百貳拾壹兩捌錢柒分伍釐定陶縣應除銀肆百壹拾柒兩柒錢平陰縣應除銀貳百柒拾伍兩捌錢壽張縣應除銀壹百玖拾玖兩壹分單縣應除銀壹千玖拾肆兩壹錢兗州府合屬共除過藥材銀壹百壹兩玖分肆釐貳毫肆絲叁忽貳微野味銀伍拾叁兩玖錢陸釐陸毫京班柴薪皁隷銀壹千柒百貳拾捌兩京班直堂皁隷銀貳百壹拾兩胖襖銀壹千叁百陸拾肆兩貳錢貳分伍釐孤狸皮銀貳百叁拾壹兩柒夫銀壹萬肆百叁拾柒兩柒錢續派柴夫銀捌百肆拾叁兩壹錢木

柒銀陸百捌拾柒兩布政司柒新阜隷銀壹百叁拾貳兩按察司柒新阜隷銀捌拾肆兩運司柒新阜隷銀貳百肆兩以上各項共銀壹萬陸千捌拾貳兩貳分伍釐捌毫肆絲叁忽貳微前銀加派濟青萊登四府所屬代徵不等濟南府上等五縣歷城縣加銀叁百玖拾兩章丘縣加銀叁百玖拾兩齊東縣加銀叁百捌拾柒兩柒錢青城縣加銀叁百玖拾兩陽信縣加銀叁百捌拾玖兩玖錢陸釐陸毫中等鄒平縣加銀壹百陸拾玖兩伍錢玖分肆釐貳毫肆絲叁忽貳徵淄川縣加銀貳百玖拾兩伍錢長山縣加銀貳百



柒拾玖兩貳錢貳分伍釐齊河縣加銀貳百捌拾兩濟陽縣加貳拾名銀貳百捌拾兩禹城縣加銀貳百捌拾兩伍錢臨邑縣加銀貳百捌拾兩伍錢長清縣加銀貳百捌拾兩伍錢肥城縣加銀貳百捌拾兩陵縣加銀貳百捌拾兩德州加銀叁百捌拾玖兩伍錢德平縣加銀貳百捌拾兩伍錢平原縣加銀貳百捌拾兩伍錢武定州加銀叁百捌拾玖兩伍錢海豐縣加銀貳百捌拾兩樂陵縣加銀貳百捌拾兩濱州加銀叁百捌拾玖兩伍錢下等新城縣加銀壹百捌拾伍兩商河縣加銀壹百捌拾伍兩利津縣加銀貳百

捌拾伍兩霑化縣加銀壹百捌拾伍兩伍錢蒲臺縣加銀壹百捌拾陸兩青州府上等益都縣加銀叁百玖拾兩樂安縣加銀叁百玖拾兩伍錢臨朐縣加銀叁百玖拾兩壽光縣加銀叁百玖拾兩伍錢中等諸城縣加銀貳百捌拾兩伍錢昌樂縣加銀貳百捌拾兩伍錢沂水縣加銀貳百捌拾兩伍錢蒙陰縣加銀貳百捌拾兩伍錢下等莒州加銀貳百叁拾叁兩臨淄縣加銀壹百捌拾伍兩伍錢安丘縣加銀壹百捌拾伍兩伍錢日照縣加銀壹百捌拾陸兩博興縣加銀壹百捌拾陸兩高苑縣加銀壹百捌拾伍兩陸錢



萊州府上等平度州加銀肆百陸拾陸兩濰縣加銀叁百玖拾兩中等即墨縣加銀貳百捌拾兩昌邑縣加銀貳百捌拾兩掖縣加銀貳百捌拾兩下等膠州加銀貳百叁拾肆兩高密縣加銀壹百捌拾陸兩登州府上等萊陽縣加銀叁百玖拾壹兩寧海州加銀肆百陸拾陸兩中等黄縣加銀貳百捌拾兩文登縣加銀貳百捌拾兩下等蓬萊縣加銀壹百捌拾陸兩棲霞縣加銀壹百捌拾陸兩招遠縣加銀壹百捌拾陸兩福山縣加銀壹百捌拾陸兩以上四府共加銀壹萬陸千柒拾陸兩貳分五釐捌毫肆絲叁忽弍微

倂合兗州府蠲減除之數但其所減之多寡懸殊亦蠲不均於是復將該府所蠲酌量銀力二差通融加減滋陽縣應減府學齋夫壹名銀拾貳兩本府皂隸叁名銀叁拾陸兩　魯府長史司皂隸貳名銀拾肆兩肆錢三項共銀陸拾貳兩肆錢鄒縣應減邾城驛庫子叁名銀壹百叁拾捌兩滕縣應減沙溝廠白夫肆拾名銀壹百陸拾兩金鄉縣應減　魯府齋郎肆名銀貳拾兩軍器東平所料價銀捌兩貳錢貳分玖釐捌毫壹絲二項共銀貳拾捌兩貳錢貳分玖釐捌毫壹絲魚臺縣應減沙河水驛舘夫壹名銀玖兩步隊

經會録　　徭四十四

團操民壯叁拾柒名銀貳百陸拾陸兩肆錢二項共銀貳百柒拾伍兩肆錢城武縣應減南城水馬驛庫子貳名銀玖拾貳兩濟寧州應減本州廠接遞夫壹百名銀肆百兩嘉祥縣應減安山水驛庫子壹名銀肆拾陸兩濟寧衛軍器料價銀拾兩二項共銀伍拾陸兩鄆城縣應減開河水驛庫子壹名銀肆拾陸兩東平州應減東原馬驛庫子伍名銀貳百叁拾兩濟寧衛料價銀拾伍兩安山管河分司門子肆名銀肆拾兩三項共銀貳百捌拾伍兩汶上縣應減濟寧衛軍器料價銀捌兩玖錢壹分伍釐貳毫伍絲滕縣沂

料價銀肆兩柒錢貳分玖釐捌毫壹絲新嘉驛庫子壹名銀肆拾陸兩開河水驛庫子伍名銀貳百叁拾兩館夫貳名銀拾捌兩新橋驛館夫叁名銀貳拾柒兩六項共銀叁百叁拾肆兩陸錢肆分伍釐陸絲東阿縣應減本府皁隸叁名銀叁拾陸兩安山水驛庫子叁名銀壹百叁拾捌兩二項共銀壹百柒拾肆兩陽穀縣應減荊門水驛庫子貳名銀玖拾貳兩次上應減之數通融加派該府所屬曹州應加魚臺縣原派步隊團操民壯叁拾柒名銀貳百陸拾陸兩肆錢東平州原派東原驛庫子伍名銀貳百叁拾兩滋陽



縣原派本府皁隸叁名銀叁拾陸兩陽穀縣原派荊門水驛庫子貳名銀玖拾貳兩四項共銀陸百貳拾肆兩肆錢沂州應加滕縣原派沙溝廠白夫肆拾名銀壹百陸拾兩鄒縣原派郯城驛庫子叁名銀壹百叁拾捌兩二項共銀貳百玖拾捌兩郯城縣應加次上縣原派滕縣所料價銀肆兩柒錢貳分玖釐捌毫壹絲又次上縣原派濟寧衛軍器料價銀捌兩玖錢壹分伍釐貳毫伍絲東平州原派濟寧衛料價銀壹拾伍兩嘉祥縣原派濟寧衛料價銀拾兩金鄉縣原派東平州料價銀捌兩柒錢貳分玖釐捌毫壹絲戎

武城縣原派南城水驛庫子貳名銀玖拾貳兩六項共銀壹百叁拾捌兩捌錢柒分肆釐捌毫柒絲嶧縣應加魚臺縣原編沙河水驛館夫壹名銀玖兩東阿縣原編安山水驛庫子伍名內代叁名銀叁拾捌兩二項共銀壹百肆拾柒兩費縣應加汶上縣原派開河水驛庫子伍名銀貳百叁拾兩曹縣應加濟寧州原派本州廒接遞夫內代壹百名銀肆百兩金鄉縣原派　魯府齋郎銀貳拾兩安山管河分司門子壹名銀拾兩二項共銀肆百叁拾兩寧陽縣應加汶上縣原派新嘉驛庫子壹名銀肆拾陸兩又代汶上縣原

經會録　徭役上　四十六

派新橋驛館夫叁名銀貳拾柒兩二項共銀柒拾叁兩平陰縣應加嘉祥縣原派安山水驛庫子壹名銀肆拾陸兩東阿縣原派本府阜隸叁名銀叁拾陸兩二項共銀捌拾陸兩曲阜縣應加滋陽縣原派府學齋夫壹名銀拾貳兩又代滋陽縣原派　魯府長史司阜隸貳名銀拾肆兩肆錢汶上縣原派開河館夫貳名銀拾捌兩鄆城縣原派開河水驛庫子壹名銀肆拾陸兩四項共銀玖拾兩肆錢單縣應加東平州原派安山管河分司門子貳名銀貳拾兩鉅野縣應加東平原派安山管分司門子壹名銀拾兩汶上縣

照該府所屬豐瘠酌量增減其有代徵即係正額與候豐年告復者大不同科濟南府申稱所屬州縣最下者萊蕪樂陵二縣乞將二縣差銀少爲減派看得該府職司親臨所見必真合將萊蕪樂陵二縣原編京班柴薪皁隸貳名該銀貳拾肆兩改入泰安臨邑二縣各編壹名查照徵解易州廠柴夫原額貳萬玖百肆拾貳名徵銀陸萬肆千玖百貳拾貳兩貳錢近奉工部加派柴炭銀伍千貳百肆拾肆兩壹錢叁分伍釐例該編入均徭但叁拾壹年則例先已刊定彼時無從處辦特酌量銀數多寡通融權宜於里甲丁糧銀内徵派候編叁



拾貳年均徭定入則例准行布政司徵解今照審編之年相應添入濟南府舊額柴夫捌千陸百玖拾肆名計銀貳萬陸千玖百伍拾壹兩肆錢續添柴夫銀陸千捌百陸兩叁錢共銀叁萬壹千柒百伍拾柒兩柒錢木柴銀貳千捌拾兩東昌府舊額柴夫壹千柒百玖拾玖名計銀伍千伍百柒拾陸兩玖錢續添柴夫銀肆百伍拾兩伍錢木柴銀叁百貳拾兩青州府舊額柴夫柒千捌拾貳名計銀貳萬壹千玖百伍拾肆兩貳錢續添柴夫銀肆千陸百壹拾柒兩叁分伍釐木柴銀壹千叁百捌拾捌兩續添木柴銀貳百兩萊州府舊額無新派柴

銀壹千陸百肆拾柒兩木柴銀玖拾貳兩登州府舊額無新派柴夫銀貳千壹百陸拾壹兩又濟南府申稱歷城縣附省德州水路衝途視他州邑尤爲煩累緣歷城先該本院批行布政司於香錢銀内歲動柒百貳拾兩發縣支用然司銀積貯有限該縣支應無窮恐非可久之計乞每歲行令六府通融派銀柒百貳拾兩解赴本府内將叁百兩發德州將肆百貳拾兩發歷城協濟公用看得德州歷城皆隸濟南所屬若派他郡屬邑未必能服其心且徵解不時終鮮有濟查德州歷城上次門丁銀兩除編銀力差外歷城剩聽差銀貳千餘兩德州



剩聽差銀貳百壹拾柒兩即此所餘似亦足補供應之費合自嘉靖叁拾貳年均徭爲始行令二州縣遵照審編丁門銀數除笲足銀力二差外編有餘者歷城縣肆百貳拾兩德州叁百兩添入公用銀内一體支用王府藥材折銀舊有定額　衡府長史司呈稱藥材舊規原在莒州沂水昌樂壽光臨淄博興六州縣採辦後因各州縣出産不敷供用該青州府議於每歲編銀解府自行買用惟昌樂博興二縣未編准添徵解　德府長史司呈稱臨朐王府民校貳拾肆名編泰安章丘鄒平禹城四州縣各肆名萊蕪平原二縣各貳名齊陽青城

肥城長清四縣各壹名俱解寥寥所乞改富庶州縣徵解
布政司議新城萊蕪二縣疲敝徵解拖欠擬將萊蕪原
編民校貳名加入平原縣共編肆名濟陽縣原編壹名
加入青城縣共編貳名肥城縣原編壹名加入長清縣共
編貳名　衡府長史司呈稱壽張王原奉
欽撥民校貳拾肆名布政司轉行青州府坐派壽光縣伍名
昌樂縣伍名樂安縣伍名博興縣伍名臨淄縣肆名即
今均從編入以便徵解又該府長史司呈齊東王府原坐
益都縣民校玖名至嘉靖貳拾捌年洒派安丘諸城各
肆名益都縣壹名安丘諸城二縣疲敝徵解不前乞仍改



派益都縣徵解看得該府民校玖名先因偏累益都上
次議撥三縣今欲改派似難全歸合將安丘諸城各減
壹名於益都各編叁名似爲均平又魯府鄒平王教授
呈稱本王要將原坐郯城嶧縣民校共肆名改派曹州汶
上縣徵解看得該府原額民校叁拾名分派已久況曹州
已編貳名汶上縣差役重累似難更加既經該府呈乞
改編又查郯嶧二縣見被災傷應將郯城嶧縣各減壹
名於曹州汶上縣徵解陽信王府教授呈奉本王令
旨該布政司坐派民校鄒縣貳名寧陽縣壹名曹縣叁
名嶧縣壹名郯城壹名但鄒縣寧陽路居衝要民力推

艱視民校爲虛文嶧縣費縣郯城帶水阻山民多逃匿

餘年分毫不納單縣曹縣城武路僻豐沃乞要改僉
看得該府民校原派各縣已久今欲盡改似難驟加合
量將鄒縣壹名費縣貳名加派曹單城武各壹名滋陽王
府教授呈奉本王令旨要將原坐民校費縣叁名嶧縣
壹名鄒縣壹名改派曹州曹縣定陶等處看得該府民
校嶧鄒二縣各壹名雖有拖欠猶易徵催惟費縣叁
名似難供辦況該縣近被重災合量減貳名改派曹縣
定陶各壹名樂陵王府教授呈奉本王令旨民校叁名
分派鄒縣但該縣衝疲節年徵解不完乞改曹州曹縣



定陶等處看得原派鄒縣民校叁名似難盡改合減壹
名改派曹州翼城王府教授呈奉本王令旨原編民校
貳拾名俱係濟寧東平曹州曹縣定陶魚臺等州縣遞
年徵解嘉靖二十六年將原派東平魚臺等州縣民校
改派嶧郯泗水等縣自改派後該縣疲敝徵解不前查
得本宗東甌滋陽等王府所改曹州曹縣等處或一府
拾餘名者或伍陸名者遞年徵解不缺今歸善王甍
絕所遺曹州定陶等州縣係是閑役乞將泗水郯嶧等
縣民校柒名改派曹州曹縣定陶徵解查得歸善王甍
絕所遺曹定等處民校已經改派並無空閒合量將

原派泗水縣伍名內撥壹名與郯城縣原編壹名改入定
陶魚臺各壹名又布政司添設蘇松管糧密雲駐劄右
參政貳員每員該柴薪皁隸拾名每名銀拾貳兩馬
夫各壹名每名銀肆拾兩欲派六府恐至重累合將添
註參政貳員柴薪貳拾名於萊登二府平度濰縣昌
邑寧海黃縣招遠六州縣各編叁名即墨縣編貳名馬
夫於膠州萊陽縣各編壹名查照徵觧蒙陰縣省祭官
朱自強等呈稱本縣地瘠民貧先年告撩下縣節年糧
徭等銀比前加添愈重乞要減撩查得該縣委屬疲敝
難減下縣差銀猶存合將本縣原編按察司柴薪皁隸



内撥貳名改莒州代編歷城縣中稱嘉靖二十年則例
司府運司門皁庫禁俱通融派於各府所屬州縣本縣
止有三察院并按察司皁隸共陸拾柒名以後均徭將
五府所屬泰安平陰高唐等州縣原編庫禁改編本
縣布政司庫子叁拾伍名禁子貳拾名皁隸貳拾柒名
按察司庫子捌名禁子拾貳名皁隸除原有柒名外
又添拾叁名運司庫子捌名禁子貳名皁隸肆名本府
庫子拾叁名皁隸貳名以上通添壹百叁拾捌名每名
銀拾貳兩共添銀壹千陸百伍拾陸兩況本縣遞年出
辦省城各項差役數多若不改處將來民必逃亡甚乞查

嘉靖二十年則例將原代編庫子皁隸名數歸回各州
縣看得該縣附隸省城供應繁重前項庫禁皁隸多
編該縣似屬偏累但各差編派已久若盡歸田似致紛
更查得清軍察院近已回京所有員役門子肆名皁隸
貳拾名應各免編合再將布政司皁隸柒名按察司皁
隸柒名查臨省州縣於泰安長清齊陽商河平原長山
肥城齊東禹城章丘青城鄒平淄州陽信各編壹名濟
南府申稱所屬州縣最下者武定海豐樂陵霑化利津
萊蕪新泰七州縣近年以來糧差常積十年之逋當為
酌量查得泰安長清章丘陽信濟陽臨邑青城齊東八



州縣視舊稍豐乞將差銀少減分派於泰安等州章丘
等縣但查武定上次門丁銀計玖千陸百餘兩而銀力
差銀止捌千叁百餘兩尚有餘剩銀壹千叁百餘兩循
堪支持其海豐等處委屬疲敝合將霑化利津海豐縣
原編本府皁隸各壹名該銀叁拾陸兩改入章丘長清
陽信各壹名新泰縣原編本府禁子壹名該銀拾貳兩改
入濟陽縣又本司照磨王輿呈稱上次本司首領官各
添皁隸壹名比因照磨員缺未曾編僉乞照添派看得
本官皆居藩省皁隸委不敷用准添壹名編派歷城縣
徵解兗州府申　營田都御史王　批行府議本院合

原阜隸本府該編門子壹名銀拾兩阜隸肆名每名銀拾貳兩相應編入則例徵銀解送徐州雇人應役該府議滕縣編門子壹名平陰壽張陽穀沂州各編阜隸壹名又該府議分巡道住劄鄒縣該編門子叁名每名銀拾兩鄒縣編壹名魚臺縣編壹名阜隸陸名每名銀拾貳兩曹州編叁名曹縣東平曹縣單縣各編貳名金鄉汶上鉅野鄆城寧陽各編壹名諸城縣申稱有公冶長墳墓及祠廟一所例該春秋二祭舊規編門子壹名免均徭銀壹兩侍奉香火乞將原編門子改立廟户名色就將廟傍居民楊玄僉爲廟户獲議門子壹名



免銀壹兩已足侍奉香火即僉楊玄充爲近便其要改立廟户似難准行仍合編僉門子量加銀伍錢即僉楊玄應役免其雜差兖州府册稱山川社稷厲三壇門子各壹名各壇原無房舍祭器看守歳不過二三祭臨期俱係地方火甲打掃原設門子相應盡革遇祭就令地方掃除章丘議要將三壇門子革去就將文廟門子兼管社稷啓聖祠門子兼管山川鄉賢祠門子兼管厲壇萊蕪武城安丘各議要減貳名清平縣議減壹名看得前項門子委屬虚設但三壇皆郡邑祀典之大者相應量編壹名銀伍錢共令兼管三

壇革去貳名以省民力城武滕縣海豐新泰昌邑即墨膠州郯城掖縣各議本州縣官庫并儒學庫子各欲減銀不等福山黄縣各官庫庫子欲減壹名青州府議合屬日照等十四州縣官庫子每名各減銀貳兩看得各州縣庫役收受錢鈔秤兑之間不無積餘况係上則入户應充本屬輕省但各州縣多責之以供應此前役所爲累也前項州縣議要減編者必其能節用省民但庫役通乎一省似難有異除福山黄縣各稱偏僻訟簡贓罰數少准革壹名止編壹名外其餘合省州縣每名俱減銀貳兩止編肆兩各要嚴



革前項索取供應之弊其儒學庫子止是收掌祭器再無别項錢糧各該州縣儒學應合一體准照郯城滕縣議每名減銀壹兩止編貳兩啓聖敬一亭共門子壹名各官鄉賢祠共門子壹名今兖州府議欲將合屬州縣各減壹名青州府議每名減銀壹兩掖縣議工食雖編叁兩每年實辦工食銀玖兩乞明編玖兩本司覆議兖州府欲減壹名青州府欲減壹兩無非省費之意俱應准減其掖縣議欲加銀蓋不知原爲掌管洒掃祭祀香火之用非爲跟官追辦月錢而故難以加添其各府州縣俱照青州府議每名減銀

壹兩以節民力濟南府議欲將所屬新泰等州縣原編本府禁子庫子改爲銀差看得該府所議皆謂州縣爲後庫人不便以此改爲銀差誠爲節省其各府門禁皁庫編銀拾兩以上者俱改銀差徵解雇役可免捉徒包攬之弊靈山衛儒學申先年衛學與有司學門庫掃殿夫等役俱各相同自嘉靖二十八年衛學止存門子壹名餘役盡革乞要於膠州高密添編看得衛學庫子掃殿夫等項既經議革似難盡役但查威海等四衛學俱有文廟掃殿夫壹名惟靈山衛學獨無合准添編文廟掃殿夫壹名令附近膠州編



僉兖州府稱分巡道駐劄鄒縣本道并書吏每年該廩給等銀壹百肆拾伍兩捌分合於費縣東平曹縣單縣各編館夫銀陸兩金鄉汶上鉅野鄆城各編捌兩泗水滋陽曲阜定陶嶧縣城武東阿各編銀拾兩嘉祥縣編銀拾伍兩捌分曹州編銀肆兩又　營田都察院行貼寫吏供應廩給下程等項分派兖州府銀壹百兩自嘉靖三十二年正月起以後年分編入均徭按季觧送徐州貯庫給發黃河東岸彭城二驛領支議於平陰壽張陽穀寧陽四縣各編捌兩沂州編拾捌兩郯城縣編貳拾兩濟寧州編叁拾兩各徵

解又昌邑縣新河遞運所官吏裁革平度昌邑二州縣原編本所防夫拾名免編青城陽信霑化利津章丘即墨泰安等州縣并兖州府合屬各官倉學倉俱已塌各倉錢糧俱有大户收掌原編斗級俱應裁革看得官儒二倉斗級虛設者恐不獨前項州縣爲然其餘未議州縣多亦有此合行各該官倉學倉如倉厫尚存收受錢糧必用斗級者照舊審編外其原無倉厫及錢糧不預斗級者徑自裁革鍾鼓夫所以辯昏正更漏乃明時不可忽者但寵夫司守非其所長查得各州縣皆有額設陰陽生俱叨優免别無所



事不過答應本管衙門及遇上司按臨報時而已昌司鍾守更乃其本分合將前項原編鍾鼓夫盡行裁革止令陰陽生輪流掌管接遞夫汶上縣申本縣編安山廠夫壹百名乞要改編此行該司覆議已將原編安山廠夫内減陸拾名改編曹州單縣各拾名魚臺鄆城各陸名鉅野伍名定陶伍名濟寧城武寧陽各叁名本縣止編肆拾名似亦輕省兖州府議接遞廠徵銀夫滕縣兩廠伍拾名鄒縣滋陽汶上東平東阿各叁拾名嶧縣拾名共貳百壹拾名每名銀叁兩共銀陸百叁拾兩多被管夫人役侵欺應合裁革該司

覆議管夫人役侵欺其前銀固所必有但原爲接濟緊急扛送磁器等項而設若盡行革去恐一時接遞不敷卒難措處相應量減一半縢縣減貳拾伍名鄒縣滋陽汶上東平東阿各減拾伍名嶧縣減伍名實編壹百伍名行令各該州縣徵銀解府若有緊急接遞申請支給泗水縣申乞將添編濟寧水廠夫叁拾名歸回批司覆議該縣疲敝已甚合將肆名歸回濟寧編僉巡察海道議平度州原革新河遞運所防車夫共拾名再添扛夫拾伍名即墨縣扛夫拾伍名共肆拾名每名徵銀拾貳兩俱僉解發灰埠驛專充扛夫







之用東昌府申冠縣代編清平縣戴家灣閘夫貳拾名冠縣差役頗重清平尤爲簡僻乞將前夫歸囬拾名該縣自編仍存拾名冠縣照舊編派夏津縣代編武城縣淺舖夫肆拾名夏津縣差役繁重武城銀力稍輕所有代編淺舖夫肆拾名俱宜歸囬該縣編派廢不久累濮州代編堂邑縣梁家鄉土橋二閘閘夫肆拾名濮州差銀頗多堂邑差銀甚少該州代編閘夫相應收囬該縣自編聊城縣差役繁重路當衝要均徭銀差比之各州縣更倍及查館陶人丁甚多差銀頗少相應代編聊城淺夫伍拾名觀城人丁甚少

差銀頗多但人民稍過與高唐臨清恩縣茌平范等
朝城博平丘縣仍各照舊俱依擬行民兵快壯嘉靖
三十年十二月內該領兵道僉事趙 稱原抽選快
壯肆千名俱有徭户續選添叁拾伍名比時均徭已
定未嘗派編行布政司覆議自嘉靖三十一年以後編
給有馬快手徭户將原定德州道添派拾壹名於德
州歷城平原禹城陵縣臨邑陽信七州縣各編壹名
長清章丘二縣各編貳名曹濮道添派陸名於曹州
曹縣單縣鄆城定陶魚臺六州縣各壹名沂州道添
編拾陸名於濟寧州編叁名沂曹寧陽三州縣各編



貳名鄒滕嶧曲阜泗水郯城滋陽七縣各編壹名其
武定臨清二道各添壹名各令本州編嘉靖三十一
年十月內該分巡濟南道兼管德州僉事吳 議前
項掣回民兵內該原抽選本道快壯叁百叁拾名照
舊團操其工食拜安家盤費幫貼買馬銀兩議稱在
道有馬快手工食銀壹拾壹兩貳錢加倍打討貳拾
貳兩肆錢今放回各兵須與團操工食一樣仍編銀
差每名徵銀叁拾兩肆錢內將工食銀貳拾貳兩肆
錢作為三次正月一次五月一次九月一次解送各
道給散外銀捌兩另解布政司收貯以肆兩作安家

盤纏以肆兩作幇貼買馬其安家銀候調出境之日

觧發領兵道給與應用其幇買馬銀候遇馬匹倒損

方許告支貼買又武定兵備僉事曹 議本道民兵

陸百陸拾陸名俱係抽選團操人數其馬匹除原額

快手貳百肆拾名外其餘皆安隊民壯合行均徭冊

內增編馬匹要之民兵既令防秋終難與存道壯快

一體先該司議每名工食銀拾捌兩安家盤費銀貳

兩幇貼買馬銀共銀貳拾壹兩乃照本省土俗倍

徵銀肆拾貳兩以本州縣原抽選名數扣筭編派就

令庫役帶徵完足將工食銀叁拾陸兩仍分作春夏



秋三季解散其安家盤費銀肆兩與幇買馬匹銀貳

兩遞年俱解本司貯庫候調出境支取安家銀兩給

兵應用若止在德州操練不必取給馬匹若有倒死

者支給銀兩幇貼買馬已經通行似難再議看得各

兵既作快壯名色其合用工食安家盤纏貼買馬匹

等項銀兩欲照原議貳拾壹兩之數則各役每年止

是一季防秋其春夏冬三季在道團操與其餘壯快

相同而工食等銀乃甚相遠似為過多欲止照團操

壯快工食拾壹兩貳錢之數則防秋一季終與全歳團

操有異似為尚少合除安家貳兩貼買馬匹壹兩共

銀叁兩原為防秋聽調出境及馬匹倒損而設相應
照舊編派倍徵解司收貯候出境馬歩查發其工食
合編銀壹拾叁兩比照團操銀數加添伍分之壹以
償防秋一季之勞仍令各州縣查照原選名數照數
筭編每名連前安家貳兩買馬壹兩通共壹拾陸兩
倍徵叁拾貳兩民兵原奉　欽依量免本家徭役貳
丁幇貼軍資今各兵既已放回每年防秋止赴德州
操練前項供丁似應裁革但恐一時調遣又應酌處
合於前減退工食銀内再編貳兩倍徵肆兩作為貳
丁供給之數及照本省連年防秋軍餉無措議再編

貳兩倍徵肆兩作為防秋軍餉支用與安家買馬等
銀一體徵解本司收貯聽候本省防秋弁民兵調遣
出境給發賞計每名該銀貳拾兩比照原數減銀壹
兩通計倍徵之數共減銀捌千兩連前供丁俱免撥
給武定兵備僉事曹　議本道所管武定章丘等十
八州縣均徭原額團操有馬快手肆百名歩隊民壯
貳千陸百餘名嘉靖二十八年議減民壯玖百肆拾
柒名三十年復為招募義勇抽選有馬快壯陸百伍
拾伍名又挑選吹鼓手佛郎機手拾壹名共陸百陸
拾陸名止存有馬快壯壹百肆拾玖名歩隊民壯壹

千貳百餘名每年防秋行選壯快伍百伍拾名調集
省城或臨德二州操練聽征止存快壯柒百餘名在
道近奉　撫按明文備行本道於存操民壯内再選
伍百名操練聽候有警調取止存貳百餘人不敷應
用今議合將抽選快壯陸百陸拾陸名先爲編補有
馬者僉貳百伍拾壹名以補原額肆百名有馬之數
其餘肆百壹拾伍名添爲步隊民壯團操至于守城
民壯查照原額量其州縣衝僻里甲多寡或補三之
一或補二之一如州及大縣衝者違見在補至貳百
人小縣衝者違見在補至壹百伍拾人其簡僻縣分



亦須補足壹百人數通編銀肆兩令其守禦地方查
得武定州該有兵司濱州陽信商河樂陵德平齊東
陵縣蒲臺霑化利津青城海豐臨邑俱係簡僻地方
原設民壯似亦足用相應照舊其章丘鄒平濟陽三
縣稍衝相應量添章丘鄒平各原有民壯百名加編
各拾名濟陽縣原有捌拾名加編貳拾名再照新城
雖係僻縣原編民壯止陸拾名委屬太少亦應添編
拾名俱每名編銀肆兩臨清兵備副使李　稱本道
所轄臨清高唐等十八州縣團操有馬快壯共柒百
肆拾肆名步隊民壯捌百陸拾名共壹千伍百伍拾名

除抽選奔防秋及打探聲息快壯外止存伍百壹拾伍名在道團操今恩縣　撫按會奏改立德州兵備道管轄查得該縣原額本道有馬快手叁拾名抽選貳拾肆名存操陸名有馬團操民壯貳拾貳名抽選拾捌名存操肆名步隊團操民壯陸拾捌名今去此一縣則有馬快壯伍拾貳名步隊民壯陸拾捌名通共該壹百貳拾名乞分撥臨清等十七州縣僉補看得恩縣既奉

欽依改立德州兵備道而臨清要地兵力单薄前項馬步壯快除抽選外其存操有馬快手陸名民壯肆名與存操步隊民壯陸拾捌名共柒拾捌名委應於所

經會録　徭四上六十二　文四百一十七

轄十七州縣編補但今各屬災傷重大先將有馬快壯拾名并步隊民壯肆拾名共伍拾名派於臨清編有馬貳名步隊貳名高唐夏津二州縣各編有馬壹名步隊叁名堂邑冠縣館陶博平清平武城東阿平陰陽穀丘縣十縣各編叁名内堂邑丘冠館陶博平清平縣各有馬壹名步隊貳名餘俱步隊聊城莘縣茌平壽張四縣各編步隊貳名俱解臨清兵備道操備防禦有馬民兵共肆千叁拾伍名各道團操有馬快手貳百玖拾名有馬民壯陸百玖拾伍名共玖百捌拾伍名步隊民壯柒千肆百柒拾名守城民壯捌千壹百伍拾名

嘉靖三十四年額編料價銀貳萬捌千伍百肆拾貳兩叁錢陸分果品銀貳百陸拾貳兩近該戶禮工叁部增添光祿寺果品牲口厨料鹿皮炸炭杉板等料銀貳萬伍千肆百叁拾兩陸錢玖分分作貳年每年加編壹萬貳千柒百壹拾玖兩柒錢伍釐連舊編共銀肆萬壹千伍百壹拾玖兩柒錢伍釐分定各部照數徵解今查兖州府先年原有料價銀貳千伍百柒拾兩肆錢改與濟東青萊登伍府代辦今次該與退回但該府災傷尚未全甦姑令各府代辦前項加編料價應於六府通融編派務要隨該年稅糧徵完解



部濟東二府議德州新添各道民兵軍器該編庫子貳名看守歷城莘縣各添印馬察院皁隷各壹名泰安章丘額辦活鹿各貳隻每隻原編銀捌兩陽信代辦嶧縣活鹿壹隻原編銀壹拾壹兩玖錢肆分伍釐徃年俱折銀解部續該本部議將各州縣原辦鹿價改納本色又該布政司將泰安章丘每隻加銀捌兩陽信加銀肆兩伍分伍釐每隻共銀拾陸兩買辦本色解納萊登二府議各巡檢司弓兵即墨縣原編撈撈島拾名昌邑縣原編魚兒鋪寧海州乳山寨文登縣赤山寨辛汪寨溫泉鎮福山縣孫夼鎮黃縣馬停

鎮、萊陽縣行村寨、潍萊縣楊家店、高山招遠縣東良
海口每處一貳拾名，即今倭寇出沒，兼以礦徒搔擾，原
編數少，不足防禦，每處量加拾名。又布政司呈：分巡
東兗道原住劄鄆縣，於曹州、魚臺等州縣編有門子
叄名，皁隸拾陸名，廪給館夫銀壹百肆拾伍兩捌分。
今本道向未住劄，前項門皁廪給相應停編。營田都
察院原於濟寧、平陰等州縣編有門子壹名，皁隸肆
名，廪給銀壹百兩。本院今已回京，崟雲添註參政壹
員，原於平度等州縣編有柴薪拾名，馬夫壹名，本官
今已罷設。兗州府久缺檢校壹員，原於滋陽縣編有門



子壹名。高密縣儒學久缺訓導壹員，本縣編有齋夫
貳名，俱應裁革。安東、靈山、鰲山、大嵩、威海、寧海、成山、
靖海八衛，膠州、雄崖、奇山、海陽、寧津伍所，先年本局
成造軍器，原議腳價，舟楫不通，山路難行，每衛擬給
銀壹百貳拾兩，每所擬給銀陸拾兩，除軍叄銀本衛
所出辦外，其民柒銀每衛捌拾肆兩，每所肆拾貳兩，
俱於各該府屬州縣編徵。即今俱在省城總局成造，
照依濟南、肥城等衛所事體，每衛止給銀柒拾兩，每
所止給銀叄拾伍兩，仍於原坐州縣編給，每衛該減
銀壹拾肆兩，每所該減銀柒兩，行令免編。先年原奉

欽依抽選聽征有馬壯快肆千名今次合照一
欽依止編肆千名其續添叁拾伍名相應裁革於極疲
蒙陰新泰等縣減編其各兵工食幷貼備買馬安家
供丁銀兩每名倍徵叁拾陸兩俱解各道按季給領
每季扣銀貳錢伍分在道以備買補馬匹支用所僉
各兵鞍馬係戶令盡裁革改爲銀差除各兵工食草
料外每名編軍餉銀肆兩照依各州縣原選定民兵
數目徵收共銀壹萬陸千兩解布政司候調北征解
德州等道給與各兵支用各州縣議稱守城民壯原
編百餘名或捌玖拾名又有團操歇班轃用應合量



減待有警另議今將滋陽單費鄆城汶上樂安六縣
各減肆拾名鄒平金鄉曹縣博興四縣各減叁拾名
平原縣減貳拾伍名章丘長山淄川齊東濟陽青城
禹城陽信商河蒲臺曹州濟寧鄒滕嘉祥鉅野高唐
臨清恩縣莒州臨淄臨朐諸城昌樂安丘蒙陰沂水
濰縣昌邑高密黃縣寧海州三十二州縣各減貳拾
名臨邑肥城長清陵縣德平海豐新城樂陵利津霑
化寧陽魚臺嶧縣城武鄆城夏津蓬萊十七州縣各
減壹拾名武城縣減伍名共減壹千貳百名免編濟
南府止存貳千壹百玖拾名兗州府上等壹千叁百

貳拾名東昌府捌百陸拾名青州府壹千壹百貳拾名萊州府伍百陸拾名登州府陸百名共存陸千玖百伍拾名巡察海道呈稱平度州原編扛夫貳拾伍名即墨縣原編扛夫拾伍名止該存拾柒名每名編銀拾貳兩送灰埠驛雇夫應用平度州仍有捌名即墨縣拾伍名俱免編濟南等陸府州縣册議山川壇祭銀原編拾陸兩止用拾肆兩厲壇原編拾肆兩止用拾貳兩可足辦祭通省貳壇俱各減銀貳兩定陶縣黃河堤夫減叁拾名　河道都御史曾　檄管河郎中呈爲亟處事宜以肅漕政以蘇民困事該布



政司議將兗東二府所屬經河地方見役停役閘溜撈淺淺鋪橋渡泉壩守口等夫共壹萬貳千柒百陸拾叁名酌量各處用力多寡州縣豐瘦地里遠近斟酌損益量減拾分之壹共減壹千肆百陸拾叁名實止編夫壹萬壹千叁百名今檄兗東二府議各屬內有極疲州縣原編閘溜等夫未蒙寬減相應調停查將閘夫湖陵城閘沂州原編貳拾陸名改單縣石佛閘滕縣原編拾名改濟寧師家莊閘嶧縣原編叁拾名內改拾名與濟寧趙村閘曹縣原編貳拾名改曹縣仲家淺閘曲阜縣原編貳拾名改城武單縣各合

名靳家口閘寧陽縣原編貳拾名内攺拾名與東平州寺前舖閘濟寧州原編貳拾名攺汶上縣李海務閘聊城縣原編叁拾名内攺貳拾名與堂邑通濟橋閘聊城縣原編叁拾名内攺拾伍名與清平溜夫仲家淺閘滕縣原編伍拾名攺定陶叁拾名陽穀貳拾名新閘滕縣原編柒拾名内攺陸拾叁名與曹州石佛閘滕縣原編叁拾名曹縣原編叁拾名内攺拾叁名俱與單縣師家莊閘鄒縣原編壹百叁拾叁名内攺貳拾名與曹縣趙村閘定陶縣原編叁拾名退與鉅野淺舖大定陶原代鉅野縣貳拾名退回本縣武



城縣原編壹百玖拾名内攺與臨清州貳拾名博平范縣各拾名濟河淺夫曲阜原編拾名内攺伍名與滋陽嶧縣原編拾伍名内攺拾叁名與平陰泉夫新泰縣原編貳百貳拾玖名今攺拾貳名與肥城分巡海右道併入青州兵備兼管原於歷城等州縣編有門子叁名阜隸拾伍名應該裁革但近添德州兵備合將歷城縣原編門子叁名攺與德州其阜隸即允濱州陽信濟陽肥城長清長山齊東鄒平青城原編各壹名平原縣貳名德平縣肆名又添章丘壹名共拾陸名俱以數銀解德州聽候分守海右道既奉新例

常駐萊州原編門皁工食徵解雇役不便應合改於本道所屬附近編僉如門子叁名即令掖縣編皁隸拾伍名壽光編叁名樂安臨淄濰縣招遠黃縣各編貳名博興平度各編壹名俱徵銀解掖縣貯庫聽雇濟南府冊議新泰縣連年凶荒流移載道議減柴炭銀柒拾叁兩陸錢改與陽信木柴銀伍拾柒兩叁錢改與濟陽胖襖肆拾貳副半改與德平本府庫子壹名改與鄒平各代編泰安州水旱相仍民皆饑饉議減柴夫叁百名分改章丘歷城青城陽信齊東長清平原濟陽鄒平長山拾州縣柴炭銀貳百貳拾兩玖



錢木柴銀壹百陸拾玖兩柒錢布政司公用銀伍拾兩俱改章丘各代編萊蕪縣頻年荒歉流亡視泰安新泰不甚相遠議將柴炭銀伍拾壹兩柒錢改與長山縣代編齊河地當要衝往來接遞無日無之近日修橋擾擾民逃極困議減胖襖貳拾陸副改與臨邑柴炭銀肆拾叁兩壹錢改與齊東各代編肥城地方衝要其民甚疲議減按察司皁隸叁拾名改與章丘齊東鄒平長山樂陵平原各肆名青城縣陸名各代編兖州府冊議滋陽縣歲收市稅銀議令貯庫聽抵雇扛其本縣接遞路夫銀肆拾伍兩應合免編工部

濟寧管閘分司門子叁名本府門子貳拾名俱每名原編拾兩今減貳兩止編捌兩工部寧陽管泉分司皁隸拾陸名每名原編拾貳兩今減肆兩捌錢止編柒兩貳錢濟寧州遞運所防夫原編叁拾名今減拾名止編貳拾名沙溝路廠嶧縣協濟力差夫壹百壹拾名上次解人不便今議青夫叁拾陸名每名叁兩倍徵陸兩白夫柒拾肆名每名肆兩倍徵捌兩解滕縣發該廠募夫沂州原協濟該廠夫肆拾名今仍退回滕縣編僉又議將疲累不堪泗水縣原編本府禁子壹名改與滋陽曲阜驛庫子貳名改與曹州單縣



鄒平等王民校伍名改與壽張東阿鉅野陽穀城武伍縣各代編寧陽縣原編新嘉驛庫子壹名改與汶上東原驛庫子壹名改與東阿濟寧水廠夫內退回伍名與濟寧安山水廠夫內退回壹名與東平嶧縣原編安山驛庫子叁名改與東平陽穀壽張三州縣安丘王民校叁名改與曹州貳名曹縣壹名各代編曲阜縣原編荊門驛庫子壹名改與陽穀開河驛館夫貳名改與鉅野鄒縣原編沙河驛庫子貳名改與魚臺鄒城縣原編鄒平王民校壹名改與單縣各代編沂州原編本州公司銀貳百伍拾兩減去伍拾兩

止編貳百兩壽張東阿汶上平陰等州縣稱安山水厰夫每名雇覔彼處在厰光棍代當壹年勒銀率至叁肆拾兩百姓累極乞每名徵銀拾肆伍兩解厰募夫該司議將該厰銀差夫陸百名每名徵銀拾兩共銀陸千兩解發該州於内將銀徑自雇募常夫貳百貳拾名每名月給銀壹兩貳錢計壹年該銀壹拾肆兩肆錢共該銀叁千壹百陸拾捌兩按月支給連本州力差共得正身夫陸百貳拾名専委東平州管河通判壹員在厰常川督理酌量上水下水從公差撥仍禁代當積年光棍毋容多索其餘銀貳千捌百叁



拾貳兩比之臨清厰尚多伍百伍拾貳兩原係舊編之數似難减去俱令本州貯庫遇有緊急進鮮等項船到方許動支募夫仍置立循環按季送驛傳道倒換稽查東昌府册議聊城縣原編本縣水厰力差夫貳百捌拾伍名内除貳拾伍名與堂邑代編本府門子拾柒名每名原編銀拾兩今减貳兩止編捌兩上次原編聊城水厰銀差夫柒百壹拾伍名臨清水厰銀差夫柒百陸拾名續該本府申准壹半解入壹半徵銀比時均徭已定未經刋入今次應入均徭以便遵行青州府册稱蒙陰縣連歲災傷百姓逃亡議將

京班柴薪皁隸柒名改與博興直堂叁名改與臨淄
柴夫内改捌拾名柴炭銀捌拾貳兩陸錢俱改與莒
州按察司柴薪肆名改與壽光代編萊州府議將膠
州原派京班柴薪肆名改與掖縣本府皁隸肆名改
與高密掌器銀貳拾兩改與濰縣民兵貳名蘇松住
劄參政馬大壹名俱改與即墨各代編又議將高密
縣原編民兵肆名亦改即墨代編登州府用議本府
門子拾伍名每名原編銀拾兩今減貳兩止編捌兩
至嘉靖二十六年先因兖州府力差數多災傷頻至
議將該府料價分派濟青萊登四府代徵今四府議



幷所屬州縣申兖州府地方連歲額役河夫奉例又減
拾分之壹欲將原代該府銀兩退還兖州府屬濟
寧等二十一州縣額辦土產白蒺藜等藥壹千伍百
玖拾伍斤肆兩本色玖分折色壹分原編銀壹百壹
兩玖分肆釐貳毫肆絲叁忽貳微如全蝎獨平陰所
產阿井在陽穀東阿白蒺藜等藥皆出本處地方壹
旦推與鄒平等處無憑買納應歸原產州縣照舊編
辦其曹州等二十五州縣偉羊皮折造胖襖玖百玖
副伍分編銀壹千叁百陸拾肆兩貳錢貳分伍釐孤
狸皮肆百陸拾貳張編銀貳百叁拾壹兩俱係本色

自來本州縣額辦難比雜項銀差亦應歸復除沂費
郯滕嶧鄒泗水曲阜滋陽俱各疲敝金鄉魚臺陽穀
河夫太多濟寧東平汶上東阿嘉祥原推數少止承
額辦藥材胖襖狐狸皮外其曹州曹單定陶壽張城
武平陰鄆城寧陽鉅野原推銀數太多仍量復柴夫
共輳肆分之壹歸復兖屬照舊出辦以絕濟南等四
府所屬州縣申告之念其濟青萊登四府所屬州縣
原代銀數多寡不一今亦以肆分之壹照數均還仍
有肆分之叁責令原代州縣常久編徵省令各屬不
必再行申擾計今退田銀肆千壹百貳拾兩伍錢壹
分玖釐貳毫肆絲叁忽貳微上等原議每州撥銀肆



百陸拾陸兩每縣撥銀叁百玖拾兩今擬歷城章丘
齊東青城陽信益都樂安壽光濰縣萊陽拾縣各退
田柴夫銀玖拾玖兩貳錢臨朐縣退回胖襖銀壹百
玖拾兩仍撥補柴夫銀玖拾叁兩實退銀玖拾柒兩
平度寧海二州各退回柴夫銀壹百壹拾肆兩柒錢
中等每州撥銀叁百玖拾兩每縣撥銀貳百捌拾兩
今擬鄒平縣退回藥材銀叁拾壹兩玖分肆釐貳毫
肆絲叁忽貳微柴夫銀肆拾兩叁錢淄川縣退回藥
材銀貳拾伍兩京班柴夫新銀叁拾陸兩柴夫銀玖兩

叁錢長山縣退回胖襖銀叁拾玖兩貳錢貳分伍釐
京班柴薪銀叁拾陸兩齊河縣退回胖襖銀肆拾兩
京班柴薪銀叁拾陸兩濟陽縣退回胖襖銀肆拾兩
京班柴薪銀叁拾陸兩禹城縣退回藥材銀貳拾兩
柴夫銀伍拾貳兩柒錢長清縣退回藥材銀貳拾伍
兩柴夫銀肆拾陸兩伍錢肥城縣退回胖襖銀壹百
陸拾兩仍撥補木柴銀伍拾壹兩柴夫銀叁拾柒兩
貳錢實退銀柒拾壹兩捌錢陵縣退回胖襖銀壹百
陸拾兩仍撥補京班柴薪銀貳拾肆兩柴夫銀陸拾
伍兩壹錢實退銀柒拾兩玖錢德州退回柴炭銀玖



拾玖兩貳錢武定州退回柴夫銀玖拾玖兩貳錢海
豐縣退回孤狸皮銀捌拾壹兩仍撥補木柴銀壹拾
兩實退銀柒拾壹兩樂陵縣退回木柴銀柒拾壹兩
濱州退回柴夫銀玖拾玖兩貳錢昌樂縣退回狐狸
皮銀伍拾兩柴夫銀貳拾壹兩柒錢昌邑縣退回胖
襖銀捌拾兩仍撥補木柴銀壹拾兩實退銀柒拾兩
掖縣退回胖襖銀伍拾柒兩柴夫銀壹拾貳兩肆錢
臨邑德平平原諸城沂水蒙陰即墨黃縣文登玖縣
各退回柴夫銀柒拾壹兩叁錢下等每州撥銀貳百
叁拾肆兩每縣撥銀壹百捌拾陸兩今撥新城縣退

回狐狸皮銀伍拾兩胖襖銀壹百叁拾伍兩仍撥補京班柴薪銀壹百貳拾兩柴夫銀壹拾伍兩伍錢實退銀肆拾玖兩伍錢商河縣全退胖襖銀壹百貳拾伍兩仍撥補柴夫銀柒拾柒兩伍錢實退銀肆拾柒兩伍錢利津縣全退胖襖銀壹百貳拾伍兩仍撥補柴炭銀柒拾柒兩伍錢實退銀肆拾柒兩伍錢霑化縣退回狐狸皮銀伍拾兩莒州退回胖襖銀壹百壹拾叁兩仍撥補柴夫銀伍拾伍兩捌錢實退銀伍拾柒兩貳錢高苑縣退回胖襖銀壹百兩仍撥補柴炭銀貳拾壹兩柒錢柴夫銀叁拾壹兩實退銀肆拾柒



兩叁錢膠州退回柴夫銀伍拾捌兩玖錢蒲臺臨淄安丘日照博興高密益都萊蕪棲霞招遠福山十縣各退回柴夫銀肆拾玖兩陸錢兗州府曹州原減銀壹千玖百柒拾貳兩壹錢伍分歸復胖襖銀壹百叁兩玖錢伍分狐狸皮銀叁拾陸兩伍錢柴夫銀伍百伍拾捌兩曹縣原減銀壹千捌百貳拾壹兩捌錢柒分伍釐歸復藥材銀陸兩伍錢胖襖銀伍拾柒兩叁錢柒分伍釐狐狸皮銀玖兩柴夫銀陸百貳拾兩單縣原減銀壹千玖拾肆兩貳錢歸復藥材銀肆兩陸錢胖襖銀陸拾玖兩柴夫銀肆百陸拾伍兩鉅野縣原減銀壹

千伍拾叁兩壹錢壹分歸復胖襖銀叁拾叁兩孤狸皮銀壹拾兩柴夫銀貳百柒拾玖兩沂州原減銀壹千壹百捌拾柒兩壹錢歸復藥材銀壹拾肆兩玖錢胖襖銀壹百叁拾伍兩孤狸皮銀伍拾兩定陶縣原減銀肆百壹拾柒兩柒錢歸復胖襖銀拾叁兩伍錢柴夫銀壹百伍拾伍兩城武縣原減銀伍百伍拾叁兩玖錢捌分伍釐陸毫歸復藥材銀捌兩胖襖銀叁拾兩孤狸皮銀伍兩伍錢柴夫銀玖拾叁兩鄆城縣原減銀肆百貳拾伍兩捌錢伍分貳釐貳毫肆絲叁忽貳微歸復藥材銀貳兩捌錢肆分貳釐貳毫肆絲



叁忽貳微胖襖銀貳拾陸兩壹錢孤狸皮銀壹兩柴夫銀壹百捌兩伍錢費縣原減銀壹千壹拾叁兩捌錢伍分歸復藥材銀貳兩陸錢胖襖銀壹百叁拾伍兩孤狸皮銀貳拾陸兩滕縣原減銀捌百伍拾玖兩玖錢歸復藥材銀肆兩伍錢胖襖銀壹百叁拾伍兩嶧縣原減銀柒百陸拾肆兩伍錢貳分歸復藥材銀肆兩貳錢貳分胖襖銀壹百叁兩伍錢孤狸皮銀壹拾捌兩伍錢陽穀縣原減銀叁百柒拾叁兩柒錢伍分歸復藥材銀捌兩胖襖銀伍拾玖兩伍錢伍分孤狸皮銀壹拾陸兩伍錢寧陽縣原減銀柒百玖拾兩

貳錢貳分歸復藥材銀貳兩胖襖銀伍拾伍兩伍錢
柒夫銀伍拾貳兩柒錢平陰縣原減銀貳百柒拾伍
兩捌錢歸復藥材銀叁兩胖襖銀壹拾捌兩狐狸皮
銀伍兩柒夫銀肆拾陸兩伍錢壽張縣原減銀壹百
玖拾玖兩壹分歸復藥材銀肆兩胖襖銀貳拾壹兩
柒夫銀肆拾陸兩伍錢鄆城縣原減銀伍百玖拾叁
兩陸錢捌分歸復藥材銀貳兩伍錢胖襖銀陸拾陸
兩狐狸皮銀肆兩鄒縣原減銀肆百伍拾捌兩陸錢
柒分壹釐歸復藥材銀壹兩貳錢胖襖銀伍拾捌兩
捌錢狐狸皮銀拾叁兩伍錢金鄉縣原減銀柒百壹



拾柒兩歸復藥材銀貳兩胖襖銀叁拾陸兩狐狸皮
銀壹拾壹兩伍錢東平州原減銀伍拾兩歸復藥材
銀捌兩胖襖銀肆拾貳兩東阿縣原減銀陸拾柒兩
捌錢伍分歸復藥材銀伍兩胖襖銀貳拾伍兩伍錢
狐狸皮銀壹拾兩伍錢滋陽縣原減銀壹百捌拾柒
兩玖錢伍分歸復胖襖銀肆拾伍兩泗水縣原減銀
伍百貳拾柒兩伍錢肆分歸復藥材銀叁兩捌錢胖
襖銀肆拾肆兩捌錢伍分曲阜縣原減銀伍百壹拾
柒兩貳錢歸復胖襖銀貳拾兩壹錢狐狸皮銀捌兩
魚臺縣原減銀壹百貳拾叁兩壹錢伍分貳釐歸復

壹兩伍錢壹季共給銀肆兩伍錢扣留伍錢肆季共扣留銀貳兩俱各道收貯待入衛之期照數給與各兵作為安家其每名軍餉銀肆兩專給入衛之費通計有馬民兵壹千名每名銀叁拾陸兩該銀叁萬陸千兩步隊民兵貳千名每名銀貳拾兩該銀肆萬兩每名軍餉銀肆兩該銀壹萬貳千兩原改編有馬快壯肆百伍名武定道議將減革民兵馬匹兑給步隊民壯作為有馬快手叁拾壹名共肆百叁拾陸名每名銀壹拾壹兩貳錢餘改步隊民壯伍百貳拾玖名每名銀柒兩貳錢以上伍項共編銀玖萬陸千陸百



玖拾貳兩裁革增編民兵叁拾伍名并改各役減除過工食草料共省銀陸萬叁千叁百捌兩及查見存新選馬步民兵并改編快壯各屬多寡不均相應以兵數銀數為準酌量州縣豐瘦兵多者除編工食草料外量減軍餉銀兩兵少者除編工食草料外量加軍餉銀兩務使多寡適均仍分別各該州縣極疲次疲稍豐豐腴等第通融查照原編民兵銀數減編至於團操有馬快壯朱道共加肆百叁拾陸名俱於所轄州縣編僉德州道加編叁拾肆名通舊共壹百叁拾名武定道加編壹百名通舊共貳百伍拾肆名臨

藥材銀叁兩叁分貳釐胖襖銀貳拾貳兩捌錢嘉祥縣原減銀壹拾肆兩柒錢歸復胖襖銀柒兩柒錢孤貍皮銀伍兩伍錢改上縣原減銀玖兩歸復野味銀柒兩貳錢濟寧州原減銀陸兩貳錢陸分歸復野味銀叁兩貳錢上次均徭抽選有馬民兵肆千名每名工食草料銀叁拾陸兩軍餉銀肆兩共銀壹拾陸萬兩准兵部咨改革貳千名案行布政司會議改編各兵備道團操有馬快壯肆百伍名每名銀壹拾壹兩貳錢步隊民壯壹千伍百陸拾名每名銀柒兩貳錢裁革叁拾伍名又准兵部咨將前存有馬民兵貳千



名內減馬壹千匹案行布政司轉行各兵備道通行查革又奉　都察院勘合各兵備道於團操民壯內精選步兵壹千名連前有馬民兵壹千名無馬民兵壹千名共叁千名爲壹營聽候防秋入衛布政司議有馬民兵照舊編工食草料銀叁拾陸兩步隊每名扣除原編草料并貼買馬銀止編工食銀貳拾兩外各編軍餉銀肆兩俱作銀差有馬民兵除照舊扣貼買馬銀壹兩外每名月給工食銀壹兩伍錢草料銀壹兩貳錢壹季共給銀捌兩壹錢扣留銀陸錢伍分肆季共扣留銀貳兩陸錢步隊民兵每月給工食銀

清道加編肆拾捌名通舊共壹百捌拾叁名曹濮道
加編柒拾陸名通舊共貳百陸名沂州道加編捌拾
名通舊共壹百玖拾名青州道加編伍拾肆名通舊
共貳百肆拾肆名巡察海道加編肆拾肆名通舊共
貳百玖名以上共壹千肆百貳拾壹名團操步隊柒
道加減各異德州道減去本州平原等縣捌拾名止
編柒百壹拾名武定道減去濱州拾名止編壹千貳
百叁名臨清道加派本州及所轄拾伍縣伍拾柒名
通舊共柒百柒拾玖名曹濮道加派曹州等州定陶
等縣肆拾壹名通舊共玖百柒拾壹名沂州道加派



所轄拾壹州縣玖拾肆名通舊共玖百壹拾玖名青
州道加派益都等拾捌州縣壹百捌拾捌名通舊共
壹千柒百柒拾捌名巡察海道加派掖縣等處拾伍
州縣貳百貳拾肆名通舊共壹千柒百貳拾肆名柒
道共捌千捌拾肆名比舊加添伍百柒拾肆名共守
城民壯濟南府樂陵縣革去拾名合屬共貳千壹百
捌拾名兖州府曹縣加編拾名合屬共壹千陸百叁
拾名東昌府館陶縣加編肆拾伍名合屬共玖百伍
名青萊登三府俱照舊通計陸千玖百玖拾伍名又
查嘉靖三十四五年原編料價銀肆萬兩節該户豐工

叁部勘合派取銀叁萬柒千陸百貳拾貳兩零尚有餘剩未盡今戶部又添黃蠟銀貳千捌百肆拾壹兩應將禮部牲口等料多餘壹千伍百玖拾陸兩濰縣捌百伍拾兩即墨縣陸百兩昌邑縣壹百肆拾陸兩工部松板等料多餘壹千貳百肆拾伍兩陵縣伍百伍拾兩曹州叁百兩莘縣貳百兩武城縣壹百兩觀城縣玖拾伍兩抵補黃蠟之數免行再加原派肆萬兩定爲歲辦年例以後坐到走派非常工料等銀隨時編派里甲不許以系歲辦　嘉靖三十四年三月內河道都御史曾　據德州判官孫一清呈德州河口



淺夫壹百名改編徵銀年用樁草何人出辦詳批查得河口淺夫壹百名雖係徵銀原列力差項下幷查定陶縣減編堤夫叁拾名亦待下次均徭改正今該查編合於河口淺夫改爲力差定陶堤夫裁革又准工部勘合將叁拾伍陸年軍器暫准折價觧部今查叁拾伍年脚價上次已編徵解本司貯庫應抵叁拾柒年之數合將萊蕪等州縣叁拾陸柒年每年該脚價銀壹千肆百肆拾伍兩伍錢停徵各兵備副使僉事柴薪馬夫原於缺官銀內支給今奉文將缺官銀送河道撫院幷戶工分司郎中主事柴薪應用餘剩觧

京買馬令蘇松原設緫政管糧併於蘇松兵備任從
政兼管止照原編緫政柴薪拾名馬夫壹名其兵備
柴薪馬夫不必再編曹濮臨清德州青州覇州徐州
天津密雲副使捌員每員柴薪陸名馬夫壹名武定
沂州開原僉事叁員每員柴薪肆名馬夫壹名隨查
分巡海右道已併入青州兵備兼管其原編州縣內
撥莘恩武城館陶肆縣各柴薪壹名鄒平縣馬夫壹
名准抵兵備僉事壹員之缺餘貳員與副使捌員共
該柴薪伍拾陸名議於高唐樂安萊陽登州縣各編
貳名長清齊東濟陽長山平原鄒平德州濱州武定



臨邑樂陵青城德平禹城陵縣單縣東平濟寧汶上
東阿壽張鄆城鉅野定陶陽穀平陰城武寧陽曹縣
堂邑夏津朝城館陶恩縣范縣昌樂臨朐臨淄博興
安丘諸城濰縣掖縣昌邑膠州黄縣寧海福山招遠
棲霞伍拾州縣各編壹名馬夫壹拾名議於歷城章
丘陽信曹州濮州曹縣臨清益都壽光平度拾州縣
各編壹名徵銀解布政司另項收貯聽支缺官空月
銀候補各兵備遇有加陞品級柴薪之數分守海右
道原駐萊州奉例回駐本司上次均徭門子叁名俱
掖縣編皁隸拾伍名壽光縣編叁名樂安臨淄維黄

招遠伍縣名編貳名博興平度名編壹名徵銀解掖縣收貯聽雇路遠不便宜從改回近省州縣徵解濟南府收貯雇人應役議將門子叁名歷城縣編查將該縣柴炭銀兩内撥叁拾兩免與掖縣編解皁隷拾伍名合於章丘平原禹城叁縣各編伍名查將各縣原編京班柴薪共拾伍名免與壽光等州縣編解上次均徭濟南府稱泰安等伍州縣各被災傷議減柴夫等銀改與歷城等州縣暫代今章丘等縣中要退回者得泰安肥城萊蕪齊河近頗豐收新泰雖稱疲敝但今減編民兵裁革官員已覺寬省所存差役亦



不甚多若照數盡歸恐各州縣尚未全甦相應量復壹半查將泰安州原改與歷城章丘青城陽信齊東長清平原濟陽鄒平長山拾縣柴夫各歸拾伍名又改與章丘縣柴炭銀今歸壹百叁拾伍兩木柴銀今歸捌拾陸兩貳錢肥城縣原改與章丘齊東鄒平長山樂陵平原陸縣按察司皁隷各歸貳名又改與青城縣按察司皁隷今歸叁名齊河縣原改與齊東縣柴炭銀今歸貳拾壹兩陸錢又改與臨邑縣胖襖今歸壹拾叁副萊蕪縣原改與長山縣柴炭銀今歸貳拾陸兩新泰縣改與陽信縣柴炭銀今歸叁拾陸兩

捌錢濟陽縣木柴銀今歸貳拾捌兩陸錢又改與德
平縣牀輿今歸貳拾壹副其餘仍令歷城等州縣照
舊暫代候下次盡行歸復其鄒平縣代編新泰本府
庫子壹名章丘縣原代泰安州布政司公用銀伍拾
兩俱照舊編新泰縣裁革縣丞主簿各壹員原編柴
薪肆名馬夫貳名門子貳名皁隸捌名訓導貳員原
編齋夫肆名門子貳名俱免編冠縣申馮家曈原編
舖司壹名因無往來承送相應准革臨河渡夫貳名
每名原編肆兩准減銀壹兩東阿縣今添戴家廟門
子壹名編銀壹兩伍錢每年令辦分司鎣蘇貳百肆



拾斤德州申稱橋夫拾貳名每名原編銀貳兩今加
壹兩常豐倉斗級拾伍名每名原編銀陸兩今減貳
兩伍錢曲阜縣申知縣壹員原編門子貳名今減壹
名皁隸拾名今減貳名典史壹員久缺原編門子壹
名皁隸貳名柴薪壹名馬夫壹名照府議免編館陶
縣申添原減團操民壯肆拾伍名守城民壯肆拾伍
名該臨清道呈乞添編及稱代編聊城撈淺夫伍拾
名奉例裁去伍名止存肆拾伍名乞要歸回查得聊
城附郭疲累相應量歸貳拾名其館陶縣仍編貳拾
伍名曹縣申添原減守城民壯叁拾名該曹濮道呈

名添編及查舊貝各州縣協濟聊城木廠夫柴百壹拾伍名協濟臨清水廠夫柴百陸拾名壹半解人壹半徵銀解廠雇役列在銀差項下合將壹半解人編在力差壹半徵銀仍在銀差使銀力分析沂水縣申將民校壹名退還高苑縣徵解日照縣申要將革退民兵貳拾陸名發回守城巨峯寨民壯工食每名編銀伍兩查得民兵革退貳拾陸名改編青州道團操快手叁名餘改步隊民壯貳拾叁名原係巨峯寨守禦民壯改撥之數仍該退回本寨連原編共玖拾捌名每名仍編銀柒兩貳錢每兩止打壹兩臨清州議

經會録　徭四二十四　月四百口六

將本州代編武城縣淺鋪夫貳拾名本當歸復因該縣稍疲免撥武城縣原編臨清道團操步隊民壯拾貳名各就近編僉又高密歸善貳王民校各貳拾名原編曹州等州縣壽張王民校貳拾肆名原編壽光等州縣今登王俱已薨絕合宜免編布政司議嶧縣協濟滕縣沙溝路廠接遞青夫叁拾陸名每名原徵銀陸兩再加壹兩共柒兩白夫柴拾肆名每名原編徵銀捌兩再加貳兩共拾兩解滕縣募夫以免該廠光棍攬包措勒之害東阿縣申平陰縣原編舊縣馬驛廩給庫子貳名改於本縣及將東阿縣原編安山

水驛庫子弍貳名兖與平陰縣編僉新封商河王先僉
民校拾貳名議將已故壽張王遺下民校内撥昌樂
博興臨淄各弍貳名壽光樂安各叅名



山東經會録卷之七終

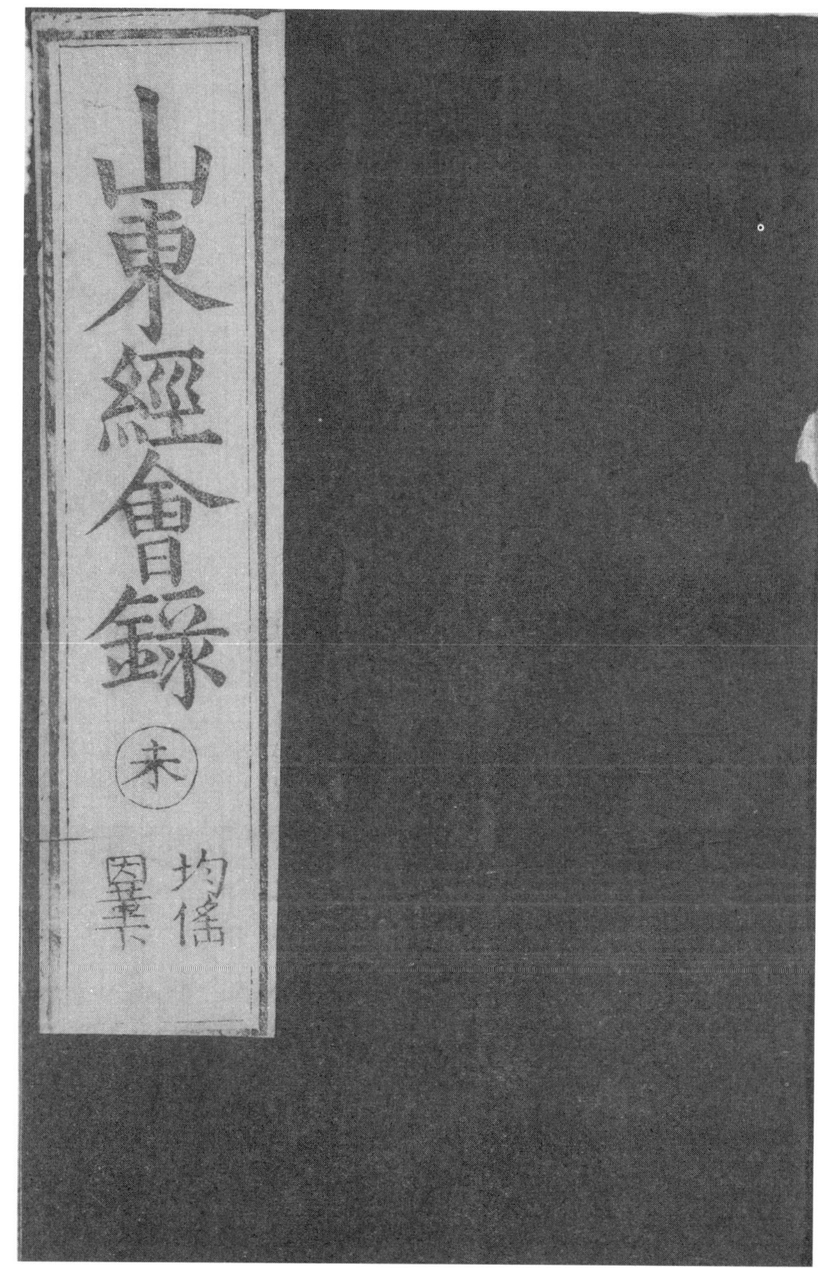
山東經會錄
未
均儒
署

# 山東經會録卷之八

## 均徭因革下

嘉靖三十八年戶部坐派黄蠟自嘉靖三十六年為始每年加派銀壹千捌百伍拾壹兩工部軏料每年坐派叁千貳百肆拾兩先因均徭已定權令所屬里甲出辦以後年分編入均徭及查舊則每年額編工部麂皮綾紬松板等料共銀貳萬肆千柒百兩近准工部坐派營繕清吏司料銀玖千叁百叁拾捌兩伍錢貳分壹釐伍毫貳絲虞衡清吏司料銀肆千陸百陸拾玖兩貳錢陸分柒毫陸絲陸忽都水清吏司料



銀捌千壹百柒拾壹兩貳錢柒釐屯田清吏司料銀柒千叁兩捌錢玖分壹釐叁絲陸忽四司共該料銀貳萬玖千壹百捌拾貳兩捌錢捌分叁毫貳絲貳忽除舊編外仍加派銀肆千肆百捌拾貳兩捌錢捌分叁毫貳絲貳忽俱應添入均徭叁項共增銀玖千伍百柒拾叁兩捌錢捌分叁毫貳絲貳忽將各該州縣原派黄蠟軏料并今增四司料銀通併一處令幾州縣專辦黄蠟幾州縣專辦軏料幾州縣專辦四司料銀調停均匀各足額數海豐郯城高苑三縣被災獨重前項加編料銀免編莒州安丘日照博興章丘被

災次重歷城縣附郭衝繁相應量減海豐縣原派柒拾兩改與平原德平陵縣各貳拾兩新城拾兩鄒城縣原派肆拾兩改與曹單東阿陽穀各拾兩高苑縣原派伍拾兩俱改臨淄縣莒州原派壹百伍拾兩量改臨朐陸拾兩該州仍編玖拾兩安丘縣原派壹百伍拾兩量改樂安柒拾兩該縣仍編捌拾兩日照縣原派捌拾兩量改益都伍拾兩該縣仍編叁拾兩博興縣原派壹百壹拾兩量改壽光陸拾兩該縣仍編伍拾兩章丘縣原派壹百柒拾兩量改長清禹城青城樂陵各拾兩該縣仍編壹百叁拾兩以上代銀縣



分下次仍歸原派州縣編徵德州裁革本州常盈庫庫子拾陸名已爲輕省議將歷城縣原派銀壹百伍拾兩內改與該州壹百兩本縣仍編伍拾兩加派黄蠟銀壹千捌百伍拾壹兩編章丘陵縣長清曹州夏津臨清濮州莘縣益都平度濰縣昌邑寧海萊陽黄縣顔料銀叁千貳百肆拾兩編歷城陽信武定泰安德州濱州肥城齊東費滕沂州濟寧汶上東平平陰單縣曹縣東阿陽穀鄒嶧金鄉高唐朝城清平冠恩館陶茌平聊城堂邑莒州臨朐縣四司料銀共貳萬玖千壹百捌拾貳兩捌錢捌分叁毫貳絲貳忽內除

舊編貳萬肆千柒百兩外加派銀肆千肆百捌拾貳兩捌錢捌分叁毫貳絲貳忽叁微纖清吏司料銀玖千叁百叁拾捌兩伍錢貳分壹釐伍毫貳絲舊編州縣該撥銀捌千兩今加編銀壹千叁百叁拾捌兩伍錢貳分壹釐伍毫貳絲編濟陽商河禹城平原德平長山鄒平淄川樂陵臨邑蒲臺青城即墨縣虞衡清吏司料銀肆千陸百陸拾玖兩貳錢陸分柒毫陸絲陸忽舊編州縣該撥銀肆千兩今加編銀陸百陸拾玖兩貳錢陸分柒毫陸絲陸忽編齊河利津新城萊蕪新泰魚臺鉅野寧陽鄆城曲阜城武滋陽泗水縣都



水清吏司料銀捌千壹百柒拾壹兩貳錢柒釐舊編州縣該撥銀陸千柒百兩今加編銀壹千肆百柒拾壹兩貳錢柒釐編霑化壽張定陶嘉祥丘縣武城觀城壽光樂安沂水安丘諸城昌樂博興高密縣屯田清吏司料銀柒千叁兩捌錢玖分壹釐叁絲陸忽舊編州縣該撥銀陸千兩今加編銀壹千叁兩捌錢玖分壹釐叁絲陸忽編博平范縣臨淄日照蒙陰[illegible]夜膠文登棲霞蓬萊福山招遠縣兵部條開議革[illegible]濫關文各該地方舊額徵派支應廩糧等項幷協濟各驛遞衙門錢糧量留十分之五以備正差支給餘

銀盡解戶部以充邊儲舊則原編本省水陸伍拾貳驛廩給庫子肆百叄拾叄名半舘夫壹百叄拾玖名欲照例不分衝僻一槩減半徵銀解部各驛中間有供應河道都察院刑撫按戶工分司兵備道駐劄去處比之過往使客驛分大不相同相應酌量繁簡存留供給庶免偏累今計水路自北直隸界至南直隸界拾陸水驛衝拾肆庫子南城叄拾名存貳拾名減拾名清源貳拾肆名存拾捌名減陸名安德拾捌名存玖名減玖名附郭崇武拾陸名存拾名減陸名荊門拾肆名存捌名減陸名良店梁家莊渡口甲馬營



清陽安山開河魯橋沙河俱拾貳名各存陸名減陸名舘夫俱叄名各存貳名減壹名僻貳清泉陶山庫子各壹名無減舘夫俱貳名各存壹名減壹名陸路自北直隸界至南直隸界拾肆馬驛衝庫子安德拾玖名存拾貳名減柒名附郭昌平拾貳名存柒名減伍名太平魚丘荏山舊縣東原新橋邾城滕陽俱拾名各存伍名減伍名銅城新嘉界河臨城俱玖名各存肆名半減肆名半舘夫俱叄名各存貳名減壹名各府會省要路譚城馬驛會省衝庫子拾玖名存拾陸名減叄名舘夫捌名存柒名減壹名晏城馬驛衝

庫子柒名存伍名減貳名館夫叁名存貳名減壹名
劉普桃園貳馬驛衝庫子俱伍名各存叁名減貳名
館夫俱叁名各存貳名減壹名東北置馬驛次衝庫
子柒名存肆名減叁名館夫貳名存壹名減壹名五
道嶺安寧村貳馬驛次衝庫子俱叁名各存壹名半
減壹名半館夫俱貳名各存壹名減壹名青川村馬
驛次衝庫子叁名半存貳名減壹名半館夫貳名存
壹名減壹名龍山馬驛僻庫子貳名存壹名減壹名
館夫貳名存壹名減壹名青陽店馬驛僻庫子壹名
無減館夫貳名存壹名減壹名白山金嶺鎮貳馬驛



僻庫子俱壹名半各存壹名減半名館夫俱貳名各
存壹名減壹名青社馬驛附郭次衝庫子伍名存肆
名減壹名館夫貳名存壹名減壹名丹河夏店古亭
灰埠朱橋伍馬驛俱庫子壹名各存半名減半名館
夫俱貳名各存壹名減壹名城南馬驛附郭次衝庫
子肆名存叁名半減半名館夫貳名存壹名減壹名
黄山館龍山貳馬驛僻庫子各半名館夫各壹名無
減遂萊馬驛附郭僻庫子壹名無減館夫貳名存壹
名減壹名接遞水廠夫德州臨清聊城濟寧安山伍
廠原編銀夫貳千肆百叁拾柒名正身夫叁千叁百

陸拾叁名共伍千捌百名驛遞錢糧止留壹半前項
夫役亦應酌減合將德州廠水陸並用存留三分之
二濟寧廠亦衝存留五分之三臨清聊城安山各存
留陸百名先儘正身夫存留不敷銀夫輳足仍專委
州縣佐貳官壹員在廠常川住劄半年申請一換仍
置立文簿酌量上下水力從公挨撥按季送驛傳道
轉呈　撫院稽查又將德州濟寧貳廠各留貳百名
餘叁廠各留壹百名徵銀解本府收貯若果不敷申
請給發委官募夫每年終備將應付過正身夫若干
名銀募夫若干名各的確數目造冊送查其每廠合
議裁減叁百名今泰山香稅銀錢既已奉例解京其



本司凡進
表部糧等項盤纏車價扛夫公用紙劄工食及一應公
費之類無從支給議於前廠夫內每處量存貳百名
共該銀陸千捌百兩改編布政司公用銀兩抵作香
稅之數其壹百名革去免編以蘇民困德州水廠夫
壹千伍百名該廠水陸交衝通京會省合議存留壹
千名正身夫柒百伍拾名德州伍百伍拾名每名編
銀肆兩陵縣壹百貳拾名平原縣捌拾名俱每名編
銀陸兩輳數存留銀夫貳百伍拾名德平縣壹百叁

拾名商河縣伍拾伍名臨邑縣陸拾伍名每名銀陸兩解德州崔募外濟陽縣陸拾伍名樂陵縣叁拾名武定州叁拾名商河縣柒拾伍名共貳百名每名銀陸兩解本府收貯候有急缺聽中給補改編布政司公用銀貳百名禹城縣陸拾伍名樂陵縣叁拾伍名陽信縣陸拾伍名武定州叁拾伍名每名銀陸兩共銀壹千貳百兩解司支用革去夫壹百名德州叁拾伍名陵縣德平商河各拾名平原濟陽臨邑武定州陽信縣樂陵縣禹城縣各伍名俱免編臨清水廠夫壹千名存留正身夫陸百名臨清州貳百肆拾名館



陶縣壹百壹拾名冠縣玖拾伍名莘縣拾名夏津縣拾伍名濮州陸拾伍名丘縣肆拾名朝城縣拾名范縣拾名博平縣伍名每名銀陸兩銀夫壹百名冠縣捌拾名朝城縣柒名夏津縣壹拾名博平縣叁名每名銀陸兩解府貯庫候有急缺聽中給補改編布政司公用銀貳百名范縣柒名莘縣拾伍名館陶縣玖拾貳名濮州伍拾陸名丘縣叁拾名每名銀陸兩共銀壹千貳百兩解司備支革去夫壹百名冠縣貳拾伍名莘縣夏津各伍名館陶縣貳拾捌名濮州壹拾玖名朝城范縣各叁名博平縣貳名丘縣拾名俱免

編聊城水腳夫壹千名存留正身夫陸百名聊城縣貳百肆拾名堂邑縣貳拾貳名濮州壹百伍拾名莘縣陸拾名冠縣叁拾捌名朝城縣叁拾伍名觀城縣叁拾名博平縣壹拾名范縣拾伍名每名銀陸兩銀夫壹百名莘縣拾伍名朝城縣貳拾捌名觀城縣叁拾叁名范縣博平各拾貳名每名銀陸兩解府貯庫候有急缺聽申給補改編布政司公用銀貳百名濮州壹百叁拾伍名莘縣叁拾貳名冠縣叁拾叁名每名銀陸兩共銀壹千貳百兩解司聽支革去夫壹百名堂邑縣叁名聊城縣貳拾名濮州叁拾伍名冠縣玖名朝城觀城各柒名莘縣拾叁名博平范縣各叁



名俱免編安山水腳夫壹千名存留正身夫肆百名俱東平州編每名銀陸兩輳數存留銀夫貳百名壽張縣伍拾名東阿縣伍拾名陽穀縣貳拾名汶上縣貳拾名平陰縣陸拾名每名銀拾兩解東平州催募外平陰縣捌拾名陽穀縣貳拾名共壹百名每名銀拾兩解府貯庫候有急缺聽申給補改編布政司公用銀貳百名東阿縣捌拾名壽張縣捌拾名曹州曹縣單縣各柒名鄆城縣肆名定陶縣貳名汶上縣拾叁名每名銀拾兩共銀貳千兩解司聽支革

去夫壹百名東平州肆名壽張縣貳拾名東阿縣拾伍名汶上縣柒名平陰縣貳拾名曹州曹縣單縣城武各叁名魚臺縣陸名寧陽鄆城定陶各貳名鉅野陽穀各伍名俱免編濟寧水廠夫壹千叁百名該廠亦衙合議存留正身夫捌百名每名銀伍兩俱濟寧州編銀夫貳百名曹縣壹百名鉅野縣伍拾伍名泗水縣貳拾貳名寧陽縣貳拾叁名每名銀陸兩解府貯庫候有急缺聽申支給既編布政司公用銀貳百名濟寧州肆拾名曹縣貳拾貳名鄆城縣壹百壹拾名曹州貳拾捌名每名銀陸兩共銀壹千貳百兩解



司聽支應革夫壹百名內濟寧州仍存看泉廠夫貳名每名銀陸兩徵銀雇募實革去夫玖拾捌名濟寧州陸拾柒名鄆城縣拾捌名曹州寧陽各貳名曹縣捌名鉅野縣伍名泗水縣肆名俱免編又查革去庫子壹百捌拾叁名半館夫伍拾名貳項共該銀捌千捌百玖拾壹兩若依部文盡數解發倘濫觴稍久弗能盡革所存銀兩必有不敷於此重加反至病民合議止將路通兩京水陸各壹拾肆驛每驛扣減廩給庫子叁名計該徵銀叁千捌百陸拾肆兩聽解戶部外其餘扣減舘庫銀伍千貳拾柒兩仍解本司貯庫公

用待以後年分查盤各驛季銀果不敷於内量行撥補

又承准　工部照會嘉靖三十七年以後軍器成造解部上次均徭已將各衛所脚價銀壹千肆百肆拾伍兩伍錢暫行停編今既奉例成造其脚價相應照舊查編泰安肥城萊蕪齊河新泰伍州縣先因嘉靖三十四年各被重災該府議將柴夫等銀改與無災縣分暫代上次均徭議稱前銀盡行歸復恐未全甦止議量復一半其餘仍令暫代候下次均徭盡歸今歷城章丘等縣各申災傷負累乞將代銀退回原坐州縣看得代辦原爲權宜救偏補敝若使常編則各



縣愈加負累卽今代銀縣分亦各被災原坐州縣近亦頗豐相應酌量退歸以息紛擾泰安州原撥歷城代柴夫拾伍名該銀肆拾陸兩伍錢應該全歸又撥章丘縣代柴夫柴炭木柴布政司公用銀共貳百陸拾伍兩玖錢今合量歸捌拾兩仍代壹百捌拾伍兩玖錢陽信長清平原濟陽青城長山齊東鄒平捌縣各代柴夫拾伍名今各歸拾名仍代伍名肥城縣原撥按察司皂隷與青城縣代編叁名今歸貳名仍代壹名章丘平原長山鄒平齊東樂陵陸縣各代貳名今各歸壹名仍代壹名萊蕪縣原撥長山縣代柴炭

銀貳拾伍兩柒錢齊河縣原撥臨邑縣代胖襖拾叁
副該銀壹拾玖兩伍錢又撥齊東縣代柴炭銀貳拾
壹兩伍錢俱各銀數不多且代銀縣分亦各被災俱
應全歸其新泰縣今查差多人少疲累已極合將原
撥與德平縣代胖襖貳拾壹副鄒平縣代本府庫子
壹名陽信縣代柴夫銀叁拾陸兩捌錢濟陽縣代本
柴銀貳拾捌兩柒錢俱仍令各縣代辦候新泰民力
稍甦另議歸復又准　兵部勘合　衡府商河王民
校除先僉拾貳名外再僉拾貳名青州府分派壽光
樂安貳縣各叁名臨淄昌樂博興叁縣各貳名



魯府新封東原王民校貳拾肆名編與曹州曹縣各肆
名單縣魚臺陽穀鄆城各叁名定陶汶上各貳名
衡府壽張王故絶奏討肴增民校拾名派與壽光昌樂
博興樂安臨淄各二名　德府歷城高唐二王故絶比例
呈討肴增民校批行布政司議姑准伍名行令泰安
章丘等州縣暫於均徭餘銀內解給但二王未經題
准難入均徭德州申蒙戶部勘合將本州常盈庫裁
革原庫子貳拾名免編本州常盈倉斗級拾伍名每
名原編銀叁兩伍錢雇人工食不多合止編貳兩歷
城縣申節因兗州等府泰安等州縣申告災傷議令

代徵柴夫等銀加增本縣編至壹萬壹千捌百肆拾兩編謂代徵之初止因彼處被災暫令權宜奈何延久遂爲成規坐視偏累況本縣居於省會供應浩繁公用之外多累里甲賠補要將代銀退回添補公用該本司查得原代兗州府柴夫等銀係二十二年則例因兗州府所屬河夫浩繁又被重災告照六府所屬多寡州縣大小分別三等通融調停除東昌府差多免編外均派與濟青萊登四府所屬編徵其河道夫役仍令兗州府屬編濟青萊登冊議各申告退還又該本司議將前銀歸復四分之一退與兗屬內原



派歷城縣柴夫銀叁百玖拾兩退回玖拾兩貳錢尚存貳百玖拾兩捌錢仍令該縣常編及查原代泰安州柴夫銀肆拾陸兩伍錢委係代編相應退回其餘銀力貳差俱係二十八年則例通融均編難以議歸又查公用銀兩既稱不敷該府議要加銀壹千兩欲照數准給但額外料價不勝加編若不量添該縣公用浩繁累損里甲委難支持相應量加銀肆百捌拾兩與原編公用共貳千伍百兩仍要酌量定擬規條撙節支用兗州府申鄒縣地方衝疲連年災傷要將原代濟寧州師家庄淄夫玖拾陸名改編豊稔州

縣以蘇鄒縣疲累本司議量改叁拾陸名退與濟寧州陸名曹州曹縣各分編拾伍名武定州稱本州公用銀貳百伍拾兩不敷加添伍拾兩各州縣看監禁子每名原編銀捌兩高唐等州縣議稱禁子止供刑具看守囚犯所費亦多要減銀貳兩或叁肆兩據其所議相應通減每名止編銀伍兩堂邑縣因監獄失事原編禁子肆名不敷防守要添肆名今查六府所屬除有上司駐劄去處量多數名外其餘州陸名縣肆名該縣既稱不敷姑照州例准添貳名連原編共陸名兗州府冊稱曲阜縣額設典史久缺上次將原編門子壹名皁隸貳名柴薪馬夫各壹名俱免編本府檢校久缺上次該府議將滋陽縣原編門子壹名免編今典史劉廷寶檢校李三錫俱已到任合照舊編高唐州申嘉靖六年以來代編柴夫斗級等項差銀伍百叁拾柒兩乞憐歸正批行本司查得前銀係二十八年均平差徭酌量地方大小人丁多寡通融均派不係代編難以紛更但查本府廣盈倉斗級原係堂邑縣改來之數賠費甚多相應量復壹名於該縣編僉以蘇衝累濟寧州遞運所申乞要比照金線閘防夫添編拾名今兗州府冊議比役不過押解人

犯希圖索騙每名編銀陸兩委屬過多應減貳兩據議該所官既無事差遣令各衙門營差騙財誠爲虛設相應查革除會省上司駐劄濟南西關遞運所叁拾名照舊存用外其龍山鎮叁拾名止是供運在省衙門煤炭量減伍名仍存貳拾伍名德州臨清東昌金線閘每所叁拾名各減拾名甲馬營貳拾肆名減去玖名足彀跟用其濟寧遞運所原止貳拾名仍令照舊每名止編銀肆兩東昌府冊議所屬州縣水次倉糧自有收糧大戶大甲看守原編看倉夫虛設無益俱合裁革又各府冊議稅課局巡攔[illegible]樂



陵范縣各要減編壹名夏津觀城每名減銀壹兩館陶鉅野鄆城每名減銀貳兩俱係節省准擬各州縣預備倉斗級寧海齊東減壹名曹州添壹名掖縣添貳名東阿縣儒學倉斗級壹名裁革肥城縣大石巡檢司弓兵應減伍名仍編拾伍名寧海州稱乳山寨弓兵叁拾名每名減銀壹兩止編貳兩鉅野縣稱原編安興墓弓兵貳拾名雖係本縣地方與鄆城居民相半乞要分編該府議改鄆城縣伍名鉅野縣拾伍名日照縣巨峯寨民壯玖拾捌名每名銀柒兩貳錢本縣議三十三年以

前原止柒拾伍名三十四年又添貳拾叁名要改本
縣守城民壯每名止編銀肆兩似爲輕省該府議本
寨玖拾捌名固爲太多該縣守城原額捌拾名亦足
防禦合將本寨近添貳拾叁名免編益都縣原編洰
洱河渡夫肆名該府議止編貳名濟南府申
巡按察院將歷城縣原編本院門子肆名改於泰安
章丘濟陽長清各壹名兌換四州縣各原編
德府齋郎與歷城縣徵解及將皂隸貳拾名改與章丘
長清濟陽齊河各伍名兌換泰安王民校各伍名與
歷城縣編解歷城縣原編貢院門子貳名



巡按察院裁革責令老人看守即墨縣原設縣丞貳
員奉裁革冗官事例裁革壹員原編門子壹名皂隸
肆名柴薪貳名馬夫壹名停編朝城縣申原編守城
民壯肆拾名看守城池巡鹽巡捕接送解人不敷差
遣允添拾名金鄉縣稱本縣魚兒鋪至濟寧州拾里
鋪陸拾里遞送公文不便於兩界内各於其中添立
壹鋪金鄉縣添設壹鋪就將魚兒鋪原編司兵肆名
内撥兵壹名再編司壹名濟寧州界内添壹鋪於本
州總鋪司兵玖名内撥兵壹名再編司壹名鄆城縣
柏林丁里安居梁渠舊縣狄家店盡頭柒鋪俱各編

僻每鋪減兵壹名鄒平縣宋家庄波淬店孫家鎮花
溝鎮田鎮伍鋪公文稀少各兵每名銀肆兩減壹兩
館陶縣稱招曲姚兒庄貳鋪各兵每名編銀叁兩公
文稀少止編壹兩魚臺縣崇福泰岡柳店叁鋪原額
各編兵夫壹名每鋪添壹名萊州府冊議膠州高密
疲敝不堪議將膠州原編柴夫量撥貳拾名與濰
縣高密縣原編柴夫量撥貳拾名與平度又撥拾
名與昌邑各照編僉兗州府冊議滕縣原編湖陵城
閘溜夫叁拾玖名該縣又疲力差浮於銀差負累太
甚要將溜夫內撥肆名該銀貳拾肆兩撥與定陶兗
換該縣原編銀差安丘王民校貳名該銀貳拾肆兩
以蘇疲困又滕縣安平鎮停役守口夫貳名該縣路
遠不便雇人相應改令附近壽張縣編僉曲阜縣稱
原代滋陽縣濟河淺夫肆名今當疲困實難代替該
府議得滋陽之疲與曲阜無異查平陰原編濟河淺
夫拾叁名該縣力差稍輕合將曲阜原代滋陽肆名
量改平陰貳名退回滋陽貳名又該府冊稱滋陽滕
鄒等縣各路廠青白夫叁百壹拾名本府衙門并鄉
宦占用數多不敷接遞乞要添編府議路雖衝要難
以加增合將鄉宦并各衙門占用夫役盡行退出走

差亦足應用看得前夫不獨滋陽等縣爲然其餘亦陞各廠亦多占用及有奸豪潛投鄉宦之家以圖安閑貽累在廠人役分外封帮雇相應釐革但有各處濫占夫役盡行查出發廠走遞掖縣用稱原編文廟春秋二祭銀伍拾兩本縣係附郭設有府縣兩學致祭獨在府學行禮縣學要照嘉靖十年以前祀典釋奠府議本學廟貌具瞻俎豆攸存各照釋奠似不爲過今後春秋二祭每祭於本縣公用銀内動支叁兩該縣買辦猪羊祭品亦爲定規肥城縣稱原額泉夫捌拾捌名嘉靖三十三年代編新泰拾貳名三十五年議



减玖名仍存叁名要行裁革查得三十四年該
河道衙門題　准裁革十分之一將該縣原額泉夫捌拾捌名减夫玖名實編柒拾玖名又代編新泰縣拾貳名共玖拾壹名係河道衙門定擬之數擅難减編德州議要添兵備道吹鼓手銀拾叁兩陸錢查得該州編有本道步隊團操民壯壹百貳拾陸名自有選充吹鼓手應用前銀難准添編嘉靖四十年
户部勘合坐到三十九年黄蠟果品共减銀貳千捌百叁拾玖兩叁錢叁分壹釐伍毫換作四十年坐到黄蠟果品之用今編四十年四十一年均倍該减前

銀合於原坐濟南府陵縣減柒拾兩青州府益都縣減柒百叁拾兩莒州減叁百兩萊州府平度州減叁百陸拾兩濰縣減叁百兩即墨減貳百兩昌邑減貳百叁拾柒兩登州府寧海州減貳百兩黄縣減貳百兩萊陽縣減貳百肆拾貳兩叁錢叁分壹釐伍毫禮部料銀陽信縣原編銀捌百兩今減捌拾兩齊東縣原銀柒百兩今減柒拾兩歷城縣原銀貳百兩今免編濮州原無今派銀叁百伍拾兩補前叁縣減編之數餘無增減工部料銀營繕司濟陽縣原編柒百兩今減叁拾兩萊蕪縣原編叁百伍拾兩今減伍拾兩



鄒平縣柒百伍拾兩今減叁拾兩淄川縣原銀伍百玖拾兩今減柒拾兩樂陵縣陸百陸拾兩今加叁拾兩青城縣原銀陸百壹拾兩今減柒拾兩蒲臺縣原銀貳百捌拾捌兩伍錢貳分壹釐伍毫貳絲今減捌拾兩館陶縣原無今派叁百兩補前所減之數餘無增減虞衡司泰安州原編銀陸百兩今減壹百兩齊河縣原編叁百兩今減柒拾兩長清縣原無今編壹百貳拾兩海豐原銀貳百兩今減柒拾兩利津原銀肆百柒拾兩今減伍拾兩新城原銀肆百肆拾伍兩今減伍拾兩新泰原銀柒拾兩今免編魚臺原銀壹

百伍拾兩今減肆拾兩東阿原銀貳百兩今加肆拾兩鉅野原銀壹百兩今減伍拾兩寧陽原銀壹百伍拾兩今加玖拾兩鄆城原銀貳百兩今加伍拾兩城武原銀貳百伍拾兩今減伍拾兩莘縣原無今編貳百伍拾兩補前所減之數餘無增減都水司霑化縣原編銀貳百陸拾兩今減伍拾兩濟寧州原銀伍拾兩今免編鄆城原無今編壹百兩嘉祥原銀柒拾兩今減叁拾兩汶上原銀壹百伍拾兩今加伍拾兩金鄉原銀壹百兩今減柒拾兩高唐原銀貳百兩今加柒拾兩以所加抵所減補足前額餘無增減屯田司



臨淄縣原銀壹百伍拾兩今減壹百兩莒州原銀伍百兩今加壹百伍拾兩高苑原銀貳百伍拾兩今減伍拾兩寧海州原銀伍百兩今加玖拾兩蓬萊縣原銀肆百玖拾兩今減肆拾兩福山縣原銀叁百壹拾兩今減貳拾伍兩招遠縣原銀伍百肆拾叁兩捌錢玖分壹釐叁絲陸忽今減貳拾伍兩以所加抵所減補足前額餘無增減軏料章丘原無今編貳百兩德州原額貳百兩今減壹百兩曹州壽張原額亦無今各編伍拾兩高唐原額壹百兩今加伍拾兩歷城原額伍拾兩泰安壹百伍拾兩費縣伍拾兩滕縣柒拾

兩東平州壹百兩今各免編以所加抵所減補足前
額餘無增減又查柴夫舊則原編貳萬玖百肆拾貳
名每名連路費共銀叁兩壹錢共該陸萬肆千玖百
貳拾兩貳錢續該易州廠費郎中行司每年該編柴
夫貳萬玖百肆拾名比舊減去貳名木柴銀舊編肆
千捌拾兩本官行司每年該編木柴銀伍千肆百肆
拾叁兩壹錢叁分肆釐比舊加壹千叁百陸拾叁兩
壹錢叁分肆釐該布政司議內將德平縣減去柴夫六
貳名該銀陸兩貳錢抵編外仍該加銀壹千叁百伍
拾陸兩玖錢叁分肆釐查照原行自三十四年起至



三十九年止六年共該加銀捌千壹百肆拾壹兩陸
錢肆釐分作貳年加補合於四十年四十一年每年
編銀肆千柒拾兩捌錢貳釐應於今次停編公用銀
內免編兗州府汶上縣捌拾兩曹州壹百捌拾陸兩
單縣壹百伍拾兩東阿縣肆百捌拾貳兩寧陽縣壹
百伍拾兩鄆城縣壹百伍拾兩平陰縣伍百兩壽張
縣肆百貳拾捌兩定陶縣貳百兩泗水縣壹百伍拾
兩東昌府濮州捌百貳拾兩高唐州壹百兩冠縣貳
百兩館陶縣貳百貳拾兩丘縣壹百伍拾兩范縣壹
百肆兩捌錢貳釐待下次均徭開除免編聽改別項

差銀之用其四十年四十一年每年正編銀止該壹千叁百伍拾陸兩玖錢叁分肆釐合於今減黄蠟銀内兖編萊州府平度州叁百兩濰縣貳百伍拾兩昌邑縣壹百伍拾兩即墨縣貳百兩寧海州壹百貳拾兩黄縣壹百伍拾兩萊陽縣壹百捌拾陸兩玖錢叁分肆釐以後年分照數常編又濟南府用稱驛傳道呈允安德水驛原編舘庫拾捌名内叁名解部陸名解司玖名存驛因該驛不敷該府議將解司舘庫陵縣該肆名乞要解補該驛看得德州往割户部分司及兵備道坐支廪給俱係安德馬驛供應其安德水



驛止是答應過往使客今要加添肆名似爲過多相應量在貳名解驛外貳名仍舊解司其餘各驛俱無增減議照舘庫銀兩原因各驛應付而設上年裁減之數不盡解部暫改布政司貯庫實爲聽候撥補今既各驛未稱不敷似爲足用矧今時值旱蝗民皆困苦合暫停編以寛民力但該司正項公用銀原止叁百伍拾兩恐一時不敷又難爲處合將原解司舘庫銀伍千貳拾柒兩内除改添安德水驛貳名外再量存留庫子貳拾貳名舘夫貳拾名共該銀壹千壹百玖拾貳兩仍編解布政司公用其餘叁千柒百肆拾

叅兩姑且停編驛傳道呈據東平州民臧濟等告安山廠夫原設壹千名僅足支持今奉勘合又減夫銀雖有節省之名而過客有加於昔驛遞夫廠所費如常各州縣拖欠工食不得依期接濟其力夫肆百名除吹鼓手報事等項占用外差撥者不上叅貳百名實難支吾乞將汶上東阿平陰陽穀壽張伍縣仍改力夫伍百肆拾名與該州力夫肆百名共玖百肆拾名曹州曹單等縣銀夫陸拾名共壹千名可足差撥本司覆議北有德州臨清聊城三廠南有濟寧廠上次各減名數未稱不敷其安山一廠獨編壹千名徒



滋影射既經申請若不量增則銀夫解銀一時不前亦恐獨累合將東平州今減工部分司皂隷拾肆名每名銀拾貳兩兗編安山廠夫貳拾名連原編肆百名壽張東阿貳縣各伍拾名陽穀汶上貳縣各貳拾名平陰今改肆拾名共正身夫陸百名與臨清聊城貳廠名數相同專委本州判官壹員在廠住劄常川管理置立上水下水簿籍從公挨撥嚴禁私占影射亦自足用然力差既與臨清聊城貳廠相同其銀夫合照聊城等廠每名亦止編銀陸兩改解東平州就近貯庫遇有進鮮等船緊急募夫上次原議泰山香

稅銀錢奉例解京其該司進　表部糧等項盤纏車價扛夫公用紙劄工食一應公費無從支給於前革伍弱夫每歲量存貳百名改編公用銀兩抵作香稅之數今本司香稅銀錢未盡解京量留聽支況今又該補編木柴銀捌千壹百肆拾壹兩陸錢肆釐其四十年以後每年加編木柴壹千叁百伍拾陸兩玖錢叁分肆釐今歲陸府所屬均被旱蝗重災難以加派相應將前公用改編抵補木柴并添設通判柴薪馬夫及新封省墳民校等銀之費所加木柴之數候四十二年均徭開除免編布政司呈據德州申陵德貳縣



互相申告解銀解夫苦樂不均議將二縣一半解夫一半徵銀其商河縣該銀叁百叁拾兩臨邑縣叁百玖拾兩貳縣尚有拖欠及查正夫陵縣一半陸拾名德平縣一半陸拾伍名平原縣捌拾名本州伍百伍拾名共柒百伍拾伍名每親查點止有見任夫肆百玖拾肆名輪番走遞間有鄉官舉人戶部分司兵備道衙門通共占用夫貳百陸拾壹名除行本州查革鄉宦除京堂以上量留捌名兩司部屬各肆名其餘占役盡行取回走遞至於商河臨邑貳縣既不依期徵解遇有緊急束手無謀乞將貳縣夫銀改解司府

另編豐腴縣分庶爲易徵又查均係原編解府聽候應付銀壹千貳百兩存留解州銀壹千肆百柒拾兩共銀貳千陸百柒拾兩一併發州支用衝疲始克有濟該本司議德州水陸交馳往來賓客絡繹委屬繁劇但每年解府聽候銀壹千貳百兩難以全給合行濟南府量支捌百兩發州添補雇夫餘肆百兩仍貯用庫遇有重差方行查給及將商河臨邑二縣原編銀兩改行禹城陽信二縣照數兌換徵解其伍水厰解府聽補夫銀德州安山二厰今已改解本州貯庫聽候動支除聊城附郭照舊解府臨清濟寧二厰



離府寫遠申請不便合照德州事體亦改本州收貯聽候募夫年終扣有餘剩俱解本府貯庫各厰正夫若有鄉宦等項私占悉照德州事體一例查革新封德府堂邑王民校貳拾肆名合編章丘武定各肆名商河臨邑各伍名長清樂陵各貳名禹城鄒平各壹名利津王貳拾肆名合編章丘武定各肆名商河臨邑各伍名長清樂陵各貳名平原禹城各壹名

德府故絶歷城王看墳民校拾名合編長山樂陵商河各貳名臨邑肆名高唐王看墳民校拾名合編長山樂陵商河各貳名臨邑肆名　魯府故絶鄆城王看

墳民校拾名合編曹州單縣東阿鄒嶧寧陽鄆城平陰壽張泗水各壹名舘陶王看墳民校拾名合編曹州單縣東阿滕鄒嶧鄆城平陰壽張泗水各壹名高密王看墳民校拾名合編汶上曹州東阿鄒嶧寧陽鄆城平陰壽張泗水各壹名濟南府添設遼陽通判壹員於樂陵縣編柴薪皁隸肆名臨邑縣編馬夫壹名各照數徵解添設巡檢司貳處滕縣沙溝集弓兵貳拾名於滕嶧貳處各編拾名臨淄縣淄河店弓兵貳拾名於臨淄縣編兗州府申該曹濮兵備道副使高　會同守巡東兗道議長堤每叁里設立壹舖每



舖僉守堤夫壹名但樹木叢雜致藏獾狐野鼠穵窟窬穴加以陰雨連綿常致衝决議令每舖又添貳名晝夜看守具呈　總理河道衙門允添本府覆議曹縣舊有守堤舖夫壹百叁拾肆名均係原無今每舖添夫貳名共添夫貳百陸拾捌名與舊堤舖夫共肆百貳名俱入均徭編僉今查該縣先編堤夫叁百玖拾名每名編銀叁兩後添前夫不過看守堤舖應照壩夫每名編銀貳兩共該編銀捌百肆兩查得今減管河同知皁隸壹名銀拾貳兩知縣縣丞主簿皁隸陸名每名銀肆兩停編南城開河貳驛皁子肆名每

名銀肆拾陸兩館夫壹名銀玖兩改編布政司公用銀貳百貳兩祭祀銀玖兩共減銀肆百肆拾兩不敷免編又將該縣原編濟寧水驛夫壹百名內減肆拾名該銀貳百肆拾兩再將該縣原編本府皁隷貳拾壹名減去拾名銀壹百貳拾兩遞攔貳名今減肆兩通轃捌百肆兩以足今加堤夫之數又查曹州徵解布政司公用銀今亦免編於內改本府皁隷拾名以補曹縣之缺　吏部勘合將登州府通判胡㸑改駐濟南府萊州府通判張士魁改駐兗州府各管理京邊料價胡通判合用門皁柴馬俱於濟南府所屬停

經會録　卷四下二十六　凾百五下

編布政司公用銀內免編門子貳名俱歷城縣編皁隷拾名章丘商河貳縣各編伍名柴薪肆名商河臨邑貳縣各貳名馬夫壹名臨邑縣編張通判合用門皁柴馬該府將沂州道議減本府正佐官門皁內抵編門子貳名俱滋陽縣編皁隷柒名於寧陽縣編肆名鄒城縣編叁名柴薪肆名俱曹縣編馬夫壹名於沂州編其登萊原編通判門皁柴馬俱各減革膠州高密即墨各減柴薪壹名濰縣柴薪貳名掖縣減門子馬夫壹名寧海萊陽福山黄縣各減皁隷壹名文登招遠各減柴薪貳名蓬萊減門子貳名棲霞減馬

夫壹名　吏部勘合裁革寧海膠州判官各壹員即墨文登縣丞各壹員寧陽鄒嶧三縣主簿各壹員安東靈山鰲山威海成山靖海大嵩萊衛訓道各壹員原編門子共拾貳名皁隸貳拾捌名柴薪拾肆名馬夫柒名齋夫拾肆名俱免編兗州府申北河分司會同南旺分司議將原留金口壩夫伍拾貳名於內改編銀差叁拾貳名每名徵銀貳兩貯庫貳拾名仍編力差守閘啓閉堤城壩夫叁拾貳名俱改編停役每名銀伍錢仍選附近居民壹名看廠戴村壩原留夫壹百名改編銀差貳拾名每名徵銀貳兩貯庫其捌拾名守修本壩馬庄泉夫拾貳名於內免編陸名仍存陸名照舊編爲停役夫每名銀伍錢但前夫係南旺大挑所用人數前項改編銀差金口壩夫前後共壹百叁拾貳名戴村壩夫前後共壹百名并改編停役夫堤城壩叁拾貳名馬庄泉夫停役陸名共貳百陸拾捌名合議定每貳年大挑各項改編停役一體調用工完放回於四十年四十一年均徑查照今議改編具呈　河道都御史林　批看得大挑之歲所用夫力亦不及月餘但此役爲銀差而欲議之於大挑亦須明註榜冊於改編停役各戶下以便調發工

完即放其壇城轉看廠夫亦須停役中坐編壹名爲便兗州府册稱沂州道議曲阜縣應減祭祀銀貳拾兩泗水縣應減拾兩青州府册稱昌樂縣應減祭祀銀拾兩樂安等縣俱要量行減編看得各州縣祭祀銀除文廟春秋二祭合用羝隻猪羊雞兎果品幣帛之類用銀數多并啓聖祠祭銀原少俱照舊編用其山川壇原銀拾肆兩合減肆兩社稷厲壇各拾貳兩合減貳兩止編拾兩名宦鄉賢祠原編各貳兩伍錢合減伍錢止編貳兩又名宦鄉賢祠原編門子壹名青州府册議此役空閑乞要裁革併與啓聖祠門子



兼管但查上次則例兗州府學并所屬貳拾柒州縣前項門子已經裁革與啓聖祠共編壹名查與該府所議相同今次均係除濟南府學會省迎送日多照舊編用其餘各府所屬一體裁革兗州府册議滋陽縣原編本府巡攔捌名每名銀肆兩本府問革巡攔楊思仁等陸名改滕縣沙溝巡檢司以補弓兵止剩貳名應役看得該司既編弓兵貳拾名難再添給其巡攔陸名應免新添本府邊儲通判門子壹名銀捌兩餘皆免編工部管河分司阜隸貳拾名近俱編派東平州徵解每名銀拾貳兩查得先年本州止解阜

隸伍名門子壹名其餘俱在陽穀壽張東阿三縣編用照舊編入各縣看得分司既在安平駐劄相應准照府議改編伍查各院俱貳拾名濟寧臨清寧陽等處戶工分司俱拾陸名合照數編給分與陽穀肆名壽張東阿各叁名東平州陸名徵銀解司雇役其該州所減皁隸拾肆名免編又安山廠正夫貳拾名每名銀陸兩既已改編力差比之銀差似重其免未盡銀肆拾捌兩准令免編濟南府用稱章丘等縣乞將原代泰安肥城等處銀差退回查得泰安肥城萊蕪齊河新泰伍州縣先因嘉靖三十四年各被重災該



府議將柴夫等銀改與無災州縣暫代三十六年量復一半三十八年又復三分之二章丘縣仍代泰安柴夫拾名柴炭銀伍拾貳兩陸錢寸柴銀伍拾貳兩叁錢布政司公用銀伍拾兩共銀壹百捌拾伍兩玖錢陽信長清平原濟陽青城長山齊東鄒平捌縣仍代泰安柴夫各伍名共銀叁百玖兩玖錢青城章丘平原鄒平長山齊東樂陵沾化縣仍代肥城縣按察司皁隸各壹名共銀捌拾肆兩看得各縣代編銀兩今已年久況比泰安肥城疲困尤甚相應歸復以息紛擾其德平原代新泰胖襖貳拾壹副該銀叁拾壹兩

伍錢濟陽縣代新泰木柴銀貳拾捌兩柒錢盡應歸
回但新泰創疲未復實爲難支議將新泰原編工部
料銀柒拾兩改令停編公用州縣照數抵補歷城縣
中該委官同知師桂等議祭祀乃
國家重典歲用鹿隻禮不可缺況歷城會省之地非鹿
無以致祭但該縣近年專令鄉人領價承買民受賠
累今議坐僉文廟鹿户貳名每名編銀捌兩各買中
鹿壹隻舜廟鹿户壹名編銀陸兩買小鹿壹隻就將
各户門丁銀兩扣編其原編祭銀文廟壹百兩内除
鹿價拾陸兩外止編捌拾肆兩舜廟壹拾兩内除鹿
價陸兩止編肆兩沂州兵備道呈議將額編皁隸府



州縣大小官員皁用貳拾名以上者每員量減陸名
拾名以上者量減肆名拾名減去貳名肆伍名者減
壹名各官門子設有叁名者每員減去壹名貳名者
不必減司兵自兖州府至曲泗費沂一帶鄒滕至濟
寧肥城一帶俱係大路每舖止該舖司壹名兵夫貳
名沂州至郯嶧一帶路稍僻每舖止用司兵各壹名
公館門子就令本地老人總甲兼管本道皁隸拾陸
名減去肆名門子叁名減去壹名曲阜泗水尤爲疲
敝團操步下民壯曲阜減貳拾名泗水減拾柒名餘

豐年再復泗水曲阜祭祀銀兩亦應量減查得兗州
府議冊減編本道門子壹名皁隸肆名本府并佐貳
官門子壹名皁隸拾捌名各州縣門子柒名皁隸壹
百肆拾叁名民壯叁拾柒名兵夫壹百玖名祭祀銀
貳拾叁兩俱已查照免編兗州府同知祁天敘呈稱
曲阜縣原編巡攔貳名應減壹名委官同知師桂等
議將開河水驛庫子壹名改於鄆城縣荊門驛庫子
叁名改於陽穀縣編僉泗水縣申議將昌平驛庫子
貳名銀玖拾貳兩撥與曹州改解該驛支用滕縣冊
稱接遞夫本縣路廠拾伍名沙溝廠拾名俱派逃亡





量追不前似應免編若遇磁缸到日即令路夫運送
近年進貢磁缸用夫數多乞要增添夫役議得南自沙
溝北至恩縣拾路廠每處增叁拾名徵銀貯庫候磁
缸僱夫不用則作正支銷至三十二年兗州府所屬
米路廠各已減去拾伍名今該縣仍要將前銀免編
恐磁缸壹到路夫不敷又累封僱舊則原議不為無
見仍於實在人戶編銀貯庫專候磁缸之用其東昌
所屬恩縣高唐茌平叁廠路夫亦一體減去拾伍名
以蘇民困又該布政司呈據濟南府同知翟濤等議
將歷城縣公用銀分定各衙門支用仍於濟南府叁

拾州縣分編力差門子貳拾名厨子拾伍名抄案書手陸拾名應用隨查嘉靖二十二年則例歷城縣公用本縣自編壹千捌百兩泰安等拾州縣協濟伍百兩共銀貳千叁百兩至二十八年則例議得泰安章丘鄒平長山淄川伍州縣各伍拾兩歷城縣壹百兩共銀叁百伍拾兩解布政司及將臨邑肥城長清叁縣各伍拾兩歷城縣壹百兩共銀貳百伍拾兩解按察司青城濟陽貳縣各伍拾兩加添拾兩共壹百貳拾兩解濟南府其各道合用紙劄硃墨筆項既該巡撫都御史何　因紙戶告累議定分撥州縣動支



無礙官銀買送歷城縣止編公用銀壹千肆百兩專備各衙門抄案書手工食新官到任茶品撫按衙門紙筆硃墨油燭柴炭各道日用刑具歲用卓圍等項之費至三十四年則例本縣增編肆百貳拾兩三十八年又增肆百捌拾兩共貳千伍百兩今該縣尤稱不敷行委官同知師桂等會同歷城縣知縣李齊芳議公用之設原爲撫按紙筆硃墨油燭柴炭各道刑具卓圍等項至二十八年則例又增修理衙舍近年一槩濫使以致不敷若不議革冒濫縱使增至萬兩亦未稱足但查該縣舊支公用卷冊内撫按巡鹽等

院令行動支本院贓罰行禮幷買辦下程及監生書吏寫本吏衣鞋銀兩幷做靴帽衣服之類未動贓罰遂支公用又乾辦農民領過公用答應欽差察院過往官員有支領而無剩回貳司各道進表部糧陞任帶領門子除均徭工食之外又貼幷盤纏本縣吏書公差盤費俱於公用支領取非所有似涉泛濫今次均徭合行該縣將前公用銀貳千伍百兩除解布按貳司各壹百兩其餘貳千叁百兩專委本縣縣丞壹員常川管理督令買辦吏答應撫按兩院陸續支銷供送每月終本官查筭明白送院稽查如



欽差官員到省酌量住日久近陸續支銀供送事畢本官亦與買辦吏查筭餘剩之數扣追還官其管各道等衙門刑具什物卓圍之數本縣置辦新春桃符門神元宵燈籠閱操決囚犒賞花紅王府等處應行節禮之費亦每月終查筭明白開報兩院幷布政司磨對以杜侵冒候年終造冊申送院司通考其各院行禮段花羊果下程監生書吏寫本吏衣鞋等項俱申請動支府縣庫貯本院贓罰內置辦貢院家火待修理貢院於布政司無礙銀內支用修理衙舍於本衙門無礙贓罰支用貳司各道進　表部糧陞任等項

帶領門子貼併盤纏於本衙門皁工食內徑自津貼至於門厨抄案書手工食仍應添編庶免獨累若議編力差門子每名編銀叁兩討打工食不下拾兩厨子每名編銀肆兩雇役刁難不無多索抄案書手分派州縣相離窵遠急難取用相應止定門子拾名每名徵銀柒兩貳錢共銀柒拾貳兩厨子除巡按察院已行各縣取用外再編拾伍名都察院貳名常川在省每名編銀拾兩各道該用玖名分外預備答應肆名共拾叁名編銀肆拾肆兩抄案書手工食照原議銀壹百貳拾兩以上共該銀貳百伍拾陸兩俱於歷城縣編用各另收貯聽支毋得混淆給領以滋冒濫



如遇巡塩等院

欽差過往官員到省門子先儘看比察院書院共肆名外不敷之數於地方選撥送用厨子籍名在官分撥答應門子每名每日給銀貳分厨子每名每日給銀壹分其本省外道府州縣官員自有帶來門厨跟用不必再行送給又查節年則例內開撫按兩院門皁工食按月支給出巡月日扣除作正其所扣銀兩合議給與兩院外班均偹未編門皁以作津貼工食之費餘剩之數仍令作正支銷其編過門厨書手工食

合將該縣原編本府庫子拾叁名内改章丘陽信各貳名長清平原齊河德州陵縣泰安肥城各壹名本縣仍編貳名運司庫子捌名改與武定長山禹城濱州青城商河樂陵德平各壹名運司禁子貳名改與齊東淄川各壹名湖南書院門子貳名每名原編銀肆兩似屬閒曠量存壹名看守宜改北察院壹名每名止編銀貳兩共減銀肆兩通前共減銀貳百伍拾陸兩以抵今編門厨書手工食之數再照歷城居于會省百凡俱應出於該縣委屬繁劇檢查濮州壽張貳處所減銀數比他餘州縣稍多相應查將歷城原編柴夫内撥拾叁名該銀肆拾兩叁錢改與濮州再將工部軌料銀伍拾兩改與壽張縣庶得均平濟南府申德州民孫欽等告稱查得修倉夫伍拾名係陵德平原叁縣坐派銀差每名止徵銀貳兩解監督主事衙門給與本倉召募欽等領用本倉廒房墻垣如遇倒塌工程以拾分為率倉夫攤修叁分該倉斗級肆拾捌名攤修柒分於嘉靖三十七年奉例將斗級除減止剩貳拾肆名俱聽監督主事衙門收支糧米差撥應用如有損壞倉廒俱係倉夫自行修理又兼巡更晝夜不休委係負累行該倉官體申稱相同該


李田相四百五

府覆議修倉夫每名編銀貳兩徵解該州雇役立法之初止供修倉甚巡更之用不必人至而役之也但日給工食陸釐委爲太少以應每名量添壹兩又經委官師桂等查得二十八年則例見編德州倉斗級肆拾捌名該部題奉　欽依每名編銀拾貳兩徵解該州雇役修倉夫伍拾名奉例每名徵銀貳兩共銀壹百兩解送該州收候戶部委官修理與節年舊則相同並無減革看得德州妄稱二十七年減革斗級貳拾肆名將修倉夫銀壹百兩召募孫欽等伍拾名修理及打更使用致令各役告添工食則額編斗級工食不知作何支使今歲災傷民不聊生添銀難以



准從合行該州將斗級工食仍雇肆拾捌名在倉專管收支糧米晝夜巡守倉廒打更差撥應用其修倉夫銀仍照舊徵解德州貯庫遇有倉廒損壞聽戶部委官估計雇夫併工以時修理毋再縱容該倉官攢賣放斗級仍將修倉夫銀雇人打更使用嘉靖四十二年

　撫院案議山東均徭舊規專論丁門門擦而輕丁加而重以致窮民負累相率逃亡屢該本院查議丁地與丁門貳者孰便即今均徭誠恐委官照舊丁門審編未免小民失望查得戶禮工等部料銀原係

查照州縣里分多少攤入均徭料銀漸加故均徭漸重近年州縣民逃數多銀差分派不前委官將逃絕人丁不與開除盡編料銀以致徭册雖有追徵實無見在里甲不堪刑併遂至逃竄深為民害該司再加查議或將各州縣料銀提出均徭之外各照原數改入地畝内徵解以寬丁力萬分之一其料銀外或有何項銀差堪入地畝内派徵一併查明詳奪如此丁地之法雖一時未及議同而丁門之累亦可因之稍減矣時干急切民瘼作速定議呈來續該布政司呈據議徭官師司知等議料價嘉靖初年每年編銀貳



萬壹千陸百柒兩捌錢至嘉靖二十四年加派銃砲軍器熖硝等銀陸千玖百叁拾肆兩伍錢陸分三十四年又加戶禮工部果品黄蠟牲口等銀壹萬壹千肆百伍拾柒兩陸錢肆分三十八年又加戶工貳部黄蠟四司等料銀玖千伍百柒拾叁兩捌錢捌分叁毫貳絲貳忽共編至肆萬玖千伍百柒拾叁兩捌錢捌分叁毫叁絲貳忽四十年減派戶部黄蠟銀貳千捌百叁拾玖兩叁錢叁分壹釐伍毫止編料價肆萬陸千柒百叁拾肆兩伍錢肆分捌釐捌毫貳絲貳忽今增戶部黄蠟銀叁千叁百兩陸錢捌分壹釐貳毫

伍絲共編銀伍萬叁拾伍兩貳錢叁分柒絲貳忽俱應提出均徭之外于各州縣地畝內派徵又查銀差內有柴炭木柴貳項共銀壹萬陸百捌拾柒兩貳錢陸分玖釐亦應于地畝內派徵以寬丁門之累仍行各州縣于實徵地畝攤派隨夏稅起運徵解其餘銀力貳差照舊仍在均徭門丁出辦又查上次均徭補編三十四年起至三十九年止木柴銀捌千壹百肆拾壹兩陸錢肆釐原分作四十年四十一年每年肆千柒拾兩捌錢貳釐今次免編相應准抵前項新增黃蠟之數每百兩免編黃蠟銀捌拾壹兩其剩銀柒



百柒拾兩壹錢貳分柒毫伍絲免編海豐縣申人戶逃移脩將徭銀暈爲裁損疲民庶得更生看得海豐高苑爲東省極敝之邑議減海豐團操馬快伍名步隊民壯拾捌名木柴銀陸拾兩及將高苑縣亦量減木柴銀貳拾叁兩玖錢料價銀叁拾陸兩俱改濮州免編今計地畝內該徵料價柴炭木柴銀共陸萬柒百貳拾貳兩肆錢玖分玖釐柒絲貳忽萊州府册議高密縣原編本府庫子壹名銀差銀拾貳兩本府提正身應役下戶不能支持合編銀差加銀陸拾兩解府仍行掖縣編僉上戶領銀應役禁子壹名銀拾貳

兩正身難於應役合加徵銀叁拾陸兩解府仍行掖
縣編僉正戶領銀應役府稱該縣俱提正身又登州
府冊議蓬萊縣編本府庫子禁子各壹名銀差拾貳
兩實如力差之首應編上則加伍徵銀府稱改編上
戶該本司議庫禁各府額外浮費近日多責此輩合
行禁止庫子惟典守庫藏公堂支費分毫不得科派
禁子惟看守罪囚獄官獄吏不許索受常例其公堂
筆炭茶酒及一應刑具等類於公用銀內動支違者
即以贓論各役俱照舊徵解附郭僉役緣由到院看
得庫禁之害該司行守巡海道併查誠恐陸府皆然



俱應究正庫子歲費銀陸拾兩禁子叁拾陸兩該府
庫禁幾名合用銀若干此銀何處支銷該司查報又
該本司覆查萊州府共編庫子陸名每名用銀陸拾
兩共用銀叁百陸拾兩禁子拾名每名用銀叁拾陸
兩共用銀叁百陸拾兩登州府庫子捌名禁子拾名
要編上則加伍徵銀行守巡濟南東兗海右道通將
陸府庫禁查究今次庫禁每名只許徵銀拾貳兩解
附郭縣分僱人代役不許妄拘正身及加伍徵銀合
再刊行陸府遵者定以贓論又查嘉靖四十二年四
十三年四十四年各衛所軍器免其成造止徵正料

銀兩解部查得軍器額派料銀叁千陸百伍拾兩柒錢伍分陸釐陸毫陸絲陸忽革去平山臨清東昌叁衛餘銀貳拾柒兩柒錢壹分肆釐捌毫柒絲伍忽止徵銀叁千陸百貳拾叁兩叁錢叁釐柒毫捌絲解部本省既已停造其脚價該銀壹千肆百肆拾伍兩伍錢暫行停編續准　工部照會添編活鹿貳隻議於長清益都貳縣各編壹隻每隻徵銀拾陸兩解部買辦東昌府申館陶縣減守城民壯拾伍名夏津縣減拾名武城縣巡攔貳名每名減銀貳兩丘縣巡攔壹名減銀壹兩堂邑縣巡攔貳名每名減銀捌錢臨清



州館陶縣原編儒學文廟啓聖名宦鄉賢祠門子太多今共編壹名察院布按貳司府館共壹名其書院山川社稷屬叁壇門子裁革萊州府據王徐倉中本府西預備倉積穀數多要添斗級議於高密平度即墨各編壹名掖縣預備倉穀少減革貳名改作西預備倉斗級共添伍名滕縣中路夫本縣廠拾伍名沙溝廠拾名每名銀叁兩專候磁扛雇夫今查磁扛壹到路夫可以撥送磁扛銀兩乞要免編看得該縣磁扛既稱路夫遞送其嶧縣伍名鄒縣滋陽汶上東平東阿茌平高唐恩縣事體相同俱應一例免編滕縣

又減守城民壯拾名時苗陸溝義河洋庄薛堌伍鋪
各減兵夫壹名濟南府中德州稅課局巡攔拾名虛
設准減陸名歷城縣申參將府湖南書院門子各壹
名山川社稷厲壇共壹名俱有老人并住房人役看
守議將門子裁革其山川社稷厲參壇門子虛設非
止歷城通省州縣俱免編惟濟兗青參府係
親王致祭各壇祭器不可無人典守仍照舊濟州預備
倉斗級穀少准減壹名德州看守軍器庫子貳名每
名准減銀壹兩濟南府申鄒平縣原編龍山驛夫改
撥西關遞運所防夫拾名裁革于章丘淄川貳縣各



編參名肥城縣編肆名照數編僉濟南府稱遞運所
接送不前貳次議撥龍山驛濟陽縣防夫捌名長山
縣防夫陸名并于青城樂陵齊東肥城商河陽信陵
縣德平各添青夫參名奉　本院明文准編均係改
爲防夫名色以上俱改入遞運所項下解用青州兵
備道呈青州南壹百陸拾里穆陵關巡檢司界在臨
朐沂水貳縣之間係淮徐一帶南北通衢先年設立
弓兵肆拾名准於貳縣添編布政司參議李　呈各
道團操快壯設額太多欲將青州海道各減壹千名
德州道快壯盡革以損工食之費看得議減參道快

壯實係節省民財至意續該巡察海道呈當此民窮
財盡裁革固宜但分布防海一時有事難支合將快
手貳百玖名照舊民壯減去肆百肆拾伍名掖縣減
貳拾壹名平度州減肆拾叁名膠州減叁拾捌名昌
邑減叁拾柒名濰縣髙密各減叁拾叁名即墨減拾
伍名萊陽減肆拾伍名寧海減肆拾貳名文登減叁
拾陸名棲霞縣減貳拾肆名招遠減貳拾叁名福山
減拾柒名黄縣減貳拾名蓬萊減拾捌名武定兵備
道呈額編快手貳百伍拾肆名民壯壹千貳百叁名
議將快手減去叁拾名民壯減壹百柒拾名海豐減



快手伍名民壯拾捌名霑化樂陵利津濱州蒲臺各
減快手貳名民壯拾叁名武定新城商河鄒平各減
快手貳名民壯拾名德平臨邑齊東濟陽各減快手
壹名民壯捌名陽信章丘青城雖稱頗豐但原額本
多亦各減快手壹名民壯伍名德州道呈本道爲京
畿咽喉路當衝要合止減民壯貳拾陸名又
巡按勘合山東列衛天津徐州兵備副使貳員每員
原編柴薪陸名馬夫壹名行彼處編派其本省原派
州縣俱應免編本府門子拾叁名獨任蓬萊編僉該
縣疲累應分派萊陽縣叁名寧海黄縣各貳名招遠

文登各壹名遂蓬萊仍編肆名其府學庫子貳名既稱
蓬萊疲累相應減去壹名濟南府申已故　泰安王
原編歷城縣民校貳拾名泰安州民校伍名民尉壹
名禹城縣民校伍名濱州民尉參名俱應免編省城
新建許忠節公祠春秋祭祀每祭准於歷城縣編銀
貳兩　魯府歸善王原僉民校准給拾名看守墳塋
其餘退還有司當差查得本王故絕民校革除年久
既已奉有勘合似應於兗州府所屬裁革本府邊儲
通判遺下皁隸幷柴薪內兗編沂州肆名郯城參名
嶧縣參名又奉　撫按兩院勘合金鄉魚臺曹單鉅

經會錄　卷四下　四十三

野汶上陽穀鄆城費縣各裁減治農主簿壹員鄒平
泗水各減縣丞壹員泗水郯城費縣嘉祥各減儒學
訓導壹員濟兗貳府裁革管理料價通判各壹員安
東靈山鰲山威海成山靖海大嵩来衛儒學裁革訓
導各壹員夏津縣革管河主簿壹員新城濟陽陽信
商河肆縣各裁革管糧縣丞壹員長山齊東樂陵蒲
臺肆縣各裁革管糧主簿壹員高苑日照各減縣丞
壹員蒙陰減主簿壹員陵縣樂陵寧陽嶧縣丘縣觀
城高苑蒙陰日照福山棲霞招遠拾貳縣幷寧海州
各減訓導壹員以上各官既經裁革原編門皁柴薪

馬夫共銀貳千玖百肆拾叁兩俱免編又添設廣寧
管糧通判永平昌平參政寧前道副使各柴薪馬夫
銀兩查得廣寧通判張南濟南府列銜合用柴薪肆
名馬夫壹名查有裁革本府邊儲料價通判遺下柴
新馬夫應合免編永平昌平駐劄右參政貳員每員
柴新拾名馬夫壹名今查蘇松原設山東帶銜右參
政壹員已經裁革原編柴薪馬夫相應免編擬解永
平參政又將原編徐州副使柴薪陸名馬夫壹名改
擬昌平參政尚少柴新肆名查有裁革濟南府通判
遺下皂隸內擬肆名輳足其數新設寧前道兵備副



使壹員該柴薪陸名馬夫壹名今將原編天津副使
柴薪馬夫照數免擬各聽支用本司案牘呈乞
編門子壹名准於歷城縣編銀柒兩貳錢作爲銀差
歷城縣稱要將文廟舜廟鹿戶俱編銀差免編鹿戶
以省賠費閣子祠令佃地住房人看守門子免編德
州申太僕寺門子壹名衙門頹圮准其裁革齊河縣
申守城民壯數多准減拾名啓聖祠門子壹名准革
併與文廟門子兼管守巡東兗道會呈金鄉縣黄河
堤夫壹百叁拾柒名改撥隣河曹單貳縣各代編貳
拾伍名城武定陶鄆城叁縣各代編貳拾名金鄉縣

止編貳拾柒名又將該縣守城民壯内減貳拾名濟南府冊議府學教官每員貳名亦足應用文廟啓聖祠敬一亭共門子壹名名宦鄉賢祠共門子壹名庫子仍存壹名看守祭器斗級仍存壹名門庫斗級共革肆名德平縣巡攔肆名革去貳名章丘縣巡攔捌名革去肆名濟陽縣巡攔肆名革去貳名德州在城拾舖舖兵叁拾伍名每名減銀伍錢禁子捌名每名減銀壹兩滕縣鮑塚萬安白山辛章馮莊掌大盧村臨城鄭莊小莊拾舖每舖減兵夫壹名沙溝舖過往員多徑送利國偏累特甚准加兵夫貳名平陰縣滑



口巡檢司弓兵貳拾名既在平陰東阿兩界地方准於平陰拾伍名東阿編伍名陽穀縣荆門舖公文浩繁准添兵夫壹名壽張縣原編戴家廟門子壹名既稱並無衙門准革免編臨清州巡攔貳拾名准減拾名館陶縣守城民壯柒拾伍名准減貳拾伍名武城縣守城民壯陸拾名准減拾名萊州府冊議府學門子伍名改撥高密貳名昌邑膠州即墨各壹名府學文廟門子壹名銀叁兩改撥濰縣府學庫子貳名改撥平度州本州豐盈倉斗級壹名改撥濰縣王徐倉斗級壹名改撥即墨巡察海道皁隸陸名改撥平度

州貳名昌邑膠州高密濰縣各壹名本府皂隸捌名
改撥濰縣即墨各叁名平度高密各壹名兵備道柴
新皂隸壹名改撥平度州府學膳夫貳名改撥膠州
府學齋夫叁名改撥膠州即墨高密各壹名看得掖
縣原編海道本府并府學各項差役二十八年以前
均係節經酌量州縣豐瘦均議分派頗為詳悉後于
四十年間止據該縣民張芳等告稱輒撥銀貳百
陸拾餘兩分俵膠濰陸州縣代編已應貳年且前項
差役原坐掖縣無非因其遠屬雇募恐受横索之奸
方擬附郭今若一旦改編似非均平之意及查膠濰



等州縣亦有海道并本府皂隸齋膳夫銀兩似難盡
更今次均係止將兵備道柴薪壹名仍改平度州府
學膳夫貳名改膠州昌邑各壹名齋夫叁名改濰縣
即墨各壹名查照代編其府學門子伍名文廟門子
壹名府學庫子貳名本府廣豐倉斗級壹名王徐倉
斗級壹名巡察海道皂隸陸名本府皂隸捌名府學
齋夫壹名仍令掖縣照舊編僉庶無偏累其餘州縣
儒學看守祠廟壇所公舘門子巡攔等役或減壹貳
名或減工食多寡不一不能悉載嘉靖四十四
年奉　戶部勘合又加果品黄蠟銀叁千貳百伍兩

叁錢柒分伍釐貳毫伍絲通前共計陸萬叁千玖百貳拾柒兩捌錢柒分肆釐叁毫貳絲貳忽議於四十四年四十五年地畝內隨夏稅徵解所加果品黄蠟即於原派州縣照則加編章丘縣編銀壹千貳百玖拾兩陵縣陸百伍拾兩長清縣壹百捌拾兩歷城縣陸拾兩泰安州陸拾兩平原縣陸拾兩禹城肥城各伍拾兩青城德州德平武定州齊河淄川商河萊蕪長山齊東濟陽各肆拾兩曹州陸百陸拾兩汶上縣壹百伍兩單縣壹百柒拾貳兩平陰縣肆百肆拾伍兩壽張縣叁百捌拾柒兩定陶縣貳百貳拾貳兩東



阿縣肆百叁拾兩泗水縣壹百貳拾貳兩寧陽鄆城各壹百陸拾貳兩曹縣陸拾兩魚臺陽穀鉅野東平州城武縣鄒縣濟寧州各肆拾兩臨清州伍百捌拾兩夏津縣伍百玖拾兩武城縣壹百肆拾兩濮州壹千叁百肆拾伍兩莘縣叁百兩觀城縣壹百叁拾伍兩高唐州壹百肆拾壹兩冠縣貳百貳拾貳兩館陶縣貳百貳拾捌兩丘縣壹百陸拾貳兩范縣壹百肆拾伍兩堂邑縣伍拾兩聊城博平朝城茌平清平恩縣各肆拾兩益都縣叁百壹拾兩壽光縣陸拾兩樂安臨朐臨淄諸城昌樂安丘各肆拾兩平度州陸百

玖拾兩濰縣柒百肆拾兩即墨縣肆百肆拾兩掖縣
昌邑各肆拾兩黄縣肆百陸拾兩萊陽縣貳百陸拾
兩寧海州肆拾兩棲霞縣貳拾陸兩陸分玖釐共銀
壹萬叁千陸百柒拾壹兩陸分玖釐其餘料價柴炭
木柴俱如舊額京班柴薪阜隷惟齊河減去捌名於
武定州加捌名軍器除四十四年奉例免其成造徵
銀解工部交納其四十五年例該造解本色所解脚
價該銀壹千肆百肆拾伍兩伍錢應合分作貳年徵
收每年該銀柒百貳拾貳兩柒錢伍分民兵營吹鼓
手幷鐵匠等工食及安家派入德州均徭編銀壹拾



叁兩陸錢廪給庫子原存叁百伍拾捌名館夫壹百
玖名其裁革庫子館夫已奉行解部濟邊今奉勘合
自四十二年爲始不必解部許存留各驛支用查將
原革庫子柒拾伍名半内除裁革德州兵備道廪給
叁名免編外其餘柒拾貳名半幷館夫叁拾名俱照
舊編給實編庫子共肆百叁拾名半每名銀肆拾陸
兩館夫壹百叁拾玖名每名銀玖兩貳項共銀貳萬
壹千伍拾肆兩譚城馬驛會省衝庫子原存拾陸名
今復叁名共拾玖名館夫原存柒名今復壹名共捌
名晏城馬驛衝庫子原存伍名今復貳名共柒名館

夫原存貳名今復壹名共叁名劉普馬驛衝庫子原存叁名今復貳名共伍名舘夫原存貳名今復壹名共叁名挑原馬驛衝庫子原存叁名今復貳名共伍名舘夫原存貳名今復壹名共叁名安德馬驛衝庫子原存拾貳名今復肆名共拾陸名舘夫原存貳名今復壹名共叁名安德水驛衝庫子原存拾壹名今復柒名共拾捌名舘夫原存貳名今復壹名共叁名良店水驛衝庫子原存陸名今復陸名共拾貳名舘夫原存貳名今復壹名共叁名梁家庄水驛衝庫子原存陸名今復陸名共拾貳名舘夫原存貳名今復



壹名共叁名東北置馬驛次衝庫子原存肆名今復叁名共柒名舘夫原存壹名今復壹名共貳名五道嶺馬驛次衝庫子原存壹名半今復壹名半共叁名舘夫原存壹名今復壹名共貳名安寧村馬驛次衝庫子原存壹名半今復壹名半共叁名舘夫原存壹名今復壹名共貳名青川村馬驛次衝庫子原存貳名今復壹名半共叁名半舘夫原存壹名今復壹名共貳名龍山鎮馬驛僻庫子原存壹名今復壹名共貳名舘夫原存壹名今復壹名共貳名青陽店馬驛僻庫子原壹名無復舘夫原存壹名今復壹名共貳

名白山馬驛僻庫子原存壹名今復半名共壹名半
館夫原存壹名今復壹名共貳名銅城馬驛衝庫子
原存肆名半今復肆名半共玖名館夫原存貳名今
復壹名共叁名舊縣馬驛衝庫子原存伍名今復伍
名共拾名館夫原存貳名今復壹名共叁名東原馬
驛衝庫子原存伍名今復伍名共拾名館夫原存貳
名今復壹名共叁名新橋馬驛衝庫子原存伍名今
復伍名共拾名館夫原存貳名今復壹名共叁名新
嘉馬驛衝庫子原存肆名半今復肆名半共玖名館
夫原存貳名今復壹名共叁名昌平馬驛附郭衝庫



子原存柒名今復伍名共拾貳名館夫原存貳名今
復壹名共叁名郕城馬驛衝庫子原存伍名今復伍
名共拾名館夫原存貳名今復壹名共叁名界河馬
驛衝庫子原存肆名半今復肆名半共玖名館夫原
存貳名今復壹名共叁名滕陽馬驛衝庫子原存伍
名今復伍名共拾名館夫原存貳名今復壹名共叁
名臨城馬驛衝庫子原存肆名半今復肆名半共玖
名館夫原存貳名今復壹名共叁名荆門水驛衝庫
子原存捌名今復陸名共拾肆名館夫原存貳名今
復壹名共叁名安山水驛衝庫子原存陸名今復陸

名共拾貳名館夫原存貳名今復壹名共叁名開河水驛衙庫子原存陸名今復陸名共拾貳名館夫原存貳名今復壹名共叁名南城水馬驛衙庫子原存貳拾名今復拾名共叁拾名館夫原存貳名今復壹名共叁名魯橋水驛衙庫子原存陸名今復陸名共拾貳名館夫原存貳名今復壹名共叁名沙河水驛衙庫子原存陸名今復陸名共拾貳名館夫原存貳名今復壹名共叁名太平馬驛衙庫子原存伍名今復伍名共拾名館夫原存貳名今復壹名共叁名魚丘馬驛衙庫子原存伍名今復伍名共拾名高唐州



拾名館夫原存貳名今復壹名共叁名荏山馬驛衙庫子原存伍名今復伍名共拾名館夫原存貳名今復壹名共叁名甲馬營水驛衙庫子原存陸名今復陸名共拾貳名館夫原存貳名今復壹名共叁名渡口水驛衙庫子原存陸名今復陸名共拾貳名館夫原存貳名今復壹名共叁名清源水馬驛衙庫子原存拾捌名今復陸名共貳拾肆名館夫原存貳名今復壹名共叁名靑陽水驛衙庫子原存陸名今復陸名共拾貳名館夫原存貳名今復壹名共叁名崇武水馬驛附郭衙庫子原存拾名今復陸名共拾陸名

館夫原存貳名今復壹名共叁名清泉水驛僻庫子原壹名館夫原貳名陶山水驛僻庫子原壹名館夫原貳名俱照舊無復金嶺鎮馬驛僻庫子原存壹名今復半名共壹名半館夫原存壹名今復壹名共貳名青社馬驛附郭次衝庫子原存肆名今復壹名共伍名益都縣伍名館夫原存壹名今復壹名共貳名丹河馬驛僻庫子原存半名今復半名共壹名館夫原存壹名今復壹名共貳名古亭馬驛僻庫子原存半名今復半名共壹名館夫原存壹名今復壹名共貳名夏店馬驛僻庫子原存半名今復半名共壹名



館夫原存壹名今復壹名共貳名灰埠馬驛僻庫子原存半名今復半名共壹名館夫原存壹名今復壹名共貳名城南馬驛附郭次衝庫子原存叁名半今復半名共肆名館夫原存壹名今復壹名共貳名朱橋馬驛僻庫子半名今復半名共壹名館夫原存壹名今復壹名共貳名黃山館馬驛僻庫子原半名黃縣半名館夫原壹名龍山馬驛僻庫子原半名館夫原壹名蓬萊馬驛附郭庫子原壹名館夫原貳名俱照舊門子巡撫都察院肆名今添貳名共陸名歷城縣編分守海右道今移駐萊州改編掖縣黃縣昌樂

叁縣各壹名德州兵備道叁名今免編兖州府今添營田同知貳名費縣編張秋捕務通判貳名陽穀縣編阜隸巡撫都察院貳拾名今添貳名共貳拾貳名歷城縣編分守海右道今移駐萊州該拾伍名改編平度昌邑即墨高密濰縣寧海萊陽福山棲霞益都壽光樂安諸城莒州臨朐各壹名徵解掖縣聽雇德州兵備道拾陸名今改分巡海右道拾伍名其濱州壹名免編武定兵備道拾陸名今本道呈允裁革捌名止編捌名兖州府今添營田同知捌名捕務通判柒名曹州等州縣各加編接遞夫伍水廠原存肆千



叁百名減革壹千伍百名內壹千名改編布政司公用其伍百名免編今奉勘合館庫既已全復廠夫亦應一體編給除正身夫載於力差外共編水陸徵銀夫貳千伍百柒拾柒名共銀壹萬伍千捌百玖拾陸兩德州水廠原存壹千貳百名今復叁百名共壹千伍百名臨清聊城安山叁廠每廠原存柒百名今復叁百名共壹千名濟寧水廠原存壹千名今復叁百名共壹千叁百名除原存力差走遞銀差夫徑解該府州候緊急進鮮等船聽募外其各廠今復叁百名解濟兖東叁府收貯聽該正夫幷本府州夫銀不敷

答應方許申討動支及筏夫不足之數滕縣沙溝驛
廠協濟徵銀夫壹百壹拾名內青夫叁拾陸名每名
柒兩白夫柒拾肆名每名捌兩灰埠驛扛夫拾柒名
每名銀拾貳兩餘俱照舊舉人長夫車價山東舊規
新中舉人柒拾伍名額給牌坊銀陸千陸拾兩遞年
於香稅銀內動支嘉靖三十七年奉例扣革壹半解
送戶部接濟邊餉每舉人壹名處給長夫肆名每名
銀拾貳兩共折銀肆拾捌兩通共該銀叁千陸百兩
及查陸府所屬州縣歷科舉人共叁百肆拾叁名會
試之年每名給車價銀拾伍兩共銀伍千壹百肆拾



伍兩舊規俱於本府贓罰等銀支給未入均傜後奉
例將贓罰等銀扣除解邊協濟舉人赴京盤費無從
措處今該本司議允將前項長夫車價貳項共該銀
捌千柒百肆拾伍兩分作四十四年四十五年四十
六年即隆慶元年均傜內派徵每年該貳千玖百壹拾伍
兩徑解各府收貯聽候下科舉人赴京支給今計濟
南府屬派銀柒百陸拾肆兩泰安武定二州各該叁
拾貳兩章丘歷城肥城長清平原臨邑禹城陽信捌
縣各叁拾貳兩濱州德州齊東長山濟陽青城淄川
陵縣萊蕪齊河新城拾壹州縣各該貳拾肆兩商河

樂陵德平新泰鄒平海豐蒲臺霑化利津玖縣各貳拾兩兗州府屬派銀陸百肆拾叁兩曹州東平濟寧叁州曹縣定陶單縣叁縣各該叁拾貳兩汶上東阿陽穀城武壽張沂州滕縣寧陽各貳拾肆兩魚臺鉅野平陰鄒縣滋陽嶧縣費縣郯城泗水曲阜金鄉鄆城各貳拾兩嘉祥縣壹拾玖兩東昌府屬派銀陸百玖拾兩臨清濮州冠縣館陶各伍拾兩高唐州范縣恩縣堂邑清平丘縣朝城各肆拾兩聊城莘縣博平夏津茌平觀城武城各叁拾兩青州府屬派銀肆百貳拾捌兩益都壽光樂安諸城各肆拾兩臨朐臨淄



莒州安丘昌樂沂水博興各叁拾兩蒙陰日照各貳拾兩高苑壹拾捌兩萊州府屬派銀貳百捌拾貳兩平度州濰縣各伍拾兩掖縣即墨昌邑縣各肆拾兩膠州高密縣各叁拾壹兩登州府屬派銀壹百捌兩萊陽縣黃縣各壹拾捌兩寧海州蓬萊縣招遠縣棲霞縣福山縣文登縣各拾貳兩柴薪皁隷今次裁革稅糧道原編拾名內改與新添濟南府岫巖通判肆名餘陸名免編又添兗州府營田同知捕盜通判各肆名永平昌平參政原編各拾名今不在布政司列銜止照兵備副使每員陸名外各減肆名裁革濟兗

東叅府所屬管馬官縣丞主簿叅拾叅員每員各貳
名內將捌名充撥營田同知捕盗通判餘皆免編馬
夫今裁革稅糧道壹名管馬判官縣丞主簿叅拾叅
員各壹名新添兖州府營田同知張秋捕務通判濟
南府岫巖通判各壹名內將裁革之數充撥外餘皆
免編團操有馬快壯曹濮兵備副使鄧　議將本道
步隊民壯減去壹百名改編有馬民壯陸拾名德州
道議將陵恩貳縣減去貳拾名武定道加派濱州拾
名臨清道加恩縣拾名步隊團操民壯德州道議將
陵恩貳縣減去壹百壹拾捌名武定道議將陵縣加



派肆拾肆名臨清道復加恩縣陸拾肆名曹濮道減
去壹百名守城民壯兖州府寧陽等州縣共減貳拾
壹名東昌府朝城等縣共減玖名新設張秋捕務通
判壹員添編巡捕有馬快手拾名每名銀拾貳兩壽
張陽穀東阿平陰莘縣朝城范縣汶上鄆城寧陽各
編壹名又派東平州步下民壯貳拾伍名每名銀肆
兩工部管泉分司令派滋陽縣有馬快手壹名銀壹
拾壹兩貳錢撈淺夫據金鄉民王紹奏奉勘合准減
濟寧州衛夫貳百壹拾名改撥城武定陶單縣曹州
曹縣鄆城鉅野各叅拾名泉夫汶上縣馬莊泉止編

陸名滕縣陸拾名斗級掖縣原編預備倉今改本府西預備倉貳名又增添平度高密即墨各壹名并舊編壹名共陸名俱任西預備倉看守防夫濟南西關今止編柒拾捌名弓兵金線閘貳拾伍名大沽河減去拾名俱免編其餘無大更改隆慶元年聽征有馬民兵每名工食連買馬草料舊議徵銀叁拾陸兩步隊民兵徵銀貳拾兩各解兵備道按季支放外所有各兵加增什物俱於均徭額外科派今次行令各州縣但有各兵加增什物等銀盡行裁革分巡濟南道兼管德州舊額有馬民兵壹百貳拾伍名內恩縣該



拾肆名陵縣該貳名步隊民兵貳百伍拾貳名內恩縣該叁拾貳名陵縣該貳拾肆名今德州道併入分巡兼管各道會議將恩縣歸回臨清陵縣歸回武定聽操德州道止存有馬民兵玖拾玖名步隊民兵壹百玖拾玖名武定道有馬民兵舊止貳百陸拾伍名今壹百柒拾柒名步隊叁百陸拾捌名今叁百玖拾貳名臨清道有馬民兵舊止壹百伍拾名今壹百陸拾肆名步隊叁百叁名今叁百叁拾伍名濟南府冊議泰安等州歷城等縣原編德州等道有馬團操快壯每名銀壹拾壹兩貳錢代役討至叁拾陸兩除

爲太重不若酌議加編官收解給據近雖有加增之名而小民實免賠索之費況馬匹瘦損則求倒換死則責補或壹年壹次甚至貳叁次者小民被害莫此爲甚東昌府冊議高唐等州聊城等縣原編臨清等道有馬團操快壯每名倍徵叁拾叁兩陸錢外正戶出銀貳兩肆錢壹年共銀叁拾陸兩青州府冊議莒州等州臨朐等縣原編青州兵備道有馬團操快壯加伍徵收入戶偏苦乞將有馬快壯每名連正加明編壹拾陸兩捌錢登州府冊議寧海等州萊陽等縣原編巡察海道有馬團操快壯每名倍加給銀貳拾貳兩肆錢蒙　撫院詳得各屬有馬團操快壯連馬工食雖各不同所議徵銀在官給散則一各道快壯俱是自備馬匹只有工食赴各戶取討獨德州一道快壯馬匹與工食俱赴正戶打討得馬到手不復愛惜任意作賤致馬倒死人戶仍復買馬給充且分外需索打點擺酒等費此於各道為害尤甚已經案行該司查議除民兵徵銀官給外各道有馬快手本同一差先年審編力差每名止定工食銀壹拾壹兩貳錢人之工食馬之草料壹年所費眞有不敷是以各道雇募有加倍取討者有貳倍取討者有叁倍取討

者蓋因差役有繁簡地方有衝僻人户有肥瘦是以各兵工食多寡互異中間措勒買馬需索酒食分外之費又難盡言自今改爲銀差誠爲民便而各道節年工食相因日久難以律齊仍照各兵所討之數稍加裁定庶乎人情允協如德州臨清曹濮參道舊俱打討工食銀叁拾陸兩與北征民兵相等似乎過多今定爲叁拾貳兩沂州道打討有貳拾捌兩者有貳拾伍兩者今俱定爲貳拾柒兩武定青州海道俱貳拾壹貳兩尚有分外之需今俱定爲貳拾貳兩俱自四十六年爲始編爲銀差所屬州縣但有加增什物



等銀亦行盡革每年各州縣徑解該道掛號轉發駐劄州縣收貯按月給散本兵如馬有倒死就令本兵徑自買補不許尋摘正户如分撥守巡道者徑解該道分撥府正佐者徑解該府亦照兵備道事體按月給領如有空月欵役各道徑自查扣該州縣收貯備造循環文册作正支銷臨清兵備道呈爲查議繁差以蘇民困苦事東阿縣申工部分司取有馬快手貳名每名銀叁拾陸兩寧陽縣申工部管泉分司取轎夫肆名提學道書手工食銀貳兩沂州道書手工食銀伍兩分巡道書手工食銀叁兩舊規俱於里甲人

戶出辦汶上縣申大意亦同看得布按貳司各道及境內部屬分司衙門向來俱有取用快壯夫役緣均徭原無該載只得偏累里甲里甲人戶止係壹排近議夫皂馬匹公用鋪陳等項已覺難支又加額外無名之差將何克應故多往往逃累恐不獨東阿等縣爲然隨通行所屬各將部司各道并各府官票取快壯等役俱要從實查明申道以憑酌議續據莘縣申里甲出辦本府有馬快手貳名每名銀貳拾肆兩步下快手貳名每名銀拾貳兩管河衙有馬快手壹名銀貳拾肆兩布政司在京糧儲道步下快手壹名本



縣步下快手拾伍名俱每名銀拾貳兩朝城縣申里甲出辦本府清軍衙青夫壹名銀拾貳兩本府河下報事快手壹名銀拾貳兩均徭民壯正戶包雇守巡道有馬快手各壹名本府有馬快手叁名清軍理刑衙有馬快手各壹名俱每名叁拾兩清軍管糧衙各民壯壹名每名銀拾貳兩觀城縣申里甲出辦本府河下報事快手壹名均徭加徵分巡道有馬快手壹名本府有馬快手壹名本縣有馬快手捌名俱每名銀貳拾肆兩博平縣申里甲出辦本府河下報事快手壹名銀拾貳兩按察司清軍道書手工食銀貳兩

民兵道書手工食銀貳兩分巡道書手工食銀叁兩提學道書手工食銀貳兩臨清道書手工食銀貳兩均徭民壯正戶包雇本府步下快手壹名銀拾兩捌錢清軍管河衙各步下快手壹名每名銀拾貳兩種馬正戶包雇管馬衙有馬快手壹名銀貳拾肆兩大戶包雇在京糧儲道有馬快手壹名銀貳拾肆兩課稅雇覔本府并理刑衙有馬快手各壹名每名銀貳拾肆兩館陶縣申里甲出辦分巡道書手工食銀叁兩本府理刑衙書手工食銀陸兩伍錢本府聊城縣夫馬接送使客快手壹名銀拾貳兩茌縣申里甲出



辦曹濮道書手工食銀拾貳兩分巡道書手工食銀叁兩提學道書手工食銀貳兩本府理刑衙書手工食銀陸兩有馬快手壹名銀貳拾肆兩本府河下報事快手壹名銀貳拾肆兩均徭民壯正戶包雇本府步下快手壹名銀拾兩捌錢清軍管河衙民壯各壹名銀拾貳兩本縣有馬快手壹名銀貳拾肆兩槩縣糧地攤雇本府并本縣有馬快手各貳名每名銀貳拾肆兩冠縣申里甲出辦本府河下報事快手壹名銀拾貳兩分巡道快手壹名連馬草料銀拾捌兩均徭民壯包出工食銀拾貳兩又包雇本府有馬快手

貳名每名銀貳拾肆兩清軍衙民壯貳名管河衙民
壯壹名俱每名銀拾貳兩本府步下快手壹名銀拾
兩捌錢高唐州申里甲出辦分巡道有馬快手壹名
銀叁拾陸兩書手工食銀叁兩按察司清軍驛傳提
學臨清各道書手工食銀各貳兩本府理刑衙書手
工食銀陸兩均傜路夫正戶包雇本府有馬快手貳
名理刑衙快手壹名俱每名銀貳拾肆兩聊城縣申
里甲出辦分巡道書手工食銀叁兩均傜民壯正戶
包雇分守道有馬快手壹名銀貳拾肆兩大戶出辦
戶部監兌衙門書手工食銀肆兩臨清州申里甲出



辦本府河下報事快手壹名銀貳拾兩分巡道有馬
快手壹名連馬草料銀貳拾肆兩民壯正戶包出工
食銀玖兩武城縣申里甲出辦本府河下報事快手
壹名銀拾貳兩在京糧儲道有馬快手壹名銀貳拾
肆兩均傜快手正戶包雇本府有馬快手貳名每名
銀貳拾肆兩管河衙民壯壹名銀拾貳兩種馬正戶
包雇管馬衙快手壹名銀貳拾肆兩恩縣人丁攤雇
管糧衙快手壹名銀貳拾肆兩夏津縣申里甲出辦
本府快手壹名銀貳拾肆兩管河衙快手壹名銀拾
陸兩民壯正戶包雇分守道有馬快手壹名銀貳拾

肆兩分巡道有馬快手壹名銀叁拾兩本府并清軍管河衙民壯各壹名每名銀拾貳兩又封貼管河衙快手工食銀拾貳兩課稅銀僱覓本府管糧衙快手壹名銀貳拾陸兩種馬正戶包僱管馬衙快手壹名銀貳拾肆兩丘縣申均徭快手正戶包僱本府步下快手壹名銀拾貳兩緊縣丁地攤僱本府有馬快手壹名清軍衙有馬快手貳名管河衙有馬快手壹名本縣有馬快手拾名俱每名銀貳拾肆兩本府河下報事快手壹名銀拾貳兩以上各衙門取用快役并書手工食揆之事理固不能免但今出多門未量繁



簡行至有司若非曲令包陪科擾里甲勢所必至緣無一定章程可以稽考有司得以借口因而加派又不獨以上諸役而已所當急於釐正以便清查今無批行布政司除書手工食所費不多如部司各道取用者就於各府州縣庫貯本司本道贓罰銀內動支本府佐貳理刑官員取用者各酌量動支州縣自理贓罰俱定以數目查照解送不必又派里甲其應用快壯議定名數工食從長計處務使差役可以足用工食可以稱事量其地方繁簡丁地多寡均勻坐派均徭之內庶衆務易舉免得獨累里甲章程既定仍

須刊刻成書為均徭則例壹本以後常年差役以均
徭則例為準輪年差役以里甲差役為準其各衙門
取用差役不係貳書之内俱不許派其州縣衙門掌
印官皁隸之外即於守城民壯内分撥輪用不得又
派快手等役行之既定則人知法守役可均平小民
無繁役之苦而里甲之政庶可通行無弊到院看得
山東地方賦繁役重致累小民使不安生樂業今均
徭之外復有均徭里甲之外更加里甲如此重併奈
何能堪除該道所議批行該司外但審編在邇若候
各道議到不無悞事分督各道即照臨清道所議但



係各道及各府正佐官州縣正官合用快手不必再
行審編只與各道有馬快壯内附近分撥除清軍驛
傳提學參道已前未取只照舊外大約守巡貳道及
任京稅糧道事多者不得過捌名事簡者不得過陸
名府正官如濟南府最衝不得過拾伍名兖州東昌
次衝不得過拾名青州稍衝不得過捌名登萊最僻
不得過陸名各府佐貳官不得過貳名各府推官不
得過陸名以上俱於附近各道内分撥州縣正官不
得過陸名以上俱於守城民壯内取用求為定例其
各道各官書手工食只許於自理贓罰内申請動支

不許科派里甲部官快壯照依原取州縣名數亦將
各道步隊快壯內分撥難以再編其轎夫已有駐劄
遞驛送用不得再撥以滋繁擾分督各道將分撥有
馬快壯呈院轉發該司刻入均徭則例再有於均徭
則例之外多增壹徭壹役里甲則例之外多科壹里
壹甲者定行坐贓拿問不貸續該布政司呈據委官
同知張性深推官萬言策看得守巡糧儲各道併陸
府正佐等官合用快手人數欵候分督各道定擬共
計壹拾肆道中間多係兩府所屬恐難酌派即今總
撒細數載在則例相應從權議處除戶工分司合用



快壯候各道查議于步隊民壯分撥外合將守巡糧
儲道陸府正佐官有馬快手于柒兵備道額編數內
分撥聽該衙門常川差用遇有大事警急仍許各道
調取聽差事畢放回其各道各府但係均徭之外原
取里甲併攤封包雇募等項馬快民壯青夫等役盡行
革發歸農及照州縣正官快手本院定擬不得過陸
名以上俱於守城民壯內取用但州縣有大小衝僻
不同恐難一槩均給似應照分差等如最衝歷城德
州臨清濟寧于陸名之外量加叁名南北通衢路衝
如恩縣高唐茌平東阿汶上東平滋陽鄒滕水路交

衝如聊城通省路衝如平原禹城齊河長清俱于陸名之外量加貳名臨河如武城次衝如肥城泰安寧陽章丘鄒平長山附郭如益都掖縣蓬萊兵備駐劄如曹沂武定登州俱于陸名之外量加壹名及將簡僻嘉祥觀城范縣新泰海豐霑化利津郯城嶧費高苑日照蒙陰高密即墨文登福山棲霞俱于陸名之內量減貳名其餘州縣遵照均給陸名似爲適中俱于本州縣守城民壯內選用其各役止令騎用里甲馬匹不許再行重買有累小民又查上次則例滋陽縣原編工部管泉分司有馬快手壹名今既蒙准于各道步隊民壯內撥給該縣馬快壹名應合免編今計分撥之數分巡東兗道有馬快手捌名內撥曹濮道貳名臨清道叁名沂州道叁名分巡海右道有馬快手捌名內撥青州道肆名巡察海道肆名分守濟南道有馬快手陸名內俱武定道分撥分守東兗道有馬快手陸名內撥曹濮道肆名沂州道貳名分守海右道有馬快手陸名內撥青州道叁名巡察海道叁名任京糧儲道有馬快手陸名內撥武定道叁名臨清道叁名濟南府正官有馬快手拾伍名內撥沂州道叁名武定道拾壹名青州道壹名清軍同知有

馬快手貳名糧斛同知有馬快手貳名糧儲通判有
馬快手貳名管馬通判有馬快手貳名推官有馬快
手陸名各於武定道照數分撥兖州府正官有馬快
手拾名清軍同知有馬快手貳名管泉同知有馬快
手貳名管河同知有馬快手貳名各於曹濮道分撥
營田同知有馬快手貳名內沂州道撥壹名曹濮道
撥壹名管糧通判有馬快手貳名管馬通判有馬快
手貳名俱沂州道分撥推官有馬快手陸名曹濮道
分撥東昌府正官有馬快手拾名清軍同知管糧管
馬管河通判各貳名推官肆名各於臨清道分撥青



州府正官有馬快手捌名清軍同知壹員管糧通判
貳員各貳名推官肆名俱青州道分撥萊州府正官
有馬快手陸名清軍同知管糧通判推官各貳名俱
巡察海道分撥登州府正官有馬快手陸名清軍同
知管糧通判推官各貳名俱巡察海道分撥兖州府
捕務通判有馬快手拾名臨清道撥伍名曹濮道撥
肆名沂州道撥壹名以上共撥出有馬快手壹百柒
拾貳名除德州道原額壹百壹拾名未撥外武定道
止存貳百名臨清道存留壹百柒拾名曹濮道存留
貳百叁拾貳名沂州道存留壹百捌拾名青州道存

留貳百壹拾捌名巡察海道存留壹百柒拾捌名柒道團操共存壹千貳百捌拾捌名禮部料價比舊加銀壹百玖拾叁兩壹錢柒分肆釐陽信縣加銀叁拾陸兩濮州加銀拾捌兩冠縣加銀貳拾貳兩清平縣加銀拾伍兩朝城縣加銀貳拾兩壽光加銀伍拾伍兩萊陽加銀貳拾柒兩壹錢柒分肆釐軍器奉例造解本色其脚價照舊全徵驛傳舘庫今將伍道嶺安寧村貳驛併爲伍營壹驛減去庫子貳名爲橋沙河二驛今併河橋壹驛減去庫子拾貳名舘夫叁名桃源馬驛減庫子壹名餘俱照舊庫子按察司原捌名



今加拾貳名共貳拾名禁子布政司原貳拾名今減捌名止編拾貳名按察司原伍拾名今減貳拾陸名止編貳拾肆名東昌府原貳拾名今減捌名止編拾貳名張秋捕務通判新命禁子貳名東阿陽穀各編壹名徵解壽張聽崔禹城縣申胖襖銀陸拾肆兩伍錢祭祀銀捌拾壹兩壹錢歲貢銀叁拾陸兩舉人長夫車價銀叁拾貳兩齋夫銀柒拾貳兩膳夫銀肆拾兩俱於該縣常地租銀抵補今皆免編進士舉人牌坊武舉盤纏長夫往年俱於布政司香稅銀內取給未入均徭今議每科進士以叁拾名爲率該牌坊銀

叁千兩舉人柒拾伍名該牌坊銀陸千陸拾兩貳舉
以肆拾名爲率該盤纏長夫銀捌百壹拾叁兩三項
共銀玖千捌百柒拾叁兩分作叁年編派每年叁千
貳百玖拾壹兩濟南府屬派銀捌百肆拾陸兩章丘
縣肆拾兩歷城長清濱州陽信四州縣各叁拾玖兩
德州武定泰安平原青城德平陵縣肥城齊河禹城
樂陵齊東長山淄川商河十五州縣各叁拾兩新城
鄒平臨邑霑化利津濟陽海豐蒲臺萊蕪新泰拾縣
各貳拾兩兗州府屬派銀柒百壹拾陸兩曹州東平
曹單汶上陽穀六州縣各肆拾兩濟寧定陶鉅野東



阿城武鄆城七州縣各叁拾兩沂州魚臺滋陽滕費
鄒嶧寧陽金鄉郯城平陰泗水十二州縣各貳拾兩
曲阜嘉祥各拾叁兩東昌府屬派銀柒百陸拾柒兩
臨清濮冠館陶四州縣各陸拾兩高唐堂邑博平朝
城清平夏津恩莘范丘拾州縣各肆拾兩茌平武城
聊城三縣各叁拾貳兩觀城縣叁拾壹兩青州府屬
派銀肆百捌拾肆兩益都壽光樂安三縣各伍拾兩
莒州臨淄諸城昌樂安丘博興沂水臨朐八州縣各
叁拾叁兩蒙陰日照二縣各貳拾肆兩高苑貳拾貳
兩萊州府屬派銀叁百叁拾壹兩平度州濰縣各陸

拾兩昌邑即墨掖縣三縣各肆拾伍兩膠州高密各叁拾捌兩登州府屬派銀壹百肆拾柒兩萊陽黄縣各貳拾肆兩寧海棲霞蓬萊招遠福山文登六州縣各拾陸兩伍錢遞年解司於該科年分取給餘剩銀兩聽候接撘下科支用民校東昌王貳拾肆名民廚肆名今已奏絶俱免編柴薪皁隷三王府文職官舊有副員今奉例裁革　德府長史司等衙門今存柴新肆拾名　魯府長史司等衙門今存柴薪伍拾陸名　衡府長史司等衙門今存柴薪陸拾名共革去柴薪肆拾貳名又裁革衛河提舉柴薪貳名俱免編



守城民壯兗州府滕縣加派拾名東昌府莘縣加編叁名范縣叁名張秋捕務廳歩隊民壯今減伍名止編貳拾名接遞夫德州廠今減壹百名止編陸百伍拾名德州減去陸拾伍名陵縣德平各減拾名平原減拾伍名聊城水廠夫減去壹百名止編伍百名聊城減肆拾名堂邑減肆名濮州減貳拾伍名莘縣減拾名冠縣減陸名觀城朝城各減伍名范縣減叁名博平減貳名臨清廠減去壹百名止編伍百名本州減肆拾名冠縣減拾伍名館陶減貳拾名夏津減叁名莘縣朝城范縣各減貳名濮州減拾名博平減壹

名丘縣減伍名安山厰減去壹百名今編伍百名東
平州減陸拾伍名汶上陽穀各減肆名東阿壽張各
減捌名平陰減柒名濟寧厰即於本州減去壹百名
止編柒百名庫子運司捌名今改爲銀差解司雇募
布政司糧儲道肆名上半年長清肥城二縣各壹名
下半年齊河禹城各壹名歷城縣今加壹名幷舊編
貳名共叄名弓兵鄒塢鎮今加伍名幷舊貳拾名共
貳拾伍名其餘常役照舊無改隆慶三年
巡撫都御史姜　爲議處均徭便民遵守事案行本
司即將濟南等陸府知府調取赴省會同將各府所
屬均徭逐一議擬面相參訂務使法制齊一定立章
程轉呈該司參酌呈詳續該本司開款將三年四年
均徭地畝内奉例減工部柴炭銀伍千貳百肆拾肆
兩壹錢叄分伍釐免編銀差内禮部藥材減銀壹拾
叄兩玖錢伍分掖縣減銀肆錢捌分今編銀叄兩肆
錢柒分平度州減銀壹拾肆兩玖分柒釐柒毫今編
銀柒兩柒錢伍分貳釐叄毫濰縣減銀壹兩伍分捌
釐今編銀貳兩肆錢肆分貳釐昌邑減銀貳兩貳釐
今編銀叄兩玖錢柒分捌釐膠州舊額銀貳兩今加
柒分肆釐伍毫共貳兩柒分肆釐伍毫高密舊額銀

貳兩伍錢今加陸錢壹分貳釐伍毫共叁兩壹錢壹分貳釐伍毫即墨縣減銀伍錢玖分伍毫今編伍兩柒錢玖釐伍毫棲霞縣舊額銀貳兩陸錢今加蒼朮銀叁兩伍錢共銀陸兩壹錢太醫院果藥取用紅黄紙計叁千玖百餘張坐派萊州府隨樂村帶徵平度昌邑濰縣膠州高密即墨掖縣各伍百伍拾柒張每張銀叁釐各編銀壹兩陸錢柒分壹釐共銀壹拾壹兩陸錢玖分柒釐胖襖舊額伍千捌百伍拾貳副今奉例將翰鞋伍千捌百伍拾貳雙每玖雙折造胖襖壹件褲壹腰共折胖襖陸百伍拾壹件褲陸百伍拾



肆條各州縣照數折造發解今圖總所載之額即正額并折造之總數也有馬快手比舊減捌名共編壹千肆百伍拾叁名各道議曹濮道准照沂州道每名銀貳拾柒兩青州道減去柒名巡察海道加叁名快手在京糧儲道陸名本道祭議潘　議稱冗閑營田同知貳名本官裁革俱免編萊登貳府推官各加貳名守城民壯惟青州府樂安縣減去伍拾名廪給庫子今編肆百壹拾叁名館夫壹百叁拾名其清泉陶山貳驛庫子各壹名館夫各貳名裁革免編青川村馬驛寧陽縣原編庫子叁名半館夫貳名本驛申稱

工部分司駐劄廩給皆本驛供應原編舖陳不敷支
用今該縣另編銀壹百捌兩遇閏加玖兩專供工部
分司之用門子分巡東兗道移駐兗州例該叁名改
入曲阜縣編解驛傳道移駐濟寧分巡濟南道兼管
德州各該叁名改本州編解分巡海右道移駐萊州
叁名查於分守移駐已行黄掖等縣改編陸府裁革
知事撿校各二員門子各壹名兗州裁革營田同知
壹員門子貳名俱免編阜隸布政司革去拾貳名止
編壹百叁拾肆名按察司革去陸拾伍名止編捌拾
捌名驛傳道移駐濟寧拾陸名改本州陸名汶上縣



拾名俱解本州聽尾分巡濟南道兼管德州拾陸名
改編清平肆名肥城叁名平原貳名濱州齊東陽信長
清長山青城濟陽各壹名分巡東兗道移駐兗州拾
陸名改編曹州曹縣各捌名分巡海右道移駐萊州
拾陸名先該分守移駐已編平度等州昌邑等縣今
改編用濟南等府俱有裁減充役濟南府減捌名兗
州府減拾貳名東昌府減肆名青州府減肆名萊州
登州俱減肆名萊子遞司貳名齊東淄川各編壹名
每名銀拾貳兩叁錢誤編在力差項下今改入銀差伍
水廠上年所復舖兵差夫各叁百名近該分巡東兗道

條議銀差撥夫原爲筏夫加添者今大工告完筏木漸少悉准裁革祭祀銀歷城縣申祭和王絶之人承祭於本縣坐編春秋祭銀肆兩伍錢近年添編民校拾名每名銀拾貳兩共銀壹百貳拾兩民校坐亭官銀亦無勞費今民校工食銀内辦祭祭銀免編公用銀舊額撫按兩院并各道衙門共派貳千叁百兩俱歷城縣編濟南府議舉人長夫原因牌坊扣除壹半解部濟邊故各府量處長夫以資之今奉

欽依牌坊照舊全給其長夫水手盤纏名色應合減編續該司道會議將長夫銀壹千貳百兩扣除改爲



撫按兩院公用俱解布政司仍發歷城縣支銷内泰安章丘歷城肥城長清平原陽信柒州縣各拾陸兩武定州臨邑縣各拾柒兩濱州德州齊東長山濟陽青城淄川陵縣萊蕪齊河新城拾壹州縣各拾貳兩商河樂陵德平新泰鄒平海豐蒲臺霑化利津玖縣各拾兩曹州曹縣東平濟寧定陶單縣陸州縣各拾肆兩汶上東阿陽穀城武壽張沂州寧陽滕縣捌州縣各拾壹兩魚臺鉅野平陰鄒縣滋陽嶧費郯城泗水曲阜金鄉鄆城拾貳縣各玖兩嘉祥縣捌兩臨清濮州冠縣館陶肆州縣各拾捌兩高唐范恩堂邑清

平丘縣朝城等州縣各拾肆兩聊城莘縣博平夏津
茌平觀城武城等縣各拾兩益都壽光樂安諸城肆
縣各拾貳兩臨朐臨淄莒州安丘昌樂沂水博興等
州縣各玖兩蒙陰日照貳縣各陸兩高苑伍兩平度
濰縣各拾玖兩掖縣即墨昌邑叁縣各拾陸兩膠州
高密各拾叁兩萊陽黃縣各玖兩寧海招遠文登棲
霞福山蓬萊陸州縣各伍兩禹城縣拾陸兩係常地
租銀抵補其各道衙門公用該銀壹千壹百兩仍係
歷城縣編濟南府冊議歷城縣原編尉子拾壹名除
都察院貳名該銀貳拾兩常川聽役外仍有玖名專
備答應各道及
欽差官員共銀肆拾肆兩如遇各道
欽差官員到省每日給銀壹分事畢則止歲不常役合
無併入本縣公用銀內帶編徵用以便稽考貳項共
銀壹千壹百陸拾肆兩抄案書手工食舊編壹百貳
拾兩另項貯聽支今復不敷又於歷城減去公用
銀內撥添壹百兩共貳百貳拾兩另項編徵以防冒
濫舉人車價先與長夫同編今長夫扣作公用車價
每年止編壹千柒百壹拾伍兩濟南府屬該銀叁百
捌拾兩泰安章丘歷城肥城長清平原陽信等州縣

各拾陸兩武定臨邑二州縣各拾伍兩濱德齊東長山濟陽青城淄川陵縣萊蕪齊河新城拾壹州縣各拾貳兩商河樂陵德平新泰鄒平海豐蒲臺霑化利津玖縣各拾兩其禹城縣壹拾陸兩係黃地租銀抵補兖州府屬該銀叁百伍拾伍兩曹州東平濟寧定陶曹單陸州縣各拾捌兩沂州汶上東阿陽穀城武壽張滕縣寧陽捌州縣各拾叁兩魚臺鉅野平陰滋陽鄒嶧費滕郯城泗水曲阜金鄉鄆城嘉祥拾叁縣各拾壹兩東昌府屬該銀肆百伍拾兩臨清濮冠館陶肆州縣各叁拾貳兩高唐范恩丘堂邑清平朝城柒



一州縣各貳拾壹兩聊城莘縣博平夏津茌平觀城武城柒縣各貳拾兩青州府屬該銀叁百兩益都壽光樂安諸城肆縣各貳拾捌兩臨朐臨淄莒州安丘昌樂沂水博興柒州縣各貳拾壹兩蒙陰日照貳縣各拾肆兩高苑縣拾叁兩萊州府屬該銀壹百柒拾兩平度州濰縣各叁拾壹兩掖縣即墨昌邑叁縣各貳拾肆兩膠州高密縣各拾捌兩登州府屬該銀陸拾兩萊陽黃縣各玖兩寧海蓬萊招遠棲霞福山文登陸州縣各柒兩恩貢銀隆慶貳年奏例選貢各貢生每名合用盤纏銀叁拾陸兩除府衛州縣在庫貯有

無礙銀兩中夕支給外共德州左靈山鰲山大嵩靖
海成山陸衛共該給銀貳百壹拾陸兩各因庫藏空
虛暫於境内德州高密即墨萊陽肆州縣庫貯銀内
各借叁拾陸兩文登縣柒拾貳兩給各生領用仍於
隆慶三年四年將前借給州縣派入均徭德州高密
即墨萊陽每年派銀拾捌兩文登每年叁拾陸兩徑
自徵收還庫隆慶五年免編郡王民校兖州府中
魯府安丘王等捌位每位原僉叁拾名除民間編貳拾
名其餘拾名舊例護衛撥給今該府護衛分改任城
衛每位拾名當於民間補僉翼城王補僉拾名内魚
臺縣加肆名汶上曹縣各加叁名樂陵王補僉拾名
曹州加叁名滕縣編肆名寧陽編叁名鉅野王補僉
拾名定陶縣編肆名東阿縣編叁名鄒縣加叁名滋
陽王補僉拾名汶上縣加叁名沂州編肆名鉅野編
叁名陽信王補僉拾名鄆城縣加叁名東阿縣編肆
名鉅野編貳名鄒縣加壹名安丘王補僉拾名鄆城
縣加肆名滕嶧貳縣各加叁名鄒平王補僉拾名曹
州加肆名陽穀編肆名鉅野編貳名新蔡王補僉拾
名城武縣加叁名壽張編肆名單縣編叁名郡王民
厨向亦護衛撥給今護衛既改亦當派入均徭補僉

翼城王肆名魚臺縣僉貳名汶上單縣各壹名樂陵
王肆名鄆城縣僉叁名寧陽縣壹名鉅野王肆名曲
阜縣僉叁名定陶縣壹名滋陽王肆名俱曹縣僉陽
信王肆名平陰縣僉叁名魚臺縣壹名安丘王肆名
俱曹縣僉鄒平王肆名泗水縣僉叁名陽穀縣壹名
新蔡王肆名單縣僉叁名城武縣壹名東原王肆名
俱滋陽縣僉以上貳貟役舊僉大戶收解長史司支給
近因各役告稱上納不便改解布政司聽長史司給
文赴府支領送各王府雇役柴新皁隸布政司裁革
副理問檢校案牘司獄等貟陸府裁革知事檢校共
減叁拾陸名馬夫裁革貳拾名俱免編見役閘夫兗
州府魚臺縣孟陽泊閘今改珠梅閘叁拾名撈里灣
閘今改沙河黃甫壩叁拾名穀亭閘今改利建閘叁
拾名溜夫孟陽泊閘今改西柳莊閘叁拾壹名撈里
灣閘今改宋家壩貳拾名穀亭閘今改利建閘延南
至橋頭兩河堤岸地方壹百伍拾壹名斗級濟南府
冊議儒學俸廩既有大戶收支斗級虛設無益該府
所屬儒學倉斗級俱准免編巡攔舊額叁百柒名今
減捌拾捌名止存貳百貳拾壹名遞運所防夫濟南
府西關減拾肆名止存陸拾肆名德州濟寧各減

拾名各存拾名共捌拾肆名其龍山鎮叁名金線閘貳拾名東昌貳拾名臨清貳拾名甲馬營捌名俱免編弓兵泰安減陸名上四莊減伍名赤山寨辛汪寨温泉鎮孫亦鎮馬亭鎮行村寨高山楊家店東良海口乳山寨各減拾名共減壹百壹拾壹名鋪兵濟陽減叁名禹城減壹名蒲臺減肆名共減捌名水次倉夫兗運州縣舊各壹名今俱免編是歲均徭比舊減銀貳萬叁千玖百陸拾貳兩壹錢肆分壹釐柒毫實編銀陸拾壹萬貳千捌百玖拾伍兩壹錢肆分陸釐捌絲貳忽叁微呈允刊入則例與民遵守行未半年



蝗水為災又該　巡撫都御史姜　案驗議照山東差役繁重縱係豊稔之年尚難撐持今歲災傷如彼重大民何以堪況奉

明旨査省不經之費其在本省徭賦獨繁尤宜處分一二少蘇民困備行本司會同按察司即將後開各項差銀照款酌議多寡存留務協上下之意果應革除呈詳以憑批行各衙門遵照就於隆慶四年均徭即拾月初委官貳員通融減編中間尚有應革案開未盡者亦要一併議入已經委官通融裁減編完造冊送司看得各項差銀人役工食存減似已停妥間有

未穩者本司會同按察司照款酌量衡僻繁簡復加
參酌應存應減事宜務適於中呈詳　兩院俱蒙允
議除料價軍器原係部額民兵軍餉愛經議允無容
增減外其團操有馬快手德州道減叁拾叁名存操
柒拾柒名每名比舊減銀捌兩止編貳拾肆兩武定
道減肆拾壹名存操壹百伍拾玖名每名照舊編銀
貳拾肆兩臨清道減伍拾貳名存操壹百壹拾捌名
每名比舊減銀伍兩止編貳拾柒兩曹濮道減肆拾
捌名存操壹百捌拾肆名每名照舊貳拾柒兩沂州
道減肆拾貳名存操壹百叁拾捌名每名照舊編銀



貳拾柒兩青州道減肆拾柒名存操壹百柒拾壹名
每名照舊貳拾貳兩巡察海道減叁拾捌名存操壹
百肆拾名每名照舊貳拾貳兩柒道存操共玖百捌
拾柒名編銀貳萬肆千叁百捌拾陸兩外減去叁百
壹名幷分撥守巡等道部司等官府屬跟用等役該
壹百陸拾玖名今盡裁革共減銀壹萬叁千叁百捌
拾柒兩步隊團操民壯德州道減壹百陸拾玖名存
操叁百玖拾柒名武定道減叁百伍拾叁名存操柒
百貳拾肆名臨清道減貳百柒拾名存操伍百柒拾
叁名曹濮道減貳百捌拾貳名存操伍百捌拾玖名

沂州道減貳百陸拾肆名存操陸百壹拾捌名青州道減伍百伍拾陸名存操壹千壹百玖拾玖名巡察海道減叁百捌拾肆名存操捌百玖拾伍名柒道共存肆千玖百玖拾伍名每名工食銀柒兩貳錢共編銀叁萬伍千玖百陸拾肆兩查得各役打討不壹今定規制除青州巡海貳道加伍打討拾兩捌錢貳定兩其曹濮臨清沂州叁道每名打討止許拾貳兩但有多加分文者許人户陳告究治若州縣原不及拾貳兩者亦止照舊不加今比舊共減貳千貳百柒拾捌



名共減銀壹萬陸千肆百壹兩陸錢以上有馬步隊存派州縣具列圖總茲不再詳

門子貳司有撫標衙門濟南兗州青州有裁革府佐共減拾柒名止存貳百壹名編銀壹千陸百玖拾壹兩比舊減銀貳百玖拾叁兩皁隸布政司減叁拾肆名止存壹百名按察司加拾叁名共壹百名貳定道撫管德州分巡東兗道撫管曹濮分巡海右道撫管青州各減拾陸名濟南府減拾名兗州府減拾柒名東昌府減貳名青州府減拾柒名萊登貳府各減柒名見存捌百陸拾玖名編銀玖千叁百貳拾柒兩陸錢比舊減銀貳千貳百陸拾貳兩庫子布政司減伍

名按察司減捌名濟南府減肆名兖青登叁府各減貳名東昌府減壹名見存壹百名編銀壹千貳百兩比舊減銀貳百捌拾捌兩禁子濟兖貳府各減拾名青萊貳府各減貳名見存壹百叁拾捌名編銀壹千陸百伍拾陸兩比舊減銀貳百捌拾捌兩運司脚夫今拾名每名工食銀拾兩共銀壹百兩在省布按都三司及濟南長史等衙門官吏共食鹽壹百陸拾壹引預備司道陞遷初到補支拾引科場用鹽陸引分作叁年帶辦每年貳引壹年通用鹽壹百柒拾叁引該用買鹽雇運價銀壹百玖兩貳項共編銀貳百玖

兩比舊減銀貳百柒拾壹兩接遞徵銀夫德州水廠減壹百玖拾名見存貳百陸拾名臨清水廠減伍拾名見存伍拾名濟寧水廠減壹百伍拾名見存伍拾名聊城安山貳廠各壹百名今盡免編滕路沙溝廠灰埠驛照舊不減共存夫肆百捌拾柒名編銀叁千伍百肆拾兩比舊減夫伍百玖拾名共減銀叁千伍百肆拾兩其力差正身夫德州廠減貳拾名今存陸百叁拾名聊城廠減伍拾貳名今存肆百肆拾捌名臨清廠減肆拾捌名今存肆百伍拾貳名安山廠減伍拾名今存肆百伍拾名濟寧廠減伍拾叁名今存

陸百肆拾柒名外拾路廠俱照舊不減共存夫伍千陸百肆拾柒名內德州伍水廠每名銀陸兩濟寧水廠每名銀伍兩拾路廠青夫每名銀叁兩白夫每名銀肆兩共編銀貳萬陸千壹百玖拾貳兩各照原則加壹倍枚此外不許多討違者究治其原打討不及壹倍者照舊不加今比舊減銀壹千貳百捌拾伍兩（以上廠夫存派州縣具列圖總茲不再詳）

公用銀　撫院今編伍百兩　按院今編肆百兩共銀玖百兩俱解布政司發歷城縣支銷布政司今編貳百伍拾兩按察司今編叁百貳拾兩

鹽院按臨各院酒宴幷欽差外道各府正佐官進省油燭柴炭銀貳百玖拾兩廚子工食陸拾肆兩另項收貯專備　都察院貳名每名拾兩餘備各道及　巡鹽等院　欽差官員到省計日支給

雇役共編壹千捌百零捌兩比舊減銀壹萬柒千伍百玖拾伍兩（以上編解州縣具列圖總）

舉人車價今編肆百陸拾柒兩濟南府照舊叁百捌拾兩萊州府今減壹百叁拾柒兩止編肆拾叁兩登州府照舊陸拾兩其兗東青叁府俱免編比舊減銀壹千貳百叁拾貳兩

郡王民校查得嘉靖捌年以前叁拾名以後減為貳拾肆名近年宗支繁衍封爵最多叁拾名者查

係軍民無礙今俱改從民間僉派其故絶王府看墳民校拾名亦似太濫今議每位止編貳拾名　德府臨朐臨清寧海堂邑利津凡伍王　魯府冀城樂陵鉅野滋陽陽信安丘鄒平新蔡東原凡玖王　衡府新樂高唐齊東邵陵平度玉田漢陽寧陽商河武定昌樂凡拾壹王共伍百名每名銀拾兩看墳民校有宮眷者止編陸名無宮眷者止編叁名　魯府東甌高密歸善東阿尚有宮眷今編陸名　德府歷城高唐泰安　魯府郯城館陶　衡府壽張俱無宮眷今編叁名共貳拾肆名每名銀捌兩貳項共銀伍千叁



一百叁拾陸兩比舊減銀叁千捌百叁拾貳兩郡王民廚查得先年每位肆名後減爲貳名今合裁省除衡府新樂高唐齊東邵陵玉田原不編外其餘每位俱編貳名共肆拾名每名銀捌兩共銀叁百貳拾兩比舊減銀肆百肆拾兩以上存解州縣具列圖總柴薪早隸今將無管衙門并冗員盡行裁革見存壹千肆百貳拾叁名編銀壹萬柒千柒拾陸兩比舊減銀肆百叁拾貳兩馬夫今存肆百伍拾陸名編銀壹萬捌千貳百肆拾兩比舊減銀叁百陸拾兩齋夫武定州裁革訓導壹員齋夫貳名免編今存陸百陸拾貳名除當祖抵補并

裁革免編外實編銀柒千捌百柒拾貳兩比舊減銀
玖拾陸兩力差門子歷城貳名武定平度
膠州青城霑化各減壹名見存壹千叁百伍拾陸名
共銀叁千貳百玖拾陸兩壹錢比舊減銀貳拾伍兩
力差皁隸各州縣多寡不同今減柒拾伍名見存貳
千肆拾玖名編銀柒千壹百肆拾壹兩伍錢比舊減
銀壹千貳百肆拾捌兩伍錢禁子今減伍拾肆名見
存肆百陸拾陸名泰安等州俱陸名歷城等縣俱肆
名每名銀伍兩德州陸名每名銀肆兩共銀貳千叁
百貳拾肆兩比舊減銀貳百陸拾捌兩運河停役閘



夫岸玉閘原肆名今免編減銀貳兩巡檢司弓兵壹
千陸拾玖名編銀叁千壹百玖拾柒兩其淄河店貳
拾名今裁革免編比舊減銀陸拾兩銀力貳差通共
減銀陸萬叁千陸百陸兩壹錢實編徭銀伍拾肆萬
玖千捌百壹兩肆分陸毫捌絲貳忽叁微其餘未開
列者悉諸情法例不得減隆慶伍年
巡撫都御史梁　案驗款開一恤力田有田有租不
易之法均徭止論身家若再課田租是正供之外復
加重累有庸有調之義遂至盡廢大非
祖宗成法拾數年來專主以地科差流風相煽無能易

輙畝畝加徵浮至數倍農夫野老不識控訴種納不
前逋負遠徙田土荒蕪鄉落蕭條耗損元氣上干天
和亦已甚矣體　國保民之士所宜亟念力圖今次
審編務論身家身者即冊所謂丁也家者即冊所謂
門也先明正體然後審編自有條緒持以公虛濟以
通變人誰不服若曰據地科差爲力既易招議亦鮮
是自爲得矣如百姓何殃民誤　國有憲典在又壹
愼紛更均徭成法原分銀力貳差近委官議將銀力
貳差既編銀差如力差壹名舊編陸兩者朋編拾貳
兩或拾捌兩槩縣均攤納官雇役沒去正頭名色其



意蓋以幾抑代役之人不得過索正頭也不思代役
之人過索正頭誠有之然衣食仰給自非拾分奸頑
反面或少且正頭之給代役或粟或布或錢或銀隨
其所有改銀差則易銀爲難一也應給之數兩年陸
續出辦改銀差則勒限納官貳也頭役年滿自應開
歇改銀差則明編加出之數歲歲出辦名爲寬減實
則加徵叁也正頭多係上戶改銀差則上戶少甦下
戶貽害肆也倉庫獄囚一切防護付之無籍大可註
念伍也延至拾年之後衙門盡是積年甚者盜賊皆
可竄名于中瀆亂衙門決裂綱紀從此太平不可望

矣此宋免役法也與今驛遞召募法不同驛遞行召募法甚宜州縣行免役法甚非宜當爲求墜冊發各道并行各府督察委官遵照審編外查得嘉靖四十年以前均徭專論門丁門擦而輕丁加而重遂致靠損貧民相率逃竄該當時有丁地相兼之論案行該司查議未行嘉靖四十二年復當審編之期又行該司再加議處轉行委官酌議呈乂始將料價木柴柴炭提出均徭之外惟於地畝内隨夏稅帶徵其餘少寛徭民後各州縣審官亦因富民百計閃匿門則高下無憑查考凡諸差役遂據地畝與門丁相兼編派



隆慶三年　巡撫都御史姜　看得州縣庫役多苦賠累行司議革正頭改爲銀差比因則例已定只令正戸每名倍徵銀貳拾肆兩納官僱募免其着役候下次均徭與斗禁門皁諸役盡改銀差隆慶四年巡撫都御史梁　稔任綏民博詢輿論知農人苦於繁差每每棄其本業故嚴禁以地科差自隆慶五年爲始原於地畝内改派料價木柴共該銀伍萬叁千壹拾陸兩伍錢伍分捌毫貳絲貳忽俱收回均徭照門丁徵派其各項銀力貳差亦不許攤及地畝除庫子徵銀僱募外門皁斗禁照舊編爲力差凡所增減

俱酌量地方繁簡工力勞逸盡已協乎群情如各道
團操馬步快壯惟霑化縣屢稱疲困故於武定道有
馬快手減壹名步隊民壯減拾名共減銀玖拾玖兩
餘俱未減共計有馬快手玖百捌拾陸名舊每名工
食不等今奉　本院案驗兵備道一例每名連買
馬草料工食器械實編銀貳拾柒兩共銀貳萬陸千
陸百貳拾貳兩比舊加銀叁千貳百壹拾肆兩步隊
民壯肆千玖百捌拾伍名舊每名工食銀柒兩貳錢
力差打討亦名不等今奉　本院案驗柒道亦一例
每名工食連器械止許打討壹拾貳兩或自打討或



官爲徵給各照本州縣舊規聽從其便貳項原議俱
於隆慶伍年壹年工食外每名加銀貳兩肆錢解道
買造盔甲續奉明文邊鹿已息俱免加驛傳　舊編庫
子聽舊肆百壹名館夫併裁革玖驛改撥柒縣共壹
百叁拾名改撥驛縣具列圖總其裁革青陽店白山冊河古亭夏
店朱橋逄萊柒驛庫子各壹名城南庫子肆名龍山
庫子半名俱免編比舊減銀伍百伍拾貳兩庫子司
運府俱照舊各州縣看庫庫子共計貳百陸名今准
新例改爲銀差倍徵聽雇內歷城縣編叁名蒙陰高
苑福山叁縣各編壹名餘州縣俱各編貳名濟兗東

青肆府每名編銀貳拾肆兩萊州府每名編銀拾捌兩登州府每名編銀拾陸兩共徵銀肆千柒百肆拾兩比舊加銀貳千叁百柒拾兩門子曹濮道原設分巡東兗道兼管今復設於曹州分巡移駐壽張該門子叁名在平清平博平各編壹名比舊增銀貳拾柒兩阜隸臨清濮州館陶冠縣各編貳名夏津朝城聊城莘范觀城丘恩縣各編壹名共拾陸名比舊增銀壹百柒拾貳兩捌錢柴新加陸名比舊增銀柒拾貳兩馬夫加壹名比舊增銀肆拾兩守城民壯東昌府觀城縣加貳拾名弁原編貳拾名共肆拾名比舊加



銀捌拾兩運河見役夫原編壹萬柒百名今存伍千貳百柒拾名共銀貳萬叁千陸百柒兩內閘夫玖百貳拾柒名每名銀陸兩惟上新中新貳閘肆名每名銀肆兩共銀伍千伍百伍拾肆兩溜夫捌百捌拾貳名俱每名銀陸兩共銀伍千貳百玖拾陸兩撈淺夫壹千肆百柒拾陸名每名銀肆兩共銀伍千玖百肆兩淺舖夫捌百玖拾玖名德州每名止編銀貳兩伍錢其餘俱每名銀肆兩共銀叁千伍百壹拾肆兩橋夫伍拾貳名安平鎮每名銀叁兩其餘每名銀貳兩共銀壹百壹拾陸兩渡夫貳名每名銀貳兩共銀肆

兩泉夫捌百柒拾壹名每名銀叁兩共銀貳千陸百
壹拾叁兩壩夫貳百捌拾叁名每名銀貳兩共銀叁
百陸拾陸兩守壩夫貳名每名銀叁兩共銀陸兩守
口夫捌名每名銀貳兩共銀壹拾陸兩以上各州縣存減名數具列圖總
外伍千肆百叁拾肆名俱改銀差共徵銀貳萬叁千
伍百玖拾貳兩續蒙　巡撫河道兩院明文大挑在
邇及修築隄岸等項用工頗多復將隆慶伍年仍准
力差着役候隆慶陸年徵銀納官聽雇內閘夫新建
等閘壹百伍拾玖名每名徵銀陸兩上新等閘陸名
每名徵銀肆兩共銀玖百柒拾貳兩溜夫壹千貳百



伍拾玖名每名徵銀陸兩共銀柒千伍百伍拾肆兩
撈淺夫壹千捌百伍拾伍名每名徵銀肆兩共銀柒
千肆百貳拾兩淺舖夫壹千壹百柒拾捌名每名徵
銀肆兩共銀肆千柒百壹拾貳兩泉夫玖百壹拾捌
名每名徵銀叁兩共銀貳千柒百伍拾肆兩橋壩夫
陸拾名每名徵銀叁兩共銀壹百捌拾兩以上各改銀差州縣具列圖總
接遞夫聊城敞觀城縣原編貳拾伍名後奉例減拾
名止存拾伍名隆慶四年拾月間又將減去拾名內
復編柒名共貳拾貳名比舊增銀肆拾壹兩庫子除
各州縣改爲銀差外其各儒學照舊編爲力差布政

司糧儲道庫子肆名今回本司無事庫役相應免編比舊減銀肆拾捌兩斗級登州府福山縣原編豐盈倉壹名審編之初照舊僉派均徭既定本倉衙門奉例裁革合宜免編比舊減銀貳兩遞運所防夫今柒拾肆名其濟寧遞運所拾名俱裁革免編比舊減銀肆拾兩又裁革德州遞運所今改安德馬驛相無應付拾名免編未減弓兵添設梁山巡檢司貳拾名比舊增銀陸拾兩通共增銀伍千柒百壹拾貳兩柒錢實編伍拾伍萬伍千捌百陸拾肆兩貳錢肆分陸毫捌絲貳忽叁微以上歷年則例損益雖殊大要協乎



人情宜於土俗則有因役矣而民罷於之而蠹生則有革矣使人浮於食毋使食浮於人此更化宜民之大槩也顧民可與習觀而不可與論興置法可以信守而不可假以權宜況庶人各私其身縣官各子其民苟非達乎大觀聯以壹體未免判肥瘠於秦越在上者雖欲均平其政而往往告復不已夫非其有而復之宜也合省均攤則非常徵者倖矣而亦告復何耶亦改編代編之名炫其心而投之隙耳嘗觀貳拾捌年均徭劄爲省派府派之日凡役關乎壹省者則合壹省而均派關乎壹郡者則合壹郡而均派而又

酌定州縣大小人户豐疲分别上中下叁等劑量堪益以適於中其法最善但考之當時最繁重者河工也而列之於府派民兵軍餉雖未募徵而兵備團操邊方攸賴廼議作壹州壹縣之額今觀兵食在在有之照額派徵不甚相遠惟以河工列之於府派而兖東之民始獨受其困矣查得嘉靖貳拾肆年改派兖州料價於東肆郡當時已謂不足以補其什壹貳拾捌年雖云均平傜役然所改者兖萊原坐貳司門皁而已兖東之河工循故也至嘉靖叁拾貳年 撫院俯念兖民之困查議河夫總計若干名該銀若干兩



然後查照陸府所屬分别等第通融均派某府某屬該銀若干兩某府某屬該銀若干兩其兖州府除應該河夫外餘者扣除抵補先年改派料銀之數抵補之外仍餘壹萬柒千陸百玖拾玖兩捌錢應合分派於各郡但恐各郡之民累糧遠差催解不前故將該府原坐省派料價柒夫木柴等項共銀壹萬陸千柒拾陸兩貳分伍釐捌毫肆絲叁忽貳微查照等第分派於東肆郡且去代編之名令其常編河夫仍係兖州編派此爲法至公至平載在則例可考而知也繼之者弗察則例之内遂將府派省派去其名目又據

各府所屬告復申詞謂代編係壹時權宜今代巳久
量准歸復若干下次均徭又不加察仍准歸復若干
接次歸復而兖民之困如故矣竊謂河工爲漕運而
設當合壹省之民同任其勞且俱力差中間雖有停
役及大挑調發費加數倍今以料銀改編於各郡兖
東貳府仍編河夫輕重巳自懸絶顧以代編目之此
何謂也民未知義未生其共而以代編爲辭孰甘心
焉啓告擾之端失調劑之宜實此壹言足以倡之況
今差役更改不常人情苦樂久未齊一宜早爲計議
須復先年省派府派之目以揭其綱別銀差力差之



數以定其等凡歲辦料銀漕運河夫及撫按河道都
察院戶工分司布按運司僉派公用柴薪馬夫門皁
庫禁脚夫之類皆列於省派凡王府齋郎民校民厨
各道民兵團操快壯驛遞舖庫防夫舉人進士牌坊
車價及各府與府衛學合派公用柴薪馬夫門皁庫
禁齋夫膳夫之類皆列於府派又須酌量州縣豐疲
人戶殷乏之分別等第而定其多寡之數如省派共計
壹省該銀差銀若干力差銀若干某府某屬該派某
項銀差若干某項力差若干某窵遠難於應役者免
其力差於銀差內倍加數目徵解如府派共計壹府

該銀差銀若干力差銀若干某州該派某項銀差若干某項力差若干某縣該派某項銀差若干某項力差若干其力差須照州縣衙僻人戶豊疲量爲增減不許偏累仍須革去增減代編名目以杜中擾盖合省均攤其差自平不必云某州某縣加銀若干某州某縣減銀若干某州某縣代編某差某項某銀改編某差以鼓其民而投之隙也傳有之智者作法愚者制焉夫民未有不信令者也亦在執規平衡使民爲可信而已矣





山東經會錄卷之八終

山東經會錄
申
均傜
附錄

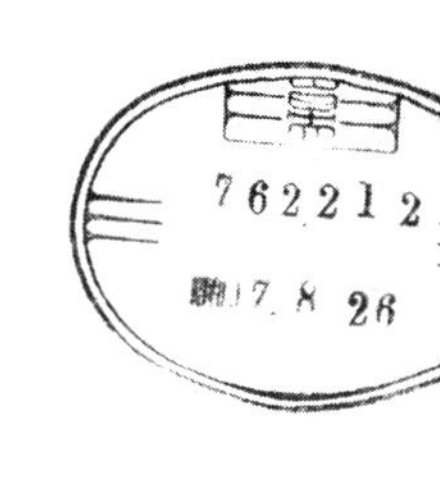

# 山東經會録卷之九

## 均徭附録

謹按均徭其因革損益在隨時而調停均節在審俗能於人情土俗之中少爲處分一二則民亦受一分之賜史稱漢文帝不盡民之力不盡民之財不盡民之情故能致民殷富治幾成康今之民財力竭矣所可休養而使之不盡者情也此其要又在於得人今夫歲辦之料供上用者也如戶部之果品黄蠟禮部之牲口藥材工部之四司軌料至於木柴薪等項皆該部題 准派徵加則通加減則均減無容別議但



查日照縣獨編料價於寄庄該縣申稱僻居山海地多砂礫寄庄出辦料價北鄉每畝肆分伍釐東南西叁鄉每畝叁分陸釐務足原額兼以稅糧並徵所納常浮於所産故寄庄之民率皆棄地而逃乞要裁減其缺少料價別議何項派納切惟料價係上供正額故則例編作銀差之首令徭民供辦此一省之通例也爲王民不輸王役而獨責之於寄庄其義舛矣合行該縣將料價改入徭民其寄庄徭銀照例每畝徵銀叁分公私俱便至於各部上納舊例即差經收大戶起解賠費不貲近奉新例大戶收完貯府差官類解其滴

珠盤纏皆有定額民不費而官不勞宜當者爲定規永示遵守活鹿舊額與野味同作一項徵解嘉靖三十四年該工部題鹿爲致祭而取徵收折色不便於野味中揭出活鹿另作一項令大戶買解本色此銀差之最重者當時有議每鹿量加銀捌兩共銀拾陸兩庶不至於虧累胖襖軍器此軍資不可一日缺者辦納折色則徵解易完辦納本色則有賠造起解之費有上納刁難之苦甚者司官不以軍務爲重習成玩愒料價交肆侵减造作竟爲濫惡以致本色到京不得實用官民兩病故先年曾有改徵折色之議隨



查部覆物料出於各省分造則易京城買料慳貴專造爲難萬一京邊缺用倉卒難辦所惜者小所關者大此折價之法不可聚爲定例也又有議將折色銀兩給散本軍令其自備者不知各營窮軍得銀入手必至花費此亦無益於實用故從長計處惟本色實經久可行既經科道官目擊各處災傷具題改折誠出體國便民相應議擬其江北衛所府州縣軍三民七軍器合將隆慶四年暫准折色一年其隆慶元年起至伍年止歲辦胖襖已經題行各處徵解本色除慶六年暫徵折色一年仍照先年題准事例每胖襖

鞋壹副共折銀壹兩伍錢衛所軍器原無定價俱照本處額徵銀兩照數發解赴部以備成造支用少寬軍民造解之費以後年分二項仍解本色違照通行外看得胖襖軍器納折色則便於民解本色則便於官經國者思爲久善之謀故寧便官以耀武此本色所以旋改而旋復也然造解之勞亦須從長計畫無病於民乃可今議胖襖差官類解於民稍寬但查今之成造者所用花布率多濫惡或入花子填塞於中以足稱兑之數其不然者則因花布踊貴費遂加倍合無今後立爲定限責令經收大户四月收完先買



闗白綿布染成柔色至七月收花之時方令鋪花成造嚴禁填塞之弊造完即解府類解務於十月初旬到京上納愆期者有常罰軍器各衛所多無專局俱令赴省成造督之者不過戎行之隸耳其侵减料價造成濫惡固勢所必至者合無設局於各府凡隸府衛所總爲一局將軍三民七料價解府收貯專令清軍同知督理其務其改爲直隸者仍附於原隸之府竒豪必禁侵欺必禁務期完繕堅鋭足以貫盾而備身造完總委官一員兼同各衛所官類解赴部上納一以革侵費之獘一以免頻解之勞其脚價銀兩軍

三就令本衛所管局官領作盤費外民七責令委官總領赴京除交納搬運使費外餘剩之數扣回明示給賞委官以酬解運之苦民兵快壯查得先年抽選原額有馬民兵肆千名聽調北征每名編銀拾捌兩倍徵叁拾陸兩嘉靖三十四年　巡撫都御史劉題爲稽實政以責成功以均節財用事議減民兵貳千名旋雖改爲馬步快壯仍約省徭銀陸萬肆千餘兩嘉靖三十五年正月內准兵部咨爲議減官軍騎征馬匹以節糜費事將前有馬民兵貳千名內減有馬壹千匹有馬者照舊徵銀叁拾陸兩無馬者徵銀貳拾兩約省銀壹萬陸千餘兩其團操有馬快手舊



額壹千肆百伍拾叁名各道編銀不等共叁萬柒千捌百肆拾貳兩步隊民壯柒千貳百柒拾叁名每名工食銀柒兩貳錢共銀伍萬貳千叁百陸拾伍兩陸錢隆慶三年　巡按監察御史周　爲災傷事各道團操壯快率多老弱糜濫工食無益實用隨行各道精選以十分汰去三分該司通將各道減退數目開報據曹濮道減退快手捌拾伍名民壯貳百捌拾貳名巡察海道減退快手陸拾玖名民壯貳百柒拾玖名沂州道減退快手伍拾柒名民壯貳百貳拾壹名

青州道減退快手陸拾柒名民壯伍百貳拾貳名臨清道減退快手玖拾叁名民壯貳百壹拾捌名武定道減退快手柒拾貳名民壯叁百貳拾叁名德州道減退快手叁拾叁名民壯壹百陸拾玖名除曹濮等道退足叁分數外共巡察海道尚少退民壯壹百伍名沂州道少退民壯肆拾叁名青州道少退快手陸名民壯肆名俱應於災重州縣汰減青州道所轄益壽莒諸沂五州縣被災極重合酌叁分數外再於五處減退民壯叁拾名武定道所轄利霑海蒲新鄉六縣災傷頗重亦合酌叁分數外再於六縣減退民壯叁



拾名臨清道快手原多退過叁拾叁名民壯少退叁拾伍名數頗相抵但武館貳縣被災極重亦合酌叁分數外再於貳縣減退民壯貳拾名共減快手肆百柒拾陸名民壯貳千壹拾肆名總貳千肆百玖拾名續據該司議稱減退快壯叁年秋冬未役工食合追收貯庫專備地方緊急之用肆年工食行令各該州縣通融改減以充賑恤伍年以後均徭悉令免編備呈　撫按題　准遵行照得民兵快壯節蒙汰減民困似亦少蘇但原定各兵工食係銀差者官徵支給係力差者許自打討今查徵收未完大户不得依期

起解各兵上班又須工食無缺方能從操入衛故均
徭未及編完而坐索工食者群至有頭役者必至迫
索正頭無正頭者必至迫索大户大户正頭俱未編
僉往往告官借給一不滿數豈惟大户正頭恒被窘
辱雖縣官亦不勝其侮若此者蓋緣各兵未必土著
多係寓遠州縣積年應捕充當故率無嚴憚若土著
之民雖桀悍未有不畏縣官顧戀鄉井者上班留期
工食未數其父母兄弟猶得以時給送故今計議凡
民兵快壯合無查照各該州縣原額以本地之民當
本地之役情法始便隆慶四年十月該曹濮兵備道


李四胡四百五

副使孫　案行所屬州縣原編本道快壯俱僉徭户
名頭正謂脱逃易於拘捕曠役便於查追其法甚善
後來徵銀僱役遂使棄役者莫可挨拏罰曠者重累
正户間有遷徙之輩執役戎行亡命之徒供事肘腋
失今不爲查理將來愈益濫觴今後各該州縣凡有
快壯缺役責成該管里甲除正户自當外有代役者
一要素係良民一要親識保結果無違礙方准解補
不許將他州別縣之人苟且應役止圖目前之安不
思日後之患各州縣要將見役壯快逐一開具明白
如係他州外縣作速查取該縣精壯人役隨即呈補

此雖專為團操而言前項夙弊蓋亦民兵所同犯者以本地之民當本地之役凡有逃曠及遷徙亡命之輩亦易稽查又查民兵除防秋一季聽領兵官統帥入衛外其三季俱應在道操練團操快壯若遇下班亦聽各該州縣差操顧各兵自恃衙門隔别不服鈐束甚非法紀夫各兵工食皆民脂也一年之内未嘗少減廼坐享膏肥不為地方盡一謀矢一力民亦何樂輸焉今後合無行令各道凡民兵快壯不許番休如有番休行令州縣掌印官一體鈐束不時操練若有盗賊生發許掌印官調取協同巡捕官兵併力緝拏



各役指以下班不聽呼喚者許掌印官呈解該道問究館庫該布政司議得本省驛傳原設馬驢水夫專管走遞庫子專管支銷館夫專管庖厨行之年久未見其告病也後因答應浩繁館庫受累故將庫子館夫革去止徵銀解驛令當該官吏支銷官吏不能支也復移之馬驢頭馬驢頭率畏查盤刪削問罪通不願領館庫銀兩如高唐州馬驢各自朋出答應是馬驢頭既管走遞又管支銷一役而應二差矣兼之江南糧僉馬不至復令十一民馬包賠應役正户安得而不累也近因各府目睹于民馬之累議將站地

改爲站銀隨糧帶徵解驛雇募通革去馬驢頭名色一則杜驛棍抑勒之害一則免貼户科索之擾誠便民之至計但恐有站州縣未免秦越以相視况山東驛傳係天下咽喉馳驛者俱
欽差人員進鮮船隻萬一解銀不至悞事匪輕今復立限徵解有司毋敢愆期驛事宜克濟矣而猶受累何也或者謂濫關難革故支費日倍不知支費未敷猶可請給扣補况今貯府夫銀尚有餘剩銀兩或鎖庫未即盡支非不敷者顧今雖數給之而彼寧不願受此非其於貽贓也有刑罰以爲之防與其決罰而輸贖毋寧鬻産以自全耳查得近屬遞運所有承委管厰夫者壹年之内正夫發遣不足申府動支凍河銀伍拾餘兩節次雇夫接替續遇查盤將叁拾叁兩准正支銷外貳拾捌兩問以侵欺罪名減等擬徒該收贖銀壹拾捌兩仍追侵欺銀貳拾捌兩入官其各走遞夫伍拾餘名俱開紙壹錢共銀伍兩有餘計所罰正抵前項動支之數既重其罪又追其贓人亦何樂乎此而管支也竊謂今日驛傳改徵站銀又革去細頭牌頭等項名色民已少寬但官吏支銷亦須量情酌處要先嚴禁濫關并本省承差舍餘人員領去[illegible]

牌勘合上面不惟明註馬匹口糧數目尤須嚴示約束數外不許多取分毫過關銀錢如有迫索多取者許驛官抱牌赴府陳告離府窵遠者許徑申兩院以憑拏究其口糧廩給俱從館庫供辦方驛官赴本州縣領出館庫便即當官鏨鑿每廩糧壹分為壹封外書數目即用本州縣印鈐蓋凡有乘傳而來者只照關牌數目給發如糧廩不受方許管顧飯食其上司官府經臨小飯下程亦只照常辦送逐一登記循環如此節縮館庫仍有不敷方許申府於驛傳鋪陳餘剩銀內撥給接補如再不敷許酌量各驛



衝僻将館夫庫子量行加派但不可加派馬驢頭走遞之外再令出銀幫貼至於查盤行令委官查對關文勘合凡照數給發及真正無偽者俱與准支不必過爲刪削以剝損驛吏蓋法行自有大體治罪貴服其心嚴於入贓以取盈似非所以止法而繩下也接遞夫除五水廠編有銀差每名徵銀陸兩各解該廠雇募無容別議外其水陸力差夫亦須酌量地方遠近調停區處據濟南府議德州平原德平陵縣共編德州水廠牌夫陸百伍拾名内查平原德平陵縣俱每名編銀陸兩代役打討併正户使費壹年不下貳

拾餘兩乞每名倍徵銀壹拾貳兩解德州就近雇募以免刁難之苦其德州牌夫係在本處每名編銀陸兩責令正身走差其代當者亦止許打討壹拾貳兩

兗州府議東阿東平汶上鄒縣滕縣廠各夫叁百壹拾名內各青夫壹百叁名白夫貳百柒名滋陽縣叁百貳拾名內青夫壹百陸名白夫貳百壹拾肆名滕縣沙溝廠除各縣協濟青夫每名編銀差銀柒兩白夫編銀差銀拾兩外本縣自編貳百貳拾名內青夫柒拾叁名每名編力差銀叁兩打討拾柒捌兩白夫壹百肆拾柒名每名編力差銀肆兩打討貳拾叁肆



兩俱不等分巡東兗道條議每廠止用青夫捌拾名其餘改為白夫此誠裒量適中相應遵行其工食議將青夫仍編力差叁兩止許討銀拾貳兩白夫仍編力差肆兩止許討銀拾陸兩庶少節冒費似為民便其滕縣沙溝廠該縣中沙溝至徐州壹百貳拾里每一差往返三日乞將嶧縣城武單縣代編本廠青白夫役加徵銀兩以補偏累今議青夫原徵銀柒兩應加銀壹兩白夫原徵銀拾兩應加貳兩又查聊城水廠各縣協濟牌夫原編力差陸兩代役打討拾捌兩東阿貳兩通計在內其茌平高唐恩縣路廠青白貳

夫打討之數今查原縣申議青夫上年每名明編銀拾伍兩今明編拾貳兩減去叁兩尚可勻用白夫上年每名明編銀貳拾肆兩頭役今外賠銀肆兩共貳拾捌兩尚且稱累今次止編壹拾肆兩肆錢網頭雇夫屢告不敷乞要每名照舊明編貳拾肆兩看得白夫專一撻送其差雖甚勞苦然何至浩費若是其爲網頭打網剋削無藉夫工食過多則害徭民過少則累夫役寧遠充當則又有包攬抑勒之苦從長酌議凡力差牌夫除凍河銀貳兩令正戶自納外代役人止許打討拾肆兩青夫止許打討拾貳兩白夫打討



拾肆兩肆錢此外不許分毫多取如有抑勒多取等情以欺詐問罪其編在貳百里外者照今定打討各減銀貳兩徵銀解廠聽管廠官就於本處雇人走差不許赴正戶打討嶧縣城武單縣所編沙溝廠青白夫亦照今定打討減銀貳兩立限徵解廠不偏累本廠夫役徭民亦獲寬省庫子舊例司府俱編銀差州縣編爲力差隆慶四年二月蒙

巡撫都御史姜　鈞牌行司即將各府州縣原編力差庫子於隆慶五年以後俱行改編銀差每府查照原數坐編每州縣坐編肆名每名俱徵銀拾貳兩叁

編下下户追徵在官庫人代役止令看守庫藏不許收支錢糧其應收贓罰等項各府原有庫官只用庫一吏壹名無庫官者另加實役庫吏壹名該州縣則僉實役吏壹名實役若少選殷實農民壹名專管收支明登簿籍或按季或輪年更換交替已經通行隆慶

五年正月蒙

巡撫都御史梁　批據寧海德州曹縣淄川申各行本司查議庫役原為看守庫藏而設後緣有司寢失初意一應支用責之陪費每至蕩産傾家民間累差莫此為甚其弊非獨山東一省為然近該科道官先



後具題議處前役誠為民便但欲每季輪點一吏掌管事既難以責成每月輪流一户看守人亦卒無固志況吏役非盡得人更換不一侵匿多端又有不能無慮者又查

前院案行改編銀差雇人看守又選撥實役吏或殷實農民壹名專管收支實為兼用二議宜其經久可行今寧海德州曹縣淄川所申無非慎重庫藏之意但在寧海州申欲衆充庫吏壹名州縣原無額置遽難輕自議加在德州欲申照該科前題事例自今審編先於各里第一甲人户點選丁力相應拾貳名每

月壹名輪流看守似乎人戶太多又類原編庫役其淄川曹縣所申事同二州查得各州縣架閣庫吏原係六房之數事務最簡若令兼管收支頗爲便益其看守之人止遵原行徵銀雇募永可無弊但山東地方衙門不同錢糧多寡不一若俱屬之一吏簡僻州縣僅可支持衝繁地方實難照管事闗通省均應酌處合候呈允備行濟南等六府轉行所屬州縣查將官庫收貯贓罰等項錢糧除府庫原有庫吏已經加添一名外各州縣自隆慶五年爲始定撥架閣庫吏管理收支仍要酌量其人果係循謹殷實者方許撥



管若有不堪即許於六房中遴選相應吏役准其兑撥房科若六房無人即許於納銀農民選擇越次叅補如濟南府之德州泰安武定歷城四州縣兗州府之濟寧曹州東平沂州曹縣滋陽壽張七州縣東昌府之臨清高唐聊城三州縣青州府之益都壽光安丘三縣萊州府之平度膠州掖縣三州縣登州府之寧海萊陽俱地方衝繁錢糧頗多一吏恐不能周相應再選納銀農民一名公同架閣庫見役協心管理其餘州縣俱止用吏一名各役俱要六房見役具結三年滿日掌印官查果錢糧明白收支無弊許照劾

勞之例申請
兩院批允准與陞叅如以州縣人多該府缺少不願
陞叅者即准與本縣揀缺頂補以酬其勞此外各州
縣仍准添雇謹實書手衙繁二名簡僻一名寫筭登
記簿籍每名每月給工食銀壹兩准與自理紙贖銀
內動支其看守庫役工食名數遵照
前院見行則例各府查照原數行令徵收徭銀在官
雇募丁力相應之人照年更換止令看守庫藏不許
干預錢糧其往年一切無名賠費與夫買辦雜用雖一
茶一紙俱要照例着實痛革中間如有不才有司

因襲舊弊致有纖毫賠累者悉聽守巡該道訪拏查
叅從重坐贓論完日仍刻石庫門以垂永戒如此則
典守既有專責人心亦知激勸而事體畫一永可遵
行續據鄒城縣申庫子革去正頭每名編銀貳拾肆
兩召募看守又選殷實吏農收支已經出示召募許
久卒無有應者及照本縣止有吏三名皆非殷實今
蒙開局計議合無照舊編僉正户收支爲便看得庫
子裁革止令庫役看守其收支錢糧並不干預而該
縣所申謂卒無人應役何也所選吏農必求殷實原
行之意亦謂殷實則無侵欺之奸耳非令其供應也

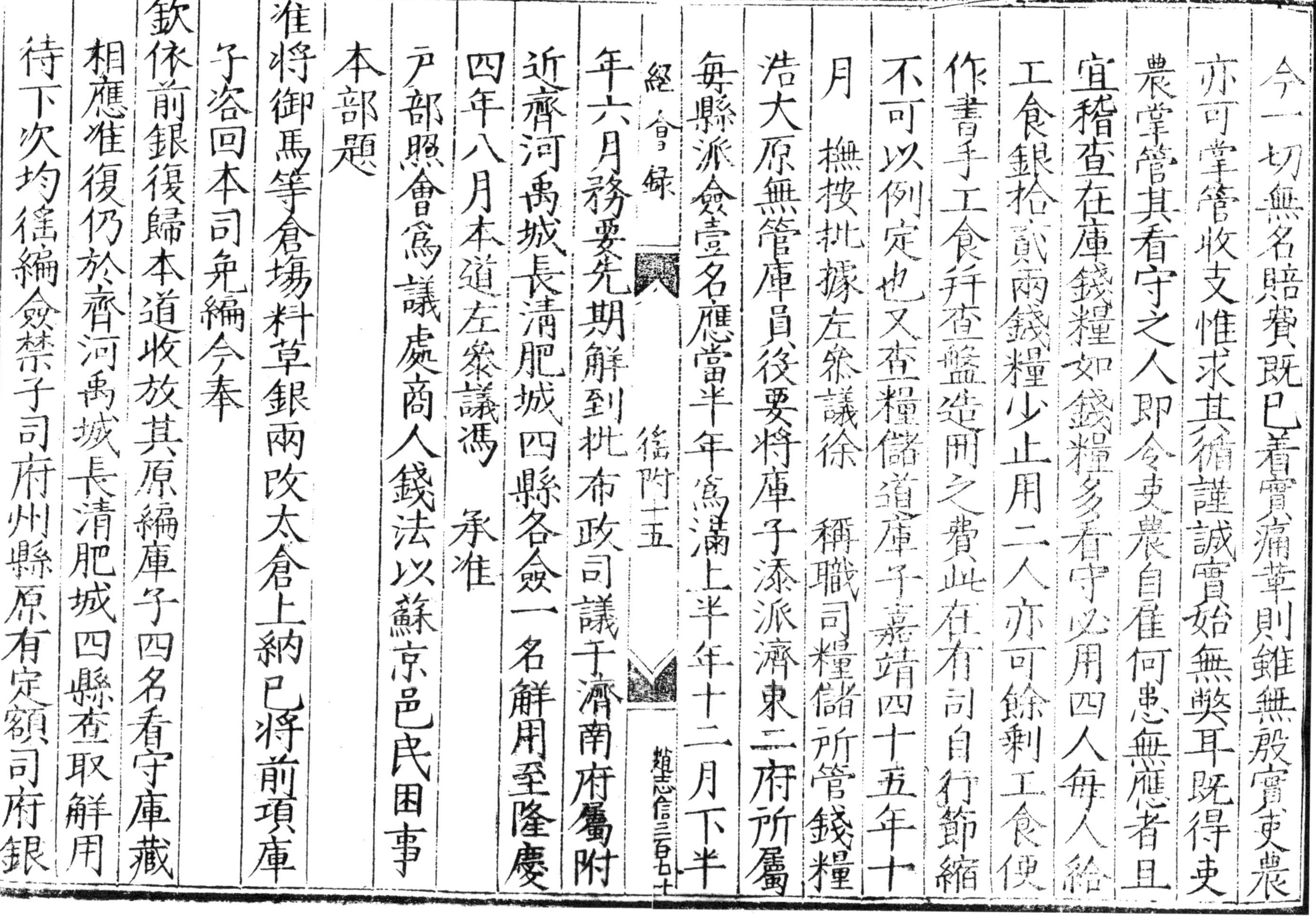
今一切無名賠費既已着實痛革則雖無般實吏農
亦可掌管收支惟求其循謹誠實始無弊耳既得吏
農掌管其看守之人即令吏農自雇何患無應者且
宜稽查在庫錢糧如錢糧多看守必用四人每人給
工食銀拾貳兩錢糧少止用二人亦可餘剩工食便
作書手工食并查盤造用之費此在有司自行節縮
不可以例定也又查糧儲道庫子嘉靖四十五年十
月　撫按批據左參議徐　稱職司糧儲所管錢糧
浩大原無管庫員役要將庫子添派濟東二府所屬
每縣派僉壹名應當半年爲滿上半年十二月下半

經會録　徭附十五　趙志信三百五十

年六月務要先期解到批布政司議于濟南府屬附
近齊河禹城長清肥城四縣各僉一名解用至隆慶
四年八月本道左參議馮　承准
户部照會爲議處商人錢法以蘇京邑民困事
本部題
准將御馬等倉場料草銀兩改太倉上納已將前項庫
子咨回本司免編今奉
欽依前銀復歸本道收放其原編庫子四名看守庫藏
相應准復仍於齊河禹城長清肥城四縣查取解用
待下次均徭編僉禁子司府州縣原有定額司府銀

差州縣力差迄今無改及查登州府議本府看監民
壯拾陸名每名工食銀捌兩原未編入均徭俱各州
縣守城民壯均攤幇貼今查守城民壯晝則聽候差
遣夜則防守城池每年止編工食銀四兩尚不足用
仍又幇貼本府看監民壯委爲艱苦要將看監民壯
工食照前銀數捌兩編入均徭按季徵解支領毋令
守城民壯幇貼庶乎事得其平民無偏累看得禁獄
監看重囚誠不可缺人看守若專責之禁子人數有
限防閑未周該府所議不爲無見相應量准壹半但
查各屬原編民壯名數俱多合于寧海等捌州縣每



處量取壹名工食解府雇役願親當者聽從其便庶
在府不乏看監之役而各屬民壯亦免幇貼之累矣
用自撫按二司外府屬惟濟南一府編銀壹百貳拾
兩其各州縣編銀不一只以繁簡爲多寡撫按二司
叠年各有加減府州縣不加俱已着在則例隆慶四
年以後將濟南府并各州縣公用盡行裁革州縣俱
改編里甲各府令於紙贖及無礙官銀動支又爲裁
減徭役以蘇疲困事隆慶三年九月內
巡撫都御史姜　案行本司議行六府酌量節縮之
宜各於紙贖銀內動支兗東二府各叁百玖拾兩濟

青萊登亦各有定數其各州縣俱已革改編入里甲通名之曰供應其用之於公者惟院司原派州縣未有改也切照公用係成辦之常供上下交際各有定額而府獨無編者以其轄屬頗衆錢糧徵解必有羨餘紙價收贖亦可自給故特免編派以少寬徭民之力爾今羨餘既革紙價又不能擅支則公堂之費誠不可不權爲一處但如東昌府議於動支紙價外欲撥聊城供應銀以補不足之數此惟資取一時則可使著爲定規歲以爲常則聊城或有缺乏從何措辦亦不可以不思也查得聊城廠牌夫每名坐追湅河



銀貳兩收貯府庫除南工挑濬申動支費外每年常剩叁伍百餘兩於此申請以補公用之缺無不可者至於州縣公用改爲供應均徭寬矣如里甲重併何竊謂均徭雖重猶係十排均攤里甲責任一排以十人之役付諸一人之身輕重勞逸不待智者而後知也今欲調息其力合將州縣公用收復均徭毋使偏累里甲則里甲安而徭民亦無不均矣鄉飲酒禮舊會編銀陸兩二會編銀拾貳兩伏讀律令雖云豊儉得宜但今所行失於過儉有司又不以羞爲視爲居務率類簡褻故懷才抱德之士多不入席其加意舉

行者儀文稍增便累經收人户甚使素隱無述之徒
亦或濫充賓席以亂官常大失
祖宗養老尊賢之意今除釐正儀文及延引入席賓老
該提學道條議督察外所編徭銀合議每會加編貳
兩貳會共編銀拾陸兩大户收完付與支銷老人買
辦毋使賠費庶於豊儉始爲得中祭祀舊例附郭即
行於府查得嘉靖三十六年萊州府掖縣申允本縣
設有儒學廟貌具瞻俎豆攸存不可無祭准於公用
銀内動支叁兩買辦祭品行釋奠禮以後永爲定規
六府附郭此實可爲通例舉人車價嘉靖四十四年



始與長夫編入均徭隆慶三年因新科舉人牌坊全給
遂將長夫裁革每年止編車價銀壹千陸百玖拾玖
兩濟南府叁百捌拾兩兖州府叁百伍拾伍兩東昌
府肆百伍拾兩青州府叁百兩萊州府壹百柒拾兩
登州府陸百兩隆慶四年議裁繁役以蘇徭民舉人
車價初欲盡革時濟南府申稱會試起送前銀不敷
仍准編銀叁百陸拾肆兩萊州府仍編肆拾叁兩登
州府仍編陸拾兩兖東青三府未據申報不敷之數
故未派徵今觀古人求賢有司恒有勸駕之禮車價
之給揆諸情法俱所宜安況每名止給銀拾伍兩

其禮亦約合行各府屬查照見在數人名數每府共若干車價該若干仍照州縣大小分作三年派徵俱解本府貯候會試之年查給起送守城民壯此項差役名雖守城其差遣迎接亦皆用之工食四兩似少萊州府曾議加編貳兩未允今查此役若止守城聽差其編銀四兩打討十兩或十二兩儘已句用訪得各處民壯多於額外包差如私塩巡捕境內巡邏河下聽事部送錢糧凡此等項皆係民壯正差當於數內撥遣今各州縣因正數不足率於數外另行分撥工食則責之民壯均攤其修理城鋪補葺墻梁起架橋梁亦皆責之於民壯故正戶費銀常至十七八兩或二十餘兩實係苦累合行各府嚴禁各屬凡巡塩巡路巡河聽差部送等項只於民壯正數之內撥遣正數不足差遣方申司府量加名數不許再令包差至若修理城池則州縣官之正務而廼責之於民壯職守何在殆非所以尹釐而示訓也各府其宜申諭所屬凡城池修理事干重大合申詳者須申合干上司請於無礙官銀動支如止補葺垜鋪修理橋梁如此之類所費亦約在州縣正官自行措處不可専責民壯以累徭民及查恩縣申據本縣召募有馬快手

王志得等二十名滐儒等六名各連名告稱本縣均徭原無有馬快手往年只於走遞青夫内選二十名守城民壯内選六名自備鞍馬應充快手往來迎送官員護解京邊鞘木境内巡捕盜賊差撥不缺今年均徭並無坐僉頭役止編銀差徵收在官召募應當青夫徵銀捨貳兩民壯徵銀玖兩人馬出差工食不敷似應加添看得均徭則例各州縣原無編僉有馬快手止編民壯守城聽差隆慶元年臨清道呈爲查議繁差以蘇困苦事將各守巡等道及府州縣有馬快手等役盡行裁革道府只於附近兵備道撥取有



馬民壯聽用州縣即於守城民壯内撥遣每州縣俱以六名如恩縣係上衝六名之外許加二名凡有差遣止令騎坐里甲馬匹不必再編工食重貽民害隆慶四年復將各道各府取用有馬民壯通行裁革州縣差遣即係民壯故無裁革之文今該縣申添有馬快手工食查之於例未協且以一縣而役馬快至二十六人於何差遣若云迎接官使巡邏巡捕部送錢糧皆不可缺則此皆係民壯本等差役該縣民壯六十名向未裁減今不責之於民壯而於數外召募貫馬如此敝邑安能重併又查該縣設有太平驛除驛二

馬走遞外該縣里甲仍編走遞馬貳拾伍匹驢貳拾伍頭較之別縣已爲過多儘數差撥令復召募買馬盖由積棍營幹馬差希圖厚利以自肥而不知其浚民之膏脂也合無行查該縣青夫王志得等貳拾名民壯梁儒等陸名果係走遞青夫數内仍撥回走遞守城民壯撥回守城如係額外加添便行裁革不許此輩營幹差役糜費工食以害徭民其有差遣迎送邏捕部解等役只差民壯騎坐里甲馬匹聽用差回即止其各州縣合行守巡道通查如有此等繁差一體嚴革又恩縣議民壯專爲守城捕盜而設又抽出



吹鼓手等役以充迎送前次均徭每名明編銀拾肆兩今次明編叁兩實爲不敷乞要比照團操民壯明編拾肆兩肆錢今查民壯充吹鼓手迎送此乃民壯本等職役不必加添工食又訪得各縣有以市民應吹鼓手者此係繁差暗削民財法宜通禁況今蒙

巡按御史張　爲禁奢侈以厚風俗事獨揭吹鼓旗隊迎送嚴行所屬不許再用雖上官入境亦不許徇情應付憲典具在合遵照行河夫隆慶三年四月該

總理河道都御史翁　題爲節浮冗以蘇疲困以廣儲蓄事竊惟新河未成當以國計爲重新河已成當

以民瘼爲急於是不遑啓居周爰巡歷看得閘夫者爲閘有啓閉而設也今南自珠梅閘北抵新閘皆水浮閘而舟行閘傍閘夫多矣溜夫者爲水有急溜而設也今新店閘以下珠梅閘以上無溜可挽溜夫多矣淺夫者爲本地方撈淺而設也今凡有淺澁集衆大挑一處之夫徒設無益淺夫多矣泉夫者爲濟泉資運而設也今滕嶧魚臺源泉停瀦惟恐妨漕泉夫多矣壩夫者爲守堰埭而設也今每地數名亦已足用壩夫多矣淺舖夫者爲運船經行指點淺澁而設也今但走遞公文看守柳株淺舖夫多矣停役夫者



爲閘歲大挑仍役其力而設也今積年市棍壹人包攬數差以誆工食停役夫多矣合無將前項夫役堪以裁省者俱照原額則例編爲銀差徵解東兖貳府貯庫在民閘歲省工食銀柒萬貳千貳百餘兩在河道歲積工費銀貳萬伍千貳百餘兩既省民財乞

勅下該部再加查議一面移咨

吏部將後開閘官起送改選一面移咨

巡撫衙門酌量所屬州縣人丁多寡土田肥瘠地方繁簡將所改銀差通融霑惠免致偏枯原係力差者就近編派使徭戶自充免致勒措俱以今年南北大

挑各項全完為止續該　工部題
准移咨　吏部將裁革閘官起送別選其閘夫溜夫淺
夫泉夫淺鋪夫橋夫停役夫備咨河道會同　巡撫
將各夫應裁革者酌量地方丁產通融均減即行所
屬自隆慶四年以後俱免編一閘官利建閘閘官
員魯橋閘閘官一員棗林閘閘官一員俱裁革三閘
以南陽閘閘官帶管新閘閘官一員師家庄閘閘官
一員俱裁革二閘以仲家淺閘閘官帶管一閘夫利
建閘閘夫叁拾名革貳拾捌名南陽閘閘夫叁拾名
革貳拾肆名棗林閘閘夫叁拾名革貳拾陸名魯橋



閘閘夫叁拾名革貳拾名師家庄閘閘夫叁拾名革
貳拾名仲家淺閘閘夫叁拾名革貳拾名新閘閘夫
叁拾名革貳拾名以上裁革閘夫俱改編銀差每名
徵銀陸兩上新中新貳閘閘夫共捌名革去肆名免
編其存留肆名并永通閘閘夫貳名俱改編銀差每
名徵銀肆兩一　溜夫南陽閘溜夫壹百叁拾叁名廣
運閘溜夫壹名棗林閘溜夫壹百叁拾叁名魯橋閘
溜夫壹百叁拾叁名師家庄閘溜夫壹百叁拾陸名
仲家淺閘溜夫壹百叁拾叁名新閘溜夫壹百叁拾
叁名八里灣閘溜夫壹百叁拾貳名以上俱全革利建

閘溜夫壹百伍拾壹名除派守新堤外革去柒拾伍名新店閘溜夫壹百叁拾叁名革去壹百名石佛閘溜夫壹百叁拾叁名革去捌拾名趙村閘溜夫壹百叁拾叁名革去捌拾名在城閘溜夫壹百捌拾名革去伍拾名下新閘溜夫肆名革去貳名寺前鋪閘溜夫玖拾名革去叁拾名南旺上下閘溜夫玖拾名革去叁拾名新閘上閘蕪南板閘溜夫肆拾名革去拾名以上裁革溜夫俱改編銀差每名徵銀陸兩濟寧衛軍溜夫陸拾名原無工食又無屯田俱行裁革椿草銀免編一淺夫洸河淺夫貳拾柒名濟河淺夫貳拾貳名魚臺縣淺夫貳百貳拾名俱全革濟寧州淺夫肆百叁拾伍名革去貳百叁拾伍名濟寧衛淺夫壹百捌拾貳名革去玖拾貳名鉅野縣淺夫貳百肆拾伍名革去壹百貳拾伍名嘉祥縣淺夫壹百叁拾柒名革去陸拾柒名汶上縣淺夫肆百伍拾貳名革去貳百伍拾貳名東平州淺夫壹百捌拾貳名革去玖拾貳名壽張縣淺夫玖拾貳名革去肆拾柒名東阿縣淺夫壹百伍拾捌名革去捌拾叁名陽穀縣淺夫肆百捌拾柒名革去貳百肆拾柒名聊城縣淺夫壹百柒拾名革去捌拾伍名堂邑縣淺夫壹百叁拾

貳名革去陸拾貳名傳平縣淺夫壹百叁拾貳名革
去陸拾陸名清平縣淺夫壹百叁拾貳名革去陸拾
陸名臨清州淺夫柒拾捌名革去叁拾玖名夏津縣
淺夫貳拾名革去壹拾名恩縣淺夫貳拾捌名革去
拾肆名以上裁革淺夫俱改編銀差每名徵銀肆兩
一泉夫嶧縣泉夫伍拾肆名魚臺縣泉夫肆拾貳名
俱全革滕縣泉夫貳百貳名革去壹百捌拾肆名鄒
縣泉夫壹百貳拾捌名革去柒拾捌名濟寧州泉夫
貳拾貳名革去拾貳名汶上縣泉夫叁拾陸名革去
拾陸名東平州泉夫陸拾伍名革去叁拾伍名滋陽



縣泉夫貳拾陸名革去拾名泗水縣泉夫壹百伍拾
柒名革去伍拾柒名曲阜縣泉夫陸拾柒名革去貳
拾柒名寧陽縣泉夫壹百陸拾玖名革去玖拾名平
陰縣泉夫拾名革去肆名泰安州泉夫叁百貳拾玖
名革去壹百貳拾玖名萊蕪縣泉夫貳百玖名革去
柒拾玖名新泰縣泉夫壹百玖拾肆名革去柒拾貳
名肥城縣泉夫柒拾玖名革去貳拾玖名以上裁革
泉夫俱改編銀差每名徵銀叁兩 一淺舖夫湖陵城
淺舖夫壹百陸拾捌名俱全革魚臺縣淺舖貳拾壹
座每舖革夫陸名共革壹百貳拾陸名濟寧州淺舖

拾貳座每鋪革夫伍名共革陸拾名鉅野縣淺鋪伍座每鋪革夫伍名共革貳拾伍名嘉祥縣淺鋪肆座每鋪革夫伍名共革貳拾名汶上縣淺鋪拾肆座每鋪革夫伍名共革柒拾名東平州淺鋪拾伍座每鋪革夫肆名共革陸拾名壽張縣淺鋪伍座每鋪革夫伍名共革貳拾伍名東阿縣淺鋪玖座每鋪革夫伍名共革肆拾伍名陽穀縣淺鋪拾貳座每鋪革夫伍名共革陸拾名聊城縣淺鋪貳拾叁座每鋪革夫伍名共革壹百壹拾伍名堂邑縣淺鋪柒座每鋪革夫伍名共革叁拾伍名博平縣淺鋪陸座每鋪革夫



伍名共革叁拾名清平縣淺鋪玖座每鋪革夫伍名共革肆拾伍名臨清州淺鋪拾玖座每鋪革夫伍名共革玖拾伍名館陶縣淺鋪拾貳座每鋪革夫肆名共革肆拾捌名夏津縣淺鋪捌座每鋪革夫陸名共革肆拾捌名武城縣淺鋪貳拾玖座每鋪革夫伍名共革壹百肆拾伍名恩縣淺鋪柒座每鋪革夫陸名共革肆拾貳名德州淺鋪柒座每鋪革夫拾貳名共革捌拾肆名以上裁革淺鋪夫俱改編銀差每名徵銀肆兩濟寧衛淺鋪伍座共夫伍拾名東平守禦千户

所淺鋪肆座共夫肆拾名平山衛淺鋪伍座共夫伍拾名德州衛淺鋪拾座共夫壹百名德州左衛淺鋪陸座共夫陸拾名以上軍夫既無屯地又無工食合行貳名朋充壹名免徵椿草一 橋壩夫臨清州橋夫貳拾捌名革去捌名壽張縣渡夫肆名革去貳名滋陽縣壩夫貳拾名革去拾名東平州壩夫肆拾名革去貳拾名汶上縣壩夫肆拾名革去貳拾名以上裁革橋壩等夫俱改編銀差每名徵銀叁兩一停役夫曹州壹百玖名東平州拾捌名濟寧州肆名曹縣拾陸名鄒縣捌名單縣伍拾陸名鄆城縣伍拾名金鄉



縣貳名汶上縣叁拾名壽張縣伍拾名定陶縣陸拾陸名滋陽縣拾名寧陽縣叁拾壹名滕縣陸拾名東阿縣叁拾玖名陽穀縣叁拾肆名堂邑縣肆拾名冠縣肆拾名以上停役夫俱免編大挑永不調用椿草亦免徵備行兖東二府各該州縣衛所遵依外隆慶四年六月新河衝決該兖州府管河同知章時鸞呈六月初五以後異水衝決各處堤岸缺口甚多如皇甫壩北須開三口以分沙河之水南築長堤四里以斷赶牛河之流滿家口前南陽上下新舊河當分夫看守堤壩以防風浪之衝拉拽糧船以免停滯撞溺

之患各工報完糧船過後又要撈石渠運以備三大減水閘之建利建閘以北低矮單薄再加石堤滿家口棗林南北衝缺河口須急爲修築計工量力仲家淺以下一帶閘溜淺夫尚不足用今於此夫議即裁革則前項工程於何調撥協濟况今天氣濕蒸糧艘過年泛溢衝决之患又有不可料者夫革去冗役誠爲節省財用民困可蘇然在平時則可在今日則不可今欲行之則堤攔必衝糧艘必阻事無一倖竊恐爲失不小矣職司河務目擊時艱豈不知已經題

准誰敢有違但變出非常事干



國計以此較彼孰重孰輕雖復再議停革姑俟工完無不可者况今見役各夫聞議革牌到一皆垂首喪心呼而不應促而不緊調而不來來而復逃者往往而是故冒死敢言伏乞俯亮愚衷上慮

國計速發鈞牌暫行停革姑俟工完再議則一言有回

天之力而工程早完運道萬全矣呈詳

河道都察院批新河之變實出意料之外各夫在今年者未可裁革新編者照題

准事例施行布政司通行兗東二府所屬審編均徭官將隆慶四年夫役照舊調撥其隆慶五年應免編者照題

准事例充編應裁革者俱改爲銀差停役夫仍照舊編在力差項下聽候大挑調撥。巡撫都御史姜、河道都御史潘　會案備行兖東二府所屬勘得隆慶伍年復當大挑其修築堤岸等項夫役用工大多所改銀差夫隆慶伍年仍編作力差取用隨查六年以後明例雖云改減然事變無常勢難測度旋改旋復兖東之民困未敢有壹日可息肩也切照漕運係京師之咽喉濬漕通國家之大役普天王土率土皆臣而獨使二郡之黔黎奔走堤岸而不得休縱曰役獨賢者豈能無比山之怨乎嘉靖二十四年曾改兖州料價以兖東四郡正謂兖州河工偏累故少改料價以寬之彼時已謂不足以補其什壹二十八年創爲省派府縣之例酌量輕重多寡權爲裒益以適諸中彼時雖稱均平差役然以河工列之於府派故未獲沾減兖屬之困尚仍其舊三十二年通計六府銀力貳差并合用河夫之數查照州縣大小次第適融均攤在兖州多編差銀貳萬玖千貳百玖拾伍兩捌錢內除壹萬壹千伍百玖拾陸兩抵還先年改派濟南登萊料價之數尚多編差銀壹萬柒千陸百玖拾玖兩捌錢在總合分派各該府屬循照各府徵派不前查將

經會録　　徭附廿九

該府原坐省派藥材野味京班胖襖柴天米柴炭及布按運司柴新等項共銀壹萬陸千柒拾陸兩零應合照依原少府屬通加分派其河夫仍於兖州編僉彼時濟青四郡徒知所加之差係兖府推來不知其所加者實以抵補兖州河夫之數也况河夫俱係力差而以銀差相易其重不啻三倍於彼矣明者則例非係代編而告復者不已未三四年已復四分之一後又漸次歸復今雖未盡歸而兖差之繁視昔又已倍矣差繁不勝其歸力窮矣所赴愬視此化倘孰不惻然於懷者故當新河告成而有裁減夫役之議此今日



總院恤下之至仁體國之大計忠至渥也緣變故卒難逆料是以夫役遽難議革惜小失大亦有如同知章時鸞之所慮者矣夫民之所畏者義也上之所以使下下之所以事上而易使者亦義也具百物以供上通漕運以裕國此皆從王之義不可廢者顧民緣習於夙見而不知通變以趨時今以料價當河夫雖云彼此相易以為治民以為向非其有也迺縣而加之其不以為厲者亦鮮矣為今之計合將前收料價盡歸於兖州其河夫之派於兖東者合照驛傳書規分別銀差力差貳項力差責令兖東二郡僉户應當

或係代役照依舊規打討銀差派於濟青登萊四郡責令徵銀解赴河道轉發兖東所屬就於附近地方僱募夫役與正身夫一體聽差如此在兖東之民可省河夫之累而青萊四郡雖以推差告擾亦有難為辭者矣方今議開海運膠萊之役未知其所就然使撥謀定策務於可行東人其肯以賢勞而獨任乎通融協濟欲於兖東是賴固其所必告者今特不知設身而取譬耳無已則如前御史趙 之建議令於歲運之中每石加派漕夫銀貳分歲可得銀捌萬餘兩即令徵收隨貳肆銀俱解河道衙門聽候僱夫此至公至平之政足以蘇兖東久困之民行之永可無弊



是其一也又查各夫工食編銀不同即如力差有編陸兩者有編肆兩者有編叁貳兩者俱每名暗討壹拾貳兩向因河工告急每月又暗加銀貳錢壹年共加銀貳兩肆錢合無明註則例如係緊急用工之月方許加貳打討若河工告成即止不加如有逐月驟加者許被害之人陳告究治各役仍聽河道衙門查照原行追徵東河空役銀兩入官遇有河工之日作正支銷其銀差派入濟青登萊四郡每壹兩加徵伍錢解河道衙門僱募務勾壹夫工食之用停役夫舊

編力差伍錢每遇開河莊貳年壹次大挑大約用工壹箇月餘隨即釋放其不挑河年分正戶止納銀伍錢在官今議大挑年分代當人止許討銀貳兩其不挑年分仍令正戶將銀伍錢納官聽河道衙門收貯巡攔節經裁減各府州縣不必再加但查此後俱以商稅多寡為勞逸商賈輳集當特無賠納之費雖工食猶可以包辦若商賈不通其費不啻拾餘倍即如觀城並無市集鎮店亦無商賈往來課程原額雖止拾餘兩俱係巡攔包納向來本縣院司猶責此後修理今已嚴行禁革但使專壹解納課程幷代役打討工食每年所費亦約至貳拾餘兩又如聊城其府治闔廂之稅催徵皆入於課局該縣之所徵者不過沙鎮一集而已此其賠納每兩亦約費拾餘兩由此推之巡攔之賠費恐不獨武縣為然凡陬隅僻邑未有不受累者恒觀原初額設此役不專為催徵商稅雖田地契本在巡攔幷得而徵之今各州縣徒有稅契之名無徵稅之實所稅者非私入以充囊槖卒市恩以娛士民謂其非賣法不可也為今之計合無將契本併入課程酌量地方大小人民殷乏而定其額如係商賈流通之處原定課程已自足數則於課程之外

仍加契本銀若干使巡攔併徵上納若商賈不通原
定課程俱係巡攔賠納則取稅本以足其數原額再無
所加如此則不惟差役可平而國課亦增民乃稱便
舖司兵其役雖賤而公文傳遞關係匪輕文書稽程
律禁非不嚴也而稽遲擦損犯者不已且有沉匿埋
沒上司之比號已至而原行仍未至者誕慢如是蓋
緣有司每視爲虚文漫不稽查舖長司索取常例通
同隱匿縱將司兵問罪不過或笞或杖而已其輕犯
而無所畏者率以此也今立稽查之法合行守巡道
降定封筒式樣凡大小衙門皆用此式備遞壹面上



半截刻年月并申呈衙門下半截刻律例使時觀者
壹面盡書作方格中填月日時刻文書壹到舖司與
前遞兵舖會同檢對如無稽遲擦損則註云某日某
時某刻某舖送到某舖並無稽遲擦損若有稽遲擦
損便註云某舖稽遲幾時刻改洗幾字擦損幾處舖
司又立文簿壹扇逐日登記封角并稽遲擦損之數
前舖如自隱漏後舖併記之以便檢舉又有前舖稽
遲擦損恐被檢報私將文書封筒填作無稽遲無擦
損驀地丟在承接舖門首徑自逃回者又須行令各
舖各刻壹小票票上止書本舖於某月某日某時某

刻接到某舖送來公文幾角准回照仍將票與稽查
文簿相合各打半印爲記遞到給票收執月終彙總
送各州縣收藏聽候各處取對其文簿月終亦送各
該衙門稽查各該衙門通查壹月之内某舖稽遲共
幾角某舖毀洗擦損共幾件如係本地司兵掌印官
即便依律問罪仍將問過罪名報府通查若係隔州
別縣不必提究只於文書投落去處令該衙門將遞
來封筒彙收一處季終通查某舖稽遲共幾角某舖
毀洗擦損共幾件具由申報於所轄之府轉行所轄
州縣依律問罪各州縣亦將問過罪名報府通查該



府又於季終查出某州某縣稽遲貳拾角以上毀洗
擦損伍角以上便提舖長吏懲究輕則問以應得罪
名重則革役如此庶人無敢玩愒而公移自速於具
違又查此役先年曾酌議地方衝僻量爲增減但程
途遠近尚未調議今考各處舖舍相去有伍陸拾里
遠者柒捌拾里遠者又有百餘里遠者今議衝途遠
不過貳拾里次衝叁拾里不衝之地亦不得過肆拾
里舖舍相接如有失悞易於稽查文到即遞民亦不
勞至於舖舍損壞雖責在舖司然鳩工度材時緝而
屢省之在州縣正官自當權爲設處考之各處即令

司兵修理司兵不能支或任其損壞而弗顧不則壹
累正戶非法也以上逐款酌議訖以下論改差及審編事宜代差出於壹
時之權宜理合歸復然有非代編者蓋原初雖係改
派後經均平遂作正額况歲辦之供日征而月求則
輸之於下者自宜此加而彼益令徒見其加而不見
所加之由知其改而不知所改之因紛然告擾是特
據壹府壹縣之總殆未合壹省之總而通查故也考
之賦役文冊內開青州府議查得諸城縣自成化十
七年間因東平州災傷將柴夫銀伍百柒拾兩嘉靖
伍年將霑化縣柴夫銀伍百兩後又將兗州府所屬



州縣料價銀肆百貳拾兩俱撥該縣暫代徵解至今
久代未歸隆慶元年四月內據該縣民范儒等告蒙
分巡海右道復查相同具呈 巡撫都御史洪 批
行本司劄行本府查得均徭審編已完似難紛更合
候下次議處均徭之年將前代銀兩洒派緊省不累
州縣具申本司照詳訖今當審編之期又蒙查議似
應洒派及據濟南府申查得霑化縣柴夫自弘治六
年至正德四年每年額編壹百肆名每名銀叁兩共
徵銀叁百壹拾貳兩正德九年至嘉靖元年額編柴
夫伍拾玖名每名銀叁兩路費銀壹錢共徵銀壹百

捌拾貳兩玖錢嘉靖二年至四年將諸城縣原代徵柴夫玖名歸回本縣每年額編陸拾捌名每名銀叁兩壹錢共徵銀貳百壹拾兩捌錢嘉靖伍年濵州等叁州縣代徵貳拾捌名本縣額編止肆拾名每名銀叁兩壹錢共徵銀壹百貳拾肆兩嘉靖六年將諸城縣玖名仍令諸城縣代徵霑化縣額編柴夫止叁拾壹名每名銀叁兩壹錢共銀玖拾陸兩壹錢至十六年將諸城縣代徵玖名仍歸回本縣共肆拾名仍徵銀壹百貳拾肆兩嘉靖二十年至三十年額編柴夫伍拾柒名每名銀叁兩壹錢共徵銀壹百柒拾陸兩柒錢嘉靖三十一年額編柴夫伍拾柒名又加添柴夫銀壹拾肆兩叁錢共銀壹百玖拾壹兩嘉靖三十二年三十三年額編柴夫伍拾柒名續又加添柴夫銀壹百肆拾玖兩捌錢共徵銀叁百貳拾陸兩伍錢嘉靖三十四年至隆慶元年額編柴夫壹百名每名銀叁兩壹錢共徵銀叁百壹拾兩查與縣申相同爲照霑化縣原額柴夫止壹百肆名徵銀止叁百貳拾貳兩肆錢及查諸城縣代徵柴夫亦止玖名與該縣范儒等所告代徵霑化縣柴夫銀伍百兩迥不相同况諸城縣原代柴夫玖名已於嘉靖

十六年回歸霑化縣已久有案存證又稱昔東平州
代徵柴夫銀伍百柒拾兩後又撥兗州府所屬代徵
料價銀肆百貳拾兩俱未見有何憑據止據一告之
詞恐其間或係本縣原編本差或係別縣撥來別差
年久傳誤未可知也已經銜行兗青二府吊卷通查
向未回報隆慶四年該縣民李暹等仍赴　撫院告
稱本縣原代徭銀節蒙允議候今再審編要將所
代徭銀分派縣省豊富州縣蒙批本司轉委議徭官
平原縣知縣張光議等議今歲災傷不獨一處為照
酌量豐富必須從容查審方可計數分撥今照審編



伊邇勢難漫查且該縣較之各處稍稱富庶況未遭
重大災傷合將原代各處徭銀仍照舊暫代候下次
審編之時先期行委議徭官備細查審明確庶可分
派無累登州府議蓬萊縣原額料價銀貳百肆拾兩
嘉靖二十四年奉布政司明文為兗州府災傷重大
將伊料價銀貳千兩暫派登州所屬代納蓬萊縣代
銀貳百貳拾陸兩此係一時權宜自當退還今因循
年久遂為常規況本府所屬惟蓬萊最為疲敝逃移
更多茲遇審編合將原代料銀貳百貳拾陸兩退回
兗州府照疲縣困苦之民亦可少蘇隆慶四年該縣

知縣王恩申與府詳相同蒙批布政司查報看得諸城縣所申代徵徭銀於東平州止云伍百柒拾兩於霑化縣止云伍百兩並無名數今以柴夫編銀之數扣之每名銀叁兩盤費銀壹錢東平州伍百柒拾兩該柴夫壹百捌拾叁名内扣伍百陸拾柒兩外仍餘貳兩柒錢與總不合霑化縣伍百兩該柴夫壹百陸拾壹名内扣肆百玖拾玖兩壹錢外仍餘玖錢與總不合及據霑化縣查稱歷年司府劄帖成化正德間原額柴夫止派壹百肆名正德九年至嘉靖元年止派伍拾玖名嘉靖二年奉布政司劄蒙 巡撫都察



院批據諸城縣申將原代本縣柴夫玖名改回本縣照數徵解共柴夫陸拾捌名嘉靖六年將前玖名仍改派諸城縣十六年復又改回嘉靖二十四年至今每年額編壹百名徵銀不過叁百壹拾兩與諸城縣所申縣民范儒等所告名數委不相同復查嘉靖三十九年該縣知縣鄭泗申據縣民劉經等告爲懇累均徭乞量賜分豁以蘇民困事稱成化十七年東平州災將柴夫貳百叁拾陸名該銀柒百捌兩撥與本縣代納嘉靖二十四年又令本縣代納兗州府窩料價銀叁百柒兩叁錢又代徵霑化縣木柴銀貳拾[illegible]柴

兩玖錢至今年久苦累已極乞爲申詳據其所告東
平州推來柴夫貳百叁拾陸名該銀柒百捌兩今該
府議該縣所申則云伍百柒拾兩其云霑化貳拾柒
兩玖錢之數方與柴夫玖名之數相合然所改柴夫
已於十六年歸復而此復告除霑化所告改係柴
夫而此云木柴何也緣縣民不考冊籍只據傳聞謂
某差係某處推來某項係某縣改編後雖加有正額
亦槩以代編目之而遂捏告以求豁不知沿習既久
疑信失真今欲改洒將誰加焉非不知其偏累也無
徵不信民亦弗從徒自擾耳惟所稱代編兗屬料價



銀叁百柒兩叁錢與議冊所稱料價銀肆百貳拾兩
數目雖不相投然此項料銀與逢萊縣所稱料銀貳
百貳拾陸兩俱係兗州府歲辦之正額則例所稱議
改兗州料價於東四郡者即此也時因河夫偏累故
取此以加徭量示裒益之宜至嘉靖二十八年又將
各項徭役別爲省派均攤則通前料價柴夫等項皆
作正額其非代編明矣府縣所申各丁其民徭官所
議又未通查止云審編但避姑且暫代候下次均徭
先期查議是啓爭竇而開告擾之端也政令何由而
一民志何由而定乎續據陽信縣議自嘉靖二十二

年以前本縣均徭銀力貳差中間通爲增減名若謂
停而所增者常浮於所減積至二十四年漸增木柴
銀柒拾肆兩肆錢牲口銀壹百玖拾伍兩貳錢至隆
慶三年牲口增至柒百伍拾陸兩嘉靖二十三年原
額柴夫銀壹千壹百捌拾肆兩貳錢至隆慶伍年續
增柴夫銀壹百伍拾壹兩玖錢嘉靖三十一年新增
磚料銀叁拾玖兩至三十八年又添磚料銀壹百壹
兩共銀壹百肆拾兩三十二年被嶧縣撥來野味銀
肆拾壹兩玖錢陸分壹釐陸毫活鹿壹隻銀拾陸兩
貳項分外賠費過多隆慶元年新增牌坊銀叁拾玖

經會錄　卷卅四十　仁

兩計二十五六年間通共增銀捌百貳拾柒兩貳錢
有零若倍算之無有底止百姓焉得不累今嘗閱
計議合將前項加增銀兩俱應查歸他縣庶貧民均
霑實惠而彫瘵漸蘇觀城縣議本縣柴夫原額坐編
肆拾捌名徵銀壹百肆拾捌兩捌錢至嘉靖二十一
年代編嶧縣拾貳名徵銀叁拾柒兩貳錢共銀壹百
捌拾陸兩解部上納彼時坐單支比較循環明註代
嶧縣編數字樣民既然明知其意謂不久將歸回
行之數年議單者遂將代編數字去之於是嶧縣之
柴夫竟作本縣之正額至今殆經三十年民受困累

蓋有屢次翫而不能去者矣又協濟聊城廠牌夫本縣原編貳拾伍名隆慶三年　巡撫姜　委官減編將本縣牌夫減去拾名止存拾伍名隆慶四年九月驛傳道劉　將本縣減去牌夫仍復柒名共貳拾貳名所以復者蓋緣聊城縣牌夫貳百名所減獨少該縣申議每拾名當減壹名於是將聊城縣牌夫減去貳拾名廠內缺少之數遂推入各縣故本縣復加柒名不知聊城牌夫雖多然接遞白夫已盡免編甚多牌夫者正所以代白夫也今蒙開局計議合將柒夫歸田嶧縣牌夫歸田聊城又據朝城縣民劉夢熊等稱



稱嘉靖十四年以來代編聊城廠牌夫銀力貳差共柒拾名已爲重累後又代臨清廠牌夫拾名疲瘵之民何以堪此嘉靖二十四年被武城縣蝗災傷告攤本縣淺夫玖拾名暫時協濟不料遂爲常規况本縣離彼往返柒百餘里縣民不能應役恒被本處積棍包攬指稱椿草等項抑勒多端額外需索其費數倍後又續增牲口銀肆百兩黄蠟銀陸拾兩本縣具奏已蒙歸併而代編未減料銀將何所供先次均徭縣民梁公安等告歸淺夫肆拾伍名尚存壹半待下次全歸今蒙開局計議合將原代武城淺夫歸田該

縣續增銀兩量爲分減庶久逃之民亦將聞風而復
曹州申嘉靖十六年以後節枝濟寧魚臺鄆城等州
縣借口衝繁申呈攀代差銀自陸柒百兩積至貳千
兩至今年久未歸乞要歸田各壹節看得各州縣所
稱嘉靖十六年以後二十四年以前各項傜銀俱係
省派未分之前隨宜增減或令代編亦無非調停適
均之意但所代所加仍候歸減未作正額後來揭出
省派通融均攤原初所代所加之數或於別項豁除
以補之輕重多寡無有不得其平者則例所載皆係
正額如觀城縣所代柴夫遂删去代編之名意正爲
此至於二十八年以後或加牲口或加磚料或加鐄
蠟此則部加之正數牌坊又通省之事宜皆合各府
所屬照則均攤非別州縣推來者比理難歸復陽信
縣所編野味及活鹿銀兩雖係嶧縣推來之數然則
例明註抵補河夫後又退回柴夫銀玖拾玖兩貳錢
省令各屬不必再行申擾今宜照舊編徵觀城縣牌
夫雖柒名實乃上年坐編之正額非新加者況聊城
原派貳百名今查則例俱未裁減理難推委於聊城
朝城縣所編聊城廠牌夫柒拾名臨清廠拾名今查
則例隆慶三年以前聊城廠已減去叁拾壹名隆慶

伍年又減去拾伍名止存力差夫貳拾肆名臨清廠減壹名止存力差夫捌名銀差夫壹名武城淺鋪夫隔近州縣例宜協濟而謂以災告代此支也所編玖拾名今既云減去壹半止存肆拾伍名視前已甚約矣若謂窵遠難當常被積棍抑勒則徵銀就募之議亦為可行然觀新例正身夫止編貳拾名停役徵銀夫今編貳拾伍名所以體恤朝民者未為不厚疲困似亦可蘇曹州代差雖云三倍往昔然未查出某項係某縣推來某項係某州改編故雖逐一酌處究其所以改代加增之故大要與陽信等縣無甚相遠亦



難准復河夫初皆就近編僉後因災傷頻仍逃竄更改其間或歸或否此則隨其本蠲酌量時宜有不可執一論者如堤夫金鄉縣原編壹百叁拾柒名嘉靖四十一年該縣節被災傷民皆逃竄有縣民蘇元告將堤夫改派豐富州縣蒙　巡撫都察院行勘允詳內將堤夫壹百壹拾名改於定陶城武鄆城曹單等縣各代編訖至隆慶二年單縣民曾甫亦將代編緣由告復蒙　巡按御史羅　批行兩道酌行本府備委城武知縣王宿查議看得嘉靖四十二年均徭則例內開守巡東兗道會呈金鄉縣被災委重黃河

堤夫改派單縣貳拾伍名候無災隨復令該縣連收前項代役似應歸回金鄉縣申本縣地薄民稀差役繁累比之單縣拾不及壹乃欲歸既減之差不無愈重要將前夫仍令單縣代編備由到府該府看得金鄉被災壹時故權議改代以為小民息肩之計今該縣連年豐稔若不議復誠爲偏累備呈到道轉詳兩院蒙批地方事宜只求均平已行金單百姓皆爲子民據勘議亦何偏私之有前因歉而代編今既豐而猶累以入情哉准如府議備行各屬遵依改編去後但恐各屬仍欲飾詞告擾今查則例及蘇元所告



實係嘉靖四十一年事至四十三年復有縣民王紹等奏奉勘合又將本縣原編濟寧州衛夫叁百捌拾貳名内撥貳百壹拾名改與城武定陶單縣曹州曹縣鄆城鉅野各令代編叁拾名所餘柒拾貳名仍令金鄉縣自編及查該縣推差之詞却將蘇元所告與王紹所奏混作壹年同爲壹事蓋恐彰其減編之多難遂其推差之計故如是轉展以自飾耳文案昭然誰可掩也既經酌處止將單縣堤夫復歸其各州縣亦無告擾合宜遵守無異隆慶伍年捌月

巡撫都御史梁　批據城武縣申查蔡僉等所告嘉

靖四十四年嶧縣原編沙溝廠青白夫壹百壹拾名因被災傷驛傳道議呈　撫按允替嶧縣代編青白夫貳拾名到今柒年乞歸嶧縣又金鄉縣改來協濟濟寧州撈淺夫叁拾名是夫貳拾名到今柒年乞歸金鄉又隆慶元年代編魚臺縣南陽閘溜夫拾伍名暫代貳年到今伍年乞歸魚臺惟照移民移粟雖王政所不廢而河内河東實轉移之非常因前七州縣災傷借差城武不過一時救荒之計歲稍稔即當歸回豈期因循遂爲常例年復壹年終無歸期况城武裁減小邑土瘠民貧而復以七州縣不能支之重差



偏累無已是猶以痿病之夫荷重擔而行遠道勢已不前而復以衆人之任加之未有不顛覆者也合無將前代編夫役仍復各處等因批行本司查得嶧縣原編沙溝廠夫壹百壹拾名驛傳道呈允分與單縣城武各貳拾名嶧縣仍編柒拾名金鄉縣原編濟寧州衛撈淺夫貳百捌拾貳名嘉靖四十四年縣民王紹奏奉勘合准減貳百壹拾名改撥城武定陶曹州曹單鄆城鉅野七州縣各叁拾名本縣仍編柒拾貳名又金鄉縣原編堤夫壹百叁拾柒名嘉靖四十一年縣民蘇元上呂告蒙　撫院允將壹百壹拾名改與

定陶城武鄆城曹單各代編本縣自編貳拾貳名至
隆慶二年單縣申告歸貳拾伍名訖隆慶元年魚
臺縣原編南陽閘淄大壹百叁拾叁名因水災重大
議令曹州曹縣各編叁拾名城武單縣定陶鄆城各
代拾伍名陽穀縣代拾叁名俱候新任酌處又
巡撫都御史梁　批據蓬萊縣省祭官徐鳳鳴揭稱
本縣東陸拾里楊家店巡檢司玖拾里高山巡檢司
各編弓兵貳拾名專爲瞭望每年用銀壹百貳拾
兩沿海各有營寨官軍防守弍貳司虛設乞要裁革
看得弍處巡司若欲革去恐當承平無事似爲冗設

經會録　續附四十六

倘遇有警將何以應不虞況海防爲
國家重務比之他處尤爲不同似難准革又據曹縣申
嘉靖二十四年以來節奉明文行縣代編濟寧州師
家莊閘夫叁拾伍名趙村閘閘夫陸拾叁名魚臺縣
南陽閘閘夫叁拾名濟寧衛撈淺夫叁拾名汶上縣
開河閘閘夫陸拾名濟寧州大南門橋橋夫并停役
夫共拾捌名小南門橋馬驛橋西草橋濟安橋橋夫
共捌名本縣先年地頗膏腴且無額外之徵又適近
黃河貨物叢集故民叨稱殷庶今節經黃河泛溢
沙壅地薄且去年春旱夏蝗入秋霪雨兩月不止蕪

以黄河泛漲田禾房屋淹沒殆盡見今民無仰望拾室玖空扶老携幼逃移接踵合無俯念災民將代濟寧等處夫役照數歸還庶貧民少甦具申兩院劄行本府看得該縣人丁共計壹萬玖千壹百伍拾柒丁若合壹府人丁均攤則該縣之民例該編夫叁百伍拾柒名今止編夫貳百肆名近奉新例改編銀差夫叁拾伍名免編濟寧州大南門橋夫捌名濟安橋小南門橋肆名馬驛橋貳名西草橋貳名共夫拾陸名實應夫壹百伍拾叁名該縣之民不爲不蒙恩澤矣似難再歸合無行令該縣遵照新



例編派以免妄申又查則例曹縣原編堤鋪夫壹百叁拾肆名後因雚狐穿穴河水易於衝決議增貳百陸拾捌名協力看守僅後數年又將新加堤鋪夫免其應役只令徵銀貯庫買雚看得此後專爲看守堤鋪而設看守不敷故議加後無事看守使官裁革今以買雚爲名豈設夫守堤之意合無今後將所加堤鋪夫貳百陸拾捌名盡行免編庶曹民代差雖不獲減而冗役已裁亦自少寬嘉祥縣知州掌管縣事化之行申查得本縣於嘉靖十六年前知縣蔣炳目擊凋殘具本陳奏懇乞

天恩均減徭役以蘇民困准行勘合備咨巡撫都御史
胡　案發守巡驛傳等道轉行本府查勘明確將本
縣原編長溝淺舖及趙村等閘溜夫役改派豐富大
縣如曹縣原編堤夫肆百伍拾名內減去陸拾名代
編本縣趙村閘溜夫陸拾名城武縣原編堤夫叁百
叁拾伍名內減去貳拾名代編本縣魯橋閘閘夫貳
拾名單縣原編堤夫貳百貳拾玖名內減去拾貳名
代編本縣趙村閘閘夫捌名新店閘閘夫肆名金鄉
縣原編堤夫壹百陸拾捌名內減去叁拾壹名代編
本縣長溝撈淺夫叁拾壹名鉅野縣代編本縣長溝



撈淺夫伍拾名及查本縣原編棗林閘閘夫伍名係
汶上縣地方今改田該縣編派本縣止編長溝淺舖
夫壹百玖名至嘉靖二十二年以後連遭荒旱馬驛
叠繁民復逃竄二十四年本縣典史吳璋因赴京
應朝又將縣小差繁情由具奏
准行都察院類行布政司查勘蒙將本縣淺舖夫又減
去叁拾叁名加派鄆城鉅野等縣俱刋入則例永為
遵守今蒙開局計議誠恐各縣之民乘機投輕而
縣官各子其民不審原日奏
准事情朦朧申改則嘉祥之民莫知所終看得該縣所

查改代緣由所云奉有
欽依事例且前項各夫代編去名則減去彼縣壹名誠爲衰益得中非額外之加暫代暫歸者此合無以從其議大抵役使不均在於調停之無術鮮而史張非必改絃而易轍也惟復先時省派府派之法又於其中酌量地方豐歉人户多寡之等以平其政而均其役則紛紛告復之詞可息若徒拘故常改一役則爲之復一差推一州則爲之豁一縣是徒補塞目前之罅隙而非久遠畫一之宜所謂膠柱以求調者也役何由均其要又在於審編今觀均傜有明編法有暗



編法銀差編銀壹兩止徵壹兩此明編法也何三累民惟力銀編銀壹兩打計數倍此暗編法也計所倍加莫窮底止代役幇頭兩相措勒餘者盡累正頭嘉靖四十五年該臨清兵備帶管分巡東兖道劉呈爲照力差工食所費本多則例所載編銀甚少其勢必至重累正户正户倍補不敷逃匿勾取復爲官累始而官悞其民終而民亦悞官上下相蒙皆暗編爲之梗也欲銷此累莫如明編法明編須酌量人情土俗定其多寡著於規則如差之重者須用工食銀叁拾貳兩即以叁拾貳兩編次者須用貳拾肆兩即

以貳拾肆兩編又次者須照拾貳兩即以拾貳兩編其法與銀差一樣但仍著定頭役使官有責成夫役有常數代役正頭自然照數給支兩無所累審編者以戶則高下定差役之重輕所僉頭役鱗次而下亦一筆可了即有奸吏弊書莫敢舞文矣此其易簡行民間之大利也具詳　撫院案行布政司查議時惟兖東二府照議明編或暗編各從民便尚未畫一

隆慶三年　巡撫都御史姜　案驗爲議處均徭以便遵守事案行本司調取六府知府赴省會同將各項均徭審編事宜面相參訂濟南府議均徭銀差



俱係明編惟力差有暗編明編之不同明編雖使正戶代役皆知其工食之多寡而不敢横索第恐銀數太多非惟規則難入抑且駭人聽聞若徵銀在官轉給代役則民之布帛菽粟皆不得以折納若令代役自行打討又恐人心無厭法久生弊今日之明編其非他日暗加之漸乎是又重貽民病也不如仍舊暗編差由重而輕戶自高而下每差編僉正頭加以貼戶或令自當或聽雇人悉從民便在上者免催比之勞在下者無陡加之患其布帛菽粟等物皆可以通便准折縱使代役多索不過足其日用工食而已

明編之法直不若暗編之可久也合無將各項力差通行各該州縣除本處原自明編行有成效者不必更改其餘俱照規則一體審編或慣代役之多討將原編徭銀若干隨差開註由帖仍計其多討之數亦于由帖後明註每錢止許加討銀若干其加數之多寡視其差之勞逸定之給付正戶收執使正戶照數出辦代役不得多索如是雖不用明編法而亦暗寓明編之意矣東昌府議本府近集各州縣議將各役工食何者當增何者當減著爲定規俱從明編悉用徵解民頗稱便將各道快壯并河夫及各州縣青白



夫似難執一仍令照舊打討其兖萊青登四府所議大略與濟南同該本司覆議各府所議皆以暗編爲便蓋均徭原有銀力二差銀差所以待下戶之貧者力差所以待上戶之富者若一槩明編恐人心無厭將來以此爲例又復加倍收討民愈不堪豈作法於凉之意況均徭之法行之久矣小民之輸納亦久矣彼此顧代自有常規在小民固不肯多納在代役者亦勢難多索就有强横多索者亦在賢有司禁戢之耳明編之例除東昌府稱便聽其斟酌議行外其餘悉令照舊審編决不可輕議明編以亂舊

章也隆慶四年　巡撫都御史梁　欸開愼紛更謂
力差明編徵銀雇募此宋免役法也與驛遞召募法
不同驛遞行召募法甚宜州縣行免役法甚非宜
行令審官悉從暗編凡六府所屬俱一體遵行無異
顧今開局會議詢謀於民如恩縣朝城進到冊揭
仍欲議復明編在恩縣議將夫役盡數倍徵差徒知
爲役人使而不暇恤及傜民在朝民議將夫役革去
正頭差徒知爲傜民便而不知勒限催徵中亦有不
便者在也今計合無查照濟南府所議凡力差仍舊
暗編只於由帖内明註打討之數如守城民壯壹名



編銀肆兩明註打討玖兩團操民壯壹名編銀柒兩
貳錢明註打討拾貳兩陸錢牌夫編銀陸兩明註打
討幷湅河銀共拾陸兩其間多寡各隨俗便酌處毋
過損傜民亦毋過抑代役則法立而可久然既暗編
使非審官秉公秉明權力足以懾奸其中又多有挨
輕避重賣富差貧之弊或者謂將户之高下差之
重輕各造鼠尾一冊順叙編派則吏書無所容其奸
不知户之高下差之重輕其數目實各不等若只順
叙而編壹户之内編盡壹差方僉壹頭則其中亦有
無頭役者亦有壹户僉兩頭役者有重差多上户少

使至僉及下戶者有重差少上戶多力量本同而輕
重頓異者此皆謂苦樂不均非均齊方正之術爲今
之計合無行令審官通將本地力差查審何項用
力頗勞而使費多則定爲重差何項用力頗逸而使
費少則定爲輕差何項似輕而實重何項在他州縣
爲輕而在此重則俱定爲重差何項似重而實輕何
項在他州縣爲重而在此輕則俱定爲輕差計之重
者若干上戶若干戶與差其數相等則每戶各僉一
頭內門丁餘剩銀盡編入輕差其或門丁不敷壹差
工食則於中等戶內量僉貼頭以幇之若上戶少



而重差多除上戶門丁盡編作重差外其中等人戶
或貳戶或叁戶朋僉壹差各戶之內不可使盡門丁
銀數仍坐壹半編爲輕差以示寬恤其餘俱僉作
輕差頭役凡頭役性柴則以上可僉但不可僉及捌
則人戶力差可令捌則幇貼但不可貼及玖則人戶
若銀差多而力差少雖捌則以上亦宜通融均濟捌
則以上力差編派不敷方許於玖則戶內又分叁等
取其稍過者每丁貼力差銀貳分隨時審俗以誠
其民此在審官一推移耳不可以執一論也有一條
鞭派法隆慶二年委官同知弋正等呈爲審編均徭

事照得均徭除力差有倍加之費俱編殷實人戶應役外其一切銀差止照原數徵收緣各審官分派之法銀以布政司坐單為序人以該州縣里分為序照款逐項次第挨編非不均平但差有緩急里有豐疲差之際要者或挨編於凋疲之里追徵不前差之稍緩者或挨編於富庶之里沿襲不納以致徵解掣肘此自其公平者言之尚有前弊又有挑選富民作柴薪馬夫等項以便已私誠有如 撫院所慮者兼之奸豪之賄買書寫之那移弊蓋有難盡言者矣要之皆立項款致之也為今之計合照 撫院原行一條鞭之法總計州縣各項銀差銀若干該州縣門丁若干除上戶編貼力差外將餘剩銀兩拜下戶應出之數通融扣算務與原額銀差數目相合削去項款名色逐里逐戶遍給由帖壹紙止寫該銀若干並不開係何項通僉殷實大戶肆名買簿給發一總眼同收受收過銀兩查照原坐款目如某項急先儘某項完納起解稍緩者以次完納起解其京班柴薪料價等項該解京者付部運錢糧官代解若胖襖等項該成造者仍令僉大戶照數給銀成造起解庶銀差均平不致加增而書算亦免那移等弊具呈

巡撫都御史姜 批仰遵行仍查分收分解州縣正官與大戶均任其責所以錢糧易完後改爲總收分解責專在官與大戶全無干預所以錢糧多有不完且羨餘之侵不可窮詰賠償之苦獨累一人爲政不平虧損 國課莫有甚於此者故總收誠不若舊法之爲便但既復舊法緊要又在於編派蓋差之緩急不同里之豐疲亦異使照坐單挨里順序以次編派則恐豐疲之里迭得急差一遇催解豈能頓完若挑選窵編則賄賂那移之弊固吏書之所善接者一人亦難於防察合無遵照新例行令審官分收分解仍



後凡遇編派均徭錢糧等項須查何項最急刻日期於徵解何項稍緩隨時可以完銷然後挨里洒編豐富之里急者洒派十分之七緩者洒派十分之三彫疲之里急者洒派十分之三緩者洒派十分之七如此定以分數及至緊急催徵在豐里則取其七緩其三在疲社則取其三緩其七以此裕民將見上納之正課固無愆期存留之支給亦可時辦官不勞而弊已革民不困而賦自完此亦一易簡法也惟有司勿悮於始派耳有更番歇役法據觀城縣知縣方維藩議古者役民歲不旬日 而且用其一緩其二故民常

得自息其力以致一般富非民能自致也今之役週歲而更可謂重矣以江南言之其役雖重然拾年之內一役九歇民嘗不覺其勞山陝北直等處雖不同於江南尚循一役兩歇或一役一歇民亦少寬惟山東一年一役無少休歇所稱上戶者其力差打討之數動至百十餘兩縱有千金之產不數年而需括殆盡況復有大戶之僉在見年復有里甲之役遇淤塞復有大挑於不時里甲出辦恒與均徭等以數口之家衆役叢沓饑者弗食勞者弗息民若何而不貧且逃也里甲職於審編均徭之時嘗舉此患詢及耆民令其



休番應役壹年一歇民皆言歲有豐凶戶有增減兩年之間遇豐則獨逸遇凶則獨勞不如照舊編僉勞逸同之之為便此說誠是然為民父母忍視其終歲勤動而不得休計安出也里職竊謂歇役之法縱不能行亦須倣古用一緩二之意宜少寬之如均徭貳年壹審則令審官止將捌甲編入均徭其貳甲輪該見年者只令充應里甲均徭不許編及至第貳次審編復將輪該見年兩甲免其均徭如遇大挑責令上戶顧募夫役其工食或照均係縣均加且不遺寄莊人戶以此幇貼徭民則徭民亦不見有大挑之苦

如此雖未得全寬其力然均徭里甲不以並征大抵徭民又得協濟此即古人用一緩二之意也看得更番歇役誠裕民之至計但在丁多之處可行山東之民大邑不過貳萬餘丁小邑數千而已丁不滿萬者固不足論即以貳萬之數計之分作拾年當差壹年止得貳千有餘而壹年均徭有編至捌玖千餘兩者倍加賠討又該貳叁萬兩差役浩繁以貳千之丁所能供辦拘而役之是徒敺之使逃耳故壹年壹役無少休歇與其獨力而難支不如衆擎而易舉亦勢使然也但均徭之外復有里甲其供應夫馬之費亦不減於均徭壹年之内既當里甲又令同當均徭實爲重併故觀城縣知縣方維藩有此呈議無非恤民寬役之至意今查均徭貳年壹審止將捌甲編入均徭其貳甲輪該見年者只令應充里甲均徭不許編及此於均徭既無偏苦里甲亦獲稍寬且以捌年當均徭壹年當里甲仍有壹年空歇深得休養生息之宜於地方有補合無通行撫屬行令下次審官自隆慶柒年爲始即將柒年捌年兩甲應充見年者免編均徭止令充應里甲以後各查照年甲免編永爲定規使民常得壹年休歇然户則消長無常里甲編僉亦

照戶則爲定使兩甲應免人戶若不與均傜同審則見年差役遂無所據故又着爲定規凡里甲應當見年人戶即於審編均傜之時行令委官將輪該貳甲一例與均傜同審但不與均傜同編則立法停妥永可無弊其隆慶六年應免里甲人戶例當同免特均傜已就難於變更合無行令州縣正官查各州縣如有空役又均傜餘剩銀兩可以抵補者即便申請上司准與除豁若頭役幫戶與別甲相爲參錯更改又生弊端即用前項銀兩貼入里甲內使備供應等項之需均傜只照舊若無前項銀兩亦要明白申請議



於別項以寬之如此則六年里甲亦將同受寬恤之賜而惠澤均霑矣有照地編差無丁門法嘉靖四十二年則例內一款無丁地以蘇貧困照得生民休戚莫切於均傜各省均傜其審編之法有以丁糧相准者每丁准壹石每石准壹丁有以丁田相准者壹丁爲壹丁田拾畝爲壹丁地伍拾畝爲壹丁山壹百畝爲壹丁富戶不買產者約貲加丁其他地方大約類此惟山東前此以丁門編差資財無形止憑里老口報而委官得以陞擦任情奸私萬狀且挾鉅萬之資連阡陌之產縱審上上戶則門銀多不過拾兩貳叄

拾兩而止連丁銀不過伍陸拾兩而止一家納級數人即可免盡丁差丁不發免且至免及門銀故山東大家例不當差而歲編差徭盡在貧難下戶人民憔悴里社逃移弊實由此此蓋有利者挾術自全而以此愚弄小民甚非法也近年各州縣有告照地編差者平時厚產人戶悉入重差甚至前次丁門止壹貳拾兩而今次差銀乃至壹貳百兩前次免盡無差而今次編差至于數拾樣以此較之則審門爲當豪之利照地爲貧家之利斷斷乎無可疑者然上戶加差宜乎下戶減差及訪貧難之家往往丁銀如舊未嘗



分毫寬減本院常究其原蓋人情狡猾畏避當差挾重資者多不肯置產此皆平時上三則人戶今以無產通得逃差故大家之差比昔驟增而貧戶之丁照前不減小民不霑恩惠大家得肆譏評事體紛然到今未定即今均徭之期擬合預行審處案行該司會同守巡兵備等道作速從長會議要見以丁地編差應否更兼門則若不兼門則家挾重資戶無丁地者作何區處或資多產少者作何審編計地若干畝可准人丁壹丁其例當優免之家亦應查照節年事規明與定數優免庶幾事體詳明人心帖服即今可行

後來可守而東省閭閻細民漸有回生之日矣具由呈詳以憑裁奪續該布政司呈准守巡東兗道咨蒙本院批據東昌府茌平濟寧州申泗水縣翟紀告稱通融銀力貳差照地糧人丁事產資財審定户則文蒙本院案驗即今審編迫近若候議報誠恐更替悞期將今次均徭除原以丁門審編者仍以丁門審編原以地丁審編去處另行會議隨據徭官師同知等議山東所屬地方荒薄額辦稅糧尚且徵輸不前若再兼編徭銀恐難出辦如兗州所屬濟寧泗水曹州曹單定陶鄆城東平等處東昌所屬濮州等拾捌州縣



地土寬平拋荒亦少且隣南北直隸曾經丈量賦役均平加以審官得人則丁地兼派之法可行如兗州所屬沂費嶧郯鄒滕金嘉等處濟南所屬新泰萊蕪鄒平長山新城濱州蒲臺海豐利津霑化等處及青萊登所屬州縣依山負海土瘠荒多照舊九等門丁可以經久則地畝兼編徭銀恐難一槩取必又布政司呈准分守東兗道議東昌等府高唐等州陽穀等縣所議有以丁糧相兼者有以糧折丁者有兼編資產者有不論家財者各因土俗不同所以事體稍異夫止於論丁則丁多力薄之人豈能任重止於論地

則貧戶率多饑地稅糧正課尚或不足以供若只以力量資財爲主則當積隱而難知衆報浮而不實且有奸猾者買免營嘱者誣報亦難盡以資財爲據惟當一論人丁貳論地糧叁論資財並此三者稱量停准然後以家財丁糧俱多者爲上稍多者爲中又次者爲下其上中下之内又分九則兼又考之已定之黄冊詢之里老之輿情其一門之内數丁盡是吏承或俱納級者不許泛濫停脱量爲優免又照撫院所定里甲一條鞭規則明開地方民情有願兼丁地者有止論丁不願兼地者聽從民便之云以地



畝折成人丁准與優免若不以地折丁止以人丁當差去處查照舊例不許妄行優免以此視之里甲均徭雖各一其用而聽從民便隨時制宜或查考舊例而量爲優免之意可類推矣備呈到院其青萊登三府未據申報即今各屬地畝多欠丈量賦役未平况又更替遇期除嚴行各州縣均丈地糧外其見年均徭暫且照舊以丁門審編候下次另議又一款改地徵以覓丁力本院案行該司查議丁地與丁門二者孰便未據詳報即今均徭期逼交替誠恐失時委官只據門丁審編未免小民失望合行該司再加查議

將戶禮工等部料銀或提出均徭之外各照州縣原
數改入地畝内徵解如料銀外柴炭木柴等項堪於
地畝内派徵一併查明詳奪如此丁地之法雖一時
未及議同而丁門之累亦可因之稍減矣及查隆慶
元年則例山東近來審編均徭以人丁地畝事力參
者相兼固爲良法然求其至當歸一之論竟亦無有
查節年各屬所申如聊城所稱則以丁地編差爲不
可行而欲參之以生意如東昌府所稱則以丁地編
差爲決可行若止據生意以爲人戶之差等則良賈
深藏必不至衒其所有而操奇贏以日夕於市者或



稱貸於人以爲之資未可知也況縣縣人戶數多豈
能物物而銖兩之人人而低昂之必將寄耳目於里
書及爲奸民開一騙局矣如德平壽光所稱則亦以
人丁地畝相兼爲便本院自受命以來訪問於耆老
大儕詢謀於鄉邦賢哲參審於小民詞狀則照地編
差而輔以丁門此斷斷不可易之論也何也今門分
三則戶列九等非不詳也其如上者非其所當陞下
者非其所當擦何門銀上者多中者寡下者極少非
不精也其如僅約門銀而不當差何所以然者由不
知何者宜上何者宜中何者宜下而徒傍風捉影揣

摩於上中下之間也既無真見徒事揣摩其心又恐不精勢必借耳目於里老則里老之妄報者至矣又必借耳目於書手則書手之妄報至矣若據地審編則見在冊籍昭然可查以此而定其則而再參之以人丁事力則人之貧富戶之高下可指諸掌上除兗州府沂郯滕嶧費魚臺州縣濟南府濱州壹州參縣登萊貳府所屬州縣糧地未均俱仍照丁門審編外其餘各府州縣務以地畝爲主人丁事力輔之如臨濟德參州其間或有生意市鎮去處則秤停事力之多寡以爲輕重要在審編之官稍肯用心則小民



自然蒙惠辟之地如針丁力如盤用此消息以針指盤而方位正矣備行撫屬遵照審編民頗稱便其間亦有稱不便者稱便者則謂丁雖隱漏而地有實徵可據糧能詭寄而彼此之出入推收難逃此法一行縱無上則而富者之丁糧多則徭銀自增貧者之丁糧少則徭銀自減役使均平而窮民獲以息肩良有此也且審編之際據冊昭然無事揣摩招議亦鮮豈惟有益於民實爲官便其稱不便者則謂地有肥瘠之不同肥者所收猶可以他辦然此富人之產也若貧民之所獨者不過富人之棄餘耳一歲收稅已不

能供而復加之以差役其能輸納乎勢必棄地而逃此一弊也且貧民不能自存無計鬻產率被豪民抑勒計畝則闊步丈量開收則減稅入冊浮糧賠貱之徵仍係貧民包納夫以浮糧責之使納已自不堪而復按籍科差其地何在毆而逃之將與正稅而俱逋矣此一弊也其最猾者則因差役繁重陰自鬻產以示消乏乃有挾萬金之貲而無立錐之地者吞舟漏網靠損良民此一弊也前次照丁富民恒多影射今惟照地故富民之差頓加百十倍而富者日漸貧累貧者益至逃亡又一弊也夫上戶加差則下戶宜獲寬



減令差既加於上戶而貧民累差猶故小民不霑恩惠大家得肆譏評前巡撫所悉情弊一一證如左券豈其立法之初固如是耶隆慶四年

巡撫都御史梁　案開均徭係生民休戚山東貳年壹次審編期容令煩若不中飭大體閭閻將不堪命

隆慶元年五月內該戶部　題爲敷陳

國計民瘼急先務以求善治事內一款寬農民以重根本竊惟古

帝王治天下之法莫備於成周而成周之法所以善者莫過於重農桑觀豳風七月之詩惓惓以農桑爲務

蓋云王業之根本在是也及考其法既制民之常產復定于耜舉趾之時田畯之官星言夙駕稅於桑田勸課之意既懃懃懇懇而省耕省斂惟恐民之失農務焉常耕籍田后親蠶桑立為三推九推終畝之制蓋自　天子以至於庶人無非有事於農桑者而遊惰閒民則加之罰焉故能致百室盈止婦子寧止而為有道之長也漢代繼之既以力田開科而又課致粟帛多者復其身勸農之使巡行阡陌時時遣焉驅末技遊食之民轉而緣南畝此文景之富所以至太倉粟紅腐不可食而內府錢貫朽不可較賜民田租之半歲以為常觀周漢已然之跡重農之效可想矣有唐之世未及周漢而其取民有制亦復可為萬世法者租庸調是也租者有田之征也庸者有身之征也調者有家之征也蓋各有攸屬孟子所謂用其一緩其二之說也即此行之自可萬世無弊我

太祖初定天下制賦役之法準之唐焉以租賦屬之田以庸調屬之身家故論門戶高下定丁力壯弱審而籍之謂之均傜稽籍定役無與於田累世因之民以為便臣筮仕為彰德府推官嘗觀河南人物殷富沃野盈疇其時賦役尚如舊也後以有巡撫河南者以江

南之法行之河南按地科差始將租庸調之征併之於地有家有身者皆不與焉於是農民買田然喪其務本之心地愈多者苦愈甚富者日貧者逃而田卒汙萊棄爲薪蕪如修武等縣極目不見其界及臣爲巡撫入其境見田野荒蕪黎民憔悴咨訪其故始知爲以地科差之害矣江南以地科差蓋田之收入既多又拾年始一應差故論地亦使若河之南北山之東西地多瘠薄沙鹻每畝收入不過數斗而寸草不生亦有之且又年年應差併之於地無怪農民之失所也即而放告有衛輝府淇縣民顧含原價空以地歸



原主一日而具狀者貳百人中亦有原主抵告者隨而審之云當時爲貧賣地今地歸於我將何辦差一人必欲歸一人苦不受時亦無可奈何乃嘆曰土地生物以養人財用於是乎出至使人惡之如是爲法之弊一至此哉乃諭而遣之即查復舊規田地令納本等稅糧及驛遞站糧絲綿絹布門戶人丁則應力差等役民乃喜若更生又樂種田而逃亡者亦漸復業焉未幾遷官而繼之者不察又復以地科差今其患未已不知凋敝作何狀此亦可以爲戒矣近北直隸乃又倣而行之許地徵銀農民喪氣無計得脱田

畝將來幾倍荒蕪必可立見聞之此法又將漫淫及
於山東夫山東地太半濱海鹹鹻沙薄其土不毛民
已苦包糧若再加之以差民不至盡逃地不至於盡
荒不已也先此獨以納糧負累民已逃亡見今沂費
郯滕之間荒田至貳萬餘頃人煙斷絕周迴百里
廟堂之上經畫招徠開墾者貳拾餘年竟無一人歸尺
地墾者倘科差之風不止則舉山東爲沂費郯滕在
數年之間爾可不畏哉臣農家也習知農民今爲司
農又當理農事嘗總肆民觀之士工商賴農以養則
皆農之蠹也土循曰修大人之事若工商既資農矣



而其該應之差又使農民代爲何其不情如是今夫
工曰可傭銀幾分終歲而應壹貳錢之差既爲王臣
有何不可況富商大賈列坐市肆取利無算而差役
反不及焉是豈可通乎今科差於地者不過曰計地
而差則地多之富家無所逃然此務本之人也與其
使富商大賈逐末者得便寧使務本者稍寬不猶愈
乎況地畝多則門戶高就門戶而派一重差亦可但
不可規規計地使窮民同病也且賦稅者軍
國之需必不可少者也差役者供衙使令猶可或緩者
也今有欠糧而無欠差者供上者也爲地所苦工商

者自為者也以身得閒故有逃農而無逃匠緩急輕
重之間可以思其舛矣夫周漢之所以國富民奢者
重本而抑末今縱末以戕本反其道而欲同其治其
可得乎臣等日夜籌計惟願
皇上念重農民特下明詔嚴禁以地科差必寬農力使
其得盡心於田畝又令閒民及工商之家必各種田
數畝至數拾畝雖無力者或佃種或分種期無一人
之遊惰焉將見人無餘力則地無遺利在一鼓舞之
間逃亡可復荒蕪可闢民生可遂 國用可足不至
如周漢之盛則臣不信也該戶部覆奉



欽依都依擬行欽此本年肆月拾叁日戶部咨為推廣
聖意體悉民隱以固邦本事該吏科左給事中光 條
陳內一款議定取民之制我
祖宗立法以來凡取於民者有定制有定限則經常簡
易世世守之行之既久其間雖不無偏滯不舉之處
然惟許隨時補救以振舉之使害出而利存要之經
常簡易者決不敢輕有所變革而為紛更也嘉靖叁
拾年以後未奉題准明例不知何故偶變而為一條
鞭法無復斗升之數倉口之別歲歲不同則雖官府
亦不能纖悉查筭小民何從知之且又黃蠟柴炭顏

料之屬舊規皆派於均徭逐末者亦應有分今入田賦中富商大賈脫然無與而農家之苦又增一倍矣竊謂窮民之田皆鬻賣所餘之瘠薄者耳比於富民糞治之田不能什一一槩收稅豈能取給乎古人取譬謂大絃急者小絃絕言小之不能隨大也故一切之法非所以施於九等之戶也今欲便民不費推移不用更張仍以 祖宗之舊法還 祖宗耳該本部覆看得左給事中光 條奏謂 祖宗舊法北方田賦起科原定徵收原有定限坐派原有定則近來偶變爲一條鞭法官民兩不甚便又稱黃蠟顏料舊



規皆派於均徭今富商大賈脫然無與致派農家又增一倍乞要遵復舊法無非日覩時弊計甦民瘼之意相應申明題 請恭候
命下咨行山東等處巡撫都御史及咨都察院轉行巡按御史嚴行司府州縣掌印官務要査審通來一條鞭法如果於民無便即便虛心酌議停止毋事拘牽其黃蠟顏料柴炭之屬舊規既係丁田均有所派今獨派之田賦當即改正已後兩直隸十三布政司府州縣官不許擅將成法變易如果有十分利弊所當興革者亦須申呈撫按奏請定奪違者在外則撫按

在內則該科及本部參究治罪該本部尚書劉　等具題奉　欽依備行布政司遵行去後今照隆慶四年例當審編五年六年均徭本院念切休戚不揣淺昧謬裁數款皆關係大體案行本司即將後開條款通行各道督行各府轉行委官查照遵行庶事體畫一官民兩便中間未盡事宜查照成規一體遵行應申請者申請定奪款開　一恤力田照得有田有租不易之論均徭止論身家若再論田租是正供之外復加重累大非　祖宗成法十數年來專主以地科差畝畝加徵不止一端計算原額已浮數倍農夫野老



種納不前遂相率逃竄今次審編各論身家不許以地科差其黃蠟紫炭牲口果品料價等項仍遵成法編還均徭各州縣多寡之數悉照原額不得那移易奸庶幾農家不至偏累荒田可耕而逃移漸可歸復通行委官遵照丁門審編毋科地畝以害農民事體俱已畫一但恐一法立則一弊生利害相循勢所必至今復成法農人雖獲少寛而豪奸巨室凡有利者率多挾術以自全靠損良民流亡轉徙先時之弊亦不可謂盡無也今定經制而不爲久遠常行之規世守其利而害已萌其中何以裕民恒查先年審編止

用丁門不用地者非不知地有實徵之可據也蓋丁門之内地糧皆産載焉因地産以定門則此原初設法之意相沿既久奸猾之飛詭無常門則之高下莫據轉展那移不可窮詰於是審編之際有告願認重差不願陞户者委官苦於揣摩案籍莫稽故欣然信之遂於則上加銀以應重差而不陞其户據所報審用有只下六則而無上三則者有上三則聊具數户却又無丁擠塞完事者甚至有名上爭州縣並無上上户則委官未經況思但謂以此地之民當此地之差何必細求不知户爲上則丁門銀兩必多丁門銀



兩既多重差自多上户重則下户輕此乃均平之術今上户擦而爲中縱認重差力量已減所減之數竟着何人且上户擦而爲中是上户與中户同力矣中户擦而爲下是中户與下户同力矣下下之户將何所擦與何同力理數甚明無可疑者擦之不已歲復一歲靠損良民人民焉得不逃州縣焉得不彫敝故欲復成法使民無靠損莫如先備九則或謂地方彫敝無有上户不知所謂上户者非必田連阡陌貲擬陶朱而後稱也事力稍富者即足以當之今地方雖有肥瘠之殊然在一州有一州之富户在一縣有一

縣之富戶在一門有一門之富戶計其事產甲於一方即可以上日之矣只在審官秉公任怨原在上上戶堪任重差者不許輕易改擦原無上上戶即查事產甲於一方者越次陞提審作上戶大較隨地所有之民隨民所有之力各備九則共認本地差役其役之輕重即於貧富相准未有不均者也九則既備又須查覈戶口盖戶口之登耗差役之重輕因焉委官鮮識此義又多避怨往往寬縱以致豪富丁多力重之家賄結里書將成丁隱匿不行報名上冊豈是率土皆臣之義相沿歲久靠損見丁漸不可支委官既任綜覈之責豈可仍踵舊弊須將一應聽審人戶務要設法稽覈或隅別研審除未成丁者只註名在冊不當差外但係成丁人口俱要報名當差其死亡逃移人戶所遺差役累及見在人戶包賠困苦已極亦須查審確實即與除豁以復業新收者補之如有仍前隱匿虛報等情或體訪得出或被告訐各從重究具告之人有頭役者免其頭役即坐新丁以上貳事備審　撫院開款中飭各屬俱已遵行無異顧其中亦有未盡事宜者以一二陳者今夫門列九等自上上戶編銀叁兩伍錢以五錢之至下上戶止編銀伍

錢高下可謂懸矣然高者率以併力而獲輕省下者率以獨力而苦難支謂其役之能均未也丁准於門自上上戶編銀玖錢以一殺之至下下戶止編銀壹錢輕重亦既分矣然重者巧術以自全故多優免而無差輕者無計以自脫故多實役而加差謂其役之能均亦未也夫挾萬金之貲連阡陌之產此其所積視無立錐之地者奚啻千百倍而彼貧民之丁類皆報籍計丁出役每戶多者恒至叁伍兩所稱上戶者計其門銀不過叁兩伍錢丁銀不過玖錢縱倍加之大約費銀亦不過叁伍拾兩止矣若使丁差俱免則所費仍不至是以此較彼孰重孰輕孰勞孰逸不待銖稱數計而可知也矧巨家者流自知重差之難逃故屢世朋作一戶計其實則別籍異財久矣名爲不敢花分以行詭實則併力扛門以求寬是以上則之編千不獲一而望門差役不得不推入於下戶下戶承重差而貧民困矣故嘗較而論之審編無論乎地畝謂其貧富之易覈也及其後也執實以御虛遂使貧與富而俱敝審編一主於門丁謂其事力之無竄也然使綜覈弗至徒據影而失形則利在大家害在貧民與計地行差者其弊亦相等耳恐非久遠常行



偕附二三

之規也竊效一得之愚欲以門丁分庸調而別其差
以事産折入丁而覈其力務使富者不得以倖脱貧
者不至於偏累庶幾即今可行後來可守而經制之
規始定何謂以門丁分庸調蓋調出於家今之門即
有家之謂也均傜之中如料價木柴之類野味活鹿
之類胖襖軍器之類軍餉鄉飲之類皆謂之調則皆
於家而征之庸出於身今之丁即有身之謂也均傜
之中如京班柴薪之類 王府廚校之類各道兵快
之類府縣門皂之類皆謂之庸則皆於身而征之我
朝役法既云準之於唐則所稱庸調義固各有攸當特



後之行法者每混而用之是以奉公之義不明民亦
未生其其爲今之計合無以今所定上上戶至下上
戶門銀多寡之數盡編爲調銀専一使辦料價木柴
等項照則分款照門徵銀不作力差其所定九等丁
銀多寡之數内將上上戶至下上戶盡編力差使各
以身應役下中戶銀力折半力差止作貼戶頭役免
僉下下戶盡編銀差以供代役工食併各項差銀之
數如門銀多而調少則截門銀之餘者以補丁夫之
缺丁銀多而庸少則截丁銀之餘者以補調銀之缺
貳項俱多則通融遞減俱少則照額遞加如此則夫

家鄉征備而有庸有調之義明民未有不樂輸者也何謂以事產折人丁盖事產備而門戶立門者事產之積也先年上戶止編門銀多無丁差差有不敷則於九等門丁通加以足其數然上戶之所加者一而下戶之所加者二故下戶獨苦偏累今以門爲調門銀通無所加而於丁差常敷其實則差役之供從何處給爲今之計合無行令委官將僉戶事產多寡之數嚴爲稽查除地畝事納租稅不以折丁外其資本房屋、假御畜産等項皆藉而覈之如資本係何貨物或何生理多寡總若干共折丁若干甎房瓦廈草屋



棚廠總若干共折丁若干牛騾車輛總若干共折丁若干牲口多寡總若干共折丁若干於内取其見在人口另揭一項名爲實丁均僉冊内即填註實丁共若干而各列其名取其準折之數再揭一項名爲折丁均僉冊内即填註折丁共若干内某項折丁若干而悉紀其目其丁各照門則爲差等即以今定攷錢至壹錢爲定額而委官又須秉公持衡不爲浮議所惑不爲耳目所撓不爲奸胥弊吏所舞折一丁必求其有可折之實如此則正丁雖隱匿而所折之丁恒浮於正額上戶雖優占而以折丁之數補之凡其優

免未盡者皆可以科差以此推廣成法既定必當未發之鴻畝採諸民情亦可以彰宜民之至治貧富盡於是而始均差役實於是而始平一省經制似無有出於此者其要惟在審官善綜覈焉耳至於寄庄原非本籍例不開丁然而皆王民也豈可獨辭王役查得先年議令寄庄照畝徵銀封貼徭差此亦寬處寄庄之法不知者則謂以地科差大非也隆慶五年巡撫都御史梁　款開寄庄人戶不論士庶及軍衛宗儀校厰等項止照實徵糧地每畝徵銀叁分不得槩編力差致有妨害審出寄庄差銀若干附入均徭



冊後以便查考其流來趂食不係得過墾種荒田不係置買者仍要比隣周睦官吏安插毋得一槩編擾致今失所其所以體恤寄庄者極寬且厚矣但一槩照糧每畝編銀叁分中間不無有輕重之異即如白地貳畝徵糧壹畝使以叁分編之似失太重若濮州白地柒畝徵糧壹畝壽張白地陸畝徵糧壹畝范縣白地伍畝捌分徵糧壹畝亦止編銀叁分計白地壹畝不過納差銀叁伍釐而已又為太輕否隆慶元年則例東昌府議據清平聊城等縣申寄庄多係富民影射差役故轉而買置地土於他處占膏腴而連阡

陌間其所應差徭則曰每頃總糧銀貳兩而事完矣夫東郡差繁役重民地壹頃常費銀至拾餘兩少者亦不下陸柒兩一家老稚經歲苦辦而猶不支計其地之所入恒不償其所出至欲捐其地以與人寧不得償而人卒無有受之者于是賣兒鬻子女以充官府之需而猶不繼也于是人棄而逃地荒而無即累其族人累其里長而亦不暇恤彼寄庄者自幸其得脫矣豈復念其所以累者我嘗貽之哉亦有狂豪右以自固者寄庄之名在豪右寄庄之實在奸民也亦有本處民詭稱寄庄者其名雖寄庄其實則編氓



也亦有軍買民地不當民差民買軍地不當軍差亦借以避差而樂售其地於軍者亦有不能隱諱地土而於審編之時賄通吏書洒派地糧而避重就輕者總之則弊也久矣今審編均徭之際正與民更新之始合無行令州縣官將槩州縣地土查有係真寄庄者免其丁不免其地通行編入均徭冊内與本處民一例當差有該優免者查照原行則例優免餘外地土仍與小民一例編差至於軍買民地者須當民差民賣軍地須當軍差則彼此各得其平人自不得而議矣該府所議有益審編已經批行照議加增量審編

外但各府州縣寄庄之弊在在皆然不獨東昌爲爾
也若不一體查出審編未免富豪奸巧之徒得志而
小民受靠損之累多矣分督各道通行各該審編官
務查本州縣寄庄人戶地土若干但有一頃之地在
本州本縣則必編一頃之銀與本州本縣每頃姑照
東昌府所議納銀肆兩之上再加貳兩共銀陸兩其
優免人丁只許本處人戶不許過州越縣以長奸弊
軍買民地應當民差無容別議其民買軍地應當軍
差一節未免含糊徒滋兩閃之弊夫軍地即屯地豈
容買賣凡可買賣者皆民地也相應承當民差其



王府宗室與孔顏孟三氏子孫但係寄庄地土多是投
靠影射仰查照先年事規并自買民田一體照畝徵
銀審編續該布政司呈查得四十二年均徭則例内
開沂州兵備道議滋曲鄒泗寧濟六州縣切附
王府孔顏孟氏及各衛所官舍軍餘人等置買民間地
產止援每畝白地銀貳分之例以致奸民投獻互相
影射及隣近州縣各買寄庄原籍既以無產而得輕
差寄處又以無籍而得免差苟一槩以貳分徵派適
中奸民規避之計合無照地畝之大小厚薄分作三
等滋曲等州縣上等每畝徵銀陸分中等每畝肆分

下等弍貳分費泗等州縣上等徵銀肆分中等叁分下等貳分通行六府遵依外今蒙　本院定擬寄庄地畝每頃徵銀陸兩查與原議大畧相同合無俯照先年舊議通將六府所屬州縣但係陸百步以上徵糧壹畝者爲上等每畝徵銀陸分叁百步以上者爲中等每畝徵銀肆分貳百肆拾步以上并荒鹻沙薄者每畝止徵銀貳分又據滋陽縣申滋曲等州縣地有柒百或陸百步不等徵糧一畝分作三等徵白地銀兩上等每畝徵銀陸分中等肆分下等弍貳分今查本縣該編銀差　魯府齋郎肆名　朝房門子弍貳名長



史司門子弍貳名　新蔡安丘滋陽三王民校共肆名共該銀捌拾弍貳兩　宗室儀賓寄庄地每畝量編銀叁釐肆毫弍貳絲備將姓名造冊申長史司徑自追徵分發又查本府知府清軍管泉同知管糧管馬通判推官并鄉宦任都御史各轎夫捌名通共叁拾陸名將軍校并各州縣僑居之民每畝量編銀壹分壹毫陸絲每轎夫壹名每月給銀捌錢内揀地多者編爲正戶其餘筭足銀數各給由帖代者自行打討夫以宗儀寄庄之銀編供　王府供應之用以軍校寄庄之銀編供本府轎夫之役庶在彼不得拖奸欺壓有

司在民寬一分則受寬一分之賜矣各到院照得地畝只宜以寬窄荒熟爲上中下審編豈應以　王府儀賓軍校爲高下低昂合照布政司所議上等陸分中等肆分下等貳分仍照該縣議申係　王府者編王府民校門厨齋郎等役係軍校者編府州縣官夫役等役通給由帖令其自行打討不許貽累大戶餘剩者編銀貯庫其濟曲鄒泗寧等州縣照滋陽縣議申通行分督各道轉行審編官一體審編其餘各處如無　王府可編力差者止編銀差通許令出給由帖付人戶自行討取不得編爲經收大戶以致貽累爲



令之討查得寄庄人戶用詭投輕則回而徵糧白地多寡不一令分別等第徵銀亦各帶輕重委爲得中但編給由帖付各役自行取討豈惟貽累戶人抑恐住居窵遠取討亦自不便今議凡寄庄名色能一切盡行革去附籍立戶自爲正法但干礙甚多人情不便無已則俱編作銀差除　王府宗儀就編王府差役令自徵收外其餘附於各里各排銀差之末責令拾排催收大戶交納以充各項差銀之用其糧地仍須分別等第如濮州壽張范縣徵糧皆壹千貳百步以上宜編銀柒分滋曲等處徵糧皆柒百步以上宜編

銀伍分若肆百捌拾步以上者當編銀叁分貳百肆
拾步以上者止編銀壹分伍釐庶於寬恤之中便得
調劑之宜在寄庄自不敢以偏累而告擾矣又查隆
慶元年則例一款濟衡渡照得山東差繁賦重財詘
民貧户口日見消耗糧差苦于包賠其在濟寧臨清
一帶爲尤甚查得上年均徭則例内開濟寧等處水
路通衢商賈輻輳别處軍民在此置買店房營財分
奪民利亦當斟量街市要僻計其店房多寡照依則
例編銀如樓店瓦房每壹間作壹間草房貳間作壹
間以門面房叁間後房叁間爲準要者編銀壹兩僻



者編銀叁錢門面房叁間後房肆間要者編銀壹兩
伍錢僻者編銀肆錢伍分門面房叁間後房玖間要
者編銀貳兩僻者編銀陸錢若間數多者照例遞加
不及者以次遞减其餘州縣不在此例若遇寄庄里
分輪當里長亦照前數出銀買馬雇夫使用不令應
役臨清州上次查過寄庄商賈軍民匠役見在城市
店房門面後房等項共叁萬肆千貳百伍拾壹間要
者樓房每間肆錢瓦房每間叁錢瓦捲棚每間貳錢
月臺每間壹錢瓦厦每間捌分灰泥厦每間伍分次
要者樓房每間叁錢瓦房壹間壹錢伍分瓦捲棚每

間壹錢月臺每間捌分瓦厦每間伍分灰泥厦每間肆分稍要者樓房每間貳錢瓦房每間壹錢瓦捲棚每間捌分瓦厦每間肆分月臺每間伍分草房泥厦每間叁分次僻者樓房每間壹錢瓦房瓦捲棚每間伍分瓦厦每間叁分月臺每間肆分草房泥灰厦捲棚每間貳分極僻者樓房每間捌分瓦房捲棚每間肆分月臺每間叁分瓦厦每間貳分灰泥厦草房每間壹分伍釐共編銀貳千捌百陸拾兩柒錢叁分以爲州民銀差之助看得間架之稅原爲商人僑居營財分奪民利又無別項徭差故計其店房衝僻之等



多寡之宜照例編銀以補均徭之缺且以蘇衝疲之民非濫征也今查臨濟等處商人大半多已入籍宜與徭民同編其事力房屋畜產之類既議准折人丁以應差役則店房之征似宜蠲免合行委官查各處商人除未入籍者照舊編徵外如果於上年已入籍及今願自入籍俱與徭民同編凡店房即扣數折作丁差不許再稅間架如此則商人無重併之困而土著之民獲乎遷之利亦柔遠能邇之一術也

山東經會録卷之九終

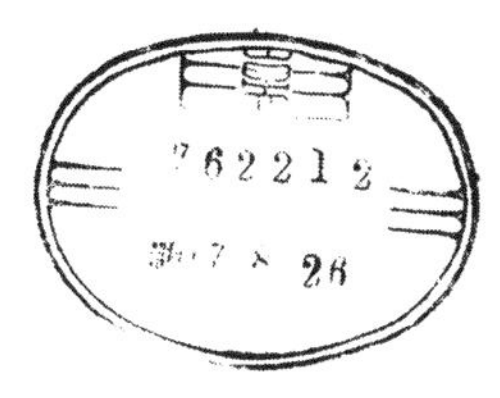

# 山東經會録卷之十

## 里甲横圖

| 里甲横圖 | 濟南府所屬 上衝 歷城縣 | 上衝 德州 |
|---|---|---|
| 青白夫 | 走遞青夫壹百陸拾名內壹百名每名月給銀捌錢陸拾名每名月給陸錢 白夫貳百名每名月給銀壹兩 | 走遞青白夫原係徭編里甲免派 |
| 燈夫 | 燈夫玖拾貳名每名月給工食肆錢伍分共銀肆百玖拾陸兩捌錢 | 燈夫叁拾貳名每名月給工食肆錢共銀壹百伍拾叁兩陸錢 |
| 解送公文人夫 | 解人齎送公文夫拾名每名月給工食捌錢共銀玖拾陸兩 | 解人齎送公文夫拾名每名月給工食捌錢共銀玖拾陸兩 |
| 看監夫 | 上宿看監夫拾名每名月給工食陸錢共銀柒拾貳兩 | 上宿看監夫拾名每名月給工食陸錢共銀柒拾貳兩 |
| 馬騾驢 | 走遞長生馬玖拾捌匹係通縣里甲朋買輪流喂養馬夫玖拾捌名每名月給草料[illegible]兩伍錢共銀壹千柒百陸拾肆兩 | 走遞馬叁拾伍匹每匹貳拾肆兩共銀捌百肆拾兩騾貳拾頭每頭貳拾貳兩共銀肆百肆拾兩 |
| 鋪陳供應銀 | 供應銀壹千貳百兩照依丁地出辦 | 供應銀捌百捌拾兩 |

次衛泰安州

走遞青夫伍拾名每名月給工食柒錢共銀肆百貳拾兩白夫柒拾伍名每名月給工食壹兩伍分共銀玖百肆拾伍兩

燈夫叁拾名每名月給工食肆錢共銀壹百肆拾肆兩

解送公文夫拾名每名月給工食捌錢共銀玖拾陸兩

上宿看監夫拾名每名月給工食陸錢共銀柒拾貳兩

走遞馬叁拾匹每匹貳拾貳兩共銀陸百陸拾兩騾貳拾頭每頭貳拾兩共銀肆百兩

鋪陳上貳副中肆副下捌副共銀陸拾兩捌錢

供應銀陸百伍拾兩

次衛平原縣

走遞青夫伍拾名每名月給工食柒錢共銀肆百貳拾兩白夫柒拾伍名每名月給工食壹兩伍分共銀玖百肆拾伍兩

燈夫貳拾壹名每名月給工食肆錢共銀壹百兩捌錢

解送公文夫拾名每名月給工食捌錢共銀玖拾陸兩

上宿看監夫拾名每名月給工食陸錢共銀柒拾貳兩

走遞馬叁拾匹每匹貳拾貳兩共銀陸百陸拾兩騾貳拾頭每頭貳拾兩共銀肆百兩

供應銀陸百伍拾兩



次衛禹城縣

走遞青夫伍拾名每名月給工食柒錢共銀肆百貳拾兩白夫柒拾伍名每名月給工食壹兩伍分共銀玖百肆拾伍兩

燈夫貳拾壹名每名月給工食肆錢共銀壹百兩捌錢

解送公文夫拾名每名月給工食捌錢共銀玖拾陸兩

上宿看監夫拾名每名月給工食陸錢共銀柒拾貳兩

走遞馬叁拾匹每匹貳拾貳兩共銀陸百陸拾兩騾貳拾頭每頭貳拾兩共銀肆百兩

供應銀陸百伍拾兩

次衛齊河縣

走遞青夫伍拾名每名月給工食柒錢共銀肆百貳拾兩白夫捌拾名每名月給工食壹兩伍分共銀壹千捌兩

燈夫貳拾壹名每名月給工食肆錢共銀壹百兩捌錢

解送公文夫拾名每名月給工食捌錢共銀玖拾陸兩

上宿看監夫拾名每名月給工食陸錢共銀柒拾貳兩

走遞馬叁拾匹每匹貳拾貳兩共銀陸百陸拾兩騾貳拾頭每頭貳拾兩共銀肆百兩

供應銀陸百伍拾兩

次衝長清縣

走遞青夫伍拾名，每名月給工食准編捌錢，共銀肆百捌拾兩。皂捌拾名，每名月給工食准編壹兩貳錢，共銀壹千壹百伍拾貳兩。

燈夫貳拾叁名，每名月給工食肆錢，共銀壹百壹拾兩肆錢。

解人齋送公文夫拾名，每名月給工食捌錢，共銀玖拾陸兩。

上宿看監夫拾名，每名月給工食陸錢，共銀柒拾貳兩。

走遞馬叁拾匹，每匹貳拾貳兩，共銀陸百陸拾兩。騾貳拾頭，每頭貳拾兩，共銀肆百兩。

供應銀陸百伍拾兩。

次衝肥城縣

走遞青夫伍拾名，每名月給工食柒錢，共銀肆百貳拾兩。白夫柒拾伍名，每名月給工食壹兩伍分，共銀玖百肆拾伍兩。

燈夫貳拾壹名，每名月給工食肆錢，共銀壹百兩捌錢。

解人齋送公文夫拾名，每名月給工食捌錢，共銀玖拾陸兩。

上宿看監夫拾名，每名月給工食陸錢，共銀柒拾貳兩。

走遞馬叁拾匹，每匹貳拾貳兩，共銀陸百陸拾兩。騾貳拾頭，每頭貳拾兩，共銀肆百兩。

供應銀陸百伍拾兩。



下衝武定州

走遞青夫叁拾陸名，每名月給工食柒錢，共銀叁百貳兩肆錢。白夫伍拾名，每名月給工食壹兩伍分，共銀陸百叁拾兩。

燈夫貳拾陸名，每名月給工食叁錢，共銀玖拾叁兩陸錢。

解人齋送公文夫拾名，每名月給工食捌錢，共銀玖拾陸兩。

上宿看監夫拾名，每名月給工食陸錢，共銀柒拾貳兩。

走遞馬貳拾匹，每匹貳拾貳兩，共銀肆百肆拾兩。騾拾叁頭，每頭貳拾兩，共銀貳百陸拾兩。

鋪陳上貳副，中叁副，下陸副，共銀伍拾叁兩壹錢，貳年壹置，每年實編銀貳拾陸兩伍錢伍分。供應銀肆百伍拾兩。

下衝章丘縣

走遞青夫肆拾名，每名月給工食柒錢，共銀叁百叁拾陸兩。白夫陸拾名，每名月給工食壹兩伍分，共銀柒百伍拾陸兩。

燈夫拾叁名，每名月給工食叁錢，共銀肆拾陸兩捌錢。

解人齋送公文夫拾名，每名月給工食捌錢，共銀玖拾陸兩。

上宿看監夫拾名，每名月給工食陸錢，共銀柒拾貳兩。

走遞馬貳拾匹，每匹貳拾貳兩，共銀肆百肆拾兩。騾拾叁頭，每頭貳拾兩，共銀貳百陸拾兩。

鋪陳上貳副，中叁副，下陸副，共銀伍拾叁兩壹錢，貳年壹置，每年實編銀貳拾陸兩伍錢伍分。供應銀肆百伍拾兩。

## 衝濟陽縣　下

走遞青夫叁拾陸名每名月給工食柒錢共銀叁百貳兩肆錢

白夫伍拾名每名月給工食壹兩伍分共銀陸百叁拾兩

燈夫拾叁名每名月給工食叁錢共銀肆拾陸兩捌錢

解送公文夫拾名每名月給工食捌錢共銀玖拾陸兩

上宿看監夫拾名每名月給工食陸錢共銀柒拾貳兩

走遞馬貳拾匹每匹貳拾貳兩共銀肆百肆拾兩

騾拾叁頭每頭貳拾兩共銀貳百陸拾兩

鋪陳上貳副中叁副下陸副共銀伍拾叁兩壹錢貳年壹置每年實編銀貳拾陸兩伍錢伍分

供應銀肆百伍拾兩

## 衝鄒平縣　下

走遞青夫肆拾名每名月給工食柒錢共銀叁百叁拾陸兩

白夫陸拾名每名月給工食壹兩伍分共銀柒百伍拾陸兩

燈夫拾叁名每名月給工食叁錢共銀肆拾陸兩捌錢

解送公文夫拾名每名月給工食捌錢共銀玖拾陸兩

上宿看監夫拾名每名月給工食陸錢共銀柒拾貳兩

走遞馬貳拾匹每匹貳拾貳兩共銀肆百肆拾兩

騾拾叁頭每頭貳拾兩共銀貳百陸拾兩

鋪陳上貳副中叁副下陸副共銀伍拾叁兩壹錢貳年壹置每年實編銀貳拾陸兩伍錢伍分

供應銀肆百伍拾兩

經會錄　里甲四　七百七二

## 衝長山縣　下

走遞青夫叁拾陸名每名月給工食柒錢共銀叁百貳兩肆錢

白夫伍拾名每名月給工食壹兩伍分共銀陸百叁拾兩

燈夫拾叁名每名月給工食叁錢共銀肆拾陸兩捌錢

解送公文夫拾名每名月給工食捌錢共銀玖拾陸兩

上宿看監夫拾名每名月給工食陸錢共銀柒拾貳兩

走遞馬貳拾匹每匹貳拾貳兩共銀肆百肆拾兩

騾拾叁頭每頭貳拾兩共銀貳百陸拾兩

鋪陳上貳副中叁副下陸副共銀伍拾叁兩壹錢貳年壹置每年實編銀貳拾陸兩伍錢伍分

供應銀肆百伍拾兩

## 衝臨邑縣　下

走遞青夫貳拾伍名每名月給工食柒錢共銀貳百壹拾兩

白夫叁拾名每名月給工食壹兩伍分共銀叁百柒拾捌兩

燈夫拾叁名每名月給工食叁錢共銀肆拾陸兩捌錢

解送公文夫拾名每名月給工食捌錢共銀玖拾陸兩

上宿看監夫拾名每名月給工食陸錢共銀柒拾貳兩

走遞馬拾伍匹每匹貳拾貳兩共銀叁百叁拾兩

騾捌頭每頭貳拾兩共銀壹百陸拾兩

鋪陳上貳副中叁副下陸副共銀伍拾叁兩壹錢貳年壹置每年實編銀貳拾陸兩伍錢伍分

供應銀叁百兩

## 上等衝　濱州

走遞青夫拾陸名每名月給工食陸錢共銀壹百壹拾伍兩貳錢
白夫拾捌名每名月給工食壹兩共銀貳百壹拾陸兩

燈夫拾叁名每名月給工食叁錢共銀肆拾陸兩捌錢

解人齋送公文夫拾名每名月給工食捌錢共銀玖拾貳兩

上宿看監夫拾名每名月給工食陸錢共銀柒拾貳兩

走遞馬捌匹每匹貳拾貳兩共銀壹百柒拾陸兩
騾肆頭每頭貳拾兩共銀捌拾兩

鋪陳上壹副中肆副共銀叁拾兩肆錢貳年壹置每年實編銀拾伍兩貳錢
供應銀貳百兩

## 上等衝　新城縣

走遞青夫拾陸名每名月給工食陸錢共銀壹百壹拾伍兩貳錢
白夫拾捌名每名月給工食壹兩共銀貳百壹拾陸兩

燈夫拾叁名每名月給工食叁錢共銀肆拾陸兩捌錢

解人齋送公文夫拾名每名月給工食捌錢共銀玖拾陸兩

上宿看監夫拾名每名月給工食陸錢共銀柒拾貳兩

走遞馬捌匹每匹貳拾貳兩共銀壹百柒拾陸兩
騾肆頭每頭貳拾兩共銀捌拾兩

鋪陳上壹副中貳副下肆副共銀叁拾兩肆錢貳年壹置每年實編銀拾伍兩貳錢
供應銀貳百兩





## 上等衝　淄川縣

走遞青夫拾陸名每名月給工食陸錢共銀壹百壹拾伍兩貳錢
皂拾捌名每名月給工食壹兩共銀貳百壹拾陸兩

燈夫拾叁名每名月給工食叁錢共銀肆拾陸兩捌錢

解人齋送公文夫拾名每名月給工食捌錢共銀玖拾陸兩

上宿看監夫拾名每名月給工食陸錢共銀柒拾貳兩

走遞馬捌匹每匹貳拾貳兩共銀壹百柒拾陸兩
騾肆頭每頭貳拾兩共銀捌拾兩

鋪陳上壹副中貳副下肆副共銀叁拾兩肆錢貳年壹置每年實編銀拾伍兩貳錢
供應銀貳百兩

## 上等衝　齊東縣

走遞青夫拾陸名每名月給工食陸錢共銀壹百壹拾伍兩貳錢
皂拾捌名每名月給工食壹兩共銀貳百壹拾陸兩

燈夫拾叁名每名月給工食叁錢共銀肆拾陸兩捌錢

解人齋送公文夫拾名每名月給工食捌錢共銀玖拾陸兩

上宿看監夫拾名每名月給工食陸錢共銀柒拾貳兩

走遞馬捌匹每匹貳拾貳兩共銀壹百柒拾陸兩
騾肆頭每頭貳拾兩共銀捌拾兩

鋪陳上壹副中貳副下肆副共銀叁拾兩肆錢貳年壹置每年實編銀拾伍兩貳錢
供應銀貳百兩

## 上等衝　青城縣

走遞青夫拾陸名，每名月給工食陸錢，共銀壹百壹拾伍兩貳錢。皁拾捌名，每名月給工食壹兩，共銀貳百壹拾陸兩。

燈夫拾叁名，每名月給工食叁錢，共銀肆拾陸兩捌錢。

解人齎送公文夫拾名，每名月給工食捌錢，共銀玖拾陸兩。

上宿看監夫拾名，每名月給工食陸錢，共銀柒拾貳兩。

走遞馬捌匹，每匹貳拾貳兩，共銀壹百柒拾陸兩。騾肆頭，每頭貳拾兩，共銀捌拾兩。

鋪陳上壹副、中貳副、下肆副，共銀叁拾兩肆錢，貳年壹置，每年實編銀拾伍兩貳錢。供應銀貳百兩。

## 上等衝　德平縣

走遞青夫拾陸名，每名月給工食陸錢，共銀壹百壹拾伍兩貳錢。皁拾捌名，每名月給工食壹兩，共銀貳百壹拾陸兩。

燈夫拾叁名，每名月給工食叁錢，共銀肆拾陸兩捌錢。

解人齎送公文夫拾名，每名月給工食捌錢，共銀玖拾陸兩。

上宿看監夫拾名，每名月給工食陸錢，共銀柒拾貳兩。

走遞馬捌匹，每匹貳拾貳兩，共銀壹百柒拾陸兩。騾肆頭，每頭貳拾兩，共銀捌拾兩。

鋪陳上壹副、中貳副、下肆副，共銀叁拾兩肆錢，貳年壹置，每年實編銀拾伍兩貳錢。供應銀貳百兩。



## 上等衝　陽信縣

走遞青夫拾陸名，每名月給工食陸錢，共銀壹百壹拾伍兩貳錢。皁拾捌名，每名月給工食壹兩，共銀貳百壹拾陸兩。

燈夫拾叁名，每名月給工食叁錢，共銀肆拾陸兩捌錢。

解人齎送公文夫拾名，每名月給工食捌錢，共銀玖拾陸兩。

上宿看監夫拾名，每名月給工食陸錢，共銀柒拾貳兩。

走遞馬捌匹，每匹貳拾貳兩，共銀壹百柒拾陸兩。騾肆頭，每頭貳拾兩，共銀捌拾兩。

鋪陳上壹副、中貳副、下肆副，共銀叁拾兩肆錢，貳年壹置，每年實編銀拾伍兩貳錢。供應銀貳百兩。

## 上等衝　樂陵縣

走遞青夫拾陸名，每名月給工食陸錢，共銀壹百壹拾伍兩貳錢。皁拾捌名，每名月給工食壹兩，共銀貳百壹拾陸兩。

燈夫拾叁名，每名月給工食叁錢，共銀肆拾陸兩捌錢。

解人齎送公文夫拾名，每名月給工食捌錢，共銀玖拾陸兩。

上宿看監夫拾名，每名月給工食陸錢，共銀柒拾貳兩。

走遞馬捌匹，每匹貳拾貳兩，共銀壹百柒拾陸兩。騾肆頭，每頭貳拾兩，共銀捌拾兩。

鋪陳上壹副、中貳副、下肆副，共銀叁拾兩肆錢，貳年壹置，每年實編銀拾伍兩貳錢。供應銀貳百兩。

上等不衝 商河縣

走遞青夫拾陸名每名月給工食陸錢共銀壹百壹拾伍兩貳錢
皁夫拾捌名每名月給工食壹兩共銀貳百壹拾陸兩

燈夫拾叁名每名月給工食叁錢共銀肆拾陸兩捌錢

解人齎送公文夫拾名每名月給工食捌錢共銀玖拾陸兩

上宿看監夫拾名每名月給工食陸錢共銀柒拾貳兩

走遞馬捌匹每匹貳拾貳兩共銀壹百柒拾陸兩
騾肆頭每頭貳拾兩共銀捌拾兩

鋪陳上壹副中貳副下肆副共銀叁拾兩肆錢貳年壹置每年實編銀拾伍兩貳錢
供應銀貳百兩

上等不衝 利津縣

走遞青夫拾陸名每名月給工食陸錢共銀壹百壹拾伍兩貳錢
皁夫拾捌名每名月給工食壹兩共銀貳百壹拾陸兩

燈夫拾叁名每名月給工食叁錢共銀肆拾陸兩捌錢

解人齎送公文夫拾名每名月給工食捌錢共銀玖拾陸兩

上宿看監夫拾名每名月給工食陸錢共銀柒拾貳兩

走遞馬捌匹每匹貳拾貳兩共銀壹百柒拾陸兩
騾肆頭每頭貳拾兩共銀捌拾兩

鋪陳上壹副中貳副下肆副共銀叁拾兩肆錢貳年壹置每年實編銀拾伍兩貳錢
供應銀貳百兩



上等不衝 蒲臺縣

走遞青夫拾陸名每名月給工食陸錢共銀壹百壹拾伍兩貳錢
皁夫拾捌名每名月給工食壹兩共銀貳百壹拾陸兩

燈夫拾叁名每名月給工食叁錢共銀肆拾陸兩捌錢

解人齎送公文夫拾名每名月給工食捌錢共銀玖拾陸兩

上宿看監夫拾名每名月給工食陸錢共銀柒拾貳兩

走遞馬捌匹每匹貳拾貳兩共銀壹百柒拾陸兩
騾肆頭每頭貳拾兩共銀捌拾兩

鋪陳上壹副中貳副下肆副共銀叁拾兩肆錢貳年壹置每年實編銀拾伍兩貳錢
供應銀貳百兩

上等不衝 海豐縣

走遞青夫拾陸名每名月給工食陸錢共銀壹百壹拾伍兩貳錢
皁夫拾捌名每名月給工食壹兩共銀貳百壹拾陸兩

燈夫拾叁名每名月給工食叁錢共銀肆拾陸兩捌錢

解人齎送公文夫拾名每名月給工食捌錢共銀玖拾陸兩

上宿看監夫拾名每名月給工食陸錢共銀柒拾貳兩

走遞馬捌匹每匹貳拾貳兩共銀壹百柒拾陸兩
騾肆頭每頭貳拾兩共銀捌拾兩

鋪陳上壹副中貳副下肆副共銀叁拾兩肆錢貳年壹置每年實編銀拾伍兩貳錢
供應銀貳百兩

## 上等不衝　霑化縣

走遞青夫拾陸名每名月給工食陸錢共銀壹百壹拾伍兩貳錢

皁夫拾捌名每名月給工食壹兩共銀貳百壹拾陸兩

燈夫拾叁名每名月給工食叁錢共銀肆拾陸兩捌錢

解人齋送公文夫拾名每名月給工食捌錢共銀玖拾陸兩

上宿看監夫拾名每名月給工食陸錢共銀柒拾貳兩

走遞馬捌匹每匹貳拾貳兩共銀壹百柒拾陸兩　騾肆頭每頭貳拾兩共銀捌拾兩

鋪陳上壹副中貳副下肆副共銀叁拾兩肆錢貳年壹置每年實編銀拾伍兩貳錢

供應銀貳百兩

## 次等不衝　陵縣

走遞青夫貳拾名每名月給工食陸錢共銀壹百肆拾肆兩

白夫貳拾伍名每名月給工食壹兩共銀叁百兩

燈夫拾叁名每名月給工食叁錢共銀肆拾陸兩捌錢

解人齋送公文夫拾名每名月給工食捌錢共銀玖拾陸兩

上宿看監夫拾名每名月給工食陸錢共銀柒拾貳兩

走遞馬拾貳匹每匹貳拾貳兩共銀貳百陸拾肆兩　騾捌頭每頭貳拾兩共銀壹百陸拾兩

鋪陳上壹副中貳副下肆副共銀叁拾兩肆錢貳年壹置每年實編銀拾伍兩貳錢

供應銀貳百伍拾兩

## 次等不衝　新泰縣

走遞青夫貳拾名每名月給工食陸錢共銀壹百肆拾肆兩

白夫貳拾伍名每名月給工食壹兩共銀叁百兩

燈夫拾叁名每名月給工食叁錢共銀肆拾陸兩捌錢

解人齋送公文夫拾名每名月給工食捌錢共銀玖拾陸兩

上宿看監夫拾名每名月給工食陸錢共銀柒拾貳兩

走遞馬拾貳匹每匹貳拾貳兩共銀貳百陸拾肆兩　騾陸頭每頭貳拾兩共銀壹百貳拾兩

鋪陳上壹副中貳副下肆副共銀叁拾兩肆錢貳年壹置每年實編銀拾伍兩貳錢

供應銀貳百兩

## 次等不衝　萊蕪縣

走遞青夫貳拾陸名每名月給工食銀陸錢共銀壹百捌拾柒兩貳錢

皁夫叁拾名每名月給工食壹兩共銀叁百陸拾兩

燈夫拾叁名每名月給工食叁錢共銀肆拾陸兩捌錢

解人齋送公文夫拾名每名月給工食捌錢共銀玖拾陸兩

上宿看監夫拾名每名月給工食陸錢共銀柒拾貳兩

走遞馬拾伍匹每匹貳拾貳兩共銀叁百叁拾兩　騾陸頭每頭貳拾兩共銀壹百貳拾兩

鋪陳上壹副中貳副下肆副共銀叁拾兩肆錢貳年壹置每年實編銀拾伍兩貳錢

供應銀貳百兩

兖州府所屬

上衙 滋陽縣

走遞青白夫原係徭編里甲免派

燈夫肆拾名每名月給工食肆錢共銀壹百玖拾貳兩

解人齋送公文夫拾名每名月給工食捌錢共銀玖拾陸兩

上宿看監夫拾名每名月給工食陸錢共銀柒拾貳兩

走遞馬貳拾伍匹每匹貳拾肆兩共銀陸百兩　驢貳拾伍頭每頭壹拾貳兩共銀叄百兩

供應銀柒百柒拾兩

上衙 濟寧州

走遞青白夫原係徭編里甲免派

燈夫叄拾伍名每名月給工食肆錢共銀壹百陸拾捌兩

解人齋送公文夫拾名每名月給工食捌錢共銀玖拾陸兩

上宿看監夫拾名每名月給工食陸錢共銀柒拾貳兩

走遞馬陸拾伍匹每匹貳拾肆兩共銀壹千伍百陸拾兩　驢貳拾頭每頭拾貳兩共銀貳百肆拾兩

供應銀捌百兩



上衙 東平州

走遞青白夫原係徭編里甲免派

燈夫叄拾名每名月給工食肆錢共銀壹百肆拾肆兩

解人齋送公文夫拾名每名月給工食捌錢共銀玖拾陸兩

上宿看監夫拾名每名月給工食陸錢共銀柒拾貳兩

走遞馬貳拾伍匹每匹貳拾肆兩共銀陸百兩　驢貳拾伍頭每頭拾貳兩共銀叄百兩

供應銀陸百伍拾兩

上衙 汶上縣

走遞青白夫原係徭編里甲免派

燈夫貳拾柒名每名月給工食肆錢共銀壹百貳拾玖兩陸錢

解人齋送公文夫拾名每名月給工食捌錢共銀玖拾陸兩

上宿看監夫拾名每名月給工食陸錢共銀柒拾貳兩

走遞馬貳拾伍匹每匹貳拾肆兩共銀陸百兩　驢貳拾伍頭每頭拾貳兩共銀叄百兩

供應銀陸百伍拾兩

## 上衛 鄒縣

走遞青白夫原係徭編里甲免派

燈夫貳拾柒名每名月給工食肆錢共銀壹百貳拾玖兩陸錢

解人齋送公文夫拾名每名月給工食捌錢共銀玖拾陸兩

上宿看監夫拾名每名月給工食陸錢共銀柒拾貳兩

走遞馬貳拾伍匹每匹貳拾肆兩共銀陸百兩 驢貳拾伍頭每頭拾貳兩共銀叁百兩

供應銀陸百伍拾兩

## 上衛 滕縣

走遞青白夫原係徭編里甲免派

燈夫貳拾柒名每名月給工食肆錢共銀壹百貳拾玖兩陸錢

解人齋送公文夫拾名每名月給工食捌錢共銀玖拾陸兩

上宿看監夫拾名每名月給工食陸錢共銀柒拾貳兩

走遞馬貳拾伍匹每匹貳拾肆兩共銀陸百兩 驢貳拾伍頭每頭拾貳兩共銀叁百兩

供應銀陸百伍拾兩



## 上衛 東阿縣

走遞青白夫原係徭編里甲免派

燈夫貳拾柒名每名月給工食肆錢共銀壹百貳拾玖兩陸錢

解人齋送公文夫拾名每名月給工食捌錢共銀玖拾陸兩

上宿看監夫拾名每名月給工食陸錢共銀柒拾貳兩

走遞馬貳拾伍匹每匹貳拾肆兩共銀陸百兩 驢貳拾伍頭每頭拾貳兩共銀叁百兩

供應銀陸百伍拾兩

## 次衛 寧陽縣

走遞青夫肆拾名每名月給工食柒錢共銀叁百叁拾陸兩 白夫陸拾名每名月給工食壹兩伍分共銀柒百伍拾陸兩

燈夫貳拾壹名每名月給工食肆錢共銀壹百兩捌錢

解人齋送公文夫拾名每名月給工食捌錢共銀玖拾陸兩

上宿看監夫拾名每名月給工食陸錢共銀柒拾貳兩

走遞馬貳拾伍匹每匹貳拾貳兩共銀伍百伍拾兩 驢拾伍頭每頭拾壹兩共銀壹百陸拾伍兩

舖陳上貳副中肆副下捌副共銀陸拾兩捌錢貳年壹置每年實編銀叁拾兩肆錢

供應銀伍百兩

次衝 曹州

走遞青夫肆拾名每名月給工食柒錢共銀叁百叁拾陸兩 白夫陸拾名每名月給工食壹兩伍分共銀柒百伍拾陸兩

燈夫貳拾伍名每名月給工食叁錢共銀玖拾兩

解人齎送公文夫拾名每名月給工食捌錢共銀玖拾陸兩

上宿看監夫拾名每名月給工食陸錢共銀柒拾貳兩

走遞馬貳拾伍匹每匹貳拾貳兩共銀伍百伍拾兩 驢拾伍頭每頭拾壹兩共銀壹百陸拾伍兩

鋪陳上貳副中肆副下捌副共銀陸拾兩捌錢貳年壹置每年實編銀叁拾兩肆錢

供應銀伍百兩

次衝 沂州

走遞青夫叁拾伍名每名月給工食柒錢共銀貳百玖拾陸兩 白夫伍拾名每名月給工食壹兩伍分共銀陸百叁拾兩

燈夫貳拾伍名每名月給工食叁錢共銀玖拾兩

解人齎送公文夫拾名每名月給工食捌錢共銀玖拾陸兩

上宿看監夫拾名每名月給工食陸錢共銀柒拾貳兩

走遞馬貳拾貳匹每匹貳拾貳兩共銀肆百捌拾肆兩 驢拾貳頭每頭拾壹兩共銀壹百叁拾貳兩

鋪陳上貳副中肆副下捌副共銀陸拾兩捌錢貳年壹置每年實編銀叁拾兩肆錢

供應銀伍百兩



次衝 曹縣

走遞青夫叁拾名每名月給工食柒錢共銀貳百伍拾貳兩 白夫伍拾名每名月給工食壹兩伍分共銀陸百叁拾兩

燈夫貳拾名每名月給工食叁錢共銀柒拾貳兩

解人齎送公文夫拾名每名月給工食捌錢共銀玖拾陸兩

上宿看監夫拾名每名月給工食陸錢共銀柒拾貳兩

走遞馬貳拾貳匹每匹貳拾貳兩共銀肆百捌拾肆兩 驢拾貳頭每頭拾壹兩共銀壹百叁拾貳兩

鋪陳上貳副中肆副下捌副共銀陸拾兩捌錢貳年壹置每年實編銀叁拾兩肆錢

供應銀肆百伍拾兩

次衝 曲阜縣

走遞青夫叁拾名每名月給工食柒錢共銀貳百伍拾貳兩 白夫伍拾名原編南城水馬驛今改留本縣免派里甲

燈夫貳拾名每名月給工食叁錢共銀柒拾貳兩

解人齎送公文夫拾名每名月給工食捌錢共銀玖拾陸兩

上宿看監夫拾名每名月給工食陸錢共銀柒拾貳兩

走遞馬貳拾匹每匹貳拾貳兩共銀肆百肆拾兩 驢拾頭每頭拾壹兩共銀壹百壹拾兩

鋪陳上壹副中貳副下陸副共銀叁拾叁兩陸錢貳年壹置每年實編銀拾陸兩捌錢

供應銀叁百兩

## 下衛城武縣

走遞青夫貳拾伍名每名月給工食柒錢共銀貳百壹拾兩白夫肆拾名每名月給工食壹兩伍分共銀伍百肆兩

燈夫拾陸名每名月給工食叁錢共銀伍拾柒兩陸錢

解人齎送公文夫拾名每名月給工食捌錢共銀玖拾陸兩

上宿看監夫拾名每名月給工食陸錢共銀柒拾貳兩

走遞馬拾柒匹每匹貳拾貳兩共銀叁百柒拾肆兩驢捌頭每頭拾壹兩共銀捌拾捌兩

鋪陳上壹副中貳副下陸副共銀叁拾叁兩陸錢貳年壹置每年實編銀拾陸兩捌錢供應銀叁百叁拾兩

## 下衛金鄉縣

走遞青夫貳拾伍名每名月給工食柒錢共銀貳百壹拾兩白夫肆拾名每名月給工食壹兩伍分共銀伍百肆兩

燈夫拾陸名每名月給工食叁錢共銀伍拾柒兩陸錢

解人齎送公文夫拾名每名月給工食捌錢共銀玖拾陸兩

上宿看監夫拾名每名月給工食陸錢共銀柒拾貳兩

走遞馬拾柒匹每匹貳拾貳兩共銀叁百柒拾肆兩驢捌頭每頭拾壹兩共銀捌拾捌兩

鋪陳上壹副中貳副下陸副共銀叁拾叁兩陸錢貳年壹置每年實編銀拾陸兩捌錢供應銀叁百叁拾兩



## 下衛單縣

走遞青夫貳拾伍名每名月給工食柒錢共銀貳百壹拾兩白夫肆拾名每名月給工食壹兩伍分共銀伍百肆兩

燈夫拾陸名每名月給工食叁錢共銀伍拾柒兩陸錢

解人齎送公文夫拾名每名月給工食捌錢共銀玖拾陸兩

上宿看監夫拾名每名月給工食陸錢共銀柒拾貳兩

走遞馬拾柒匹每匹貳拾貳兩共銀叁百柒拾肆兩驢捌頭每頭拾壹兩共銀捌拾捌兩

鋪陳上壹副中貳副下陸副共銀叁拾叁兩陸錢貳年壹置每年實編銀拾陸兩捌錢供應銀叁百叁拾兩

## 下衛嘉祥縣

走遞青夫貳拾伍名每名月給工食柒錢共銀貳百壹拾兩白夫肆拾名每名月給工食壹兩伍分共銀伍百肆兩

燈夫拾陸名每名月給工食叁錢共銀伍拾柒兩陸錢

解人齎送公文夫拾名每名月給工食捌錢共銀玖拾陸兩

上宿看監夫拾名每名月給工食陸錢共銀柒拾貳兩

走遞馬貳拾匹每匹貳拾貳兩共銀肆百肆拾兩驢拾頭每頭拾壹兩共銀壹百壹拾兩

鋪陳上壹副中貳副下陸副共銀叁拾叁兩陸錢貳年壹置每年實編銀拾陸兩捌錢供應銀叁百叁拾兩

下
## 衝　鉅野縣

走遞青夫貳拾伍名每名月給工食柒錢共銀貳百壹拾兩
自夫肆拾名每名月給工食壹兩伍分共銀伍百肆兩
燈夫拾陸名每名月給工食叁錢共銀伍拾柒兩陸錢
解人齎送公文夫拾名每名月給工食捌錢共銀玖拾陸兩
上宿看監夫拾名每名月給工食陸錢共銀柒拾貳兩
走遞馬貳拾匹每匹貳拾貳兩共銀肆百肆拾兩
驢拾頭每頭拾壹兩共銀壹百壹拾兩
鋪陳上壹副中貳副下陸副共銀叁拾叁兩陸錢貳年壹置每年實編銀拾陸兩捌錢
供應銀叁百叁拾兩

下
## 衝　鄆城縣

走遞青夫貳拾伍名每名月給工食柒錢共銀貳百壹拾兩
自夫肆拾名每名月給工食壹兩伍分共銀伍百肆兩
燈夫拾陸名每名月給工食叁錢共銀伍拾柒兩陸錢
解人齎送公文夫拾名每名月給工食捌錢共銀玖拾陸兩
上宿看監夫拾名每名月給工食陸錢共銀柒拾貳兩
走遞馬貳拾匹每匹貳拾貳兩共銀肆百肆拾兩
驢拾頭每頭拾壹兩共銀壹百壹拾兩
鋪陳上壹副中貳副下陸副共銀叁拾叁兩陸錢貳年壹置每年實編銀拾陸兩捌錢
供應銀叁百叁拾兩

經會録　里甲十二　七十六

下
## 衝　平陰縣

走遞青夫貳拾伍名每名月給工食柒錢共銀貳百壹拾兩
自夫肆拾名每名月給工食壹兩伍分共銀伍百肆兩
燈夫拾陸名每名月給工食叁錢共銀伍拾柒兩陸錢
解人齎送公文夫拾名每名月給工食捌錢共銀玖拾陸兩
上宿看監夫拾名每名月給工食陸錢共銀柒拾貳兩
走遞馬貳拾匹每匹貳拾貳兩共銀肆百肆拾兩
驢拾頭每頭拾壹兩共銀壹百壹拾兩
鋪陳上壹副中貳副下陸副共銀叁拾叁兩陸錢貳年壹置每年實編銀拾陸兩捌錢
供應銀叁百叁拾兩

下
## 衝　魚臺縣

走遞青夫貳拾肆名每名月給工食柒錢共銀貳百壹兩陸錢
自夫叁拾伍名每名月給工食壹兩伍分共銀肆百肆拾壹兩
燈夫拾陸名每名月給工食叁錢共銀伍拾柒兩陸錢
解人齎送公文夫拾名每名月給工食捌錢共銀玖拾陸兩
上宿看監夫拾名每名月給工食陸錢共銀柒拾貳兩
走遞馬拾伍匹每匹貳拾貳兩共銀叁百叁拾兩
驢捌頭每頭拾壹兩共銀捌拾捌兩
鋪陳上壹副中貳副下陸副共銀叁拾叁兩陸錢貳年壹置每年實編銀拾陸兩捌錢
供應銀叁百兩

## 下衝　定陶縣

走遞青夫貳拾肆名，每名月給工食柒錢，共銀貳百壹兩陸錢。白夫叁拾伍名，每名月給工食壹兩伍分，共銀肆百肆拾壹兩。

燈夫拾伍名，每名月給工食叁錢，共銀伍拾肆兩。

解人齋送公文夫拾名，每名月給工食捌錢，共銀玖拾陸兩。

上宿看監夫拾名，每名月給工食陸錢，共銀柒拾貳兩。

走遞馬拾伍匹，每匹貳拾貳兩，共銀叁百叁拾兩。驢捌頭，每頭拾壹兩，共銀捌拾捌兩。

鋪陳上壹副，中貳副，下陸副，共銀叁拾叁兩陸錢，貳年壹置，每年實編銀拾陸兩捌錢。供應銀叁百兩。

## 下衝　汜水縣

走遞青夫貳拾肆名，每名月給工食柒錢，共銀貳百壹兩陸錢。白夫叁拾伍名，每名月給工食壹兩伍分，共銀肆百肆拾壹兩。

燈夫拾伍名，每名月給工食叁錢，共銀伍拾肆兩。

解人齋送公文夫拾名，每名月給工食捌錢，共銀玖拾陸兩。

上宿看監夫拾名，每名月給工食陸錢，共銀柒拾貳兩。

走遞馬拾肆匹，每匹貳拾貳兩，共銀叁百捌兩。驢陸頭，每頭拾壹兩，共銀陸拾陸兩。

鋪陳上壹副，中貳副，下陸副，共銀叁拾叁兩陸錢，貳年壹置，每年實編銀拾陸兩捌錢。供應銀貳百兩。

## 下衝　費縣

走遞青夫貳拾肆名，每名月給工食柒錢，共銀貳百壹兩陸錢。白夫叁拾伍名，每名月給工食壹兩伍分，共銀肆百肆拾壹兩。

燈夫拾陸名，每名月給工食叁錢，共銀伍拾柒兩陸錢。

解人齋送公文夫拾名，每名月給工食捌錢，共銀玖拾陸兩。

上宿看監夫拾名，每名月給工食陸錢，共銀柒拾貳兩。

走遞馬拾肆匹，每匹貳拾貳兩，共銀叁百捌兩。驢陸頭，每頭拾壹兩，共銀陸拾陸兩。

鋪陳上壹副，中貳副，下陸副，共銀叁拾叁兩陸錢，貳年壹置，每年實編銀拾陸兩捌錢。供應銀貳百兩。

## 不衝　壽張縣

走遞青夫貳拾叁名，每名月給工食陸錢，共銀壹百陸拾伍兩陸錢。白夫叁拾名，每名月給工食壹兩，共銀叁百陸拾兩。

燈夫拾肆名，每名月給工食叁錢，共銀伍拾兩肆錢。

解人齋送公文夫拾名，每名月給工食捌錢，共銀玖拾陸兩。

上宿看監夫拾名，每名月給工食陸錢，共銀柒拾貳兩。

走遞馬拾肆匹，每匹貳拾貳兩，共銀叁百捌兩。驢陸頭，每頭拾壹兩，共銀陸拾陸兩。

鋪陳上壹副，中貳副，下陸副，共銀叁拾叁兩陸錢，貳年壹置，每年實編銀拾陸兩捌錢。供應銀貳百叁拾兩。

不衝 陽穀縣

走遞青夫貳拾叁名，每名月給工食陸錢，共銀壹百陸拾伍兩陸錢。白夫叁拾名，每名月給工食壹兩，共銀叁百陸拾兩。

燈夫拾肆名，每名月給工食叁錢，共銀伍拾兩肆錢。

解人齎送公文夫拾名，每名月給工食捌錢，共銀玖拾陸兩。

上宿看監夫拾名，每名月給工食陸錢，共銀柒拾貳兩。

走遞馬拾肆匹，每匹貳拾貳兩，共銀叁百捌兩。驢陸頭，每頭拾壹兩，共銀陸拾陸兩。

鋪陳上壹副，中貳副，下陸副，共銀叁拾叁兩陸錢，貳年壹置，每年實編銀拾陸兩捌錢。供應銀貳百兩。

不衝 嶧縣

走遞青夫貳拾叁名，每名月給工食陸錢，共銀壹百陸拾伍兩陸錢。白夫叁拾名，每名月給工食壹兩，共銀叁百陸拾兩。

燈夫拾肆名，每名月給工食叁錢，共銀伍拾兩肆錢。

解人齎送公文夫拾名，每名月給工食捌錢，共銀玖拾陸兩。

上宿看監夫拾名，每名月給工食陸錢，共銀柒拾貳兩。

走遞馬拾肆匹，每匹貳拾貳兩，共銀叁百捌兩。驢陸頭，每頭拾壹兩，共銀陸拾陸兩。

鋪陳上壹副，中貳副，下陸副，共銀叁拾叁兩陸錢，貳年壹置，每年實編銀拾陸兩捌錢。供應銀貳百兩。

不衝 鄄城縣

走遞青夫貳拾叁名，每名月給工食陸錢，共銀壹百陸拾伍兩陸錢。白夫叁拾名，每名月給工食壹兩，共銀叁百陸拾兩。

燈夫拾肆名，每名工食叁錢，共銀伍拾兩肆錢。

解人齎送公文夫拾名，每名月給工食捌錢，共銀玖拾陸兩。

上宿看監夫拾名，每名月給工食陸錢，共銀柒拾貳兩。

走遞馬拾肆匹，每匹貳拾貳兩，共銀叁百捌兩。驢陸頭，每頭拾壹兩，共銀陸拾陸兩。

鋪陳上壹副，中貳副，下陸副，共銀叁拾叁兩陸錢，貳年壹置，每年實編銀拾陸兩捌錢。供應銀貳百兩。

東昌府所屬

上衝 高唐州

走遞青白夫原係徭編里甲免派。

燈夫貳拾捌名，每名月給工食肆錢，共銀壹百叁拾肆兩肆錢。

解人齎送公文夫拾名，每名月給工食捌錢，共銀玖拾陸兩。

上宿看監夫拾名，每名月給工食陸錢，共銀柒拾貳兩。

走遞馬貳拾伍匹，每匹貳拾肆兩，共銀陸百兩。騾肆頭，每頭貳拾貳兩，共銀捌拾捌兩。驢貳拾壹頭，每頭拾貳兩，共銀貳百伍拾貳兩。

供應銀柒百兩。

## 上衝 臨清州

走遞青白夫 原係徭編 里甲免派

燈夫貳拾捌名 每名月給工食肆錢 共銀壹百叁拾肆兩肆錢

解文齎送公文夫拾名 每名月給工食捌錢 共銀玖拾陸兩

上宿看監夫拾名 每名月給工食陸錢 共銀柒拾貳兩

走遞馬貳拾伍匹 每匹貳拾肆兩 共銀陸百兩 驢貳拾伍頭 每頭拾貳兩 共銀叁百兩

供應銀捌百兩

## 上衝 聊城縣

走遞青白夫 原係徭編 里甲免派

燈夫伍拾名 每名月給工食肆錢 共銀貳百肆拾兩

解文齎送公文夫拾名 每名月給工食捌錢 共銀玖拾陸兩

上宿看監夫拾名 每名月給工食陸錢 共銀柒拾貳兩

走遞馬貳拾伍匹 每匹貳拾肆兩 共銀陸百兩 驢貳拾伍頭 每頭拾貳兩 共銀叁百兩

供應銀柒百柒拾兩



## 上衝 茌平縣

走遞青白夫 原係徭編 里甲免派

燈夫貳拾伍名 每名月給工食肆錢 共銀壹百貳拾兩

解文齎送公文夫拾名 每名月給工食捌錢 共銀玖拾陸兩

上宿看監夫拾名 每名月給工食陸錢 共銀柒拾貳兩

走遞馬貳拾伍匹 每匹貳拾肆兩 共銀陸百兩 驢貳拾伍頭 每頭拾貳兩 共銀叁百兩

供應銀陸百伍拾兩

## 上衝 恩縣

走遞青白夫 原係徭編 里甲免派

燈夫貳拾伍名 每名月給工食肆錢 共銀壹百貳拾兩

解文齎送公文夫拾名 每名月給工食捌錢 共銀玖拾陸兩

上宿看監夫拾名 每名月給工食陸錢 共銀柒拾貳兩

走遞馬貳拾伍匹 每匹貳拾肆兩 共銀陸百兩 驢貳拾伍頭 每頭拾貳兩 共銀叁百兩

供應銀陸百伍拾兩

次衝 冠縣

走遞青夫叁拾伍名每名月給工食柴錢共銀貳百玖拾肆兩
白夫伍拾名每名月給工食壹兩伍分共銀陸百叁拾兩
燈夫貳拾名每名月給工食肆錢共銀玖拾陸兩
解人齋送公文夫拾名每名月給工食捌錢共銀玖拾陸兩
上宿看監夫拾名每名月給工食陸錢共銀柒拾貳兩
走遞馬貳拾伍匹每匹貳拾貳兩共銀伍百伍拾兩
驢拾伍頭每頭拾壹兩共銀壹百陸拾伍兩
鋪陳上貳副中肆副下捌副共銀陸拾兩捌錢貳年壹置每年實編銀叁拾兩肆錢
供應銀伍百兩

次衝 夏津縣

走遞青夫叁拾伍名每名月給工食柴錢共銀貳百玖拾肆兩
白夫伍拾名每名月給工食壹兩伍分共銀陸百叁拾兩
燈夫貳拾名每名月給工食肆錢共銀玖拾陸兩
解人齋送公文夫拾名每名月給工食捌錢共銀玖拾陸兩
上宿看監夫拾名每名月給工食陸錢共銀柒拾貳兩
走遞馬貳拾伍匹每匹貳拾貳兩共銀伍百伍拾兩
驢拾伍頭每頭拾壹兩共銀壹百陸拾伍兩
鋪陳上貳副中肆副下捌副共銀陸拾兩捌錢貳年壹置每年實編銀叁拾兩肆錢
供應銀肆百捌拾兩

次衝 堂邑縣

走遞青夫叁拾伍名每名月給工食柴錢共銀貳百玖拾肆兩
白夫伍拾名每名月給工食壹兩伍分共銀陸百叁拾兩
燈夫貳拾名每名月給工食肆錢共銀玖拾陸兩
解人齋送公文夫拾名每名月給工食捌錢共銀玖拾陸兩
上宿看監夫拾名每名月給工食陸錢共銀柒拾貳兩
走遞馬貳拾伍匹每匹貳拾貳兩共銀伍百伍拾兩
驢拾伍頭每頭拾壹兩共銀壹百陸拾伍兩
鋪陳上貳副中肆副下捌副共銀陸拾兩捌錢貳年壹置每年實編銀叁拾兩肆錢
供應銀伍百兩

次衝 武城縣

走遞青夫叁拾名每名月給工食柴錢共銀貳百伍拾貳兩
白夫肆拾伍名每名月給工食壹兩伍分共銀伍百陸拾柒兩
燈夫貳拾名每名月給工食肆錢共銀玖拾陸兩
解人齋送公文夫拾名每名月給工食捌錢共銀玖拾陸兩
上宿看監夫拾名每名月給工食陸錢共銀柒拾貳兩
走遞馬貳拾匹每匹貳拾貳兩共銀肆百肆拾兩
驢拾頭每頭拾壹兩共銀壹百壹拾兩
鋪陳上貳副中肆副下捌副共銀陸拾兩捌錢貳年壹置每年實編銀叁拾兩肆錢
供應銀肆百伍拾兩

下衛 濮州

走遞青夫貳拾肆名每名月給工食柒錢共銀貳百壹兩陸錢
白夫肆拾名每名月給工食壹兩伍分共銀伍百肆兩
燈夫拾捌名每名月給工食叁錢共銀陸拾肆兩捌錢
解人齎送公文夫拾名每名月給工食捌錢共銀玖拾陸兩
上宿看監夫拾名每名月給工食陸錢共銀柒拾貳兩
走遞馬貳拾匹每匹貳拾貳兩共銀肆百肆拾兩
驢拾頭每頭拾壹兩共銀壹百壹拾兩
鋪陳上壹副中貳副下陸副共銀叁拾叁兩陸錢貳年壹置每年實編銀拾陸兩捌錢
供應銀叁百伍拾兩

下衛 朝城縣

走遞青夫貳拾肆名每名月給工食柒錢共銀貳百壹兩陸錢
白夫肆拾名每名月給工食壹兩伍分共銀伍百肆兩
燈夫拾陸名每名月給工食叁錢共銀伍拾柒兩陸錢
解人齎送公文夫拾名每名月給工食捌錢共銀玖拾陸兩
上宿看監夫拾名每名月給工食陸錢共銀柒拾貳兩
走遞馬貳拾匹每匹貳拾貳兩共銀肆百肆拾兩
驢拾頭每頭拾壹兩共銀壹百壹拾兩
鋪陳上壹副中貳副下陸副共銀叁拾叁兩陸錢貳年壹置每年實編銀拾陸兩捌錢
供應銀叁百兩

下衛 莘縣

走遞青夫貳拾肆名每名月給工食柒錢共銀貳百壹兩陸錢
白夫肆拾名每名月給工食壹兩伍分共銀伍百肆兩
燈夫拾貳名每名月給工食叁錢共銀肆拾叁兩貳錢
解人齎送公文夫拾名每名月給工食捌錢共銀玖拾陸兩
上宿看監夫拾名每名月給工食陸錢共銀柒拾貳兩
走遞馬貳拾匹每匹貳拾貳兩共銀肆百肆拾兩
驢拾頭每頭拾壹兩共銀壹百壹拾兩
鋪陳上壹副中貳副下陸副共銀叁拾叁兩陸錢貳年壹置每年實編銀拾陸兩捌錢
供應銀叁百兩

下衛 博平縣

走遞青夫貳拾肆名每名月給工食柒錢共銀貳百壹兩陸錢
白夫肆拾名每名月給工食壹兩伍分共銀伍百肆兩
燈夫拾貳名每名月給工食叁錢共銀肆拾叁兩貳錢
解人齎送公文夫拾名每名月給工食捌錢共銀玖拾陸兩
上宿看監夫拾名每名月給工食陸錢共銀柒拾貳兩
走遞馬拾捌匹每匹貳拾貳兩共銀叁百玖拾陸兩
驢柒頭每頭拾壹兩共銀柒拾柒兩
鋪陳上壹副中貳副下陸副共銀叁拾叁兩陸錢貳年壹置每年實編銀拾陸兩捌錢
供應銀叁百兩

## 下衝 館陶縣

走遞青夫貳拾肆名每名月給工食柒錢共銀貳百壹兩陸錢
白夫肆拾名每名月給工食壹兩伍分共銀伍百肆兩

燈夫拾陸名每名月給工食叁錢共銀伍拾柒兩陸錢

解送公文夫拾名每名月給工食捌錢共銀玖拾陸兩

上宿看監夫拾名每名月給工食陸錢共銀柒拾貳兩

走遞馬拾捌匹每匹貳拾貳兩共銀叁百玖拾陸兩
驢柒頭每頭拾壹兩共銀柒拾柒兩

鋪陳上壹副中貳副下陸副共銀叁拾叁兩陸錢貳年壹置每年實編銀拾陸兩捌錢
供應銀叁百叁拾兩

## 不衝 觀城縣

走遞青夫拾捌名每名月給工食柒錢共銀壹百伍拾壹兩貳錢
白夫貳拾伍名每名月給工食壹兩共銀叁百兩

燈夫拾貳名每名月給工食叁錢共銀肆拾叁兩貳錢

解送公文夫拾名每名月給工食捌錢共銀玖拾陸兩

上宿看監夫拾名每名月給工食陸錢共銀柒拾貳兩

走遞馬拾匹每匹貳拾貳兩共銀貳百貳拾兩
驢肆頭每頭拾壹兩共銀肆拾肆兩

鋪陳上壹副中貳副下肆副共銀叁拾叁兩肆錢貳年壹置每年實編銀拾伍兩貳錢
供應銀貳百兩

經會録　[illegible]

## 不衝 清平縣

走遞青夫拾捌名每名月給工食柒錢共銀壹百伍拾壹兩貳錢
白夫貳拾伍名每名月給工食壹兩共銀叁百兩

燈夫拾貳名每名月給工食叁錢共銀肆拾叁兩貳錢

解送公文夫拾名每名月給工食捌錢共銀玖拾陸兩

上宿看監夫拾名每名月給工食陸錢共銀柒拾貳兩

走遞馬拾匹每匹貳拾貳兩共銀貳百貳拾兩
驢肆頭每頭拾壹兩共銀肆拾肆兩

鋪陳上壹副中貳副下肆副共銀叁拾兩肆錢貳年壹置每年實編銀拾伍兩貳錢
供應銀貳百兩

## 不衝 范縣

走遞青夫拾捌名每名月給工食柒錢共銀壹百伍拾壹兩貳錢
白夫貳拾伍名每名月給工食壹兩共銀叁百兩

燈夫拾貳名每名月給工食叁錢共銀肆拾叁兩貳錢

解送公文夫拾名每名月給工食捌錢共銀玖拾陸兩

上宿看監夫拾名每名月給工食陸錢共銀柒拾貳兩

走遞馬拾匹每匹貳拾貳兩共銀貳百貳拾兩
驢肆頭每頭拾壹兩共銀肆拾肆兩

鋪陳上壹副中貳副下肆副共銀叁拾兩肆錢貳年壹置每年實編銀拾伍兩貳錢
供應銀貳百兩

## 青州府所屬

### 不衙 丘縣

走遞青夫拾捌名每名月給工食柒錢共銀壹百伍拾壹兩貳錢

白夫貳拾伍名每名月給工食壹兩共銀叁百兩

燈夫拾貳名每名月給工食叁錢共銀肆拾叁兩貳錢

解人齎送公文夫拾名每名月給工食捌錢共銀玖拾陸兩

上宿看監夫拾名每名月給工食陸錢共銀柒拾貳兩

走遞馬拾匹每匹貳拾貳兩共銀貳百貳拾兩　驢肆頭每頭拾壹兩共銀肆拾肆兩

鋪陳上壹副中貳副下肆副共銀叁拾兩肆錢貳年壹置每年實編銀拾伍兩貳錢

供應銀貳百兩

### 次衙 益都縣

走遞青夫肆拾名每名月給工食陸錢共銀貳百捌拾捌兩

白夫肆拾名每名月給工食柒錢伍分共銀叁百陸拾兩

燈夫伍拾名每名月給工食叁錢共銀壹百捌拾兩

解人齎送公文夫拾名每名月給工食捌錢共銀玖拾陸兩

上宿看監夫拾名每名月給工食陸錢共銀柒拾貳兩

走遞馬肆拾匹每匹貳拾貳兩共銀捌百捌拾兩　驢拾頭每頭拾兩共銀壹百兩

供應銀叁百陸拾兩



### 下衙 昌樂縣

走遞青夫叁拾名每名月給工食陸錢共銀貳百壹拾陸兩

白夫叁拾伍名每名月給工食柒錢伍分共銀叁百壹拾伍兩

燈夫拾叁名每名月給工食叁錢共銀肆拾陸兩捌錢

解人齎送公文夫拾名每名月給工食柒錢共銀捌拾肆兩

上宿看監夫拾名每名月給工食肆錢伍分共銀伍拾肆兩

走遞馬拾肆匹每匹貳拾貳兩共銀叁百捌兩　驢陸頭每頭拾兩共銀陸拾兩

供應銀貳百伍拾兩

### 不衙 臨淄縣

走遞青夫貳拾伍名每名月給工食陸錢共銀壹百捌拾兩

白夫叁拾名每名月給工食柒錢伍分共銀貳百柒拾兩

燈夫拾叁名每名月給工食叁錢共銀肆拾陸兩捌錢

解人齎送公文夫拾名每名月給工食柒錢共銀捌拾肆兩

上宿看監夫拾名每名月給工食肆錢伍分共銀伍拾肆兩

走遞馬拾肆匹每匹貳拾兩共銀貳百捌拾兩　驢陸頭每頭拾兩共銀陸拾兩

鋪陳上壹副中貳副下肆副共銀叁拾兩肆錢貳年壹置每年實編銀拾伍兩貳錢

供應銀壹百伍拾兩

不衝 壽光縣

走遞青夫貳拾伍名每名月給工食陸錢共銀壹百捌拾兩　白夫叁拾名每名月給工食柒錢伍分共銀貳百柒拾兩

燈夫拾叁名每名月給工食叁錢共銀肆拾陸兩捌錢

解人齎送公文夫拾名每名月給工食柒錢共銀捌拾肆兩

上宿看監夫拾名每名月給工食肆錢伍分共銀伍拾肆兩

走遞馬拾肆匹每匹貳拾兩共銀貳百捌拾兩　驢陸頭每頭拾兩共銀陸拾兩

供應銀壹百捌拾兩

不衝 諸城縣

走遞青夫貳拾伍名每名月給工食陸錢共銀壹百捌拾兩　白夫叁拾名每名月給工食柒錢伍分共銀貳百柒拾兩

燈夫拾叁名每名月給工食叁錢共銀肆拾陸兩捌錢

解人齎送公文夫拾名每名月給工食柒錢共銀捌拾肆兩

上宿看監夫拾名每名月給工食肆錢伍分共銀伍拾肆兩

走遞馬拾匹每匹貳拾兩共銀貳百兩　驢肆頭每頭拾兩共銀肆拾兩

供應銀壹百捌拾兩



不衝 臨朐縣

走遞青夫貳拾伍名每名月給工食陸錢共銀壹百捌拾兩　白夫叁拾名每名月給工食柒錢伍分共銀貳百柒拾兩

燈夫拾叁名每名月給工食叁錢共銀肆拾陸兩捌錢

解人齎送公文夫拾名每名月給工食柒錢共銀捌拾肆兩

上宿看監夫拾名每名月給工食肆錢伍分共銀伍拾肆兩

走遞馬拾肆匹每匹貳拾兩共銀貳百捌拾兩　驢陸頭每頭拾兩共銀陸拾兩

鋪陳上壹副中貳副下肆副共銀叁拾兩肆錢貳年壹置每年實編銀拾伍兩貳錢

供應銀貳百兩

不衝 莒州

走遞青夫貳拾伍名每名月給工食陸錢共銀壹百捌拾兩　白夫叁拾名每名月給工食柒錢伍分共銀貳百七拾兩

燈夫拾肆名每名月給工食叁錢共銀伍拾兩肆錢

解人齎送公文夫拾名每名月給工食柒錢共銀捌拾肆兩

上宿看監夫拾名每名月給工食肆錢伍分共銀伍拾肆兩

走遞馬拾匹每匹貳拾兩共銀貳百兩　驢肆頭每頭拾兩共銀肆拾兩

供應銀壹百捌拾兩

## 安丘縣（不衛）

走遞青夫貳拾伍名每名月給工食陸錢共銀壹百捌拾兩
白夫叁拾名每名月給工食柒錢伍分共銀貳百柒拾兩
燈夫拾叁名每名月給工食叁錢共銀肆拾陸兩捌錢
解送公文夫拾名每名月給工食柒錢共銀捌拾肆兩
上宿看監夫拾名每名月給工食肆錢伍分共銀伍拾肆兩
走遞馬拾匹每匹貳拾兩共銀貳百兩
驢肆頭每頭拾兩共銀肆拾兩
供應銀壹百捌拾兩

## 日照縣（不衛）

走遞青夫貳拾伍名每名月給工食陸錢共銀壹百捌拾兩
白夫叁拾名每名月給工食柒錢伍分共銀貳百柒拾兩
燈夫拾叁名每名月給工食叁錢共銀肆拾陸兩捌錢
解送公文夫拾名每名月給工食柒錢共銀捌拾肆兩
上宿看監夫拾名每名月給工食肆錢伍分共銀伍拾肆兩
走遞馬拾匹每匹貳拾兩共銀貳百兩
驢肆頭每頭拾兩共銀肆拾兩
供應銀壹百捌拾兩




## 沂水縣（不衛）

走遞青夫貳拾名每名月給工食陸錢共銀壹百肆拾肆兩
白夫貳拾伍名每名月給工食柒錢伍分共銀貳百貳拾伍兩
燈夫拾叁名每名月給工食叁錢共銀肆拾陸兩捌錢
解送公文夫拾名每名月給工食柒錢共銀捌拾肆兩
上宿看監夫拾名每名月給工食肆錢伍分共銀伍拾肆兩
走遞馬拾匹每匹貳拾兩共銀貳百兩
驢肆頭每頭拾兩共銀肆拾兩
供應銀壹百捌拾兩

## 博興縣（不衛）

走遞青夫貳拾名每名月給工食陸錢共銀壹百肆拾肆兩
白夫貳拾伍名每名月給工食柒錢共銀貳百貳拾伍兩
燈夫拾叁名每名月給工食叁錢共銀肆拾陸兩捌錢
解送公文夫拾名每名月給工食柒錢共銀捌拾肆兩
上宿看監夫拾名每名月給工食肆錢伍分共銀伍拾肆兩
走遞馬拾匹每匹貳拾兩共銀貳百兩
驢肆頭每頭拾兩共銀肆拾兩
供應銀壹百捌拾兩

## 不衝樂安縣

走遞青夫貳拾伍名每名月給工食陸錢共銀壹百捌拾兩　白夫叁拾名每名月給工食柒錢伍分共銀貳百柒拾兩

燈夫拾叁名每名月給工食叁錢共銀肆拾陸兩捌錢

解人齋送公文夫拾名每名月給工食柒錢共銀捌拾肆兩

上宿看監夫拾名每名月給工食肆錢伍分共銀伍拾肆兩

走遞馬拾匹每匹貳拾兩共銀貳百兩　驢肆頭每頭拾兩共銀肆拾兩

鋪陳上壹副中貳副下肆副共銀叁拾兩肆錢貳年壹置每年實編銀拾伍兩貳錢

供應銀壹百捌拾兩

## 不衝高苑縣

走遞青夫貳拾名每名月給工食陸錢共銀壹百肆拾肆兩　白夫貳拾伍名每名月給工食柒錢伍分共銀貳百貳拾伍兩

燈夫拾叁名每名月給工食叁錢共銀肆拾陸兩捌錢

解人齋送公文夫拾名每名月給工食柒錢共銀捌拾肆兩

上宿看監夫拾名每名月給工食肆錢伍分共銀伍拾肆兩

走遞馬拾匹每匹貳拾兩共銀貳百兩　驢肆頭每頭拾兩共銀肆拾兩

供應銀壹百叁拾兩



## 不衝蒙陰縣

走遞青夫貳拾名每名月給工食陸錢共銀壹百肆拾肆兩　白夫貳拾伍名每名月給工食柒錢伍分共銀貳百貳拾伍兩

燈夫拾叁名每名月給工食叁錢共銀肆拾陸兩捌錢

解人齋送公文夫拾名每名月給工食柒錢共銀捌拾肆兩

上宿看監夫拾名每名月給工食肆錢伍分共銀伍拾肆兩

走遞馬拾匹每匹貳拾兩共銀貳百兩　驢肆頭每頭拾兩共銀肆拾兩

供應銀壹百叁拾兩

## 萊州府所屬

### 次衝掖縣

走遞青夫叁拾名每名月給工食陸錢共銀貳百壹拾陸兩　白夫叁拾名每名月給工食柒錢伍分共銀貳百柒拾兩

燈夫肆拾伍名每名月給工食叁錢共銀壹百陸拾貳兩

解人齋送公文夫拾名每名月給工食柒錢共銀捌拾肆兩

上宿看監夫拾名每名月給工食肆錢伍分共銀伍拾肆兩

走遞馬叁拾匹每匹拾捌兩共銀伍百肆拾兩　驢拾貳頭每頭拾壹兩共銀壹百叁拾貳兩

供應銀肆百兩

**下衝 平度州**

走遞青夫貳拾名，每名月給工食陸錢，共銀壹百肆拾肆兩。

白夫貳拾伍名，每名月給工食柒錢伍分，共銀貳百貳拾伍兩。

燈夫拾伍名，每名月給工食叁錢，共銀伍拾肆兩。

解入齎送公文夫拾名，每名月給工食柒錢，共銀捌拾肆兩。

上宿看監夫拾名，每名月給工食肆錢伍分，共銀伍拾肆兩。

走遞馬拾伍匹，每匹拾捌兩，共銀貳百柒拾兩。驢伍頭，每頭拾壹兩，共銀伍拾伍兩。

鋪陳上壹副，中貳副，下肆副，共銀叁拾兩肆錢，貳年壹置，每年編銀拾伍兩貳錢。

供應銀貳百兩。

**下衝 昌邑縣**

走遞青夫貳拾伍名，每名月給工食陸錢，共銀壹百捌拾兩。

白夫叁拾名，每名月給工食柒錢伍分，共銀貳百柒拾兩。

燈夫拾叁名，每名月給工食叁錢，共銀肆拾陸兩捌錢。

解入齎送公文夫拾名，每名月給工食柒錢，共銀捌拾肆兩。

上宿看監夫拾名，每名月給工食肆錢伍分，共銀伍拾肆兩。

走遞馬貳拾伍匹，每匹拾捌兩，共銀肆百伍拾兩。驢陸頭，每頭拾壹兩，共銀陸拾陸兩。

鋪陳上壹副，中貳副，下肆副，共銀叁拾兩肆錢，貳年壹置，每年編銀拾伍兩貳錢。

供應銀叁百兩。



**下衝 濰縣**

走遞青夫貳拾伍名，每名月給工食陸錢，共銀壹百捌拾兩。

白夫叁拾名，每名月給工食柒錢伍分，共銀貳百柒拾兩。

燈夫拾叁名，每名月給工食叁錢，共銀肆拾陸兩捌錢。

解入齎送公文夫拾名，每名月給工食柒錢，共銀捌拾肆兩。

上宿看監夫拾名，每名月給工食肆錢伍分，共銀伍拾肆兩。

走遞馬貳拾伍匹，每匹拾捌兩，共銀肆百伍拾兩。驢陸頭，每頭拾壹兩，共銀陸拾陸兩。

鋪陳上壹副，中貳副，下肆副，共銀叁拾兩肆錢，貳年壹置，每年編銀拾伍兩貳錢。

供應銀叁百兩。

**不衝 膠州**

走遞青夫貳拾伍名，每名月給工食陸錢，共銀壹百捌拾兩。

白夫叁拾名，每名月給工食柒錢伍分，共銀貳百柒拾兩。

燈夫拾伍名，每名月給工食叁錢，共銀伍拾肆兩。

解入齎送公文夫拾名，每名月給工食柒錢，共銀捌拾肆兩。

上宿看監夫拾名，每名月給工食肆錢伍分，共銀伍拾肆兩。

走遞馬拾貳匹，每匹拾捌兩，共銀貳百壹拾陸兩。驢陸頭，每頭拾壹兩，共銀陸拾陸兩。

供應銀壹百伍拾兩。

不衝　即墨縣

走遞青夫貳拾名每名月給工食陸錢共銀壹百肆拾肆兩　白夫貳拾伍名每名月給工食柒錢伍分共銀貳百貳拾伍兩

燈夫拾貳名每名月給工食叁錢共銀肆拾叁兩貳錢

解人齎送公文夫拾名每名月給工食柒錢共銀捌拾肆兩

上宿看監夫拾名每名月給工食肆錢伍分共銀伍拾肆兩

走遞馬拾匹每匹拾捌兩共銀壹百捌拾兩　驢肆頭每頭拾壹兩共銀肆拾肆兩

供應銀壹百伍拾兩

不衝　高密縣

走遞青夫貳拾名每名月給工食陸錢共銀壹百肆拾肆兩　白夫貳拾伍名每名月給工食柒錢伍分共銀貳百貳拾伍兩

燈夫拾貳名每名月給工食叁錢共銀肆拾叁兩貳錢

解人齎送公文夫拾名每名月給工食柒錢共銀捌拾肆兩

上宿看監夫拾名每名月給工食肆錢伍分共銀伍拾肆兩

走遞馬拾匹每匹拾捌兩共銀壹百捌拾兩　驢肆頭每頭拾壹兩共銀肆拾肆兩

供應銀壹百伍拾兩

登州府所屬

次衝　蓬萊縣

走遞青夫叁拾名每名月給工食陸錢共銀貳百壹拾陸兩　白夫叁拾名每名月給工食柒錢伍分共銀貳百柒拾兩

燈夫肆拾伍名每名月給工食叁錢共銀壹百陸拾貳兩

解人齎送公文夫拾名每名月給工食柒錢共銀捌拾肆兩

上宿看監夫拾名每名月給工食肆錢伍分共銀伍拾肆兩

走遞馬拾伍匹每匹拾捌兩共銀貳百柒拾兩　驢陸頭每頭拾壹兩共銀陸拾陸兩

供應銀叁百兩

下衝　黃縣

走遞青夫貳拾伍名每名月給工食陸錢共銀壹百捌拾兩　白夫叁拾名每名月給工食柒錢伍分共銀貳百柒拾兩

燈夫拾叁名每名月給工食叁錢共銀肆拾陸兩捌錢

解人齎送公文夫拾名每名月給工食柒錢共銀捌拾肆兩

上宿看監夫拾名每名月給工食肆錢伍分共銀伍拾肆兩

走遞馬拾肆匹每匹拾捌兩共銀貳百伍拾貳兩　驢陸頭每頭拾壹兩共銀陸拾陸兩

供應銀叁百兩

不衝 招遠縣

走遞青夫貳拾伍名每名月給工食陸錢共銀壹百捌拾兩

白夫叁拾名每名月給工食柒錢伍分共銀貳百柒拾兩

燈夫拾叁名每名月給工食叁錢共銀肆拾陸兩捌錢

解人齎送公文夫拾名每名月給工食柒錢共銀捌拾肆兩

上宿看監夫拾名每名月給工食肆錢伍分共銀伍拾肆兩

走遞馬拾貳匹每匹拾捌兩共銀貳百壹拾陸兩驢伍頭每頭拾壹兩共銀伍拾伍兩

供應銀壹百伍拾兩

不衝 萊陽縣

走遞青夫貳拾名每名月給工食陸錢共銀壹百肆拾肆兩

白夫貳拾伍名每名月給工食柒錢伍分共銀貳百貳拾伍兩

燈夫拾貳名每名月給工食叁錢共銀肆拾叁兩貳錢

解人齎送公文夫拾名每名月給工食柒錢共銀捌拾肆兩

上宿看監夫拾名每名月給工食肆錢伍分共銀伍拾肆兩

走遞馬拾匹每匹拾捌兩共銀壹百捌拾兩驢肆頭每頭拾壹兩共銀肆拾肆兩

供應銀壹百伍拾兩

經會録　四十六　六百三十七

不衝 寧海州

走遞青夫貳拾名每名月給工食陸錢共銀壹百肆拾肆兩

白夫貳拾伍名每名月給工食柒錢伍分共銀貳百貳拾伍兩

燈夫拾伍名每名月給工食叁錢共銀伍拾肆兩

解人齎送公文夫拾名每名月給工食柒錢共銀捌拾肆兩

上宿看監夫拾名每名月給工食肆錢伍分共銀伍拾肆兩

走遞馬拾匹每匹拾捌兩共銀壹百捌拾兩驢肆頭每頭拾壹兩共銀肆拾肆兩

供應銀壹百伍拾兩

不衝 文登縣

走遞青夫貳拾名每名月給工食陸錢共銀壹百肆拾肆兩

白夫貳拾伍名每名月給工食柒錢伍分共銀貳百貳拾伍兩

燈夫拾貳名每名月給工食叁錢共銀肆拾叁兩貳錢

解人齎送公文夫拾名每名月給工食柒錢共銀捌拾肆兩

上宿看監夫拾名每名月給工食肆錢伍分共銀伍拾肆兩

走遞馬捌匹每匹拾捌兩共銀壹百肆拾肆兩驢肆頭每頭拾壹兩共銀肆拾肆兩

供應銀壹百伍拾兩

## 不衝棲霞縣

走遞青夫貳拾名每名月給工食陸錢共銀壹百肆拾肆兩

白夫貳拾伍名每名月給工食柒錢伍分共銀貳百貳拾伍兩

走遞馬捌匹每匹拾捌兩共銀壹百肆拾肆兩

驢肆頭每頭拾壹兩共銀肆拾肆兩

燈夫拾貳名每名月給工食叁錢共銀肆拾叁兩貳錢

解人齎送公文夫拾名每名月給工食柒錢共銀捌拾肆兩

上宿看監夫拾名每名月給工食肆錢伍分共銀伍拾肆兩

供應銀壹百伍拾兩



## 不衝福山縣

走遞青夫貳拾名每名月給工食陸錢共銀壹百肆拾肆兩

白夫貳拾伍名每名月給工食柒錢伍分共銀貳百貳拾伍兩

走遞馬捌匹每匹拾捌兩共銀壹百肆拾肆兩

驢肆頭每頭拾壹兩共銀肆拾肆兩

燈夫拾貳名每名月給工食叁錢共銀肆拾叁兩貳錢

解人齎送公文夫拾名每名月給工食柒錢共銀捌拾肆兩

上宿看監夫拾名每名月給工食肆錢伍分共銀伍拾肆兩

供應銀壹百伍拾兩

總額

山東差役素稱浩繁而里甲之費出無經小民用是以坐困矣當事者仰體聖天子憫念元元之意偏加節省革去里甲其一切夫馬供應等項之不可缺者照例十年一編務酌地方之繁簡以衆益寡其間悉與定有規則永爲遵守矣故統合省而計之六府屬十五州八十九縣每年通共實編里甲銀壹拾柒萬陸千貳百伍拾玖兩玖錢内走遞青夫貳千伍百柒名共編銀壹萬玖千捌百玖拾叁兩陸錢仍照原定上衝次衝下衝俱每月工



食銀柒錢不衝每月工食銀陸錢今議衝者夫多僻者既少不必徵銀貯庫俱編實役本州縣置簿挨次撥用其簡僻去處閑曠日多遇上司按臨每名令出幇夫貳名暫用走遞合夫叁千叁百伍拾肆名共編銀叁萬捌千玖百玖拾肆兩仍照原定上衝次衝下衝俱每月工食銀壹兩伍分不衝及會省歷城夫多俱每月工食銀壹兩上次下衝俱編實役置簿挨撥差用其簡僻不衝州縣止許籍名在官遇有公差撥用不許追收空月工食致累小民燈夫壹千玖百伍拾壹名共編銀柒千捌百陸拾貳兩肆錢仍照原定

司道驛傳者每員陸名知府陸名佐貳各肆名府首
領府教官各壹名知州知縣各肆名佐貳各貳名教
官各壹名餘爲各應上司過客下衙次衙每月肆錢
下衙每月叁錢各官出巡陞任初追收櫃過上司按
臨不敷各州縣官暫借覔名應用不許役派里甲解
人齎送公文夫壹千肆拾名共編銀玖千陸百叁拾
陸兩比因裁革各州縣申告押解囚犯齎送公文缺
人應役今議每州縣止編甲首拾名西三府每月工
食銀捌錢東叁府每月銀柒錢偏僻州縣願減名數
聽從其便上宿看監夫壹千肆拾名共編銀陸千玖



百陸拾陸兩比因裁革各州縣申告監獄缺人今議
每州縣止編看監夫拾名西三府每月工食銀貳錢
東三府每月銀肆錢伍分其看庫仍於守城民壯及
青夫內每夜止許輪撥伍名走遞馬壹千捌百玖拾
玖匹共編銀肆萬玖百貳兩騾貳百捌拾玖頭共編
銀伍千捌百貳拾捌兩驢柒百叁拾陸頭共編銀捌
千叁百壹拾柒兩俱不論上次下衙置買馬騾驢數
嚮聽差不必徵銀雇募鋪陳銀壹千壹百捌拾肆兩
玖錢仍照原定除有驛免置外其次衙不衙俱於丁
地徵收每上壹副拾玖件工價銀拾伍兩中壹副捌

件工價銀肆兩伍錢，下壹副肆件工價銀壹兩陸錢
每年止徵壹半，各州縣臨置上改中，中改下，下可作
裹之用。供應銀叁萬陸千陸百捌拾兩，各州縣查照
原行定有應動項款支銷，及照收支里甲銀兩，仍照
舊規以丁米地叁出辦，每丁每畝該徵銀各若干，各
役該給由帖者給與由帖，應徵收者隨出簡明告示
曉諭小民偏知，仍量數多寡分爲四季，每銀壹兩每
季徵銀貳錢伍分，按季徵收以便貧民措辦，其經收
仍令上戶里長徵收，不管支銷，別選殷實老人貳名、
僉善寫吏，置簿貳扇，當堂支銷，官爲判票，仍用半印



掛號，春夏季終另選接管秋冬貳季，壹年滿日，下年
如前，其輪管必待週年方許交替，其里長止許壹月
貳卯比較錢糧，餘日歸農，毫無他累。分討各府之額
濟南府共編銀陸萬壹千貳拾叁兩柒錢，走遞青夫
玖百肆拾柒名，共銀柒千柒百叁拾肆兩；白夫壹千
貳百柒拾肆名，共銀壹萬伍千捌百捌拾捌兩；燈夫
伍百陸拾名，共銀貳千貳百玖拾兩捌錢；解人齋送
公文夫叁百名，每名月給工食銀捌錢，共銀貳千捌
百捌拾兩；上宿看監夫叁百名，每名月給工食銀陸
錢，共銀貳千壹百陸拾兩；走遞馬伍百柒拾壹匹，銀

壹萬貳千壹百壹拾捌兩騾貳百捌拾伍頭銀伍千柒百肆拾兩鋪陳銀肆百叁拾貳兩玖錢供應銀壹萬壹千柒百捌拾兩兗州府共編銀肆萬玖千肆百貳兩肆錢走遞青夫伍百捌拾名共銀肆千肆百捌兩捌錢白夫柒百陸拾名共銀玖千伍百肆兩燈夫伍百伍拾肆名共銀貳千貳百柒拾伍兩貳錢解人齋送公文夫貳百柒拾名共銀貳千伍百玖拾貳兩上宿看監夫貳百柒拾名共銀壹千玖百肆拾肆兩走遞馬伍百柒拾肆匹共銀壹萬叁千伍拾捌兩驢叁百伍拾頭共銀肆千貳拾兩鋪陳銀叁百玖拾兩



肆錢供應銀壹萬壹千貳百壹拾兩東昌府共編銀叁萬貳千伍百伍拾叁兩貳錢走遞青夫叁百貳拾柒名共銀貳千柒百肆拾陸兩捌錢白夫肆百玖拾伍名共銀陸千壹百柒拾柒兩燈夫叁百伍拾捌名共銀壹千伍百柒拾貳兩解人齋送公文夫壹百捌拾名共銀壹千柒百貳拾捌兩上宿看監夫壹百捌拾名共銀壹千貳百玖拾陸兩走遞馬叁百伍拾陸匹共銀捌千捌拾貳兩騾肆頭共銀捌拾捌兩驢貳百叁拾陸頭共銀貳千柒百壹拾柒兩鋪陳銀貳百陸拾陸兩肆錢供應銀柒千捌百捌拾兩青州府共

編銀壹萬陸千貳百壹拾貳兩陸錢走遞青夫叁百伍拾名共銀貳千伍百貳拾兩白夫肆百壹拾伍名共銀叁千柒百叁拾伍兩燈夫貳百貳拾名共銀柒百玖拾貳兩解人齎送公文夫壹百肆拾名共銀壹千壹百柒拾陸兩上宿看監夫壹百肆拾名共銀柒百伍拾陸兩走遞馬壹百捌拾陸匹共銀叁千捌百貳拾捌兩驢柒拾頭共銀柒百兩鋪陳銀肆拾伍兩陸錢供應銀貳千陸百陸拾兩萊州府共編銀捌千捌百壹拾叁兩陸錢走遞青夫壹百陸拾伍名共銀壹千壹百捌拾捌兩白夫壹百玖拾伍名共銀壹千柒百伍拾伍兩燈夫壹百貳拾伍名共銀肆百伍拾



兩解人齎送公文夫柒拾名共銀伍百捌拾捌兩上宿看監夫柒拾名共銀叁百柒拾捌兩走遞馬壹百貳拾柒匹共銀貳千貳百捌拾陸兩驢肆拾叁頭共銀肆百柒拾叁兩鋪陳銀肆拾伍兩陸錢供應銀壹千陸百伍拾兩登州府共編銀捌千貳百伍拾肆兩肆錢走遞青夫壹百捌拾名共銀壹千貳百玖拾陸兩白夫貳百壹拾伍名共銀壹千玖百叁拾伍兩燈夫壹百叁拾肆名共銀肆百捌拾貳兩肆錢解人齎送公文夫捌拾名共銀陸百柒拾貳兩上宿看監夫

捌拾名共銀肆百叁拾貳兩走遞馬捌拾伍匹共銀壹千伍百叁拾兩驢叁拾柒頭共銀肆百柒兩供應銀壹千伍百兩

因革

山東里甲照依黄册排甲輪年挨次拾載壹周各府州縣派徵不一有驛州縣按門計丁按丁徵銀者有拾段錦丁地相兼出辦者有論則審爲支應分數出辦者有輪流見年該甲出辦者其出辦差役則有走遞青夫白夫燈夫提鎖夫守庫看監甲首皁隸鍾鼓夫走遞馬騾驢鋪陳等項而買辦支應下程酒席等項俱係里甲攤錢出辦供億浩繁費出無度侵冒科歛弊孔甚多小民每遇見年輙至困憊往往破産傾貲靡常罔前究其弊源皆緣規則無定小民不知額數多寡而包當積棍任其科派東方坐此告匱非壹日矣嘉靖十五年十七年二十三年二十六年節蒙兩院批申司道會議或議謂額編係舊規間有里排作弊虧損而不均者納銀本救弊亦有下户願出力而納銀不便者或議謂酌量里甲高下均派夫馬責令輪流應當如或不敷自行添雇者無非通變節省便民便官至意然但爲壹州壹縣調停隨地隨宜更

定旋議旋罷迄無定規嘉靖四十五年間分守濟南
帶管海右道周繇政分巡東兗道劉僉事以事無定
則民困適從恐累費日深小民愈困各條議里甲事
宜具冊呈蒙　巡撫都御史洪　案行本司會同判
定規則在濟南府所屬青白夫上衝歷城省會原係
排夫叁百陸拾名德州係均徭編派柒百伍拾名俱
實分走差次衝泰安平原禹城齊河長清肥城六州
縣各壹百叁拾名下衝武定章丘濟陽鄒平長山五
州縣各壹百名陵縣臨邑新泰萊蕪四縣各陸拾伍
名俱貳分實力走差壹分徵銀聽差不衝齊東濱州



新城青城德平陽信樂陵商河利津蒲臺海豐霑化
淄川十三州縣各止編肆拾名俱實力走差其各州
縣正官轎夫肆名俱於白夫內取用燈夫本府所屬
州縣掌印官肆名佐貳首領各貳名儒學教官各壹
名附郭歷城縣有在省各衙門合用玖拾肆名德州
有分巡道戶部分司合用拾名又因士大夫暮夜經行
者多復添拾肆名武定州有兵備道駐劄合用陸名
其餘次衝拾名下衝捌名不衝肆名以備不時之需
每名月給工食銀肆錢伍分提鎖夫上衝叁拾名次
衝貳拾伍名下衝貳拾名不衝拾伍名俱選殷實里

長在官聽差每名月給工食銀壹兩看監甲首各州
縣俱拾名每名月給工食銀陸錢共看庫原無定數
俱於守城民壯提鎖夫輪流撥用甲首皁隸各州縣
俱於青夫及提鎖夫内相兼撥用酌定掌印官捌名
佐貳肆名首領貳名鍾鼓夫各州縣俱貳名每名月
給工食銀肆錢伍分接遞馬騾除歷城縣長生馬玖
拾捌匹實力走差每匹止編喂馬夫壹名月給草料
工食銀壹兩伍錢上衝德州馬叁拾伍匹騾貳拾伍
頭次衝泰安平原等六州縣馬各叁拾匹騾各貳拾
頭下衝武定章丘等伍州縣馬各貳拾匹騾各拾伍



頭陵縣等四縣馬各拾伍匹騾各捌頭俱貳分實力
走差壹分徵銀聽雇不衝齊東濱州等十三州縣馬
各拾匹騾各肆頭每馬月給草料銀壹兩每騾月給
草料銀捌錢鋪陳除有驛免置外其餘無驛州縣次
衝上叁中伍下拾下衝上貳中叁下捌不衝上壹中
貳下肆供應銀上衝玖百捌拾兩次衝陸百伍拾兩
下衝肆百伍拾兩次等不衝叁百兩上等不衝貳百
兩在兗州府所屬青白夫上衝濟寧州柒百名滋陽
滕鄒東平汶上東阿六州縣各叁百壹拾名俱係均
徭編派次衝曹州沂州寧陽曹縣四州縣各壹百名

下衝鉅野嘉祥金鄉平陰鄆城魚臺單縣城武定陶九縣各捌拾名其曲阜縣里甲編派青夫叁拾名白夫於該縣原編濟寧南城驛水夫伍拾名撥回本縣應役不衝陽穀壽張泗水郯城費嶧六縣各陸拾名俱實力走差轎夫各州縣正官另編肆名每名月給工食上衝次衝者壹兩下衝不衝者捌錢燈夫上衝叁拾伍名次衝貳拾伍名下衝貳拾名不衝拾陸名每名月給工食銀陸錢州縣正官陸名佐貳首領學正官員各貳名訓導各壹名餘者留候迎送之用提鋪夫各州縣原無定數俱於甲首内輪流差撥上宿



看監庫甲首不分衝僻各州縣俱編貳拾伍名每名月給工食銀陸錢甲首皁隸各州縣里甲内編上衝貳拾肆名次衝貳拾貳名下衝貳拾名不衝拾捌名内掌印官添補捌名佐貳肆名首領貳名餘者留爲接遞之用每名月給工食銀捌錢鍾鼓夫各州縣俱貳名每名月給工食銀肆錢伍分接遞馬驢上衝馬各貳拾伍匹驢各貳拾頭内濟寧州馬原柒拾伍匹照上衝該革伍拾匹因　總理河道駐劄恐不敷用仍舊驢貳拾伍頭次衝馬各貳拾伍匹驢各拾伍頭下衝馬各貳拾匹驢各壹拾頭不衝馬各拾肆匹驢

各陸頭俱實力走差馬每月草料銀壹兩驢每月草
料銀柒錢伍分欒州縣高戶免其里甲雜差上者喂
馬次者喂驢役滿准給以償其勞鋪陳次衝上貳中
肆下捌下衝上壹中貳下陸不衝上壹中貳下肆供
應銀除附郭滋陽柒百柒拾兩其餘州縣上衝陸百
伍拾兩次衝肆百伍拾兩下衝叁百兩不衝貳百兩
在東昌府所屬青白夫上衝臨清聊城各陸百名高
唐茌平恩縣三州縣各叁百壹拾名俱係均徭編派
次衝堂邑冠縣夏津武城四縣各壹百名下衝濮州
朝城莘縣博平館陶五州縣各捌拾名不衝觀城范



丘清平四縣各陸拾名俱實力走差轎夫各州縣正
官肆名每名月給工食銀上衝次衝者壹兩下衝不
衝者捌錢燈夫上衝叁拾伍名次衝貳拾伍名下衝
貳拾名不衝拾陸名每名月給工食銀陸錢州縣正
官陸名佐貳首領學正官員各貳名訓導各壹名餘
者留候迎送之用提鎖夫原無定數各州縣俱於甲
首內輪流差撥上宿看監庫甲首不分衝僻各州縣
俱貳拾伍名每名月給工食銀陸錢甲首皁隸上衝
貳拾肆名次衝貳拾貳名下衝貳拾名不衝拾捌名
除跟正官捌名佐貳肆名首領貳名餘者留爲接遞

之用每名月給工食銀捌錢鍾鼓夫各州縣俱貳名每名月給工食銀肆錢伍分接遞馬驢上衝馬各貳拾伍匹驢各貳拾伍頭次衝馬各貳拾伍匹驢各拾伍頭下衝馬各貳拾匹驢各拾頭不衝馬各拾肆匹驢各陸頭俱實力走差馬每月草料銀壹兩驢每月草料銀柒錢伍分滿日准給喂養之人以償其勞鋪陳次衝上貳中肆下捌下衝上壹中貳下陸不衝上壹中貳下肆供應銀除附郭聊城柒百柒拾兩其餘州縣上衝陸百伍拾兩次衝肆百伍拾兩下衝叁百兩不衝貳百兩在青州府所屬青白夫次衝益都下



衝昌樂其餘州縣俱爲不衝青白夫俱不添設如遇上司按臨暫令里甲雇倩事完歸農轎夫除益都縣於青社驛車夫取用外其餘州縣正官俱編肆名每名月給工食銀柒錢伍分燈夫各州縣掌印官肆名佐貳首領各貳名益都有兵備道陸名知府陸名佐貳各肆名每名月給工食銀叁錢解人送公文原無定數各州縣俱里長輪流差撥上宿看監庫甲首每州縣拾伍名每名月給工食銀肆錢伍分甲首皁隸次衝叁拾伍名下衝叁拾名不衝貳拾名每名月給工食銀柒錢伍分俱一例撥與佐貳每員肆名首領

貳名其餘俱掌印官差遣如遇上司按臨通令接送
接遞馬驢次衝益都縣馬肆拾匹驢拾頭下衝昌樂
縣馬壹拾肆匹驢陸頭不衝臨淄壽光沂水博興樂
安高苑蒙陰九州縣馬各拾匹驢各肆頭俱責力走
差各州縣俱係拾甲朋買馬每月草料銀壹兩伍錢
驢每月草料銀壹兩叁年內倒死者畏食人賠補鋪
陳除益都昌樂有驛諸城莒州安丘日照沂水博興
高苑蒙陰八州縣偏僻俱免派置若遇上司經臨止
令里甲暫雇事畢給還其壽光臨淄樂安係登萊士
夫過路臨朐接聯東鎮沂山俱照東兗不衝置備上



壹中貳下肆供應銀次衝叁百兩下衝貳百兩不衝
壹百伍拾兩在萊州府所屬青白夫次衝掖縣下衝
平度昌邑濰縣不衝膠州即墨高密各州縣俱不添
設如遇上司按臨暫令里甲雇倩事完歸農轎夫各
州縣正官肆名除掖縣於驛傳車夫平度州膠州俱
於守城民壯內取用其濰縣昌邑高密即墨四縣俱
於里甲編派每名月給工食銀柒錢伍分燈夫各州
縣掌印官肆名佐貳首領各貳名掖縣有分巡道陸
名知府陸名佐貳肆名每名月給工食銀叁錢惟膠
州原係四隅門夫編定免派里甲解人送公文各州

縣俱里長輪流差撥上宿看監庫甲首州縣各拾伍名掖縣昌邑濰縣即墨四縣俱于里甲内編派每月給銀肆錢伍分其平度係六廂門大膠州係四隅門夫及守城民壮均徭皁隸高密係守城民壮各輪撥看守俱免派里甲甲首皁隸次衝叄拾伍名下衝叄拾名不衝貳拾名每名月給工食銀柒錢伍分俱壹例撥給佐貳官肆名首領貳名其餘俱掌印官差遣上司按臨通令接送鍾鼓夫平度等七州縣照見行均徭則例令陰陽生司管免派里甲接遞馬驢次衝掖縣馬叄拾匹驢壹拾貳頭下衝平度馬貳拾伍匹驢原無設立免派昌邑濰縣馬各貳拾伍匹驢壹頭不衝膠州馬拾肆匹驢陸頭即墨高密馬各拾匹驢各肆頭俱實力走差各州縣俱拾甲朋買馬每月草料銀壹兩伍錢驢每月草料銀壹兩叄年内倒死者喂養人賠補鋪陳除掖縣膠州即墨高密四州縣免置若遇上司經臨止令里甲暫雇事畢給還其昌邑濰縣離驛窵遠平度旁通孔道俱照東兗下衝置備上壹中貳下陸供應銀次衝叄百兩下衝貳百兩不衝壹百伍拾兩在登州府所屬青白夫次衝逄萊下衝黄縣招遠不衝萊陽寧海文登棲霞福山各州縣

肯白夫俱不添設如遇上司按臨暫令里甲雇倩事
完歸農轎夫各州縣正官轎夫肆名除蓬萊縣於驛
傳車夫内取用其餘州縣俱編里甲每名月給工食
銀柒錢伍分燈夫各州縣掌印官肆名佐貳首領各
貳名蓬萊縣有兵備道陸名知府陸名佐貳各肆名
每名月給工食銀叁錢觧人送公文各州縣俱里長
輪流差撥上宿看監庫甲首州縣各壹拾伍名每名
月給工食銀肆錢伍分甲首皁隷次衝叁拾伍名下
衝叁拾名不衝貳拾名每名月給工食銀柒錢伍分
俱壹例撥與佐貳每員肆名首領官貳名其餘俱掌



印官差遣如遇上司按臨通令接送接遞馬驢次衝
馬壹拾陸匹驢陸頭下衝馬各拾肆匹驢各陸頭不
衝馬各拾匹驢各肆頭俱實力走差各州縣俱抬甲
朋買馬每月草料銀壹兩伍錢驢每月草料銀壹兩
叁年内倒死喂養人賠補鋪陳除蓬萊苗縣有驛萊
陽寧海文登棲霞福山俱偏僻州縣不許派置若遇
上司經臨止令里甲暫雇事完給還招遠旁遍孔道
照東兖下衝置備上壹中貳下陸供應銀次衝叁百
兩下衝貳百兩不衝壹百伍拾兩刊行叁年至隆慶
三年　巡撫都御史姜　重編里甲規則議將走遞

肯夫除係編外上衛次衛下衛俱每月工食銀柒錢不衡每月工食銀陸錢仍先募壹半聽用壹半扣價聽雇又將濟南府屬陵縣減拾肆名臨邑縣減伍名武定章丘濟陽鄒平長山濱州新城淄川齊東青城德平陽信樂陵商河利津蒲臺海豐霑化新泰萊蕪二十州縣各減肆名兗州府屬曲阜縣減拾名魚臺定陶各減陸名城武金鄉單縣嘉祥鉅野鄆城平陰沂州八州縣各減伍名嶧縣壽張陽穀郯城四縣各減貳名泗水費縣各減壹名東昌府屬武城縣減拾名清平丘范觀城四縣各減柒名莘縣博平館陶朝城



五州縣各減陸名堂邑冠縣各減伍名青萊登三府益都縣添編肆拾名昌樂掖縣蓬萊三縣各添編叁拾名臨淄壽光諸城臨朐莒州安丘樂安日照昌邑濰膠黄招遠十三州縣各添編貳拾伍名沂水博興高苑蒙陰平度即墨高密萊陽寧海文登棲霞福山十二州縣各添編貳拾名走遞白夫除係編外上衛次衛下衛俱每月工食銀壹兩伍分不衡每月工食銀壹兩仍先雇夫壹半聽用壹半扣價聽雇其正官轎夫肆名即於内取用又將濟南府屬陵縣減拾柒名武定章丘濟陽鄒平長山五州縣各減拾名泰安

平原禹城肥城臨邑新泰萊蕪七州縣各減伍名濱州新城淄川齊東青城德平陽信樂陵商河利津蒲臺海豐霑化十三州縣各減貳名兖州府屬定陶魚臺各減拾伍名城武金鄉沂單嘉祥鉅野鄆城平陰曹縣九州縣各減拾名嶧縣陽穀郯城壽張四縣各減伍名東昌府屬武城縣減拾伍名堂邑冠莘夏津博平館陶濮丘朝城清平觀城范縣十二州縣各減拾名青萊登三府所屬益都縣添編肆拾名昌樂添編叁拾伍名臨淄壽光諸城臨朐莒州安丘日照濰掖蓬萊昌邑膠州黄招遠十五州縣各添編叁拾名



沂水博興高苑蒙陰平度即墨高密萊陽寧海文登棲霞福山十二州縣各添編貳拾伍名燈夫司道駐劄者每員陸名知府陸名佐貳各肆名司府首領各貳名府教官各壹名知州知縣各肆名佐領各貳名教官各壹名仍預備若干名早晚各應上司過客上衙次衙每月給工食銀肆錢下衙不衙每月給工食銀叁錢各司道出巡各官公出日久扣追收櫃若遇上司一時按臨不敷各府州縣官各暫借壹名應用過客臨期責令管支人役將收櫃銀募用濟南府屬歷城縣減拾肆名章丘齊陽鄒平三縣各減捌名德

州減陸名平原禹城齊河肥城長山五縣各減貳名
兗州府屬東阿縣減捌名滕鄒汶上四縣各減參名
曹縣東平各減伍名寧陽城武金鄉魚臺單縣嘉祥
鉅野鄆城平陰九縣各減肆名陽穀嶧縣郯城壽張
四縣各減貳名泗水縣減壹名滋陽縣加編伍名東
昌府屬恩縣減貳拾參名冠縣減貳拾名茌平縣減
拾名莘縣博平各減捌名臨清高唐武州各減柒名
堂邑夏津武城三縣各減伍名館陶朝城清平丘范
觀城六縣各減肆名濮州減貳名聊城縣加編拾伍
名青州府屬益都縣加編捌名解因遞送公文守庫



看監原係編派甲首者俱裁革其提鎖夫名色并甲
首皁隸鍾鼓夫俱革走遞馬除長生喂養外馬每匹
上衝馬價鞍轡草料共銀貳拾肆兩次衝下衝不衝
銀貳拾貳兩徵銀在官雇募充當其上衝次衝地方
先募壹半聽候差遣壹半扣留原價聽雇又將濟南
府屬歷城縣減拾捌匹陵縣減柒匹濱州新城淄川
齊東青城德平陽信樂陵商河利津蒲臺海豐霑化
十二州縣各減貳匹兗州府屬濟寧州減拾匹魚臺
縣減陸匹定陶縣減伍匹城武金鄉沂單嘉祥鉅野
鄆城平陰曹縣九州縣各減參匹曹州寧陽各減貳

匹泗水曹縣各加編壹匹東昌府屬武城縣減伍匹清平丘茌觀城四縣各減肆匹堂邑夏津濮莘博平館陶朝城七州縣各減貳匹聊城臨清各加編貳拾匹青州府屬益都縣減伍匹臨淄壽光臨朐三縣各減貳匹諸城莒州日照三州縣各加編貳匹萊州府屬昌邑濰縣各減捌匹平度減拾匹掖縣減伍匹膠州減貳匹登州府屬黃縣招遠文登棲霞福山五縣各減貳匹蓬萊縣減壹匹每頭上衡驛價鞍轡草料共銀貳拾貳兩次衡下衡不衡銀貳拾兩徵銀在官雇募充當上衡次衡地方先募壹半聽差壹半扣



價聽雇又將濟南府屬德州減伍頭陵縣減肆頭武定濟陽鄒平長山新泰萊蕪六州縣各減貳頭驢每頭驢價連鞍轡草料銀拾貳兩次衡下衡不衡銀拾壹兩徵銀在官雇募上衡次衡地方仍先募壹半聽差壹半扣價聽雇又兗州府屬濟寧州減伍頭曹沂寧陽曹縣四州縣各減叁頭城武金鄉魚臺單縣定陶嘉祥鉅野鄆城平陰九縣各減貳頭泗水曹縣各加編貳頭東昌府屬武城縣減伍頭清平縣減肆頭堂邑冠莘夏津博平館陶濮州朝城八州縣各減叁頭丘茌觀城三縣各減貳頭高唐州減驢肆頭改作

驛肆頭青州府屬諸城莒州博興日照四州縣各加
編貳頭萊州府屬掖縣減貳頭昌邑濰縣各減壹頭
平度州原無編設添編伍頭登州府屬黃縣招遠縣
各減壹頭寧海州加編貳頭鋪陳原議上衝州縣係
驛遞置辦次衝下衝不衝州縣在丁地銀徵辦次衝
上貳中肆下捌下衝上壹中貳下肆每上壹副拾玖
件工價銀拾伍兩中壹副捌件工價銀肆兩伍錢下
壹副肆件工價銀壹兩陸錢令兵房吏同庫吏當堂
照數置辦遇換里甲掌印官親點兵庫貳吏交代仍
具印信簿候查其應置州縣每年照前徵銀內止徵
壹半去舊增新上攺中中攺下下衝不衝者亦如之



濟南府屬泰安減上壹中壹下貳武定章丘濟陽鄒
平長山五州縣各減下貳臨邑縣原無編設權宜借
用添置上貳中叁下陸淄州新城淄川齊東青城德
平陽信樂陵商河利津蒲臺海豐霑化陵縣新泰萊
蕪十六州縣原無編設權宜借用各添置上壹中貳
下肆兗州府屬泗水嶧費壽張四縣因原置數少各
加置下貳東昌府屬堂邑縣亦因原少加置下肆萊
州府屬平度州減下肆昌邑縣減下貳供應銀濟南
府屬歷城縣減叁百陸拾兩德州陵縣新泰萊蕪四

州縣各減壹百兩兖州府屬泗水費縣貳縣各加編壹百兩單陽曹沂曹縣四州縣各加編伍拾兩城武金鄉單縣嘉祥鉅野鄆城平陰七縣各加編叁拾兩東昌府屬臨清州減壹百兩高唐恩縣莘縣濮州四州縣各加編伍拾兩夏津博平館陶三縣各加編叁拾兩青州府屬日照縣加編捌拾兩益都縣加編陸拾兩昌樂臨朐二縣各加編伍拾兩壽光諸城莒州安丘沂水博興樂安高苑蒙陰九州縣各加編叁拾兩萊州府屬掖濰昌邑叁縣各加編壹百兩平度膠州即墨高密四州縣各加編伍拾兩登州府屬黃縣寧海各加編壹百兩招遠萊陽文登棲霞福山五縣各加編柒拾兩議處未始不詳地方里甲事宜於斯爲盡善矣



附録

山東古齊魯之國其在當時以富强甲於東諸侯歷代相仍號稱雄藩入

國朝迨今二百年中經水旱相仍或民牧不得其人用是版籍賦稅額名雖存而郡邑往往病大抵困斂非止一端而惟里甲爲甚自里甲改爲徵銀所任官司用度停支民困少甦良爲利便其規則處畫已定但

民情扭於故常良法不厭詳議如郡邑之申請者庶之陳告及　院司之裁處無非講求通變宜民之規經常可久之計然不有記籍于何遵守因爲次第其說及所以經畫之者詳著于篇以俟當事者採焉隆慶四年五月東昌府議據臨清州申本州水陸衝衢軍民雜處且兵道同城刑名繁劇輕犯之外重囚決配等項多者至百拾餘起守以禁卒拾肆人不無他虞謂宜於里甲內仍舊編僉看監甲首拾人八月內曹濮兵備道孫副使議據范縣申欲將里甲原編解人遞送文移甲首斟酌州縣衝僻量爲增益以協守



監禁押解人犯其民壯則專令守城不復他役庶賦役適均官民兩便又兗州府議據平陰縣申庫獄干係重大僉編庫禁共止陸名似不足充用民壯既責令守城押解人犯齎送公文缺人應役合無於里甲內量編看庫監夫各拾名其遞送公文押解人犯亦仍舊量派應役議上　撫院允其請又曹縣申議城池監獄縣之大事而禁子民壯二役關係匪輕舊編民壯玖拾名已革捌拾名又使之提鎖解人禁子伍名革去壹名又使之雇覓甲首力不能供至每歲包賠不下銀貳百兩矧舊規提鎖解人及看監甲首並

係里甲僉當今皆正役僱覔民何以堪謂宜復提鎖甲首之役仍僉看監甲首庶經久可行又齊河縣申議里甲舊編白夫捌拾名實力伍拾名徵銀叁拾名青夫伍拾名實力叁拾名徵銀貳拾名馬騾伍拾匹頭實力叁拾匹頭徵銀貳拾匹頭其僱馬匹又多被有馬之家勒取以致包賠不堪謂宜將本縣夫馬量加實力僱募之銀以調停之又臨邑縣申議本縣近奉重編里甲規則將該甲見年人户遵丁粮地叅之法徵銀在官置買實力馬拾匹騾陸頭召募支給草料喂養實力青白夫各拾伍名輪流走遞如不足用



於折夫馬銀內動支僱募但本縣原係下衝近東三府士夫多避省城接見不由驛遞及吏舍承差亦圖偏縣支應之便俱自本縣經過往來以致夫馬不給謂宜量加白夫肆名馬貳匹騾貳頭以省僱募又歷城縣申議原額走遞長生馬玖拾捌匹俱係拾甲朋價置買每馬壹匹見年里甲輪喂月編草料工食銀壹兩伍錢今規則內止存馬捌拾匹視舊減拾捌匹又每匹月止給草料工食壹兩叁錢伍分其馬匹除各首領官府縣兩學教官占用拾貳匹護送過往上司押解錢糧馬夫快手占用貳拾貳匹探馬捌匹以

上共占用肆拾貳匹餘止剩馬叁拾捌匹上司過往不足差撥馬夫又行重雇况本縣居於省會差用甚繁謂宜將原減馬匹草料工食及看監夫拾名照舊添復又濟陽縣申議原編馬騾拾柒匹頭倉卒雇募每馬伍錢以上似爲難支謂合將雇馬騾銀置買實力馬騾輪流走遞本年三月初六日布政司覆議移定陶縣申議得定陶偏僻小邑不甚衝繁解人遞送准添拾名每名工食銀拾貳兩分派見年里甲名下令各夫自行收討及城武縣申添提鎖夫拾名亦每名工食銀拾貳兩分派見年里甲名下令各夫自行



收討議上　撫院允其請又平陰縣民劉宗輝等赴布政司陳告見年里甲編白夫捌拾名今減至肆拾名不足差用往時白夫止於見年里甲人丁或肆名伍名朋合編夫壹名照月應當事畢歸農官民兩便近每夫壹名議定每年工食拾肆兩肆錢徵將在庫臨期雇覓而徵銀之時多至逼拷又本縣偏僻人多鄉居即庫有銀兩倉卒雇募亦無人出應官民俱稱不便謂宜仍舊朋丁編夫止用其力十年壹次雖勞而無怨矣又見年里甲各照丁糧出辦攤錢一切供應鋪陳馬匹等項取給於此但管支一節即當干見

年里甲内輪流接管應辦近有見年里長喂馬名爲無丁糧出辦攤銀貳拾肆兩外又添解子壹名此係無名差派每年雇人費用太多又接遞白夫肆拾名每年徵銀壹拾肆兩肆錢貯庫雇夫接遞不知銀兩有無徵收管夫人役假以夫少爲由每遇接送輒派鄉夫地方老人乘機詐騙爲害非細伏乞查照改正又魚臺縣申稱本縣上年里甲走遞馬驢叁拾伍匹頭青白夫役共貳百貳拾餘名委屬太多新例止編馬驢貳拾叁匹頭青白夫柒拾伍名已足應用而提鎖甲首改責民壯亦爲未便乞於里甲内添編解人甲



首夫役凡此皆紛紛自陳固難盡憑然弊端有因所宜詳究必欲使民不受累官不廢法則於酌議之間有當爲之通融者如走遞青白夫歷城縣係省會附郭用夫較煩先因見年編派不起故令通縣九則人丁出銀自上上至下下自玖錢至壹錢謂之排夫銀每歲共徵銀肆千陸百柒拾兩除青白夫支工食銀每年叁千陸百餘兩外餘銀壹千伍百兩縱有逃户拖欠每年餘銀亦在千兩之外是均徭銀力差外又有此項銀也在小民則重出壹番在經收人役則因而侵用理應議處謂宜將該縣青夫壹百陸拾名白夫

貳百名政編見年里甲内則十年之間止出一度差用既足而疲民亦甦矣章丘鄒平二縣原係下衝規則内各減青夫肆名白夫拾名今又裁革青陽店驛前項夫役應仍舊添復長清縣五路交衝用夫頗煩近縣申乞青夫仍照原編每月銀捌錢白夫每月壹兩貳錢陵縣係省北通京之路過往亦多先減青夫拾肆名白夫拾柒名應量復青夫肆名白夫柒名新泰縣本府僻縣無逾于此規則青夫貳拾陸名白夫叁拾名委用不盡應再減青夫陸名白夫伍名其青萊登三府屬州縣原係臨時雇倩事完放歸農業規



則内俱已酌量衝僻編派適中不必更改其解人齎送公文提鎖夫立名不善且有事則管押囚犯無事則營幹勾攝往往害人騙財先是　前撫院姜　重編里甲裁革此役但前項二事不可乏人若欲於青夫内輪撥則接遞又不足用謂宜於里甲皁隷内坐定拾名實力應役應差用有人而甲首不係積年亦無騙害之弊矣上宿看監庫人役原議濟南府屬每州縣編看監甲首拾名每名月給銀陸錢其看庫與守城民壯及提鎖夫輪撥兗東二府無論衝僻每州縣俱編上宿看監庫夫貳拾伍名每名月給銀陸錢

青萊登三府每州縣編上宿看監庫夫拾伍名每名月給銀肆錢伍分後通將此役革去節據平陰觀城范縣等處申稱監獄庫藏原編均徭禁庫人役數少舊規夜撥人防守謂宜照舊編復看守監庫人役已經本司議呈詳允每處復編看監更夫拾名夫看監庫役舊編名數不齊重編又將前役通革但監庫乃有司重務防守人役誠不可缺既陳請准添上宿看監更夫拾名每名月給工食銀陸錢其看庫不必添復仍於守城民壯青夫內輪流每次止撥伍名庶防守不失而民鮮勞費矣走遞馬騾驢新泰縣特僻



馬拾伍匹減叄匹留拾貳匹陵縣原額馬拾伍匹規則內減柒匹太不足用今議復肆匹共拾貳匹原額騾捌頭規則內減肆頭相應全復臨清聊城二州縣上年因裁革崇武清源二驛馬驢故各加馬貳拾匹以補走遞今貳驛馬驢准復則前項各加里甲馬匹應合免編平陰鄆城嘉祥鉅野四縣各減馬叄匹驢貳頭濮州堂邑各減馬貳匹驢叄頭冠縣減驢叄頭夏津朝城莘縣各減馬貳匹驢叄頭臨朐壽光臨淄各減馬貳匹昌邑濰縣各減馬捌匹驢壹頭黃縣減馬貳匹驢壹頭以上州縣俱常有上司使客過往經

臨及曹州寧陽益都掖縣有兵道分司駐箚曹州寧
陽各減馬貳匹驢叁頭益都減馬伍匹掖縣減馬伍
匹驢貳頭俱應全復曹縣泗水規則内各加馬壹匹驢
貳頭莒州諸城日照各加馬貳匹驢貳頭慱興加驢貳
頭寧海加驢貳頭以上州縣俱係偏僻舊編馬驢足用
應免加編惟供應銀兩先是　前撫院姜　議定應
動里甲合照舊聽支以杜冒濫但中間尚有衝而減
過僻反增多者今再量加調停歷城獨居省會上司
並處先年編有公用銀分定衙門聽支上年通革即
今各衙門凡遇公行事務取諸該縣遂以排夫銀填
補今照排夫係額外又議當革而各衙門公務勢不



可已若止編捌百兩何以支吾宜於里甲每年編銀
壹千貳百兩方爲經久可行其陵縣原額銀叁百兩
規則内減壹百兩與海豐霑化等縣壹例果不足用
今議量復伍拾兩曹縣原額銀肆百伍拾兩顧其地
無甚衝要比之不衝州縣已多貳百伍拾兩重編又
加伍拾兩及泗水費縣上年各加壹百兩慱平加叁
拾兩各縣偏僻加之甚無謂相應免加壽張縣原係
不衝編銀貳百兩今分巡東兗道移駐于此應加銀
叁拾兩臨清州原額銀捌百兩規則内減壹百兩該

州水陸通衢分司兵道駐劄况自來原於均徭編銀捌百所減應合全復恩縣上年與高唐同加各伍拾兩高唐路通山陜加之允當恩縣不通省路與膠州高密即墨三州縣原銀壹百伍拾兩上年各加伍拾兩寧海州加壹百兩招遠萊陽文登棲霞福山伍縣各加米拾兩以上州縣俱極偏僻理應裁革隆慶伍年濟南府爲供應不足議呈

巡撫都御史梁　批行布按貳司查將該府并所屬州縣每年供應銀兩斟酌繁簡再加審處通行六府計議務使官民相安公用無缺里甲免致科派求爲經久可行之計然費在郡邑雖有必不可已之經而用在守令又各有奢儉之性故公用銀數大亦爲之節焉爾中間有慎守而分毫不病于民者庸亦有公用派徵而仍取用于里甲者法制防奸豈能禁人手足亦惟在良有司念民病之已亟額派之已羸加意儉縮若理家事焉則雖無限覺察而自然節愛里甲之困其有瘳乎

山東經會録卷之十終

# 驛傳横圖

濟南府所屬

| | 歷城縣 | 章丘縣 | 齊河縣 |
|---|---|---|---|
| 原額站地 | 原額入站地貳千柒百貳拾頃每頃折站地玖拾畝共折地貳千肆百肆拾捌頃實徵銀貳千肆百肆拾捌兩 | 原額入站地肆千壹百叁拾頃每頃折站地玖拾畝共折地叁千柒百壹拾柒頃實徵銀叁千柒百壹拾柒兩 | 原額入站地壹千捌百肆拾肆頃每頃折站地玖拾畝共折地壹千陸百伍拾玖頃陸拾畝實徵銀壹千陸百伍拾玖兩陸錢 |
| 馬匹 | 本府譚城馬驛中馬拾柒匹每匹站地捌拾頃共地壹千叁百陸拾頃 | 本府歷城縣龍山鎮馬驛中馬拾伍匹每匹站地捌拾頃共地壹千貳百頃本府譚城馬驛中馬拾伍匹每匹站地捌拾頃共地壹千貳百頃 | 本縣晏城馬驛中馬拾伍匹每匹站地捌拾頃共地壹千貳百頃 |
| 驢頭 | 本府譚城馬驛驢陸頭每頭站地貳拾伍頃共地壹百伍拾頃 | 本府歷城縣龍山鎮馬驛驢陸頭每頭站地貳拾伍頃共地壹百伍拾頃 | 本縣晏城馬驛驢拾頭每頭站地貳拾伍頃共地貳百伍拾頃 |
| 水夫車夫 | 本府西關遞運所車夫玖拾叁名捌分每名站地壹拾頃共地玖百叁拾捌頃 | 本府譚城馬驛驢陸頭每頭站地貳拾伍頃共地壹百伍拾頃 | 本縣晏城馬驛車夫貳拾名玖分陸鳌每名站地拾頃共地貳百玖頃陸拾畝 |
| 幫貼糧僉馬價 | | 本府歷城縣龍山鎮馬驛車夫柒拾名每名站地拾頃共地柒百頃 | |
| 餘站 | | 本府西關遞運所車夫叁拾壹名柒分每名站地壹拾頃共地叁百壹拾柒頃 | |

## 驛傳橫圖

| | 原額站地 | 馬匹 | 驢頭 | 水夫車夫 | 幫貼糧僉馬價 | 餘站 |
|---|---|---|---|---|---|---|
| 長清縣 | 原額入站地貳千肆百壹拾貳頃肆畝每頃折站地玖拾畝共折地貳千壹百柒拾頃捌拾肆畝實徵銀貳千壹百柒拾兩捌錢肆分 | 本縣東北置馬驛中馬貳拾貳匹每匹站地捌拾頃共地壹千柒百陸拾頃肥城縣五寧驛中馬貳匹每匹站地捌拾頃共地壹百陸拾頃 | 本縣東北置馬驛驢拾頭每頭站地貳拾伍頃共地貳百伍拾頃 | 安德等拾肆驛幫貼糧僉馬價站地捌拾肆畝 | | |
| 青城縣 | 原額入站地玖百捌拾伍頃每頃折站地玖拾畝共折地捌百捌拾陸頃伍拾畝實徵銀捌百捌拾陸兩伍錢 | 東昌府武城縣甲馬營遞運所原編水夫肆拾肆名肆分伍釐每名站地拾陸頃共地柒百壹拾壹頃貳拾畝 | 安德等拾肆驛幫貼糧僉馬價站地壹百柒拾伍頃叁拾畝 | | | |
| 臨邑縣 | 原額入站地壹千陸百捌拾捌頃每頃折站地玖拾畝共折地壹千伍百壹拾玖頃貳拾畝實徵銀壹千伍百壹拾玖兩貳錢 | 禹城縣劉普馬驛中馬柒匹每匹站地捌拾頃共地伍百陸拾頃 | 禹城縣劉普馬驛車夫貳拾肆名柒分柒釐該站地貳百肆拾柒頃柒拾畝 | 平原縣桃園馬驛車夫壹拾貳名貳分伍釐該站地壹百貳拾貳頃伍拾畝 | 德州遞運所車夫伍拾貳名該站地伍百貳拾頃齊河縣晏城馬驛車夫陸名玖分該站地陸拾玖頃 | |
| 禹城縣 | 原額入站地壹千捌百肆拾柒頃每頃折站地玖拾畝共折地壹千陸百陸拾貳頃叁拾畝實徵銀壹千陸百陸拾貳兩叁錢 | 本縣劉普馬驛中馬拾貳匹每匹站地捌拾頃共地玖百陸拾頃 | 本縣劉普馬驛驢拾頭每頭站地貳拾伍頃共地貳百伍拾頃 | 本縣劉普馬驛車夫肆拾伍名貳分叁釐每名站地拾頃共地肆百伍拾貳頃叁拾畝 | | |

# 驛傳横圖

| | 淄川縣 | 齊東縣 | 鄒平縣 | 長山縣 |
|---|---|---|---|---|
| 原額站地 | 原額入站地壹千陸百玖拾捌頃肆拾肆畝每頃折站地玖拾畝共折地壹千伍百貳拾捌頃陸拾畝實徵銀壹千伍百貳拾捌兩陸錢 | 原額入站地貳千貳百肆拾頃每頃折站地玖拾畝共折地貳千拾陸頃實徵銀貳千壹拾陸兩 | 原額入站地貳千肆百玖拾叁頃玖拾陸畝陸分貳釐每頃折站地捌拾畝共折地壹千玖百玖拾伍頃壹拾柒畝實徵銀壹千玖百玖拾伍兩壹錢柒分 | 原額入站地貳千叁百頃每頃折站地玖拾畝共折地貳千柒拾頃實徵銀貳千柒拾兩 |
| 馬匹 | 兖州府東阿縣舊縣馬驛中馬柒匹每匹站地捌拾頃共地伍百陸拾頃 | 東昌府清平縣清陽水驛水夫肆拾名每名站地拾陸頃共地陸百肆拾頃 | 本縣青陽店馬驛中馬拾伍匹每匹站地捌拾頃共地壹千貳百頃 | 本縣白山馬驛中馬拾伍匹每匹站地捌拾頃共地壹千貳百頃 |
| 驢頭 | 汶上縣開河水驛水夫陸拾名每名站地拾陸頃共地玖百陸拾頃 | 東昌府遞運所水夫捌拾陸名每名站地拾陸頃共地壹千叁百柒拾陸頃 | 本縣青陽店馬驛驢陸頭每頭站地貳拾伍頃共地壹百伍拾頃 | 本縣白山馬驛驢陸頭每頭站地貳拾伍頃共地壹百伍拾頃 |
| 水夫車夫 | 安德等拾肆馬驛幫貼糧僉馬價站地捌頃陸拾畝 | | 東昌府遞運所水夫叁拾肆名叁分柒釐伍毫每名站地拾陸頃共地伍百伍拾頃 | 東昌府遞運所水夫伍名每名站地拾陸頃共地捌拾頃 |
| 幫貼糧僉馬價 | | | 安德等拾肆馬驛幫貼糧僉馬價站地玖拾伍頃壹拾柒畝 | 東昌府崇武水驛水夫肆拾名每名站地壹拾陸頃共地陸百肆拾頃 |
| 餘站 | | | | |

# 驛傳橫圖

| | 肥城縣 | 新城縣 | 濟陽縣 | 陵縣 |
|---|---|---|---|---|
| 原額站地 | 原額入站地壹千陸拾頃每頃折站地玖拾畝共折地玖百伍拾肆頃實徵銀玖百伍拾肆兩 | 原額入站地捌百貳拾玖頃每頃折站地柒拾畝共折地伍百捌拾頃叁拾畝實徵銀伍百捌拾兩叁錢 | 原額入站地壹千玖百伍拾捌頃每頃折站地捌拾畝共折地壹千伍百陸拾陸頃肆拾畝實徵銀壹千伍百陸拾陸兩肆錢 | 原額入站地壹千叁百捌拾伍頃每頃折站地玖拾畝共折地壹千貳百肆拾陸頃伍拾畝實徵銀壹千貳百肆拾陸兩伍錢 |
| 馬匹 | 本縣五寧馬驛中馬拾匹每匹站地捌拾頃共地捌百頃 | 東昌府武城縣甲馬營遞運所水夫叁拾陸名貳分柒釐每名站地拾陸頃共地伍百捌拾頃叁拾畝 | 本府齊河縣晏城馬驛中馬伍匹每匹站地捌拾頃共地肆百頃 | 本府德州安德馬驛中馬拾貳匹每匹站地捌拾頃共地玖百陸拾頃 |
| 驢頭 | 本縣五寧馬驛驢陸頭每頭站地貳拾伍頃共地壹百伍拾頃 | | 本府西關遞運所車夫柒拾肆名伍分每名站地拾頃共地柒百肆拾伍頃 | 本府德州安德馬驛驢拾頭每頭站地貳拾伍頃共地貳百伍拾頃 |
| 水夫車夫 | 安德等拾肆馬驛幫貼糧僉馬價站地肆頃 | | 本府齊河縣晏城馬驛車夫肆拾貳名壹分肆釐每名站地拾頃共地肆百貳拾頃壹拾肆畝 | 本府德州遞運所車夫叁名叁分每名站地拾頃共地叁拾叁頃 |
| 幫貼糧僉馬價 | | | | 安德等拾肆馬驛幫貼糧僉馬價站地叁頃伍拾畝 |
| 餘站 | | | | |

# 驛傳橫圖

| | 武定州 | 陽信縣 | 商河縣 | 海豐縣 |
|---|---|---|---|---|
| 原額站地 | 原額入站地叁千柒百貳拾捌頃捌拾柒畝叁分每頃折站地捌拾畝共折地貳千玖百捌拾叁頃壹拾畝實徵銀貳千玖百捌拾叁兩壹錢 | 原額入站地貳千柒百陸拾頃每頃折站地玖拾畝共折地貳千肆百捌拾肆頃實徵銀貳千肆百捌拾肆兩 | 原額入站地貳千肆百肆拾伍頃每頃折站地玖拾畝共折地貳千貳百頃伍拾畝實徵銀貳千貳百兩伍錢 | 原額入站地壹千叁百伍拾頃每頃折站地柒拾畝共折地玖百肆拾伍頃實徵銀玖百肆拾伍兩 |
| 馬匹 | 本府德州安德馬驛中馬陸匹每匹站地捌拾頃共地肆百捌拾頃 | 本府德州安德馬驛中馬伍匹每匹站地捌拾頃共地肆百頃 | 本府德州安德水驛水夫陸拾名每名站地拾陸頃共地玖百陸拾頃 | 本府德州梁家莊水驛水夫伍拾名每名站地拾陸頃共地捌百頃 |
| 驢頭 | 兗州府東阿縣銅城馬驛中馬拾壹匹每匹站地捌拾頃共地捌百捌拾頃 | 本府德州梁家莊水驛水夫柒拾名每名站地拾陸頃共地壹千壹百貳拾頃 | 本府德州遞運所水夫伍拾柒名每名站地拾陸頃共地玖百壹拾貳頃 | 本府德州遞運所水夫玖名每名站地拾陸頃共地壹百肆拾肆頃 |
| 水夫車夫 | 東昌府臨清州遞運所水夫陸拾伍名壹分叁釐伍毫每名站地拾陸頃共地壹千肆拾貳頃壹拾陸畝 | 安德等拾肆馬驛幫貼糧僉馬價站地玖百陸拾肆頃 | 本府德州良店水驛水夫貳拾名每名站地拾陸頃共地叁百貳拾頃 | 安德等拾肆馬驛幫貼糧僉馬價站地壹頃 |
| 幫貼糧僉馬價 | 安德等拾肆馬驛幫貼糧僉馬價站地伍百捌拾頃玖拾肆畝 | | 安德等拾肆馬驛幫貼糧僉馬價站地捌頃伍拾畝 | |
| 餘站 | | | | |

## 驛傳橫圖

| | 樂陵縣 | 德州 | 德平縣 | 平原縣 |
|---|---|---|---|---|
| 原額站地 | 原額入站地貳千貳百陸拾頃每頃折站地玖拾畝共折地貳千叁拾肆頃實徵銀貳千叁拾肆兩 | 原額入站地壹千叁百叁拾頃每頃折站地玖拾畝共折地壹千壹百玖拾柒頃實徵銀壹千壹百玖拾柒兩 | 原額入站地壹千伍百肆拾頃每頃折站地玖拾畝共折地壹千叁百捌拾陸頃實徵銀壹千叁百捌拾陸兩 | 原額入站地貳千叁百柒拾伍頃每頃折站地玖拾畝共折地貳千壹百叁拾柒頃伍拾畝實徵銀貳千壹百叁拾柒兩伍錢 |
| 馬匹 | 直隸滄州長蘆遞運所水夫捌名每名站地拾陸頃共地壹百貳拾捌頃 | 本州安德馬驛中馬拾匹每匹站地捌拾頃共地捌百頃 | 本府德州安德馬驛中馬拾匹每匹站地捌拾頃共地捌百頃 | 本縣桃園馬驛中馬拾柒匹每匹站地捌拾頃共地壹千叁百陸拾頃 |
| 驢頭 | 本府德州良店水驛水夫壹百名每名站地拾陸頃共地壹千陸百頃 | 本州安德馬驛驢拾頭每頭站地貳拾伍頃共地貳百伍拾頃 | 本府德州安德馬驛驢拾頭每頭站地貳拾伍頃共地貳百伍拾頃 | 本縣桃園馬驛驢捌頭每頭站地貳拾伍頃共地貳百頃 |
| 水夫車夫 | 本府德州遞運所水夫拾玖名每名站地拾陸頃共地叁百肆頃 | 本州遞運所車夫拾肆名柒分每名站地拾頃共地壹百肆拾柒頃 | 直隸滄州遞運所水夫柒名每名站地拾陸頃共地壹百壹拾貳頃 | 本縣桃園馬驛車夫伍拾柒名柒分伍釐每名站地拾頃共地伍百柒拾柒頃伍拾畝 |
| 幫貼糧僉馬價 | 安德等拾肆馬驛幫貼糧僉馬價站地貳頃 | | 直隸吴橋縣連窩水驛水夫拾肆名每名站地拾陸頃共地貳百貳拾肆頃 | |
| 餘站 | | | | |

# 驛傳橫圖

| | 泰安州 | 新泰縣 | 萊蕪縣 | 濱州 |
|---|---|---|---|---|
| 原額站地 | 原額入站地貳千玖百伍拾貳頃玖拾畝陸分每頃折站地玖拾畝共折地貳千陸百伍拾柒頃陸拾貳畝實徵銀貳千陸百伍拾柒兩陸錢貳分 | 原額入站地壹千貳拾頃每頃折站地捌拾畝共折地捌百壹拾陸頃實徵銀捌百壹拾陸兩 | 原額入站地貳千伍拾頃每頃折站地捌拾畝共折地壹千陸百肆拾頃實徵銀壹千陸百肆拾兩 | 原額入站地叁千玖百壹拾伍頃叁拾柒畝柒分伍釐叁毫每頃折站地玖拾畝共折地叁千伍百貳拾叁頃捌拾肆畝實徵銀叁千伍百貳拾叁兩捌錢肆分 |
| 馬匹 | 肥城縣五寧驛中馬陸匹每匹站地捌拾頃共地肆百捌拾頃兖州府鄒縣界河馬驛中馬拾壹匹每匹站地捌拾頃共地捌百捌拾頃 | 兖州府濟寧州遞運所水夫伍拾壹名每名站地拾陸頃共地捌百壹拾陸頃 | 兖州府東平州東原馬驛中馬肆匹每匹站地捌拾頃共地叁百貳拾頃 | 兖州府東阿縣銅城馬驛中馬拾匹每匹站地捌拾頃共地捌百頃 |
| 驢頭 | 兖州府汶上縣新橋馬驛驢拾壹頭每頭站地貳拾伍頃共地貳百柒拾伍頃 | | 兖州府東平州東原馬驛驢玖頭每頭站地貳拾伍頃共地貳百貳拾伍頃 | 德州安德水驛水夫陸拾名該站地玖百陸拾頃 |
| 水夫車夫 | 兖州府魚臺縣穀亭遞運所水夫陸拾叁名玖分壹釐肆毫每名站地拾陸頃共地壹千貳拾貳頃陸拾貳畝 | | 兖州府東平州安山水驛水夫肆拾名每名站地拾陸頃共地陸百肆拾頃 | 東昌府臨清州清源水驛水夫陸拾名該站地玖百陸拾頃 |
| 幫貼糧僉馬價 | | | 兖州府濟寧州遞運所水夫貳拾捌名肆分叁釐柒毫每名站地拾陸頃共地肆百伍拾伍頃 | 東昌府臨清州遞運所水夫伍拾名貳分肆釐該站地捌百叁頃捌拾肆畝 |
| 餘站 | | | | |

# 驛傳橫圖

兗州府所屬

| | 蒲臺縣 | 霑化縣 | 利津縣 | 濟寧州 |
| --- | --- | --- | --- | --- |
| 原額站地 | 原額入站地貳千伍百頃每頃折站地柒拾畝共折地壹千柒百伍拾頃實徵銀壹千柒百伍拾兩 | 原額入站地壹千叁百捌拾頃每頃折站地柒拾畝共折地玖百陸拾陸頃實徵銀玖百陸拾陸兩 | 原額入站地壹千陸百陸拾頃每頃折站地柒拾畝共折地壹千壹百陸拾貳頃實徵銀壹千壹百陸拾貳兩 | 原額入站地叁千壹百肆拾頃每頃折站地玖拾畝共折地貳千捌百貳拾陸頃實徵銀貳千捌百貳拾陸兩 |
| 馬匹 | 直隸吴橋縣連窩遞運所水夫貳名每名站地拾陸頃共地叁拾貳頃 | 德州遞運所水夫陸拾名每名站地拾陸頃共地玖百陸拾頃 | 德州遞運所水夫柒拾名每名站地拾陸頃共地壹千壹百貳拾頃 | 本州南城水馬驛水夫壹百貳拾名每名站地拾陸頃共地壹千玖百貳拾頃 |
| 驢頭 | 德州遞運所水夫壹百伍名每名站地拾陸頃共地壹千陸百捌拾頃 | 安德等拾肆馬驛幫貼糧僉馬價站地陸頃 | 安德等拾肆馬驛幫貼糧僉馬價站地肆拾貳頃 | 濟寧州遞運所水夫伍拾陸名陸分貳釐伍毫每名站地拾陸頃共地玖百陸頃 |
| 水夫車夫 | 安德等拾肆馬驛幫貼糧僉馬價站地叁拾捌頃 | | | |
| 幫貼糧僉馬價 | | | | |
| 餘站 | | | | |

# 驛傳橫圖

| | 嘉祥縣 | 鉅野縣 | 鄆城縣 | 曹州 |
|---|---|---|---|---|
| 原額站地 | 原額入站地捌百頃每頃折站地玖拾畝共折地柒百貳拾頃實徵銀柒百貳拾兩 | 原額入站地壹千肆百頃每頃折站地捌拾畝共折地壹千壹百貳拾頃實徵銀壹千壹百貳拾兩 | 原額入站地壹千陸拾頃每頃折站地玖拾畝共折地玖百伍拾肆頃實徵銀玖百伍拾肆兩 | 原額入站地壹千捌百壹拾捌頃陸拾畝每頃折站地玖拾畝共折地壹千陸百叁拾陸頃柒拾肆畝實徵銀壹千陸百叁拾陸兩柒錢肆分 |
| 馬匹 | 東平州東原馬驛中馬伍匹每匹站地捌拾頃共地肆百頃 | 東平州東原馬驛中馬捌匹每匹站地捌拾頃共地陸百肆拾頃 | 東阿縣銅城馬驛中馬柒匹每匹站地捌拾頃共地伍百陸拾頃 | 本府昌平馬驛中馬貳拾匹每匹站地捌拾頃共地壹千陸百頃 |
| 驢頭 | 東平州金綫閘遞運所水夫貳拾名每名站地拾陸頃共地叁百貳拾頃 | 東平州金綫閘遞運所水夫叁拾名每名站地拾陸頃共地肆百捌拾頃 | 東阿縣舊縣驛驢拾頭每頭站地貳拾伍頃共地貳百伍拾頃 | 濟寧州遞運所水夫貳名貳分玖釐陸毫每名站地拾陸頃共地叁拾陸頃柒拾肆畝 |
| 水夫車夫 | | | 東平州安山水驛水夫玖名每名站地拾陸頃共地壹百肆拾肆頃 | |
| 幫貼糧僉馬價 | | | | |
| 餘站 | | | | |

## 驛傳橫圖

| | 定陶縣 | 曹縣 | 城武縣 | 單縣 |
|---|---|---|---|---|
| 原額站地 | 原額入站地伍百肆拾頃每頃折站地玖拾畝共折地肆百捌拾陸頃實徵銀肆百捌拾陸兩 | 原額入站地貳千伍拾陸頃每頃折站地玖拾畝共折地壹千捌百伍拾頃肆拾畝實徵銀壹千捌百伍拾兩肆錢 | 原額入站地壹千壹百肆拾頃每頃折站地玖拾畝共折地壹千貳拾陸頃實徵銀壹千貳拾陸兩 | 原額入站地貳千柒百貳拾頃每頃折站地玖拾畝共折地貳千肆百肆拾捌頃實徵銀貳千肆百肆拾捌兩 |
| 馬匹 | 東阿縣銅城馬驛中馬叁匹每匹站地捌拾頃共地貳百肆拾頃 | 鄒縣郲城馬驛中馬拾壹匹每匹站銀捌拾頃共地捌百捌拾頃 | 東阿縣舊縣馬驛中馬陸匹每匹站地捌拾頃共地肆百捌拾頃 | 鄒縣郲城馬驛中馬拾匹每匹站地捌拾頃共地捌百頃鄒縣界河驛中馬拾匹每匹站地捌拾頃共地捌百頃 |
| 驢頭 | 東阿縣銅城馬驛驢陸頭每頭站地貳拾伍頃共地壹百伍拾頃 | 鄒縣界河馬馬驛中馬拾匹每匹站地捌拾頃共地捌百頃 | 東阿縣舊縣馬驛驢捌頭每頭站地貳拾伍頃共地貳百頃 | 鄒縣郲城馬驛驢玖頭每頭站地貳拾伍頃共地貳百貳拾伍頃 |
| 水夫車夫 | 東平州安山水驛水夫陸名每名站地拾陸頃共地玖拾陸頃 | 魚臺縣穀亭遞運所水夫拾名陸分伍釐每名站地拾陸頃共地壹百柒拾頃肆拾畝 | 濟寧州遞運所水夫貳拾壹名陸分貳釐伍毫每名站地拾陸頃共地叁百肆拾陸頃 | 鄒縣界河馬驛驢玖頭每頭站地貳拾伍頃共地貳百貳拾伍頃 |
| 幫貼糧僉馬價 | | | | 魚臺縣穀亭遞運所水夫貳拾肆名捌分柒釐伍毫每名站地拾陸頃共地叁百玖拾捌頃 |
| 餘站 | | | | |

# 驛傳橫圖

| | 金鄉縣 | 魚臺縣 | 東平州 | 汶上縣 |
|---|---|---|---|---|
| 原額站地 | 原額入站地壹千玖百貳拾頃每頃折站地柒拾畝共折地壹千叁百肆拾肆頃實徵銀壹千叁百肆拾肆兩 | 原額入站地壹千肆百肆拾頃每頃折站地柒拾畝共折地壹千捌頃實徵銀壹千捌兩 | 原額入站地壹千捌百陸拾頃每頃折站地玖拾畝共折地壹千陸百柒拾肆頃實徵銀壹千陸百柒拾肆兩 | 原額入站地叁千叁百肆拾頃每頃折站地玖拾畝共折地叁千陸頃實徵銀叁千陸兩 |
| 馬匹 | 濟寧州南城水驛水夫貳拾名每名站地拾陸頃共地叁百貳拾頃 | 本縣河橋水驛水夫貳拾名每名站地拾陸頃共地叁百貳拾頃 | 本州東原馬驛中馬拾伍匹每匹站地捌拾頃共地壹千貳百頃 | 本縣新橋驛中馬叁拾貳匹每匹站地捌拾頃共地貳千伍百陸拾頃 |
| 驢頭 | 魚臺縣河橋水驛水夫陸拾肆名每名站地拾陸頃共地壹千貳拾肆頃 | 本縣穀亭遞運所水夫肆拾叁名每名站地拾陸頃共地陸百捌拾捌頃 | 本州東原馬驛驢拾頭每頭站地貳拾伍頃共地貳百伍拾頃 | 本縣新橋驛驢拾肆頭每頭站地貳拾伍頃共地叁百伍拾頃 |
| 水夫車夫 | | | 本州金綫閘遞運所水夫拾肆名每名站地拾陸頃共地貳百貳拾肆頃 | 東平州安山水驛水夫陸名每名站地拾陸頃共地玖拾陸頃 |
| 幫貼糧僉馬價 | | | | |
| 餘站 | | | | |

## 驛傳橫圖

| | 東阿縣 | 平陰縣 | 陽穀縣 | 壽張縣 |
|---|---|---|---|---|
| 原額站地 | 原額入站地壹千柒百肆拾頃每頃折站地玖拾畝共折地壹千伍百陸拾陸頃實徵銀壹千伍百陸拾陸兩 | 原額入站地壹千叁百肆拾頃每頃折站地玖拾畝共折地壹千貳百陸頃實徵銀壹千貳百陸兩 | 原額入站地叁千伍百捌拾頃每頃折站地玖拾畝共折地叁千貳百貳拾貳頃實徵銀叁千貳百貳拾貳兩 | 原額入站地柒百頃每頃折站地玖拾畝共折地陸百叁拾頃實徵銀陸百叁拾兩 |
| 馬匹 | 本縣銅城馬驛中馬柒匹每匹站地捌拾頃共地伍百陸拾頃本縣舊馬驛中馬柒匹每匹站地捌拾頃共地伍百陸拾頃 | 本府滋陽縣新嘉驛中馬柒匹每匹站地捌拾頃共地伍百陸拾頃 | 東阿縣舊縣馬驛中馬拾捌匹每匹站地捌拾頃共地壹千肆百肆拾頃 | 東平州東原馬驛中馬陸匹每匹折站地捌拾頃共地肆百捌拾頃 |
| 驢頭 | 本縣銅城馬驛驢柒頭每頭站地貳拾伍頃共地壹百柒拾伍頃 | 本府滋陽縣新嘉驛驢拾頭每頭站地貳拾伍頃共地貳百伍拾頃 | 滋陽縣新嘉馬驛驢拾頭每頭站地貳拾伍頃共地貳百伍拾頃 | 東平州東原馬驛驢陸頭每頭站地貳拾伍頃共地壹百伍拾頃 |
| 水夫車夫 | 本縣舊縣馬驛驢柒頭每頭站地貳拾伍頃共地壹百柒拾伍頃 | 東阿縣銅城驛驢拾貳頭每頭站地貳拾伍頃共地叁百頃 | 本縣荊門水驛水夫陸拾名每名站地拾陸頃共地玖百陸拾頃 | |
| 幫貼糧僉馬價 | 東平州安山水驛水夫陸名每名站地拾陸頃共地玖拾陸頃 | 東平州安山水驛水夫陸名每名站地拾陸頃共地玖拾陸頃 | 東平州金綫閘遞運所水夫叁拾伍名柒分伍釐每名站地拾陸頃共地伍百柒拾貳頃 | |
| 餘站 | | | | |

## 驛傳横圖

| | 寧陽縣 | 滋陽縣 | 鄒縣 | 滕縣 |
|---|---|---|---|---|
| 原額站地 | 原額入站地貳千壹百頃每頃折站地玖拾畝共地壹千捌百玖拾頃實徵銀壹千捌百玖拾兩 | 原額入站地壹千柒百壹拾捌頃陸拾肆畝伍分叁釐玖毫每頃折站地玖拾畝共折地壹千伍百肆拾陸頃柒拾捌畝實徵銀壹千伍百肆拾陸兩柒錢捌分 | 原額入站地貳千叁百頃每頃折站地捌拾畝共地壹千捌百肆拾頃實徵銀壹千捌百肆拾兩 | 原額入站地肆千伍百捌拾頃每頃折站地柒拾畝共折地叁千貳百陸頃實徵銀叁千貳百陸兩 |
| 馬匹 | 本縣青川村驛中馬拾伍匹每匹站地捌拾頃共地壹千貳百頃 | 本縣新嘉驛中馬拾匹每匹站地捌拾頃共地捌百頃 | 鄒縣界河驛中馬柒匹每匹站地捌拾頃共地伍百陸拾頃 | 本縣滕陽驛中馬拾叁匹每匹站地捌拾頃共地壹千肆拾頃本縣臨城驛中馬拾叁匹每匹站地捌拾頃共地壹千肆拾頃 |
| 驢頭 | 本縣青川村驛驢陸頭每頭站地貳拾伍頃共地壹百伍拾頃 | 昌平驛驢貳拾伍頭每頭站地貳拾伍頃共地陸百貳拾伍頃 | 本縣邾城驛中馬陸匹每匹站地捌拾頃共地肆百捌拾頃 | 本縣滕陽驛驢拾玖頭每頭站地貳拾伍頃共地肆百柒拾伍頃本縣臨城驛驢拾玖頭每頭站地貳拾伍頃共地肆百柒拾伍頃 |
| 水夫車夫 | 本州金綫閘遞運所水夫叁拾叁名柒分伍釐每名折站地拾陸頃共地伍百肆拾頃 | 魚臺縣穀亭遞運所水夫柒名陸分壹釐壹毫每名站地拾陸頃共地壹百貳拾壹頃柒拾捌畝 | 本縣界河驛驢拾陸頭每頭站地貳拾伍頃共地肆百頃 | 濟寧州遞運所水夫拾壹名每名站地拾陸頃共地壹百柒拾陸頃 |
| 幫貼糧僉馬價 | | | 本縣邾城驛驢拾陸頭每頭站地貳拾伍頃共地肆百頃 | |
| 餘站 | | | | |

# 驛傳橫圖

| | 嶧縣 | 沂州 | 郯城縣 | 四水縣 |
| --- | --- | --- | --- | --- |
| 原額站地 | 原額入站地壹千捌百肆拾頃每頃折站地柒拾畝共折地壹千貳百捌拾捌頃實徵銀壹千貳百捌拾捌兩 | 原額入站地柒千壹百肆拾頃每頃折站地柒拾畝共折地肆千玖百玖拾捌頃實徵銀肆千玖百玖拾捌兩 | 原額入站地叄千肆百陸拾頃每頃折站地柒拾頃共折地貳千肆百貳拾貳頃實徵銀貳千肆百貳拾貳兩 | 原額入站地壹千陸拾頃每頃折站地柒拾畝共折地柒百肆拾貳頃實徵銀柒百肆拾貳兩 |
| 馬匹 | 魚臺縣河橋水驛水夫叄拾名每名站地拾陸頃共地肆百捌拾頃 | 滋陽縣新嘉驛中馬玖匹每匹站地捌拾頃共地柒百貳拾頃汶上縣新橋驛中馬陸匹每匹站地捌拾頃共地肆百捌拾頃 | 滕縣臨城馬驛中馬拾匹每匹站地捌拾頃共地捌百頃 | 本府濟寧州遞運所水夫拾玖名叄分柒釐伍毫每名站地拾陸頃共地叄百壹拾頃 |
| 驢頭 | 東平州金綫閘遞運所水夫伍拾名半每名站地拾陸頃共地捌百捌頃 | 本府昌平馬驛中馬拾捌匹每匹站地捌拾頃共地壹千肆百肆拾頃 鄒縣邾城驛中馬拾壹匹每匹站地捌拾頃共地捌百捌拾頃 | 滕縣臨城馬驛驢陸頭每頭站地貳拾伍頃共地壹百伍拾頃 | 東平州安山水驛水夫貳拾柒名每名站地拾陸頃共地肆百叄拾貳頃 |
| 水夫車夫 | | 濟寧州遞運所水夫陸拾貳名叄分柒釐伍毫每名站地拾陸頃共地玖百玖拾捌頃 | 魚臺縣河橋水驛水夫貳拾名每名站地拾陸頃共地叄百貳拾頃 | |
| 幫貼糧僉馬價 | | 魚臺縣穀亭遞運所水夫叄拾名每名站地拾陸頃共地肆百捌拾頃 | 魚臺縣穀亭遞運所水夫柒拾貳名每名站地拾陸頃共地壹千壹百伍拾貳頃 | |
| 餘站 | | | | |

# 驛傳横圖

東昌府所屬

| | 曲阜縣 | 費縣 | 聊城縣 | 臨清州 |
|---|---|---|---|---|
| 原額站地 | 原額入站地玖百頃每頃折站地柒拾畝共折地陸百叁拾頃實徵銀陸百叁拾兩 | 原額入站地肆千壹百捌拾頃每頃折站地柒拾畝共折地貳千玖百貳拾陸頃實徵銀貳千玖百貳拾陸兩 | 原額入站地壹千陸百肆拾頃每頃折地玖拾畝共折地壹千肆百柒拾陸頃實徵銀壹千肆百柒拾陸兩 | 原額入站地貳千伍百肆拾頃每頃折站地玖拾畝共折地貳千貳百捌拾陸頃實徵銀貳千貳百捌拾陸兩 |
| 馬匹 | 扣留水夫貳拾伍名該折站地叁百伍拾頃照舊仍存本縣走遞 | 滕縣滕陽馬驛中馬拾匹每匹站地捌拾頃共地捌百頃 | 本府崇武水馬驛水夫伍拾名每名站地拾陸頃共地捌百頃 | 本州清源水驛水夫柒拾名每名站地拾陸頃共地壹千壹百貳拾頃 |
| 驢頭 | 滋陽縣新嘉馬驛中馬貳匹每匹站地捌拾頃共地壹百陸拾頃 | 汶上縣開河水驛水夫陸拾名每名站地拾陸頃共地玖百陸拾頃 | 本府遞運所水夫肆拾貳名貳分伍釐每名站地拾陸頃共地陸百柒拾陸頃 | 本州遞運所水夫柒拾貳名捌分柒釐伍毫每名站地拾陸頃共地壹千壹百陸拾陸頃 |
| 水夫車夫 | 濟寧州遞運所水夫柒名陸釐叁毫每名站地拾陸頃共地壹百壹拾叁頃 | 濟寧州遞運所水夫柒拾貳名捌分柒釐伍毫每名站地拾陸頃共地壹千壹百陸拾陸頃 | | |
| 幫貼糧僉馬價 | 餘站地柒頃 | | | |
| 餘站 | | | | |

# 驛傳橫圖

| | 茌平縣 | 冠縣 | 恩縣 | 清平縣 |
|---|---|---|---|---|
| 原額站地 | 原額入站地貳千壹百捌拾頃每頃折站地玖拾畝共折地壹千玖百陸拾貳頃實徵銀壹千玖百陸拾貳兩 | 原額入站地貳千貳百頃每頃折站地玖拾畝共折地壹千玖百捌拾頃實徵銀壹千玖百捌拾兩 | 原額入站地貳千貳百捌拾頃每頃折站地玖拾畝共折地貳千伍拾貳頃實徵銀貳千伍拾貳兩 | 原額入站地壹千叁百陸拾頃每頃折地玖拾畝共折地壹千貳百貳拾肆頃實徵銀壹千貳百貳拾肆兩 |
| 馬匹 | 本縣茌山馬驛中馬貳拾匹每匹站地捌拾頃共地壹千陸百頃 | 臨清州清源水驛水夫叁拾名每名站地拾陸頃共地肆百捌拾頃 | 本縣太平馬驛中馬貳拾匹每匹站地捌拾頃共地壹千陸百頃 | 高唐州魚丘馬驛中馬捌匹每匹站地捌拾頃共地陸百肆拾頃 |
| 驢頭 | 本縣茌山馬驛驢拾頭每頭站地貳拾伍頃共地貳百伍拾頃 | 臨清州遞運所水夫柒拾叁名柒分伍釐每名站地拾陸頃共地壹千壹百捌拾頃 | 本縣太平馬驛驢拾貳頭每頭站地貳拾伍頃共地叁百頃 | 本縣清陽水驛水夫叁拾名每名站地拾陸頃共地肆百捌拾頃 |
| 水夫車夫 | 東昌府遞運所水夫柒名每名站地拾陸頃共地壹百壹拾貳頃 | 武城縣甲馬營水驛水夫貳拾名每名站地拾陸頃共地叁百貳拾頃 | 武城縣甲馬營遞運所水夫玖名半每名站地拾陸頃共地壹百伍拾貳頃 | 武城縣甲馬營遞運所水夫陸名半每名站地拾陸頃共地壹百肆頃 |
| 幫貼糧僉馬價 | | | | |
| 餘站 | | | | |

# 驛傳橫圖

| | 莘縣 | 丘縣 | 高唐州 | 武城縣 |
|---|---|---|---|---|
| 原額站地 | 原額入站地壹千貳百貳拾頃每頃折地玖拾畝共折地壹千玖拾捌頃實徵銀壹千玖拾捌兩 | 原額入站地壹千陸百貳拾頃每頃折地玖拾畝共折地壹千肆百伍拾捌頃實徵銀壹千肆百伍拾捌兩 | 原額入站地叁千陸拾頃每頃折站地玖拾畝共折地貳千柒百伍拾肆頃實徵銀貳千柒百伍拾肆兩 | 原額入站地壹千叁百貳拾頃每頃折地玖拾畝共折地壹千壹百捌拾捌頃實徵銀壹千壹百捌拾捌兩 |
| 馬匹 | 本府崇武水驛水夫叁拾名每名站地拾陸頃共地肆百捌拾頃 | 臨清州渡口水驛水夫伍拾名每名站地拾陸頃共地捌百頃 | 本州魚丘馬驛中馬叁拾匹每匹站地捌拾頃共地貳千肆百頃 | 本縣甲馬營水驛水夫伍拾名每名站地拾陸頃共地捌百頃 |
| 驢頭 | 東昌府遞運所水夫叁拾捌名陸分貳釐伍毫每名站地拾陸頃共地陸百壹拾捌頃 | 臨清州遞運所水夫肆拾壹名壹分貳釐伍毫每名站地拾陸頃共地陸百伍拾捌頃 | 本州魚丘馬驛驢拾頭每頭站地貳拾伍頃共地貳百伍拾頃 | 本縣甲馬營遞運所水夫貳拾肆名貳分伍釐每名站地拾陸頃共地叁百捌拾捌頃 |
| 水夫車夫 | | | 武城縣甲馬營遞運所水夫陸名半每名站地拾陸頃共地壹百肆頃 | |
| 幫貼糧僉馬價 | | | | |
| 餘站 | | | | |

## 驛傳橫圖

| | 館陶縣 | 夏津縣 | 濮州 | 觀城縣 |
|---|---|---|---|---|
| 原額站地 | 原額入站地壹千玖百肆拾頃每頃折地玖拾畝共折地壹千柒百肆拾陸頃實徵銀壹千柒百肆拾陸兩 | 原額入站地貳千肆百陸拾頃每頃折地玖拾畝共折地貳千貳百壹拾肆頃實徵銀貳千貳百壹拾肆兩 | 原額入站地壹千伍百貳拾頃每頃折地玖拾畝共折地壹千叁百陸拾捌頃實徵銀壹千叁百陸拾捌兩 | 原額入站地陸百頃每頃折地玖拾畝共折地伍百肆拾頃實徵銀伍百肆拾兩 |
| 馬匹 | 武城縣甲馬營遞運所水夫壹百玖名壹分貳釐伍毫每名站地拾陸頃共地壹千柒百肆拾陸頃 | 恩縣太平馬驛中馬拾捌匹每匹站地捌拾頃共地壹千肆百肆拾頃 | 茌平縣茌山驛驢拾伍頭每頭站地貳拾伍頃共地叁百柒拾伍頃 | 東昌府遞運所水夫叁拾叁名柒分伍釐每名站地拾陸頃共地伍百肆拾頃 |
| 驢頭 | | 恩縣太平馬驛驢拾叁頭每頭站地貳拾伍頃共地叁百貳拾伍頃 | 東昌府遞運所水夫陸拾貳名陸釐叁毫每名站地拾陸頃共地玖百玖拾叁頃 | |
| 水夫車夫 | | 臨清州渡口水驛水夫貳拾名每名站地拾陸頃共地叁百貳拾頃 | | |
| 幫貼糧僉馬價 | | 武城縣甲馬營遞運所水夫捌名陸釐叁毫每名站地拾陸頃共地壹百貳拾玖頃 | | |
| 餘站 | | | | |

## 驛傳橫圖

| | 博平縣 | 堂邑縣 | 朝城縣 | 范縣 |
|---|---|---|---|---|
| 原額站地 | 原額入站地壹千捌拾伍頃每頃折地玖拾畝共折地玖百柒拾陸頃伍拾畝實徵銀玖百柒拾陸兩伍錢 | 原額入站地壹千玖百頃每頃折地玖拾畝共折地壹千柒百壹拾頃實徵銀壹千柒百壹拾兩 | 原額入站地壹千伍百頃每頃折地玖拾畝共折地壹千叁百伍拾頃實徵銀壹千叁百伍拾兩 | 原額入站地陸百壹拾頃每頃折地玖拾畝共折地伍百肆拾玖頃實徵銀伍百肆拾玖兩 |
| 馬匹 | 茌平縣茌山馬驛中馬捌匹每匹站地捌拾頃共地陸百肆拾頃 | 茌平縣茌山馬驛中馬拾匹每匹站地捌拾頃共地捌百頃 | 高唐州魚丘馬驛驢拾伍頭每頭站地貳拾伍頃共地叁百柒拾伍頃 | 武城縣甲馬營遞運所水夫叁拾肆名叁分壹釐貳毫每名站地拾陸頃共地伍百肆拾玖頃拾玖畝 |
| 驢頭 | 武城縣甲馬營遞運所水夫貳拾壹名叁釐每名拾陸頃共地叁百叁拾陸頃伍拾畝 | 臨清州遞運所水夫叁拾陸名捌分柒釐伍毫每名站地拾陸頃共地伍百玖拾頃 | 東昌府遞運所水夫叁拾名玖分叁釐柒毫每名站地拾陸頃共地肆百玖拾伍頃 | |
| 水夫車夫 | | 清平縣清陽水驛水夫貳拾名每名站地拾陸頃共地叁百貳拾頃 | 清平縣清陽水驛水夫叁拾名每名站地拾陸頃共地肆百捌拾頃 | |
| 幫貼糧僉馬價 | | | | |
| 餘站 | | | | |

## 驛傳横圖

青州府所屬

| | 益都縣 | 昌樂縣 | 壽光縣 | 安丘縣 |
|---|---|---|---|---|
| 原額站地 | 原額入站地叁千貳百陸拾頃每頃折站地玖拾畝共折地貳千玖百叁拾肆頃實徵銀貳千玖百叁拾肆兩 | 原額入站地壹千伍百肆拾頃每頃折站地玖拾畝共折地壹千叁百捌拾陸頃實徵銀壹千叁百捌拾陸兩 | 原額入站地貳千捌百頃每頃折站地玖拾畝共折地貳千伍百貳拾頃實徵銀貳千伍百貳拾兩 | 原額入站地貳千捌百貳拾頃每頃折站地捌拾畝共折地貳千貳百伍拾陸頃實徵銀貳千貳百伍拾陸兩 |
| 馬匹 | 本府青社馬驛中馬捌匹每匹捌拾頃共地陸百肆拾頃本縣金嶺鎮馬驛中馬拾肆匹每匹站地捌拾頃共地壹千壹百貳拾頃 | 本縣丹河馬驛中馬玖匹每匹站地捌拾頃共地柒百貳拾頃 | 本府青社馬驛中馬肆匹每匹站地捌拾頃共地叁百貳拾頃 | 兖州府東平州金綫閘遞運所水夫伍拾名每名站地拾陸頃共地捌百頃 |
| 驢頭 | 本縣金嶺鎮馬驛驢陸頭每頭站地貳拾伍頃共地壹百伍拾頃 | 本縣丹河馬驛驢陸頭每頭站地貳拾伍頃共地壹百伍拾頃 | 本府青社馬驛驢陸頭每頭站地貳拾伍頃共地壹百伍拾頃 | 餘站地壹千肆百伍拾陸頃 |
| 水夫車夫 | 本府青社馬驛車夫貳拾貳名肆分每名拾頃共地貳百貳拾肆頃本縣金嶺鎮馬驛車夫捌拾名每名拾頃共地捌百頃 | 本縣丹河馬驛車夫肆拾名每名站地拾頃共地肆百頃 | 東昌府武城縣甲馬營水驛水夫伍拾名每名站地拾陸頃共地捌百頃 | |
| 幫貼糧僉馬價 | | 安德等拾肆馬驛幫貼糧僉馬價站地壹百拾陸頃 | 本府青社馬驛車夫叁拾名每名站地拾頃共地叁百頃 | |
| 餘站 | | | 安德等拾肆馬驛幫貼糧僉馬價站地玖百伍拾頃 | |

# 驛傳橫圖

| | 原額站地 | 馬匹 | 驢頭 | 水夫車夫 | 幫貼糧僉馬價 | 餘站 |
|---|---|---|---|---|---|---|
| 博興縣 | 原額入站地壹千肆百陸拾叁頃每頃折站地捌拾畝共折地壹千壹百柒拾頃肆拾畝實徵銀壹千壹百柒拾兩肆錢 | 兖州府東平州金綫閘遞運所水夫貳拾陸名肆分壹釐每名拾陸頃共地肆百貳拾貳頃伍拾陸畝 | 東昌府臨清州渡口水驛水夫貳拾名每名站地拾陸頃共地叁百貳拾頃 | 餘站地肆百貳拾柒頃捌拾肆畝 | | |
| 諸城縣 | 原額入站地叁千壹百捌拾頃每頃折站地玖拾畝共折地貳千捌百陸拾貳頃實徵銀貳千捌百陸拾貳兩 | 兖州府滕縣臨城馬驛中馬伍匹每匹站地捌拾頃共地肆百頃 | 兖州府魚臺縣穀亭遞運所水夫貳拾肆名陸分叁釐柒毫每名站地拾陸頃共地叁百玖拾肆頃貳拾畝 | 兖州府濟寧州遞運所水夫貳拾陸名貳分叁釐柒毫每名站地拾陸頃共地肆百壹拾玖頃捌拾畝 | 餘站地壹千貳百肆拾捌頃 | |
| 臨朐縣 | 原額入站地壹千伍百柒拾頃每頃折站地玖拾畝共折地壹千肆百壹拾叁頃實徵銀壹千肆百壹拾叁兩 | 本府青社馬驛中馬肆匹每匹站地捌拾頃共地叁百貳拾頃兖州府滕縣臨城馬驛中馬拾匹每匹站地捌拾頃共地捌百頃 | 兖州府魚臺縣穀亭遞運所水夫肆拾叁名叁分壹釐叁毫每名站地拾陸頃共地陸百玖拾叁頃 | | | |
| 高苑縣 | 原額入站地捌百叁拾頃每頃折站地柒拾畝共折地伍百捌拾壹頃實徵銀伍百捌拾壹兩 | 兖州府東平州金綫閘遞運所水夫貳拾名每名站地拾陸頃共地叁百貳拾頃 | 餘站地貳百陸拾壹頃 | | | |

# 驛傳横圖

| | 臨淄縣 | 日照縣 | 樂安縣 | 蒙陰縣 |
|---|---|---|---|---|
| 原額站地 | 原額入站地壹千陸百陸拾壹頃陸拾畝每頃折站地玖拾畝共地壹千肆百玖拾伍頃肆拾肆畝實徵銀壹千肆百玖拾伍兩肆錢肆分 | 原額入站地玖百頃每頃折站地柒拾畝共折地陸百叁拾頃實徵銀陸百叁拾兩 | 原額入站地壹千柒百壹拾貳頃每頃折站地玖拾畝共折地壹千伍百肆拾頃捌拾畝實徵銀壹千伍百肆拾兩捌錢 | 原額入站地柒百貳拾頃每頃折站地柒拾畝共折地伍百肆頃實徵銀伍百肆兩 |
| 馬匹 | 東昌府臨清州渡口水驛水夫叁拾名每名站地拾陸頃共地肆百捌拾頃兗州府陽穀縣荆門水驛水夫肆拾名每名站地拾陸頃共地陸百肆拾頃 | 兗州府東平州金綫閘遞運所水夫拾陸名壹分貳釐伍毫每名站地拾陸頃共地貳百伍拾捌頃 | 本府青社馬驛中馬肆匹每匹站地捌拾頃共地叁百貳拾頃 | 兗州府魚臺縣河橋水驛水夫叁拾壹名伍分每名站地拾陸頃共地伍百肆頃 |
| 驢頭 | 兗州府東平州金綫閘遞運所水夫貳拾叁名肆分陸釐伍毫每名站地拾陸頃共地叁百柒拾伍頃肆拾肆畝 | 兗州府魚臺縣河橋水驛水夫貳拾叁名貳分伍釐每名站地拾陸頃共地叁百柒拾貳頃 | 本府青社馬驛驢肆頭每頭站地貳拾伍頃共地壹百頃 | |
| 水夫車夫 | | | 本府青社馬驛車夫拾柒名陸分每名站地拾頃共地壹百柒拾陸頃 | |
| 幫貼糧僉馬價 | | | 東昌府武城縣甲馬營遞運所水夫貳拾名每名站地拾陸頃共地叁百貳拾頃 | |
| 餘站 | | | 安德等拾肆馬驛幫貼糧僉馬價站地陸百貳拾肆頃捌拾畝 | |

# 驛傳橫圖

| | 莒州 | 沂水縣 | 萊州府所屬 掖縣 | 高密縣 |
|---|---|---|---|---|
| 原額站地 | 原額入站地叁千壹百頃每頃折站地柒拾畝共折地貳千壹百柒拾頃實徵銀貳千壹百柒拾兩 | 原額入站地貳千柒百壹拾頃貳拾玖畝陸分每頃折站地玖拾畝共折地貳千肆百叁拾玖頃貳拾陸畝實徵銀貳千肆百叁拾玖兩貳錢陸分 | 原額入站地壹千陸百柒頃貳拾伍畝捌絲柒忽捌微每頃折站地玖拾畝共地壹千肆百肆拾陸頃伍拾叁畝實徵銀壹千肆百肆拾陸兩伍錢叁分 | 原額入站地壹千壹百叁拾壹頃陸拾陸畝每頃折站地柒拾畝共折地柒百玖拾貳頃拾陸畝實徵銀柒百玖拾貳兩壹錢陸分 |
| 馬匹 | 兖州府滕縣滕陽馬驛中馬伍匹每匹站地捌拾頃共地肆百頃 | 兖州府滕縣滕陽馬驛中馬拾匹每匹站地捌拾頃共地捌百頃 | 本縣城南馬驛中馬拾匹每匹站地捌拾頃共地捌百頃 | 掖縣城南馬驛車夫貳拾名每名站地拾頃共地貳百頃昌邑縣夏店馬驛車夫貳拾名每名站地拾頃共地貳百頃 |
| 驢頭 | 兖州府滕縣滕陽馬驛驢陸頭每頭站地貳拾伍頃共地壹百伍拾頃 | 兖州府濟寧州遞運所水夫肆拾壹名玖釐貳毫每名站地拾陸頃共地陸百伍拾柒頃肆拾陸畝 | 本縣城南馬驛驢拾頭每頭站地貳拾伍頃共地貳百伍拾頃 | 餘站地叁百玖拾貳頃壹拾陸畝 |
| 水夫車夫 | 兖州府魚臺縣河橋水驛水夫伍拾壹名貳分伍釐每名站地拾陸頃共地捌百貳拾頃 | 兖州府濟寧州南城水馬驛水夫陸拾名每名站地拾陸頃共地玖百陸拾頃 | 本縣城南馬驛車夫貳拾名每名站地拾頃共地貳百頃 | |
| 幫貼糧僉馬價 | 兖州府濟寧州南城水馬驛水夫伍拾名每名站地拾陸頃共地捌百頃 | 餘站地貳拾壹頃捌拾畝 | 餘站地壹百玖拾陸頃伍拾叁畝 | |
| 餘站 | | | | |

# 驛傳橫圖

| | 平度州 | 濰縣 | 昌邑縣 | 膠州 |
|---|---|---|---|---|
| 原額站地 | 原額入站地叁千柒百貳拾叁頃陸拾貳畝肆毫每頃折站地玖拾畝共折地叁千叁百伍拾壹頃貳拾陸畝實徵銀叁千叁百伍拾壹兩貳錢陸分 | 原額入站地叁千貳百捌拾頃每頃折站地玖拾畝共折地貳千玖百伍拾貳頃實徵銀貳千玖百伍拾貳兩 | 原額入站地壹千叁百陸頃每頃折站地捌拾畝共折地壹千肆拾肆頃捌拾畝實徵銀壹千肆拾肆兩捌錢 | 原額入站地壹千捌百伍拾肆頃叁拾伍畝每頃折站地柒拾畝共折地壹千貳百玖拾捌頃伍畝實徵銀壹千貳百玖拾捌兩伍分<br>直隸徐州夾溝驛驢壹 |
| 馬匹 | 本州灰埠馬驛中馬玖匹每匹捌拾頃共地柒百貳拾頃掖縣朱橋馬驛中馬陸匹每匹捌拾頃共地肆百捌拾頃直隸徐州夾溝驛中馬壹匹地捌拾頃 | 本縣古亭馬驛中馬玖匹每匹站地捌拾頃共地柒百貳拾頃 | 本縣夏店驛中馬玖匹每匹站地捌拾頃共地柒百貳拾頃 | 直隸徐州夾溝驛中馬壹匹站地捌拾頃 |
| 驢頭 | 本州灰埠馬驛驢陸頭每頭站地貳拾伍頃共地壹百伍拾頃掖縣朱橋馬驛驢陸頭每頭站地貳拾伍頃共地壹百伍拾頃 | 本縣古亭馬驛驢陸頭每頭站地貳拾伍頃共地壹百伍拾頃 | 本縣夏店驛驢陸頭每頭站地貳拾伍頃共地壹百伍拾頃 | 掖縣城南馬驛車夫拾名每名站地拾頃共地壹百頃掖縣朱橋馬驛車夫貳拾名每名站地拾頃共地貳百頃 |
| 水夫車夫 | 本州灰埠馬驛車夫肆拾名每名站地拾頃共地肆百頃 | 本縣古亭馬驛車夫肆拾名每名站地拾頃共地肆百頃昌邑縣夏店馬驛車夫貳拾名每名站地拾頃共地貳百頃 | 餘站地壹百柒拾肆頃捌拾畝 | 餘站地捌百陸拾捌頃伍畝 |
| 幫貼糧僉馬價 | 安德等拾肆馬驛幫貼糧僉馬價站地貳百叁拾玖頃叁拾伍畝 | 安德等拾肆馬驛幫貼糧僉馬價站地叁百頃 | | |
| 餘站 | 餘站地壹千壹百叁拾壹頃玖拾壹畝 | 餘站地壹千壹百捌拾貳頃 | | |

## 驛傳横圖

登州府所屬

| | | 即墨縣 | 蓬萊縣 | 寧海州 |
|---|---|---|---|---|
| 原額站地 | 頭站地貳拾伍頃直隸徐州泗亭驛驢壹頭站地貳拾伍頃 | 原額入站地壹千肆百捌拾頃每頃折站地捌拾畝共折地壹千壹百捌拾肆頃實徵銀壹千壹百捌拾肆兩 | 原額入站地壹千肆百頃每頃折站地柒拾畝共折地玖百捌拾頃實徵銀玖百捌拾兩 | 原額入站地壹千肆百陸拾頃每頃折站地捌拾畝共折地壹千壹百陸拾捌頃實徵銀壹千壹百陸拾捌兩 |
| 馬匹 | | 掖縣朱橋馬驛中馬叁匹每匹站地捌拾頃共地貳百肆拾頃直隸徐州夾溝驛中馬壹匹站地捌拾頃 | 本縣蓬萊驛中馬叁匹今添壹匹共肆匹每匹站地捌拾頃共地叁百貳拾頃 | 蓬萊縣蓬萊馬驛中馬貳匹每匹站地捌頃共地壹百陸拾頃黄縣黄山舘驛中馬叁匹每匹站地捌拾頃共地貳百肆拾頃 |
| 驢頭 | | 直隸徐州泗亭驛中馬壹匹站地捌拾頃 | 本縣蓬萊驛驢貳頭今添貳頭共肆頭每頭站地貳拾伍頃共地壹百頃 | 蓬萊縣蓬萊馬驛驢肆頭每頭站地貳拾伍頃共地壹百頃黄縣黄山舘驛驢壹頭站地貳拾伍頃 |
| 水夫車夫 | | 掖縣朱橋馬驛車夫貳拾名每名站地拾頃共地貳百頃 | 本縣蓬萊驛車夫拾名每名站地拾頃共地壹百頃 | 蓬萊縣蓬萊馬驛車夫拾名每名站地拾頃共地壹百頃 |
| 幫貼糧僉馬價 | | 餘站地伍百捌拾肆頃 | 餘站地肆百陸拾頃 | 餘站地伍百肆拾叁頃 |
| 餘站 | | | | |

## 驛傳橫圖

| | 文登縣 | 黄縣 | 招遠縣 | 棲霞縣 |
|---|---|---|---|---|
| 原額站地 | 原額入站地壹千貳百肆拾頃每頃折站地柒拾畝共折地捌百陸拾捌頃實徵銀捌百陸拾捌兩 | 原額入站地陸百頃每頃折站地玖拾畝共折地伍百肆拾頃實徵銀伍百肆拾兩 | 原額入站地玖百貳拾頃每頃折站地捌拾畝共折地柒百叁拾陸頃實徵銀柒百叁拾陸兩 | 原額入站地捌百陸拾頃每頃折站地柒拾畆共折地陸百貳頃實徵銀陸百貳兩 |
| 馬匹 | 蓬萊縣蓬萊馬驛中馬肆匹每匹站地捌拾頃共地叁百貳拾頃 | 本縣龍山馬驛中馬貳匹今添壹匹共叁匹每匹站地捌拾頃共地貳百肆拾頃 | 黄縣黄山館馬驛中馬叁匹每匹站地捌拾頃共地貳百肆拾頃 | 黄縣龍山馬驛中馬貳匹每匹站地捌拾頃共地壹百陸拾頃 |
| 驢頭 | 蓬萊縣蓬萊馬驛驢貳頭每頭站地貳拾伍頃共地伍拾頃 | 本縣龍山馬驛驢叁頭今添壹頭共肆頭每頭站地貳拾伍頃共地壹百頃 | 黄縣黄山館馬驛驢貳頭每頭站地貳拾伍頃共地伍拾頃 | 黄縣龍山馬驛驢貳頭每頭站地貳拾伍頃共地伍拾頃 |
| 水夫車夫 | 蓬萊縣蓬萊馬驛車夫拾名每名站地拾頃共地壹百頃 | 本縣龍山馬驛車夫貳拾名每名站地拾頃共地貳百頃 | 黄縣黄山館馬驛車夫拾名每名站地拾頃共地壹百頃 | 黄縣黄山館馬驛車夫拾名每名站地拾頃共地壹百頃 |
| 幫貼糧僉馬價 | 餘站地叁百玖拾捌頃 | | 餘站地叁百肆拾陸頃 | 餘站地貳百玖拾貳頃 |
| 餘站 | | | | |

# 驛傳橫圖

| | 福山縣 | 萊陽縣 |
|---|---|---|
| 原額站地 | 原額入站地柒百陸拾頃每頃折站地柒拾畝共折地伍百叁拾貳頃實徵銀伍百叁拾貳兩 | 原額入站地貳千肆百頃每頃折站地玖拾畝共折地貳千壹百陸拾頃實徵銀貳千壹百陸拾兩<br>黄縣龍山馬驛驢壹頭站地貳拾伍頃黄縣黄山舘馬驛驢叁頭每頭站地貳拾伍頃共地柒拾伍頃 |
| 馬匹 | 蓬萊縣蓬萊馬驛驢貳頭每頭站地貳拾伍頃共地伍拾頃 | 蓬萊縣蓬萊驛中馬壹匹站地捌拾頃黄縣龍山馬驛中馬伍匹每匹站地捌拾頃共地肆百頃黄縣黄山舘馬驛中馬叁匹每匹站地捌拾頃共地貳百肆拾頃 |
| 驢頭 | 蓬萊縣蓬萊馬驛車夫拾名每名站地拾頃共地壹百頃 | 蓬萊縣蓬萊驛車夫拾名每名站地拾頃共地壹百頃黄縣龍山馬驛車夫貳拾名每名站地拾頃共地貳百頃黄縣黄山舘馬驛車夫貳拾名每名站地拾頃共地貳百頃 |
| 水夫車夫 | 餘站地叁百捌拾貳頃 | 餘站地捌百肆拾頃 |
| 幫貼糧僉馬價 | | |
| 餘站 | | |

## 驛傳總額

山東站銀出于地畝合省原額入站地貳拾萬陸千伍拾伍頃陸拾貳畝肆分壹釐陸毫今議定爲上中下三等州縣共折站地壹拾柒萬叁千陸百叁頃玖畝内除曲阜縣上次原將水夫貳拾伍名該折站地叁百伍拾頃照舊仍存本縣走遞外實編站地拾柒萬叁千貳百伍拾叁頃玖畝每頃徵銀壹兩通共徵銀拾柒萬叁千貳百伍拾叁兩玖分中馬捌百叁拾陸匹每匹站地捌拾頃共地陸萬陸千捌百捌拾頃驢伍百壹拾頭每頭站地貳拾伍頃共地壹萬貳千柒百伍拾頃水夫肆千貳百壹名每名站地拾陸頃共地陸萬柒千貳百壹拾陸頃車夫壹千捌拾名每名站地拾頃共地壹萬捌百頃安德等拾肆馬驛幫貼糧僉馬價站地肆千壹百陸拾頃以上實編過折站地共拾陸萬壹千捌百陸頃外餘剩壹萬壹千肆百肆拾柒頃玖畝解布政司聽候驛站支用一各驛馬驢上衝省會濟南府譚城馬驛中馬叁拾貳匹驢拾貳頭南北通京旱驛德州安德馬驛中馬肆拾叁匹驢叁拾頭恩縣太平馬驛中馬叁拾捌匹驢貳拾伍頭高唐州魚丘馬驛中馬叁拾捌匹驢貳拾伍頭

茌平縣茌山馬驛中馬叁拾捌匹驢貳拾伍頭東阿縣銅城馬驛中馬叁拾捌匹驢貳拾伍頭東阿縣舊縣馬驛中馬叁拾捌匹驢貳拾伍頭東平州東原馬驛中馬叁拾捌匹驢貳拾伍頭汶上縣新橋馬驛中馬叁拾捌匹驢貳拾伍頭滋陽縣新嘉馬驛中馬貳拾捌匹驢貳拾頭兗州府昌平馬驛中馬叁拾捌匹驢貳拾伍頭鄒縣邾城馬驛中馬叁拾捌匹驢貳拾伍頭鄒縣界河馬驛中馬叁拾捌匹驢貳拾伍頭滕縣滕陽馬驛中馬叁拾捌匹驢貳拾伍頭滕縣臨城馬驛中馬叁拾捌匹驢貳拾伍頭次衝省城通京及濟寧達德州旱路齊河縣晏城馬驛中馬貳拾匹驢拾頭禹城縣劉普馬驛中馬拾玖匹驢拾頭平原縣桃園馬驛中馬拾柒匹驢捌頭長清縣東北置馬驛中馬貳拾貳匹驢拾頭肥城縣伍寧馬驛中馬拾捌匹驢陸頭寧陽縣青川村馬驛中馬拾伍匹驢陸頭下衝東三府旱驛歷城縣龍山鎮馬驛中馬拾伍匹驢陸頭鄒平縣青陽店馬驛中馬拾伍匹驢陸頭長山縣白山馬驛中馬拾伍匹驢陸頭益都縣金嶺鎮馬驛中馬拾肆匹驢陸頭青州府青社馬驛中馬貳拾匹驢拾頭昌樂縣丹河馬驛中馬玖匹驢陸頭濰

縣古亭馬驛中馬玖匹驢陸頭昌邑縣夏店馬驛中馬玖匹驢陸頭平度州灰埠馬驛中馬玖匹驢陸頭掖縣城南馬驛中馬拾匹驢拾頭掖縣朱橋馬驛中馬玖匹驢陸頭黄縣黄山舘驛中馬玖匹驢陸頭黄縣龍山馬驛中馬玖匹驢陸頭蓬萊縣蓬萊馬驛中馬拾匹驢拾頭協濟直隸徐州夾溝驛上馬壹匹中馬貳匹驢壹頭協濟直隸徐州泗亭驛上馬壹匹驢壹頭以上通共馬捌百叁拾陸匹驢伍百壹拾頭其臨清州清源馬驛中馬拾肆匹驢捌頭東昌府崇武水馬驛中馬拾匹驢捌頭濟寧州南城水馬驛中馬拾肆匹驢玖頭俱於裁革青陽店等玖驛馬驢内改撥走遞一各水驛水夫良店水驛貳百肆拾柒名安德水驛貳百玖拾名梁家莊水驛貳百肆拾柒名甲馬營水驛壹百伍拾名甲馬營遞運所壹百伍拾名渡口水驛貳百肆拾貳名清源水馬驛叁百叁拾名清陽水驛貳百伍拾名崇武水馬驛貳百玖拾名荆門水驛貳百肆拾貳名安山水驛壹百伍拾名金綫閘遞運所壹百伍拾名開河水驛貳百肆拾貳名南城水馬驛肆百貳拾名河橋水驛叁百肆拾名直隸滄州長蘆遞運所拾伍名直隸吴橋縣連窩驛拾肆

名連窩遞運所貳名以上通共水夫叁千柒百柒拾壹名其德州等伍遞運所共裁減肆百叁拾名免編一驛遞車夫濟南西關遞運所貳百名德州遞運所柒拾名桃園驛柒拾名劉普驛柒拾名晏城驛柒拾名龍山鎮驛柒拾名金嶺鎮驛捌拾名青社驛柒拾名丹河驛肆拾名古亭驛肆拾名夏店驛肆拾名灰埠驛肆拾名城南驛伍拾名朱橋驛肆拾名黄山舘驛肆拾名龍山驛肆拾名蓬萊驛伍拾名以上通共車夫壹千捌拾名一幫貼江南糧僉馬伍百貳拾匹每匹幫銀捌兩共編站地肆千壹百陸拾頃每頃折銀壹兩一餘站地壹萬壹千肆百肆拾柒頃玖畝每頃徵銀壹兩共銀壹萬壹千肆百肆拾柒兩玖分解布政司收貯以備驛站之用

## 因革

山東西北密邇畿輔東南壤接淮海漕河中貫水陸交衝貢獻之往来使宦之經由差委之絡繹一應馬驢車輛船隻鋪陳什物廪給下程等項悉取給于驛傳而實出辦于小民自天順年間兵部奏准驛遞夫役拾年壹次審勘重編丁糧相應者作正消乏者作貼應僉者僉應替者替以後每拾年壹次通

行審編弘治拾捌年吏部題内開天下驛遞例該拾
年壹次編置等因該兵部議得南北驛遞各照土俗
定擬丁糧每拾年一次審編嘉靖五年四月内又經
兵部題
准水馬驛遞酌量丁糧輪至十年照例審編自嘉靖三
十四年至嘉靖四十四年又當十年審編之期前
巡撫都御史鮑巡按御史韓各題稱十年一換
例限既遠民力難支負累逃亡凋疲益甚乞改爲五
年一編等因兵部題奉
欽依自四十四年爲始定爲五年一次審編嘉靖三十
七年四月内兵部准户部咨該本部覆議通行各該
撫按衙門裁省馬匹查照各驛原額係衝要者量減
十分之三不衝者量減十分之五通扣減除銀兩解
送户部以充邊儲嘉靖四十一年十月内該户部題
稱清查驛遞銀兩通行各撫按備查各該驛遞船隻
人夫馬匹各該若干某項應減應留各若干其鋪陳
不論水陸南北見在者聽用未造者暫行停止前項
減裁停造船隻頭匹夫役鋪陳等項價銀各司府盡
數起解太倉以備邊餉節奉
欽依通行欽遵訖但自扣減以来小民積逋徵辦不前

而驛遞裁削蕭條日甚至嘉靖四十二年二月初六日兵部等衙門會題得小民積欠三十八年以前站糧銀兩不分三分五分扣解通行蠲除其三十九年四十年四十一年委官清查拖欠者除免侵欺者追還自四十二年爲始前項銀兩不必解部存留各驛遞支用題奉

欽依准免扣解此驛站銀兩扣免沿革之大較也嘉靖四十二年間該

兩院會題沙河水驛去兖州府治甚遠司道經歲或不一至包當人役視爲世業官吏受餌任其把持且去濟寧僅百里其中又設有魯橋驛奏將二驛歸并一驛移於適中穀亭鎮北至濟寧南至沛縣俱各九十里并將沙河遞運所亦隨前驛歸并爲穀亭遞運所又五道嶺安寧村二驛俱濟南府肥城縣所轄二驛五道嶺驛至肥城僅貳拾里安寧村驛至寧陽縣青川村驛四十里將五道嶺安寧村二驛總并一驛歸於肥城縣中相去長清青川二處各九十里既省二驛之勞費又免肥城之供應於肥城縣中舊有空閒公舘一所改建爲驛仍將五道嶺中馬一匹下馬四匹驢八頭并安寧村原編馬驢二十匹頭并入走

遞其五道嶺原額舘庫廩給裁革安寧村驛衙門留
備中火其穀亭鎮原有空閒書院一所改爲新驛衙
門沙河遞運所亦遷該鎮即於空閒官地拆移原舊
衙門另蓋二驛各原額廩給庫子九名舘夫三名照
舊編一驛其水夫除全存沙河驛壹百陸拾名外
仍量撥魯橋驛壹百肆拾名共湊叁百名俱在穀亭
走遞其魯橋驛原編水夫貳百貳拾柒名除撥穀亭
壹百肆拾名仍撥南城驛陸拾名其餘貳拾柒名裁
革肆驛既并貳驛驛丞止留年淺貳員於新并驛分
管事餘員起送改用其驛所更名并合用印記俱奉
欽依更定各驛所舊印奏繳至四十五年議編驛傳
將沙河魯橋并爲河橋驛沙河遞運所改爲穀亭遞
運所五道嶺安寧村并爲五寧驛各馬驢水夫舘庫
俱裁減改編嘉靖四十五年本司會同按察司議得
陶山清泉貳驛舘陶遞運所與直隸大名府艾家口
河南衛輝府衛源等驛俱係一路先年運河未通從
徐入河至河南原武等縣陸運八十里至衛輝府入
衛河以達京師所以西自衛輝大名東至臨清俱
設有驛遞以爲運糧接濟之計今運道由徐入閘以
達臨清則與大名舘陶一帶俱不相干即有過客每

年多不過八九員少或四五員徒設空閒衙門節年虛費千金以待偶然官吏一至誠爲冗費況大名一路驛遞既經裁革則陶山等驛難以獨存合候題請裁革將見任官起送吏部改選吏改撥其原編協濟大名府艾家口黄池等驛李家道口等所水夫銀壹千陸百肆拾肆兩候審編之年通行裁革免編陶山等三驛所鳳陽府糧僉水夫叁拾名原係嘉靖二十二年崇武水驛撥出之數相應扣貯司庫以備水陸驛所接濟之用巡撫都御史洪題奉

欽依至隆慶四年議處驛傳將陶山等三驛所并協濟直隸艾家口等四驛所水夫裁革免編本年復據魚臺縣申稱新挑運河已成將驛遞改在南陽地方南陽去本縣四十里其在濟寧適中地耳況有驛以協濟往來則遞運所應革無疑存留人夫百名并錢糧發河橋驛總領答應又經通行司道查議

兩院會議沿河一帶不止一所當革除甲馬營金綫閘遞運所原設不在州縣之中合免裁革以備進貢進鮮應付外其德州臨清濟寧穀亭各遞運所雖設運河沿邊俱與州縣驛分同在一處一地一時三處打發殊爲煩擾亦屬冗餘俱合裁革前項夫役量

添各處水驛如遇過往照依長单開載夫數撥與省東一帶青陽白山城南龍山蓬萊五驛俱在縣治丹河古亭夏店朱橋四驛距縣不過二十餘里均應裁革題奉

欽依將德州等五遞運所青陽等九驛通行裁革其舊編水夫量添各處水驛夫馬量存各該州縣總領兼管應革大使驛丞起送赴部吏典另行撥糸印記

奏繳衙舍留備中火之用其未革遞運所接送船隻只准一站六十里遇縣遇驛所即行交替不得仍前越過兩站其德州遞運所原編水夫叁百貳拾名於額坐海豊商河樂陵利津蒲臺霑化六縣均減捌拾名存留貳百肆拾名内加撥與良店水驛壹百叁拾名安德水驛壹百壹拾名臨清遞運所原編水夫叁百肆拾名於額坐臨清冠丘堂邑濱州武定六州縣均減捌拾伍名存留貳百伍拾伍名内加撥與清源水驛壹百柒拾名渡口水驛叁拾伍名安德水驛伍拾名東昌遞運所原編水夫叁百肆拾名於内額坐聊城茌平莘濮朝城觀城鄒平長山齊東九州縣均減捌拾伍名存留貳百伍拾伍名内加撥與崇武水驛壹百柒拾名清源水驛叁拾伍名清陽水驛伍拾名

濟寧遞運所原編水夫肆拾名於額坐濟寧曹州沂滕費城武泗水曲阜諸城萊蕪新泰沂水拾貳州縣均減壹百名存留叁百名内加撥與南城水驛壹百柒拾名清陽水驛捌拾名河橋水驛伍拾名穀亭遞運所原編水夫叁百貳拾名於額編魚臺單沂滋陽郯城曹縣泰安臨朐諸城玖州縣均減捌拾名存留貳百肆拾名内加撥與河橋水驛捌拾名開河水驛柒拾名荆門水驛玖拾名以上伍所共原編水夫壹千柒百貳拾名裁革肆百叁拾名存留壹千貳百玖拾名俱加撥各水驛訖及查青陽店馬驛原編中馬拾伍匹裁革叁匹存留拾貳匹撥歸鄒平陸匹改撥清源水驛陸匹驢陸頭裁革貳頭存留肆頭撥歸鄒平縣貳頭改撥清源驛貳頭白山驛中馬拾伍匹裁革叁匹存留拾貳匹撥歸長山縣陸匹改撥清源驛陸匹驢陸頭裁革貳頭存留肆頭撥歸長山縣貳頭改撥清源驛貳頭丹河馬驛中馬玖匹裁革貳匹存留柒匹撥歸昌樂縣肆匹改撥清源驛貳匹崇武驛壹匹驢陸頭裁革貳頭存留肆頭撥歸昌樂縣貳頭改撥清源驛貳頭古亭驛中馬玖匹裁革貳匹存留柒匹撥歸濰縣肆匹改撥崇武驛叁匹驢陸頭裁革

貳頭存留肆頭撥歸濰縣叁頭南城驛壹頭夏店驛中馬玖匹裁革貳匹存留柒匹撥歸昌邑縣肆匹改撥崇武驛叁匹驢陸頭裁革貳頭存留肆頭撥歸昌邑縣貳頭改撥清源驛貳頭城南驛中馬拾匹裁革貳匹存留捌匹撥歸掖縣伍匹改撥崇武驛叁匹驢拾頭裁革叁頭存留柒頭撥歸掖縣叁頭改撥崇武驛肆頭朱橋驛中馬玖匹裁革貳匹存留柒匹俱改撥南城驛訖驢陸頭裁革貳頭存留肆頭改撥崇武水驛訖黄縣龍山馬驛中馬玖匹裁革貳匹存留柒匹撥歸黄縣肆匹改撥南城驛叁匹驢陸頭裁革貳頭存留肆頭撥歸黄縣貳頭改撥南城驛貳頭蓬萊馬驛中馬拾匹裁革貳匹存留捌匹撥歸蓬萊縣肆匹改撥南城驛肆匹驢拾頭裁革貳頭存留捌頭撥歸蓬萊貳頭改撥南城驛陸頭以上玖驛共馬玖拾伍匹裁革貳拾匹存留柒拾伍匹撥歸各該縣叁拾柒匹加撥清源崇武南城叁驛叁拾捌匹驢陸拾貳頭裁革貳拾壹頭撥歸各該縣壹拾陸頭分撥清源崇武南城叁驛貳拾伍頭舘夫青陽店白山丹河古亭夏店城南朱橋蓬萊各貳名龍山驛壹名以上玖驛共拾柒名俱撥歸各該縣責辦訖其各驛遞庫子

拾貳名車夫叁百柒拾名通行裁革免編訖此驛傳
建置沿革之大較也自嘉靖四十四年至隆慶元年
巡撫都御史洪裁議驛傳摹爲成書由元年而上
遡稽往牒俱正貼户應當迨隆慶叁年
巡撫都御史姜巡按御史周題稱驛傳改爲五
年一次審編隆慶四年又該更編之期緣山東差繁
賦重驛傳正户賠累日深兼以各省額編協濟銀兩
拖欠數多以致小民困苦支應不前奏將正户貼户
名色革去儘一省站地徵銀在官以支銷責之官吏
以走遞責之雇募該兵部題奉欽依將本省驛遞
馬驢等項俱照原額地畝派編徵銀在官支銷雇募
中間議衡議僻酌增酌減條縷分析又有可言者如
站銀山東一省原額入站地貳拾萬陸千伍拾伍頃
陸拾貳畝肆分壹釐陸毫捌絲柒忽捌微俱每頃編
銀壹兩嘉靖四十四年各加不等通共費銀貳拾柒
萬柒千肆百捌拾兩伍錢肆分肆釐通融計算每頃
編銀壹兩叁錢伍分零先年馬驢頭應役私討暗加
壹頃加捌玖錢者有之加壹貳兩者有之兼以江南
協濟糧僉馬價夫價拖欠數多土民仍加陪累隆慶
四年革去馬驢正户計算各州縣減就酌派夫役馬

驢車輛鋪陳過關等銀儘站地貳拾壹萬餘頃盡行派入以其派數扣其頃數因縣頃之額盡縣差之額仍令每土馬壹匹帶糧僉馬壹匹加站銀捌兩又將站地定爲三等州縣折徵地壹拾柒萬叁千貳百伍拾叁頃玖畝上地每頃徵銀玖錢中地捌錢下地柒錢實止編銀壹拾柒萬叁千貳百伍拾叁兩玖分其馬驢嘉靖三十五年會議上馬壹百捌拾柒匹中馬貳百貳拾壹匹下馬叁百叁拾捌匹共馬柒百肆拾陸匹驢壹千叁拾肆頭土民馬價每上馬壹匹編銀捌拾兩内除鋪陳銀拾肆兩役銀陸拾陸兩中馬壹匹編銀柒拾兩内除鋪陳銀拾貳兩役銀伍拾捌兩下馬壹匹編銀陸拾兩内除鋪陳銀捌兩役銀伍拾貳兩驢壹頭編銀貳拾伍兩内除鋪陳銀肆兩役銀貳拾壹兩内安德魚丘茌山鄆城臨城等拾肆驛各有江浙蘇松糧僉協濟馬匹與土民馬輪撥走遞自嘉靖三十五年以後各省糧僉馬價拖欠至壹拾肆萬捌千兩代養馬户往往逃徙累苦土民馬户爲之帶養馬少差繁走遞不支嘉靖四十四年驛傳道會議呈允每上馬壹匹歲編鋪陳銀拾肆兩役銀壹百壹拾兩共銀壹百貳拾肆兩中馬壹匹編鋪陳銀拾

貳兩役銀壹百兩共銀壹百壹拾貳兩下馬壹匹編鋪陳銀捌兩役銀玖拾兩共銀玖拾捌兩驢壹頭編鋪陳銀肆兩役銀叁拾伍兩共銀叁拾玖兩比舊率加三分之一隆慶元年會議得譚城安德太平魚丘茌山銅城舊縣東原新橋新嘉昌平郱城界河滕陽臨城清源崇武南城晏城桃園劉普東北置五寧青川貳拾肆驛俱係衝途馬驢頭役銀俱照嘉靖四十五年會議呈允新例其□東三府一路龍山鎮青陽白山金嶺鎮青社丹河古亭夏店灰埠城南朱橋黄山龍山蓬萊拾肆驛路僻費省仍照嘉靖三十五年會議舊規上馬壹匹役銀陸拾陸兩中馬壹匹役銀伍拾捌兩下馬壹匹役銀伍拾貳兩驢壹頭役銀貳拾壹兩計馬壹百柒拾壹匹驢壹百肆拾捌頭共減銀玖千陸拾兩隆慶四年會議將原額上中下馬一例編爲中馬驢多者量并爲馬共編馬捌百叁拾陸匹比舊增馬玖拾匹驢伍百壹拾頭比舊減驢伍百貳拾肆頭會省譚城驛并上衝安德等壹拾柒驛次衝晏城等陸驛每馬壹匹俱編銀捌拾兩内除支銷銀拾兩鋪陳銀叁兩實給役銀陸拾柒兩下衝龍山等拾肆驛每匹止給銀陸拾兩其柒兩扣留解布政

司聽候支使每匹俱令出副馬壹匹隨帶聽差驢每頭照舊銀貳拾伍兩内除支銷銀叁兩鋪陳銀壹兩實給役銀貳拾壹兩俱聽各該州縣召募近驛有身家人役照數領銀備馬應當止聽走遞差撥不預支銷其水夫舊規每驛原編壹百伍陸拾名不等每所原編叁肆百名不等每名編站地貳拾頃每頃徵銀壹兩正副户外加陪頭銀肆兩共銀貳拾肆兩内除貳兩解府聽作鋪陳船料除銀拾兩糴買過關餘銀拾貳兩爲各役走遞工食隆慶元年議將站地内陪頭銀肆兩盡行革去鋪陳船料銀貳兩另行解府餘銀拾捌兩悉令徵解到官各役每名工食銀拾貳兩按季支與備買過關雇夫用銀叁兩每夫壹名壹年仍扣銀叁兩貯庫隆慶四年議將水夫每名編站地壹拾陸頃每頃該銀壹兩共銀壹拾陸兩内扣鋪陳船料銀伍錢各驛扣支銷銀叁兩伍錢各所扣坐支銀壹兩伍錢過關銀貳兩實給役銀拾貳兩所扣銀兩即於各州縣貯庫聽候支用車夫舊規每名編站地玖頃每頃銀壹兩正户加陪頭銀肆兩共銀壹拾叁兩隆慶四年議將車夫每名編折站地拾頃每頃徵銀壹兩共銀拾兩鋪陳舊規俱于馬驢頭銀内扣

除上馬壹匹扣銀壹拾肆兩中馬壹匹扣銀壹拾貳兩下馬壹匹扣銀捌兩驢壹頭扣銀肆兩通省每一年共扣銀壹萬貳千餘兩三年共扣銀叁萬陸千貳百伍拾捌兩共置鋪陳肆百貳拾玖副三年成造一次應官使用但扣銀數多中間冒破侵尅往往有之且驛有繁簡一概置造不無虚費隆慶元年議定各驛鋪陳額數會省上衝譚城驛上捌副中拾副下貳拾副次衝安德太平等拾肆驛每驛上陸副中捌副下拾陸副下衝晏城等陸驛每驛上叁副中陸副下拾副偏僻龍山鎮青陽等拾肆驛每驛上貳副中肆副下捌副如有汙壞上改爲中中改爲下三年成造一次各驛上中下鋪陳比舊額倍置共捌百伍拾捌副該用銀肆千貳百柒拾肆兩陸錢零又恐限價派徵間有拖欠倍徵銀捌千陸百壹拾肆兩肆錢壹分陸釐俱解轄驛州縣貯庫支用舊額扣減新價倍徵查有支剩留備再用三年計省銀貳萬柒千柒百壹拾伍兩捌錢隆慶四年將馬驢正户革去其原扣鋪陳銀就中又加裁減每馬壹匹止扣銀叁兩每驢壹頭扣銀壹兩各驛一例中馬捌百叁拾貳匹驢伍百捌頭一年共扣銀叁千肆兩三年共扣銀玖千壹拾

貳兩仍三年成造一次内有堪改用者照舊改用比前又減二倍矣支應舊規水陸伍拾驛原編廪給庫子肆百壹拾伍名半每名銀肆拾陸兩舘夫壹百叁拾肆名每名銀玖兩共銀貳萬叁百壹拾玖兩俱以徭編正户管支供應陪費驛官需索正户每至傾家續議將前銀徵收解驛改令馬驢頭領銀管支每馬壹匹管支柒日半每驢壹頭管支叁日半舘庫正户得免傾家而馬驢頭又不勝其累兼之該編舘庫銀兩州縣徵解多不及時各役借貸應辦苦又增甚中有馬驢頭鑒節年查盤問罪之害情願不領舘庫銀兩自甘賠墊使用者其情亦甚苦已隆慶元年議將各驛置櫃攢銀支應各州縣給發馬驢役銀之時分别上中下馬并驢派攢站銀并將該季舘庫銀給與各役公同貯櫃每季選馬驢夫殷實謹厚者三人掌櫃逐日遇差發銀買辦應付登記循環互相覺察不得侵冒季終更代該季支銷或有餘剩悉付次季掌櫃人役領用若該季差繁費倍支應不贍仍於各馬驢夫内重行派出入櫃支用其買辦掇盤等項每月輪流十人協力策應然輪日支應費尚無限且重復派徵累苦猶前馬驢頭之累即舘庫正户之累也隆

慶四年議將馬驢正户通行革去原編廩給庫銀舘夫銀并馬驢扣支銀俱催取解到各州縣該驛官吏自行按月領出支銷其買辦物件搬捧人夫每十日輪撥代當馬驢人役陸名應用其站地銀兩餘馬驢車夫水夫并安德等拾肆馬驛幫貼糧僉馬價站地肆千壹百陸拾頃實編折站地壹拾陸萬壹千捌百陸頃外實剩餘站地壹萬壹千肆百肆拾柒頃玖畝共銀壹萬壹千肆百肆拾柒兩伍分俱解布政司備用隆慶五年七月該驛傳道副使李議呈看得南北水陸二路皆係衝途使客絡繹應付委難必須長單照舊分發庶規則既立費出有經在過客不得過肆索求在官吏不得妄行冒破執簡御煩畫一之法莫善于此但查長單應付若照近議分作肆單則煩瑣將致混淆如仍舊事明例肆等則分析過于軒輊今合新舊酌議南北水陸驛俱用单壹張止開填過客官銜勘合字號其應付查照原行開載規則刊刻告示分發各州縣驛廠粘貼廳壁着落批驗委官廩給夫米等項照議定規則填註前途俱依例應付示諭各驛廠官吏人等如稽悮過客或冒破錢糧聽本道查究合無將水陸二路長单式樣并應付規則告

示式稿候裁驗發轉行濟南府查動無礙官銀刊刻一樣肆百張本道押字用印南來水路發河橋驛陸路發臨城驛各壹百張北來水路發良店驛陸路發安德驛各壹百張仍南北水陸各委官一員凡往囬過客驗有真正本年勘合方許填註長单給發前途以便應付每季終南來者水路良店驛陸路安德馬驛各收貯繳報北來者水驛河橋驛陸路臨城驛各收貯繳報如肆百張用盡再置給發前項委官每季終另委更替長单水路　一號上水驛夫拾伍名廠夫貳拾名驛過關小米肆斗下水驛夫拾貳名廠夫拾伍名驛過關小米叁斗清字號下程壹分議銀陸錢皂隸拾貳名貳號上水驛夫拾伍名廠夫拾伍名驛過關小米叁斗下水驛夫捌名廠夫拾伍名驛過關小米貳斗伍升慎字號下程壹分議銀肆錢皂隸捌名叁號上水驛夫拾名廠夫拾名驛過關小米貳斗伍升下水驛夫捌名廠夫捌名驛過關小米貳斗勤字號下程壹分議銀叁錢皂隸陸名一　雜差文武首領職官驛廠上水總不過拾名下水不過柒名驛過關小米壹斗廩給壹分折銀捌分口糧壹分折銀肆分以上甲馬營驛與甲馬營所夫米共壹分安山驛

與金綫閘遞運所夫米共壹分旱路壹號廩給壹分約用銀陸錢小飯中火各約用銀貳錢伍分每家眷轎壹乘馬壹匹各加米銀壹分伍釐大轎壹乘夫捌名馬匹照勘合并前途騎數出備中轎每乘撥夫陸名州縣皂隸拾貳名扛夫每扛撥夫貳名貳號廩給壹分約用銀肆錢小飯中火各約用銀貳錢每家眷轎壹乘馬壹匹各加銀壹分伍釐大轎壹乘夫捌名馬匹照勘合并前途騎數出備中轎每乘撥夫陸名州縣皂隸拾名扛夫每扛撥夫貳名叁號廩給壹分約用銀叁錢小飯壹餐約用銀壹錢伍分有家眷加米銀伍分大轎壹乘夫捌名馬匹照勘合并前途騎數出備中轎每乘撥夫陸名州縣皂隸捌名扛夫每扛撥夫貳名一雜差首領文武職官廩給壹分折銀捌分口糧壹分折銀肆分其夫役馬驢俱照依原來勘合照數應付具呈

兩院詳允通行及查額坐江南糧僉馬匹先年議定不拘江南銀兩有無解到布政司走攢那給每匹銀拾捌兩二次支給每土民馬壹匹帶養壹匹仍於土民站銀每匹幫貼捌兩安德等拾肆驛共馬伍百貳拾匹共該幫貼銀肆千壹百陸拾兩但江南之拖欠

數多差官守催拾得壹貳而各驛因以不給隆慶五年該本司查得糧僉馬價水夫銀江西貳千柒百柒拾貳兩浙江肆千陸百柒拾兩壹錢捌分蘇州府陸千肆百壹拾肆兩伍錢壹分松江府陸千伍百捌拾柒兩捌錢陸分鳳陽府貳千捌百兩共計貳萬叁千貳百肆拾柒兩伍錢伍分山東柴薪直堂派解兵部者壹萬陸千捌百柒拾貳兩又料價派解工部屯田司者柒千叁兩捌錢玖分壹釐叁絲陸忽今乞
勑下兵工貳部自隆慶六年爲始將山東柴薪直堂料價改派江浙蘇松鳳陽等處徵解兵工貳部而原派江浙蘇松鳳陽糧僉馬價水夫銀山東自於本省徵收除兩數相抵外尚餘屯田司料銀陸百貳拾捌兩叁錢肆分壹釐叁絲陸忽亦山東承解如此庶徵解兩便而驛傳得甦

撫按兩院具題未行本年八月復該本司議得前項馬價每年雖經本司呈發原無議有畫一之規以致各驛申告紛紛相應酌定以杜繁擾合自隆慶六年爲始將安德等拾肆驛糧僉馬價每年分爲叁次定在四八十二月初十以裏均匀支發如銀數已足亦免本司呈詳發完申驗

兩院查考如銀不足聽本司先期呈請查照驛傳事宜走撥那給亦不得過初十日以後此不惟得省繁文而衙門打點之弊亦自稍肅矣俱奉

撫按衙門允行然每歲那借事難經久而江南視山東驛遞痛痒不相關與柴薪料價改派之議必有舉而行之者矣

## 附録

驛傳節經會議更定調停處置已悉載諸因革班班可考間有隨事酌宜偶爾變置與夫畫議剴切而未及舉行緣情具白而有關民瘼者亦不可遺附録于左以備采擇查得隆慶四年七月內布政司議稱鋪陳銀兩往年解府候成造之年徑自呈請置造發驛應用遵行已久近議改解本司收候轉發附驛州縣置造固爲釐弊但本府所屬遠近不一如登州距省千里改由府縣解司遇造鋪陳又復申請支領以一事而令其往返數次差役奔走文移繁擾上下事體似爲未便呈允

兩院以後各州縣徵完赴驛傳道掛號徑解該府收貯成造之年各州縣申府給發置辦發驛應用隆慶五年分巡海右兼整飭青州兵備管理屯田副使潘

議得山東驛遞水陸交通往年編僉正户自行支銷兼以積棍包當多討工價閭閻受累民不堪命及查德州等遞運所原無船隻東三府各驛往來稀少已該前院題奉

欽依將德州等伍遞運所青陽店等玖驛裁革馬驢夫役没去正户一概徵銀召人應當誠節省民財至意百代不易弘規間有一二調停欠周裁抑太甚以致各該人役紛紛告擾委應酌處如新嘉壹驛腰站四路通衢合加馬拾匹良店安德梁家莊甲馬營清源崇武南城河橋各水驛金綫閘遞運所俱各量增水夫西關德州貳遞運所桃園劉普晏城龍山鎮肆驛各量加車夫臨清崇武南城原革馬驢查通陸路亦應量復其原革德州臨清東昌濟寧穀亭伍遞運所路當衝要白山丹河城南龍山蓬萊伍馬驛或有駐劄衙門或因道路頗遠合用錢糧緣驛傳審編在前裁革在後其夫馬等項向未刪除相應議復責令本府州縣帶管答應至於夫馬工食原議頗足若支應銀兩似未寬裕量應增益使有贏餘以備緩急合無照數增加濟南府呈稱本府所屬安德馬驛係南北通京及省會譚城馬驛俱係上衝晏城桃園劉普東

北置五寧俱係次衝龍山鎮青陽白山俱下衝各額編馬驢夫役既經議革正户誠爲足國省民經濟之遠猷不易之良規也但召人應當一節雖擇殷實之人亦必無大身家者須工價寬裕庶俯仰有資人情方樂於趨事若使銀數不敷則代役者未免苦難不便合無將本府所屬西路各驛馬每匹原議工食陸拾柒兩再加壹拾叁兩共捌拾兩如帶糧僉者每馬仍照事宜加銀捌兩驢每頭原議草料工食貳拾壹兩再加肆兩共銀貳拾伍兩驛遞車夫每名原議工食拾兩再加貳兩共銀拾貳兩水夫原議工食拾貳兩仍應照舊其東路下衝龍山鎮馬驛與裁革青陽白山貳驛撥縣代管馬每匹原議工食草料銀陸拾柒兩扣銀柒兩今議免其扣解驢每頭原議貳拾壹兩亦加肆兩俱給代役以資貧役以杜後詞再照青陽白山貳驛既革以縣代管尚稱不便若將原額馬驢支銷銀兩再行裁革及改撥別驛不無反累里甲今據鄒平長山二縣各要復二驛事于題

請擅難准復合無准將二驛原編馬驢及支銷舘庫銀兩俱應照舊編發二縣代管差撥支銷以免申擾及查裁革德州遞運所衙門該州原係上衝委與別處

不同似應題復仍將原編車夫柒拾名與改撥水夫叁百貳拾名俱應歸還該所差撥兖州府呈稱隆慶四年議革馬驢水夫正户召募應當每馬壹匹銀捌拾兩又代養糧僉馬壹匹銀貳拾陸兩驢每頭銀貳拾伍兩水夫壹名銀拾陸兩看得增減馬驢水夫及工食等項彼時會議停妥初行之時各已稱便今未經一年旋復紛紛告擾是豈法之敝哉揆厥所由大抵奉行者猶有未至也如馬驢除去正户召募者未必皆殷實之家多有鄰驛居民借此度日使盡如初議站銀依期解給俾募役無借貸之苦縱一時差或繁浩稍有未復截長補短彼亦甘之但查即今各處站銀不惟今春屢提不至在往歲者尚有拖欠以致官役舊債尚負新貸無門官使并臨莫知所措紛紛告擾蓋以此耳今不此之察輒將已試之法一旦從而更張之竊恐人心有欲多則悦寡則怨不至于盡復盡增未足以快其心其如良法美意何哉且自本府轄驛遞論之除青川村次衝外陸路北由銅城至臨城水路南由河橋至荆門大約衝據相距遠近亦無大量增量復緊要之處獨濟寧南城驛加之總院分司河道往劄不時各官往來會議軍情漕務

比之他處稍爲緊要南城馬驛新議并之濟寧里甲
今以增馬減驢仍歸本驛遞運所俱隸本州一處及
留水夫叁百名内撥南城水驛壹百柒拾名又撥河
橋等驛壹百叁拾名今若以緊要增復竊計水陸用夫
者多用馬驢者少陸路用馬者多用驢者少馬驢仍
宜照舊查河橋等驛與各水驛相同又無駐劄衙門
何獨加水夫似爲過餘合無將南城原革水夫拾陸
名并前撥添河橋等驛水夫壹百叁拾名仍復撥南
城驛以資駐劄之所不足其餘俱如原議至于各處
站銀嚴限依期解給及將土民馬查照嘉靖四十四
年土民下馬爲則驢亦如之合增錢糧就于餘站銀
内撥補糧僉馬不分上中下查照嘉靖四十四年糧
僉下馬爲則其合增錢糧就于布政司糧僉銀内支
給止增馬價工食不敷之數水夫仍舊東昌府呈稱
東昌臨清貳遞運所原係永樂年間初開運河設有
驛遞專備過往
進貢進鮮官員船隻行之年久要將裁革貳所照舊歸
復崇武驛馬驢俱照上年下馬事例每馬編銀玖拾
兩驢貳拾捌兩清源茌山魚丘叁驛馬編玖拾叁兩
驢編貳拾玖兩太平驛馬編捌拾柒兩驢編貳拾柒

兩萊州府呈稱朱橋驛窵離本府六十餘里東隔黄山舘驛七十餘里此驛革去遇有官使過臨則掖縣東送黄縣地方一百八十里往返三百六十里民不勝勞黄縣之民勞亦如是此朱橋不可不復者也其夏店驛迤西離昌邑縣二十里迤東離灰埠驛六十里但濰河新河左右相夾不時泛溢惟夏店一處在中倘行者偶值風潮無處安歇此夏店驛最所當復者也又將城南驛馬拾匹驢拾頭車夫伍拾名全留縱改撥崇武驛者難以更變而裁革貳馬叁驢似當仍舊存用及照夏店古亭貳驛今止編馬各玖匹驢各陸頭車夫各肆拾名已爲節省今將夏店驛馬革去貳匹改撥崇武叁匹止存肆匹驢革去貳頭改撥清源貳頭止存貳頭撥歸昌邑縣應付古亭驛馬革去貳匹改撥崇武叁匹止存肆匹驢革去貳頭改撥南城驛壹頭止存叁頭撥歸濰縣應付再照昌濰二縣夫馬欲如近例革去改撥則二縣應付難以支持然通行存留又非題

准裁革之意合無將新革古亭驛夫馬驢頭照舊存留免行革去其改撥各驢照舊改撥西路驛分既得恊濟而可行東路縣分亦因少革而可久其夏店朱橋

貳驛若蒙議復原編貳驛馬各玖匹驢各陸頭通宜照舊留復各驛應付其貳驛原撥西驛馬驢或於本府所屬站銀另行撥補又查各縣既領管驛事則站銀與里甲相資也若革去車夫站銀遇有迎接必加派於里甲而見年里甲民力有限其何以堪雖車夫之與里甲均出民力但車夫係各縣之協濟而里甲乃一縣之自當又編派於合縣者易爲力而獨累於見年者難爲處必欲革去協濟之車夫是以疲敝之里甲而供驛遞之冗役豈可久之計耶故各驛雖革而原編車夫似當免革仍留各縣兼撥應付今朱橋夏店貳驛若蒙議復與已革城南古亭貳驛車夫均當仍留各縣驛應付又查各驛未革之時掖縣均徭編有城南驛廩給庫子肆名昌邑縣編有夏店濰縣編有古亭各廩給庫子壹名每名銀肆拾陸兩以爲答應上司士夫人員廩給下程之用今城南夏店古亭叁驛雖革公費難減又每縣原編舘夫貳名每名玖兩内壹半置辦家火壹半雇覓廚役今既改歸各縣應付其厨子工食似當裁革合無將前項廩給庫子買辦家火舘夫銀照舊於各縣均徭編派與馬驢車夫站銀總於一處支用登州府呈稱本府近奉明

文將蓬萊驛裁革馬貳匹驢貳頭改撥濟寧南城水驛馬肆匹驢陸頭止存馬肆匹驢貳頭歸并蓬萊縣龍山馬驛裁革馬貳匹驢貳頭改撥南城水驛馬叁匹驢貳頭止存馬肆匹驢貳頭歸并黄縣各走遞貳驛車夫盡數裁革黄山舘驛亦減存馬玖匹驢陸頭車夫肆拾名徵銀解驛雇募應當因并裁革萊州府朱橋驛黄山舘夫徑送掖縣往囬距二百四十里迎送不敷告批議允添補馬叁匹驢貳頭車夫貳拾名似可足用但以二程爲一程迎送之間人馬俱疲且一日不能往返必繼以夜夫馬又加盤費則朱橋壹驛誠爲要緊所當議復者也既復朱橋驛則以黄山舘所添馬叁匹驢貳頭車夫貳拾名仍撥歸朱橋接應庶道里適均而夫馬不致困乏矣其蓬萊壹驛轄在府治海道駐劄之所復之事體更便不復而代管於縣亦似可行但查蓬龍二驛車夫盡革則蓬黄二縣委難支持蓬萊地瘠民貧逃亡過半昔未革驛猶稱極疲黄縣地方窄小一府往來較之僻路州縣實爲衝煩若革貳驛馬驢車夫必重累黄縣里甲事既偏困勢難經久相應議復者也武定兵備道僉事甄關稱據德州平原禹城長清肥城歷城鄒平柒州

縣議申本道批行濟南府查議前來看得該府所議馬驢夫役工食草料青陽白山貳驛馬驢舘庫銀兩免撥外驛編發鄒平長山貳縣代管差使德州遞運所係上衝處所相應題復各一節似於人情事體皆爲穩便至于青陽店驛居於章丘鄒平貳縣界中乃中火之地今裁革以縣代管未免貽累合無一并題復煩爲會議其他如寧陽縣申稱量復本縣青川村驛馬驢工食德州申稱要將中馬壹匹壹年量增銀拾叁兩共銀捌拾兩驢壹頭量增銀肆兩共銀貳拾伍兩及要將原編車夫柒拾捌名照數全編應役高唐州魚丘驛申稱近議召募其法甚良但代役工食草料裁減過多委不敷用乞念衝繁疲驛酌量加添長清縣東北置馬驛申稱東通裏路泰安州黄山店五十里故山鋪三十五里遲賢亭七十里靈巖寺九十里及平陰肥城茌平高唐等十二處俱有中火駝送鋪陳每遇上司交集本縣合用馬驢正幫之外每匹仍雇八九匹頭不止乞要加添銀兩濟南府譚城驛申稱本驛設居省會衝路原議馬每匹止給銀陸拾柒兩驢每頭止給銀貳拾壹兩不足應用乞要增添及稱減革驢捌頭止剩拾貳頭司道遞發公文日

夜不休但遇各道各府遣牌常用脚力不足差撥仍
乞添補前數西關遞運所申稱本所原額車夫貳百
柒拾貳名隆慶四年革去諸城章丘貳縣車夫貳拾
肆名止存貳百肆拾捌名見今本省各衙門擡轎買
辦占用共壹百陸拾伍名止剩本所走遞捌拾叁名
本所設在省會路衝六道乞要將前夫添給原數歷
城縣龍山鎮馬驛申稱每馬壹匹正幫貳匹歲支工
食草料銀陸拾兩雇募二夫遞送公文看庫跟官把
門等項則自置馬貳匹雇貳夫應三府之衝晝夜無
停乞要每馬壹匹量添銀貳兩伍錢又查走遞驢原
係拾頭今蒙裁革肆頭止剩陸頭遞送公文應付脚
力晝夜奔馳風雨不阻但遇不足須又重雇每年止
領銀貳拾壹兩苦累不堪乞要仍復原數及添工食
銀壹兩貳錢車夫原壹百壹拾名先年西關遞運所
借去叁拾名止存柒拾名每月止領銀捌錢叁分乞
要量增銀貳錢及稱厨子壹名不敷乞要量添壹名
支銷銀每月貳拾貳兩奉明文本驛官吏廩糧書厨
工食紙劄共支拾兩壹錢止剩拾壹兩玖錢不足答
應乞要加徵寫字壹名每月工食捌錢不能應辦又
復雇人乞要量添壹名萊州府掖縣申稱本縣附郭

疲累原編馬驢車夫實非多餘似難裁減乞要將今議協濟崇武水驛馬叁匹驢肆頭免行解濟膠州高密車夫站銀照舊解發臨清州清源水驛申稱本驛減革叁拾捌名止存壹百陸拾名遞運所減去肆拾肆名止存叁百肆拾名隆慶四年九月内奉明文裁革遞運所捌拾伍名扣銀貯庫分撥渡口驛叁拾伍名止存壹百柒拾名歸并本驛内除户工三分司轎夫探聽報事擡轎

巡撫都察院駕船水手等項占用外止餘水夫壹百玖拾名在驛走遞止足水路拽船之用但臨清地方河分三岔路衝九衢第一衝繁乞要量行寬恤德州安德水驛申稱原額車夫柒拾捌名每名每年徵銀拾柒兩共銀壹千叁百貳拾陸兩今奉新例減去捌名止編柒拾名每名減去銀柒兩共減去銀陸百貳拾陸兩止徵銀柒百兩乞要早爲議處各緣由到司隆慶五年九月内該本司左布政使王右布政使陳會同驛傳道副使李議得驛傳自隆慶四年更編之後續又題奉

欽依將水路德州等五遞運所省城迤東青陽店等九驛裁革馬驢水車夫役俱經查撥各縣驛答應外節

據各州縣驛遞申稱有夫馬走遞不敷者有工食減少支應不足者有稱驛遞并於州縣代管里甲疲累不堪者皆因往年以冗費可裁未免更張大過遂致甲可乙否道旁築舍難語成議中間有該增益者有該照舊者有該以遠遷近者俱應少加更變但驛傳銀兩既已編定似難紛更應該夫馬鋪陳各項銀兩即在額内通融均撥刪繁冗以益疲累庶爲長便近據各府議稱原革青陽店等九驛德州等五遞運所俱應添復一節但驛所已經

奏革遽難議復所據驛遞事宜謹議其大者一均撥水路夫役本省水路自北而南良店驛起至出境河橋驛止共計拾叁驛柒遞運所内將德州臨清東昌濟寧穀亭伍遞運所裁革其夫役内除裁減外尚存夫均撥與良店安德梁家莊渡口清源清陽崇武荆門開河南城河橋拾壹驛并原夫差撥走遞今查甲馬營驛原設水夫壹百貳拾名甲馬營遞運所原設水夫叁百貳拾名驛所共夫肆百肆拾名俱係腰站同在一處朋出人夫答應安山驛原設水夫壹百名金綫閘遞運所原設水夫叁百貳拾名貳驛所共夫肆百貳拾名亦係腰站同在一處朋出人夫答應一驛

徑送一驛内除清源驛設居臨清州崇武驛設居東昌府南城驛設居濟寧州俱係衝地河橋清陽二驛雖係腰站路途覺長各派設夫役稍多其良店梁家莊渡口開河荆門五驛俱與甲馬營安山金綫閘四驛所事體道路相同各設夫不滿貳百甲馬營驛所共夫肆百肆拾名安山金綫閘貳驛所共設夫肆百貳拾名與良店等驛應付皆同其夫數多于他驛加倍則餘夫閒擴工食過關銀兩官吏任意侵漁積棍盜支無忌似欠調停酌處合將甲馬營遞運所水夫叁百貳拾名内撥叁拾名與甲馬營驛并原夫壹百貳拾名共作壹百伍拾名該所止存夫壹百伍拾名與甲馬營驛共作叁百名金綫閘遞運所水夫叁百貳拾名内將伍拾名撥與安山驛原設夫壹百名共作壹百伍拾名該所止存夫壹百伍拾名與驛共夫叁百名該所餘夫壹百貳拾名并甲馬營遞運所除前撥并存夫外仍有餘夫壹百肆拾名貳所共有餘夫貳百陸拾名應分撥與良店梁家莊渡口荆門開河五驛各夫伍拾貳名各驛夫皆至貳百肆伍拾名再查河橋驛雖係南來接境腰站但原設并加撥夫共叁百柒拾名似乎過多其安德水驛設居德州路

衡頗煩原夫并加撥夫止貳百陸拾名似乎數少合于河橋驛查撥金鄉縣夫叁拾名與安德水驛添作貳百玖拾名與崇武等驛夫數類同及查各夫既已撥就但工食并過關銀兩俱定給限期備行各該分撥州縣查照催徵徑解新撥該驛雇夫支用庶調停適均事體歸一先已具呈撫按兩院詳允遵依外良店驛原夫壹百貳拾名商河縣貳拾名樂陵縣壹百名先加撥裁革各所夫柒拾伍名德州遞運所海豐縣貳名商河縣拾名樂陵縣肆名利津縣拾叁名霑化縣拾壹名蒲臺縣貳拾名臨清遞運所冠縣拾伍名今又加撥減去各所夫伍拾貳名甲馬營遞運所樂安縣陸名范縣叁名清平縣叁名館陶縣貳拾肆名金綫閘遞運所日照縣捌名嘉祥縣捌名通共貳百肆拾柒名安德水驛原夫壹百貳拾名商河縣陸拾名濱州陸拾名先加撥裁革各所夫壹百肆拾名德州遞運所海豐縣叁名商河縣貳拾叁名樂陵縣陸名利津縣貳拾陸名霑化縣貳拾叁名蒲臺縣叁拾玖名臨清遞運所冠縣貳拾名今又加撥減去河橋驛夫金鄉縣叁拾名通共貳百玖拾名梁家莊驛原夫壹百貳拾名陽信縣柒拾名海豐縣伍拾名先加撥裁革各所夫柒拾伍

名德州遞運所海豐縣貳名商河縣拾名樂陵縣肆名利津縣拾叁名霑化縣拾壹名蒲臺縣貳拾名臨清遞運所冠縣拾伍名今又加撥減去甲馬營遞運所伍拾貳名樂安縣拾肆名新城縣陸名貳分柒釐范縣叁拾壹名叁分壹釐貳毫恩縣肆分壹釐捌毫通共貳百肆拾柒名甲馬營驛原夫壹百貳拾名武城縣伍拾名冠縣貳拾名壽光縣伍拾名今加撥甲馬營遞運所新城縣叁拾名共夫壹百伍拾名甲馬營遞運所原夫叁百貳拾名今減壹百柒拾名内改撥甲馬營驛叁拾名又改撥各驛壹百肆拾名該所止存壹百伍拾名博平縣貳拾壹名叁釐恩縣玖名捌釐貳毫高唐州陸名伍分青城縣肆名壹釐叁毫武城縣貳拾肆名貳分伍釐館陶縣捌拾伍名壹分貳釐伍毫渡口驛原夫壹百貳拾名丘縣伍拾名夏津縣貳拾名博興縣貳拾名臨淄縣叁拾名先加撥裁革各所夫柒拾名臨清遞運所武定州叁拾伍名東昌遞運所濮州叁拾伍名今加撥減去甲馬營遞運所夫伍拾貳名青城縣肆拾名肆分叁釐柒毫夏津縣捌名陸釐叁毫清平縣叁名伍分通共貳百肆拾貳名清源驛原夫壹百陸拾名臨清州柒拾名冠

縣叁拾名濱州陸拾名先加撥裁革臨清遞運所夫壹百柒拾名臨清州伍拾肆名陸分伍釐陸毫貳絲伍忽冠縣伍名叁分壹釐貳毫伍絲丘縣叁拾名捌分肆釐叁毫柒絲伍忽堂邑縣貳拾柒名陸分伍釐陸毫貳絲伍忽濱州叁拾柒名陸分捌釐武定州壹拾叁名捌分伍釐壹毫貳絲伍忽通共叁百叁拾名清陽驛原夫壹百貳拾名清平縣叁拾名朝城縣叁拾名堂邑縣貳拾名齊東縣肆拾名先加撥裁革各所夫壹百叁拾名東昌遞運所齊東縣伍拾名濟寧遞運所滕縣捌名貳分伍釐曹州壹名柒分貳釐貳毫城武縣壹拾陸名貳分壹釐捌毫柒絲伍忽沂州肆拾陸名柒分捌釐壹毫貳絲伍忽泗水縣柒名貳釐捌毫通共貳百伍拾名崇武驛原夫壹百貳拾名聊城縣伍拾名莘縣叁拾名長山縣肆拾名先加撥裁革東昌遞運所夫壹百柒拾名聊城縣叁拾壹名陸分捌釐柒毫伍絲茌平縣伍名貳分伍釐莘縣貳拾捌名玖分陸釐捌毫柒絲伍忽濮州壹拾壹名伍分肆釐柒毫貳絲伍忽朝城縣貳拾叁名貳分貳毫柒絲伍忽觀城縣貳拾伍名叁分壹釐貳毫伍絲鄒平縣貳拾伍名柒分捌釐壹毫貳絲伍忽長山縣叁

名柒分伍釐齊東縣壹拾肆名伍分通共貳百玖拾名荊門驛原夫壹百名陽穀縣陸拾名臨淄縣肆拾名先加撥裁革穀亭遞運所夫玖拾名泰安州捌名伍分伍釐沂州貳拾貳名伍分曹縣柒名玖分捌釐柒毫伍絲臨朐縣叁拾貳名肆分捌釐肆毫柒絲伍忽諸城縣拾捌名肆分柒釐柒毫柒絲伍忽今加撥減去金綫閘遞運所夫伍拾貳名鉅野縣貳拾貳名伍分博興縣貳拾陸名肆分壹釐日照縣叁名玖釐通共貳百肆拾貳名安山驛原夫壹百名東阿縣陸名泗水縣貳拾柒名汶上縣陸名定陶縣陸名鄆城縣玖名平陰縣陸名萊蕪縣肆拾名今加撥減去金綫閘遞運所安丘縣伍拾名共壹百伍拾名金綫閘遞運所原夫叁百貳拾名今減壹百柒拾名内改撥安山驛伍拾名又改撥各驛壹百貳拾名止存壹百伍拾名嘉祥縣拾貳名寧陽縣叁拾叁名柒分伍釐陽穀縣叁拾貳名貳分伍釐嶧縣伍拾名伍分東平州拾肆名鉅野縣柒名伍分開河驛原夫壹百貳拾名費縣陸拾名淄川縣陸拾名先加撥裁革穀亭遞運所夫柒拾名郯城縣叁拾名陸分壹釐肆毫伍絲泰安州叁拾玖名叁分捌釐伍毫伍絲今加撥減去金

綫閘遞運所夫伍拾貳名陽穀縣叁名伍分日照縣
伍名叁釐伍毫臨淄縣貳拾叁名肆分陸釐伍毫高
苑縣貳拾名通共貳百肆拾貳名南城驛原夫貳百
伍拾名濟寧州壹百貳拾名金鄉縣貳拾名沂水縣
陸拾名莒州伍拾名先加撥裁革濟寧遞運所夫壹
百柒拾名濟寧州肆拾貳名肆分陸釐捌毫柒絲伍
忽泗水縣柒名伍分叁毫貳絲伍忽費縣伍拾肆名
陸分伍釐陸毫貳絲伍忽曲阜縣伍名貳分玖釐柒
毫貳絲伍忽諸城縣拾玖名陸分柒釐柒毫柒絲伍
忽萊蕪縣貳拾壹名叁分貳釐柒毫柒絲伍忽新泰
縣壹拾玖名陸釐玖毫通共肆百貳拾名河橋驛原
夫貳百肆拾名魚臺縣貳拾名嶧縣叁拾名郯城縣
貳拾名金鄉縣陸拾肆名莒州伍拾壹名貳分伍釐
日照縣貳拾叁名貳分伍釐蒙陰縣叁拾壹名伍分
先加撥裁革各所夫壹百叁拾名濟寧遞運所新泰
縣壹拾玖名壹分捌釐壹毫沂水縣叁拾名捌分壹
釐玖毫穀亭遞運所魚臺縣叁拾貳名貳分伍釐單
縣壹拾捌名陸分伍釐陸毫貳絲伍忽滋陽縣伍名
柒分捌毫貳絲伍忽郯城縣貳拾叁名叁分捌釐伍
毫伍絲今減金鄉縣原編河橋驛夫叁拾名改撥安

德水驛訖止存叁百肆拾名一陸驛馬驢舊規照上衡中衡下衡分爲叁等編派如上衡省會譚城馬驛通京大路安德太平魚丘茌山銅城舊縣東原新橋新嘉昌平郲城界河滕陽臨城共壹拾肆驛中衡省城通濟寧路東北置五寧青川村又省城通德州路晏城劉普桃園共陸驛下衡如省城迤東龍山鎮青陽白山金嶺青社丹河古亭夏店灰埠城南朱橋黄山舘龍山蓬萊共拾肆驛通計叁拾伍驛一例俱編中馬共捌百叁拾陸匹每匹編站地捌拾頃每頃徵銀壹兩共銀捌拾兩内扣除鋪陳銀叁兩支銷銀拾兩役銀陸拾柒兩惟省城迤東下衡龍山鎮等拾肆驛共馬壹百陸拾貳匹每匹止給銀陸拾兩其柒兩扣解布政司聽用共計編銀陸萬陸千捌百捌拾兩又該編驢伍百壹拾頭每頭編給站地貳拾伍頃每頃該銀壹兩共銀貳拾伍兩内除鋪陳銀壹兩支銷銀叁兩給役銀貳拾壹兩共銀壹萬貳千柒百伍拾兩以上馬驢共編銀柒萬玖千陸百叁拾兩查得水旱二路交通東昌府崇武水馬驛原編上馬貳匹下馬陸匹共馬捌匹驢拾肆頭臨清州清源水馬驛原編上馬伍匹中馬伍匹下馬拾伍匹共馬貳拾伍匹

驢叁拾頭濟寧州南城水馬驛原編上馬壹匹中馬叁匹下馬捌匹共馬拾貳匹驢貳拾陸頭俱經裁革驛傳開除并無編派據東昌府并臨清濟寧貳州各申呈崇武等叁驛馬驢裁革應付委屬不便乞要仍復又查題奉欽依將東路下衝拾肆驛內除龍山鎮金嶺鎮灰埠黄山舘青社俱係緊用驛站照舊存留答應外將青陽白山丹河古亭夏店城南朱橋龍山蓬萊共玖驛裁革其青陽店馬驛原設馬拾伍匹驢陸頭俱本縣編僉內除裁革馬叁匹驢貳頭外撥歸本縣馬陸匹驢貳頭改撥清源水馬驛馬陸匹驢貳頭長山縣白山馬驛原設馬拾伍匹驢陸頭俱本縣編僉內除裁革馬叁匹驢貳頭外撥歸本縣馬陸匹驢貳頭改撥清源驛馬陸匹驢貳頭昌樂縣丹河馬驛原設馬玖匹驢陸頭俱本縣編僉內除裁革馬貳匹驢貳頭外撥本縣馬肆匹驢貳頭改撥清源水馬驛馬貳匹驢貳頭崇武驛馬壹匹濰縣古亭馬驛原設馬玖匹驢陸頭俱本縣編僉內除裁革馬貳匹驢貳頭外撥歸本縣馬肆匹驢叁頭改撥崇武水馬驛馬叁匹改撥南城水馬驛驢壹頭昌邑縣夏店馬驛原設馬玖匹驢陸頭俱本縣編僉內除裁革馬貳

匹驢貳頭外撥歸本縣馬肆匹驢貳頭改撥清源水馬驛驢貳頭改撥崇武水馬驛馬叁匹掖縣城南馬驛原設馬拾匹驢拾頭俱本縣編僉内除裁革馬貳匹驢叁頭外撥歸本縣馬伍匹驢叁頭改撥崇武水馬驛馬叁匹驢肆頭朱橋馬驛原設馬玖匹平度州編陸匹即墨縣編叁匹驢陸頭俱平度州編内除裁革即墨縣馬壹匹平度州馬壹匹驢貳頭外改撥與南城水馬驛平度州馬伍匹即墨縣馬貳匹改撥崇武水馬驛平度州驢肆頭黄縣龍山馬驛原設馬玖匹内本縣編貳匹棲霞縣編貳匹萊陽縣編伍匹驢陸頭内本縣編叁頭棲霞縣編貳頭萊陽縣編壹頭内除裁革本縣原編驢壹頭外撥歸本縣馬肆匹内本縣編馬貳匹棲霞縣編馬貳匹并本縣編驢貳頭改撥南城水馬驛萊陽縣編馬叁匹驢貳頭内萊陽縣編壹頭棲霞縣編壹頭改撥黄山舘馬驛萊陽縣原編馬貳匹棲霞縣原編驢壹頭蓬萊縣蓬萊馬驛原設馬拾匹内本縣編叁匹寧海州編貳匹文登縣編肆匹萊陽縣編壹匹驢拾頭内本縣編貳頭寧海州編肆頭文登縣編貳頭福山縣驢貳頭内除裁革文登縣馬壹匹福山縣編壹頭外撥歸本縣馬肆匹

内本縣編貳匹寧海州貳匹并本縣驢貳頭改撥南城水馬驛馬肆匹内萊陽縣編壹匹文登縣編叁匹并驢陸頭内文登縣編貳頭寧海州編叁頭福山縣編壹頭又改撥黄山舘馬驛蓬萊縣原編馬壹匹寧海州編驢壹頭再照青陽等玖驛衙門既經裁革其額設馬驢除查撥與崇武驛馬拾匹驢捌頭清源驛馬拾肆匹驢捌頭南城驛馬拾肆匹驢玖頭除驢價工食銀兩不拘衝簡一例徵解又除龍山鎮金嶺鎮青社灰埠黄山舘伍驛每馬仍照舊給工食銀陸拾兩其改撥崇武等叁驛馬價工食俱照西路上衝馬匹工食徵解外其歸并各縣馬驢如鄒平長山貳縣各止得馬陸匹驢貳頭昌樂昌邑黄縣蓬萊各縣止得馬肆匹驢貳頭濰縣止得馬肆匹驢叁頭掖縣止得馬伍匹驢叁頭竊照各縣雖非衝途緣皆係各道駐劄處所并按院歲臨謁見官員公差人役應付寔繁既經革驛則各縣里甲之費與驛無異其前項歸縣馬驢走遞之數實爲不足似應酌處合無將鄒平縣青陽店長山縣白山貳驛各裁革馬叁匹驢貳頭昌樂丹河濰縣古亭昌邑夏店叁驛各裁革馬貳匹驢貳頭掖縣城南驛裁革馬貳匹驢叁頭朱橋驛

裁革平度州馬壹匹驢貳頭即墨縣馬壹匹黄縣龍山驛裁革黄縣原編驢壹頭蓬萊縣蓬萊驛裁革文登縣馬壹匹福山縣驢壹頭俱雖稱裁革其原編銀兩尚存未經開除仍復給各縣與先撥馬驢一并走遞其鄒平長山昌樂濰縣昌邑掖縣各原撥并令復馬有陸疋至玖匹者驢有肆頭至陸頭如黄縣止有原撥并今復馬肆匹驢叁頭蓬萊縣止有原撥并今復馬伍匹驢叁頭查與鄒平等縣數目頗少似當量添今查黄縣止有餘站地壹百伍頃該添編馬壹匹驢壹頭蓬萊縣有餘站地伍百玖拾頃於内添編馬壹匹驢貳頭其朱橋驛裁革即墨縣原編馬壹匹平度州原編馬壹匹驢貳頭各該馬驢銀兩改作餘站解司及查馬匹工食雖分衝簡定數上衝中衝每匹陸拾柒兩下衝銀六十兩亦足供役其西路上衝應付委難并省會譚城驛亦止給銀陸拾柒兩似爲負累應于扣減鋪陳銀内量添以資走遞其崇武等三驛改撥馬驢相去青萊登三府徵解似涉路途稍遠應該遷近但濟兖東三府所属查無餘站銀兩難以抵换姑容暫且照舊待遇審編之年另行酌處再查通京大路安德等十四驛各額設馬驢内除極衝安德驛馬肆拾叁匹驢叁拾頭外太平等十二驛各設

馬叁拾捌匹驢貳拾伍頭惟新嘉驛與各驛皆係衝途何止編馬貳拾捌匹驢貳拾頭似爲不均但有先年本道呈允事例行新橋東原舊縣銅城昌平郲城界河滕陽臨城九驛各撥馬壹匹與新嘉驛走遞亦係叁拾柒匹與各驛馬匹類同不必增加一車夫查得各驛今次驛傳編僉車夫多寡不等濟南府西関遞運所車夫貳百名内歷城縣編玖拾叁名捌分章丘縣編叁拾壹名柒分濟陽縣柒拾肆名伍分西路德州遞運所車夫柒拾名德州編拾肆名柒分陵縣編叁名叁分臨邑縣編伍拾貳名齊河縣晏城驛車夫柒拾名本縣編貳拾名玖分陸釐濟陽縣編肆拾貳名壹分肆釐臨邑縣編陸名玖分禹城縣劉普驛車夫柒拾名本縣編肆拾伍名貳分叁釐臨邑縣編貳拾肆名柒分柒釐平原縣桃園驛車夫柒拾名本縣編伍拾柒名柒分伍釐臨邑縣編拾貳名貳分伍釐東路歷城縣龍山鎮馬驛車夫章丘縣編柒拾名益都縣金嶺鎮驛車夫本縣編捌拾名青州府青社驛車夫柒拾名益都縣編貳拾貳名肆分壽光縣編叁拾名樂安縣編拾柒名陸分昌樂縣丹河驛車夫本縣編肆拾名濰縣古亭驛車夫本縣編肆拾名昌邑縣夏店驛車夫肆拾名濰縣編貳拾名高密縣編

貳拾名平度州灰埠驛車夫本州編肆拾名掖縣城南驛車夫伍拾名本縣編貳拾名高密縣編貳拾名膠州編拾名朱橋驛車夫肆拾名即墨縣編貳拾名膠州編貳拾名黄縣黄山舘驛車夫肆拾名招遠縣編拾名棲霞縣編拾名萊陽縣編貳拾名龍山驛車夫肆拾名本縣編貳拾名萊陽縣編貳拾名蓬萊縣蓬萊驛車夫伍拾名蓬萊福山文登寧海萊陽五州縣各編拾名以上車夫壹千捌拾名每名徵銀拾兩共銀壹萬捌百兩先該本道因德州遞運所裁革將車夫柒拾名内裁革拾捌名止存伍拾貳名改于安德水驛走遞今查出青陽白山二驛原無設有車夫外又將裁革昌樂縣所轄丹河驛車夫肆拾名濰縣古亭驛車夫肆拾名昌邑縣夏店驛車夫肆拾名掖縣城南驛車夫伍拾名朱橋驛車夫肆拾名黄縣龍山驛車夫肆拾名蓬萊縣蓬萊驛車夫伍拾名共柒驛車夫盡行裁革舊時應付上司使客俱驛出車夫擡轎今既裁革車夫改于昌樂等六縣應付則是雖省各縣之編派而寔偏累六縣之里甲分撥各縣則役均而易辦偏累六縣則呻苦而難前況其間有因里甲雇覓轎夫不前者擅動前革車夫銀兩支用則是所謂革冗夫者受虚名而未見實利也似

應將前革丹河等七驛車夫照舊復行各縣徵銀聽轄驛縣分收貯雇覓轎夫支用其蓬萊縣今復車夫五十名内減出夫五名該銀伍拾兩聽備倭都司并吏廪給支用其肆拾伍名聽該縣走遞及查德州遞運所車夫先革拾捌名又該本道議呈詳允添復共作柒拾名改于夫廠與恊濟牌夫相兼走遞而晏城劉普桃園叁驛原係中衝龍山鎮係東路下衝素不稱累其原編車夫已足應用其原議工食每名每歲拾兩足以供役俱不必增益似應照舊一鋪陳驛傳議定叁年壹造每年每馬壹匹扣銀叁兩每驢壹頭扣銀壹兩就于站地銀内摘解布政司轉發各附驛州縣置造聽該驛領用原編中馬捌百叁拾貳匹每匹扣銀叁兩驢伍百捌頭每頭扣銀壹兩今查每馬壹匹扣銀叁兩驢每頭扣銀壹兩叁年壹造仍有舊鋪陳拆洗上改中中改下下折改并造尚有節省前議價銀委屬過多徒滋奸弊相應裁減每馬壹匹今扣銀壹兩每驢壹頭今扣銀伍錢水夫每名照舊扣銀伍錢壹年共扣銀叁千叁百伍拾貳兩叁年共該扣銀壹萬伍拾陸兩如會省譚城驛置上捌中拾下貳拾通京陸路拾肆驛并崇武清源南城叁水馬驛

每驛上陸中捌下拾陸通濟寧德州旱路陸驛上叁中陸下拾通東叁府旱路伍驛上貳中肆下捌今議東北置馬驛添置泰安州路故山遲賢亭二公舘上貳中貳及查鄒平長山昌樂昌邑掖縣黄縣蓬萊柒縣既改歸前革青陽等驛馬驢走遞其鋪陳亦當隨馬扣除置造各驛縣新置鋪陳共用銀肆千貳百餘兩查照舊規上中下合用件數叁年壹造但各驛見在鋪陳其中仍有上可改中中可改下下可并造責各州縣掌印官清查量爲添補其每馬原議扣鋪陳銀叁兩今止用銀壹兩内裁省貳兩每驢原議扣鋪陳銀壹兩今止扣銀伍錢内裁省伍錢可補上衝省會譚城驛通京旱路安德等拾肆驛并中衝内檢出尤衝東北置馬驛與上衝安德等共拾伍驛每馬壹匹添銀貳兩并原議工食銀陸拾柒兩共作陸拾玖兩每驢添給銀伍錢并原議工食銀貳拾壹兩共作貳拾壹兩伍錢其中衝晏城劉普桃園五寧青川村伍驛原議工食陸拾柒兩東路下衝如龍山鎮金嶺鎮青社灰埠黄山舘伍驛及撥歸鄒平長山昌樂濰縣昌邑掖縣黄縣蓬萊八縣馬匹原議工食銀陸拾兩俱已足用不爲負累似應照舊其東路驛分裁省

鋪陳每匹貳兩驢伍錢合改于各驛與縣作爲支銷應用一陸驛支銷查得各驛照途衝僻馬驢庫子舘夫多寡分派支銷銀兩不等庫子每名銀肆拾陸兩舘夫每名銀玖兩馬每匹扣銀拾兩驢每頭扣銀叁兩俱於各該轄驛州縣收貯按月給驛支銷上衝省會譚城馬驛庫子拾玖名該銀捌百柒拾肆兩舘夫捌名該銀柒拾貳兩中馬叁拾貳匹扣幫銀叁百貳拾兩驢拾貳頭扣幫銀叁拾陸兩又坐支甲馬營遞運所水夫扣銀肆百捌拾兩東昌遞運所水夫扣銀伍百壹拾兩金綫閘遞運所水夫扣銀肆百捌拾兩通共銀貳千柒百柒拾貳兩每月該支銀壹百伍兩拾貳個月共支銀壹千貳百陸拾兩其餘壹千伍百壹拾貳兩存留作正支銷南北通京旱驛安德馬驛庫子拾陸名該銀柒百叁拾陸兩舘夫叁名該銀貳拾柒兩中馬肆拾叁匹扣幫銀肆百叁拾兩驢叁拾頭扣幫銀玖拾兩通共銀壹千貳百捌拾叁兩每月該支銀壹百叁兩拾貳個月該支銀壹千貳百叁拾陸兩餘剩銀肆拾柒兩候有閏月凑支太平馬驛庫子拾名該銀肆百陸拾兩舘夫叁名該銀貳拾柒兩馬叁拾捌匹扣幫銀叁百捌拾兩驢貳拾伍頭扣幫

銀柒拾伍兩通共銀玖百肆拾貳兩每月該支銀柒拾陸兩拾貳個月共支銀玖百壹拾貳兩餘剩銀叁拾兩候有閏月湊支魚丘馬驛庫子拾名該銀肆百陸拾兩舘夫叁名該銀貳拾柒兩馬叁拾捌匹扣幫銀叁百捌拾兩驢貳拾伍頭扣幫銀柒拾伍兩通共銀玖百肆拾貳兩每月該支銀柒拾陸兩拾貳個月共支銀玖百壹拾貳兩餘剩銀叁拾兩候有閏月湊支茌山馬驛庫子拾名該銀肆百陸拾兩舘夫叁名該銀貳拾柒兩馬叁拾捌匹扣幫銀叁百捌拾兩驢貳拾伍頭扣幫銀柒拾伍兩通共銀玖百肆拾貳兩每月該支銀柒拾陸兩拾貳個月共支銀玖百壹拾貳兩餘剩銀叁拾兩候有閏月湊支銅城馬驛庫子玖名該銀肆百壹拾肆兩舘夫叁名該銀貳拾柒兩馬叁拾捌匹扣幫銀叁百捌拾兩驢貳拾伍頭扣幫銀柒拾伍兩通共銀捌百玖拾陸兩每月該支銀柒拾貳兩拾貳個月共支銀捌百陸拾肆兩餘剩銀叁拾貳兩候有閏月湊支舊縣馬驛庫子拾名該銀肆百陸拾兩舘夫叁名該銀貳拾柒兩馬叁拾捌匹扣幫銀叁百捌拾兩驢貳拾伍頭扣幫銀柒拾伍兩通共銀玖百肆拾貳兩每月該支銀柒拾陸兩十二個月

共支銀玖百壹拾貳兩餘剩銀叁拾兩候有閏月湊支東原馬驛庫子拾名該銀肆百陸拾兩舘夫叁名該銀貳拾柒兩馬叁拾捌匹扣幫銀叁百捌拾兩驢貳拾伍頭扣幫銀柒拾伍兩通共銀玖百肆拾貳兩每月該支銀柒拾陸兩拾貳個月共支銀玖百壹拾貳兩餘剩銀叁拾兩候有閏月湊支新橋馬驛庫子拾名該銀肆百陸拾兩舘夫叁名該銀貳拾柒兩馬叁拾捌匹扣幫銀叁百捌拾兩驢貳拾伍頭扣幫銀柒拾伍兩通共銀玖百肆拾貳兩每月該支銀柒拾陸兩拾貳個月共支銀玖百壹拾貳兩餘剩銀叁拾兩候有閏月湊支新嘉馬驛庫子玖名該銀肆百壹拾肆兩舘夫叁名該銀貳拾柒兩馬貳拾捌匹扣幫銀貳百捌拾兩驢貳拾頭扣幫銀陸拾兩通共銀柒百捌拾壹兩每月該支銀陸拾叁兩拾貳個月共支銀柒百伍拾陸兩餘剩銀貳拾伍兩候有閏月湊支昌平驛庫子拾貳名該銀伍百伍拾貳兩舘夫叁名該銀貳拾柒兩馬叁拾捌匹扣幫銀叁百捌拾兩驢貳拾伍頭扣幫銀柒拾伍兩通共銀壹千叁拾肆兩每月該支銀捌拾叁兩拾貳個月共支銀玖百玖拾陸兩餘剩銀叁拾捌兩候有閏月湊支郲城馬驛庫

子拾名該銀肆百陸拾兩舘夫叁名該銀貳拾柒兩馬叁拾捌匹扣幫銀叁百捌拾兩驢貳拾伍頭扣幫銀柒拾伍兩通共銀玖百肆拾貳兩每月該支銀柒拾陸兩拾貳個月共支銀玖百壹拾貳兩餘剩銀叁拾兩候有閏月湊支界河馬驛庫子玖名該銀肆百壹拾肆兩舘夫叁名該銀貳拾柒兩馬叁拾捌匹扣幫銀叁百捌拾兩驢貳拾伍頭扣幫銀柒拾伍兩通共銀捌百玖拾陸兩每月該支銀柒拾貳兩拾貳個月共支銀捌百陸拾肆兩餘剩銀叁拾貳兩候有閏月湊支滕陽馬驛庫子拾名該銀肆百陸拾兩舘夫叁名該銀貳拾柒兩馬叁拾捌匹扣幫銀叁百捌拾兩驢貳拾伍頭扣幫銀柒拾伍兩通共銀玖百肆拾貳兩每月該支銀柒拾陸兩拾貳個月共支銀玖百壹拾貳兩餘剩銀叁拾兩候有閏月湊支臨城馬驛庫子玖名該銀肆百壹拾肆兩舘夫叁名該銀貳拾柒兩馬叁拾捌匹扣幫銀叁百捌拾兩驢貳拾伍頭扣幫銀柒拾伍兩通共銀捌百玖拾陸兩每月該支銀柒拾貳兩拾貳個月共支銀捌百陸拾肆兩餘剩銀叁拾貳兩候有閏月湊支中衛濟寧德州旱路晏城馬驛庫子柒名該銀叁百貳拾貳兩舘夫叁名該

銀貳拾柒兩馬貳拾匹扣幫銀貳百兩驢拾頭扣幫銀叁拾兩通共銀伍百柒拾玖兩每月該支銀肆拾陸兩拾貳個月共支銀伍百伍拾貳兩餘剩銀貳拾柒兩候有閏月湊支劉普馬驛庫子伍名該銀貳百叁拾兩舘夫叁名該銀貳拾柒兩馬拾玖匹扣幫銀壹百玖拾兩驢拾頭扣幫銀叁拾兩通共銀肆百柒拾柒兩每月該支銀叁拾捌兩拾貳個月共支銀肆百伍拾陸兩餘剩銀貳拾壹兩候有閏月湊支桃園馬驛庫子肆名該銀壹百捌拾肆兩舘夫叁名該銀貳拾柒兩馬拾柒匹扣幫銀壹百柒拾兩驢捌頭扣幫銀貳拾肆兩通共銀肆百伍兩每月支銀叁拾貳兩拾貳個月共支銀叁百捌拾肆兩餘剩銀貳拾壹兩候有閏月湊支東北置馬驛庫子柒名該銀叁百貳拾貳兩舘夫貳名該銀拾捌兩馬貳拾貳匹扣幫銀貳百貳拾兩驢拾頭扣幫銀叁拾兩通共銀伍百玖拾兩每月支銀肆拾柒兩拾貳個月共支銀伍百陸拾肆兩餘剩銀貳拾陸兩候有閏月湊支五寧馬驛庫子叁名半該銀壹百陸拾壹兩舘夫貳名該銀拾捌兩馬拾捌匹扣幫銀壹百捌拾兩驢陸頭扣幫銀拾捌兩通共銀叁百柒拾柒兩每月支銀叁拾兩

拾貳個月共支銀叁百陸拾兩餘剩銀拾柒兩候有閏月凑支青川村馬驛庫子叁名半該銀壹百陸拾壹兩舘夫貳名該銀拾捌兩馬拾伍匹扣幫銀壹百伍拾兩驢陸頭扣幫銀拾捌兩通共銀叁百肆拾柒兩每月支銀貳拾柒兩拾貳個月共支銀叁百貳拾肆兩餘剩銀貳拾叁兩候有閏月凑支下衢通東叁府旱路龍山鎮馬驛庫子貳名該銀玖拾貳兩舘夫貳名該銀拾捌兩馬拾伍匹扣幫銀壹百伍拾兩驢陸頭扣幫銀拾捌兩通共銀貳百柒拾捌兩每月支銀貳拾貳兩拾貳個月共支銀貳百陸拾肆兩餘剩銀拾肆兩候有閏月凑支金嶺鎮馬驛庫子壹名半該銀陸拾玖兩舘夫貳名該銀拾捌兩馬拾肆匹扣幫銀壹百肆拾兩驢陸頭扣幫銀拾捌兩通共銀貳百肆拾伍兩每月該支銀貳拾兩拾貳個月共支銀貳百肆拾兩餘剩銀伍兩候有閏月凑支青社馬驛庫子伍名該銀貳百叁拾兩舘夫貳名該銀拾捌兩馬貳拾匹扣幫銀貳百兩驢拾頭扣幫銀叁拾兩通共銀肆百柒拾捌兩每月該支銀叁拾捌兩拾貳個月共支銀肆百伍拾陸兩餘剩銀貳拾貳兩候有閏月凑支灰埠馬驛庫子壹名該銀肆拾陸兩舘夫貳

名該銀拾捌兩馬玖匹扣幫銀玖拾兩驢陸頭扣幫銀拾捌兩通共銀壹百柒拾貳兩每月支銀壹拾肆兩拾貳個月共支銀壹百陸拾捌兩餘剩銀肆兩候有閏月湊支黄山舘馬驛庫子半名該銀貳拾叁兩舘夫壹名該銀玖兩馬玖匹扣幫銀玖拾兩驢陸頭扣幫銀拾捌兩通共銀壹百肆拾兩每月支銀拾壹兩拾貳個月共支銀壹百叁拾貳兩餘剩銀捌兩候有閏月湊支以上各驛支銷銀兩除壹年支用外俱有羨餘況其官以少開多以無開有肆行侵冒者甚多方嚴查删究據本年春夏二季循環簿内支銷過銀兩數目但未至年終其支使銀數多寡裒益未定難以定擬尚除候年終另行查算外今查上年支銷過剩餘銀數爲據譚城驛剩銀叁兩壹錢陸分陸釐安德馬驛剩銀柒拾捌兩伍錢太平馬驛剩銀貳百肆拾柒兩柒錢捌分貳釐魚丘馬驛剩銀伍拾壹兩伍錢伍分壹釐茌山馬驛剩銀叁拾貳兩柒分柒釐銅城馬驛剩銀壹百貳兩貳錢玖分捌釐舊縣驛剩銀壹百肆拾陸兩捌錢柒分伍釐東原馬驛剩銀壹百兩肆錢貳分貳釐新橋馬驛剩銀壹百叁拾貳兩伍錢叁分新嘉馬驛剩銀玖拾叁兩伍錢昌平馬驛

剩銀陸拾陸兩陸分捌釐郗城馬驛剩銀陸拾壹兩陸分壹釐界河馬驛剩銀壹百玖拾兩貳錢柒分滕陽馬驛剩銀壹百叁拾肆兩貳錢柒分陸釐臨城馬驛剩銀壹百肆拾肆兩陸錢貳分柒釐晏城馬驛剩銀貳拾捌兩陸錢貳分陸釐劉普馬驛剩銀壹百肆拾叁兩陸錢玖分桃園馬驛剩銀貳拾貳兩叁錢壹分東北置馬驛多支銀伍兩肆錢陸分五寧馬驛剩銀肆拾壹兩伍錢貳分青川村馬驛剩銀叁拾貳兩貳錢伍分龍山鎮馬驛剩銀玖兩叁錢壹分捌釐金嶺鎮馬驛多支銀伍拾叁兩貳錢貳分壹釐青社馬驛剩銀壹百叁拾壹兩貳錢叁釐灰埠馬驛多支銀貳拾壹兩伍錢肆分黄山舘馬驛多支銀壹拾貳兩柒錢柒分查得西三府上衙中衙驛分支銷銀兩俱有餘剩相應照舊不必加增前本道巡歷登州等處詢度金嶺灰埠黄山舘三驛支銷銀數似稍不足今查報到上年循環間有倍支數目不等似應稍加以補疲累查自龍山鎮驛至登州府止共計伍驛捌縣各照走遞馬驢爲數每馬原扣除解布政司銀柒兩内將貳兩加給各驛縣并前扣鋪陳貳兩作支銷外銀伍兩仍解該司收貯公用及照東北置馬驛路通

省城齊河泰安寧陽茌平平陰六縣大路應付委煩支銷錢糧今稱陪累但查五寧驛路止通長清寧陽南北一路應付頗簡似應調停合將五寧驛馬拾捌匹所裁減鋪陳銀每馬貳兩共銀叁拾陸兩驢陸頭每頭銀伍錢共銀叁兩改解長清縣收貯聽候東北置驛支銷其晏城劉普桃園青川村四驛裁減鋪陳銀仍聽各該驛支銷待年終通加查算餘剩銀兩盡解布政司收貯及查裁革玖驛撥縣帶管鄒平縣館夫貳名該銀拾捌兩馬玖匹每匹原扣支銷銀拾兩今添鋪陳内扣貳兩又於解布政司柒兩之内坐扣貳兩總計扣幫銀拾肆兩共扣幫銀壹百貳拾陸兩驢肆頭每頭原扣支銷銀叁兩今添鋪陳内扣伍錢總計扣幫銀叁兩伍錢共扣幫銀拾肆兩通共銀壹百伍拾捌兩長山縣館夫貳名該銀拾捌兩馬玖匹該扣幫銀壹百貳拾陸兩驢肆頭該扣幫銀拾肆兩通共銀壹百伍拾捌兩昌樂縣館夫貳名該銀拾捌兩馬陸匹該扣幫銀捌拾肆兩驢肆頭該扣幫銀拾肆兩通共銀壹百壹拾陸兩濰縣館夫貳名該銀拾捌兩馬陸匹該扣幫銀捌拾肆兩驢伍頭該扣幫銀拾柒兩伍錢通共銀壹百壹拾玖兩伍錢昌邑縣館

夫貳名該銀拾捌兩馬陸匹該扣幫銀捌拾肆兩驢肆頭該扣幫銀拾肆兩通共銀壹百壹拾陸兩掖縣館夫貳名該銀拾捌兩馬柒匹該扣幫銀玖拾捌兩驢陸頭該扣幫銀貳拾壹兩通共銀壹百叁拾柒兩黄縣館夫壹名該銀玖兩馬伍匹該扣幫銀柒拾兩驢肆頭該扣幫銀拾肆兩通共銀玖拾叁兩蓬萊縣館夫貳名該銀拾捌兩馬陸匹該扣幫銀捌拾肆兩驢伍頭該扣幫銀拾柒兩伍錢通共銀壹百壹拾玖兩伍錢各作壹年支銷登報循環赴本道年終查算餘剩解布政司收貯又查東三府裁革青陽店玖驛改撥崇武清源南城叁驛共馬叁拾捌匹每匹該扣幫支銷銀拾貳兩驢貳拾伍頭每頭該扣幫支銷銀叁兩伍錢二項共該銀伍百肆拾叁兩伍錢黄山館驛馬叁匹每匹該扣銀拾肆兩驢貳頭每頭該扣銀叁兩伍錢二項共該銀伍拾陸兩各驛既已足用前項該扣支銷銀兩俱應扣解布政司與前年終扣算解司餘剩銀兩俱聽備驛站之用一水路驛遞支銷照得河道雖係一路額設驛遞然驛遞有衝簡故派水夫有多寡每名俱徵銀拾陸兩驛夫内除役銀拾貳兩外扣幫過關銀叁兩伍錢鋪陳船料銀伍錢所

夫除役銀拾貳兩并鋪陳船料銀伍錢扣幫銀叁兩伍錢内除貳兩糴買過關支用外銀壹兩伍錢聽解駐劄衙門坐支應用俱應照舊徵解其各驛設有庫子舘夫銀兩與水夫扣幫銀兩一并出辦廩糧下程過關支銷遞運所止有扣幫水夫銀兩專備糴買過關支用其廩糧下程并無干預良店水驛庫子拾貳名該銀伍百伍拾貳兩舘夫叁名該銀貳拾柒兩水夫壹百貳拾名扣幫貼銀肆百貳拾兩通共銀玖百玖拾玖兩安德水驛庫子拾捌名該銀捌百貳拾捌兩舘夫叁名該銀貳拾柒兩水夫壹百貳拾名扣幫銀肆百貳拾兩通共銀壹千貳百柒拾伍兩梁家莊水驛庫子拾貳名該銀伍百伍拾貳兩舘夫叁名該銀貳拾柒兩水夫壹百貳拾名扣幫銀肆百貳拾兩通共銀玖百玖拾玖兩甲馬營水驛庫子拾貳名該銀伍百伍拾貳兩舘夫叁名該銀貳拾柒兩水夫壹百貳拾名扣幫銀肆百貳拾兩通共銀玖百玖拾玖兩甲馬營遞運所水夫叁百貳拾名扣幫銀壹千壹百貳拾兩内除肆百捌拾兩解會省濟南府爲各衙門坐支之用止餘銀陸百肆拾兩渡口水驛庫子拾貳名該銀伍百伍拾貳兩舘夫叁名該銀貳拾柒兩

水夫壹百貳拾名扣幫銀肆百貳拾兩通共銀玖百玖拾玖兩清源水驛庫子貳拾肆名該銀壹千壹百肆兩館夫叁名該銀貳拾柒兩水夫壹百陸拾名扣幫銀伍百陸拾兩通共銀壹千陸百玖拾壹兩清陽水驛庫子拾貳名該銀伍百伍拾貳兩館夫叁名該銀貳拾柒兩水夫壹百貳拾名扣幫銀肆百貳拾兩通共銀玖百玖拾玖兩崇武水驛庫子拾陸名該銀柒百叁拾陸兩館夫叁名該銀貳拾柒兩水夫壹百貳拾名扣幫銀肆百貳拾兩通共銀壹千壹百捌拾叁兩荆門水驛庫子拾肆名該銀陸百肆拾肆兩館夫叁名該銀貳拾柒兩水夫壹百名扣幫銀叁百伍拾兩通共銀壹千貳拾壹兩安山水驛庫子拾貳名該銀伍百伍拾貳兩館夫叁名該銀貳拾柒兩水夫壹百名扣幫銀叁百伍拾兩通共銀玖百貳拾玖兩金綫閘遞運所水夫叁百貳拾名扣幫銀壹千壹百貳拾兩内除肆百捌拾兩解會省濟南府爲各衙門坐支之用止餘陸百肆拾兩開河水驛庫子拾貳名該銀伍百伍拾貳兩館夫叁名該銀貳拾柒兩水夫壹百貳拾名扣幫銀肆百貳拾兩通共銀玖百玖拾玖兩南城水驛庫子叁拾名該銀壹千叁百捌拾兩

舘夫叁名該銀貳拾柒兩水夫貳百伍拾名扣幫銀捌百柒拾伍兩通共銀貳千貳百捌拾貳兩河橋水驛庫子拾貳名該銀伍百伍拾貳兩舘夫叁名該銀貳拾柒兩水夫貳百肆拾名扣幫銀捌百肆拾兩通共銀壹千肆百壹拾玖兩以上各驛遞額設庫子舘夫并扣水夫過關銀兩支銷數目俱寬裕彀用今查各驛上年報到循環簿内應付過錢糧有餘剩者有不足多支者不同查得良店驛多支銀壹拾叁兩陸錢肆分肆毫安德水驛多支銀伍兩陸錢柒分柒釐又冒開多支銀叁百陸拾捌兩肆錢貳分柒釐梁家莊水驛多支銀肆拾伍兩肆錢捌分叁釐捌絲甲馬營水驛剩銀捌兩陸錢叁分陸釐甲馬營遞運所剩銀壹百肆拾壹兩玖錢肆分陸釐渡口水驛多支銀肆拾貳兩柒錢玖分柒釐伍毫清源水驛剩銀貳百伍拾肆兩叁錢壹分玖釐清陽水驛剩銀捌拾叁兩叁錢陸分肆釐捌毫崇武水馬驛剩銀肆百兩陸錢玖分陸釐陸毫荊門水驛剩銀壹百玖拾叁兩叁錢玖分捌釐貳毫安山水驛剩銀玖拾捌兩貳錢伍分金綫閘遞運所剩銀叁百貳拾壹兩貳錢叁分貳釐開河水驛剩銀肆百捌拾玖兩壹錢貳分貳釐陸毫

南城水驛多支銀壹百貳拾伍兩貳錢柒分河橋水驛剩銀伍百叁拾陸兩叁錢壹分肆釐再查以上多支銀兩俱係官吏混行侵冒以致與各驛支剩銀兩不同再照各驛原設水夫扣幫過關銀兩似亦足用今又加添遞運所水夫壹千陸百叁拾名每名扣銀肆兩内除鋪陳伍錢坐支壹兩伍錢各州縣仍照舊查解各原定府州收貯聽支供用其餘支銷貳兩不許一概扣留在驛查得良店驛原該水夫壹百貳拾名又加所夫壹百貳拾柒名安德水驛原夫壹百貳拾名又加所夫壹百柒拾名梁家莊水驛原夫壹百貳拾名又加所夫壹百貳拾柒名甲馬營水驛原夫壹百貳拾名又加所夫叁拾名甲馬營遞運所原夫叁百貳拾名因與甲馬營驛一處共出人夫過關答應該所以此止存夫壹百伍拾名外減夫壹百柒拾名渡口水驛原夫壹百貳拾名又加所夫壹百貳拾貳名清源水驛原夫壹百陸拾名又加所夫壹百柒拾名清陽驛原夫壹百貳拾名又加所夫壹百叁拾名崇武水驛原夫壹百貳拾名又加所夫壹百柒拾名荊門水驛原夫壹百名又加所夫壹百肆拾貳名安山驛原夫壹百名又加所夫伍拾名金綫閘遞運

所原夫叁百貳拾名因與安山驛一處共出人夫過
關一分答應該所以此止存夫壹百伍拾名外減夫
壹百柒拾名開河水驛原夫壹百貳拾名又加所夫
壹百貳拾貳名南城水驛原夫貳百伍拾名又加所
夫壹百柒拾名河橋水驛原夫貳百肆拾名又加所
夫壹百名查各水驛支銷銀兩俱已足用除安德水
驛加添金鄉縣叁拾名支銷銀每名貳兩存留支用
外其各驛新撥遞運所夫甲馬營驛叁拾名安山驛
伍拾名良店梁家莊渡口荆門開河五驛各伍拾貳
名并各驛先撥裁革德州等五遞運所夫壹千貳百
玖拾名二項共夫壹千陸百叁拾名每名該扣支銷
銀貳兩共該扣銀叁千貳百陸拾兩同年終扣算餘
剩銀兩一并解布政司收貯以備驛站支用不許存
留該驛混支其各處裁革夫役查得德州遞運所原
夫叁百貳拾名内裁革捌拾名臨清遞運所原夫叁
百肆拾名内裁革捌拾伍名東昌遞運所原夫叁百
肆拾名内裁革捌拾伍名濟寧遞運所原夫肆百名
内裁革壹百名穀亭遞運所原夫叁百貳拾名内裁
革捌拾名查得以上共裁革夫肆百叁拾名先議已
行各原編州縣裁革但驛傳係五年一更工食銀兩

俱經編僉已定恐各州縣仍前徵收徒滋奸弊侵冒無稽合無行令各該州縣有徵在官者即行解布政司以備驛站支用未徵者通行免編不得仍前混肆徵派私行侵冒其餘幫貼糧僉馬價等項俱皆稱便無容再議具呈

巡撫都御史梁批允施行但該本司看得南北朝會之途幾萬里而山東居其半有司與民竭力以供夫馬廪給之費而常患不給而不念民隱者又欲取豐焉其亦未睹兹書所載經費如此之重且煩乎

山東經會錄
亥
馬政
鹽法

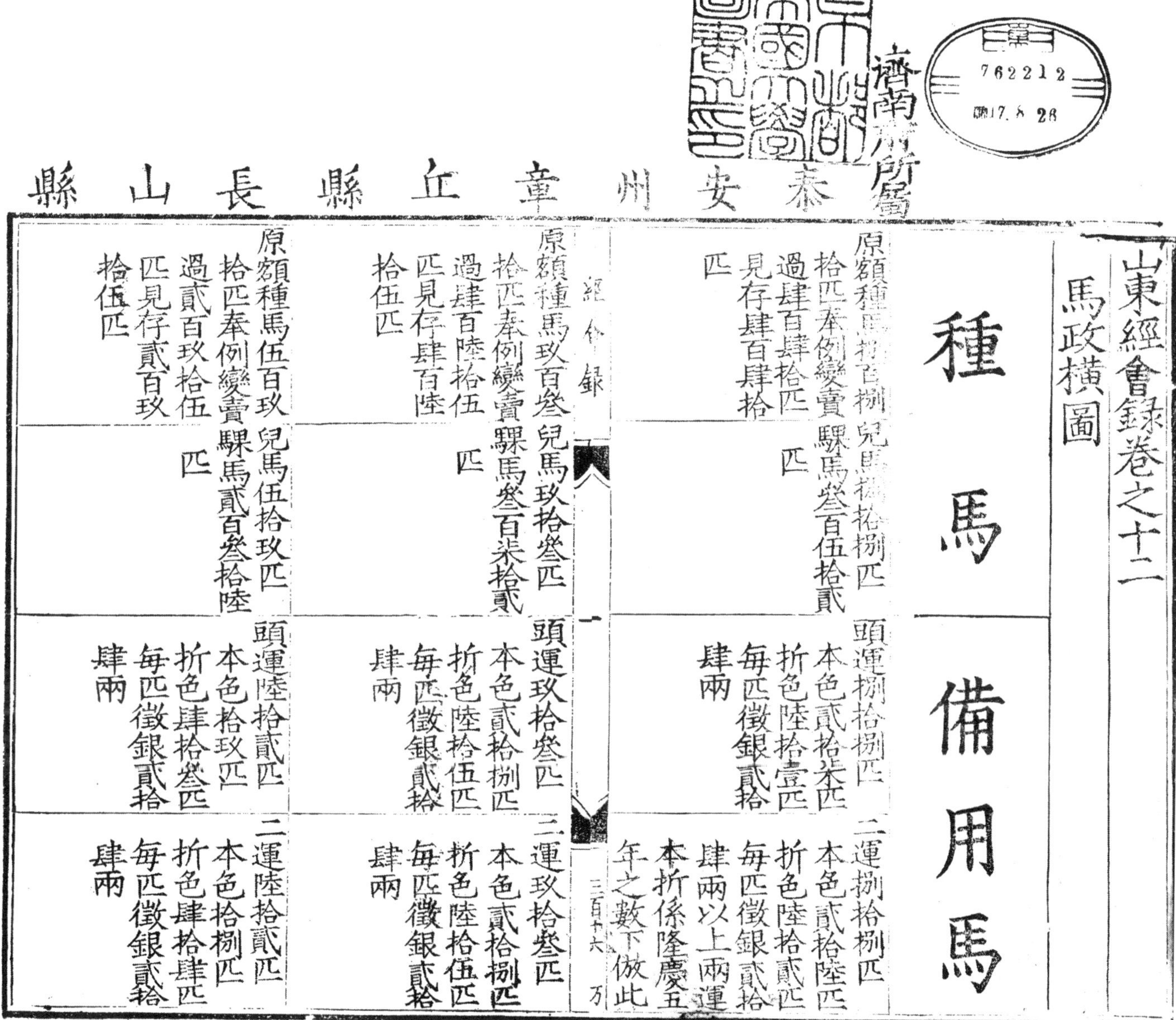



山東經會録卷之十二

馬政横圖

# 種馬備用馬

濟南府所屬

| 泰安州 | 章丘縣 | 長山縣 |
| --- | --- | --- |
| 原額種馬捌百捌　兒馬捌拾捌匹<br>拾匹奉例變賣騾馬叁百伍拾貳<br>過肆百肆拾匹　匹<br>見存肆百肆拾<br>匹 | 原額種馬玖百叁　兒馬玖拾叁匹<br>拾匹奉例變賣騾馬叁百柒拾貳<br>過肆百陸拾伍　匹<br>匹見存肆百陸<br>拾伍匹 | 原額種馬伍百玖　兒馬伍拾玖匹<br>拾匹奉例變賣騾馬貳百叁拾陸<br>過貳百玖拾伍　匹<br>匹見存貳百玖<br>拾伍匹 |
| 頭運捌拾捌匹<br>本色貳拾柒匹<br>折色陸拾壹匹<br>每匹徵銀貳拾<br>肆兩 | 頭運玖拾叁匹<br>本色貳拾捌匹<br>折色陸拾伍匹<br>每匹徵銀貳拾<br>肆兩 | 頭運陸拾貳匹<br>本色拾玖匹<br>折色肆拾叁匹<br>每匹徵銀貳拾<br>肆兩 |
| 二運捌拾捌匹<br>本色貳拾陸匹<br>折色陸拾貳匹<br>每匹徵銀貳拾<br>肆兩以上兩運<br>本折係隆慶五<br>年之數下倣此 | 二運玖拾叁匹<br>本色貳拾捌匹<br>折色陸拾伍匹<br>每匹徵銀貳拾<br>肆兩 | 二運陸拾貳匹<br>本色拾捌匹<br>折色肆拾肆匹<br>每匹徵銀貳拾<br>肆兩 |

| | 德州 | 平原縣 | 禹城縣 | 長清縣 |
|---|---|---|---|---|
| 原額 | 原額種馬叁百匹奉例變賣過壹百伍拾匹見存壹百伍拾匹 | 原額種馬肆百壹拾匹奉例變賣過貳百伍匹見存貳百伍匹 | 原額種馬伍百匹奉例變賣過貳百伍拾匹見存貳百伍拾匹 | 原額種馬肆百匹奉例變賣過貳百匹見存貳百匹 |
| 兒騍 | 兒馬叁拾匹騍馬壹百貳拾匹 | 兒馬肆拾壹匹騍馬壹百陸拾肆匹 | 兒馬伍拾匹騍馬貳百匹 | 兒馬肆拾匹騍馬壹百陸拾匹 |
| 頭運 | 頭運叁拾貳匹<br>本色拾匹<br>折色貳拾貳匹<br>每匹徵銀貳拾肆兩 | 頭運肆拾壹匹<br>本色拾貳匹<br>折色貳拾玖匹<br>每匹徵銀貳拾肆兩 | 頭運伍拾匹<br>本色拾伍匹<br>折色叁拾伍匹<br>每匹徵銀貳拾肆兩 | 頭運肆拾貳匹<br>本色拾叁匹<br>折色貳拾玖匹<br>每匹徵銀貳拾肆兩 |
| 二運 | 二運叁拾貳匹<br>本色玖匹<br>折色貳拾叁匹<br>每匹徵銀貳拾肆兩 | 二運肆拾壹匹<br>本色拾貳匹<br>折色貳拾玖匹<br>每匹徵銀貳拾肆兩 | 二運伍拾匹<br>本色拾伍匹<br>折色叁拾伍匹<br>每匹徵銀貳拾肆兩 | 二運肆拾貳匹<br>本色拾貳匹<br>折色叁拾匹<br>每匹徵銀貳拾肆兩 |

| 縣 | 原額 | 頭運 | 二運 |
|---|---|---|---|
| 肥城縣 | 原額種馬貳百玖拾匹奉例變賣過壹百肆拾伍匹見存壹百肆拾伍匹<br>兒馬貳拾玖匹騍馬壹百壹拾陸匹 | 頭運叁拾壹匹<br>本色玖匹<br>折色貳拾貳匹<br>每匹徵銀貳拾肆兩 | 二運叁拾匹<br>本色玖匹<br>折色貳拾壹匹<br>每匹徵銀貳拾肆兩 |
| 蒲臺縣 | 原額種馬伍百陸拾匹先奉例變賣過壹百陸拾捌匹後奉例仍賣壹百壹拾貳匹見存貳百捌拾匹<br>兒馬伍拾陸匹騍馬貳百貳拾肆匹 | 頭運肆拾柒匹<br>本色拾肆匹<br>折色叁拾叁匹<br>每匹徵銀貳拾肆兩 | 二運肆拾柒匹<br>本色拾肆匹<br>折色叁拾叁匹<br>每匹徵銀貳拾肆兩 |
| 利津縣 | 原額種馬叁百陸拾匹奉例變賣過壹百捌拾匹見存壹百捌拾匹<br>兒馬叁拾陸匹騍馬壹百肆拾肆匹 | 頭運叁拾壹匹俱折色每匹徵銀貳拾肆兩 | 二運叁拾壹匹俱折色每匹徵銀貳拾肆兩 |
| 鄒平縣 | 原額種馬伍百壹拾匹奉例變賣過貳百伍拾伍匹見存貳百伍拾伍匹<br>兒馬伍拾壹匹騍馬貳百肆匹 | 頭運伍拾肆匹<br>本色拾陸匹<br>折色叁拾捌匹<br>每匹徵銀貳拾肆兩 | 二運伍拾肆匹<br>本色拾陸匹<br>折色叁拾捌匹<br>每匹徵銀貳拾肆兩 |

## 齊東縣

原額種馬伍百匹　兒馬伍拾匹
奉例變賣過貳　騍馬貳百匹
百伍拾匹見存
貳百伍拾匹

頭運伍拾叁匹
本色拾陸匹
折色叁拾柒匹
每匹徵銀貳拾
肆兩

二運伍拾叁匹
本色拾陸匹
折色叁拾柒匹
每匹徵銀貳拾
肆兩

## 青城縣

原額種馬叁百匹　兒馬叁拾匹
奉例變賣過壹　騍馬壹百貳拾匹
百伍拾匹見存
壹百伍拾匹

頭運叁拾貳匹
本色拾匹
折色貳拾貳匹
每匹徵銀貳拾
肆兩

二運叁拾貳匹
本色玖匹
折色貳拾叁匹
每匹徵銀貳拾
肆兩

經會録　四　桯信二百七十四

## 新城縣

原額種馬肆百匹　兒馬肆拾匹
先奉例變賣過　騍馬壹百陸拾匹
壹百貳拾匹後
奉例仍賣捌拾
匹見存貳百匹

頭運肆拾匹
本色拾貳匹
折色貳拾捌匹
每匹徵銀貳拾
肆兩

二運肆拾匹
本色拾貳匹
折色貳拾捌匹
每匹徵銀貳拾
肆兩

## 濱州

原額種馬陸百捌　兒馬陸拾捌匹
拾匹先奉例變　騍馬貳百柒拾貳
賣過貳百肆匹　匹
後奉例仍賣壹
百叁拾陸匹見
存叁百肆拾匹

頭運陸拾叁匹
本色拾玖匹
折色肆拾肆匹
每匹徵銀貳拾
肆兩

二運陸拾叁匹
本色拾玖匹
折色肆拾肆匹
每匹徵銀貳拾
肆兩

## 陽信縣

原額種馬陸百貳
拾匹奉例變賣
過參百壹拾匹
見存參百壹拾
匹

兒馬陸拾貳匹
騍馬貳百肆拾捌
匹

頭運陸拾貳匹
本色拾玖匹
折色肆拾參匹
每匹徵銀貳拾
肆兩

二運陸拾壹匹
本色拾捌匹
折色肆拾參匹
每匹徵銀貳拾
肆兩

## 霑化縣

原額種馬參百貳
拾匹先奉例變
賣過玖拾陸匹
後奉例仍賣陸
拾肆匹見存壹
百陸拾匹

兒馬參拾貳匹
騍馬壹百貳拾捌
匹

頭運貳拾貳匹
本色柒匹
折色拾伍匹每
匹徵銀貳拾肆
兩

二運貳拾貳匹
本色陸匹
折色拾陸匹每
匹徵銀貳拾肆
兩

## 樂陵縣

原額種馬肆百玖
拾匹奉例變賣
過貳百肆拾伍
匹見存貳百肆
拾伍匹

兒馬肆拾玖匹
騍馬壹百玖拾陸
匹

頭運肆拾貳匹
本色拾參匹
折色貳拾玖匹
每匹徵銀貳拾
肆兩

二運肆拾壹匹
本色拾貳匹
折色貳拾玖匹
每匹徵銀貳拾
肆兩

## 武定州

原額種馬壹千參
拾匹先奉例變
賣過貳百陸拾匹
後奉例仍賣參
百玖匹見存伍
百壹拾伍匹

兒馬壹百參匹
騍馬肆百壹拾貳
匹

頭運壹百參匹
本色參拾壹匹
折色柒拾貳匹
每匹徵銀貳拾
肆兩

二運壹百參匹
本色參拾壹匹
折色柒拾貳匹
每匹徵銀貳拾
肆兩

| 縣 | 原額 | 變賣 | 頭運 | 二運 |
| --- | --- | --- | --- | --- |
| 濟陽縣 | 原額種馬伍百叁拾匹奉例變賣過貳百陸拾伍匹見存貳百陸拾伍匹 | 兒馬伍拾叁匹 騍馬貳百壹拾貳匹 | 頭運伍拾叁匹 本色拾陸匹 折色叁拾柒匹 每匹徵銀貳拾肆兩 | 二運伍拾叁匹 本色拾陸匹 折色叁拾柒匹 每匹徵銀貳拾肆兩 |
| 臨邑縣 | 原額種馬貳百玖拾匹奉例變賣過壹百肆拾伍匹見存壹百肆拾伍匹 | 兒馬貳拾玖匹 騍馬壹百壹拾陸匹 | 頭運叁拾壹匹 本色玖匹 折色貳拾貳匹 每匹徵銀貳拾肆兩 | 二運叁拾匹 本色玖匹 折色貳拾壹匹 每匹徵銀貳拾肆兩 |
| 陵縣 | 原額種馬貳百玖拾匹奉例變賣過壹百肆拾伍匹見存壹百肆拾伍匹 | 兒馬貳拾玖匹 騍馬壹百壹拾陸匹 | 頭運叁拾壹匹 本色玖匹 折色貳拾貳匹 每匹徵銀貳拾肆兩 | 二運叁拾匹 本色玖匹 折色貳拾壹匹 每匹徵銀貳拾肆兩 |
| 德平縣 | 原額種馬叁百柒拾匹奉例變賣過壹百捌拾伍匹見存壹百捌拾伍匹 | 兒馬叁拾柒匹 騍馬壹百肆拾捌匹 | 頭運叁拾玖匹 本色拾貳匹 折色貳拾柒匹 每匹徵銀貳拾肆兩 | 二運叁拾玖匹 本色拾壹匹 折色貳拾捌匹 每匹徵銀貳拾肆兩 |

| 商河縣 | 淄川縣 | 齊河縣 | 海豐縣 |
|---|---|---|---|
| 原額種馬陸百貳拾匹奉例變賣過叁百壹拾匹見存叁百壹拾匹 | 原額種馬伍百肆拾匹奉例變賣過貳百柒拾匹見存貳百柒拾匹 | 原額種馬貳百伍拾匹奉例變賣過壹百貳拾伍匹見存壹百貳拾伍匹 | 原額種馬叁百捌拾匹先奉例變賣過壹百壹拾肆匹後奉例仍賣柒拾陸匹見存壹百玖拾匹 |
| 兒馬陸拾貳匹 騍馬貳百肆拾捌匹 | 兒馬伍拾肆匹 騍馬貳百壹拾陸匹 | 兒馬貳拾伍匹 騍馬壹百匹 | 兒馬叁拾捌匹 騍馬壹百伍拾貳匹 |
| 頭運陸拾匹 本色拾捌匹 折色肆拾貳匹 每匹徵銀貳拾肆兩 | 頭運伍拾肆匹 本色拾陸匹 折色叁拾捌匹 每匹徵銀貳拾肆兩 | 頭運貳拾柒匹 本色捌匹 折色拾玖匹每匹徵銀貳拾肆兩 | 頭運叁拾捌匹 本色拾壹匹 折色貳拾柒匹 每匹徵銀貳拾肆兩 |
| 二運陸拾匹 本色拾捌匹 折色肆拾貳匹 每匹徵銀貳拾肆兩 | 二運伍拾肆匹 本色拾陸匹 折色叁拾捌匹 每匹徵銀貳拾肆兩 | 二運貳拾陸匹 本色捌匹 折色拾捌匹每匹徵銀貳拾肆兩 | 二運叁拾捌匹 本色拾壹匹 折色貳拾柒匹 每匹徵銀貳拾肆兩 |

萊蕪縣

種馬無

頭運拾匹
本色叁匹
折色柒匹每匹
徵銀貳拾肆兩

二運拾匹
本色叁匹
折色柒匹每匹
徵銀貳拾肆兩

濟南衛

種馬無

每年止徵壹匹
本色

肥城所

種馬無

每年止徵壹匹
本色



兗州府所屬

滋陽縣

原額種馬叁百匹兒馬叁拾匹
奉例變賣過壹騍馬壹百貳拾匹
百伍拾匹止存
壹百伍拾匹

頭運叁拾匹
本色玖匹
折色貳拾壹匹
每匹徵銀貳拾
肆兩

二運叁拾匹
本色玖匹
折色貳拾壹匹
每匹徵銀貳拾
肆兩

## 滕縣

原額種馬壹千玖拾伍匹先奉例以十分之四變賣過肆百叁拾捌匹後奉例仍賣壹百玖匹見存伍百肆拾捌匹

兒馬壹百壹拾匹騍馬肆百叁拾捌匹

頭運壹百壹拾匹俱折色每匹徵銀貳拾肆兩

二運壹百玖匹俱折色每匹徵銀貳拾肆兩

## 嶧縣

原額種馬陸百伍匹先奉例以十分之四變賣過貳百肆拾貳匹後奉例仍賣陸拾匹見存叁百叁匹

兒馬陸拾壹匹騍馬貳百肆拾貳匹

頭運陸拾壹匹俱折色每匹徵銀貳拾肆兩

二運陸拾匹俱折色每匹徵銀貳拾肆兩

經會錄　九

## 金鄉縣

原額種馬肆百壹拾伍匹先奉例變賣過貳百柒匹見存貳百捌匹

兒馬肆拾貳匹騍馬壹百陸拾陸匹

頭運肆拾貳匹本色拾叁匹折色貳拾玖匹每匹徵銀貳拾肆兩

二運肆拾壹匹本色拾貳匹折色貳拾玖匹每匹徵銀貳拾肆兩

## 城武縣

原額種馬貳百捌拾匹先奉例變賣過壹百肆拾匹見存壹百肆拾匹

兒馬貳拾捌匹騍馬壹百壹拾貳匹

頭運貳拾捌匹本色捌匹折色貳拾匹每匹徵銀貳拾肆兩

二運貳拾捌匹本色捌匹折色貳拾匹每匹徵銀貳拾肆兩

## 鄒縣

原額種馬肆百玖拾匹奉例變賣過貳百肆拾伍匹見存貳百肆拾伍匹

兒馬肆拾玖匹

騍馬壹百玖拾陸匹

頭運肆拾玖匹
本色拾肆匹
折色叁拾伍匹
每匹徵銀貳拾肆兩

二運肆拾玖匹
本色拾肆匹
折色叁拾伍匹
每匹徵銀貳拾肆兩

## 魚臺縣

原額種馬叁百肆拾匹奉例變賣過壹百柒拾匹見存壹百柒拾匹

兒馬叁拾肆匹

騍馬壹百叁拾陸匹

頭運叁拾肆匹
本色拾匹
折色貳拾肆匹
每匹徵銀貳拾肆兩

二運叁拾肆匹
本色拾匹
折色貳拾肆匹
每匹徵銀貳拾肆兩





## 單縣

原額種馬柒百匹奉例變賣過叁百伍拾匹見存叁百伍拾匹

兒馬柒拾肆匹

騍馬貳百捌拾匹

頭運柒拾匹
本色貳拾壹匹
折色肆拾玖匹
每匹徵銀貳拾肆兩

二運柒拾匹
本色貳拾壹匹
折色肆拾玖匹
每匹徵銀貳拾肆兩

## 寧陽縣

原額種馬肆百肆拾匹奉例變賣過貳百貳拾匹見存貳百貳拾匹

兒馬肆拾肆匹

騍馬壹百貳拾陸匹

頭運肆拾肆匹
本色拾叁匹
折色叁拾壹匹
每匹徵銀貳拾肆兩

二運肆拾肆匹
本色拾叁匹
折色叁拾壹匹
每匹徵銀貳拾肆兩

| 州縣 | 原額 | 見存兒騍 | 頭運 | 二運 |
| --- | --- | --- | --- | --- |
| 濟寧州 | 原額種馬柒百伍匹先奉例以十分之三變賣過貳百壹拾壹匹後奉例仍賣壹百肆拾壹匹見存叄百伍拾叄匹 | 兒馬柒拾壹匹 騍馬貳百捌拾貳匹 | 頭運柒拾壹匹 本色貳拾壹匹 折色伍拾匹每匹徵銀貳拾肆兩 | 二運柒拾匹 本色貳拾壹匹 折色肆拾玖匹 每匹徵銀貳拾肆兩 |
| 嘉祥縣 | 原額種馬壹百柒拾伍匹奉例變賣過捌拾捌匹見存捌拾柒匹 | 兒馬壹拾柒匹 騍馬柒拾匹 | 頭運壹拾捌匹 本色伍匹 折色拾叄匹每匹徵銀貳拾肆兩 | 二運壹拾柒匹 本色伍匹 折色拾貳匹每匹徵銀貳拾肆兩 |
| 鉅野縣 | 原額種馬肆百肆拾匹奉例變賣過貳百貳拾匹見存貳百貳拾匹 | 兒馬肆拾肆匹 騍馬壹百柒拾陸匹 | 頭運肆拾肆匹 本色拾叄匹 折色叄拾壹匹 每匹徵銀貳拾肆兩 | 二運肆拾肆匹 本色拾叄匹 折色叄拾壹匹 每匹徵銀貳拾肆兩 |
| 鄆城縣 | 原額種馬叄百匹奉例變賣過壹百伍拾匹見存壹百伍拾匹 | 兒馬叄拾匹 騍馬壹百貳拾匹 | 頭運叄拾匹 本色玖匹 折色貳拾壹匹 每匹徵銀貳拾肆兩 | 二運叄拾匹 本色玖匹 折色貳拾壹匹 每匹徵銀貳拾肆兩 |

**曹州**

原額種馬玖百柒拾匹奉例變賣過肆百捌拾伍匹見存肆百捌拾伍匹

兒馬玖拾柒匹　騍馬叁百捌拾捌匹

頭運玖拾柒匹　本色貳拾玖匹　折色陸拾捌匹　每匹徵銀貳拾肆兩

二運玖拾柒匹　本色貳拾玖匹　折色陸拾捌匹　每匹徵銀貳拾肆兩

**定陶縣**

原額種馬貳百肆拾匹奉例變賣過壹百貳拾匹見存壹百貳拾匹

兒馬貳拾肆匹　騍馬玖拾陸匹

頭運貳拾肆匹　本色柒匹　折色拾柒匹每匹徵銀貳拾肆兩

二運貳拾肆匹　本色柒匹　折色拾柒匹每匹徵銀貳拾肆兩



**曹縣**

原額種馬陸百伍拾匹奉例變賣過叁百貳拾伍匹見存叁百貳拾伍匹

兒馬陸拾伍匹　騍馬貳百陸拾匹

頭運陸拾伍匹　本色貳拾匹　折色肆拾伍匹　每匹徵銀貳拾肆兩

二運陸拾伍匹　本色拾玖匹　折色肆拾陸匹　每匹徵銀貳拾肆兩

**東平州**

原額種馬肆百壹拾伍匹奉例變賣過貳百柒匹見存貳百捌匹

兒馬肆拾貳匹　騍馬壹百陸拾陸匹

頭運肆拾貳匹　本色拾叁匹　折色貳拾玖匹　每匹徵銀貳拾肆兩

二運肆拾壹匹　本色拾貳匹　折色貳拾玖匹　每匹徵銀貳拾肆兩

## 汶上縣

原額種馬陸百伍
匹先奉例以十
分之三變賣過
壹百捌拾壹匹
後奉例仍賣壹
百貳拾壹匹見
存叁百叁匹

兒馬陸拾壹匹
騍馬貳百肆拾貳
匹

頭運陸拾壹匹
本色壹拾捌匹
折色肆拾叁匹
每匹徵銀貳拾
肆兩

二運陸拾匹
本色壹拾捌匹
折色肆拾貳匹
每匹徵銀貳拾
肆兩

## 東阿縣

原額種馬叁百匹
奉例變賣過壹
百伍拾匹見存
壹百伍拾匹

兒馬叁拾匹
騍馬壹百貳拾匹

頭運叁拾匹
本色玖匹
折色貳拾壹匹
每匹徵銀貳拾
肆兩

二運叁拾匹
本色玖匹
折色貳拾壹匹
每匹徵銀貳拾
肆兩

## 平陰縣

原額種馬貳百肆
拾伍匹奉例變
賣過壹百貳拾
貳匹見存壹百
貳拾叁匹

兒馬貳拾伍匹
騍馬玖拾捌匹

頭運貳拾伍匹
本色柒匹
折色拾捌匹每
匹徵銀貳拾肆
兩

二運貳拾肆匹
本色柒匹
折色拾柒匹每
匹徵銀貳拾肆
兩

## 壽張縣

原額種馬壹百玖
拾匹奉例變賣
過玖拾伍匹見
存玖拾伍匹

兒馬拾玖匹
騍馬柒拾陸匹

頭運壹拾玖匹
本色陸匹
折色拾叁匹每
匹徵銀貳拾肆
兩

二運拾玖匹
本色陸匹
折色拾叁匹每
匹徵銀貳拾肆
兩

## 陽穀縣

原額種馬肆百玖拾匹奉例變賣過貳百肆拾伍匹見存貳百肆拾伍匹

兒馬肆拾玖匹騍馬壹百玖拾陸匹

頭運肆拾玖匹本色拾伍匹折色叁拾肆匹每匹徵銀貳拾肆兩

二運肆拾玖匹本色拾伍匹折色叁拾肆匹每匹徵銀貳拾肆兩

## 沂州

原額種馬壹千柒百壹拾伍匹先奉例以十分之四變賣過陸百捌拾陸匹後奉例仍賣壹百柒拾匹見存捌百伍拾玖匹

兒馬壹百柒拾貳匹騍馬陸百捌拾柒匹

頭運壹百柒拾貳匹俱折色每匹徵銀貳拾肆兩

二運壹百柒拾壹匹俱折色每匹徵銀貳拾肆兩

絲分一釐



## 郯城縣

原額種馬捌百肆拾伍匹先奉例以十分之四變賣過叁百叁拾捌匹後奉例仍賣捌拾伍匹見存肆百貳拾貳匹

兒馬捌拾伍匹騍馬叁百叁拾柒匹

頭運捌拾伍匹俱折色每匹徵銀貳拾肆兩

二運捌拾肆匹俱折色每匹徵銀貳拾肆兩

## 費縣

原額種馬壹千壹百壹拾匹先奉例以十分之四變賣過肆百肆拾肆匹後奉例仍賣壹百壹拾壹匹見存伍百伍拾伍匹

兒馬壹百壹拾壹匹騍馬肆百肆拾肆匹

頭運壹百壹拾壹匹俱折色每匹徵銀貳拾肆兩

二運壹百壹拾壹匹俱折色每匹徵銀貳拾肆兩

東昌府所屬

|  |  |  |  |
| --- | --- | --- | --- |
| 高唐州 | 原額種馬貳百玖兒馬貳拾玖匹<br>拾匹奉例變賣騍馬壹百壹拾陸<br>過壹百肆拾伍匹<br>匹見存壹百肆<br>拾伍匹 | 頭運貳拾玖匹<br>本色玖匹<br>折色貳拾匹每<br>匹徵銀貳拾肆<br>兩 | 二運貳拾玖匹<br>本色玖匹<br>折色貳拾匹每<br>匹徵銀貳拾肆<br>兩 |
| 夏津縣 | 原額種馬貳百伍兒馬貳拾伍匹<br>拾匹奉例變賣騍馬壹百匹<br>過壹百貳拾伍<br>匹見存壹百貳<br>拾伍匹 | 頭運貳拾伍匹<br>本色捌匹<br>折色拾柒匹每<br>匹徵銀貳拾肆<br>兩 | 二運貳拾伍匹<br>本色捌匹<br>折色拾柒匹每<br>匹徵銀貳拾肆<br>兩 |
| 恩縣 | 原額種馬貳百貳兒馬貳拾貳匹<br>拾匹奉例變賣騍馬捌拾捌匹<br>過壹百壹拾匹<br>見存壹百壹拾<br>匹 | 頭運貳拾貳匹<br>本色柒匹<br>折色拾伍匹每<br>匹徵銀貳拾肆<br>兩 | 二運貳拾貳匹<br>本色柒匹<br>折色拾伍匹每<br>匹徵銀貳拾肆<br>兩 |
| 武城縣 | 原額種馬壹百貳兒馬拾貳匹<br>拾匹奉例變賣騍馬肆拾捌匹<br>過陸拾匹見存<br>陸拾匹 | 頭運拾貳匹<br>本色肆匹<br>折色捌匹每匹<br>徵銀貳拾肆兩 | 二運拾貳匹<br>本色肆匹<br>折色捌匹每匹<br>徵銀貳拾肆兩 |

## 濮州

原額種馬叁百叁 兒馬叁拾叁匹
拾匹奉例變賣騾馬壹百叁拾貳
過壹百陸拾伍 匹
匹見存壹百陸
拾伍匹

頭運叁拾叁匹
本色拾匹
折色貳拾叁匹
每匹徵銀貳拾
肆兩

二運叁拾叁匹
本色拾匹
折色貳拾叁匹
每匹徵銀貳拾
肆兩

## 觀城縣

原額種馬柒拾匹 兒馬柒匹
奉例變賣過叁 騾馬貳拾捌匹
拾伍匹見存叁
拾伍匹

頭運柒匹
本色貳匹
折色伍匹每匹
徵銀貳拾肆兩

二運柒匹
本色貳匹
折色伍匹每匹
徵銀貳拾肆兩




## 朝城縣

原額種馬貳百伍 兒馬貳拾伍匹
拾匹奉例變賣騾馬壹百匹
過壹百貳拾伍
匹見存壹百貳
拾伍匹

頭運貳拾伍匹
本色捌匹
折色拾柒匹每
匹徵銀貳拾肆
兩

二運貳拾伍匹
本色捌匹
折色拾柒匹每
匹徵銀貳拾肆
兩

## 范縣

原額種馬壹百貳 兒馬拾貳匹
拾匹奉例變賣騾馬肆拾捌匹
過陸拾匹見存
陸拾匹

頭運拾貳匹
本色肆匹
折色捌匹每匹
徵銀貳拾肆兩

二運拾貳匹
本色肆匹
折色捌匹每匹
徵銀貳拾肆兩

| 臨清州 | 丘縣 | 館陶縣 | 冠縣 |
|---|---|---|---|
| 原額種馬叁百匹奉例變賣過壹百伍拾匹見存壹百伍拾匹 | 原額種馬壹百捌拾匹奉例變賣過玖拾匹見存玖拾匹 | 原額種馬貳百貳拾匹奉例變賣過壹百壹拾匹見存壹百壹拾匹 | 原額種馬貳百叁拾匹奉例變賣過壹百壹拾伍匹見存壹百壹拾伍匹 |
| 兒馬叁拾匹騍馬壹百貳拾匹 | 兒馬拾捌匹騍馬柒拾貳匹 | 兒馬貳拾貳匹騍馬捌拾捌匹 | 兒馬貳拾叁匹騍馬玖拾貳匹 |
| 頭運叁拾匹本色玖匹折色貳拾壹匹每匹徵銀貳拾肆兩 | 頭運拾捌匹本色陸匹折色拾貳匹每匹徵銀貳拾肆兩 | 頭運貳拾貳匹俱折色每匹徵銀貳拾肆兩 | 頭運貳拾叁匹本色柒匹折色拾陸匹每匹徵銀貳拾肆兩 |
| 二運叁拾匹本色玖匹折色貳拾壹匹每匹徵銀貳拾肆兩 | 二運拾捌匹本色陸匹折色拾貳匹每匹徵銀貳拾肆兩 | 二運貳拾貳匹俱折色每匹徵銀貳拾肆兩 | 二運貳拾叁匹本色柒匹折色拾陸匹每匹徵銀貳拾肆兩 |

劉思智三百三十

## 堂邑縣

原額種馬壹百貳兒馬拾貳匹
拾匹奉例變賣騍馬肆拾捌匹
過陸拾匹見存
陸拾匹

頭運拾貳匹
本色肆匹
折色捌匹每匹
徵銀貳拾肆兩

二運拾貳匹
本色肆匹
折色捌匹每匹
徵銀貳拾肆兩

## 聊城縣

原額種馬壹百貳兒馬拾貳匹
拾匹奉例變賣騍馬肆拾捌匹
過陸拾匹見存
陸拾匹

頭運拾貳匹
本色肆匹
折色捌匹每匹
徵銀貳拾肆兩

二運拾貳匹
本色肆匹
折色捌匹每匹
徵銀貳拾肆兩





## 清平縣

原額種馬壹百貳兒馬拾貳匹
拾匹奉例變賣騍馬肆拾捌匹
過陸拾匹見存
陸拾匹

頭運拾貳匹
本色肆匹
折色捌匹每匹
徵銀貳拾肆兩

二運拾貳匹
本色肆匹
折色捌匹每匹
徵銀貳拾肆兩

## 博平縣

原額種馬壹百貳兒馬拾貳匹
拾匹奉例變賣騍馬肆拾捌匹
過陸拾匹見存
陸拾匹

頭運拾貳匹
本色肆匹
折色捌匹每匹
徵銀貳拾肆兩

二運拾貳匹
本色肆匹
折色捌匹每匹
徵銀貳拾肆兩

| 茌平縣 | 莘縣 |
| --- | --- |
| 原額種馬貳百匹兒馬貳拾匹<br>奉例變賣過壹騍馬捌拾匹<br>百匹見存壹百<br>匹 | 原額種馬壹百貳匹兒馬拾貳匹<br>拾匹奉例變賣騍馬肆拾捌匹<br>過陸拾匹見存<br>陸拾匹 |
| 頭運貳拾匹<br>本色陸匹<br>折色拾肆匹每<br>匹徵銀貳拾肆<br>兩 | 頭運拾貳匹<br>本色肆匹<br>折色捌匹每匹<br>徵銀貳拾肆兩 |
| 二運貳拾匹<br>本色陸匹<br>折色拾肆匹每<br>匹徵銀貳拾肆<br>兩 | 二運拾貳匹<br>本色肆匹<br>折色捌匹每匹<br>徵銀貳拾肆兩 |

總額

山東種馬惟濟兗東三府有之不及青登萊者山海之間地多砂磧不堪牧種且非京畿接壤不便調遣故止及於西三郡也以額數計之種馬在濟南原種壹萬叁千叁百肆拾匹泰安州捌百捌拾匹章丘縣玖百叁拾匹德州叁百匹平原縣肆百壹拾匹禹城縣伍百匹長清縣肆百匹肥城縣貳百玖拾匹齊東縣伍百匹陽信縣陸百貳拾匹商河縣陸百貳拾匹長山縣伍百玖拾匹鄒平縣伍百壹拾匹濱州陸百捌拾匹武定州壹千叁拾匹濟陽縣伍百叁拾匹臨



邑縣貳百玖拾匹陵縣貳百玖拾匹德平縣叁百柒拾匹淄川縣伍百肆拾匹齊河縣貳百伍拾匹萊蕪縣無蒲臺縣伍百陸拾匹利津縣叁百陸拾匹青城縣叁百匹新城縣肆百匹霑化縣叁百貳拾匹樂陵縣肆百玖拾匹海豐縣叁百捌拾匹在兗州府壹萬肆千陸拾匹滋陽縣叁百匹滕縣壹千玖拾伍匹嶧縣陸百伍匹金鄉縣肆百壹拾伍匹城武縣貳百捌拾匹鄒縣肆百玖拾匹魚臺縣叁百肆拾匹單縣柒百匹寧陽縣肆百肆拾匹濟寧州柒百伍匹嘉祥縣壹百柒拾伍匹鉅野縣肆百肆拾匹鄆城縣叁百匹

曹州玖百柒拾匹定陶縣貳百肆拾匹曹縣陸百伍拾匹東平州肆百壹拾伍匹汶上縣陸百伍匹東阿縣叁百匹平陰縣貳百肆拾伍匹壽張縣壹百玖拾匹陽穀縣肆百玖拾匹沂州壹千柒百壹拾伍匹郯城縣捌百肆拾伍匹費縣壹千壹百壹拾匹在東昌府叁千叁百捌拾匹高唐州貳百玖拾匹夏津縣貳百伍拾匹恩縣貳百貳拾匹武城縣壹百貳拾匹濮州叁百叁拾匹觀城縣柒拾匹朝城縣貳百伍拾匹范縣壹百貳拾匹臨清州叁百匹丘縣壹百捌拾匹館陶縣貳百貳拾匹冠縣貳百叁拾匹堂邑縣壹百



貳拾匹聊城縣壹百貳拾匹清平縣壹百貳拾匹博平縣壹百貳拾匹茌平縣貳百匹莘縣壹百貳拾匹

每歲起俵備用馬在濟南府貳千陸百陸拾捌匹泰安州壹百柒拾陸匹章丘縣壹百捌拾陸匹德州陸拾肆匹平原縣捌拾貳匹禹城縣壹百匹長清縣捌拾肆匹肥城縣陸拾壹匹齊東縣壹百陸匹陽信縣壹百貳拾叁匹商河縣壹百貳拾匹長山縣壹百貳拾肆匹鄒平縣壹百捌匹濱州壹百貳拾陸匹武定州貳百陸匹濟陽縣壹百陸匹臨邑縣陸拾壹匹陵縣陸拾壹匹德平縣柒拾捌匹淄川縣壹百捌匹齊

河縣伍拾叁匹萊蕪縣貳拾匹蒲臺縣玖拾肆匹利津縣陸拾貳匹青城縣陸拾肆匹新城縣捌拾匹霑化縣伍拾陸匹樂陵縣捌拾叁匹海豐縣柒拾陸匹濟南衛肥城所各壹匹在兖州府每歲起俵備用貳千捌百壹拾貳匹滋陽縣陸拾匹滕縣貳百壹拾玖匹嶧縣壹百貳拾壹匹金鄉縣捌拾叁匹城武縣伍拾陸匹鄒縣玖拾捌匹魚臺縣陸拾捌匹單縣壹百肆拾匹寧陽縣捌拾捌匹濟寧州壹百肆拾壹匹嘉祥縣叁拾伍匹鉅野縣捌拾捌匹鄆城縣陸拾匹曹州壹百玖拾肆匹定陶縣肆拾捌匹曹縣壹百叁拾



匹東平州捌拾叁匹汶上縣壹百貳拾壹匹東阿縣陸拾匹平陰縣肆拾玖匹壽張縣叁拾捌匹陽穀縣玖拾捌匹沂州叁百肆拾叁匹郯城縣壹百陸拾玖匹費縣貳百貳拾貳匹在東昌府每歲起俵備用陸百柒拾陸匹高唐州伍拾捌匹夏津縣伍拾匹恩縣肆拾肆匹武城縣貳拾肆匹濮州陸拾陸匹觀城縣壹拾肆匹朝城縣伍拾匹范縣貳拾肆匹臨清州陸拾匹丘縣叁拾陸匹館陶縣肆拾肆匹冠縣肆拾陸匹堂邑縣貳拾肆匹聊城縣貳拾肆匹清平縣貳拾肆匹博平縣貳拾肆匹茌平縣肆拾匹莘縣貳拾肆

匹其牧馬草場在濟南府除泰安州歷城等二十五州縣原無外德州長山霑化淄川海豐伍州縣牧馬草場地原額捌頃壹拾肆畝肆分柒釐內德州海豐二處該地陸頃柒拾陸畝柒分伍毫不堪耕種水淹鹻薄幷山崗路石已經勘過除免長山淄川霑化三縣堪種草場地實在一頃叁拾柒畝柒分陸釐伍毫長山縣地柒拾陸畝霑化縣地壹拾玖畝肆分淄川縣地肆拾貳畝肆分陸釐伍毫每畝徵銀伍分共徵銀陸兩捌錢捌分捌釐貳毫伍絲在兗州府除滋陽等十縣原無外濟寧等十七州縣幷滕縣所原額地



共捌拾壹頃陸畝陸分捌釐叁毫嶧縣地肆頃捌拾肆畝捌分貳釐定陶縣地玖拾柒畝壽張縣地柒拾貳畝寧陽縣地壹頃叁拾叁畝陸分伍釐伍毫沂州地貳頃玖拾壹畝伍分郯城縣地肆頃陸拾畝壹分壹釐叁毫鄒縣地貳頃伍拾貳畝伍分單縣地伍頃捌畝柒分金鄉縣地捌頃魚臺縣地壹拾柒頃叁拾陸畝玖分玖釐伍毫鄆城縣地伍頃東平州地壹拾肆頃肆畝伍分汶上縣地肆頃肆拾柒畝東阿縣地貳頃柒拾肆畝叁分伍釐平陰縣地貳畝伍分伍釐濟寧州地叁頃貳畝滕縣地貳頃捌拾玖畝滕縣所地

伍拾畝每畝輕重不等歲共徵租銀貳百柒拾捌兩肆錢肆分柒釐捌毫在東昌府除高唐州恩縣武城縣原無外濮州等一十五州縣幷平山臨清二衛每年額徵租地壹百壹拾捌頃叁拾柒畝叁分伍釐内濮州冠縣丘縣博平縣觀城縣除不堪耕種捌頃壹拾壹畝陸分陸釐實在堪種地濮州貳頃臨清州肆頃叁拾捌畝捌釐館陶縣肆頃柒拾捌畝夏津縣伍頃肆畝肆分冠縣壹拾肆頃捌拾陸畝陸釐朝城縣陸頃柒拾畝丘縣伍拾肆畝聊城縣壹拾玖頃柒拾陸畝捌分壹釐博平縣叁頃貳拾玖畝伍分清平縣



陸頃陸拾畝范縣柒拾伍畝堂邑縣壹頃貳畝莘縣玖拾伍畝茌平縣貳頃貳畝觀城縣柒頃壹拾伍畝平山衛肆頃臨清衛貳拾捌頃貳拾壹畝壹分本府各屬地方衛所肥瘠不等分為上中下三等歲共徵銀肆百貳拾柒兩叁錢叁分壹釐陸毫各州縣徵觧太僕寺三府共馬叁萬柒百捌拾匹草場地共壹百玖拾肆頃伍拾壹畝叁分玖釐捌毫凡牧養之法以兒馬一領騍馬四為一群兒馬共陸千壹百伍拾陸匹騍馬共貳萬肆千陸百貳拾肆匹每群歲俵備用馬一匹各州縣照額分為二運解寺驗烙一歲共俵

陸千壹百伍拾陸匹所俵者即種馬所孳之駒也

經會錄　二十五　二十二張

因革

馬政自洪武初建都南京立太僕寺於滁州以專督之其養馬俱編近京江南壹拾壹户江北伍户方養壹馬内僉丁多之家充馬頭責使專牧餘令貼錢以備倒失買補之費永樂間兩京並建西北多故戎馬最重十四年太僕寺卿楊砥言近日馬蕃息而少牧養之人請令散於近輔凡民伍丁養馬壹匹每拾匹立群頭壹人伍拾匹立群長壹人養馬之家歲免其糧草之半從之而山東尚未之及也宣德四年始令山東濟南兖州東昌三府領養孳生馬每伍丁養騍



馬壹匹叁丁養兒馬壹匹不在免糧之例山東之民自是始困成化六年奏定兩京太僕寺種馬額數兒馬貳萬伍千匹騍馬拾萬匹共拾貳萬伍千匹每二年照例納駒更不搭配於内揀選備用及補種馬之闕其餘責銀貯庫遇備用不敷量支買補北直隸河間大名保定順德廣平真定永平七府免糧養馬每地伍拾畝領兒馬壹匹百畝領騍馬壹匹山東濟南兖州東昌三府河南開封衛輝彰德四府計丁養馬每伍丁領兒馬壹匹拾丁領騍馬壹匹丁差田糧俱不得免是時山東領種原額濟南府已增至壹萬貳

千玖百玖拾陸匹兗州府增至壹萬肆千叁拾捌匹東昌府增至叁千伍百捌拾肆匹其後近輔之地災傷頻仍展轉推派濟南加叁百肆拾肆匹總壹萬叁千叁百肆拾匹兗州加貳拾貳匹總壹萬肆千陸拾匹東昌府未加舊額減去貳百肆匹止存叁千叁百捌拾匹三府共馬叁萬柒百捌拾匹即今額也昔人有言天下財賦出於東南戎馬出於西北又云蘇吳當東南財賦之半以今觀之兩直隸山東河南種馬原額總之拾貳萬伍千匹今山東三府領種四分之一是三府亦當西北戎馬之半矣探厥所由緣濟之



武定泰安章丘陽信商河等處兗之沂費郯滕嶧鄒汶等處土曠人稠民適承平積致殷富遂括戶丁以充種額其初民猶藉資本出芻起俵尚可支持日浸月削資本已盡民遂逃散延至嘉靖之末百役叢沓災疲相尋所僉馬戶徒存虛籍馬亦多所倒失一遇巡烙不過雇覓塞責爾矣嘉靖二十一年沂費郯城之間旱澇蝗蝻民多逃徙於是撫臣疏請於

朝將沂費等州縣備用馬匹奉例改徵折色行之九年民困浸蘇嘉靖三十四年太僕寺題兵部覆議為馬匹不敷庫銀就匱款開各處歲派馬匹候減免期限

滿日悉照舊額徵派敢有仍前奏減折色者聽本部
與該科參究於是俱復本色各處養馬州縣非有拾
分災傷有司不敢以請嘉靖三十七年巡按直隸監
察御史陳志以地方災傷議將南北直隸應天廬鳳
等府三十七年三十八年三十九年本折馬匹全徵
折色每匹徵銀叁拾兩嘉靖四十年兵部覆議得南
直隸廬鳳淮揚等府災傷議將四十年至四十三年
應派本折馬匹仍全徵折色山東本色猶故也四十
二年　巡撫山東都御史張　題稱兖州府所屬沂
費鄒滕嶧伍州縣逃亡已極乞改折色數年兵部覆



議稱備用馬匹大要不過本折二端在折色則徵銀
總解民受一分之寬在本色則徵馬分解民罹萬分
之累嘉靖初奉
明旨係部裏行太僕寺每年扣筭若常有貳萬匹之數
再不必多派以累小民我
皇上勤恤民隱可謂至矣數年以來馬已過貳萬匹兖
州沂費鄒滕嶧等州縣拋荒滿眼半成轉徙審時度
勢相應通行調停以蘇民困合行兩京太僕寺將嘉
靖四十二年應徵備用馬匹查照舊額通行分派山
東兖州府全改折色其濟東二府并北直隸河南各

府以十分爲率派取本色六分折色四分山東河南
每匹俱徵銀貳拾肆兩自是以後本折相兼東人稍
蒙其惠然其餘州縣四十三年四十四年俱又全徵
本色四十五年濟南府知府郭廷臣議上印馬御史
顧廷對請以種馬群五之數減其二而存其三雖起
俵之馬例不可減然減群無礙於起俵上不失
祖宗之舊制中可以備軍需下可以甦民疾苦事行布
政司將各種馬州縣查其地土之肥瘠地方之衝僻
百姓之貧富總括酌量分爲上中下三等題照衝疲
之數量減種額免其餵養其減去馬匹比照直隸通



泗等州事例每匹變價銀捌兩類總解部發寺收貯
以備買馬之用應徵備用馬匹每歲照舊俵解隆慶
元年奉　旨准於濟南府濱州減去貳百肆匹蒲臺
縣減去壹百陸拾捌匹霑化縣減去玖拾陸匹海豐
縣減去壹百壹拾肆匹新城縣減去壹百貳拾匹武
定州減去貳百陸匹兗州府沂州減去陸百捌拾陸
匹費縣減去肆百肆拾肆匹郯城縣減去叁百叁拾
捌匹滕縣減去肆百叁拾捌匹嶧縣減去貳百肆拾
叁匹濟寧州減去貳百壹拾匹汶上縣減去壹百捌
拾壹匹二府共減叁千壹百肆拾捌匹共變銀貳萬

柒千伍百捌拾肆兩解部隆慶二年太常寺少卿武
金奏稱民牧之制計丁養馬歲以所孳之駒解京備
用其法非不善也但法久弊生兼以牧場俠隘所飼
之馬所孳之駒類多弱小不堪俵解遂致逋欠數多
馬戶逃竄民牧之法滯礙難行查得正德二年御史
王　奏令馬戶別買起俵官民稱便夫種馬爲孳備
用設也既别買矣養此將何爲哉且其間有審編之
害有雜役之害有點視之害有歲例之害有交兑之
害有輪養之害有賠償之害而又有官吏需索里甲
侵漁影射之害乞下該部覆議總計每年應解之馬



行各府州縣照數買俵其所養無用種馬盡行變價
類總解部以備練兵之用如一馬定價拾兩則兩直
隸山東河南可共得銀壹百貳拾萬兩種馬既去每
馬又當折徵草料銀貳兩每年可共得銀貳拾肆萬
兩時御史謝廷傑奏稱
祖制不宜變革俱下兵部議請行令各府州縣俱照原
數買俵種馬選其老弱瘦小者變賣一半每馬一匹
定價拾兩勒限解部發寺備用每年仍折徵草料銀
貳兩又議種馬半賣民困已蘇但養馬半存尚資民
牧養馬者所費頗多折徵者所費頗省未免不均行

令有司即以存留馬户為正頭變賣馬户為幫頭養馬通融輪流折徵通融攤派濟南府泰安州賣肆百肆拾匹章丘縣賣肆百陸拾伍匹長山縣賣貳百玖拾伍匹德州賣壹百伍拾匹平原縣賣貳百伍匹長清縣賣貳百匹肥城縣賣壹百肆拾伍匹利津縣賣壹百捌拾匹鄒平縣賣貳百伍拾伍匹齊東縣賣貳百伍拾匹青城縣賣壹百伍拾匹陽信縣賣叁百壹拾匹樂陵縣賣貳百肆拾伍匹濟陽縣賣貳百陸拾伍匹臨邑縣賣壹百肆拾伍匹陵縣賣壹百肆拾伍匹德平縣賣壹百捌拾伍匹商河縣賣叁百壹拾匹



淄川縣賣貳百柒拾匹齊河縣賣壹百貳拾伍匹濵州賣壹百叁拾陸匹通前貳百肆匹共減叁百肆拾匹蒲臺縣賣壹百壹拾貳匹通前壹百陸拾捌匹共減貳百捌拾匹霑化縣賣陸拾肆匹通前玖拾陸匹共減壹百陸拾匹新城縣賣捌拾匹通前壹百貳拾匹共減貳百匹海豐縣賣柒拾陸匹通前壹百壹拾肆匹共減壹百玖拾匹武定州賣叁百玖匹通前貳百陸匹共減伍百壹拾伍匹以上例減陸千陸百柒拾匹凡所存留如其減數兖州府滋陽縣賣壹百伍拾匹金鄉縣賣貳百柒匹城武縣賣壹百肆拾匹鄒

縣賣貳百肆拾伍匹魚臺縣賣壹百柒拾匹單縣賣叁百伍拾匹寧陽縣賣貳百貳拾匹嘉祥縣賣捌拾捌匹鉅野縣賣貳百貳拾匹鄆城縣賣壹百伍拾匹曹州賣肆百捌拾伍匹定陶縣賣壹百貳拾匹曹縣賣叁百貳拾伍匹東平州賣貳百捌匹東阿縣賣壹百伍拾匹平陰縣賣壹百貳拾叁匹壽張縣賣玖拾伍匹陽穀縣賣貳百肆拾伍匹沂費等處除前減數

准將見存馬數再賣一半沂州再賣伍百壹拾伍匹原額壹千柒百壹拾伍匹共減過壹千貳百壹匹止存伍百壹拾肆匹曹縣再賣叁百叁拾叁匹原額壹千



壹百壹拾匹共減過柒百柒拾柒匹止存叁百叁拾叁匹鄆城縣再賣貳百伍拾肆匹原額捌百肆拾伍匹共減過伍百玖拾貳匹止存貳百伍拾叁匹滕縣再賣叁百貳拾玖匹原額壹千玖拾伍匹共減過柒百陸拾柒匹止存叁百貳拾捌匹嶧縣再賣壹百捌拾貳匹原額陸百伍匹共減過肆百貳拾肆匹止存壹百捌拾壹匹濟寧州再賣貳百肆拾柒匹原額柒百伍匹共減過肆百伍拾柒匹止存貳百肆拾捌匹汶上縣再賣貳百壹拾貳匹原額陸百伍匹共減過肆百壹拾叁匹止存貳百壹拾貳匹其餘州縣所存

皆如所減以上共減捌千叁百貳匹共存伍千柒百伍拾捌匹東昌府高唐州壹百肆拾伍匹夏津縣壹百貳拾伍匹恩縣壹百壹拾匹武城縣壹百陸拾匹濮州壹百陸拾伍匹觀城縣壹叁拾伍匹朝城縣壹百貳拾伍匹范縣壹陸拾匹臨清州壹百伍拾匹丘縣壹玖拾匹館陶縣壹百壹拾匹冠縣壹百壹拾伍匹茌平縣壹百匹聊城堂邑清平博平莘縣各壹陸拾匹以上共減壹千陸百玖拾匹凡所存留亦如減數三府共減壹萬陸千陸百陸拾貳匹共存壹萬肆千壹百壹拾捌匹減去之馬折



徵草料又該御史謝廷傑奏乞憐恤民瘼特行蠲除部議軍需攸賴難於盡免隆慶三年至五年量徵壹兩六年以後復徵銀貳兩至於備用馬在內地有寄養之害在外地有起俵之害隆慶四年因京營之民困於災傷各處解到備用馬匹又多本色民不勝寄

該兵部題爲地方馬政事奉

聖旨順天保定河間三府密邇京師百姓寄養備用馬匹十分艱苦今後你部裏并太僕寺每年扣筭若常有貳萬匹之數再不必多派以累小民各處每年該起俵馬駒仍須酌量地方豊歉加派折色價銀送寺

收貯以備臨時買馬之用欽此又查先年兵部題准馬政條例每歲南北直隸山東河南總派馬貳萬伍千匹內取本色貳萬匹緩急備用折色伍千匹每匹徵銀拾捌兩若太僕寺寄養馬匹除已允過各邊關京營之外積有多餘量再減派其在山東濟南坐派貳千陸百陸拾捌匹兗州坐派貳千捌百壹拾貳匹東昌坐派陸百柒拾陸匹共陸千壹百伍拾陸匹南北起俵之馬未有如山東之繁者其後又該兵部題准事例備用馬每年額派貳萬伍千匹本色貳萬匹折色伍千匹每匹徵銀貳拾肆兩於南京太僕寺所屬



[illegible]四百〇四字

應天等府取三分該馬柒千伍百匹本折相兼於北京太僕寺所屬北直隸山東河南等處幷龍驤等柒拾貳衛所取七分該馬壹萬柒千伍百匹全徵本色夫馬繁於北而北莫繁於山東賦之既繁又責以本色全納民何能堪隆慶元年兵部議以山東河南河工方殷淮安等府彫瘵未復沂費伍處傷夷如故除沂費郯滕嶧伍州縣與南直隸照舊全折外其餘府州縣俱以十分為率派取本色伍分折色伍分折色或徵銀貳拾肆兩或徵銀叁拾兩已照四十二年例遵行隆慶二年又該兵部議備用馬匹係軍需重務

據太僕寺開報馬數僅壹萬貳千餘匹已不足額存貳萬之數若仍照近年多派折色則馬匹甚缺非惟不敷調用亦非所以拱護 京師且南直隸廬鳳等府山東沂費等州縣

欽准改折年限已滿節年相沿派徵折色原未奉有題准事例合行太僕寺將隆慶五年分應徵備用馬匹除山東沂費郯滕嶧伍州縣量派本色伍分折色伍分其餘府州縣以十分為率派取本色柒分折色叁分馬價每匹俱徵銀貳拾肆兩隆慶三年兵部又議該寺開報馬數見在僅壹萬零叁匹額存貳萬之數已缺壹半且近奉



欽依明年大閱兑用必多委當預先整備所據隆慶三年應派備用馬匹除曲陽縣全徵折色其餘府州縣以十分為率派取本色捌分折色貳分是年六月山東蝗飛遍野七月洪水為災巡按直隸監察御史謝廷傑題懇乞

聖仁俯憐被災地方寬恤養馬民戶以種馬地方言之山東州縣被災者固衆而城武館陶霑化利津等縣為最重沂州費縣郯城蒲臺海豐等縣為次重臣謹斟量而調停之欲於寄養地方凡鮮到馬匹先撥本

處災輕民户或無災州縣空户領養如遇各邊取用則勿拘舊例調兌縣分亦先將被災民户撥兌其拖欠遞年馬價馬匹如係嘉靖四十四年四十五年以前悉宜蠲免隆慶元年以後應追應補者亦暫停止候明年秋熟再行催納此則寬恤寄養民户之權宜也乃若種馬當查各省災重民户凡目前秋季本色難措者改令解納折色其災輕地方不許藉口一槩改折以虧軍需之用但河南開封四府近蒙一槩改折則直隸山東不可以興待矣即今新派隆慶四年本折馬匹務查見在寄養實數因其實數之多寡而



派本色之多寡如寄養實數定支明春調用姑將明春各省本色少派以紓衆力必不得已惟於無災州縣取盈焉其明秋二運所需者臨期量地豊歉派徵可也且災重地方固宜俱派折色而折色銀數似亦稍從輕減此寬恤種馬民户之權宜也該部議覆允行其隆慶四年分應徵備用馬匹續該本部議將北直隸山東河南舊額派取本色捌分折色貳分南直隸地方舊例本折相兼但彼處解到馬匹類多矮小不堪調兌徒費民財行令本處全徵折色如本色馬匹數少候明年酌量緩急發銀各府就近買用折色

馬價俱照舊例徵銀貳拾肆兩隆慶四年四月巡按
謝廷傑復題稱濟南府霑化利津縣東昌府館陶武
城縣兗州府沂州郯城費縣疊遭災傷乞勑該部將
山東館陶武城霑化利津沂州郯城費縣七處各派
隆慶三年春運馬匹全解折色春運或有已完秋季
仍准折解內沂州郯城費縣原派種馬俱壹千以上
民戶消乏俵解尤難春秋二運俱令全解折色其餘
災輕州縣照舊派徵不惟疲民得稍寬舒而俵解之
額亦不至逋[illegible]該部議覆允行隆慶五年太僕寺少
卿王治題稱各處馬匹改折之中須別重輕該部覆



准嶧滕陽武等處量派本色貳分霑化利津館陶城武
沂州郯城費縣等處頭運二運俱全徵折色其餘各
府州縣照原議派取本色叁分不許再行奏減大抵
本折之相乘惟視額數之多寡貳萬之額
先皇明旨具在也額數不足則當料理軍實本色盡徵
額數既足則當遵奉
明旨隨爲改折改折數多豈特可寬孳牧之民將大有
益於軍實何者蠲馬於東南使從而俵之雖費數十
金而不足蠲馬於西北平市質剩與以十金而可求
令折色爲價頗奢取壹馬而得貳馬之用是

國家嘗有壹馬之餘也歛其餘者以餉軍其資於
國計豈小補哉馬戶照丁編僉則自洪武以來今申屢
申有司未敢輕改然 國初人民殷庶計口登籍富
者無影射優占之奸貧者無頭役偏累之苦據丁自
足以便民其後差役煩重巧僞叢生殷富之家莫不
輸粟納例多方以求優免而獨累貧戶嘉靖四十年
巡撫張 以臨邑之民告病始去丁差而計地畝無論
士夫民庶凡地多者編爲馬頭正戶地少者爲貼戶
不分兒騍每匹一例編地若干攤盡闔縣地畝而止
此惟臨邑創改之未通行也隆慶元年該縣知縣朱



翼議稱照地養馬已經編僉行之五年小民稱便但
令巨室之家田連阡陌故每難之而有遺丁之論據
丁則上戶又多優占貧民受累論丁地而不論門則
上門盡行援納無丁者又得倖免故以三者兼派爲
便 巡撫姜 從其議通行三府令有馬州縣有司
凡僉馬頭以人丁編四分門編四分地畝編貳分舉
監鄉宦吏承之家止免本身丁銀而門地高厚者仍
編僉馬頭務足原額編戶貧富自是稍均夫末減之
先以十分之丁養十分之馬既減之後以十分之丁
養五分之馬於民已受五分之賜而循告病者何不

知輪養之禁雖嚴奸頑之徒益肆彼稱幇頭者其非正戶也草料錢鈔咸罔聞知不則逃亡罔攸助也此養馬之戶卒多瘠累臕壯之駒坐見消耗爲今之計欲恤養馬之戶宜比照　國初優恤北直隸事例每戶給田五十畝令養兒馬壹匹百畝令養騍馬壹匹今山東雖無閒空之田然逃絕之産收之足以充牧不則計田蠲糧令民自耕自牧專一養馬凡田壹頃令種稃叁拾畝苜蓿壹拾畝豆料貳拾畝以供芻秣餘肆拾畝令種粟麥雜糧以爲牧人工食資伍拾畝者所種各半之其領馬人戶均徭於上六則内勾



之委係消乏審編另勾不爲世業至於起俵之馬既係軍需重務與其編戶攤錢不如編入地畝與馬草之類同徵或編入均徭與軍器等項同派遇折色照數徵收如解本色每壹分加徵貳釐以爲買俵起解賠買之費俵解即責養馬之家吏不編僉大戶但於均徭内免其本身壹丁以償其勞又須總計所屬州縣每歲某州起俵若干某縣起俵若干種馬存留既少弊養所省既給之田又免其丁則人無有不樂養馬者人樂於從又須立爲牧規使之如法餵養游牝有時騰駒去特各有其節如此則思馬斯臧其孳自

蕃孳息既蕃有合度者即以起俵由是蠲其俵價以寬民利奚為不可也恤之既周法制既詳至是而或牧養不如法俵解不中度以罪坐之其亦何辭然反本窮源馬之耗而俵者多豈無故哉何者軍人之兌撥也既剋其料以自漁矣而又水草之不時鞭𨅊之不顧雖有駿材罔弗駘矣及弗堪乘必至更兌以其所更者復令收養於民此所以倒失賠償之相繼而馬日告匱也夫馬匱則額不足額不足則其勢不得不多徵本色故欵寬起俵之民當嚴兌撥之令凡馬以戰陳為功馬未登陳不堪乘者罰而治之又且立為年限齒未及限不堪乘者亦罰而治之如此則士卒畏令而馬少耗

國家貳萬之額可常取盈而民間俵額折浮於本可恒得矣此又本源利病不可不講也

附録

按丘文莊論馬政議於民牧之中寓官牧之意其論似周匝而勢不可行彼其法欲擇附近鄉落或十村五村爲一大廐村落村去遠者或五六十家七八十家爲一小廐每廐就其村居以有物力者一人爲廐長年高者一人爲廐老又爲長槽大鑊群聚而養之即今閭閻之民十室九空雞犬之聲數里無聞此同廐之難也群頭之科需醫獸之刁難既嚴禁而議革矣彼廐長又馬用之又欲無田者許其分耕於多田之家或出錢以租耕穫則廐長計畝而收之聚於倉



困按日而出之夫田有世業非有所租弗與也貼錢民且艱之其能租乎故田必給於官而後可計畝而收按日而出此科需之徒所爲便也原其法本欲爲孳駒起俵之計歲久法弊孳無良駒正德間已嘗題准欽依令民買俵起解則種爲贅旒於俵無與也且寄與種俱爲民害寄養之害一種俵之害二去其種而存其俵是亦爲民減一害也山東之民疲於奔命種馬爲最今計其歲額有解叁百肆伍拾匹者有解貳百貳叁拾匹者少亦不下壹百餘匹以叁百肆拾匹者計之使盡派折色每匹徵銀貳拾肆兩總計捌千貳

百餘兩民已難堪若派本色其費必倍則壹萬陸千餘兩矣民不能堪其勢所以必至於流移遠徙也嘉靖初年巡按王御史出巡驗烙見沂費郯滕嶧五處疲敝已甚養馬獨多欲分派於青州府莒州樂安等州縣題行都察院轉行撫按會勘未報嘉靖二十四年兗州府管馬通判閔恒議欲將沂費郯嶧等處逃絕無主種馬於內量撥千餘匹分給青登萊等府膠莒樂安諸城沂水等州縣或濟東二府原額馬少州縣權宜代養徵辦備用本折馬匹解俵議亦終寢隆慶四年該沂州道兵備僉事葉憲議稱兗州府所屬除曲阜泗水二縣原無種馬外濟寧等二十五州縣共額壹萬肆千陸拾匹每歲起運貳千捌百壹拾貳匹各州縣分解有陸拾匹者壹百貳拾等匹者以沂州則叁百肆拾叁匹郯城壹百陸拾玖匹費縣貳百貳拾貳匹滕縣起解之數不減於費其丁地猶可支持不若沂費郯滕困於馬政如此其甚也且以沂州視曹州地之肥瘠丁之多寡民之貧富不啻倍蓰而郯費之視曹縣又不啻什百千萬乃歲運則曹州不過壹百玖拾肆匹曹縣壹百叁拾匹丁地既不等而馬課又懸絕此沂費郯城之民所以日就困疲也若

爲通融之術合無將各州縣應該起運馬匹量爲裁
減責令完納其缺少之數分派稍裕州縣代出似於
馬政爲一助也其議亦寢凡此皆有各爲其地之見
然以山東一省視之則青登萊之土薄民稀曹州之
近河負累亦安可加以馬乎成化間吏部尚書尹旻
建言歷城省邑繁劇得免但今百需所供大半輸自
歷城費反浮於孳牧其求改折色之議得賜
准行沂費郯城之民亦求受其賜矣變賣事例隆慶四
年沂州道議令沂費郯滕嶧五處於所存六分之中
再賣三分濟寧州於所存七分之中再賣三分伍釐



每匹議價銀陸兩餘肆兩行令各該州縣通照丁糧
均派以足拾兩之數而曹濮道副使孫應元又以汶
上縣地當南北之衝且值災傷之後困者未蘇逃者
未復疲敝已極比之沂費郯滕事體相同雖行該縣
查照後減數目再賣以足一半之數其價亦照該道
所議每匹定銀陸兩餘肆兩槩縣通融均派務足原
額解寺變過馬戶悉編帮貼俱經兩院允行其新泰
萊蕪二縣例不養馬正德玖年霑化縣災該本縣主
簿張鳳奏議將本縣種馬分派新泰萊蕪二縣代養
照數解俵該撫按衙門勘得二縣俱靠山溝墊太半

不便養馬霑化縣種馬叁百貳拾匹雖有災傷難以推派替養惟備用馬柒拾肆匹除令自買肆拾肆匹議撥新泰縣拾貳匹萊蕪縣拾捌匹照數代買起解十二年陽信縣又災減馬伍匹加派新泰縣叁匹萊蕪縣貳匹十五年樂陵縣又災減馬貳拾匹加派新泰縣伍匹餘馬拾伍匹酌派與蕪災德州鄒平長山等州縣自後新泰萊蕪每年各俵馬貳拾匹嘉靖二十七年新泰縣又災該縣議申　撫院批允自嘉靖二十八年爲始將新泰縣原代霑化縣俵馬拾貳匹照舊代解其代陽信縣叁匹樂陵縣伍匹行令歸還二





縣解納兵部幷太僕寺知會呈允　都察院依擬嘉靖三十四年新泰縣又災縣民劉海赴　撫按兩院告准將原馬壹拾貳匹令霑化縣照舊認回買解隆慶三年又以霑化縣災荒將認回馬拾貳匹斟酌分派與頗豐州縣如泰安商河陵縣長清肥城長山章丘淄川臨邑武定濱州陽信十二州縣各令代馬壹匹春秋解俵隆慶五年　印馬察院御史趙　題條陳壹款壹酌議偏派馬匹以蘇民困查得山東濟南東昌兖州叁府地多鹺斥兼無草場故不産馬以致養馬人户每年朋出價銀到于青州登州萊州三府

地方買解夫六府之民均爲赤子今濟東兖三府通經衝要獨派養馬青登萊三府産馬之地反不派養以東三府不養馬之民而坐受賣馬之利西三府不産馬之地而重受買馬之苦豈惟民情有所不堪而事體亦甚舛謬緊稱事例莫詰其故矣今若不酌議更置則偏累終無蘇息合無

勑下該部備行查議要見青登萊三府不養馬之故當初議見何爲不公或別差賦以足相當遡委窮源備查停妥如無別項窒礙或量行加派或將濟東兖三府所屬如沂州郯費滕嶧等縣疲敝已極原額馬數頗多者均派出辦等因事下兵部覆行山東撫按勘議未報其審編年限嘉靖以前十年一審後嘉靖二十三年章丘縣民以論門審編爲不便具告

巡撫都御史曾　行濟南府議得濟兖東三府養馬人戶俱是照丁實爲舊規行之已久若照章丘縣論門編派於例不合今宜通行未審有馬泰安章丘等貳拾伍州縣將原額種馬頭幷新舊均徭冊及里書拾排人等拘吊到官從公審編除查照奉例優免不編外其候缺陰醫典膳等官吏承等役俱編馬頭正戶中間如人丁物力相堪者照舊應當馬頭果有貧

累消乏之事故者就令照新審均徭增添人丁并候缺陰醫典膳等官吏承等役照名更替如貼丁不敷將上戶役占供丁量編如再不敷就將下九則人戶每丁編貼伍釐仍查照上中六則爲馬頭下三則戶作貼丁審編嘉靖三十四年德州鄒平縣則援章丘縣例改編而各州縣紛紛多相援以請事行濟南道亦申詳　撫院蒙批馬頭十年一審此係通規盖見役者十年苦累空役者十年休養以彼代此亦自調停若復數編頻易不免同歸於敝大端天地間只此人數壹勞久逸或猶愈於頻易數勞也恐編審既煩更啓



因緣爲奸不免益開編局愚民受禍尤多況初止議東平一州欲五年審編又議沂費鄒滕嶧五州縣欲將額數量撥別省富庶州縣代養不知此中馬頭可通之別省否該道則欲併東平沂費鄒滕嶧六州縣俱改五年一編其於事體民情是否穩便再下布政司會同該道再議准行五年審編其兖州府所屬曹單二縣并東昌府所屬地方養馬人戶相安無事不必頻編審以滋煩擾自是以後五年一審遂爲通例

切惟　國初人民殷富則審編之期宜疏疏則豪强無影射之奸見今人民消乏則審編之期宜數數則

貧弱免省備之苦五年之限不惟足以宜民實勢不
容以不更者也若謂數審滋奸則今日均徭每三年
一審又何數耶持廉秉公督察惟嚴亦存乎其人而
已夫養馬之民即當差之民其役均也審馬之官即
審均徭之官其委任亦均也若慮其數審適以啓奸
則五年之例亦不必限即於審編均徭之時帶審凡
均徭三年一審第一年初審即查六則以上力量得
過者皆編爲馬頭下三則皆編爲貼戶至第三年再
審時不必大有變更惟觀馬頭人戶仍係六則以上
則令其守舊若馬頭改爲下戶則查新審六則以上
未編馬頭者代之其貼戶亦照新審戶則爲之增減
其分數務使貧富適均自後但係審編均徭年分更
正馬頭亦如前法蓋不必限以五年之期而自無煩
擾多事之費所編馬戶永免逃亡賠敗之累矣按
大明令一款洪武二十八年
詔令有力之家充當馬頭專一養馬餘令津貼以備倒
失買馬之用不許輪流有仍前輪流者發邊衛充軍
令所謂輪流者指貼丁言之也今奉兵部覆准
欽依將種馬變賣一半其變賣者折徵草料銀貳兩存
留馬戶爲正頭變賣馬戶爲幇頭養馬則輪流折徵


王秀　譚貴

則均攤該部所謂輪流者指封頭言之也封頭亦係原初正戶與貼丁頗殊故本部有輪流餵養之議輪餵便至推靠所以司牧嘗禁之蓋各種馬損瘦之害者由輪養之禁久弛也然封頭倚無專責正頭仍復苦累今議通融而調停之如牧地之法立封頭使可盡革若無牧地正頭專一責之餵養封頭輪班責之起俵餵養則每年之內有草料絡繹之勞起俵則正價之外有賠補盤纏之需二項盡亦相當自無推靠至於所徵草料銀兩如州縣原有草場子粒者聽扣數抵補餘令正頭封頭均出則彼此無不均之歎亦



裒益之權衡也再攷起俵之馬止於本折二端納本色者其費倍納折色者其費約

朝廷於經國之中常存優恤一遇災荒或歲存足額每量派折色以寬之實使一方之民通受其賜也盡派折色者無論已假如本折相兼便當使通州闔縣之人均攤此數其惠始徧今查各該州縣於起俵時多徇請託所派折色往往先儘豪勢不則挨名順序將前數名徵解本色將後數名徵解折色本色之價并其所費只於本色人戶賠納折色之價并其所費只於折色人戶獨納均一起俵而輕重懸殊茲豈

朝廷恤民一視同仁之意今議各該州縣掌印官當春秋起運每運先扣定總數本色馬若干每匹徵銀若干兩共銀若干折色馬若干匹每匹徵銀該若干兩共銀若干兩解官盤纏滴珠共銀若干兩三項共銀若干兩仍將編馬人戶丁地扣出總數每上戶一丁該銀幾分幾釐下戶一丁該銀幾分幾釐地一畝該銀幾分幾釐務足一運本折馬匹盤纏滴珠之數此外不許纖毫多派至於買俵領解雖挨名順序以前數名徵解本色以後數名徵解折色然其賠價盤纏之費即令起運人戶均攤如起運馬拾匹當僉拾戶爲



俵頭前七戶解本色其買俵賠價及草料盤纏所費必多當幷攤及後三戶然亦不可使之揑數花銷以重科歛須當官驗馬爲之估價給以盤纏俱約中數以補之後三戶所收折色只令依限徵完傾銷成錠赴該府驗兌寄庫候合屬俱完差官一員類解赴部及該寺上納經收人戶可省赴京盤纏之費亦免在途偷盜之虞東昌府已經申允勒限差官類解矣其本折均攤近觀城縣已行民皆稱便若東昌事例各府查照通行其於馬政未必無小補云

## 鹽法横圖

### 本色引鹽折色銀

**永利場**
正支鹽柒千壹百叁拾捌引

**利國場**
正支鹽叁千陸百玖拾陸引

**寧海場**
正支鹽壹萬叁千叁百壹拾叁引
本場買補鹽肆千伍百陸拾壹引

**新鎮場**
正支鹽壹萬捌拾伍引
本場買補鹽叁千陸百貳拾陸引

**王家岡場**
正支鹽壹萬叁千壹百肆拾叁引
本場買補鹽肆千叁百叁拾壹引

**豐民場**
正支鹽貳千陸百壹引
本場買補鹽壹千玖拾引

**豐國場**
正支鹽柒千柒百伍引
本場買補鹽壹千陸百捌拾玖引

**官臺場**
鹽課銀壹千肆百捌拾柒兩叁錢伍分柒釐

**固堤場**
鹽課銀壹千肆百玖拾捌兩玖錢壹分玖釐

**富國場**
鹽課銀肆百伍拾陸兩玖錢捌分肆釐捌毫捌絲

**高家港場**
鹽課銀柒百捌拾柒兩肆錢叁分柒釐

**信陽場**
鹽課銀玖百貳拾兩叁錢肆分壹釐捌毫

**行村場**
鹽課銀肆百伍拾陸兩柒錢柒分貳釐肆毫

**石河場**
鹽課銀肆百柒拾叁兩玖錢捌分柒釐玖毫捌絲

永阜場
正支鹽柒千柒百玖拾引
本場買補鹽貳千叁百肆拾柒引

西由場
鹽課銀捌百肆拾伍兩陸錢肆分伍釐柒毫捌絲

海滄場
鹽課銀壹千捌拾肆兩捌錢玖分壹釐貳毫

登寧場
鹽課銀捌百叁拾捌兩伍毫

濤洛場
鹽課銀陸百壹拾陸兩柒錢捌分陸釐貳毫



民佃竈地銀

霑化縣
銀捌拾伍兩壹錢陸分玖釐陸毫[illegible]絲

利津縣
銀叁百陸拾叁兩伍分柒釐柒毫肆絲

歷城縣
銀捌兩柒錢柒分貳釐柒毫陸絲伍忽

蒲臺縣
銀玖拾兩陸錢肆分壹釐壹毫叁絲伍忽

新城縣
銀貳拾壹兩叁錢玖分壹釐玖毫玖絲叁忽

海豐縣
銀柒兩壹錢肆分貳毫柒絲貳忽

長山縣 銀叁兩叁錢肆分柒釐

鄒平縣 銀玖兩柒錢柒釐捌毫伍絲

長清縣 銀肆兩玖錢柒分貳釐叁毫柒絲伍忽

淄川縣 銀柒兩壹錢伍分壹釐陸毫貳絲伍忽

武定州 銀壹拾壹兩捌分捌絲捌忽

濱州 銀陸拾玖兩肆錢陸分捌毫陸絲叁忽

青城縣 銀叁錢肆釐陸毫

章丘縣 銀壹兩貳錢



青州府所屬

陽信縣 銀捌兩陸錢伍分肆釐

樂陵縣 銀肆兩壹錢玖分伍釐伍毫

高苑縣 銀肆拾壹兩貳錢貳分伍釐

樂安縣 銀肆百捌拾捌兩陸錢叁分壹釐玖毫貳絲

商河縣 銀壹兩陸錢壹分柒釐肆毫貳絲

齊東縣 銀貳兩叁錢肆分玖釐貳絲

博興縣 銀貳百伍拾柒兩捌分陸釐陸毫

安丘縣 銀肆拾貳兩陸錢叁分陸釐柒毫伍絲

萊州府所屬

壽光縣 銀肆百壹拾捌兩肆分壹毫叁絲伍忽

臨朐縣 銀壹拾捌兩肆錢捌分陸釐

益都縣 銀叁拾柒兩陸錢陸分貳毫

莒州 銀柒兩壹錢伍分

臨淄縣 銀叁拾肆兩叁錢肆分陸釐

昌樂縣 銀伍拾壹兩捌錢柒分肆釐柒毫

諸城縣 銀壹百伍拾捌兩柒錢玖分陸釐

日照縣 銀貳百貳拾捌兩肆錢



膠州 銀肆百叁拾捌兩叁錢肆分

高密縣 銀陸拾壹兩陸錢伍分

膠州所 銀貳兩玖錢叁分柒釐

濰縣 銀壹百肆兩壹錢玖分玖釐貳毫

即墨縣 銀伍拾伍兩貳錢柒釐伍毫

平度州 銀壹百陸兩叁錢伍分玖釐叁毫柒絲伍忽

昌邑縣 銀捌拾伍兩肆錢玖分肆釐柒毫柒絲

掖縣 銀伍拾伍兩貳錢伍分

登州府所屬

| 州縣 | 額徵 |
| --- | --- |
| 寧海州 | 銀捌拾陸兩貳錢捌分 |
| 蓬萊縣 | 銀肆拾陸兩捌錢捌分 |
| 文登縣 | 銀陸拾壹兩伍錢 |
| 招遠縣 | 銀壹拾壹兩壹錢陸分 |
| 萊陽縣 | 銀伍百柒拾貳兩柒錢叁分捌釐肆毫 |
| 福山縣 | 銀叁拾貳兩伍錢 |
| 黃縣 | 銀叁拾伍兩陸錢柒分貳釐 |



總額

山東運司額設濱樂膠萊貳分司共轄壹拾玖鹽場內永利等捌場每年額徵本色小引鹽共捌萬叁千壹百壹拾捌引除永利利國寧海新鎮王家岡豐民豐國永阜捌場正支鹽共陸萬伍千肆百柒拾壹引外又寧海新鎮王家岡豐民豐國永阜陸場共買補鹽壹萬柒千陸百肆拾柒引以上俱濱樂分司所轄竈戶煎堆在場候商人領運其官臺等拾壹場額徵鹽課銀玖千肆百陸拾柒兩壹錢貳分叁釐柒毫肆係內官臺固堤富國高家港肆場亦係濱樂分司所

轄其信陽行村石河西由海滄登寧濤洛柒場俱膠萊分司所轄每年竈戶照額出辦課銀運司徵收照解戶部又民佃竈地銀濟青萊登肆府所屬肆拾伍州縣所共銀肆千貳百肆拾兩柒錢壹分伍釐肆毫貳絲陸忽濟南府屬拾捌州縣共銀柒百兩貳錢壹分叁釐捌毫柒絲陸忽青州府屬拾貳州縣共銀壹千柒百捌拾肆兩叁錢叁分叁釐叁毫伍忽萊州府屬捌州縣所共銀玖百玖兩肆錢叁分柒釐捌毫肆絲伍忽登州府屬柒州縣共銀捌百肆拾陸兩柒錢叁分肆毫

因革

山東運司所屬永利高家港等鹽場壹拾玖處每歲額辦本色大引鹽壹拾肆萬伍千陸百壹拾肆引陸斤捌兩柒錢叁分陸釐各商人在山西遼東貳邊報中某年分鹽若干引赴萬億等倉上納糧草每引該銀壹錢伍分該倉即出倉鈔給付各商赴管糧衙門查照填給　南京戶部原編發字號勘合壹道各商齎執前來運司投下隨查對勘合倉鈔若有洗改字樣違限照例問罪壹面查照寧海等捌場各商原中某年分鹽派場呈請　鹽院比驗掛號批行本司類

總差委場官壹員庫子壹名前赴　南京户部關領引目支散各商告領單帖執照各赴原派場分支鹽該場截引壹角出場運至蒲臺關驗放明白截引壹角至洛口園內堆架中司類總呈請　鹽院委官掣放各商納過餘鹽銀兩告領水程往各州縣發賣其拾玖場內除官臺固堤海滄西由登寧行村石河信陽等捌場舟楫不通無商赴場支領宣德伍等年奉例每鹽貳大引折徵布壹疋各場徑解登州府備遼東支用寧海永阜豊國新鎮王家岡豊民永利利國捌場每年額辦本色小引鹽捌萬叁千餘引遞年徵



收在場堆放聽候商人支領正德拾肆年奉例將濤洛富國高家港叁場每鹽壹大引改折銀壹錢伍分嘉靖拾貳年將官臺等捌場俱免徵布每鹽壹引折銀壹錢伍分共拾壹場徵銀壹萬貳千陸百柒拾貳兩伍分叁釐壹毫伍絲解部在永利等捌場鹽捌萬叁千餘引正項結課是為正支山東行鹽地方僅能通此嘉靖貳拾玖年因官臺等拾壹場逃竄遺下丁鹽銀叁千貳百肆兩玖錢叁分玖釐肆毫壹絲奉例俱免本場見在人户包賠准將前項鹽數折小引鹽肆萬貳千柒百餘引改行寧海等捌場與前捌萬叁

千餘引壹體開邊報中是爲買補每年共行壹拾貳萬陸千壹百壹拾引零其拾壹場每年實徵鹽折布課銀玖千肆百陸拾柒兩壹錢貳分叁釐柒毫肆絲自添買補鹽肆萬引以來地狹引多鹽壅商困愈困愈困愈壅數年之間共積下勘合引目伍拾餘萬而
國課從此漸虧矣隆慶叁年正月内因前項引目積滯太多户部題奉
欽依自隆慶叁年爲始將前原添買補肆萬引暫停開邊每年止行捌萬陸千壹百壹拾引零隆慶肆年玖月内　户部預開隆慶伍年分鹽復將前停肆萬引開邊仍行壹拾貳萬陸千壹百壹拾引零隆慶伍年户部題奉
欽依將買補鹽肆萬引内停止叁萬引照舊開邊壹萬已得調停之法無容再議其前停肆萬引每引商人在邊報中銀壹錢伍分隆慶叁年將每年應掣壹拾貳萬小引之中減出鹽斤共加增貳萬叁千伍百伍拾肆引每引掣關納餘鹽銀叁錢貳分伍釐叁毫肆絲共銀柒千陸百陸拾叁兩叁錢貳分除陸千肆百玖兩捌錢柒分解部發邊抵完肆萬糧草外尚餘銀壹千貳百伍拾叁兩肆錢伍分一體解部及查運司每年

掣過春秋貳閥各商引鹽每引內正餘包索酬勞共伍百陸拾斤每壹包每包割出餘鹽壹引納銀肆錢壹釐外割出私鹽每斤納銀伍釐隆慶貳年　總理鹽屯都御史龐　題奉

欽依裁革酬勞係正支者伍百斤買補若肆百伍拾斤納銀叁錢貳分肆釐叁毫肆絲該運司黃同知議呈包數更多斤數混雜致難秤掣通融牽筭俱作肆百柒拾貳斤爲壹包每引仍納餘鹽銀叁錢陸分肆釐叁毫伍忽已經呈允照舊赴掣外割出私鹽每斤納銀伍釐但先年商人掣關已過納完餘沒私鹽紙贖銀兩聽各商自行告給水程前往各州縣發賣嘉靖叁拾玖年查照各府州縣派定引數上則直隸徐宿貳州沛碭貳縣共行鹽伍萬貳千捌百柒拾引兗州府滋陽等貳拾柒州縣共行鹽玖萬捌千肆百伍拾引中則東昌府聊城等壹拾捌州縣共行鹽貳萬壹千陸百捌拾引下則濟南府歷城等貳拾壹州縣共行鹽壹萬伍千陸百壹拾引隨據各商稟稱各州縣私鹽盛行者則官鹽壅滯豈厚行鹽州縣各商願告發賣隆慶伍年　巡鹽御史蘇　條行派定各州縣引鹽刊爲書冊行運司遵依派撥外其民佃竈地銀

兩因各場竈丁逃竄者遺下竈地俱係濟青萊登肆府所屬肆拾伍州縣所居民佃種該徵大引鹽貳萬捌千叁百玖拾引柒拾捌斤零正德柒年奏准每引折徵民佃竈地銀與額課壹例壹錢伍分蓋以人雖轉徙地利猶存也然徵在州縣而解在運司事體隔越由是拖欠者多矣其魚鹽黑土關防課程因永利等拾壹場海邊魚戶捕取魚蝦自洪武年間額徵不等永利等玖場俱徵本色鈔壹百柒拾捌錠叁貫解司貯庫後至嘉靖叁拾陸年因各場解到本色鈔貫在庫甚多無處支散俱各壞爛比照永阜豐國貳



場每鈔壹貫折好錢貳文共折錢壹千柒百捌拾肆文作銀貳兩伍錢伍分壹釐徵解本司貯庫作正解部蓋稍徵餘利以充地之正課似亦未始不均也然冒風濤之險博錙銖之利賠償取盈者有矣至於私販之捕本為厲禁以通國鹺也自嘉靖肆拾年間總理鹽法都御史鄢　題凡府州縣衛所巡司離場伍百里內者每月獲私鹽陸千斤伍百里外者獲私鹽叁千斤隆慶貳年貳月　巡鹽御史蘇　酌量裁減濟南府所屬叁拾州縣內泰安肥城長清新泰萊蕪淄川齊河禹城平原陵縣臨邑濟陽德州歷城拾

肆州縣俱離場伍百里之外原行每處月獲私鹽叁千斤章丘鄒平長山齊東新城青城商河德平武定濱州蒲臺霑化利津海豐陽信樂陵拾陸州縣俱離場伍百里之內每處月獲私鹽陸千斤其泰安等拾肆州縣官鹽頗通每月量減壹千斤止捕貳千斤章丘等拾陸州縣官鹽稍通每月量減伍百斤捕獲伍千伍百斤遵行問隆慶伍年　巡鹽御史蘇　又議將濱州武定霑化蒲臺海豐利津新城青城陽信玖州縣俱行票鹽月捕私鹽盡行豁免兗州府所屬貳拾柒州縣內滋陽等貳拾肆州縣官鹽稍通人戶頗



多月報私鹽量行緝捕沂州郯城嶧縣叁處官鹽未通合應照舊月捕私鹽陸千斤變價上納東昌府所屬聊城等拾陸州縣官鹽頗通月捕私鹽不等查照量行減半丘范貳縣官鹽未通月報私鹽合應照舊月捕壹千斤變價上納青萊登叁府所屬州縣俱已通行票鹽月報私鹽事例豁免中間如有真正私販鹽徒捉拿問罪呈詳鹽物變價上納酌也利以順民情調停之法可謂極其適中矣票鹽之行蓋設法以濟不通也隆慶叁年　總理鹽屯都御史龐　題奉

欽依因山東官臺等拾壹場舟楫不通商販不至各場

竈丁既照額鹽納課於官竈鹽即官鹽也今議各場竈丁每戶給與運司印信小票叁張分別上中下等則上丁每年納票銀貳錢中丁壹錢下丁伍分其票年終銷繳票價各場負解運司類解戶部隆慶肆年捌月 巡鹽御史蘇 因前議各場竈丁領票賣鹽各州縣不行遵照踈通以致各竈丁領票者少今議新行鹽票不論軍民匠竈給領運司每季刷票貳千伍百張送 鹽院印發濟青萊登肆府分發各屬州縣收掌聽各軍民匠竈人等給領在濟青貳府每張納銀壹錢伍分在萊登貳府納銀柒分按季印發其



票各府類繳 鹽院票銀轉解運司類解戶部題准遵行處之愈精而行之可遠通融之術於斯爲盡善矣此其大畧也舉而措之上不病國下不厲民其尚望於善治者乎

附録

山東運司鹽法通商濟邊

國計攸繫舊無他議先因買補數多以致正支壅滯私鹽盛行以致引鹽停積官商由此而胥困也自買補豁叁萬之引私鹽覓捕禁之例小票議通行之法商利邊儲視昔踈廣載諸因革者可考而知已各商報

中引鹽例須兩淮兩浙山東長蘆肆司搭配兼中隆
慶叁年 巡按山東監察御史羅 奉 都察院勘
合准戶部咨案查 總理鹽屯都御史龐 條奏壹
款曰減開中議得舊制兩淮鹽法叁分常股叁分存
積近因報中紛紛而貳項名色亦混然無辨矣欲於
叁分常股照常開中而存積叁分暫行停止引目既
少鹽價必增人情樂趨而疏通可立見也該戶部議
兩淮鹽法 國初以來或叁分開邊叁分存積或因
邊鎮有警多開歷年引鹽接濟或以地方災傷亦有
不時奏討開賑中間因革不常坐派原不盡額故自



宣德以來至成化年間各運司遞年皆有支商未盡
之數間有差官查盤之例今查嘉靖玖年止於延寧
甘肅宣大遼東陸鎮議發引鹽時只肆分開邊陸分
存積其後各邊多事又增陝西固原山西叁關漸以
主客戰兵加增軍餉遂至將各運司歲辦之鹽盡數
開邊又至叁拾叁年薊鎮有警無鹽可開始將水鄉
折布等鹽亦查開中則盡肆運司之歲煎無毫存積
矣是歲開邊鹽比常過半又兩淮壹引兼割餘鹽貳
引斤重倍加歲掣數多雖革工本淮鹽叁拾伍萬稍
見減少而鹽法積滯恒由於此今 都御史龐 等

條議謂柒分常股照常開中叁分存積暫行停止良切時務但今兩淮額課柒拾萬伍千壹百捌拾引盡數開中各邊惟甘肅每引定銀肆錢伍分餘皆伍錢各鎮照依銀數定以時估上納本色猶有不敷之奏討今若存積叁分不以開邊則計以淮盐貳拾壹萬壹千伍百伍拾肆引每引伍錢是以去各邊年例銀壹拾萬伍千柒百柒拾柒兩又淮盐既減叁分則兩浙山東長蘆之搭配者必須如例亦減叁分而議補年例又倍之矣計部庫所入每年歲發主客常例銀數已以壹百伍拾餘萬年年搜括不支今又以此盐



引補銀貳叁拾萬兩誠難爲計若不依所議存積前盐則盐多而食盐地方有限竟無疏通別法若待貳叁年餘盐法壹通價值自增則此貳叁年邊餉急缺將何所措議將山東歲額盐拾貳萬陸千壹百壹拾引零內存積叁分盐叁萬柒千捌百叁拾叁引零每引價銀壹錢伍分共銀伍千陸百柒拾肆兩零既已減中在邊或可照數開中在司以足前課額且可免積聚年久消耗虧折以累竈戶移咨都察院轉行山東巡盐御史嚴督運司掌印官查照遵行該司議得山東雖與長蘆接壤而壹時盐引疏通壅滯頓殊故

開中可行於長蘆不可行於山東即長蘆之額增引
目山東之額停止勘合可爲明鑒也已地方各有所宜
事體不必盡壹處置各從其便人情庶乎相安備呈
布政司轉報　按院訖又查運司脚夫拾貳名均徭
編坐泰安肥城等拾貳州縣每名解銀肆拾兩共銀
肆百捌拾兩本司雇募脚夫拾貳名代當每名拾貳
兩共支銀壹百肆拾肆兩外銀叁百叁拾陸兩内除
壹百陸拾肆兩肆錢發永利等捌鹽場買運各衙門
官吏食鹽叁百陸拾引解司收倉聽支仍剩銀壹百
柒拾壹兩陸錢類解布政司轉解戶部濟邊至隆慶



叁年　巡撫姜　案驗將前脚夫拾貳名裁革貳名
止存拾名每名銀拾兩共銀壹百兩發將布按都司
及各道運府堂上佐貳官每員支鹽壹引各衙門首
領官貳員壹引吏承肆人壹引筭共該鹽壹百柒拾
叁引該銀壹百玖兩共銀貳百玖兩均徭坐派肥城
貳拾壹兩泰安長清革丘各貳拾兩武定等捌州縣
各壹拾陸兩解司支買隆慶伍年續該布政司呈
巡撫梁　批各衙門官吏食鹽照舊支送但查各州
縣拖欠脚夫銀除嘉靖肆拾叁年以前蠲免外其肆
拾叁年以後尚欠壹千陸百貳拾叁兩零該本司張

運使議得前銀俱係搭編之數節被收頭大戶侵欺隱沒以致拖欠數多若不查追則花戶已納之銀皆無下落而上下兩無所濟矣乞嚴查追解以革侵欺之弊庶亦裨邊餉之壹助也又查運司永利等拾玖場竈戶爲事問發鹽場充徒壹年煎鹽壹千捌拾斤在場堆放支商其銀場竈戶充徒壹年納銀陸錢辦完釋放嘉靖肆拾貳年 巡鹽御史陳 議將永利等捌鹽場節年內徒煎過鹽斤年久消折無商支領比照銀場因徒每年俱納徒工銀陸錢解司類解戶部隆慶貳年肆月內 巡鹽御史鍾 題准將徒價銀兩追完解司收貯候各場衙門損壞呈請動支修理使地方稍有存積亦壹策也



山東經會録卷之十二終

**圖書在版編目(CIP)數據**

山東經會録/香港中文大學歷史系編. —濟南：齊魯書社，2017.12

ISBN 978-7-5333-3889-3

Ⅰ.①山… Ⅱ.①香… Ⅲ.①一條鞭法—史料—山東—明代 Ⅳ.①F812.9

中國版本圖書館 CIP 數據核字(2017)第 297504 號

責任編輯：劉　强

裝幀設計：郭　靚

**山東經會録**

香港中文大學歷史系 編

| | |
|---|---|
| **主管單位** | 山東出版傳媒股份有限公司 |
| **出版發行** | 齊魯書社 |
| **社　　址** | 濟南市英雄山路 189 號 |
| **郵　　編** | 250002 |
| **網　　址** | www.qlss.com.cn |
| **電子郵箱** | qilupress@126.com |
| **營銷中心** | (0531)82098521　82098519 |
| **印　　刷** | 山東新華印務有限責任公司 |
| **開　　本** | 880mm×1230mm　1/16 |
| **印　　張** | 64.25 |
| **插　　頁** | 3 |
| **字　　數** | 1223 千 |
| **版　　次** | 2017 年 12 月第 1 版 |
| **印　　次** | 2017 年 12 月第 1 次印刷 |
| **標準書號** | ISBN 978-7-5333-3889-3 |
| **定　　價** | **280.00 圓** |